Kurzlehrbücher
für das juristische Studium

Frister
Strafrecht Allgemeiner Teil

Strafrecht
Allgemeiner Teil

Ein Studienbuch

von

Dr. Helmut Frister

o. Professor an der Universität Düsseldorf

10. Auflage, 2023

C.H.BECK

Übersetzungen der 4. Auflage von Marcelo A. Sancinetti und der 9. Auflage von María de las Mercedes Galli und Marcelo Sancinetti sind 2011 und 2022 unter dem Titel „Derecho penal Parte general" im argentinischen Hammurabi-Verlag erschienen.

Zitiervorschlag: Frister StrafR AT § … Rn …

www.beck.de

ISBN Print 978 3 406 79168 0
ISBN E-Book 978 3 406 79169 7

Wilhelmstraße 9, 80801 München
Druck und Bindung: Beltz Grafische Bertriebe GmbH
Am Fliegerhorst 8, 99947 Bad Langensalza

Satz: Jung Crossmedia Publishing GmbH
Gewerbestraße 17, 35633 Lahnau

Umschlaggestaltung: Martina Busch, Grafikdesign, Homburg Saar

CO_2 neutral
chbeck.de/nachhaltig

Gedruckt auf säurefreiem, alterungsbeständigem Papier
(hergestellt aus chlorfrei gebleichtem Zellstoff)

Vorwort

Die vorliegende Auflage bringt das Buch auf den Stand von Oktober 2022. Die erst zum 1.1.2023 in Kraft tretende Reform des Betreuungsrechts ist jedoch bereits eingearbeitet. Ich habe den Text erneut kritisch durchgesehen und aufgrund aktueller Rechtsentwicklungen, zum Teil aber auch aufgrund besserer wissenschaftlicher Einsicht überarbeitet. Dabei habe ich mich wiederum bemüht, ungeachtet der aus dem Format eines Kurzlehrbuchs resultierenden Beschränkungen nicht nur die Entwicklung der Rechtsprechung, sondern auch den Fortgang der wissenschaftlichen Diskussion abzubilden.

Die Mitarbeiter meines Lehrstuhls haben mich bei der Erstellung der Neuauflage auch diesmal wieder in vorbildlicher Weise unterstützt. Ihnen gebührt mein herzlicher Dank. Ferner danke ich allen Lesern, die mir ein Feedback zur Vorauflage übermittelt haben. Über mehr Anregungen, Kritik oder auch Lob aus dem Leserkreis würde ich mich freuen (lehrbuchstrafrecht@uni-duesseldorf.de).

Düsseldorf, im Oktober 2022 *Helmut Frister*

Vorwort zur 1. Auflage

Das vorliegende Buch unternimmt den Versuch, den Allgemeinen Teil des Strafrechts auf knappem Raum anschaulich und zugleich systematisch darzustellen, sodass identische Probleme als solche erkannt und ohne Wertungswidersprüche gelöst werden können. Der Schwerpunkt liegt bei der allgemeinen Straftatlehre. Jedoch werden die straftheoretischen, kriminalpolitischen und verfassungsrechtlichen Grundlagen des Strafrechts eingehender behandelt, als dies heute weithin üblich ist. Außerdem wird ein kurzer Überblick über die Rechtsfolgen der Straftat sowie die europa- und völkerrechtlichen Bezüge des Strafrechts gegeben. Damit ist insgesamt der Stoff abgedeckt, der in den Pflichtvorlesungen zum Allgemeinen Teil an deutschen Universitäten üblicherweise behandelt wird.

Die Darstellung beschränkt sich auf die Grundlinien der wissenschaftlichen Diskussion. Eine auch nur annähernd vollständige Auswertung von Rechtsprechung und Literatur wäre in dem gegebenen Rahmen weder möglich noch dem verfolgten Zweck dienlich gewesen. Den Lesern soll nicht eine möglichst große Zahl von Lehrmeinungen, sondern ein überschaubares System von Regeln vermittelt werden, mit dessen Hilfe sich auch unbekannte Fragestellungen sachgemäß bearbeiten lassen. Dementsprechend wird zu den behandelten Problemen nicht nur der Meinungsstand dargestellt, sondern ein begründeter Lösungsvorschlag unterbreitet. Soweit dieser im Ergebnis von der herrschenden Meinung abweicht, ist dies deutlich gekennzeichnet.

Um den in einem Kurzlehrbuch zur Verfügung stehenden Raum optimal zu nutzen, werden Fragen, die in der allgemeinen Straftatlehre an mehreren Stellen in gleicher oder ähnlicher Weise auftreten, nur einmal ausführlich behandelt. Dies hat zur Folge, dass die einzelnen Kapitel in relativ starkem Maße aufeinander aufbauen, weshalb es sich grundsätzlich empfiehlt, sie in der vorgegebenen Reihenfolge nacheinander durchzuarbeiten. Aufgrund der zahlreichen internen Verweise (zB Rn. 11/9 für 11. Kapitel Rn. 9) ist aber auch die Lektüre einzelner Passagen unproblematisch möglich. Die Verweise haben zugleich den Sinn, die systematischen Zusammenhänge zwischen den an verschiedenen Stellen auftretenden Problemen deutlicher hervortreten zu lassen.

Soweit es sich von der Sache her anbot, habe ich den Stoff am Ende der jeweiligen Darstellung in graphischen Übersichten zusammengefasst. Diese Übersichten dienen der Lernkontrolle und ermöglichen eine schnelle Wiederholung, können aber natürlich die Lektüre des Textes selbst nicht ersetzen. Außerdem findet der Leser eine ganze Reihe von **Aufbauschemata,** die vor allem dem Anfänger die Erstellung einer Falllösung erleichtern sollen. Diese Funktion erfüllen derartige Schemata allerdings nur, wenn sie nicht gedankenlos abgeklappert, sondern verständig angewendet werden. Dem dienen die allgemeinen Hinweise zu den Aufbauschemata am Ende des Buches. Sie sind beim Studium aller Schemata mit heranzuziehen und bei deren Verwendung unbedingt zu berücksichtigen.

Zum Handwerkszeug eines Juristen gehören insbesondere die Entscheidungen der obersten Gerichte, deren Lektüre ebenfalls erlernt werden muss. Aus diesem Grund befindet sich am Ende der meisten Kapitel ein Hinweis auf Entscheidungen des Bundesgerichtshofs oder des Bundesverfassungsgerichts, die im Original nachgelesen werden sollten. Die Anzahl dieser Entscheidungen ist bewusst klein gehalten, damit die Lektüre von Studierenden innerhalb des ihnen für das Strafrecht zur Verfügung stehenden Zeitbudgets tatsächlich bewältigt werden kann. Auf gesonderte Literaturempfehlungen habe ich von wenigen Ausnahmen abgesehen verzichtet. Hinweise zur Vertiefung finden sich in den Anmerkungen. Für Anregungen, Kritik oder auch Lob von Lesern wäre ich dankbar (lehrbuchstrafrecht@uni-duesseldorf.de).

Die Entstehung dieses Buches war ein langjähriger Prozess und ist dementsprechend von vielen Mitarbeitern unterstützt worden. Ihnen allen gebührt mein herzlicher Dank. Besonders hervorheben möchte ich Mark Deiters, der die Entstehung des Buches als mein ständiger Diskussionspartner geduldig begleitet, eine Vielzahl kluger Gedanken beigetragen und mich vor allem bei den Kapiteln über die Konkurrenzen maßgeblich unterstützt hat, Niclas Börgers, der durch seine unerbittliche Kritik viele Verbesserungen erzwungen und mit ebenso unverdrossenem wie unermüdlichem Engagement die Fertigstellung des Buches zu seiner eigenen Sache gemacht hat, sowie Andrea Konhäuser, die ua das Stichwortverzeichnis erstellt hat. Bedanken möchte ich mich ferner bei Friedrich Dencker für wertvolle Hinweise zur Mittäterschaft. Vor allem aber gilt mein Dank meinem verehrten akademischen Lehrer Gerald Grünwald. Ihm ist dieses Buch gewidmet.

Inhaltsverzeichnis

§ 4. Das Gesetzlichkeitsprinzip und der Richtervorbehalt

§ 5. Der zeitliche und räumliche Geltungsbereich der Strafgesetze

§ 6. Die strafrechtlichen Rechtsfolgen

§ 20. Die Zumutbarkeit

§ 21. Sonstige Strafbarkeitsvoraussetzungen

§ 22. Das Unterlassungsdelikt

§ 23. Versuch und Vorbereitung

Abkürzungsverzeichnis

aA	andere(r) Ansicht
aaO	am angegebenen Ort
ABl.	Amtsblatt (der EG bzw. EU)
abl.	ablehnend
ABlKR	Amtsblatt des Kontrollrates in Deutschland
AcP	Archiv für die civilistische Praxis
AEUV	Vertrag über die Arbeitsweise der Europäischen Union
aF	alte Fassung
AG	Amtsgericht
Alt.	Alternative
Anl.	Anlage
Anm.	Anmerkung
AO	Abgabenordnung
ARSP	Archiv für Rechts- und Sozialphilosophie
Art.	Artikel
AT	Allgemeiner Teil
Aufl.	Auflage
BayObLG	Bayerisches Oberstes Landesgericht
BayPAG	Gesetz über die Aufgaben und Befugnisse der Bayerischen Staatlichen Polizei
Bd.	Band
Bespr.	Besprechung
BGB	Bürgerliches Gesetzbuch
BGBl.	Bundesgesetzblatt
BGE	Entscheidungen des Schweizerischen Bundesgerichts
BGH	Bundesgerichtshof
BGHR	Rechtsprechung des Bundesgerichtshofs
BGHSt	Entscheidungen des Bundesgerichtshofs in Strafsachen
BRAO	Bundesrechtsanwaltsordnung
BRD	Bundesrepublik Deutschland
BT	Besonderer Teil
BT-Drs.	Bundestags-Drucksache
BtMG	Gesetz über den Verkehr mit Betäubungsmitteln
BVerfG	Bundesverfassungsgericht
BVerfGE	Entscheidungen des Bundesverfassungsgerichts
bzw.	beziehungsweise
DAR	Deutsches Autorecht
DDR	Deutsche Demokratische Republik
ders.	derselbe
dh	das heißt
dies.	dieselbe(n)
doc.	document
DSG NRW	Datenschutzgesetz Nordrhein-Westfalen
EG	Europäische Gemeinschaft
EGMR	Europäischer Gerichtshof für Menschenrechte
EGStGB	Einführungsgesetz zum Strafgesetzbuch
EMRK	Konvention zum Schutz der Menschenrechte und Grundfreiheiten
EU	Europäische Union
EuGH	Gerichtshof der Europäischen Union
EuGRZ	Europäische Grundrechte-Zeitschrift
EUV	Vertrag über die Europäische Union
EuZW	Europäische Zeitschrift für Wirtschaftsrecht

f., ff.	folgende (Singular und Plural)
FG	Festgabe
Fn.	Fußnote
FS	Festschrift
GA	Goltdammer's Archiv für Strafrecht
GG	Grundgesetz für die Bundesrepublik Deutschland
GK	Grundkurs
GmbHR	GmbH-Rundschau
GS	Der Gerichtssaal (Zeitschrift)/Gedächtnisschrift
GVG	Gerichtsverfassungsgesetz
HRRS	HöchstRichterliche Rechtsprechung im Strafrecht
Hrsg.	Herausgeber
Hs.	Halbsatz
IGH	Internationaler Gerichtshof
IPBPR	Internationaler Pakt über bürgerliche und politische Rechte
IStGH	Internationaler Strafgerichtshof in Den Haag
iVm	in Verbindung mit
JA	Juristische Arbeitsblätter
JGG	Jugendgerichtsgesetz
JK	Jura-Rechtsprechungskartei, Beilage der gleichnamigen Zeitschrift
JR	Juristische Rundschau
JURA	Juristische Ausbildung
JuS	Juristische Schulung
JW	Juristische Wochenschrift
JZ	Juristenzeitung
KastrG	Gesetz über die freiwillige Kastration und andere Behandlungsmethoden
KG	Kammergericht
krit.	kritisch
KritV	Kritische Vierteljahresschrift für Gesetzgebung und Rechtswissenschaft
LG	Landgericht
lit.	litera (lat.: Buchstabe)
LPartG	Gesetz über die Eingetragene Lebenspartnerschaft
LPresseG NRW	Pressegesetz für das Land Nordrhein-Westfalen
MDR	Monatsschrift für Deutsches Recht
MedR	Medizinrecht
mN	mit Nachweisen
MschKrim	Monatsschrift für Kriminologie und Strafrechtsreform
mwN	mit weiteren Nachweisen
nF	neue Fassung
NJOZ	Neue Juristische Online-Zeitschrift
NJW	Neue Juristische Wochenschrift
NJW-Spezial	Beilage zur Neuen Juristischen Wochenschrift
Nr.	Nummer(n)
NRW	Nordrhein-Westfalen
NRWPsychKG	Gesetz über Hilfen und Schutzmaßnahmen bei psychischen Krankheiten
NStE	Neue Entscheidungssammlung für Strafrecht
NStZ	Neue Zeitschrift für Strafrecht
NStZ-RR	NStZ-Rechtsprechungs-Report
NZV	Neue Zeitschrift für Verkehrsrecht
NZWiSt	Neue Zeitschrift für Wirtschafts-, Steuer- und Unternehmenstrafrecht

oÄ . . . . oder Ähnliche/s
OGHSt . . . . Entscheidungen des Obersten Gerichtshofes für die Britische Zone in Strafsachen
OLG . . . . Oberlandesgericht
OWiG . . . . Gesetz über Ordnungswidrigkeiten

PolG NRW . . . . . Polizeigesetz des Landes Nordrhein-Westfalen

RG . . . . Reichsgericht
RGBl. . . . . Reichsgesetzblatt
RGSt . . . . Entscheidungen des Reichsgerichts in Strafsachen
Rn. . . . . Randnummer(n)

S. . . . . Satz, Seite(n)
s. o. . . . . siehe oben
SchwZStr . . . . . . Schweizerische Zeitschrift für Strafrecht
SDÜ . . . . Übereinkommen zur Durchführung des Übereinkommens von Schengen vom 14. Juni 1985 zwischen den Regierungen der Staaten der Benelux-Wirtschaftsunion, der Bundesrepublik Deutschland und der Französischen Republik betreffend den schrittweisen Abbau der Kontrollen an den gemeinsamen Grenzen
sog. . . . . sogenannt
StGB . . . . Strafgesetzbuch
StPO . . . . Strafprozessordnung
str. . . . . strittig
StraFo . . . . Strafverteidiger-Forum
StrafR . . . . Strafrecht
StV . . . . Strafverteidiger
StVG . . . . Straßenverkehrsgesetz
StVO . . . . Straßenverkehrsordnung
StVollzG . . . . Gesetz über den Vollzug der Freiheitsstrafe und der freiheitsentziehenden Maßregeln der Besserung und Sicherung

TierSchG . . . . . . Tierschutzgesetz

ua . . . . unter anderem
UAbs. . . . . Unterabsatz
UN . . . . United Nations
uU . . . . unter Umständen

Var. . . . . Variante(n)
VerfGH Berlin . . . Verfassungsgerichtshof des Landes Berlin
vgl. . . . . vergleiche
Vorb. . . . . Vorbemerkung
VRS . . . . Verkehrsrechtssammlung
VStGB . . . . Völkerstrafgesetzbuch

WaffG . . . . Waffengesetz
wistra . . . . Zeitschrift für Wirtschafts- und Steuerstrafrecht
WStG . . . . Wehrstrafgesetz

zB . . . . zum Beispiel
ZIS . . . . Zeitschrift für Internationale Strafrechtsdogmatik
ZJS . . . . Zeitschrift für das Juristische Studium
ZRP . . . . Zeitschrift für Rechtspolitik
ZStW . . . . Zeitschrift für die gesamte Strafrechtswissenschaft
ZUR . . . . Zeitschrift für Umweltrecht
zust. . . . . zustimmend

Literaturverzeichnis

AK-StGB	Wassermann, Alternativkommentar zum Strafgesetzbuch, Band 1, 3, 1. Aufl. 1986
Ambos IntStrafR	Ambos, Internationales Strafrecht, 5. Aufl. 2018
AWHH StrafR BT	Arzt/Weber/Heinrich/Hilgendorf, Strafrecht Besonderer Teil, 4. Aufl. 2021
Beulke/Swoboda StrafProzR	Beulke/Swoboda, Strafprozessrecht, 16. Aufl. 2020
Blei StrafR AT	Blei, Strafrecht Allgemeiner Teil, 12. Aufl. 1996
Bockelmann/Volk StrafR AT	Bockelmann/Volk, Strafrecht, Allgemeiner Teil, 4. Aufl. 1987
BWME StrafR AT	Baumann/Weber/Mitsch/Eisele, Strafrecht Allgemeiner Teil, 13. Aufl. 2021
Fischer	Fischer, Strafgesetzbuch: StGB, 69. Aufl. 2022
FLL	Feest/Lesting/Lindemann, Strafvollzugsgesetze, 7. Aufl. 2016
FLP ArztStrafR	Frister/Lindemann/Peters, Arztstrafrecht, 1. Aufl. 2011
Freund/Rostalski StrafR AT	Freund/Rostalski, Strafrecht Allgemeiner Teil, 3. Aufl. 2019
Frisch StrafR	Frisch, Strafrecht, 1. Aufl. 2017
Gropp/Sinn StrafR AT	Gropp/Sinn, Strafrecht Allgemeiner Teil, 5. Aufl. 2021
Grüneberg	Grüneberg, Bürgerliches Gesetzbuch, 81. Aufl. 2022
Haft StrafR AT	Haft, Strafrecht Allgemeiner Teil, 9. Aufl. 2004
Hardtung/Putzke StrafR AT	Hardtung/Putzke, Examinatorium Strafrecht AT, 1. Aufl. 2016
Hecker EurStrafR	Hecker, Europäisches Strafrecht, 5. Aufl. 2015
Heinrich StrafR AT	Heinrich, Strafrecht – Allgemeiner Teil, 6. Aufl. 2019
Hilgendorf/Valerius StrafR AT	Hilgendorf/Valerius, Strafrecht Allgemeiner Teil, 3. Aufl. 2022
HKV StrafR-HdB	Hilgendorf/Kudlich/Valerius, Handbuch des Strafrechts – Gesamtausgabe, 1. Aufl. 2018
Hoffmann-Holland StrafR AT	Hoffmann-Holland, Strafrecht Allgemeiner Teil, 3. Aufl. 2015
Hruschka StrafR	Hruschka, Strafrecht nach logisch-analytischer Methode, 2. Aufl. 1988
Jäger StrafR AT	Jäger, Examens-Repetitorium Strafrecht Allgemeiner Teil, 10. Aufl. 2021
Jakobs StrafR AT	Jakobs, Strafrecht – Allgemeiner Teil, 2. Aufl. 1993
Jescheck/Weigend StrafR	Jescheck/Weigend, Lehrbuch des Strafrechts, 5. Aufl. 1996
Joecks/Jäger StGB	Joecks/Jäger, Studienkommentar StGB, 13. Aufl. 2021
Kaspar StrafR AT	Kaspar, Strafrecht – Allgemeiner Teil, 3. Aufl. 2019
Kindhäuser/Zimmermann StrafR AT	Kindhäuser/Zimmermann, Strafrecht Allgemeiner Teil, 10. Aufl. 2021
KK-OWiG	Mitsch, Karlsruher Kommentar zum Gesetz über Ordnungswidrigkeiten: OWiG, 5. Aufl. 2018
KK-StPO	Hannich, Karlsruher Kommentar zur Strafprozessordnung: StPO, 8. Aufl. 2019
Köhler StrafR AT	Köhler, Strafrecht Allgemeiner Teil, 1. Aufl. 1997
Krey/Esser StrafR AT	Krey/Esser, Deutsches Strafrecht Allgemeiner Teil, 6. Aufl. 2016
Kühl StrafR AT	Kühl, Strafrecht Allgemeiner Teil, 8. Aufl. 2017
Kühne StrafProzR	Kühne, Strafprozessrecht, 9. Aufl. 2015
Lackner/Kühl	Lackner/Kühl, StGB, 29. Aufl. 2018
Lisken/Denninger PolR-HdB	Lisken/Denninger, Handbuch des Polizeirechts, 7. Aufl. 2021
LK-StGB	Cirener/Radtke/Rissing-van Saan/Rönnau/Schluckebier, Leipziger Kommentar Strafgesetzbuch: StGB, Band 1, 3, 4, 6, 13. Aufl. 2019

Löwe/Rosenberg . .	Löwe/Rosenberg, Die Strafprozessordnung und das Gerichtsverfassungsgesetz: StPO, Band 1, 2, 3/1, 3/2, 4/1, 4/2, 5/1, 5/2, 6, 7, 8, 9, 10, 11, 12, 27. Aufl. 2017
LPK-StGB	Kindhäuser/Hilgendorf, Strafgesetzbuch, 9. Aufl. 2022
Matt/Renzikowski .	Matt/Renzikowski, Strafgesetzbuch: StGB, 2. Aufl. 2020
Maurach/Zipf StrafR AT	Maurach/Zipf, Strafrecht Allgemeiner Teil, Band 1, 2, 8. Aufl. 1992
Mayer StrafR AT . .	Mayer, Strafrecht: Allgemeiner Teil, 1. Aufl. 1967
Mitsch Ordnungswidrigkeiten	Mitsch, Recht der Ordnungswidrigkeiten, 2. Aufl. 2005
Mitsch StrafR BT II	Mitsch, Strafrecht, Besonderer Teil 2 Vermögensdelikte, 3. Aufl. 2015
MüKoBGB	Säcker/Rixecker/Oetker/Limperg, Münchener Kommentar zum Bürgerlichen Gesetzbuch, Band 1, 2, 3, 9, 11, 9. Aufl. 2021
MüKoStGB	Erb/Schäfer, Münchener Kommentar zum Strafgesetzbuch, Band 1, 2, 3, 4, 5, 6, 7, 9, 4. Aufl. 2020
Murmann GK StrafR	Murmann, Grundkurs Strafrecht, 7. Aufl. 2022
NK-StGB	Kindhäuser/Neumann/Paeffgen, Strafgesetzbuch, 5. Aufl. 2017
Otto StrafR AT . . .	Otto, Grundkurs Strafrecht, AT Allgemeine Strafrechtslehre, 7. Aufl. 2004
Puppe StrafR AT . .	Puppe, Strafrecht Allgemeiner Teil – im Spiegel der Rechtsprechung, 4. Aufl. 2019
Rengier StrafR AT .	Rengier, Strafrecht Allgemeiner Teil, 14. Aufl. 2022
Roxin StrafR AT II	Roxin, Strafrecht Allgemeiner Teil, Band 2: Besondere Erscheinungsformen der Straftat, 1. Aufl. 2003
Roxin/Greco StrafR AT I	Roxin/Greco, Strafrecht Allgemeiner Teil, Band 1: Grundlagen: Der Aufbau der Verbrechenslehre, 5. Aufl. 2020
Rüping/Jerouschek StrafRGeschichte . .	Rüping/Jerouschek, Grundriss der Strafrechtsgeschichte, 6. Aufl. 2011
Samson StrafR I . .	Samson, Strafrecht I, 7. Aufl. 1988
Satzger IntStrafR . .	Satzger, Internationales und Europäisches Strafrecht – Strafanwendungsrecht: Europäisches Straf- und Strafverfahrensrecht, Völkerstrafrecht, 9. Aufl. 2020
SBS JugendStrafR . .	Schaffstein/Beulke/Swoboda, Jugendstrafrecht, 15. Aufl. 2015
Schmidhäuser StudB StrafR AT . .	Schmidhäuser, Strafrecht Allgemeiner Teil – Studienbuch, 2. Aufl. 1984
Schomburg/Lagodny	Schomburg/Lagodny, Internationale Rechtshilfe in Strafsachen, 6. Aufl. 2020
Schönke/Schröder .	Schönke/Schröder, Strafgesetzbuch, 30. Aufl. 2019
SK-StGB	Rudolphi/Horn/Samson/Deiters/Wolter, Systematischer Kommentar zum Strafgesetzbuch, Band 1, 2, 3, 4, 5, 6, 9. Aufl. 2017
SK-StPO	Wolter, Systematischer Kommentar zur Strafprozeßordnung und zum Gerichtsverfassungsgesetz, Band 1, 2, 3, 4, 5, 6, 7, 8, 9, 10, 5. Aufl. 2015
SSW StGB	Satzger/Schluckebier/Widmaier, StGB, 5. Aufl. 2020
Staudinger	Staudinger, BGB – J. von Staudingers Kommentar zum Bürgerlichen Gesetzbuch mit Einführungsgesetz, 18. Aufl. 2018
Stratenwerth/Kuhlen StrafR AT .	Stratenwerth/Kuhlen, Strafrecht Allgemeiner Teil, 6. Aufl. 2011
v. Hippel Dt. StrafR I	von Hippel, Deutsches Strafrecht, Bd. 1: Allgemeine Grundlagen, 1. Aufl. 1925
v. Hippel Dt. StrafR II	von Hippel, Deutsches Strafrecht, Bd. 2: Das Verbrechen, Allgemeine Lehren, 1. Aufl. 1930
WBS StrafR AT . .	Wessels/Beulke/Satzger, Strafrecht Allgemeiner Teil, 51. Aufl. 2021
Welzel StrafR	Welzel, Das Deutsche Strafrecht, 11. Aufl. 1969
WHS StrafR BT II	Wessels/Hillenkamp/Schuhr, Strafrecht Besonderer Teil 2, 44. Aufl. 2021
Zieschang StrafR AT	Zieschang, Strafrecht Allgemeiner Teil, 6. Aufl. 2020

§ 1. Regelungsgegenstand und Rechtsquellen des Strafrechts

A. Der Regelungsgegenstand des Strafrechts

I. Der Begriff der Strafe

Strafe ist – nach einer berühmten Definition von Grotius (1583–1645)[1] – die Zufügung eines Übels zur Vergeltung eines Übels. Wer einen anderen bestraft, der reagiert damit auf ein von ihm als ein Übel empfundenes Verhalten, und es kommt ihm darauf an, dem zu Bestrafenden wegen dieses Verhaltens gleichfalls ein Übel zuzufügen. Strafe in diesem Sinne ist eine im Zusammenleben der Menschen allgegenwärtige Erscheinung. Eltern bestrafen „Ungezogenheiten" ihrer Kinder, Ehegatten „Seitensprünge" ihrer Partner, Fußballvereine nächtliche Diskothekenbesuche ihrer Spieler etc. Das Strafrecht regelt von dieser sozialen Erscheinung nur einen relativ kleinen, aber wichtigen Teilbereich: die staatliche Bestrafung von Rechtsverletzungen. Um eine zutreffende Vorstellung von diesem Regelungsgegenstand zu gewinnen, ist es erforderlich, die Strafe von anderen Rechtsfolgen strafbaren Verhaltens abzugrenzen. 1

1. Die öffentlich-rechtliche Natur der Strafe

Wer eine Straftat begangen hat, ist dazu verpflichtet, dem Opfer den durch die Tat entstandenen materiellen Schaden zu ersetzen. Bei Verletzung bestimmter Rechtsgüter, insbesondere des Körpers oder der Gesundheit, muss er ihm darüber hinaus ein angemessenes Schmerzensgeld zahlen. Die Verpflichtung zum Ausgleich des durch die Straftat entstandenen materiellen und immateriellen Schadens kann den Täter hart treffen, manchmal sogar finanziell ruinieren und wird deshalb nicht selten als die „eigentliche Bestrafung" empfunden. Sie wird dem Täter aber nicht als Übel zur Ahndung der begangenen Rechtsverletzung auferlegt und ist deshalb rechtlich keine Strafe. Die Schadensersatzansprüche des Verletzten wegen unerlaubter Handlungen sind im Bürgerlichen Recht geregelt (§§ 823–853 BGB) und müssen – sofern der Täter sie nicht freiwillig erfüllt – üblicherweise außerhalb des Strafverfahrens[2] vor den Zivilgerichten eingeklagt und gegebenenfalls im Wege der Zwangsvollstreckung (zB durch Beauftragung des Gerichtsvollziehers) durchgesetzt werden. 2

Bei der strafrechtlichen Reaktion auf die Tat geht es nicht um den Ausgleich der dem Opfer entstandenen Schäden und auch nicht (oder zumindest nicht in erster Linie) darum, dem Opfer persönliche Genugtuung zu verschaffen. Die Strafe ist eine Reaktion der Allgemeinheit auf die Verletzung des öffentlichen Interesses an der Geltung 3

---

[1] „Poena est malum passionis, quod infligitur propter malum actionis", in: De iure belli ac pacis (1625), liber II, caput XX, de poenis. Diese Textstelle ist abgedruckt bei Vormbaum, Texte zur Strafrechtstheorie der Neuzeit, 1993, Bd. I, S. 13.

[2] Nach § 403 StPO besteht grundsätzlich auch die Möglichkeit, die Schadensersatzansprüche schon im Strafverfahren geltend zu machen (sogenanntes Adhäsionsverfahren). Da die Strafgerichte über diese Ansprüche in der Regel nur entscheiden, wenn dadurch das Strafverfahren nicht verzögert wird (§ 406 I 5 StPO), ist diese Form der gerichtlichen Durchsetzung in der Praxis jedoch noch immer die Ausnahme; vgl. zur Zahl der Adhäsionsverfahren bei den verschiedenen Gerichten die Fachserie 10 Reihe 2.3. des Statistischen Bundesamts: Rechtspflege Strafgerichte 2018, abrufbar unter https://www.destatis.de.

der durch die Begehung der Straftat verletzten Rechtsnorm. Das Strafrecht regelt also kein Rechtsverhältnis zwischen Privatpersonen, sondern einen im öffentlichen Interesse erfolgenden hoheitlichen Eingriff des Staates in die Rechte des Individuums. Es ist systematisch ein Teilgebiet des Öffentlichen Rechts. Da die Bestrafung im öffentlichen Interesse liegt, ist auch die Strafverfolgung grundsätzlich keine Angelegenheit des Opfers, sondern Aufgabe einer staatlichen Behörde: der Staatsanwaltschaft. Sie hat – in der Regel unabhängig von dem Willen des Opfers – den Sachverhalt zu ermitteln und gegebenenfalls Anklage bei den Strafgerichten zu erheben, die dann darüber urteilen, ob der Angeklagte schuldig und wie er gegebenenfalls zu bestrafen ist (sog. **Offizialprinzip,** § 152 I StPO).

4 Die öffentlich-rechtliche Natur der Strafe ist keine Selbstverständlichkeit, sondern das Ergebnis einer langen Rechtsentwicklung. Zu einer öffentlichen Angelegenheit wurde die Verletzung der Rechte eines Menschen durch einen anderen Menschen erst dadurch, dass in der Gesellschaft eine Herrschaftsgewalt entstand, die den Menschen nicht nur Verpflichtungen zugunsten der Herrschenden selbst auferlegte (zB Abgaben und Arbeitsleistungen verlangte), sondern den Anspruch erhob, zum allgemeinen Wohl auch das Zusammenleben der Menschen untereinander verbindlich zu regeln. Ein solch modernes Staatsverständnis hat sich in Deutschland erst in der frühen Neuzeit (um 1500) endgültig durchgesetzt. Dementsprechend wird erst seit dieser Zeit die Bestrafung von Rechtsverletzungen grundsätzlich als eine öffentliche Angelegenheit begriffen.[3] Zuvor hingen Art und Ausmaß der Reaktion auf eine Rechtsverletzung in mehr oder weniger großem Umfang vom Willen des Opfers ab. Im fränkischen Recht konnte zum Teil selbst die vorsätzliche Tötung eines Menschen durch die Zahlung eines „Wergeldes“ an die Angehörigen gesühnt werden.[4]

5 Auch in unserer heutigen Rechtsordnung ist der Gedanke, dass die Bestrafung von Rechtsverletzungen eine öffentliche Angelegenheit ist, nicht uneingeschränkt verwirklicht. Eine ganze Reihe von Straftaten (vgl. etwa die §§ 194, 247 StGB) wird von der Staatsanwaltschaft nur auf Antrag des Verletzten verfolgt, sodass dieser darüber entscheiden kann, ob die öffentliche Strafverfolgung stattfinden soll. Darüber hinaus gibt es sogenannte **Privatklagedelikte,** die von der Staatsanwaltschaft nur dann angeklagt werden, wenn im Einzelfall ein öffentliches Interesse an der Strafverfolgung besteht. Fehlt es an dieser Voraussetzung, so ist die Verfolgung dieser Delikte, zu denen nach dem Katalog des § 374 StPO immerhin auch die Körperverletzung gehört, Sache des Opfers, das hier ausnahmsweise das Recht hat, selbst Anklage bei den Strafgerichten zu erheben. Auch diese sogenannte Privatklage hat jedoch die staatliche Bestrafung des Täters zum Ziel und ist damit von der Geltendmachung der privatrechtlichen Schadensersatzansprüche zu unterscheiden.

6 Seit einigen Jahrzehnten gibt es sogar eine Tendenz, die strafrechtliche Ahndung wieder stärker an den Interessen des Opfers auszurichten. Am deutlichsten zeigt sich dies an der im Jahr 1994 geschaffenen Möglichkeit, die Strafe zu mildern oder bei weniger schwerwiegenden Straftaten von einer Bestrafung ganz abzusehen, wenn der Täter seine Tat gegenüber dem Opfer wieder gut gemacht oder sich zumindest ernsthaft

[3] Endgültig durchgesetzt hatte sich dieses öffentlich-rechtliche Verständnis der Strafe mit der 1532 vom Reichstag angenommenen Peinlichen Gerichtsordnung Kaiser Karls V., der Constitutio Criminalis Carolina; vgl. zu deren Bedeutung Rüping/Jerouschek StrafRGeschichte Rn. 94–112.

[4] Dazu näher Rüping/Jerouschek StrafRGeschichte Rn. 8–11.

um eine solche Wiedergutmachung bemüht hat (§ 46a StGB). Dieser Regelung liegt der Gedanke zugrunde, dass der Täter durch sein Bemühen um die Wiedergutmachung der Tat gegenüber dem Opfer zugleich die Geltung der verletzten Rechtsnorm anerkennen und dadurch auch das öffentliche Interesse an der Bestrafung der Rechtsverletzung beseitigen oder zumindest vermindern kann.[5] Damit wird zwar die Trennung zwischen öffentlich-rechtlicher Strafe und privatrechtlichem Schadensersatz nicht grundsätzlich angetastet, die praktische Auswirkung dieser Trennung aber nicht unerheblich relativiert.[6]

2. Die repressive Natur der Strafe

Ein strafrechtlich relevantes Verhalten kann dem Staat auch dazu Anlass geben, Maßnahmen zur Verhinderung noch bevorstehender Rechtsverletzungen zu ergreifen. Solche Maßnahmen können uU noch stärker in Rechtsgüter des Straftäters eingreifen als die Strafe selbst. Der wohl markanteste (allerdings auch sehr umstrittene)[7] Fall ist die gezielte Tötung eines Geiselnehmers als einzige Möglichkeit, die Geiseln aus seiner Gewalt zu befreien. Sie verstößt nicht gegen das verfassungsrechtliche Verbot der Todesstrafe (Art. 102 GG), weil sie keine Zufügung eines Übels zur Vergeltung der begangenen Straftat ist, sondern der Abwehr der noch bestehenden Gefahr für das Leben der Geiseln dient und deshalb nicht nach den für eine Strafe geltenden Maßstäben zu beurteilen ist. Was der Staat zur unmittelbaren Abwehr drohender oder noch andauernder Beeinträchtigungen von Rechtsgütern unternimmt, ist keine Strafe, sondern eine Maßnahme der Gefahrenabwehr. Die Zulässigkeit solch **präventiver** Maßnahmen regelt grundsätzlich nicht das Strafrecht, sondern ein anderes Teilgebiet des Öffentlichen Rechts: das Polizei- und Ordnungsrecht. 7

Von diesem Grundsatz gibt es allerdings eine wichtige Ausnahme. Das Strafrecht sieht sogenannte **Maßregeln der Besserung und Sicherung** (§ 61 StGB) vor, die nicht die begangene Straftat ahnden, sondern einer von dem Täter drohenden Gefahr zukünftiger Straftaten vorbeugen sollen. So kann ein psychisch kranker Straftäter bei verminderter Schuldfähigkeit (§ 21 StGB) neben und bei Schuldunfähigkeit (§ 20 StGB) anstelle einer Strafe in ein psychiatrisches Krankenhaus eingewiesen werden (§ 63 StGB), um weitere Straftaten zu verhindern. Maßregeln der Besserung und Sicherung dürfen aber nur verhängt werden, wenn und soweit dies zur Abwehr einer im Einzelfall bestehenden Wiederholungsgefahr erforderlich ist. Sie sind deshalb keine Strafen,[8] sondern Maßnahmen der Gefahrenabwehr, die von ihrem Zweck her ins Polizei- und 8

[5] Dazu näher Roxin/Greco StrafR AT I § 3 Rn. 72ff.; Freund/Garro Carrera ZStW 118 (2006), 77 (83ff.), beide mwN.

[6] Vgl. für eine grundsätzliche Kritik dieser Entwicklung Noltenius GA 2007, 518 (523ff.).

[7] Ob und in welchen Fällen ein gezielter Todesschuss zur Gefahrenabwehr zulässig ist, wird durch die Polizeigesetze der Länder unterschiedlich, zum Teil auch gar nicht geregelt und in der polizeirechtlichen Literatur sehr kontrovers diskutiert; vgl. zB die Darstellung von Lisken/Denninger PolR-HdB/Graulich E Rn. 984ff. mwN. Das BVerfG verneint eine Verletzung der Art. 2 II 1 GG iVm Art. 1 I GG für den Fall der gezielten Tötung von Personen, die ein Flugzeug als Waffe gegen das Leben von Menschen auf der Erde einsetzen wollen. Es entspreche gerade der Subjektstellung des Angreifers, wenn er für das von ihm in Gang gesetzte Geschehen in Verantwortung genommen werde, vgl. BVerfG NJW 2006, 751 (760).

[8] Zweifelhaft wird diese Einordnung allerdings, wenn eine zur Abwehr einer Gefahr dienende Maßnahme wie eine Strafe vollzogen wird; vgl. zu diesem bei der Sicherungsverwahrung (§ 66 StGB) aufgetretenen Problem → § 6 Rn. 23ff.

Ordnungsrecht gehören würden.[9] Ihre Zuordnung zum Strafrecht beruht darauf, dass sie aus Anlass einer begangenen Straftat angeordnet werden[10] und diese Voraussetzung im Strafverfahren festgestellt werden soll.

II. Die Unterscheidung der Kriminalstrafe von anderen staatlichen Strafen

9 Nur ein relativ kleiner Teil der Rechtsverletzungen wird strafrechtlich geahndet. So ist das Nichtbezahlen von Schulden in aller Regel[11] mit keinerlei staatlicher Übelszufügung bedroht. Die Rechtsordnung begnügt sich damit, dem Gläubiger die Möglichkeit zu geben, die Bezahlung der Schuld und den Ersatz eines eventuellen Verzugsschadens durch eine Inanspruchnahme der Gerichte im Wege der Zwangsvollstreckung zu erzwingen und lediglich das Vereiteln bzw. Gefährden dieser Möglichkeit strafrechtlich zu ahnden (§§ 283–283d, 288 StGB). Aber auch wenn Rechtsverletzungen mit einer staatlichen Übelszufügung bedroht sind, ist das Übel nicht immer strafrechtlicher Natur. Das Strafrecht regelt nur die Verhängung der sogenannten Kriminalstrafe, die zwar die bedeutendste, aber keineswegs die einzige Form staatlicher Strafe ist.

1. Die Abgrenzung zu den Sanktionen des Ordnungswidrigkeitenrechts

10 Die Verletzung von Verkehrsregeln ist zB im Regelfall nicht mit einer Kriminalstrafe, sondern nur mit einer sogenannten Geldbuße bedroht. Die so zu ahndenden Rechtsverletzungen werden im heutigen Recht als Ordnungswidrigkeiten bezeichnet. Sie sind nicht im Strafgesetzbuch, sondern in einem besonderen Gesetz über Ordnungswidrigkeiten[12] geregelt. Die Sanktionen des Ordnungswidrigkeitenrechts werden nicht durch gerichtliches Urteil, sondern durch einen von der zuständigen Verwaltungsbehörde erlassenen Bußgeldbescheid verhängt. Erst gegen diesen können dann – wie gegen alle Akte der öffentlichen Gewalt (Art. 19 IV GG) – die Gerichte angerufen werden. Bußgelder gelten formell nicht als Strafen, dh sie werden nicht in das Strafregister eingetragen, sodass der von ihnen Betroffene nicht vorbestraft ist. Materiell betrachtet sind sie jedoch nur eine weniger einschneidende Form der Ausübung staatlicher Strafgewalt. Die grundlegenden Bedingungen für die Legitimation staatlicher Strafe (Schuldprinzip, Gesetzlichkeitsprinzip) gelten deshalb auch für die Ahndung von Ordnungswidrigkeiten.[13]

11 Die formelle Unterscheidung von Ordnungswidrigkeiten und Straftaten ist erst nach dem zweiten Weltkrieg entstanden. Nach ersten Ansätzen auf dem Gebiet des Wirtschaftsstrafrechts wurde sie durch das 1952 verabschiedete Gesetz über Ordnungswidrigkeiten allgemein eingeführt. Der ihr zugrunde liegende Gedanke ist jedoch sehr viel

[9] Zum Teil enthält das Polizei- und Ordnungsrecht sogar ganz entsprechende Maßnahmen. So kann ein psychisch Kranker, der für die Allgemeinheit gefährlich ist, auch nach den Landesunterbringungsgesetzen in ein psychiatrisches Krankenhaus eingewiesen werden (zB § 11 NRWPsychKG).

[10] Vgl. BVerfGE 109, 190 (215ff.).

[11] Ausnahmen gelten für die Nichterfüllung von Unterhaltspflichten (§ 170 StGB) und das Nichtabführen von Sozialversicherungsbeiträgen (§ 266a I, III StGB).

[12] Schönfelder Nr. 94.

[13] Die Sanktionen des Ordnungswidrigkeitenrechts werden dementsprechend vom Europäischen Gerichtshof für Menschenrechte als „Strafen" iSd Europäischen Menschenrechtskonvention angesehen, sodass auch deren spezifisch strafrechtliche Garantien im Ordnungswidrigkeitenrecht zu beachten sind (EGMR NJW 1985, 1273).

älter.[14] Vor 1871 gab es in den deutschen Ländern jahrhundertelang neben dem Kriminalstrafrecht ein Polizeistrafrecht, dessen Funktion in etwa dem heutigen Ordnungswidrigkeitenrecht entsprach. Das Strafgesetzbuch von 1871 hatte dieses Polizeistrafrecht zwar in das Kriminalstrafrecht integriert, zugleich aber mit den sogenannten Übertretungen eine besondere Kategorie von leichten Straftaten geschaffen, die zum Teil durch Polizeiverfügung geahndet werden konnten und für die auch im Übrigen eine Reihe von Sonderregelungen galten. Durch die Schaffung des Ordnungswidrigkeitenrechts verlor diese besondere Kategorie der Übertretungen an Bedeutung. Sie ist jedoch erst 1975 im Zuge einer allgemeinen Strafrechtsreform ganz abgeschafft worden.

In der Strafrechtswissenschaft hat man sich lange darum bemüht, die nur mit Geld- 12
buße bedrohten Ordnungswidrigkeiten (und ihre Vorläufer) von den Straftaten qualitativ zu unterscheiden.[15] Dabei wurde vielfach die Auffassung vertreten, dass das Unrecht der Ordnungswidrigkeiten sich in dem bloßen Ungehorsam gegenüber einer staatlichen Norm erschöpfe und dementsprechend die Geldbuße im Gegensatz zur Kriminalstrafe nicht mit einem sozialethischen Vorwurf gegen den Täter verbunden sei. Diese Unterscheidung scheitert jedoch daran, dass auch die Rechtsnormen, deren Verletzung nur mit einer Geldbuße sanktioniert wird, sozialethischen Zwecken dienen. Das Führen eines Kraftfahrzeugs mit mehr als 0,5 Promille Alkohol im Blut ist nicht verboten, um den Bürgern Gehorsam beizubringen, sondern um die Verkehrsteilnehmer vor gefährlichen Kraftfahrern zu schützen. Dementsprechend ist auch die (nach § 24a StVG) als Ordnungswidrigkeit zu ahndende Verletzung dieser Norm kein bloßer Ungehorsam gegenüber der Rechtsordnung, sondern sozialethisch fundiertes Unrecht.

Heute geht die Strafrechtswissenschaft deshalb ganz überwiegend davon aus, dass der 13
Unterschied zwischen Straftaten und Ordnungswidrigkeiten nur quantitativer Natur ist. Ob das Gesetz die Verletzung einer Rechtsnorm als Straftat mit Kriminalstrafe oder nur als Ordnungswidrigkeit mit Geldbuße bedroht, hängt in erster Linie davon ab, ob die Beachtung der Rechtsnorm nach der Wertentscheidung des Gesetzgebers für das gesellschaftliche Zusammenleben zentrale oder weniger zentrale Bedeutung hat. Zumindest in dem sich bei Anwendung dieses Kriteriums ergebenden Grenzbereich spielt für die gesetzliche Ausgestaltung einer Rechtsverletzung als Straftat oder Ordnungswidrigkeit außerdem die Überlegung eine Rolle, welches der beiden Sanktionensysteme eine zweckmäßigere Ahndung ermöglicht. Die Durchführung eines Strafverfahrens ist sehr viel aufwendiger als das Bußgeldverfahren des Ordnungswidrigkeitenrechts, sodass insbesondere bei massenhaft auftretenden Rechtsverletzungen (zB im Straßenverkehr) der Gesichtspunkt der Verfahrensökonomie den Gesetzgeber dazu veranlassen kann, eine Rechtsverletzung nur als Ordnungswidrigkeit einzustufen.

[14] Eine Darstellung der geschichtlichen Entwicklung des Ordnungswidrigkeitenrechts gibt KK-OWiG/Mitsch Einleitung Rn. 4–49.

[15] Vgl. dazu die Darstellung bei Mitsch Ordnungswidrigkeiten § 3 Rn. 7 ff. mN.

2. Die Abgrenzung zu den Disziplinarmaßnahmen, Ordnungsmitteln und prozessualen Zwangsmitteln

14 Außer dem Ordnungswidrigkeitenrecht gibt es mit dem Disziplinarrecht noch ein weiteres vom Strafrecht zu unterscheidendes öffentlich-rechtliches Sanktionensystem. Das Disziplinarrecht ahndet die Verletzung von Rechtsnormen, die nur innerhalb einer bestimmten Institution oder eines bestimmten Berufsstandes gelten. So haben etwa Beamte innerhalb der staatlichen Verwaltung spezielle Pflichten, deren Verletzung mit Disziplinarmaßnahmen bedroht ist.[16] Prinzipiell das Gleiche gibt es – allerdings unter wohlklingenderen Namen – auch für die Angehörigen bestimmter freier Berufe. Sie haben besondere berufliche Pflichten, deren Verletzung durch das jeweilige Standesrecht sanktioniert wird. So wird die Verletzung der Berufspflichten eines Rechtsanwaltes durch anwaltsgerichtliche Maßnahmen sanktioniert.[17] Die Sanktionen des Disziplinarrechts sind weit gespannt. Sie reichen von einer bloßen Verwarnung bis zur Vernichtung der beruflichen Existenz des Betroffenen, zum Beispiel durch Entlassung aus dem Beamtenverhältnis oder Ausschluss aus der Rechtsanwaltschaft. Ungeachtet dieser gravierenden Auswirkungen sind aber auch die disziplinarrechtlichen Sanktionen keine Strafen im formellen Sinne.

15 Anders als die Sanktionen des Ordnungswidrigkeitenrechts (vgl. § 21 OWiG) können Disziplinar- und anwaltsgerichtliche Maßnahmen auch neben einer Kriminalstrafe verhängt werden. Wer als Beamter im Rahmen seiner dienstlichen oder als Rechtsanwalt im Rahmen seiner beruflichen Tätigkeit eine Straftat begeht, verletzt damit in aller Regel zugleich seine besonderen dienstlichen bzw. anwaltlichen Pflichten und muss deshalb im Grundsatz sowohl mit einer strafrechtlichen als auch mit einer disziplinarrechtlichen Ahndung rechnen. Das verfassungsrechtliche Verbot der Doppelbestrafung (Art. 103 III GG) steht dem nicht entgegen, weil es nach seiner Entstehungsgeschichte eine kumulative Verhängung von Strafen und Disziplinarmaßnahmen nicht ausschließen sollte.[18] Jedoch ist bei der Bemessung sowohl der Strafe als auch der disziplinarrechtlichen Sanktion dafür Sorge zu tragen, dass beide nicht in der Summe unangemessen hart sind. Unter Umständen kann deshalb wegen der disziplinarrechtlichen Maßnahmen das Strafverfahren eingestellt[19] oder umgekehrt wegen der strafrechtlichen auf eine disziplinarrechtliche Ahndung verzichtet werden.[20]

16 Mit den Disziplinarmaßnahmen verwandt sind die gerichtlichen Ordnungsmittel, mit denen die Verletzung prozessualer Pflichten geahndet wird. So wie die Angehörigen bestimmter Institutionen besondere Rechtspflichten haben, um deren Funktionsfähigkeit zu gewährleisten, so haben zur Gewährleistung der Funktionsfähigkeit von Gerichtsverfahren zB die in einer Gerichtsverhandlung Anwesenden die Verpflichtung, deren ordnungsgemäßen Ablauf nicht zu stören. Die Verletzung dieser Verpflichtung kann als „Ungebühr" vor Gericht (§ 178 GVG) mit Ordnungsgeld oder Ordnungshaft sanktioniert werden. Auch diese Ordnungsmittel sind keine Strafen im

---

16 Für die Bundesbeamten geregelt im Bundesdisziplinargesetz (Sartorius I Nr. 220).

17 Geregelt in den §§ 113ff. BRAO (Schönfelder Ergänzungsband Nr. 98).

18 BVerfGE 21, 378 (383 und 391, 401).

19 Rechtsgrundlage sind die §§ 153, 153a StPO. Eine disziplinarrechtliche Ahndung kann das öffentliche Interesse an der Strafverfolgung vermindern und damit eine Einstellung des Verfahrens nach diesen Vorschriften ermöglichen.

20 Vgl. dazu zB die Regelung in § 115b BRAO.

formellen Sinne. Wenn die „Ungebühr" zugleich eine Straftat (zB eine Beleidigung) ist, können die Ordnungsmittel – wie die Disziplinarmaßnahmen auch – neben der Kriminalstrafe verhängt werden. Allerdings ist in einem solchen Fall das Ordnungsgeld oder die Ordnungshaft auf die Strafe anzurechnen (§ 178 III GVG).

Von den Ordnungsmitteln zu unterscheiden sind die prozessualen Zwangsmittel. 17
Diese sind im Gegensatz zu den Ordnungsmitteln nicht nur keine Kriminalstrafen, sondern überhaupt keine Strafen, weil sie nicht dazu dienen, die Verletzung einer prozessualen Verpflichtung zu ahnden, sondern deren künftige Erfüllung zu erzwingen. Der Unterschied lässt sich am Beispiel einer unberechtigten Zeugnisverweigerung veranschaulichen. Wer sich ohne einen vom Gesetz anerkannten Grund weigert, vor Gericht als Zeuge auszusagen, verletzt damit seine prozessuale Aussagepflicht. Auch diese Pflichtverletzung vermag das Gericht mit einem Ordnungsgeld zu sanktionieren (§ 70 I 2 StPO). Außerdem kann es den Betreffenden bis zu sechs Monate in Haft nehmen, aber nur zu dem Zweck, die künftige Erfüllung der Zeugnispflicht zu erzwingen (§ 70 II StPO). Die Haft ist hier also kein Ordnungs-, sondern ein Zwangsmittel. Dementsprechend darf sie anders als das Ordnungsgeld nur angeordnet werden, wenn und solange der Betreffende auch künftig nicht zu einer Aussage bereit ist. Sobald er sich zur Aussage bereit erklärt, ist diese sogenannte Beugehaft zu beenden.

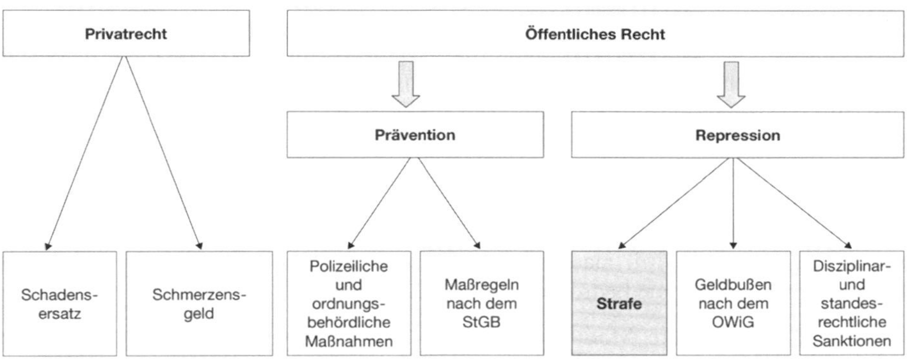

Abb. 1: Die Stellung der Kriminalstrafe in der Rechtsordnung

B. Das strafrechtliche Regelungssystem

Ebenso wie in anderen Rechtsgebieten unterscheidet man im Strafrecht zwischen ma- 18
teriellem Recht und Prozessrecht. Das materielle Strafrecht regelt die strafrechtlichen Sanktionen und ihre Voraussetzungen. Es legt fest, was eine Straftat ist und welche Straftat wie zu ahnden ist. Das Strafprozessrecht hingegen regelt die Verhängung und Vollstreckung der strafrechtlichen Sanktionen. Es bestimmt also, unter welchen Voraussetzungen ein Strafverfahren durchzuführen ist, wer an diesem Verfahren in welcher Weise zu beteiligen ist, wie das Verfahren abzulaufen hat, vor allem in welcher Weise der Sachverhalt festzustellen ist, in welcher Form über das Vorliegen einer Straftat zu entscheiden ist und wie Sanktionen zu verhängen sowie zu vollziehen sind.

I. Die gesetzliche Regelung des materiellen Strafrechts

19 Der wichtigste Teil des materiellen Strafrechts ist im Strafgesetzbuch geregelt. Es stammt ursprünglich aus dem Jahr 1871, ist aber oft geändert und dabei auch mehrfach grundlegend umgestaltet worden.[21] Letzteres gilt vor allem für das System der strafrechtlichen Rechtsfolgen, das insbesondere durch die nachträgliche Einfügung der Maßregeln der Besserung und Sicherung (1933), die Abschaffung der Todesstrafe (1949 durch Art. 102 GG), die Einführung und Erweiterung der Strafaussetzung zur Bewährung (1953 bzw. 1969) sowie die schrittweise Ersetzung kurzer Freiheitsstrafen durch die Geldstrafe (1924 und 1969) so verändert worden ist, dass es mit der ursprünglichen Regelung von 1871 kaum noch etwas gemein hat. Die letzte umfassende Änderung des Strafgesetzbuches ist am 1.4.1998 in Kraft getreten. Aber auch danach gab es schon wieder mehr als 100 Änderungsgesetze.[22] Bei der Lektüre von Rechtsprechung und Literatur sollte man deshalb stets sorgfältig überprüfen, ob und inwieweit die in Bezug genommenen gesetzlichen Vorschriften mit dem aktuellen Gesetzestext übereinstimmen.

20 Das materielle Strafrecht gliedert sich in einen Allgemeinen und einen Besonderen Teil. Der Besondere Teil enthält die gesetzlichen Strafdrohungen. Sie umschreiben jeweils ein bestimmtes strafrechtliches Delikt und bestimmen die dafür zu verhängende Strafe. So lautet zB § 223 I StGB: „Wer eine andere Person körperlich misshandelt oder an der Gesundheit schädigt, wird mit Freiheitsstrafe bis zu fünf Jahren oder mit Geldstrafe bestraft". Die gesetzlichen Strafdrohungen sind der Einfachheit halber so formuliert, als würden sie die Voraussetzungen der Bestrafung vollständig umschreiben, tun dies aber in Wahrheit nicht. Die Tat eines Sechsjährigen, der auf dem Spielplatz seinen Spielkameraden körperlich misshandelt, ist selbstverständlich nicht nach § 223 I StGB strafbar (§ 19 StGB). Gleiches gilt für eine körperliche Misshandlung, die in Notwehr begangen wurde (§ 32 StGB). Und auch wer durch Unachtsamkeit einen Verkehrsunfall verursacht, bei dem ein anderer Verkehrsteilnehmer an der Gesundheit geschädigt wird, macht sich nicht nach § 223 I StGB, sondern nur nach dem mit geringerer Strafe bedrohten § 229 StGB strafbar (§ 15 StGB).

21 Diese und viele andere Modifikationen der Strafdrohungen des Besonderen Teils ergeben sich aus den Normen des Allgemeinen Teils, in dem allgemeine Voraussetzungen und Erscheinungsformen (zB Versuch, Anstiftung oÄ) der Straftat vor die Klammer gezogen und für die verschiedenen Delikte einheitlich geregelt sind. In prinzipiell gleicher Weise verfährt das Gesetz bei der Bestimmung der Rechtsfolgen. Auch hier sind die Strafdrohungen des Besonderen Teils unvollständig und werden durch vor die Klammer gezogene Regelungen des Allgemeinen Teils ergänzt. In welchen Einheiten die für eine Körperverletzung angedrohte Geld- oder Freiheitsstrafe zu bemessen und wie zu entscheiden ist, welche der beiden Strafen im konkreten Fall in welcher Höhe verhängt werden muss, ergibt sich nicht aus § 223 I StGB, sondern aus Regelungen des Allgemeinen Teils (§§ 39, 40, 46, 47 StGB). Gleiches gilt zB für die Fragen, ob die Vollstreckung einer verhängten Freiheitsstrafe zur Bewährung auszusetzen

[21] Eine informative Darstellung der Entwicklung seit 1871 findet sich bei Roxin/Greco StrafR AT I § 4 Rn. 1–44.

[22] Vgl. für einen Überblick die Tabelle der Änderungen des StGB in Fischer S. XLIX ff.

ist (§ 56 StGB) oder ob neben der Strafe weitere Rechtsfolgen (etwa Maßregeln der Besserung und Sicherung, §§ 61 ff. StGB) zu verhängen sind.

Während der Allgemeine Teil des materiellen Strafrechts fast vollständig im Strafgesetzbuch geregelt ist (§§ 1–79b StGB), umfasst dessen Besonderer Teil (§§ 80–358 StGB) zwar die wichtigsten, aber bei Weitem nicht alle strafrechtlichen Delikte. Die übrigen sind nicht in einem anderen spezifisch strafrechtlichen Gesetz zusammengefasst, sondern in den Gesetzen enthalten, die das jeweilige Sachgebiet regeln. So enthält die Abgabenordnung den Straftatbestand der Steuerhinterziehung (§ 370 AO), das Waffengesetz Straftatbestände des unerlaubten Waffenbesitzes (§§ 51, 52 WaffG), das Straßenverkehrsgesetz den Straftatbestand des Fahrens ohne Fahrerlaubnis (§ 21 StVG), das Tierschutzgesetz den Straftatbestand der Tierquälerei (§ 17 TierSchG) und das Betäubungsmittelgesetz den Straftatbestand des unerlaubten Handeltreibens mit Betäubungsmitteln (§ 29 BtMG). Die Gesamtheit dieser auf die verschiedensten Gesetze verstreuten Straftatbestände wird als **Nebenstrafrecht** bezeichnet.[23] Diese Bezeichnung darf aber nicht darüber hinwegtäuschen, dass es sich bei diesen Delikten um echte Straftatbestände handelt, die lediglich aus gesetzestechnischen Gründen nicht im Besonderen Teil des Strafgesetzbuches geregelt sind. Der Allgemeine Teil des Strafgesetzbuches gilt dementsprechend auch für die Delikte des Nebenstrafrechts. 22

II. Die gesetzliche Regelung des Strafprozessrechts

Das Strafprozessrecht ist in erster Linie in der Strafprozessordnung, zum Teil aber auch im Gerichtsverfassungsgesetz geregelt. Beide Gesetze stammen ursprünglich aus dem Jahr 1877, sind aber ebenso wie das Strafgesetzbuch oft geändert und im Laufe der Zeit erheblich umgestaltet worden. Sie regeln den gesamten Strafprozess, nicht aber den Vollzug der Freiheitsstrafe und der freiheitsentziehenden Maßregeln der Besserung und Sicherung. Die Gestaltung des Freiheitsentzugs betrachtete man lange Zeit als innere Angelegenheit des Staates, für die eine gesetzliche Regelung nicht erforderlich sei. Erst in den siebziger Jahren des 20. Jahrhunderts setzte sich mithilfe des Bundesverfassungsgerichts[24] die Erkenntnis durch, dass auch Gefangene dem Staat als Bürger gegenüberstehen und deshalb ihre Rechtsstellung im Vollzug gesetzlich geregelt werden muss. Diese Regelung war zunächst in dem 1977 in Kraft getretenen Strafvollzugsgesetz des Bundes enthalten. Da der Bund durch die Föderalismusreform die Gesetzgebungskompetenz für den Strafvollzug verloren hat,[25] ist dieses Gesetz aber inzwischen durch Strafvollzugsgesetze der Länder abgelöst worden.[26] 23

III. Die gesetzliche Regelung des Jugendstrafrechts

Für von Jugendlichen begangene Straftaten sah das Strafgesetzbuch von 1871 zwar eine besondere Prüfung der Einsichtsfähigkeit und eine Strafmilderung vor, ansonsten aber galten für die Bestrafung dieser Taten zunächst ohne Einschränkung die allgemei- 24

[23] Das Nebenstrafrecht ist zusammengefasst und kommentiert in dem Sammelwerk von Erbs/Kohlhaas, Strafrechtliche Nebengesetze. Man sollte dieses einmal durchblättern, um eine Vorstellung von der Vielzahl der in unserer Rechtsordnung existierenden Straftatbestände zu bekommen.

[24] BVerfGE 33, 1.

[25] Vgl. die Neufassung des Art. 74 I Nr. 1 GG durch das Gesetz vom 28.8.2006 (BGBl. 2006 I 2034).

[26] Vgl. zu diesen Gesetzen Feest/Lesting/Lindemann, Strafvollzugsgesetze, 8. Aufl. 2021.

nen strafrechtlichen und strafprozessualen Regelungen. Anfang des 20. Jahrhunderts setzten dann jedoch in immer stärkerem Maße Bestrebungen ein, bei der Ahndung von Straftaten Jugendlicher dem Erziehungsgedanken stärker Rechnung zu tragen.[27] Seit 1923 gibt es deshalb für die von Jugendlichen begangenen Straftaten ein besonderes Jugendgerichtsgesetz, durch das die für Erwachsene geltenden allgemeinen strafrechtlichen und strafprozessualen Regelungen erheblich modifiziert werden. Diese allgemeinen Vorschriften gelten danach für die von Jugendlichen begangenen Straftaten nur noch subsidiär. Sie sind anzuwenden, wenn und soweit das Jugendgerichtsgesetz keine abweichende Regelung enthält (§ 10 StGB und § 2 JGG).

25 Das Jugendgerichtsgesetz sieht in erster Linie ein anderes, sehr viel stärker am Erziehungsgedanken orientiertes Sanktionensystem (§ 5 JGG) einschließlich eines besonderen, durch Ländergesetze[28] geregelten Jugendstrafvollzugs vor. Darüber hinaus enthält es eine ganze Reihe von Sonderregelungen für das Strafverfahren, zB werden die Straftaten Jugendlicher von besonderen Jugendgerichten und – anders als die Straftaten Erwachsener – grundsätzlich in nicht öffentlicher Hauptverhandlung abgeurteilt (§ 48 JGG). Seit 1953 gilt das Jugendgerichtsgesetz nicht nur für die 14–17 Jahre alten Jugendlichen, sondern im Grundsatz auch für die 18–20 Jahre alten Heranwachsenden (§ 1 JGG). Sein besonderes Sanktionensystem ist allerdings auf die Taten Heranwachsender nur dann anzuwenden, wenn diese in ihrer sittlichen und geistigen Entwicklung noch einem Jugendlichen gleichstehen oder es sich bei der Tat um eine typische „Jugendverfehlung“[29] handelt (§ 105 I JGG).

C. Europäisches und Internationales Strafrecht

I. Europäisches Strafrecht

26 Das Strafrecht ist in den Staaten der Europäischen Union im Grundsatz noch immer nationales Recht. Es gibt zwar im europäischen Recht den deutschen Ordnungswidrigkeiten vergleichbare Bußgeld-,[30] aber noch keine Straftatbestände, sodass eine Kriminalstrafe derzeit nur aufgrund eines nationalen Gesetzes verhängt werden darf. Allerdings hat die Europäische Union durch die am 1.12.2009 in Kraft getretenen Verträge von Lissabon begrenzte Kompetenzen zur Schaffung originärer Straftatbestände erhalten, von denen sie in Zukunft Gebrauch machen könnte.[31] Insbesondere hat sie auf-

[27] Vgl. zu der Entstehung der sog. Jugendgerichtsbewegung und zur weiteren historischen Entwicklung des Jugendstrafrechts die Darstellung bei Beulke/Swoboda JugendStrafR Rn. 79ff. Einen Überblick über die internationale Entwicklung gibt Schüler-Springorum ZStW 99 (1987), 89.

[28] Das Urteil des BVerfG vom 31.5.2006 (NJW 2006, 2093) hatte dem Gesetzgeber aufgegeben, bis zum Ende des Jahres 2007 eine ausreichende gesetzliche Regelung des Jugendstrafvollzugs zu schaffen (vgl. für einen Überblick über die daraufhin von den Ländern geschaffenen gesetzlichen Regelungen Arloth GA 2008, 129 (134ff.); Ostendorf ZRP 2008, 14).

[29] Vgl. zu diesem problematischen Begriff MüKoStGB/Laue JGG § 105 Rn. 29ff.

[30] Vgl. dazu näher Satzger IntStrafR § 8 Rn. 1ff. mwN.

[31] Dabei könnte sie ua auf einen von einer Expertengruppe unter dem „prätentiösen“ (Prittwitz ZStW 113 [2001], 774 (775 Fn. 8)) Titel „Corpus Juris“ vorgelegten Entwurf für ein europäisches Strafrecht zum Schutz der finanziellen Interessen der Europäischen Union zurückgreifen (vgl. Delmas-Marty, European Union and Penal Law, European Law Journal 4 [1998], 87; Huber, Das Corpus Juris als Grundlage eines Europäischen Strafrechts, 2000), der damals eine intensive und zum Teil sehr kontroverse Diskussion über ein mögliches künftiges einheitliches europäisches Strafrecht ausgelöst hat

grund des Art. 325 IV des Vertrages über die Arbeitsweise der Europäischen Union (AEUV) das Recht, ihre eigenen finanziellen Interessen erforderlichenfalls auch durch Straftatbestände vor „Betrügereien"[32] zu schützen.[33] Entsprechendes gilt gemäß Art. 33 AEUV für den Schutz des Zollwesens.[34] Zum Teil wird auch aus Art. 79 II lit. c und d AEUV eine Kompetenz zum Erlass originärer Straftatbestände zur Verhinderung von illegaler Einwanderung und Menschenhandel abgeleitet.[35] Jedoch lassen sich diese begrenzten Kompetenzen nicht dahingehend verallgemeinern, dass die Europäische Union aufgrund der Verträge von Lissabon die Möglichkeit hätte, im Rahmen ihrer Zuständigkeiten generell auch originäres Kriminalstrafrecht zu erlassen.[36]

Stattdessen geben die europäischen Verträge in Art. 83 AEUV der Europäischen Union unter bestimmten Voraussetzungen das Recht, ihre Mitgliedstaaten durch Richtlinien zur „Harmonisierung" des Strafrechts, dh zum Erlass von „Mindestvorschriften zur Festlegung von Straftaten und Strafen" zu verpflichten.[37] Gemäß Art. 83 I AEUV erstreckt sich diese Harmonisierungskompetenz auf die in der Regelung explizit genannten Bereiche besonders schwerer Kriminalität mit grenzüberschreitender Dimension. Durch einen nach Zustimmung des Europäischen Parlaments erfolgenden einstimmigen Beschluss des Europäischen Rates kann sie allerdings auch in anderen Bereichen schwerer grenzüberschreitender Kriminalität ausgeübt werden.[38] Darüber hinaus hat die Europäische Union gemäß Art. 83 II AEUV noch eine weitere Harmonisierungskompetenz, die in ihrer Reichweite über die Regelung des Art. 83 I AEUV erheblich hinausgeht.[39] Sie kann auch auf allen Gebieten, auf denen bereits Maßnahmen zu einer Rechtsangleichung in der Union erfolgt sind, Mindestvorschriften für die Festlegung von Straftaten und Strafen treffen, wenn die strafrechtliche Sanktionierung für die „wirksame Durchführung der Politik der Union", dh zur Behebung eines ansonsten auftretenden Vollzugsdefizits „unerlässlich" ist.[40] 27

(vgl. etwa Satzger, Die Europäisierung des Strafrechts, (2001); Braum JZ 2000, 493; Hassemer KritV 1999, 133; Musil NStZ 2000, 68; Prittwitz ZStW 113 [2001], 774; Wattenberg StV 2000, 95, alle mwN).

32 Vgl. zu der neben dem Betrug auch andere Täuschungsdelikte umfassenden Bedeutung dieses Begriffs Zimmermann JURA 2009, 844 (846).

33 Ambos IntStrafR § 9 Rn. 22 mwN; Satzger IntStrafR § 8 Rn. 20f.

34 Ambos IntStrafR § 9 Rn. 23; Satzger IntStrafR § 8 Rn. 22.

35 Satzger IntStrafR § 8 Rn. 23; Schramm ZJS 2010, 615 mwN; dagegen aber zu Recht Ambos IntStrafR § 9 Rn. 23.

36 Ambos IntStrafR § 9 Rn. 20; Satzger IntStrafR § 8 Rn. 26.

37 Solche Maßnahmen zur Harmonisierung des Strafrechts erfolgten bis zu dem Inkrafttreten der Lissabonner Verträge innerhalb der damaligen Säulenstruktur der Europäischen Union in der sog. dritten Säule, der Polizeilichen und Justiziellen Zusammenarbeit in Strafsachen (PJZS) und zwar in erster Linie durch Rahmenbeschlüsse des Europäischen Rates. Diese waren nicht Teil der eigenen supranationalen Rechtsordnung der Europäischen Union, sondern verpflichteten die Mitgliedstaaten lediglich völkerrechtlich. Erst durch die Art. 67ff. AEUV ist die Polizeiliche und Justizielle Zusammenarbeit in die Rechtsordnung der Europäischen Union integriert worden. Eine Übersicht über die noch in der Säulenstruktur ergangenen, aber nach dem Inkrafttreten der Lissabonner Verträge weiter fortgeltenden Rechtsakte findet sich bei Satzger IntStrafR § 9 Rn. 30.

38 Der deutsche Vertreter im Rat darf einen solchen Beschluss gem. § 7 I IntVG nur ermöglichen, wenn er hierzu durch ein gemäß Art. 23 I GG ergangenes Gesetz ermächtigt worden ist.

39 Vgl. zur Kritik und zur Notwendigkeit einer restriktiven Auslegung dieser sehr weitgehenden Regelung BVerfG NJW 2009, 2267 (2288); Ambos IntStrafR § 11 Rn. 10 mwN.

40 Diese Annexkompetenz zur strafrechtlichen Rechtsangleichung hatte der Europäische Gerichtshof schon vor dem Inkrafttreten der Lissabonner Verträge insofern vorweggenommen, als er zumindest für

28 Diese umfassende Annexkompetenz nach Art. 83 II AEUV ist allerdings durch eine sogenannte „Notbremsenregelung" eingeschränkt. Weil das Strafrecht als spezifischer Ausdruck nationaler Eigenart und staatlicher Souveränität begriffen wird und zudem wegen seiner Eingriffsintensität in besonders hohem Maße der demokratischen Legitimation bedarf,[41] gibt Art. 83 III AEUV den Mitgliedstaaten die Möglichkeit, eine Aussetzung des ordentlichen Gesetzgebungsverfahrens herbeizuführen, wenn sie durch den Entwurf einer Richtlinie „grundlegende Aspekte" ihrer Strafrechtsordnung berührt sehen. Der deutsche Vertreter im Rat ist gemäß § 9 des aufgrund der Bundesverfassungsgerichtsentscheidung zum Lissabonner Vertrag[42] notwendig gewordenen Integrationsverantwortungsgesetzes[43] verpflichtet, einen solchen Antrag zu stellen, wenn er hierzu durch einen Beschluss des Bundestages oder – sofern Kompetenzen der Länder betroffen sind – auch des Bundesrates angewiesen wird. Das ordentliche Gesetzgebungsverfahren kann in einem solchen Fall nur fortgesetzt werden, wenn im Europäischen Rat „Einvernehmen" erzielt wird, sodass eine grundlegende Aspekte der eigenen Strafrechtsordnung berührende Richtlinie einem Mitgliedstaat nicht per Mehrheitsentscheidung aufgezwungen werden kann.[44]

29 Die nach alledem noch immer relativ begrenzte Kompetenz der Europäischen Union auf dem Gebiet des Strafrechts darf allerdings nicht darüber hinwegtäuschen, dass das europäische Recht auch ohne spezifische strafrechtliche Kompetenzen der Europäischen Union in mannigfacher Weise auf das deutsche Strafrecht einwirkt.[45] Insbesondere die Tatbestände des Nebenstrafrechts stellen inzwischen häufig die Verletzung von Rechtsnormen unter Strafe, die in ihrem Ursprung europäischer Natur sind, dh auf Richtlinien der Europäischen Union beruhen. Zum Teil wird in den Tatbeständen des Nebenstrafrechts sogar direkt die Verletzung europäischer Normen, dh von Verordnungen der Europäischen Union, mit Strafe bedroht.[46] Außerdem gilt natürlich auch im Strafrecht der Anwendungsvorrang des Unionsrechts, dh die Strafgesetze dürfen nicht im Widerspruch zum europäischen Recht angewendet und müssen im Zweifel europarechtskonform ausgelegt werden.[47] So ist etwa dafür Sorge zu tragen, dass das Strafrecht nicht Unionsbürger diskriminiert (vgl. Art. 18ff. AEUV) oder die allgemeine Waren- und Dienstleistungsfreiheit in der Union (vgl. Art. 26ff. AEUV) in unzulässiger Weise beschränkt.

---

den Bereich des Umweltrechts der damaligen Europäischen Gemeinschaft das Recht zuerkannte, die Mitgliedstaaten zum Erlass von Strafgesetzen anzuweisen (EuGH JZ 2006, 307; 2008, 248).

[41] Vgl. zu diesen Besonderheiten des Strafrechts BVerfG NJW 2009, 2267 (2274 und 2287); Ambos IntStrafR § 9 Rn. 19; Satzger IntStrafR § 9 Rn. 7ff., beide mwN.

[42] BVerfG NJW 2009, 2267.

[43] Gesetz über die Wahrnehmung der Integrationsverantwortung des Bundestages und des Bundesrates in Angelegenheiten der Europäischen Union vom 22.9.2009 (IntVG, BGBl. 2009 I 3022); zuletzt geändert am 1.12.2009 (BGBl. 2009 I 3822).

[44] Allerdings haben die übrigen Mitgliedstaaten gemäß Art. 83 III UAbs. 2 AEUV uU die Möglichkeit, auf der Grundlage des Entwurfs der Richtlinien eine verstärkte Zusammenarbeit zu begründen und damit die Richtlinie untereinander gelten zu lassen; vgl. dazu Ambos IntStrafR § 11 Rn. 11 mwN.

[45] Grundlegend Satzger, Die Europäisierung des Strafrechts, (2001); vgl. ferner Dannecker JURA 2006, 95; Hecker EurStrafR Kap. 1 Rn. 4ff. und ausf. Hecker EurStrafR Kap. 8 Rn. 1ff.; Rosenau ZIS 2008, 9 (10ff.); Schröder NStZ 2006, 669; Sieber ZStW 121 (2009), 1; Velten Jahrbuch für italienisches Recht Bd. 20 (2007), 173 (175ff.).

[46] Vgl. zu den aus einer solchen Verweisung resultierenden Problemen insbes. im Hinblick auf das strafrechtliche Bestimmtheitsgebot Satzger IntStrafR § 9 Rn. 69ff. mwN.

[47] Vgl. dazu näher Ambos IntStrafR § 11 Rn. 39ff. mwN.

Auch das Strafprozessrecht ist in den Staaten der Europäischen Union im Grundsatz noch immer nationales Recht. Allerdings ist die zwischenstaatliche Zusammenarbeit bei der Verfolgung und Ahndung von Straftaten in weitem Umfang europarechtlich geregelt.[48] Das in Art. 82 I AEUV kodifizierte Grundprinzip[49] dieser Zusammenarbeit ist die gegenseitige Anerkennung im Strafverfahren getroffener Entscheidungen. Die Mitgliedstaaten sollen Vertrauen in die Strafjustizsysteme der anderen Mitgliedstaaten haben und deshalb – anders als im allgemeinen Rechtshilfeverkehr – die von einem anderen Mitgliedstaat betriebene Strafverfolgung grundsätzlich ohne eigene Prüfung als berechtigt anerkennen. Ausdruck dieses Prinzips der gegenseitigen Anerkennung ist die in den §§ 91a ff. IRG geregelte Europäische Ermittlungsanordnung und vor allem der noch vor dem Inkrafttreten der Lissabonner Verträge durch einen Rahmenbeschluss des Europäischen Rates geschaffene Europäische Haftbefehl.[50] Das zu dessen Umsetzung ergangene Europäische Haftbefehlsgesetz[51] hatte das Bundesverfassungsgericht zwar zunächst wegen Verstoßes gegen Art. 16 II GG und Art. 19 IV GG für nichtig erklärt.[52] Jedoch hat der Gesetzgeber alsbald nachgebessert[53] und dem europäischen Haftbefehl auch in Deutschland Geltung verschafft. Aufgrund eines solchen Haftbefehls kann heute selbst ein deutscher Staatsbürger an andere Staaten der Europäischen Union ausgeliefert werden. 30

Zur grenzüberschreitenden Verfolgung und Ahndung von Straftaten haben die Mitgliedstaaten der Union auch europäische Strafverfolgungsinstitutionen geschaffen. Für die kriminalpolizeiliche Zusammenarbeit ist dies in erster Linie die Agentur Europol.[54] Sie wurde – als Europäisches Polizeiamt – bereits 1995 durch das Europol-Übereinkommen[55] zunächst auf völkerrechtlicher Grundlage gegründet, hat aber 2009 durch den Europol-Beschluss des Europäischen Rates[56], der 2016 durch die Europol-Verordnung[57] abgelöst wurde, eine europarechtliche Grundlage erhalten und ist heute in Art. 88 AEUV verankert. Die Zuständigkeit von Europol erstreckt sich nach der Formulierung des Art. 88 I AEUV auf die mindestens zwei Mitgliedstaaten betreffende schwere Kriminalität, Terrorismus und alle Kriminalitätsformen, die ein gemeinsames Interesse verletzen, das Gegenstand einer Politik der Europäischen Union ist. In der Praxis sind vor allem die verschiedenen Formen grenzüberschreitender organisierter Kriminalität erfasst. Zu deren Verhütung und Bekämpfung unterstützt Europol die Behörden der Mitgliedstaaten insbesondere durch automatisierte Informationssysteme sowie die Koordination von Ermittlungstätigkeiten (vgl. Art. 88 II AEUV). In Verbindung und in Absprache mit den nationalen Behörden ist auch eine operative 31

48 Vgl. für einen Überblick Ambos IntStrafR § 12 Rn. 1 ff.; Kühne StrafProzR Rn. 43–100; Satzger IntStrafR § 10 Rn. 1 ff.; ferner Böse, Die strafrechtliche Zusammenarbeit in Europa, 2008; Esser, Auf dem Weg zu einem europäischen Strafverfahrensrecht, 2002; Schünemann, Alternativentwurf europäische Strafverfolgung, 2004.

49 Vgl. zu dessen Problematik bereits Velten Jahrbuch für italienisches Recht Bd. 20 (2007), 173 (189 ff.); sowie Mylonopoulos ZStW 123 (2011), 633 (640 ff.), beide mwN.

50 ABl. 2002 L 190, 1; vgl. hierzu etwa Deiters ZRP 2003, 359; Hecker EurStrafR Kap. 11 Rn. 7 f.; Schünemann ZRP 2003, 185; 2003, 472.

51 BGBl. 2004 I 1748.

52 BVerfG NJW 2005, 2289; vgl. hierzu etwa Lagodny StV 2005, 515; Vogel JZ 2005, 81.

53 BGBl. 2006 I 1721.

54 Vgl. zu dessen Entwicklung und Bedeutung iE Ruthig FS Wolter, 2013, 1469 mwN.

55 ABl. 1995 C 316, 2.

56 ABl. 2009 L 121, 37.

57 ABl. 2016 C 135, 53.

Ermittlungstätigkeit von Europol zulässig. Die Anwendung von Zwangsmaßnahmen ist jedoch stets den Behörden des Mitgliedstaats vorbehalten, dessen Hoheitsgebiet betroffen ist (vgl. Art. 88 III AEUV).[58]

32 Für die justizielle Zusammenarbeit wurde 2002 durch einen Beschluss des Europäischen Rats[59] unter der Bezeichnung „Eurojust" ebenfalls eine zentrale europäische Institution errichtet. Sie ist heute in Art. 85 AEUV verankert und soll im Bereich schwerer grenzüberschreitender Kriminalität die Arbeit der nationalen Staatsanwaltschaften und Gerichte koordinieren und unterstützen. Aufbau, Arbeitsweise, Tätigkeitsbereich und Aufgaben von Eurojust regelt gem. Art. 85 I UAbs. 2 AEUV die am 12.12.2019 in Kraft getretene Eurojust-Verordnung[60]. Darüber hinaus sieht Art. 86 AEUV auch die Möglichkeit vor, eine eigene Europäische Staatsanwaltschaft einzurichten. Der dafür gemäß Art. 86 I 1 AEUV notwendige einstimmige Beschluss des Rates ist jedoch bisher nicht zustande gekommen. Deshalb ist eine Europäische Staatsanwaltschaft nun im Rahmen der sog. verstärkten Zusammenarbeit (Art. 20 EUV) errichtet worden.[61] Sie hat zum 1.6.2021 ihre Arbeit aufgenommen. Die Zentrale hat ihren Sitz in Luxemburg, daneben gibt es eine dezentrale Ebene in den Mitgliedsstaaten.[62] Zuständig ist die Europäische Staatsanwaltschaft allerdings lediglich für die Verfolgung von zum Nachteil der finanziellen Interessen der EU begangenen Straftaten.

II. Völkerstrafrecht

33 Zur Verfolgung von Völkermord, Verbrechen gegen die Menschlichkeit und Kriegsverbrechen entwickelt sich seit geraumer Zeit eine internationale Strafgerichtsbarkeit. Sie soll dafür Sorge tragen, dass besonders schwerwiegende, die internationale Gemeinschaft als Ganzes berührende Verbrechen auch dann geahndet werden, wenn sie durch staatliches Handeln oder mit staatlicher Billigung bzw. Duldung begangen wurden. Die Entwicklung einer solchen Strafgerichtsbarkeit begann bereits mit den von den Alliierten nach dem zweiten Weltkrieg zur Ahndung nationalsozialistischer Verbrechen durchgeführten Nürnberger Prozessen; sie hat aber erst nach Ende des Ost-West-Konflikts mit den durch Resolutionen des Sicherheitsrats der Vereinten Nationen[63] errichteten Ad-hoc-Strafgerichtshöfen zur Ahndung der in den Bürgerkriegen

[58] Ungeachtet dessen ist es problematisch, dass die Bediensteten von Europol gem. Art. 63 I VO (EU) 2016/794 iVm Art. 11 lit. a VorrechteProt (Protokoll (Nr. 7) über die Vorrechte und Befreiungen der Europäischen Union, ABl. 2012 C 326, 266 (269)) Immunität genießen, dh, von zivil- und strafrechtlicher Haftung für in Ausübung ihres Amtes begangene Handlungen weitgehend freigestellt sind; vgl. zur (fehlenden) justiziellen Kontrolle von Europol Ambos IntStrafR § 13 Rn. 14; Kühne StrafProzR Rn. 100, beide mwN; sowie eingehend Gleß/Grote/Heine, Justizielle Einbindung und Kontrolle von Europol, (2001); relativierend Ruthig FS Wolter, 2013, 1469 (1478f.).

[59] ABl. 2002 L 63, 1.

[60] Verordnung (EU) 2018/1727 des Europäischen Parlaments und des Rates vom 14.11.2018 betreffend die Agentur der Europäischen Union für justizielle Zusammenarbeit in Strafsachen (Eurojust) und zur Ersetzung und Aufhebung des Beschlusses 2002/187/JI des Rates, ABl. 2018 L 295, 138.

[61] Durch die Verordnung (EU) 2017/1939 des Rates vom 12.10.2017 zur Durchführung einer Verstärkten Zusammenarbeit zur Errichtung der Europäischen Staatsanwaltschaft (EUStA), ABl. 2017 L 283, 1.

[62] Vgl. dazu näher die Darstellung auf der Homepage des Europäischen Rats (https://www.consilium.europa.eu/de/policies/eppo/, zuletzt abgerufen am 24.9.2022).

[63] UN Doc. S/Res/827, 25.5.1993, BT-Drs. 13/57 Anl. 1 und 2, sowie UN Doc. S/Res/955, 8.11.1994, BT-Drs. 13/7953 Anl. 4.

im ehemaligen Jugoslawien und in Ruanda begangenen Verbrechen eine Fortsetzung gefunden.[64] In dem auf einer internationalen Bevollmächtigtenkonferenz der Vereinten Nationen am 17.7.1998 beschlossenen und am 1.7.2002 in Kraft getretenen Statut von Rom[65] haben sich die Staaten schließlich über die Errichtung eines ständigen Internationalen Strafgerichtshofs verständigt. Er soll die genannten Verbrechen ahnden, wenn ein Staat „nicht willens oder nicht in der Lage ist, die Ermittlungen oder die Strafverfolgung ernsthaft durchzuführen" (Art. 17 I lit. a, b IStGHSt).

Als völkerrechtlicher Vertrag bindet das Statut von Rom allerdings nur die Vertragsparteien. Dementsprechend erstreckt sich die Zuständigkeit des Internationalen Strafgerichtshofs grundsätzlich nur auf Straftaten, die auf dem Gebiet oder von Angehörigen eines Vertragsstaates – bzw. eines Staates, der sich der Gerichtsbarkeit des Internationalen Gerichtshofs im Einzelfall unterworfen hat – begangen wurden (Art. 12 II IStGHSt). Darüber hinaus ist der Internationale Strafgerichtshof zuständig, wenn ihm ein Fall durch den Sicherheitsrat der Vereinten Nationen übertragen wird (Art. 13 lit. b IStGHSt). Der Anspruch einer universell zuständigen Strafgerichtsbarkeit wird also nur in dem Maße eingelöst, wie die Staaten dem Statut tatsächlich beitreten beziehungsweise eine Übertragung durch den Sicherheitsrat der Vereinten Nationen erfolgt.[66] Problematisch ist deshalb insbes., dass mit Frankreich und Großbritanien nur zwei der fünf ständigen, gem. Art. 27 Abs. 3 UNCh über ein Vetorecht verfügendenden Mitglieder des Sicherheitsrats dem Statut beigetreten sind. Russland und China gehören nicht zu den Vertragsstaaten, aber auch die USA will insbesondere das Handeln ihrer Soldaten bei Militäraktionen nicht von einem internationalen Gerichtshof beurteilen lassen, weshalb sie in Rom gegen das Statut gestimmt und in der Folgezeit versucht hat, dessen Inkrafttreten zu verhindern.[67] Gleichwohl ist die für das Inkrafttreten erforderliche Zahl von 60 ratifizierenden Staaten (Art. 126 I IStGHSt) inzwischen um mehr als das Doppelte übertroffen worden.[68] Auch Deutschland hat das Statut von Rom ratifiziert. 34

Das Statut regelt nicht nur die Errichtung, die Zuständigkeit und das Verfahren des Internationalen Strafgerichtshofs, sondern enthält zudem einen umfassenden materiellrechtlichen Teil. Dieser kodifiziert und systematisiert den bisher aus einer Vielzahl verschiedener Völkerrechtsquellen zu erschließenden Besonderen Teil des Völkerstrafrechts, indem er die von dem Gericht zu ahndenden Delikte Völkermord, Verbrechen gegen die Menschlichkeit, Kriegsverbrechen und Aggression umfassend definiert 35

---

[64] Vgl. zur Entwicklung iE Roggemann, Die internationalen Strafgerichtshöfe, (1998); Ambos IntStrafR § 6; Satzger IntStrafR § 13 Rn. 1 ff.; Dencker ZIS 2008, 298.

[65] BGBl. 2000 II 1393.

[66] Vgl. dazu Dencker ZIS 2008, 298. Immerhin ist der Internationale Strafgerichtshof bereits in einer Reihe von Fällen tätig geworden und hat auch bereits mehrere Urteile gesprochen (vgl. zum ersten Urteil im Fall Lubanga Ambos ZIS 2012, 313). Über die Verfahren informiert die Homepage des Internationalen Strafgerichtshofs unter http://www.icc-cpi.int.

[67] Zwar hatten die USA unter Präsident Clinton am 31.12.2000 das Statut schließlich doch noch selbst unterzeichnet, unter Präsident Bush haben sie ihre Unterschrift jedoch am 6.5.2002 wieder förmlich zurückgenommen und das Statut infolgedessen auch nicht ratifiziert, sondern vielmehr auf andere Staaten Druck ausgeübt, um eine Ratifizierung zu verhindern. Unter Präsident Trump hatten die USA als Reaktion auf Ermittlungen gegen US-Soldaten wegen mutmaßlicher in Afghanistan begangener Taten sogar Sanktionen gegen Mitglieder des Internationalen Strafgerichtshofs verhängt.

[68] Zum Ratifikationsstand vgl. die Homepage des Internationalen Strafgerichtshofes (http://asp.icc-cpi.int; zuletzt abgerufen am 24.9.2022).

(Art. 6–8bis IStGHSt). Auch die allgemeinen Voraussetzungen strafrechtlicher Verantwortlichkeit werden im Statut erstmals völkerrechtlich kodifiziert (Art. 22–33 IStGHSt).[69] Die durch das angloamerikanische Rechtsdenken beeinflusste Regelung ist allerdings noch rudimentär und weniger systematisch als der Allgemeine Teil des deutschen Strafgesetzbuchs. Als Strafe für die vom Internationalen Strafgerichtshof zu ahndenden Verbrechen sieht das Statut im Regelfall eine Freiheitsstrafe von bis zu 30 Jahren und für besonders schwere Fälle eine lebenslange Freiheitsstrafe vor (Art. 77 I IStGHSt). Daneben kann eine Geldstrafe verhängt (Art. 77 II IStGHSt) und es können den durch die Tat Verletzten Wiedergutmachungsleistungen zugesprochen werden (Art. 75 II IStGHSt).[70]

36 Eine internationale Strafverfolgung von Angriffskriegen ist politisch besonders brisant. Aus diesem Grund hatte das Verbrechen der Aggression eine besonders schwere Geburt. In den Verhandlungen zum IStGHSt konnten sich die Vertragsstaaten zunächst nicht auf eine Definition dieses Verbrechens einigen. Erst 2010 auf der ersten Überprüfungskonferenz des Statuts wurde das Verbrechen der Aggression in Art. 8bis IStGHSt definiert,[71] die Ausübung der Gerichtsbarkeit über dieses Verbrechen in Art. 15bis III IStGHSt und Art. 15ter III IStGHSt jedoch noch immer von einem weiteren, erst nach dem 1.1.2017 zu treffenden Beschluss der Vertragsstaaten abhängig gemacht. Diesen Beschluss hat die Konferenz der Vertragsstaaten schließlich im Dezember 2017 gefasst.[72] Seit dem 17.7.2018 erstreckt sich die Gerichtsbarkeit des Internationalen Strafgerichtshofs nunmehr grundsätzlich auch auf das Verbrechen der Aggression. Soweit die Strafverfolgung nicht aufgrund einer Unterbreitung durch den UN-Sicherheitsrats erfolgt, haben die Vertragsstaaten jedoch gemäß Art. 15bis IV IStGHSt die Möglichkeit, sich dieser Gerichtsbarkeit durch eine vorherige Erklärung zu entziehen, so dass dem vorerst eher symbolische Bedeutung zukommen dürfte.

37 Der deutsche Gesetzgeber hat die innerstaatliche Strafbarkeit der in die Zuständigkeit des Internationalen Strafgerichtshofs fallenden Verbrechen in einem neu geschaffenen Völkerstrafgesetzbuch gesondert geregelt. Damit soll das spezifische Unrecht dieser Verbrechen betont und sichergestellt werden, dass Deutschland stets in der Lage ist, diese Verbrechen selbst zu verfolgen. Im Völkerstrafgesetzbuch werden – allerdings mit etwas anderer Systematisierung – die im Statut von Rom definierten Straftatbestände Völkermord, Verbrechen gegen die Menschlichkeit und Kriegsverbrechen sowie nunmehr auch das Verbrechen der Aggression[73] für das innerstaatliche Recht übernommen und zum Teil noch etwas ausgeweitet (§§ 6–13 VStGB). Bezüglich der allgemeinen Voraussetzungen strafrechtlicher Verantwortlichkeit verweist das Völkerstrafgesetzbuch auf das allgemeine Strafgesetzbuch (§ 2 VStGB), sieht aber zur Anpas-

[69] Grundsätzlich Ambos, Der Allgemeine Teil des Völkerstrafrechts, 2002; Werle/Jeßberger, Völkerstrafrecht, 4. Aufl. 2016, S. 77ff. und 189ff.; zur Vorgesetztenverantwortlichkeit Weigend ZStW 116 (2004), 999.

[70] Vgl. zum Inhalt des Statuts Ambos IntStrafR §§ 6ff.; Ambos ZStW 111 (1999), 175; Satzger IntStrafR §§ 14ff.; Triffterer/Ambos, The Rome Statute of the International Criminal Court – A Commentary, 3. Aufl. 2016 sowie Werle/Jeßberger, Völkerstrafrecht, 4. Aufl. 2016.

[71] Vgl. dazu näher Ambos ZIS 2010, 649; Barriga ZIS 2010, 644; Kreß/von Holtzendorff GA 2011, 65.

[72] Resolution ICC-ASP/16/Res.5 v. 14 December 2017, abrufbar unter http://www.legal-tools.org/doc/6206b2/pdf/(zuletzt abgerufen am 24.9.2022); vgl. dazu Kreß GA 2018, 274.

[73] Dessen Einbeziehung erfolgte mit Wirkung zum 1.1.2017 durch das Gesetz zur Änderung des Völkerstrafgesetzbuches vom 22.12.2016, BGBl. 2016 I 3150.

sung an das Statut von Rom einige Sonderregeln vor, die das Handeln auf Befehl und die Verantwortlichkeit von Vorgesetzten betreffen (§§ 3, 4, 13 und 14 VStGB). Die im Völkerstrafgesetzbuch geregelten Straftaten verjähren nicht (§ 5 VStGB). Ferner gilt für sie generell das sogenannte Weltrechtsprinzip (→ § 5 Rn. 16), dh sie können[74] auch dann in Deutschland verfolgt werden, wenn sie im Ausland begangen wurden und keinen Bezug zum Inland aufweisen (§ 1 VStGB).[75]

[74] Eine Pflicht zur Verfolgung von im Ausland begangenen Taten gibt es auch bei den Delikten des Völkerstrafgesetzbuches nicht; vgl. dazu iE die Regelung des § 153f StPO.

[75] Für einen ausführlicheren Überblick über das Völkerstrafgesetzbuch vgl. Satzger IntStrafR § 17 Rn. 6ff.; Satzger NStZ 2002, 125; Werle/Jeßberger JZ 2002, 725; Zimmermann ZRP 2002, 97; vgl. auch Lüder/Vormbaum (Hrsg.), Materialien zum Völkerstrafgesetzbuch, 2002.

§ 2. Der Zweck der Strafe

1 Eine Strafe wird erst verhängt, wenn eine Straftat begangen worden ist. Sie kann dann die Straftat nicht mehr ungeschehen machen und kommt deshalb – anders als die Gefahrenabwehrmaßnahmen des Polizei- und Ordnungsrechts – zum Schutz der durch die Straftat verletzten Interessen des Opfers immer zu spät.[1] Deshalb stellt sich die Frage, welchen Sinn die Verhängung einer Strafe überhaupt hat und haben soll. Die Geistesgeschichte der Menschheit zeigt, dass diese scheinbar so einfache und für das Strafrecht so grundlegende Frage nicht leicht zu beantworten ist. Obwohl nicht nur in der Strafrechtswissenschaft, sondern auch in der Philosophie seit jeher über diese Frage nachgedacht wird,[2] ist es bis heute nicht gelungen, eine allgemein anerkannte Antwort zu finden.

A. Die traditionellen Straftheorien

2 Die traditionellen Auffassungen zum Sinn der Strafe kann man zunächst danach unterscheiden, ob sie in der Strafe ein Mittel zur Förderung des allgemeinen Wohls oder ein Mittel zur Verwirklichung der Gerechtigkeit sehen. Nach der sogenannten absoluten Straftheorie dient die Strafe allein der Verwirklichung der Gerechtigkeit. Der Täter wird bestraft, weil er für seine Tat Strafe verdient hat. Dagegen sehen die sogenannten relativen oder präventiven Straftheorien den Sinn der Strafe darin, zukünftige Straftaten zu verhindern. Zum Teil wird die Strafe dabei als Mittel zur Verhinderung von Straftaten aller Gesellschaftsmitglieder, zum Teil aber auch speziell als Mittel zur Verhinderung weiterer Straftaten des Täters angesehen. Ersteres wird als General-, letzteres als Spezialprävention bezeichnet.

I. Die absolute Straftheorie (Kant, Hegel)

3 Den Täter zu bestrafen, weil er für seine Tat Strafe verdient habe, entspricht dem allgemeinen Vorverständnis. Zumindest bei gravierenden Rechtsverletzungen hat wohl jeder Mensch ein spontanes Bedürfnis, dem Täter seine Tat durch die Zufügung eines Übels zu vergelten. Dementsprechend ist die absolute Straftheorie der Sache nach schon seit dem Altertum bekannt. Ihre bedeutendste, in der Strafrechtswissenschaft lange Zeit vorherrschende und sie bis heute nachhaltig prägende Formulierung hat sie in der Philosophie des deutschen Idealismus, insbesondere bei Kant (1724–1804)[3] und darauf aufbauend bei Hegel (1770–1831) gefunden.

---

[1] Welzel StrafR S. 3.

[2] Einen informativen Überblick über die neuzeitliche Diskussion gibt Vormbaum, Texte zur Strafrechtstheorie der Neuzeit, 1993, Bd. I und II; zur verfassungsrechtlichen Bedeutung des Problems vgl. BVerfGE 45, 187.

[3] Vgl. zur strafrechtsgeschichtlichen Einordnung Schmidt, Einführung in die Geschichte der deutschen Strafrechtspflege, 3. Aufl. 1965, §§ 220 ff., 228; zur Person und zur Philosophie Kants allgemein Zaczyk JuS 2004, 96; zum Versuch einer generalpräventiven Interpretation von Kants Straftheorie Byrd/Hruschka JZ 2007, 957.

Nach Kant[4] wird der Täter durch jede die Förderung des allgemeinen Wohls oder eines anderen Gutes bezweckende Strafe „als Mittel zu den Absichten eines anderen gehandhabt und unter die Gegenstände des Sachenrechts gemengt". Aus diesem Grund dürfe die Bestrafung des Täters allein der Verwirklichung der Gerechtigkeit dienen, die Strafe müsse „jederzeit nur darum wider ihn verhängt werden, weil er verbrochen hat". Dementsprechend sei der Täter auch dann zu bestrafen, wenn dies mit Sicherheit keinerlei gesellschaftlichen Nutzen haben wird. Kant verdeutlicht dies mit seinem berühmten Inselbeispiel: „Selbst wenn sich die bürgerliche Gesellschaft mit aller Glieder Einstimmigkeit auflöste (zB das eine Insel bewohnende Volk beschlösse, auseinanderzugehen und sich in alle Welt zu zerstreuen), müsste der letzte im Gefängnis befindliche Mörder vorher hingerichtet werden, damit jedermann das widerfahre, was seine Taten wert sind." 4

Hegel[5] stimmt mit Kant darin überein, dass Strafe allein um der Gerechtigkeit willen verhängt werden müsse. Er versucht aber näher zu begründen, warum jedermann das zu widerfahren habe, was seine Taten wert sind. Ausgangspunkt ist die Überlegung, dass der Mensch mit jeder seiner Handlungen zugleich die allgemeine Richtigkeit dieses Handelns behaupte: „Denn in seiner als eines Vernünftigen Handlung liegt, dass sie etwas Allgemeines, dass durch sie ein Gesetz aufgestellt ist". Davon ausgehend sieht Hegel in der Begehung jeder Straftat die Behauptung, dass das durch die Straftat verletzte Recht nicht gelten solle. Diese Behauptung sei zwar – weil der Mensch als Vernünftiger zugleich immer die Geltung des Rechts wolle – selbstwidersprüchlich und deshalb „in sich nichtig", aber dieser Selbstwiderspruch müsse sich nach außen „manifestieren", damit das Recht „wirklich" bleibe. Dies könne nur dadurch geschehen, dass das durch die Straftat aufgestellte Gesetz auf den Täter selbst angewendet, ihm also ein Übel zugefügt werde, so wie er durch die Straftat einem anderen ein Übel zugefügt hat. 5

Diese Deduktion ist zunächst insofern problematisch, als mit der Behauptung, dass der Mensch als Vernünftiger zugleich immer die Geltung des Rechts wolle, vorausgesetzt wird, dass sämtliche strafrechtlichen Verbote Ausprägungen eines allgemeingültig zu begründenden Vernunftrechts sind, über das vernünftige Personen gar nicht unterschiedlicher Meinung sein können. Wie fragwürdig diese Voraussetzung ist, zeigen etwa die sehr unterschiedlichen Auffassungen über die strafrechtliche Ahndung von Schwangerschaftsabbrüchen in unserer Gesellschaft. Eine Frau, die in der Überzeugung „mein Bauch gehört mir" ohne die dafür erforderlichen gesetzlichen Voraussetzungen (§ 218a StGB) einen Schwangerschaftsabbruch hat vornehmen lassen, wird sich sicherlich gegen die Behauptung verwahren, dass sie als „Vernünftige" eigentlich auch will, dass solche Schwangerschaftsabbrüche verboten sind. 6

Aber selbst wenn sich die strafrechtlichen Verbote als Ausprägungen eines allgemeingültig zu begründenden Vernunftrechts begreifen ließen, bliebe die Frage, ob es eine staatliche Aufgabe sein kann, die „Wirklichkeit" dieses Vernunftrechts nicht nur zur 7

[4] Vgl. Kant, Metaphysik der Sitten, 1797, S. 452–459. Dieser Passage sind auch die folgenden Zitate entnommen. Sie ist abgedruckt bei Vormbaum, Texte zur Strafrechtstheorie der Neuzeit, 1993, Bd. I, S. 241–246.

[5] Vgl. für Hegels Straftheorie die Grundlinien der Philosophie des Rechts, 1821, §§ 90–103. Dieser Passage sind auch die folgenden Zitate entnommen. Sie ist abgedruckt bei Vormbaum, Texte zur Strafrechtstheorie der Neuzeit, 1993, Bd. II, S. 61–69.

Förderung des allgemeinen Wohls (dies wäre bereits eine relative Straftheorie),[6] sondern um seiner selbst willen durchzusetzen. Hegel bejaht dies, weil er den Staat in bewusster Abkehr vom Staatsverständnis der Aufklärung, insbesondere der Lehre vom Gesellschaftsvertrag, nicht als Diener der Gesellschaft, sondern als das „an und für sich Vernünftige"[7] begreift, in dem sich Vernunft und Recht um ihrer selbst willen verwirklichen. Ein derartiges Staatsverständnis gilt jedoch heute zu Recht als überholt. Die Aufgabe des modernen Staates besteht allein darin, das Wohl seiner Bürger zu gewährleisten und zu fördern. Aus diesem Staatsverständnis ergibt sich der entscheidende Einwand gegen jegliche absolute Straftheorie. Da die Verwirklichung der Gerechtigkeit um ihrer selbst willen nicht Aufgabe des Staates ist, darf sie auch nicht der Zweck der staatlichen Strafe sein.[8]

II. Die generalpräventive Theorie (Feuerbach)

8 Die generalpräventive Theorie in ihrer ursprünglichen Form sieht den Sinn der Strafe darin, potentielle Täter davon abzuschrecken, eine Straftat zu begehen. Auch dieser Strafzweck ist dem Vorverständnis geläufig und schon seit dem Altertum bekannt. Systematisch ausformuliert wurde er insbesondere von dem bedeutenden Strafrechtler Paul Johann Anselm von Feuerbach (1775–1833).[9] Nach seiner Theorie des psychologischen Zwangs[10] hat das Strafrecht die Aufgabe, die auf die Begehung der Straftaten gerichteten egoistischen Motive durch die Erzeugung entgegengesetzter egoistischer Motive aufzuheben und den Bürger so psychologisch daran zu hindern, eine Straftat zu begehen. Diese Aufgabe erfülle es, indem es dem Bürger durch die Strafandrohung die Gewissheit gebe, dass auf jede Straftat ein Übel folgen werde, „welches größer ist, als die Unlust, die aus dem nicht befriedigten Antrieb zur That entspringt". Die Verhängung der Strafe sei lediglich erforderlich, um die Glaubwürdigkeit dieser Strafdrohung aufrechtzuerhalten.

9 Feuerbachs Theorie des psychologischen Zwangs beruht auf einer radikalen Trennung von Recht und Moral. Sie leugnet nicht, dass viele Menschen Straftaten schon aufgrund ihrer moralischen Überzeugungen nicht begehen, sieht den Sinn des Strafrechts aber darin, Straftaten unabhängig von den moralischen Überzeugungen der Bürger zu verhindern, und zwar dadurch, dass es ihre Begehung für die potentiellen Täter „un-

[6] Die sog. neuen oder freiheitsgesetzlichen Vergeltungstheorien, nach denen die Vergeltung der Erhaltung der Freiheit der Bürger dient (vgl. zB Köhler StrafR AT S. 43; Zaczyk FS Otto, 2007, 191 sowie den kurzen Überblick bei Pawlik FS Rudolphi, 2004, 213 (228ff.)), sind deshalb entgegen ihrem Selbstverständnis keine absoluten, sondern relative Straftheorien; vgl. zum Verhältnis von absoluter und relativer Straftheorie treffend Bloy FS Frisch, 2013, 59 (68ff.); Hörnle FS Roxin, 2011, 3 (15); Streng FS Heinz, 2012, 677 (681ff.); Wohlers GA 2019, 425 (429ff.).

[7] Hegel, Grundlinien der Philosophie des Rechts, 1821, § 258.

[8] Vgl. dazu Frisch GA 2015, 65 (70f.) sowie eindringlich Hörnle FS Roxin, 2011, 3 (4ff.) mwN. Dessen ungeachtet sieht aber das Bundesverfassungsgericht auch „Schuldausgleich", „Vergeltung" und „Sühne" als verfassungsrechtlich zulässige Strafzwecke an (BVerfGE 45, 187 (253f.)).

[9] Vgl. zur strafrechtsgeschichtlichen Einordnung Schmidt, Einführung in die Geschichte der deutschen Strafrechtspflege, 3. Aufl. 1965, §§ 223ff., 248ff., 291f., 296.

[10] Vgl. für Feuerbachs Straftheorie sein Lehrbuch des gemeinen in Deutschland gültigen Peinlichen Rechts, 1801, §§ 8–20. Dieser Passage sind auch die folgenden Zitate entnommen. Sie ist – allerdings in einer von Mittermaier herausgegebenen und teilweise ergänzten Fassung von 1847 – abgedruckt bei Vormbaum, Texte zur Strafrechtstheorie der Neuzeit, 1993, Bd. II, S. 34–38.

ökonomisch“ macht.[11] Dieser Zweckbestimmung wird häufig schon entgegengehalten, dass nicht alle Straftaten das Produkt einer wohlüberlegten Kosten-Nutzen-Analyse seien.[12] Eine große Zahl, insbesondere auch schwerer Straftaten werde begangen, ohne dass sich der Täter darüber Gedanken mache, ob sich ihre Begehung lohnt oder nicht. So seien zB Tötungs- und schwere Körperverletzungsdelikte häufig Augenblickstaten, denen kein Vor- und Nachteile abwägender Entschluss des Täters vorausgehe und die deshalb durch eine Beseitigung der „ökonomischen Attraktivität“ von Straftaten gar nicht zu verhindern seien.

Bei näherer Überlegung erweist sich dieser Einwand jedoch als nicht tragfähig. Wer **10** den Zweck des Strafrechts darin sieht, die Begehung von Straftaten für die potentiellen Täter „unökonomisch“ zu machen, behauptet zwar, dass das Strafrecht nur Straftaten verhindert, die das Produkt einer Kosten-Nutzen-Überlegung gewesen wären. Aber aus dieser Behauptung folgt nicht, dass auch die durch das Strafrecht nicht verhinderten Straftaten das Produkt einer Kosten-Nutzen-Überlegung sein müssten. Selbst wenn alle tatsächlich begangenen Straftaten Augenblickstaten wären, spräche dies nicht dagegen, den Zweck der Strafe darin zu sehen, (wenigstens) wohlüberlegt begangene Straftaten zu verhindern. Man könnte sogar umgekehrt ein völliges Fehlen wohlüberlegt begangener Straftaten als Beleg dafür anführen, dass das Strafrecht die ihm zugedachte Funktion der Verhinderung solcher Taten erfüllt.

Bedenken gegen die Theorie des psychologischen Zwangs ergeben sich deshalb nicht **11** aus der Existenz von Augenblickstaten, sondern gerade umgekehrt daraus, dass auch viele Straftaten wohlüberlegt begangen werden. Denn dies wirft die Frage auf, ob und inwieweit das Strafrecht überhaupt dazu in der Lage ist, die Begehung von Straftaten für potentielle Täter „unökonomisch“ zu machen. Hier ist ein gehöriges Maß an Skepsis angebracht. In vielen Kriminalitätsbereichen sind die Gewinnmöglichkeiten so hoch und ist das Entdeckungsrisiko so gering, dass es sich für einen risikobereiten, nur an seinem eigenen Vorteil interessierten Menschen durchaus lohnt, Straftaten zu begehen. In einer freiheitlichen Gesellschaft kann dies letztlich auch gar nicht anders sein. Die Idee, sämtliche Straftaten durch Strafandrohungen „unökonomisch“ zu machen, wäre – wenn überhaupt – nur durch eine totale Überwachung der Menschen zu verwirklichen. Eine freiheitliche Gesellschaft muss auf eine solche Überwachung verzichten und ist deshalb darauf angewiesen, dass ihre zentralen Normen im Wesentlichen aus moralischer Überzeugung befolgt werden.

Aber auch wenn das Strafrecht damit wohl nicht verhindern kann, dass ein ausschließ- **12** lich auf seinen eigenen Vorteil bedachter „homo oeconomicus“ Straftaten begeht, ist der Grundgedanke der Theorie des psychologischen Zwangs noch nicht widerlegt. Denn die ökonomische Attraktivität von Straftaten ist nicht nur für die Entscheidung eines solchen „homo oeconomicus“, sondern auch für die Entscheidung all derjenigen von Bedeutung, die eine der strafrechtlichen Norm entsprechende moralische Überzeugung haben. Je größer die ökonomische Attraktivität einer Straftat ist, desto eher sind (auch) diese Menschen dazu bereit, sich über ihre vorhandene moralische

[11] Die insbes. in der amerikanischen Diskussion verbreiteten Versuche, die Funktion der Strafe mittels volkswirtschaftlicher Modelle zu beschreiben (vgl. zB Adams/Shavell GA 1990, 337 (341 ff.)), sind dementsprechend nur Varianten der Feuerbach'schen Straftheorie.

[12] Vgl. zB Roxin/Greco StrafR AT I § 3 Rn. 25, die allerdings in Rn. 25a zugleich auf eine „bemerkenswerte Renaissance” der negativen Generalprävention hinweisen.

Überzeugung hinwegzusetzen und die Straftat um des ökonomischen Vorteils willen doch zu begehen. Von daher lässt sich die Theorie des psychologischen Zwangs unter Wahrung ihres Grundgedankens ohne Weiteres dahingehend modifizieren, dass das Strafrecht die Aufgabe hat, die ökonomische Attraktivität von Straftaten wenigstens weitgehend zu vermindern und dadurch zu verhindern, dass Menschen ungeachtet ihrer der strafrechtlichen Norm entsprechenden moralischen Überzeugung Straftaten begehen.

13 Ein durchgreifender Einwand gegen eine in dieser Weise modifizierte Theorie des psychologischen Zwangs ergibt sich erst aus der Überlegung, dass diese Theorie die Orientierung der Höhe der Strafe an dem Ausmaß des begangenen Unrechts nicht überzeugend zu erklären vermag.[13] Wenn das Strafrecht wirklich nur gewährleisten wollte, dass die Begehung von Straftaten nicht oder zumindest weniger lohnend ist, müsste sich die Strafe in erster Linie nach dem aus der Straftat zu erwartenden Vorteil und der Höhe des Entdeckungsrisikos richten. Die Hinterziehung einer Steuerschuld in Höhe von 100.000 Euro müsste also mit höherer Strafe bedroht sein als ein Raubmord mit 1.000 Euro Beute. Die Absurdität dieses Ergebnisses zeigt deutlich, dass die Beseitigung bzw. Minderung der ökonomischen Attraktivität von Straftaten zwar ein willkommener Nebeneffekt des Strafrechts ist, aber nicht der für seine Ausgestaltung bestimmende Grund. Die generalpräventive Theorie in ihrer ursprünglichen Form bedarf deshalb zumindest der Ergänzung. Mit ihr allein lässt sich die strafrechtliche Ahndung von Rechtsverletzungen nicht überzeugend erklären.

III. Die spezialpräventive Theorie (v. Liszt)

14 Die spezialpräventive Theorie sieht die präventive Wirkung der Strafe nicht in der Einwirkung auf die Allgemeinheit, sondern in der Einwirkung auf den Täter selbst. Die Strafe habe die Aufgabe, speziell den Täter von der Begehung weiterer Straftaten abzuhalten. Auch dieser Gedanke ist alt, wurde aber erst durch Franz von Liszt (1851–1919)[14] zu einer umfassenden Straftheorie ausformuliert. Von Liszt unterscheidet in seinem berühmten Marburger Programm (1882/83)[15] drei verschiedene Methoden, den Täter davon abzuhalten, weitere Straftaten zu begehen: Durch „Einpflanzung altruistischer, sozialer Motive" könne er gebessert, durch „Einpflanzung und Kräftigung egoistischer, aber in der Wirkung mit den altruistischen zusammenfallender Motive" abgeschreckt und durch Einschließung vorübergehend oder auch dauernd „unschädlich gemacht" werden.[16] Welche dieser drei Methoden anzuwenden sei, will von Liszt nicht von der begangenen Tat, sondern von der Besserungsbedürftigkeit und Besserungsfähigkeit des Täters abhängig machen.[17]

[13] Jakobs StrafR AT Abschn. 1 Rn. 29f. mwN.

[14] Vgl. zur strafrechtsgeschichtlichen Einordnung Schmidt, Einführung in die Geschichte der deutschen Strafrechtspflege, 3. Aufl. 1965, §§ 307ff.

[15] Dabei handelt es sich um eine 1882 an der Universität in Marburg gehaltene Rektoratsrede mit dem Titel „Der Zweckgedanke im Strafrecht", die ein Jahr später in der ZStW 3 (1883), 1 veröffentlicht wurde. Sie ist in Auszügen abgedruckt bei Vormbaum, Texte zur Strafrechtstheorie der Neuzeit, 1993, Bd. II, S. 171–186. Seinem hundertjährigen Jubiläum sind die ersten vier Beiträge (von Naucke, Frisch, Müller-Dietz und Liebscher) in Heft 3 der ZStW 1982 gewidmet.

[16] Von Liszt ZStW 3 (1883), 1 (34).

[17] IE unterscheidet v. Liszt hier drei verschiedene „Kategorien von Verbrechern": Die nicht besserungsbedürftigen „Gelegenheitsverbrecher", bei denen „die begangene That eine Episode, eine überwiegend

Als alleinige Begründung für die Ahndung von Straftaten ist die spezialpräventive Theorie relativ leicht zu widerlegen. Der Versuch, die Strafe ausschließlich mit der Notwendigkeit der Verhinderung künftiger Straftaten des Täters zu legitimieren, scheitert an der Überlegung, dass jemand sehr schwerwiegende Straftaten begangen haben kann, ohne dass zugleich die Gefahr besteht, dass er auch künftig Straftaten begehen wird. Das wohl einleuchtendste Beispiel sind die Gräueltaten des Nationalsozialismus. Diese sind häufig von Personen begangen worden, bei denen nach dem Ende des zweiten Weltkrieges die Gefahr, dass sie erneut Straftaten begehen, nicht größer war als bei einem „Normalbürger". Aber auch abgesehen von dem Sonderfall staatlich veranlasster Kriminalität gibt es Straftaten, bei denen keine Wiederholungsgefahr besteht. So resultiert zB die Tötung von Angehörigen, Ehegatten oder sonstigen nahestehenden Personen des Öfteren aus besonderen Konfliktsituationen, in die der Täter aller Voraussicht nach nicht noch einmal geraten wird. Dessen ungeachtet werden solche Taten in unserer Rechtsordnung bestraft, und dies ist aus dem Zweck, künftige Straftaten des Täters zu verhindern, nicht zu begründen.[18] 15

Dieser grundsätzliche Einwand gegen eine spezialpräventive Begründung der Strafe hindert jedoch nicht daran, die konkrete Ausgestaltung der (anderweitig zu begründenden) Strafe am Zweck der Spezialprävention zu orientieren. Hier liegt die eigentliche Bedeutung der von Liszt'schen Straftheorie. Der Gedanke, die strafrechtliche Sanktion so auszugestalten, dass sie zugleich der Begehung weiterer Straftaten durch den Täter entgegenwirkt, hat sich – auch international[19] – als äußerst wirkungsmächtig erwiesen. In Deutschland hat er zunächst maßgeblich zur Ausbildung eines am Erziehungsgedanken orientierten Jugendstrafrechts (vgl. dazu → § 1 Rn. 24f.) beigetragen. Durch das vom nationalsozialistischen Gesetzgeber verabschiedete Gesetz gegen gefährliche Gewohnheitsverbrecher vom 24.11.1933 fand er dann – zunächst unter einseitiger Betonung des Sicherungsgedankens – auch Eingang in das allgemeine Strafrecht. Das Gesetz fügte die bereits erwähnten Maßregeln der Besserung und Sicherung (damals: „Sicherung und Besserung") in das Strafgesetzbuch ein und sah darüber hinaus vor, „gefährliche Gewohnheitsverbrecher" über das Maß der verdienten Strafe hinaus zu bestrafen. 16

Obwohl das Gesetz gegen „gefährliche Gewohnheitsverbrecher" schon in der Weimarer Zeit vorbereitet wurde und damit im Ursprung kein nationalsozialistisches Gedankengut war, zeigt seine Handhabung durch die Nationalsozialisten, wohin es führen kann, bei der strafrechtlichen Ahndung nur noch danach zu fragen, welche Strafe erforderlich ist, um weitere Straftaten des Täters zu verhindern. Um Straftäter „unschädlich zu machen" (von Liszt), haben die Nationalsozialisten von ihnen als „Volksschädlinge" bezeichnete Menschen in großer Zahl hingerichtet und in Konzentrationslager verbracht, wo sie gleichfalls elend umgekommen sind.[20] Auch wenn 17

durch äußere Einflüsse hervorgebrachte Verirrung" sei, müssten lediglich durch einen „Denkzettel" von der Begehung weiterer Taten abgeschreckt werden. Die „durch vererbte oder erworbene Anlagen zum Verbrechen hinneigenden, aber noch nicht rettungslos verlorenen Individuen" müssten im Strafvollzug gebessert werden. Und die „unverbesserliche(n) Gewohnheitsverbrecher" müssten durch „Einschließung auf unbestimmte Zeit" unschädlich gemacht werden (ZStW 3 (1883), 1 (36ff.)).

[18] Vgl. dazu etwa Frisch GA 2015, 65 (71) mwN.

[19] Vgl. dazu die Darstellung bei Roxin/Greco StrafR AT I § 3 Rn. 12 mwN.

[20] Vgl. dazu näher Werle, Justiz-Strafrecht und polizeiliche Verbrechensbekämpfung im Dritten Reich, 1989, S. 86ff. und 315ff.

derartige Exzesse von Liszt selbst völlig fern lagen, sind sie eine mögliche Konsequenz seines Gedankens, den Täter zur Verhinderung künftiger Straftaten auch über das Ausmaß des begangenen Unrechts hinaus zu bestrafen. Deshalb war es richtig, dass der Gesetzgeber (allerdings erst 1969!) die Strafschärfung für gefährliche Gewohnheitsverbrecher wieder beseitigt und auch die Maßregeln der Besserung und Sicherung gegenüber der 1933 geschaffenen Regelung stark eingeschränkt hat.[21]

18 Der Gedanke, die strafrechtliche Sanktion so auszugestalten, dass sie zugleich der Begehung weiterer Straftaten durch den Täter entgegenwirkt, hat aber nicht nur zu Verschärfungen, sondern vor allem zu erheblichen Milderungen des strafrechtlichen Sanktionensystems geführt. Weil man erkannte, dass die Vollstreckung von Freiheitsstrafen wegen der Beeinträchtigung der sozialen und privaten Bindungen (Verlust des Arbeitsplatzes, Gefährdung der Ehe etc) und der Gefahr einer negativen Beeinflussung des Täters durch die kriminelle Subkultur in Strafvollzugsanstalten in vielen Fällen das Risiko der Begehung weiterer Straftaten durch den Täter eher erhöht als vermindert, wurden kurzfristige Freiheitsstrafen zugunsten der Geldstrafe zurückgedrängt (1924 und 1969) und die Möglichkeit geschaffen, die Vollstreckung von Freiheitsstrafen zur Bewährung auszusetzen (1953 und 1969). Darüber hinaus wurde der Strafvollzug erheblich umgestaltet. Er ist heute – auch wenn in der Praxis aufgrund der vielfach unzureichenden personellen, räumlichen und finanziellen Ausstattung der Justizvollzugsanstalten vieles im Argen liegt – jedenfalls im Grundsatz darauf ausgerichtet, den Gefangenen dazu zu befähigen, „künftig in sozialer Verantwortung ein Leben ohne Straftaten zu führen“[22] (§ 2 S. 1 StVollzG).

19 Diese in ihrem Ursprung auf der von Liszt'schen Straftheorie beruhende Entwicklung zu einer an dem Ziel der Resozialisierung orientierten Ausgestaltung der strafrechtlichen Übelszufügung ist – ungeachtet einer heute wieder sehr verbreiteten und in gewissem Maße wohl auch berechtigten Skepsis gegenüber den tatsächlichen Resozialisierungschancen – im Grundsatz positiv zu bewerten. Selbst wenn man davon ausgeht, dass Strafen in der Regel keinerlei den Täter resozialisierende Wirkung haben, bleibt es vernünftig, eine notwendige Bestrafung so auszugestalten, dass sie den Täter wenigstens nicht zusätzlich entsozialisiert und auf diese Weise die Gefahr weiterer Straftaten noch erhöht. Schon dies rechtfertigt sowohl das Zurückdrängen vollstreckbarer Freiheitsstrafen als auch das Ausrichten des Strafvollzugs auf das Ziel, den Gefangenen dazu zu befähigen, künftig ein Leben ohne Straftaten zu führen. Darüber hinaus ist die resozialisierende Ausgestaltung strafrechtlicher Sanktionen auch ein Gebot der Humanität gegenüber den meist nur mit schlechten Lebensperspektiven aufgewachsenen, straffällig gewordenen Menschen.[23]

B. Die Theorie positiver Generalprävention

20 Die vorstehend referierten Einwände gegen die traditionellen Straftheorien versucht man in der Literatur zum Teil dadurch auszuräumen, dass man all diese Theorien ge-

[21] Zu der seit 1998 zum Teil wieder gegenläufigen Entwicklung bei der Sicherungsverwahrung → § 6 Rn. 24ff.

[22] Diese ursprünglich aus dem § 2 S. 1 StVollzG stammende Formulierung haben die Strafvollzugsgesetze der Länder übernommen; vgl. zB § 1 StVollzG NRW.

[23] Vgl. dazu BVerfGE 98, 169 (200ff.) mwN.

meinsam zur Rechtfertigung der Strafe heranzieht. Da die bloße Kumulation unzureichender Begründungsversuche noch keine tragfähige Begründung ergibt, ist diese sogenannte **Vereinigungstheorie** jedoch eine offenkundige Verlegenheitslösung.[24] Um die Strafe nach modernem Staatsverständnis zu rechtfertigen, bedarf es eines über die Verwirklichung der Gerechtigkeit hinausgehenden Zweckes, der zugleich geeignet ist, die Orientierung der Strafe an dem Maß des begangenen Unrechts zu erklären. Diesen Zweck glaubt man heute in der wertbewusstseinserhaltenden Funktion der Strafe gefunden zu haben. Nach der **Theorie positiver Generalprävention** hat die Strafe die Aufgabe, die innere Anerkennung der verletzten Verhaltensnorm[25] durch die Allgemeinheit der Normadressaten zu erhalten, dh dafür Sorge zu tragen, dass die Menschen die durch die Straftat verletzte Norm ungeachtet der geschehenen Verletzung auch weiterhin als moralisch verpflichtend ansehen.

Dem liegt die Überlegung zugrunde, dass die moralischen Überzeugungen der Men- 21
schen nicht (nur) der Vernunft des Einzelnen entspringen, sondern (auch) durch die gesellschaftliche Wirklichkeit geprägt sind und deshalb selbst scheinbar fest gefügte Überzeugungen auf die Dauer gegenüber dieser Wirklichkeit nicht immun sein können. In einer Gesellschaft, in der zB das Töten von Menschen nicht mehr mit Strafe bedroht wäre, würde langfristig auch das Bewusstsein vom Wert des menschlichen Lebens verloren gehen. Die Mitglieder einer solchen Gesellschaft würden nicht nur in stärkerem Maße mit ihrer eigenen Tötung rechnen, sondern das Töten auf die Dauer auch nicht mehr als moralisches Unrecht bewerten.

Zur näheren Begründung dieser auf den ersten Blick sicherlich nicht selbstverständ- 22
lichen Behauptung ist in der Strafrechtswissenschaft zunächst auf **tiefenpsychologische Erklärungsmodelle** Bezug genommen worden.[26] Die Abhängigkeit moralischer Überzeugungen von der gesellschaftlichen Wirklichkeit wurde mit der Erwägung begründet, menschliches Handeln orientiere sich von Natur aus an dem Prinzip individueller Nutzenmaximierung. Moralische Überzeugungen seien nichts anderes als internalisierte Kosten-Nutzen-Erwägungen. Sie entstünden dadurch, dass die Angst vor (zunächst elterlicher) Bestrafung internalisiert, dh in Gewissensangst transformiert werde. Deshalb sei es zur Erhaltung moralischer Überzeugungen notwendig, die unbewusst gewordene Angst vor der Bestrafung in der gesellschaftlichen Wirklichkeit als richtig zu bestätigen. Geschehe dies nicht, so werde die der moralischen Überzeugung zugrunde liegende unbewusste Kosten-Nutzen-Erwägung unterminiert. Die Menschen würden dann nach und nach zu der Auffassung kommen, es lohne sich nicht, an Überzeugungen festzuhalten, über die man sich ungestraft hinwegsetzen könne.

In der aktuellen Diskussion ist diese Begründung der Abhängigkeit moralischer 23
Überzeugungen von der gesellschaftlichen Wirklichkeit jedoch etwas in den Hintergrund getreten. Heute wird eher auf **sozialpsychologische Erklärungsmodelle** zurückgegriffen,[27] deren Ausgangspunkt die Überlegung ist, dass die Menschen sich

[24] Vgl. für eine nähere Kritik der Vereinigungstheorie NK-StGB/Hassemer/Neumann StGB Vor § 1 Rn. 286f.

[25] Vgl. zur Unterscheidung von Verhaltens- und Sanktionsnorm eingehend Freund/Rostalski StrafR AT § 1 Rn. 46ff.

[26] Grundlegend Haffke, Tiefenpsychologie und Generalprävention, 1976.

[27] Grundlegend waren insoweit die Arbeiten von Jakobs; vgl. etwa Jakob StrafR AT Abschn. 1 Rn. 4ff.; vgl. mit stärkerer individualpsychologischer Fundierung auch Streng FS Hruschka, 2006, 697 (710ff.); Streng FS Schünemann, 2015, 827 (839ff.).

von Natur aus an den Handlungen anderer Menschen orientieren. Moralische Überzeugungen seien demnach das Resultat eines gesellschaftlichen Kommunikationsprozesses. Die Menschen interpretierten die Handlungen anderer Menschen als Behauptung der allgemeinen Richtigkeit des betreffenden Handelns und zögen dann diese Behauptung als Orientierungsmuster für das eigene Erleben und Handeln in Betracht. Dementsprechend werde jede Straftat als Widerspruch gegen die Geltung der verletzten Norm interpretiert. Um zu verhindern, dass die Menschen sich in Zukunft an diesem Normwiderspruch orientierten, müsse dessen Wirkung in dem die moralischen Überzeugungen bildenden Kommunikationsprozess neutralisiert werden. Dies könne – da sich Menschen weniger an Worten als an Taten orientierten[28] – nur durch eine die weitere Geltung der Norm symbolisierende Tat und damit dadurch geschehen, dass dem Täter für die Normverletzung ein Übel zugefügt werde, das in seinem Ausmaß der Bedeutung der verletzten Norm entspricht.[29]

24 Es ist unschwer zu erkennen, dass diese sozialpsychologische Begründung der Theorie positiver Generalprävention eine große Ähnlichkeit mit der absoluten Straftheorie Hegels aufweist. Jedoch soll bei Hegel die Anerkennung der strafrechtlich geschützten Normen als Selbstzweck und nicht um derer gesellschaftlichen Funktion willen erhalten werden. Außerdem besteht ein gewichtiger Unterschied zwischen beiden Theorien darin, dass die positive Generalprävention darauf verzichtet, die Bestrafung mit einem (angeblichen) Selbstwiderspruch des Täters zu legitimieren. Damit entgeht sie einerseits der Notwendigkeit, die strafrechtlichen Verbote als Ausprägungen eines allgemeingültig zu begründenden Vernunftrechts begreifen zu müssen, kann aber andererseits die Strafe nicht auf den „wirklichen" Willen des Täters zurückführen, sondern nur daraus rechtfertigen, dass die Bestrafung zum Erhalt der zentralen Wertvorstellungen der Gesellschaft notwendig ist.

25 Aufgrund dessen ist auch die Theorie positiver Generalprävention dem von Kant gegen alle relativen Straftheorien erhobenen Vorwurf ausgesetzt, den Täter „als Mittel zu den Absichten eines anderen" zu gebrauchen.[30] Ein durchgreifender Einwand gegen die Theorie positiver Generalprävention ergibt sich daraus jedoch schon deshalb nicht, weil dieser Vorwurf nur die Kehrseite des in einer pluralistischen Gesellschaft notwendigen Verzichts auf den Gedanken eines allgemeingültig zu begründenden Vernunftrechts ist. Sobald man anerkennt, dass nicht jeder „Vernünftige" die Wertungen der Rechtsordnung teilen muss, wird bei einer zwangsweisen Durchsetzung der Rechtsordnung gegenüber abweichenden Wertvorstellungen der Mensch notwendigerweise

[28] Dazu instruktiv Feijoo Sanchez FS Jakobs, 2007, 75 (92f.) mwN; vgl. auch Velten ZIS 2017, 736 (738f.), die darauf abstellt, dass die Beachtung von Normen für den Einzelnen nur unter der Voraussetzung der Gegenseitigkeit sinnvoll sei.

[29] Das Bedürfnis nach einer solchen Symbolisierung der weiteren Normgeltung steht auch hinter dem in der Strafzwecklehre lange Zeit nur als Teilaspekt des absoluten Strafzwecks vergeltender Gerechtigkeit behandelten Genugtuungsinteresse des Opfers. Dies hat in jüngerer Zeit Jan Philipp Reemtsma, der selbst Opfer einer Entführung war, eindrucksvoll dargelegt. Die Bestrafung des Täters sei für das Opfer notwendig, um ihm die „Sicherheit der Orientierung im sozialen Leben" zurückzugeben (Reemtsma, Das Recht des Opfers auf die Bestrafung des Täters – als Problem, 1999); vgl. dazu Deiters, Legalitätsprinzip und Normgeltung, 2006, S. 36ff.; Hörnle FS Roxin, 2011, 3 (15f.) und zur Bedeutung der Opferperspektive in der Strafzwecklehre allgemein Anders ZStW 124 (2012), 374 (393ff.); Weber, Zum Genugtuungsinteresse des Verletzten als Strafzweck, 1997.

[30] Exemplarisch Köhler StrafR AT S. 44ff. (insbes. S. 46f.); vgl. auch die allgemeine „Kritik der präventionstheoretischen Strafbegründung" von Pawlik FS Rudolphi, 2004, 213.

als Mittel zu den Absichten anderer gebraucht. Da auch eine pluralistische Gesellschaft auf eine zwangsweise Durchsetzung ihrer Rechtsordnung nicht verzichten kann, muss dieser „Gebrauch zu den Absichten anderer" in einer solchen Gesellschaft wohl oder übel als legitim anerkannt werden,[31] sodass sich aus ihm keine grundsätzlichen Einwände gegen eine dahingehende Zweckbestimmung der Strafe ableiten lassen.

Die Beurteilung der Theorie positiver Generalprävention hängt damit entscheidend 26
von der Tragfähigkeit der ihr zugrunde liegenden empirischen Annahmen ab. Insoweit steht die Strafrechtswissenschaft vor der Schwierigkeit, dass es für die Richtigkeit dieser Annahmen der Natur der Sache nach keinen direkten empirischen Beweis gibt.[32] Ein solcher Beweis wäre nur dadurch zu erbringen, dass man die Probe aufs Exempel macht, dh für längere Zeit auf die Bestrafung eines in der Gesellschaft unzweifelhaft[33] als strafwürdiges Unrecht bewerteten Verhaltens verzichtet, um zu sehen, ob das entsprechende Wertbewusstsein tatsächlich leidet oder nicht. Da dies nicht ernsthaft in Betracht kommt, kann man bei der Beurteilung der empirischen Annahmen positiver Generalprävention nur danach fragen, ob die Begründung dieser Annahmen plausibel und durch sozialwissenschaftliche Erklärungsmodelle hinreichend abgesichert erscheint. Dies wird von der heute überwiegenden Meinung meines Erachtens zu Recht angenommen.

---

31 Dies bedeutet selbstverständlich nicht, dass auf eine weitergehende Rechtfertigung der Strafe gegenüber dem Einzelnen verzichtet werden könnte (missverstanden bei Hörnle FS Roxin, 2011, 3 (11)). Die insoweit bestehenden Anforderungen werden im 3. Kapitel gesondert behandelt.

32 Vgl. zu den Versuchen, die empirischen Annahmen der Theorie positiver Generalprävention wenigstens indirekt zu überprüfen, Hermann, Werte und Kriminalität, 2003, S. 310ff.; Rössner FS Schöch, 2010, 637 (642ff.); Schöch FS Jescheck, 1985, 1081.

33 Aus der Aufhebung der Strafbarkeit von Verhaltensweisen, deren Strafwürdigkeit in der Gesellschaft bereits zweifelhaft geworden war (wie zB der ab 1969 stufenweise erfolgten Aufhebung der Strafbarkeit der Homosexualität), lassen sich insoweit keine Schlüsse ziehen, weil die Veränderung des Wertbewusstseins in diesen Fällen nicht auf der Aufhebung der Strafbarkeit beruht bzw. zumindest nicht beruhen muss.

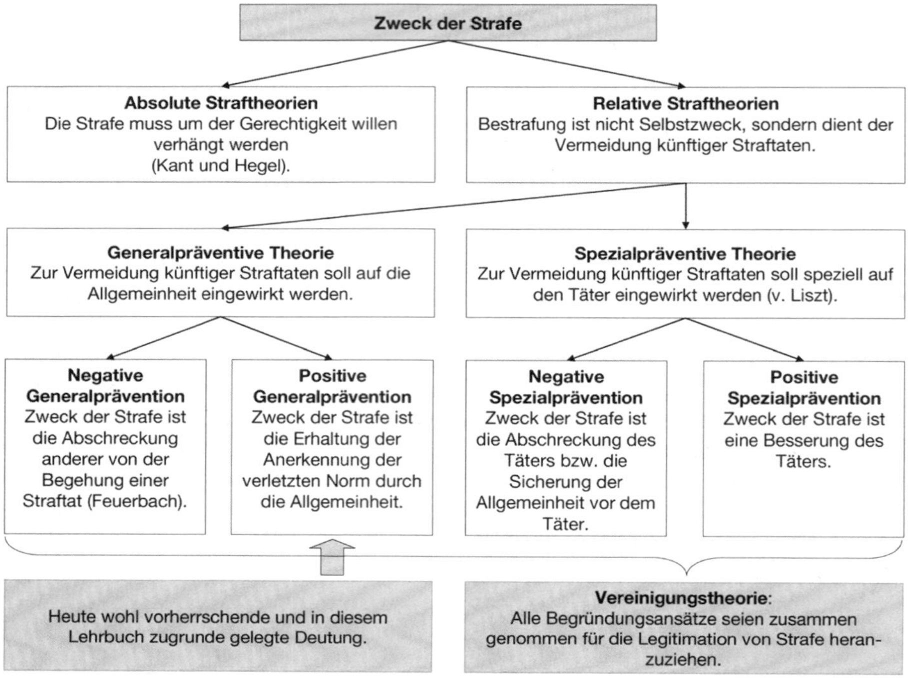

Abb. 2: Straftheorien

27 Im Ergebnis wird die Strafe damit durch die Notwendigkeit begründet, dafür Sorge zu tragen, dass die Menschen die durch die Straftat verletzte Norm ungeachtet des in der geschehenen Verletzung liegenden Normwiderspruchs weiterhin als innerlich verpflichtend anerkennen. Dem Täter muss hierfür als Reaktion auf die Straftat ein Übel zugefügt werden, das dem Ausmaß des begangenen Unrechts entspricht. Die Art des Übels und dessen konkrete Ausgestaltung werden jedoch durch diese die Strafe begründende Aufgabe der positiven Generalprävention nicht präjudiziert. Sie ist im Sinne von Liszts in erster Linie an dem Zweck der Spezialprävention zu orientieren, dh die Übelszufügung ist so auszugestalten, dass sie der Begehung weiterer Straftaten durch den Täter so weit wie möglich entgegenwirkt. Die Beseitigung bzw. Verminderung der ökonomischen Attraktivität von Straftaten im Sinne Feuerbachs ist lediglich ein willkommener Nebeneffekt der Strafe.

Lektüreempfehlungen: Vormbaum, Texte zur Strafrechtstheorie der Neuzeit, 1993, Bd. 1, S. 241–246 (Kant), Bd. 2, S. 34–38 (Feuerbach), S. 61–69 (Hegel) und S. 171–186 (v. Liszt).

§ 3. Das Schuldprinzip

A. Grundlagen

1 Eine Strafe setzt Schuld voraus und darf in der Höhe das Maß der Schuld nicht überschreiten. Dieser als **Schuldprinzip** bezeichnete Grundsatz wird in Rechtsprechung und Literatur zumeist als Ausprägung des Rechtsstaatsprinzips (Art. 20 III GG), zum Teil auch als Ausprägung der Menschenwürde (Art. 1 I GG) und des Rechts auf freie Entfaltung der Persönlichkeit (Art. 2 I GG iVm Art. 1 I GG) angesehen. Jedenfalls hat er nach ständiger Rechtsprechung des Bundesverfassungsgerichts Verfassungsrang[1] und bindet damit auch den Straf- sowie – wie das Gericht in seinem Urteil zum Lissabonner Vertrag ausführt[2] – über Art. 79 III GG sogar den Verfassungsgesetzgeber. Das Gesetz darf danach erstens nur Verhaltensweisen mit Strafe bedrohen, die einen so gewichtigen persönlichen Vorwurf gegen den Täter begründen, dass eine strafrechtliche Ahndung gerechtfertigt ist. Es muss zweitens die Strafrahmen so bemessen, dass die angedrohte Strafe das Gewicht des zu erhebenden persönlichen Vorwurfs nicht übersteigt.

2 Das Schuldprinzip wird traditionell damit begründet, der Täter habe eine Bestrafung nur verdient, wenn und soweit ihm aus seinem Verhalten ein persönlicher Vorwurf gemacht werden kann. Diese Begründung beruht zwar auf dem Vergeltungsgedanken der absoluten Straftheorie, lässt sich aber auch mit einer relativen Straftheorie verbinden, wenn man zwischen dem Zweck und der Rechtfertigung der Strafe unterscheidet. Ausgehend von einer solchen Unterscheidung wird das Schuldprinzip heute zumeist darauf zurückgeführt, dass die Verhängung einer Strafe einer zweifachen Legitimation bedürfe: Sie müsse nicht nur zweckmäßig, dh zur Förderung des allgemeinen Wohls geeignet, erforderlich und verhältnismäßig, sondern auch gerecht, also eine verdiente Übelszufügung für die zu ahndende Tat sein.[3]

3 Auf der Grundlage der heute vorherrschenden Theorie der positiven Generalprävention (→ § 2 Rn. 20ff.) sind das allerdings keine voneinander unabhängigen Legitimationsvoraussetzungen. Denn die generalpräventive Notwendigkeit der Zurückweisung des in der Straftat enthaltenen Normwiderspruchs hängt im Ergebnis von den gleichen Voraussetzungen ab wie die Gerechtigkeit der Bestrafung. Wem wir sein falsches Verhalten nicht zum Vorwurf machen, den nehmen wir als Kommunikationspartner auch nicht ernst, und wen wir als Kommunikationspartner ernst nehmen, dem machen wir sein falsches Verhalten auch zum Vorwurf. Das eine ist in unserem sozialen Erleben die Kehrseite des anderen,[4] sodass wir ein Verhalten genau dann als ernstzunehmenden Widerspruch gegen die Geltung einer als legitim anerkannten Norm interpretieren,

---

1 Vgl. zB BVerfGE 20, 323 (331); 90, 145 (173); BVerfG NJW 2002, 1779 (1780); 2013, 1058 (1059f.). Eine eingehende Darstellung dieser Rechtsprechung und ein Überblick über die verfassungsrechtliche Ableitung des Schuldprinzips in der strafrechtlichen Literatur finden sich bei Lagodny, Strafrecht vor den Schranken der Grundrechte, 1996, S. 386ff.; vgl. ferner Hörnle FS Tiedemann, 2008, 325.

2 BVerfG NJW 2009, 2267 (2289).

3 Vgl. zB Roxin/Greco StrafR AT I § 3 Rn. 51–62.

4 Vgl. dazu Seelmann FS Merkel, 2020, 695 (699f.) mwN.

wenn wir dem Täter aus der Verletzung dieser Norm einen persönlichen Vorwurf machen.

4 Wegen der sich daraus ergebenden Identität von (positiv-)generalpräventiv notwendiger und verdienter Strafe[5] wird das Schuldprinzip in der neueren Literatur zum Teil nur noch damit begründet, dass die Strafe zur Zurückweisung eines in der Straftat liegenden Normwiderspruchs notwendig sein muss.[6] Eine solche rein generalpräventive Begründung des Schuldprinzips steht jedoch vor der Schwierigkeit, erklären zu müssen, warum gerade zur Zurückweisung des in der Straftat liegenden Normwiderspruchs und nicht zu anderen Zwecken bestraft werden darf. Ein überzeugender Grund dafür ergibt sich letztlich nur aus der Tatsache, dass mit der Existenz eines ernstzunehmenden Normwiderspruchs zugleich ein persönlicher Vorwurf begründet ist, sodass die generalpräventive Interpretation des Schuldprinzips im Ergebnis doch wieder auf dessen traditionelle Deutung zurückführt.

5 Sehr viel wichtiger als der – weitgehend terminologische – Streit über die traditionelle oder generalpräventive Begründung des Schuldprinzips ist die Frage, nach welchen Maßstäben zu beurteilen ist, ob und inwieweit ein Verhalten einen persönlichen Vorwurf gegen eine Person begründet. Wenn das Schuldprinzip auch und gerade den Gesetzgeber binden soll, können diese Maßstäbe nicht dem Gesetz selbst entnommen, sondern müssen aus anderen Quellen hergeleitet werden. Bei der Beantwortung der Frage, ob und in welcher Weise dies möglich ist, sind zwei Aspekte des Schuldprinzips zu unterscheiden: zum einen die Frage, wann ein Verhalten ein Urteil über eine Person ermöglicht, dh dieser Person zuzurechnen ist, und zum anderen das Problem, wann ein Verhalten so negativ zu bewerten ist, dass seine Zurechnung einen strafrechtlichen Vorwurf gegen die Person begründet.[7]

B. Das Erfordernis selbstbestimmten Verhaltens („formelles" Schuldprinzip)

6 Die Frage, wann ein Verhalten ein Urteil über eine Person ermöglicht, scheint auf den ersten Blick relativ leicht zu beantworten zu sein. In unserer Gesellschaft ist es ein nahezu selbstverständliches Gebot der Gerechtigkeit, dass den Menschen nur ein selbstbestimmtes Verhalten persönlich zugerechnet werden kann. Die in früheren Epochen durchaus übliche strafrechtliche Zurechnung des Verhaltens von Angehörigen (Sippenhaft), von willentlich gar nicht steuerbaren Körperbewegungen und nicht vorhersehbaren Folgen des eigenen Tuns (Erfolgshaftung) ist mit unseren heutigen Gerechtigkeitsvorstellungen nicht zu vereinbaren. Gleiches gilt für die Zurechnung der Handlungen von Geisteskranken oder kleinen Kindern. Da wir diesen Personen die Fähigkeit zur Selbstbestimmung absprechen, gehen wir davon aus, dass ihnen aus ihrem Verhalten kein persönlicher Vorwurf gemacht werden kann.

[5] Für eine eingehende Begründung dieser Identität vgl. Frister, Die Struktur des „voluntativen Schuldelements", 1993, S. 22ff. und im Anschluss daran Freund/Rostalski StrafR AT § 1 Rn. 24ff.; vgl. auch Frisch FS Beulke, 2015, 103 (109f.).

[6] Vgl. insbes. Jakobs StrafR AT Abschn. 17 Rn. 29f.

[7] Eine eingehende Darstellung der normlogischen Unterscheidung von Zurechnungs- und Bewertungsregeln findet sich bei Hruschka StrafR AT S. 364ff.

I. Der Begriff der Selbstbestimmungsfähigkeit

Bei näherer Überlegung erweisen sich Bedeutung und Begründung des Selbstbestimmungserfordernisses jedoch als durchaus problematisch. Denn die Fähigkeit zur Selbstbestimmung lässt sich nicht als reale psychische Fähigkeit bestimmen, immer auch eine andere als die tatsächlich getroffene Entscheidung treffen zu können. Willensfreiheit in diesem Sinne kann es – wie Kant in seiner 1781 erschienenen „Kritik der reinen Vernunft" gezeigt hat – schon aus erkenntnistheoretischen Gründen nicht geben.[8] Jede Analyse der Willensentscheidung eines Menschen versteht diese Entscheidung als Reaktion einer bestimmten Person auf eine bestimmte Entscheidungssituation und geht damit davon aus, dass die getroffene Entscheidung aus den Eigenarten der Person und der Entscheidungssituation resultiert.[9] Zwar gelingt es in der Regel nicht, die persönlichen und situativen Gründe für die getroffene Entscheidung vollständig zu ermitteln, aber dieses Erkenntnisdefizit ändert nichts daran, dass bei der Analyse menschlicher Entscheidungen die Existenz solcher Gründe stets vorausgesetzt wird. 7

Auf der anderen Seite beruht das gesamte soziale Erleben des Menschen auf der Tatsache, dass die Menschen sowohl ihr eigenes als auch das Verhalten anderer Menschen nicht nur als Naturereignisse wie Blitz und Donner, sondern als Gestaltung der Welt durch ein autonomes, zur Selbstbestimmung fähiges Subjekt begreifen. Die sich von der natürlichen Umwelt abhebende soziale Welt des Menschen entsteht – in den Worten des Soziologen Niklas Luhmann – erst dadurch, dass die Menschen sich gegenseitig als „ichgleiche Quelle originären Erlebens und Handelns"[10] wahrnehmen. Von daher ist die Selbstbestimmungsfähigkeit des Menschen – auch wenn wir sie als psychischen Sachverhalt nicht einmal denken können – ohne Zweifel ein legitimer Anknüpfungspunkt strafrechtlicher Zurechnung. Da unser gesamtes soziales Leben auf der wechselseitigen Zuerkennung von Autonomie beruht, kann und muss auch das Strafrecht als Teil dieses sozialen Lebens von der Selbstbestimmungsfähigkeit des Menschen ausgehen.[11] 8

[8] In der Strafrechtswissenschaft ist diese Kant'sche Erkenntnis allerdings bis heute kein Allgemeingut geworden. Dies zeigt insbes. die Debatte über die Vereinbarkeit der Willensfreiheit des Menschen mit neueren Erkenntnissen der Hirnforschung; vgl. dazu insbes. Bröckers, Strafrechtliche Verantwortung ohne Willensfreiheit, 2015; ferner Baltzer FS Kargl, 2015, 25; Frisch FS Kühl, 2014, 187; Hillenkamp JZ 2005, 313; ZStW 127 (2015), 10; Jäger GA 2013, 3; Kargl GA 2017, 330; Lüderssen FS Puppe, 2011, 65; G. Merkel FS Herzberg, 2008, 3; Müller-Dietz GA 2006, 338; Spielgies ZIS 2007, 155; Streng FS Jakobs, 2007, 675; T. Walter FS Schroeder, 2006, 131; Weißer GA 2013, 26; sowie die Darstellung bei Schneider/Frister/Olzen, Begutachtung psychischer Störungen, 4. Aufl. 2020, S. 141 ff., alle mwN.

[9] Eine besonders instruktive Darstellung dazu findet sich bei zu Dohna ZStW 66 (1954), 505 (509 f.). Wer sich näher mit der Thematik beschäftigen will, dem sei Schopenhauers auch ohne philosophische Vorbildung verständliche Abhandlung „Über die Freiheit des Willens" empfohlen (Kleinere Schriften, Bd. III, (Nachdruck 1986), S. 519 ff.).

[10] Luhmann, Rechtssoziologie, 4. Aufl. 2008, S. 32.

[11] Dementsprechend wird die Selbstbestimmungsfähigkeit oder „Willensfreiheit" in der Strafrechtswissenschaft als „normative Setzung" (Roxin/Greco StrafR AT I § 19 Rn. 40), als „transzendentale Bedingung" unserer Lebensordnung (Hassemer, Einführung in die Grundlagen des Strafrechts, 2. Aufl. 1990, S. 230) oder als Teil unserer „gesellschaftlichen Rekonstruktion der Wirklichkeit" (Schünemann/Schünemann, Grundfragen des modernen Strafrechtssystems, 1984, S. 163) bezeichnet.

9 Damit ist allerdings noch nicht die Frage beantwortet, woraus sich die Maßstäbe für die Entscheidung über die Selbstbestimmungsfähigkeit des Menschen ergeben. Da Autonomie als psychischer Sachverhalt nicht zu begreifen ist, sind solche Maßstäbe aus dem Begriff der Selbstbestimmungsfähigkeit allein nicht zu gewinnen. Einen sachlichen Gehalt bekommt dieser Begriff erst durch die Art und Weise seiner Anwendung in der sozialen Interaktion.[12] Sozialem Erleben liegen immer bestimmte Vorstellungen zugrunde, wie die durch die wechselseitige Zuerkennung von Autonomie entstehende soziale Welt von der natürlichen Umwelt des Menschen abzugrenzen ist. Diese Vorstellungen konstruieren die soziale Welt des Menschen und liefern damit auch die Maßstäbe, nach denen über die Selbstbestimmungsfähigkeit des Menschen zu entscheiden ist.

10 Anders als die soziale Welt archaischer Gesellschaften, in denen selbst das Verhalten von Tieren und zum Teil sogar Naturkatastrophen als Selbstbestimmungsakte eines Subjekts gedeutet wurden,[13] ist unsere soziale Welt so konstruiert, dass nur den Menschen die Fähigkeit zur Selbstbestimmung zuerkannt wird. Deren Verhalten deuten wir nur dann als Selbstbestimmungsakt, wenn es physisch steuerbar, dh von einer Willensentscheidung abhängig ist. Darüber hinaus stellt unsere Gesellschaft Anforderungen an die formale Qualität dieser Willensentscheidung. Das Verhalten kleiner Kinder, Geisteskranker oder auch Volltrunkener wird nicht als Selbstbestimmungsakt eines Subjekts angesehen, weil die ihm zugrunde liegende Willensentscheidung so undifferenziert ist, dass die Menschen sie nicht mehr als Entscheidung einer „ichgleiche(n) Quelle originären Erlebens und Handelns“ wahrnehmen und ihr damit keinen Orientierungswert für ihr eigenes Erleben und Handeln zuerkennen.

11 In Anbetracht der rasanten Fortschritte der Computertechnologie wird in jüngster Zeit diskutiert, ob bald auch künstlicher Intelligenz Selbstbestimmungsfähigkeit und Verantwortlichkeit zuzuerkennen sein wird.[14] Dafür reicht es jedoch nicht aus, dass die neue Generation künstlicher Intelligenz aus Erfahrungen lernt und sogenannte humanoide Roboter Gefühle zeigen, aufgrund derer die Menschen zu ihnen eine emotionale Beziehung entwickeln können.[15] Erforderlich wäre vielmehr, dass die Menschen humanoide Roboter als alter ego begreifen, dh dem Verhalten künstlicher Intelligenz den gleichen Orientierungswert für ihr eigenes soziales Erleben und Handeln wie dem Verhalten anderer Menschen zuerkennen. Davon sind aber selbst Computernerds in unserer Gesellschaft noch weit entfernt. Eine die künstliche Intelligenz mit einschließende soziale Welt mag deshalb zwar nicht prinzipiell undenkbar sein, gehört aber derzeit noch ins Reich der Science Fiction.[16]

---

[12] Vgl. zur Abhängigkeit des Schuldbegriffs von den „grundlegenden Formen gesellschaftlicher Subjektsdefinition“ Müssig FS Mehle, 2009, 451 (462f.) mwN. Ob und inwieweit der Mensch sich selbst als frei erlebt, hängt ebenfalls von der in der sozialen Interaktion praktizierten Definition des Subjekts ab, sodass das „allgemeinmenschliche Freiheitserleben“ – entgegen Burkhardt FS Maiwald, 2010, 79 (82ff.) mwN – keinen eigenständigen Beitrag zur Bestimmung des Begriffs der Selbstbestimmungsfähigkeit zu leisten vermag.

[13] Näheres dazu findet sich bei Kelsen, Vergeltung und Kausalität, (Nachdruck 1982), S. 50ff. mwN.

[14] Simmler/Markwalder ZStW Bd. 129 (2017), 20 (32ff.); Seelmann FS Merkel, 2020, 695 (701ff.), beide mwN.

[15] Eine emotionale Beziehung haben die Menschen auch zu kleinen Kindern und oft auch zu Tieren, ohne dass diesen deshalb Selbstbestimmungsfähigkeit zuerkannt würde.

[16] Ebenso iErg Seelmann FS Merkel, 2020, 695 (702).

An die sich aus der Konstruktion unserer sozialen Welt ergebende Bedeutung von Selbstbestimmungsfähigkeit ist das Strafrecht als ein Teil dieser Welt gebunden. Das Schuldprinzip gebietet deshalb, nur solche Verhaltensweisen unter Strafe zu stellen, die von einer Willensentscheidung abhängig sind. Außerdem muss diese Willensentscheidung den an eine selbstbestimmte Entscheidung zu stellenden formalen Anforderungen genügen. Insoweit ist allerdings zu beachten, dass diese Anforderungen durch unser soziales Erleben nur in groben Zügen vorgegeben sind. Die Willensentscheidung eines vierjährigen Kindes ist sicherlich noch nicht als Akt verantwortlicher Selbstbestimmung anzusehen, aber ob und inwieweit dies auch für Willensentscheidungen zwölf-, vierzehn- oder sechzehnjähriger Jugendlicher gilt, lässt sich dem sozialen Erleben nicht mehr entnehmen, weil es insoweit nicht einheitlich ist. 12

Das Beispiel macht deutlich, dass die Selbstbestimmungsfähigkeit als Voraussetzung strafrechtlicher Schuld dem Strafrecht nicht vollständig vorgegeben ist. Soweit sich der sozialen Interaktion keine einheitlichen Maßstäbe für die Zuerkennung von Selbstbestimmungsfähigkeit entnehmen lassen, kann der Begriff der Selbstbestimmungsfähigkeit nur durch das Strafgesetz selbst (in dem genannten Beispiel durch § 19 StGB und § 3 JGG) konkretisiert werden.[17] Die Bindung des Strafgesetzgebers an das Schuldprinzip wird dadurch nicht aufgehoben, aber doch erheblich relativiert. Ein Verstoß gegen das verfassungsrechtlich gewährleistete Schuldprinzip liegt im Ergebnis erst dann vor, wenn der Gesetzgeber seine Befugnis zur Konkretisierung des Begriffs der Selbstbestimmungsfähigkeit überschreitet und ein Verhalten mit Strafe bedroht, das nach der Konstruktion unserer sozialen Welt eindeutig nicht mehr als selbstbestimmt anzusehen ist. 13

II. Verantwortlichkeit von Personenverbänden oder Unternehmen?

Als „ichgleiche Quelle originären Erlebens und Handelns“ werden in der sozialen Interaktion nur natürliche Personen wahrgenommen.[18] Dementsprechend kennt das deutsche Strafrecht im Gegensatz zu vielen ausländischen Rechtsordnungen[19] keine strafrechtliche Verantwortlichkeit von juristischen Personen, Personenvereinigungen oder Unternehmen. Werden also zB von einem Wirtschaftsunternehmen Kraftfahrzeuge mit manipulierten Abgasvorrichtungen auf den Markt gebracht, so sind dafür nur die an diesem Vorgang beteiligten natürlichen Personen strafrechtlich verantwortlich. Das Unternehmen selbst kann jedoch unter bestimmten Voraussetzungen nach dem Ordnungswidrigkeitenrecht sanktioniert werden. Nach § 30 OWiG besteht die 14

[17] Diese Konkretisierung wirkt dann wieder auf die Praxis sozialer Interaktion zurück, sodass iErg zwischen der sozialen Interaktion und dem Strafrecht eine Wechselwirkung entsteht: Das Strafrecht knüpft an die sich aus der Konstruktion unserer sozialen Welt ergebende grundsätzliche Bedeutung von Selbstbestimmungsfähigkeit an, konkretisiert den Begriff der Selbstbestimmungsfähigkeit für seinen Bereich und beeinflusst dadurch wiederum dessen Bedeutung in der Praxis sozialer Interaktion.

[18] Vgl. dazu Frister FS Wessing, 2015, 1 (9f.).

[19] Eine Bestrafung von Personenverbänden gibt es traditionell im angelsächsischen Rechtskreis (Großbritannien, USA, Kanada, Australien), aber in neuerer Zeit zunehmend auch in anderen Rechtsordnungen; vgl. für einen Überblick Bärlein/Englerth FS Wessing, 2015, 33 (35ff.) und Böse ZStW 126 (2014), 132 (136ff.); zu den neueren Regelungen in Frankreich Zieschang ZStW 115 (2003), 117, in Österreich Schmoller FS Otto, 2007, 453, in der Schweiz Heine ZStrR 121 (2003), 24 und in Spanien Carbonell Mateu ZStW 123 (2011), 331 (341ff.); sowie Zapatero FS Imme Roxin, 2012, 711 (713ff.).

Möglichkeit, gegen ein Unternehmen eine Geldbuße bis zu zehn Millionen Euro[20] zu verhängen, wenn eine Straftat von einem vertretungsberechtigten Organ oder einem sonstigen Entscheidungsträger des Unternehmens begangen worden ist und sie darüber hinaus entweder Pflichten des Unternehmens verletzt oder das Unternehmen bereichert hat bzw. zumindest bereichern sollte.

15 Die Beschränkung der strafrechtlichen Verantwortlichkeit auf natürliche Personen ist insofern konsequent, als sich eine Sanktionierung von Personenverbänden oder Unternehmen durch den die Notwendigkeit einer Strafe in erster Linie begründenden Strafzweck der positiven Generalprävention (→ § 2 Rn. 20ff.) nicht legitimieren lässt. Auch bei aus einem Unternehmen heraus begangenen Straftaten widersprechen nur die für das Unternehmen handelnden Personen der Geltung der verletzten Norm, so dass zur Zurückweisung des Normwiderspruchs die Sanktionierung des Unternehmens selbst nicht notwendig ist.[21] Dessen ungeachtet besteht ein kriminalpolitisches Bedürfnis nach einer zusätzlichen Sanktionierung des Unternehmens. Es resultiert zwar nicht aus dem für die Bestrafung natürlicher Personen bestimmenden Strafzweck der positiven Generalprävention, wohl aber aus der Notwendigkeit der Erhaltung und Stärkung des abschreckenden Nebeneffekts (→ § 2 Rn. 12) der Strafe. Schon weil jedes größere Unternehmen seine Mitarbeiter von etwaigen Geldstrafen freistellen kann,[22] ohne dadurch selbst spürbare finanzielle Einbußen zu erleiden,[23] muss zur Verminderung der ökonomischen Attraktivität aus einem Unternehmen heraus begangener Straftaten dafür Sorge getragen werden, dass sich Straftaten auch für das Unternehmen selbst nicht lohnen.[24]

16 Ob dies durch eine Unternehmensgeldbuße nach dem Ordnungswidrigkeitenrecht oder besser durch strafrechtliche Sanktionen gegen Verbände bzw. Unternehmen zu gewährleisten ist, ist weniger eine dogmatische als eine rechtspolitische Frage, die schon seit längerem kontrovers diskutiert wird.[25] Dabei wird allerdings nicht immer beachtet, dass auch bei einer Übernahme in das Strafrecht die Sanktionen gegen Personenverbände oder Unternehmen eine andere Zielsetzung behalten und dementsprechend auch anders auszugestalten wären als Strafen gegen natürliche Personen. Weil Unternehmenssanktionen nicht dem Ausgleich einer Beeinträchtigung der Normgeltung dienen, sondern dafür Sorge tragen sollen, dass sich die Begehung von Straftaten auch für das Unternehmen selbst nicht lohnt, sind sie nicht in erster Linie nach dem Gewicht und den Auswirkungen der begangenen Straftat, sondern nach dem mit einer derartigen Tat erzielbaren Gewinn für das Unternehmen zu bemessen. Die zu verhängende Sanktion muss diesen Gewinn so weit übersteigen, dass sich die Begehung der

[20] Diese Grenze kann jedoch gemäß § 30 III OWiG iVm § 17 IV 2 OWiG überschritten werden, um durch die Tat erlangte Vermögensvorteile beim Unternehmen abzuschöpfen; zu den erheblichen praktischen Auswirkungen dieser Regelung Salditt FS Achenbach, 2011, 433 (434ff.).

[21] Frister FS Wessing, 2015, 1 (8ff.).

[22] Die Bezahlung fremder Geldstrafen ist nicht als Strafvereitelung (§ 258 II StGB) strafbar (BGHSt 37, 226).

[23] Dies resultiert daraus, dass diese Strafen gemäß § 40 StGB nach den Einkommensverhältnissen der Mitarbeiter (vgl. dazu → § 6 Rn. 12) und nicht nach den finanziellen Möglichkeiten des Unternehmens zu bemessen sind.

[24] Frister FS Wessing, 2015, 1 (10ff.).

[25] Vgl. etwa Böse FS Jakobs, 2007, 15 (26); Dannecker GA 2001, 101; Hirsch ZStW 107 (1995), 285; Jäger FS Imme Roxin, 2012, 43 (51ff.); Rogall FS Schünemann, 2015, 260; Salditt FS Achenbach, 2011, 433 (436ff.), alle mwN.

Straftat auch unter Berücksichtigung der Chance, dass die Tat nicht aufgedeckt und sanktioniert wird, für das Unternehmen bei ökonomischer Betrachtung nicht mehr rechnet.[26]

In den letzten zehn Jahren gab es starke, bisher jedoch erfolglos gebliebene Bestrebungen zu einer weitergehenden Sanktionierung von Verbänden und Unternehmen.[27] Der Justizminister des Landes Nordrhein-Westfalen stellte 2013 den Entwurf eines Verbandsstrafgesetzbuches vor,[28] mit dem die bisherige Ahndung nach § 30 OWiG durch eine strafrechtliche Verantwortlichkeit von Verbänden ersetzt werden sollte. Ein in der letzten Legislaturperiode von der damaligen Bundesregierung vorgelegter Entwurf eines Verbandssanktionengesetzes[29] wollte zwar die gegen Verbände vorgesehenen Sanktionen nicht als förmliche Kriminalstrafen begreifen, sah aber im Gegensatz zur Regelung des § 30 OWiG bei verbandsbezogenen Straftaten nicht nur die Möglichkeit, sondern eine Verpflichtung zur Sanktionierung des Verbands vor. Hervorzuheben ist, dass diese und weitere vorgelegte Entwürfe[30] daran festhielten, Verbände lediglich für ein Fehlverhalten ihrer Organe oder Entscheidungsträger (Leitungspersonen) verantwortlich zu machen. Eine darüber hinausgehende strafrechtliche Verantwortlichkeit für das Verhalten aller Mitarbeiter, die es erst ermöglichen würde, aus einem Unternehmen heraus begangene Straftaten ohne Aufklärung persönlicher Verantwortlichkeiten zu ahnden, wäre – unabhängig von der grundsätzlichen Problematik einer Verbandsstrafe[31] – gegenüber dem Verband nicht zu legitimieren.[32] 17

C. Das Erfordernis materiellen Unrechts (materieller Verbrechensbegriff)

Die Selbstbestimmtheit eines Verhaltens rechtfertigt es, dieses der Person zuzurechnen, dh die Person aufgrund ihres Verhaltens zu beurteilen. Ob und inwieweit diese Beurteilung eine strafrechtlich zu ahndende Schuld der Person begründet, hängt davon ab, wie das zuzurechnende Verhalten inhaltlich zu bewerten ist. Insoweit ist zunächst zu entscheiden, ob das Verhalten materielles Unrecht darstellt und deshalb verboten werden darf. Des Weiteren ist zu klären, ob das zu verbietende Verhalten auch strafwürdig ist, also so schwerwiegendes materielles Unrecht darstellt, dass die Person zumindest die in jeder strafrechtlichen Verurteilung liegende Diskriminierung ver- 18

[26] Vgl. dazu näher Frister FS Wessing, 2015, 1 (15f.).

[27] Einen aktuellen Überblick über die Diskussion gibt Heger JZ 2022, 115 (116ff.).

[28] Der Entwurf ist noch immer abrufbar unter https://www.justiz.nrw.de, zuletzt abgerufen am 24.9.2022. Einen Überblick über die Konzeption dieses Entwurfs gibt der mit zahlreichen weiteren Nachweisen versehene Beitrag von Krems ZIS 2015, 5.

[29] Art. 1 Entwurf eines Gesetzes zur Stärkung der Integrität der Wirtschaft, BT-Drs. 19/23568; vgl. zu dessen Diskusssion die Beiträge in dem Tagungsband Murmann, Der Regierungsentwurf eines Verbandssanktionengesetzes (2022), jeweils mwN.

[30] Vgl. insbes. den von einer Arbeitsgruppe Kölner Strafrechtswissenschaftler erstellten Entwurf eines Verbandssanktionengesetzes, Henssler/Hoven/Kubiciel/Weigend NZWiSt 2018, 1.

[31] Vgl. für eine grundsätzliche Kritik der Verbandsstrafe etwa von Freier GA 2009, 98; Frisch FS Wolter, 2013, 349 (352ff.); Greco GA 2015, 503 (504ff.); Klesczweski FS Seebode, 2008, 179 (180ff.); Köhler StrafR AT S. 557ff., alle mwN.

[32] Böse FS Jakobs, 2007, 15 (20).

dient hat. Und schließlich ist nach dem Gewicht des materiellen Unrechts das zulässige Strafmaß zu bestimmen.[33]

I. Möglichkeit und Grenzen eines materiellen Unrechtsbegriffs

19 Bei allen drei Bewertungsschritten stellt sich in gleicher Weise die Frage, nach welchen Maßstäben die Bewertung vorzunehmen ist. Die Strafrechtswissenschaft versucht diese Frage traditionell durch die Formulierung eines vom positiven Recht unabhängigen **„materiellen Verbrechensbegriffs"** zu beantworten. Dabei greift sie zumeist auf das Gedankengut der Aufklärung, insbesondere die Lehre vom Gesellschaftsvertrag[34] und die Philosophie des deutschen Idealismus[35] zurück. Beide stimmen ungeachtet vieler Differenzen darin überein, dass die Aufgabe des Rechts darin besteht, die Bedingungen dafür zu schaffen, dass die Menschen gleichberechtigt ihre Persönlichkeit entfalten (Art. 2 I GG iVm Art. 1 I GG), dh ihr Leben nach ihren Bedürfnissen möglichst reichhaltig selbst gestalten können. Dieses Verständnis des Rechts liegt – wie sich insbesondere aus dem Bekenntnis zur Menschenwürde als dem obersten Ziel staatlichen Handelns (Art. 1 I GG) ergibt – auch dem Grundgesetz zugrunde und ist deshalb heute vom Strafgesetzgeber schon kraft Verfassungsrechts zu beachten.

20 Daraus ergibt sich als allgemeiner Beurteilungsmaßstab, dass ein Verhalten in dem Maße materielles Unrecht ist, wie es den Bedingungen für eine gleichberechtigte Persönlichkeitsentfaltung der Menschen zuwiderläuft. Aus diesem Maßstab konkrete Folgerungen abzuleiten, ist jedoch insofern schwierig, als man trefflich darüber streiten kann, welche Bedingungen für eine gleichberechtigte Persönlichkeitsentfaltung der Menschen notwendig oder förderlich sind. Ob und inwieweit dazu etwa auch das Eigentum an Produktionsmitteln, eine funktionierende Sozialversicherung, die Förderung der Familie oder die Nutzung der Kernenergie gehören, lässt sich nicht eindeutig bestimmen und wird dementsprechend in der Gesellschaft durchaus unterschiedlich beantwortet. Aufgrund dessen ist die Leistungsfähigkeit eines materiellen Verbrechensbegriffs der Natur der Sache nach eng begrenzt. Welche Verhaltensweisen zur Aufrechterhaltung der Bedingungen für eine gleichberechtigte Persönlichkeitsentfaltung bestraft werden müssen, hat in erster Linie der demokratisch legitimierte Gesetzgeber zu entscheiden, der hier noch einen deutlich größeren Entscheidungsspielraum[36] hat als bei der Konkretisierung der Voraussetzungen selbstbestimmten Verhaltens.

21 Dies bedeutet jedoch nicht, dass die Orientierung des materiellen Unrechts an den Bedingungen für eine gleichberechtigte Persönlichkeitsentfaltung der Menschen überhaupt keinen sachlichen Gehalt hätte. Aus ihr ergibt sich immerhin die wichtige Konsequenz, dass ein strafbares Verhalten in irgendeiner Form die Rechte anderer oder der Allgemeinheit beeinträchtigen muss. Ein die Entfaltungsmöglichkeiten anderer in keiner Weise beeinträchtigendes Verhalten ist auch dann kein materielles Unrecht, wenn es in der Gesellschaft als unsittlich oder unmoralisch bewertet wird. Insbesondere die Verletzung bloß religiöser Verbote (das Fleischessen an Karfreitag oder die Darstellung

[33] Vgl. zu diesen drei Bewertungsschritten und ihrer Unterscheidung instruktiv Frisch NStZ 2016, 16.
[34] Vgl. etwa Roxin FS Hassemer, 2010, 573 (578) mwN.
[35] Vgl. für eine Ableitung aus der Rechtslehre Kants Kahlo FS Hassemer, 2010, 383 (409ff.) mwN.
[36] Diesen Spielraum betonen zu Recht Engländer ZStW Bd. 127 (2015), 616 (624ff.); Schubarth FS Dencker, 2012, 273 (282); Stuckenberg GA 2011, 653 (658ff.); ZStW Bd. 129 (2017), 349 (355).

des islamischen Religionsstifters Mohammed) stellt danach jedenfalls kein materielles Unrecht dar. Gleiches gilt aber zB auch für den bis zur Reform des Sexualstrafrechts im Jahr 1969 mit ausdrücklicher Billigung des Bundesverfassungsgerichts[37] strafrechtlich geahndeten einvernehmlichen Geschlechtsverkehr zwischen erwachsenen Männern.[38]

II. Der Begriff des Rechtsguts

In der Strafrechtswissenschaft wird die Notwendigkeit einer Beeinträchtigung der Rechte anderer oder der Allgemeinheit vielfach dahingehend formuliert, dass strafrechtliche Verhaltensnormen dem Schutz eines Rechtsguts dienen müssen.[39] Rechtsgüter können dabei sowohl schutzwürdige Interessen des Einzelnen als auch schutzwürdige Interessen der Allgemeinheit sein. Strafrechtlich geschützte Interessen des Einzelnen **(Individualrechtsgüter)** sind insbesondere das Leben (§§ 211 ff. StGB), die körperliche Unversehrtheit (§§ 223 ff. StGB), die persönliche Freiheit (§§ 232 ff. StGB), die sexuelle Selbstbestimmung (§§ 174 ff. StGB), die Ehre (§§ 185 ff. StGB), das Eigentum (zB §§ 242 ff. StGB) und das Vermögen (zB §§ 263 ff. StGB). Strafrechtlich geschützte Allgemeininteressen **(Rechtsgüter der Allgemeinheit)** sind zB die natürlichen Lebensgrundlagen des Menschen (§§ 324 ff. StGB), der Bestand, die äußere Sicherheit und die verfassungsmäßige Ordnung des Staates (§§ 81 ff. StGB), die Integrität der Verwaltung (§§ 331 ff. StGB), die Funktionsfähigkeit der Rechtspflege (zB §§ 153 ff. StGB) sowie des Geld- und Zahlungsverkehrs (§§ 146 ff. StGB).[40] 22

Sowohl die Individualrechtsgüter als auch die Rechtsgüter der Allgemeinheit dienen im Ergebnis den Entfaltungsmöglichkeiten des Individuums. Der Unterschied zwischen beiden besteht allein darin, dass die Verletzung eines Individualrechtsguts unmittelbar die Entfaltungsmöglichkeit eines bestimmten Menschen, die Verletzung eines Rechtsguts der Allgemeinheit dagegen mittelbar die Entfaltungsmöglichkeiten aller Menschen beeinträchtigt. Dieser Unterschied ist vor allem für die Bewertung von Rechtsgutsbeeinträchtigungen mit Einwilligung der Betroffenen von Bedeutung. Bei der Verletzung von Individualrechtsgütern hat – soweit es nicht um das Leben oder gravierende Beeinträchtigungen der körperlichen Unversehrtheit geht (vgl. § 216 und § 228 StGB) – eine Einwilligung des Berechtigten rechtfertigende Wirkung. Bei der Verletzung von Rechtsgütern der Allgemeinheit ist die Einwilligung der unmittelbar Beteiligten dagegen ohne Bedeutung. So ist etwa ein Meineid (§ 154 23

[37] BVerfGE 6, 389.

[38] Vgl. zur strafrechtlichen Verfolgung Homosexueller in Deutschland Wasmuth FS Rehbinder, 2002, 777 mwN.

[39] Über die Frage, ob diese Formulierung sinnvoll ist und wie bei ihr der Begriff des Rechtsguts am besten definiert werden kann, wird in der Strafrechtswissenschaft seit langem und mit großem literarischem Aufwand diskutiert. Einen eingehenden und gut lesbaren Überblick gibt Roxin/Greco StrafR AT I § 2 Rn. 2–50; zur aktuellen Diskussion vgl. Engländer ZStW Bd. 127 (2015), 616; Jakobs FS Frisch, 2013, 81; Kudlich ZStW Bd. 127 (2015), 635; Martins ZStW 125 (2013), 234; Paeffgen FS Wolter, 2013, 125; Roxin GA 2013, 433; Shu-Perng Hwang ZStW 125 (2013), 209; Sternberg-Lieben FS Paeffgen, 2015, 31; Stuckenberg GA 2011, 653; ZStW Bd. 129 (2017), 349; Young-Whan Kim ZStW 124 (2012), 591; über die Diskussion in anderen europäischen Staaten informiert Bacigalupo FS Jakobs, 2007, 1.

[40] Zu den Anforderungen an solche Rechtsgüter der Allgemeinheit vgl. Greco FS Roxin, 2011, 199 (203 ff.).

StGB) auch dann strafbar, wenn alle Prozessbeteiligten damit einverstanden waren, dass der Zeuge nicht die Wahrheit sagt.

III. Die verschiedenen Stadien des Rechtsgüterschutzes

24 Der strafrechtliche Schutz von Rechtsgütern kann in unterschiedlichen Stadien einsetzen. Die „klassischen" Delikte des Strafgesetzbuches – zB Mord und Totschlag (§§ 211, 212 StGB), Körperverletzung (§ 223 StGB), Freiheitsberaubung (§ 239 StGB), Nötigung (§ 240 StGB) oder Sachbeschädigung (§ 303 StGB) – sind sogenannte **Verletzungsdelikte,** die erst die Verletzung und unter Umständen auch den Versuch der Verletzung eines Rechtsguts unter Strafe stellen. Daneben gibt es aber schon traditionell und im modernen Strafrecht in immer größerer Zahl Delikte, die bereits die Gefährdung bzw. den Versuch der Gefährdung eines Rechtsguts mit Strafe bedrohen. Bei diesen die Strafbarkeit vorverlagernden Gefährdungsdelikten sind zwei verschiedene Formen zu unterscheiden: zum einen die **konkreten** und zum anderen die **abstrakten Gefährdungsdelikte.**

25 Bei den konkreten Gefährdungsdelikten ist die Gefährdung des geschützten Rechtsguts in der Deliktsbeschreibung enthalten und damit eine im Einzelfall festzustellende Voraussetzung der Strafbarkeit. Ein Beispiel für ein solches Delikt ist die schwere Brandstiftung nach § 306a II StGB. Sie begeht, wer bestimmte Sachen – zB eine Scheune (§ 306 Nr. 1 StGB) – in Brand setzt und dadurch einen anderen Menschen in die Gefahr einer Gesundheitsschädigung bringt. Die Strafbarkeit setzt also voraus, dass es aufgrund des Inbrandsetzens der Scheune tatsächlich zu einer Situation kommt, in der die Gesundheit eines anderen Menschen gefährdet ist, also zB in der Scheune spielende Kinder oder dort übernachtende Obdachlose von den Flammen überrascht werden. Wenn das Inbrandsetzen der Scheune keine solch gefährliche Situation heraufbeschwört, ist es nicht als eine Leib oder Leben gefährdende schwere Brandstiftung nach § 306a II StGB strafbar.

26 Bei den abstrakten Gefährdungsdelikten kommt die Gefährdung des geschützten Rechtsguts dagegen in der Deliktsbeschreibung nicht vor. Sie ist keine im Einzelfall festzustellende Strafbarkeitsvoraussetzung, sondern lediglich der Grund für die Strafbarkeit des infrage stehenden Verhaltens. Abstrakte Gefährdungsdelikte stellen typischerweise gefährliche Handlungen unter Strafe, unabhängig davon, ob es im Einzelfall tatsächlich zu einer Gefährdung des geschützten Rechtsguts kommt oder kommen sollte. Ein Beispiel dafür ist wiederum die schwere Brandstiftung, aber diesmal nach § 306a I StGB. Gemäß § 306a I Nr. 1 StGB ist wegen schwerer Brandstiftung strafbar, wer ein Gebäude in Brand setzt, das der Wohnung von Menschen dient. Strafgrund ist die Tatsache, dass ein Inbrandsetzen von Wohnungen erfahrungsgemäß zu erheblichen Gefahren für Leib und Leben anderer Menschen führt. Der tatsächliche Eintritt einer solchen Gefährdung ist hier aber keine Voraussetzung der Strafbarkeit. Selbst wenn sich der Täter vor Begehung der Tat davon überzeugt hat, dass keiner der Bewohner zu Hause ist, sind die gesetzlichen Voraussetzungen für eine Strafbarkeit nach § 306a I StGB erfüllt.

IV. Die Legitimation der abstrakten Gefährdungsdelikte

Abstrakte Gefährdungsdelikte stellen also im Ergebnis auch Verhaltensweisen unter Strafe, die im Einzelfall keine Gefahr für das zu schützende Rechtsgut begründen. Die Bestrafung solcher Verhaltensweisen scheint jedenfalls auf den ersten Blick mit dem Zweck des Rechtsgüterschutzes nicht zu rechtfertigen zu sein. Dementsprechend ist die Legitimität abstrakter Gefährdungsdelikte in der Strafrechtswissenschaft umstritten.[41] Ein beachtlicher Teil der Literatur steht auf dem Standpunkt, dass abstrakte Gefährdungsdelikte mit dem Schuldprinzip nicht zu vereinbaren seien und deshalb im Wege der verfassungskonformen Auslegung eingeschränkt werden müssten. Eine Strafbarkeit nach diesen Delikten sei nur dann zu rechtfertigen, wenn zumindest die für den Täter erkennbare Möglichkeit bestanden habe, dass seine Handlung zu einer Verletzung des geschützten Rechtsguts führt.[42] Wenn der Täter im konkreten Fall eine Rechtsgutsverletzung zuverlässig ausschließen konnte, dürfe er nicht wegen einer „abstrakten Gefährdung" des betreffenden Rechtsguts bestraft werden. 27

Dieser Argumentation ist jedoch entgegenzuhalten, dass das Strafrecht Rechtsgüter immer nur indirekt durch die Aufrechterhaltung von Normen schützt, deren Beachtung Rechtsgutsverletzungen verhindert. Deshalb setzt die Bewertung eines Verhaltens als strafwürdiges Unrecht nicht notwendigerweise voraus, dass das Verhalten selbst ein Rechtsgut verletzt oder gefährdet, sondern lediglich, dass es eine Norm infrage stellt, deren Beachtung Rechtsgutsverletzungen verhindert. Eine solche Norm kann aber auch ein Verbot typischerweise gefährlicher Handlungen sein. Anders als ein Verbot im Einzelfall gefährlicher Handlungen verhindert die Beachtung eines solch typisierenden Verbots Rechtsgutsverletzungen selbst dann, wenn der Einzelne das verbotene Verhalten fälschlich für ungefährlich hält. Insbesondere wenn solche Fehleinschätzungen psychologisch nahe liegen, kann es dem Rechtsgüterschutz dienlich sein, die Beurteilung der Gefährlichkeit nicht dem Normadressaten zu überlassen, sondern ihm das infrage stehende Verhalten unabhängig von seiner eigenen Einschätzung der Gefährlichkeit zu verbieten. 28

Im Grundsatz sind abstrakte Gefährdungsdelikte deshalb entgegen der referierten Kritik mit dem Schuldprinzip durchaus vereinbar. Allerdings hat der Gesetzgeber bei der Schaffung solcher Delikte stets sorgfältig zu prüfen, ob das Interesse, die Beurteilung der Gefährlichkeit des infrage stehenden Verhaltens nicht dem Normadressaten zu überlassen, wirklich gewichtig genug ist, um eine strafrechtliche Ahndung zu legitimieren. Ein abstraktes Gefährdungsdelikt entspricht nur dann dem Gebot schuldangemessenen Strafens, wenn es zum einen wichtige Rechtsgüter schützen soll und zum anderen so formuliert ist, dass das verbotene Verhalten jedenfalls in der überwiegenden Zahl der Fälle tatsächlich gefährlich ist, dh zumindest die Möglichkeit einer Rechtsgutsverletzung begründet. Darüber hinaus muss aber auch das Strafmaß dem im Vergleich zu einem entsprechenden Verletzungs- oder konkreten Gefährdungsdelikt deutlich verminderten Unrechtsgehalt angemessen sein. 29

[41] Einen Überblick über die Diskussion gibt Roxin/Greco StrafR AT I § 11 Rn. 154ff.; Roxin FS Hassemer, 2010, 573ff.

[42] Dies ist nur der gemeinsame Nenner von im Detail unterschiedlichen Einschränkungsvorschlägen; vgl. zu den Einzelheiten die Darstellung bei Roxin/Greco StrafR AT I § 11 Rn. 155 mwN.

30 In dieser letztgenannten Voraussetzung liegt wohl die eigentliche Problematik abstrakter Gefährdungsdelikte. Das geltende Recht sieht für einige dieser Delikte – insbesondere für § 306a I StGB – hohe Mindeststrafen vor. Dies gibt dem Richter keine Möglichkeit, dem mitunter geringen Unrechtsgehalt solcher Taten angemessen Rechnung zu tragen. Im Ergebnis kann sich deshalb bei den mit einer hohen Mindeststrafdrohung versehenen abstrakten Gefährdungsdelikten doch die Notwendigkeit einer verfassungskonformen Einschränkung ergeben.[43] Entscheidend dafür ist aber der Unrechtsgehalt des konkreten Delikts, sodass die Einzelheiten in den Besonderen Teil gehören.

V. Durchbrechungen des Rechtsgüterschutzprinzips

31 Unabhängig von der Problematik abstrakter Gefährdungsdelikte gibt es im geltenden Recht Delikte, die sich nur schwerlich mit der Notwendigkeit des Rechtsgüterschutzes legitimieren lassen.[44] Ein anschauliches Beispiel ist der Beischlaf zwischen Verwandten (§ 173 StGB). Aus den traditionell zur Rechtfertigung dieses Delikts angeführten genetischen Schäden[45] ergibt sich jedenfalls[46] keine Begründung dafür, auch den Beischlaf mit wirksamen Verhütungsmitteln zu bestrafen. Rechtsprechung und Literatur versuchen den Straftatbestand deshalb heute vor allem mit der angeblich familienzerstörenden Wirkung der unter Strafe gestellten sexuellen Beziehungen zu rechtfertigen.[47] Dies vermag jedoch zumindest für den Beischlaf zwischen erwachsenen Geschwistern (§ 173 II 2 StGB) nicht zu überzeugen und kann letztlich nicht darüber hinweg täuschen, dass das Verbot des Beischlafs zwischen Verwandten unter den heutigen gesellschaftlichen Verhältnissen[48] „weniger problembewusste Regelung menschlichen Zusammenlebens als traditionale Wiederholung uralter Moralnormen"[49] und damit geradezu ein Musterbeispiel für die Strafbarkeit einer reinen Moralwidrigkeit ist.

32 Eine solche Strafbarkeit lässt sich auch mit der Erwägung, durch das moralwidrige Verhalten würden die Gefühle der Bevölkerung verletzt, nicht legitimieren.[50] Sofern ein

[43] Vgl. für § 306a I StGB etwa Schönke/Schröder/Heine/Bosch StGB § 306a Rn. 2 mwN.

[44] Vgl. dazu die umfassende Monografie von Hörnle, Grob anstößiges Verhalten, 2005.

[45] Zu der Frage, inwieweit der Inzest zu solchen Schäden führen kann, vgl. Duttge FS Roxin, 2011, 227 (238ff.); Schubarth FS Grünwald, 1999, 641 (643f.); Schubarth FS Dencker, 2012, 273 (278f.), alle mwN.

[46] Vgl. zur normativen Fragwürdigkeit eines auf die Verhinderung solch genetischer Schäden abzielenden Straftatbestands Duttge FS Roxin, 2011, 227 (230ff.); Hörnle, Grob anstößiges Verhalten, 2005, S. 455ff.

[47] BGHSt 39, 326 (329); Kubiciel ZIS 2012, 282 (287ff.); Lackner/Kühl/Kühl StGB § 173 Rn. 1, beide mwN.

[48] Ob das Inzestverbot „ein wesentlicher Faktor für die Evolution und damit auch die Entwicklung der Menschheit" gewesen ist (so Schubarth FS Dencker, 2012, 273 (278)), ist für seine Bewertung als Straftatbestand in unserer heutigen Gesellschaft jedenfalls nicht unmittelbar relevant.

[49] So treffend bereits Amelung, Rechtsgüterschutz und Schutz der Gesellschaft, 1972, S. 377; vgl. zum Ganzen eingehend Al-Zand/Siebenhüner KritV 2006, 68; Hörnle, Grob anstößiges Verhalten, 2005, S. 452ff.

[50] So aber Androulakis FS Hassemer, 2010, 271 (283), nach dessen Auffassung die Verletzung von Tabuverboten „eine derart mit Befremden und Ekel gemischte Erschütterung" mit sich bringt, dass „der Anspruch auf eine (sei es auch verhältnismäßig leichte) strafrechtliche Sanktion nicht von der Hand zu weisen" sei.

Verhalten die Entfaltungsmöglichkeiten anderer in keiner Weise beeinträchtigt, darf es nicht allein deshalb bestraft werden, weil Dritte an ihm Anstoß nehmen.[51] Ließe man eine derartige Begründung der Strafbarkeit zu, so würde, da jedes unmoralische Verhalten in mehr oder weniger starkem Maße die Gefühle der Bevölkerung verletzt, die Beschränkung des Strafrechts auf den Schutz von Rechtsgütern insgesamt hinfällig. Die moralische Empörung der Bevölkerung kann deshalb allenfalls dann eine Strafbarkeit begründen, wenn sich aus ihr eine greifbare und gravierende Beeinträchtigung des „öffentlichen Friedens"[52] ergibt. Dafür gibt es im Fall des § 173 StGB jedoch keinerlei Anhaltspunkte. In unserer weitgehend säkularisierten Gesellschaft ist eine Beeinträchtigung des öffentlichen Friedens als Folge reiner Moralwidrigkeiten wohl nur noch dann realistisch, wenn das unmoralische Verhalten in aller Öffentlichkeit vorgenommen wird (vgl. dazu das Delikt des § 183a StGB).[53]

Obwohl damit zumindest die Regelung des § 173 II 2 StGB nach den allgemeinen Prinzipien des Rechtsgüterschutzes nicht zu rechtfertigen ist, hat das Bundesverfassungsgericht sie bedauerlicherweise für verfassungsgemäß erklärt.[54] Auch die dagegen gerichtete Beschwerde zum Europäischen Gerichtshof für Menschenrechte hatte keinen Erfolg.[55] Die Bedeutung der Entscheidung des Bundesverfassungsgerichts geht über die spezifische Problematik des § 173 StGB insofern hinaus, als das Gericht zwar einerseits ausführt, dass eine Strafnorm dem Schutz anderer oder der Allgemeinheit dienen müsse und dementsprechend das Inzestverbot mit über die reine Moralwidrigkeit hinausgehenden (angeblichen) negativen gesellschaftlichen Auswirkungen des Inzestes zu legitimieren versucht, andererseits aber eine deutliche Skepsis gegenüber der Beschränkung des Strafrechts auf den Schutz von Rechtsgütern erkennen lässt. Es führt aus, dass der Gestaltungsspielraum des Gesetzgebers nicht unter Berufung auf angeblich vorfindliche oder durch Instanzen jenseits des Gesetzgebers „anerkannte" Rechtsgüter eingeengt werden dürfe[56] und lässt es schließlich sogar ausdrücklich dahingestellt, ob Strafnormen, die allein in Moralvorstellungen gründen, verfassungsrechtlich zu beanstanden wären.[57] 33

Bei diesen Ausführungen lässt das Gericht außer Acht, dass der Begriff des Rechtsguts heute in der Strafrechtswissenschaft überwiegend vom Verfassungsrecht her definiert wird und damit nur als eine einprägsame Kurzformel für die vom Recht zu gewährleistenden Bedingungen gleichberechtigter Persönlichkeitsentfaltung zu verstehen ist. Die Forderung an den Strafgesetzgeber, sich auf den Schutz von Rechtsgütern zu beschränken, kann dessen Entscheidungsbefugnis selbstverständlich keine zusätzlichen, in der Verfassung selbst nicht enthaltenen Grenzen setzen.[58] Sie sollte aber gleichwohl aufrechterhalten werden, weil sie die sich aus dem Staatsverständnis des Grundgesetzes 34

[51] Vgl. dazu lesenswert Gimbernat Ordeig GA 2011, 284; Hörnle, Grob anstößiges Verhalten, 2005, S. 78ff. und 108ff.

[52] Vgl. zu diesem alles andere als unproblematischen Kriterium Roxin/Greco StrafR AT I § 2 Rn. 47–49.

[53] Präzisierend zum öffentlichen Ärgernis MüKoStGB/Hörnle StGB § 183a Rn. 6ff.

[54] BVerfGE 120, 224; vgl. dazu die Kritik in dem Sondervotum von Hassemer und bei Greco ZIS 2008, 234; Hörnle NJW 2008, 2085; Krauß FS Hassemer, 2010, 423 (426ff.); Roxin FS Hassemer, 2010, 573 (581f.); Steinberg FS Rüping, 2008, 91 (103ff.).

[55] EGMR NJW 2013, 215; vgl. dazu die Besprechungsaufsätze von Jung GA 2012, 617; Kubiciel ZIS 2012, 282.

[56] BVerfGE 120, 224 (242).

[57] BVerfGE 120, 224 (248).

[58] Insoweit zutreffend Engländer ZStW Bd. 127 (2015), 616 (622f.).

(→ § 3 Rn. 19) ergebenden verfassungsrechtlichen Grenzen auf einen anschaulichen Begriff bringt.[59] Aus der Verfassung selbst ergibt sich, dass der grundsätzlich anzuerkennende weite Gestaltungsspielraum (→ § 3 Rn. 20) des Gesetzgebers bei der Definition strafrechtlichen Unrechts zumindest insofern begrenzt ist, als eine Strafnorm stets „dem Schutz anderer oder der Allgemeinheit“[60] dienen muss, dh ein die Entfaltungsmöglichkeiten anderer in keiner Weise beeinträchtigendes Verhalten nicht als (strafrechtliches) Unrecht bewertet werden darf.[61]

D. Das Erfordernis nachgewiesener Schuld (der Grundsatz „in dubio pro reo“)

35 Eine Strafe darf nur dann verhängt werden, wenn das die Schuld begründende Verhalten nachgewiesen ist. Selbst ein noch so starker Verdacht reicht zur Legitimation der Strafe nicht aus. Dieses in der Rechtsgeschichte nicht immer selbstverständliche[62] Verbot der Verdachtsstrafe ist als prozessuale Konsequenz des Schuldprinzips – auch wenn dies das Bundesverfassungsgericht bisher noch nicht ausdrücklich entschieden hat[63] – gleichfalls verfassungsrechtlich gewährleistet.[64] Dem Angeklagten darf deshalb im Strafverfahren für seine Unschuld keinerlei Beweislast auferlegt werden. Bei nicht behebbaren Zweifeln an den für seine Schuld relevanten Tatsachen ist stets in dubio pro reo zu entscheiden, dh dem Urteil ist „im Zweifel für den Angeklagten“ die günstigere Alternative zugrunde zu legen. Dies gilt nicht nur für belastende, sondern auch für entlastende Tatsachen. Lässt sich zB nicht klären, ob der Angeklagte in Notwehr (§ 32 StGB) gehandelt hat oder schuldunfähig war (§ 20 StGB), so ist er **in dubio pro reo** freizusprechen.

36 Problematisch ist die Beurteilung von Fällen, in denen lediglich unklar ist, nach welchem Straftatbestand sich jemand strafbar gemacht hat. Wird zB ein Warenlager mit gestohlenen Sachen gefunden, so lässt sich oft nicht aufklären, ob dessen Besitzer diese Sachen selbst gestohlen oder in Kenntnis ihrer Herkunft von dem Dieb erworben hat. Es steht dann zwar fest, dass er eine Straftat begangen hat, aber es ist unklar, ob diese Straftat ein Diebstahl (§ 242 StGB) oder eine Hehlerei (§ 259 StGB) war. Das zur Entscheidung berufene Gericht steht damit vor der Frage, ob es einen Angeklagten nur wegen einer bestimmten, zweifelsfrei bewiesenen Straftat oder auch deshalb ver-

[59] Kühl FS Heinz, 2012, 766 (769ff.); Scheinfeld FS Roxin, 2011, 183 (184f.); Steinberg FS Rüping, 2008, 91 (101ff.); anders die Einschätzung bei Engländer ZStW Bd. 127 (2015), 616 (625ff.); Stuckenberg GA 2011, 653 (654ff.); Stuckenberg ZStW Bd. 129 (2017), 349 (353ff.); Schubarth FS Dencker, 2012, 273 (274f.).

[60] BVerfGE 120, 224 (239).

[61] Dazu lesenswert die Zusammenfassung der Untersuchung von Hörnle, Grob anstößiges Verhalten, 2005, S. 467ff.; Wohlers FS Amelung, 2009, 129 (133ff.); aA Stuckenberg GA 2011, 653 (659), nach dessen Auffassung selbst die Pönalisierung bloßer Unmoral nicht stets verfassungswidrig ist.

[62] Das Beweisrecht des in Deutschland bis ins 19. Jahrhundert praktizierten Inquisitionsprozesses sah zB die Möglichkeit vor, bei fehlendem Schuldbeweis anstelle der für die Tat angedrohten Strafe eine mildere Verdachtsstrafe zu verhängen. Allerdings hing diese Regelung wohl auch mit den hohen formalen Anforderungen (Geständnis oder zwei Tatzeugen) zusammen, die damals an den Schuldbeweis gestellt wurden (vgl. dazu Roth in Handwörterbuch zur Deutschen Rechtsgeschichte, 1998, Bd. 5, Stichwort: Verdachtsstrafe mwN).

[63] BVerfG NJW 1988, 477 hat die Frage offengelassen.

[64] Frister, Schuldprinzip, Verbot der Verdachtsstrafe und Unschuldsvermutung, 1988, S. 77f. mwN.

urteilen kann, weil er ohne Zweifel entweder die eine oder die andere Straftat begangen hat. Bis zur Zeit des Nationalsozialismus hatte die Rechtsprechung des Reichsgerichts eine solche **Wahlfeststellung** zwischen verschiedenen Straftatbeständen[65] grundsätzlich als Verletzung des Grundsatzes in dubio pro reo bewertet.[66] Ein Angeklagter dürfe nur verurteilt werden, wenn ihm die Begehung einer bestimmten Straftat zweifelsfrei nachgewiesen sei.

Diese Rechtsauffassung ist vom Reichsgericht 1934 aufgegeben[67] und auch nach dem Ende des Nationalsozialismus vom Bundesgerichtshof nicht fortgeführt worden. Nach dessen langjähriger Rechtsprechung ist eine Wahlfeststellung zwischen verschiedenen Straftaten zulässig, wenn diese **„rechtsethisch und psychologisch vergleichbar“** sind,[68] dh sich gegen das gleiche Rechtsgut richten und einen ähnlichen Unrechts- und Schuldgehalt aufweisen.[69] Die Strafe ist bei einer solch alternativen Verurteilung dem Strafrahmen des milderen Delikts zu entnehmen. Im Verhältnis zwischen Diebstahl und Hehlerei sieht die Rechtsprechung die rechtsethische und psychologische Vergleichbarkeit stets als gegeben an,[70] sodass in dem geschilderten Beispielsfall der Angeklagte alternativ wegen Diebstahls oder Hehlerei verurteilt würde. Es gibt jedoch auch Fälle, in denen die alternativ vorliegenden Straftaten einen völlig unterschiedlichen Unrechtsgehalt aufweisen und deshalb eine alternative Verurteilung nicht zulässig ist. Ein berühmtes Beispiel ist die Alternative von Betrug (§ 263 StGB) und Beihilfe zum versuchten illegalen Schwangerschaftsabbruch (§§ 218 I, IV, 27 StGB).[71] Wenn nicht aufzuklären ist, ob einer Person, die einer anderen für einen solchen Schwangerschaftsabbruch ein objektiv untaugliches Mittel verkauft hat, diese Untauglichkeit bekannt war, muss sie – obwohl sie ohne Zweifel eine der beiden genannten Straftaten begangen hat – in doppelter Anwendung des Grundsatzes in dubio pro reo[72] freigesprochen werden. 37

65 Die Wahlfeststellung zwischen verschiedenen Straftatbeständen ist abzugrenzen von der Konstellation, dass sich lediglich nicht aufklären lässt, durch welche von mehreren in Betracht kommenden Handlungen der Täter einen bestimmten Straftatbestand verwirklicht hat. Eine Verurteilung auf alternativer Tatsachengrundlage (sog. unechte Wahlfeststellung) hat schon das Reichsgericht zugelassen und wird auch heute allgemein als zulässig angesehen; vgl. zu deren Voraussetzungen iE NK-StGB/Frister StGB Nach § 2 Rn. 9ff. mwN.

66 Vgl. die Darstellung und die Nachweise bei LK-StGB/Dannecker/Schuhr StGB Anh. zu § 1 Rn. 31–33.

67 RGSt 68, 257; vgl. zu dieser Entscheidung und der weiteren historischen Entwicklung NK-StGB/Frister StGB Nach § 2 Rn. 4ff. mwN.

68 Grundlegend unter Anknüpfung an eine Entscheidung des Obersten Gerichtshofs der Britischen Zone (OGHSt 2, 93; BGHSt 1, 127 (128); 1, 302 (304)).

69 In der Literatur wird diese grundsätzliche Zulassung der Wahlfeststellung heute ganz überwiegend gebilligt. Allerdings will man das Kriterium der „rechtsethischen und psychologischen Vergleichbarkeit“ teilweise durch andere Kriterien, insbes. die „Identität des Unrechtskerns“ ersetzen; vgl. dazu iE die Darstellung bei NK-StGB/Frister StGB Nach § 2 Rn. 57ff. mwN.

70 Vgl. zB BGHSt 1, 302 (304); BGH NStZ 2008, 646. Dagegen sollen Diebstahl (§ 242 StGB) und Erpressung (§ 253 StGB) rechtsethisch und psychologisch nicht vergleichbar sein, so dass bei einer solchen Alternativität nur eine Verurteilung wegen des in beiden Alternativen vorliegenden Tatbestands der Unterschlagung (§ 246 StGB) möglich sei (BGH NJW 2018, 1557 (1558)).

71 Vgl. RGSt 69, 369; 71, 44.

72 Hinsichtlich des Betrugs ist in dubio pro reo davon auszugehen, dass das Mittel für tauglich, hinsichtlich der Beihilfe zum Schwangerschaftsabbruch dagegen, dass es für untauglich gehalten wurde.

38 Die langjährige Rechtsprechung des Bundesgerichtshofs zur Wahlfeststellung ist allerdings durch zwei Beschlüsse des 2. Strafsenats vorübergehend in Frage gestellt worden.[73] Der 2. Strafsenat bewertet die alternative Verurteilung aus unterschiedlichen Strafgesetzen als Verletzung des in Art. 103 II GG gewährleisteten strafrechtlichen Gesetzlichkeitsprinzips (vgl. zu diesem Prinzip das Kap. 4) und hat deshalb dem Großen Senat für Strafsachen (vgl. § 132 GVG) die Frage vorgelegt, ob an der bisherigen Rechtsprechung festgehalten werden soll. Die Kritik des 2. Strafsenats verdiente im Ergebnis Zustimmung. Weil die Aufgabe der Strafe darin besteht, den Widerspruch gegen die verletzte Norm symbolisch zu neutralisieren (→ § 2 Rn. 20ff.), lässt sich eine strafrechtliche Verurteilung nur deliktsbezogen legitimieren, setzt also den Nachweis der Verletzung eines bestimmten Strafgesetzes voraus.[74] Dessen Fehlen kann nicht durch eine dem Gesetz nicht zu entnehmende „rechtsethische und psychologische Vergleichbarkeit" der möglicherweise begangenen Delikte ersetzt werden.[75] Gleichwohl hat der Große Senat an der bisherigen Rechtsprechung des Bundesgerichtshofs festgehalten[76] und auch eine gegen diese Rechtsprechung gerichtete Verfassungsbeschwerde blieb beim Bundesverfassungsgericht ohne Erfolg.[77]

39 Zu beachten ist, dass es keiner Wahlfeststellung bedarf, wenn die alternativ verwirklichten Straftatbestände nicht in einem Aliud-, sondern in einem Plus-Minus-Verhältnis zueinander stehen.[78] Lässt sich zB nicht aufklären, ob der Angeklagte eine fremde bewegliche Sache mit oder ohne Gewaltanwendung weggenommen hat, so ist er nicht etwa alternativ wegen Diebstahls (§ 242 StGB) oder Raubes (§ 249 StGB), sondern eindeutig wegen Diebstahls zu verurteilen. Dies ergibt sich daraus, dass in jedem Raub ein Diebstahl enthalten ist und deshalb in einem solchen Fall der Tatbestand des Diebstahls unzweifelhaft erfüllt, der des Raubes hingegen nicht nachgewiesen ist. In ähnlicher Weise lässt sich auch dann eine Verurteilung begründen, wenn der Angeklagte zwei verschiedene Tatbestände verwirklicht hat, in denen jeweils ein dritter, weniger schwerwiegender Tatbestand enthalten ist. Lässt sich zB nicht aufklären, ob ein Angeklagter, der eine Frau gewaltsam angegriffen hat, sie sexuell nötigen oder berauben wollte, so ist wegen der fehlenden rechtsethischen und psychologischen Vergleichbarkeit zwar keine alternative Verurteilung wegen versuchter sexueller Nötigung (§§ 177, 22, 23 I StGB) oder versuchten Raubs (§§ 249, 22, 23 I StGB), wohl aber eine eindeutige Verurteilung wegen der in beiden Delikten enthaltenen versuchten einfachen Nötigung (§ 240 I, III StGB) möglich.

40 Ein Sonderproblem tritt auf, wenn ein Straftatbestand zur Voraussetzung hat, dass der Täter einen anderen Straftatbestand nicht erfüllt hat. Ein Beispiel dafür ist wiederum

[73] BGH NStZ 2014, 392; BeckRS 2016, 113380; vgl. dazu Bauer wistra 2014, 475; Beukelmann NJW-Spezial 2014, 440; Ceffinato JURA 2014, 655; Eschelbach ZAP 2014, 1041; Freund/Gropp JZ 2015, 164; Frister StV 2014, 584; von Heintschel-Heinegg JA 2014, 710; Jahn JuS 2014, 753; Kröpil JR 2015, 116; Linder ZIS 2017, 311; Pohlreich ZStW Bd. 128 (2016), 676; Schuhr NStZ 2014, 437; Stuckenberg ZIS 2014, 461.

[74] Vgl. dazu näher NK-StGB/Frister StGB Nach § 2 Rn. 76ff.; Frister StV 2014, 84.

[75] Selbst eine von Wolter GA 2013, 270 vorgeschlagene gesetzliche Ermächtigung zur Wahlfeststellung würde dieses Problem nicht beheben. Die Bestrafung würde noch immer wegen der Verletzung einer Norm erfolgen, die dem Gesetz selbst nicht zu entnehmen wäre, sondern als „Obernorm" aus unterschiedlichen gesetzlichen Normen abstrahiert werden müsste.

[76] BGH NJW 2017, 2842.

[77] BVerfG NJW 2019, 2837.

[78] Vgl. zu diesen Konstellationen eingehend NK-StGB/Frister StGB Nach § 2 Rn. 16ff. mwN.

die Hehlerei, deren Tatbestand jedenfalls nach herrschender Meinung[79] nicht erfüllt ist, wenn ein Mittäter von seinem Komplizen einen Teil der Beute erwirbt. Wenn der Erwerbsvorgang als solcher unzweifelhaft nachweisbar ist, sich aber nicht aufklären lässt, ob der Erwerber selbst als Mittäter an dem Diebstahl beteiligt war, verurteilt ihn die Rechtsprechung im Wege sogenannter **Postpendenzfeststellung** eindeutig wegen Hehlerei (§ 259 StGB).[80] Dem ist jedoch entgegenzuhalten, dass hier lediglich die Sachverhalte, nicht aber die alternativ verwirklichten Straftatbestände in einem Plus-Minus-Verhältnis stehen. Deshalb sind derartige Fälle der Postpendenz richtigerweise ebenfalls als Wahlfeststellung einzuordnen.[81] Dies ist insbesondere dann wichtig, wenn die alternativ verwirklichten Tatbestände nicht rechtsethisch und psychologisch vergleichbar sind, weil die eindeutige Verurteilung wegen Postpendenz im Gegensatz zur Wahlfeststellung sogar ohne diese Voraussetzung zulässig sein soll.

Lektüreempfehlung: BVerfGE 20, 323–336 (Verfassungsrang des Schuldprinzips).

[79] Vgl. NK-StGB/Altenhain StGB § 259 Rn. 4 mwN.
[80] Vgl. BGHSt 15, 86; BGH NStZ 1989, 266; 1995, 500; 2008, 396; 2011, 510.
[81] Vgl. dazu iE NK-StGB/Frister StGB Nach § 2 Rn. 51 ff. mwN.

§ 4. Das Gesetzlichkeitsprinzip und der Richtervorbehalt

1 Die Verhängung einer Strafe erfordert nicht nur Schuld, sondern ist auch an besondere formelle Voraussetzungen geknüpft. Die Strafbarkeit muss durch ein Gesetz bestimmt sein **(Gesetzlichkeitsprinzip)** und in Anwendung dieses Gesetzes durch einen Richter ausgesprochen werden **(Richtervorbehalt).** Im Gegensatz zu dem die materielle Strafwürdigkeit des Verhaltens fordernden Schuldprinzip sind diese grundlegenden formellen Legitimationsbedingungen der Strafe in unserer Verfassung ausdrücklich geregelt. Art. 103 II GG bestimmt, dass eine Strafe nur verhängt werden darf, wenn die Strafbarkeit zum Zeitpunkt der Tat gesetzlich bestimmt war. Und Art. 92 Hs. 1 GG vertraut die rechtsprechende Gewalt und damit insbesondere auch die Verhängung von Strafen allein den Richtern an.

A. Das Gesetzlichkeitsprinzip: „nullum crimen, nulla poena sine lege"

I. Herkunft und Grundgedanke

2 Art. 103 II GG kodifiziert den aus der Staatslehre der Aufklärung stammenden Grundsatz **„nullum crimen, nulla poena sine lege"** (kein Verbrechen, keine Strafe ohne Gesetz). Dieser Grundsatz war schon in Verfassungen amerikanischer Bundesstaaten (Virginia und Maryland 1776) sowie in Art. 8 der Erklärung der Menschen- und Bürgerrechte der Französischen Revolution (1789) enthalten und wird heute – allerdings in modifizierter Form[1] – durch Art. 7 I EMRK (Europäische Menschenrechtskonvention)[2] vom 7.8.1952 und Art. 15 I IPBPR (Internationaler Pakt über bürgerliche und politische Rechte)[3] vom 19.12.1966 auch international gewährleistet. Er ist eine spezifisch strafrechtliche Ausprägung des allgemeinen Gewaltenteilungsprinzips. Seine große Bedeutung für ein rechtsstaatliches Strafrecht bringt das Gesetz dadurch zum Ausdruck, dass es den Verfassungssatz des Art. 103 II GG als § 1 StGB programmatisch an den Anfang des Strafgesetzbuches stellt.[4]

3 Nach Art. 103 II GG muss nicht nur die Strafbarkeit im Zeitpunkt der Tat gesetzlich bestimmt sein **(nullum crimen sine lege),** sondern auch die Höhe der Strafe **(nulla poena sine lege).**[5] Damit ist neben einer rückwirkenden Begründung der Strafbarkeit auch eine noch in der Rechtsprechung des Reichsgerichts für zulässig erachtete[6] rück-

---

[1] Mit Rücksicht auf die angelsächsischen Rechtssysteme, die ungeachtet einer zunehmenden Kodifizierung auch heute noch in weiten Teilen aus überlieferten Gerichtsentscheidungen bestehen **(„case law"),** wird die Bestimmung der Strafbarkeit durch eine geschriebene Norm („lex scripta") in Art. 7 EMRK und 15 IPBPR nicht gewährleistet (vgl. dazu SK-StPO/Meyer EMRK Art. 7 Rn. 58 mwN).

[2] BGBl. 1952 II 685.

[3] BGBl. 1973 II 1533.

[4] Diese demonstrative Hervorhebung des Grundsatzes „nullum crimen, nulla poena sine lege" stammt erst aus dem Jahr 1969. Zuvor befand sich aber eine inhaltlich identische Regelung in § 2 StGB.

[5] BVerfGE 25, 269 (285 f.); 46, 188 (192); 81, 132 (135); BVerfG NJW 2002, 1779 (1780); vgl. dazu näher Dannecker FS Roxin, 2011, 285 (289 ff.) mwN.

[6] Das Reichsgericht hat diese Auffassung bereits in der Weimarer Zeit vertreten (RGSt 56, 318 (319)). In der nationalsozialistischen Zeit wurde mit ihr ua die rückwirkende Einführung der Todesstrafe für den Reichstagsbrandprozess (sogenannte „lex van der Lubbe" vom 29.3.1933, RGBl. 1933 I 151; dazu Epping Der Staat 34 (1995), 243) gerechtfertigt.

wirkende Erhöhung der Strafdrohung für ein bereits strafbares Verhalten ausgeschlossen. Dieser umfassende Geltungsbereich des Gesetzlichkeitsprinzips kommt zwar im Wortlaut des Art. 103 II GG nicht eindeutig zum Ausdruck, ergibt sich aber aus der Entstehungsgeschichte der Regelung. Bei den Beratungen der Vorschrift im Parlamentarischen Rat wurde der Vorschlag, den missverständlichen Begriff der „Strafbarkeit“ durch den Begriff der „Strafe“ zu ersetzen, nur deshalb abgelehnt, weil man der Auffassung war, auch ohne diese Änderung werde hinreichend deutlich, dass sich das Gesetzlichkeitsprinzip ebenso auf die Bestimmung des Strafmaßes bezieht.[7]

In der Rechtsprechung des Bundesverfassungsgerichts wird das Gesetzlichkeitsprinzip 4
vor allem auf den Gedanken zurückgeführt, die Bestrafung eines Verhaltens sei nur dann gerechtfertigt, wenn der Täter voraussehen konnte, dass und in welchem Maße er für dieses Verhalten bestraft werden kann.[8] Dies ist jedoch insofern nicht überzeugend, als dem Täter nach dem Schuldprinzip – so wie in § 17 StGB vorgesehen (→ § 19 Rn. 3) – nur die Rechtswidrigkeit seines Verhaltens erkennbar gewesen sein muss. Das Vertrauen, dass ein rechtswidriges Verhalten ungeachtet seiner Rechtswidrigkeit nicht oder nur in einem bestimmten Maße bestraft wird, ist nur dann schutzwürdig, wenn man mit Feuerbach den Zweck des Strafrechts darin sieht, durch die Strafdrohung von der Begehung weiterer Taten abzuschrecken. Nachdem diese Straftheorie jedenfalls als primäre Legitimation der Strafe aufgegeben worden ist, lässt sich das Gesetzlichkeitsprinzip nur noch teilweise mit dem Gedanken individuellen Vertrauensschutzes rechtfertigen.[9]

Eine vollständige Begründung des Gesetzlichkeitsprinzips ergibt sich jedoch aus dem 5
Anliegen, die Strafgewalt an abstrakte, unabhängig von dem zu entscheidenden Fall getroffene Strafwürdigkeitsentscheidungen zu binden. Das Erfordernis einer gesetzlichen Bestimmung der Strafbarkeit vor Begehung der Tat beugt der Gefahr vor, dass Strafgesetze nur deshalb geschaffen oder verschärft werden, um bestimmte bereits begangene Taten, die das Rechtsgefühl besonders empört haben, „angemessen“ bestrafen zu können.[10] Diese Gefahr wird umso größer, je höher der auf die Ahndung begangener Taten gerichtete Erwartungsdruck der Öffentlichkeit ist. Die Bindung an unabhängig von dem zu beurteilenden Fall getroffene Strafwürdigkeitsentscheidungen ist deshalb gerade in der heutigen für populistische Entscheidungen anfälligen „Mediengesellschaft“ von großer Wichtigkeit. Sie begründet zwar keine „Objektivitätsgarantie“,[11] gewährleistet aber immerhin, dass über die Strafwürdigkeit von Verhaltensweisen aus einer der „Objektivität“ förderlichen Distanz zum Einzelfall heraus entschieden wird.

Neben dem zentralen rechtsstaatlichen Aspekt der Selbstbindung der Strafgewalt hat 6
das Gesetzlichkeitsprinzip in unserer heutigen Staatsverfassung auch noch eine demokratische Komponente.[12] Die Notwendigkeit einer gesetzlichen Bestimmung der Strafbarkeit gewährleistet, dass die Strafwürdigkeitsentscheidung nicht durch den

[7] Vgl. die Darstellung der Entstehungsgeschichte in BVerfGE 25, 269 (287–289).
[8] BVerfGE 25, 269 (285); 81, 132 (135); BVerfG NJW 2002, 1779; 2016, 3648 (3649).
[9] Dazu grundlegend Grünwald ZStW 76 (1964), 1 (10ff.).
[10] Auch dazu grundlegend Grünwald ZStW 76 (1964), 1 (13ff.), der anhand historischer Beispiele eindrucksvoll belegt, dass diese Gefahr alles andere als nur theoretischer Natur ist.
[11] So die emphatische Formulierung bei Jakobs StrafR AT Abschn. 4 Rn. 9.
[12] Grünwald ZStW 76 (1964), 1 (13f.).

Richter, sondern durch den unmittelbar demokratisch legitimierten Gesetzgeber getroffen wird. Diesen Aspekt des Gesetzlichkeitsprinzips hebt die Rechtsprechung des Bundesverfassungsgerichts ebenfalls hervor.[13] Das Gericht sieht in Art. 103 II GG eine besonders strikte Ausprägung des allgemeinen Verfassungsgrundsatzes, dass der Gesetzgeber „in grundlegenden normativen Bereichen, zumal im Bereich der Grundrechtsausübung" die wesentlichen Entscheidungen selbst treffen muss.[14] Allerdings ergibt sich aus diesem Grundsatz nicht, dass der Gesetzgeber die Strafbarkeit bereits vor Begehung der Tat bestimmt haben muss, sodass sich das Gesetzlichkeitsprinzip nicht vollständig auf ihn zurückführen lässt.

II. Die einzelnen Ausprägungen des Gesetzlichkeitsprinzips

1. Das Erfordernis eines geschriebenen Gesetzes („lex scripta")

7 Aus dem Gesetzlichkeitsprinzip ergibt sich zunächst das Erfordernis einer geschriebenen, dh formell als Recht gesetzten und verkündeten Bestimmung der Strafbarkeit. Eine Bestrafung aufgrund von Gewohnheitsrecht oder anderer ungeschriebener, insbesondere auch „naturrechtlicher" (dazu näher → § 4 Rn. 30ff.) Normen ist damit ausgeschlossen. Dahinter steht weniger die bei Lichte betrachtet eher realitätsferne Überlegung, dass sich der Bürger allein anhand des Gesetzblattes über den Inhalt der strafrechtlichen Normen soll informieren können, als der Gedanke, dass der Inhalt ungeschriebener Rechtsnormen nicht klar genug fixiert ist, um die Bindung der Strafgewalt an unabhängig von dem zu entscheidenden Fall getroffene Strafwürdigkeitsentscheidungen zu gewährleisten. Darüber hinaus lässt sich das Verbot einer Bestrafung aus ungeschriebenem Recht damit begründen, dass nur das gesetzte Recht demokratisch legitimiert ist.

8 Geschriebenes Recht ist nicht nur ein vom Parlament erlassenes förmliches Gesetz, sondern jede als Recht gesetzte Norm, sodass die Strafbarkeit im Grundsatz auch auf eine Rechtsverordnung oder Satzung gestützt werden kann. Im Hinblick auf die demokratische Komponente des Gesetzlichkeitsprinzips gilt dies allerdings nicht uneingeschränkt. Die Rechtsprechung des Bundesverfassungsgerichts verlangt zu Recht, dass die Voraussetzungen der Strafbarkeit sowie die Art und das Höchstmaß der Strafe schon aus der vom Parlament erlassenen Verordnungs- bzw. Satzungsermächtigung ableitbar sein müssen,[15] dem Verordnungs- bzw. Satzungsgeber also „lediglich gewisse Spezifizierungen des Straftatbestands"[16] überlassen bleiben dürfen. Für Strafgesetze, die eine Freiheitsstrafe androhen, ergibt sich dies zusätzlich aus Art. 104 I GG, der für eine Beschränkung der Freiheit der Person ein förmliches Gesetz verlangt. Die genannte Einschränkung gilt auch bei der Umsetzung europäischen Rechts.[17] Der Gesetzgeber kann den Verordnungs- bzw. Satzungsgeber deshalb nicht wirksam dazu ermächtigen, durch Rückverweisung auf einen Blanketttat-

[13] BVerfGE 47, 109 (120); 71, 108 (114); 73, 206 (235); BVerfG NJW 2002, 1779 (1780); 2016, 3648 (3649).

[14] Vgl. zu dieser sog. **Wesentlichkeitslehre** des Bundesverfassungsgerichts die Darstellung bei Kingreen/Poscher StaatsR II Rn. 365ff. mN.

[15] BVerfGE 14, 186 (251f.); 32, 345 (362f.); 75, 329 (342); BVerfG NJW 2016, 3648 (3651).

[16] So die Formulierung in BVerfGE 75, 329 (342).

[17] BVerfG NJW 2016, 3648 (3651).

bestand zu entscheiden, welche der dort in Bezug genommenen europäischen Normen strafbewehrt sind.[18]

Art. 103 II GG verbietet die Anwendung ungeschriebenen Rechts nur zur Begründung oder Erhöhung der Strafbarkeit. Die Möglichkeit, aufgrund ungeschriebenen Rechts ausnahmsweise von einer gesetzlich vorgesehenen Bestrafung abzusehen oder eine gesetzlich vorgesehene Bestrafung zu mildern, schließt die Vorschrift dagegen nicht aus. Diese einseitige Schutzrichtung erklärt sich daraus, dass das Gesetzlichkeitsprinzip nach Entstehungsgeschichte und Grundgedanken ein grundrechtsgleiches (Art. 93 I Nr. 4a GG) Abwehrrecht gegen den Staat und damit lediglich eine Begrenzung der staatlichen Strafgewalt darstellt. Auch das Erfordernis einer demokratischen Legitimation bezieht sich – weil sich die dieses Erfordernis begründende „Wesentlichkeit" von Strafwürdigkeitsentscheidungen aus dem Gewicht des in der Strafe enthaltenen Grundrechtseingriffs ergibt – auf die Begründung bzw. Erhöhung der Strafbarkeit,[19] sodass auch unter diesem Aspekt keine verfassungsrechtliche Notwendigkeit besteht, alle die Strafbarkeit ausschließenden oder mildernden Gründe gesetzlich zu regeln. 9

Zu beachten ist jedoch, dass eine abschließende gesetzliche Regelung der Strafbarkeit nur insoweit verzichtbar ist, als es um die Frage geht, ob und inwieweit ein generell als strafwürdig definiertes Verhalten ausnahmsweise nicht bestraft wird. Die die generelle Strafwürdigkeit des Verhaltens begründenden Merkmale, insbesondere die zu ahndende Rechtsgutsverletzung bzw. -gefährdung, müssen im Gesetz vollständig definiert sein. Der Gesetzgeber darf die Strafgesetze nicht so formulieren, dass sie schon generell auch Verhaltensweisen erfassen, auf die sie gar nicht angewendet werden sollen. Mit einem solchen Vorgehen würde die Definition des strafwürdigen Verhaltens in der Sache an den Richter delegiert. Damit gingen sowohl die demokratische Legitimation der Strafgewalt als auch die Bindung an unabhängig vom Einzelfall getroffene Strafwürdigkeitsentscheidungen verloren, die durch das Gesetzlichkeitsprinzip in erster Linie gewährleistet werden sollen. 10

2. Das Erfordernis eines hinreichend bestimmten Gesetzes („lex certa")

a) Grund und Grenzen der Bestimmtheit

Das Strafgesetz darf sich nicht auf die Anweisung beschränken, „strafwürdiges Verhalten angemessen zu bestrafen", sondern muss selbst bestimmen, welches Verhalten in welchem Maße als strafwürdig zu bewerten ist. Auch dieser sogenannte Bestimmtheitsgrundsatz ergibt sich weniger aus dem Gedanken der individuellen Vorhersehbarkeit der Bestrafung als aus der Überlegung, dass der Gesetzgeber die Strafwürdigkeitsentscheidung nicht dem Richter überlassen darf. Die Strafgewalt ist nur dann an unabhängig von dem zu beurteilenden Fall getroffene Strafwürdigkeitsentscheidungen gebunden und die Verhängung der Strafe nur dann demokratisch legitimiert, wenn das mit Strafe bedrohte Verhalten im Gesetz so definiert ist, dass der Richter die Ent- 11

[18] BVerfG NJW 2016, 3648 (3651); anders noch BGHSt 61, 110 (124); vgl. für eine Kritik dieser bislang im Nebenstrafrecht recht verbreiteten Rückverweisungstechnik Hecker NJW 2016, 3653 sowie eingehend Freund/Rostalski GA 2016, 443, beide mwN.

[19] Deshalb spricht – entgegen einer in der Literatur verbreiteten Vorstellung (zB SK-StGB/Jäger StGB § 1 Rn. 2) – die traditionell einseitige Schutzrichtung des Gesetzlichkeitsprinzips nicht dagegen, dieses Prinzip heute auch mit dem Erfordernis einer demokratischen Legitimation der Strafgewalt zu begründen.

scheidung, ob ein Verhalten dem Gesetz unterfällt, wenigstens im Regelfall ohne eigene Beurteilung der Strafwürdigkeit dieses Verhaltens treffen kann.

12 Von der Bestimmtheit der Strafgesetze darf man sich allerdings keine illusionären Vorstellungen machen. Die Forderung der frühen Aufklärung, der Richter dürfe nichts anderes als der „Mund des Gesetzes" (Montesquieu) sein, müsse also auch jeden Grenzfall ohne eine eigene Wertung entscheiden können,[20] gilt heute zu Recht als methodisch naiv. Schon aus sprachtheoretischen Gründen kann die Strafbarkeit nicht in dem Sinne „bestimmt" sein, dass jeder Richter bei der rechtlichen Beurteilung jedes Sachverhaltes notwendigerweise zum gleichen Ergebnis kommen müsste. Denn das Recht verfügt nicht wie die Mathematik über eine formalisierte künstliche Sprache, sondern ist – ungeachtet vieler juristischer Fachbegriffe – im Kern auf die Verwendung der natürlichen Sprache angewiesen. Deren Begriffe sind aber allein durch den Sprachgebrauch und deshalb niemals ganz randscharf definiert, sodass dem Richter der Natur der Sache nach bei jeder gesetzlichen Regelung ein gewisser Auslegungsspielraum verbleibt.

13 Dementsprechend gehen Rechtsprechung und Literatur heute allgemein davon aus, dass das Bestimmtheitsgebot der Verwendung „auslegungsbedürftiger Begriffe" bei der Beschreibung des strafbaren Verhaltens nicht entgegensteht. Wegen der Notwendigkeit, der „Vielgestaltigkeit des Lebens" durch abstrakte Normen gerecht zu werden, wird sogar die Verwendung von Begriffen die „in besonderem Maße der Auslegung durch den Richter"[21] bedürfen, für zulässig erachtet. Um solche Begriffe handelt es sich zB bei Vorsatz und Fahrlässigkeit, deren fehlende gesetzliche Definition deshalb noch keine Verletzung des Bestimmtheitsgebots begründet.[22] Eine solche Verletzung kommt erst dann in Betracht, wenn das Gesetz das mit Strafe bedrohte Verhalten lediglich mittels eines negativen Werturteils definiert und dem Richter die Entscheidung überlässt, ob das von ihm zu beurteilende Verhalten dieses Werturteil verdient[23] und damit strafwürdig ist oder nicht. Ein besonders extremes Beispiel für eine solche Gesetzgebungstechnik war der 1975 aufgehobene Übertretungstatbestand des groben Unfugs (§ 360 I Nr. 11 Var. 2 StGB aF),[24] der das unter Strafe gestellte Verhalten lediglich mit den Worten „wer groben Unfug verübt" umschrieb.

b) Die Relativierung des Bestimmtheitsgebots durch Rechtsprechung und Lehre

14 Das Bundesverfassungsgericht hat im Ergebnis sogar diesen Tatbestand als noch ausreichend bestimmt angesehen. Zur Begründung führte es aus, dass die Regelung durch eine jahrzehntelange gefestigte Rechtsprechung hinreichend präzisiert sei und der Bürger deshalb vorhersehen könne, welches Verhalten dem Gesetz unterfalle.[25] Dem ist

[20] Näheres zu den methodischen Vorstellungen der frühen Aufklärung findet sich bei Roxin/Greco StrafR AT I § 5 Rn. 26 mN.

[21] So die Formulierung in BVerfGE 26, 41 (42); sachlich übereinstimmend BVerfGE 73, 206 (235); 92, 1 (12); BVerfG NJW 2022, 1160 (1161) mwN.

[22] Dies ist allerdings nicht unumstritten. Insbesondere hinsichtlich der Fahrlässigkeit wird in neuerer Zeit verstärkt eine gesetzliche Definition für notwendig erachtet; vgl. etwa Schmitz FS Samson, 2010, 181 mwN.

[23] Vgl. zur Unterscheidung dieser fragwürdigen Gesetzgebungstechnik von der zulässigen Verwendung auslegungsbedürftiger Begriffe instruktiv Haas FS Puppe, 2010, 93 (97ff.).

[24] Heute findet sich eine ähnliche, aber doch etwas präziser gefasste Regelung in § 118 I OWiG.

[25] BVerfGE 26, 41 (43).

jedoch entgegenzuhalten, dass das Bestimmtheitsgebot – wie das Gericht allerdings erst später ausdrücklich anerkannt hat[26] – zumindest auch gewährleisten soll, dass der Gesetzgeber selbst über die Strafwürdigkeit entscheidet. Die durch Art. 103 II GG geforderte gesetzgeberische Entscheidung mag bei einer unerlässlichen Verwendung besonders auslegungsbedürftiger Begriffe durch die Rechtsprechung zu präzisieren sein.[27] Sie durch eine „gefestigte" Rechtsprechung zu ersetzen, widerspricht jedoch nicht nur dem demokratischen, sondern auch dem zentralen rechtsstaatlichen Grundgedanken des Gesetzlichkeitsprinzips. Denn die Gerichte sind in unserem Rechtssystem nur an das Gesetz und nicht an ihre frühere Rechtsprechung gebunden,[28] sodass die Bindung der Strafgewalt an unabhängig von dem zu entscheidenden Fall getroffene Strafwürdigkeitsentscheidungen durch eine „gefestigte" Rechtsprechung nicht gewährleistet ist.

Das Bundesverfassungsgericht hätte deshalb den in seiner Unbestimmtheit kaum 15
noch zu überbietenden Übertretungstatbestand des groben Unfugs wegen Verletzung des Art. 103 II GG für verfassungswidrig erklären müssen. Aber nicht nur im früheren, sondern auch im geltenden Recht gibt es eine Reihe von Strafgesetzen, deren Bestimmtheit selbst bei Anwendung großzügiger Maßstäbe problematisch ist. Das wohl markanteste Beispiel[29] ist der in seiner heutigen Form auf den nationalsozialistischen Gesetzgeber zurückgehende[30] Nötigungstatbestand, der das unter Strafe gestellte Unrecht nicht abschließend umschreibt, sondern die Rechtswidrigkeit der Nötigung in § 240 II StGB davon abhängig macht, dass die Anwendung der Gewalt oder die Drohung mit einem empfindlichen Übel zu dem angestrebten Zweck „als verwerflich anzusehen ist".

Mit der Verfassungsmäßigkeit dieses Tatbestands hat sich das Bundesverfassungs- 16
gericht bereits zweimal befasst.[31] In beiden Entscheidungen urteilte das Gericht, dass jedenfalls die jeweils allein entscheidungserhebliche Gewaltalternative des Nötigungstatbestands mit dem Bestimmtheitsgebot vereinbar sei. Begründet wurde dies im Wesentlichen damit, dass die Verwerflichkeitsklausel des § 240 II StGB die Strafbarkeit zugunsten des Täters einschränke und deshalb nicht in gleichem Maß bestimmt sein müsse wie strafbarkeitsbegründende Merkmale.[32] Diese Begründung wäre tragfähig, wenn die die generelle Strafwürdigkeit der Nötigung begründenden Merkmale bereits

[26] BVerfGE 73, 206 (235).

[27] Vgl. zu diesem sog. Präzisierungsgebot BVerfG NJW 2010, 3209 (3211).

[28] Eine entsprechende Anwendung des Rückwirkungsverbots auf Änderungen der Rechtsprechung kommt dementsprechend allenfalls bei an sich vom Gesetzgeber zu treffenden Entscheidungen in Betracht (dazu Leite GA 2014, 220; weitergehend Neumann FS Beulke, 2015, 197, beide mwN), wird aber iÜ von der herrschenden Meinung zu Recht abgelehnt; vgl. dazu SK-StGB/Jäger StGB § 1 Rn. 16 mwN.

[29] Weitere Beispiele finden sich bei Roxin/Greco StrafR AT I § 5 Rn. 69.

[30] Nach dem StGB von 1871 war nur die Nötigung mit Gewalt oder durch Drohung mit einem Verbrechen oder Vergehen strafbar. Erst 1943 hat der nationalsozialistische Gesetzgeber den Kreis der Nötigungsmittel auf die „Drohung mit einem empfindlichen Übel" ausgeweitet und die Strafbarkeit im Gegenzug davon abhängig gemacht, dass die Anwendung des Nötigungsmittels „dem gesunden Volksempfinden widerspricht" (RGBl. 1943 I 339 (341)). Nach dem Ende des Nationalsozialismus wurde zwar die Bezugnahme auf das „gesunde Volksempfinden" durch den Begriff der „Verwerflichkeit" ersetzt (BGBl. 1953 I 735 (742)), die Regelung iÜ aber unverändert übernommen.

[31] BVerfGE 73, 206; 92, 1.

[32] BVerfGE 73, 206 (238 f.).

in § 240 I StGB vollständig umschrieben wären und es bei der Verwerflichkeitsklausel nur um die Frage ginge, ob und inwieweit das generell strafwürdige Verhalten ausnahmsweise nicht bestraft wird. Da nach Art. 103 II GG solche Ausnahmen von der Strafbarkeit überhaupt nicht gesetzlich geregelt werden müssen (→ § 4 Rn. 9 f.), ist auf sie auch das Bestimmtheitsgebot nicht anwendbar.[33]

17 Die Annahme, dass das generelle Unrecht der Nötigung in § 240 I StGB vollständig umschrieben sei, ist jedoch allenfalls für die in den beiden Verfassungsgerichtsentscheidungen zu beurteilende Gewaltalternative des § 240 StGB diskutabel.[34] Bei der Drohungsalternative kann von einer vollständigen Beschreibung des strafwürdigen Unrechts durch die Regelung des § 240 I StGB keine Rede sein, weil es – wie die Rechtsprechung früh erkannt hat[35] – eine Vielzahl ganz alltäglicher und sozial anerkannter Verhaltensweisen gibt, die deren Voraussetzungen erfüllen. Unternehmen drohen ihren Lieferanten mit dem Abbruch der Geschäftsbeziehungen, um sie zu einer Preissenkung zu zwingen, Computerspezialisten ihrem Arbeitgeber mit der Kündigung, um eine Gehaltserhöhung zu erreichen, Ehefrauen ihren Männern mit der Scheidung, um sie dazu zu zwingen, sich mehr Zeit für die Familie zu nehmen. In all diesen Fällen wird jemand durch eine Drohung mit einem empfindlichen Übel zu einer Handlung genötigt, ohne dass man deshalb das Verhalten als generell strafwürdiges Unrecht bewerten könnte.

18 In der Literatur wird das Fehlen einer abschließenden Definition des Nötigungsunrechts damit zu rechtfertigen versucht, dass nur durch einen solch „offenen Tatbestand" alle strafwürdigen Beeinträchtigungen der Willensentschließungs- und Willensbetätigungsfreiheit zu erfassen seien.[36] Dem ist jedoch entgegenzuhalten, dass Art. 103 II GG auch und gerade dann zu beachten ist, wenn seine Anwendung zu „Strafbarkeitslücken" führt.[37] Da der Sinn des Gesetzlichkeitsprinzips darin besteht, die Bestrafung über die Strafwürdigkeit des Verhaltens hinaus von zusätzlichen rechtsstaatlichen und demokratischen Sicherungen abhängig zu machen, darf das Interesse an der lückenlosen Erfassung aller strafwürdigen Verhaltensweisen nur unter Beachtung des Gesetzlichkeitsprinzips befriedigt werden. Von daher ergibt sich auch aus der vermeintlichen „Notwendigkeit", alle strafwürdigen Beeinträchtigungen der Willensentschließungs- und Willensbetätigungsfreiheit lückenlos zu erfassen, keine Legitimation dafür, auf eine abschließende Definition des Nötigungsunrechts zu verzichten.

---

[33] Diese Folgerung ist allerdings nicht unumstritten. Lenckner JuS 1968, 249 (252) hält ihr entgegen, der Idee des Rechtsstaats entspreche nur ein Strafgesetz, das auch eine indirekte richterliche Strafbegründung durch Verneinung einer Ausnahme von der Strafbarkeit unmöglich mache. Wenn aber der Schutzbereich des Art. 103 II GG tatsächlich so weit ginge, wäre – was Lenckner selbst ausdrücklich ablehnt – eine gesetzliche Regelung aller die Strafbarkeit ausschließenden oder mildernden Gründe erforderlich.

[34] Ob die Annahme insoweit iErg berechtigt ist, hängt von der umstrittenen Auslegung des Gewaltbegriffs ab. Nur wenn man für die Gewalt eine körperliche Einwirkung verlangt, kann man zumindest die Gewaltalternative des § 240 I StGB als eine abschließende Regelung des Nötigungsunrechts ansehen.

[35] BGHSt 2, 194 (195 f.).

[36] Der gründlichste Versuch in diese Richtung findet sich bei Lenckner JuS 1968, 304 (306 f.).

[37] Vgl. zur Argumentation mit „unerträglichen" Strafbarkeitslücken die – unter einem Pseudonym veröffentlichte – Glosse von Puppe GA 1999, 409 (411).

Im Ergebnis lässt sich deshalb die derzeitige Fassung des Nötigungstatbestands mit dem Bestimmtheitsgebot des Art. 103 II GG nicht vereinbaren.[38] Solange das Bundesverfassungsgericht dies anders beurteilt, ist dem Grundgedanken des Gesetzlichkeitsprinzips wenigstens durch eine restriktive Auslegung des Nötigungstatbestands Rechnung zu tragen. Damit die Strafbarkeit nicht von den persönlichen Wertvorstellungen des Richters abhängt, darf die Anwendung des Nötigungsmittels nur dann als „verwerflich“ beurteilt werden, wenn sie in der Gesellschaft allgemein als strafwürdiges Unrecht angesehen wird.[39] Entsprechend hat der Richter auch bei anderen Strafgesetzen zu verfahren, deren Merkmale auf ungeschriebene gesellschaftliche Wertvorstellungen verweisen. So ist zB eine mit Einwilligung des Verletzten vorgenommene Körperverletzung nur dann als „sittenwidrig“ iSd § 228 StGB anzusehen, wenn sie nach allgemeiner gesellschaftlicher Wertung kriminell strafwürdiges Unrecht ist.[40] Ebenso sind nur solche Beweggründe als „niedrig“ im Sinne des Mordtatbestands (§ 211 StGB) zu bewerten, die „nach allgemeiner sittlicher Wertung“ auf tiefster Stufe stehen.[41] 19

c) Die Bestimmtheit der Strafdrohung

So wie das Gesetzlichkeitsprinzip insgesamt, so bezieht sich auch das Bestimmtheitsgebot nicht nur auf die Strafbarkeitsvoraussetzungen, sondern auch auf die zu verhängende Strafe.[42] Allerdings kann das Gesetz schon wegen des unterschiedlichen Unwertgehalts demselben Strafgesetz zu subsumierender Fälle (der Diebstahl von 100 Euro ist etwas anderes als der Diebstahl von 100.000 Euro) für die Verletzung von Strafgesetzen in der Regel[43] keine absolut bestimmte Strafe androhen. Deshalb reicht es aus, wenn das Gesetz dem Richter erstens einen Strafrahmen vorgibt, aus dem sich das Gewicht der Straftat im Vergleich zu anderen Straftaten ergibt, und ihm zweitens allgemeine Strafzumessungsregeln an die Hand gibt, anhand derer er die Strafe innerhalb des gesetzlich vorgegebenen Strafrahmens bemessen kann.[44] Diesen Erfordernissen wird das geltende Recht durch die bei allen Delikten vorgesehenen – zum Teil allerdings recht großzügig bemessenen – Strafrahmen und die Regelung der Strafzumessungsgrundsätze in § 46 StGB gerecht. 20

Gleichwohl gibt es Fälle, in denen von der geringsten Geldstrafe bis zu lebenslanger Freiheitsstrafe jede beliebige Strafe gesetzlich zulässig ist. Der Grund dafür ist die Tatsache, dass das Gesetz in bestimmten Fällen eine fakultative Milderung der angedrohten Strafe vorsieht. Ein Beispiel ist der „grob unverständige Mordversuch“ (→ § 23 Rn. 3), für den das Gesetz eine fakultative Milderung der lebenslangen Freiheitsstrafe nach dem Ermessen des Gerichts bis hin zu einer geringen Geldstrafe und sogar einem Absehen von Strafe zulässt (§ 23 III StGB iVm § 49 II StGB). Obwohl solch fakultative Milderungsmöglichkeiten dem Richter ebenso wie unbestimmte Strafdrohungen 21

38 Dazu lesenswert Grünwald FS Arthur Kaufmann, 1993, 433 (438f.).

39 Vgl. auch dazu näher Grünwald FS Arthur Kaufmann, 1993, 433 (439f.) mwN.

40 BGHSt 49, 34 (41).

41 BGHSt 3, 132.

42 So explizit BVerfGE 45, 363 (366ff.); 105, 135 (153).

43 Eine wichtige Ausnahme ist der Mord, für den das Gesetz selbst ausschließlich lebenslange Freiheitsstrafe androht (§ 211 StGB). Allerdings ist nach der Rechtsprechung (BGHSt 30, 105) aufgrund des Schuldprinzips in außergewöhnlichen Fällen auch hier eine Strafmilderung nach § 49 I StGB möglich; vgl. zu dieser sog. Rechtsfolgenlösung Börgers JR 2004, 139 mwN.

44 Vgl. dazu näher BVerfGE 105, 135 (154ff.).

einen nur noch durch allgemeine Strafzumessungsregeln begrenzten Ermessensspielraum eröffnen, sind sie wegen der einseitigen Schutzrichtung des Gesetzlichkeitsprinzips nicht verfassungswidrig. Da nach Art. 103 II GG die Strafbarkeit ausschließende oder mildernde Gründe überhaupt nicht gesetzlich geregelt werden müssen (vgl. dazu → § 4 Rn. 9 f.), kann der Vorschrift insoweit auch keine Verpflichtung zu einer hinreichend bestimmten Regelung solcher Gründe entnommen werden.

3. Das Verbot einer Überschreitung des Gesetzeswortlautes („lex stricta")

22 Die Strafbarkeit eines Verhaltens ist nur dann iSd Art. 103 II GG gesetzlich bestimmt, wenn das Verhalten dem Wortlaut eines Strafgesetzes unterfällt. Der ungeschriebene Zweck des Gesetzes ist – ebenso wie der Inhalt ungeschriebener Rechtsnormen – nicht klar genug fixiert, um die Bindung des Richters an unabhängig von dem konkreten Fall getroffene Strafwürdigkeitsentscheidungen des demokratisch legitimierten Gesetzgebers zu gewährleisten. Als weitere Ausprägung des Gesetzlichkeitsprinzips ergibt sich damit das sogenannte **Analogieverbot,** das dem Richter untersagt, die Verhängung einer Strafe auf eine entsprechende Anwendung von Strafgesetzen zu gründen. Ein vom Gesetzeswortlaut nicht erfasstes Verhalten darf der Richter auch dann nicht bestrafen, wenn es nach dem Zweck des Strafgesetzes strafbar sein müsste. Auch eine Erhöhung der sich bei wörtlicher Anwendung des Gesetzes ergebenden Strafe unter Berufung auf den Gesetzeszweck ist nach Art. 103 II GG unzulässig.

23 Um die Bedeutung des Analogieverbots richtig zu erfassen, ist es wichtig, sich klarzumachen, dass dieses Verbot nicht irgendeine willkürliche, sondern eine – zumindest nach Auffassung des entscheidenden Richters – dem wahren Willen des Gesetzes entsprechende Bestrafung verbietet. Die analoge Anwendung eines Gesetzes setzt nach allgemeinen methodischen Grundsätzen voraus, dass das zu beurteilende Verhalten die gleiche Bewertung verdient wie das im Gesetz ausdrücklich geregelte. Das strafrechtliche Analogieverbot untersagt also dem Richter die Bestrafung eines Verhaltens, das nach seiner Auffassung genauso oder sogar noch strafwürdiger ist als das im Gesetz ausdrücklich normierte. Es verpflichtet ihn damit dazu, um der allgemeinen Geltung des Gesetzlichkeitsprinzips willen im Einzelfall eine seiner Ansicht nach ungerechte Entscheidung zu treffen. Die darin liegende Problematik zeigt in extremer Form eine berühmte Entscheidung des Bundesgerichtshofs zu einem alten preußischen Gesetz über den Forstdiebstahl.[45]

24 Nach § 3 I Nr. 6 dieses Gesetzes wurde die Regelstrafe für einen Forstdiebstahl geschärft, „wenn zum Zwecke des Forstdiebstahls ein bespanntes Fuhrwerk, ein Kahn oder ein Lasttier mitgebracht ist". In dem vom Bundesgerichtshof zu entscheidenden Fall hatten die Angeklagten sich keines dieser Beförderungsmittel bedient, sondern den Forstdiebstahl mittels eines Kraftfahrzeugs begangen. Da sich damit das Diebesgut noch schneller, bequemer und in größeren Mengen abtransportieren lässt als mit den im Gesetz genannten Beförderungsmitteln, wäre nach dem Zweck des Gesetzes auch in einem solchen Fall die Strafschärfung sicherlich angemessen gewesen. Nach dem Wortlaut des Gesetzes war sie jedoch – da ein Kraftfahrzeug sprachlich beim besten Willen nicht als „bespanntes Fuhrwerk", „Kahn" oder „Lasttier" bezeichnet werden kann – nicht möglich, sodass der Bundesgerichtshof aufgrund des Analogieverbots nur wegen eines einfachen Forstdiebstahls hätte verurteilen dürfen.

[45] BGHSt 10, 375.

Tatsächlich hat der Bundesgerichtshof jedoch anders entschieden und die Angeklagten – ohne das Analogieverbot auch nur zu erwähnen – nach § 3 I Nr. 6 des preußischen Forstdiebstahlsgesetzes bestraft. Die Richter waren wohl der Auffassung, dass der Zweck dieser Norm so eindeutig und ihre Formulierung so erkennbar veraltet ist, dass die durch Art. 103 II GG geforderte Bindung des Richters an das Gesetz in diesem speziellen Fall durch den ungeschriebenen Gesetzeszweck sogar besser als durch den Wortlaut des Gesetzes gewährleistet werden könne. Das ist nicht von der Hand zu weisen, vermag aber um der allgemeinen Geltung des Gesetzlichkeitsprinzips willen keine Ausnahme von dem strafrechtlichen Analogieverbot zu begründen. Denn die Zulassung einer Überschreitung des Gesetzeswortlautes in „eindeutigen Fällen" würde das Analogieverbot insgesamt infrage stellen. Da es kein Kriterium gibt, anhand dessen sich „eindeutige" von „weniger eindeutigen" Fällen unterscheiden lassen,[46] könnte der Richter im Ergebnis jede nach seiner Auffassung dem Zweck des Gesetzes entsprechende Bestrafung als durch den Gesetzeszweck „eindeutig" legitimiert ansehen. Um dies zu verhindern, muss die Wortsinngrenze auch dann beachtet werden, wenn sie im Einzelfall zu scheinbar sinnwidrigen Ergebnissen führt. 25

Im Grundsatz ist dies auch der Standpunkt der heutigen Rechtsprechung. Zwar gibt es immer wieder einzelne im Hinblick auf die Wortsinnbindung problematische Entscheidungen,[47] im Großen und Ganzen wird der Wortsinn als Grenze der Auslegung jedoch beachtet. So hat der Bundesgerichtshof entschieden, dass das heftige Stoßen des Kopfes gegen eine Wand nicht als Körperverletzung mittels eines „gefährlichen Werkzeugs" (§ 224 I Nr. 2 Var. 2 StGB) geahndet werden könne, weil „Werkzeuge" nach allgemeinem Sprachgebrauch nur bewegliche Gegenstände seien,[48] oder dass der Verlust einer Niere nicht als Verlust eines wichtigen Gliedes des Körpers (§ 226 I Nr. 2 StGB) bewertet werden dürfe, weil innere Organe im allgemeinen Sprachgebrauch nicht als Glieder bezeichnet würden.[49] Ferner hat das Bundesverfassungsgericht die vom Bundesgerichtshof zuvor gebilligte Bewertung der sogenannten Sitzblockaden als „Gewalt" im Sinne des Nötigungstatbestands (§ 240 I Var. 1 StGB)[50], die Gleichstellung des unvorsätzlichen mit einem „berechtigten oder entschuldigten" Entfernen bei der Unfallflucht (§ 142 II Nr. 2 StGB)[51] und die Subsumtion eines PKW unter den Begriff der Waffe (§ 113 II 2 Nr. 1 Var. 1 StGB)[52] wegen Verletzung der Wortsinnbindung für verfassungswidrig erklärt sowie in mehreren Entscheidungen klargestellt, dass ein ua für den Betrug (§ 263 StGB) und die Untreue (§ 266 StGB) erforderlicher Vermögensschaden grundsätzlich bezifferbar sein muss und nicht allein aus 26

[46] Auch der Vorschlag von Ransiek FS Tiedemann, 2008, 171 (185f.), eine Überschreitung des Wortsinns ausnahmsweise dann zuzulassen, wenn dadurch lediglich „die bereits vom Gesetzgeber getroffene kriminalpolitische Entscheidung auf im Gesetz nicht genannte Konstellationen" erweitert werde, beschreibt letztlich nur die allgemeinen Voraussetzungen jeder Analogie und ist deshalb für eine solche Unterscheidung nicht geeignet.

[47] Eine Zusammenstellung die Wortsinnbindung eher geringschätzender Entscheidungen findet sich zB bei Roxin/Greco StrafR AT I § 5 Rn. 34.

[48] BGHSt 22, 235 (236) noch zu § 223a I aF.

[49] BGHSt 28, 100 (102) noch zu § 224 I aF.

[50] BVerfGE 92, 1. Die Entscheidung ist allerdings dadurch entwertet worden, dass das Gericht die sogenannte Zweite-Reihe-Rechtsprechung des Bundesgerichtshofs (BGHSt 41, 182; 41, 231) hingenommen hat (BVerfG NJW 2011, 3020; vgl. dazu kritisch Magnus NStZ 2012, 538 (541f.)).

[51] BVerfG NJW 2007, 1666; vgl. dazu auch BGH NStZ 2011, 209 mwN.

[52] BVerfG NStZ 2009, 83.

dem Vorliegen anderer Tatbestandsmerkmale abgeleitet werden darf (sog. Verschleifungsverbot).[53]

27 Obwohl der Wortsinn als Grenze der Auslegung in der neueren Rechtsprechung eher zunehmend respektiert wird,[54] gibt es Autoren, die eine Bindung der Auslegung an den Wortsinn für methodisch überholt halten. Sie begründen dies im Wesentlichen damit, dass der mögliche Wortsinn nicht eindeutig bestimmbar und deshalb als Grenze der Auslegung untauglich sei. So führt etwa Jakobs aus, eine Bindung des Interpreten an den allgemeinen Sprachgebrauch führe zu keinen verwertbaren Ergebnissen, weil es einen solch allgemeinen Sprachgebrauch in der Regel gar nicht gebe. Da unsere Sprache aus einer Fülle regionaler, beruflicher und sonstiger Bereichssprachen besteht, habe man für alle nicht ganz selten verwendeten Wörter ein so umfangreiches Arsenal von Bedeutungen zur Verfügung, dass die strafrechtliche Begriffsbildung durch eine Bindung an diese Bedeutungen nicht nennenswert begrenzt werden könne.[55]

28 Mit dieser Kritik werden jedoch die Schwierigkeiten, die Bedeutung sprachlicher Ausdrücke zu bestimmen, stark überzeichnet.[56] Die Existenz eines über alle „Bereichssprachen" hinweg einheitlichen allgemeinen Sprachgebrauchs wird schon dadurch belegt, dass dieser regelmäßig in Wörterbüchern der deutschen Sprache zusammengefasst wird. Die Begriffe natürlicher Sprachen sind zwar der Natur der Sache nach niemals ganz eindeutig definiert, aber es kann kein vernünftiger Zweifel daran bestehen, dass ihre möglichen Bedeutungen – insbesondere innerhalb des jeweiligen sprachlichen Kontextes[57] – begrenzt sind, weil sonst eine Verständigung zwischen den Menschen gar nicht möglich wäre. Der allgemeine Sprachgebrauch gibt deshalb der Auslegung zumindest einen Rahmen vor, und dies reicht zur Begründung der Wortsinnbindung völlig aus. Die richtige Erkenntnis, dass dieser Rahmen wegen der geringen Präzision der natürlichen Sprache oft sehr groß ist[58] und sich die Auslegung deshalb selbst mit der Bindung an den allgemeinen Sprachgebrauch nur sehr unvollkommen begrenzen lässt[59], rechtfertigt es nicht, auch noch diese unvollkommene Begrenzung über Bord zu werfen.[60]

---

[53] BVerfGE 126, 170 (223 ff.); BVerfG NJW 2012, 907 (915 ff.); 2013, 365 (366 ff.); vgl. allgemein zur Begründung und (begrenzten) Reichweite des sog. Verschleifungsverbots Krell ZStW 126 (2014), 902 mwN.

[54] Vgl. zu dieser Entwicklung bereits Grünwald FS Arthur Kaufmann, 1993, 433 (440 f.); jüngstes Beispiel ist die Aufgabe der langjährigen Rechtsprechung, nach der das Merkmal „Absetzen" bei der Hehlerei keinen Absatzerfolg voraussetzen sollte (BGHSt 59, 40 (42 ff.)).

[55] Jakobs StrafR AT Abschn. 4 Rn. 35.

[56] Dazu eingehend und lesenswert Velten/Mertens ARSP 1990, 516.

[57] Vgl. zur Notwendigkeit, die mögliche Bedeutung der im Gesetz verwendeten Begriffe nicht isoliert, sondern unter Einbeziehung des grammatikalischen und sachlichen Verwendungszusammenhangs zu bestimmen Velten/Mertens ARSP 1990, 516 (529 ff.).

[58] Selbst die Bedeutung grammatischer Formen ist im allgemeinen Sprachgebrauch von dem jeweiligen Kontext abhängig. So wird zB die männliche Form noch immer verbreitet als Oberbegriff gebraucht und bei der Formulierung von Verboten oft der Plural verwendet (zB „sexuelle Handlungen" in § 174 StGB), ohne dass damit eine sachliche Beschränkung verbunden wäre (vgl. dazu näher Kudlich FS Puppe, 2011, 122 (124 ff.)).

[59] Aufgrund dieser Unvollkommenheit plädiert Kudlich FS Stöckel, 2010, 93 (101 ff.) dafür, zur Konkretisierung der Wortlautgrenze systematische, historische und telelogische Argumente mit heranzuziehen.

[60] Zur Bedeutung des Wortsinns als Basis der Gesetzesinterpretation findet sich eine ebenso amüsante wie instruktive Glosse bei Hruschka StrafR AT S. XVI ff.

Die sich aus Art. 103 II GG ergebende Notwendigkeit einer Legitimation der Strafe durch den Gesetzeswortlaut bedeutet nicht, dass ein nach dem Wortlaut des Gesetzes strafbares Verhalten in jedem Fall bestraft werden müsste. Die Möglichkeit, aufgrund des Gesetzeszwecks von einer sich nach dem Wortlaut des Gesetzes ergebenden Bestrafung abzusehen oder eine sich nach dem Wortlaut des Gesetzes ergebende Bestrafung zu mildern, wird deshalb durch Art. 103 II GG nicht berührt. In der Literatur wird dies zumeist dahingehend formuliert, dass eine Analogie zugunsten des Täters zulässig sei. Diese Formulierung ist jedoch unvollständig, weil sie die mit dem Gesetzeszweck begründete Unterschreitung des möglichen Wortsinns (teleologische Reduktion) außer Betracht lässt. Genau genommen ergibt sich aus der einseitigen Schutzrichtung der Wortsinnbindung, dass die Strafbarkeit begründende oder erhöhende Normen nicht analog angewendet, wohl aber teleologisch reduziert, die Strafbarkeit ausschließende oder mildernde Normen dagegen nicht teleologisch reduziert, wohl aber analog angewendet werden dürfen. 29

4. Das Erfordernis eines zur Zeit der Tat geltenden Gesetzes („lex praevia“)

Gemäß Art. 103 II GG muss die Strafbarkeit bereits zum Zeitpunkt der Tat gesetzlich bestimmt gewesen sein. Damit wird auch der Gesetzgeber selbst insoweit an seine Strafwürdigkeitsentscheidungen gebunden, als er sie nicht nachträglich korrigieren darf, um eine Bestrafung bereits begangener Taten zu ermöglichen. Das **Rückwirkungsverbot** hat sehr viel klarere Konturen als das Bestimmtheitsgebot oder das Analogieverbot, sodass seine Anwendung in der Regel keine besonderen Probleme bereitet. Sehr umstritten ist jedoch die Frage, ob und inwieweit das Rückwirkungsverbot die Bestrafung von Taten ausschließt, die der im Zeitpunkt der Tat herrschende Gesetzgeber in Widerspruch zu ansonsten allgemein anerkannten Rechtsgrundsätzen gerechtfertigt hatte. Die Problematik hat in der Bundesrepublik bereits zweimal eine Rolle gespielt: zum einen bei der Ahndung der Untaten des Nationalsozialismus und zum anderen bei der strafrechtlichen Aufarbeitung der DDR-Vergangenheit. 30

In internationalen Vereinbarungen gibt es für derartige Fälle Einschränkungen des Rückwirkungsverbots. Sowohl Art. 7 EMRK als auch Art. 15 IPBPR erlauben anknüpfend an die Rechtsauffassung der Alliierten nach dem Zweiten Weltkrieg[61] die Bestrafung von Taten auch dann, wenn sie im Zeitpunkt ihrer Begehung zwar nach positivem Recht straflos, aber nach den allgemeinen von der Völkergemeinschaft anerkannten Rechtsgrundsätzen strafbar waren. In Art. 103 II GG ist eine derartige Einschränkung jedoch nicht enthalten. Die Verfasser des Grundgesetzes haben sich in Kenntnis der gegenteiligen Rechtsauffassung der Alliierten dafür entschieden, die Geltung des Rückwirkungsverbots uneingeschränkt zu gewährleisten. Obwohl sich aus der Europäischen Menschenrechtskonvention keine Verpflichtung zur Einschränkung des Rückwirkungsverbots ergibt, hat die Bundesrepublik sie auch nur mit dem Vorbehalt ratifiziert, dass man eine derartige Ausnahme vom Rückwirkungsverbot nicht anerkenne.[62] 31

[61] Das Statut für den Internationalen Militärgerichtshof in Nürnberg und das Kontrollratsgesetz Nr. 10 (ABl. KR 50 vom 20.12.1945) ordneten die Strafbarkeit von „Verbrechen gegen die Menschlichkeit“ ohne Rücksicht auf die nationalen Gesetze der Tatzeit an.

[62] BGBl. 1954 II 14; dazu Grünwald Blätter für deutsche und internationale Politik 1999, 1489 (1495).

32 Gleichwohl hat die Rechtsprechung insbesondere bei der strafrechtlichen Aufarbeitung der DDR-Vergangenheit nach Wegen gesucht, die Strafbarkeit im Zeitpunkt der Tat gesetzlich gerechtfertigter Taten zu begründen. Die nach der Rechtsauffassung der ehemaligen DDR durch das Grenzgesetz gerechtfertigte Erschießung von Flüchtlingen an der innerdeutschen Grenze hat der Bundesgerichtshof mit der Begründung bestraft, dass die Strafbarkeit dieser Taten in Wahrheit schon durch das im Zeitpunkt der Tat geltende DDR-Recht gesetzlich bestimmt war. Das DDR-Grenzgesetz habe die auch nach dem Strafgesetzbuch der DDR grundsätzlich strafbaren Tötungen nicht gerechtfertigt, weil es aufgrund der Verpflichtung der ehemaligen DDR zur Achtung der Menschenrechte „menschenrechtsfreundlich" auszulegen gewesen sei und im Übrigen bei Unmöglichkeit einer solchen Auslegung ohnehin wegen Verletzung übergeordneter Rechtsgrundsätze unwirksam gewesen wäre.[63]

33 Mit dieser Konstruktion wird zwar das Rückwirkungsverbot formal gewahrt, die Strafbarkeit aber mittelbar auf ungeschriebene Rechtsgrundsätze gestützt, was mit dem sich aus Art. 103 II GG ergebenden Erfordernis einer „lex scripta" schwerlich vereinbar ist. Das Bundesverfassungsgericht hat von daher einen anderen Weg beschritten, um die Strafbarkeit der Erschießung von Flüchtlingen an der innerdeutschen Grenze zu begründen. Nach seiner Entscheidung beruht das Rückwirkungsverbot des Art. 103 II GG auf dem Vertrauen in die Strafgesetze eines an die Grundrechte gebundenen demokratischen Gesetzgebers. Es könne deshalb nur dann uneingeschränkt gelten, wenn das zur Tatzeit geltende Strafgesetz auch von einem solchen Gesetzgeber erlassen worden sei. Wenn dagegen ein nicht an die Grundrechte gebundener Gesetzgeber die Begehung grundsätzlich strafbarer Handlungen unter schwerwiegender Missachtung der in der Völkergemeinschaft allgemein anerkannten Menschenrechte gesetzlich gerechtfertigt habe, stehe dies einer nachträglichen Bestrafung dieser Taten nicht entgegen.[64]

34 Im Ergebnis hat das Bundesverfassungsgericht damit die im internationalen Recht zugelassene Einschränkung des Rückwirkungsverbots in den Art. 103 II GG hineininterpretiert und so die Entscheidung der Verfasser des Grundgesetzes, eine solche Einschränkung nicht vorzusehen, nachträglich korrigiert. Eine derartige Korrektur des Verfassungsgebers mag sich im Falle eines in der Zwischenzeit eingetretenen Wandels der allgemeinen Rechtsanschauung ausnahmsweise rechtfertigen lassen. Jedoch ist die infrage stehende Ausnahme von dem Gesetzlichkeitsprinzip auch aus heutiger Sicht keineswegs unproblematisch. Selbst der Inhalt der „allgemeinen von der Völkergemeinschaft anerkannten Rechtsgrundsätze" steht – dies zeigt die historische Erfahrung zB mit dem von den Alliierten nach dem zweiten Weltkrieg neu geschaffenen Tatbestand des Angriffskrieges[65] – nicht so unzweifelhaft fest, dass die Gefahr speziell auf die Ahndung bereits begangener Taten zugeschnittener Strafwürdigkeitsentscheidungen in diesen Fällen ausgeschlossen wäre. Der Grundgedanke des Gesetzlichkeits-

[63] BGHSt 39, 1 (29f.).

[64] BVerfGE 95, 96 (132f.); vgl. dazu die lesenswerten Besprechungen von Grünwald Blätter für deutsche und internationale Politik 1999, 1489 (1493ff.) und Zielinski FS Grünwald, 1999, 811 (828ff.).

[65] Vgl. dazu schon Grünwald ZStW 76 (1964), 1 (17). Bezeichnenderweise konnte man sich auch im Statut von Rom zunächst nicht auf eine Definition dieses Tatbestands verständigen, sondern es bedurfte erst langer Verhandlungen, bevor auf der ersten Überprüfungskonferenz des Statuts im Jahre 2010 in Art. 8bis IStGHSt eine ausführliche Definition nachträglich eingefügt wurde. Dazu ausführlich Ambos ZIS 2010, 649; Barriga ZIS 2010, 644.

prinzips spricht damit noch heute für die Auffassung des Verfassungsgebers, sodass dessen Entscheidung nur im Wege einer Verfassungsänderung hätte korrigiert werden dürfen.

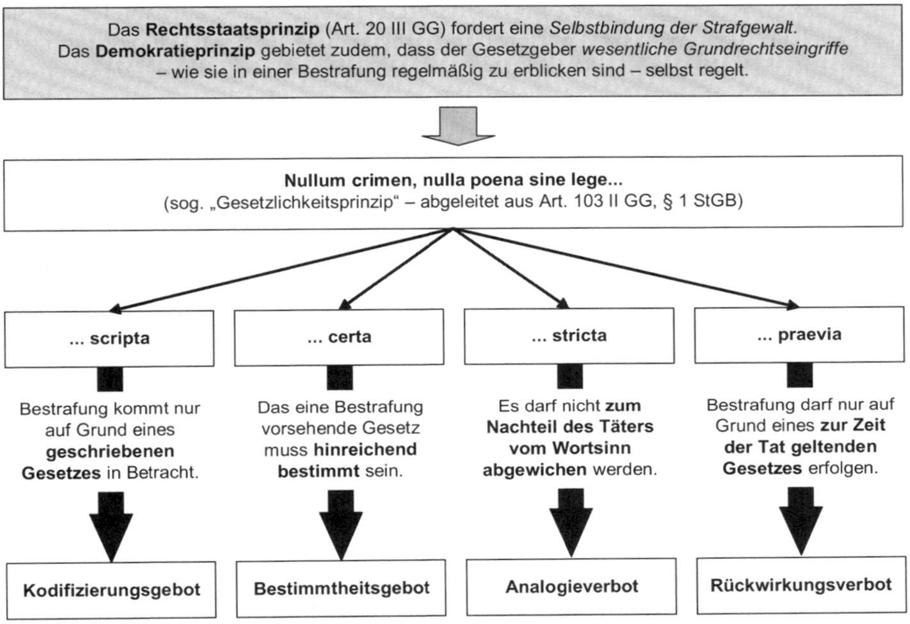

Abb. 3: Gesetzlichkeitsprinzip

III. Der Geltungsbereich des Gesetzlichkeitsprinzips

Das Gesetzlichkeitsprinzip gilt nicht nur für die Strafdrohungen des Besonderen Teils, 35
sondern für alle die Strafbarkeit begründenden oder erhöhenden Regelungen. Zwar wird in der Strafrechtswissenschaft vereinzelt die Auffassung vertreten, dass das Gesetzlichkeitsprinzip auf den Allgemeinen Teil des Strafrechts keine Anwendung finden könne,[66] aber dies ist weder mit dem Wortlaut noch mit dem Grundgedanken des Art. 103 II GG zu vereinbaren und vermag darüber hinaus auch deshalb nicht zu überzeugen, weil die Unterscheidung zwischen Allgemeinem und Besonderem Teil in weiten Bereichen nur gesetzestechnischer Natur ist.[67] So wäre zB eine Bestrafung wegen „fahrlässiger Sachbeschädigung" ohne Zweifel eine Verletzung des Gesetzlichkeitsprinzips, obwohl sich die alleinige Strafbarkeit der vorsätzlichen Sachbeschädigung nicht aus der Strafdrohung des § 303 StGB selbst, sondern aus der das Vorsatzerfordernis vor die Klammer ziehenden allgemeinen Regelung des § 15 StGB ergibt.

Eingeschränkt ist das Erfordernis einer gesetzlichen Bestimmung der Strafbarkeit le- 36
diglich für die Strafbarkeit ausschließende oder mildernde Gründe, und zwar unabhängig davon, ob diese dem Allgemeinen oder dem Besonderen Teil des Strafrechts

[66] Hardwig ZStW 78 (1966), 1 (8f.) mwN.
[67] Vgl. dazu näher Dannecker FS Otto, 2007, 25 mwN.

zuzuordnen sind. Wie bereits dargelegt wird eine vollständige gesetzliche Regelung dieser Gründe durch Art. 103 II GG nicht gefordert, sodass das Gebot einer hinreichend bestimmten Regelung auf sie keine Anwendung finden kann. Jedoch sind die Wortsinnbindung und das Rückwirkungsverbot auch insoweit zu beachten. Wenn das Gesetz selbst die Strafbarkeit für bestimmte Fälle ausschließt oder mildert, ist sie für diese Fälle nicht mehr bzw. nur noch in geringerem Maße gesetzlich bestimmt, sodass der Richter die entsprechenden Regelungen nicht entgegen ihrem Wortlaut unangewendet lassen[68] und der Gesetzgeber sie nicht rückwirkend zuungunsten des Betroffenen korrigieren darf.[69]

37 Problematisch und umstritten ist, ob das Gesetzlichkeitsprinzip auch für die Voraussetzungen einer gerichtlichen Verfolgung von Straftaten gilt. Die Frage ist im Zusammenhang mit der Ahndung nationalsozialistischen Unrechts am Beispiel der Verjährung (§ 78 StGB)[70] intensiv diskutiert worden.[71] Um wenigstens eine späte Bestrafung der Mordtaten des Nationalsozialismus zu ermöglichen, hatte der Gesetzgeber die Verjährungsfrist für Mord auch für bereits begangene Taten zunächst mehrfach verlängert und dann schließlich durch das 16. Strafrechtsänderungsgesetz vom 16.7.1979[72] ganz abgeschafft.[73] Das Bundesverfassungsgericht billigte dies mit der Begründung, dass eine Verjährung nicht die Strafbarkeit, sondern lediglich die gerichtliche Verfolgung der Tat ausschließe und deshalb das Rückwirkungsverbot des Art. 103 II GG auf eine Änderung der Verjährungsregelung nicht anwendbar sei. Das Gesetzlichkeitsprinzip schütze den Bürger vor einer rückwirkenden Begründung oder Erhöhung der Strafbarkeit, garantiere ihm aber nicht, dass von ihm begangene Straftaten nur die im Zeitpunkt der Tat vorgesehene Zeit verfolgt werden könnten. Lediglich eine Verlängerung bereits abgelaufener Verjährungsfristen sei aufgrund des allgemeinen Rechtsstaatsprinzips (Art. 20 III GG) unzulässig.[74]

---

[68] Dies gilt – entgegen einer in der Literatur verbreiteten Auffassung (zB Roxin/Greco StrafR AT I § 5 Rn. 42 mwN) – auch für Rechtfertigungsgründe (vgl. dazu eingehend NK-StGB/Paeffgen/Zabel StGB Vor §§ 32 ff. Rn. 59 ff.). Das dagegen vorgetragene Bedenken, ein Verhalten könne nicht aufgrund der Wortsinnbindung im Strafrecht als rechtmäßig und in der übrigen Rechtsordnung als rechtswidrig beurteilt werden, geht insofern am Problem vorbei, als Art. 103 II GG ohnehin nur die Bestrafung eines vom Wortlaut eines Rechtfertigungsgrundes gedeckten Verhaltens verbietet. Ob ein solches Verhalten auch in jedem Fall als rechtmäßig zu qualifizieren ist, ist eine zweite Frage, deren Beantwortung durch Art. 103 II GG nicht präjudiziert wird.

[69] So auch ausdrücklich BVerfGE 95, 96 (131 f.).

[70] Vgl. zu deren Rechtsnatur → § 21 Rn. 18.

[71] Die damalige Diskussion ist dokumentiert bei Jakobs StrafR AT Abschn. 4 Rn. 9 Anm. 20. Auch bei der strafrechtlichen Aufarbeitung der DDR-Vergangenheit hat die Frage wieder eine Rolle gespielt. Der Gesetzgeber hat hier mit der Billigung der Rechtsprechung erneut Verjährungsfristen verlängert, um eine Ahndung bereits begangener Taten zu ermöglichen (vgl. § 315a II, III EGStGB und dazu VerfGH Berlin JR 1996, 453 (454)).

[72] BGBl. 1979 I 1046.

[73] Die Entwicklung ist iE dargestellt bei Vormbaum FS Bemmann, 1997, 481 (492).

[74] BVerfGE 25, 269 (284 ff.). Ungeachtet dieser Entscheidung hat der Gesetzgeber bei der Reform der strafrechtlichen Vermögensabschöpfung vom 13.4.2017 (BGBl. I 872) in § 316h S. 1 EGStGB die Anwendung der neuen Regelung der selbständigen Einziehung auch für bei Inkrafttreten des Gesetzes bereits verjährte Straftaten vorgesehen. Dies erachtet der BGH zu Recht als Verstoß gegen Art. 20 III GG und hat deshalb die Regelung des Art. 316h S. 1 EGStGB gem. Art. 100 I GG dem BVerfG vorgelegt (BGH NJW 2019, 1891).

Diese Argumentation ist jedoch insofern fragwürdig, als Art. 103 II GG nicht in erster Linie individuellen Vertrauensschutz gewährleisten, sondern die Ausübung der Strafgewalt an abstrakte, unabhängig von dem zu entscheidenden Fall formulierte Regeln binden soll. Die Gefahr, dass die Formulierung dieser Regeln durch das Bestreben, die Ahndung bestimmter bereits begangener Taten zu ermöglichen, unsachgemäß beeinflusst wird, besteht nicht nur im Bereich der materiellrechtlichen Strafbarkeit, sondern auch und in gleicher Weise im Bereich der Voraussetzungen für eine gerichtliche Verfolgung. Dies hat gerade die Beseitigung der Verjährungsfrist für Mord deutlich gezeigt. Ohne das Bestreben, die Bestrafung der Mordtaten des Nationalsozialismus zu ermöglichen, wäre diese nicht nur wegen des mit der Zeit eintretenden Beweisverlustes sehr problematische (vgl. dazu → § 21 Rn. 20) Regelung kaum Gesetz geworden. Nach seinem Grundgedanken ist Art. 103 II GG deshalb – so sympathisch einem die gegenteilige Entscheidung des Bundesverfassungsgerichts im konkreten Fall sein mag – entgegen der herrschenden Meinung auch auf die prozessualen Voraussetzungen der Bestrafung anzuwenden.[75] 38

Zu erörtern bleibt noch die Frage, ob das Gesetzlichkeitsprinzip des Art. 103 II GG für die Maßregeln der Besserung und Sicherung gilt. Das Gesetz selbst sieht für deren Verhängung regelmäßig die Anwendung des zur Zeit der Entscheidung geltenden Rechts vor (§ 2 VI StGB). Es geht also davon aus, dass das Rückwirkungsverbot des Art. 103 II GG insoweit nicht gilt. Das Bundesverfassungsgericht teilt diese Auffassung.[76] Art. 103 II GG sei schon nach seiner Entstehungsgeschichte auf die Maßregeln der Besserung und Sicherung nicht anwendbar. Denn der Grundgesetzgeber habe mit dieser Vorschrift bewusst an Art. 116 WRV (Weimarer Reichsverfassung) angeknüpft, unter dessen Geltung anerkannt gewesen sei, dass die Maßregeln der Besserung und Sicherung nicht dem strafrechtlichen Rückwirkungsverbot unterfallen. Zudem stehe Art. 103 II GG in engem Zusammenhang mit dem strafrechtlichen Schuldprinzip. Er solle dem Einzelnen die Möglichkeit geben, sein Verhalten so einzurichten, dass eine Strafe als „missbilligende hoheitliche Reaktion auf schuldhaftes Unrecht" vermieden werden kann. Deshalb sei die Regelung auch nach ihrem Grundgedanken auf die Maßregeln der Besserung und Sicherung nicht anwendbar. 39

Die Argumentation aus der Entstehungsgeschichte ist insofern wenig überzeugend, als die Maßregeln der Besserung und Sicherung erst 1933 in das Strafgesetzbuch eingeführt wurden. In der Weimarer Zeit gab es zwar vereinzelte Vorläufervorschriften.[77] Deren Bedeutung war jedoch mit den heutigen Maßregeln nicht vergleichbar, sodass das Problem aus der Entstehungsgeschichte des Art. 103 II GG allein schwerlich zu lösen ist. Maßgeblich muss vielmehr auch hier der Grundgedanke der Vorschrift sein. Die Überlegung, dass Art. 103 II GG nicht in erster Linie individuellen Vertrauensschutz gewährleisten, sondern die Ausübung der Strafgewalt an abstrakte, unabhängig von dem zu entscheidenden Fall formulierte Regeln binden soll, scheint auf den ersten Blick dafür zu sprechen, das Rückwirkungsverbot auf die Maßregeln der Besserung und Sicherung anzuwenden.[78] Denn die Gefahr, dass die Empörung über eine begangene Straftat und das aus ihr resultierende Bestreben, auf diese Tat „angemessen" 40

[75] So iErg auch Jäger GA 2006, 615 (627).

[76] BVerfGE 109, 133 (167ff.); ebenso bereits BGHSt 24, 103 (106).

[77] Vgl. BVerfGE 109, 133 (168f.).

[78] Vgl. für diese Auffassung eingehend Best ZStW 114 (2002), 63; Frisch FS Würtenberger, 2013, 959 (976ff.), beide mwN.

reagieren zu können, zur Formulierung von Rechtsnormen führt, die sich bei einer vom Einzelfall distanzierten Betrachtung als verfehlt erweisen, besteht bei den Maßregeln in gleichem Maße wie bei den Strafen.

41 Jedoch darf man bei der Frage der Anwendung des Gesetzlichkeitsprinzips auf die Maßregeln der Besserung und Sicherung nicht nur die Vorteile dieses Prinzips im Auge haben, sondern muss auch überlegen, ob nicht seine Nachteile bei den Maßregeln stärker ins Gewicht fallen als bei der Strafe. Hier ist die unterschiedliche Zweckrichtung von Strafen und Maßregeln von entscheidender Bedeutung. Bei der Strafe geht es um die generelle Erhaltung der Normanerkennung. Zur Erreichung dieses Zwecks ist es einerseits erforderlich, andererseits aber auch ausreichend, dass normwidriges Verhalten im Großen und Ganzen bestraft wird.[79] Aus dem Gesetzlichkeitsprinzip resultierende „Strafbarkeitslücken“ mögen für das Rechtsgefühl schmerzlich sein, stellen aber in aller Regel das Erreichen des Strafzwecks nicht infrage. Bei den Maßregeln ist dies anders, weil es bei ihnen um die Abwehr einer im Einzelfall von dem Täter ausgehenden Gefahr geht. Regelungslücken schlagen hier unmittelbar auf den Zweck des Eingriffs durch, sie haben stets zur Folge, dass die drohende Gefahr im Einzelfall nicht abgewendet werden kann.

42 Aufgrund dessen stellt sich die Frage, ob wegen der Vorteile einer Bindung an abstrakte, unabhängig von dem zu entscheidenden Fall formulierte Regeln die daraus resultierenden Regelungslücken in Kauf zu nehmen sind, bei den Maßregeln der Besserung und Sicherung in anderer Weise als bei der Strafe. Da bei den Maßregeln das Interesse an der Vermeidung und Schließung von Regelungslücken typischerweise höher ist, kann aus der verfassungsrechtlichen Wertentscheidung, solche Regelungslücken bei der Strafe generell in Kauf zu nehmen, keine Verpflichtung entnommen werden, dies auch bei den Maßregeln in jedem Fall zu tun. Im Ergebnis ist dem Bundesverfassungsgericht deshalb darin zuzustimmen, dass das strikte Gesetzlichkeitsprinzip des Art. 103 II GG auf die Maßregeln der Besserung und Sicherung nicht anzuwenden ist. Dieses Ergebnis wird auch durch die Rechtsprechung des Europäischen Gerichtshofs für Menschenrechte nicht grundsätzlich infrage gestellt. Zwar hat dieser in seinem Urteil vom 17.2.2009[80] das dem Art. 103 II GG entsprechende Rückwirkungsverbot des Art. 7 EMRK auch auf die Sicherungsverwahrung angewendet, jedoch begründete er dies nicht mit dessen genereller Anwendbarkeit auf Maßregeln der Besserung und Sicherung, sondern damit, dass die Sicherungsverwahrung im Wesentlichen wie eine Freiheitsstrafe vollstreckt werde und deshalb konventionsrechtlich als Strafe zu qualifizieren sei (vgl. dazu → § 6 Rn. 25 f.).

43 Ebenso wie das strikte Rückwirkungsverbot sind im Prinzip auch die anderen Ausprägungen des Art. 103 II GG auf die Maßregeln der Besserung und Sicherung nicht anwendbar. Insoweit ist jedoch zu beachten, dass die Maßregeln der Besserung und Sicherung als Grundrechtseingriffe auch ohne Anwendung des Art. 103 II GG schon

[79] In der Straftheorie spricht die Strafrechtswissenschaft zwar davon, dass die einzelne Straftat eine Beeinträchtigung der Normanerkennung bewirke, die durch die einzelne Strafe wieder auszugleichen sei (→ § 2 Rn. 20 ff.); aber dies ist nur ein theoretisches Modell, das dazu dient, die Struktur der Theorie positiver Generalprävention zu verdeutlichen. In der Realität hat sowohl die Infragestellung der Norm durch die Straftat als auch ihre Bestätigung durch die Strafe erst in der Summe Bedeutung für die Normanerkennung, sodass die normerhaltende Wirkung des Strafrechts nicht davon abhängt, dass jede einzelne Tat bestraft wird.

[80] EGMR NJW 2010, 2495.

wegen des allgemeinen rechtsstaatlichen Gesetzesvorbehalts nur aufgrund eines Gesetzes verhängt werden dürfen. Nach Auffassung des Bundesgerichtshofs ist deshalb „aus rechtsstaatlichen Gründen" das Analogieverbot auch insoweit anzuwenden.[81] In der Literatur wird aus dem allgemeinen Gesetzesvorbehalt zum Teil ebenfalls ein Verbot einer Überschreitung des Wortsinns abgeleitet.[82] Das Bundesverfassungsgericht ist dem zwar im Grundsatz noch nicht gefolgt, hat aber für den speziellen Bereich der Freiheitsentziehung entschieden, dass die analoge Anwendung eines Gesetzes nicht den Anforderungen des Art. 104 I GG entspricht.[83] Danach ergibt sich zumindest bei den freiheitsentziehenden Maßregeln eine ebenso strikte Bindung des Richters an das Gesetz wie bei der Strafe.

B. Der Richtervorbehalt

Wie das Gesetzlichkeitsprinzip dient auch der Richtervorbehalt des Art. 92 Hs. 1 GG 44
dazu, die strafrechtlichen Entscheidungen so weit wie möglich zu objektivieren. Er gewährleistet, dass Strafe nur durch die Amtsträger verhängt wird, von denen das höchste Maß an Objektivität zu erwarten ist. Richter sind gemäß Art. 97 I GG „unabhängig und nur dem Gesetz unterworfen", dh bei der Ausübung ihrer Tätigkeit – im Gegensatz zu den Beamten – an keinerlei Weisungen gebunden. Sie können – sofern sie hauptamtlich tätig sind – gemäß Art. 97 II GG nach Ablauf einer Probezeit nur noch in Ausnahmefällen „aus Gründen und in den Formen, welche die Gesetze bestimmen" ihres Amtes enthoben oder versetzt werden. Aufgrund dieser **sachlichen** und **persönlichen Unabhängigkeit** haben sie die besten Voraussetzungen, um Entscheidungen ohne Rücksicht auf die Erwartungen Dritter allein nach dem Gesetz treffen zu können.

Die Unabhängigkeit der Gerichte ist gleichfalls eine Errungenschaft der Aufklärung. 45
Sie diente ursprünglich dem Schutz der bürgerlichen Gesellschaft vor der Einflussnahme des Monarchen auf die Rechtsprechung, ist aber in der heutigen demokratischen Staatsverfassung ebenfalls von großer Bedeutung und dementsprechend auch international durch Art. 6 I 1 EMRK und Art. 14 I 2 IPBPR gewährleistet. Im Strafrecht beugt sie nicht nur einer Instrumentalisierung der Justiz zur Ausschaltung politischer Gegner vor. Sie ist vor allem deshalb besonders wichtig, weil sie die strafgerichtlichen Entscheidungen wenigstens in gewissem Maße gegenüber dem oft unsachlichen Erwartungsdruck der Öffentlichkeit immunisiert. Weil die Amtsstellung der Richter selbst nicht von der öffentlichen Meinung abhängt, können auch die Regierung und das Parlament einem solchen Druck mit dem Hinweis darauf begegnen, dass sie wegen der Unabhängigkeit der Justiz gar keine Möglichkeit haben, die aktuelle Entscheidung zu beeinflussen.

Lektüreempfehlungen: BVerfGE 25, 269–295 (Rückwirkende Verlängerung der Verjährung); 95, 96–143 (Einschränkung des Rückwirkungsverbots); BVerfG NJW 2007, 1666 –1669 (Analogieverbot).

Vergnügliche Lektüre: Hruschka StrafR S. XVI–XIX.

[81] BGHSt 18, 136 (140).
[82] Vgl. zB SK-StGB/Wohlers/Greco StGB StPO Vor §§ 94ff. Rn. 2 mwN.
[83] BVerfGE 29, 183 (195f.).

§ 5. Der zeitliche und räumliche Geltungsbereich der Strafgesetze

A. Die zeitliche Geltung (§ 2 StGB)

1. Das Prinzip der Anwendung des mildesten Gesetzes

1 Die Strafe und ihre Nebenfolgen bestimmen sich gemäß § 2 I StGB regelmäßig nach dem Gesetz, das zur Zeit der Tat gilt. Wenn dieses Gesetz jedoch noch vor der Aburteilung der Tat geändert worden ist, hat der Richter gemäß § 2 III StGB von allen zwischen der Beendigung und der Aburteilung der Tat geltenden Gesetzen grundsätzlich das mildeste anzuwenden. Um dieses Gesetz zu ermitteln, muss der Richter überlegen, welche Rechtsfolgen sich im konkreten Fall aus der Anwendung der verschiedenen Gesetze ergeben würden. Wenn die Tat nach einem dieser Gesetze nicht strafbar wäre, hat er den Angeklagten freizusprechen. Im Übrigen hat er ihn nach dem Gesetz zu verurteilen, aus dem sich die geringste Strafe ergibt.[1] Beides gilt – sofern der Gesetzgeber nicht im Einzelfall eine abweichende Regelung trifft[2] – auch dann, wenn das mildeste Gesetz ein sogenanntes **Zwischengesetz** ist, das bei der Begehung der Tat noch nicht galt und bei deren Aburteilung bereits wieder außer Kraft getreten ist.

2 Das Prinzip der Anwendung des mildesten Gesetzes ist die Konsequenz daraus, dass einerseits Verschärfungen des Strafgesetzes nach Begehung der Tat aufgrund des Rückwirkungsverbots des Art. 103 II GG außer Betracht bleiben müssen, andererseits aber nach der Tat erfolgte Milderungen des Strafgesetzes bei deren Ahndung zu berücksichtigen sind. Die Rückwirkung entlastender Strafgesetze ergibt sich zwar nicht explizit aus dem Grundgesetz, ist aber durch Art. 15 I 3 IPBPR (vgl. auch Art. 49 I 3 GRCh, der allerdings nur im Bereich der Durchführung von Unionsrecht geltenden Grundrechtecharta der Europäischen Union) sowohl im internationalen als auch im deutschen Recht wenigstens im Grundsatz[3] gewährleistet. Sie ist kein fragwürdiges Entgegenkommen gegenüber dem Straftäter, sondern eine Konsequenz aus dem Zweck der Strafe. Da mit einer Bestrafung nicht der bloße Ungehorsam gegenüber der Rechtsordnung geahndet, sondern die Geltung der verletzten Verhaltensnorm für die Zukunft symbolisiert werden soll (→ § 2 Rn. 20 ff.), ist die Verhängung einer Strafe grundsätzlich nur solange und auch nur in dem Maße legitim, wie der Gesetzgeber die verletzte Norm noch als strafrechtlich schutzwürdig bewertet.

3 Eine Ausnahme von der Rückwirkung entlastender Gesetze gilt allerdings gem. § 2 IV StGB bei der Änderung von Strafgesetzen, die der Bewältigung einer vorübergehenden gesellschaftlichen Situation (zB eines Krieges oder einer Wirtschaftskrise) dienten und

---

[1] IE ist die Bestimmung des mildesten Gesetzes oft sehr viel schwieriger als dieses einfache Prinzip vermuten lässt (vgl. zB zur Berücksichtigung der Verjährung BGHSt 50, 138; 55, 11 (16 ff.)). Einen guten Überblick über die auftretenden Probleme gibt Jakobs StrafR AT Abschn. 4 Rn. 68–79.

[2] Vgl. zu deren verfassungsrechtlicher Zulässigkeit BVerfG NJW 2008, 3769.

[3] Eine Einschränkung ergibt sich daraus, dass Deutschland – um die Ausnahmeregelung des § 2 IV StGB zu legitimieren – den Art. 15 I 3 IPBPR nur mit dem Vorbehalt akzeptiert hat, dass in bestimmten Ausnahmefällen das bisher geltende Recht auf Taten, die vor der Gesetzesänderung begangen wurden, anwendbar bleiben kann (Art. 1 Nr. 4 IPBürgRG, Gesetz zu dem Internationalen Pakt vom 19. 12. 1966 über bürgerliche und politische Rechte vom 15. 11. 1973, BGBl. 1973 II 1533).

deshalb entweder ausdrücklich befristet waren oder nach den Umständen erkennbar nur für eine bestimmte Zeit gelten sollten.[4] Solche sogenannten **Zeitgesetze** sind – sofern das Gesetz nicht im Einzelfall eine andere Regelung trifft – auch noch nach ihrem Außerkrafttreten auf alle Taten anzuwenden, die während ihrer Geltung begangen worden sind. Dem liegt der Gedanke zugrunde, dass Zeitgesetze nur wegen des Fortfalls der ihre Notwendigkeit begründenden gesellschaftlichen Situation und nicht wegen einer veränderten Bewertung des unter Strafe gestellten Verhaltens außer Kraft treten. Außerdem spielt auch die Erwägung eine Rolle, dass ohne die Möglichkeit einer Bestrafung nach dem Außerkrafttreten des Zeitgesetzes dessen Verletzung faktisch schon eine ganze Zeit vorher nicht mehr mit Strafe bedroht wäre, weil sich jeder ausrechnen könnte, dass seine Tat nicht mehr rechtzeitig abgeurteilt werden würde.

2. Die gesetzliche Bestimmung des Tatzeitpunkts

In Grenzfällen kann zweifelhaft sein, ob ein Strafgesetz schon vor oder erst nach der 4
Tat geändert worden ist. Um hier Klarheit zu schaffen, hat das Gesetz die Zeit der Tat in § 8 StGB definiert. Maßgebend ist danach der Zeitpunkt des Täter- bzw. Teilnehmerverhaltens und nicht der Zeitpunkt, zu dem der Erfolg dieses Verhaltens eingetreten ist. Eine durch die Zusendung einer Briefbombe begangene Körperverletzung mit Todesfolge (§ 227 StGB) ist zB zu der Zeit begangen, zu der der Täter den Brief zur Post gegeben hat. Wann der Brief angekommen, die Bombe explodiert, das Opfer verletzt worden und es an diesen Verletzungen gestorben ist, hat für die Tatzeit und damit auch für die Bestimmung des anzuwendenden Strafgesetzes keine Bedeutung. Jede Verschärfung des Strafgesetzes nach Abschluss des Täterverhaltens, im Beispielsfall also nach der Ablieferung des Briefes bei der Post, ist eine Verschärfung nach der Tat, die bei der Bestrafung nicht mehr berücksichtigt werden darf.

Ist die Strafdrohung dagegen bereits während des Täterverhaltens verschärft worden, 5
so ist gemäß § 2 II StGB das Gesetz anzuwenden, das bei Beendigung der Tat galt.[5] Diese Regelung ist vor allem für die sogenannten **Dauerdelikte** von Bedeutung. Wenn sich etwa der Täter eines Hausfriedensbruchs (§ 123 StGB) mehrere Monate in der Wohnung des Berechtigten aufgehalten hat und die Strafdrohung in dieser Zeit verschärft worden ist, muss er gemäß § 2 II StGB nach dem beim Verlassen der Wohnung geltenden schärferen Strafgesetz bestraft werden. Dies erklärt sich aus der Erwägung, dass er durch die Fortsetzung seines Verhaltens auch gegen das neue Strafgesetz verstoßen hat und dementsprechend auch nach diesem neuen Gesetz zu bestrafen ist.[6] Zu beachten ist, dass § 2 II StGB nur für Änderungen einer bereits existenten Strafdrohung gilt. Sofern die Tat vor der Gesetzesänderung noch gar nicht strafbar war, kann der Täter schon aufgrund des Rückwirkungsverbots des Art. 103 II GG nur dann bestraft werden, wenn der nach der Gesetzesänderung liegende Teil seines Verhaltens für sich genommen alle Voraussetzungen der Strafbarkeit erfüllt.[7]

[4] Eine Vorstellung von der näheren Bedeutung dieser Voraussetzung und den hier auftretenden Abgrenzungsschwierigkeiten vermittelt die Entscheidung BGHSt 6, 30 (36ff.).

[5] Zur Vereinbarkeit einer derartigen Regelung mit dem Rückwirkungsverbot des Art. 7 EMRK vgl. EGMR NJW 2016, 2793.

[6] Bei der Strafzumessung darf dabei allerdings wegen des Rückwirkungsverbots der vor der Gesetzesänderung liegende Teil der Tat nur mit dem Gewicht in Ansatz gebracht werden, das ihm nach dem alten Recht zukam; vgl. dazu SK-StGB/Jäger StGB § 2 Rn. 11 mwN.

[7] Vgl. dazu OLG Hamm bei Gericke NStZ-RR 2009, 302 (302f.) mwN.

3. Die Sonderregelung für die Maßregeln der Besserung und Sicherung

6 Das Prinzip der Anwendung des mildesten Gesetzes gilt für alle strafrechtlichen Rechtsfolgen mit Ausnahme der Maßregeln der Besserung und Sicherung. Da diese nicht unter das Rückwirkungsverbot des Art. 103 II GG fallen (→ § 4 Rn. 39ff.), sieht § 2 VI StGB für ihre Verhängung als Regel nicht die Anwendung des mildesten, sondern die Anwendung des zur Zeit der Entscheidung geltenden Gesetzes vor. Das war lange Zeit nur von theoretischer Bedeutung, weil der Gesetzgeber bei der Verschärfung bestehender oder der Einführung neuer Maßregeln von der in § 2 VI StGB explizit vorgesehenen Möglichkeit einer anderen Bestimmung Gebrauch machte und die rückwirkende Anwendung der schärferen Bestimmungen im Ergebnis doch ausschloss.[8] Diese Zurückhaltung hat er jedoch bei den um die Jahrhundertwende erfolgten Verschärfungen der Regelungen über die Sicherungsverwahrung aufgegeben. Die Beseitigung der früher für die erstmalige Anordnung der Sicherungsverwahrung geltenden Höchstdauer von zehn Jahren im Jahr 1998[9] und die Einführung der vorbehaltenen (§ 66a StGB) sowie der nachträglichen (§ 66b StGB) Sicherungsverwahrung in den Jahren 2002 bzw. 2004 erfolgte jeweils auch für Taten, die bereits vor dem Inkrafttreten der betreffenden Gesetze begangen worden sind. Der Europäische Gerichtshof für Menschenrechte hat dies jedoch mit der Begründung, die Sicherungsverwahrung sei wegen der Art und Weise ihrer Vollstreckung konventionsrechtlich als Strafe zu qualifizieren, als Verletzung des Art. 7 EMRK beanstandet[10] (vgl. zum Ganzen näher → § 6 Rn. 24ff.).

B. Die räumliche Geltung des deutschen Strafrechts (§§ 3–7 StGB)

I. Grundlagen

7 Die Ausübung der Strafgewalt eines Staates gilt völkerrechtlich nur dann als legitim, wenn das zu ahndende Verhalten in irgendeiner Weise die Ordnungsaufgaben des betreffenden Staates berührt.[11] Da die Staaten grundsätzlich die Aufgabe haben, das Zusammenleben der Menschen in ihrem jeweiligen Territorium zu ordnen, ist diese Voraussetzung unproblematisch erfüllt, wenn sich dieses Verhalten auf ihrem eigenen Staatsgebiet abgespielt hat. Dementsprechend erstreckt § 3 StGB die deutsche Strafgewalt auf alle im Inland begangenen Straftaten. Die erforderliche Berührung mit den Ordnungsaufgaben des betreffenden Staates kann sich aber uU auch aus anderen Gesichtspunkten wie der Staatsangehörigkeit des Täters oder der inländischen Natur des betroffenen Rechtsguts ergeben. Dem tragen die §§ 4–7 StGB Rechnung. Sie erstrecken die deutsche Strafgewalt auf bestimmte im Ausland begangene Straftaten.

8 Das bedeutet jedoch nicht, dass die deutschen Strafverfolgungsbehörden in diesen Fällen im Ausland tätig werden dürften. Das Völkerrecht lässt hoheitliche Maßnahmen auf dem Gebiet eines anderen Staates ohne dessen Zustimmung nicht zu. Deshalb darf jeder Staat seine Strafgewalt – unabhängig davon, wo die zu ahndenden Taten be-

[8] Vgl. die Nachweise bei Grünwald FS Arthur Kaufmann, 1993, 433 (444).
[9] Vgl. dazu BVerfGE 109, 133 und die Kritik von Kinzig StV 2000, 330.
[10] EGMR NJW 2010, 2495.
[11] Jescheck/Weigend StrafR AT § 18 II; eingehend zur Begrenzung der nationalen Strafgewalt durch das völkerrechtliche Interventionsverbot NK-StGB/Böse Vor §§ 3ff. Rn. 12 mwN.

gangen worden sind – grundsätzlich[12] nur im Inland ausüben. Soweit zur Strafverfolgung Maßnahmen auf dem Gebiet eines anderen Staates erforderlich sind, müssen sich die Staaten dessen Rechts- und Vollzugshilfe bedienen. Dies gilt nicht nur für die Festnahme und Überführung (Auslieferung) des Beschuldigten, sondern auch für Maßnahmen zur Ermittlung des Sachverhalts wie Vernehmungen, Durchsuchungen oder die Beschlagnahme von Beweismitteln. Der Rechtshilfeverkehr zwischen den Staaten ist durch eine Vielzahl völkerrechtlicher Verträge geregelt. Wenn diese keine Regelung treffen, leistet Deutschland Rechtshilfe nach Maßgabe des Gesetzes über die Internationale Rechtshilfe in Strafsachen (IRG).[13]

Der Regelungsgegenstand der §§ 3–7 StGB wird traditionell als Internationales Straf- 9
recht bezeichnet. Dies ist missverständlich, weil es sich bei diesen Regelungen nicht um internationales, sondern um nationales deutsches Recht handelt. Das Völkerrecht verbietet den Staaten zwar, ihre Strafgewalt auch auf solche Sachverhalte auszudehnen, die ihre Ordnungsaufgaben in keiner Weise berühren, überlässt es aber im Übrigen der Souveränität der Staaten, die Grenzen ihrer Strafgewalt und den Anwendungsbereich ihres materiellen Strafrechts selbst zu bestimmen.[14] Dies hat der deutsche Gesetzgeber mit den §§ 3–7 StGB getan. Genau genommen kommt diesen Vorschriften dabei eine Doppelfunktion zu.[15] Sie regeln zum einen, auf welche Taten sich die deutsche Strafgewalt erstreckt, und bestimmen zum anderen, dass diese Taten stets nach dem deutschen Strafrecht zu ahnden sind. Ausländisches Strafrecht darf – anders als ausländisches Privatrecht – von deutschen Gerichten nicht angewendet werden.[16]

Die Tatsache, dass jeder Staat selbst den Umfang seiner Strafgewalt festlegt, führt dazu, 10
dass dasselbe Verhalten oft der Strafgewalt mehrerer Staaten unterliegt. Das allgemeine Völkerrecht enthält für diese Konkurrenz der Strafansprüche keine Lösung, sodass das infrage stehende Verhalten im Prinzip von allen beteiligten Staaten und damit im Ergebnis mehrmals bestraft werden kann. Auch das Grundgesetz verbietet nach der Rechtsprechung des Bundesverfassungsgerichts in seinem Art. 103 III GG nur eine mehrfache Bestrafung derselben Tat durch deutsche Gerichte,[17] sodass die Aburteilung einer Tat im Ausland einer erneuten Strafverfolgung nach deutschem Recht grundsätzlich nicht entgegensteht. Zwar ist in einem solchen Fall nach § 51 III StGB eine im Ausland bereits vollstreckte Strafe auf die von den deutschen Gerichten zu verhängende Strafe anzurechnen, aber dies ändert nichts daran, dass der Betroffene jeden-

---

12 Im Verhältnis zu den meisten unserer europäischen Nachbarstaaten ist allerdings inzwischen nach Art. 41 SDÜ (Schengener Durchführungsübereinkommens vom 19.6.1990 (BGBl. 1993 II 1010)) die sog. Nacheile, dh die Verfolgung von Personen über die Grenze, erlaubt. Zu deren eng begrenzten Voraussetzungen vgl. Schomburg/Lagodny/Gleß Hauptteil III E 1 SDÜ Art. 41 Rn. 9ff.

13 Vgl. zum Ganzen Schomburg/Lagodny, Kommentar zum Gesetz über die Internationale Rechtshilfe in Strafsachen, 6. Aufl. 2020.

14 Dazu näher Jescheck/Weigend StrafR AT § 18 I 2; Jansen, Die Inlandstat, 2014, S. 24ff., beide mwN.

15 Dazu näher Jescheck/Weigend StrafR AT § 18 I 1 mwN. Zur systematischen Stellung der Regelungen vgl. Altenhain FS Puppe, 2011, 343 (349ff.); Jansen, Die Inlandstat, 2014, S. 156ff., beide mwN und zu der Behandlung im Gutachtenaufbau einerseits LPK-StGB StGB Vor §§ 3–7 Rn. 19f. sowie andererseits Joecks/Jäger StGB Vor § 3 Rn. 2.

16 Diese gesetzliche Regelung versteht sich keineswegs von selbst. Rechtspolitisch wäre insbes. innerhalb der Europäischen Union auch eine andere Regelung denkbar; vgl. dazu den Vorschlag von Deiters ZIS 2006, 472 (477ff.).

17 BVerfGE 12, 62 (66); 75, 1 (15f.); BVerfG NJW 2012, 1202 (1203).

falls die mit dem Strafverfahren selbst verbundenen, oft erheblichen zeitlichen und psychischen Belastungen mehrfach ertragen muss.

11 Deshalb gibt es schon seit längerem Bestrebungen, die mehrfache Bestrafung der gleichen Tat[18] durch verschiedene Staaten zurückzudrängen.[19] Innerhalb Europas ist dies durch die Art. 54–58 SDÜ des im März 1995 in Kraft gesetzten Schengener Durchführungsübereinkommens vom 19.6.1990[20], dem auch Nicht-EU-Staaten beigetreten sind[21], und das im Wesentlichen gleichlautende, für Deutschland seit März 1999 anwendbare[22] EG-Übereinkommen über das Verbot der doppelten Strafverfolgung vom 25.5.1987[23] bereits weitgehend gelungen. Art. 50 GRCh (Charta der Grundrechte der Europäischen Union)[24], welche durch den Vertrag von Lissabon gemäß Art. 6 I EUV für die Mitgliedstaaten[25] rechtsverbindlich wurde, verankert das Verbot der doppelten Strafverfolgung nunmehr auch im Unionsrecht.[26] Außerhalb des Anwendungsbereichs dieser Regelungen ist der Rechtszustand aber nach wie vor wenig befriedigend. Insoweit liegt es gemäß § 153c II StPO regelmäßig im Ermessen der Staatsanwaltschaft, bei einer konkurrierenden ausländischen Strafverfolgung auf die deutsche Strafverfolgung zu verzichten.

II. Im Inland und auf deutschen Schiffen oder Luftfahrzeugen begangene Taten

12 Das deutsche Strafrecht gilt nach dem **Territorialprinzip** des § 3 StGB nicht nur für alle im Inland, sondern nach dem sogenannten **Flaggenprinzip** des § 4 StGB auch für alle auf deutschen Schiffen und Luftfahrzeugen begangenen Straftaten. Anders als die Tatzeit bestimmt sich der Ort der Tat nicht allein nach dem Täter- bzw. Teilnehmerverhalten. Gemäß § 9 I Var. 3 StGB ist eine Tat auch an dem Ort begangen, an dem der Erfolg dieses Verhaltens eingetreten ist. Dem liegt der Gedanke zugrunde, dass das deutsche Strafrecht das Staatsgebiet auch vor Einwirkungen von außen schützen,

---

[18] Vgl. zu dem europarechtlichen Begriff „derselben Tat" BGHSt 59, 120 (125ff.).

[19] Vgl. zu deren Entwicklung Lagodny ZStW 101 (1989), 987 (1007f.); Schomburg StV 1999, 246; Hackner NStZ 2011, 425; Eisele ZStW 125 (2013), 1.

[20] BGBl. 1993 II 1010ff.; einbezogen für 13 Mitgliedstaaten durch den Vertrag von Amsterdam mittels des Protokolls zur Einbeziehung des Schengen-Besitzstandes in den Rahmen der Europäischen Union nebst Anhang, BGBl. 1998 II 429ff.

[21] BeckOK StPO/Inhofer, 36. Ed. 1.1.2020, SDÜ Art. 54 Rn. 2.

[22] Vgl. dazu Schomburg StV 1999, 246 (247).

[23] BGBl. 1998 II 2227f.

[24] ABl. 2007 C 303, 13.

[25] Lediglich eine teilweise Bindungswirkung entfaltet die Grundrechtecharta allerdings für Polen sowie das Vereinigte Königreich, s. Protokoll Nr. 30 zum Vertrag von Lissabon.

[26] Die Garantie des Art. 50 GRCh scheint über Art. 54 SDÜ insofern hinauszugehen, als sie nach ihrem Wortlaut nicht voraussetzt, dass die Sanktion aus dem ersten Urteil bereits vollstreckt worden ist, gerade vollstreckt wird oder nach dem Recht des Urteilstaats nicht mehr vollstreckt werden kann (vgl. zu diesem sog. Vollstreckungselement des Art. 54 SDÜ BGH NJW 2011, 1014 (1015) mwN; Schomburg/Lagodny/Schomburg/Wahl, Kommentar zum Gesetz über die Internationale Rechtshilfe in Strafsachen, 6. Aufl. 2020, SDÜ Art. 54 Rn. 89ff.). Nach hM wird die Reichweite des Art. 50 GRCh jedoch nach Art. 52 I GRCh auf die des Art. 54 SDÜ beschränkt, sodass sich der Sache nach keine Änderungen ergeben haben (vgl. dazu EuGH NJW 2014, 3007; BVerfG NJW 2012, 1202 (1204f.); BGH NJW 2011, 1014 (1015); LG Aachen StV 2010, 237; Ambos IntStrafR § 10 Rn. 188f.; Hecker EurStrafR § 13 Rn. 21f.; Satzger IntStrafR § 10 Rn. 83ff.; Brodowski ZIS 2010, 376 (383); sowie Burchard/Brodowski StraFo 2010, 179; krit. Heger FS Kühne, 2013, 565 (575f.); Gaede NJW 2014, 2990).

also etwa die Zusendung einer Briefbombe aus dem Ausland nach Deutschland erfassen soll. Dies leuchtet im Prinzip ein, führt aber dazu, dass schon bei Inlandstaten häufig eine Konkurrenz mit ausländischen Strafansprüchen besteht.[27] Denn wenn lediglich der Erfolg im Inland eingetreten ist, unterliegt die Tat – jedenfalls in aller Regel – zumindest auch der Strafgewalt desjenigen Staates, auf dessen Gebiet die diesen Erfolg herbeiführende Handlung vorgenommen worden ist.

In welchem Ausmaß bereits die Berücksichtigung des sogenannten Erfolgsorts in § 9 13
StGB die Strafgewalt ausdehnen kann, ist in neuerer Zeit bei der strafrechtlichen Beurteilung von im Internet begangenen Taten deutlich geworden.[28] Wenn jemand Daten auf einen Server stellt, können diese in der ganzen Welt abgerufen werden, sodass ein „zum Tatbestand gehörender Erfolg"[29] seines Verhaltens in allen Staaten eintreten kann. Unabhängig davon, wo der Betreffende gehandelt hat, kann die Verbreitung dieser Daten damit in Deutschland und entsprechend auch in allen anderen Staaten, die an den Erfolgsort anknüpfen, eine Inlandstat und somit in Anwendung des Territorialprinzips nach dem jeweiligen nationalen Strafrecht zu beurteilen sein. Selbst wenn man dafür einen über die Auswirkungen in allen anderen Staaten hinausgehenden besonderen Inlandsbezug des Erfolgs verlangt,[30] müsste sich damit – um Strafbarkeitsrisiken zuverlässig auszuschließen – an sich jeder vor der Einstellung von Daten in das Internet vergewissern, ob deren Verbreitung in sämtlichen Staaten der Welt erlaubt ist. Das erscheint unbillig und wenig realitätsnah, ist aber die Konsequenz daraus, dass den Staaten die Befugnis zugebilligt wird, mit dem Strafrecht ihr Staatsgebiet auch vor Einwirkungen von außen zu schützen.

III. Die Geltung des deutschen Strafrechts für Auslandstaten

Bei der Ausdehnung des Geltungsbereichs des deutschen Strafrechts auf im Ausland 14
begangene Straftaten sind zwei unterschiedliche Formen zu unterscheiden. In den Fällen der §§ 5, 6 StGB und 1 VStGB gilt das deutsche Strafrecht unabhängig von dem Recht des Tatorts. Ein diesen Vorschriften unterfallendes Verhalten ist auch dann nach deutschem Strafrecht strafbar, wenn es nach dem Recht des Staates, in dessen Gebiet es vorgenommen worden ist, erlaubt oder sogar rechtlich geboten ist. Gleiches gilt gemäß § 1 a II WStG für von deutschen Soldaten während eines Auslandseinsatzes begangene Straftaten.[31] Dagegen wird in den Fällen des § 7 StGB die Bewertung der Tat durch das am Tatort geltende Recht grundsätzlich respektiert. Das deutsche Strafrecht ist hier nur dann anwendbar, wenn die Tat am Tatort ebenfalls mit Strafe bedroht ist oder der Tatort – wie zB die Polarregionen – keiner Strafgewalt unterliegt.

---

[27] Vgl. dazu Deiters ZRP 2003, 359 (360f.); Jansen, Die Inlandstat, 2014, S. 25f.; Kudlich/Berberich NStZ 2019, 633 (635ff.) mwN.

[28] BGHSt 46, 212 (220ff.); vgl. dazu näher LK-StGB/Werle/Jeßberger StGB § 9 Rn. 74ff.; MüKoStGB/Ambos StGB § 9 Rn. 25ff., beide mwN sowie Hoven/Kudlich ZIS 2016, 345 (346f.); Koch GA 2002, 73.

[29] Vgl. zur umstrittenen Auslegung dieses Begriffs und der damit zusammenhängenden Frage, welche Art von Delikten einen von dem Ort der Handlung zu unterscheidenden Erfolgsort haben, eingehend Jansen, Die Inlandstat, 2014, S. 27ff., Kudlich/Berberich NStZ 2019, 633 (635ff.), beide mwN.

[30] Für eine solch einschränkende Auslegung des § 9 StGB etwa LK-StGB/Werle/Jeßberger StGB § 9 Rn. 91ff.; NK-StGB/Böse StGB § 9 Rn. 14f., beide mwN.

[31] Vgl. dazu Frister/Korte/Kreß JZ 2010, 10 mwN in Fn. 3; Sinn FS Roxin, 2011, 673 (674f.).

1. Unabhängig vom Recht des Tatorts (§§ 5, 6 StGB, § 1 VStGB)

15 Gemäß § 5 StGB gilt das deutsche Strafrecht insbesondere für schwerwiegende Delikte gegen den Bestand, die Sicherheit, die verfassungsmäßige Ordnung und andere besonders wichtige Rechtsgüter des deutschen Staates, zu denen nach der fragwürdigen Wertung des Gesetzes allerdings auch die Integrität von in Deutschland stattfindenden berufssportlichen Wettbewerben zählt (Nr. 2–5, 10–11, 12–14). Die Anwendbarkeit des deutschen Strafrechts beruht insoweit auf dem sogenannten **Schutzprinzip,** dh dem Bestreben des Staates, seine eigenen zentralen Rechtsgüter auch vor Angriffen im Ausland zu schützen. Darüber hinaus sieht § 5 StGB die Geltung des deutschen Strafrechts für einige gegen oder von Deutschen bzw. in Deutschland ansässigen Personen begangene Delikte (Nr. 6 – 9a, 11a, 15–17) vor. Diese Anknüpfungspunkte nennt man **passives** und **aktives Personalitätsprinzip.** Die Auswahl der nach diesen Prinzipien von der deutschen Strafgewalt erfassten Delikte ist weitgehend durch historische und politische Zufälligkeiten bestimmt und hat kein erkennbares System. Gleiches gilt für die konkrete Ausgestaltung der jeweiligen personellen Anknüpfungspunkte. Das Gesetz stellt in verwirrender Weise zum Teil nur auf die deutsche Staatsangehörigkeit, zum Teil nur auf den deutschen Wohnsitz oder auch auf beide Kriterien ab.

16 § 6 StGB sieht ebenso wie § 1 VStGB (vgl. dazu bereits → § 1 Rn. 37) die Anwendung des deutschen Strafrechts für gegen international anerkannte Rechtsgüter gerichtete Delikte vor, die nach Einschätzung der internationalen Staatengemeinschaft ohne ein Zusammenwirken aller Staaten bei der Strafverfolgung nur unzureichend geahndet werden können. Der dieser Vorschrift zugrundeliegende Gedanke wird als **Weltrechtsprinzip** bezeichnet.[32] Auch die Auswahl der diesem Prinzip unterliegenden Delikte mutet auf den ersten Blick eher zufällig an. Im Wesentlichen handelt es sich um die Straftaten, zu deren Verfolgung sich die Bundesrepublik Deutschland in internationalen Übereinkommen verpflichtet hat. Insofern sind die Ziffern 2–8 zum großen Teil[33] nur Anwendungsfälle der allgemeinen Regelung der Ziffer 9. Diese dient dazu, im Fall des Eingehens weiterer völkerrechtlicher Verpflichtungen eine Strafverfolgung im Ausland begangener Taten schon vor der ausdrücklichen Änderung des Strafgesetzbuches zu ermöglichen.

2. Geltung für Auslandstaten nach § 7 StGB

17 Wenn die Tat am Tatort mit Strafe bedroht ist oder der Tatort keiner Strafgewalt unterliegt, gilt das deutsche Strafrecht gemäß § 7 I StGB zudem für alle im Ausland gegen einen Deutschen und gemäß § 7 II Nr. 1 StGB für alle im Ausland von einem Deutschen begangenen Straftaten. Der erstgenannten Regelung liegt das Interesse zugrunde, deutschen Staatsbürgern[34] auch im Ausland den Schutz des deutschen Strafrechts zukommen zu lassen. Sie trägt diesem Interesse aber nur insoweit Rechnung, als dies ohne Widerspruch zur Bewertung der Tat durch einen die Strafgewalt über

[32] Vgl. zu Legitimation und Reichweite dieses Prinzips NK-StGB/Böse StGB Vor §§ 3ff. Rn. 21 mwN.

[33] Der Regelungsgehalt der Ziffern 2–8 geht lediglich insofern über den der Ziffer 9 hinaus, als die ihnen zugrundeliegenden internationalen Übereinkommen nicht durchweg zu einer Strafverfolgung auch im Ausland begangener Taten verpflichten; vgl. dazu iE LK-StGB/Werle/Jeßberger StGB § 6 Rn. 2ff. mwN.

[34] Vgl. zu dieser Voraussetzung BGH NJW 2018, 2742 (2743).

den Tatort ausübenden Staat möglich ist. Im Ergebnis stellt sie damit einen Kompromiss zwischen dem Anliegen des passiven Personalitätsprinzips und dem völkerrechtlichen Prinzip der Nichteinmischung in die Angelegenheiten eines anderen Staates dar.

Die Regelung des § 7 II Nr. 1 StGB beruht hingegen weniger auf dem aktiven Personalitätsprinzip als auf der Tatsache, dass Deutsche gemäß Art. 16 II GG auch zur Strafverfolgung nur in gesetzlich besonders geregelten Fällen an einen internationalen Gerichtshof oder an Mitgliedstaaten der Europäischen Union ausgeliefert werden dürfen und damit – solange sie sich nicht freiwillig ins Ausland begeben – in der Regel nur in Deutschland strafrechtlich verfolgt werden können. Deshalb reicht es für die Anwendung deutschen Strafrechts nach § 7 II Nr. 1 StGB bereits aus, dass der Täter nach der Tat Deutscher geworden ist. Den Grundgedanken der Vorschrift nennt man das **Prinzip der stellvertretenden Strafrechtspflege.** Dieses Prinzip liegt ebenso der Regelung des § 7 II Nr. 2 StGB zugrunde, nach der für im Ausland begangene Taten eines im Inland betroffenen Ausländers gleichfalls das deutsche Strafrecht gilt, wenn mangels Auslieferungsersuchens oder aus sonstigen nicht in der begangenen Straftat liegenden Gründen eine Auslieferung nicht erfolgen kann.[35] 18

IV. Die Einschränkung der Verfolgungspflicht für Straftaten mit Auslandsberührung

Nach dem in § 152 II StPO geregelten **Legalitätsprinzip** ist die Staatsanwaltschaft grundsätzlich verpflichtet, alle ihr bekannt gewordenen Straftaten zu verfolgen. Eine uneingeschränkte Durchführung dieses Prinzips für sämtliche nach den §§ 3–7 StGB der deutschen Strafgewalt unterliegenden Taten würde zu einer Überforderung der deutschen Strafverfolgungsbehörden und des internationalen Rechtshilfeverkehrs führen. Deshalb steht nach § 153c I Nr. 1 StPO die Verfolgung im Ausland begangener Taten generell im Ermessen der Staatsanwaltschaft. Darüber hinaus hat die Staatsanwaltschaft gemäß § 153c III StPO auch bei den Straftaten, die lediglich wegen eines im Inland eingetretenen Erfolgs als Inlandstaten zu qualifizieren sind, die Möglichkeit, von einer Verfolgung der Tat abzusehen, wenn dies aufgrund überwiegender öffentlicher Interessen geboten erscheint. 19

C. Die räumliche Geltung von Landesstrafrecht (interlokales Strafrecht)

Das Strafgesetzbuch und die meisten anderen Strafgesetze sind in ganz Deutschland einheitlich geltendes Bundesrecht. Da aber der Bund auf dem Gebiet des Strafrechts keine ausschließliche, sondern gemäß Art. 74 I Nr. 1 GG nur die konkurrierende Gesetzgebungskompetenz hat, gibt es im Nebenstrafrecht – etwa für die Presse (zB §§ 21 II, 22 LPresseG NRW) oder den Datenschutz (zB § 34 DSG NRW) – auch Landesstrafgesetze. Diese gelten nach den ungeschriebenen Regeln des sogenannten **interlokalen Strafrechts** entsprechend dem Rechtsgedanken des § 3 StGB nur für auf dem Gebiet des jeweiligen Bundeslandes begangene Taten, sind aber insoweit nicht nur von den Gerichten dieses Bundeslandes, sondern von allen deutschen Ge- 20

[35] Vgl. zur Subsidiarität der deutschen Strafgewalt in solchen Fällen BGH NStZ 2019, 460.

richten anzuwenden. Soweit eine Tat nach den Regeln des § 9 StGB in mehreren Ländern begangen worden ist, kann sie aufgrund des Art. 103 III GG nur einmal, und zwar nach dem strengeren Landesrecht geahndet werden.

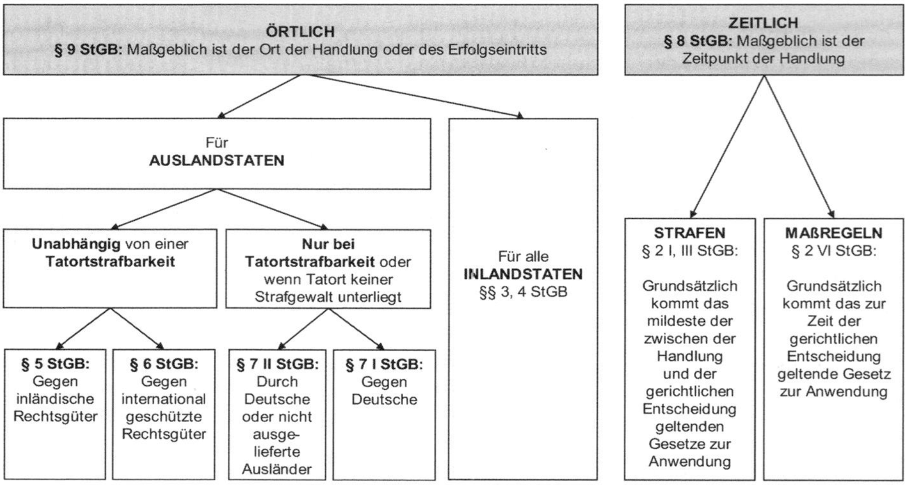

Abb. 4: Geltungsbereich des StGB

21 Die Regeln des interlokalen Strafrechts hatten nach der deutschen Vereinigung vorübergehend dadurch zusätzliche Bedeutung erlangt, dass aufgrund des Einigungsvertrages vom 31. 8. 1990[36] das Strafgesetzbuch im Gebiet der ehemaligen DDR einige Zeit in einer etwas anderen Fassung galt als in den alten Bundesländern. Diese Rechtsunterschiede hat der Gesetzgeber jedoch in mehreren Schritten wieder beseitigt.[37] Seit dem am 1. 4. 1998 in Kraft getretenen 6. Strafrechtsreformgesetz gilt das Strafgesetzbuch wieder einheitlich im gesamten Bundesgebiet, sodass die Regeln des interlokalen Strafrechts insoweit nur noch bei vor diesem Zeitpunkt begangenen Taten von Bedeutung sein können.

Lektüreempfehlung: BGHSt 46, 212–225 („Auschwitzlüge" im Internet).

[36] BGBl. 1990 II 885; die entsprechenden Vorschriften dieses Vertrages sind abgedruckt bei Lackner/Kühl/Heger Anhang II.

[37] Vgl. dazu Lackner/Kühl/Heger Anhang III.

§ 6. Die strafrechtlichen Rechtsfolgen

A. Die Strafen

Rechtsfolge einer Straftat ist in erster Linie die Bestrafung des Täters. Als sogenannte **Hauptstrafen** sieht das Strafgesetzbuch lediglich die Freiheitsstrafe (§§ 38f. StGB) und die Geldstrafe (§§ 40–43 StGB) vor. Aufgrund einer Regelung des Wehrstrafgesetzes gibt es außerdem für Soldaten der Bundeswehr den Strafarrest (§ 9 WStG). Von diesen Strafen kommt statistisch gesehen der Geldstrafe die weitaus größere Bedeutung zu. Nur etwa 15% der von den Gerichten verhängten Strafen sind – oft noch zur Bewährung ausgesetzte – Freiheitsstrafen, die übrigen – abgesehen von den seltenen Fällen des militärischen Strafarrestes – Geldstrafen.[1] Zusätzlich zu einer der Hauptstrafen kann unter bestimmten Voraussetzungen als sogenannte **Nebenstrafe** ein Fahrverbot (§ 44 StGB) verhängt werden. 1

I. Die Freiheitsstrafe

1. Die Arten der Freiheitsstrafe

Bei der Freiheitsstrafe besteht das dem Verurteilten zugefügte Übel in einer Freiheitsentziehung. Verschiedene Formen dieser Freiheitsentziehung gibt es heute nicht mehr. Die überkommene Differenzierung zwischen einer milderen Gefängnis- und einer strengeren und besonders entehrenden Zuchthausstrafe ist durch die im Jahr 1969 erfolgte Reform des strafrechtlichen Sanktionenrechts beseitigt worden.[2] Die Freiheitsstrafe wird einheitlich dadurch vollzogen, dass der Verurteilte in einer Justizvollzugsanstalt gefangen gehalten wird. Der Gedanke, bei kurzen Freiheitsstrafen diese kostspielige und spezialpräventiv oft wenig sinnvolle Form der Vollziehung durch einen mittels einer „elektronischen Fußfessel" überwachten Hausarrest zu ersetzen,[3] hat sich so nicht durchsetzen können. Jedoch wird die „elektronische Fußfessel" zum Teil als Weisung im Rahmen der Strafaussetzung zur Bewährung und der Führungsaufsicht (vgl. § 68b I 1 Nr. 12 StGB),[4] im Vollzug der Ersatzfreiheitsstrafe und zur Vorbereitung der Entlassung sowie als Mittel zur Vermeidung von Untersuchungshaft eingesetzt.[5] 2

Es gibt eine zeitige und eine lebenslange Freiheitsstrafe (§ 38 I StGB). Bei der zeitigen Freiheitsstrafe hat das Gericht stets ein bestimmtes Strafmaß festzusetzen (vgl. dazu § 39 StGB), das in erster Linie durch die Strafdrohung des anzuwendenden Strafgesetzes begrenzt wird. Darüber hinaus sieht das Gesetz aber auch absolute, für alle Delikte geltende Grenzen vor. Das Höchstmaß der zeitigen Freiheitsstrafe beträgt 15 Jahre, ihr Mindestmaß einen Monat (§ 38 II StGB). Diese Grenzen sind in die jeweilige Strafdrohung hineinzulesen, sodass zB bei einem Raub (§ 249 I StGB) eine Freiheitsstrafe 3

---

[1] Der Anteil der verhängten Freiheitsstrafen betrug im Jahre 2021 14,76%; vgl. Statistisches Bundesamt, Fachserie 10, R 3, 2021, S. 96; abrufbar unter http://www.destatis.de.

[2] Vgl. dazu Bemmann GA 1967, 129.

[3] Vgl. zur kriminalpolitischen Diskussion Fünfsinn FS Eisenberg, 2009, 691f. mwN.

[4] Vgl. zur Verfassungsmäßigkeit dieser Regelung BVerfGE 156, 63.

[5] Vgl. zu den verschiedenen Einsatzbereichen iE Fünfsinn FS Eisenberg, 2009, 691 (693ff.); Hochmayr NStZ 2013, 13, beide mwN.

von einem Jahr bis zu fünfzehn Jahren und bei einem Diebstahl (§ 242 I StGB) eine Freiheitsstrafe von einem Monat bis zu fünf Jahren möglich ist. Eine lebenslange Freiheitsstrafe darf nur dann verhängt werden, wenn sie in dem anzuwendenden Strafgesetz ausdrücklich angedroht ist (§ 38 I StGB). Sie findet sich vor allem bei Mord (§ 211 StGB) und Völkermord (§ 6 I VStGB), aber auch bei einigen anderen schweren Delikten mit Todesfolge (zB §§ 176d, 178, 251, 306c StGB) sowie einigen schweren Delikten gegen den Staat (§§ 81 I, 94 II StGB).[6]

2. Die Aussetzung der Freiheitsstrafe zur Bewährung

4 Die Verhängung einer Freiheitsstrafe bedeutet nicht in jedem Fall, dass der Verurteilte die ihm auferlegte Freiheitsentziehung tatsächlich erleiden muss. Um seine Belastung auf das zur Erreichung des Strafzwecks notwendige Maß zu begrenzen und die negativen Auswirkungen des Freiheitsentzugs zu vermeiden,[7] hat der Gesetzgeber in relativ großem Umfang die Möglichkeit geschaffen, die Vollstreckung von Freiheitsstrafen zunächst zur Bewährung auszusetzen (§ 56 StGB) und nach Ablauf einer zu bestimmenden Bewährungsfrist (§ 56a StGB) ganz zu erlassen (§ 56g StGB). Die dadurch geschaffene Freiheitsstrafe mit Bewährung hat sich zu einer in der Sache weitgehend eigenständigen Sanktionsform entwickelt und große praktische Bedeutung erlangt. Heute werden mehr als zwei Drittel der verhängten Freiheitsstrafen zur Bewährung ausgesetzt.[8]

5 Voraussetzung für die Aussetzung der Strafvollstreckung ist gemäß § 56 I 1 StGB in jedem Fall eine positive Prognose. Es muss zu erwarten sein, dass der Verurteilte künftig auch ohne die Einwirkung des Strafvollzugs keine Straftaten mehr begehen wird. Im Übrigen hängt die Strafaussetzung entscheidend von der Höhe der Freiheitsstrafe ab. Freiheitsstrafen bis zu sechs Monaten sind bei positiver Prognose stets zur Bewährung auszusetzen. Bei Freiheitsstrafen zwischen sechs Monaten und einem Jahr ist die Strafaussetzung bei positiver Prognose die Regel, sie ist aber zu versagen, wenn die Vollstreckung zur Verteidigung der Rechtsordnung, dh aus generalpräventiven Gründen, geboten erscheint (§ 56 III StGB).[9] Eine Freiheitsstrafe von einem bis zu zwei Jahren kann auch bei positiver Prognose nur bei Vorliegen besonderer Umstände zur Bewährung ausgesetzt werden (§ 56 II StGB), deren Vorliegen in der Praxis aber recht großzügig bejaht wird.[10] Bei Freiheitsstrafen über zwei Jahren ist eine Aussetzung zur Bewährung ausgeschlossen.

6 Die Aussetzung einer Freiheitsstrafe zur Bewährung kann vom Gericht mit der Erteilung von **Auflagen** (§ 56b StGB) und **Weisungen** (§ 56c StGB) verbunden werden. Als Auflagen sind die Schadenswiedergutmachung, die Zahlung eines bestimmten

[6] In der Praxis findet die lebenslange Freiheitsstrafe allerdings überwiegend bei Mord bzw. Mordversuch Anwendung. Im Jahre 2021 wurden 108 der insgesamt 109 lebenslangen Freiheitsstrafen wegen Mordes bzw. Mordversuches verhängt; vgl. Statistisches Bundesamt, Fachserie 10, R 3, 2021, S. 169, abrufbar unter http://www.destatis.de.

[7] Vgl. zur sog. **Prisonisierung** Hermann/Berger MschrKrim 80 (1997), 370.

[8] Im Jahre 2021 betrug der Anteil 69,92%; vgl. Statistisches Bundesamt, Fachserie 10, R 3, 2021, S. 168, abrufbar unter http://www.destatis.de.

[9] Vgl. dazu BGH NJW 2017, 3011 (3013).

[10] Dazu grundlegend BGHSt 29, 370. Im Jahr 2021 wurden 73,78% der Freiheitsstrafen zwischen einem und zwei Jahren zur Bewährung ausgesetzt. Bei den Freiheitsstrafen bis zu einem Jahr war der Anteil 79,21%; vgl. Statistisches Bundesamt, Fachserie 10, R 3, 2018, S. 168f., abrufbar unter http://www.destatis.de.

Geldbetrages an eine gemeinnützige Einrichtung oder den Staat und die Erbringung gemeinnütziger Leistungen vorgesehen (§ 56b II StGB). Die Auflagen dienen der Genugtuung für das begangene Unrecht (§ 56b I 1 StGB) und haben damit im Prinzip die gleiche Funktion wie die Strafe selbst. Die Weisungen haben dagegen eine spezialpräventive Zielsetzung. Sie sollen dem Verurteilten helfen, künftig keine Straftaten mehr zu begehen (§ 56c I 1 StGB). Da die dazu erforderlichen Maßnahmen von den Umständen des Einzelfalles abhängen, zählt das Gesetz die Weisungen nicht abschließend auf, sondern nennt – wie sich aus der Formulierung „namentlich" ergibt – in § 56c II StGB nur einige typische Beispiele. Die praktisch bedeutsamste Weisung besteht darin, den Verurteilten der Aufsicht und Leitung eines Bewährungshelfers zu unterstellen. Sie ist in § 56d StGB gesondert geregelt. Auflagen und Weisungen sind nicht vollstreckbar. Ihre Erfüllung wird durch die Möglichkeit gesichert, bei einem gröblichen oder beharrlichen Verstoß die Bewährung zu widerrufen (§ 56f I Nr. 2 und 3 StGB).

3. Die Aussetzung eines Strafrestes zur Bewährung

Auch wenn eine Freiheitsstrafe nicht zur Bewährung ausgesetzt wird, muss der Verurteilte sie oft nicht vollständig verbüßen. Das Gesetz sieht bei allen Freiheitsstrafen die Möglichkeit vor, wenigstens die Vollstreckung eines Strafrestes zur Bewährung auszusetzen (§§ 57, 57a StGB). Über diese Aussetzung wird erst nach der Verurteilung aufgrund des Verhaltens und der Entwicklung des Verurteilten im Strafvollzug entschieden (§ 454 StPO). Im Übrigen ist sie aber genauso konstruiert wie die Aussetzung der Vollstreckung der gesamten Strafe. Die Regelungen über die Festsetzung einer Bewährungszeit, über die Erteilung von Auflagen und Weisungen sowie den Widerruf der Bewährung gelten im Wesentlichen entsprechend (§ 57 III StGB, § 57a III StGB). Auch die Aussetzung des Strafrestes dient dazu, die Belastung des Verurteilten auf das zum Erreichen des Strafzwecks unbedingt notwendige Maß zu beschränken. Darüber hinaus hat sie insofern eine wichtige spezialpräventive Funktion, als sie durch die Möglichkeit, dem Verurteilten für sein Leben in Freiheit zunächst Weisungen zu erteilen, insbesondere ihn der Leitung und Aufsicht eines Bewährungshelfers zu unterstellen (§ 57 III 2 StGB), eine Art gleitenden Übergang vom Strafvollzug in die Freiheit ermöglicht. 7

Bei **zeitigen Freiheitsstrafen** ist die Aussetzung des Strafrestes zur Bewährung regelmäßig nach der Verbüßung von 2/3 der verhängten Strafe vorgesehen (§ 57 I 1 Nr. 1 StGB). Die Aussetzung setzt die Einwilligung des Verurteilten voraus und darf darüber hinaus nur dann erfolgen, wenn sie unter Berücksichtigung des Sicherheitsinteresses der Allgemeinheit verantwortet werden kann (§ 57 I 1 Nr. 2 StGB). Diese Voraussetzung ist immer dann erfüllt, wenn die Vorteile der Aussetzung des Strafrestes für den Verurteilten selbst und die Allgemeinheit gewichtiger sind als die Gefahr, dass der Verurteilte in der Zeit bis zum regulären Entlassungszeitpunkt (spätere Taten sind auch durch eine Versagung der Aussetzung nicht zu verhindern) weitere Straftaten begehen wird. Bei Verurteilten, die erstmals eine nicht mehr als zweijährige Freiheitsstrafe verbüßen, ist eine Aussetzung der Vollstreckung des Strafrestes generell schon nach Verbüßung der Hälfte der verhängten Strafe zulässig (§ 57 II Nr. 1 StGB). Ansonsten ist eine solche Halbstrafenaussetzung ebenfalls möglich, setzt dann aber das Vorliegen besonderer Umstände voraus (§ 57 II Nr. 2 StGB). 8

9 Die Möglichkeit, selbst bei einer lebenslangen Freiheitsstrafe einen Strafrest zur Bewährung auszusetzen, geht auf eine Entscheidung des Bundesverfassungsgerichts aus dem Jahre 1977 zurück.[11] Das Bundesverfassungsgericht hatte auf einen Vorlagebeschluss des LG Verden[12] darüber zu befinden, ob die lebenslange Freiheitsstrafe verfassungsgemäß ist. In dem Vorlagebeschluss wurde insbesondere geltend gemacht, lebenslange Haft führe zu schwerwiegenden und dauerhaften Persönlichkeitsschäden und sei deshalb mit der Verpflichtung des Staates zur Achtung der Menschenwürde (Art. 1 I GG) nicht vereinbar. Das Bundesverfassungsgericht hat sich dieser Argumentation zwar nicht vollständig angeschlossen, aber entschieden, dass die lebenslange Freiheitsstrafe nur dann mit der Menschenwürde vereinbar sei, wenn der Betroffene eine rechtlich überprüfbare Chance auf ein späteres Leben in Freiheit behalte.[13] Dementsprechend hat es den Gesetzgeber verpflichtet, eine rechtliche Regelung für eine vorzeitige Entlassung zu schaffen und den bis dahin üblichen Verweis auf den Gnadenweg für verfassungswidrig erklärt.[14] Dieser Verpflichtung ist der Gesetzgeber mit der Schaffung des § 57a StGB nachgekommen.

10 Nach dieser Regelung ist die weitere Vollstreckung einer lebenslangen Freiheitsstrafe frühestens nach der Verbüßung von 15 Jahren zur Bewährung auszusetzen. Ebenso wie bei der zeitigen Freiheitsstrafe setzt die Aussetzung die Einwilligung des Verurteilten voraus und darf nur dann erfolgen, wenn sie „unter Berücksichtigung des Sicherheitsinteresses der Allgemeinheit verantwortet werden kann" (§ 57a I 1 Nr. 3 iVm § 57 I 1 Nr. 2 StGB).[15] Darüber hinaus gibt es aber bei der lebenslangen Freiheitsstrafe noch eine weitere Voraussetzung. Die Aussetzung des Strafrestes darf hier nur erfolgen, wenn nicht die besondere Schwere der Schuld eine weitere Vollstreckung gebietet (§ 57a I 1 Nr. 2 StGB). Insbesondere wegen dieser zusätzlichen Voraussetzung wird eine lebenslange Freiheitsstrafe – entgegen einer in den Medien verbreiteten Darstellung – meist erheblich länger vollstreckt als 15 Jahre. Die durchschnittliche Vollstreckungszeit ist durch die rechtliche Regelung der Aussetzung des Strafrestes im Vergleich zur früheren Gnadenpraxis wohl nicht verkürzt worden. Sie liegt auch heute eher bei 20 als bei 15 Jahren.[16]

11 Nach der ursprünglichen Konzeption des Gesetzes sollte über die besondere Schwere der Schuld erst in dem Beschluss über die Aussetzung des Strafrestes entschieden werden. Dem ist jedoch im Jahr 1992 das Bundesverfassungsgericht mit dem Argument entgegengetreten, dass das Vorliegen besonders schwerer Schuld nicht nach Aktenlage beurteilt werden könne, sondern – ebenso wie die Schuld selbst – im ordentlichen

[11] BVerfGE 45, 187.

[12] LG Verden NJW 1976, 980.

[13] Zur Halbherzigkeit dieser Lösung und den daraus resultierenden Ungereimtheiten innerhalb der heutigen gesetzlichen Regelung lesenswert Grünwald FS Bemmann, 1997, 161.

[14] Vgl. für einen Überblick über das Gnadenrecht und die rechtsstaatliche Legitimation von Gnadenentscheidungen Holste JURA 2003, 738.

[15] Vgl. zu dieser Voraussetzung BVerfG NJW 2009, 1941. Ist sie nicht erfüllt, so bleibt der Verurteilte zum Schutz der Allgemeinheit auch dann in Haft, wenn die besondere Schwere der Schuld eine Vollstreckung nicht mehr gebietet. Dies ist mit der Verfassung vereinbar (vgl. dazu BVerfG NJW 2007, 1933).

[16] Nach Erhebungen der Kriminologischen Zentralstelle eV lag die durchschnittliche Vollstreckungsdauer bei den aus lebenslanger Haft Entlassenen im Durchschnitt der Jahre 2002–2020 bei 19 Jahren und 1 Monat, im Jahr 2020 bei 20 Jahren und 3 Monaten; vgl. den Bericht von Dessecker, Die Vollstreckung lebenslanger Freiheitsstrafen, Dauer und Gründe der Beendigung im Jahr 2020, 2021, S. 33, abrufbar unter http://www.krimz.de.

Strafverfahren festgestellt werden müsse.[17] Aufgrund dessen entscheiden die Strafgerichte heute bereits bei der Verurteilung zu lebenslanger Freiheitsstrafe darüber, ob eine besondere Schwere der Schuld vorliegt, die einer Aussetzung des Strafrestes nach 15 Jahren entgegenstehen kann[18]. Die Konsequenz, dass dann auch bereits zu diesem Zeitpunkt eine Mindestverbüßungszeit festzusetzen ist, nach deren Ablauf die Schwere der Schuld der Aussetzung des Strafrestes nicht mehr entgegensteht, hat das Bundesverfassungsgericht jedoch nicht gezogen. Diese Mindestverbüßungszeit ist nach dem insoweit wenig einsichtigen[19] Urteil des Gerichts erst nachträglich bei der ersten Entscheidung über die Aussetzung des Strafrestes zu bestimmen.

II. Die Geldstrafe

Bei der Geldstrafe besteht das dem Verurteilten zugefügte Übel in dem Verlust materieller Lebensqualität. Damit dieses Übel arme und reiche Täter wenigstens annähernd[20] in gleichem Maße trifft, wird die Geldstrafe seit 1975 nach dem sogenannten **Tagessatzsystem** zugemessen. Als Strafe wird nicht unmittelbar ein bestimmter Geldbetrag, sondern ein bestimmter Anteil der dem Verurteilten für seinen Lebensunterhalt zur Verfügung stehenden Einkünfte festgesetzt, der in Tagessätzen ausgedrückt wird (§ 40 I 1 StGB). Das Mindestmaß der Geldstrafe liegt bei 5, das Höchstmaß für die Bestrafung einer einzelnen Tat[21] bei 360 Tagessätzen (§ 40 I 2 StGB). Die Tagessatzhöhe bemisst sich im Grundsatz nach den durchschnittlichen Nettoeinkünften des Verurteilten an einem Tag (§ 40 II 1 und 2 StGB). Allerdings sieht das Gesetz hier absolute Grenzen vor. Ein Tagessatz ist mindestens auf einen und höchstens auf 30.000[22] Euro festzusetzen (§ 40 II 3 StGB). 12

Das Gericht kann für die Zahlung der Geldstrafe Stundung und Ratenzahlung gewähren (§ 42 StGB). Gleichwohl kommt es immer wieder vor, dass die Geldstrafe nicht bezahlt wird und auch im Wege der Vollstreckung nicht beigetrieben werden kann. Für diesen Fall sieht § 43 StGB eine Ersatzfreiheitsstrafe vor. Für jeden Tagessatz, den der Verurteilte nicht zahlt, muss er im Prinzip einen Tag Freiheitsstrafe verbüßen. Jedoch kann das Gericht in Ausnahmefällen anordnen, dass die Vollstreckung der Ersatzfreiheitsstrafe unterbleibt, wenn sie für den Verurteilten eine unbillige Härte wäre (§ 459f StPO). Darüber hinaus gibt es auf Grundlage des Art. 293 EGStGB Rechtsverordnungen der Länder,[23] die dem Verurteilten die Möglichkeit eröffnen, die Vollstreckung einer Ersatzfreiheitsstrafe durch die Leistung unentgeltlicher gemeinnütziger Arbeit abzuwenden. 13

Auch bei der Geldstrafe gibt es eine Art „Strafaussetzung zur Bewährung". Das Gericht kann den Verurteilten zunächst nur verwarnen und die Verurteilung zu der verwirkten Strafe für die Dauer einer zu bestimmenden Bewährungszeit vorbehalten (§ 59 StGB). Diese sogenannte **Verwarnung mit Strafvorbehalt** hat allerdings eine sehr viel geringere praktische Bedeutung als die Aussetzung der Vollstreckung der Freiheitsstrafe zur Bewährung.[24] Sie ist nur bei Geldstrafen bis zu 180 Tagessätzen zulässig und setzt neben einer positiven Prognose das Vorliegen besonderer Umstände voraus, aufgrund de- 14

---

17 BVerfGE 86, 288.

18 Zur Rechtsnatur dieser Entscheidung vgl. BGH NStZ 2018, 652 (653) mwN.

19 Vgl. die Kritik von Grünwald FS Bemmann, 1997, 161 (169f.).

20 Da es mit steigendem Einkommen leichter wird, auf Teile davon zu verzichten, erreicht auch das Tagessatzsystem keine vollständige Gleichheit.

21 Wenn mehrere Taten durch eine Gesamtstrafe geahndet werden, ist eine Geldstrafe bis zu siebenhundertzwanzig Tagessätzen zulässig (§ 54 II 2 StGB).

22 Die Höchstgrenze wurde durch das Gesetz vom 29.6.2009 (BGBl. 2009 I 1658) von 5.000 Euro auf diesen Betrag erhöht.

23 Nachweise bei LK-StGB/Grube StGB § 43 Rn. 12ff.

24 Der Anteil der mit Verwarnung mit Strafvorbehalt geahndeten Straftaten lag im Jahr 2021 bei 0,8%; vgl. Statistisches Bundesamt, Fachserie 10, R 3, 2021, S. 60, abrufbar unter http://www.destatis.de.

rer es angezeigt und mit dem generalpräventiven Interesse an der Verteidigung der Rechtsordnung vereinbar ist, den Täter von der Verurteilung zu der Geldstrafe zu verschonen. Ebenso wie die Aussetzung der Freiheitsstrafe zur Bewährung kann die Verwarnung mit Strafvorbehalt mit Auflagen und – allerdings hier vom Gesetz abschließend aufgezählten – Weisungen versehen werden (vgl. § 59a II StGB). Deren Erfüllung wird durch die Möglichkeit gesichert, bei einem gröblichen oder beharrlichen Verstoß die vorbehaltene Strafe zu verhängen. Die Regelungen über den Widerruf der Bewährung bei der Freiheitsstrafe gelten hier entsprechend (§ 59b I StGB).

III. Das Fahrverbot

15 Das strafrechtliche[25] Fahrverbot kann nur neben einer Freiheits- oder Geldstrafe verhängt werden.[26] Die früher zwingende Voraussetzung, dass die begangene Straftat bei oder im Zusammenhang mit dem Führen eines Kraftfahrzeugs oder unter Verletzung der Pflichten eines Kraftfahrzeugführers begangen worden ist,[27] gilt jedoch nicht mehr. Nach § 44 I 2 StGB können die Gerichte ein Fahrverbot auch ohne diese Voraussetzung insbesondere in Fällen anordnen, in denen dies zur Einwirkung auf den Täter oder zur Verteidigung der Rechtsordnung erforderlich erscheint oder durch die Anordnung die Verhängung einer Freiheitsstrafe oder deren Vollstreckung vermieden werden kann.[28] Durch das Fahrverbot wird dem Verurteilten lediglich das Führen eines Kraftfahrzeugs im Straßenverkehr für eine bestimmte Zeit untersagt. Er behält seine Fahrerlaubnis, sodass er nach Ablauf dieser Zeit wieder fahren darf, ohne erneut eine Fahrerlaubnis erwerben zu müssen. Das Fahrverbot kann auf eine bestimmte Art von Kraftfahrzeugen beschränkt werden. Sein Mindestmaß beträgt einen Monat, das Höchstmaß sechs Monate (§ 44 I 1 StGB).

IV. Die Bemessung und Auswahl der Strafen

16 Sofern das Gesetz nicht wie beim Mord (§ 211 StGB) für die Begehung eines Delikts eine nach Art und Höhe genau bestimmte Strafe androht, ist die Strafe innerhalb des gesetzlich vorgegebenen Strafrahmens vom Richter zu bestimmen. Grundlage für diese Strafzumessungsentscheidung ist gemäß § 46 I 1 StGB die Schuld des Täters. Deren Höhe ist bei der konkreten Strafzumessung im Prinzip nach den gleichen Grundsätzen zu bestimmen wie bei der Formulierung der abstrakten Strafdrohung (vgl. zu diesen Grundsätzen → § 3 Rn. 19ff.). Jedoch ist der Richter bei der Strafzumessung an die in der Strafdrohung bereits enthaltene gesetzliche Bewertung des Delikts gebunden. Er hat nicht mehr darüber zu entscheiden, ob ein bestimmtes De-

[25] Nach § 25 StVG können auch Verkehrsordnungswidrigkeiten mit einem Fahrverbot geahndet werden. Dieses ordnungsbehördliche Fahrverbot ist – auch wenn es sich für den Betroffenen genauso auswirkt – von dem strafrechtlichen zu unterscheiden.

[26] Bestrebungen, das Fahrverbot auch als Hauptstrafe vorzusehen (vgl. etwa den Gesetzentwurf des Bundesrats, BT-Drs. 16/8695) haben sich bei der erfolgten Reform nicht durchsetzen können; vgl. zu diesen Bestrebungen Zopfs FS Wolter, 2013, 815.

[27] Diese Voraussetzung war nicht nur bei Verkehrsdelikten, sondern zB auch dann erfüllt, wenn bei einem Diebstahl die Beute mit einem Kraftfahrzeug abtransportiert worden ist; vgl. dazu Fischer StGB § 44 Rn. 15 mit weiteren Beispielen sowie auch die Entscheidung des Großen Senats BGHSt 50, 93 (98).

[28] Die Regelung wurde durch Gesetz vom 17.8.2017 (BGBl. 2017 I 3202) mit Wirkung zum 24.8.2017 in das StGB eingefügt; vgl. zu ihr näher Schöch NStZ 2018, 15 mwN.

likt eine leichte oder schwere Straftat ist, sondern nur noch darüber zu befinden, ob die konkrete Tat ein leichter oder schwerer Fall des betreffenden Delikts ist. Maßgebend für die Strafzumessungsschuld ist damit neben der Intensität der Verletzung bzw. Gefährdung des durch das jeweilige Delikt geschützten Rechtsguts (zB dem Wert einer gestohlenen Sache) vor allem die Frage, in welchem Maß dem Täter sein Verhalten zum Vorwurf gemacht werden kann.

Da sich Schuld nicht in Zahlen ausdrücken lässt, ist es nicht möglich, die Schuldange- 17
messenheit der Strafe exakt zu definieren. Der Richter kann durch Einordnung des Falles in eine Schwereskala bestimmen, in welchem Bereich des gesetzlichen Strafrahmens eine schuldangemessene Strafe liegen muss, aber eine Aussage des Inhalts, dass genau 15 oder genau 20 Monate Freiheitsstrafe schuldangemessen sind, ist ihm der Natur der Sache nach nicht möglich. Aufgrund dessen geht die Rechtsprechung[29] zu Recht davon aus, dass die Verpflichtung, die Strafe nach der Schuld zu bemessen, die Höhe der Strafe immer nur annäherungsweise bestimmt (sog. **Spielraumtheorie**). Den verbleibenden Spielraum hat der Richter durch Berücksichtigung der zu erwartenden Wirkungen der Strafe für das künftige Leben des Täters in der Gesellschaft, also durch spezialpräventive Überlegungen auszufüllen (§ 46 I 2 StGB). Der Verteidigung der Rechtsordnung misst das Gesetz insoweit keine Bedeutung zu. Die Rechtsprechung setzt sich jedoch über diese Wertung hinweg und zieht zur Bemessung der Strafe auch generalpräventive Gesichtspunkte heran.[30] Insbesondere hält sie es für zulässig, innerhalb der durch die Schuld gezogenen Grenzen die Strafe zu schärfen, um einer gemeinschaftsgefährlichen Zunahme bestimmter Delikte entgegenzuwirken.[31]

Die in § 46 I StGB ausgesprochenen Strafzumessungsgrundsätze werden in § 46 II StGB näher konkreti- 18
siert. Die Vorschrift nennt beispielhaft die wichtigsten Gesichtspunkte, die bei der Strafzumessungsentscheidung gegeneinander abzuwägen sind. Die meisten dieser Gesichtspunkte können sowohl für das Maß der Schuld als auch für die Wirkungen der Strafe für das künftige Leben des Täters in der Gesellschaft von unmittelbarer Bedeutung sein. Aus dem Rahmen fällt insoweit lediglich das Verhalten des Täters nach der Tat, das – jedenfalls auf der Grundlage des traditionellen Schuldverständnisses[32] – für das Maß der Schuld allenfalls indizielle Bedeutung haben kann. Als strafzumessungsrelevantes Nachtatverhalten wird in der Praxis insbesondere das Geständnis des Angeklagten angesehen, das – oft zu Unrecht[33] – in ganz erheblichem Maße strafmildernd bewertet wird. Das Gesetz selbst hebt das Bemühen um Schadenswiedergutmachung und um einen Ausgleich mit dem Verletzten (sog. **Täter-Opfer-Ausgleich**)[34] hervor. Bei weniger schwerwiegenden Straftaten besteht aufgrund eines derartigen Bemühens sogar uU die Möglichkeit, den Strafrahmen zu mildern oder ganz von Strafe abzusehen (§ 46a StGB).[35]

---

[29] Grundlegend BGHSt 7, 28 (32). Einen guten Überblick über den Meinungsstand in der Literatur gibt Streng, Strafrechtliche Sanktionen, 3. Aufl. 2012, Rn. 633ff.

[30] BGHSt 7, 28 (32); 28, 318 (326f.); dagegen überzeugend Roxin FS Bruns, 1978, 183 (195ff.).

[31] BGH NStZ 1992, 275 mwN.

[32] Bei einem positiv-generalpräventiven Schuldverständnis (→ § 3 Rn. 3f.) ist eine Integration des Nachtatverhaltens in den Schuldbegriff eher möglich; dazu eingehend Deiters, Strafzumessung bei mehrfach begründeter Strafbarkeit, 1999, S. 32ff.

[33] Nach der Rechtsprechung des Bundesgerichtshofs (BGHSt 43, 195 (206f.)) ist ein Geständnis iErg selbst dann strafmildernd zu berücksichtigen, wenn es nicht auf Schuldeinsicht und Reue beruht, sondern aus verfahrenstaktischen Erwägungen, insbes. im Rahmen einer heute in § 257c StPO gesetzlich geregelten Verständigung abgegeben worden ist; dazu zu Recht kritisch die Besprechung von Rönnau wistra 1998, 49 (53). Eine eingehende Erörterung der Strafzumessungsrelevanz des Geständnisses findet sich bei Hauer, Geständnis und Absprache, 2007, S. 81ff. und Sickor, Das Geständnis, 2014, S. 314ff., beide mit zahlreichen Nachweisen.

[34] Zum Täter-Opfer-Ausgleich lesenswert: Dölling JZ 1992, 493.

[35] Vgl. zum kriminalpolitischen Hintergrund dieser Regelung → § 1 Rn. 6.

19 Für die meisten Delikte droht das Gesetz alternativ Freiheits- oder Geldstrafe an, sodass das Gericht nicht nur über die Höhe, sondern auch über die Art der Strafe entscheiden muss. Auf den ersten Blick mag es naheliegend erscheinen, diese Entscheidung gleichfalls nach dem Maß der Schuld zu treffen, also die schwereren Fälle mit Freiheitsstrafe und die leichteren Fälle mit Geldstrafe zu ahnden. Jedoch ist nach der Wertung des Gesetzes eine Freiheitsstrafe nicht generell eine höhere Strafe als eine Geldstrafe. Vielmehr entspricht ein Tag Freiheitsstrafe einem Tagessatz Geldstrafe (§ 43 S. 2 StGB, § 47 II 2 Hs. 2 StGB), sodass sich eine erhebliche Überschneidung der Anwendungsbereiche von Freiheits- und Geldstrafe ergibt. Da das Mindestmaß der Freiheitsstrafe nur einen Monat (§ 38 II StGB), das Höchstmaß der Geldstrafe aber 360 Tagessätze (§ 40 I 2 StGB) beträgt, kann in all den Fällen, in denen der Angeklagte eine Freiheitsstrafe zwischen einem Monat und einem Jahr bzw. eine Geldstrafe zwischen 30 und 360 Tagessätzen verdient hat, die schuldangemessene Strafe sowohl als Freiheitsstrafe als auch als Geldstrafe verhängt werden. Die Entscheidung über die Strafart wird deshalb in diesem Bereich durch die Höhe der Schuld noch nicht präjudiziert.

20 Allerdings sieht das Gesetz für den Bereich unter sechs Monaten Freiheitsstrafe bzw. 180 Tagessätzen Geldstrafe einen grundsätzlichen Vorrang der Geldstrafe vor. Weil kurze Freiheitsstrafen den Verurteilten aus seinem beruflichen und privaten Umfeld herausreißen, ohne die Chance zu einem der Natur der Sache nach eine gewisse Zeit in Anspruch nehmenden erfolgreichen Behandlungsvollzug zu eröffnen, hat sich der Gesetzgeber bei der 1969 erfolgten Reform des Sanktionenrechts bemüht, solche Strafen zurückzudrängen (vgl. dazu bereits → § 2 Rn. 18). Eine Freiheitsstrafe unter sechs Monaten darf das Gericht seitdem nur noch verhängen, wenn sie aufgrund besonderer Umstände entweder zur Einwirkung auf den Täter oder zur Verteidigung der Rechtsordnung, dh aus generalpräventiven Gründen, erforderlich ist (§ 47 I StGB).[36] Diese Einschränkung gilt selbst dann, wenn das Strafgesetz, aus dem der Täter verurteilt wird, nur eine Freiheitsstrafe androht. Auch in einem solchen Fall ist in der Regel statt einer Freiheitsstrafe unter sechs Monaten eine Geldstrafe in entsprechender Höhe zu verhängen (§ 47 II StGB).

21 Für den Bereich zwischen sechs Monaten und einem Jahr Freiheitsstrafe bzw. 180 und 360 Tagessätzen Geldstrafe gibt es dagegen keine Vorrangregelung für die eine oder andere Strafart. Das Gericht hat hier zunächst zu überlegen, ob die Verhängung einer Freiheitsstrafe zur Verteidigung der Rechtsordnung erforderlich ist, und im Übrigen danach zu entscheiden, welche Strafart im konkreten Fall zur Einwirkung auf den Täter besser geeignet ist. Bei gleicher Eignung ist aufgrund des Verhältnismäßigkeitsprinzips die den Betroffenen weniger belastende Strafart und damit in der Regel eine Geldstrafe zu verhängen.[37] All dies gilt allerdings nur, wenn das Strafgesetz, aus dem der Täter verurteilt wird, entweder explizit oder aufgrund der Regelung des Art. 12 I EGStGB, nach der bei einer Androhung von Freiheitsstrafe ohne besonderes Mindestmaß die Geldstrafe stets als mitangedroht gilt,[38] die Verhängung einer Geldstrafe vorsieht. Sofern das Gesetz nur eine Freiheitsstrafe androht, muss diese im Bereich über sechs Monate auch als solche verhängt werden, sodass im Ergebnis Delikte mit einer Mindeststrafdrohung von sechs Monaten Freiheitsstrafe (zB § 244 StGB) nicht mehr mit einer Geldstrafe geahndet werden können.

---

[36] Vgl. zur Auslegung und Handhabung dieser Regelung in der Praxis Beulke FS Heinz, 2012, 594 (597ff.).

[37] Vgl. dazu bereits Grünwald FS Schaffstein, 1975, 219 (234f.).

[38] Vgl. zur Anwendbarkeit des Art. 12 I EGStGB bei einem nach § 49 I Nr. 3 Var. 4 StGB gemilderten Strafrahmen BGH NJW 2015, 1769f.

B. Die übrigen Rechtsfolgen

I. Die Maßregeln der Besserung und Sicherung

Die Maßregeln der Besserung und Sicherung bilden seit 1933[39] die **„zweite Spur"** des strafrechtlichen Sanktionensystems. Sie sollen nicht die begangene Tat ahnden, sondern sind ausschließlich dazu bestimmt, die Gefahr der Begehung weiterer Taten durch den Täter abzuwenden.[40] Dementsprechend ist für ihre Anordnung nicht die Schuld, sondern die Gefährlichkeit des Täters die maßgebliche Eingriffsvoraussetzung.[41] Maßregeln der Besserung und Sicherung werden uU auch oder sogar gerade dann (§ 63 StGB) angeordnet, wenn den Täter keine Schuld trifft. Sie setzen aber stets die Feststellung voraus, dass von dem Täter im konkreten Fall tatsächlich die Gefahr der Begehung weiterer Straftaten ausgeht, und sind für erledigt zu erklären, sobald diese Gefahr nicht mehr besteht.[42] Die Grenzen für die Anordnung von Maßregeln der Besserung und Sicherung ergeben sich ebenfalls nicht aus dem Schuldprinzip, sondern aus dem Grundsatz der Verhältnismäßigkeit.[43] Eine Maßregel muss zur Abwehr der von dem Täter ausgehenden Gefahr geeignet und erforderlich sein. Außerdem darf sie nicht außer Verhältnis zu der abzuwehrenden Gefahr stehen (§ 62 StGB),[44] sodass zB eine dauerhafte Unterbringung zur Verhinderung von kleineren Ladendiebstählen nicht zulässig ist. 22

Das Gesetz kennt drei verschiedene freiheitsentziehende Maßregeln: Die **Unterbringung in einem psychiatrischen Krankenhaus** (§ 61 Nr. 1 StGB, § 63 StGB) ist für psychisch kranke Täter vorgesehen, die aufgrund ihrer Krankheit für ihre Taten nicht oder nicht voll verantwortlich, aber insofern gefährlich sind, als von ihnen weitere rechtswidrige Taten zu erwarten sind[45], durch welche die Opfer seelisch oder körperlich erheblich geschädigt oder erheblich gefährdet werden oder schwerer wirtschaftlicher Schaden angerichtet wird.[46] Die **Unterbringung in einer Entziehungsanstalt** (§§ 61 Nr. 2, 64 StGB) ist für alkohol- und drogenabhängige Täter gedacht, von denen aufgrund dieser Abhängigkeit weitere erhebliche rechtswidrige Taten zu erwarten sind. Sie kann auch dann angeordnet werden, wenn der Täter voll schuldfähig war, ist aber – sofern keine Anrechnung auf eine außerdem verhängte Freiheitsstrafe erfolgt – 23

[39] Vgl. zur Entstehungsgeschichte der Regelung der Maßregeln im Strafgesetzbuch → § 2 Rn. 16; zu historischen Vorläufern insbes. der Sicherungsverwahrung vgl. Steinberg StV 2013, 227.

[40] Für eine Aufgabe dieser Differenzierung und eine „Wiedervereinigung von Strafen und Maßregeln" plädiert Hoyer FS Ostendorf, 2015, 435 mwN.

[41] BVerfG NJW 2012, 1784 (1785).

[42] Die im Grundsatz unbestimmte Dauer der freiheitsentziehenden Maßregeln regelt die durch das Gesetz vom 28.4.2016 (BGBl. 2016 I 1610) zum 1.8.2016 neugefasste Regelung des § 67d StGB; zu den erfolgten Änderungen vgl. Kaspar/Schmidt ZIS 2016, 756 (759f.).

[43] Vgl. dazu Frisch NStZ 2013, 249 (251).

[44] Vgl. zu den sich daraus ergebenden Einschränkungen der Unterbringung in einem psychiatrischen Krankenhaus lehrreich BGH NJW 2013, 1462 (1463); StV 2013, 26.

[45] Vgl. dazu BVerfG NJW 2013, 3228 (3229ff.); BGH NJW 2013, 3383 (3385ff.); 2014, 565, jeweils mwN.

[46] Mit dieser durch das Gesetz vom 28.4.2016 (BGBl. 2016 I 1610) eingefügten, allerdings zum Teil tautologisch anmutenden Konkretisierung der erheblichen Straftat soll einer in den letzten Jahren in der Praxis festzustellenden Tendenz zur Ausweitung der Unterbringung nach § 63 StGB entgegengewirkt werden; vgl. dazu Kaspar/Schmidt ZIS 2016, 756 mwN.

auf zwei Jahre befristet (§ 67d I StGB) und setzt nach § 64 S. 2 StGB[47] stets die hinreichend konkrete Aussicht eines Behandlungserfolgs voraus.[48] Die **Sicherungsverwahrung** (§ 61 Nr. 3 StGB, § 66 StGB) soll Täter erfassen, die für ihre Taten voll verantwortlich sind, aber nach der Verbüßung ihrer Freiheitsstrafe voraussichtlich erneut schwere Straftaten begehen werden. Sie ist die fragwürdigste Maßregel, weil sie dem Täter gleichzeitig Selbstbestimmungsfähigkeit und Unverbesserlichkeit bescheinigt[49] und ihm aufgrund einer der Natur der Sache nach mit erheblichen Unsicherheiten belasteten Prognose[50] auf unabsehbare Zeit seine Freiheit entzieht, ohne dass sich die Art und Weise des Freiheitsentzugs bisher wesentlich von dem Vollzug der Freiheitsstrafe unterschieden hätte.[51]

24 Ungeachtet dieser Problematik sind die Möglichkeiten zur Anordnung der Sicherungsverwahrung zwischen 1998 und 2008 zumeist sogar rückwirkend (vgl. dazu bereits → § 5 Rn. 6) in erheblichem Maße ausgeweitet worden.[52] Das Gesetz zur Bekämpfung von Sexualdelikten und anderen gefährlichen Straftaten vom 26. 1. 1998[53] beseitigte die seit 1969 für die erstmalige Anordnung dieser Maßregel geltende Höchstfrist von zehn Jahren[54]. Wenige Jahre später wurde mit der Einführung zunächst der vorbehaltenen (§ 66a StGB)[55] und später der nachträglichen Sicherungsverwahrung (§ 66b StGB)[56] die Möglichkeit geschaffen, auch bei einer erst während des Strafvollzugs zutage getretenen Gefährlichkeit des Täters und sogar bei einer erstmaligen Verurteilung die Sicherungsverwahrung zu verhängen. Damit wurde zugleich die Anordnung der Sicherungsverwahrung aufgrund einer Verurteilung als Heranwachsender und im Jahre 2008[57] sogar aufgrund einer Verurteilung nach Jugendstrafrecht ermöglicht. Das Bundesverfassungsgericht hat diese Ausweitung nicht nur gebilligt, sondern hinsichtlich der nachträglichen Sicherungsverwahrung mitinitiiert.[58] Es

---

[47] Die durch das Gesetz zur Sicherung der Unterbringung in einem psychiatrischen Krankenhaus und in einer Entziehungsanstalt vom 20.7.2007 (BGBl. 2017 I 1327) eingeführte Regelung kodifiziert eine die Anforderungen des früheren § 64 II StGB verschärfende Entscheidung des Bundesverfassungsgerichts (BVerfGE 91, 1).

[48] Vgl. dazu BGH NJW 2012, 2292; 2014, 1978, jeweils mwN.

[49] Vgl. zu diesem Widerspruch Köhler StrafR AT 55 ff., Köhler FS Jakobs, 2007, 273, nach dessen Auffassung Maßregeln gegen schuldfähige Täter schon im Grundsatz nicht zu rechtfertigen sind und die Gewohnheitsmäßigkeit der Delinquenz stattdessen im Rahmen der Schuldstrafe berücksichtigt werden sollte.

[50] Vgl. zur nur begrenzten Validität und Fehleranfälligkeit von Prognosen Albrecht FS Frisch, 2013, 1063 (1065 ff.); Alex/Feltes/Kudlacek StV 2013, 259; Ziffer FS Frisch, 2013, 1077 (1084 ff.).

[51] Zum Problem der Legitimation der Sicherungsverwahrung lehrreich Streng StV 2013, 236 mwN.

[52] Vgl. die detaillierte Darstellung bei Schöch FS Roxin, 2011, S. 1193 (1997 ff.).

[53] BGBl. 1998 I 160; vgl. zu diesem Gesetz iE Drenkhahn/Morgenstern ZStW 123 (2011), 132 (134 ff.).

[54] Heute erklärt das Gericht die Sicherungsverwahrung auch bei erstmaliger Anordnung nach zehn Jahren nur noch dann für erledigt, wenn nicht die Gefahr besteht, dass der Untergebrachte weiterhin schwere Straftaten begehen wird (§ 67d III StGB).

[55] Gesetz vom 21.8.2002, BGBl. 2002 I 3344.

[56] Gesetz vom 29.7.2004, BGBl. 2004 I 1838.

[57] Gesetz vom 12.7.2008, BGBl. 2008 I 1212; vgl. dazu Ullenbruch NJW 2008, 2609 mwN.

[58] Diese wurde vom Bundesgesetzgeber ursprünglich abgelehnt und erst eingeführt, nachdem das Bundesverfassungsgericht (BVerfGE 109, 190) entsprechende in Baden-Württemberg, Bayern, Sachsen-Anhalt, Thüringen und Niedersachsen verabschiedete landesgesetzliche Regelungen zwar wegen fehlender Gesetzgebungskompetenz der Länder für verfassungswidrig erklärt, zugleich aber ein Bedürfnis für eine nachträgliche Sicherungsverwahrung anerkannt hatte; vgl. zu dieser Entscheidung Kinzig NJW 2004, 911 (913 f.).

betonte zwar, dass der Vollzug der Sicherungsverwahrung auf das Ziel der Resozialisierung des Verurteilten ausgerichtet bleiben müsse,[59] hat die Sicherungsverwahrung aber im Übrigen „als letztes Mittel" zur Verhinderung schwerer Straftaten stets als verfassungsgemäß anerkannt.[60]

Durch die Rechtsprechung des **Europäischen Gerichtshofs für Menschenrechte** 25 ist jedoch eine gegenläufige Entwicklung eingeleitet worden.[61] In seinem Urteil vom 17.2.2009[62] hat der Gerichtshof aus dem Umstand, dass die Sicherungsverwahrung im Wesentlichen wie eine Freiheitsstrafe vollstreckt wird, den Schluss gezogen, dass diese – obwohl sie in Deutschland als Maßregel qualifiziert wird – im Sinne der Europäischen Menschenrechtskonvention als eine Strafe zu behandeln sei. Dementsprechend hat er die rückwirkende Beseitigung der für die erstmalige Anordnung vorgesehenen Höchstfrist von zehn Jahren als Verletzung des strafrechtlichen Rückwirkungsverbots (Art. 7 EMRK) und darüber hinaus die nachträgliche Anordnung bzw. Verlängerung der Sicherungsverwahrung als Verletzung des Rechts auf Freiheit der Person (Art. 5 EMRK) bewertet. Diese aufsehenerregende Entscheidung war ein wesentlicher Anlass für den Gesetzgeber, die Sicherungsverwahrung durch das Gesetz vom 22.12.2010[63] neu zu regeln.[64] Der Rechtsprechung des Europäischen Gerichtshofs für Menschenrechte versuchte man dabei durch eine Zurückdrängung der nachträglichen Sicherungsverwahrung[65] sowie durch ein neues „Gesetz zur Therapierung und Unterbringung psychisch gestörter Gewalttäter" (ThUG) Rechnung zu tragen, nach dem Personen, die nach dieser Rechtsprechung aus der Sicherungsverwahrung entlassen werden müssen, unter bestimmten Voraussetzungen (vgl. § 1 ThUG) in einer ebenfalls geschlossenen, aber vom Strafvollzug räumlich und organisatorisch getrennten Therapieeinrichtung (vgl. § 2 ThUG) untergebracht werden können.[66]

Die Einführung dieser speziellen Unterbringungsform änderte jedoch nichts daran, 26 dass die Sicherungsverwahrung selbst im Wesentlichen noch immer wie eine Freiheitsstrafe vollstreckt wurde. Nachdem sich aufgrund weiterer Entscheidungen[67] abzeichnete, dass auch diese gesetzliche Regelung vom Europäischen Gerichtshof für Menschenrechte schwerlich toleriert werden würde, hat deshalb das Bundesverfassungsgericht mit seinem Urteil vom 4.5.2011[68] die „Notbremse gezogen" und in Abkehr von seiner bisherigen Rechtsprechung die damalige Regelung der Sicherungsverwahrung insgesamt für mit Art. 2 II 2 GG iVm Art. 104 I GG unvereinbar erklärt. Es verpflichtete den Gesetzgeber, spätestens **bis zum 31.5.2013** ein „freiheitsorientiertes

[59] BVerfGE 109, 133.
[60] BVerfGE 109, 133; BVerfG NJW 2006, 3483; 2009, 980; 2010, 1514.
[61] Vgl. dazu eingehend Drenkhahn/Morgenstern ZStW 123 (2011), 132 (141ff.); Schöch FS Roxin, 2011, 1193 (1202ff.).
[62] EGMR NJW 2010, 2495.
[63] BGBl. 2010 I 2300.
[64] Vgl. dazu näher Kinzig NJW 2011, 177; Kreuzer ZRP 2011, 7; Schöch GA 2012, 14.
[65] Die nachträgliche Sicherungsverwahrung wurde lediglich für den Fall der Erledigung einer Unterbringung in einem psychiatrischen Krankenhaus und im Jugendstrafrecht beibehalten.
[66] Vgl. dazu näher Höffler/Stadtland StV 2012, 239 (242ff.); Kinzig StraFo 2011, 429 (433ff.); Kreuzer StV 2011, 122 (131f.); Schöch GA 2012, 14 (21ff.); Ullenbruch StV 2013, 268.
[67] Vgl. etwa die am 13.1.2011 ergangenen Urteile EGMR NJW 2011, 3423; NJOZ 2011, 1494.
[68] BVerfGE 128, 326; vgl. dazu Satzger StV 2013, 243 (245ff.); Streng JZ 2011, 827; Volkmann JZ 2011, 835, alle mwN.

und therapiegerichtetes Gesamtkonzept“[69] für die Unterbringung zu entwickeln, das dem sogenannten **Abstandsgebot**[70] Rechnung trägt, dh den allein präventiven, nicht strafenden Charakter der Maßregel sowohl gegenüber dem Untergebrachten als auch gegenüber der Allgemeinheit deutlich macht.[71] Die rückwirkende Beseitigung der für die erstmalige Anordnung geltenden Höchstfrist von 10 Jahren und zum Teil auch die nachträgliche Anordnung der Sicherungsverwahrung[72] bewertete das Gericht zusätzlich als Verletzung eines aus Art. 2 II 2 GG iVm Art. 20 III GG abzuleitenden Vertrauensschutzgebots[73] und leitete daraus ab, dass die Sicherungsverwahrung in diesen Fällen nur noch angeordnet werden darf, wenn eine hochgradige Gefahr schwerster Gewalt- oder Sexualstraftaten aus konkreten Umständen in der Person oder dem Verhalten des Untergebrachten abzuleiten ist und dieser an einer psychischen Störung im Sinne von § 1 I Nr. 1 ThUG leidet. Ohne das Vorliegen dieser Voraussetzungen seien auch bereits angeordnete Maßregeln für erledigt zu erklären.[74]

27 Der Gesetzgeber war damit gezwungen, das Recht der Sicherungsverwahrung erneut zu reformieren. Kern des fristgerecht zum 1.6.2013 in Kraft getretenen „Gesetzes zur bundesrechtlichen Umsetzung des Abstandsgebotes im Recht der Sicherungsverwahrung“[75] ist der neue § 66c StGB, der in seinem Absatz 1 die Vorgaben des Bundesverfassungsgerichts für die Ausgestaltung der Unterbringung in der Sicherungsverwahrung als gesetzliche Anforderungen formuliert und in seinem Absatz 2 die Vollzugsbehörden dazu verpflichtet, bei einer angeordneten oder vorbehaltenen Sicherungsverwahrung auch schon während des Strafvollzugs eine intensive therapeutische Betreuung anzubieten, damit die Vollstreckung bzw. Anordnung der Sicherungsverwahrung nach Möglichkeit entbehrlich wird. Die Umsetzung dieser auch vom Europäischen Gerichtshof für Menschenrechte nicht mehr beanstandeten[76] gesetzlichen Regelung ist aufgrund der Zuständigkeit für den Straf- und Maßregelvollzug Sache der Länder. Sie müssen die Vorgaben mit Leben erfüllen und dafür Sorge tragen, dass das Abstandsgebot in der Praxis des Vollzugs tatsächlich umgesetzt wird.[77] Hinsichtlich der Verletzung des Vertrauensschutzgebots sind die Vorgaben des Bundesverfassungsgerichts ebenfalls kodifiziert worden. Gemäß § 316f II EGStGB darf die Sicherungsverwahrung in den betreffenden Fällen nur noch bei Vorliegen der von dem Gericht formulierten zusätzlichen Voraussetzungen angeordnet bzw. aufrechterhalten werden.[78]

---

[69] So die Formulierung in BVerfGE 128, 326 (383).

[70] Kritisch zu diesem Begriff und dessen Lösungspotential für die Probleme der Sicherungsverwahrung Dax, Die Neuregelung des Vollzugs der Sicherungsverwahrung, (2017), S. 510ff.; Frisch FS Würtenberger, 2013, 959 (975f.); Höffler/Kaspar ZStW 124 (2012), 87 (108ff.).

[71] BVerfGE 128, 326 (374f.).

[72] In der Konstruktion der vorbehaltenen Sicherungsverwahrung hat das Bundesverfassungsgericht dagegen in einer weiteren Entscheidung (BVerfG NJW 2012, 3357) keine zusätzliche Verletzung des Grundgesetzes oder der Europäischen Menschenrechtskonvention gesehen.

[73] BVerfGE 128, 326 (332 und 388ff.).

[74] BVerfGE 128, 326 (332f.).

[75] BGBl. 2012 I 2425.

[76] Vgl. EGMR NJOZ 2019, 1445 (1448ff.).

[77] Vgl. zur Umsetzung des Abstandsgebots durch die Länder die eingehende Untersuchung von Dax, Die Neuregelung des Vollzugs der Sicherungsverwahrung, 2017, S. 259ff. mit einem kritischen Fazit, S. 506ff.

[78] Vgl. zu dieser gesetzlichen Regelung eingehend Pollähne StV 2013, 249; Renzikowski NJW 2013, 1638; zu deren Verfassungsmäßigkeit BGHSt 58, 292 (295); 59, 56 (60f.).

Das Therapieunterbringungsgesetz hat daneben keine praktische Bedeutung mehr.[79]

Neben den freiheitsentziehenden Maßregeln gibt es noch drei weitere Maßregeln der Besserung und Sicherung. Die **Führungsaufsicht** (§ 61 Nr. 4 StGB, §§ 68ff. StGB) hat den Zweck, die Lebensführung eines zu einer Freiheitsstrafe Verurteilten eine bestimmte Zeit nach der Haftentlassung zu kontrollieren. Die **Entziehung der Fahrerlaubnis** (§ 61 Nr. 5 StGB, § 69 StGB) ist für den Fall vorgesehen, dass sich der Täter durch die Begehung einer Straftat als zum Führen von Fahrzeugen ungeeignet erwiesen hat.[80] Bei den wichtigsten Verkehrsstraftaten ist dies in der Regel anzunehmen (§ 69 II StGB). Anders als beim bloßen Fahrverbot verliert der Täter die ihm erteilte Fahrerlaubnis. Eine neue Fahrerlaubnis darf er erst nach Ablauf einer vom Gericht zu bestimmenden Sperrfrist (§ 69a StGB) erwerben. In der Praxis wird diese Maßregel oft schematisch angeordnet und damit zu einer Art Nebenstrafe umfunktioniert.[81] Das **Berufsverbot** (§ 61 Nr. 6 StGB, § 70 StGB) schließlich ist wegen seiner oft existenzvernichtenden Wirkung die härteste der nicht freiheitsentziehenden Maßregeln. Es soll verhindern, dass der Täter weitere Straftaten unter Missbrauch seines Berufs oder Gewerbes oder unter grober Verletzung der mit ihnen verbundenen Pflichten begeht. 28

Die Maßregeln der Besserung und Sicherung sind bei Vorliegen ihrer Voraussetzungen auch dann anzuordnen, wenn der Täter schuldhaft gehandelt hat und deshalb für seine Tat zugleich bestraft wird. Für den häufigen Fall, dass neben einer Freiheitsstrafe die Unterbringung in einem psychiatrischen Krankenhaus oder in einer Entziehungsanstalt angeordnet wird, mildert das Gesetz die in der Kumulation von Strafe und Maßregel liegende Härte dadurch, dass in der Regel (vgl. zu den Ausnahmen § 67 II StGB) zuerst die Maßregel zu vollziehen und dann die Zeit des Maßregelvollzugs auf die Strafe anzurechnen ist (§ 67 I, IV StGB). In Härtefällen ist auch die Anrechnung des Maßregelvollzugs auf in anderen Verfahren verhängte Freiheitsstrafen möglich (§ 67 VI StGB).[82] Im Übrigen ist die in der zusätzlichen Anordnung einer Maßregel liegende Härte für den Täter wenigstens insoweit bei der Strafzumessung auszugleichen, wie dies mit dem Zweck der Maßregel zu vereinbaren ist.[83] 29

II. Statusfolgen

Eine strafrechtliche Verurteilung hat neben der Bestrafung gravierende Statusnachteile zur Folge. In der gesamten Rechtsordnung finden sich Vorschriften, die den Erwerb und Besitz von Titeln, Ämtern und sonstigen Statusrechten davon abhängig machen, dass der Betreffende nicht oder zumindest nicht in bestimmter Höhe vorbestraft ist. Das Strafrecht selbst sieht als Nebenfolge strafrechtlicher Verurteilungen den **zeitwei-** 30

[79] Nachdem das Bundesverfassungsgericht das Therapieunterbringungsgesetz nur mit der Maßgabe für verfassungsgemäß erklärt hat, dass die Unterbringung nach diesem Gesetz ebenfalls eine „hochgradige Gefahr schwerster Gewalt- und Sexualverbrechen" voraussetze (BVerfGE 134, 33 m. Bespr. Höffler StV 2014, 168), hat es keinen über die Sicherungsverwahrung hinausgehenden Anwendungsbereich mehr. Dementsprechend wurden im Anschluss an die Entscheidung des Bundesverfassungsgerichts die wenigen noch nach diesem Gesetz untergebrachten Personen entlassen (vgl. dazu die ausführliche Darstellung bei Ullenbruch StV 2014, 174 (180f.) mwN).

[80] Zu den Voraussetzungen einer ebenfalls möglichen charakterlichen Ungeeignetheit vgl. die Entscheidung des Großen Senats BGHSt 50, 93.

[81] Dazu zu Recht kritisch NK-StGB/Böse StGB § 69 Rn. 4 mwN.

[82] Die durch das Gesetz vom 28.4.2016 (BGBl. 2016 I 1610) eingefügte Härtefallregelung geht auf einen Beschluss des Bundesverfassungsgerichts zurück, der die Strafverfolgungsbehörden schon vor der Neufassung verpflichtet hatte, in dieser Weise zu verfahren (BVerfG NJW 2012, 1784 (1786ff.)); vgl. zur neuen gesetzlichen Regelung Kaspar/Schmidt ZIS 2016, 756 (758f.).

[83] Vgl. dazu iE SK-StGB/Horn/Wolters StGB § 46 Rn. 165 mwN.

sen Verlust der Amtsfähigkeit, der Wählbarkeit und des Stimmrechts vor (§§ 45–45b StGB).[84] Sofern jemand wegen eines Verbrechens[85] (§ 12 I StGB) zu mindestens einem Jahr Freiheitsstrafe verurteilt wird, verliert er automatisch für die Dauer von fünf Jahren die Fähigkeit, öffentliche Ämter zu bekleiden und Rechte aus öffentlichen Wahlen zu erlangen (§ 45 I StGB). Außerdem hat das Gericht bei einzelnen Delikten unabhängig von der Höhe der Strafe die Möglichkeit, dem Verurteilten diese Fähigkeiten und darüber hinaus auch das aktive Wahlrecht für die Dauer von zwei bis fünf Jahren abzuerkennen (§ 45 II, V StGB).

31 Der Verlust der Amtsfähigkeit und der Wählbarkeit führt nicht nur dazu, dass der Verurteilte die entsprechenden Rechtsstellungen und Rechte für eine gewisse Zeit nicht erlangen kann, sondern bewirkt auch und vor allem, dass er Rechtsstellungen und Rechte, die er innehat, endgültig verliert (§ 45 III, IV StGB). Dies trifft insbesondere Lebenszeitbeamte oft härter als die Strafe selbst. Sie verlieren mit der Amtsfähigkeit – oder aufgrund entsprechender zum Teil noch schärferer beamtenrechtlicher Regelungen[86] – sämtliche Rechte aus dem Beamtenverhältnis. Aber auch bei anderen Personen kann der Verlust der Amtsfähigkeit mittelbar die berufliche Existenz vernichten. Der Grund dafür ist die Tatsache, dass die Rechtsordnung die Erlaubnis zur Ausübung bestimmter freier Berufe von der Amtsfähigkeit abhängig macht. So enthält die Bundesrechtsanwaltsordnung die Bestimmung, dass Rechtsanwälten die Zulassung zu entziehen ist, wenn sie infolge strafgerichtlicher Verurteilung die Fähigkeit zur Bekleidung öffentlicher Ämter verloren haben (§ 14 II Nr. 2 BRAO). Für Steuerberater und Wirtschaftsprüfer gibt es entsprechende Regelungen.[87]

III. Einziehung

32 Als weitere Rechtsfolge der Begehung einer Straftat sieht das Strafrecht den Verlust bestimmter Vermögensgegenstände vor. Durch die **Einziehung von Taterträgen**[88] (§ 73 StGB) werden dem wegen einer rechtswidrigen, nicht notwendigerweise schuldhaften Tat Verurteilten diejenigen Vermögenswerte entzogen, die er aus der Straftat oder als Belohnung für die Straftat erlangt hat (scelere quaesita).[89] Sie gehen durch die Anordnung der Einziehung in das Vermögen des Staates über (§ 75 I 1 StGB). Seit 1992 gibt es bei bestimmten Delikten auch die Möglichkeit, die Einziehung von Vermögensvorteilen anzuordnen, die nicht aus der abzuurteilenden Tat selbst, aber – nach der Überzeugung des Gerichts[90] – aus anderen rechtswidrigen Taten stammen (§ 73a

[84] Dazu eingehend Nelles JZ 1991, 17.

[85] Vgl. zur Unterscheidung von Verbrechen und Vergehen → § 7 Rn. 21ff.

[86] Nach § 41 I 1 BBG bzw. § 24 I 1 BeamtStG endet das Beamtenverhältnis auch dann, wenn der Beamte wegen eines vorsätzlichen Vergehens (§ 12 II StGB) zu mindestens einem Jahr oder wegen bestimmter Staatsschutzdelikte bzw. – soweit sich die Tat auf eine Diensthandlung im Hauptamt bezieht – wegen Bestechlichkeit zu mindestens sechs Monaten Freiheitsstrafe verurteilt wird.

[87] Nachweise bei LK-StGB/Schneider StGB § 45 Rn. 34.

[88] Diese wurde bis zur Reform der strafrechtlichen Vermögensabschöpfung durch das am 1.7.2017 in Kraft getretene Gesetz vom 13.4.2017 (BGBl. 2017 I 872) als „Verfall" bezeichnet.

[89] Eingehend zu Zweck und Rechtsnatur der Einziehung von Taterträgen Fleckenstein, Die strafrechtliche Abschöpfung von Taterträgen bei Drittbegünstigten, 2017, S. 26ff. mwN.

[90] Bis zur Reform der strafrechtlichen Vermögensabschöpfung durch das am 1.7.2017 in Kraft getretene Gesetz vom 13.4.2017 (BGBl. 2017 I 872) verlangte der Wortlaut des Gesetzes nur eine durch Umstände gerechtfertigte Annahme, sodass auch eine gesteigerte Wahrscheinlichkeit krimineller Herkunft ausreichen würde. Dies wurde jedoch in der Literatur zu Recht als Verletzung der Eigentumsgarantie

StGB). Diese sogenannte **erweiterte Einziehung von Taterträgen** soll vor allem ein erfolgreicheres Vorgehen gegen organisierte Kriminalität ermöglichen.

Soweit die Einziehung der Taterträge selbst wegen der Beschaffenheit des Erlangten oder aus einem anderen Grund nicht möglich ist, hat das Gericht gemäß § 73c StGB stattdessen den **Wert der Taterträge** einzuziehen, dh es hat die Zahlung eines Geldbetrags anzuordnen, der dem Wert der erlangten Erträge entspricht. Bei der Bestimmung dieses Werts gilt im Grundsatz das sogenannte **Bruttoprinzip.** Aufwendungen für die Vorbereitung und Begehung der Straftat sind gemäß § 73d I 2 StGB nicht in Abzug zu bringen, so dass der zu zahlende Betrag in vielen Fällen den mit der Straftat tatsächlich erzielten Gewinn übersteigt.[91] Seit der am 1.7.2017 in Kraft getretenen Reform der strafrechtlichen Vermögensabschöpfung darf die Einziehung der durch eine Straftat erlangten Erträge bzw. ihres Werts ohne Rücksicht darauf angeordnet werden, ob ein durch die Begehung der Tat Verletzter gegen den Täter einen Anspruch auf Rückgewähr dieser Vermögenswerte hat. Soweit ein solcher Anspruch besteht, sind die eingezogenen Vermögenswerte jedoch gemäß § 459h StPO vom Staat an den Verletzten herauszugeben. 33

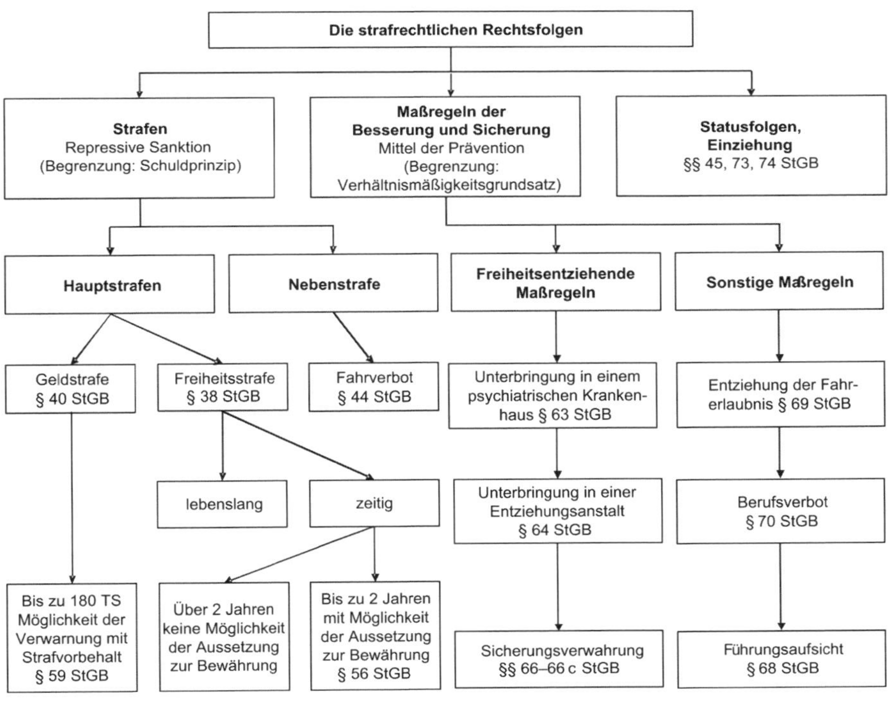

Abb. 5: Rechtsfolgen

kritisiert (vgl. etwa Weßlau StV 1991, 226 (229ff.)). Deshalb legte der Bundesgerichtshof die Vorschrift verfassungskonform dahingehend aus, dass der Richter keinen vernünftigen Zweifel an der kriminellen Herkunft haben dürfe (BGHSt 40, 371 (373)).

[91] Zur Legitimation dieses Bruttoprinzips und seiner Bedeutung für die Rechtsnatur der Einziehung von Taterträgen vgl. Fleckenstein, Die strafrechtliche Abschöpfung von Taterträgen bei Drittbegünstigten, 2017, S. 56ff. mwN.

34 Außer den Taterträgen können gemäß § 74 StGB insbesondere Gegenstände[92], die durch eine vorsätzliche Straftat hervorgebracht (producta sceleris) oder zu deren Begehung bzw. Vorbereitung gebraucht worden oder bestimmt gewesen sind (instrumenta sceleris), eingezogen werden.

Im Gegensatz zur Einziehung von Taterträgen greift diese Einziehung von Tatprodukten, Tatmitteln und Tatobjekten zumeist in Vermögenswerte ein, die dem von ihr Betroffenen ohne die Begehung der Straftat von Rechts wegen zuständen. Deshalb lässt das Gesetz ihre Anordnung in der Regel nur zu, wenn der Täter oder Teilnehmer nicht nur rechtswidrig, sondern schuldhaft gehandelt hat oder den betroffenen Dritten ein Verschulden trifft (§ 74a StGB). Die auch ohne ein Verschulden zulässige Sicherungseinziehung setzt gemäß § 74b I StGB voraus, dass der einzuziehende Gegenstand gefährlich ist. Von ihr betroffene Dritte sind – sofern sie kein grobes Verschulden trifft und der eingezogene Gegenstand nicht aufgrund anderer Rechtsvorschriften entschädigungslos enteignet werden könnte – aus der Staatskasse in Geld zu entschädigen (§ 74b III 1 StGB). Die Einziehung von Tatprodukten, Tatmitteln und Tatobjekten ist außerdem nur obligatorisch, wenn dies – wie zB für Falschgeld (§ 150 StGB) – im Gesetz besonders bestimmt ist. Ansonsten steht ihre Anordnung im Ermessen des Gerichts.

Lektüreempfehlungen: BVerfGE 45, 187–271 (lebenslange Freiheitsstrafe); 109, 133–190 (Sicherungsverwahrung).

[92] Einziehungsfähige Gegenstände iSv § 74 StGB sind nach hM auch Rechte (MüKoStGB/Joecks/Meißner StGB § 74 Rn. 7 mwN).

§ 7. Einführung in die allgemeine Straftatlehre

A. Gegenstand und Funktion der allgemeinen Lehre von der Straftat

Für eine strafrechtliche Verurteilung muss der Richter erstens den Sachverhalt feststellen, zweitens das auf diesen Sachverhalt anwendbare Strafgesetz bestimmen und drittens aufgrund dieses Strafgesetzes die Strafe zumessen sowie über sonstige Rechtsfolgen der Tat entscheiden. Sowohl die Sachverhaltsfeststellung als auch die Strafzumessung und die sonstigen Rechtsfolgenentscheidungen lassen sich nicht vollständig „auf den Begriff bringen" und können deshalb in einer theoretischen Ausbildung nur eingeschränkt vermittelt werden. Aus diesem Grund konzentriert sich die Strafrechtslehre notgedrungen auf den zweiten, im Gerichtsalltag allerdings oft am wenigsten problematischen Schritt der strafrichterlichen Tätigkeit. Sie analysiert in erster Linie die begrifflichen Merkmale der Straftaten, um durch Subsumtion eines Sachverhalts unter diese Merkmale das anwendbare Strafgesetz exakt bestimmen zu können. Dementsprechend besteht die strafrechtliche Aufgabenstellung an der Universität und in der ersten juristischen Prüfung in der Regel darin, auf der Grundlage eines vorgegebenen Sachverhalts zu beurteilen, ob und nach welchen Strafgesetzen sich die Beteiligten strafbar gemacht haben. 1

Die begrifflichen Merkmale der Straftaten ergeben sich – wie bereits dargelegt (→ § 1 Rn. 20f.) – aus den einzelnen Delikten des Besonderen Teils im Zusammenspiel mit einigen vor die Klammer gezogenen Regelungen des Allgemeinen Teils. Bereits die Deliktsbeschreibungen des Besonderen Teils sind abstrakt und müssen dies der Natur der Sache nach auch sein, weil sich ohne Abstraktion keine allgemeinen, auf eine unbestimmte Anzahl künftiger Einzelfälle anwendbaren Regelungen treffen lassen. Noch unbekannte Fälle kann man nur durch abstrakte Begriffe erfassen und deshalb sind schon die Deliktsbeschreibungen des Besonderen Teils keine Aufzählungen von konkreten Einzelfällen, sondern abstrakte Begriffsbildungen, denen in concreto ganz unterschiedliche Fälle subsumiert werden können. So umfasst der Begriff der Sachbeschädigung (§ 303 StGB) sowohl das Vergiften der Katze des Nachbarn als auch das Einschlagen einer Fensterscheibe im Haus des Nachbarn und der Begriff des Betruges (§ 263 StGB) sowohl die Zechprellerei als auch das Erschwindeln von ungesicherten Bankkrediten in Millionenhöhe. 2

Das gleiche Prinzip abstrakter Begriffsbildung liegt den die Deliktsbeschreibungen des Besonderen Teils ergänzenden Regelungen des Allgemeinen Teils zugrunde. Letztere unterscheiden sich von ersteren nur dadurch, dass sie kein bestimmtes Delikt beschreiben, sondern Begriffe bilden, die zur Beschreibung verschiedener Delikte in gleicher Weise verwendet werden können. Ein solcher Begriff ist etwa der Vorsatz. Obwohl zB ein Totschlag (§ 212 StGB) etwas völlig anderes ist als eine Sachbeschädigung (§ 303 StGB), stellt sich bei beiden Delikten in gleicher Weise die Frage, welche psychische Beziehung zu dem jeweils vorausgesetzten objektiven Geschehen (Tötung eines Menschen bzw. Beschädigung oder Zerstörung einer fremden Sache) erforderlich ist, um eine Strafbarkeit zu begründen. Zur Beschreibung dieser psychischen Beziehung dient der Begriff des Vorsatzes. Weil er zur Beschreibung ganz unterschiedlicher Delikte erforderlich ist, hat das Gesetz das Vorsatzerfordernis vor die Klammer gezogen und für alle Vorsatzdelikte einheitlich geregelt (§§ 15, 16 StGB). 3

4 Eine solche Regelung findet sich jedoch längst nicht für alle zur Beschreibung verschiedener Delikte in gleicher Weise verwendbaren Begriffe. Viele solcher Begriffe sind im Gesetz nur implizit enthalten. Sie ergeben sich erst dann, wenn man die Deliktsbeschreibungen des Besonderen Teils auf gemeinsame begriffliche Strukturen hin analysiert. Ein einfaches Beispiel ist der Begriff der Kausalität. Die Deliktsbeschreibung des Totschlags (§ 212 StGB) „einen Menschen töten" lässt sich zB näher ausformulieren als Vornahme einer Handlung, die den Tod eines Menschen verursacht. In gleicher Weise lässt sich auch die Deliktsbeschreibung der Sachbeschädigung (§ 303 I StGB) „eine Sache beschädigen oder zerstören" ausformulieren als Vornahme einer Handlung, die die Beschädigung oder Zerstörung einer Sache verursacht. Beide Deliktsbeschreibungen setzen also – ebenso wie die meisten anderen – in gleicher Weise eine Beziehung zwischen einer Handlung des Täters und einem jeweils vorausgesetzten negativen Erfolg (Tod eines Menschen bzw. Beschädigung oder Zerstörung einer Sache) voraus, die sich als Verursachung oder Kausalität bezeichnen lässt.

5 Die Herausarbeitung solch gemeinsamer begrifflicher Strukturen mag auf den ersten Blick als Spielerei erscheinen, ist aber für ein auf Gleichbehandlung und Berechenbarkeit ausgerichtetes Strafrecht von essentieller Bedeutung. Denn erst sie ermöglicht es Gesetzgeber und Richter, die bei den verschiedenen Delikten in gleicher Weise auftretenden Probleme als solche zu erkennen und damit für diese Probleme einheitliche Lösungen zu entwickeln. Dies ist nicht nur notwendig, um gleiche Probleme über die Deliktsgrenzen hinweg gleich entscheiden zu können, sondern auch und vor allem deshalb, weil ohne den Rückgriff auf allgemeine Problemlösungen schon jede einzelne Deliktsbeschreibung für sich nicht verständig angewendet werden könnte. In Anbetracht der großen Zahl strafrechtlicher Delikte insbesondere des Nebenstrafrechts wären Gesetzgeber und Gerichte hoffnungslos überfordert, wenn sie bei der Formulierung bzw. Auslegung jedes einzelnen Strafgesetzes wieder bei Null anfangen müssten. Die Fülle des Rechtsstoffes lässt sich nur durch allgemeine Begriffe und Problemlösungen bewältigen, auf deren Grundlage dann neue bzw. dem Richter wenig vertraute Strafgesetze schnell ein relativ klares Bild ergeben.

6 Dementsprechend ist die Strafrechtswissenschaft seit jeher um allgemeine Begriffe und Problemlösungen bemüht. Der Ertrag dieser Bemühungen ist eine sehr ausgefeilte allgemeine Straftatlehre, in der die verschiedenen Voraussetzungen der einzelnen Delikte mit allgemeinen Begriffen – wie Vorsatz oder Kausalität – systematisiert und diese Begriffe so präzise wie möglich analysiert werden. Die Systematisierung der verschiedenen Deliktsvoraussetzungen hat es der allgemeinen Straftatlehre des Weiteren ermöglicht, Aufbauregeln zu formulieren, mit deren Hilfe die Strafbarkeitsprüfung im Einzelfall so durchgeführt werden kann, dass keine wichtigen Punkte übersehen und alle Fragen in den richtigen Zusammenhang gebracht werden. Ein solch methodisch geleitetes Vorgehen ist für eine richtige Rechtsanwendung von großer Bedeutung. Jedoch sollte man sich stets darüber im Klaren sein, dass sich aus bloßen Aufbauregeln noch keine Lösung von Sachproblemen ableiten lässt. Der sogenannte „Aufbau der Straftat" ist keine Rechtsquelle, sondern eine – zum Teil sachlogisch begründete, zum Teil auch nur auf Konvention beruhende – methodisch zweckmäßige Reihenfolge zur Prüfung der Voraussetzungen der Strafbarkeit.

Dessen ungeachtet neigt die Strafrechtswissenschaft traditionell[1] dazu, die systematische Anordnung der allgemeinen Merkmale der Straftat als ihr eigentliches Grundproblem anzusehen. In den fünfziger und sechziger Jahren des vergangenen Jahrhunderts hat man zB einen erbitterten Streit über die Einordnung des Vorsatzes in den Verbrechensaufbau geführt (vgl. dazu sogleich → § 7 Rn. 10) und auch heute noch wird über den „richtigen" Aufbau der Straftat diskutiert.[2] Ich werde mich in dem vorliegenden Lehrbuch an dieser Diskussion nicht beteiligen, sondern ohne Anspruch auf Originalität im Wesentlichen den Aufbau zugrunde legen, der heute überwiegend anerkannt und praktiziert wird. Damit soll nicht behauptet werden, dass dieser Aufbau der einzig „richtige" oder auch nur der Natur der Sache nach zweckmäßigste ist. Es gibt sicherlich andere Möglichkeiten, eine Strafbarkeitsprüfung klar und logisch zu gliedern. Da aber die Sachprobleme ohnehin von dem gewählten Aufbau unabhängig sind, erscheint es mir wenig hilfreich, das eingeführte und im Großen und Ganzen bewährte System durch ein völlig neuartiges zu ersetzen. 7

B. Der Aufbau der Straftat

Das geltende Strafrecht beruht auf dem Gedanken der Einzeltatschuld. Die Menschen werden nicht für ihre Lebensführung insgesamt, sondern für bestimmte, vom Gesetz mit Strafe bedrohte Verhaltensweisen bestraft. Grundvoraussetzung jeder Straftat ist damit ein konkret zu benennendes Verhalten einer natürlichen Person,[3] das die Voraussetzungen eines bestimmten Strafgesetzes erfüllt. Dementsprechend ist bei der Prüfung der Strafbarkeit einer Person stets zu fragen, ob sie sich durch bestimmte Verhaltensweisen (zB einen Faustschlag) nach bestimmten Strafgesetzen (zB § 223 I StGB) strafbar gemacht hat. Diese sogenannten Subsumtionsfragen haben die Aufgabe, den Gegenstand der Strafbarkeitsprüfung präzise abzustecken. Alle im Rahmen der Prüfung zu erörternden Strafbarkeitsvoraussetzungen sind nur auf das in der jeweiligen Subsumtionsfrage enthaltene Verhalten[4] und das dort genannte Strafgesetz zu beziehen, die deshalb beide stets exakt bezeichnet werden müssen. 8

Die Beantwortung einer Subsumtionsfrage erfolgt im Wesentlichen in drei großen Schritten. Im ersten Schritt geht es um die Frage, ob das zu beurteilende Verhalten generell dem betreffenden Deliktstyp unterfällt, dh all diejenigen gesetzlichen Merkmale erfüllt, die das Unrecht des infrage stehenden Delikts begründen. Diese Merkmale bilden den **Tatbestand** des jeweiligen Delikts. Im zweiten Schritt ist zu untersuchen, ob der generelle Unwert der zuvor festgestellten Tatbestandsverwirklichung durch einen besonderen Rechtfertigungsgrund ausgeglichen und somit die Verwirklichung des betreffenden Deliktstatbestands im konkreten Fall kein Unrecht ist. Gegenstand der zweiten Prüfungsstufe ist damit die **Rechtswidrigkeit** des zu beurteilenden Verhaltens. Sie bildet mit der ersten Stufe insofern eine Wertungseinheit, als beide zusam- 9

[1] Einen kurzen Überblick über die historische Entwicklung der „Verbrechenssystematik" geben Roxin/Greco StrafR AT I § 7 Rn. 12–18.

[2] So hat etwa Freund in seinem erstmals 1998 erschienenen Lehrbuch zum AT einen völlig neuartigen Verbrechensaufbau vorgeschlagen (Zusammenfassung bei Freund/Rostalski StrafR AT § 1 Rn. 99ff.); auch von anderen Autoren wird die überkommene Trennung von Unrecht und Schuld heute wieder infrage gestellt (vgl. etwa Sinn in: Rechtswissenschaft im Wandel, 2007, S. 321ff. mwN).

[3] Zur Beschränkung der Strafbarkeit auf natürliche Personen → § 3 Rn. 14ff.

[4] Vgl. dazu lehrreich BGH NStZ 2012, 443.

men das strafrechtliche Unrecht konstituieren.[5] Im dritten und letzten Schritt geht es dann um die Frage, ob dem Täter wegen des zuvor festgestellten Unrechts ein persönlicher Vorwurf gemacht werden kann. Die persönliche Vorwerfbarkeit des Unrechts begründet die **Schuld** des Täters.

10 Der Tatbestand eines Delikts ergibt sich aus der jeweiligen Deliktsbeschreibung des Besonderen Teils in Verbindung mit ergänzenden Regelungen des Allgemeinen Teils zB über Täterschaft und Teilnahme (§§ 25–27 StGB) oder das Begehen durch Unterlassen (§ 13 StGB). In der Strafrechtslehre war lange Zeit heftig umstritten, ob auch Vorsatz und Fahrlässigkeit schon zu den unrechtsbegründenden Merkmalen und damit zum Tatbestand gehören oder erst für die persönliche Vorwerfbarkeit relevant sind. Die Antwort auf diese Frage hängt davon ab, ob man das strafrechtliche Unrecht nur als ein dem jeweiligen Strafgesetz widersprechendes objektives Geschehen oder zumindest auch als eine diesem Gesetz nicht entsprechende Willensbildung des Täters definiert. Letzteres war das Hauptanliegen der von Welzel begründeten **finalen Handlungslehre**[6] und hat sich für das Vorsatzdelikt[7] weitgehend durchgesetzt. Nach dem heute überwiegend praktizierten finalen Aufbau ist also jedenfalls der Vorsatz nicht erst in der Schuld, sondern bereits im Tatbestand zu prüfen.

11 Die Verwirklichung des Tatbestands eines Strafgesetzes ist nur aus besonderen Gründen erlaubt. Deshalb ist die Rechtswidrigkeit bei der Strafbarkeitsprüfung in aller Regel[8] nicht positiv zu begründen. Es muss lediglich dargelegt werden, dass das tatbestandsmäßige Verhalten nicht durch Rechtfertigungsgründe gedeckt ist. Rechtfertigungsgründe sind keine spezifisch strafrechtliche Materie, sondern können sich aus der gesamten Rechtsordnung ergeben. Insbesondere das öffentliche Recht enthält eine Vielzahl von Ermächtigungen zu Eingriffen in Rechte des Bürgers, die auch die Verwirklichung von Straftatbeständen rechtfertigen. So wird durch die Befugnis der Strafverfolgungsbehörden zur Durchsuchung von Wohnungen (§§ 102f. StPO) oder Festnahme von Personen (§ 127 StPO) die Verwirklichung der Tatbestände des Hausfriedensbruches (§ 123 StGB) bzw. der Freiheitsberaubung (§ 239 StGB) gerechtfertigt. Straftatbestandsmäßiges Verhalten der Bürger selbst kann vor allem durch die gesetzlich nur für einen Spezialfall (§ 228 StGB) geregelte Einwilligung des Betroffenen sowie durch Notwehr (§ 32 StGB, § 227 BGB) und verschiedene Formen des Notstands (§ 34 StGB, §§ 228, 904 BGB) gerechtfertigt sein.

12 Die persönliche Vorwerfbarkeit des strafrechtlichen Unrechts und damit die Schuld des Täters hängt von drei sehr unterschiedlichen Voraussetzungen ab. Erstens muss der Täter **schuldfähig** sein. Wenn die seinem Verhalten zugrunde liegende Willensentscheidung wegen fehlender Reife (§ 19 StGB, § 3 JGG) oder aufgrund einer psy-

[5] Aus diesem Grund wird in der Literatur anstelle des hier zugrunde gelegten dreistufigen zum Teil ein zweistufiger, nur zwischen tatbestandlichem Unrecht und Schuld unterscheidender Verbrechensaufbau befürwortet; vgl. dazu Otto StrafR AT § 5 Rn. 23ff.

[6] Eine eingehende Darstellung dieser Lehre findet sich in Welzels Schrift „Das neue Bild des Strafrechtssystems", 4. Aufl. 1961.

[7] Beim Fahrlässigkeitsdelikt geht die hM dagegen bis heute von einem objektivierten Unrechtsbegriff aus; vgl. dazu → § 12 Rn. 6.

[8] Etwas anderes gilt nur für die sog. offenen Tatbestände, bei denen das Gesetz – weil sie keine vollständige Umschreibung des generell strafwürdigen Unrechts enthalten – explizit eine positive Begründung der Rechtswidrigkeit verlangt (§ 240 II StGB, § 253 II StGB); vgl. zum Verhältnis dieses positiven Begründungserfordernisses zu den allgemeinen Rechtfertigungsgründen Küper JZ 2013, 449 (450ff.).

chischen Krankheit (§ 20 StGB) nicht als selbstbestimmt anzusehen ist, kann ihm das Verhalten nicht zum Vorwurf gemacht werden. Zweitens muss der Täter wenigstens **potentielles Unrechtsbewusstsein** gehabt haben. Konnte er – was insbesondere bei nur wenig bekannten Tatbeständen des Nebenstrafrechts denkbar ist – gar nicht erkennen, dass die Rechtsordnung ein derartiges Verhalten verbietet, trifft ihn gleichfalls keine Schuld (§ 17 StGB). Und drittens muss dem Täter der Verzicht auf sein unrechtes Verhalten **zumutbar** gewesen sein. Daran kann es insbesondere dann fehlen, wenn die Begehung strafrechtlichen Unrechts die einzige Möglichkeit zur Abwendung einer existenziellen Gefährdung seiner eigenen Person oder naher Angehöriger war (§ 35 StGB).

Einzelne Delikte haben über Tatbestand, Rechtswidrigkeit und Schuld hinaus weitere 13
Strafbarkeitsvoraussetzungen. Die Ahndung des schuldhaften Verhaltens ist bei ihnen entweder an den Eintritt bestimmter, dem Täter aber nicht zum Vorwurf gemachter Umstände geknüpft oder bei Vorliegen bestimmter Umstände ausgeschlossen. Im ersten Fall spricht man von **objektiven Bedingungen der Strafbarkeit,** im zweiten Fall von **Strafausschließungs-** oder **Strafaufhebungsgründen.** Eine objektive Bedingung der Strafbarkeit enthält zB das Delikt des Bankrotts (§ 283 StGB). Das dem Täter vorgeworfene Verhalten besteht hier allein darin, dass er in einer wirtschaftlichen Krise die Befriedigung seiner Gläubiger gefährdende Handlungen (§ 283 I Nr. 1–8 StGB) vornimmt. Bestraft wird dieses Verhalten aber nur dann, wenn der Täter seine Zahlungen tatsächlich eingestellt hat oder über sein Vermögen das Insolvenzverfahren eröffnet bzw. dessen Eröffnung mangels Masse abgelehnt worden ist (§ 283 VI StGB). Ein Beispiel für einen Strafausschließungsgrund ist die Indemnität der Abgeordneten (Art. 46 I GG, § 36 StGB). Aufgehoben wird die Strafbarkeit insbesondere durch den Rücktritt vom Versuch (§ 24 StGB).

C. Die allgemeinen Formen der Straftat

Der vorstehend dargelegte Aufbau ist so allgemein, dass er für alle Arten von Straftaten 14
gilt. Um ihn näher zu spezifizieren, werden die verschiedenen Straftaten in der Strafrechtslehre in mannigfacher Weise kategorisiert. Ich werde von den sogenannten Deliktseinteilungen in diesem Überblick nur diejenigen vorstellen, die für den Aufbau der Straftat grundlegende Bedeutung haben. Weitere Unterscheidungen wurden zum Teil bereits[9] oder werden noch im Zusammenhang mit der Darstellung der Sachprobleme erörtert, für deren gedankliche Erfassung und Lösung man sie entwickelt hat.

I. Begehungs- und Unterlassungsdelikte

Straftaten lassen sich zunächst danach unterscheiden, ob das strafbare Verhalten in 15
einem aktiven Tun **(Begehungsdelikte)** oder in einem Unterlassen **(Unterlassungsdelikte)** besteht. Die Deliktsbeschreibungen des Besonderen Teils sind zu einem kleinen Teil als Unterlassungsdelikte (vgl. zB die §§ 138, 323c StGB), ganz überwiegend aber als Begehungsdelikte formuliert, dh sie stellen unmittelbar nur das aktive Tun und nicht das Unterlassen einer Handlung unter Strafe. Aufgrund der allgemeinen Re-

[9] Vgl. zur Unterscheidung zwischen Verletzungsdelikten, konkreten Gefährdungsdelikten und abstrakten Gefährdungsdelikten → § 3 Rn. 24ff.

gelung des § 13 StGB können allerdings auch Begehungsdelikte durch Unterlassen begangen werden **(unechte Unterlassungsdelikte).** Dies setzt jedoch voraus, dass der Unterlassende eine sogenannte **Garantenstellung,** dh eine besondere Verpflichtung zur Abwendung des jeweiligen tatbestandlichen Erfolgs hat. Daher sind zB Eltern, die ihr Kind haben verhungern lassen, nicht aber beliebige Dritte, die dem Kind gleichfalls hätten Nahrung geben können, wegen eines Totschlags durch Unterlassen (§§ 212, 13 StGB) zu bestrafen. Die Dritten sind lediglich aus dem – erheblich milderen – § 323c StGB strafbar.

II. Vorsatz- und Fahrlässigkeitsdelikte

16 Eine weitere grundlegende Unterscheidung von Straftaten lässt sich danach treffen, ob sie – grob gesprochen[10] – voraussetzen, dass der Täter den durch sein Verhalten verwirklichten objektiven Unrechtssachverhalt erkannt hat **(Vorsatzdelikte),** oder es ausreichen lassen, dass er ihn hätte erkennen können **(Fahrlässigkeitsdelikte).** In der Regel sind die strafrechtlichen Delikte Vorsatzdelikte. Fahrlässiges Verhalten ist nur dann strafbar, wenn es im Gesetz ausdrücklich mit Strafe bedroht ist (§ 15 StGB). Aus diesem Grund begeht ein Autofahrer, der durch Unachtsamkeit einen Verkehrsunfall mit erheblichem Sachschaden verursacht, zwar ein zum Schadensersatz verpflichtendes zivilrechtliches Delikt (§ 823 I BGB), aber keine Sachbeschädigung (§ 303 I StGB) im strafrechtlichen Sinne. Strafrechtlich relevant wird seine Unachtsamkeit jedoch ua[11] dann, wenn durch den Verkehrsunfall ein Mensch verletzt oder gar getötet worden ist. Denn bei einer Körperverletzung oder Tötung stellt das Gesetz auch fahrlässiges Verhalten unter Strafe (§§ 229, 222 StGB).

17 Es gibt auch Delikte, die hinsichtlich der Tathandlung Vorsatz voraussetzen, hinsichtlich einer dadurch verursachten schweren Folge aber Fahrlässigkeit ausreichen lassen. Solche **Vorsatz-Fahrlässigkeits-Kombinationen** gelten gemäß § 11 II StGB als Vorsatzdelikte, dh die speziell für Vorsatzdelikte geltenden Regelungen sind grundsätzlich auch auf sie anwendbar. Eine Vorsatz-Fahrlässigkeits-Kombination ist zB die Preisgabe von Staatsgeheimnissen nach § 97 I StGB. Der Täter muss zur Verwirklichung dieses Delikts vorsätzlich ein Staatsgeheimnis offenbaren und dadurch fahrlässig die Gefahr eines schweren Nachteils für die äußere Sicherheit der Bundesrepublik Deutschland verursachen. Auch die **erfolgsqualifizierten Delikte,** die für eine Vorsatztat eine höhere Strafe androhen, wenn durch die Tat eine besonders schwere Folge verursacht worden ist, sind heute[12] Vorsatz-Fahrlässigkeits-Kombinationen. Gemäß § 18 StGB muss der Täter bei diesen Delikten hinsichtlich der schweren Folge mindestens fahrlässig handeln. Ein Beispiel für ein erfolgsqualifiziertes Delikt ist die Körperverletzung

[10] IE ist die Abgrenzung zwischen Vorsatz und Fahrlässigkeit komplizierter und umstritten, vgl. dazu eingehend → § 11 Rn. 21 ff.

[11] Auch bei dem Delikt der Straßenverkehrsgefährdung ist schon fahrlässiges Verhalten mit Strafe bedroht (§ 315c III StGB).

[12] In seiner ursprünglichen Fassung setzte das Strafgesetzbuch bei den erfolgsqualifizierten Delikten hinsichtlich der schweren Folge nicht einmal Fahrlässigkeit voraus. Dies wurde in der Literatur zu Recht als Verstoß gegen das Schuldprinzip kritisiert. Im Jahr 1953 hat der Gesetzgeber deshalb das Fahrlässigkeitserfordernis des § 18 StGB (damals § 56 StGB) geschaffen. Die aus den teils überaus gravierenden Strafdrohungen resultierende Problematik der erfolgsqualifizierten Delikte ist damit aber nur teilweise entschärft; vgl. dazu Jakobs StrafR AT Abschn. 3 Rn. 33 ff. mwN.

mit Todesfolge (§ 227 StGB). Sie setzt voraus, dass der Täter vorsätzlich eine Körperverletzung begeht und dadurch fahrlässig den Tod eines Menschen verursacht.

III. Vollendung, Versuch und Vorbereitung

Eine weitere wichtige Deliktseinteilung ergibt sich aus der Frage, wie weit der Täter mit der Verwirklichung seines deliktischen Plans gekommen sein muss, um strafbar zu sein. Insoweit wird zwischen der Vollendung, dem Versuch und der Vorbereitung eines Delikts unterschieden. Ein vollendetes Delikt setzt voraus, dass alle Merkmale des jeweiligen Deliktstatbestands erfüllt worden sind, also zB bei einem Totschlag das Opfer tatsächlich getötet wurde. Wenn dies dem Täter nicht gelungen ist, kommt ein Versuch in Betracht. Ein solcher liegt vor, wenn der Täter nach seiner Vorstellung von der Tat zur Verwirklichung des Tatbestands zumindest unmittelbar angesetzt hat (§ 22 StGB), etwa mit der Waffe auf sein Opfer zielt, um es zu erschießen. Da der Täter bei bloßer Fahrlässigkeit gar keine Vorstellung von der Tat hat, ist ein Versuch schon nach der gesetzlichen Definition nur bei Vorsatzdelikten möglich. Strafbar ist er auch bei diesen Delikten nur dann, wenn es sich bei der Tat um ein Verbrechen (§ 12 I StGB) handelt oder das Gesetz die Strafbarkeit ausdrücklich anordnet (§ 23 I StGB). 18

Sofern der Täter zur Verwirklichung des Tatbestands noch nicht unmittelbar angesetzt, sondern zB erst die Tatwaffe besorgt und den Tatort ausgekundschaftet hat, befindet er sich noch im Vorbereitungsstadium der Tat. Die bloße Vorbereitung eines Delikts ist nach den Regeln des Allgemeinen Teils nur bei gemeinschaftlicher Planung eines Verbrechens strafbar (§ 30 II StGB). Jedoch gibt es im Besonderen Teil einzelne Tatbestände, die Vorbereitungshandlungen – etwa die Vorbereitung eines hochverräterischen Unternehmens (§ 83 StGB) oder einer Geldfälschung (§ 149 StGB) – selbstständig unter Strafe stellen. Außerdem ist zu beachten, dass die Vorbereitung eines Delikts schon eine vollständige Verwirklichung des Tatbestands eines anderen Delikts sein kann und dann als solches bestraft wird. So ist der Erwerb der Tatwaffe für einen Totschlag (§ 212 StGB) oft zugleich ein vollendetes Delikt nach den §§ 51, 52 WaffG und das Auskundschaften des Tatorts für einen Wohnungseinbruchsdiebstahl (§ 244 I Nr. 3 StGB) – sofern der Täter dabei ein umzäuntes Grundstück betritt – zugleich ein vollendeter Hausfriedensbruch (§ 123 I StGB). 19

IV. Täterschaft und Teilnahme

Es lassen sich ferner verschiedene Formen der Beteiligung an einem strafbaren Geschehen unterscheiden. Das Gesetz differenziert insoweit zwischen der eigenständigen Begehung einer Straftat **(Täterschaft)** und der Beteiligung an der von einem anderen begangenen Straftat **(Teilnahme).** Täter ist, wer eine Straftat – uU auch mit anderen gemeinsam (§ 25 II StGB) – selbst ausführt oder durch eine seinem Willen unterworfene Person (zB ein Kind) ausführen lässt (§ 25 I StGB).[13] Eine Teilnahme begeht, wer einen anderen zur Begehung einer Straftat anstiftet (§ 26 StGB) oder ihm bei deren Begehung – zB durch Beschaffen des Einbruchswerkzeuges – Hilfe leistet (§ 27 StGB). Sowohl die Anstiftung als auch die Beihilfe setzen eine vorsätzliche und rechtswidrige, aber nicht notwendigerweise schuldhafte Haupttat voraus. Diese als **limi-** 20

[13] Auch dies ist natürlich nur eine grobe Definition; die Abgrenzung iE ist auch hier komplizierter und umstritten; vgl. dazu → § 26 Rn. 14ff. und → § 27 Rn. 1ff.

tierte Akzessorietät bezeichnete Abhängigkeit der Teilnahme von der Haupttat hat insbesondere zur Folge, dass die Teilnahme an einem Fahrlässigkeitsdelikt nach geltendem Recht nicht möglich ist.

D. Die Unterscheidung zwischen Verbrechen und Vergehen

21 Auf einer anderen Ebene als die vorstehend referierten Unterscheidungen liegt die gesetzliche Einteilung der Straftaten nach dem Gewicht des Unrechts in Verbrechen und Vergehen. Sie hat für den Aufbau der Straftat keine Bedeutung, ist jedoch insofern grundlegend, als an sie nicht nur im Strafrecht und Strafprozessrecht, sondern auch in anderen Rechtsgebieten wichtige Rechtsfolgen geknüpft werden. Im Strafrecht ist die Unterscheidung zwischen Verbrechen und Vergehen – wie bereits erwähnt – insbesondere für die Strafbarkeit des Versuchs (§§ 23 I, 30 I StGB) von Bedeutung. Im Strafprozessrecht hängt von ihr zB die Zuständigkeit des Strafrichters als Einzelrichter (§ 25 GVG) und die praktisch wichtige Möglichkeit der Einstellung eines Strafverfahrens aus Opportunitätsgründen (§§ 153, 153a StPO) ab. Im Verwaltungsrecht kommt ihr zB für die Zulässigkeit des Schusswaffengebrauchs gegen Personen entscheidende Bedeutung zu (vgl. zB § 10 UZwG). Und selbst das Bürgerliche Recht nimmt etwa bei der Frage, ob ein Erblasser seinen Abkömmlingen ihren Pflichtteil entziehen darf, auf diese Unterscheidung Bezug (§ 2333 I Nr. 2 BGB).

22 Für die Einordnung einer Tat als Verbrechen oder Vergehen kommt es nicht auf die Schwere der einzelnen Tat, sondern auf die im Strafrahmen zum Ausdruck kommende generelle Bewertung des betreffenden Delikts an. Maßgeblich für die Einordnung ist dabei allein das Mindestmaß der angedrohten Strafe. Das Höchstmaß spielt keine Rolle. Ist als Mindestmaß ein Jahr Freiheitsstrafe oder mehr angedroht, so liegt ein Verbrechen (§ 12 I StGB), andernfalls ein bloßes Vergehen vor (§ 12 II StGB). Bei dieser Einteilung bleiben jedoch diejenigen Schärfungen oder Milderungen des Strafrahmens außer Betracht, die sich aus Vorschriften des Allgemeinen Teils ergeben oder die für besonders schwere oder minder schwere Fälle vorgesehen sind (§ 12 III StGB). Damit ist zB der Meineid (§ 154 StGB) wegen seiner generellen Mindeststrafe von einem Jahr auch dann ein Verbrechen, wenn es sich im Einzelfall um einen im Mindestmaß nur mit sechs Monaten Freiheitsstrafe bedrohten minder schweren Fall (§ 154 II StGB) oder auch um einen Versuch handelt, für den das Mindestmaß – wenn das Gericht von der Strafmilderung Gebrauch macht – nach §§ 154, 23 II StGB in Verbindung mit § 49 I Nr. 3 StGB sogar nur drei Monate Freiheitsstrafe beträgt.

23 § 12 III StGB gilt auch dann, wenn das Gesetz minder schwere oder besonders schwere Fälle durch sogenannte **Regelbeispiele** konkretisiert. So begründet bei der Erpressung die gewerbsmäßige Begehung „in der Regel“ einen besonders schweren Fall, der im Mindestmaß mit einem Jahr Freiheitsstrafe bedroht ist (§ 253 IV StGB). Gleichwohl handelt es sich auch bei der gewerbsmäßig begangenen Erpressung nur um ein Vergehen, weil auch solch regelmäßige Strafschärfungen als bloße Strafzumessungsgründe bei der Einordnung der Tat als Verbrechen oder Vergehen außer Betracht bleiben. Entsprechendes gilt, wenn das Gesetz für bestimmte Fälle die Annahme eines besonders schweren Falles vorschreibt, dem Richter aber die Möglichkeit lässt, aus anderen Gründen einen besonders schweren Fall anzunehmen. Eine solche Regelung

findet sich zB bei der Politischen Verdächtigung (§ 241a IV StGB). Wegen der Formulierung „oder liegt sonst ein besonders schwerer Fall vor“ ist hier ebenfalls § 12 III StGB anzuwenden, sodass die Tat auch in den im Gesetz konkret benannten besonders schweren Fällen ein Vergehen bleibt.

Nicht anwendbar ist § 12 III StGB dagegen, wenn das Gesetz die Strafdrohung unter 24
bestimmten abschließend beschriebenen tatbestandlichen Voraussetzungen schärft oder mildert. Durch abschließende Regelungen wird kein besonders schwerer oder minder schwerer Fall, sondern ein neuer Tatbestand geschaffen, der bei Verschärfung der Strafdrohung als **Qualifikation** und bei Milderung der Strafdrohung als **Privilegierung** des Grunddelikts bezeichnet wird. So ist die schwere Körperverletzung (§ 226 StGB) eine Qualifikation der Körperverletzung (§ 223 StGB) und die Tötung auf Verlangen (§ 216 StGB) eine Privilegierung des Totschlags (§ 212 StGB). Qualifikations- und Privilegierungstatbestände sind anhand ihrer eigenen Strafdrohung als Verbrechen oder Vergehen zu qualifizieren. Deshalb sind die schwere Körperverletzung (§ 226 StGB) oder der schwere Bandendiebstahl (§ 244a StGB) Verbrechen, obwohl die einfache Körperverletzung (§ 223 StGB) und der einfache Diebstahl (§ 242 StGB) nur Vergehen darstellen. Umgekehrt handelt es sich bei der Tötung auf Verlangen (§ 216 StGB) um ein Vergehen, obwohl der Totschlag (§ 212 StGB) ein Verbrechen ist.

Lektüreempfehlung: Puppe, Juristische Methodenlehre für die Strafrechtshausarbeit, JA 1989, 345–364.

§ 8. Der Aufbau des Tatbestands

A. Die Handlung als Grundlage der Tatbestandsprüfung

1 Der Tatbestand jedes Begehungsdelikts setzt zunächst die Handlung einer natürlichen Person voraus.[1] Dieses Erfordernis hat im Aufbau der Straftat die Funktion eines „ersten Filters". Es scheidet diejenigen Sachverhalte aus, die schon ihrer Art nach offensichtlich nicht dazu geeignet sind, den Tatbestand eines Begehungsdelikts zu erfüllen. Bei der Formulierung des Handlungsbegriffs geht es damit um die Frage, welche Sachverhalte zur Grundlage einer Tatbestandsprüfung zu machen sind.

I. Der Begriff der Handlung

2 Die Lektüre vieler Lehrbücher vermittelt den Eindruck, dass die Antwort auf diese Frage schon im Grundsatz umstritten sei. Es werden verschiedene „Handlungslehren" vorgestellt, die den Begriff der Handlung in ganz unterschiedlicher Weise zu definieren scheinen.[2] Tatsächlich streiten diese Handlungslehren aber nicht darüber, welche Sachverhalte zur Grundlage einer Tatbestandsprüfung zu machen sind, sondern über die ganz anders geartete Frage, ob das „Wesen" menschlichen Handelns als Bewirken einer Veränderung der Außenwelt **(kausale Handlungslehre),** als Verfolgung von Zwecken **(finale Handlungslehre),** als Gestaltung der sozialen Wirklichkeit **(soziale Handlungslehre)** oder als Persönlichkeitsäußerung **(personale Handlungslehre)** zu begreifen ist. Mit dem Begriff der Handlung als erstem Filter der Tatbestandsprüfung hat dieser – im Übrigen ziemlich unergiebige[3] – Streit wenig zu tun.[4]

3 Über die Handlung als Grundlage der Tatbestandsprüfung gibt es in Rechtsprechung und Lehre keine grundlegenden Meinungsverschiedenheiten.[5] Sie wird in unterschiedlichen Formulierungen, jedoch in der Sache übereinstimmend als vom Willen abhängige Körperbewegung[6] definiert. Damit ist der Kreis der zur Tatbestandserfüllung prinzipiell geeigneten Sachverhalte in zweierlei Hinsicht und aus zwei durchaus unterschiedlichen Gründen limitiert. Das Erfordernis einer Körperbewegung grenzt das Handeln vom Unterlassen (vgl. dazu → § 22 Rn. 6 ff.), vor allem aber vom bloßen Denken ab und beruht insoweit auf dem **Prinzip des Tatstrafrechts.** Wenn der Mensch seine Gedanken nicht betätigt oder zumindest nach außen dringen lässt, fehlt

---

1 In der Literatur ist die Auffassung verbreitet, die Handlung sei als eigene Aufbaustufe vor der Prüfung der Tatbestandsmäßigkeit zu erörtern (Roxin/Greco StrafR AT I § 8 Rn. 3, 42 f.; WBS StrafR AT Rn. 134). Dieses Vorgehen ist jedoch unnötig kompliziert und auch begriffslogisch nicht begründet. Die Handlung ist ein Teil des im Tatbestand beschriebenen Sachverhalts (dazu NK-StGB/Puppe StGB Vor §§ 13 ff. Rn. 37 f. mwN) und sollte von daher ebenso wie dessen andere Teile im Tatbestand selbst subsumiert werden.

2 Vgl. zB die Darstellung bei Kaspar AT § 4 Rn. 2 ff.; WBS StrafR AT Rn. 136 ff.

3 Dazu eingehend NK-StGB/Puppe StGB Vor §§ 13 ff. Rn. 41 ff.

4 Ebenso Rengier StrafR AT § 7 Rn. 7.

5 Dazu instruktiv Herzberg FS Jakobs, 2007, 147 (148 ff.); vgl. auch Walter, Der Kern des Strafrechts, 2006, S. 25 ff.

6 Der hergebrachte Begriff der Körperbewegung scheint mir von allen in der Literatur vorgeschlagenen Formulierungen noch immer der anschaulichste und – solange die Gehirnforschung keine Möglichkeit entwickelt, Gedanken auch ohne Körperbewegung in Aktionen umzusetzen – auch präziseste zu sein.

es an einer Tat, wegen der er sich strafbar gemacht haben könnte. Das Erfordernis der Willensabhängigkeit erklärt sich dagegen aus dem **Prinzip des Schuldstrafrechts.** Wenn eine Bewegung nicht willentlich kontrolliert werden kann, ist sie als Anknüpfungspunkt für einen strafrechtlichen Vorwurf von vornherein ungeeignet.

An der für eine Handlung notwendigen willentlichen Kontrolle fehlt es bei Bewegun- 4 gen im Schlaf, während einer Bewusstlosigkeit oder eines epileptischen Anfalls. Ebenso liegt natürlich keine Handlung vor, wenn der Mensch sich nicht selbst bewegt, sondern durch äußerliche Einwirkung bewegt wird. Ein Bahnreisender, der bei einem Unfall gegen ein Kind geschleudert wird und es dadurch verletzt, handelt genauso wenig wie eine Geschäftsfrau, der bei der Unterzeichnung eines falsche Angaben enthaltenden Kreditantrags gewaltsam die Hand geführt wird. Zu beachten ist jedoch, dass nur unmittelbarer physischer Zwang **(vis absoluta)** das Vorliegen einer Handlung ausschließt. Wenn die Geschäftsfrau durch Schläge oder durch Bedrohung mit einer Pistole zur Unterzeichnung des Kreditantrags genötigt worden ist, hat sie durchaus gehandelt. Ein psychisch vermittelter Zwang **(vis compulsiva)** ändert nichts daran, dass die Körperbewegung willentlich kontrolliert abläuft. Er wird deshalb nicht im objektiven Tatbestand beim Begriff der Handlung, sondern erst im Rahmen späterer Aufbaustufen, nämlich der Rechtswidrigkeit oder der Schuld berücksichtigt.

Die Anwendung des Handlungsbegriffs bereitet in den meisten Fällen keine Pro- 5 bleme. Abgrenzungsschwierigkeiten treten lediglich bei der Frage auf, ob und inwieweit auch unbewusst ablaufende Körperbewegungen als Handlungen anzusehen sind. Insoweit ist zwischen **Reflexen** einerseits und **Automatismen** andererseits zu unterscheiden. Bei den Reflexen wird die Körperbewegung durch einen körperlichen Reiz (zB bei dem bekannten Patellarsehnenreflex durch den Schlag gegen das Knie) ausgelöst, der sich unmittelbar „von einem Empfindungszentrum auf ein Bewegungszentrum überträgt“[7]. Durch den bloßen Willen, die betreffende Bewegung nicht vorzunehmen, wird ein Reflex nicht unterdrückt. Deshalb werden Reflexe allgemein nicht als Handlungen angesehen. Auch die unter Umständen bestehende Möglichkeit, einen Reflex durch Gegenbewegungen (Muskelanspannung) zu unterdrücken, rechtfertigt keine andere Bewertung. Wenn eine solch körperliche Unterdrückungsmöglichkeit nicht genutzt wird, kann dies allenfalls die Strafbarkeit wegen eines Unterlassungsdelikts begründen.[8]

Bei den Automatismen ist die Körperbewegung dagegen zentral gesteuert, läuft aber 6 ohne Beteiligung des sogenannten Wachbewusstseins ab. Das praktisch bedeutsamste Beispiel sind die Reaktionen eines Autofahrers im Straßenverkehr. So hatte zB das OLG Frankfurt a. M. über die Strafbarkeit einer Autofahrerin zu entscheiden, die nachts plötzlich auf der Autobahn „ein Tier von der Größe eines Hasen oder einer Katze“ vor sich sah, deshalb den Wagen spontan nach links zog und dadurch einen Unfall verursachte, bei dem ihre Beifahrerin ums Leben kam.[9] Dem Ausweichmanöver ging hier kein bewusster Handlungsentschluss voraus. Es war vielmehr eine automatisierte Reaktion, dh das Ergebnis einer generellen Handlungsbereitschaft, die sich aufgrund langer Übung auch ohne bewusste Überlegung in Bewegungen umsetzt. Solche Automatismen sind bei immer wiederkehrenden Bewegungsabläufen ein ganz alltägliches und in

[7] So die anschauliche Formulierung des OLG Hamm NJW 1975, 657.
[8] Dazu Jakobs StrafR AT Abschn. 6 Rn. 37.
[9] OLG Frankfurt a. M. VRS 28, 364.

der Regel sehr zweckmäßiges Phänomen. Sie ermöglichen dem Menschen, viel schneller zu reagieren, als dies bei einer bewussten Steuerung möglich wäre.[10]

7 Anders als bei Reflexen ist bei Automatismen eine willentliche Kontrolle der Bewegungen prinzipiell möglich. Da die Körperbewegungen zentral gesteuert sind, werden sie – auch wenn sie nicht auf einem bewussten Willensentschluss beruhen – durch einen gegenteiligen Willensentschluss vermieden. Das geschieht etwa, wenn sich ein Autofahrer bei eisglatter Fahrbahn darauf konzentriert, nur bewusste Bremsvorgänge vorzunehmen. Automatismen werden deshalb von der Rechtsprechung und herrschenden Lehre zu Recht als Handlungen angesehen.[11] Die Tatsache, dass in der zur Verfügung stehenden Reaktionszeit die Fehlerhaftigkeit der automatisierten Reaktion oft nicht erkannt und diese von daher nicht rechtzeitig überformt werden kann, steht dem nicht entgegen.[12] Eine Handlung liegt schon dann vor, wenn die infrage stehende Körperbewegung durch einen gegenteiligen Willensentschluss vermieden worden wäre. Ob der Handelnde schnell genug erkennen konnte, dass er zur Vermeidung der Tatbestandsverwirklichung einen solch gegenteiligen Willen hätte bilden müssen, ist eine Frage der Erkennbarkeit des tatbestandsmäßigen Sachverhalts und von daher erst für das Merkmal der Fahrlässigkeit von Bedeutung (→ § 12 Rn. 17).

8 Zu beachten ist, dass in Fällen, in denen ein tatbestandsmäßiger Erfolg unmittelbar durch eine willentlich nicht kontrollierbare Körperbewegung herbeigeführt worden ist, der Tatbestand gleichwohl durch eine bereits zuvor vorgenommene Handlung erfüllt sein kann. Wer im Rahmen einer schaustellerischen Darbietung die Fassade eines Hauses hochklettert, dabei aber – weil ihn die Kräfte verlassen – auf halber Höhe abstürzt und dadurch einen Zuschauer verletzt, hat dessen Verletzung nicht nur durch den Sturz, sondern mittelbar schon durch das willentlich kontrollierbare Hochklettern der Fassade verursacht.[13] Sofern er bereits bei Vornahme dieser Handlung mit der Verletzung eines Zuschauers rechnete bzw. rechnen musste, hat er deshalb zwar nicht durch den willentlich nicht kontrollierbaren Sturz, wohl aber durch das vorherige Hochklettern der Fassade den Tatbestand der vorsätzlichen (§ 223 I StGB) bzw. fahrlässigen Körperverletzung (§ 229 StGB) erfüllt.

II. Die Identität der Handlung

9 Die Definition der Handlung als vom Willen abhängige Körperbewegung bedarf noch insofern der Ergänzung, als zur Verwirklichung des Tatbestands eines Strafgesetzes in der Regel mehrere Körperbewegungen erforderlich sind. Unmittelbar einleuchtend ist dies bei den aus zwei verschiedenen Tätigkeiten **zusammengesetzten Delikten** wie etwa dem Raub (§ 249 StGB), der zum einen die Anwendung von Gewalt oder Drohung und zum anderen die Wegnahme einer Sache voraussetzt. Aber auch soweit ein Deliktstatbestand nur eine Tätigkeit voraussetzt, lässt sich diese bei näherem Zusehen zumeist in eine Vielzahl verschiedener Körperbewegungen zerlegen.[14] Ein Beispiel ist

[10] Roxin/Greco StrafR AT I § 8 Rn. 68.

[11] Vgl. zum Meinungsstand iE G. Merkel ZStW 119 (2007), 214.

[12] Anders Jakobs StrafR AT Abschn. 6 Rn. 38.

[13] Vgl. zum Begriff der Kausalität → § 9 Rn. 1 ff.

[14] Letztlich lässt sich jede Körperbewegung noch einmal in kleinere Einheiten aufspalten, sodass es die einzelne Körperbewegung als vorgegebenen Sachverhalt im Grunde gar nicht gibt (vgl. dazu NK-StGB/Puppe StGB § 52 Rn. 12).

das Herstellen einer unechten Urkunde, § 267 I Var. 1 StGB. Es wird vom Gesetz als eine Tätigkeit beschrieben, ist aber typischerweise ein handwerklich recht komplizierter Prozess, der aus sehr viel mehr als nur einer einzigen Körperbewegung besteht. Schon aus den Straftatbeständen selbst ergibt sich deshalb die Notwendigkeit, verschiedene Körperbewegungen rechtlich zu einer Handlung zusammenzufassen. Bei der Beurteilung der Strafbarkeit müssen jedenfalls alle zur einmaligen Erfüllung aller Tatbestandsmerkmale erforderlichen Körperbewegungen als Einheit angesehen werden. Sie stellen rechtlich nur eine Handlung dar.

Aber auch über diesen Bereich hinaus werden verschiedene Körperbewegungen zu einer einheitlichen Handlung zusammengefasst. Wenn A den B mit drei unmittelbar hintereinander ausgeführten Schlägen verprügelt oder ihn mit drei unmittelbar hintereinander ausgesprochenen Schimpfwörtern beleidigt, ist dies rechtlich nur als eine Körperverletzungs- (§ 223 I StGB) bzw. Beleidigungshandlung (§ 185 StGB) anzusehen. Die Grenze, wann eine mehrmalige Erfüllung aller Tatbestandsmerkmale noch eine einheitliche Handlung darstellt, ist freilich abstrakt sehr schwer zu ziehen. Letztlich kann man dabei nur darauf abstellen, ob der Vorgang im sozialen Erleben als Einheit wahrgenommen wird. Die Einzelheiten sind streitig und erst bei der Konkurrenzlehre zu erörtern (→ § 30 Rn. 14ff.). Wenn aber ganz unzweifelhaft nur eine Handlung vorliegt, werden bei der Strafbarkeitsprüfung die einzelnen Akte schon in der Subsumtionsfrage zusammengefasst und einheitlich gewürdigt. In Fällen, in denen der Täter – wie in dem gebildeten Beispiel – in unmittelbarer Folge mehrere gleichartige, gegen das gleiche Rechtsgut derselben Person gerichtete Einzelakte vorgenommen hat, wäre es verfehlt, jeden einzelnen Schlag bzw. jedes einzelne Schimpfwort gesondert auf seine Tatbestandsmäßigkeit hin zu untersuchen. **10**

B. Die Unterscheidung von objektivem und subjektivem Tatbestand

Die tatbestandlichen Voraussetzungen eines vorsätzlichen Delikts[15] lassen sich danach unterscheiden, ob sie einen Sachverhalt außerhalb oder innerhalb der Psyche des Handelnden zum Gegenstand haben. Die Gesamtheit der einen außerpsychischen Sachverhalt beschreibenden Merkmale bildet den objektiven, die Gesamtheit der einen innerpsychischen Sachverhalt beschreibenden Merkmale den subjektiven Deliktstatbestand. Der objektive Tatbestand des Diebstahls (§ 242 I StGB) besteht zB aus der Wegnahme einer fremden beweglichen Sache. Die in der Deliktsbeschreibung gleichfalls vorausgesetzte Absicht, sich oder einem Dritten die weggenommene Sache zuzueignen, beschreibt dagegen einen innerpsychischen Sachverhalt und ist deshalb ein subjektives Tatbestandsmerkmal. Ebenso sind die Mordmerkmale (§ 211 II StGB) der ersten und dritten Gruppe, da sie die Beweggründe bzw. Absichten des Täters beschreiben, subjektive Tatbestandsmerkmale, während die Mordmerkmale der zweiten Gruppe als Beschreibung einer besonderen Art und Weise der Tötung zumindest im Kern[16] objektive Tatbestandsmerkmale sind. **11**

[15] Zur Möglichkeit einer Unterscheidung von objektivem und subjektivem Tatbestand bei den Fahrlässigkeitsdelikten → § 12 Rn. 8.

[16] Je nachdem, wie man diese Merkmale definiert, können sie allerdings teilweise auch zum subjektiven Tatbestand gehören. So wird das Mordmerkmal „grausam" von der Rechtsprechung als Zufügung besonders starker Schmerzen aus gefühlloser, unbarmherziger Gesinnung definiert (BGHSt 3, 180

12 Die Unterscheidung zwischen objektivem und subjektivem Tatbestand wird immer aus der Sicht desjenigen vorgenommen, dessen Strafbarkeit zu beurteilen ist. Die Vorstellungen anderer Personen sind außerhalb seiner Psyche liegende Sachverhalte und deshalb gehören Merkmale, die solche Vorstellungen beschreiben, nicht zum subjektiven, sondern zum objektiven Deliktstatbestand. Hat zB A aufgrund einer Anstiftung durch B einen Diebstahl begangen, so ist der Vorsatz des A, die fremde bewegliche Sache wegzunehmen, für ihn ein innerpsychischer, für den Anstifter B aber ein außerpsychischer Sachverhalt. Dementsprechend ist der Vorsatz des Täters im Diebstahlstatbestand (§ 242 I StGB) selbst ein subjektives, im Tatbestand der Anstiftung zum Diebstahl (§§ 242 I, 26 StGB) dagegen ein objektives Tatbestandsmerkmal.

13 Die Unterscheidung von objektivem und subjektivem Tatbestand hat in der Fallbearbeitung eine sehr wichtige Ordnungsfunktion.[17] Im Aufbau eines vollendeten Delikts wird erst die Verwirklichung des objektiven Tatbestands und danach die Verwirklichung des subjektiven Tatbestands untersucht. Darüber hinaus markiert diese Unterscheidung aber auch eine grundlegende Strukturdifferenz des Unrechts. Für ein Rechtsgüterschutz bezweckendes Strafrecht sind innerpsychische Sachverhalte nur von Interesse, weil sie auf die Herbeiführung außerpsychischer Sachverhalte gerichtet sind. Die Beeinträchtigung von Rechtsgütern findet außerhalb der Psyche des Handelnden statt und deshalb ist das Geschehen, das durch strafrechtliche Normen im Ergebnis vermieden werden soll, stets ein außerpsychischer Sachverhalt. Von daher beschreibt der objektive Tatbestand den zu vermeidenden **Geschehensunwert** des jeweiligen Delikts. Gegenstand des subjektiven Tatbestands ist dagegen die auf ein unwertes Geschehen gerichtete Motivation des Täters. Der subjektive Tatbestand beschreibt also den **Motivationsunwert des jeweiligen Delikts.**[18]

14 In der strafrechtlichen Literatur wird zumeist der vom objektiven Tatbestand beschriebene Unwert als **Erfolgsunwert** und der vom subjektiven Tatbestand beschriebene Unwert als **Handlungsunwert** bezeichnet. Diese Terminologie ist jedoch missverständlich, weil das Begriffspaar Erfolgs- und Handlungsunwert noch in einer zweiten, ganz anderen Bedeutung verwendet wird.[19] Es bezeichnet auch den Gegensatz zwischen dem in dem tatbestandlichen Erfolg selbst und dem in der Art und Weise der Erfolgsherbeiführung liegenden Unwert. In diesem Sinne ist zB bei einem Mord mit gemeingefährlichen Mitteln der Erfolgsunwert der Tod eines Menschen und der Handlungsunwert die Anwendung der gemeingefährlichen Mittel. Das ist aber eine völlig andere Unterscheidung als die zwischen den durch den objektiven und subjektiven Tatbestand jeweils beschriebenen Unwerten. Diese haben beide sowohl den Erfolg als auch die Handlung zum Gegenstand, was in den Begriffen Erfolgs- und Hand-

(181)). Die Zufügung besonders starker Schmerzen ist bei dieser Definition ein objektives, die gefühllose unbarmherzige Gesinnung dagegen ein subjektives Merkmal; vgl. dazu näher → § 8 Rn. 32.

[17] Deshalb ist es für Studierende wichtig, dass sie diese Unterscheidung wirklich beherrschen. Man kann sie dadurch einüben, dass man die gesetzliche Beschreibung etwas komplizierterer Delikte (zB §§ 164, 216, 257, 258, 263 und 267 StGB) daraufhin analysiert, welche objektiven und subjektiven Tatbestandsmerkmale sie enthält, und die Richtigkeit des eigenen Ergebnisses dann anhand eines Kommentars überprüft.

[18] Rechtsphilosophisch gibt es gute Gründe für die Auffassung, dass die strafrechtliche Beurteilung eines Verhaltens nur von dem Ausmaß des Motivationsunwerts abhängen sollte (vgl. dazu lesenswert Sancinetti GA 2016, 411 mwN). Dies ist jedoch nicht der Standpunkt des geltenden Rechts, das den Versuch der Begehung einer Straftat anders behandelt als eine vollendete Tat (vgl. bereits → § 7 Rn. 18).

[19] So auch Gropp FS Kühl, 2014, 247 (252f.).

lungsunwert nicht richtig zum Ausdruck kommt. Um Missverständnissen vorzubeugen, werde ich den Gegensatz zwischen dem im objektiven und dem im subjektiven Tatbestand beschriebenen Unwert deshalb im Folgenden nicht mit diesem Begriffspaar bezeichnen, sondern stattdessen weiter von **Geschehens-** und **Motivationsunwert** sprechen.

C. Die Merkmale des objektiven Tatbestands

Welche Merkmale der objektive Tatbestand eines Delikts enthält, lässt sich keinem all- 15
gemeinen Aufbauschema entnehmen, sondern ist durch Auslegung der jeweiligen Deliktsbeschreibung zu ermitteln. Deren sorgfältige Lektüre und präzise Analyse ist deshalb die Grundlage jeder erfolgreichen Fallbearbeitung. Erst wenn man sich Klarheit darüber verschafft hat, aus welchen Merkmalen der objektive Tatbestand eines Delikts überhaupt besteht, kann man damit beginnen, den zu beurteilenden Sachverhalt unter diesen Tatbestand zu subsumieren. Die einzelnen Deliktsbeschreibungen sind in ihrer konkreten Ausgestaltung äußerst vielgestaltig. Sie enthalten neben der stets notwendigen Tathandlung und einem – zumeist vorausgesetzten – durch diese Handlung herbeizuführenden negativen Erfolg etwa auch eine bestimmte Begehungsweise („gemeinschaftlich" in § 224 I Nr. 4 StGB), die Anwendung eines bestimmten Mittels („gefährliches Werkzeug" in § 224 I Nr. 2 Var. 2 StGB), eine bestimmte Eigenschaft des Opfers („Kind" in § 176 StGB) bzw. des Täters („Richter" in § 339 StGB) oder eine bestimmte tatbestandliche Situation („auf frischer Tat betroffen" in § 252 StGB).

I. Erfolgs- und Tätigkeitsdelikte

Der Kern des deliktischen Geschehens wird bei allen Delikten entweder als Vornahme 16
einer Handlung **(Tätigkeitsdelikte)** oder als Herbeiführen eines negativen Erfolgs **(Erfolgsdelikte)** beschrieben. Bei den Tätigkeitsdelikten besteht das deliktische Geschehen nur aus einer bestimmten,[20] im Gesetz genannten Handlung, zB dem Führen eines Fahrzeugs im Straßenverkehr in fahruntüchtigem Zustand (§ 316 StGB) oder einer falschen Aussage vor Gericht (§ 153 StGB). Bei den Erfolgsdelikten ist dagegen nicht die Vornahme einer bestimmten Handlung, sondern das Herbeiführen eines bestimmten Erfolgs mit Strafe bedroht. Erfolgsdelikte können im Prinzip durch jede Handlung begangen werden, setzen aber – anders als Tätigkeitsdelikte – den Eintritt eines über die Tathandlung selbst hinausgehenden deliktischen Erfolgs, zB den Tod eines Menschen (§ 212 StGB) oder die Beschädigung einer Sache (§ 303 I StGB) voraus.

Die Tätigkeitsdelikte bereiten der allgemeinen Tatbestandslehre relativ wenig Pro- 17
bleme. Welche Sachverhalte objektiv tatbestandsmäßig sind, hängt bei ihnen allein von der deliktsspezifischen Handlungsbeschreibung ab und ist damit im Wesentlichen ein Problem des Besonderen Teils. Bei den Erfolgsdelikten ist dies anders. Hier ist bei der Prüfung des objektiven Tatbestands nicht nur unter die deliktsspezifische Erfolgsbeschreibung zu subsumieren. Es ist außerdem die Frage zu beantworten, ob der eingetretene Erfolg durch eine Handlung in zurechenbarer Weise verursacht worden ist.

[20] Die Beschränkung auf eine bestimmte Handlung ist insbes. für die mittelbare Täterschaft von Bedeutung; vgl. dazu → § 25 Rn. 10ff.

Welche Sachverhalte objektiv tatbestandsmäßig sind, hängt damit auch davon ab, wann eine Handlung als rechtlich erhebliche Ursache eines Erfolgs anzusehen ist. Die Beantwortung dieser sich nur bei den Erfolgsdelikten, dort aber stets in gleicher Form stellenden Frage ist die zentrale Aufgabe der allgemeinen Lehre vom objektiven Tatbestand. Sie wird in den beiden folgenden Kapiteln gesondert erörtert.

18 Obwohl das Gesetz nur relativ selten (zB §§ 222, 229 StGB) explizit von der Verursachung eines bestimmten Erfolgs spricht, sind die meisten Delikte Erfolgsdelikte. In der Regel wird die Erfolgsverursachung mit einem Tätigkeitswort umschrieben, zB als töten (§ 212 StGB), körperlich misshandeln (§ 223 I StGB), einsperren (§ 239 I StGB), wegnehmen (§ 242 I StGB) oder beschädigen (§ 303 I StGB). Diese Form der Beschreibung ändert nichts daran, dass in der Sache bei all diesen Delikten nicht eine bestimmte Handlung, sondern die zurechenbare Verursachung eines bestimmten deliktischen Erfolgs mit Strafe bedroht ist.[21] Einen Menschen töten heißt, den Tod eines Menschen zurechenbar zu verursachen, eine Sache wegnehmen, den Übergang des Gewahrsams an der Sache von einer Person gegen oder ohne deren Willen auf eine andere zurechenbar zu verursachen, etc. Auf die Vornahme irgendwelcher „typischer Tötungshandlungen" (Schießen, Stechen, Würgen oÄ) oder „typischer Wegnahmehandlungen" (Zugreifen, Einstecken oÄ) kommt es für die Begehung eines Totschlags bzw. eines Diebstahls nicht an. Es reicht aus, dass der jeweilige deliktische Erfolg durch irgendeine willentlich steuerbare Körperbewegung zurechenbar verursacht worden ist.

19 Weil das Gesetz auch die Erfolgsverursachung meist mit einem Tätigkeitswort umschreibt, ist oft erst durch Auslegung zu ermitteln, ob ein Delikt ein Tätigkeits- oder ein Erfolgsdelikt ist. So wäre zB auch die Trunkenheit im Verkehr (§ 316 StGB) ein Erfolgsdelikt, wenn ein Fahrzeug im Straßenverkehr „führen" nichts anderes hieße als die Bewegung eines Fahrzeugs im Straßenverkehr zu verursachen.[22] Jedoch verwirklicht ein Fußgänger, der alkoholisiert über die Fahrbahn torkelt und dadurch Autofahrer zu Ausweichmanövern zwingt, deshalb noch nicht den objektiven Tatbestand des § 316 StGB. Das „Führen eines Fahrzeugs" setzt sowohl nach seinem Wortsinn als auch nach der ratio der Regelung voraus, dass seine Fortbewegung „unter Handhabung der jeweiligen technischen Vorrichtungen"[23] geleitet wird. Anders als das „Töten eines Menschen" oder das „Wegnehmen einer Sache" bezeichnet „das Führen eines Fahrzeugs" damit nicht die Verursachung eines bestimmten Erfolgs,[24] sondern einen bestimmten Kreis von Handlungen (Lenken, Kuppeln, Bremsen uÄ) und stellt daher ein Tätigkeitsdelikt dar.[25]

20 Bei den klassischen Erfolgsdelikten besteht der tatbestandliche Erfolg in der Verletzung des durch das jeweilige Delikt geschützten Rechtsgutsobjekts. Aber auch die Ge-

---

[21] Anders Hettinger, Die „actio libera in causa", 1988, S. 423f.; gegen ihn treffend Schmidhäuser, Die actio libera in causa, 1992, S. 40ff.

[22] So offenbar Walter, Der Kern des Strafrechts, 2006, S. 16ff., der die Möglichkeit einer Unterscheidung von Tätigkeits- und Erfolgsdelikten grundsätzlich bestreitet und jedes Delikt als Erfolgsdelikt interpretiert.

[23] Lackner/Kühl/Heger StGB § 315c Rn. 3 mwN.

[24] Natürlich kann man auch das Führen des Fahrzeugs selbst als „Erfolg" bezeichnen und die Tätigkeitsdelikte dementsprechend als Delikte definieren, bei denen schon die Vornahme der Handlung selbst der tatbestandliche Erfolg ist (Jakobs StrafR AT Abschn. 6 Rn. 85 mwN). An dem sachlichen Unterschied zwischen Erfolgs- und Tätigkeitsdelikten ändert dies jedoch nichts.

[25] BGHSt 42, 235 (239f.).

fährdung eines Rechtsgutsobjekts ist ein durch eine Handlung zu verursachender Erfolg, sodass nicht nur die Verletzungsdelikte, sondern auch die **konkreten Gefährdungsdelikte** Erfolgsdelikte darstellen. Außerdem muss der im Tatbestand eines Delikts vorausgesetzte Erfolg nicht notwendigerweise das geschützte Rechtsgut betreffen, sondern kann auch in der nachteiligen Veränderung eines anderen Objekts bestehen. Deshalb können auch **abstrakte Gefährdungsdelikte** durchaus Erfolgsdelikte sein. Ein Beispiel ist die bereits erwähnte schwere Brandstiftung des § 306a I StGB. Sie ist ein Erfolgsdelikt, weil das deliktische Geschehen in der Verursachung des Brennens eines der im Gesetz genannten Tatobjekte besteht. Sie ist aber zugleich ein abstraktes Gefährdungsdelikt, weil der Grund der Strafbarkeit nicht die Beschädigung dieser Objekte, sondern die aus ihrem Brennen typischerweise resultierende Gefährdung von Personen ist.

Bei der Beschreibung des deliktischen Geschehens als Vornahme einer bestimmten Handlung oder als Herbeiführen eines bestimmten Erfolgs handelt es sich nur um Grundmuster, die bei den verschiedenen Delikten durch andere Merkmale ergänzt und in mannigfacher Weise miteinander kombiniert sein können. Es gibt nicht nur reine Erfolgs- und reine Tätigkeitsdelikte. Ein Deliktstatbestand kann auch voraussetzen, dass ein bestimmter Erfolg durch eine bestimmte Handlung oder durch Verursachung eines anderen bestimmten Erfolgs herbeigeführt wird. Ein Beispiel für Ersteres ist die Straßenverkehrsgefährdung nach § 315c I Nr. 1a StGB, bei der durch das Führen eines Fahrzeugs in fahruntüchtigem Zustand Leib oder Leben eines anderen Menschen oder fremde Sachen von bedeutendem Wert gefährdet worden sein müssen. Ein Beispiel für Letzteres ist der Betrug (§ 263 StGB), bei dem der Täter durch Vorspiegelung falscher Tatsachen einen Irrtum erregt und dadurch das Vermögen eines anderen geschädigt haben muss. 21

II. Weitere Deliktseinteilungen

Neben der Unterscheidung von Erfolgs- und Tätigkeitsdelikten lassen sich nach der Struktur des objektiven Tatbestands noch weitere Deliktseinteilungen vornehmen. Bei der Unterscheidung von **Zustands-** und **Dauerdelikten** geht es darum, ob der im objektiven Tatbestand beschriebene Geschehensunwert sich „in der Zeit summieren kann".[26] Bei Zustandsdelikten besteht das tatbestandliche Geschehen aus einem Ereignis, das mit seinem endgültigen Eintritt zugleich abgeschlossen ist: zB der Tötung (§ 212 I StGB) bzw. Verletzung (§ 223 I StGB) eines Menschen oder einer Falschaussage vor Gericht (§ 153 StGB). Bei den sogenannten Dauerdelikten steigt dagegen der verwirklichte Unwert mit der Dauer des deliktischen Geschehens an. Beispiele für solche Delikte sind die Trunkenheit im Verkehr (§ 316 StGB) und die Freiheitsberaubung (§ 239 StGB). Je länger jemand betrunken Auto fährt bzw. einen anderen seiner Freiheit beraubt, desto größer ist das verwirklichte tatbestandliche Unrecht. Die Unterscheidung zwischen Zustands- und Dauerdelikten ist ua[27] für den Zeitpunkt der Beendigung der Tat und damit für den Beginn der Verjährung (vgl. § 78a StGB) von Bedeutung. 22

[26] Jakobs StrafR AT Abschn. 6 Rn. 83.
[27] Vgl. zu weiteren Bedeutungen der Unterscheidung Jakobs StrafR AT Abschn. 6 Rn. 80.

23 Schließlich ist noch auf die Unterscheidung zwischen **Allgemein- und Sonderdelikten** hinzuweisen. Der objektive Tatbestand einiger Delikte setzt voraus, dass der Täter schon vor der Tat in einer Beziehung zu dem geschützten Rechtsgut steht und deshalb in besonderer Weise zu dessen Bewahrung verpflichtet ist. Diese Delikte nennt man **Sonder-** oder auch **Pflichtdelikte.** Das klassische Beispiel sind die Straftaten im Amt (§§ 331–358 StGB), die ausschließlich von Amtsträgern oder für den öffentlichen Dienst besonders Verpflichteten (vgl. § 11 I Nr. 2–4 StGB) begangen werden können. Wenn die besondere Pflichtenstellung des Täters die Strafbarkeit begründet, spricht man von einem **echten,** wenn sie – wie zB bei der Körperverletzung im Amt (§ 340 StGB) – lediglich eine auch für andere Personen bestehende Strafbarkeit verschärft, von einem **unechten** Sonderdelikt. Die Unterscheidung zwischen Allgemein- und Sonderdelikten ist insbesondere für die Abgrenzung von Täterschaft und Teilnahme von Bedeutung (→ § 25 Rn. 19f. und → § 26 Rn. 31 ff.).

D. Die Merkmale des subjektiven Tatbestands

I. Der Tatbestandsvorsatz

24 Der subjektive Tatbestand von Vorsatzdelikten[28] setzt in jedem Fall die Kenntnis des gesamten im objektiven Tatbestand beschriebenen deliktischen Geschehens voraus. Wenn der Täter einen Umstand nicht kennt, der zum objektiven Tatbestand gehört, handelt er nicht vorsätzlich und kann allenfalls wegen eines fahrlässigen Delikts bestraft werden (§ 16 I StGB). Für einen Diebstahl (§ 242 I StGB) muss der Täter also zB nicht nur wissen, dass er eine Sache wegnimmt, sondern auch, dass die Sache einem anderen gehört. Ebenso muss er für eine schwere Brandstiftung nach § 306a I Nr. 1 StGB nicht nur Kenntnis davon haben, ein Gebäude anzuzünden, sondern auch, dass das Gebäude der Wohnung von Menschen dient.

25 Bei vielen vorsätzlichen Delikten hat der subjektive Tatbestand außer dem auf den objektiven Tatbestand bezogenen Vorsatz keine weiteren Voraussetzungen, sodass objektiver und subjektiver Tatbestand im Ergebnis deckungsgleich sind. Es gibt aber auch eine ganze Reihe von Delikten, deren subjektiver Tatbestand zusätzliche Merkmale enthält. Da bei ihnen der Inhalt des subjektiven über den des objektiven Tatbestands hinausgeht, werden sie als Delikte mit **überschießender Innentendenz** bezeichnet. Ob ein Delikt neben dem Vorsatz weitere subjektive Tatbestandsmerkmale hat, ist anhand der jeweiligen Deliktsbeschreibung zu ermitteln. In der Beschreibung des Diebstahls (§ 242 StGB) findet sich – wie bereits erwähnt – zB die Absicht, die weggenommene Sache sich oder einem Dritten rechtswidrig zuzueignen. Sie ist ein über den Vorsatz hinausgehendes subjektives Tatbestandsmerkmal, weil nicht jeder, der eine fremde bewegliche Sache vorsätzlich wegnimmt, sie für sich oder einen Dritten positiv nutzen und dem Eigentümer dauerhaft entziehen will.

II. Auf die Rechtsgutsverletzung gerichtete Absichten

26 Eine **überschießende Innentendenz** resultiert oft daraus, dass der objektive Tatbestand des betreffenden Delikts das zu vermeidende deliktische Geschehen nur un-

[28] Zu den Fahrlässigkeitsdelikten → § 12 Rn. 1 ff.

vollständig beschreibt. Ein anschauliches Beispiel dafür ist die Urkundenfälschung (§ 267 StGB). Deren objektiver Tatbestand setzt in seiner ersten Variante lediglich das Herstellen einer unechten Urkunde voraus. Durch diese Handlung allein wird das Rechtsgut der „Sicherheit und Zuverlässigkeit des Beweisverkehrs mit Urkunden“[29] noch in keiner Weise verletzt. Es ist erst dann beeinträchtigt, wenn die hergestellte unechte Urkunde tatsächlich im Rechtsverkehr verwendet wird. Dies wird vom Gesetz auch berücksichtigt, aber nur im subjektiven Tatbestand. Die unechte Urkunde muss lediglich „zur Täuschung im Rechtsverkehr“, dh in der Absicht hergestellt werden, sie künftig im Rechtsverkehr zu verwenden. Der Zweck dieser Regelungstechnik besteht darin, die Strafbarkeit zeitlich vorzuverlagern. Der Täter soll auch dann wegen Urkundenfälschung strafbar sein, wenn er sein deliktisches Vorhaben nicht vollständig realisiert hat.

Eine solche Vorverlagerung der Strafbarkeit findet sich im Gesetz in zwei unterschiedlichen Ausprägungen. Bei den **unvollkommen zweiaktigen Delikten** – wie zB der Urkundenfälschung – beschreibt der objektive Tatbestand schon das rechtsgutsverletzende Handeln nur unvollständig. Bei den **erfolgskupierten Delikten** geht die Vorverlagerung weniger weit. Hier muss die rechtsgutsverletzende Handlung vollständig vorgenommen und nur die Rechtsgutsverletzung selbst nicht eingetreten sein. Ein erfolgskupiertes Delikt ist etwa der Diebstahl. Die strafwürdige Rechtsgutsverletzung des Diebstahls liegt nicht in der Wegnahme als solcher, sondern darin, dass dem Eigentümer seine Sache durch die Wegnahme dauerhaft entzogen wird. Dem trägt das Gesetz aber nur durch das Merkmal der Zueignungsabsicht und damit im subjektiven Tatbestand Rechnung. Im objektiven Tatbestand wird keine dauernde Entziehung der Sache vorausgesetzt, sodass der Täter bereits dann wegen vollendeten Diebstahls strafbar ist, wenn er die Sache in der Absicht wegnimmt, sie durch diese Handlung dem Eigentümer dauerhaft zu entziehen. 27

Um die Struktur der zusätzlichen subjektiven Tatbestandsmerkmale bei den unvollkommen zweiaktigen und erfolgskupierten Delikten zu verstehen, ist es wichtig, sich klarzumachen, dass diese Merkmale ohne die Verkürzung des objektiven Tatbestands ein Teil des Tatbestandsvorsatzes wären. Als zusätzliche subjektive Tatbestandsmerkmale sind sie nur deshalb ausgestaltet, weil das Gesetz den objektiven Tatbestand verkürzen, den subjektiven Tatbestand aber in vollem Umfang beibehalten will. Da sich mit der Verkürzung des objektiven Tatbestands der Tatbestandsvorsatz entsprechend reduziert, ist dies nur dadurch möglich, dass das Gesetz den entfallenden Teil des Vorsatzes als zusätzliches subjektives Merkmal in die Deliktsbeschreibung einfügt. Die auf die Rechtsgutsverletzung gerichteten Absichten der unvollkommen zweiaktigen und erfolgskupierten Delikte sind also nichts anderes als der durch die Verkürzung des objektiven Tatbestands entfallene Teil des Tatbestandsvorsatzes. Aus diesem Grund gelten für sie – wie im Einzelnen noch darzulegen sein wird (→ § 11 Rn. 20 und → § 28 Rn. 30) – im Ergebnis die gleichen Regeln wie für den Vorsatz selbst. 28

III. Sonstige Beweggründe und sogenannte Gesinnungsmerkmale

Es gibt aber auch anders geartete subjektive Tatbestandsmerkmale. Viele Delikte setzen voraus, dass das geschützte Rechtsgut nicht nur vorsätzlich, sondern aus bestimm- 29

[29] Vgl. zum Rechtsgut der Urkundenfälschung Lackner/Kühl/Heger StGB § 267 Rn. 1 mwN.

ten Beweggründen verletzt wird. Hierfür ist wiederum die Zueignungsabsicht des Diebstahls (§ 242 StGB) ein Beispiel, weil sie neben dem Willen, die Sache dem Eigentümer dauerhaft zu entziehen, auch die Absicht voraussetzt, die dem Eigentümer entzogene Sache für sich oder einen Dritten positiv zu nutzen. Diese sogenannte Aneignungskomponente der Zueignungsabsicht ist – da es für die Eigentumsverletzung nicht darauf ankommt, aus welchen Gründen die Sache dem Eigentümer endgültig entzogen wird – ein über den Willen zur Herbeiführung der Rechtsgutsverletzung hinausgehendes subjektives Deliktsmerkmal. Das Gleiche gilt für die beim Betrug (§ 263 StGB) und den meisten anderen Vermögensdelikten vorausgesetzte Bereicherungsabsicht. Da die Rechtsgutsverletzung hier in dem Eintritt des Vermögensschadens liegt, geht diese Absicht ebenfalls über den Willen zur Herbeiführung der Rechtsgutsverletzung hinaus.

30 Sowohl die Aneignungsabsicht beim Diebstahl als auch die Bereicherungsabsicht beim Betrug und den anderen Vermögensdelikten kennzeichnen im Grunde nur den jeweiligen Deliktstyp. Sie sind nicht deshalb in der Deliktsbeschreibung enthalten, weil sie den Unwert der Tat erhöhen,[30] sondern weil sie als typische Beweggründe zu den im allgemeinen Rechtsbewusstsein lebendigen Tatbildern gehören, die der Gesetzgeber mit der Formulierung der betreffenden Tatbestände nachzeichnen wollte. Es gibt jedoch auch Delikte, bei denen die Aufnahme eines bestimmten Beweggrundes in die Deliktsbeschreibung nicht nur auf einem solchen Tatbild beruht, sondern der Begründung bzw. Abstufung der Strafwürdigkeit der Tat dient. Das anschaulichste Beispiel sind die bereits erwähnten Mordmerkmale der ersten und dritten Gruppe. Das Gesetz fordert hier einen besonders verwerflichen Beweggrund und unterscheidet damit den im Regelfall mit zeitiger Freiheitsstrafe zu bestrafenden Totschlag (§ 212 StGB) von dem mit lebenslanger Freiheitsstrafe zu bestrafenden Mord (§ 211 StGB).

31 Zu den besonders verwerflichen Beweggründen gehören ferner die sogenannten **Gesinnungsmerkmale** wie „böswillig" (§ 225 I StGB) oder „rücksichtslos" (§ 315c I Nr. 2 StGB). Entgegen in der Literatur verschiedentlich anklingender Vorstellungen[31] ist die mit diesen Merkmalen bezeichnete Tatgesinnung kein spezieller, von den Beweggründen zu unterscheidender psychischer Sachverhalt. Die Tatgesinnung ist vielmehr ein Werturteil über die Beweggründe der Tat. So ist die Vernachlässigung der Fürsorgepflicht nach § 225 I StGB „böswillig", wenn sie aus besonders verwerflichen und der Verkehrsverstoß nach § 315c I Nr. 2 StGB „rücksichtslos", wenn er aus eigensüchtigen Beweggründen erfolgt.[32] Die Besonderheit der Gesinnungsmerkmale besteht allein darin, dass sie keinen einzelnen Beweggrund beschreiben, sondern die Strafbarkeit an eine vom Richter vorzunehmende, nur vage umschriebene Gesamtbewertung der Motivation des Täters knüpfen. Gesinnungsmerkmale sind deshalb zwar im Hinblick auf den Bestimmtheitsgrundsatz fragwürdig,[33] stellen aber keine prinzipiell andere Kategorie von Deliktsmerkmalen dar.

32 In der Literatur werden zum Teil auch Tatbestandsvoraussetzungen als Gesinnungsmerkmale bezeichnet, die nicht nur die Gesinnung selbst, sondern zugleich auch die Handlung beschreiben, die mit der betreffenden Gesinnung vorzunehmen ist. Diese

[30] Vgl. dazu Grünwald GS Armin Kaufmann, 1989, 555 (560) mwN.
[31] Roxin/Greco StrafR AT I § 10 Rn. 78.
[32] Lackner/Kühl/Heger StGB § 225 Rn. 6 bzw. Lackner/Kühl/Heger StGB § 315c Rn. 19, jeweils mwN.
[33] Vgl. die scharfe Kritik von Jakobs StrafR AT Abschn. 8 Rn. 99.

Terminologie ist jedoch wenig glücklich, weil sie die komplexe Struktur derartiger Tatbestandsvoraussetzungen nicht richtig wiedergibt. Ein Beispiel ist das Mordmerkmal „grausam" (§ 211 II Var. 6 StGB). Es ist nach der Rechtsprechung dann verwirklicht, wenn der Täter seinem Opfer „aus gefühlloser, unbarmherziger Gesinnung (die keine allgemeine Tätereigenschaft zu sein braucht) besondere Schmerzen oder Qualen zufügt".[34] Eine grausame Tötung setzt danach zunächst voraus, dass dem Opfer besondere Schmerzen oder Qualen zugefügt werden. Auf dieses objektive Tatbestandsmerkmal muss sich sodann gemäß § 16 StGB der Vorsatz beziehen. Der Täter muss also auch erkannt haben, dass er dem Opfer besondere Schmerzen oder Qualen zufügt. Und erst wenn diese beiden Voraussetzungen erfüllt sind, ist zu fragen, ob die Beweggründe des Täters als gefühllos und unbarmherzig zu bewerten sind.

Die Einordnung der sonstigen Beweggründe und Gesinnungsmerkmale in den sub- 33
jektiven Tatbestand ist allerdings nur für die den Deliktstyp kennzeichnenden Beweggründe wie zB die Bereicherungsabsicht beim Betrug (§ 263 StGB) allgemein anerkannt. Die besonders verwerflichen Beweggründe einschließlich der sogenannten Gesinnungsmerkmale werden von einigen Autoren vollständig und von anderen mit im Einzelnen unterschiedlichen Abgrenzungskriterien teilweise als besondere Schuldmerkmale angesehen.[35] Dem ist jedoch entgegenzuhalten, dass diese Merkmale ebenfalls Teil der gesetzlichen Deliktsbeschreibung sind und damit – auch wenn sie zu keinem im allgemeinen Rechtsbewusstsein verankerten Tatbild gehören – nach positivem Recht das deliktische Unrecht mit bestimmen. Im Übrigen handelt es sich bei der Frage, ob diese Merkmale zum Unrecht oder zur Schuld gehören, richtigerweise ohnehin nur um ein Aufbauproblem, das man nicht überbewerten sollte. Die sachliche Behandlung der betreffenden Merkmale, etwa in der Teilnahmelehre, hängt nicht davon ab, ob man sie als Unrechts- oder als Schuldmerkmale einordnet.[36]

---

[34] BGHSt 3, 180.
[35] Vgl. dazu Roxin/Greco StrafR AT I § 10 Rn. 71 ff. mwN.
[36] So aber Roxin/Greco StrafR AT I § 10 Rn. 77.

§ 9. Die Kausalität der Handlung für den Erfolg

A. Die Unterscheidung von Kausalität und objektiver Zurechnung

1 Die Frage, in welchem Zusammenhang eine Handlung zu dem tatbestandlichen Erfolg eines Strafgesetzes stehen muss, um diesen Erfolg in objektiv tatbestandsmäßiger Weise zu verursachen, gehört zu den in den letzten Jahrzehnten am heftigsten diskutierten Problemen der allgemeinen Straftatlehre. Rechtsprechung und herrschende Lehre gingen lange Zeit davon aus, dass jede Verursachung eines tatbestandlichen Erfolgs den objektiven Tatbestand erfülle und der Begriff der Verursachung im Sinne der sogenannten **Äquivalenztheorie**[1] zu verstehen sei. Nach dieser Theorie sind alle Bedingungen eines Erfolgs gleichwertig, sodass auch eine Handlung, die nur in höchst mittelbarer Weise aufgrund eines zufälligen, völlig atypischen Kausalverlaufs einen Erfolg herbeigeführt hat, als Ursache dieses Erfolgs anzusehen ist. Die alleinige Anwendung der Äquivalenztheorie zur Bestimmung des objektiven Tatbestands hat zur Folge, dass dieser uferlos weit wird. Wenn A den B getötet hat, so haben danach zB auch seine Eltern den objektiven Tatbestand des Totschlags erfüllt, weil sie A gezeugt und dadurch – wenn auch höchst mittelbar – den Tod des B verursacht haben.

2 Die früher herrschende Lehre glaubte, diese uferlose Weite des objektiven Tatbestands hinnehmen zu können, weil sich die notwendigen Einschränkungen der Strafbarkeit ohnehin aus dem subjektiven Tatbestand ergäben. In der Tat können die Eltern des A in dem genannten Beispielsfall unabhängig von der Auslegung des objektiven Tatbestands jedenfalls deshalb nicht wegen Totschlags bestraft werden, weil sie keinen Tötungsvorsatz hatten. Aber dessen ungeachtet stellt sich doch die Frage, ob es richtig ist, in einem derartigen Fall den objektiven Tatbestand zu bejahen. Dagegen spricht, dass hier schon das objektive Geschehen von der Rechtsordnung nicht negativ bewertet wird. Man darf Kinder zeugen, auch auf die Gefahr hin und selbst wenn man mit der Möglichkeit rechnet, dass sie später andere Menschen töten oder sonstige Straftaten begehen werden.

3 In der älteren Literatur wurde deshalb vielfach versucht, den Begriff der Verursachung selbst so einzuschränken, dass der objektive Tatbestand nur ein von der Rechtsordnung negativ bewertetes Geschehen erfasst. Am einflussreichsten war die sogenannte **Adäquanztheorie**[2] die einen ursächlichen Zusammenhang zwischen Handlung und Erfolg immer dann verneint, wenn der Erfolg lediglich aufgrund eines völlig unwahrscheinlichen, im Zeitpunkt der Handlung nicht vorhersehbaren Kausalverlaufs eingetreten ist. Diese Einschränkung beseitigt jedoch nur einen Teil des Problems, weil die Bewertung von Handlungen durch die Rechtsordnung nicht nur von der Wahrscheinlichkeit abhängt, mit der die jeweilige Handlung einen tatbestandlichen Erfolg verursachen kann. In Anbetracht der großen Zahl von Verkehrstoten ist es zB keines-

---

[1] Die Äquivalenztheorie geht auf den späteren Reichsgerichtsrat v. Buri zurück, unter dessen Einfluss sie sich von Anfang an in der Rechtsprechung des Reichsgerichts durchsetzte; vgl. RGSt 1, 373 und die weiteren Nachweise bei Roxin/Greco StrafR AT I § 11 Rn. 8.

[2] Die Adäquanztheorie wurde von dem Logiker und Mediziner v. Kries begründet; vgl. dazu ZStW 9 (1889), 528.

wegs unwahrscheinlich, durch die Produktion von Autos Menschen zu töten. Gleichwohl ist auch diese Handlung in unserer Rechtsordnung erlaubt.

Das Beispiel zeigt, dass die negative Bewertung einer Handlung wegen eines durch sie verursachten Erfolgs nicht nur von dem Zusammenhang zwischen der Handlung und dem Erfolg abhängt, sondern das Ergebnis einer Abwägung zwischen dem betroffenen Freiheitsinteresse und dem Interesse an der Vermeidung von Rechtsgutsverletzungen ist. Eine solche Abwägung lässt sich mit dem Begriff der Verursachung selbst nicht angemessen erfassen. Deshalb hat sich in der neueren Literatur zu Recht die Einsicht durchgesetzt, das Erfordernis einer negativen Bewertung der Handlung wegen des durch sie verursachten Erfolgs als selbstständige objektive Tatbestandsvoraussetzung neben[3] die im Sinne der Äquivalenztheorie bestimmte Kausalität zu stellen. Eine Handlung ist nach der heute weithin anerkannten **Lehre von der objektiven Zurechnung**[4] objektiv tatbestandsmäßig, wenn sie erstens den tatbestandlichen Erfolg verursacht hat und zweitens wegen der Verursachung dieses tatbestandlichen Erfolgs rechtlich missbilligt ist. Im Folgenden geht es allein um das erste Erfordernis. Das zweite werde ich im nächsten Kapitel gesondert darstellen. 4

B. Der Begriff der Kausalität

I. „Conditio sine qua non“ oder „gesetzmäßige Bedingung“?

Die Kausalität selbst wird heute ganz überwiegend[5] im Sinne der Äquivalenztheorie verstanden. Nach der in der Rechtsprechung[6] zumeist verwendeten **„Conditio-sine-qua-non-Formel“** ist eine Handlung kausal für den tatbestandlichen Erfolg, wenn sie nicht hinweggedacht werden kann, ohne dass dieser Erfolg entfiele. Wenn also zB A dem B einen Kinnhaken versetzt, B infolge des Kinnhakens stürzt, mit dem Hinterkopf auf einen Stein aufschlägt, durch den Aufprall eine Gehirnblutung erleidet und an dieser Gehirnblutung stirbt, ist in Anwendung der Conditio-sine-qua-non-Formel zu fragen, ob der Tod des B auch ohne den Kinnhaken des A eingetreten wäre. Da B ohne den Kinnhaken nicht gestürzt, also nicht mit dem Hinterkopf auf den Stein aufgeschlagen wäre und damit nicht die zum Tod führende Gehirnblutung erlitten hätte, hat A durch den Kinnhaken eine notwendige Bedingung für den Tod des B gesetzt und diesen somit verursacht. 5

[3] Vereinzelt wird auch vorgeschlagen, auf die Kausalität zu verzichten und stattdessen nur noch zu fragen, ob die Handlung wegen der durch sie bewirkten Erhöhung der Wahrscheinlichkeit des Erfolgseintritts rechtlich missbilligt ist (Hoyer FS Rudolphi, 2004, 94). Dies ist jedoch schon mit dem Wortlaut des Gesetzes (vgl. etwa § 222 StGB) und der Struktur der Erfolgsdelikte nicht vereinbar.

[4] Zur Entwicklung dieser Lehre vgl. die Darstellung und die Nachweise bei Roxin/Greco StrafR AT I § 11 Rn. 50 f.; zu der nach wie vor nicht ganz verstummenden Kritik zusammenfassend Schroeder FS Szwarc, 2009, 273.

[5] Anders allerdings Kindhäuser FS Paeffgen, 2015, 129; Kindhäuser FS Kargl, 2015, 253; Kindhäuser ZIS 2016, 574, nach dessen Kausalitätsbegriff eine Ursache eine hinreichende Bedingung für den Erfolg komplementieren muss, so dass Handlungen, die den Erfolg nur mittelbar über die Handlung eines Dritten herbeiführen, nicht ursächlich für den Erfolg seien; vgl. zur Kritik dieser Konzeption Puppe ZIS 2015, 426.

[6] Vgl. etwa BGHSt 1, 332 (333); 2, 20 (24); 7, 112 (114); 31, 96 (98).

6 Obwohl dieses Ergebnis als Konsequenz der Äquivalenztheorie heute außer Streit steht, wird die Conditio-sine-qua-non-Formel in der Literatur vielfach kritisiert. Man wirft ihr vor, darüber hinwegzutäuschen, dass sich die Kausalität nicht durch logische Operationen, sondern nur durch die Anwendung allgemeiner Erfahrungssätze feststellen lasse.[7] In der Tat kann man – wenn man zB nicht weiß, ob die Einnahme eines bestimmten Medikaments während der Schwangerschaft generell geeignet ist, Missbildungen zu verursachen – die Frage, ob im konkreten Fall eine Missbildung auch ohne die Einnahme des Medikaments entstanden wäre, nicht beantworten.[8] Deshalb will ein Teil der Lehre auf die Conditio-sine-qua-non-Formel ganz verzichten und stattdessen die Kausalität allein danach bestimmen, ob die Handlung nach den uns bekannten Naturgesetzen eine **„gesetzmäßige Bedingung"** des Erfolgs war.[9]

7 So wird jedoch das Kind mit dem Bade ausgeschüttet. Die Erkenntnis, dass sich die Kausalität nur durch Anwendung allgemeiner Erfahrungssätze feststellen lässt, entbindet nicht von der Notwendigkeit, den Begriff der Kausalität exakt zu definieren.[10] Um festzustellen, ob eine Handlung den tatbestandlichen Erfolg verursacht hat, muss man nicht nur über das notwendige Erfahrungswissen verfügen, sondern auch wissen, was unter einer Ursache zu verstehen ist. Und insoweit lässt der Begriff der „gesetzmäßigen Bedingung" die entscheidende Frage gerade offen. Wie die Beziehung zwischen Handlung und Erfolg beschaffen sein muss, damit die Handlung eine Ursache des Erfolgs ist, wird mit dem farblosen Begriff der Bedingung nicht beantwortet.[11] Die Lehre von der gesetzmäßigen Bedingung betont deshalb zwar zu Recht die Bedeutung des Erfahrungswissens für die Feststellung der Kausalität, aber sie verkennt, dass damit die Conditio-sine-qua-non-Formel nicht entbehrlich wird. Aus ihr ergibt sich, dass die Handlung eine nach allgemeinem Erfahrungswissen **notwendige Bedingung** für den Erfolg sein muss.

8 Gerade die präzise Definition der Ursache als notwendige Bedingung ist freilich ein weiterer Grund dafür, dass die Conditio-sine-qua-non-Formel in die Kritik geraten ist. Das strikte Verständnis der Ursache als notwendige Bedingung führt nämlich – wie sogleich darzulegen sein wird (→ § 9 Rn. 9ff. und → § 9 Rn. 14ff.) – zum Teil zu problematischen, auf den ersten Blick nicht akzeptabel erscheinenden Ergebnissen. Zur Lösung dieser Problemfälle wird die Conditio-sine-qua-non-Formel traditionell mit Zusatzregeln versehen, die sich aus ihrem Grundgedanken schwerlich begründen lassen. Die Lehre von der gesetzmäßigen Bedingung benötigt solch fragwürdige Zusatzregeln nicht.[12] Grund dafür ist jedoch allein die Tatsache, dass sie den Begriff der Bedingung nicht näher definiert und deshalb Problemfälle ohnehin nur nach dem Rechtsgefühl entscheiden kann und muss. Dies ist in einem auf Gleichbehandlung und Berechenbarkeit ausgerichteten Strafrecht ein fragwürdiger „Vorzug". Die tatsäch-

---

[7] Vgl. Jakobs StrafR AT Abschn. 7 Rn. 9 und Roxin/Greco StrafR AT I § 11 Rn. 12, beide mwN.

[8] Die Frage stellte sich bei der Einnahme des Schlafmittels „Contergan"; vgl. zu diesem Fall LG Aachen JZ 1971, 507 (510ff.).

[9] Diese Begriffsbestimmung der Kausalität geht auf die grundlegende Untersuchung von Engisch, Die Kausalität als Merkmal der strafrechtlichen Tatbestände, 1931, zurück; vgl. ferner Jakobs StrafR AT Abschn. 7 Rn. 12 und Roxin/Greco StrafR AT I § 11 Rn. 15ff., beide mwN.

[10] Vgl. zu dieser Funktion der Conditio-sine-qua-non-Formel bereits Frisch FS Gössel, 2002, 51 (60f.); Frisch StrafR § 2 Rn. 45ff.; ferner Merkel FS Puppe, 2011, 151 (155) Fn. 11.

[11] Dazu näher NK-StGB/Puppe StGB Vor §§ 13ff. Rn. 102.

[12] MüKoStGB/Freund StGB Vor § 13 Rn. 340f. mwN.

lich vorhandenen Schwierigkeiten des Kausalitätsbegriffs werden damit nur überspielt, aber nicht wirklich bewältigt.

II. Die alternative Kausalität

Die Definition der Ursache als notwendige Bedingung kann zu problematisch erscheinenden Ergebnissen führen, wenn mehrere Handlungen zum Erfolg beigetragen haben. Schulbeispiel ist der Fall, dass A und B unabhängig voneinander ein Getränk vergiften, an dessen Genuss C stirbt. Wenn sich erst durch das Zusammentreffen der von A und B in das Getränk gegebenen Giftmengen eine tödliche Dosis ergeben hat, ist die Kausalität ihrer Handlungen für den Erfolg unproblematisch. Es kann dann keine der beiden Handlungen hinweg gedacht werden, ohne dass der Tod des C entfiele, sodass sowohl A als auch B für den Tod des C mitursächlich geworden sind (sog. **kumulative Kausalität**). Probleme bereitet jedoch die Konstellation, in der A und B jeder eine volle tödliche Dosis in das Getränk gegeben haben. Hier kann sowohl die Handlung des A als auch die Handlung des B hinweggedacht werden, ohne dass der Tod des C entfiele. Bei konsequenter Anwendung der Conditio-sine-qua-non-Formel ist in dieser Konstellation der **alternativen Kausalität,** die auch oft als **Doppel-** bzw. **Mehrfachkausalität** bezeichnet wird, weder A noch B für den Tod des C kausal geworden. 9

Da auch in diesem Fall C unzweifelhaft an dem von A und B verabreichten Gift gestorben ist, erscheint die Aussage, keiner von beiden habe für sich betrachtet den Tod des C verursacht, auf den ersten Blick geradezu „evident unplausibel[13]". Deshalb wird dieses Ergebnis von der ganz herrschenden Meinung nicht akzeptiert. Die Conditio-sine-qua-non-Formel wird stattdessen durch die Zusatzregel korrigiert, dass auch Handlungen, die zwar alternativ, aber nicht kumulativ hinweggedacht werden können, ohne dass der Erfolg entfiele, kausal für den Erfolg seien.[14] Das Postulieren einer solchen Zusatzregel bedeutet freilich nichts anderes, als die Definition der Ursache als notwendige Bedingung wieder preiszugeben. Die Handlung muss dann nicht mehr für den Eintritt des Erfolgs, sondern nur noch für einen der zum Erfolg führenden Kausalverläufe notwendig sein. Konsequenterweise will deshalb vor allem Puppe die Ursache generell nur noch als notwendigen Teil eines zum Erfolg führenden Kausalverlaufs definieren.[15] 10

Dem Rechtsgefühl erscheint die Korrektur der Conditio-sine-qua-non-Formel in den Fällen alternativer Kausalität vor allem aufgrund der Erwägung einleuchtend, A und B 11

[13] So die Formulierung bei Kindhäuser/Zimmermann StrafR AT § 10 Rn. 34; vgl. auch die Kritik von Merkel FS Puppe, 2011, 151 (156).

[14] Diese Zusatzregel geht auf Traeger, Der Kausalbegriff im Straf- und Zivilrecht, 1904, S. 45f. zurück und ist von Kindhäuser GA 2012, 134 (141ff.) in etwas anderer Formulierung eingehend begründet worden; NK-StGB/Puppe StGB Vor §§ 13ff. Rn. 93 weist zu Recht darauf hin, dass sie beim Zusammentreffen von mehr als zwei Handlungen modifiziert werden muss. Hier ergibt sich nur dann das angestrebte Ergebnis, wenn man jeweils eine Handlung allen anderen zusammen gegenüberstellt.

[15] NK-StGB/Puppe StGB Vor §§ 13ff. Rn. 102ff. mwN; ähnlich, aber mit anderer Terminologie, auch Jäger FS Maiwald, 2010, 345 (353ff.). Puppe greift damit Überlegungen des australischen Philosophen Mackie (Causes and Conditions, in American Philosophical Quaterly, Vol. II (1965), S. 245) auf, der die Ursache als „an **i**nsufficient but **n**on-redundant part of an **u**nneccessary but **s**ufficient condition" definiert und dafür aus den Anfangsbuchstaben der relevanten Adjektive die Kurzformel **INUS-Bedingung** geprägt hat (vgl. dazu die Darstellung und Kritik bei Samson FS Rudolphi, 2004, 259; Toepel FS Puppe, 2011, 289, beide mwN).

solle nicht der „Zufall" zugutekommen, dass der jeweils andere auch eine tödliche Dosis Gift in das Getränk gegeben hat. Diese Erwägung hält jedoch einer kritischen Überprüfung nicht stand. Aus der Tatsache, dass A und B nichts von der Handlung des jeweils anderen wussten und deshalb beide eine notwendige Bedingung für den Tod des C setzen wollten, ergibt sich nur, dass sie den Vorsatz hatten, C zu töten, und damit in jedem Fall wegen eines versuchten Mordes (§§ 211, 23 I StGB, § 22 StGB) strafbar sind. Für die Verwirklichung des objektiven Tatbestands ist diese Tatsache jedoch ohne Bedeutung. Das objektive Vorliegen der Kausalität kann nicht davon abhängen, ob A und B von der Handlung des jeweils anderen Kenntnis hatten oder nicht. Wenn also in den Fällen der alternativen Kausalität beide Handlungen ursächlich für den Erfolg sein sollen, dann müssen sie dies auch dann sein, wenn einer der Handelnden genau wusste, dass seine Handlung zur Herbeiführung des Erfolgs nicht mehr notwendig war.

12 Sobald man sich den Fall aber so vorstellt, also etwa annimmt, B habe dem Getränk weiteres Gift in dem Bewusstsein hinzugefügt, wegen des bereits darin befindlichen Gifts komme es darauf ohnehin nicht mehr an, erscheint die Korrektur der Conditio-sine-qua-non-Formel auch im Ergebnis fragwürdig. Natürlich hätte B in einem solchen Fall das Gift entfernen oder den C zumindest warnen müssen und ist – da er dies nicht getan hat – wegen unterlassener Hilfeleistung (§ 323c StGB) strafbar. Aber ihn für das Hinzufügen des weiteren Gifts wegen Mordes (§ 211 StGB) zu bestrafen, ist nicht zu rechtfertigen. Wer weiß, dass es auf seine Handlung zur Herbeiführung des Todes gar nicht ankommt, der hat nicht den Vorsatz, durch diese Handlung einen Menschen zu töten. Da das Tötungsverbot sich durch das Ziel der Erhaltung des menschlichen Lebens legitimiert, verbietet es nur solche Handlungen, von deren Vornahme der Tod eines Menschen tatsächlich abhängt.[16] Nichts anderes aber besagt die Conditio-sine-qua-non-Formel, die somit auch in einem derartigen Fall zur richtigen Lösung führt.[17]

13 Entgegen der ganz herrschenden Meinung[18] sind deshalb in den Fällen der alternativen Kausalität die einzelnen Handlungen nicht als Ursache für den Erfolg anzusehen. Die Handlungen haben zwar zusammen den Erfolg verursacht, aber dies ist rechtlich nur dann von Bedeutung, wenn die Beteiligten im Sinne von § 25 II StGB gemeinschaftlich, dh als Mittäter gehandelt haben. Nur in diesem Fall ist es legitim, bei der Beurteilung der Kausalität beide Handlungen als zusammengehörig anzusehen (vgl. dazu → § 25 Rn. 17). Die Handlungen von gemeinsam vorgehenden Personen sind in der Tat schon dann kausal, wenn sie zusammen eine notwendige Bedingung für den Erfolg sind, also nicht kumulativ hinweggedacht werden können, ohne dass der

[16] Grundsätzlich anders NK-StGB/Puppe StGB Vor §§ 13ff. Rn. 152. Der Bürger solle „fremde Rechtsgüter auch dann respektieren, wenn sie ohnehin verloren sind und nicht in Spekulationen über ihre schlechten Zukunftsaussichten eintreten, nur um sie straflos selbst vernichten zu können". Vgl. dagegen überzeugend Sancinetti ZStW 120 (2008), 661 (684ff.); Hoyer FS Puppe, 2011, 515 (519ff.), die beide in solchen Fällen zwar die Kausalität bejahen, aber die Zurechnung verneinen wollen.

[17] Der Text folgt hier den Überlegungen von Toepel (JuS 1994, 1009 (1011ff.); Toepel, Kausalität und Pflichtwidrigkeitszusammenhang beim fahrlässigen Erfolgsdelikt, 1992, S. 75 Fn. 96) und Dencker (Kausalität und Gesamttat, 1996, S. 63ff.). Einen umfassenden Überblick über die Diskussion gibt die Monografie von Sofos, Mehrfachkausalität beim Tun und Unterlassen, 1998.

[18] MüKoStGB/Freund StGB Vor § 13 Rn. 337; Schönke/Schröder/Eisele StGB Vorb. §§ 13ff. Rn. 82; Kindhäuser GA 2012, 134, alle mwN.

Erfolg entfiele. Das ist insbesondere für die viel diskutierte[19] strafrechtliche Verantwortlichkeit bei der Beteiligung an **Gremienentscheidungen** wichtig. Da hier die Beteiligten gemeinsam handeln, werden sie nicht dadurch entlastet, dass der strafbare Beschluss auch ohne ihre Stimme die erforderliche Mehrheit gefunden hätte.[20]

III. Die Berücksichtigung hypothetischer Kausalverläufe

1. Beschreibung und Abgrenzung des Problems

Es gibt noch eine zweite Konstellation, in der die Conditio-sine-qua-non-Formel zu problematischen Ergebnissen zu führen scheint. Dies sind die Fälle, in denen es für den Eintritt des Erfolgs noch eine sogenannte **Reserveursache** gibt. Auch hier existieren mehrere zum Erfolg führende Kausalverläufe, von denen sich aber – anders als bei der alternativen Kausalität – nur einer vollständig realisiert hat. Schulbeispiel ist der Fall, dass A dem C ein langsam wirkendes Gift verabreicht und B den C erschießt, bevor das Gift seine tödliche Wirkung entfalten konnte. In diesem Fall haben sowohl A als auch B durch ihre Handlung einen zum Tod des C führenden Kausalverlauf in Gang gesetzt. Jedoch hat nur B den Tod des C tatsächlich herbeigeführt. Der von A in Gang gesetzte Kausalverlauf ist gleichsam „überholt" worden. Er hätte zwar den Tod des C ebenfalls herbeigeführt, hat es jedoch aufgrund des schnelleren, von B in Gang gesetzten Kausalverlaufs nicht mehr getan. 14

Bei der Beurteilung dieser Fallkonstellation bereitet die Anwendung der Conditio-sine-qua-non-Formel auf die Reserveursache selbst keine Probleme. Da der C auch dann an der Schussverletzung gestorben wäre, wenn der A ihm kein Gift verabreicht hätte, war die Handlung des A keine notwendige Bedingung für den Tod des C. Als bloße Reserveursache hat sie diesen nicht verursacht. Dies gilt allerdings nur, solange die Handlung des B nicht ihrerseits durch die Handlung des A verursacht worden ist. Wenn zB der B von dem Gift gewusst und den C nur deshalb erschossen hätte, um ihm einen qualvollen Gifttod zu ersparen, wäre die Handlung des A keine bloße Reserveursache mehr, sondern hätte den Tod des C auch mittelbar selbst verursacht. Denn in diesem Fall hätte der B ohne die Handlung des A den C nicht erschossen, sodass die Handlung des A nicht mehr hinweggedacht werden kann, ohne dass der Tod des C entfiele. 15

Obwohl sich auch dieses Ergebnis aus der Conditio-sine-qua-non-Formel ohne Weiteres ergibt, werden bei der Lösung derartiger Fälle häufig Fehler gemacht.[21] Um sie zu vermeiden, muss man stets im Auge haben, dass der überholende Kausalverlauf seinerseits durch den dann nur scheinbar überholten Kausalverlauf verursacht worden sein kann. Ein typisches, die Rechtsprechung erstaunlich häufig beschäftigendes Beispiel für eine solche Konstellation ist die den Tod erst herbeiführende Beseitigung der vermeintlichen Leiche. So hatte der Bundesgerichtshof über einen Fall zu entscheiden, in 16

[19] Vgl. zuletzt Rotsch ZIS 2018, 1; Puppe ZIS 2018, 57, beide mwN.

[20] Vgl. dazu die berühmte „Lederspray-Entscheidung", BGHSt 37, 106 (128 ff.).

[21] Selbst der BGH ist – wie die Entscheidung BGH NJW 1966, 1823 zeigt – vor solchen Fehlern nicht gefeit; vgl. die zutreffende Kritik bei WBS StrafR AT Rn. 243. In der neueren Rechtsprechung werden die Fälle zwar richtig entschieden (vgl. zuletzt BGH NStZ 2016, 721 (722), jedoch lässt auch sie insofern Unsicherheit erkennen, als bei der Beurteilung derartiger Fälle völlig unnötigerweise der Begriff der Doppelkausalität bemüht wird (BGHSt 39, 195 (198); vgl. auch BGH NStZ 2001, 29).

dem A den C zunächst mit Hammerschlägen „nur“ schwer verletzt hatte, A und sein Freund B den C aber bereits für tot hielten und B die vermeintliche Leiche aufhängte, um eine Selbsttötung vorzutäuschen. In diesem Fall haben – wie der Bundesgerichtshof zu Recht feststellte[22] – die Hammerschläge des A den Tod des C verursacht, weil ohne sie der B den C nicht aufgehängt hätte und damit C nicht gestorben wäre.

17 Während also eine konsequente Anwendung der Conditio-sine-qua-non-Formel bei der Beurteilung der (scheinbar) überholten Kausalverläufe ohne Weiteres zu den richtigen Ergebnissen führt, ist die Anwendung dieser Formel auf die überholenden Kausalverläufe mit Problemen verbunden. Da der tatbestandliche Erfolg bei Existenz einer Reserveursache ohnehin eingetreten wäre, scheint die Conditio-sine-qua-non-Formel dazu zu zwingen, die einen überholenden Kausalverlauf in Gang setzende Handlung nicht als kausal für den Erfolg anzusehen. In dem eingangs geschilderten Schulbeispiel hätte damit – weil C wegen des bereits in seinem Körper befindlichen tödlichen Gifts ohnehin gestorben wäre – der Schuss des B den Tod des C nicht verursacht. Ebenso hätte in dem vom Bundesgerichtshof entschiedenen Fall – weil C durch die Hammerschläge bereits so schwer verletzt war, dass er nach einigen Stunden ohnehin gestorben wäre – das Aufhängen der vermeintlichen Leiche durch B den Tod des C nicht verursacht.

18 Bei näherer Überlegung erweisen sich diese Schlussfolgerungen jedoch als voreilig. Aus der Conditio-sine-qua-non-Formel selbst ergibt sich bereits, dass die Existenz einer Reserveursache die Kausalität einer Handlung für den tatbestandlichen Erfolg nur dann ausschließen kann, wenn aufgrund der Reserveursache der gleiche Erfolg eingetreten wäre. Diese Voraussetzung ist in den geschilderten Beispielsfällen aber schon deshalb nicht erfüllt, weil C ohne den überholenden Kausalverlauf erst zu einem späteren Zeitpunkt gestorben wäre. Da der Mensch sterblich ist, besteht das Unrecht der Tötungsdelikte stets in einer Lebensverkürzung. Auf deren Ausmaß kommt es für das Vorliegen eines tatbestandlichen Erfolges nicht an. Auch das Leben eines schon im Sterben liegenden Menschen wird durch die Tötungsdelikte geschützt, sodass ein erst zu einem späteren Zeitpunkt eintretender Tod keinesfalls als der gleiche Erfolg angesehen werden kann.

19 Damit ist das bei der Existenz von Reserveursachen entstehende Problem allerdings nur teilweise erledigt. Denn es gibt auch Fälle, in denen aufgrund einer Reserveursache das geschützte Rechtsgut in gleichem oder sogar in noch größerem Maße verletzt worden wäre. So kann man das eingangs geschilderte Schulbeispiel mit einiger Fantasie[23] dahingehend abwandeln, dass der von B abgegebene Schuss zum Erbrechen des von A verabreichten Giftes geführt und selbst den Tod erst zu einem Zeitpunkt herbeigeführt hat, zu dem C ohne den Schuss bereits an dem Gift verstorben gewesen wäre. Auch in diesem Fall bleibt die Handlung des A ohne Zweifel eine bloße Reserveursache, weil der Tod des C ohne die Verabreichung des Gifts genauso eingetreten

[22] BGH NStZ 1992, 333. Diese Feststellung allein rechtfertigt es allerdings noch nicht, den A – wie geschehen – wegen Körperverletzung mit Todesfolge (§ 227 StGB) zu verurteilen; vgl. zu den Problemen des Falles eingehend die Urteilsbesprechungen von Dencker NStZ 1992, 311 und Puppe JR 1992, 511 mwN.

[23] Einen Mangel an Fantasie kann man den Strafrechtswissenschaftlern bei der Erörterung der Kausalität sicher nicht vorwerfen; vgl. dazu Herbert Jägers lesenswerte „Glosse über Lehrbuchkriminalität“, MschKrim 56 (1973), 300.

wäre.[24] Aber auch der Schuss des B war keine notwendige Bedingung für den Tod des C, weil ohne diesen Schuss C nicht zu einem späteren, sondern sogar zu einem früheren Zeitpunkt gestorben wäre.

Dessen ungeachtet sieht die herrschende Meinung auch in einer derartigen Fallkonstellation die Handlung des B als kausal für den tatbestandlichen Erfolg an. Bei der Begründung dieses Ergebnisses verfährt sie zweigleisig. Zum einen wird argumentiert, dass auch hier die Reserveursache gar nicht den gleichen, sondern einen anderen als den eingetretenen Erfolg herbeigeführt hätte. Der Schuss des B sei durchaus eine notwendige Bedingung für den eingetretenen Erfolg, weil der Gifttod ein anderer Erfolg gewesen wäre als der Tod infolge der Schussverletzung. Zum anderen wird auch für diese Fallgruppe eine Zusatzregel zur Conditio-sine-qua-non-Formel postuliert. Reserveursachen sollen bei Anwendung dieser Formel grundsätzlich nicht hinzuzudenken sein. Beide Begründungswege sind unterschiedlicher Natur, sodass man sie getrennt betrachten muss. Ich werde im Folgenden zunächst die Frage der Erfolgsidentität (unter → § 9 Rn. 21 ff.) und im Anschluss daran das postulierte Verbot des Hinzudenkens von Reserveursachen erörtern (unter → § 9 Rn. 27 ff.). 20

2. Die Bestimmung der Identität des Erfolgs

Um den Gifttod auch in dem abgewandelten Schulbeispiel als einen anderen tatbestandlichen Erfolg ansehen zu können, bestimmt die herrschende Meinung die Identität des Erfolgs anhand des gesamten jeweils verwirklichten Sachverhalts. Eine Handlung sei schon dann kausal für einen tatbestandlichen Erfolg, wenn ohne sie der **Erfolg in seiner ganz konkreten Gestalt** entfiele.[25] Dies mag auf den ersten Blick einleuchtend erscheinen,[26] hat aber bei konsequenter Anwendung zur Folge, dass jede noch so unerhebliche Modifikation eines tatbestandlichen Erfolgs und darüber hinaus auch jede Abmilderung eines solchen selbst als Erfolgsverursachung zu bewerten ist. Ein Sicherheitsbeamter, der bei einem Attentat das Opfer beiseitestößt und damit nur noch bewirkt, dass die Kugel einen Millimeter weiter links in dessen Kopf eindringt, hat ebenso den Erfolg in seiner konkreten Gestalt verursacht wie ein Arzt, der durch sachgerechte Behandlung eines Aids-Patienten bewirkt, dass dieser nicht an einer akuten Lungenentzündung, sondern erst ein Jahr später an einer Krebserkrankung stirbt.[27] 21

Die herrschende Meinung sieht diese Konsequenzen, meint aber, sie in Kauf nehmen zu können, weil das Problem im Rahmen der objektiven Zurechnung zu lösen sei. Wenn ein tatbestandlicher Erfolg nur unerheblich modifiziert oder sogar vermindert bzw. verzögert worden sei, habe der Täter diesen Erfolg zwar verursacht, jedoch sei er ihm nicht objektiv zurechenbar.[28] Aber wenn man die Verursachung eines Erfolgs mit der Begründung bejaht, der tatsächlich verwirklichte Erfolg sei nicht mit dem iden- 22

[24] Ungeachtet dessen wird in der Literatur zum Teil vorgeschlagen, den A wegen der durch ihn bewirkten Entlastung des B für den Tod verantwortlich zu machen (Sancinetti ZStW 120 (2008), 661 (691 ff.) mwN). Dies setzt jedoch einen Verzicht auf das Kausalitätserfordernis voraus, der mit dem Wortlaut des Gesetzes (vgl. etwa § 222 StGB) und der Struktur der Erfolgsdelikte nicht vereinbar ist.

[25] Rengier StrafR AT § 13 Rn. 15 ff.; WBS StrafR AT Rn. 226; einschr. nunmehr Roxin/Greco StrafR AT I § 11 Rn. 21 f. mwN.

[26] Vgl. aber auch die grundsätzliche Kritik an dieser Lehre bei NK-StGB/Puppe StGB Vor §§ 13 ff. Rn. 62 ff.

[27] Beispiel von Dencker, Kausalität und Gesamttat, 1996, S. 74.

[28] Roxin/Greco StrafR AT I § 11 Rn. 53, 55 mwN.

tisch, der ohne die Handlung des Täters eingetreten wäre, kann man schlecht die objektive Zurechnung des Erfolgs mit der Begründung verneinen, dass ohne die Handlung des Täters derselbe Erfolg nur in unerheblich modifizierter Form bzw. noch zu einem früheren Zeitpunkt eingetreten wäre. Ein Grund dafür, die Identität des tatbestandlichen Erfolgs bei der objektiven Zurechnung nach anderen Kriterien zu bestimmen als bei der Kausalität, ist nicht ersichtlich.

23 Deshalb muss die Identität des tatbestandlichen Erfolgs schon bei der Beurteilung der Kausalität selbst sachgerecht bestimmt werden.[29] In einem dem Prinzip des Rechtsgüterschutzes verpflichteten Strafrecht kann es – wie die herrschende Meinung durch die Einschränkungen bei der objektiven Zurechnung in der Sache auch anerkennt – für die Identität des Erfolgs nicht auf dessen „ganz konkrete Gestalt“ ankommen. Maßgeblich dürfen vielmehr nur die Auswirkungen auf das durch den jeweiligen Tatbestand geschützte Rechtsgut sein.[30] Nur wer durch seine Handlung eine (andere) Verletzung oder Gefährdung dieses Rechtsguts verursacht, verwirklicht den Geschehensunwert des jeweiligen Delikts. Entgegen der herrschenden Meinung ist deshalb bei der Anwendung der Conditio-sine-qua-non-Formel nicht auf den Erfolg in seiner ganz konkreten Gestalt abzustellen. Eine Handlung ist vielmehr nur dann kausal für den tatbestandlichen Erfolg, wenn sie nicht hinweggedacht werden kann, ohne dass der in diesem Erfolg liegende tatbestandliche Unwert entfiele.

24 Bei den **Tötungsdelikten** ist die Identität des tatbestandlichen Unwerts leicht zu bestimmen. Da der Tod eines Menschen zwar auf höchst unterschiedliche Weise herbeigeführt werden kann, die dadurch bewirkte Verletzung des Rechtsguts Leben aber stets die gleiche ist, kommt es nur auf den Zeitpunkt des Todes an. Wer das Leben eines anderen nicht verkürzt, hat dessen Tod in keinem Fall verursacht.[31] In dem abgewandelten Schulbeispiel, in dem B auf C geschossen und dadurch bewirkt hat, dass dieser nicht an dem ihm von A zugefügten Gift, sondern erst zu einem späteren Zeitpunkt an der Schussverletzung gestorben ist, hat B deshalb zwar ohne Zweifel eine zusätzliche Körperverletzung des C verursacht, aber – entgegen der herrschenden Meinung – keine notwendige Bedingung für dessen Tod gesetzt. Die Kausalität seiner Handlung für den Tötungserfolg lässt sich allenfalls mit der von der herrschenden Meinung postulierten Zusatzregel begründen, dass Reserveursachen bei der Kausalitätsfeststellung nicht zu berücksichtigen seien (vgl. dazu sogleich → § 9 Rn. 27 ff.).

25 Bei Delikten, deren Tatbestand verschiedenartige Rechtsgutsverletzungen erfasst, ist die Identität des tatbestandlichen Unwerts sehr viel schwieriger und oft nicht eindeutig zu bestimmen. Ein Beispiel für ein solches Delikt ist die Körperverletzung. Wenn etwa B einen auf den Kopf des C gerichteten Faustschlag des A so ablenkt, dass der Schlag C an der Schulter trifft, stellt sich die Frage, ob er einen Körperverletzungserfolg durch die Verursachung eines anderen Körperverletzungserfolgs abgewendet oder lediglich das Ausmaß ein und desselben Körperverletzungserfolgs vermindert

---

[29] Vgl. dazu eingehend NK-StGB/Puppe StGB Vor §§ 13 ff. Rn. 69 ff. und Puppe StrafR AT § 1 Rn. 1 ff.

[30] So iErg auch Murmann GK StrafR § 23 Rn. 9, der zwar an dem Begriff des „Erfolgs in seiner konkreten Gestalt“ festhält, aber mit Blick auf das geschützte Rechtsgut bestimmen will, was zur „konkreten Gestalt“ gehört.

[31] Haas GA 2015, 86 (90) wendet gegen diese Aussage ein, der Erfolg der Tötungsdelikte dürfe nicht als Lebensverkürzung begriffen werden. Aber worin soll die auch von Haas für eine Rechtsgutsverletzung geforderte „nachteilige Veränderung“ (Haas GA 2015, 86 (91, 100)) beim Rechtsgut Leben liegen, wenn nicht in dessen Verkürzung?

hat. Da in unserer natürlichen Sprache die Identität von Gegenständen nicht exakt definiert ist,[32] lässt sich diese Frage nicht anhand begrifflicher Vorgaben entscheiden. Man kann nur darauf abstellen, ob die Modifikation so erheblich ist, dass der Erfolg nach der Lebensauffassung bereits als eine andere Rechtsgutsverletzung zu bewerten ist.

Soweit es um die Verletzung von **Individualrechtsgütern** geht, ist bei dieser Wertung vor allem darauf abzustellen, ob es dem Träger des verletzten Rechtsguts vorbehalten bleiben soll, selbst über die Modifikation des tatbestandlichen Erfolgs zu entscheiden.[33] Ein und derselbe tatbestandliche Erfolg liegt jedenfalls nur dann vor, wenn sich die Modifikation des Erfolgs ganz eindeutig als für das betroffene Rechtsgut neutral oder ausschließlich vorteilhaft qualifizieren lässt. Diese Voraussetzung dürfte bei einem vom Kopf auf die Schulter abgelenkten Schlag gerade noch erfüllt sein. In weniger eindeutigen Fällen sind jedoch stets zwei verschiedene Erfolge anzunehmen. Die Verursachung des einen Erfolgs erfüllt dann den Tatbestand des infrage stehenden Delikts, kann aber aufgrund der zugleich erfolgten Abwendung des anderen Erfolgs gerechtfertigt sein, sofern das Vorgehen des Handelnden dem erklärten oder mutmaßlichen Willen des Rechtsgutsinhabers entsprach. 26

3. Die Behandlung von Reserveursachen und Reservehandlungen

Das von der herrschenden Meinung postulierte Verbot der Berücksichtigung von Reserveursachen ist die logische Konsequenz ihrer Ansicht zu der Konstellation der alternativen Kausalität. Wenn man der Auffassung ist, selbst ein vollständig verwirklichter konkurrierender Kausalverlauf schließe die Kausalität nicht aus, kann ein nicht vollständig verwirklichter Kausalverlauf diese Wirkung erst recht nicht haben. Deshalb verwundert es nicht, dass ein Verbot der Berücksichtigung von Reserveursachen fast allgemein angenommen wird.[34] Bemerkenswert ist jedoch, dass viele Autoren dieses Verbot bei der objektiven Zurechnung sogleich wieder relativieren.[35] Natürliche, nicht auf menschlichem Handeln beruhende Reserveursachen sollen im Rahmen der objektiven Zurechnung doch wieder hinzuzudenken sein. Wenn der durch die Handlung des Täters herbeigeführte Erfolg aufgrund einer solchen Ursache (zB einem Bergrutsch) zu gleicher Zeit und in gleicher Intensität eingetreten wäre, sei der Erfolg nicht objektiv zurechenbar.[36] 27

Auch eine (beschränkte) Berücksichtigung von Reserveursachen im Rahmen der objektiven Zurechnung lässt sich jedoch nur mit der Erwägung begründen, dass in einem Rechtsgüterschutz bezweckenden Strafrecht der Erfolg nicht aufgrund von 28

[32] Vgl. dazu NK-StGB/Puppe, 1. Aufl. 1998, StGB Vor § 13 Rn. 79.

[33] Vgl. dazu Sancinetti FS Jakobs, 2007, 583 (593f.); sowie Kindhäuser ZStW 120 (2008), 481 (494ff.); de Sousa Mendes GA 2011, 557 (568ff.), die beide iErg stets zwei Erfolge annehmen wollen.

[34] Vgl. nur MüKoStGB/Freund StGB Vor § 13 Rn. 336; Schönke/Schröder/Eisele StGB Vorb. §§ 13ff. Rn. 80, beide mwN.

[35] Grundlegend Samson, Hypothetische Kausalverläufe im Strafrecht, 1972; aus der neueren Literatur vgl. insbes. Sancinetti ZStW 120 (2008), 661 mwN, der den Ausschluss der Zurechnung mit einer instruktiven Parallele zu den Wertungen des Zivilrechts begründet (Sancinetti ZStW 120 (2008), 661 (665ff.)) und die Frage der Einordnung des Problems in den Kausalbegriff oder die objektive Zurechnung zu Recht als „zweitrangig" (Sancinetti ZStW 120 (2008), 661 (683)) ansieht.

[36] SK-StGB/Jäger StGB Vor § 1 Rn. 105–107 mwN; diff. Roxin/Greco StrafR AT I § 11 Rn. 61ff.; vgl. auch Kindhäuser ZStW 120 (2008), 481 (499ff.); Summerer FS Sancinetti, 2020, 681 (682), beide mwN.

Handlungen zugerechnet werden kann, deren Unterlassen ihn gar nicht vermieden hätte.[37] Genau diese Erwägung liegt aber schon der Definition der Ursache als notwendiger Bedingung für den Erfolg zugrunde. Deshalb ist es – ebenso wie bei der Bestimmung der Erfolgsidentität – auch bei dem Problem der Berücksichtigung von Reserveursachen nicht hilfreich, die Lösung in die objektive Zurechnung zu verschieben. Schon die Ursächlichkeit der Handlung für den Erfolg lässt sich in den infrage stehenden Fällen nur begründen, wenn und soweit es eine normative Legitimation dafür gibt, Reserveursachen bei der Erfolgszurechnung nicht zu berücksichtigen.[38]

29 Anders als bei alternativen Ursachen hat sich bei einer Reserveursache der zum Erfolg führende Kausalverlauf nicht vollständig verwirklicht. Deshalb könnte man daran denken, ein Verbot des Hinzudenkens von Reserveursachen damit zu legitimieren, dass man niemals sicher wissen könne, wie sich ein abgebrochener Kausalverlauf weiterentwickelt hätte. Jedoch haben Rechtsprechung und herrschende Lehre beim **Abbruch eines rettenden Kausalverlaufs** zu Recht keine Bedenken, dessen weitere Entwicklung bei der Beurteilung der Kausalität zu berücksichtigen.[39] Wer zB die Rettung eines Ertrinkenden dadurch verhindert, dass er einen auf diesen zutreibenden Rettungsring aufhält oder einen zur Rettung bereiten Dritten niederschlägt, hat – sofern die Rettung mit „an Sicherheit grenzender Wahrscheinlichkeit" zu erwarten gewesen wäre (vgl. zu dieser Voraussetzung → § 9 Rn. 39 f.) – eine notwendige Bedingung für das Ertrinken gesetzt und damit den Tod des Betreffenden verursacht.[40] Dann aber kann auch ein abgebrochener verletzender Kausalverlauf nicht mit der Begründung unberücksichtigt gelassen werden, dass seine hypothetische Entwicklung niemals zuverlässig zu prognostizieren sei.

30 Damit besteht zwischen einer alternativen Ursache und einer natürlichen Reserveursache im Ergebnis kein relevanter Unterschied, sodass auch letztere bei der Beurteilung der Kausalität zu berücksichtigen ist. Ein anderes Vorgehen ist jedoch angezeigt, wenn die Reserveursache eine noch gar nicht vorgenommene menschliche Handlung ist.[41] Hinsichtlich solcher **Reservehandlungen** ist zu beachten, dass die Rechtsordnung grundsätzlich von rechtmäßigem Verhalten der Menschen ausgeht und einen Entschluss zur Begehung einer rechtswidrigen Tat erst dann als rechtlich existent ansieht, wenn er tatsächlich betätigt worden ist.[42] Aufgrund dieser Wertentscheidung hat ein noch nicht betätigter Entschluss zur Begehung einer rechtswidrigen Handlung auch bei der Beurteilung der Kausalität außer Betracht zu bleiben.[43] Deshalb sind bei der Anwendung der Conditio-sine-qua-non-Formel zumindest **rechtswidrige Reservehandlungen** in der Tat nicht hinzuzudenken.

31 Aber auch eine Berücksichtigung **rechtmäßiger Reservehandlungen** kommt nur dann in Betracht, wenn die betreffende Handlung nicht nur erlaubt,[44] sondern sogar

---

[37] SK-StGB/Jäger StGB Vor § 1 Rn. 106; Sancinetti ZStW 120 (2008), 661 (679 ff.).

[38] Vgl. zur normativen Natur des strafrechtlichen Kausalitätsbegriffs Frisch FS Gössel, 2002, 51 (57 ff.); Roxin FS Achenbach, 2011, 409 (410 f.) mwN.

[39] Vgl. etwa Rengier StrafR AT § 13 Rn. 18 f.; Roxin/Greco StrafR AT I § 11 Rn. 33 f. mwN.

[40] Dazu eingehend Dencker, Kausalität und Gesamttat, 1996, S. 88 ff.; aA wohl nur noch Schmidhäuser StrafR AT § 8 Rn. 76, der den Erfolg aber iErg trotzdem zurechnen will.

[41] Vgl. dazu Dencker, Kausalität und Gesamttat, 1996, S. 69 ff., der sich allerdings selbst nicht festlegt.

[42] So schon Puppe ZStW 95 (1983), 287 (296).

[43] Vgl. insoweit zutr. Kindhäuser GA 2012, 134 (146 ff.).

[44] So aber Kindhäuser GA 2012, 134 (148).

rechtlich geboten ist.[45] Ohne eine rechtliche Verpflichtung muss auch einem rechtmäßig Handelnden die Möglichkeit offen gehalten werden, sich bis zuletzt gegen die infrage stehende Rechtsgutsbeeinträchtigung zu entscheiden. Dies betrifft insbesondere hypothetisch gebliebene Selbstschädigungen.[46] Wer einem politischen Fanatiker, der sich bereits mit Benzin übergossen hat, um sich aus Protest gegen die Zustände in seinem Land öffentlich zu verbrennen, das Streichholz aus der Hand nimmt und damit selbst das Benzin entzündet, ist für die daraus resultierende Verletzung bzw. Tötung verantwortlich, obwohl der Betreffende sie sich allem Anschein nach zum gleichen Zeitpunkt selbst zugefügt hätte. Eine solch hypothetisch gebliebene Selbstschädigung ist bei der Anwendung der Conditio-sine-qua-non-Formel ebenfalls nicht hinzuzudenken.

Im Ergebnis ist der herrschenden Meinung damit darin Recht zu geben, dass die Tatbestandsverwirklichung nicht deshalb ausgeschlossen ist, weil „ein Ersatztäter bereitstand, der beim Ausfall des Handelnden die Tat übernommen“,[47] also zB anstelle des Täters das Opfer erschossen hätte. Aber wenn der B auf den C geschossen und dadurch bewirkt hat, dass dieser nicht an dem ihm von A bereits zugefügten Gift, sondern zu einem späteren Zeitpunkt an der Schussverletzung gestorben ist, ist die Situation eine andere. Der A hatte hier seinen rechtswidrigen Entschluss schon betätigt und die ohne den Schuss des B zum Tod des C führende rechtswidrige Handlung bereits vorgenommen. Der dadurch in Gang gesetzte natürliche Kausalverlauf ist bei der Beurteilung der Kausalität genauso zu berücksichtigen wie ein Kausalverlauf, der von Anfang an auf natürlichen Ursachen wie zB einem Bergrutsch beruht.[48] Deshalb hat B in diesem abgewandelten Schulbeispiel entgegen der herrschenden Meinung keinen Tötungserfolg verursacht. Er hat das Leben des C objektiv nicht verkürzt und darf deshalb – ebenso wie die Täter im Falle alternativer Kausalität – nur wegen versuchten Mordes und zusätzlich wegen vollendeter Körperverletzung bestraft werden. 32

IV. Ergebnis

Zusammenfassend ist damit festzustellen, dass die Conditio-sine-qua-non-Formel den Begriff der Kausalität im Grundsatz zutreffend definiert. Allerdings sind Reservehandlungen bei der Feststellung der Kausalität regelmäßig nicht zu berücksichtigen. Die Möglichkeit alternativer Kausalität und die Existenz natürlicher Reserveursachen geben jedoch – entgegen der herrschenden Meinung – nicht dazu Anlass, die Conditio-sine-qua-non-Formel durch Zusatzregeln zu modifizieren oder gar das Verständnis der Ursache als notwendige Bedingung vollständig aufzugeben. Eine Handlung ist kausal für den tatbestandlichen Erfolg, wenn sie eine notwendige Bedingung dieses Erfolgs ist, also nicht hinweg gedacht werden kann, ohne dass der tatsächlich eingetretene Erfolg entfiele. Die Identität des Erfolgs ist dabei anhand des jeweiligen tatbestandlichen 33

[45] Auch in solchen Fällen kann die Berücksichtigung von Reservehandlungen noch die Begrenzung von Eingriffsrechten auf bestimmte Personen, insbes. Amtsträger, unterlaufen; vgl. zu dieser in der Literatur als Problem der objektiven Zurechnung diskutierten Frage SK-StGB/Jäger StGB Vor § 1 Rn. 107 mwN.

[46] Vgl. zu dem parallelen Fall einer hypothetisch gebliebenen Einwilligung → § 15 Rn. 33.

[47] So die Formulierung bei Roxin/Greco StrafR AT I § 11 Rn. 58; ähnl. BGHSt 2, 20 (24); 30, 228 (231 f.).

[48] Dies lässt Kindhäuser GA 2012, 134 (146 ff.) bei seinen Überlegungen unberücksichtigt.

Unwerts zu bestimmen. Eine bloße Verminderung oder Modifizierung desselben tatbestandlichen Erfolgs stellt keine Erfolgsverursachung dar.

Konkurrierende Kausalverläufe

Mittelbare Verursachung	Eine Handlung verursacht eine zweite Handlung, die dann den Erfolg unmittelbar herbeiführt (Beispiele in → Rn. 15 und 16).	Beide Handlungen sind notwendige Bedingungen und damit ursächlich für den Eintritt des Erfolgs.
Kumulative Verursachung	Zwei Handlungen führen den Erfolg nur aufgrund ihres Zusammentreffens herbei (Beispiel in → Rn. 9).	Beide Handlungen sind notwendige Bedingungen und damit ursächlich für den Eintritt des Erfolgs.
Alternative Verursachung	Von zwei Handlungen hätte jede den Erfolg auch ohne die andere herbeigeführt (Beispiel in → Rn. 9).	Keine der beiden Handlungen ist für sich genommen eine notwendige Bedingung für den Eintritt des Erfolgs, sodass beide nur bei gemeinschaftlichem Handeln für den Erfolg ursächlich sind.
		Die herrschende Meinung postuliert allerdings eine Zusatzregel zur Conditio-sine-qua-non-Formel und nimmt an, dass auch ohne gemeinschaftliches Handeln beide Handlungen für den Erfolg ursächlich sind.
Hypothetische Verursachung durch eine Reserveursache	Eine Handlung führt einen Erfolg herbei, der aufgrund eines natürlichen Kausalverlaufs oder einer anderen tatsächlich vorgenommenen Handlung ebenfalls eingetreten wäre (Beispiele in → Rn. 19 und 27).	Die Handlung ist keine notwendige Bedingung für den Eintritt des Erfolgs und deshalb für diesen nicht ursächlich.
		Die herrschende Meinung nimmt allerdings an, dass Reserveursachen bei der Anwendung der Conditio-sine-qua-non-Formel nicht hinzuzudenken sind, und kommt so zu dem Ergebnis, dass die Handlung für den Erfolg ursächlich ist (zum Teil wird dieses Ergebnis aber bei der objektiven Zurechnung wieder korrigiert).
Hypothetische Verursachung durch eine Reservehandlung	Eine Handlung führt einen Erfolg herbei, der aufgrund einer durch sie verhinderten anderen Handlung ebenfalls eingetreten wäre (Beispiele in → Rn. 31 und 32).	Nicht vollzogene Handlungen sind bei der Anwendung der Conditio-sine-qua-non-Formel nicht hinzuzudenken, sodass die Handlung für den Erfolg ursächlich ist (anders ist dies allenfalls dann, wenn eine Rechtspflicht zur Vornahme der Reservehandlung besteht).

Anmerkung: Zu beachten ist, dass bei der Anwendung der Conditio-sine-qua-non-Formel stets danach zu fragen ist, ob **der identische tatbestandliche Erfolg** (dazu → Rn. 21–26) auch ohne die Tathandlung eingetreten wäre. Wenn die Erfolgsidentität nicht gegeben ist, also zB eine Reserveursache oder eine Reservehandlung den Tod erst zu einem späteren Zeitpunkt herbeigeführt hätte, ist die infrage stehende Handlung stets eine notwendige Bedingung und damit ursächlich für den eingetretenen Erfolg.

C. Die Feststellung der Kausalität

I. Die allgemeine Struktur der Kausalitätsfeststellung

Ob die Handlung eine notwendige Bedingung für den tatbestandlichen Erfolg war, wird – wie bereits erwähnt – durch die Anwendung allgemeiner Erfahrungssätze festgestellt. Im Idealfall sind diese Erfahrungssätze strikte Kausalgesetze, aufgrund derer bei Vorliegen des ursächlichen Ereignisses „a" das bewirkte Ereignis „b" sicher vorhergesagt werden kann. Jedoch ist das menschliche Wissen auch heute noch so begrenzt, dass die Möglichkeit einer solch sicheren Voraussage in der Praxis eher die Ausnahme ist. Wenn zB A dem B eine Kugel in den Kopf geschossen hat und B infolgedessen auf der Intensivstation mit dem Tode ringt, können die Ärzte in aller Regel nicht sicher prognostizieren, ob es zu einem endgültigen Herz-Kreislauf-Versagen und damit zum Tod des B kommen wird oder nicht. Gleichwohl wäre jeder Richter zu Recht davon überzeugt, dass A den Tod des B verursacht hat, wenn diese Folge tatsächlich eintritt. Solange keine andere Ursache für das Herz-Kreislauf-Versagen in Betracht kommt, gibt es keinen Grund, daran zu zweifeln, dass dieses Versagen auf der dem B zugefügten Schussverletzung beruht. 34

Schon dieses einfache Beispiel zeigt, dass die Kausalität nicht nur durch Subsumtion unter strikte Kausalgesetze festgestellt werden kann.[49] Selbst in Bereichen, in denen wir strikt kausale Gesetze heute nicht einmal mehr voraussetzen, ist es möglich, einen tatsächlich eingetretenen Erfolg auf eine bestimmte Ursache zurückzuführen:[50] Das quantenphysikalische Verhalten von Elementarteilchen gilt seit den Forschungen Heisenbergs nicht mehr als durch strikte Kausalgesetze, sondern nur noch als durch bloße Wahrscheinlichkeitsregeln bestimmt.[51] Wenn es bei einem quantenphysikalischen Experiment infolge einer – lediglich wahrscheinlichen – Anordnung der Teilchen zu einer Explosion käme, bestünde demnach zwischen der Durchführung des Experiments und der Explosion kein strikt kausalgesetzlicher Zusammenhang. Gleichwohl wäre die Explosion ohne Zweifel durch die Durchführung des Experiments verursacht worden. Ob sich die Teilchen nach strikten Kausalgesetzen oder nach Wahrscheinlichkeitsregeln bewegen, ist für diese Feststellung ohne jede Bedeutung. Entscheidend ist allein, dass es ohne die Durchführung des Experiments nicht zu der Explosion gekommen wäre. 35

Entgegen der von Teilen der Literatur erhobenen Forderung nach einer strikt **„gesetzmäßigen"** Bedingung[52] ist die Kenntnis strikter Kausalgesetze deshalb nur erforderlich, um ein zukünftiges Ereignis sicher zu prognostizieren, nicht aber um ein bereits geschehenes Ereignis zweifelsfrei auf eine bestimmte Ursache zurückzuführen. Da man weiß, dass das Ereignis tatsächlich eingetreten ist, reicht zur retrospektiven Erklärung meist schon das Wissen aus, das betreffende Ereignis könne aufgrund einer bestimmten Ursache eintreten. Unerlässliche Voraussetzung zur Feststellung der Kausalität ist deshalb lediglich ein allgemeiner Erfahrungssatz, aus dem sich die generelle Eignung der Handlung zur Herbeiführung des Erfolgs ergibt. Wenn man über einen 36

[49] Vgl. dazu näher Frisch FS Gössel, 2002, 51 (65ff.).
[50] Vgl. dazu auch das Beispiel von Jäger FS Maiwald, 2010, 345 (357).
[51] Heisenberg, Physikalische Prinzipien der Quantentheorie, 1953.
[52] NK-StGB/Puppe StGB Vor §§ 13ff. Rn. 81ff. mwN; Engisch, Die Kausalität als Merkmal der strafrechtlichen Tatbestände, 1931, S. 23ff.

solchen Erfahrungssatz verfügt, kann man – sofern keine anderen Ursachen für den Erfolg in Betracht kommen! – aus dessen Eintritt schließen, dass sich die in dem betreffenden Erfahrungssatz beschriebene Möglichkeit verwirklicht, die Handlung also im konkreten Fall tatsächlich den Erfolg verursacht hat.[53]

II. Konsequenzen für typische Problemkonstellationen

1. Psychisch vermittelte Kausalität

37 Aufgrund dieser Struktur der Kausalitätsfeststellung gibt es keinen Grund, die Möglichkeit einer **psychisch vermittelten Kausalität** – von der auch das Strafgesetzbuch etwa bei der Verursachung eines Nötigungserfolges durch Drohung (§ 240 I StGB) ausgeht – infrage zu stellen.[54] Wir verfügen zwar nicht über strikte Kausalgesetze zur Vorhersage menschlichen Verhaltens, wohl aber über allgemeine Erfahrungssätze, aus denen sich ergibt, dass eine bestimmte Handlung geeignet ist, einen bestimmten Willensentschluss hervorzurufen. Wenn zB ein Asylbewerber auf der Flucht vor ihn massiv bedrohenden Schlägern durch eine Fensterscheibe springt und sich dabei tödliche Schnittverletzungen zuzieht,[55] ist es nicht nur eine „mehr oder weniger plausible Behauptung"[56] anzunehmen, er wäre ohne die Verfolgung noch am Leben. Da eine massive Bedrohung nach allgemeiner Lebenserfahrung das Risiko einer solchen Fluchtreaktion begründet und es für diese Reaktion eine andere Erklärung nicht gibt, kann man aus dem tatsächlich erfolgten Sprung durch die Scheibe den Schluss ziehen, dass sich das durch die Bedrohung gesetzte Risiko im konkreten Fall realisiert, die Bedrohung also den Sprung und damit auch den Tod des Asylbewerbers verursacht hat.[57]

2. Statistische Kausalitätsfeststellung

38 Da es zur Kausalitätsfeststellung nicht der Kenntnis strikter Kausalgesetze bedarf, kann die Kausalität uU auch aufgrund eines statistisch signifikanten Zusammenhangs zwischen der Handlung und dem Auftreten bestimmter Erfolge festgestellt werden. Die Rechtsprechung hatte sich schon mehrfach mit dem Problem zu beschäftigen, dass bei der Verwendung eines Produkts (zB eines Ledersprays oder eines Holzschutzmittels)[58] gehäuft spezifische Gesundheitsschäden auftraten, ohne dass die Wissenschaft angeben konnte, welche Inhaltsstoffe des Produkts diese Schäden herbeigeführt haben könnten. In der Literatur wird verbreitet die Auffassung vertreten, ohne diese Angabe sei die Kausalität prinzipiell nicht zu begründen.[59] Dem ist die Rechtsprechung zu Recht nicht gefolgt. Wenn der statistische Zusammenhang zwischen dem Auftreten einer ganz bestimmten Art von Gesundheitsschäden und der Verwendung

[53] Vgl. dazu Catenacci ZStW 120 (2008), 447 (insbes. 456f.) mit einer instruktiven Darstellung der italienischen Diskussion.

[54] So aber insbes. NK-StGB/Puppe StGB Vor §§ 13ff. Rn. 125f.; Renzikowski FS Puppe, 2011, 201ff.; vgl. zur Möglichkeit psychisch vermittelter Kausalität eingehend Frister FS Sancinetti, 2020, 376ff.

[55] BGH NJW 2003, 150.

[56] So aber die – allerdings nicht auf diesen konkreten Fall bezogene! – Formulierung von NK-StGB/Puppe StGB Vor §§ 13ff. Rn. 130.

[57] Vgl. zu dieser Möglichkeit des Rückschlusses bereits Schulz FS Lackner, 1987, 39 (42ff.); ebenso Mitsch JuS 2013, 20 (22); sowie iErg auch Roxin FS Achenbach, 2011, 409 (416ff.).

[58] BGHSt 37, 106; 41, 26.

[59] NK-StGB/Puppe StGB Vor §§ 13ff. Rn. 83ff. mwN.

der Produkte wirklich signifikant ist,[60] ist es auch hier möglich, aus dem Fehlen anderer in Betracht kommender Ursachen zu schließen, dass sich das statistisch belegte Risiko der Gesundheitsschädigung im konkreten Fall tatsächlich realisiert hat. Auf die Frage, ob die Wissenschaft einen tatsächlich existenten Zusammenhang erklären kann oder nicht, kommt es für die Feststellung der Kausalität nicht an.

3. Die Feststellung hypothetischer Kausalverläufe

Ein prinzipielles Problem ist das Fehlen strikter Kausalgesetze bei der Kausalitätsfest- 39
stellung nur in den Fällen, in denen hypothetische Kausalverläufe zu beurteilen sind. Denn hier geht es nicht um die Erklärung eines tatsächlich geschehenen Ereignisses, sondern um die Frage, ob ohne die Handlung ein bestimmtes Ereignis eingetreten wäre. Eine solche hypothetische Prognose lässt sich – wie jede Prognose – zweifelsfrei nur aufgrund strikter Kausalgesetze treffen. Wenn – um das oben gebildete Beispiel wieder aufzugreifen – A den B niederschlägt, um die Rettung eines Ertrinkenden zu verhindern, ermöglicht der Erfahrungssatz, dass Menschen durch eine akute Notlage in vielen Fällen zu Rettungshandlungen motiviert werden, nicht die zweifelsfreie Feststellung, B hätte den Ertrinkenden tatsächlich gerettet. Da es zur Rettung nicht gekommen ist, kann man in einem solchen Fall grundsätzlich nicht sicher wissen, ob sich die bloße Möglichkeit, dass B durch die Notlage zu einer (erfolgreichen) Rettung motiviert wird, im konkreten Fall tatsächlich realisiert hätte.

Rechtsprechung und herrschende Lehre lassen deshalb bei der Beurteilung hypotheti- 40
scher Kausalverläufe notgedrungen und zu Recht bereits eine „an Sicherheit grenzende Wahrscheinlichkeit“ für die Begründung der Kausalität ausreichen.[61] Dabei ist dieser Grad an Wahrscheinlichkeit schon immer dann anzunehmen, wenn die Verwirklichung des rettenden Kausalverlaufs dem regelmäßigen Lauf der Dinge entspricht und keinerlei Anhaltspunkte für einen atypischen Geschehensablauf ersichtlich sind. Wenn also zB die Rettung des Ertrinkenden durch Zuwerfen eines Rettungsringes ohne Aufwand und eigene Gefährdung möglich gewesen wäre oder wenn es sich bei B um einen aktiven Rettungsschwimmer gehandelt hätte, wäre davon auszugehen, dass B den Ertrinkenden tatsächlich gerettet hätte. Entsprechendes würde gelten, wenn die Rettung zusätzlich von einer ordnungsgemäßen ärztlichen Versorgung des aus dem Wasser Gezogenen abhinge. Da die Krankenversorgung in unserer Gesellschaft in aller Regel funktioniert, ist beim Fehlen gegenteiliger Anhaltspunkte „mit an Sicherheit grenzender Wahrscheinlichkeit“ anzunehmen, dass eine solche Versorgung auch im konkreten Fall erfolgt wäre.

Lektüreempfehlungen: BGHSt 39, 195–199 (nur scheinbar überholter Kausalverlauf); BGHSt 41, 206–219 (Kausalitätsfeststellung).

Vergnügliche Lektüre: Herbert Jäger, Glosse über Lehrbuchkriminalität, MschKrim 56 (1973), S. 300–306; Puppe, Kausalität, SchZStr 107 (1990), 141–153 und (unter Pseudonym) Besorgter Brief an einen künftigen Strafrechtswissenschaftler, GA 1999, 409–415.

[60] Das Vorliegen dieser Voraussetzung muss im Einzelfall sorgfältig festgestellt werden. Im „Holzschutzmittel-Fall“ (BGHSt 41, 206) hat der BGH die Feststellungen zur Kausalität zu Recht nicht als ausreichend angesehen.

[61] Roxin/Greco StrafR AT I § 11 Rn. 33. Zum Teil werden in der Literatur sogar noch weitergehende Abstriche von dem Erfordernis einer zweifelsfreien Kausalitätsfeststellung befürwortet; vgl. NK-StGB/Puppe StGB Vor §§ 13ff. Rn. 135ff.; Bosch FS Puppe, 2011, 373ff., beide mwN.

§ 10. Die objektive Zurechnung

A. Begriff und allgemeine Voraussetzungen

1 Der objektive Tatbestand eines Erfolgsdelikts setzt – wie gesehen (→ § 9 Rn. 4) – eine **rechtlich missbilligte** Verursachung des tatbestandlichen Erfolgs voraus. Diese Voraussetzung wird oft mit den Worten umschrieben, der Erfolg müsse auch bei wertender Betrachtung dem Handelnden als sein „Werk"[1] **objektiv zuzurechnen** sein. Damit wird zutreffend zum Ausdruck gebracht, dass das infrage stehende Zurechnungsproblem auf der Ebene des objektiven Tatbestands anzusiedeln ist. Darüber hinaus hat diese Formulierung aber keinen sachlichen Gehalt. Bei der Falllösung kann man nicht unmittelbar unter den Begriff der objektiven Zurechnung subsumieren, sondern muss fragen, ob die Verursachung des Erfolgs rechtlich missbilligt und deshalb der Erfolg dem Täter objektiv zuzurechnen ist.

2 Das Erfordernis einer rechtlich missbilligten Erfolgsverursachung bedeutet nicht, dass im Rahmen der objektiven Zurechnung bereits die gesamte Rechtswidrigkeitsprüfung vorzunehmen wäre. Der objektive Tatbestand eines Erfolgsdelikts ist schon dann erfüllt, wenn der Erfolg auf eine **generell** missbilligte Art und Weise verursacht worden ist. Um dies festzustellen, ist der von der Handlung zum Erfolg führende Kausalverlauf isoliert zu betrachten und zu bewerten. Nur wenn sich schon aus der Art und Weise der Erfolgsherbeiführung ergibt, dass das Geschehen vom Recht gebilligt wird, ist der objektive Tatbestand des betreffenden Delikts nicht erfüllt. Eine rechtliche Billigung aufgrund außerhalb des zum Erfolg führenden Kausalverlaufs liegender Umstände – zB einer Notlage – führt lediglich zur Rechtfertigung der Tat und bleibt deshalb bei der Prüfung der objektiven Zurechnung außer Betracht.

3 Die zur Verursachung eines tatbestandlichen Erfolgs geeigneten Handlungen werden grundsätzlich schon durch das betreffende Strafgesetz selbst missbilligt. Ein ausdrückliches gesetzliches Verbot der Handlung ist deshalb nicht erforderlich. Bei den meisten in Praxis und Ausbildung zu beurteilenden Fällen ist die rechtliche Missbilligung der Erfolgsverursachung so selbstverständlich, dass sie keinerlei Begründung bedarf. Wenn etwa A den B gezielt erschossen hat, sind jegliche Ausführungen darüber, dass das gezielte Schießen wegen seiner Eignung zur Tötung des B rechtlich missbilligt und deshalb dem A der Tod des B auch objektiv zuzurechnen ist, fehl am Platze. Die objektive Zurechnung des Erfolgs ist nur dann zu thematisieren, wenn Zweifel bestehen, ob die Art und Weise, in der die Handlung den tatbestandlichen Erfolg verursacht hat, ein Verbot dieser Handlung rechtfertigt.

4 Es hat sich eingebürgert, in solchen Fällen die Problematik in zwei Schritten zu erörtern. Ein verursachter Erfolg ist objektiv zurechenbar, wenn erstens durch die Handlung ein rechtlich missbilligtes Risiko der Verursachung eines tatbestandlichen Erfolgs begründet wurde und sich zweitens dieses rechtlich missbilligte Risiko in dem eingetretenen Erfolg realisiert hat. Nach diesem auch der folgenden Darstellung zugrunde gelegten Ordnungsschema[2] ist (1.) zunächst zu untersuchen, ob die Handlung zur

[1] Vgl. Hilgendorf/Valerius StrafR AT § 4 Rn. 49; Rengier StrafR AT § 13 Rn. 2; WBS StrafR AT Rn. 254.
[2] Dieses Schema wird hier nur deshalb verwendet, weil es allgemein üblich ist. Von der Sache her wäre es einfacher, sich bei der Prüfung der objektiven Zurechnung von vornherein auf den verwirklichten Kau-

Verursachung tatbestandlicher Erfolge generell geeignet und deshalb rechtlich missbilligt ist (→ § 10 Rn. 5ff.).[3] Sodann ist (2.) zu prüfen, ob sich die rechtliche Missbilligung der Handlung auch auf die eingetretene Erfolgsverursachung erstreckt (→ § 10 Rn. 22ff.).

B. Das rechtlich missbilligte Risiko

I. Der Ausschluss unerheblicher Risiken

An einem rechtlich missbilligten Risiko fehlt es zunächst in all den Fällen, in denen die Handlung nur aufgrund eines inadäquaten Kausalverlaufs zu einem tatbestandlichen Erfolg führen kann. Eine völlig unwahrscheinliche Möglichkeit des Erfolgseintritts rechtfertigt keine Einschränkung der allgemeinen Handlungsfreiheit. Deshalb geht zB ein Vater, der seine kleine Tochter bei einem leichten Gewitter zum Brötchenholen schickt, kein unerlaubtes Risiko für das Leben eines Menschen ein. Wenn die Tochter beim Brötchenholen tatsächlich vom Blitz erschlagen wird, hat er deren Tod zwar verursacht, den objektiven Tatbestand eines Tötungsdelikts aber nicht erfüllt. Dies würde selbst dann gelten, wenn noch genug Brötchen im Haus gewesen wären und der Vater seine Tochter nur deshalb nach weiteren Brötchen geschickt hätte, damit sie vom Blitz erschlagen wird. In einem solchen Fall hätte er zwar böse Absichten, aber das gesetzte Risiko wäre gleichwohl erlaubt, sodass ihm der Tod seiner Tochter nicht objektiv zuzurechnen wäre. 5

II. Aufgrund überwiegender Interessen generell erlaubte Risiken

Aber auch eine den tatbestandlichen Erfolg in adäquater Weise verursachende Handlung muss nicht notwendigerweise rechtlich missbilligt sein. Der Betrieb moderner Verkehrsmittel und viele Formen der industriellen Produktion begründen zum Teil erhebliche Risiken für strafrechtlich geschützte Rechtsgüter; sie sind aber in unserer Gesellschaft gleichwohl erlaubt. Der Straßenverkehr ist uns zB so wichtig, dass wir dafür jedes Jahr den Tod von mehreren tausend und die Verletzung von mehreren hunderttausend Menschen in Kauf nehmen.[4] Aber auch im Übrigen beruht unser soziales Leben auf einer Vielzahl ähnlicher Wertentscheidungen. So kommt es bei großen Bauprojekten – wie dem Bau eines Hochhauses oder einer Eisenbahnstrecke – erfahrungsgemäß fast immer zu schweren Arbeitsunfällen, durch die Arbeiter getötet oder zumindest schwer verletzt werden. Ungeachtet dessen ist die Realisierung solcher Bauprojekte in unserer Gesellschaft prinzipiell erlaubt. 6

salverlauf zu konzentrieren und direkt danach zu fragen, ob die Handlung wegen ihrer Eignung, den Erfolg auf diese Weise herbeizuführen, rechtlich missbilligt ist. Die rechtliche Missbilligung der Handlung wegen eines nicht verwirklichten Kausalverlaufs hat für die Strafbarkeit wegen eines vollendeten Delikts keine Bedeutung.

[3] Obwohl es bei dieser Frage noch nicht um die Feststellung einer Beziehung zwischen der Handlung und dem tatsächlich eingetretenen Erfolg geht, wird sie üblicherweise als Teilaspekt der objektiven Zurechnung eingeordnet; vgl. dazu kritisch etwa Puppe GA 2015, 203 (207) mwN.

[4] Im Jahr 2021 wurden bei Verkehrsunfällen auf Deutschlands Straßen nach Angaben des Statistischen Bundesamtes 2.562 Personen getötet, im Jahr 2020 2.719 Personen (polizeilich erfasste Unfälle im Straßenverkehr; abrufbar unter http://www.destatis.de).

7 Die rechtliche Billigung dieser an sich gefährlichen Handlungen ist – wie bereits erwähnt (→ § 9 Rn. 4) – das Resultat einer abstrakten Interessenabwägung. Ihr liegt die Wertung zugrunde, dass die Freiheit, die betreffenden Handlungen vornehmen zu dürfen, generell gewichtiger ist als das durch sie begründete Risiko der Verletzung von Rechtsgütern. Dementsprechend sind auch die Grenzen des erlaubten Risikos durch eine solche Interessenabwägung zu bestimmen. Je geringer das Risiko und je größer der Nutzen einer Handlung ist, desto eher kann sie als erlaubt zu bewerten sein. Da die Tatbestandserfüllung nur von der generellen Missbilligung der Erfolgsverursachung abhängt (→ § 10 Rn. 2), ist in diese Abwägung lediglich der Wert der **Freiheit** zur Vornahme der betreffenden Handlung einzustellen. Nur wenn dieses Freiheitsinteresse als solches das Risiko der Rechtsgutsverletzung überwiegt, liegt ein tatbestandlich erlaubtes Risiko vor. Dies hat zur Folge, dass es im Rahmen der objektiven Zurechnung nicht darauf ankommt, welcher Nutzen mit einer Handlung im Einzelfall tatsächlich verbunden war. So stellt auch das „sinnlose" Spazierenfahren mit dem Auto ein erlaubtes Risiko dar.[5]

8 Auch über die Zulassung selbstfahrender Kraftfahrzeuge ist mittels abstrakter Interessenabwägung zu entscheiden. Sofern die betreffenden Systeme zuverlässig funktionieren, gibt es keinen tragfähigen Grund, solche Fahrzeuge im Straßenverkehr nicht zuzulassen. Die viel diskutierte[6] Notwendigkeit, bei der Programmierung zu entscheiden, wie sich diese Fahrzeuge beim Auftreten nicht auflösbarer Rechtsgüterkollisionen verhalten, steht dem nicht entgegen. Um die Risiken des Straßenverkehrs so gering wie möglich zu halten, ist es nicht nur zulässig, sondern auch geboten, die Fahrzeuge so zu programmieren, dass sie im Kollisionsfall den quantitativ größeren Schaden vermeiden und damit notfalls sogar den Tod eines einzelnen Menschen herbeiführen, um die Tötung mehrerer Menschen zu verhindern. Anders als bei der entsprechenden Reaktion eines Fahrers in einer bereits eingetretenen Kollisionslage[7], wird dadurch nicht das Leben einer im Zeitpunkt der zu beurteilenden Handlung bereits individualisierbaren Person für das Leben einer größeren Zahl anderer Personen aufgeopfert (zur Beurteilung derartiger Handlungen → § 20 Rn. 26ff.), sondern es wird das Risiko für alle Personen einschließlich derer, die später das Unglück erleiden, aufgrund dieser Programmierung zu Tode zu kommen, in gleicher Weise reduziert.

9 Die Situation dieser Personen ist mit der des Fahrers eines Kraftfahrzeugs vergleichbar, der bei einem außergewöhnlichen Unfallgeschehen gerade deshalb zu Tode kommt, weil er gemäß § 21a I 1 StVO den Sicherheitsgurt angelegt hatte. Da der Sicherheits-

[5] Dies gilt auch dann, wenn das betreffende Verhalten im Einzelfall gegen § 30 I 3 StVO verstößt, weil diese Regelung dem Umweltschutz und nicht der Vermeidung von Unfällen im Straßenverkehr dient.

[6] Vgl. etwa Engländer ZIS 2016, 608; Hilgendorf, Autonome Systeme und neue Mobilität, 2017, S. 143; Sander/Hollering NStZ 2017, 193 (201ff.); Weigend ZIS 2017, 599, alle mwN.

[7] Die zunächst naheliegend erscheinende Überlegung, dass sich die Programmierung selbstfahrender Fahrzeuge stets daran ausrichten müsste, wie sich ein Fahrzeugführer in der konkreten Situation verhalten dürfte, führt aufgrund des unterschiedlichen Beurteilungszeitpunkts in die Irre. Während die rechtliche Beurteilung der Programmierung auf der Grundlage des zu diesem Zeitpunkt vorliegenden Sachverhalts zu erfolgen hat, ist der Beurteilung der Handlung eines Fahrzeugsführers der in der jeweiligen Verkehrssituation vorliegende Sachverhalt zugrunde zu legen. Dies macht insofern einen entscheidenden Unterschied, als sich erst in der konkreten Verkehrsituation die zuvor für alle Personen in gleicher Weise bestehenden abstrakten Risiken des Straßenverkehrs auf bestimmte Personen konkretisieren (vgl. dazu bereits zutreffend Hevelke/Nida-Rümelin in Jahrbuch für Wissenschaft und Ethik Bd. 19 (2015), 5 (10ff.); dagegen nicht überzeugend Engländer ZIS 2016, 608 (612f.).

gurt bei der weitaus überwiegenden Zahl der Unfälle schweren Verletzungen entgegenwirkt, stirbt ein solcher Fahrer im Ergebnis aufgrund der Erfüllung einer Verpflichtung, die auch sein Risiko, im Straßenverkehr zu Tode zu kommen, deutlich reduziert. Wäre bei der Entscheidung über die Gurtpflicht bereits bestimmbar, welche Personen durch das Anlegen eines Sicherheitsgurts bei einem außergewöhnlichen Unfallgeschehen zu Tode kommen und welche bei einem typischen Unfallgeschehen gerettet werden, könnte man die wenigen ersteren nicht verpflichten, zur Erhaltung des Lebens der vielen anderen den Sicherheitsgurt anzulegen. Da sich dies jedoch erst im Nachhinein herausstellt, wird mit der Gurtpflicht nicht das Leben bestimmter Personen für das Leben einer größeren Zahl anderer Personen aufgeopfert, sondern es wird das Risiko tödlicher Unfälle für alle Verkehrsteilnehmer in gleicher Weise reduziert.

In den meisten Fällen gibt es für die zur Bestimmung des erlaubten Risikos notwendige abstrakte Interessenabwägung gesetzliche Wertmaßstäbe. Das öffentliche Recht schreibt inzwischen für die Ausübung gefährlicher Tätigkeiten fast durchweg Sicherheitsstandards vor, aus denen sich im Grundsatz ergibt, ob und inwieweit die entsprechende Tätigkeit als erlaubtes Risiko zu bewerten ist. Für den Straßenverkehr finden sich diese Sicherheitsstandards zB im Straßenverkehrsgesetz und den auf seiner Grundlage erlassenen Rechtsverordnungen, insbesondere der Straßenverkehrsordnung. Wer im Straßenverkehr die Vorschriften der StVO beachtet, geht grundsätzlich kein unerlaubtes Risiko für strafrechtlich geschützte Rechtsgüter ein. Wenn er durch seine Teilnahme am Straßenverkehr gleichwohl eine Rechtsgutsverletzung verursacht, trifft ihn zwar uU die zivilrechtliche Gefährdungshaftung nach § 7 StVG, strafrechtlich kann ihm ein solcher Erfolg jedoch schon objektiv nicht zugerechnet werden. 10

Allerdings lassen sich die für die Bewertung eines Risikos relevanten Umstände durch abstrakte Regelungen nicht immer vollständig erfassen. Deshalb sind die gesetzlichen Sicherheitsstandards oft nicht abschließend oder bedürfen ihrerseits noch der Konkretisierung. So hängt etwa der beim Überholen eines Radfahrers erforderliche Sicherheitsabstand ua von den Fahrbahn- und Wetterverhältnissen, dem Alter und der sonstigen persönlichen Konstitution (zB einer Trunkenheit) des Radfahrers ab. Aus diesem Grund hat sich die Straßenverkehrsordnung bisher darauf beschränkt, für das Überholen einen „ausreichenden“ Seitenabstand vorzuschreiben (§ 5 IV 2 StVO).[8] Künftig sieht sie zwar einen bei jedem Überholvorgang einzuhaltenden Mindestabstand vor,[9] aber ob dieser in der konkreten Verkehrssituation ausreicht, ist nach wie vor anhand der Umstände des Einzelfalles zu entscheiden. Maßgeblich ist, ob das im konkreten Fall bestehende Risiko für den Radfahrer so gering ist, dass es um des Verkehrsflusses willen in Kauf genommen werden darf. 11

[8] Vgl. zur Konkretisierung dieser Vorgabe durch die Rechtsprechung Hentschel/König/Dauer, Straßenverkehrsrecht, 45. Aufl. 2019, StVO § 5 Rn. 54 mwN.

[9] Nach dem Entwurf einer Verordnung zur Änderung straßenverkehrsrechtlicher Vorschriften (BR-Drs. 591/19), dem der Bundesrat in dem hier relevanten Punkt bereits zugestimmt hat (BR-Drs. 591/19), wird gemäß § 5 IV 3 StVO künftig innerorts einen Mindestabstand von 1,5 m und außerorts von 2 m gelten.

III. Die Bewertung durch das Verhalten Dritter vermittelter Risiken

12 In Rechtsprechung und Literatur wird verschiedentlich versucht, über den Verweis auf die Notwendigkeit einer Interessenabwägung hinausgehende allgemeine Regeln zur Bestimmung des erlaubten Risikos zu formulieren. Dabei geht es vor allem um die Frage, ob und inwieweit es erlaubt ist, das Risiko einzugehen, dass das eigene Verhalten nur aufgrund des Verhaltens anderer zu einer Rechtsgutsverletzung führt. Damit der Einzelne nicht nur wegen eines möglichen rechtswidrigen Verhaltens anderer auf die Ausübung legitimer Handlungsfreiheit verzichten muss, werden zwei Prinzipien postuliert. Nach dem **Vertrauensgrundsatz** soll die Möglichkeit rechtswidrigen Verhaltens anderer lediglich dann zu berücksichtigen sein, wenn konkrete Anhaltspunkte für ein derartiges Verhalten bestehen. Nach dem **Regressverbot** soll die Möglichkeit eines **vorsätzlichen** rechtswidrigen Verhaltens sogar bei Vorliegen solcher Anhaltspunkte unberücksichtigt gelassen werden dürfen.

13 Der Vertrauensgrundsatz wurde in der Rechtsprechung zum Straßenverkehrsrecht entwickelt, wird aber heute auch in anderen Rechtsbereichen angewandt.[10] Die Grundsatzentscheidung des Bundesgerichtshofs[11] betraf das Vorfahrtsrecht im Straßenverkehr. Solange er keine gegenteiligen Anhaltspunkte habe, dürfe jeder Verkehrsteilnehmer darauf vertrauen, dass andere Verkehrsteilnehmer die Vorfahrtsregelung beachten, weil andernfalls „die mit der Vorfahrtsregelung erstrebte Verkehrsflüssigkeit nicht erreicht" werden könne.[12] Der Vertrauensgrundsatz wird in dieser Entscheidung also nicht als ein von dem Prinzip der Interessenabwägung zu unterscheidender Rechtsgedanke, sondern als Anwendungsfall eines aufgrund überwiegender Interessen erlaubten Risikos begründet. Das Risiko nicht erkennbarer Vorfahrtsverletzungen anderer dürfe man deshalb eingehen, weil es als weniger gewichtig zu bewerten sei als die Freiheit, auf einer Vorfahrtsstraße mit der erlaubten Geschwindigkeit zügig fahren zu können.

14 Dieses Verständnis des Vertrauensgrundsatzes ist allerdings nicht unumstritten. In der Literatur wird der Vertrauensgrundsatz zum Teil nicht als Ergebnis einer Interessenabwägung begriffen, sondern darauf zurückgeführt, dass andere Personen für ihr pflichtwidriges Verhalten ausschließlich selbst verantwortlich seien.[13] Jedoch ist die **Verantwortlichkeit einer Person** als solche kein Grund, eine andere zu entlasten. Dies zeigt sich daran, dass der Vertrauensgrundsatz bei Vorliegen konkreter Anhaltspunkte für ein pflichtwidriges Verhalten[14] nicht zum Tragen kommt und auch im Übrigen kein durchgängig geltendes Rechtsprinzip ist. Es gibt Handlungen, die auch oder sogar ausschließlich deshalb missbilligt sind, weil sie bei pflichtwidrigem Verhalten anderer Rechtsgutsverletzungen verursachen können. Geschwindigkeitsbegrenzungen an Kreuzungen haben zB zumeist den Sinn, Unfällen aufgrund von Vorfahrtsverlet-

---

[10] Vgl. zB BGH NJW 1980, 649 (650).

[11] BGHSt 7, 118.

[12] BGHSt 7, 118 (122).

[13] Vgl. etwa Jakobs StrafR AT Abschn. 7 Rn. 51f.; Eisele FS Kühl, 2014, 159 (167ff.).

[14] Solche Anhaltspunkte bestehen stets, wenn eine Handlung gerade darauf angelegt ist, ein pflichtwidriges Verhalten anderer zu provozieren. Wer sich im allgemeinen Straßenverkehr mit einem anderen Verkehrsteilnehmer ein unter bewusster Missachtung der Verkehrsregeln stattfindendes Rennen liefert, ist deshalb auch für unmittelbar durch den anderen verursachte Verletzungen Dritter strafrechtlich verantwortlich (so zu Recht OLG Celle StV 2013, 27; aA OLG Stuttgart JR 2012, 163; vgl. zu beiden Urteilen Mitsch JuS 2013, 20; Eisele FS Kühl, 2014, 159 (167ff.), beide mwN).

zungen vorzubeugen bzw. zumindest deren Folgen abzumildern.[15] Selbst beim Vorfahrtsrecht als dem klassischen Anwendungsfall des Vertrauensgrundsatzes darf man also nicht uneingeschränkt auf das pflichtgemäße Verhalten anderer vertrauen.

Auch die gesteigerte Verantwortlichkeit eines **Vorsatztäters** schließt es nicht aus, 15
Rechtsgutsverletzungen zusätzlich demjenigen zuzurechnen, der sie durch sein eigenes Verhalten mittelbar verursacht hat. Das sogenannte Regressverbot, nach dem – von den Fällen der Teilnahme abgesehen – die Ermöglichung fremder Vorsatztaten generell kein unerlaubtes Risiko der Tatbestandsverwirklichung sein soll,[16] wird deshalb von der herrschenden Meinung zu Recht abgelehnt. Zumindest wenn der potentielle Vorsatztäter bereits erkennbar zur Tat geneigt war, muss die Ermöglichung einer fremden Vorsatztat als unerlaubtes Risiko bewertet werden.[17] Wer etwa in einer Gaststätte ein geladenes Gewehr achtlos an einen Garderobenhaken hängt, obwohl dort gerade ein Gast den anderen im Rahmen einer erbitterten Auseinandersetzung mit dem Tode bedroht, setzt ohne Zweifel ein unerlaubtes Risiko für das Leben des bedrohten Gastes. Wenn sich dieses Risiko realisiert, ist er unbeschadet der Verantwortlichkeit des Vorsatztäters wegen fahrlässiger Tötung (§ 222 StGB) zu bestrafen.

Aber selbst wenn es in der Gaststätte beim Aufhängen des Gewehrs noch keine derar- 16
tige Auseinandersetzung gab, ist das durch diese Handlung eingegangene Risiko richtigerweise als ein unerlaubtes Tötungsrisiko zu bewerten.[18] Der Umgang mit Schusswaffen ist auch deshalb reglementiert, damit mit diesen Waffen keine vorsätzlichen Straftaten begangen werden. Die Besitzer von Schusswaffen sind ua aus diesem Grund verpflichtet, ihre Waffen sorgfältig zu verwahren und gegen unbefugten Gebrauch zu sichern (§§ 5 I Nr. 2b, 36 I WaffG). Wer durch Verletzung dieser Verpflichtung anderen Gelegenheit zu einer vorsätzlichen Tötung gibt, geht genauso ein unerlaubtes Risiko für das Leben seiner Mitmenschen ein wie derjenige, der anderen einen fahrlässigen Umgang mit der Waffe ermöglicht.[19] Auch für das Risiko einer vorsätzlichen Erfolgsherbeiführung durch Dritte gelten also keine Besonderheiten. Es ist ebenso wie andere Risiken nur dann erlaubt, wenn es aufgrund seiner Geringfügigkeit unerheblich[20] oder aufgrund überwiegender Interessen generell in Kauf zu nehmen ist.

IV. Durch Handlungen des Verletzten vermittelte Risiken

Während also durch Handlungen Dritter vermittelte Risiken im Ergebnis nach den 17
gleichen Regeln zu bewerten sind wie andere Risiken, gelten für durch Handlungen des Verletzten selbst vermittelte Risiken in der Tat Besonderheiten. Der Grund dafür

[15] Dazu mit weiteren Beispielen NK-StGB/Puppe StGB Vor §§ 13 ff. Rn. 242.

[16] Die Lehre vom Regressverbot ist ursprünglich zur Kausalität entwickelt worden. Durch die vorsätzliche Erfolgsherbeiführung eines Dritten sollte der Kausalzusammenhang unterbrochen werden (Frank RStGB § 1 III 2a). Heute gehen ihre Anhänger dagegen davon aus, dass durch das vorsätzliche („voll verantwortliche") Handeln eines anderen die objektive Zurechnung ausgeschlossen werde (zB Otto StrafR AT § 6 Rn. 56).

[17] Roxin/Greco StrafR AT I § 24 Rn. 28 ff. mwN.

[18] Anders Roxin/Greco StrafR AT I § 24 Rn. 33.

[19] Vgl. dazu den Beschluss des Bundesgerichtshofes zum „Amoklauf von Winnenden": BGH NStZ 2013, 238 m. Bespr. von Berster ZIS 2012, 623; Braun JR 2013, 38; Jäger JA 2012, 634 sowie Heinrich FS Geppert, 2011, 170 (179); Jäger FS Kühne, 2013, 3 (10 ff.), beide mwN.

[20] Vgl. zum Ausschluss der Zurechung, wenn die den Erfolg herbeiführende Vorsatztat „außerhalb der Lebenserfahrung" liegt, BGH NStZ 2022, 163.

ist der Respekt vor der durch Art. 1, 2 GG gewährleisteten Autonomie des Verletzten. Unsere Rechtsordnung betrachtet es nicht als Aufgabe des Staates, die Menschen zu bevormunden. Diese haben grundsätzlich das Recht, selbst darüber zu entscheiden, ob und inwieweit sie ihre Rechtsgüter durch eigenes Verhalten gefährden wollen. Dementsprechend kann die Rechtsordnung auch Handlungen, die anderen lediglich eine solche **Selbstgefährdung** ermöglichen,[21] nicht generell missbilligen. Der Respekt vor der Autonomie des Verletzten gebietet es vielmehr, die bloße Ermöglichung einer auf einer zurechenbaren Willensentscheidung beruhenden Selbstgefährdung grundsätzlich nicht als unerlaubtes Risiko der Tatbestandsverwirklichung zu bewerten.[22]

18 Deshalb geht etwa ein Bergsteiger, der anderen die Reize extrem gefährlicher Bergtouren schildert und sie dadurch zur Teilnahme an einer solchen Tour veranlasst, im Allgemeinen kein unerlaubtes Risiko für das Leben seiner Mitmenschen ein. Wenn jemand bei der Tour getötet wird, hat seine Schilderung zwar den Tod verursacht, jedoch ist ihm der Erfolg wegen der autonomen Selbstgefährdung der Beteiligten nicht objektiv zurechenbar.[23] Anders ist dies nur dann, wenn die Teilnehmer das mit der Tour verbundene Risiko selbst nicht richtig einschätzen konnten bzw. aufgrund ihrer Jugend oder psychischer Beeinträchtigungen nicht in der Lage waren, über das Eingehen eines solchen Risikos autonom zu entscheiden. Wenn zB unerfahrenen Touristen die Risiken einer gefährlichen Bergtour verschwiegen oder 10-jährige Kinder zu einer solchen Tour überredet werden, liegt sicherlich keine autonome Selbstgefährdung vor. In solchen Fällen ist das Risiko rechtlich missbilligt und der Tod eines Beteiligten dem Veranlasser der Tour objektiv zuzurechnen.[24]

19 Da speziell das Risiko der Herbeiführung des in dem jeweiligen Tatbestand vorausgesetzten Erfolgs rechtlich missbilligt sein muss, kommt es nicht darauf an, ob die Verursachung des selbstgefährdenden Verhaltens aus anderen rechtlichen Gründen untersagt ist. Deshalb begründet auch die zum Schutz der Volksgesundheit durch das Betäubungsmittelgesetz generell mit Strafe bedrohte Abgabe gefährlicher Drogen nur dann ein unerlaubtes Risiko im Sinne der Körperverletzungs- und Tötungsdelikte, wenn sie an Personen erfolgt, die zu einer autonomen Entscheidung über den Konsum dieser Drogen nicht in der Lage sind. Dies ist inzwischen auch in der Rechtsprechung anerkannt.[25] Jedoch schließt nach Auffassung des Bundesgerichtshofs eine autonome Selbstgefährdung die Zurechnung tödlicher Folgen nur bei den Tötungsdelikten des Strafgesetzbuches aus. Der im Betäubungsmittelgesetz enthaltene Tatbestand der Betäubungsmittelabgabe mit Todesfolge (§ 30 I Nr. 3 BtMG) soll auch bei Vorliegen einer autonomen Selbstgefährdung verwirklicht sein.[26]

[21] Von der bloßen Ermöglichung einer Selbstgefährdung zu unterscheiden ist der Fall, dass jemand einen anderen unmittelbar durch sein eigenes Verhalten (zB eine Trunkenheitsfahrt), aber mit dessen Einverständnis gefährdet (vgl. zu solch einverständlichen Fremdgefährdungen → § 15 Rn. 12ff.).

[22] Dies ist in der Rechtsprechung inzwischen anerkannt; vgl. BGHSt 49, 34 (39) und zu den Anforderungen an die zurechenbare Willensentscheidung BGHSt 53, 288 (290ff.); BGH NStZ 2011, 341 (342f.) mAnm Stam StV 2011, 536.

[23] Vgl. dazu auch das Urteil des AG Garmisch-Partenkirchen SpuRt 2011, 128 mit Bespr. Jahn JuS 2011, 844 sowie Schuld SpuRt 2011, 90, zur Frage der Verantwortlichkeit des Veranstalters eines Zugspitzlaufes für den Tod von mit unzureichender Ausrüstung gestarteten Teilnehmern.

[24] Vgl. dazu zB BGH NStZ 1986, 266.

[25] BGHSt 32, 262; 46, 279 (288f.); 49, 34 (39); 53, 288 (290); BGH NStZ 2011, 341; anders noch BGH NStZ 1981, 350; vgl. zum Ganzen Weißer FS Wolter, 2013, 541 (544ff.).

[26] BGHSt 37, 179; dazu krit. Roxin/Greco StrafR AT I § 11 Rn. 112 mwN.

Problematisch und überaus umstritten ist die Beurteilung von Fällen, in denen der Verletzte seine Rechtsgüter nur aufgrund einer von einem anderen geschaffenen Notlage aufs Spiel setzt, sich also etwa bei dem Versuch verletzt, einen durch eigenes Verhalten in Not geratenen Bergsteiger zu retten. Zum Teil wird unter im Einzelnen unterschiedlichen Voraussetzungen auch in solchen Fällen eine autonome Selbstgefährdung des Verletzten angenommen.[27] Dabei wird jedoch außer Acht gelassen, dass bei einer autonomen Selbstgefährdung gerade der Respekt vor der Autonomie des Verletzten einer rechtlichen Missbilligung des eingegangenen Risikos entgegensteht. Diese Erwägung kommt in den Fällen, in denen der Verletzte sein Rechtsgut nur aufgrund einer von einem anderen geschaffenen Notlage aufs Spiel setzt, nicht zum Tragen. Die Autonomie einer Person, die sich zur Rettung eines anderen selbst gefährdet, wird durch eine rechtliche Missbilligung der die Notwendigkeit der riskanten Rettung begründenden Handlung in keiner Weise beeinträchtigt. 20

Über die rechtliche Missbilligung eines solchen Risikos ist deshalb nicht nach den für eine autonome Selbstgefährdung geltenden, sondern nach allgemeinen Regeln zu entscheiden. Soweit es keine gesetzlichen Wertmaßstäbe zur Beurteilung des betreffenden Risikos gibt, bedarf es also einer Abwägung zwischen der Freiheit zur Vornahme der betreffenden Handlung und dem durch sie für andere begründeten Risiko. In dem geschilderten Beispielsfall wäre das Interesse des Bergsteigers, die gefährliche Tour unternehmen zu können, gegen die Risiken abzuwägen, die sich aus der Durchführung solcher Touren für potentielle Retter ergeben können. Das Ergebnis dieser Interessenabwägung hängt von den Umständen des Einzelfalls ab. Sicherlich kann nicht jedes riskante Unternehmen als unerlaubte Gefährdung eventueller Retter bewertet werden. Wenn aber die Eingehung des Risikos zB durch die Sperrung von Skipisten wegen Lawinengefahr explizit untersagt[28] oder das eingegangene Risiko aus anderen Gründen völlig unvernünftig und die Wahrscheinlichkeit gefährlicher Rettungsaktionen hoch war, kann die für die Retter geschaffene Gefahr durchaus rechtlich zu missbilligen und damit deren Verletzung dem Bergsteiger objektiv zuzurechnen sein. 21

C. Die Realisierung des rechtlich missbilligten Risikos

Die rechtliche Missbilligung der Handlung erstreckt sich auf die eingetretene Erfolgsverursachung, wenn der Eintritt des tatbestandlichen Erfolgs als Realisierung des die rechtliche Missbilligung der Handlung begründenden Risikos zu bewerten ist. Maßgeblich dafür ist, ob die Handlung gerade wegen ihrer Eignung rechtlich missbilligt ist, den Erfolg auf dem Weg zu verursachen, auf dem er tatsächlich eingetreten ist. Da sich das Problem der Risikorealisierung erst stellt, wenn die rechtlich missbilligte Handlung den Erfolg verursacht hat, kann es an dieser insbesondere bei den Fahrlässigkeitsdelikten oft als **Schutzzweckzusammenhang** bezeichneten Voraussetzung nur fehlen, wenn der Eintritt des Erfolgs auf ein anderes, ebenfalls durch die Handlung begründetes, aber rechtlich nicht missbilligtes Risiko zurückzuführen ist. Dementsprechend treten bei der Risikorealisierung alle bei der rechtlichen Bewertung des mit der Handlung eingegangenen Risikos erörterten Fallkonstellationen erneut auf. Un- 22

[27] Vgl. zum Meinungsstand Roxin/Greco StrafR AT I § 11 Rn. 115ff.; Roxin FS Puppe, 2011, 909, jeweils mwN.

[28] Die Bedeutung dieses Kriteriums betont zu Recht Roxin FS Kindhäuser, 2019, 407 (423).

geachtet der rechtlichen Missbilligung der Handlung selbst kann der Erfolgseintritt im konkreten Fall auf inadäquaten, durch überwiegende Interessen generell erlaubten und auf durch Handlungen Dritter oder des Verletzten selbst vermittelten Risiken beruhen.

I. Realisierung unerheblicher Risiken

23 Wenn jemand durch einen gezielten Messerstich in den Bauch verletzt und dann auf dem Weg ins Krankenhaus vom Blitz erschlagen wird, ist der objektive Tatbestand eines Tötungsdelikts im Ergebnis ebenso wenig erfüllt, wie wenn ihn das gleiche Schicksal während einer von einem anderen veranlassten Besorgung ereilt (→ § 10 Rn. 5). Zwar ist der Messerstich durch das Tötungsverbot rechtlich missbilligt. Aber diese Missbilligung hat ihren Grund nicht in einer Eignung von Messerstichen, den Tod des Opfers durch Blitzschlag herbeizuführen, und vermag deshalb die Zurechnung des tatsächlich eingetretenen Erfolgs nicht zu begründen. Das Gleiche gilt, wenn der Tod nicht durch einen Blitzschlag, sondern – so ein häufig angeführtes Schulbeispiel – dadurch eintritt, dass der Krankenwagen auf dem Weg ins Krankenhaus eine Bahnschranke durchbricht und von dem herannahenden Zug erfasst wird. Das Risiko, durch einen Messerstich einen derart atypischen Unfall zu verursachen, ist so gering, dass der tatsächlich eingetretene Tötungserfolg schon von daher dem Täter nicht objektiv zurechenbar ist.

II. Realisierung aufgrund überwiegender Interessen generell erlaubter Risiken

24 Aber auch wenn es auf dem Weg in das Krankenhaus zu einem typischen Verkehrsunfall mit tödlichem Ausgang kommt, ist der Tod eines zuvor durch einen Messerstich verletzten Unfallopfers dem Täter in der Regel nicht objektiv zurechenbar. In Anbetracht der hohen Zahl von Verkehrstoten liegt zwar nunmehr durchaus ein adäquater Kausalverlauf vor. Jedoch beruht der Erfolgseintritt auf der Verwirklichung generell mit dem Straßenverkehr verbundener Risiken, die in unserer Gesellschaft um der allgemeinen Mobilität willen hingenommen werden und generell erlaubt sind. Wer durch einen Messerstich eine Autofahrt verursacht, haftet für die Folgen eines tödlichen Verkehrsunfalls grundsätzlich ebenso wenig wie jemand, der auf erlaubte Art und Weise eine Autofahrt veranlasst.[29] Die rechtliche Missbilligung von Messerstichen hat ihren Grund nicht in deren Eignung, Autofahrten zu veranlassen und dadurch tödliche Verkehrsunfälle herbeizuführen.

25 Anders ist dies allerdings dann, wenn sich in dem tödlichen Verkehrsunfall das erhöhte Risiko einer Rettungsfahrt unter Inanspruchnahme von Sonderrechten (§ 35 Va StVO) realisiert hat, der Krankenwagen also zB mit Blaulicht eine rote Ampel überfahren hat und es dabei zu dem tödlichen Unfall gekommen ist.[30] In einem solchen Fall hat sich ein generell unerlaubtes, von der Rechtsordnung nur aufgrund einer Notsituation gebilligtes Risiko realisiert. Eine so begründete rechtliche Billigung schließt die Verantwortlichkeit des Verursachers der Notsituation selbst nicht aus. Messerstiche und sonstige Verletzungshandlungen sind durchaus auch deshalb zu missbilligen, weil sie gefährliche, nur aufgrund der besonderen Notsituation erlaubte Rettungsfahrten ver-

[29] NK-StGB/Puppe StGB Vor §§ 13ff. Rn. 236 mwN.
[30] Ebenso Jakobs StrafR AT Abschn. 7 Rn. 79 (Anm. 131 g) mwN.

anlassen und dadurch tödliche Verkehrsunfälle herbeiführen können. Die Handlung des Täters ist also hier auch wegen ihrer Eignung zur Herbeiführung des tatsächlich eingetretenen Erfolgs rechtlich missbilligt, sodass dieser Erfolg objektiv zuzurechnen ist.

Ein weiteres Beispiel für die Realisierung eines aufgrund überwiegender Interessen generell erlaubten Risikos ist dagegen der Fall, dass jemand unter Überschreitung der zulässigen Höchstgeschwindigkeit eine geschlossene Ortschaft durchfährt und dann einige Kilometer weiter bei wieder ordnungsgemäßer Fahrweise in der konkreten Situation unvermeidbar einen Unfall verursacht, bei dem ein Mensch getötet wird.[31] Da das Auto ohne die Geschwindigkeitsüberschreitung den späteren Unfallort nicht zu der fraglichen Zeit erreicht hätte, lässt sich nicht leugnen, dass das rechtlich missbilligte Durchfahren der Ortschaft mit überhöhter Geschwindigkeit den Tod des Unfallopfers verursacht hat. Die Geschwindigkeitsbegrenzung hat aber natürlich nicht den Sinn, Unfälle zu vermeiden, die nur dadurch entstehen, dass nach der Ortsdurchfahrt ein bestimmter Ort zu einem früheren Zeitpunkt erreicht wird.[32] Deshalb hat sich auch hier in dem eingetretenen Erfolg nur das allgemeine Verkehrsrisiko realisiert, sodass dieser Erfolg nicht objektiv zurechenbar ist. 26

III. Realisierung durch Handlungen Dritter vermittelter Risiken

Ebenso wie die rechtliche Missbilligung des eingegangenen Risikos kann auch die Missbilligung des im Erfolg verwirklichten Risikos aufgrund des Vertrauensgrundsatzes ausgeschlossen sein. So ist – um das soeben erörterte Beispiel noch einmal aufzugreifen – ein einige Kilometer nach einer zu schnellen Ortsdurchfahrt geschehener tödlicher Unfall dem Fahrer auch dann nicht objektiv zurechenbar, wenn dieser im berechtigten Vertrauen darauf, dass ein anderer die Vorfahrtsregelung beachten wird, seine Geschwindigkeit an der Unfallkreuzung nicht vorsorglich herabgesetzt hat. Da eine innerhalb der Ortschaft geltende Geschwindigkeitsbegrenzung nicht dazu dient, Unfällen aufgrund von Vorfahrtsverletzungen einige Kilometer nach der Ortsdurchfahrt vorzubeugen, hat sich auch hier das rechtlich missbilligte Risiko in dem eingetretenen Erfolg nicht realisiert. Der Fahrer durfte ebenso wie jeder andere Verkehrsteilnehmer darauf vertrauen, dass andere das Vorfahrtsrecht beachten werden. 27

Auch bei der Bewertung des verwirklichten Risikos ist zu beachten, dass sich die Reichweite des Vertrauensgrundsatzes im Zweifelsfall erst durch eine Abwägung zwischen dem bei der jeweiligen Handlung bestehenden Freiheitsinteresse und dem mit dieser Handlung verbundenen Risiko bestimmen lässt (vgl. dazu → § 10 Rn. 12f.). Dies ist insbesondere für die viel erörterte Frage von Bedeutung, ob und inwieweit demjenigen, der einen anderen verletzt hat, auch die **Folgen ärztlicher Fehler bei der Behandlung der Verletzung** objektiv zuzurechnen sind.[33] In der Literatur ist die Zurechnung der Folgen fehlerhaften ärztlichen Tuns wegen des Vertrauensgrundsatzes zum Teil generell für ausgeschlossen erachtet worden.[34] Da man jedoch nur aufgrund eines die Risiken überwiegenden Freiheitsinteresses auf das pflichtgemäße Verhalten 28

[31] Rechtsprechungsnachweise zu derartigen Fallkonstellationen finden sich bei Jakobs StrafR AT Abschn. 7 Rn. 81 (Anm. 131k).

[32] Vgl. dazu näher Puppe GA 2015, 203 (212f.) mwN.

[33] Vgl. dazu lesenswert Gimbernat Ordeig FS I. Roxin, 2012, 137.

[34] So zB Rudolphi JuS 1969, 555, der allerdings anders entscheiden will, wenn die fehlerhafte Behandlung nur in einem Unterlassen besteht.

anderer vertrauen darf, greift der Vertrauensgrundsatz in einem derartigen Fall nicht ein.[35] Körperverletzungen sind auch deshalb rechtlich zu missbilligen, weil sie riskante Behandlungen notwendig machen und dadurch Fehler des Arztes provozieren können. Zumindest die Folgen solch naheliegender Behandlungsfehler sind deshalb dem Erstverursacher objektiv zuzurechnen.[36]

IV. Realisierung durch Handlungen des Verletzten vermittelter Risiken

29 Die Autonomie des Verletzten ist auch bei der Bewertung des im Erfolg verwirklichten Risikos zu respektieren. Deshalb fehlt es an der Realisierung eines unerlaubten Risikos, wenn der Erfolg im konkreten Fall nur aufgrund einer autonomen Selbstgefährdung des Verletzten eingetreten ist. Eine solche Konstellation liegt zB vor, wenn sich zwei Personen zu einem gefährlichen Motorradwettrennen auf öffentlichen Straßen verabreden, bei dem einer von ihnen tödlich verunglückt.[37] Die Verabredung eines solchen Wettrennens ist wegen der Gefahren für andere Verkehrsteilnehmer ohne Zweifel rechtlich missbilligt und dementsprechend wäre der Tod eines unbeteiligten Dritten allen Teilnehmern des Rennens objektiv zuzurechnen. Der Tod eines Beteiligten beruht aber – sofern bei dem Getöteten eine zurechenbare Willensentscheidung vorliegt[38] – auf einer autonomen Selbstgefährdung und kann deshalb dem anderen Beteiligten ebenso wenig zugerechnet werden, als wenn das Wettrennen auf einer abgesicherten Rennstrecke und damit ohne Gefährdung Dritter stattgefunden hätte.[39]

30 Die Gefährdung eigener Rechtsgüter aufgrund einer von einem anderen geschaffenen Notlage ist jedoch auch bei der Bewertung des im Erfolg verwirklichten Risikos nicht als autonome Selbstgefährdung einzuordnen (vgl. dazu → § 10 Rn. 19f.). Deshalb hat der Bundesgerichtshof zu Recht entschieden, dass dem Täter einer Brandstiftung der Tod von Personen, die bei durch den Brand veranlassten Rettungsversuchen ums Leben kommen, objektiv zuzurechnen ist.[40] Ob die Getöteten institutionelle Rettungskräfte wie Angehörige der Feuerwehr, Polizei oder Bergwacht waren, ist dabei ohne Bedeutung.[41] Auch auf die Frage, ob der Rettungsversuch rechtlich geboten war, kommt es – entgegen einer in der Literatur verbreiteten Auffassung[42] – nicht an. Dessen Erfolgsaussichten sind im Grundsatz ebenfalls ohne Bedeutung. Bei Bränden neigen die Menschen erfahrungsgemäß auch zu wenig aussichtsreichen Rettungsver-

---

[35] Dazu eingehend NK-StGB/Puppe StGB Vor §§ 13ff. Rn. 252.

[36] Bei schwerwiegenden Behandlungsfehlern mag dies anders zu beurteilen sein; vgl. dazu BGH NStZ 2009, 92; OLG Koblenz MedR 2009, 231 (232f.).

[37] So der Sachverhalt von BGHSt 7, 112; vgl. auch BGHSt 53, 55, wo allerdings kein Fahrer, sondern ein Beifahrer getötet wurde, sodass keine eigenverantwortliche Selbstgefährdung, sondern eine einverständliche Fremdgefährdung vorlag (BGHSt 53, 55 (61f.); vgl. dazu → § 15 Rn. 12–14 und 26f.).

[38] Vgl. zu diesem Erfordernis etwa BGH NJW 2015, 96 (99).

[39] Der Bundesgerichtshof hat dies damals – die Entscheidung ist durch BGHSt 32, 262; 53, 55 (60) mwN überholt – noch anders gesehen und den überlebenden Beteiligten wegen fahrlässiger Tötung verurteilt. Dabei spielte allerdings auch die Tatsache eine Rolle, dass der Getötete im konkreten Fall angetrunken war.

[40] BGHSt 39, 322; BGHSt 66, 119 (122).

[41] BGHSt 66, 119 (122f.); anders mit dem Argument, die Existenz derartiger gesellschaftlicher Institutionen nehme dem Täter das Risiko ab, Stuckenberg FS Roxin, 2011, 411 (418ff.).

[42] Beckemper FS Roxin, 2011, 397 (403ff.); Roxin FS Puppe, 2011, 909 (913ff.); Roxin FS Kindhäuser, 2019, 407 (413ff.); mit Einschränkungen auch Radtke FS Puppe, 2011, 831 (845f.); Radtke/Hoffmann GA 2007, 201 (208) jeweils mwN.

suchen. Daher sind Brandstiftungen ua deshalb zu missbilligen, weil sie solche Rettungsversuche verursachen und dadurch den Tod von Menschen herbeiführen können. Nur bei „von vornherein sinnlosen oder mit offensichtlich unverhältnismäßigen Wagnissen verbundenen“[43] Rettungshandlungen kann dies wegen der dann vorliegenden Inadäquanz des verwirklichten Kausalverlaufs anders zu beurteilen sein.[44]

Ausschluss der objektiven Zurechnung wegen fehlender rechtlicher Missbilligung des …

<table>
<tr><th></th><th>… geschaffenen Risikos</th><th>… realisierten Risikos</th></tr>
<tr><td rowspan="2">unerhebliche Risiken</td><td>Bsp.: Vater schickt seine Tochter bei Gewitter zum Einkaufen (→ § 10 Rn. 5).</td><td>Bsp.: Das vom Täter lebensgefährlich verletzte Opfer wird vom Blitz erschlagen (→ § 10 Rn. 23).</td></tr>
<tr><td colspan="2">Die fehlende rechtliche Missbilligung ergibt sich bereits aus der Geringfügigkeit des Risikos.</td></tr>
<tr><td rowspan="2">aufgrund überwiegender Interessen generell erlaubte Risiken</td><td>Bsp.: Teilnahme am Straßenverkehr (→ § 10 Rn. 6)</td><td>Bsp.: Das vom Täter lebensgefährlich verletzte Opfer wird auf dem Weg ins Krankenhaus durch einen Verkehrsunfall getötet (→ § 10 Rn. 24).</td></tr>
<tr><td colspan="2">Die fehlende rechtliche Missbilligung ergibt sich aus einer meist schon durch außerstrafrechtliche Normen vorgezeichneten Interessenabwägung.</td></tr>
<tr><td rowspan="2">durch das Verhalten Dritter vermittelte Risiken</td><td>Bsp.: Vorfahrtsberechtigter fährt in eine Kreuzung ein, ohne seine Geschwindigkeit zu reduzieren (→ § 10 Rn. 12).</td><td>Bsp.: Nach einer Geschwindigkeitsüberschreitung kommt es bei der nicht verlangsamten Einfahrt in die nächste Kreuzung aufgrund einer Vorfahrtsverletzung des Unfallgegners zu einem tödlichen Unfall (→ § 10 Rn. 27).</td></tr>
<tr><td colspan="2">Die fehlende rechtliche Missbilligung ergibt sich aus dem sogenannten Vertrauensgrundsatz, der allerdings nicht absolut gilt und selbst lediglich das Ergebnis einer meist durch außerstrafrechtliche Normen vorgezeichneten Interessenabwägung ist (str.).</td></tr>
<tr><td rowspan="3">durch das Verhalten des Verletzten vermittelte Risiken</td><td>Bsp.: Veranlassung eines anderen zu einer Wettfahrt auf einer zum Schutz Dritter abgesperrten Strecke (→ § 10 Rn. 17)</td><td>Bsp.: Teilnehmer einer für Teilnehmer und Dritte gefährlichen Wettfahrt verunglückt (→ § 10 Rn. 29)</td></tr>
<tr><td colspan="2">Die fehlende rechtliche Missbilligung ergibt sich daraus, dass der Verletzte sich im Rahmen der freien Entfaltung seiner Persönlichkeit selbst gefährdet (autonome Selbstgefährdung).</td></tr>
<tr><td>Bsp.: Suizidversuch durch Freisetzung von Gas, ohne Gefahr für Dritte, aber mit der Gefahr für potentielle Retter (→ § 10 Rn. 19f.)</td><td>Bsp.: Suizidversuch durch Freisetzung von Gas, der auch eine Gefahr für Dritte begründet; Retter des Suizidenten stirbt (→ § 10 Rn. 29)</td></tr>
</table>

[43] So die Formulierung in BGHSt 39, 322 (326).
[44] Vgl. zu einem solchen Fall OLG Stuttgart NJW 2008, 1971 m. abl. Anm. Puppe NStZ 2009, 333.

durch das Verhalten des Verletzten vermittelte Risiken	**Bsp.: Veranlassung eines anderen zu einer Wettfahrt auf einer zum Schutz Dritter abgesperrten Strecke (→ § 10 Rn. 17)**	**Bsp.: Teilnehmer einer für Teilnehmer und Dritte gefährlichen Wettfahrt verunglückt (→ § 10 Rn. 29)**
	Da Rettungshandlungen nicht der Entfaltung der eigenen Persönlichkeit dienen, liegt keine autonome Selbstgefährdung des Retters vor (str.); zum Ausschluss der rechtlichen Missbilligung ist deshalb auch hier eine Interessenabwägung erforderlich.	

V. Der sog. Pflichtwidrigkeitszusammenhang

31 Sofern eine zur Erfolgsherbeiführung generell geeignete Handlung nur wegen einer bestimmten risikoerhöhenden Eigenschaft rechtlich missbilligt ist, lässt sich oft nicht ausschließen, dass sie ohne diese Eigenschaft den Erfolg in gleicher Weise verursacht hätte. Wenn zB A dem B ein Auto mit defekten Bremsen geliehen und B ohne Kenntnis des Defekts mit diesem Auto ein plötzlich auf die Straße gelaufenes Kind überfahren und getötet hat, kann es uU zweifelhaft sein, ob er mit intakten Bremsen noch rechtzeitig anhalten und den tödlichen Unfall hätte vermeiden können. Auf den ersten Blick könnte man meinen, dass in einem derartigen Fall schon die Kausalität zwischen der Handlung des A und dem Tod des Kindes nicht nachgewiesen sei. Jedoch lässt sich nicht bestreiten, dass das Kind noch leben würde, wenn A dem B das Auto nicht geliehen hätte, sodass die Handlung des A in jedem Fall eine notwendige Bedingung für den tatbestandlichen Erfolg war. Die Zweifel betreffen allein die Frage, ob der Defekt der Bremsen, dessen Vorliegen das Risiko auf ein rechtlich missbilligtes Maß erhöht hat, für den Tod des Kindes ursächlich war.

32 Nach der zunächst zum Fahrlässigkeitsdelikt entwickelten,[45] heute aber auch auf das Vorsatzdelikt übertragenen sogenannten **Risikoerhöhungslehre** ist die Feststellung eines solchen Kausalzusammenhangs zur objektiven Zurechnung des Erfolgs nicht erforderlich. Für die Realisierung eines rechtlich missbilligten Risikos reiche es aus, dass die Handlung als Ganzes wegen des erhöhten Risikos, den Erfolg in der geschehenen Weise herbeizuführen, rechtlich missbilligt und für den Erfolg ursächlich geworden sei.[46] Da das Verleihen von Autos mit defekten Bremsen wegen des Risikos missbilligt ist, in kritischen Situationen nicht mehr rechtzeitig bremsen zu können, wäre danach der Tod des Kindes dem A objektiv zuzurechnen. Die Rechtsprechung und der überwiegende Teil der Lehre verlangen dagegen, dass auch die rechtlich missbilligte Erhöhung des Risikos für den Erfolg ursächlich gewesen ist.[47] Lasse sich – wie in dem Beispielsfall – nicht ausschließen, dass der Erfolg bei einem sogenannten **rechtmäßigen Alternativverhalten,** dh ohne diese Risikoerhöhung, in gleicher Weise eingetreten wäre, sei der für die objektive Zurechnung zu fordernde spezifische **Pflichtwidrigkeitszusammenhang**[48] nicht festgestellt. Aufgrund des Grundsatzes in dubio pro reo könne der Erfolg dann nicht objektiv zugerechnet werden.

[45] Roxin ZStW 74 (1962), 411.

[46] SK-StGB/Jäger StGB Vor § 1 Rn. 113f.; Roxin/Greco StrafR AT I § 11 Rn. 88ff.; Schmoller FS Wolter, 2013, 479 (483ff.); iErg ähnlich auch Dehne-Niemann GA 2012, 89 (99ff.), alle mwN.

[47] Vgl. BGHSt 11, 1 (7); 21, 59 (61); MüKoStGB/Freund StGB Vor § 13 Rn. 314; Schönke/Schröder/Sternberg-Lieben/Schuster StGB § 15 Rn. 177ff. mwN.

[48] Auch der Begriff des Pflichtwidrigkeitszusammenhangs ist ursprünglich für die Fahrlässigkeitsdelikte entwickelt worden und wird erst in neuerer Zeit bei den Vorsatzdelikten verwendet.

33 Obwohl die herrschende Meinung uU zu erheblichen Beweisschwierigkeiten führt, verdient die Risikoerhöhungslehre keine Zustimmung. Im Ergebnis kann es keinen Unterschied machen, ob schon die Notwendigkeit der Handlung für den Erfolg und damit das Merkmal der Kausalität oder erst die Notwendigkeit einer rechtlich missbilligten Eigenschaft der Handlung für den Erfolg nicht nachzuweisen ist. Dies wird unmittelbar einsichtig, wenn man den Beispielsfall dahingehend abwandelt, dass A dem B nicht ein Auto mit beschädigten Bremsen geliehen, sondern an dem Auto des B die Bremsen beschädigt hat. In dieser Abwandlung betrifft der Zweifel, ob B mit intakten Bremsen den tödlichen Unfall hätte vermeiden können, bereits das Merkmal der Kausalität. A darf der Tod des Kindes schon deshalb nicht objektiv zugerechnet werden, weil nicht sicher ist, ob er den Erfolg durch seine Handlung verursacht hat. Der Ausgangsfall unterscheidet sich von diesem Fall nur dadurch, dass die Handlung des A auch das Risiko begründet hat, dass B überhaupt Auto fährt. Dieses erlaubte Risiko vermag aber nicht die Zurechnung des Erfolgs zu begründen, sodass auch in diesem Fall der Tod des Kindes dem A nicht objektiv zugerechnet werden kann.

34 Im Ergebnis setzt damit der objektive Tatbestand eines Erfolgsdelikts neben dem allgemeinen Kausalzusammenhang zwischen der Handlung und dem Erfolg auch einen spezifischen Kausalzusammenhang zwischen der objektiven Pflichtwidrigkeit der Handlung und dem Erfolg voraus, der – weil die objektive Pflichtwidrigkeit der Handlung zuvor bestimmt werden muss – erst im Rahmen der objektiven Zurechnung zu prüfen ist. Die Definition dieses sogenannten Pflichtwidrigkeitszusammenhangs wirft die gleichen Probleme auf und ist ebenso umstritten wie die des Begriffs der allgemeinen Kausalität.[49] Konsequenterweise ist jedoch auch hier die Conditio-sine-qua-non-Formel zu Grunde zu legen. Eine die rechtliche Missbilligung begründende Eigenschaft der Handlung ist für den Erfolg kausal, wenn sie nicht hinweggedacht werden kann, ohne dass der Erfolg entfiele. Für die Anwendung dieser Formel gelten ebenfalls die gleichen Regeln wie bei der allgemeinen Kausalität. Reservehandlungen sind also nicht hinzuzudenken[50] (→ § 9 Rn. 30ff.) und für die Feststellung hypothetischer Kausalverläufe ist eine an „Sicherheit grenzende Wahrscheinlichkeit" ausreichend (→ § 9 Rn. 39f.). Beides hat zur Folge, dass die Schwierigkeiten bei der Feststellung des Pflichtwidrigkeitszusammenhangs im Ergebnis nicht so gravierend sind, wie dies auf den ersten Blick den Anschein hat.

D. Das der Risikobeurteilung zugrunde zu legende Wissen

35 Welches Risiko des Eintritts eines tatbestandlichen Erfolgs durch eine Handlung begründet wird, ist nach ganz herrschender Meinung aus der Sicht eines vor der Tat urteilenden objektiven Beobachters zu beurteilen, der „über die Kenntnisse eines einsichtigen Menschen des betreffenden Verkehrskreises und zusätzlich über das spezielle

[49] Vgl. dazu etwa Puppe FS Frisch, 2013, 447; Puppe GA 2015, 203 (209ff.); gegen ein Verständnis des Pflichtwidrigkeitszusammenhangs als spezifisches Kausalitätserfordernis hingegen Dehne-Niemann ZStW 130 (2018), 1035 (1060ff.).

[50] Deshalb hat der Bundesgerichtshof die Kausalität einer positiven Bescheidung des Antrags auf Gewährung von Ausgang für außerhalb der Anstalt begangene Straftaten zu Recht nicht dadurch infrage gestellt gesehen, dass der Gefangene bei einer anderen Entscheidung aufgrund mangelhafter Sicherheitsvorkehrungen möglicherweise ausgebrochen wäre (BGHSt 49, 1).

Sonderwissen des Täters verfügt".[51] Danach ist zB das Überholen eines betrunkenen Radfahrers mit einem im Regelfall angemessenen, im konkreten Fall aber wegen der Trunkenheit zu geringem Seitenabstand nur dann ein objektiv unerlaubtes Risiko, wenn die Trunkenheit für den überholenden Autofahrer erkennbar war.[52] Wenn auch ein „einsichtiger Mensch des betreffenden Verkehrskreises" die Trunkenheit nicht hätte erkennen können, ist sie nach herrschender Meinung bei der Beurteilung des Risikos nicht zu berücksichtigen. Anders wäre dies jedoch, wenn der Autofahrer vorher zufälligerweise gesehen hätte, wie sich der Radfahrer betrank. Da bei der Beurteilung des Risikos auch sein sogenanntes Sonderwissen zu berücksichtigen ist,[53] ist ihm in einem solchen Fall der Tod des Radfahrers nach herrschender Meinung objektiv zuzurechnen.

36 Im Ergebnis hängt damit die Verwirklichung des objektiven Tatbestands von dem Wissensstand des Täters ab. Dies wird in der Literatur zu Recht als systemwidrig gerügt.[54] Im objektiven Tatbestand geht es um die Bewertung des objektiven Geschehens und diese kann nicht davon abhängen, was der Täter vom Geschehen weiß. Der systematische Fehler der herrschenden Meinung besteht darin, dass sie der Risikobeurteilung anstelle des gesamten objektiven Sachverhalts nur das beschränkte Wissen eines gedachten Dritten von diesem Sachverhalt zugrunde legt und dadurch gezwungen ist, das Sonderwissen des Täters ergänzend zu berücksichtigen. Eine konsequent objektive Zurechnung muss der Risikobeurteilung den gesamten im Zeitpunkt der Handlung vorliegenden objektiven Sachverhalt zugrunde legen und fragen, mit welcher Wahrscheinlichkeit aufgrund dieses Sachverhalts der Erfolgseintritt nach allgemeinen Erfahrungssätzen zu erwarten war.[55] Ein Autofahrer, der einen betrunkenen Radfahrer mit einem im konkreten Fall wegen der Trunkenheit zu geringen Seitenabstand überholt, geht danach immer ein sehr hohes und deshalb unerlaubtes Risiko für das Leben des Radfahrers ein. Er kann nur – solange er von der Trunkenheit nichts weiß – dieses Risiko nicht erkennen und handelt deshalb weder vorsätzlich noch fahrlässig.

37 Auf den ersten Blick mag es befremdlich erscheinen, dass der Autofahrer in einem solchen Fall sogar den objektiven Tatbestand des Totschlags (§ 212 StGB) erfüllt, wenn kein Mensch in seiner Situation von der Trunkenheit des Radfahrers etwas hätte wissen können. Wenn sich schon aus der Erfüllung des objektiven Tatbestands ein Verstoß gegen die dem jeweiligen Straftatbestand zugrunde liegende Verhaltensnorm er-

[51] Roxin/Greco StrafR AT I § 11 Rn. 40.

[52] Diese Auffassung ist die (implizite) Grundlage der Erörterung des Problems des Pflichtwidrigkeitszusammenhangs in BGHSt 11, 1. Wenn man sie nicht teilt, stellt sich dieses Problem in dem dort zu entscheidenden Fall gar nicht; vgl. dazu Struensee GA 1987, 97 (98f.).

[53] Vgl. dazu eingehend Murmann FS Herzberg, 2008, 123; kritisch Jakobs FS Heintschel-Heinegg, 2015, 235, beide mwN.

[54] Börgers, Studien zum Gefahrurteil im Strafrecht, 2008, S. 73ff.; Wolter/Freund/Burkhardt, Straftat, Strafzumessung und Strafprozess im gesamten Strafrechtssystem, 1996, S. 99, 103ff.; Kindhäuser GA 2007, 447 (461 und 466f.); H. Schumann/A. Schumann FS Küper, 2007, 543 (558f.); Serrano Gonzales de Murillo FS Roxin, 2011, 345 (348ff.); Struensee JZ 1987, 53 (59f.); Struensee GA 1987, 97 (99f.); vgl. auch Frisch GA 2018, 553 (566ff.), der aber zu Unrecht davon ausgeht, dass eine rein objektive Bewertung des Risikos nicht möglich sei.

[55] So bereits Wolter/Freund/Burkhardt, Straftat, Strafzumessung und Strafprozess im gesamten Strafrechtssystem, 1996, S. 99, 117 und 133; eingehend Börgers, Studien zum Gefahrurteil im Strafrecht, 2008, S. 85ff.

gäbe,[56] wäre dieses Ergebnis in der Tat nicht zu rechtfertigen. Jedoch wird im objektiven Tatbestand lediglich festgestellt, dass das objektive Geschehen strafrechtlich missbilligt ist und deshalb von dem Handelnden bei Kenntnis aller Umstände zu vermeiden gewesen wäre. Ob der Handelnde die Umstände kannte und deshalb das Geschehen tatsächlich hätte vermeiden müssen, ist Gegenstand der Prüfung des subjektiven Tatbestands.[57] Erst dessen Feststellung beinhaltet den Vorwurf, der Handelnde habe sich – vorbehaltlich etwaiger Rechtfertigungsgründe – nicht so verhalten, wie es die dem jeweiligen Delikt zugrunde liegende Verhaltensnorm von ihm verlangt.[58]

Eine konsequent objektive Beurteilung des Erfolgsrisikos ist allerdings unüblich und **38**
deshalb in Prüfungsarbeiten nicht unproblematisch. Im Vergleich zur herrschenden Meinung schränkt sie den Kreis der Fälle, in denen schon die objektive Zurechnung ausgeschlossen ist, stark ein.[59] Sie führt aber nicht etwa dazu, dass im Ergebnis jedes Erfolgsrisiko objektiv zu missbilligen wäre und sich damit die Frage der rechtlichen Missbilligung der Erfolgsverursachung insgesamt erst im subjektiven Tatbestand stellen würde.[60] Da wir in aller Regel nicht über strikte Kausalgesetze zur Prognose zukünftigen Geschehens verfügen (vgl. dazu bereits → § 9 Rn. 34), gibt es eine Vielzahl von Fällen, in denen eine Handlung im Ergebnis einen Erfolg verursacht, ohne dass die Erfolgsherbeiführung aus den im Zeitpunkt der Handlung bereits vorliegenden Tatsachen als sicher oder auch nur als wahrscheinlich zu prognostizieren war.[61] So lässt sich auch bei Kenntnis aller meteorologischen Daten nicht durch Anwendung allgemeiner Erfahrungssätze prognostizieren, dass jemand bei einer Besorgung vom Blitz erschlagen werden wird. Das entsprechende Risiko ist nach allen bisher bekannten allgemeinen Erfahrungssätzen gering und deshalb nicht nur aufgrund fehlender Tatsachenkenntnis des Täters, sondern schon objektiv erlaubt.

Lektüreempfehlungen: BGHSt 7, 118–127 (Vertrauensgrundsatz); 11, 1–7 (Pflichtwidrigkeitszusammenhang); BGHSt 32, 262–267 und BGHSt 39, 322–326 (eigenverantwortliche Selbstgefährdung); BGHSt 49, 1–7 (Reservehandlung).

Vergnügliche Lektüre: Schroeder, Der Blitz als Mordinstrument, 2009.

[56] So Herzberg JZ 1987, 536 (537); Murmann FS Herzberg, 2008, 123 (124f.); dagegen treffend Struensee JZ 1987, 541.

[57] Börgers, Studien zum Gefahrurteil im Strafrecht, 2008, S. 87ff.; Wolter/Freund/Burkhardt, Straftat, Strafzumessung und Strafprozess im gesamten Strafrechtssystem, 1996, S. 99, 132; H. Schumann/A. Schumann FS Küper, 2007, 543 (545ff.).

[58] Dies gilt im Prinzip auch für Fahrlässigkeitsdelikte, nur dass hier der Verstoß gegen die Verhaltensnorm schon durch die Erkennbarkeit des objektiven Geschehens begründet wird.

[59] Vor allem der Vertrauensgrundsatz wird – weil es hier auf das Vorliegen erkennbarer Anhaltspunkte für ein pflichtwidriges Verhalten ankommt – bei einer strikt objektiven Risikobeurteilung zum großen Teil zu einem Problem des subjektiven Tatbestands.

[60] So aber Kindhäuser GA 2007, 447 (464ff.); ZStW 120 (2008), 481 (492f.); H. Schumann/A. Schumann FS Küper, 2007, 543 (549f.); Struensee GA 1987, 97 (101, 105).

[61] Vgl. dazu näher Börgers, Studien zum Gefahrurteil im Strafrecht, 2008, S. 68ff.

§ 11. Der Tatbestandsvorsatz

A. Der Vorsatz als bewusste Entscheidung für das tatbestandliche Geschehen

1 Das Unrecht eines Vorsatzdelikts ist durch die bewusste Entscheidung des Täters für das im objektiven Tatbestand beschriebene Geschehen gekennzeichnet. Dementsprechend setzt der Vorsatz in jedem Fall die Kenntnis dieses Geschehens voraus (§ 16 I 1 StGB). Bloße Erkennbarkeit begründet auch dann nur einen Fahrlässigkeitsvorwurf, wenn die Möglichkeit des betreffenden Geschehens auf der Hand lag und vom Täter nur aufgrund einer gleichgültigen Einstellung gegenüber dem betroffenen Rechtsgut verkannt wurde.[1] Deshalb hat zB ein Neonazi, der ein Asylbewerberheim angezündet und dadurch einen der Bewohner getötet hat, nur dann ein vorsätzliches Tötungsdelikt begangen, wenn ihm bei Begehung der Tat bewusst war, dass durch den Brand ein Mensch zu Tode kommen könnte. Sofern ihm diese Möglichkeit nicht in den Sinn gekommen ist, hat er keine bewusste Entscheidung für die Vernichtung menschlichen Lebens getroffen und kann lediglich wegen Brandstiftung mit leichtfertig herbeigeführter Todesfolge (§ 306c StGB) bestraft werden.

I. Die Unterscheidung zwischen Vorsatz und Unrechtsbewusstsein

2 In der Strafrechtswissenschaft war lange Zeit heftig umstritten, ob zum Vorsatz auch die bewusste Entscheidung gehört, gegen eine Rechtsnorm zu verstoßen. Die **Vorsatztheorie** sah den Grund für die besondere Strafwürdigkeit vorsätzlichen Handelns in dem bewussten Ungehorsam gegenüber der Rechtsordnung und verlangte deshalb für den Vorsatz neben der Kenntnis des tatbestandsmäßigen Geschehens zusätzlich das Bewusstsein seiner Rechtswidrigkeit. Dagegen führte die **Schuldtheorie** die besondere Strafwürdigkeit vorsätzlichen Handelns allein auf die bewusste Entscheidung für die Verletzung bzw. Gefährdung des durch den jeweiligen Tatbestand geschützten Gutes zurück. Sie ordnete deshalb das Unrechtsbewusstsein nicht dem Vorsatz, sondern erst der Schuld zu und kam so zu dem Ergebnis, dass die Strafbarkeit wegen eines vorsätzlichen Delikts nicht die Kenntnis, sondern lediglich die – zur Begründung der Schuld ausreichende – Erkennbarkeit der Rechtswidrigkeit des tatbestandsmäßigen Geschehens voraussetzt.

3 Der Gesetzgeber hat diesen Streit 1975 zugunsten der bereits vorher in der Rechtsprechung zugrunde gelegten[2] Schuldtheorie entschieden.[3] Gemäß § 16 I 1 StGB ist für

---

[1] Aufgrund dieser Konsequenz wird die gesetzliche Regelung des § 16 StGB in der Literatur zum Teil als zu starr kritisiert (vgl. etwa Jakobs StrafR AT Abschn. 8 Rn. 5a mwN) und in neuerer Zeit sogar eine korrigierende Auslegung dieser Regelung vorgeschlagen (Jakobs, System der strafrechtlichen Zurechnung, 2012, S. 53ff.; ähnlich Pérez-Barberá GA 2013, 454); gegen diese Kritik aber überzeugend Gaede ZStW 121 (2009), 239 (255ff.); Schünemann ZStW 126 (2014), 1 (15ff.); vgl. auch Frister ZIS 2019, 381 (385f.).

[2] Grundlegend die berühmte Entscheidung des Großen Senats des Bundesgerichtshofes BGHSt 2, 194. Die Rechtsprechung des Reichsgerichts hatte zuvor selbst einem unvermeidbaren Verbotsirrtum keine die Strafbarkeit ausschließende Wirkung zuerkannt; vgl. dazu → § 19 Rn. 1.

[3] Rechtspolitisch ist diese Entscheidung umstritten geblieben (vgl. etwa die Kritik bei Walter, Der Kern des Strafrechts, 2006, S. 389ff.). Einige Autoren wollen sich sogar über das Gesetz hinwegsetzen und

den Vorsatz nur die Kenntnis der den gesetzlichen Tatbestand erfüllenden „Umstände", nicht aber die Kenntnis des Tatbestands selbst erforderlich. Die Rechtsfolgen fehlenden Unrechtsbewusstseins sind in § 17 StGB im Sinne der Schuldtheorie geregelt, dh die Schuld ist ausgeschlossen, wenn der Täter die Rechtswidrigkeit der Tat nicht erkennen konnte (§ 17 S. 1 StGB). Für einen vermeidbaren Verbotsirrtum sieht das Gesetz lediglich die Möglichkeit einer Strafmilderung vor (§ 17 S. 2 StGB). Damit begeht zB ein Autofahrer, der nach einer erheblichen Beschädigung eines parkenden Fahrzeugs nur einen Zettel mit seiner Adresse an der Windschutzscheibe befestigt und danach sofort davonfährt, auch dann eine Unfallflucht (§ 142 I Nr. 2 StGB), wenn er glaubt, durch das Hinterlassen des Zettels seine Feststellungspflicht erfüllt zu haben. Seine Überzeugung, rechtmäßig zu handeln, ändert nichts daran, dass er den objektiven Tatbestand der Unfallflucht vorsätzlich verwirklicht.

II. Die Handlung als maßgeblicher Entscheidungszeitpunkt

Der Vorsatz muss gemäß § 16 I 1 StGB „bei Begehung der Tat" vorliegen. Mit dem 4
Begriff der „Tat" ist hier allein die Vornahme der Tathandlung gemeint (§ 8 S. 1 StGB). Der Täter hat sich bewusst für die Verwirklichung des tatbestandlichen Unwerts entschieden, wenn ihm die den Tatbestand erfüllenden Umstände bei der Vornahme der tatbestandsmäßigen Handlung bekannt waren. Auf seine Vorstellungen bei Eintritt des tatbestandlichen Erfolgs kommt es für den Vorsatz nicht an (§ 8 S. 2 StGB). Auch wenn der Täter die mit dem erforderlichen Vorsatz vorgenommene Handlung noch vor Eintritt des tatbestandlichen Erfolgs bitter bereut oder fälschlich davon ausgeht, ihm sei seine Handlung misslungen und der tatbestandsmäßige Erfolg könne deshalb gar nicht eintreten, ändert dies nichts daran, dass er den Tatbestand des betreffenden Delikts vorsätzlich verwirklicht hat.

Umgekehrt ist eine erst nach der Handlung erlangte Kenntnis des tatbestandlichen 5
Unwerts (sog. **dolus subsequens**) nicht geeignet, den Vorsatz zu begründen.[4] Deshalb hat zB ein Hooligan, der bei einer Schlägerei den Anhänger des gegnerischen Vereins nur verletzen wollte, auch dann keinen Tötungsvorsatz, wenn er hinterher erfreut feststellt, ihn durch seine Schläge sogar getötet zu haben. Entsprechendes gilt für den Teilnehmer eines illegalen Autorennens, der die Möglichkeit der Tötung eines anderen Verkehrsteilnehmers erst zu einem Zeitpunkt erkannt hat, in dem er sie gar nicht mehr vermeiden konnte. Auch in einem solchen Fall liegt allenfalls ein unbeachtlicher dolus subsequens vor.[5] Waren dem Handelnden die den Tatbestand erfüllenden Umstände nur vor, aber nicht mehr bei der Begehung der Tat bekannt (sog. **dolus antecedens**), so liegt ebenfalls kein Vorsatz vor. Wer etwa mit einem 13-jährigen Mädchen in der festen Überzeugung sexuell verkehrt, es sei mindestens 14 Jahre alt, hat nicht den Vorsatz zum sexuellen Missbrauch eines Kindes (§ 176 I StGB), selbst wenn er einige Tage vor der Tat noch zutreffend davon ausging, dass das Mädchen erst 13 Jahre alt ist.

auch de lege lata weiterhin an der Vorsatztheorie festhalten (zB Schmidhäuser StrafR AT § 7 Rn. 36 ff.; ähnlich auch Otto StrafR AT § 7 Rn. 61 ff. und § 15 Rn. 5 ff.). Die dafür vorgebrachten verfassungsrechtlichen Argumente hat das Bundesverfassungsgericht jedoch zurückgewiesen (BVerfGE 41, 121).

[4] Vgl. dazu etwa BGH NStZ 2010, 699; 2018, 27; 2019, 468 (469).

[5] Deshalb hat der BGH im „Berliner Raserfall" die erste Verurteilung wegen Mordes durch das LG Berlin NStZ 2017, 471 zu Recht aufgehoben (BGHSt 63, 88 (91 f.); vgl. zu diesem Fall auch noch → § 11 Rn. 24.

6 Von einem bloßen dolus antecedens zu unterscheiden sind die Fälle, in denen ein vor der Tat erworbenes Wissen bei Begehung der Tat nur nicht nochmals reflektiert wird. Der Vorsatz zum sexuellen Missbrauch eines Kindes setzt nicht voraus, dass der Täter während des Sexualakts permanent daran denkt, dass das Kind noch keine 14 Jahre alt ist. Es reicht aus, wenn diese Tatsache bei Begehung der Tat zu dem ohne Nachdenken verfügbaren präsenten Wissen des Täters gehört. Dieses unmittelbar präsente Wissen ist – wie jeder aus eigener Erfahrung weiß – sehr viel größer als der gerade aktuelle Inhalt des Erlebens. Die meisten Menschen wissen zB, ob sie verheiratet sind und welchen Beruf sie haben, auch wenn sie gerade nicht daran denken. In der strafrechtlichen Literatur wird diese Form des Wissens zumeist als **Mitbewusstsein** bezeichnet.[6] Im Ergebnis ist man sich weitgehend einig, dass das Mitbewusstsein für den Vorsatz ausreichend ist, der Täter also bereits dann die erforderliche Kenntnis der den Tatbestand erfüllenden Umstände hat, wenn diese Umstände bei Vornahme der Handlung zu seinem unmittelbar präsenten Wissen gehören.[7]

7 Wenn ein Delikt – wie etwa der Raub (§ 249 StGB) – aus **mehreren Teilakten** zusammengesetzt ist, muss das tatbestandsmäßige Geschehen dem Täter bei der Vornahme jedes Teilakts bekannt sein. Da zu diesem Geschehen auch die jeweils anderen Teilakte gehören, handelt der Täter bei solchen Delikten nur dann vorsätzlich, wenn er jeden Teilakt im Bewusstsein seiner Bedeutung für das den objektiven Tatbestand erfüllende Gesamtgeschehen vornimmt.[8] So setzt der Vorsatz zur Begehung eines Raubes voraus, dass sich der Täter bei der Gewaltanwendung oder Drohung schon der anschließenden Wegnahme und umgekehrt bei der Wegnahme noch der vorangehenden Gewaltanwendung oder Drohung bewusst ist. Wer einen anderen niedergeschlagen und sich erst dann überlegt hat, seinem am Boden liegenden Opfer ohne weitere Gewaltanwendung die Brieftasche wegzunehmen, hat zwar den objektiven Tatbestand des Raubes verwirklicht. Es fehlte ihm aber bei der Gewaltanwendung der auf die Wegnahme gerichtete Vorsatz, sodass er im Ergebnis nur wegen Körperverletzung (§ 223 I StGB) und Diebstahl (§ 242 I StGB) zu bestrafen ist.[9]

8 Weil sich der Täter bei allen Teilakten des den objektiven Tatbestand verwirklichenden Gesamtprojekts bewusst sein muss, kann er auch bei einem zwischen den Teilakten erfolgten **Vorsatzwechsel** nicht wegen des objektiv verwirklichten Delikts bestraft werden. Wer zB eine Frau in der Absicht niederschlägt, sie zu vergewaltigen, sich dann aber dazu entschließt, ihr ohne weitere Gewaltanwendung „lediglich" die Brieftasche wegzunehmen, handelt bei der Gewaltanwendung nicht im Bewusstsein der späteren Wegnahme und macht sich deshalb nicht wegen Raubes strafbar. Aber auch eine Strafbarkeit wegen Vergewaltigung (§ 177 I, II StGB) scheidet in einem solchen Fall aus. Da es zu keinen sexuellen Handlungen gekommen ist, liegt lediglich ein Vergewaltigungsversuch vor, von dem der Täter – sofern er die sexuellen Handlungen freiwillig nicht vorgenommen hat – gemäß § 24 I 1 Var. 1 StGB mit strafbefreiender Wirkung zurückgetreten ist.[10] Außer wegen Körperverletzung und Diebstahl kann er deshalb nur wegen der in der Vergewaltigung und im Raub enthaltenen Nötigung (§ 240 StGB) bestraft werden.

[6] Dazu grundlegend Platzgummer, Die Bewusstseinsform des Vorsatzes, 1964, S. 81 ff.

[7] Vgl. für eine eingehende Problemdarstellung NK-StGB/Puppe StGB § 16 Rn. 160 ff. mwN.

[8] Vgl. dazu näher Struensee GS Armin Kaufmann, 1989, 523 (525 ff.) mwN.

[9] Anders ist dies uU zu beurteilen, wenn die Gewaltanwendung – zB in Form einer Fesselung – im Zeitpunkt der Wegnahme noch andauert; vgl. dazu BGHSt 48, 365 und die Bespr. von Walter NStZ 2005, 240.

[10] Vgl. zum Rücktritt vom Versuch → § 24 Rn. 1 ff.

III. Das für den Vorsatz erforderliche Verwirklichungsbewusstsein

Der objektive Tatbestand eines Delikts kann uU durch eine Handlung verwirklicht 9 werden, die nach der Vorstellung des Handelnden selbst die Tatbestandsverwirklichung erst vorbereiten sollte. Als Beispiel für einen solch **vorzeitigen Erfolgseintritt** stelle man sich vor, dass A den B durch einen Faustschlag getötet hat, mit dem er ihn „nur“ bewusstlos machen wollte, um ihn zu einem 50 km entfernten See fahren und dort ertränken zu können. In der Literatur wird zum Teil auch in solchen Fällen von einem bloßen „dolus antecedens“ gesprochen.[11] Dies trifft jedoch nicht den Kern des Problems. A hatte bei der Vornahme der tatbestandlichen Handlung durchaus das Bewusstsein, eine (mittelbare) Ursache für den Tod des B zu setzen. Er dachte lediglich, dass er noch weitere Handlungen würde vornehmen müssen, um den Tod des B herbeizuführen. Das Problem derartiger Fälle ist nicht die zeitliche Koinzidenz von Vorsatz und objektiver Ausführungshandlung, sondern die Frage, wie weit der Täter seinen Tatplan durchgeführt haben muss, um vorsätzlich zu handeln.

So wie der Plan einer guten Handlung seinen Wert erst durch das Bestreben erhält, ihn 10 in die Tat umzusetzen („Es gibt nichts Gutes, außer: man tut es!“),[12] so ergibt sich umgekehrt der Unwert eines deliktischen Plans erst aus dem Bestreben des Täters, diesen Plan durch sein Handeln zu verwirklichen. Deshalb wird der Motivationsunwert eines vorsätzlichen Delikts nicht durch den bloßen Tatentschluss, sondern durch das Bewusstsein begründet, einen deliktischen Plan zu verwirklichen **(Verwirklichungsbewusstsein).**[13] Der Motivationsunwert einer auf die Begehung eines Delikts gerichteten Handlung ist umso gewichtiger, je weniger dem Täter nach seinem Tatplan noch zu tun übrig bleibt. Dementsprechend steigt der Motivationsunwert von der ersten bis zur letzten nach der Vorstellung des Täters zur Verwirklichung des Geschehensunwertes erforderlichen Handlung kontinuierlich an, sodass sich die Frage stellt, ab welchem Verwirklichungsstadium der Motivationsunwert hoch genug ist, um eine Bestrafung wegen eines vorsätzlichen Delikts zu rechtfertigen.

Die Antwort auf diese Frage ist insofern gesetzlich vorgegeben, als an den Motivations- 11 unwert des vollendeten Vorsatzdelikts keine geringeren Anforderungen gestellt werden können als an den Motivationsunwert eines entsprechenden Versuchs. Für den Versuch verlangt das Gesetz ausdrücklich, dass der Täter nach seiner Vorstellung von der Tat zur Verwirklichung des Tatbestands unmittelbar ansetzt (§ 22 StGB), dh seinen Tatplan wenigstens so weit durchführt, dass die letzte nach seiner Vorstellung erforderliche Handlung unmittelbar bevorsteht.[14] Zumindest dieses Stadium der Verwirklichung des Tatplans muss auch bei einem vollendeten Vorsatzdelikt erreicht sein.[15] Die den objektiven Tatbestand verwirklichende Handlung darf deshalb keine bloße Vorbereitungshandlung sein. Wenn der Täter – wie in dem oben geschilderten Beispiel – sein Opfer erst noch zu einem weit entfernten Ort transportieren wollte, um es zu töten, hatte er nach seiner Vorstellung von der Tat zur Verwirklichung des Totschlags noch nicht unmittelbar angesetzt und kann deshalb nur wegen Körperverletzung mit Todesfolge (§§ 227, 18 StGB) bestraft werden.

---

[11] Etwa Roxin/Greco StrafR AT I § 12 Rn. 89.
[12] So das Gedicht „Moral“ in: Doktor Erich Kästners Lyrische Hausapotheke.
[13] Vgl. dazu eingehend Struensee GS Arm. Kaufmann, 1989, 523 (527ff.).
[14] Vgl. zur Bedeutung dieses Merkmals iE → § 23 Rn. 25ff.
[15] BGH NStZ 2002, 309 mwN; 2002, 475 (476).

12 In der Literatur wird zum Teil die Auffassung vertreten, dass für die Strafbarkeit wegen eines vollendeten Vorsatzdelikts der Täter seinen Tatplan sogar vollständig durchgeführt, also auch die letzte nach seiner Vorstellung erforderliche Handlung vorgenommen haben muss.[16] Wer zB in Tötungsabsicht ein Gewehr auf einen anderen anlegt und dadurch – weil sich unwillkürlich ein Schuss löst – dessen Tod verursacht, wäre danach selbst dann nicht wegen eines vollendeten Totschlags strafbar, wenn er Sekundenbruchteile später ohnehin schießen wollte. Jedoch gibt es keinen zwingenden Grund, für das vollendete Vorsatzdelikt ein höheres Maß an Motivationsunwert vorauszusetzen als für den Versuch.[17] Deshalb vermag diese Lösung im Ergebnis nicht zu überzeugen. Das unmittelbare Ansetzen zu der letzten nach der Vorstellung des Täters die Tatbestandsverwirklichung bewirkenden Handlung begründet – sofern der Täter die weitere Ausführung nicht freiwillig wieder aufgibt (vgl. zu diesem Fall → § 24 Rn. 38) – auch für das vollendete Vorsatzdelikt einen hinreichenden Motivationsunwert, sodass sich der Täter in dem zuletzt geschilderten Beispielsfall durchaus wegen eines vollendeten Totschlags strafbar gemacht hat.

B. Die psychische Struktur des Vorsatzes

I. Die Vorsatzformen

1. Die Unterscheidung der verschiedenen Vorsatzformen

13 Die Handlung des Täters kann aus unterschiedlichen Gründen als bewusste Entscheidung für das im objektiven Tatbestand beschriebene Geschehen zu interpretieren sein. Der Täter kann die Handlung gerade mit dem Ziel vorgenommen haben, das tatbestandsmäßige Geschehen herbeizuführen. Diese stärkste Form des Vorsatzes wird als **Absicht** oder **dolus directus ersten Grades** bezeichnet. Eine bewusste Entscheidung für das tatbestandsmäßige Geschehen liegt aber auch dann vor, wenn der Täter es als Nebenfolge eines anderweitigen Handlungsziels in Kauf genommen hat. In dieser Konstellation hängt die verwirklichte Vorsatzform davon ab, ob er das tatbestandsmäßige Geschehen als sichere oder lediglich als mögliche Nebenfolge vorhergesehen hat. Im ersten Fall spricht man von **direktem Vorsatz** oder **dolus directus zweiten Grades,** im zweiten Fall von **bedingtem Vorsatz** oder **dolus eventualis.**

14 Die Unterscheidung dieser drei Vorsatzformen sei am Beispiel eines Bombenattentats mit mehreren Toten verdeutlicht. Wenn der Attentäter die Bombe gelegt hat, um einen bestimmten Politiker während einer Wahlkampfrede zu töten, so liegt bezüglich der Tötung dieses Politikers in jedem Fall die Vorsatzform der Absicht vor. Es spielt keine Rolle, ob der Attentäter die Explosion der Bombe für gewiss hielt. Auch wer sich nicht sicher ist, ein angestrebtes Ziel zu erreichen, handelt bezüglich dieses Zieles absichtlich, solange er sich überhaupt Einfluss auf die Erfolgsherbeiführung einräumt. Ebenso kommt es nicht darauf an, ob der Attentäter den Politiker aus Hass oder – vielleicht sogar mit dem Ausdruck des Bedauerns – zu irgendwelchen weitergehenden Zwecken töten wollte. Die Vorsatzform der Absicht setzt nicht voraus, dass das tatbestandsmäßige Geschehen das Endziel des Täters ist. Es reicht aus, dass er dieses Ge-

[16] Vgl. zB Horter, Die fakultative Strafmilderung beim Versuch, 2020, S. 71 ff.; Struensee GS Arm. Kaufmann, 1989, 523 (533 f.); Wolter GA 2006, 406 (408 ff.), alle mwN.
[17] Vgl. dazu Shimada GA 2011, 103 (108 f.).

schehen als ein **notwendiges Zwischenziel** erstrebt, also weiß, dass das von ihm verfolgte Endziel nur durch das tatbestandsmäßige Geschehen zu erreichen ist.

Wenn der Attentäter sich sicher war, dass bei einer Explosion der Bombe auch zwei 15 während der Wahlkampfrede unmittelbar neben dem Politiker stehende Sicherheitsbeamte getötet werden, so liegt bezüglich der Tötung dieser beiden Beamten direkter Vorsatz vor. Da er seine mit dem Attentat verfolgten Ziele ebenso erreichen könnte, wenn die Sicherheitsbeamten sich an einem anderen Ort aufhielten und durch die Bombe nicht getötet würden, hat er deren Tod nicht als notwendiges Zwischenziel erstrebt, wohl aber als sichere Nebenfolge des von ihm verfolgten Ziels in Kauf genommen.[18] Auch insoweit kommt es nicht darauf an, ob der Attentäter die Explosion der Bombe für gewiss hielt. Eine sichere Nebenfolge des vom Täter verfolgten Ziels ist das tatbestandliche Geschehen schon dann, wenn es bei Erreichen dieses Ziels sicher eintreten wird. Das Erreichen des Handlungsziels selbst muss auch beim direkten Vorsatz nicht gewiss sein. Die verbreitete Vorstellung, der direkte Vorsatz setze ein höheres Maß an Wissen als die Absicht voraus,[19] trifft deshalb nicht zu.[20]

Wenn der Attentäter es darüber hinaus für möglich hielt, dass bei einer Explosion der 16 Bombe einige Zuhörer aus der ersten Reihe getötet werden, so hat er bezüglich der Tötung dieser Zuhörer mit bedingtem Vorsatz gehandelt. Er hat ihren Tod als eine mögliche Nebenfolge des von ihm verfolgten Handlungsziels in Kauf genommen. Der bedingte Vorsatz bedarf als schwächste Vorsatzform der Abgrenzung gegenüber der Fahrlässigkeit. Wie diese aufgrund der unterschiedlichen Rechtsfolgen außerordentlich wichtige Abgrenzung im Einzelnen vorzunehmen ist, wird in Rechtsprechung und Literatur seit langem heftig diskutiert. Insbesondere streitet man über die Frage, ob der Täter den Eintritt des tatbestandsmäßigen Geschehens wirklich nur für möglich gehalten oder in irgendeiner darüber hinausgehenden Weise auch „gewollt" haben muss, um bedingt vorsätzlich zu handeln. Dieses Problem werde ich sogleich gesondert erörtern (→ § 11 Rn. 21 ff.).

2. Die rechtliche Bedeutung der Unterscheidung verschiedener Vorsatzformen

Zuvor ist jedoch noch die Frage zu beantworten, welche rechtliche Bedeutung der Un- 17 terscheidung zwischen den verschiedenen Vorsatzformen zukommt. Soweit sich aus der gesetzlichen Beschreibung eines Delikts nichts anderes ergibt, muss der Täter zur Verwirklichung des Tatbestands schlicht vorsätzlich handeln (§ 15 StGB). Auf die Form des Vorsatzes kommt es dann lediglich für die in der universitären Falllösung nicht zu behandelnde Strafzumessung an.[21] Dementsprechend ist es bei der Prüfung der meisten Delikte nicht notwendig, sich auf eine verwirklichte Vorsatzform festzulegen. In Fällen, in denen ganz eindeutig Absicht oder direkter Vorsatz gegeben ist, sollte man dies allerdings feststellen und sich nicht auf die in vielen Übungsarbeiten anzutreffende Formulierung zurückziehen, es liege „zumindest bedingter Vorsatz" vor.

---

[18] Die Möglichkeit einer solchen Unterscheidung bestreitet Dencker FS Tolksdorf, 2014, 213 (217 ff.), der deshalb auf die gängige Unterscheidung zweier Formen des dolus directus verzichten will.

[19] So etwa Roxin/Greco StrafR AT I § 12 Rn. 4.

[20] Vgl. dazu näher Samson JA 1989, 449 (450).

[21] Das Vorliegen einer auf die Verwirklichung des Tatbestands gerichteten Absicht darf inzwischen auch nach der Rechtsprechung strafschärfend berücksichtigt werden (vgl. BGH NStZ 2018, 533; anders noch BGH NStZ-RR 2015, 171) mwN.

18 Unerlässlich ist die Unterscheidung der verschiedenen Vorsatzformen bei Delikten, deren Tatbestand ausdrücklich eine bestimmte Form des Vorsatzes voraussetzt. Ein Beispiel für ein solches Delikt ist die Strafvereitelung (§ 258 StGB). Weil viele ganz alltägliche Handlungen – wie zB eine Taxifahrt zum Flughafen – möglicherweise die Verhängung oder Vollstreckung einer Strafe vereiteln können, ist nur die absichtliche oder wissentliche Strafvereitelung mit Strafe bedroht. Durch den Ausschluss des bedingten Vorsatzes entbindet das Gesetz den Richter von der Notwendigkeit, im Einzelfall per Interessenabwägung festzustellen, ob es sich bei der jeweiligen Handlung um ein erlaubtes Risiko handelt. Die Beschränkung auf absichtliches und wissentliches Handeln ist eine an die Tätervorstellung anknüpfende gesetzliche Typisierung des erlaubten Risikos. Das Gesetz nimmt eine solche Beschränkung vor, wenn es die Menschen generell nicht dazu verpflichten will, wegen nur möglicher Nebenfolgen auf die Verfolgung ihrer Handlungsziele zu verzichten.

19 Des Weiteren ist die Unterscheidung der verschiedenen Vorsatzformen für die Delikte von Bedeutung, die neben dem Vorsatz zusätzliche subjektive Merkmale aufweisen. Allerdings ist der Sprachgebrauch des Gesetzes insoweit recht verwirrend. Obwohl die zusätzlichen subjektiven Merkmale zumeist als „Absichten" formuliert sind, setzt ihre Verwirklichung nicht durchgängig die Vorsatzform der Absicht voraus. Diese Vorsatzform muss nur bei denjenigen subjektiven Merkmalen vorliegen, die als besondere Beweggründe der Tat entweder – wie zB die Bereicherungsabsicht beim Betrug (§ 263 StGB) – den Deliktstyp charakterisieren oder – wie etwa die Verdeckungsabsicht beim Mord (§ 211 StGB) – die Strafwürdigkeit der Tat erhöhen (vgl. dazu → § 8 Rn. 29ff.). Zum typischen Tatbild eines Betruges gehört es, dass der Täter einen Vermögensvorteil erstrebt. Deshalb ist die Bereicherungsabsicht im Sinne der ersten Vorsatzform zu verstehen. Gleiches gilt im Ergebnis für die Verdeckungsabsicht. Die mit diesem Merkmal bezeichnete besonders verwerfliche Motivation der Tat liegt nur dann vor, wenn es dem Täter auf die Verdeckung einer anderen Straftat ankam.

20 Die auf die Rechtsgutsverletzung gerichteten „Absichten" der **unvollkommen zweiaktigen** und **erfolgskupierten Delikte** (vgl. dazu → § 8 Rn. 26ff.) setzen dagegen nicht die Vorsatzform der Absicht voraus.[22] Da sie der Sache nach mit dem durch die Verkürzung des objektiven Tatbestands entfallenen Teil des Tatbestandsvorsatzes identisch sind, reicht für ihre Verwirklichung im Grundsatz jede Form des Vorsatzes aus. Deshalb muss der Täter zB für die Zueignungsabsicht beim Diebstahl (§ 242 StGB) zwar die vorübergehende Aneignung der Sache erstreben, hinsichtlich der dauernden Enteignung des Eigentümers aber nur mit bedingtem Vorsatz handeln.[23] Allerdings können auf die Rechtsgutsverletzung gerichtete „Absichten" bei einzelnen Tatbeständen zugleich als eine an die Tätervorstellung anknüpfende gesetzliche Typisierung des erlaubten Risikos zu verstehen sein. In diesem Fall setzen sie zumindest direkten Vorsatz voraus. Ein Beispiel dafür ist die Hilfeleistungsabsicht bei der Begünstigung (§ 257 StGB). Weil viele ganz alltägliche Handlungen einem Straftäter die Vorteile seiner Tat sichern können, ist es – ebenso wie bei der Strafvereitelung – angemessen, nur die absichtliche oder wissentliche Begünstigung mit Strafe zu bedrohen.[24]

---

[22] Vgl. dazu Puppe JZ 2022, 454.

[23] Vgl. NK-StGB/Kindhäuser StGB § 242 Rn. 123 mwN.

[24] Nach der hM (BGHSt 4, 107) soll sogar – systemwidrig – lediglich absichtliches Handeln mit Strafe bedroht sein.

II. Die Abgrenzung zwischen bedingtem Vorsatz und Fahrlässigkeit

1. Erfordernis eines voluntativen Vorsatzelements?

Nach Auffassung der Rechtsprechung[25] und der herrschenden Lehre[26] besteht der bedingte Vorsatz aus einer **intellektuellen** und einer **voluntativen Komponente.** Der Täter müsse das tatbestandsmäßige Geschehen nicht nur als möglich erkennen, sondern es auch wollen, um vorsätzlich zu handeln. Dies bedeutet jedoch nicht, dass dem Täter das tatbestandsmäßige Geschehen erwünscht sein muss.[27] Das voluntative Element des bedingten Vorsatzes wird zwar in der Rechtsprechung auch heute noch oft mit den Worten umschrieben, der Täter müsse das tatbestandsmäßige Geschehen **billigend in Kauf genommen** haben. Jedoch hat der Bundesgerichtshof bereits im Jahr 1955 klargestellt, dass dieses „Billigen" nicht wörtlich zu verstehen ist. „Im Rechtssinne" billige der Täter das tatbestandsmäßige Geschehen auch dann, wenn es ihm gleichgültig[28] oder sogar unerwünscht sei, er sich aber mit der Möglichkeit seines Eintritts abfinde.[29] Eine positive Bewertung des tatbestandsmäßigen Geschehens sei beim bedingten Vorsatz ebenso wenig erforderlich wie beim direkten Vorsatz. 21

Um Missverständnisse zu vermeiden, umschreibt die Lehre das voluntative Element des bedingten Vorsatzes deshalb meist ohne den Begriff der Billigung. Stattdessen wird zB formuliert, der Täter müsse sich für das tatbestandsmäßige Geschehen „entschieden", es schlicht „in Kauf genommen" oder sich „mit ihm abgefunden" haben.[30] Diesen und weiteren ähnlichen Formulierungen liegen keine unterschiedlichen Theorien zum bedingten Vorsatz zugrunde. Sie alle bringen nichts anderes zum Ausdruck, als dass dem Täter sein Handlungsziel wichtiger gewesen sein muss als die Vermeidung des tatbestandsmäßigen Geschehens. Deshalb stellt sich bei all diesen Formulierungen in gleicher Weise die Frage, ob einem so verstandenen voluntativen Vorsatzelement überhaupt selbstständige Bedeutung zukommen kann. Bei unbefangener Betrachtung sollte man meinen, ein Täter, der das tatbestandsmäßige Geschehen als mögliche Folge seiner Handlung erkennt und gleichwohl handelt, nehme damit stets die Möglichkeit des tatbestandsmäßigen Geschehens in Kauf. 22

Die herrschende Meinung begegnet diesem naheliegenden Einwand mit der Überlegung, der Täter könne die Möglichkeit des tatbestandsmäßigen Geschehens zwar erkennen, aber gleichwohl irrational darauf vertrauen, dass sich diese Möglichkeit nicht realisieren werde.[31] Als Beispiel wird meist auf leichtfertiges Verhalten im Straßenverkehr verwiesen. Ein Autofahrer, der auf einer engen Landstraße vor einer Bergkuppe überhole, wisse im Allgemeinen, dass ihm plötzlich ein Auto entgegenkommen und dies einen tödlichen Frontalzusammenstoß zur Folge haben könne. Er vertraue aber – schon weil er durch einen solchen Unfall selbst verletzt oder möglicherweise sogar getötet würde – typischerweise darauf, dass sich diese Möglichkeit nicht realisieren 23

[25] BGHSt 7, 363 (368ff.); 36, 1 (9ff.); 56, 277 (284), jeweils mwN.
[26] SK-StGB/Stein StGB § 16 Rn. 1; Kühl StrafR AT § 5 Rn. 72ff.; Roxin/Greco StrafR AT I § 12 Rn. 21ff.; Stratenwerth/Kuhlen StrafR AT § 8 Rn. 117ff.; WBS StrafR AT Rn. 331ff.; Zieschang StrafR AT Rn. 123ff., jeweils mwN.
[27] So die Rechtsprechung des Reichsgerichts, vgl. RGSt 33, 4 (5f.); 72, 36 (44); 76, 115 (116).
[28] Vgl. dazu etwa BGH NStZ 2019, 608 (609f.).
[29] BGHSt 7, 363 (369).
[30] Vgl. Roxin/Greco StrafR AT I § 12 Rn. 21ff. mwN.
[31] Vgl. etwa Roxin/Greco StrafR AT I § 12 Rn. 42.

werde. Auch wenn dieses Vertrauen irrational sei, schließe es eine bewusste Entscheidung für das tatbestandsmäßige Geschehen aus. Der Autofahrer handele lediglich **bewusst fahrlässig** und könne deshalb bei Eintritt des tatbestandsmäßigen Geschehens nur wegen fahrlässiger Körperverletzung (§ 229 StGB) bzw. Tötung (§ 222 StGB) bestraft werden.

24 Schon weil sonst nahezu jedes leichtfertige Verhalten im Straßenverkehr als versuchter Totschlag (§§ 212, 22, 23 I StGB) zu bestrafen wäre, wird dieses Ergebnis weithin akzeptiert. Selbst bei illegalen Autorennen mit massiv überhöhten Geschwindigkeiten auf belebter Straße und vergleichbar krassen Verkehrsverstößen ist im Zweifel kein Tötungsvorsatz anzunehmen, weil auch hier die Täter – nicht notwendigerweise, aber in aller Regel[32] – gegen jede Vernunft davon ausgehen, dass es nicht zu einem tödlichen Unfall kommen wird. Fraglich ist allerdings, ob es zur Erfassung solcher unvernünftiger Annahmen wirklich eines voluntativen Vorsatzelements bedarf. Eine zunehmende Zahl von Autoren ist der Auffassung, dass das von der herrschenden Meinung als irrationales Vertrauen auf das Ausbleiben des tatbestandsmäßigen Erfolgs beschriebene psychische Phänomen in Wahrheit schon das Vorliegen des intellektuellen Vorsatzelements ausschließe.[33] Auch wer auf das Ausbleiben des tatbestandsmäßigen Erfolgs nur irrational vertraue, halte dessen Eintritt im Zeitpunkt der Handlung nicht „ernsthaft" für möglich und handele schon aus diesem Grund nicht bedingt vorsätzlich. Die Konstruktion eines selbstständigen voluntativen Vorsatzelements sei deshalb entbehrlich (sog. **Möglichkeitstheorie**).

25 Letztlich geht es bei dem Streit um das Erfordernis eines selbstständigen voluntativen Vorsatzelements nur um die Frage, wie ein übereinstimmend anerkanntes und bewertetes psychisches Phänomen zu beschreiben und einzuordnen ist.[34] Die einleuchtendste Beschreibung ergibt sich aus der Überlegung, dass ein Täter die Möglichkeit des Erfolgseintritts nicht schon dann erkennt, wenn er über das dafür notwendige Erfahrungswissen verfügt. Hinzukommen muss stets, dass er dieses Wissen in der konkreten Situation anwendet.[35] Die Anwendung allgemeinen Erfahrungswissens zur Beurteilung eines konkreten Falles ist – ebenso wie die dem Juristen geläufige Anwendung allgemeiner rechtlicher Regeln[36] – keine Selbstverständlichkeit, sondern ein eigenständiger psychischer Vorgang, der in vielen Fällen nicht oder nur unzureichend stattfindet. Wenn die herrschende Meinung davon spricht, dass der Täter „irrational" auf das Ausbleiben des tatbestandlichen Erfolgs vertraut hat, dann meint sie damit,

[32] Anders kann dies insbes. dann sein, wenn dem Täter sein eigenes Leben gleichgültig ist oder er davon ausgeht, dass sein eigenes Fahrzeug einen so hohen Sicherheitsstandard hat, dass ihm selbst bei einem Unfall nichts oder wenig geschehen würde; vgl. zur Problematik die Aufhebung der ersten (BGHSt 63, 88) und die Bestätigung der zweiten (BGHSt 65, 42) Verurteilung wegen Mordes im „Berliner Raserfall"; ferner BGH NStZ 2018, 460 (461 f.), NStZ-RR 2018, 154; Eisele JZ 2018, 549; Hörnle NJW 2018, 1576; Hoven/Kubiciel NStZ 2017, 439 (441 f.); Schladitz ZStW 134 (2022), 97 (133 ff.); Schneider NStZ 2018, 528 (530 f.); Walter NJW 2017, 1350, alle mwN.

[33] So zB Freund/Rostalski StrafR AT § 7 Rn. 60; Jakobs StrafR AT Abschn. 8 Rn. 23; Kindhäuser/Zimmermann StrafR AT § 14 Rn. 27 ff.; Schladitz ZStW 134 (2022), 97 (120 ff.); Schmidhäuser StrafR AT § 10 Rn. 89 ff.

[34] Vgl. dazu näher Frister ZIS 2019, 381 (382 f.); ebenso Streng FS Kühne, 2013, 47 (50) mwN.

[35] Dazu eingehend Schladitz ZStW 134 (2022), 97 (129 ff.).

[36] Juristen wissen aus Erfahrung, dass mit der Kenntnis von abstrakten Rechtssätzen noch kein Fall gelöst ist. Die Subsumtion des zu beurteilenden Sachverhalts unter die abstrakten Rechtssätze ist eine zusätzliche geistige Leistung, die zur Lösung jedes Falles erst einmal erbracht werden muss.

dass er das notwendige Erfahrungswissen hatte, um die Möglichkeit des Erfolgseintritts zu erkennen, es aber in der konkreten Situation nicht angewendet hat. Der Autofahrer, der an einer Bergkuppe überholt, weiß zwar im Allgemeinen, dass es bei solchen Überholmanövern zu tödlichen Verkehrsunfällen kommen kann, aber er wendet dieses Wissen bei dem von ihm vorgenommenen Überholmanöver nicht an. Deshalb hält er im Ergebnis den Eintritt des tatbestandsmäßigen Erfolgs nicht für möglich und handelt damit auch ohne die Konstruktion eines voluntativen Vorsatzelements nicht vorsätzlich.

2. Notwendigkeit einer qualifizierten Möglichkeitsvorstellung?

Von der Frage eines selbstständigen voluntativen Vorsatzelements zu unterscheiden ist 26
das Problem, ob und inwieweit zur Abgrenzung gegenüber der Fahrlässigkeit gesteigerte Anforderungen an das intellektuelle Vorsatzelement zu stellen sind. Die in der älteren Literatur vielfach vertretene **Wahrscheinlichkeitstheorie** wollte Vorsatz und Fahrlässigkeit nach dem Ausmaß des vom Täter erkannten Risikos unterscheiden. Bedingter Vorsatz sollte nur dann vorliegen, wenn der Täter das tatbestandliche Geschehen nicht nur für möglich, sondern für wahrscheinlich gehalten hat.[37] Diese Theorie galt lange Zeit als überholt, hat aber in neuerer Zeit eine beachtliche Renaissance erlebt. Eine zunehmende Zahl von Autoren will den Vorsatz zwar nicht von einer statistisch verstandenen Wahrscheinlichkeit, wohl aber von Art und Ausmaß des erkannten Risikos abhängig machen. Der Täter handele nur vorsätzlich, wenn die von ihm erkannte Gefahr des Eintritts des tatbestandlichen Geschehens nach rechtlichen Maßstäben als besonders gravierend und damit als sogenannte **Vorsatzgefahr** zu bewerten sei.[38]

Nach dieser Auffassung wäre in dem oben gebildeten Beispielsfall des Überholens an 27
einer Bergkuppe schon deshalb kein Körperverletzungs- oder gar Tötungsvorsatz gegeben, weil auch ein solch extrem leichtsinniges Verkehrsverhalten glücklicherweise nur relativ selten zu einem Verkehrsunfall mit Personenschaden führt. Auf die Frage, ob der Täter aus seinem allgemeinen Erfahrungswissen den Schluss gezogen hat, dass es auch im konkreten Fall zu einem tödlichen Verkehrsunfall kommen kann, käme es danach nicht an. Selbst wenn der Täter es geradezu auf einen tödlichen Verkehrsunfall angelegt hätte, läge – da das eingegangene Risiko keine Vorsatzgefahr ist – kein Tötungsvorsatz vor. Diese Wertung vermag nicht zu überzeugen.[39] Die Vorsatzstrafe rechtfertigt sich daraus, dass der Täter sich bewusst für das tatbestandliche Geschehen entschieden hat. Eine solche Entscheidung setzt zwar die rechtliche Missbilligung des erkannten Risikos, aber kein darüber hinausgehendes Ausmaß der Gefahr voraus. Das Ausmaß der erkannten Gefahr ist zwar für das Gewicht des Unrechts von Bedeu-

---

[37] Mayer StrafR AT S. 121 ff.

[38] Innerhalb der Lehre von der Vorsatzgefahr besteht keine Einigkeit darüber, ob das Kriterium der Vorsatzgefahr das Erfordernis der Anwendung des vorhandenen Erfahrungswissens im Einzelfall ersetzen (so offenbar NK-StGB/Puppe StGB § 15 Rn. 68; dagegen überzeugend Schladitz ZStW 134 (2022), 97 (139 ff.)) oder lediglich ergänzen soll (so vor allem Velten, Salzburger Kommentar zum Strafgesetzbuch, 28. Lfg., Stand: Juni 2013, StGB § 75 Rn. 29 ff.; Velten FS Kindhäuser, 2019, 585 (588 ff.)); vgl. zur Unterscheidung dieser beiden Formen der Lehre von der Vorsatzgefahr Frister ZIS 2019, 381 (383 f.).

[39] Vgl. dazu das Beispiel bei Weigend FS Herzberg, 2008, 997 (1003) sowie Frister ZIS 2019, 381 (383 f.).

tung.[40] Jedoch ist dem nicht bei der Abgrenzung zwischen Vorsatz und Fahrlässigkeit, sondern bei der Strafzumessung Rechnung zu tragen.

3. Die Feststellung des Vorsatzes

28 Für die praktische Rechtsanwendung ist der Streit um die begrifflichen Voraussetzungen des bedingten Vorsatzes von eher untergeordneter Bedeutung. Das Hauptproblem der Gerichte besteht in der Frage, wie sie feststellen können, ob der Täter das tatbestandsmäßige Geschehen im konkreten Fall für möglich hielt oder – wie die Rechtsprechung selbst formulieren würde – irrational darauf vertraut hat, dass sich dieses Geschehen nicht verwirklicht. Wie alle subjektiven Merkmale kann dieses psychische Phänomen nur aus äußeren Umständen erschlossen werden. Insoweit kommt dem Ausmaß des mit der Handlung eingegangenen Risikos eine ganz entscheidende Bedeutung zu. Je offensichtlicher die Gefahr der Verwirklichung des tatbestandsmäßigen Geschehens war, desto näher liegt es, dass der Täter selbst diese Gefahr erkannt, dh aus seinem allgemeinen Erfahrungswissen den Schluss gezogen hat, es könne im konkreten Fall zu einem solchen Geschehen kommen.[41]

29 Allerdings wird in der Rechtsprechung des Bundesgerichtshofs zu Recht betont, aus dem Ausmaß des Risikos der Tatbestandsverwirklichung dürfe nicht schematisch auf einen Vorsatz des Handelnden geschlossen werden.[42] Die psychische Verfassung des Handelnden zur Tatzeit ist stets zu berücksichtigen. Ein starker Affekt oder eine Alkoholintoxikation kann zB dazu führen, dass der Täter selbst hohe Risiken der Tatbestandsverwirklichung nicht mehr richtig wahrnimmt.[43] Für die Feststellung des Tötungsvorsatzes hat die Rechtsprechung des Bundesgerichtshofs unter Berufung auf eine erfahrungsgemäß hohe Hemmschwelle zur Tötung anderer Menschen[44] besondere Vorsicht angemahnt.[45] In einer Reihe von Entscheidungen wurden die Tatgerichte aufgefordert, auch bei relativ hohen Risiken stets zu erwägen, ob der Täter nicht „irrational darauf vertraut habe", dass es nicht zu einem tödlichen Erfolg kommen werde.[46] Von dieser Form der „Hemmschwellentheorie"[47] hat sich jedoch die

[40] Insoweit eindringlich und überzeugend Velten FS Kindhäuser, 2019, 585 (595 ff.) mwN.

[41] Vgl. etwa BGHSt 57, 183 (186); BGH NJW 2018, 1411 (1412); 2019, 733 (735); NStZ 2010, 571 (572); 2011, 338; Rissing-van Saan FS Geppert, 2011, 497 (503) mwN.

[42] Vgl. etwa BGH NJW 2014, 3382 (3383); 2016, 1970 (1971 f.); NStZ 1982, 506; 2004, 329; 2007, 150; 2007, 331; 2009, 91; 2010, 571 (572); 2011, 338; 2012, 151; 2013, 159 (160 f.); 2013, 538 (540); 2015, 516 (517); 2016, 25 (26 f.); 2019, 468 (469); 2020, 218 (219); NStZ-RR 2007, 307, jeweils mwN und dazu instruktiv Prittwitz FS Puppe, 2011, 819.

[43] Skeptisch Roxin/Greco StrafR AT I § 12 Rn. 81.

[44] Mit der hohen Hemmschwelle bei Tötungsdelikten hat die Rechtsprechung auch begründet, dass bei ungeschützten Sexualkontakten einer mit HIV infizierten Person in der Regel zwar Körperverletzungs-, aber kein Tötungsvorsatz vorliege (BGHSt 36, 1 (15)); vgl. dazu Roxin/Greco StrafR AT I § 12 Rn. 82 ff. mwN.

[45] Vgl. für eine eingehende Darstellung der Rechtsprechung des Bundesgerichtshofs zum Tötungsvorsatz Schroth FS Widmaier, 2008, 779 (787 ff.); Rissing-van Saan FS Geppert, 2011, 497 und die in weiten Teilen zu Recht krit. Würdigung von NK-StGB/Puppe StGB § 15 Rn. 90 ff.; Puppe NStZ 2014, 183.

[46] BGH StV 1982, 509; NStZ 2001, 475; 2003, 431; 2009, 503; 2010, 571 (572); NStZ-RR 2001, 369; 2007, 267; bei Unterlassungstaten soll eine derartige Hemmschwelle nach BGH NStZ 1992, 125 (vgl. aber auch BGH NStZ 2007, 402 (403); NStZ-RR 2007, 304) hingegen nicht in gleichem Ausmaß bestehen.

[47] Vgl. zu dieser zusammenfassend Rissing-van Saan FS Geppert, 2011, 497 (504 ff.); Streng FS Kühne, 2013, 47 (48 ff.), beide mwN.

neuere Rechtsprechung des Bundesgerichtshofs distanziert.[48] Bei der bewussten Eingehung hoher Tötungsrisiken bedürfe es zum Ausschluss des Vorsatzes stets konkreter Anhaltspunkte, aus denen sich ergäbe, dass der Täter ernsthaft auf das Ausbleiben des tödlichen Erfolgs vertraut haben könnte. Einem bloßen Verweis auf die Hemmschwellentheorie komme insoweit kein argumentatives Gewicht zu.

4. Verzicht auf die Abgrenzung de lege ferenda?

Aufgrund der Schwierigkeit der Abgrenzung zwischen bedingtem Vorsatz und Fahrlässigkeit wird zum Teil gefordert, die Kategorie des bedingten Vorsatzes ganz aufzugeben und im Strafgesetzbuch eine neue allgemeine Kategorie der Leichtfertigkeit einzuführen, der sowohl die Fälle bedingten Vorsatzes als auch die grober Fahrlässigkeit unterfallen sollen.[49] Die Zweiteilung von Vorsatz und Fahrlässigkeit soll nach diesem Vorschlag durch eine Dreiteilung von Fahrlässigkeit, Leichtfertigkeit und direktem Vorsatz ersetzt werden. Eine derartige nach dem Vorbild des anglo-amerikanischen Rechts[50] gestaltete Regelung würde allerdings den für die Beeinträchtigung der Normgeltung sehr grundlegenden Unterschied zwischen Tätern, die sich bewusst für das tatbestandsmäßige Geschehen entschieden, und solchen, die eine solche Entscheidung nicht getroffen haben, nicht mehr abbilden. Außerdem würde sie die vorhandenen Abgrenzungsschwierigkeiten wohl lediglich durch neue ersetzen. Insbesondere die Abgrenzung zwischen der neuen Kategorie der Leichtfertigkeit und dem direkten Vorsatz würde das Problem aufwerfen, ob bei einem lediglich annähernd sicheren Wissen wirklich nur Leichtfertigkeit oder nicht doch schon direkter Vorsatz angenommen werden soll. Im Ergebnis ist es deshalb zumindest sehr fragwürdig, ob ein solches System besser wäre als das derzeit in Deutschland geltende Recht.[51] 30

III. Alternativvorsatz

Da der Vorsatz nicht voraussetzt, dass der Täter die Verwirklichung des tatbestandlichen Geschehens für gewiss hält, kann dieser auch hinsichtlich mehrerer, sich gegenseitig ausschließender Geschehensabläufe vorsätzlich handeln. Man spricht in derartigen Fällen von einem Alternativvorsatz. Wirft der Täter etwa einen Stein in Richtung eines seinen Hund an der Leine führenden Spaziergängers mit der Vorstellung, entweder den Spaziergänger oder den Hund zu treffen, so hat er sowohl Körperverletzungs- als auch Sachbeschädigungsvorsatz (vgl. § 90a BGB). Er ist deshalb – je nachdem, wen er trifft – wegen vollendeter Körperverletzung (§ 223 I StGB) und versuchter Sachbeschädigung (§ 303 III StGB) oder umgekehrt wegen versuchter Körperverletzung (§ 223 II StGB) und vollendeter Sachbeschädigung (§ 303 I StGB) strafbar. Die von einem Teil des Schrifttums[52] vertretene Auffassung, dass dem Täter in solchen Fällen 31

[48] BGHSt 57, 183 (189ff.); BGH NStZ 2018, 206 (207); 2019, 208; vgl. zur erstgenannten Entscheidung die Bespr. von Trück JZ 2013, 179.

[49] Hörnle JZ 2019, 440 (445ff.); für einen Verzicht auf die Kategorie des bedingten Vorsatzes plädiert auch Deiters ZIS 2019, 401 (405f.), der diese Kategorie aber deshalb für verzichtbar erachtet, weil das Unrecht in den betreffenden Fällen bereits durch die erfolgsqualifizierten Delikte angemessen erfasst werde.

[50] Vgl. dazu Hörnle JZ 2019, 440 (446).

[51] Vgl. für eine eingehende Kritik des Vorschlags Freund/Rostalski JZ 2020, 241 (242ff.).

[52] Vgl. etwa LK-StGB/Vogel/Bülte StGB § 15 Rn. 136; NK-StGB/Zaczyk StGB § 22 Rn. 20, beide mwN.

nur einer der beiden Vorsätze zugerechnet werden könne, weil er nicht beide Delikte vollenden wolle, ist vom Bundesgerichtshof zu Recht zurückgewiesen worden.[53] Der Täter widerspricht mit seinem Verhalten der Geltung beider Normen und ist deshalb auch aus beiden Delikten zu bestrafen.

C. Der Gegenstand des Vorsatzes

I. Der Begriff des Tatbestandsirrtums

32 Wenn der Täter einen der zum Tatbestand gehörenden Umstände nicht kennt, spricht man von einem **Tatbestandsirrtum.** Dies ist ein anderer Ausdruck dafür, dass der Täter das im objektiven Tatbestand beschriebene Geschehen nicht oder unvollständig erkannt und damit nicht vorsätzlich gehandelt hat (§ 16 I 1 StGB). Ein Jäger, der einen Treiber in dem Glauben erschießt, ein Wildschwein vor sich zu haben, erliegt zB einem Tatbestandsirrtum. Er weiß nicht, dass er auf einen Menschen schießt, und begeht deshalb kein vorsätzliches Tötungsdelikt (§§ 211, 212 StGB). Dies gilt unabhängig davon, ob er seinen Irrtum hätte vermeiden können oder nicht. Die Vermeidbarkeit eines Tatbestandsirrtums ist lediglich für die durch § 16 I 2 StGB ausdrücklich zugelassene Bestrafung aus einem etwaigen Fahrlässigkeitstatbestand von Bedeutung. Wenn der Jäger erkennen konnte, dass er in Wahrheit einen Menschen vor sich hatte, ist der Tatbestand der fahrlässigen Tötung (§ 222 StGB) erfüllt.

33 Ein Tatbestandsirrtum kann sich auch auf **qualifizierende** oder **privilegierende Merkmale** beziehen. Der Irrtum über qualifizierende Merkmale richtet sich nach der allgemeinen Regelung des § 16 I 1 StGB. Wenn der Täter die das qualifizierende Merkmal erfüllenden Umstände nicht kennt, also etwa nicht weiß, dass sein Mittäter bei dem Diebstahl eine Waffe bei sich führt, hat er den Qualifikationstatbestand (§ 244 I Nr. 1 a Var. 1 StGB) nicht vorsätzlich verwirklicht und kann deshalb lediglich nach dem Grundtatbestand (§ 242 I StGB) bestraft werden. Den Irrtum über privilegierende Merkmale regelt § 16 II StGB.[54] Nimmt der Täter irrig Umstände an, bei deren Vorliegen ein milderes Gesetz verwirklicht wäre, so ist er wegen vorsätzlicher Begehung nur nach diesem milderen Gesetz zu bestrafen. Wer zur Tötung eines Schwerkranken durch die irrtümliche Annahme eines ausdrücklichen und ernstlichen Verlangens bestimmt worden ist, hat sich deshalb zB nicht nach dem objektiv verwirklichten § 212 StGB, sondern nach § 216 StGB strafbar gemacht.

34 Da der Vorsatz lediglich die Kenntnis der den Tatbestand verwirklichenden Umstände voraussetzt (→ § 11 Rn. 3), liegt kein Tatbestandsirrtum vor, wenn der Täter aufgrund einer falschen Subsumtion des von ihm richtig wahrgenommenen Sachverhalts nicht erkennt, dass sein Verhalten den betreffenden Tatbestand verwirklicht. Ein Uhrmacher, der die Uhr seines Intimfeindes fein säuberlich in all ihre Einzelteile zerlegt, begeht auch dann eine vorsätzliche Sachbeschädigung, wenn er irrtümlich davon ausgeht, ein derartiges Verhalten sei kein Beschädigen oder Zerstören iSd § 303 I StGB. Entscheidend ist, dass der Uhrmacher den tatbestandsmäßigen Sachverhalt kennt, also weiß, dass er durch sein Verhalten den bestimmungsgemäßen Gebrauch der Sache

[53] BGHSt 65, 231 (234 f.) mwN.
[54] Vgl. zu dieser Regelung eingehend Küper JURA 2007, 260.

unmöglich macht.[55] Seine Fehlvorstellung, dies sei keine Beschädigung oder Zerstörung, ist ein bloßer **Subsumtionsirrtum.** Ein solcher Irrtum kann – wenn der Täter sein Verhalten aufgrund der falschen Subsumtion nicht nur für straflos, sondern sogar für erlaubt hält – einen Verbotsirrtum gemäß § 17 StGB begründen (vgl. dazu → § 19 Rn. 1 ff.), lässt aber den Vorsatz stets unberührt.

II. Der Vorsatzinhalt bei „normativen Tatbestandsmerkmalen"

Um festzustellen, ob eine Fehlvorstellung einen Tatbestands- oder einen Subsumtionsirrtum begründet, muss man sich den Täter als einen **„perfekten Strafrechtler"** vorstellen, der die Definition aller Tatbestandsmerkmale des infrage stehenden Delikts vollständig beherrscht. Wenn er auch dann nicht erkannt hätte, dass sein Verhalten den Tatbestand des betreffenden Delikts verwirklicht, liegt ein Tatbestandsirrtum, andernfalls ein bloßer Subsumtionsirrtum vor. Dieses Verfahren funktioniert auch bei den sogenannten **normativen Tatbestandsmerkmalen,** die – wie etwa das Merkmal „fremd" in § 242 I StGB – nicht auf natürliche Tatsachen, sondern auf Rechtsinstitute Bezug nehmen. Auch bei solchen Tatbestandsmerkmalen ist nur der Irrtum über die Bedeutung des Merkmals selbst ein für den Vorsatz unerheblicher Subsumtionsirrtum. Wenn der Täter über das in Bezug genommene Rechtsinstitut irrt, also zB nicht weiß, dass die von ihm weggenommene Sache im Eigentum eines anderen steht, verkennt er nicht die strafrechtliche Norm, sondern den dieser Norm zu subsumierenden Sachverhalt und erliegt deshalb einem Tatbestandsirrtum. 35

Der Begriff des Tatbestandsirrtums erfasst also neben Irrtümern im tatsächlichen Bereich auch den Fall, dass der Täter den der strafrechtlichen Norm zu subsumierenden Sachverhalt aufgrund eines **Rechtsirrtums im „Vorfeld"** der strafrechtlichen Verbotsnorm nicht zutreffend erfasst.[56] Wer zB eine Sache wegnimmt, an der er das Eigentum durch gutgläubigen Erwerb verloren hat, begeht keinen vorsätzlichen Diebstahl, wenn ihm die Möglichkeit eines gutgläubigen Erwerbs (§§ 932–936 BGB) unbekannt ist. Da er nicht weiß, dass die Sache inzwischen im Eigentum eines anderen steht, verkennt er den dem Merkmal „fremd" zu subsumierenden Sachverhalt. Ein bloßer Subsumtionsirrtum läge dagegen vor, wenn er wüsste, dass der andere gutgläubig Eigentum an der Sache erworben hat, aber fälschlich davon ausginge, dass die Sache für ihn als ehemaligen Eigentümer gleichwohl keine „fremde" iSd § 242 I StGB sei. In diesem Fall irrte er nicht im Vorfeld, sondern über den Inhalt der strafrechtlichen Verbotsnorm selbst. 36

In Rechtsprechung und Literatur werden die an den Vorsatz bezüglich solch normativer Tatbestandsmerkmale zu stellenden Anforderungen üblicherweise mit dem Begriff der **Parallelwertung in der Laiensphäre** beschrieben.[57] Der Vorsatz erfordere bei solchen Merkmalen keine Tatsachenkenntnis, sondern eine laienhafte „dem Gesetz entsprechende Wertung"[58] des infrage stehenden Sachverhalts. Damit ist jedoch nicht 37

[55] Vgl. zum Begriff der Beschädigung NK-StGB/Zaczyk StGB § 303 Rn. 5 ff.

[56] Dagegen B. Heinrich FS Roxin, 2011, 449 (456 ff.), dessen Argumentation aber den grundlegenden Unterschied zwischen dem Irrtum über die strafrechtlich zu bewährende Norm und dem Irrtum über den dieser Norm zu subsumierenden, gegebenenfalls auch rechtlich geprägten Sachverhalt gar nicht in den Blick nimmt.

[57] Der Begriff ist von Mezger JW 1927, 2006 (2007 f.) geprägt worden.

[58] So die Formulierung in BGHSt 3, 248 (255); 4, 347 (352).

etwa gemeint, dass der Täter die Wertung der Rechtsordnung teilen, es also zB für gerecht halten muss, dass der andere aufgrund seines guten Glaubens das Eigentum an der Sache erworben hat. Für den Vorsatz ausreichend, aber auch erforderlich ist die Kenntnis der mit dem jeweiligen normativen Tatbestandsmerkmal beschriebenen außerstrafrechtlichen Rechtslage.[59] „Laienhaft" darf diese Kenntnis nur insofern sein, als sie nicht in juristischer Begrifflichkeit vorhanden sein muss.[60] Das Rechtsinstitut des Eigentums zB muss dem Täter also nicht dem Namen nach bekannt sein, wohl aber dessen „sozialer Sinngehalt"[61], dh sachliche Bedeutung. Wer nicht weiß, dass Sachen anderen Menschen gehören können, kann keinen vorsätzlichen Diebstahl begehen.

III. Der Vorsatzinhalt bei Blankettmerkmalen

38 Von den normativen Tatbestandsmerkmalen zu unterscheiden sind die sogenannten **Blankettmerkmale.** Darunter versteht man Tatbestandsmerkmale, die zur Bestimmung des Inhalts der strafrechtlichen Verbotsnorm selbst auf andere, zumeist außerstrafrechtliche Normen verweisen.[62] Ein Beispiel ist die gesetzliche Verpflichtung zum Führen von Handelsbüchern in § 283b I Nr. 1 StGB. Welchen Inhalt die Verhaltensnorm hat, deren Verletzung das tatbestandliche Unrecht einer Verletzung der Buchführungspflicht begründet, lässt sich der Regelung des § 283b I Nr. 1 StGB allein nicht entnehmen. Aus ihr ergibt sich nur der tautologische Satz, dass Handelsbücher führen muss, wer zur Führung von Handelsbüchern verpflichtet ist. Eine sinnvolle Verhaltensnorm erhält man erst, wenn man die gesetzliche Regelung der Buchführungspflicht in § 238 HGB in die Deliktsbeschreibung des § 283b I StGB hineinliest. Dann ergibt sich das tatbestandliche Unrecht des Delikts, das darin besteht, dass ein Kaufmann keine oder unzureichende Handelsbücher führt.

39 Bei den Blankettmerkmalen gehören die Voraussetzungen der das Merkmal ausfüllenden Norm zum Tatbestand des betreffenden Delikts. Deshalb muss sich der Vorsatz gemäß § 16 I StGB auch auf diese Voraussetzungen beziehen. Eine vorsätzliche Verletzung der Buchführungspflicht nach § 283b I Nr. 1 StGB setzt also die Kenntnis der Kaufmannseigenschaft voraus. Wer zB aufgrund falscher Vorstellungen über Art und Umfang eines geerbten Unternehmens nicht weiß, dass er Kaufmann ist, hat selbst dann keinen Vorsatz zur Verletzung der Buchführungspflicht, wenn er irrtümlich annimmt, auch als Nichtkaufmann zur Buchführung verpflichtet zu sein. Die Notwendigkeit eines auf die Merkmale der ausfüllenden Norm bezogenen Vorsatzes wird in Rechtsprechung und Literatur allgemein anerkannt. Umstritten ist jedoch, ob sich der Vorsatz außerdem auf das Blankettmerkmal selbst beziehen muss, dem Täter also für eine vorsätzliche Verletzung der Buchführungspflicht bekannt sein muss, dass er zur Führung von Handelsbüchern gesetzlich verpflichtet ist.

40 Einige Autoren verstehen Blankettmerkmale als gesetzlich statuierte Ausnahmen von der ansonsten geltenden Schuldtheorie. Durch ein Blankettmerkmal mache der Ge-

---

[59] Dazu lehrreich BGHSt 64, 195 (200ff.) mAnm Brand NJW 2019, 3535.

[60] Vgl. dazu näher NK-StGB/Puppe StGB § 16 Rn. 46ff.

[61] So die Formulierung dieses Erfordernisses in der neueren Rechtsprechung; vgl. zB BGH NJW 2018, 1486 (1489); 2018, 3467 (3468); 2019, 3392 (3393f.).

[62] Eingehend zur Phänomenologie strafrechtlicher Blankettverweisungen Dietmeier, Blankettstrafrecht, 2002, S. 39ff.

setzgeber die in Bezug genommene Norm explizit zu einem Tatbestandsmerkmal des betreffenden Delikts. Deshalb müsse sich gemäß § 16 I StGB der Vorsatz auch auf diese Norm und damit ausnahmsweise auf einen Teil der strafrechtlichen Verhaltensnorm selbst beziehen.[63] Dem ist jedoch entgegenzuhalten, dass es nur eine Frage der Gesetzestechnik ist, ob die Voraussetzungen der strafrechtlichen Verhaltensnorm in der Deliktsbeschreibung selbst ausformuliert oder durch einen Verweis auf außerstrafrechtliche Normen geregelt werden. Wenn sich der Gesetzgeber für einen Verweis auf außerstrafrechtliche Normen entscheidet, so macht er den Inhalt dieser Normen, nicht aber den Verweis selbst zum Merkmal des gesetzlichen Tatbestands. Deshalb gehen Rechtsprechung und herrschende Lehre[64] zu Recht davon aus, dass sich der Vorsatz nur auf den Inhalt der das Blankettmerkmal ausfüllenden Norm beziehen muss. Die Unkenntnis dieser Norm selbst stellt lediglich einen nach § 17 StGB zu behandelnden Verbotsirrtum dar.

Ob es sich bei einem Begriff um ein normatives Tatbestandsmerkmal oder um ein Blankettmerkmal handelt, kann uU zweifelhaft sein und ist gegebenenfalls durch Auslegung der jeweiligen Deliktsbeschreibung zu ermitteln. Ein Beispiel dafür ist die Zuständigkeit zur eidlichen Vernehmung in den §§ 153, 154 StGB. Dieses Merkmal scheint auf den ersten Blick eine von der strafrechtlichen Verhaltensnorm unabhängige behördliche Befugnis zu bezeichnen und wird deshalb von der herrschenden Meinung als normatives Tatbestandsmerkmal interpretiert.[65] Bei genauerem Hinsehen hat die Zuständigkeit zur eidlichen Vernehmung jedoch keine andere Bedeutung, als dass bei der betreffenden Stelle eine strafbewehrte gesetzliche Verpflichtung zur wahrheitsgemäßen Aussage besteht. Deshalb ist das Merkmal der zuständigen Stelle ein „verkapptes Blankettmerkmal“.[66] Dies hat zur Folge, dass der Vorsatz nicht – wie die herrschende Meinung annimmt – die Vorstellung einer Zuständigkeit zur eidlichen Vernehmung, sondern die Kenntnis eines diese Zuständigkeit begründenden Sachverhalts voraussetzt. Wer den zur eidlichen Vernehmung befugten Ermittlungsrichter für einen Staatsanwalt hält, begeht auch dann keine vorsätzliche Falschaussage (§ 153 StGB), wenn er irrtümlich davon ausgeht, ein Staatsanwalt sei zur eidlichen Vernehmung befugt. 41

IV. Der Vorsatzinhalt bei die Tat bewertenden Merkmalen

Eine ähnliche Struktur wie die Blankettmerkmale haben Tatbestandsmerkmale, mit denen die Strafbarkeit von einem Werturteil, zB der Bewertung einer Drohung als „verwerflich“ (§ 240 II StGB), verbreiteter Schriften als „pornographisch“ (§ 184 I StGB) oder der Gesinnung des Täters als „rücksichtslos“ (§ 315c I Nr. 2 StGB), abhängig gemacht wird. Auch bei den solche Merkmale enthaltenden Delikten ergibt sich die strafrechtliche Verhaltensnorm erst aus dem Zusammenspiel mit anderen Normen, nur dass es sich bei diesen Normen nicht um Rechtssätze, sondern um ungeschriebene gesellschaftliche Wertvorstellungen handelt. Diese Wertvorstellungen gehören nicht zu dem strafrechtlich zu bewertenden Sachverhalt, sondern sind – ebenso 42

[63] Vgl. Bülte NStZ 2013, 65 (66ff.); NK-StGB/Puppe StGB § 16 Rn. 64ff., beide mwN.

[64] Vgl. BGHSt 3, 400 (403); Schönke/Schröder/Sternberg-Lieben/Schuster StGB § 15 Rn. 101; diff. Jakobs StrafR AT Abschn. 8 Rn. 47.

[65] BGHSt 3, 248 (254f.).

[66] Vgl. dazu eingehend NK-StGB/Puppe StGB § 16 Rn. 24.

wie die ein Blankettmerkmal ausfüllenden Rechtsnormen – selbst ein Teil der strafrechtlichen Bewertung. Deshalb muss sich auch bei diesen Merkmalen der Vorsatz nur auf den bewerteten Sachverhalt beziehen. Die Unkenntnis der Wertvorstellungen selbst begründet lediglich einen nach § 17 StGB zu behandelnden Verbotsirrtum.

43 In der Literatur wird dies meist dahingehend formuliert, dass der Vorsatz bei **gesamttatbewertenden Merkmalen** nur die Kenntnis der das Werturteil begründenden Tatsachen voraussetze.[67] Diese Akzentuierung ist jedoch nicht ganz treffend, weil es nicht entscheidend darauf ankommt, dass sich das Werturteil auf die gesamte Tat bezieht.[68] Auch bei Merkmalen, die Teilaspekte der Tat, etwa – wie das Merkmal pornographisch in § 184 StGB – nur das Tatobjekt bewerten, ist für den Vorsatz allein die Kenntnis des zu bewertenden Sachverhalts maßgeblich. Wer eine pornographische Schrift in dem Glauben verbreitet, sie enthalte bloße Nacktfotos, erliegt auch dann einem den Vorsatz ausschließenden Tatbestandsirrtum, wenn er Nacktfotos als Pornographie ansieht. Kennt der Handelnde hingegen den Inhalt der von ihm verbreiteten pornographischen Schrift, so handelt er selbst dann vorsätzlich, wenn er der festen Überzeugung ist, deren Inhalt sei nicht als pornographisch zu bewerten.

44 Zur strafrechtlichen Bewertung der Tat selbst gehört auch die rechtliche Missbilligung des vom Täter eingegangenen Risikos.[69] Daher reicht auch bei diesem ungeschriebenen Tatbestandsmerkmal der Erfolgsdelikte für den Vorsatz die Kenntnis des zu bewertenden Sachverhalts aus. Der Täter muss zwar das rechtlich missbilligte Risiko, nicht aber dessen rechtliche Missbilligung erkannt haben, um vorsätzlich zu handeln. Deshalb handelt zB ein LKW-Fahrer, der einen stark schwankenden Radfahrer mit nur „normalem" Seitenabstand überholt, mit Tötungsvorsatz, sobald er das aus dem starken Schwanken resultierende Ausmaß des Risikos erkennt bzw. den Tod des Radfahrers als mögliche Folge seines Handelns in Kauf nimmt. Auf die Kenntnis der Verpflichtung zur Einhaltung eines größeren Abstandes kommt es nicht an. Wenn der Fahrer ernsthaft glaubt, auf das Schwanken des Radfahrers keine Rücksicht nehmen zu müssen, fehlt ihm zwar das Unrechtsbewusstsein, der Vorsatz wird durch einen derartigen Irrtum aber nicht infrage gestellt.

D. Die Zurechnung des eingetretenen Erfolgs zum Vorsatz

45 Probleme bereitet die Beurteilung von Fällen, in denen der Täter zwar den Vorsatz zur Herbeiführung eines tatbestandlichen Erfolgs hatte, diesen Erfolg aber entweder auf einem anderen Weg oder an einem anderen Objekt bzw. einer anderen Person herbeiführen wollte, als er dies tatsächlich getan hat. Als einfaches Beispiel stelle man sich vor, dass A den B durch einen gezielten Kopfschuss töten will. Wenn er statt des Kopfes nur die Schulter des B trifft, der B aber gleichwohl nach einigen Wochen im Krankenhaus an einer Infektion der Schusswunde stirbt, liegt eine **Abweichung vom vor-**

[67] Vgl. etwa SK-StGB/Stein StGB § 16 Rn. 19 mwN.

[68] Dazu eingehend NK-StGB/Puppe StGB § 16 Rn. 52ff.

[69] Gleiches gilt für die rechtliche Missbilligung der das Vermögen schädigenden Handlung bei der Untreue (§ 266 StGB), sodass der Irrtum über deren Pflichtwidrigkeit kein Tatbestands-, sondern ein Verbotsirrtum ist. Die Frage ist in der Rechtsprechung ungeklärt (vgl. BGH NJW 2006, 522 (531)) und wird in der Literatur sehr kontrovers diskutiert (vgl. dazu eingehend Dinter, Der Pflichtwidrigkeitsvorsatz bei der Untreue, 2011, S. 13ff.; Marwedel ZStW 123 (2011), 548, beide mwN).

gestellten Kausalverlauf vor. A hat den Tod des B auf einem anderen Weg herbeigeführt, als er sich dies vorgestellt hatte. Strukturell ähnliche Probleme entstehen, wenn A nicht den B, sondern stattdessen den neben diesem stehenden C tödlich in den Kopf trifft. In diesem Fall liegt ein **Irrtum über das Tatobjekt** vor. A hat eine andere Person getötet, als er sich vorgestellt hatte.

Sowohl bei einer Abweichung vom vorgestellten Kausalverlauf als auch bei einem Irrtum über das Tatobjekt ist der Motivationsunwert eines vorsätzlichen Delikts ohne Zweifel gegeben. Jedoch stimmt die den Motivationsunwert begründende Vorstellung des Täters mit dem den Geschehensunwert begründenden wirklichen Geschehen nicht vollständig überein. Deshalb stellt sich die Frage, inwieweit beide zu einem vollendeten Vorsatzdelikt zusammengezogen werden können oder als verschiedene Unrechtssachverhalte getrennt zu beurteilen sind.[70] Die Antwort auf diese Frage kann für die Strafbarkeit des Täters erhebliche Bedeutung haben. Bei einer getrennten Beurteilung begründet der Motivationsunwert lediglich einen Versuch, ist also nur bei Verbrechen und bestimmten Vergehen (§§ 23 I, 12 StGB) strafbar. Der Geschehensunwert kann bei getrennter Beurteilung nur im Rahmen eines Fahrlässigkeitsdelikts geahndet werden. Dies setzt neben einem entsprechenden Fahrlässigkeitstatbestand (§ 15 StGB) die Erkennbarkeit des vom Vorsatz abweichenden objektiven Geschehens für den Täter voraus. 46

I. Abweichungen vom vorgestellten Kausalverlauf

Nach einer älteren, heute insbesondere noch in der Rechtsprechung vertretenen Auffassung muss sich der Vorsatz beim vollendeten Delikt im Prinzip auch auf den konkreten Kausalverlauf beziehen.[71] Davon ausgehend müsste an sich jede noch so geringfügige Abweichung vom vorgestellten Kausalverlauf die Bestrafung wegen eines vollendeten Vorsatzdelikts ausschließen. Dies hätte – da der Täter den Kausalverlauf in aller Regel nicht in allen Einzelheiten voraussieht – zur Folge, dass ein solches Delikt nur noch in Ausnahmefällen vorläge. Um das zu vermeiden, hat die Rechtsprechung das von ihr grundsätzlich angenommene Vorsatzerfordernis von Anfang an erheblich relativiert. Im Ergebnis bewertet sie alle Abweichungen von dem vorgestellten Verlauf als unerheblich, die „sich noch innerhalb der Grenzen des nach allgemeiner Lebenserfahrung Voraussehbaren halten und keine andere Bewertung der Tat rechtfertigen".[72] Dies wäre etwa in dem oben gebildeten Beispiel des Todeseintritts infolge einer Wundinfektion ohne Weiteres anzunehmen.[73] 47

Die neuere Literatur weist zu Recht darauf hin, dass in den Fällen, in denen nach diesem Kriterium erhebliche Abweichungen vom vorgestellten Kausalverlauf vorliegen, der tatbestandliche Erfolg oft schon nicht objektiv zurechenbar ist. Wenn es nach allgemeiner Lebenserfahrung nicht vorhersehbar war, dass die Handlung des Täters den tatbestandlichen Erfolg in der geschehenen Weise herbeiführen kann (das Opfer zB auf dem Weg ins Krankenhaus vom Blitz erschlagen worden ist), hat sich im Erfolg 48

[70] Vgl. zur dogmatischen Abschichtung dieser Frage von der Prüfung des Vorsatzes selbst Kuhlen FS Beulke, 2015, 153 (155f.); Sheng-wei Tsai FS Frisch, 2013, 281 (285ff.).

[71] BGHSt 7, 325 (329).

[72] BGHSt 7, 325 (329); 56, 162 (166); BGH NStZ 2016, 721 (723) mwN; ähnlich schon RGSt 70, 257 (258f.).

[73] So explizit RGSt 70, 257 (258f.).

kein rechtlich missbilligtes Risiko realisiert (→ § 10 Rn. 23). Damit ist bereits der objektive Tatbestand nicht erfüllt und auf die Abweichung vom vorgestellten Kausalverlauf kommt es nicht mehr an.[74] Ein Teil der neueren Literatur schließt daraus, dass Abweichungen vom vorgestellten Kausalverlauf generell nur solange zu berücksichtigen seien, wie man für den objektiven Tatbestand eines Erfolgsdelikts lediglich die äquivalente Verursachung des tatbestandlichen Erfolgs verlange. Auf der Grundlage der Lehre von der objektiven Zurechnung sei eine gesonderte Prüfung der Zurechnung des verwirklichten Kausalverlaufs zum Vorsatz des Täters nicht mehr erforderlich.[75]

49 Dabei wird jedoch nicht berücksichtigt, dass es ein Unterschied ist, ob die Voraussehbarkeit eines Geschehensablaufs auf der Grundlage des objektiv vorliegenden Sachverhalts oder auf der Basis der Vorstellung des Handelnden von seiner Tat beurteilt wird. Man stelle sich etwa vor, A serviert dem B zum Mittagessen Fisch mit Champignons. Der Fisch ist verdorben und die vermeintlichen Champignons sind giftige Knollenblätterpilze. A hat die Absicht, B mit diesen Pilzen zu vergiften. Er hat aber nicht erkannt, dass der Fisch verdorben und damit gleichfalls giftig ist. Wenn B keine Champignons mag, deshalb nur den Fisch isst und daran stirbt, hat sich – jedenfalls sofern der Zustand des Fisches für einen gedachten Dritten erkennbar war[76] – objektiv durchaus ein adäquates und rechtlich missbilligtes Risiko verwirklicht. Aber auf der Grundlage der Vorstellung des A war der verwirklichte Kausalverlauf keineswegs adäquat. Da A nicht wusste, dass der Fisch verdorben war, lag nach seiner Vorstellung von der Tat die tödliche Fischvergiftung außerhalb „der Grenzen des nach allgemeiner Lebenserfahrung Voraussehbaren".

50 In einem derartigen Fall einen vollendeten Mord (§ 211 StGB) anzunehmen, leuchtet schon deshalb nicht ein, weil der Tötungsvorsatz und die objektiv missbilligte Verursachung des Tötungserfolgs nur zufälligerweise in einer Handlung zusammentreffen. Wenn A dem B die Pilze als Vorspeise und den Fisch als Hauptgericht serviert hätte, bestünde kein Zweifel daran, dass A durch das Servieren der Pilze aufgrund fehlender Kausalität lediglich einen versuchten Mord und durch das Servieren des Fisches allenfalls eine fahrlässige Tötung begangen hätte. Die Tatsache, dass er Pilze und Fisch zusammen serviert, kann vernünftigerweise zu keiner anderen rechtlichen Beurteilung führen. Dies zeigt, dass die Lehre von der objektiven Zurechnung die Prüfung der Zurechnung des eingetretenen Erfolgs zum Vorsatz des Täters nicht entbehrlich macht. Die von ihr entwickelten Zurechnungskriterien ermöglichen es aber immerhin, auch die Zurechnung zum Vorsatz etwas präziser zu beschreiben, als dies der überkommenen, noch stark dem Adäquanzgedanken verhafteten Lehre von der erheblichen Abweichung vom vorgestellten Kausalverlauf möglich ist.[77]

51 So wie die objektive Erfolgszurechnung nicht allein von der Wahrscheinlichkeit des verwirklichten Kausalverlaufs abhängt, so darf auch die Zurechnung des Erfolgs zum

[74] Auch die Rechtsprechung nähert sich dieser Position an. Der Bundesgerichtshof hält es immerhin für möglich, dass in derartigen Fällen bereits der objektive Tatbestand ausgeschlossen ist (BGHSt 38, 32 (34)).

[75] Vgl. zu diesem Erfordernis SK-StGB/Stein StGB § 16 Rn. 43 ff. mwN.

[76] Bei einer konsequent objektiven Zurechnung kommt es auch darauf nicht an; vgl. dazu → § 10 Rn. 35 ff.

[77] Vgl. zur Ablösung der Adäquanztheorie durch die am Prinzip der Interessenabwägung orientierte Lehre von der objektiven Zurechnung → § 9 Rn. 3 f.

Vorsatz nicht nur davon abhängig gemacht werden, ob und inwieweit auf der Grundlage der Vorstellung des Handelnden von seiner Tat der verwirklichte Kausalverlauf voraussehbar war. Wenn A dem B in Tötungsabsicht ein Auto mit defekten Bremsen leiht, ohne zu wissen, dass B gar keinen Führerschein hat, ist ihm ein unabhängig von dem Bremsdefekt auf einem Fahrfehler des B beruhender tödlicher Unfall nicht zum Vorsatz zurechenbar. Das Risiko eines solchen Unfalls ist zwar – weil Fahrfehler auch bei Führerscheininhabern keine Seltenheit sind – selbst ohne die Kenntnis von der fehlenden Fahrerlaubnis und damit auch auf der Grundlage der Vorstellung des A ein adäquates, nicht außerhalb aller Lebenswahrscheinlichkeit liegendes Risiko. Es ist aber ohne diese Kenntnis nicht rechtlich missbilligt. Deshalb führt die Abweichung vom vorgestellten Kausalverlauf hier – wie die Rechtsprechung formulieren würde (→ § 11 Rn. 47) – zu einer „anderen rechtlichen Bewertung“, sodass der Tötungserfolg dem A nicht zum Vorsatz zuzurechnen ist.

Die Zurechnung zum Vorsatz ist damit im Ergebnis nach den gleichen Kriterien zu beurteilen wie die objektive Erfolgszurechnung.[78] Sie unterscheidet sich von letzterer lediglich dadurch, dass diese Kriterien auf der Basis der Vorstellung des Handelnden von seiner Tat anzuwenden sind. Der eingetretene Erfolg ist zum Vorsatz zurechenbar, wenn die Verursachung des tatbestandlichen Erfolgs auf dem Weg, den sich der Täter vorgestellt hatte, auch wegen ihrer Eignung rechtlich missbilligt ist, den Erfolg in der geschehenen Art und Weise herbeizuführen. Diese Bestimmung der Voraussetzungen einer Zurechnung zum Vorsatz führt zu keinen wesentlich anderen Ergebnissen als die Formulierung der Rechtsprechung. Sie hat jedoch den Vorteil, dass sie die Parallelität zwischen objektiver Zurechnung und Zurechnung zum Vorsatz deutlich macht und es so ermöglicht, die Erkenntnisse der Lehre von der objektiven Zurechnung – zB über die Bewertung durch das Verhalten Dritter oder des Verletzten selbst vermittelter Risiken – bei der Zurechnung zum Vorsatz entsprechend anzuwenden. 52

Außerdem vermeidet eine solche Bestimmung der Zurechnungsvoraussetzungen den in der traditionellen Konzeption liegenden Bruch, den Vorsatz zunächst auf den verwirklichten Kausalverlauf zu beziehen, sich dann aber um des Ergebnisses willen doch mit einem bloßen Adäquanzerfordernis zu begnügen. Sie macht von vornherein deutlich, dass die für die Bestrafung wegen eines vollendeten Delikts notwendige Kongruenz zwischen dem Geschehensunwert und dem Motivationsunwert nicht als vollständige empirische Übereinstimmung, sondern als teleologische Beziehung zwischen dem vorgestellten und dem verwirklichten Kausalverlauf zu verstehen ist. Der Täter muss sich schon im Grundsatz nicht den verwirklichten Kausalverlauf vorgestellt haben, sondern es reicht aus, dass er sich einen Kausalverlauf vorgestellt hat, der bei objektiver Betrachtung zugleich das rechtlich missbilligte Risiko des verwirklichten Kausalverlaufs beinhaltete. 53

So wie die objektive Zurechnung, so ist auch die Zurechnung zum Vorsatz in der **Falllösung** nur dann zu thematisieren, wenn der Sachverhalt dazu Veranlassung gibt. Da sie sich von der objektiven Zurechnung nur durch die auf die Vorstellung des Täters 54

[78] So im Ausgangspunkt zB auch Jakobs StrafR AT Abschn. 8 Rn. 64 ff.; Freund FS Maiwald, 2010, 211 (220 ff.). Dagegen will Roxin/Greco StrafR AT I § 12 Rn. 155 ff. den Beweggründen des Täters größere Bedeutung beimessen und darauf abstellen, ob dessen konkreter Tatplan trotz der Kausalabweichung noch als gelungen anzusehen ist (sog. **Planverwirklichungszusammenhang**); gegen dieses Kriterium jedoch überzeugend Puppe ZStW Bd. 129 (2017), 1 (4 ff.).

beschränkte Beurteilungsgrundlage unterscheidet, hat sie nur dann eigenständige Bedeutung, wenn durch die Handlung objektiv Risiken gesetzt worden sind, die in der Vorstellung des Täters von seiner Tat nicht enthalten waren. Sofern in dem Tatablauf, den sich der Täter vorgestellt hat, alle objektiven Risikofaktoren enthalten sind, kann über die Zurechnung zum Vorsatz nicht anders als über die objektive Zurechnung entschieden werden. Dies wird allerdings nicht nur in der Rechtsprechung, sondern auch in der Literatur nicht immer beachtet. Insbesondere die viel erörterte Fallkonstellation des sogenannten **dolus generalis** wird traditionell als Problem der Abweichung vom vorgestellten Kausalverlauf behandelt, obwohl es sich in der Sache schon um ein Problem der objektiven Zurechnung handelt.

55 Es geht dabei um Fälle, in denen der Täter in der irrigen Annahme, den Erfolg bereits durch eine vorsätzliche Handlung herbeigeführt zu haben, diesen unvorsätzlich durch eine weitere Handlung herbeiführt.[79] So hatte die Rechtsprechung mehrfach über die Strafbarkeit von Tätern zu entscheiden, die ihr Opfer durch eine mit Tötungsvorsatz vorgenommene Handlung zunächst nur verletzt, es dann aber in der irrtümlichen Annahme, der Tod sei bereits eingetreten, durch eine der Beseitigung der vermeintlichen Leiche dienende Handlung (zB das Werfen in einen Fluss oder eine Jauchegrube)[80] getötet hatten. Da die Täter bei ihrer zweiten Handlung nicht mehr den Vorsatz zur Tötung eines Menschen hatten, haben sie nur dann den Tatbestand eines vorsätzlichen Tötungsdelikts verwirklicht, wenn der Eintritt des Todes noch als Verwirklichung des durch die erste mit Tötungsvorsatz vorgenommene Handlung gesetzten Risikos angesehen werden kann.

56 Dazu muss diese Handlung auch wegen ihrer Eignung, den tödlichen Erfolg erst durch die Verursachung weiterer der Beseitigung der vermeintlichen Leiche dienender Handlungen herbeizuführen, rechtlich zu missbilligen sein. Da eine solche mittelbare Verursachung – wie schon die Zahl der dazu ergangenen Entscheidungen zeigt – nicht ganz unwahrscheinlich ist,[81] kann man dies durchaus annehmen. Dementsprechend verurteilt die Rechtsprechung – entgegen in der Literatur geäußerter Kritik[82] – in solchen Fällen zu Recht wegen eines vorsätzlichen vollendeten Tötungsdelikts.[83] Auf das in den Entscheidungen erörterte Ausmaß der Abweichung vom vorgestellten Kausalverlauf kommt es dabei jedoch gar nicht an.[84] Da der Tatablauf, den sich der Täter vorgestellt hatte, das Risiko einer Tötung erst durch Beseitigung der vermeintlichen Leiche in gleicher Weise beinhaltete wie das objektive Geschehen, bedarf es keiner gesonderten Prüfung der Zurechnung zum Vorsatz. Mit der objektiven Zurechnung

[79] Die irreführende Bezeichnung dieser Fallkonstellation als dolus generalis geht auf die „unklare und rechtsgeschichtlich überholte" (vgl. die treffende Kritik in BGHSt 14, 193 mwN) Vorstellung zurück, man könne in derartigen Fällen die Tatbestandsverwirklichung mit der Annahme eines übergreifenden Generalvorsatzes begründen. Zu dem oft im Zusammenhang mit dem dolus generalis behandelten umgekehrten Fall des vorzeitigen Erfolgseintritts → § 11 Rn. 9ff.

[80] Vgl. RGSt 67, 258 und BGHSt 14, 193.

[81] Puppe ZStW Bd. 129 (2017), 1 (18) führt zu Recht aus, es sei „geradezu der normale Lauf der Dinge, dass ein Täter, der glaubt, sein Opfer getötet zu haben, mit der vermeintlichen Leiche Handlungen vornimmt, die das Opfer, falls es noch lebt, endgültig töten".

[82] Vgl. etwa Jakobs StrafR AT Abschn. 8 Rn. 78 und Roxin/Greco StrafR AT I § 12 Rn. 177ff., jeweils mwN, die beide in unterschiedlicher Weise differenzierende Lösungsvorschläge unterbreiten.

[83] RGSt 67, 258; BGHSt 10, 291 (293f.); 14, 193; OGHSt 1, 74 (76).

[84] Ebenso NK-StGB/Puppe StGB § 16 Rn. 84.

steht hier zugleich fest, dass der eingetretene Erfolg dem Täter auch zum Vorsatz zuzurechnen ist.

II. Der Irrtum über das Tatobjekt

1. Error in persona vel objecto

Wenn der Täter den Kausalverlauf richtig vorhergesehen, aber das Tatobjekt verwechselt hat, spricht man von einem **error in persona vel objecto.** Das berühmteste Beispiel für einen solchen Irrtum ist der vom Preußischen Obertribunal entschiedene Fall „Rose-Rosahl“.[85] Der Arbeiter Rose hatte sich im Auftrag seines Arbeitgebers, des Holzhändlers Rosahl, im Dunkeln auf die Lauer gelegt, um den Zimmermann Schliebe zu erschießen. Vor Schliebe kam jedoch der Student Harnisch an dem Hinterhalt vorbei und Rose erschoss ihn in dem Glauben, Schliebe vor sich zu haben. Der error in persona vel objecto wird – solange die irrtümliche Vorstellung demselben Deliktstatbestand wie das objektive Geschehen unterfällt[86] – allgemein als unbeachtlich angesehen. Lediglich die Begründung dafür ist nicht einheitlich. Überwiegend wird argumentiert, dass der Täter gar nicht über die Identität des Tatobjekts irre, weil er genau die Person bzw. das Objekt treffe, das er anvisiert habe.[87] Es gibt aber auch die Auffassung, auf die Identität der getroffenen Person bzw. des getroffenen Objekts komme es gar nicht an, weil sich der Vorsatz nur auf die Merkmale des gesetzlichen Tatbestands, also im Beispielsfall auf die Tötung eines Menschen beziehen müsse.[88] 57

2. Die aberratio ictus

Dieser Begründungsunterschied wirkt sich im Ergebnis aus, wenn der Täter ein anderes als das anvisierte Tatobjekt trifft, also etwa – wie in dem eingangs (→ § 11 Rn. 45) gebildeten Beispiel – statt dem anvisierten B versehentlich dem neben B stehenden C in den Kopf schießt. Ein solcher Fall wird als **aberratio ictus** bezeichnet. Eine aberratio ictus schließt nach herrschender Meinung jedenfalls bei Delikten gegen Individualrechtsgüter[89] den Tatbestand eines vollendeten Vorsatzdelikts aus. Es liege lediglich ein versuchtes Delikt bezüglich des anvisierten Objekts und uU ein fahrlässiges Delikt bezüglich des getroffenen Objekts vor.[90] In dem Beispielsfall (→ § 11 Rn. 45) wäre A demnach nur wegen versuchter vorsätzlicher Tötung des B (§§ 211, 212, 22, 23 I StGB) und – da es für ihn erkennbar war, dass der Schuss auch den neben B stehenden C treffen konnte – wegen fahrlässiger Tötung des C (§ 222 StGB) zu bestra- 58

---

[85] Preußisches Obertribunal GA 1859, 322; ganz ähnlich der Sachverhalt von BGHSt 37, 214.

[86] Wenn nach der Vorstellung des Täters ein anderes Delikt vorläge, der Täter also zB den von ihm erschossenen Menschen für eine Vogelscheuche gehalten hat, kann er wegen des dann vorliegenden Tatbestandsirrtums natürlich allenfalls wegen fahrlässiger Tötung (§ 222 StGB) und wegen versuchter Sachbeschädigung (§§ 303, 22, 23 I StGB) bestraft werden (sog. **ungleichwertiger error in objecto**).

[87] Vgl. etwa Kühl StrafR AT § 13 Rn. 22ff.; Roxin/Greco StrafR AT I § 12 Rn. 194ff., beide mwN.

[88] Vgl. etwa Puppe, StrafR AT, 1. Aufl. 2002, StGB § 20 Rn. 23ff. mwN.

[89] Bei Delikten gegen Rechtsgüter der Allgemeinheit scheint dies jedenfalls die Rechtsprechung anders zu beurteilen. Bei der falschen Verdächtigung (§ 164 StGB) hat der Bundesgerichtshof mit dem Hinweis, das Delikt diene dem Schutz der Rechtspflege, eine möglicherweise vorliegende „aberratio ictus“ für unbeachtlich angesehen (BGHSt 9, 240 (242)); vgl. zu dieser Entscheidung eingehend Mitsch FS Puppe, 2011, 729ff. mwN.

[90] RGSt 58, 27 (28); BGHSt 34, 53 (55); BGH NStZ 2009, 210; MüKoStGB/Joecks/Kulhanek StGB § 16 Rn. 100ff.; SK-StGB/Stein StGB § 16 Rn. 40; Freund FS Maiwald, 2010, 211 (223ff.), jeweils mwN.

fen. Dies würde selbst dann gelten, wenn er außerdem B und C verwechselt und damit im Ergebnis doch die Person getötet hätte, die er eigentlich töten wollte.[91]

59 Die herrschende Meinung zur aberratio ictus beruht auf der Prämisse, das strafrechtliche Unrecht sei bei Delikten gegen Individualrechtsgüter stets die Verletzung des Rechtsguts einer bestimmten Person. Die Verletzung des gleichen Rechtsguts einer anderen Person habe zwar gleiches Gewicht, sei aber dennoch ein anderes Unrecht, sodass der Geschehensunwert und der Motivationsunwert bei der aberratio ictus nicht deckungsgleich seien. Diese Individualisierung des strafrechtlichen Unrechtsbegriffs ist jedoch schon deshalb fragwürdig, weil der Täter nach allgemeiner Auffassung auch dann vorsätzlich handelt, wenn sein Vorsatz gar nicht auf die Verletzung einer bestimmten Person gerichtet ist.[92] Wer mit einem Maschinengewehr in eine Menschenmenge schießt und dadurch Menschen verletzt oder tötet, ist (natürlich) auch dann wegen vorsätzlicher Körperverletzung bzw. Tötung strafbar, wenn er auf gar keine bestimmte Person gezielt hat.

60 Vor allem aber lässt eine solche Individualisierung des Unrechtsbegriffs außer Acht, dass das strafrechtliche Unrecht auch bei Delikten gegen Individualrechtsgüter nicht in der Verletzung des betroffenen Individualinteresses, sondern in der Verletzung des öffentlichen Interesses an der Geltung der die Individualrechtsgüter schützenden Norm besteht (→ § 2 Rn. 1, 20 ff. und → § 3 Rn. 28). So wie es für die Verletzung des öffentlichen Interesses an der Normgeltung keine Rolle spielt, ob der Täter überhaupt eine bestimmte Person verletzen wollte, so kommt es für die Verletzung dieses öffentlichen Interesses auch nicht darauf an, welche Person der Täter verletzen wollte. Die das strafrechtliche Unrecht konstituierende Normverletzung liegt allein in der Verletzung eines durch die jeweilige Norm geschützten Tatobjekts. Deshalb wird die Identität des strafrechtlichen Unrechts durch einen Irrtum über die Identität des Tatobjekts selbst dann nicht berührt, wenn es sich um ein höchstpersönliches Rechtsgut handelt.[93]

61 Wer dies anders sieht, müsste konsequenterweise auch für einen entsprechenden error in persona vel objecto annehmen, dass er die Zurechnung des Erfolgs zum Vorsatz ausschließt.[94] Denn ein sachlicher Grund, die Identität des Tatobjekts gerade danach zu bestimmen, an welchem Ort sich das Objekt zum Zeitpunkt des Erfolgseintritts befindet, ist nicht ersichtlich. Dies gilt umso mehr, als dieses der Abgrenzung von error in persona und aberratio ictus überwiegend[95] zugrunde gelegte Identitätskriterium in allen Fällen versagt, in denen der Täter sich über Zeit und Ort des Erfolgseintritts gar keine genauen Vorstellungen gemacht hat.[96] Wenn der Täter dem A eine Briefbombe schickt, ohne sich genau auszumalen, zu welcher Zeit und an welchem Ort der A den

[91] Vgl. zu derartigen Kombinationen von error in persona und aberratio ictus MüKoStGB/Joecks/Kulhanek StGB § 16 Rn. 105 f.

[92] Vgl. dazu eingehend NK-StGB/Puppe StGB § 16 Rn. 73 f.

[93] Deshalb vermag auch der Vorschlag Hillenkamps, Die Bedeutung von Vorsatzkonkretisierungen bei abweichendem Tatverlauf, 1971, S. 102 ff., die aberratio ictus nur bei persönlichen Rechtsgütern als beachtlich anzusehen, nicht zu überzeugen.

[94] Die Unbeachtlichkeit des error in persona vel objecto spricht auch gegen die **Tatplan-Theorie** von Roxin/Greco StrafR AT I § 12 Rn. 165 f.

[95] Anders Hoyer FS Wolter, 2013, 419 (423 ff.), der nur dann eine aberratio ictus annehmen will, wenn sämtliche vom Täter vorgenommene Individualisierungen des Opfers fehlgeschlagen sind.

[96] Vgl. dazu näher NK-StGB/Puppe StGB § 16 Rn. 97 ff.

Brief öffnen wird, lässt sich die Frage, ob bei einem Öffnen des Briefes durch B ein error in persona oder eine aberratio ictus vorliegt, nicht beantworten. Da hier der Täter das Tatobjekt gar nicht „anvisiert", es nicht nach Zeit und Ort des Erfolgseintritts individualisiert hat, ist nicht festzustellen, ob er das von ihm anvisierte oder ein anderes Tatobjekt getroffen hat.[97]

Entgegen der herrschenden Meinung ist deshalb eine aberratio ictus im Grundsatz ebenso zu behandeln wie ein error in persona vel objecto.[98] Der Irrtum über die Identität des Tatobjekts als solcher schließt die Zurechnung des Erfolgs zum Vorsatz nicht aus. Diese hängt auch bei Vorliegen eines solchen Irrtums nur von der bereits erörterten Voraussetzung ab, dass der Täter eine Vorstellung von der Tat hatte, die bei objektiver Betrachtung zugleich das rechtlich missbilligte Risiko des verwirklichten Kausalverlaufs beinhaltete. In dem eingangs (→ § 11 Rn. 45) gebildeten Beispiel, in dem der Täter statt dem B dem daneben stehenden C in den Kopf schießt, wäre dies schon dann anzunehmen, wenn der Täter die Vorstellung hatte, an einem Ort zu schießen, an dem sich auch andere Menschen aufhalten können. Nur wenn er der Überzeugung war, sich in einer menschenleeren Gegend zu befinden, könnte ihm die Tötung des C nicht zum Vorsatz zugerechnet werden. 62

3. Der Wechsel des Tatobjekts während der Tat

Bei einem aus mehreren Teilakten zusammengesetzten Delikt – wie zB dem Raub (§ 249 StGB) – kann es vorkommen, dass der Vorsatz lediglich beim ersten Teilakt auf ein anderes als das objektiv beeinträchtigte Tatobjekt gerichtet gewesen ist. Wenn zB der A einen Geldboten niederschlägt, um dessen Geldtasche zu rauben, dann aber – weil die Tasche leer ist – stattdessen die private Geldbörse des Geldboten wegnimmt,[99] hatte er bei der Gewaltanwendung noch den Vorsatz zur Wegnahme einer anderen als der tatsächlich weggenommenen Sache. Da schon die Gewalt mit dem Vorsatz der späteren Wegnahme angewendet werden muss (→ § 11 Rn. 7f.), liegt bei einem solchen **Vorsatzwechsel** während der Tatausführung genau wie in der klassischen Konstellation der aberratio ictus ein Irrtum über das Tatobjekt vor. Nach den von der herrschenden Meinung zur aberratio ictus zugrunde gelegten Prämissen dürfte deshalb auch hier kein vollendetes vorsätzliches Delikt angenommen werden.[100] 63

Dessen ungeachtet sieht die Rechtsprechung den Vorsatzwechsel jedenfalls bei Diebstahl und Raub als unerheblich an. Der Diebstahlsvorsatz bleibe derselbe, auch wenn er sich hinsichtlich des Diebstahlsgegenstands verenge, erweitere oder ändere. Wer in Diebstahlsabsicht in eine Wohnung einbreche, mache sich deshalb auch dann wegen eines vollendeten schweren Diebstahls (heute § 244 I Nr. 3 StGB) strafbar, wenn er nach dem Einbrechen eine andere Sache wegnehme, als er bei dem Einbruch selbst beabsichtigt hatte.[101] Da die Identität des strafrechtlichen Unrechts nicht von der Identität des Tatobjekts abhängt, ist dies im Ergebnis richtig, gilt aber bei Delikten gegen höchstpersönliche Rechtsgüter in gleicher Weise.[102] Wenn zB A, um die B ungestört vergewaltigen zu können, nicht nur B selbst, sondern auch ihre Mitbewohnerin C niederschlägt und sich dann dafür entscheidet, sich nicht an B, sondern an C sexuell zu befriedigen, ist er wegen vollendeter Vergewaltigung (§ 177 I, II Nr. 1 StGB) strafbar. 64

---

[97] Dementsprechend ist innerhalb der herrschenden Meinung umstritten, ob in diesen Fällen ein error in persona vel objecto oder eine aberratio ictus vorliegt; vgl. dazu näher BGH NStZ 1998, 294; Erb FS Frisch, 2013, 389 (393ff.); Jakobs StrafR AT Abschn. 8 Rn. 81; Freund FS Maiwald, 2010, 211 (225ff.), jeweils mwN.

[98] So iErg auch Heuchemer FS Heintschel-Heinegg, 2015, 189.

[99] Beispiel von Jakobs StrafR AT Abschn. 8 Rn. 2.

[100] So konsequent Jakobs StrafR AT Abschn. 8 Rn. 2.

[101] RGSt 14, 312; BGHSt 22, 350 (351).

[102] Anders Hillenkamp, Die Bedeutung von Vorsatzkonkretisierungen bei abweichendem Tatverlauf, 1971, S. 85ff., 125f.

Lektüreempfehlungen: BGHSt 7, 363–371 und BGHSt 36, 1–20 (dolus eventualis); BGHSt 7, 325–330 und BGHSt 14, 193–194 (Abweichung vom vorgestellten Kausalverlauf); RGSt 58, 27–30 und BGHSt 9, 240–243 (aberratio ictus).

§ 12. Die Fahrlässigkeit

A. Die Parallelität von Vorsatz und Fahrlässigkeit

I. Fahrlässigkeit als Erkennbarkeit

Die Begriffe Vorsatz und Fahrlässigkeit scheinen auf den ersten Blick auf zwei ganz verschiedenen Ebenen zu liegen. Der Vorsatz ist ein wertneutraler Begriff. Er bezeichnet die Beziehung einer Person zu einem Geschehen, ohne damit eine negative Bewertung dieses Geschehens vorauszusetzen. Nicht nur strafbare oder in sonstiger Weise verwerfliche, sondern auch lobenswerte oder neutrale Handlungen werden im allgemeinen Sprachgebrauch als vorsätzlich bezeichnet. Man kann zB vorsätzlich einen Menschen vor dem Ertrinken retten oder vorsätzlich einen Umweg durch eine schöne Landschaft fahren. Der Begriff der Fahrlässigkeit dagegen ist nicht in diesem Sinne wertneutral. Er wird nur als Bezeichnung für die Beziehung einer Person zu einem negativ bewerteten Sachverhalt verwendet. Man kann nach allgemeinem Sprachgebrauch nicht fahrlässig einen Menschen vor dem Ertrinken retten, und wenn man davon spricht, dass jemand fahrlässig einen Umweg durch eine schöne Landschaft gefahren ist, so wird damit zugleich zum Ausdruck gebracht, dass er diesen Umweg nicht hätte fahren sollen. 1

Die im umgangssprachlichen Begriff der Fahrlässigkeit enthaltene wertende Komponente hat dazu geführt, dass bei den Fahrlässigkeitsdelikten – anders als bei Vorsatzdelikten – bis heute nicht klar genug zwischen dem für die Strafbarkeit vorausgesetzten objektiven Geschehen und der für die Fahrlässigkeit erforderlichen Beziehung des Täters zu diesem Geschehen unterschieden wird. Das Wesen der Fahrlässigkeit wird von der herrschenden Meinung entsprechend der Definition des § 276 II BGB noch immer in einer **Sorgfaltspflichtverletzung,** dh in einem im Hinblick auf das geschützte Rechtsgut pflichtwidrigen Verhalten des Täters, gesehen.[1] Diese sogenannte Sorgfaltswidrigkeit ist jedoch nur ein anderer Ausdruck für die bereits von der objektiven Zurechnung her bekannte Voraussetzung, dass das Verhalten des Täters ein rechtlich missbilligtes Risiko für das tatbestandlich geschützte Rechtsgut enthalten muss (→ § 10 Rn. 5ff.). Sie ist deshalb gerade keine Besonderheit des fahrlässigen Delikts, sondern gehört zu dem für die Strafbarkeit vorausgesetzten objektiven Geschehen, das – wie die Lehre von der objektiven Zurechnung herausgearbeitet hat – bei Vorsatz- und Fahrlässigkeitsdelikten in genau der gleichen Weise vorliegen muss.[2] 2

Um diese Strukturgleichheit im Aufbau der Straftat abzubilden und es zugleich zu vermeiden, beim fahrlässigen Delikt identische Strafbarkeitsvoraussetzungen doppelt zu prüfen, sind aus dem umgangssprachlichen Begriff der Fahrlässigkeit all diejenigen Elemente herauszunehmen, die bereits Gegenstand der objektiven Zurechnung sind. Durch dieses Vorgehen erhält man nicht nur für die Tätigkeits-,[3] sondern auch für die 3

[1] Vgl. zB WBS StrafR AT Rn. 1101 mwN.

[2] Vgl. dazu eingehend Puppe StrafR AT § 7 Rn. 1ff. Allerdings ist die sich daraus ergebende Strukturgleichheit von vorsätzlichem und fahrlässigem Delikt auch heute in der Literatur noch nicht allgemein anerkannt; vgl. für die Gegenauffassung etwa Dehne-Niemann GA 2012, 89 (90ff.) mwN.

[3] Bei den Tätigkeitsdelikten erschöpft sich der Begriff der Fahrlässigkeit ohnehin in der Erkennbarkeit des tatbestandlichen Geschehens; vgl. zB für die Trunkenheit im Verkehr NK-StGB/Zieschang StGB § 316 Rn. 56ff. mwN.

Erfolgsdelikte einen Begriff der Fahrlässigkeit, der im Ergebnis doch weitgehend parallel zum Vorsatz strukturiert ist. Der Täter handelt fahrlässig, wenn er einem **vermeidbaren Tatbestandsirrtum** erliegt, er also nicht alle den Tatbestand verwirklichenden Umstände erkannt hat, ihm diese Umstände aber **erkennbar** waren.[4] Der Begriff der Erkennbarkeit verweist dabei auf die Wahrnehmungsfähigkeit und das Erfahrungswissen des Täters. Erkennbar sind ihm die den Tatbestand verwirklichenden Umstände, wenn er sie bei gebotener Aufmerksamkeit durch Anwendung seines Erfahrungswissens erkannt hätte (vgl. dazu näher → § 12 Rn. 12ff.).

4 Mit dieser formalen Definition ist allerdings noch nicht die Frage beantwortet, warum dem Fahrlässigkeitstäter das tatbestandsmäßige Geschehen zum Vorwurf gemacht werden kann. Die Nichtanwendung der Fähigkeit zur Erkenntnis eines Geschehens weist auf den ersten Blick keinen Bezug zu diesem Geschehen auf und scheint insofern nicht dazu geeignet zu sein, einen solchen Vorwurf zu begründen. Dementsprechend gibt es in der Literatur ernst zu nehmende Stimmen, die in der Bestrafung unbewusster Fahrlässigkeit (vgl. zu diesem Begriff → § 12 Rn. 22) eine Verletzung des Schuldprinzips sehen.[5] Jedoch greift diese Kritik im Ergebnis deshalb zu kurz, weil die Anwendung eigener Fähigkeiten durch Werthaltungen und -präferenzen der Menschen gesteuert wird.[6] Ob und in welchem Maße sie ihre Fähigkeiten zur Erkenntnis von Sachverhalten anwenden, hängt entscheidend davon ab, wie wichtig ihnen die betreffende Angelegenheit ist. Aus diesem Grund gibt es auch bei der Fahrlässigkeit ein Motivationsunrecht. Es besteht darin, dass dem Täter die Vermeidung des tatbestandlichen Geschehens nicht wichtig genug war (vgl. dazu aber auch → § 12 Rn. 21).

II. Die Notwendigkeit einer individuellen Beurteilung

5 Die Erkennbarkeit der den Tatbestand verwirklichenden Umstände ist im Strafrecht[7] nach den individuellen Kenntnissen und Fähigkeiten des Täters zu beurteilen. Wer aus einem abgelegenen Dorf im Himalaja kommend zum ersten Mal in seinem Leben eine Steckdose sieht und keine Vorstellung davon hat, worum es sich dabei handelt, verhält sich nicht fahrlässig, wenn er einem kleinen Kind einen Draht gibt, mit dem es in den Steckdosenlöchern bohren kann. Da es ihm schon an dem zur Erkenntnis der tödlichen Gefahr erforderlichen Erfahrungswissen fehlt, hat er diese Gefahr ganz unabhängig davon nicht erkannt, wie wichtig ihm deren Vermeidung war. Entsprechendes gilt, wenn jemand zwar weiß, was eine Steckdose ist, aber aufgrund stark unterdurchschnittlicher Intelligenz nicht dazu fähig ist, aus dieser Kenntnis den Schluss auf die Gefährlichkeit des betreffenden Verhaltens zu ziehen. Auch in einem solchen Fall ist kein Fahrlässigkeitsvorwurf zu erheben.

6 Die Beurteilung der Fahrlässigkeit nach den Kenntnissen und Fähigkeiten des Täters ist eine selbstverständliche Folge des Schuldprinzips und deshalb im Ergebnis allgemein anerkannt.[8] Allerdings steht die herrschende Meinung auf dem Standpunkt,

[4] Vgl. dazu näher Jakobs StrafR AT Abschn. 9 Rn. 1ff. mwN.
[5] Vgl. etwa Köhler StrafR AT S. 177ff.; Wolf FS Puppe, 2011, 1067, beide mwN.
[6] Vgl. dazu grundlegend Velten, Normkenntnis und Normverständnis, 2002, S. 22ff. mwN.
[7] Im Zivilrecht gilt dagegen ein objektivierter Fahrlässigkeitsbegriff, bei dem allerdings über den normalen Standard hinausgehende Fähigkeiten des Täters mit berücksichtigt werden, vgl. Staudinger/Caspers BGB § 276 Rn. 30ff. mwN.
[8] Vgl. dazu Schmoller FS Kühl, 2014, 433 mwN.

dass die individuellen Kenntnisse und Fähigkeiten des Täters erst für die Fahrlässigkeitsschuld von Bedeutung seien. Der Fahrlässigkeitstatbestand sei bereits dann erfüllt, wenn ein gedachter Dritter in der Situation und mit dem Sonderwissen des Täters das tatbestandliche Geschehen erkennen konnte.[9] Wenn man dieser Einordnung folgt und zugleich – wie die herrschende Meinung – schon im objektiven Tatbestand das Vorliegen eines rechtlich missbilligten Risikos auf der Grundlage des einem gedachten Dritten erkennbaren Sachverhalts beurteilt (→ § 10 Rn. 35), erschöpft sich der Tatbestand des fahrlässigen Delikts in dem bereits behandelten objektiven Unrechtstatbestand. Die Feststellung, dass der Täter den tatbestandlichen Erfolg fahrlässig herbeigeführt hat, ist dann gleichbedeutend mit der Feststellung, dass ihm dieser Erfolg objektiv zuzurechnen ist.[10] Die spezifischen Erfordernisse des Fahrlässigkeitsvorwurfs sind dementsprechend nach herrschender Meinung erst im Rahmen der Schuld zu prüfen.

Dieser Aufbau ist – von der systematisch verfehlten Berücksichtigung der Erkennbarkeit im objektiven Tatbestand abgesehen (→ § 10 Rn. 36ff.) – konsequent, solange man mit der sogenannten **kausalen Handlungslehre** das strafrechtliche Unrecht nur als ein dem jeweiligen Strafgesetz widersprechendes objektives Geschehen definiert und deshalb auch im Vorsatz des Täters lediglich eine Schuldvoraussetzung sieht. Geht man aber entsprechend dem heute fast allgemein anerkannten **finalen Aufbau** beim Vorsatzdelikt davon aus, dass zum strafrechtlichen Unrecht eine fehlerhafte Willensbildung des Täters gehört (→ § 7 Rn. 10), so gibt es keinen Grund, die Fehlerhaftigkeit der Willensbildung bei der Fahrlässigkeit vom Unrecht in die Schuld zu verschieben.[11] So wie die Entscheidung für das tatbestandliche Geschehen beim Vorsatzdelikt, so ist auch die nicht zureichende Motivation zur Vermeidung des tatbestandlichen Geschehens beim Fahrlässigkeitsdelikt auf der Grundlage dieser Prämisse bereits Voraussetzung des strafrechtlichen Unrechts und muss dementsprechend schon im Tatbestand festgestellt werden. 7

Im Ergebnis ist deshalb bereits im Tatbestand des fahrlässigen Delikts die Erkennbarkeit des tatbestandsmäßigen Geschehens auf der Grundlage der individuellen Kenntnisse und Fähigkeiten des Täters zu prüfen.[12] Dieser Aufbau entspricht nicht nur dem beim Vorsatzdelikt weitgehend anerkannten Unrechtsbegriff, sondern hat darüber hinaus den Vorteil, die Strukturparallelen zwischen Vorsatz- und Fahrlässigkeitsdelikten im Aufbau deutlich hervortreten zu lassen. Der Kenntnis der den Tatbestand verwirklichenden Umstände beim Vorsatzdelikt entspricht die individuelle Erkennbarkeit dieser Umstände beim Fahrlässigkeitsdelikt. Sie kann durchaus als subjektiver Tatbestand des fahrlässigen Delikts bezeichnet werden.[13] Allerdings ist diese Bezeichnung 8

[9] Vgl. Jäger StrafR AT Rn. 561 und Roxin/Greco StrafR AT I § 24 Rn. 53ff. mwN.

[10] So explizit Roxin/Greco StrafR AT I § 24 Rn. 10 mwN.

[11] Wolter/Freund/Burkhardt, Straftat, Strafzumessung und Strafprozess im gesamten Strafrechtssystem, 1996, S. 99, 130; Schmoller FS Kühl, 2014, 433 (445ff.).

[12] So auch AK-StGB/Zielinski StGB §§ 15, 16 Rn. 85ff.; MüKoStGB/Duttge StGB § 15 Rn. 107ff.; SK-StGB/Hoyer StGB Anh. zu § 16 Rn. 25ff.; Gropp/Sinn StrafR AT § 12 Rn. 70ff.; Jakobs StrafR AT Abschn. 9 Rn. 8ff.; Freund FS Küper, 2007, 63 (70ff.); Renzikowski, Restriktiver Täterbegriff und fahrlässige Begehung, 1997, S. 259f.; Rostalski GA 2016, 73 (80ff.); Schmoller FS Frisch, 2013, 237 (253ff.); Schmoller FS Kühl, 2014, 433; Schmoller FS Kindhäuser, 2019, 441 (443ff.); Stratenwerth/Kuhlen StrafR AT § 15 Rn. 12ff.; Weber FS Gössel, 2002, 138.

[13] Gropp FS Roxin, 2011, 779 (790ff.); Schmoller FS Kühl, 2014, 433; Schmoller FS Kindhäuser, 2019, 441 (443ff.), jeweils mwN.

bisher noch recht unüblich. Deshalb kann man in Prüfungsarbeiten zwar die individuelle Erkennbarkeit im Tatbestand prüfen, auf deren explizite Benennung als subjektiver Tatbestand sollte man aber besser verzichten.

III. Zeitpunkt der Erkennbarkeit

9 Genau wie der Vorsatz (→ § 11 Rn. 4f.) muss auch die Fahrlässigkeit bei der Vornahme der den Tatbestand verwirklichenden Handlung vorliegen. Sind die den Tatbestand verwirklichenden Umstände dem Täter erst nach dieser Handlung erkennbar geworden, so beruht sein Handeln nicht darauf, dass ihm die Vermeidung des tatbestandlichen Geschehens nicht wichtig genug war. Es vermag deshalb kein fahrlässiges Unrecht zu begründen. Ebenso liegt keine Fahrlässigkeit vor, wenn der Täter die den Tatbestand verwirklichenden Umstände nur vor, aber nicht mehr bei der Begehung der Tat hätte erkennen können. Wer als Zeuge vor Gericht über ein drei Jahre zurückliegendes Geschehen falsch aussagt, handelt nicht schon deshalb fahrlässig, weil ihm ein Jahr zuvor die Unwahrheit seiner Aussage noch erkennbar war. Wenn sich in der Zwischenzeit die falsche Erinnerung so festgesetzt hat, dass er seine Aussage auch bei intensivem Nachdenken für richtig hält, kann dem Zeugen nicht der Vorwurf gemacht werden, seine Verpflichtung zur wahrheitsgemäßen Aussage nicht ernst genug genommen zu haben.[14]

10 Der Grundsatz, dass die Fahrlässigkeit im Zeitpunkt der Tathandlung vorliegen muss, erfährt auch dann keine Ausnahme, wenn jemand ein Verhalten übernimmt, ohne in der Lage zu sein, die damit verbundenen Risiken in den erlaubten Grenzen zu halten. So handelt ein an Parkinson erkrankter Arzt, der ungeachtet seiner krankheitsbedingt stark zitternden Hände eine Herzoperation vornimmt, dabei eine falsche Ader durchtrennt und dadurch den Patienten tötet, deshalb fahrlässig, weil er erkennen konnte, dass wegen seiner zitternden Hände die Durchführung der Operation mit einem tödlichen Risiko für den Patienten verbunden war.[15] Dass er während der Operation keine Möglichkeit hatte, das Zittern der Hände zu kontrollieren, ist insoweit ohne Bedeutung. Die in der Literatur verbreitete Vorstellung, bei der sogenannten **Übernahmefahrlässigkeit** lasse sich die Strafbarkeit nur durch eine Vorverlagerung der tatbestandsmäßigen Handlung begründen,[16] ist deshalb nicht richtig. Der Arzt konnte nicht nur bei Beginn, sondern während der gesamten Durchführung der Operation das tödliche Risiko für den Patienten erkennen und hat deshalb auch beim Durchtrennen der Ader selbst fahrlässig gehandelt.

11 Eine Vorverlagerung der tatbestandsmäßigen Handlung wird in den Fällen der Übernahmefahrlässigkeit nur dann erforderlich, wenn nach dem Beginn der infrage stehenden Tätigkeit deren Fortsetzung erlaubt oder uU sogar geboten ist. So kann in dem eben gebildeten Beispiel der Abbruch der Operation für den Patienten mit einem noch größeren Risiko verbunden sein als deren Fortsetzung durch einen mit zitternden Händen arbeitenden Arzt. Wenn in einem solchen Fall kein anderer zur Durchführung der Operation befähigter Arzt zur Verfügung steht, ist deren Fortsetzung zwar immer noch fahrlässig, aber – weil sich der Patient im Zweifel für das geringere

[14] Vgl. dazu näher RGSt 63, 370 (372) sowie allgemein BGHSt 14, 52 (54f.).
[15] Vgl. zum Übernahmeverschulden bei ärztlichem Handeln etwa BGHSt 55, 121 (133ff.) mwN.
[16] Vgl. zB Jakobs StrafR AT Abschn. 9 Rn. 14.

Risiko entschieden hätte – durch mutmaßliche Einwilligung gerechtfertigt. Dementsprechend kann der Arzt nicht für diese Fortsetzung, sondern nur dafür bestraft werden, dass er mit der Operation überhaupt begonnen und dadurch mittelbar den Tod des Patienten herbeigeführt hat (vgl. zu dieser sogenannten actio illicita in causa → § 14 Rn. 5f.). Dies ist aber keine Ausnahme von dem Grundsatz, dass die Fahrlässigkeit im Zeitpunkt der tatbestandsmäßigen Handlung vorliegen muss, weil der Arzt auch zu Beginn der Operation das tödliche Risiko für seinen Patienten erkennen konnte.

B. Die Voraussetzungen der Erkennbarkeit

I. Das notwendige Erfahrungswissen

Ob das tatbestandliche Geschehen dem Täter erkennbar ist, hängt entscheidend da- 12
von ab, welche Erkenntnisbemühungen das Recht verlangt.[17] Wenn sich jeder Bürger vor all seinen Handlungen umfassend über deren mögliche Folgen informieren müsste, wäre nahezu jedes tatbestandliche Geschehen als erkennbar und damit seine Herbeiführung als fahrlässig zu qualifizieren. Selbst wer ohne zu wissen, was eine Steckdose ist, einem in ihrer Nähe spielenden Kind einen Draht aushändigt (vgl. das Beispiel in → § 12 Rn. 5), hätte danach fahrlässig gehandelt, weil auch er bei einer vorherigen Erkundigung über die Folgen seiner Handlung erkannt hätte, dass das Kind durch Spielen mit dem Draht in der Steckdose verletzt oder getötet werden könnte. Jedoch wird ein Gebot, sich ohne jeden Anlass nach den möglichen Folgen jeder Handlung zu erkundigen, den Realitäten des Lebens nicht gerecht. Wenn die Menschen ein solches Gebot befolgen müssten, kämen sie nicht mehr zum Handeln, sondern wären nur noch damit beschäftigt, sich über die Folgen geplanter Handlungen zu informieren.

Aus diesem Grund verlangt das Recht von den Bürgern lediglich, ihr eigenes Erfah- 13
rungswissen zur Beurteilung ihrer Handlungen einzusetzen. Die Möglichkeit eines tatbestandlichen Geschehens ist nur dann erkennbar, wenn der Täter sie durch Anwendung seines Erfahrungswissens erkannt hätte. Wer ein kleines Kind in der Nähe einer Steckdose spielen sieht, kann – sofern er weiß, was eine Steckdose ist – durch Anwendung seines Erfahrungswissens erkennen, dass sich das Kind mit einem Draht verletzen oder gar töten könnte. Wenn er dem Kind gleichwohl einen Draht gibt, geht das Recht davon aus, dass er dem Leben und der körperlichen Unversehrtheit des Kindes nicht die Bedeutung beimisst, die er ihnen von Rechts wegen beimessen müsste. Der Umstand, dass er möglicherweise gar nicht auf den Gedanken gekommen ist, sein Erfahrungswissen anzuwenden, entlastet ihn nicht. Eine solche Gedankenlosigkeit beruht ebenfalls darauf, dass dem Betreffenden die Vermeidung des tatbestandlichen Geschehens nicht wichtig genug war, und begründet damit das Motivationsunrecht des fahrlässigen Delikts (→ § 12 Rn. 4).

Das eigene Erfahrungswissen des Täters ist auch für die Frage maßgeblich, ob und in- 14
wieweit eine Handlung mit Gefahren verbunden ist, die nur durch die Inanspruchname von **fachlichem Rat** ausgeschlossen werden können. Baut zB jemand ein Ge-

[17] Vgl. dazu instruktiv Wolter/Freund/Burkhardt, Straftat, Strafzumessung und Strafprozess im gesamten Strafrechtssystem, 1996, S. 99, 123ff.

bäude, ohne zuvor eine statische Berechnung durchführen zu lassen, so ist ein späterer Gebäudeeinsturz für ihn erkennbar, weil und soweit er selbst über das notwendige Erfahrungswissen verfügt, um sich klarzumachen, dass ein ohne statische Berechnung errichtetes Gebäude einstürzen kann. Durch die Inanspruchnahme fachlichen Rats ist diese sich aus dem allgemeinen Erfahrungswissen ergebende Erkennbarkeit auszuschließen. Lässt der Bauherr also eine fachkundige statische Berechnung durchführen und kommt es gleichwohl zu einem Gebäudeeinsturz, so ist gegen ihn – jedenfalls wenn die Berechnung keine durch Anwendung seines eigenen Erfahrungswissens erkennbaren Fehler aufwies – kein Fahrlässigkeitsvorwurf zu erheben. Entsprechendes gilt, wenn jemand durch eigene Untersuchungen mögliche Gefahren ausschließt, also etwa in dem oben genannten Fall das Zimmer gewissenhaft nach einer Steckdose absucht, bevor er dem Kind den Draht zum Spielen aushändigt. Verletzt sich das Kind ungeachtet dieser Vorsichtsmaßnahme an einer „perfekt getarnten" Steckdose, so ist gegen den Handelnden ebenfalls kein Fahrlässigkeitsvorwurf zu erheben.

II. Die notwendige Kenntnis der Tatsachenbasis

15 Um die Möglichkeit eines Geschehens durch die Anwendung von Erfahrungswissen zu erkennen, muss der Erkennende einen Sachverhalt wahrgenommen haben, aus dem sich nach seinem Erfahrungswissen die Möglichkeit des betreffenden Geschehens ergibt. Wenn ein solcher Sachverhalt nicht sinnlich wahrnehmbar war, scheidet ein Fahrlässigkeitsvorwurf von vornherein aus. Aber auch wenn der Handelnde einen solchen Sachverhalt hätte wahrnehmen können, ist der Vorwurf der Fahrlässigkeit nur berechtigt, wenn er es an der gebotenen Aufmerksamkeit hat fehlen lassen. Wer einem in der abgegrenzten Spielecke eines Einzelhandelsgeschäfts spielenden Kind einen Draht gibt, handelt nicht schon deshalb fahrlässig, weil er bei einer näheren Untersuchung der Spielecke gesehen hätte, dass sich dort eine ungesicherte Steckdose befindet. Solange es keine Anhaltspunkte für eine derartige Verletzung der Verkehrssicherungspflicht gibt, muss er die Spielecke nicht auf das Vorhandensein von ungesicherten Steckdosen untersuchen.

16 Da die Menschen ihre Augen und Ohren nicht ständig überall haben können, begründet die Nichtwahrnehmung eines gefahrbegründenden Sachverhalts nur dann einen Fahrlässigkeitsvorwurf, wenn der Handelnde einen Anlass hatte, aufmerksam zu sein. Ein solcher Anlass besteht aber nur, wenn er bereits weiß oder durch Anwendung seines Erfahrungswissens hätte wissen können, dass ein derartiger Sachverhalt vorliegen könnte. Im Ergebnis setzt die Erkennbarkeit des tatbestandlichen Geschehens deshalb stets die Kenntnis eines Sachverhalts voraus, aus dem sich nach dem Erfahrungswissen des Täters das Risiko eines solchen Geschehens ergibt.[18] Jedoch muss dieser vom Täter bereits erkannte Sachverhalt noch kein rechtlich missbilligtes Risiko der Tatbestandsverwirklichung begründen.[19] Viele Fahrlässigkeitsfälle sind gerade dadurch charakterisiert, dass der Täter es bei einem erlaubt riskanten Verhalten an der gebotenen Aufmerksamkeit hat fehlen lassen. So handelt fahrlässig, wer beim Autofahren nicht auf

[18] Vgl. dazu SK-StGB/Hoyer StGB Anh. zu § 16 Rn. 36ff.; Wolter/Freund/Burkhardt, Straftat, Strafzumessung und Strafprozess im gesamten Strafrechtssystem, 1996, S. 99, 119; Struensee JZ 1987, 53; anders zB Roxin/Greco StrafR AT I § 24 Rn. 75.

[19] Insoweit aA SK-StGB/Hoyer StGB Anh. zu § 16 Rn. 39; Struensee JZ 1987, 53.

den Verkehr oder auf rote Ampeln achtet und dadurch einen tödlichen Verkehrsunfall verursacht.[20]

III. Die notwendige Zeit

Die Nichtanwendung vorhandenen Erfahrungswissens begründet nur die Erkennbarkeit des tatbestandlichen Geschehens, wenn dem Handelnden genug Zeit zur Verfügung stand, um sein Erfahrungswissen anwenden zu können. Daran dürfte es zB fehlen, wenn eine Autofahrerin nachts plötzlich auf der Autobahn „ein Tier von der Größe eines Hasen oder einer Katze" vor sich sieht, deshalb den Wagen spontan nach links zieht und dadurch einen Unfall verursacht, bei dem ihre Beifahrerin ums Leben kommt (vgl. das Beispiel in → § 8 Rn. 6). Da auch Erkenntnisprozesse eine gewisse Zeit benötigen, hat die Fahrerin in den Sekundenbruchteilen vor ihrer spontanen Handlung nicht genug Zeit, um sich zu vergegenwärtigen, dass ein derartiges Verhalten tödliche Folgen haben kann. Wer in einer solchen Weise spontan falsch reagiert, handelt – entgegen der insoweit zu einer Überspannung der Anforderungen neigenden Rechtsprechung[21] – in aller Regel nicht fahrlässig. Die Autofahrerin macht zwar einen Fehler, aber dieser Fehler beruht nicht darauf, dass ihr die Vermeidung des tatbestandlichen Geschehens nicht wichtig genug ist. 17

Von den Fällen einer aus Zeitmangel fehlenden Erkenntnis zu unterscheiden sind die Fälle, in denen der Handelnde nicht mehr genug Zeit hatte, auf eine vorhandene oder mögliche Erkenntnis zu reagieren. Wenn ein Autofahrer, dem plötzlich ein Kind vor das Auto springt, die Gefahr erst zu einem Zeitpunkt erkennt bzw. erkennen kann, in dem ein rechtzeitiges Bremsen oder Ausweichen nicht mehr möglich ist, hat er sich selbstverständlich nicht strafbar gemacht. Dies wird oft damit begründet, dass die Fahrlässigkeit neben der Erkennbarkeit auch die **Vermeidbarkeit des tatbestandlichen Geschehens** voraussetze.[22] Jedoch ist die Vermeidbarkeit bereits im Begriff der Handlung enthalten (→ § 8 Rn. 4ff.) und deshalb kein spezielles Merkmal des fahrlässigen Delikts.[23] Die für Vorsatz- und Fahrlässigkeitsdelikte in gleicher Weise geltende richtige Lösung der geschilderten Fälle ergibt sich daraus, dass die Bewegung des Fahrzeugs dem Fahrer nur solange als seine Handlung zuzurechnen ist, wie er sie willentlich steuern kann. Wenn er das tatbestandliche Geschehen erst später erkennt oder erkennen kann, fehlt es an der Kenntnis bzw. der Erkennbarkeit dieses Geschehens im Zeitpunkt der Tathandlung, sodass er weder vorsätzlich noch fahrlässig gehandelt hat.[24] 18

[20] Insoweit zutreffend Roxin/Greco StrafR AT I § 24 Rn. 75.

[21] Vgl. zu dem geschilderten Beispiel OLG Frankfurt a. M. VRS 28, 364.

[22] Vgl. zur Vermeidbarkeit als angeblicher Fahrlässigkeitsvoraussetzung zB Roxin/Greco StrafR AT I § 24 Rn. 116 und WBS StrafR AT Rn. 1132.

[23] So treffend Schmoller FS Frisch, 2013, 237 (252f.); Schmoller FS Kühl, 2014, 433 (439f.); Schmoller FS Kindhäuser, 2019, 441 (448ff.).

[24] Vgl. zum notwendigen Vorsatzzeitpunkt BGHSt 63, 88 (91f.); BGH NStZ 2022, 30 sowie bereits → § 11 Rn. 5 und 24.

C. Die Formen der Fahrlässigkeit

I. Die verschiedenen Grade der Fahrlässigkeit

19 Im Gegensatz zur Kenntnis ist die Erkennbarkeit ein graduierbarer Begriff. Ein Sachverhalt kann leicht oder weniger leicht zu erkennen sein. Dementsprechend lassen sich im Grunde stufenlos verschiedene Grade der Fahrlässigkeit unterscheiden. Je weniger der Täter hätte nachdenken müssen, um zur Erkenntnis der Möglichkeit des tatbestandlichen Geschehens zu gelangen, desto schwerer wiegt der gegen ihn zu erhebende Fahrlässigkeitsvorwurf. Soweit das Gesetz keine besondere Regelung trifft, wird der Grad der Fahrlässigkeit erst bei der Strafzumessung berücksichtigt (§ 46 II 2 Var. 3 StGB). Es gibt aber Delikte, deren Tatbestand einen erhöhten Grad der Fahrlässigkeit, die sogenannte **Leichtfertigkeit** voraussetzt. Ein solches Leichtfertigkeitserfordernis findet sich insbesondere bei den **erfolgsqualifizierten Delikten** wie zB dem Raub mit Todesfolge (§ 251 StGB) oder der Brandstiftung mit Todesfolge (§ 306c StGB). Leichtfertig handelt der Täter, wenn die Möglichkeit des tatbestandlichen Geschehens so auf der Hand liegt, dass er sie schon mit wenig Nachdenken erkannt hätte.[25]

20 Die im geltenden Recht regelmäßig vorgesehene Strafbarkeit jeder Form von Fahrlässigkeit wird zu Recht kritisiert.[26] Jeder Mensch verhält sich in seinem Leben in einer Vielzahl von Situationen leicht fahrlässig, indem er zB beim Autofahren im Handschuhfach nach einem Taschentuch sucht oder seinem kleinen Kind ein Spielzeug in die Hand gibt, ohne intensiv darüber nachzudenken, ob es sich vielleicht damit verletzen könnte. Das Motivationsunrecht solch leichter Fahrlässigkeit wird nicht dadurch höher, dass sich die in all diesen Fällen erkennbare Möglichkeit eines tatbestandlichen Geschehens im Ergebnis tatsächlich verwirklicht. Deshalb ist es überaus fragwürdig, ob bei nur leichter Fahrlässigkeit der zur Rechtfertigung einer Kriminalstrafe erforderliche materielle Unrechtsgehalt (→ § 3 Rn. 18) bereits erreicht ist. Zwar ist es in gewisser Weise verständlich, dass die Menschen stets einen Schuldigen haben wollen, wenn es zu einer schwerwiegenden Rechtsgutsverletzung gekommen ist. Jedoch vermögen solche dem Schuldprinzip widersprechende Strafbedürfnisse die Strafe in einem Schuldstrafrecht nicht zu rechtfertigen (→ § 3 Rn. 34). De lege ferenda[27] sollte leichte Fahrlässigkeit deshalb nicht mehr strafrechtlich geahndet werden.

II. Die sog. bewusste Fahrlässigkeit

21 Neben verschiedenen Graden der Fahrlässigkeit unterscheidet die herrschende Meinung zudem zwischen unbewusster und bewusster Fahrlässigkeit. Bewusst fahrlässig soll der Täter handeln, wenn er die Möglichkeit eines tatbestandlichen Geschehens zwar erkenne, aber irrational darauf vertraue, dass sich ein solches Geschehen nicht verwirklichen werde. Der Begriff der bewussten Fahrlässigkeit kommt im Gesetz nicht vor. Er ist ein Produkt der Beschreibung des bedingten Vorsatzes mit einem selbstständigen voluntativen Vorsatzelement (→ § 11 Rn. 21). Wenn man – wie in diesem Lehrbuch vorgeschlagen – das irrationale Vertrauen auf den Nichteintritt des tatbestandlichen Geschehens als unterbliebene Subsumtion dem Handelnden bekannter Erfahrungssätze begreift (→ § 11 Rn. 25), gibt es keine bewusste Fahrlässigkeit.[28] Der Täter hat dann in den Fällen, in denen er irrational auf das Ausbleiben des tatbestand-

[25] Vgl. dazu BGHSt 33, 66 (67f.); 43, 158 (168).
[26] Vgl. Roxin/Greco StrafR AT I § 24 Rn. 92 mwN.
[27] Roxin/Greco StrafR AT I § 24 Rn. 124ff. will leichte Formen der Fahrlässigkeit schon nach geltendem Recht nicht bestrafen. Dies ist jedoch mit dem Gesetz wohl nicht vereinbar.
[28] So auch Schladitz ZStW 134 (2022), 97 (135f.).

lichen Geschehens vertraut, die Möglichkeit des tatbestandlichen Geschehens letztlich nicht erkannt und damit unbewusst fahrlässig gehandelt. Dies führt in der Sache zu keinen anderen Ergebnissen, weil auch nach herrschender Meinung für die sogenannte bewusste Fahrlässigkeit keinerlei Sonderregeln gelten.

D. Der Gegenstand der Fahrlässigkeit

Wie der Vorsatz (→ § 11 Rn. 32) muss sich auch die Fahrlässigkeit auf alle den Tatbestand verwirklichenden Umstände beziehen. Wenn der Täter einen dieser Umstände nicht erkennen kann, liegt ein unvermeidbarer Tatbestandsirrtum vor. Dies ist nur ein anderer Ausdruck dafür, dass der Täter nicht fahrlässig handelt. Kauft zB jemand eine bei einem Diebstahl erbeutete Sache, so erliegt er bezüglich des Tatbestands der Geldwäsche (§ 261 I Nr. 3 StGB) einem unvermeidbaren Tatbestandsirrtum, wenn er die Herkunft der Sache aus einem Diebstahl nicht erkennen konnte. Er macht sich deshalb in einem solchen Fall auch nicht wegen leichtfertiger Geldwäsche (§ 261 VI S. 1 StGB) strafbar. 22

Ob und inwieweit der Täter dazu in der Lage ist, die den Tatbestand verwirklichenden Umstände dem jeweiligen Strafgesetz zutreffend zu subsumieren, also zB zu erkennen, dass schon ein Zusammenschluss von drei Personen eine Bande darstellt, ist für die Fahrlässigkeit ohne Bedeutung. Da ein Subsumtionsirrtum nicht den Vorsatz ausschließt (→ § 11 Rn. 33), lässt die Unvermeidbarkeit eines Subsumtionsirrtums auch die Fahrlässigkeit unberührt. Anders als beim Vorsatzdelikt hat die Abgrenzung zwischen Tatbestands- und Subsumtionsirrtum beim fahrlässigen Delikt jedoch kaum praktische Bedeutung. Denn hält der Täter aufgrund eines unvermeidbaren Subsumtionsirrtums sein Handeln für erlaubt, so bleibt zwar die Fahrlässigkeit unberührt, er handelt aber gemäß § 17 StGB ohne Schuld und wird damit im Ergebnis wie bei einem unvermeidbaren Tatbestandsirrtum nicht bestraft. Die Unterscheidung zwischen Tatbestandsirrtum und Subsumtionsirrtum wirkt sich deshalb bei den Fahrlässigkeitsdelikten nur dann auf das Ergebnis der Strafbarkeitsprüfung aus, wenn sich der Irrtum des Täters nicht auf die Rechtswidrigkeit, sondern ausschließlich auf die Strafbarkeit des infrage stehenden Verhaltens bezieht. Solche Fälle sind zwar theoretisch denkbar, spielen aber in der Praxis keine Rolle. 23

E. Die Zurechnung des eingetretenen Erfolgs zur Fahrlässigkeit

Die Zurechnung des eingetretenen Erfolgs zur Fahrlässigkeit ist entsprechend den beim Vorsatzdelikt dargelegten Regeln zu beurteilen (→ § 11 Rn. 45ff.). Wie der Vorsatz muss sich die Fahrlässigkeit ebenfalls nicht auf alle Einzelheiten des verwirklichten Kausalverlaufs beziehen.[29] Wenn A auf einer Landstraße vor einer Bergkuppe überholt und dadurch einen Frontalzusammenstoß verursacht, bei dem B eine zunächst relativ harmlos erscheinende Verletzung erleidet, an deren Infektion er dann aber drei Wochen später im Krankenhaus stirbt, muss A nicht die Möglichkeit einer solchen Wundinfektion vorhersehen können, um wegen fahrlässiger Tötung (§ 222 StGB) 24

[29] Vgl. dazu BGH NJW 2012, 2453 (2454f.); NStZ 2008, 686 m. abl. Anm. Hardtung StV 2008, 407; NStZ-RR 2009, 309 (310).

strafbar zu sein. Da das Verursachen von Verkehrsunfällen auch deshalb rechtlich missbilligt ist, weil solche Unfälle aufgrund der Infektion von zunächst harmlos erscheinenden Verletzungen zum Tode führen können, reicht es aus, wenn A die Möglichkeit eines Zusammenstoßes mit tödlichen Folgen als Konsequenz seiner Handlung hätte erkennen können. Ihm war dann die Verursachung des tatbestandlichen Erfolgs auf einem Weg erkennbar, der auch wegen seiner Eignung rechtlich missbilligt ist, den Erfolg in der geschehenen Art und Weise herbeizuführen, sodass ihm – in entsprechender Anwendung der beim Vorsatzdelikt entwickelten Regel (→ § 11 Rn. 52) – der eingetretene Erfolg zur Fahrlässigkeit zurechenbar ist.

25 Es gibt indes Fälle, in denen der dem Täter erkennbare Kausalverlauf bei objektiver Betrachtung nicht zugleich das rechtlich missbilligte Risiko des verwirklichten Kausalverlaufs beinhaltet. Als Beispiel stelle man sich nochmals vor, dass A dem B zum Mittagessen erkennbar verdorbenen Fisch mit giftigen Knollenblätterpilzen als vermeintliche Champignons serviert (→ § 11 Rn. 49), nehme aber nunmehr an, dass A nicht erkannt hat und aufgrund seines begrenzten botanischen Wissens nicht erkennen konnte, dass es sich um Giftpilze handelt. Wenn B keinen Fisch mag, deshalb nur die vermeintlichen Champignons isst und daran stirbt, hat sich objektiv ein rechtlich missbilligtes Risiko verwirklicht, sodass der Tod des B dem A objektiv zurechenbar ist. Da A jedoch nicht erkennen konnte, dass es sich um Giftpilze handelt, lag nach dem ihm erkennbaren Sachverhalt der verwirklichte Kausalverlauf außerhalb der Grenzen des nach allgemeiner Lebenserfahrung Voraussehbaren. Er hat deshalb zwar durch das Servieren des erkennbar verdorbenen Fisches fahrlässig gehandelt, aber der eingetretene Erfolg ist dieser Fahrlässigkeit nicht zurechenbar, sodass A im Ergebnis nicht wegen fahrlässiger Tötung (§ 222 StGB) strafbar ist.

Lektüreempfehlungen: BGHSt 14, 52–55 (Erkennbarkeit im Tatzeitpunkt); BGHSt 33, 66–69 (Leichtfertigkeit).

§ 13. Überblick über die Rechtfertigungsgründe

A. Die Einteilung der Rechtfertigungsgründe

Die Verwirklichung eines Straftatbestands begründet nur dann strafrechtliches Unrecht, wenn sie nicht durch einen Rechtfertigungsgrund gedeckt ist. Rechtfertigungsgründe sind – wie bereits erwähnt (→ § 7 Rn. 11) – keine spezifisch strafrechtliche Materie, sondern können sich aus der gesamten Rechtsordnung ergeben. Da sie zugunsten des Täters wirken, müssen sie nicht einmal gesetzlich geregelt, sondern können auch dem Gewohnheitsrecht zu entnehmen sein. Inhaltlich lassen sich die Rechtfertigungsgründe in zwei Gruppen einteilen. Bei der Einwilligung und den ihr verwandten Rechtfertigungsgründen ergibt sich die Rechtfertigung der Tatbestandsverwirklichung schon aus dem Willen bzw. den Interessen des Betroffenen selbst. Bei den übrigen Rechtfertigungsgründen resultiert sie dagegen aus der Notwendigkeit, von der Rechtsordnung als vorrangig bewertete Rechtsgüter anderer zu wahren. 1

Einige Autoren wollen den Begriff der Rechtfertigung für die zuletzt genannte Konstellation reservieren. Der Einwilligung des Berechtigten erkennen sie bereits tatbestandsausschließende Wirkung zu.[1] Eine solche von der Terminologie des Gesetzes abweichende (vgl. § 228 StGB) Begriffsbildung mag in systematischer Hinsicht einiges für sich haben.[2] Zwingend geboten ist sie jedoch schon deshalb nicht, weil die Unterscheidung zwischen Tatbestandsausschluss und Rechtfertigung letztlich keine sachliche Bedeutung hat. Ob ein Verhalten „schon" nicht tatbestandsmäßig oder „erst" gerechtfertigt ist, spielt für dessen Bewertung unter keinem rechtlichen Aspekt eine Rolle (vgl. dazu näher → § 14 Rn. 33). Der Tatbestand stellt keine eigenständige Wertungsstufe dar, sodass es nicht notwendig ist, die der gesetzlichen Terminologie entsprechende und in der Rechtsprechung eingeführte Einordnung der Einwilligung als Rechtfertigungsgrund aufzugeben.[3] 2

B. Die Rechtfertigung im Interesse des Betroffenen

I. Einwilligung

Die Einwilligung ist der in der Praxis sicherlich am häufigsten vorliegende Rechtfertigungsgrund. Es gibt eine Vielzahl von ganz alltäglichen Verhaltensweisen, die den Tatbestand eines Strafgesetzes erfüllen und erst durch die Einwilligung des Betroffenen gerechtfertigt sind. Ein Maler, der bei einem Kunden eine alte Tapete von der Wand holt, verwirklicht den Tatbestand der Sachbeschädigung (§ 303 StGB). Lediglich aufgrund der von seinem Kunden erklärten Einwilligung stellt sein Verhalten kein strafrechtliches Unrecht dar. Die rechtfertigende Wirkung einer Einwilligung ist im Gesetz nur für die Körperverletzung geregelt (§ 228 StGB). Bei den anderen Rechtsgütern des 3

---

[1] Vgl. etwa Roxin/Greco StrafR AT I § 13 Rn. 12ff.; Roxin FS Amelung, 2009, 269, jeweils mwN.

[2] Vgl. aber die beachtlichen Gegenargumente bei Menrath, Die Einwilligung in ein Risiko, 2013, S. 45ff.

[3] Ebenso Menrath, Die Einwilligung in ein Risiko, 2013, S. 45ff.

Individuums[4] ergibt sie sich aus Gewohnheitsrecht. In der Sache beruht sie darauf, dass unsere Rechtsordnung die Rechtsgüter des Individuums nicht als solche, sondern um ihrer Bedeutung für die selbstbestimmte Entfaltung der Person willen schützt (vgl. dazu → § 3 Rn. 20ff.). Deshalb ist eine dem Willen des Berechtigten entsprechende Einwirkung auf diese Rechtsgüter grundsätzlich zwar als Beeinträchtigung, aber nicht als Verletzung des Rechtsguts zu bewerten.

4 Dieser Grundsatz gilt allerdings nicht uneingeschränkt. Aus dem Tatbestand des § 216 StGB ergibt sich, dass die Einwilligung in eine Tötung grundsätzlich (vgl. aber → § 15 Rn. 27f.) nur strafmildernde, aber keine rechtfertigende Wirkung hat. Außerdem ist die Einwilligung in eine Körperverletzung gemäß § 228 StGB nur im Rahmen der guten Sitten wirksam, sodass eine schwerwiegende Körperverletzung ohne objektiv vernünftigen Grund gleichfalls nicht durch Einwilligung gerechtfertigt wird (vgl. näher → § 15 Rn. 27ff.). Diese Einschränkungen der Einwilligungsbefugnis beruhen jedoch nicht auf dem Gedanken, das Leben und die körperliche Integrität gegen den Willen der betroffenen Person zu schützen.[5] Unsere Rechtsordnung billigt jedem zu einer selbstverantwortlichen Entscheidung fähigen Menschen das Recht zu, sich selbst zu töten oder auch ohne objektiv vernünftigen Grund schwer zu verletzen. Eine dahingehende Willensentscheidung ist – von dem Fall der Wehrpflichtentziehung (§ 109 StGB, § 17 WStG) abgesehen – nicht rechtswidrig, sondern nur so schwerwiegend und außergewöhnlich, dass man zu ihrer Ausführung keinen anderen ermächtigen kann. Der Wille zur Verwirklichung einer solchen Entscheidung kann nur durch eigenhändigen Vollzug unter Beweis gestellt werden.[6]

5 Eine mit der Einwilligung des Getöteten oder sogar auf dessen ausdrückliches und ernsthaftes Verlangen erfolgende vorsätzliche Tötung ist damit in Deutschland im Grundsatz selbst dann strafbar, wenn sie als sogenannte **aktive Sterbehilfe** den Betroffenen von einem schweren und unheilbaren Leiden erlösen soll. Dagegen ist die **Beihilfe zu einer Selbsttötung** grundsätzlich erlaubt. Den 2015[7] gegen den ausdrücklichen Rat der Strafrechtswissenschaft[8] geschaffenen Straftatbestand des § 217 StGB, der die Förderung einer Selbsttötung unter Strafe stellte, wenn sie „geschäftsmäßig" erfolgte, hat das Bundesverfassungsgericht zu Recht für nichtig erklärt.[9] Das durch Art. 2 I GG iVm Art. 1 I GG gewährleistete allgemeine Persönlichkeitsrecht umfasse als Ausdruck persönlicher Autonomie auch ein Recht auf selbstbestimmtes Sterben, welches die Möglichkeit einschließe, sich selbst zu töten. Dessen Gewährleistung sei nicht auf schwere oder unheilbare Krankheitszustände beschränkt und umfasse auch die Freiheit, von Dritten an-

[4] In die Verletzung eines Rechtsguts der Allgemeinheit kann nicht eingewilligt werden (vgl. bereits → § 3 Rn. 23 und → § 15 Rn. 25f.).

[5] Vgl. dazu eingehend Jakobs, Tötung auf Verlangen, Euthanasie und Strafrechtssystem, 1998; Murmann, Die Selbstverantwortung des Opfers im Strafrecht, 2004, S. 240; Neumann FS Kühl, 2014, 569 (571ff.), jeweils mwN; aA etwa Gierhake GA 2012, 291 (296).

[6] BGH NJW 2022, 3021 (3022f.) scheint dem eigenhändigen Vollzug den Fall gleichstellen zu wollen, dass der Sterbewillige nach dem Abschluss einer von einer anderen Person auf sein Verlangen durchgeführten Tötungshandlung die Einleitung ihm noch möglicher Rettungsmaßnahmen unterlässt; vgl. dazu kritisch Frister medstra 2022, 390 (391f.).

[7] Durch das Gesetz zur Strafbarkeit der geschäftsmäßigen Förderung der Selbsttötung v. 3.12.2015 (BGBl. 2015 I 2177).

[8] Vgl. die Stellungnahme deutscher Strafrechtslehrerinnen und Strafrechtslehrer zur geplanten Ausweitung der Strafbarkeit der Sterbehilfe medstra 2015, 129ff.

[9] BVerfG NJW 2020, 905.

gebotene Hilfe bei einer Selbsttötung in Anspruch zu nehmen.[10] Der Gesetzgeber dürfe zwar zur Sicherung einer autonomen Entscheidung die Beihilfe zur Selbsttötung regulieren, jedoch müsse die gesetzliche Regelung dem Recht des Einzelnen, aufgrund freier Entscheidung mit Unterstützung Dritter aus dem Leben zu scheiden, auch faktisch hinreichend Raum zur Entfaltung und Umsetzung belassen.[11]

Die Bedeutung dieser grundlegenden Entscheidung des Bundesverfassungsgerichts erschöpft sich nicht darin, die vor Inkrafttreten des § 217 StGB bestehende Rechtslage wiederherzustellen. Aufgrund der Feststellung, dass jeder Mensch das Recht habe, sich selbst zu töten und zur Ausübung dieses Rechts auch die Möglichkeit haben müsse, von Dritten angebotene Hilfe in Anspruch zu nehmen, ließ sich auch das berufsrechtliche Verbot ärztlicher Suizidhilfe[12] nicht mehr aufrechterhalten.[13] Darüber hinaus wird der Gesetzgeber das Betäubungsmittelrecht ändern müssen, um zur Selbsttötung geeignete Substanzen in reglementierter Form zugänglich zu machen.[14] Schließlich ist das Verbot der aktiven Sterbehilfe für die Fälle einzuschränken, in denen die Betroffenen aufgrund einer schweren Krankheit zu einer eigenhändigen Tötung physisch nicht mehr in der Lage sind.[15] Da auch solchen Personen ihr Grundrecht auf ein selbstbestimmtes Sterben nicht einfach vorenthalten werden darf, ist aufgrund des Urteils des Bundesverfassungsgerichts der Straftatbestand des § 216 StGB bereits de lege lata nur noch anzuwenden, wenn der Betroffene die todbringende Handlung noch selbst vornehmen könnte.[16] Ist er dazu physisch nicht in der Lage, so muss dem ausdrücklichen und ernstlichen Verlangen des § 216 StGB nunmehr von Verfassung wegen rechtfertigende Wirkung zuerkannt werden. 6

II. Mutmaßliche Einwilligung

Mit der Einwilligung eng verwandt ist der Rechtfertigungsgrund der mutmaßlichen Einwilligung. Er kommt zur Anwendung, wenn die Einwilligung des Berechtigten zu einer Einwirkung auf Individualrechtsgüter nicht oder nicht rechtzeitig eingeholt werden kann, diese aber mutmaßlich dem Willen des Betroffenen entspricht. In den meisten Fällen ergibt sich der mutmaßliche Wille aus den Interessen des Betroffenen, ins- 7

10 BVerfG NJW 2020, 905 (907 f.).

11 BVerfG NJW 2020, 905 (921).

12 Die meisten Landesärztekammern sahen in ihren Berufsordnungen ein solches Verbot vor; vgl. dazu iE die Darstellung in BVerfG NJW 2020, 905 (916 f.).

13 Nachdem das BVerfG explizit „eine konsistente Ausgestaltung des Berufsrechts der Ärzte und der Apotheker" gefordert hatte (NJW 2020, 905 (921)), ist das berufsrechtliche Verbot ärztlicher Suizidhilfe in fast allen Berufsordnungen aufgehoben worden.; vgl. dazu näher Arbeitsgemeinschaft Medizinrecht im Deutschen Anwaltverein, Berlin/Institut für Rechtsfragen der Medizin, Düsseldorf/Frister, Aktuelle Entwicklungen im Medizinstrafrecht, 2022, S. 77 (83 f.).

14 Das BVerfG spricht von möglicherweise erforderlichen Anpassungen des Betäubungsmittelrechts (NJW 2020, 905 (921)); vgl. dazu auch die bereits vor dem Urteil des BVerfG ergangene Entscheidung des BVerwG NJW 2017, 2215, nach der eine Erlaubnis zum Erwerb der tödlichen Dosis eines Betäubungsmittels zur Selbsttötung erteilt werden kann, wenn sich der suizidwillige Erwerber wegen einer schweren und unheilbaren Erkrankung in einer extremen Notlage befindet.

15 Vgl. dazu den vom Europäischen Gerichtshof für Menschenrechte entschiedenen Fall der Britin Diane Pretty (EGMR EuGRZ 2002, 234; ähnlich auch die Fallgestaltung in BGH NJW 2003, 2326).

16 So zu Recht BGH NJW 2022, 3021 Rn. 23 mwN.; vgl. zu der durch das Urteil des BVerfG ausgelösten Diskussion über die verfassungsrechtliche Legitimation des § 216 StGB ferner Leitmeier NStZ 2020, 508 sowie Lindner NStZ 2020, 505, beide ebenfalls mwN.

besondere daraus, dass die Einwirkung auf das Rechtsgut notwendig ist, um andere höherwertigere Rechtsgüter des Betroffenen zu wahren. Ein Beispiel ist etwa das Aufbrechen einer Wohnungstür (§ 303 StGB), um einen in der Wohnung ausgebrochenen Brand zu löschen. Möglich ist aber auch, dass sich der mutmaßliche Wille aus anderen Faktoren, zB aus persönlichen Beziehungen und dem Bagatellcharakter der Einwirkung ergibt. Je nach den Umständen kann etwa die Benutzung des Fahrrads eines abwesenden Mitbewohners oder Nachbarn (§ 248b StGB) durch mutmaßliche Einwilligung gerechtfertigt sein.

III. Sorgerecht

8 Im Rahmen der Erziehung greifen Eltern des Öfteren in strafrechtlich geschützte Rechtsgüter ihrer Kinder ein. Wenn zB ein Sechsjähriger auf den Gedanken kommt, abends um acht Uhr nicht ins Bett, sondern auf den Spielplatz zu gehen, werden die meisten Eltern ihn notfalls zwangsweise am Verlassen des Hauses hindern. Da ein Sechsjähriger durchaus in der Lage ist, einen gezielten Fortbewegungswillen zu entwickeln, erfüllt ein derartiges Verhalten den Tatbestand der Freiheitsberaubung (§ 239 I StGB). Es ist aber selbstverständlich nicht rechtswidrig, sondern durch das elterliche Recht zur Personensorge (§§ 1626 I, 1631 I BGB) gerechtfertigt. Solange die Kinder noch nicht zu einer selbstverantwortlichen Abwägung ihrer Interessen in der Lage sind, ist es die Pflicht und das Recht der Eltern (§ 1626 I 1 BGB), die notwendigen Entscheidungen für ihre Kinder zu treffen und in deren wohlverstandenem Interesse notfalls gegen deren aktuellen Willen durchzusetzen.

9 Da unsere Verfassung die Erziehung als das natürliche Recht der Eltern ansieht (Art. 6 II 1 GG), haben diese grundsätzlich das Recht, selbst zu beurteilen, was dem Wohl ihres Kindes dienlich ist. Aus diesem Grund sind auch objektiv fragwürdige elterliche Entscheidungen noch vom Erziehungsrecht gedeckt. Wenn etwa Eltern ihre vierzehnjährige Tochter nach 20 Uhr nicht mehr allein auf die Straße lassen, kann man zweifeln, ob dies dem Wohl des Kindes wirklich dienlich ist. Dessen ungeachtet ist die in einem solchen Ausgehverbot liegende Verwirklichung des Tatbestands der Freiheitsberaubung durch das Sorgerecht der Eltern gerechtfertigt. Dessen Grenzen sind erst dann überschritten, wenn eine Erziehungsmaßnahme das Wohl des Kindes unzweifelhaft gefährdet (vgl. zu diesem Begriff § 1666 BGB). Die Grenzziehung ist hier naturgemäß schwierig.[17] Eine Überschreitung des Erziehungsrechts wäre aber zB sicherlich dann gegeben, wenn Eltern ihre vierzehnjährige Tochter überhaupt nicht allein auf die Straße lassen würden.

10 Traditionell gehörte zum Erziehungsrecht der Eltern auch die Befugnis zur „maßvollen körperlichen Züchtigung".[18] Dieses **elterliche Züchtigungsrecht** ist jedoch spätestens durch das „Gesetz zur Ächtung der Gewalt in der Erziehung" vom 7.7.2000 beseitigt worden.[19] Nach dem heutigen § 1631 II BGB sind körperliche Bestrafungen, seelische Verletzungen und andere entwürdigende Maßnahmen unzulässig. Der Gesetzgeber hat sich nicht zuletzt unter dem Eindruck von Untersuchungen, die einen Zusammenhang zwischen in der Kindheit erlittener Gewalt und späterer Gewaltbereitschaft zu belegen scheinen,[20] dafür entschieden, das Ziel einer gewaltfreien Erziehung der Kinder gegen eine noch immer verbreitete gesellschaftliche Praxis auch mit dem Mittel des Strafrechts durchzusetzen. Diese rechtspolitische Entscheidung ist nicht unproblematisch, aber von Rechtsprechung und Lehre zu respektieren.[21] Selbst eine zu erzieherischen Zwecken verabreichte schlichte Ohrfeige stellt heute eine rechtswidrige Körperverletzung (§ 223 I StGB) dar.

---

[17] Zu dem inzwischen in § 1631d BGB geregelten Sonderfall religiös motivierter Beschneidungen von Jungen → § 15 Rn. 10.

[18] Vgl. zB BGH NStZ 1987, 173.

[19] Eine Darstellung der Entstehung dieses Gesetzes mit Hinweisen zur Rechtslage in anderen europäischen Staaten findet sich im Bericht des Rechtsausschusses BT-Drs. 14/1247, 3ff.

[20] Vgl. die Nachweise im Bericht des Rechtsausschusses BT-Drs. 14/1247, 3f.

[21] In der Literatur wird allerdings zum Teil versucht, das elterliche Züchtigungsrecht ungeachtet dieser Wertentscheidung in gewissen Grenzen aufrechtzuerhalten (vgl. etwa Beulke FS Schreiber, 2003, 29 mwN) bzw. zumindest die Strafbarkeit der elterlichen Züchtigung in gewissen Grenzen auszuschließen (Jäger FS Spellenberg, 2010, 687 (693ff.)); dagegen zu Recht Roxin JuS 2004, 177 mwN.

C. Die Rechtfertigung im Interesse anderer oder der Allgemeinheit

Prinzipiell schutzwürdige Interessen können im sozialen Leben so miteinander kollidieren, dass nur eines dieser Interessen gewahrt werden kann. Deshalb kann sich eine Rechtfertigung – wie erwähnt – auch aus der Notwendigkeit der Wahrung des vorrangigen Interesses eines anderen ergeben. Zur Wahrung von Interessen der Allgemeinheit muss vielfach in strafrechtlich geschützte Rechtsgüter des Individuums eingegriffen werden. Als Beispiel sei hier noch einmal die Durchsuchung von Wohnungen oder die Festnahme zu Strafverfolgungszwecken genannt (vgl. bereits → § 7 Rn. 11). Aber auch Rechtsgüter verschiedener Individuen kollidieren des Öfteren miteinander. Die Abwehr von Angriffen auf Rechtsgüter einer Person ist oft allein um den Preis einer Verletzung von Rechtsgütern des Angreifers möglich und von Naturgewalten drohende Gefahren für Individualrechtsgüter können zum Teil ebenfalls nur durch Inanspruchnahme der Rechtsgüter anderer Personen abgewendet werden. 11

I. Die Amtsrechte

Aufgrund des im Interesse des Rechtsfriedens geltenden staatlichen Gewaltmonopols ist die Auflösung von Rechtsgutskollisionen – auch zwischen Individualrechtsgütern – in erster Linie Sache der dafür zuständigen staatlichen Organe. Die ihnen dabei zustehenden Befugnisse sind im öffentlichen Recht detailliert geregelt. Die betreffenden Regelungen rechtfertigen die in den jeweiligen Eingriffen (zB einem Gebrauch des Schlagstocks, einer Festnahme oder einer Durchsuchung) liegende Verwirklichung von Straftatbeständen, sodass es sich bei diesen sogenannten **Amtsrechten** um strafrechtlich relevante Rechtfertigungsgründe handelt. Die Amtsrechte sind Gegenstand der öffentlich-rechtlichen Lehre und werden deshalb in der strafrechtlichen Ausbildung und in diesem Lehrbuch nicht näher behandelt. Dies darf aber nicht darüber hinwegtäuschen, dass sie im Strafrecht erhebliche praktische Bedeutung haben und bei der Beurteilung einschlägiger Fälle – gegebenenfalls unter Auswertung der öffentlich-rechtlichen Rechtsprechung und Literatur – ebenso gründlich erörtert werden müssen wie die Rechtfertigungsgründe, mit denen sich in erster Linie die Strafrechtslehre selbst beschäftigt. 12

II. Die Notrechte des Bürgers

Sofern staatliche Hilfe nicht rechtzeitig zu erlangen ist, darf uU der Bürger zum Schutz bedrohter Rechtsgüter den Tatbestand eines Strafgesetzes verwirklichen. Diese Befugnis gewähren ihm die sogenannten **Notrechte.** Dies sind Notwehr (§ 32 StGB, § 227 BGB) und Besitzwehr (§ 859 BGB), die verschiedenen Formen des rechtfertigenden Notstands (§§ 228, 904 BGB und § 34 StGB) sowie – in einem weiteren Sinne – das Selbsthilferecht (§ 229 BGB) und das Recht zur Festnahme auf frischer Tat betroffener Straftäter (§ 127 I StPO). Alle Notrechte setzen eine Kollision von Rechtsgütern voraus und rechtfertigen die Tat nur, wenn diese Kollision auf die schonendste, dh das betroffene Rechtsgut so wenig wie möglich beeinträchtigende Art und Weise gelöst wird. Im Übrigen hängen die Voraussetzungen der Rechtfertigung von der Art der Notlage und der Tatsache ab, in wessen Rechtsgüter zum Schutz des jeweils bedrohten Rechtsguts eingegriffen werden muss. 13

1. Die Notwehr und die Besitzwehr

14 Die am weitesten gehende Befugnis zur Beeinträchtigung fremder Rechtsgüter gewähren die Notwehr und die Besitzwehr, die der Sache nach lediglich einen Unterfall der Notwehr darstellt. Wenn jemand die Rechtsgüter bzw. den Besitz eines anderen gegenwärtig und rechtswidrig angreift, darf zur Abwehr des Angriffs in seine Rechtsgüter eingegriffen werden. Zulässig sind dabei alle Maßnahmen, die zur Verteidigung erforderlich, dh geeignet und unter den geeigneten das relativ mildeste Mittel sind. Auf das Wertverhältnis zwischen dem angegriffenen und dem durch die Verteidigungshandlung beeinträchtigten Rechtsgut kommt es – jedenfalls im Grundsatz[22] – nach geltendem Recht nicht an.[23] Da die Rechtsgutskollision auf dem Verhalten des Angreifers beruht, wird sie unabhängig von dem Wertverhältnis der kollidierenden Rechtsgüter zu seinen Lasten gelöst (dazu näher → § 16 Rn. 3f.). Eine erforderliche Verteidigung ist auch dann durch Notwehr gerechtfertigt, wenn das durch die Verteidigungshandlung beeinträchtigte Rechtsgut des Angreifers wesentlich wertvoller ist als das angegriffene.

2. Der Defensivnotstand

15 Vom Grundgedanken mit der Notwehr verwandt ist der in § 228 BGB geregelte Defensivnotstand, der deshalb auch als **Sachwehr** bezeichnet wird. Die Konstellation der Sachwehr unterscheidet sich von der Notwehr dadurch, dass die Gefahr für die Rechtsgüter anderer nicht von menschlichem Verhalten, sondern von einer fremden Sache bzw. einem fremden Tier (§ 90a S. 3 BGB) ausgeht. Soweit es zur Abwehr der Gefahr erforderlich ist, darf die gefährliche Sache im Regelfall beschädigt oder zerstört bzw. das gefährliche Tier verletzt oder getötet werden. Da jeder für Gefahren verantwortlich ist, die von seiner Rechtssphäre für andere ausgehen, wird auch in § 228 BGB die Rechtsgüterkollision grundsätzlich zu Lasten der Gefahrenquelle, dh des Eigentümers der gefährlichen Sache, gelöst. Eine erforderliche Verteidigung ist durch Sachwehr gerechtfertigt, selbst wenn das durch die Abwehrhandlung beeinträchtigte Eigentum genauso wertvoll oder sogar wertvoller ist als das durch die Sache bedrohte Rechtsgut.

16 Allerdings ist bei der Sachwehr – anders als bei der Notwehr – das Wertverhältnis zwischen dem bedrohten und dem durch die Abwehrhandlung beeinträchtigten Rechtsgut insofern von Bedeutung, als der Schaden nicht außer Verhältnis zu der Gefahr stehen, das bedrohte Rechtsgut also nicht wesentlich weniger wert sein darf als das beeinträchtigte. Dies erklärt sich daraus, dass die Verantwortlichkeit für nicht auf eigenem Verhalten beruhende Gefahren durch einen Solidaritätsgedanken überlagert wird. In unserer Rechtsordnung ist jeder verpflichtet, anderen zu helfen, wenn eine diesen drohende Rechtsgutsbeeinträchtigung durch eine zumutbare, wesentlich weniger schwerwiegende Beeinträchtigung eigener Rechtsgüter abgewendet werden kann.[24] Diese allgemeine Hilfspflicht besteht auch gegenüber dem Eigentümer einer gefährlichen Sache. Sie ist der Grund dafür, dass auf die Abwehr der von einer fremden

[22] Vgl. zu den Ausnahmen in den Fällen eines krassen Missverhältnisses → § 16 Rn. 27f.

[23] Bülte GA 2011, 144 (155ff.), sieht dies als verfassungsrechtlich problematisch an und will die Notwehr de lege ferenda durch den Verhältnismäßigkeitsgrundsatz einschränken.

[24] Zu Begründung und Reichweite dieser Solidaritätspflicht lesenswert Engländer GA 2017, 242 (247ff.); Frisch GA 2016, 121 (128ff.), beide mwN.

Sache drohenden Gefahr verzichtet werden muss, wenn durch die Gefahrenabwehr dem Eigentümer der Sache ein unverhältnismäßig großer Schaden zugefügt würde.

3. Der Aggressivnotstand

Von dem in § 228 BGB geregelten Defensivnotstand zu unterscheiden ist der Aggressivnotstand gemäß § 904 BGB. Bei ihm wird zur Abwehr einer Gefahr auf die Sachen unbeteiligter Dritter eingewirkt. Ein Beispiel ist der Einbruch in eine Hütte, um sich bei einem plötzlichen Wintereinbruch in den Bergen vor dem Erfrieren zu retten. Die Rechtfertigung einer derartigen Handlung beruht auf dem Solidaritätsgedanken[25], der beim Aggressivnotstand nicht – wie beim Defensivnotstand – die Eingriffsbefugnis begrenzt, sondern sie umgekehrt gerade erst begründet. Dementsprechend ist das zur Rechtfertigung erforderliche Wertverhältnis der kollidierenden Rechtsgüter beim § 904 BGB gegenüber dem des § 228 BGB umgekehrt. Die Einwirkung auf die fremde Sache ist nur dann gerechtfertigt, wenn der drohende Schaden gegenüber dem aus der Einwirkung dem Eigentümer entstehenden Schaden unverhältnismäßig groß ist. Das bloße Überwiegen des durch die Abwehrhandlung geschützten Interesses reicht nicht aus, weil man einen eigenen Schaden nicht einfach auf unbeteiligte Dritte abwälzen darf. 17

Die §§ 228, 904 BGB regeln beide den speziellen Fall, dass zur Abwehr einer Gefahr auf eine fremde Sache eingewirkt werden muss. Die Beeinträchtigung aller übrigen Rechtsgüter zur Gefahrenabwehr – etwa die Begehung einer Unfallflucht (§ 142 I StGB) oder einer Trunkenheitsfahrt (§ 316 StGB), um einen Verletzten rechtzeitig ins Krankenhaus zu bringen – ist Gegenstand der allgemeinen Notstandsregelung des § 34 StGB. Die Vorschrift rechtfertigt die Begehung von zur Gefahrenabwehr notwendigen Straftaten, wenn das geschützte Interesse das beeinträchtigte wesentlich überwiegt. Das zur Rechtfertigung erforderliche Wertverhältnis der kollidierenden Rechtsgüter entspricht damit der Sache nach dem des § 904 BGB. Deshalb regelt § 34 StGB im Grunde nur die Konstellation des Aggressivnotstands. Eine allgemeine Defensivnotstandsregelung fehlt im Gesetz. Um diese Lücke zu schließen, ist in allen Fällen, in denen zur Abwehr der Gefahr in Rechtsgüter desjenigen eingegriffen werden muss, von dessen Rechtssphäre die Gefahr ausgeht, der Abwägungsmaßstab des § 228 BGB entsprechend anzuwenden (vgl. dazu näher → § 17 Rn. 21 ff.). 18

4. Das Selbsthilferecht

Sowohl die Notwehr als auch die verschiedenen Formen des rechtfertigenden Notstands setzen eine Gefahr für ein bereits gegenwärtig zur Herrschaftssphäre des Betroffenen gehörendes Rechtsgut voraus. Die Gefährdung eines bloßen Anspruchs begründet keine Notwehr- oder Notstandslage.[26] Deshalb hat zB der Inhaber eines Restaurants kein Notwehrrecht, wenn sich ein ihm unbekannter Gast entfernen will, ohne seine Rechnung zu bezahlen. In solchen Fällen greift jedoch das Selbsthilferecht des § 229 BGB ein. Es gibt dem Gläubiger die Befugnis, die Erfüllung eines gefährdeten Anspruchs durch Eingriffe in die Rechtsgüter des Schuldners vorläufig (beachte § 230 II–IV BGB) zu sichern, wenn obrigkeitliche Hilfe nicht rechtzeitig zu erlangen ist und ohne sofortiges Eingreifen die Gefahr besteht, dass die Verwirklichung des An- 19

[25] Dazu lesenswert Engländer GA 2010, 15 (17 ff.) mwN.
[26] Vgl. dazu näher Robles Planas ZIS 2018, 14 (19 f.).

spruchs vereitelt oder wesentlich erschwert wird.[27] Als Mittel der Selbsthilfe sieht das Gesetz die Wegnahme, Zerstörung oder Beschädigung einer Sache und bei Fluchtverdacht die Festnahme des Schuldners vor. Etwaiger Widerstand des Schuldners gegen von ihm zu duldende Handlungen darf „beseitigt" werden.

20 Entsprechend der Regelung bei der Notwehr hängt die Rechtfertigung der Selbsthilfe nicht von dem Wertverhältnis zwischen dem zu sichernden Anspruch und den durch die Selbsthilfehandlung beeinträchtigten Rechtsgütern des Schuldners ab. Die in § 229 BGB ausdrücklich genannten Eingriffe sind – soweit die Anspruchssicherung sie erfordert (§ 230 I BGB) – sogar dann gerechtfertigt, wenn das Eigentums- oder Freiheitsinteresse des Schuldners wesentlich höherwertiger ist als der gefährdete Anspruch.[28] Jedoch ist aus der Enumeration der Selbsthilfemittel abzuleiten, dass andere Rechtsgüter als Freiheit und Eigentum nur innerhalb enger Grenzen beeinträchtigt werden dürfen. Zur Beseitigung eines vom Schuldner geleisteten Widerstands sind deshalb nur Rechtsgutsbeeinträchtigungen zulässig, die mit der Anwendung der im Gesetz zugelassenen Selbsthilfemittel typischerweise verbunden sind.[29] Der Gläubiger darf also den Schuldner mit Gewalt festhalten und dabei – wenn notwendig – sein körperliches Wohlbefinden beeinträchtigen; er darf ihn aber nicht erheblich verletzen oder gar töten, um seinen Widerstand gegen die Selbsthilfehandlung zu beseitigen.[30]

5. Das Festnahmerecht

21 Das Festnahmerecht des § 127 I StPO ist ein Notrecht zugunsten des staatlichen Strafverfolgungsinteresses. In Abwesenheit staatlicher Strafverfolgungsorgane dürfen Straftäter, die der Flucht verdächtig sind oder deren Identität nicht rechtzeitig festgestellt werden kann, auch von Privatleuten festgenommen werden (vgl. ergänzend → § 14 Rn. 15). Allerdings besteht dieses private Festnahmerecht nur dann, wenn die Täter auf frischer Tat betroffen oder verfolgt worden sind. Diese Beschränkung erklärt sich daraus, dass die fehlende Ausbildung und Erfahrung von Privatpersonen eine erhöhte Gefahr unberechtigter Festnahmen begründet. Solch unberechtigte Festnahmen beeinträchtigen nicht nur das Freiheitsinteresse des Betroffenen. Sie sind vor allem deshalb gefährlich, weil der Festgenommene – aus dessen Sicht oft unklar ist, ob er wirklich den Strafverfolgungsbehörden übergeben oder möglicherweise selbst Opfer einer Straftat werden soll – sich häufig seinerseits mit Gewalt zur Wehr setzen wird. Daraus können gravierende, für Leib und Leben beider Beteiligter gefährliche Auseinandersetzungen entstehen.

22 Das private Festnahmerecht verlangt von dem Festnehmenden grundsätzlich keine Prüfung der Verhältnismäßigkeit der Festnahme. Auch bei geringfügigen Straftaten darf ein auf frischer Tat betroffener Täter festgenommen werden, sofern dies erforder-

[27] Vgl. dazu etwa BGH NStZ 2012, 144.

[28] Grüneberg/Ellenberger BGB § 230 Rn. 1; aA Jakobs StrafR AT Abschn. 16 Rn. 20, der – weil der Bürger bei der Selbsthilfe nur stellvertretend für den Staat handele – das für die staatliche Zwangsvollstreckung geltende Verhältnismäßigkeitsprinzip auf die Selbsthilfe übertragen will. Dies ist de lege ferenda vorzugswürdig, lässt sich aber mit dem Wortlaut des Gesetzes schwerlich vereinbaren.

[29] RGSt 69, 308 (311 ff.).

[30] Umstritten ist, ob der Schuldner gemäß §§ 229, 230 III BGB nur unter den zusätzlichen Voraussetzungen des persönlichen Sicherheitsarrestes (§§ 916, 918 ZPO) festgenommen werden darf; vgl. dazu Grabow NStZ 2012, 145; Schauer/Wittig JuS 2004, 107 (109 f.).

lich ist, um ihn an der Flucht zu hindern oder seine Identität festzustellen.[31] Davon zu unterscheiden ist die Frage, welche Mittel zur Durchsetzung einer Festnahme angewendet werden dürfen. § 127 I StPO verleiht dem Privaten keine besonderen Zwangsbefugnisse. Deshalb werden nur mit einer Festnahme typischerweise verbundene Rechtsgutsbeeinträchtigungen durch § 127 I StPO gerechtfertigt.[32] Darüber hinausgehende Gewalt darf von Privaten nur aufgrund des Notwehrrechts, dh nur dann angewendet werden, wenn sie erforderlich ist, um sich gegen Angriffe des Festzunehmenden zu verteidigen. Der Festnahmezweck selbst rechtfertigt auch bei schweren Straftaten keine weitergehende Gewaltanwendung. Insbesondere dürfen Privatleute – entgegen einem vereinzelt gebliebenem obiter dictum des Bundesgerichtshofs[33] – in keinem Fall auf fliehende Straftäter schießen.

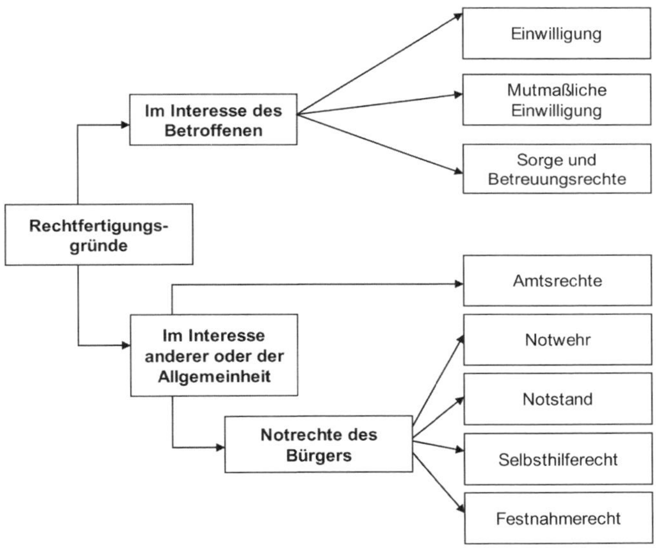

Abb. 6: Rechtfertigungsgründe

[31] BGHSt 45, 378 (381); Satzger JURA 2009, 107 (112) mwN.

[32] Roxin/Greco StrafR AT I § 17 Rn. 28; Satzger JURA 2009, 107 (113), beide mwN.

[33] BGH bei Holtz MDR 1979, 985; in der neueren Rechtsprechung wird die Richtigkeit dieses obiter dictums ausdrücklich infrage gestellt (BGH NStZ-RR 1998, 50; implizit auch BGHSt 45, 378 (381)).

§ 14. Allgemeine Rechtfertigungslehre

A. Der Gegenstand der Rechtfertigung

I. Die Teilbarkeit des Rechtswidrigkeitsurteils

1 Bei der Rechtswidrigkeitsprüfung geht es um die Frage, ob der tatbestandliche Unwert eines **bestimmten Delikts** durch Rechtfertigungsgründe aufgehoben wird und damit das Unrecht dieses Delikts nicht verwirklicht ist. Gegenstand der Rechtfertigung ist dementsprechend nicht die Handlung als Ganzes, sondern deren Tatbestandsmäßigkeit. Die Erfüllung eines Deliktstatbestands kann auch dann gerechtfertigt sein, wenn die tatbestandsmäßige Handlung in anderer Hinsicht rechtswidrig ist. Wenn etwa A mit Einwilligung des B ein diesem gehörendes Mietshaus anzündet, begeht er eine rechtswidrige schwere Brandstiftung (§ 306a I StGB). Die Einwilligung des B hat – da der Tatbestand des § 306a I StGB nicht das Hauseigentum, sondern Leib und Leben der Hausbewohner schützt – insoweit keine rechtfertigende Wirkung. Dessen ungeachtet sind die durch die gleiche Handlung verwirklichten Eigentumsdelikte (§§ 303, 305, 306 StGB) durch die Einwilligung des B gerechtfertigt.

2 Auch bei anderen Rechtfertigungsgründen kann es vorkommen, dass von mehreren durch eine Handlung verwirklichten Delikten eines gerechtfertigt ist und das andere nicht. Man stelle sich etwa vor, der leicht angetrunkene A wird Zeuge eines Verkehrsunfalls, bei dem B lebensgefährlich verletzt wird. Die einzige Möglichkeit, B zu retten, besteht darin, dass ihn A ungeachtet seiner alkoholbedingten Fahruntüchtigkeit sofort in das nächste Krankenhaus fährt. Wenn A – weil er in seinem Auto keine Blutflecken haben will – statt mit dem eigenen Auto zu fahren, das am Straßenrand stehende Auto des C benutzt, ist die durch diese Fahrt begangene Trunkenheit im Verkehr (§ 316 StGB) gleichwohl durch die Notstandssituation (§ 34 StGB) gerechtfertigt. Die unbefugte Benutzung des Kraftfahrzeugs des C (§ 248b I, IV StGB) ist jedoch rechtswidrig, weil A auch mit seinem eigenen Auto hätte fahren können und deshalb die Verwirklichung dieses Tatbestands nicht erforderlich war, um B zu retten.

3 Bei den Erfolgsdelikten ist das Rechtswidrigkeitsurteil sogar innerhalb eines Tatbestands teilbar. So wie durch eine Handlung zugleich generell erlaubte und nicht generell erlaubte Risiken begründet werden können,[1] so kann eine Handlung zugleich gerechtfertigte und nicht gerechtfertigte Risiken der Erfolgsverursachung beinhalten. Wer zB zur Hauptgeschäftszeit in einer belebten Fußgängerzone auf einen mit seiner wertvollen Beute fliehenden Juwelendieb schießt, setzt einerseits ein uU durch Notwehr (§ 32 StGB) gerechtfertigtes Risiko der Verletzung des Diebes selbst, andererseits aber ein nicht gerechtfertigtes Risiko der Verletzung von Unbeteiligten.[2] Wenn er

---

[1] Vgl. zu dieser in der Lehre von der objektiven Zurechnung eingehend erörterten Risikokonkurrenz → § 10 Rn. 22ff. Nur wenn eine Handlung zugleich unerlaubte und erlaubte Risiken beinhaltet, ist es möglich, dass sie einen Erfolg verursacht, ohne dass sich ein durch sie gesetztes unerlaubtes Risiko im Erfolg realisiert.

[2] Darin liegt – entgegen Koch ZStW 122 (2010), 804 (808ff.) – kein Widerspruch, der dazu zwingen würde, im Hinblick auf die drohende Verletzung Unbeteiligter auch die Verletzung des Angreifers selbst als rechtswidrig anzusehen. Im Ergebnis ist eine Handlung untersagt, wenn durch sie ein rechtswidriges Risiko gesetzt wird, sodass das Recht auch ohne eine solche Harmonisierung seine Funktion der Verhal-

Glück hat und seiner Intention entsprechend tatsächlich die Beine des fliehenden Diebs trifft, so ist – sofern es kein milderes Mittel zur Abwehr des Angriffs gab – das im eingetretenen Erfolg verwirklichte Risiko durch Notwehr gerechtfertigt und die Tat damit nicht als vollendete gefährliche Körperverletzung (§ 224 I Nr. 2 StGB) strafbar. Das Risiko der Verletzung Unbeteiligter bleibt jedoch rechtswidrig, sodass der Schütze, wenn er dieses nicht verwirklichte Risiko bewusst in Kauf genommen hat, wegen versuchter gefährlicher Körperverletzung strafbar ist.

II. Die Handlung als alleiniger Bezugspunkt des Rechtswidrigkeitsurteils

Die Rechtswidrigkeitsprüfung knüpft auch bei den Erfolgsdelikten ausschließlich an 4 die tatbestandsmäßige Handlung an. Gegenstand des Rechtswidrigkeitsurteils sind die durch diese Handlung begründeten Risiken der Erfolgsherbeiführung. Die rechtliche Bewertung des eingetretenen Erfolgs selbst hat keine Bedeutung. Wenn in dem oben (→ § 14 Rn. 2) gebildeten Beispiel der angetrunkene A bei dem Versuch, den lebensgefährlich Verletzten B ins Krankenhaus zu fahren, infolge seiner Fahruntüchtigkeit einen Verkehrsunfall verursacht, bei dem C tödlich verletzt wird, ist der Tod des C sicherlich kein von der Rechtsordnung gebilligter Erfolg. Dessen ungeachtet ist – ebenso wie die Trunkenheitsfahrt selbst – auch die durch diese Fahrt begangene fahrlässige Tötung (§ 222 StGB) des C durch Notstand gerechtfertigt. Weil A gemäß § 34 StGB zur Rettung des lebensgefährlich Verletzten B das wesentlich geringere Risiko einer Trunkenheitsfahrt eingehen durfte, hat er den Tod des C durch eine gerechtfertigte Handlung verursacht, sodass das Unrecht einer fahrlässigen Tötung nicht verwirklicht ist.

Da sich die Rechtfertigung nur auf die tatbestandsmäßige Handlung bezieht, kann ein 5 und derselbe tatbestandliche Erfolg zugleich auf rechtmäßige und rechtswidrige Art und Weise herbeigeführt werden. Wenn etwa A den Arm des B so schwer verletzt, dass B ihn sich im Krankenhaus amputieren lassen muss, hat A den Verlust des Arms (§ 226 I Nr. 2 StGB) rechtswidrig verursacht, obwohl die Vornahme der Amputation selbst durch Einwilligung des B gerechtfertigt war. Auch ein und dieselbe Person kann einen Erfolg sowohl auf rechtmäßige als auch auf rechtswidrige Weise herbeiführen. Unterläuft zB einem Arzt bei einer Operation ein zur sofortigen Amputation zwingender Behandlungsfehler, so ist auch eine von ihm selbst vorgenommene Amputation – jedenfalls sofern kein anderer fachkundiger Arzt zur Verfügung stand und kein gegenteiliger Wille des Patienten erkennbar ist – durch mutmaßliche Einwilligung gerechtfertigt. Dies ändert aber nichts daran, dass der Arzt durch den Behandlungsfehler den Verlust des Arms rechtswidrig verursacht hat und deshalb wegen fahrlässiger Verursachung dieser Körperverletzung (§ 229 StGB) strafbar ist.

Entsprechendes gilt bei anderen Rechtfertigungsgründen. Entgegen einer verbreiteten 6 Auffassung[3] kann daher derjenige, der mittels einer durch Notwehr oder Notstand gerechtfertigten Handlung den Tatbestand eines Erfolgsdelikts verwirklicht, zugleich deshalb strafbar sein, weil er die Notwendigkeit dieser Handlung und damit den tat-

tenssteuerung ohne Weiteres erfüllt; vgl. dazu den Übungsfall von Degener/Braband/Pampuch/Faridy JuS 2018, 141 (146 ff.).

3 Vgl. etwa die Kritik bei NK-StGB/Paeffgen/Zabel StGB Vor §§ 32 ff. Rn. 147 ff. und Roxin/Greco StrafR AT I § 15 Rn. 68, 74 sowie § 16 Rn. 64; dagegen zu Recht Freund GA 2006, 267; Puppe FS Küper, 2007, 443 mwN.

bestandlichen Erfolg durch ein vorangegangenes Verhalten zurechenbar herbeigeführt hat (vgl. dazu → § 16 Rn. 32ff. und → § 17 Rn. 34). Diese sogenannte **actio illicita in causa** ist nichts anderes als die Anwendung des allgemeinen Prinzips, dass die Rechtswidrigkeit für jede den Erfolg verursachende Handlung gesondert zu untersuchen ist. Wenn etwa A bei einem heraufziehenden starken Unwetter ohne vernünftigen Grund eine riskante Bergtour unternimmt und dabei schon den Vorsatz hat, notfalls die Fensterscheibe einer auf dem Weg liegenden privaten Hütte einzuschlagen und dort Schutz zu suchen, ist – wenn der Notfall tatsächlich eintritt – die Tathandlung des Einschlagens der Fensterscheibe durch § 904 BGB gerechtfertigt. Jedoch kann das Herbeiführen dieser Notlage in einem solchen Fall durchaus als pflichtwidrig zu bewerten sein, sodass A bereits durch das Unternehmen der Bergtour die spätere Zerstörung der Scheibe sowohl objektiv zurechenbar als auch vorsätzlich verursacht hat und deshalb wegen Sachbeschädigung (§ 303 StGB) strafbar ist.[4]

B. Der Aufbau der Rechtfertigung

7 Die Gesamtheit der Voraussetzungen eines Rechtfertigungsgrundes wird als **Erlaubnistatbestand** bezeichnet. Bei den meisten gesetzlich geregelten Rechtfertigungsgründen sind nur die objektiven Voraussetzungen der Rechtfertigung ausdrücklich formuliert. Gleichwohl haben Rechtfertigungsgründe nach heute wohl nicht mehr bestrittener Auffassung[5] neben dem objektiven auch einen subjektiven Erlaubnistatbestand. Beim Vorsatzdelikt[6] wird der in der Verwirklichung des subjektiven Tatbestands liegende Motivationsunwert einer Handlung durch einen Rechtfertigungsgrund nur dann ausgeschlossen, wenn der Täter – grob gesprochen[7] – in Kenntnis der rechtfertigenden Umstände gehandelt hat (sog. **subjektives Rechtfertigungselement**). Wenn zB eine resolute Ehefrau mit dem Nudelholz einen Einbrecher niederschlägt, dabei aber irrtümlich annimmt, ihren nachts aus der Kneipe nach Hause kommenden Ehemann vor sich zu haben,[8] hebt die objektiv vorliegende Notwehrsituation zwar den Geschehensunwert, nicht aber den Motivationsunwert der gefährlichen Körperverletzung (§ 224 I Nr. 2 Var. 2 StGB) auf.[9]

I. Der objektive Erlaubnistatbestand

1. Der tatsächlich vorliegende Sachverhalt als Grundlage der Beurteilung

8 Die Voraussetzungen eines objektiven Erlaubnistatbestands sind der jeweiligen gesetzlichen Regelung bzw. dem jeweiligen Gewohnheitsrecht zu entnehmen. Allgemeiner Erörterung bedarf nur die Frage, auf welcher Tatsachengrundlage das Vorliegen dieser Voraussetzungen zu beurteilen ist. Einige Autoren wollen – entsprechend der herrschenden Meinung zur objektiven Zurechnung (vgl. dazu → § 10 Rn. 35) – auch hier auf die Sicht eines vor der Tat urteilenden objektiven Beobachters in der Position des

[4] Zu der Parallelkonstruktion der actio libera in causa → § 18 Rn. 17ff.
[5] Abweichend noch LK[11]-StGB/Spendel StGB § 32 Rn. 138 mN zur älteren Literatur und Rohrer JA 1986, 363.
[6] Zum Fahrlässigkeitsdelikt → § 14 Rn. 42ff.
[7] Zu den Voraussetzungen iE → § 14 Rn. 16ff.
[8] Beispiel von LK[11]-StGB/Spendel StGB § 32 Rn. 140.
[9] Zu den sich daraus ergebenden Rechtsfolgen → § 14 Rn. 27f.

Handelnden abstellen. Sofern ein mit den Kenntnissen eines einsichtigen Menschen des betreffenden Verkehrskreises und dem Sonderwissen des Täters ausgestatteter Beobachter vom Vorliegen der objektiven Rechtfertigungsvoraussetzungen ausgehen durfte, sei die Tat schon objektiv gerechtfertigt.[10] Danach kann uU sogar die Tötung eines nur vermeintlichen Angreifers – etwa eines Vaters, der mit seinem Sohn im Wald unter Verwendung einer täuschend echt aussehenden Spielzeugpistole Räuber und Gendarm spielt und dabei auf seinen Filius anlegt – als objektiv rechtmäßig zu bewerten sein.

Obwohl die Verfechter dieser Auffassung im Grunde nur die von der herrschenden 9
Meinung im Rahmen der objektiven Zurechnung formulierten Regeln auch auf der Rechtswidrigkeitsebene konsequent anwenden, haben sie wenig Gefolgschaft gefunden. Zumindest für diejenigen Rechtfertigungsvoraussetzungen, die – wie der Begriff des Angriffs bei der Notwehr – keine reinen Prognosemerkmale sind, wird ganz überwiegend eine strikt objektive Betrachtungsweise befürwortet.[11] Dies ist notwendig, um eine schon von Kant als „Widerspruch der Rechtslehre mit sich selbst"[12] empfundene Relativierung des Rechtswidrigkeitsbegriffs zu vermeiden. Für einen objektiven Beobachter in der Position des vermeintlichen Angreifers wird sich die Verteidigung gegen den vermeintlichen Angriff nämlich oft ihrerseits als rechtswidriger Angriff darstellen. In einem solchen Fall muss bei konsequenter Beurteilung aus der Position des Handelnden die Verteidigung gegen eine objektiv gerechtfertigte Verteidigung gleichfalls als objektiv gerechtfertigt angesehen werden, sodass im Ergebnis zwei Personen „miteinander ringen" würden, die beide objektiv rechtmäßig handeln.

Dies wird von der herrschenden Meinung zu Recht als nicht tragbar angesehen. Wenn 10
zwei Personen zum Schutz ihrer miteinander kollidierenden Rechtsgüter „miteinander ringen",[13] muss die Rechtsordnung angeben, zugunsten welcher dieser Personen ein hinzukommender Polizist einzugreifen hätte, dh sie muss entscheiden, welcher der Beteiligten die Rechtsgutsbeeinträchtigung zu dulden hat und welcher nicht.[14] Diese Entscheidung kann – um nicht eine Person einseitig zu bevorzugen – zwischen Privaten[15] nur in der Weise getroffen werden, dass das Vorliegen der Rechtfertigungsvoraussetzungen nach dem im Zeitpunkt der Handlung tatsächlich vorliegenden Sachverhalt beurteilt wird. Zwar ist es in der Tat wenig einleuchtend, die objektive Tatbestandsmäßigkeit einer Handlung auf der Grundlage des erkennbaren und die objektive Rechtswidrigkeit auf der Grundlage des tatsächlich vorliegenden Sachverhalts zu beurteilen. Aber dieser der herrschenden Meinung unterlaufende Widerspruch ist nicht durch eine Subjektivierung der objektiven Rechtfertigungsvoraussetzungen, sondern dadurch auszuräumen, dass auch die Voraussetzungen der objektiven Zurechnung strikt objektiv beurteilt werden (→ § 10 Rn. 36ff.).

[10] Vgl. zB MüKoStGB/Schlehofer StGB Vor § 32 Rn. 101ff. mwN; Frisch, Vorsatz und Risiko, 1983, S. 424f. Noch einen Schritt weiter geht Zielinski, Handlungs- und Erfolgsunwert im Unrechtsbegriff, 1973, S. 246ff., der nur auf den dem Handelnden individuell erkennbaren Sachverhalt abstellt und den Gedanken einer objektiven Rechtfertigung gänzlich ablehnt.

[11] Vgl. NK-StGB/Paeffgen/Zabel StGB Vor §§ 32ff. Rn. 81; Schönke/Schröder/Sternberg-Lieben StGB Vorb. §§ 32ff. Rn. 10a f., beide mwN.

[12] Kant, Metaphysik der Sitten, 1797, in: Gesammelte Schriften Bd. 6, 203 (235f.).

[13] Vgl. zu diesem Beispiel bereits Goldschmidt, Der Notstand, ein Schuldproblem, 1913, S. 6.

[14] Vgl. dazu Börgers, Studien zum Gefahrurteil im Strafrecht, 2008, S. 102ff.

[15] Bei staatlichem Handeln ist dies anders; vgl. dazu → § 14 Rn. 13ff.

11 Im Ergebnis ist also der Prüfung des objektiven Erlaubnistatbestands der gesamte im Zeitpunkt der Handlung vorliegende Sachverhalt zugrunde zu legen, unabhängig davon, ob er für einen Beobachter erkennbar war oder nicht. Dies gilt – entgegen einer verschiedentlich anzutreffenden Auffassung[16] – auch für diejenigen Rechtfertigungsmerkmale, die eine Prognose künftigen Geschehens voraussetzen. Eine Gefahr für ein Rechtsgut liegt nur dann vor, wenn auf der Grundlage des im Zeitpunkt der Handlung objektiv vorliegenden Sachverhalts nach allgemeinem Erfahrungswissen eine Rechtsgutsverletzung möglich war.[17] Wenn zB aus einer verschlossenen Wohnung vermeintlicher Gasgeruch austritt, begründet dies nur dann die Gefahr einer Gasexplosion, wenn der Geruch tatsächlich von ausströmendem Gas herrührt. Falls er in Wahrheit eine andere, völlig harmlose Ursache hat, ist das Einschlagen der Fensterscheibe zur Verhinderung der vermeintlichen Explosion objektiv rechtswidrig, selbst wenn jeder in der Situation des Handelnden den Geruch auf ausströmendes Gas zurückgeführt hätte. Nicht schon das Geschehens-, sondern erst das Motivationsunrecht der Sachbeschädigung (§ 303 StGB) ist in einem solchen Fall ausgeschlossen (dazu sogleich → § 14 Rn. 29ff.).

12 Entsprechendes gilt bei der Beurteilung der Frage, ob eine Handlung geeignet und erforderlich ist, eine Gefahr für ein Rechtsgut abzuwenden.[18] Wenn etwa in dem soeben geschilderten Fall der aus der verschlossenen Wohnung dringende Geruch tatsächlich von ausströmendem Gas herrührt, der Wohnungsinhaber aber gerade mit dem Wohnungsschlüssel vom Einkaufen zurückkommt, ist das Einschlagen der Fensterscheibe zur Abwehr der Gefahr auch dann nicht erforderlich, wenn der Inhaber der Wohnung für einen objektiven Beobachter nicht als solcher zu erkennen ist. Die Sachbeschädigung ist damit objektiv rechtswidrig und muss deshalb von dem hinzukommenden Wohnungsinhaber nicht geduldet werden. Wegen des fehlenden Motivationsunrechts hat er gegen sie zwar kein Notwehr- (vgl. dazu → § 16 Rn. 12), wohl aber ein Defensivnotstandsrecht. Wenn es ihm – zB wegen fehlender Sprachkenntnisse – nicht schnell genug gelingt, die Sachlage mit verbalen Mitteln zu erklären, darf er dem Handelnden in den Arm fallen und ihn – im Rahmen des beim Defensivnotstand geltenden Verhältnismäßigkeitsgrundsatzes – notfalls gewaltsam am Einschlagen der Fensterscheibe hindern.

2. Besonderheiten bei den Amtsrechten

13 Auch der Prüfung des objektiven Erlaubnistatbestands von Amtsrechten ist grundsätzlich der gesamte im Zeitpunkt der Handlung vorliegende Sachverhalt zugrunde zu legen.[19] Die im Polizeirecht verbreitete gegenteilige Auffassung, nach der Polizeibeamte bereits zu der Gefahrenabwehr dienenden Eingriffen berechtigt sein sollen, wenn aufgrund des für sie objektiv erkennbaren Sachverhalts vom Vorliegen einer Gefahr auszugehen ist (sog. **Anscheinsgefahr**),[20] beruht zwar insofern auf einem berechtigten Anliegen, als das staatliche Gewaltmonopol seine friedensstiftende Funktion schwerlich erfüllen könnte, wenn die Bürger sich sogar gegen objektiv sorgfaltsgemäßes staat-

[16] Etwa Roxin/Greco StrafR AT I § 16 Rn. 18 (zum Begriff der Gefahr) und Roxin/Greco StrafR AT I § 15 Rn. 46 (zum Begriff der Erforderlichkeit).
[17] Schönke/Schröder/Perron StGB § 34 Rn. 13f. mwN.
[18] Schönke/Schröder/Perron/Eisele StGB § 32 Rn. 34 mwN.
[19] Die bis zur 7. Auflage vertretene gegenteilige Auffassung gebe ich auf.
[20] Lisken/Denninger PolR-HdB/Bäcker D Rn. 95, 97 mN.

liches Handeln aufgrund eines – oft nur vermeintlich – besseren Wissens uneingeschränkt gewaltsam zur Wehr setzen dürften.[21] Aber diesem Anliegen ist nicht durch eine teilweise Subjektivierung des objektiven Erlaubnistatbestands der Amtsrechte, sondern dadurch Rechnung zu tragen, dass der Bürger auch gegenüber objektiv rechtswidrigem staatlichen Handeln auf den Rechtsweg verwiesen wird, wenn es ihm zumutbar ist, sein Recht auf diese Weise zu wahren (vgl. dazu → § 17 Rn. 32).

Besonderheiten gelten für die Rechtfertigung staatlichen Handelns allerdings insofern, 14
als der objektive Erlaubnistatbestand einiger Amtsrechte lediglich den **Verdacht einer Rechtsgutskollision** voraussetzt. Das Recht der Gefahrenabwehr enthält – etwa zur Bekämpfung von Seuchengefahren § 16 IfSG (Infektionsschutzgesetz) – spezielle Ermächtigungsgrundlagen zu Eingriffen bei bloßem Gefahrenverdacht und auch nach der allgemeinen polizeilichen Generalklausel wird eine Inanspruchnahme des Bürgers aufgrund eines bloßen Gefahrenverdachts innerhalb bestimmter Grenzen für zulässig erachtet.[22] In noch stärkerem Maß sieht das Strafprozessrecht Verdachtseingriffe vor. Strafprozessuale Zwangsmaßnahmen setzen typischerweise nur einen begründeten Tatverdacht voraus, wobei der Grad des geforderten Verdachts je nach der Art des Eingriffs unterschiedlich ist. Eine Durchsuchung der Wohnung des Beschuldigten (§ 102 StPO) ist etwa schon bei einem einfachen, die Festnahme (§ 127 II StPO) hingegen nur bei einem dringenden Tatverdacht zulässig.

Auch im Strafprozessrecht besteht die Verpflichtung zur Duldung von Verdachtsein- 15
griffen aber nur gegenüber staatlichem Handeln. Das private Festnahmerecht des § 127 I StPO knüpft nicht an einen dringenden Tatverdacht an, sondern setzt voraus, dass der Festzunehmende die Tat wirklich begangen hat. Wenn ein Privatmann den Falschen festnimmt, bleibt die Festnahme selbst dann objektiv rechtswidrig, wenn jeder andere in seiner Situation den Festgenommenen gleichfalls für den Täter gehalten hätte. Zwar wird in der Literatur zum Teil die Auffassung vertreten, aufgrund der begrenzten menschlichen Erkenntnisfähigkeit müsse auch für das private Festnahmerecht ein dringender Tatverdacht ausreichen.[23] Dies lässt jedoch außer Acht, dass nicht nur die Erkenntnisfähigkeit des Festnehmenden, sondern auch die eines sich gegen die Festnahme zur Wehr setzenden Festgenommenen der Natur der Sache nach begrenzt ist. Die Entscheidung, welche von zwei „miteinander ringenden" Privatpersonen die Rechtsgutsbeeinträchtigung zu dulden hat, kann auch in der Festnahmesituation nur auf der Grundlage des tatsächlich vorliegenden Sachverhalts getroffen werden.

II. Der subjektive Erlaubnistatbestand

1. Die Kenntnis der objektiven Rechtfertigungsvoraussetzungen

Die Notwendigkeit eines subjektiven Rechtfertigungselements beim Vorsatzdelikt ist 16
heute weitgehend anerkannt (→ § 14 Rn. 7). Problematisch ist jedoch, wie dieses Element im Einzelnen beschaffen sein muss, um das Motivationsunrecht der Tat auszuschließen. Insoweit stellt sich vor allem die Frage, wie es zu beurteilen ist, wenn der

[21] Vgl. dazu Börgers, Studien zum Gefahrurteil im Strafrecht, 2008, S. 137ff.
[22] Vgl. dazu Lisken/Denninger PolR-HdB/Bäcker D Rn. 108ff., 114ff.
[23] Vgl. zB KK-StPO/Schultheis StPO § 127 Rn. 9 mwN; iErg ebenso NK-StGB/Paeffgen/Zabel StGB Vor §§ 32ff. Rn. 82; wie hier aber zB Günther FS Kühl, 2014, 885; Satzger JURA 2009, 107 (109f.), beide mwN.

Täter Zweifel hatte, ob die Tatbestandsverwirklichung rechtfertigende Umstände vorlagen.[24] Als Beispiel für einen solchen **Erlaubnistatbestandszweifel**[25] stelle man sich noch einmal den Fall vor, dass aus einer verschlossenen Wohnung Gasgeruch dringt. In einem derartigen Fall wird sich die Person, die den Geruch wahrnimmt, oft nicht sicher sein, ob der Geruch tatsächlich von ausströmendem Gas herrührt oder eine andere harmlose Ursache hat. Wenn sie dann – um die eventuell drohende Gasexplosion zu verhindern – gleichwohl eine Fensterscheibe der Wohnung einschlägt, stellt sich die Frage, ob das Motivationsunrecht der Sachbeschädigung ausgeschlossen ist, obwohl der Handelnde das Vorliegen einer objektiven Notstandssituation lediglich für möglich gehalten hat.

17 In der Literatur wird vielfach vorgeschlagen, Möglichkeitsvorstellungen bei Rechtfertigungsgründen nach den für den Tatbestandsvorsatz geltenden Regeln zu behandeln.[26] Wer am Vorliegen der objektiven Rechtfertigungsvoraussetzungen zweifle, der halte es auch für möglich, dass diese Voraussetzungen nicht erfüllt seien. Er nehme damit – jedenfalls soweit er nicht irrational auf das Vorliegen der Rechtfertigungsvoraussetzungen vertraue[27] – die Verwirklichung des Geschehensunrechts des jeweiligen Delikts in Kauf und begehe schon deshalb vorsätzliches Unrecht. Diese schlichte Anwendung der Regeln über den bedingten Vorsatz passt auf Fälle, in denen die möglicherweise gerechtfertigte Handlung nicht der Gefahrenabwehr dient. Wenn sich zB ein Malermeister unsicher ist, ob ihm sein Kunde tatsächlich den Auftrag erteilt hat, eine alte Tapete von der Wand zu holen, darf er diesen vermeintlichen Auftrag nicht ausführen. Aus der dem bedingten Vorsatz zugrunde liegenden Wertung, die Verletzung von Rechtsgütern im Zweifel zu vermeiden, ergibt sich hier ohne Weiteres, dass die nur möglicherweise gerechtfertigte Sachbeschädigung nicht vorgenommen werden darf.

18 Wenn aber durch die möglicherweise gerechtfertigte Handlung ein anderes Rechtsgut geschützt werden soll, wird die schlichte Anwendung der Regeln über den bedingten Vorsatz der Sachlage nicht gerecht. Wer vor der Frage steht, ob er zur Verhinderung einer nur möglicherweise drohenden Gasexplosion eine Fensterscheibe einschlagen soll, geht – wenn er nicht schnell genug aufklären kann, woher der vermeintliche Gasgeruch wirklich kommt – durch jedes Verhalten das Risiko einer objektiv zu vermeidenden Rechtsgutsverletzung ein. Wenn er die Scheibe einschlägt, nimmt er die Möglichkeit in Kauf, ohne das Vorliegen einer Notlage eine fremde Sache zu beschädigen. Schlägt er sie nicht ein, so nimmt er die Möglichkeit in Kauf, eine objektiv gebotene Rettungshandlung zu unterlassen (§ 323c StGB). In einer solchen Situation hilft der Gedanke, die Verletzung von Rechtsgütern im Zweifel zu vermeiden, nicht weiter. Wenn es nach der Vorstellung des Täters gar keine Verhaltensalternative gibt, mit der

[24] Für eine ausführliche Darstellung dieses in Kommentaren und Lehrbüchern zumeist recht stiefmütterlich behandelten Problems vgl. Frister FS Rudolphi, 2004, 45 und Walter, Der Kern des Strafrechts, 2006, S. 341ff., beide mwN.

[25] Vgl. für ein Beispiel aus der Praxis BGH NJW 2014, 1121 (1122): Weil sich der Angeklagte nicht sicher war, ob der gegen ihn gerichtete Angriff noch andauerte, handelte er in einem Erlaubnistatbestandszweifel, den der Bundesgerichtshof allerdings nicht als solchen erkannt und erörtert hat.

[26] Vgl. etwa LK-StGB/Rönnau StGB Vor § 32 Rn. 84ff. mwN sowie grundlegend Warda FS Lange, 1976, 119 (127ff.), nach dessen Auffassung das bloße Fürmöglichhalten rechtfertigender Umstände allenfalls die Vorwerfbarkeit und damit die Schuld ausschließen oder mindern könne.

[27] Vgl. zur Frage der Möglichkeit eines solch irrationalen Vertrauens → § 11 Rn. 22ff.

sich eine Rechtsgutsverletzung sicher vermeiden lässt, kann die bloße Tatsache, dass der Täter durch sein Verhalten die Möglichkeit einer Rechtsgutsverletzung in Kauf genommen hat, nicht als Motivationsunrecht bewertet werden.

Aufgrund dessen wird in der Literatur zum Teil die Auffassung vertreten, das Motivationsunrecht einer tatbestandsmäßigen Handlung sei in derartigen Kollisionslagen schon dann ausgeschlossen, wenn der Täter das Vorliegen rechtfertigender Umstände für möglich hält und aufgrund dessen den Tatbestand verwirklicht.[28] Jedoch wird auch dieser Lösungsvorschlag nicht allen denkbaren Rechtsgutskollisionen gerecht. Man stelle sich etwa vor, dass jemand nach einem Einbruchsdiebstahl auf eine Person schießt, von der er lediglich vermutet, dass es sich um den mit der Beute fliehenden Einbrecher handelt.[29] In einem solchen Fall das Motivationsunrecht einer gefährlichen Körperverletzung (§§ 223, 224 I Nr. 2 Var. 1 StGB) oder gar eines Totschlags (§ 212 StGB) auszuschließen, weil der Täter das Vorliegen der Notwehrvoraussetzungen für möglich gehalten und nur deshalb geschossen hat, ist nicht ernsthaft diskutabel. Die ungerechtfertigte Verletzung oder gar Tötung einer Person ist ein so schwerwiegendes Unrecht, dass es nicht in Kauf genommen werden darf, nur um einen möglichen Einbrecher nicht mit seiner Beute entkommen zu lassen. 19

Es gibt deshalb auf die Frage, ob das Fürmöglichhalten rechtfertigender Umstände als subjektives Rechtfertigungselement ausreicht, keine einheitliche Antwort. Wie man sich in einer Situation der Ungewissheit, in der sich jede Entscheidung als objektiv falsch erweisen kann, zu verhalten hat, hängt vom Gewicht der sich im konkreten Fall gegenüberstehenden **Fehlentscheidungsrisiken** ab. Von Bedeutung ist damit zum einen, für wie wahrscheinlich der Täter das Vorliegen der rechtfertigenden Umstände hält. Zum anderen kommt es maßgeblich darauf an, wie gravierend eine Fehlentscheidung in die eine oder andere Richtung wäre. Um dies zu bestimmen, ist der Geschehens**wert** der tatbestandsmäßigen Handlung bei Vorliegen der für möglich gehaltenen rechtfertigenden Umstände dem Geschehens**unwert** der tatbestandsmäßigen Handlung ohne diese Umstände gegenüberzustellen. Sobald der Geschehenswert der gerechtfertigten Handlung ebenso hoch ist wie der Geschehensunwert des jeweiligen Delikts, liegt – bei gleicher Wahrscheinlichkeit der für möglich gehaltenen Sachverhaltsalternativen – kein Motivationsunrecht mehr vor.[30] 20

Selbst bei der objektiv keinerlei Verhältnismäßigkeit voraussetzenden Notwehr hängt damit der Ausschluss des Motivationsunrechts in zweifelhaften Rechtfertigungslagen entscheidend von dem Wertverhältnis zwischen dem geschützten und dem beeinträchtigten Rechtsgut ab. Wenn das möglicherweise zu verteidigende Rechtsgut weniger schwer wiegt als das durch die Verteidigung beeinträchtigte, kann der Geschehenswert der gerechtfertigten Notwehrhandlung den gleich wahrscheinlichen Geschehensunwert der ungerechtfertigten Tatbestandsverwirklichung nicht aufwiegen.[31] Wer nur möglicherweise angegriffen wird, darf also – bei gleicher Wahrscheinlichkeit der 21

[28] So Schönke/Schröder/Sternberg-Lieben StGB Vorb. §§ 32ff. Rn. 14, die zwar verlangt, dass der Täter „im Vertrauen" auf das Vorliegen der rechtfertigenden Umstände handelt, diese Voraussetzung aber wohl bereits dann als erfüllt ansieht, wenn der Täter ohne diese Umstände nicht gehandelt hätte.

[29] Abwandlung eines Beispiels von Schroth FS Arthur Kaufmann, 1993, 595 (609f.).

[30] Vgl. zu diesem Abwägungsverfahren und den sich daraus für die verschiedenen Rechtfertigungsgründe ergebenden Konsequenzen eingehend Frister FS Rudolphi, 2004, 45 (52ff.).

[31] Dies übersieht die Entscheidung BGH NJW 2014, 1121 (1122), die den vom Tatrichter festgestellten Erlaubnistatbestandszweifel gar nicht thematisiert.

Sachverhaltsalternativen – dem eventuellen Angreifer keine schwerwiegenderen Verletzungen zufügen als ihm selbst von dem möglichen Angriff drohen. Dies gilt auch, wenn die drohende Beeinträchtigung existenziell ist. Der Bedrängnis des möglicherweise Angegriffenen in einer solchen Situation kann nur durch eine Entschuldigung nach § 35 StGB Rechnung getragen werden.

22 Bei den verschiedenen Formen des rechtfertigenden Notstands ist die Abwägung der Fehlentscheidungsrisiken insofern komplizierter, als hier bei der Bestimmung des Geschehenswerts der gerechtfertigten Handlung auch die durch diese Handlung beeinträchtigten Interessen zu berücksichtigen sind. Nur soweit das durch die Notstandshandlung geschützte Interesse das beeinträchtige Interesse in stärkerem Maße als zur objektiven Rechtfertigung erforderlich überwiegt, kommt der gerechtfertigten Handlung ein überschießender Geschehenswert zu, der in der Zweifelssituation dem Geschehensunwert der ungerechtfertigten Tatbestandsverwirklichung gegenübergestellt werden kann. Gleichwohl kann im Einzelfall sogar beim Aggressivnotstand das Motivationsunrecht ausgeschlossen sein. Gehört zB in dem eingangs geschilderten Fall der möglicherweise drohenden Gasexplosion der einzige zum Einschlagen der Fensterscheibe gerade greifbare Gegenstand einem unbeteiligten Dritten, so ist es in Anbetracht der schwerwiegenden Folgen einer Gasexplosion nicht nur zulässig, sondern sogar durch § 323c StGB geboten, zur Abwehr der möglichen Gefahr das Risiko einer objektiv unnötigen Beschädigung dieses Gegenstands in Kauf zu nehmen.

2. Notwendigkeit einer besonderen Rechtfertigungsmotivation?

23 Unabhängig von der Behandlung bloßer Erlaubnistatbestandszweifel ist die Beschaffenheit des subjektiven Rechtfertigungselements noch in einem zweiten Punkt problematisch. Man stelle sich etwa vor, dass jemand einem rechtswidrig Angegriffenen nur deshalb zu Hilfe kommt und den Angriff durch eine Verletzung des Angreifers (§ 223 I StGB) erfolgreich abwehrt, weil er gerade Lust dazu hat, sich zu prügeln. In einem solchen Fall stellt sich die Frage, ob die bloße Kenntnis der rechtfertigenden Umstände für den Ausschluss des Motivationsunrechts ausreicht oder ob der subjektive Erlaubnistatbestand darüber hinaus voraussetzt, dass der Täter durch das Vorliegen dieser Umstände zu seiner Tat motiviert worden ist. Die Rechtsprechung steht ganz überwiegend[32] auf dem zuletzt genannten Standpunkt. So verlangt sie für die Rechtfertigung nach § 32 StGB einen als Verteidigungsabsicht zu verstehenden **Verteidigungswillen.** Der Täter könne mit der Notwehrhandlung zwar neben der Verteidigung auch noch andere Ziele verfolgen.[33] Wenn es ihm aber überhaupt nicht auf die Verteidigung des angegriffenen Rechtsguts ankomme, liege das subjektive Element der Notwehr nicht vor.[34]

24 Auf den ersten Blick erscheint das Erfordernis einer solchen Verteidigungsmotivation durchaus plausibel. Seine Problematik wird jedoch offenbar, sobald man sich vergegenwärtigt, dass der Täter in dem geschilderten Beispiel uU nach § 323c StGB verpflichtet gewesen sein kann, Nothilfe (§ 32 StGB) zu leisten. Soweit eine solche Verpflichtung zur Nothilfe besteht, hat jemand, dem die Bedrohung des Rechtsguts

[32] Anders nur OLG Karlsruhe JZ 1984, 240 (241).

[33] BGH NStZ 2000, 365 (366); NJW 2013, 2133 (2134f.).

[34] Vgl. etwa RGSt 54, 196 (199); BGHSt 5, 245 (247); BGH NStZ 2005, 332 (334); 2007, 325; NJW 2013, 2133 (2134f.); ebenso NK-StGB/Paeffgen/Zabel StGB Vor §§ 32ff. Rn. 98ff. mwN.

gleichgültig ist, durch das Erfordernis einer Verteidigungsmotivation überhaupt keine rechtmäßige Verhaltensalternative mehr.[35] Wenn er die objektiv gebotene Nothilfe leistet, ist er wegen fehlenden Verteidigungswillens nach dem jeweils verwirklichten Tatbestand, zB wegen Körperverletzung (§ 223 I StGB) strafbar. Leistet er sie nicht, so wird er wegen unterlassener Hilfeleistung (§ 323c StGB) bestraft. Dies macht deutlich, dass die Forderung eines über die Kenntnis der rechtfertigenden Umstände hinausgehenden Verteidigungswillens auf ein Gesinnungsstrafrecht hinausläuft. Wenn der Täter eine falsche Gesinnung hat, dh ihm die Rettung des bedrohten Rechtsguts gleichgültig ist, fehlt ihm jede Möglichkeit, durch korrektes äußeres Verhalten der Bestrafung zu entgehen.

Aus diesem Grund wird das Erfordernis einer besonderen Rechtfertigungsmotivation 25
von der inzwischen wohl überwiegenden Lehre zu Recht abgelehnt.[36] Nimmt der Täter eine gerechtfertigte Handlung in Kenntnis der rechtfertigenden Umstände vor, so hat er nicht nur objektiv, sondern auch auf der Grundlage seiner Vorstellung von der Tat eine dem Recht gemäße Entscheidung getroffen und damit kein Motivationsunrecht verwirklicht. Einem bestimmten Zweck müssen gerechtfertigte Handlungen nur in den Fällen dienen, in denen die Tatbestandsverwirklichung schon objektiv nur im Hinblick auf ein bestimmtes zukünftiges Geschehen gerechtfertigt wird. Das Paradebeispiel für einen solchen **unvollkommen zweiaktigen Rechtfertigungsgrund**[37] ist das Festnahmerecht des § 127 I StPO. Einen auf frischer Tat betroffenen Straftäter seiner Freiheit zu berauben, ist nur zulässig, weil der Täter dadurch der Strafverfolgung zugeführt wird. Dementsprechend setzt die Kenntnis der rechtfertigenden Umstände des Festnahmerechts einen auf dieses künftige Geschehen gerichteten Vorsatz voraus. Der Festnehmende muss also nicht unbedingt mit dem Ziel, aber zumindest in dem Bewusstsein handeln, den Festgenommenen durch seine Handlung der Strafverfolgung zuzuführen.[38]

C. Der Irrtum über den Erlaubnistatbestand

Ein rechtlich relevanter Irrtum über den Erlaubnistatbestand liegt vor, wenn das ob- 26
jektive Geschehen und die Vorstellung des Täters dergestalt auseinander fallen, dass entweder nur der objektive oder nur der subjektive Erlaubnistatbestand verwirklicht ist, dem Täter also entweder die Existenz tatsächlich vorhandener rechtfertigender Umstände nicht bekannt war oder er sich umgekehrt die Existenz tatsächlich nicht vorhandener rechtfertigender Umstände vorgestellt hat.[39] Die Behandlung beider Irrtumskonstellationen ist in der Strafrechtswissenschaft seit langem heftig umstrit-

---

[35] Vgl. dazu Loos FS Oehler, 1985, 227 (231 f.).

[36] Roxin/Greco StrafR AT I § 14 Rn. 97 mwN.

[37] Diesen anschaulichen, zu Recht auf die parallelen Vorsatzerfordernisse bei den zweiaktigen Tatbeständen (vgl. dazu → § 11 Rn. 20) hinweisenden Begriff hat Lampe GA 1978, 7 geprägt.

[38] Vgl. dazu näher Roxin/Greco StrafR AT I § 14 Rn. 103 mwN.

[39] Wenn der Täter sich lediglich andere als die tatsächlich vorliegenden rechtfertigenden Umstände vorstellt, liegt kein rechtlich relevanter Irrtum vor. In einem solchen Fall ist sowohl der objektive als auch der subjektive Erlaubnistatbestand verwirklicht und der Täter damit in vollem Umfang gerechtfertigt; vgl. dazu mit Beispielen und weiteren Nachweisen Krack FS Loos, 2010, 145 (150 ff.); Kuhlen FS Beulke, 2015, 153 (156 ff.).

ten.[40] Sie ergibt sich aber – wie im Folgenden zu zeigen sein wird – aus der einfachen Überlegung, dass die Verwirklichung des objektiven Erlaubnistatbestands den Geschehensunwert und die Verwirklichung des subjektiven Erlaubnistatbestands den Motivationsunwert der Tatbestandsverwirklichung aufhebt.

I. Die Unkenntnis rechtfertigender Umstände

27 Als Beispiel für eine Tatbestandsverwirklichung in Unkenntnis rechtfertigender Umstände stelle man sich noch einmal die resolute Ehefrau vor, die mit dem Nudelholz einen Einbrecher niederschlägt, dabei jedoch irrtümlich annimmt, ihren nachts aus der Kneipe nach Hause kommenden Ehemann vor sich zu haben.[41] Sofern das Niederschlagen mit dem Nudelholz zur Abwehr des rechtswidrigen Angriffs auf das Eigentum erforderlich war, ist in diesem Fall der objektive Erlaubnistatbestand der Notwehr erfüllt. Da die Frau aber von dem rechtswidrigen Angriff nichts wusste, fehlt das subjektive Rechtfertigungselement. Deshalb wäre die Frau nach einer ua in der Rechtsprechung des Bundesgerichtshofs[42] vertretenen Auffassung wegen vollendeter Körperverletzung strafbar. Das subjektive Rechtfertigungselement ist nach dieser Auffassung als ein mit den objektiven Rechtfertigungsvoraussetzungen auf gleicher Ebene liegendes Erfordernis anzusehen, dessen Fehlen dazu führe, dass die Rechtfertigungsvoraussetzungen insgesamt nicht erfüllt und damit die Handlung nach dem verwirklichten Tatbestand strafbar sei.

28 Diese Betrachtungsweise lässt jedoch außer Acht, dass bei einer Verwirklichung des objektiven Erlaubnistatbestands das tatsächliche Geschehen von der Rechtsordnung nicht missbilligt wird. Das subjektive Rechtfertigungselement ist nicht einfach eine weitere Rechtfertigungsvoraussetzung, sondern verhält sich zu den objektiven Rechtfertigungsmerkmalen genauso wie der Tatbestandsvorsatz zu den Voraussetzungen des objektiven Tatbestands. So wie dieser ist auch das subjektive Rechtfertigungselement für das Geschehensunrecht der Tat ohne Bedeutung. Daraus leitet die herrschende Lehre zu Recht ab, dass der Täter beim Fehlen des subjektiven Rechtfertigungselements lediglich wegen des verwirklichten Motivationsunrechts und damit allenfalls wegen eines versuchten Delikts zu bestrafen ist.[43] Die Ehefrau hat durch das Niederschlagen des Einbrechers objektiv eine rechtmäßige Körperverletzung begangen. Zugleich hat sie aber versucht, eine rechtswidrige Körperverletzung zu begehen, und ist deshalb im Ergebnis wegen versuchter Körperverletzung (§ 223 II StGB) strafbar.

---

[40] Insbesondere die irrtümliche Annahme rechtfertigender Umstände hat die Strafrechtswissenschaft zu einem ihrer Lieblingsthemen erkoren, bei dem Aufwand und Ertrag nicht immer in einem angemessenen Verhältnis stehen; vgl. dazu kritisch Grünwald GS Noll, 1984, 183. Einen umfassenden Überblick über die vorgeschlagenen Lösungsansätze geben NK-StGB/Paeffgen/Zabel Vor § 32 Rn. 103ff.

[41] Vgl. zu diesem Beispiel bereits → § 14 Rn. 7.

[42] BGHSt 2, 111 (114f.); BGH NStZ 2016, 333; ebenso NK-StGB/Paeffgen/Zabel StGB Vor §§ 32ff. Rn. 128 mwN; Zielinski, Handlungs- und Erfolgsunwert im Unrechtsbegriff, 1973, S. 262ff.; anders KG GA 1975, 213 (215) sowie die zu § 218a II StGB bzw. zur hypothetischen Einwilligung ergangenen, der Sache nach aber verallgemeinerungsfähigen Entscheidungen BGHSt 38, 144 (155f.) und BGH NStZ-RR 2004, 16 (17).

[43] Vgl. etwa Roxin/Greco StrafR AT I § 14 Rn. 104f. mwN; auch die Versuchsstrafbarkeit ablehnend Gropp FS Kühl, 2014, 247 (256f.) mit dem nicht tragfähigen Argument, dass das Verhalten des Täters, weil es nach außen der Rechtsordnung entspreche, nicht „destruktiv“, sondern „konstruktiv“ sei.

II. Die irrtümliche Annahme rechtfertigender Umstände

1. Begriff und Rechtsfolgen des Erlaubnistatbestandsirrtums

Die irrtümliche Annahme rechtfertigender Umstände wird als **Erlaubnistatbestandsirrtum** bezeichnet. Um ein Beispiel für einen solchen Irrtum zu erhalten, muss man nur den Fall der resoluten Ehefrau dahingehend umkehren, dass sie mit dem Nudelholz ihren nachts aus der Kneipe nach Hause kommenden Ehemann niederschlägt, dabei aber irrtümlich annimmt, einen Einbrecher vor sich zu haben. Da in diesem Fall ein rechtswidriger Angriff tatsächlich nicht vorliegt, ist der objektive Erlaubnistatbestand der Notwehr nicht erfüllt. Die Frau hat jedoch in dem Glauben gehandelt, einen rechtswidrigen Angriff abzuwehren. Sofern das Niederschlagen des vermeintlichen Einbrechers mit dem Nudelholz zur Abwehr des von ihr angenommenen rechtswidrigen Angriffs auf das Eigentum auch erforderlich gewesen wäre, hat sie damit den subjektiven Erlaubnistatbestand der Notwehr verwirklicht, dh sie hat sich Umstände vorgestellt, bei deren Vorliegen ihre Handlung durch Notwehr gerechtfertigt wäre (sog. **Putativnotwehr**). 29

Wer sich in der irrtümlichen Annahme solch rechtfertigender Umstände für das im objektiven Tatbestand beschriebene Geschehen entscheidet, hat zwar den Sachverhalt nicht richtig erkannt, aber auf der Grundlage seiner Sachverhaltsvorstellung eine richtige, den Maßstäben der Rechtsordnung entsprechende Entscheidung getroffen. Die Vorstellung rechtfertigender Umstände gleicht den Motivationsunwert des Tatbestandsvorsatzes aus, sodass der Handelnde im Ergebnis ebenso wenig eine auf ein unrechtes Geschehen gerichtete Motivation hat wie derjenige, der unvorsätzlich den Tatbestand eines Strafgesetzes verwirklicht. Aufgrund dessen wenden Rechtsprechung und herrschende Lehre auf den Erlaubnistatbestandsirrtum zu Recht den Rechtsgedanken des § 16 I StGB an.[44] Die irrige Annahme rechtfertigender Umstände lässt zwar – in einem dreistufigen Verbrechensaufbau (→ § 7 Rn. 9ff.)[45] – nicht den Vorsatz selbst, wohl aber dessen Rechtswidrigkeit entfallen, sodass im Ergebnis auch bei einem solchen Irrtum **kein vorsätzliches Unrecht** verwirklicht ist. 30

Obwohl diese Rechtsauffassung die der Schuldtheorie zugrunde liegende Unterscheidung zwischen der das Vorsatzunrecht begründenden Entscheidung für ein rechtswidriges Geschehen und dem erst für die Schuld bedeutsamen Bewusstsein der Rechtswidrigkeit dieses Geschehens (vgl. zu dieser Unterscheidung → § 11 Rn. 2f.) am konsequentesten durchführt[46], wird sie traditionell als **eingeschränkte Schuldtheorie** bezeichnet. Ihr steht die sogenannte **strenge Schuldtheorie** gegenüber, die im Erlaubnistatbestandsirrtum einen Verbotsirrtum sieht und auf ihn nicht den Rechtsgedanken 31

---

[44] BGHSt 3, 105 (106f.); BGH NJW 2014, 1121 (1122); NStZ 2012, 273; Schönke/Schröder/Sternberg-Lieben/Schuster StGB § 16 Rn. 14ff. mwN.

[45] Wenn man im Verbrechensaufbau nur zwei Stufen, das tatbestandliche Unrecht und die Schuld unterscheidet, ist dies anders. Nach der Lehre von den negativen Tatbestandsmerkmalen fehlt bei einem Erlaubnistatbestandsirrtum schon der Tatbestandsvorsatz. Gleichwohl ist es selbst bei einem solch zweistufigen Aufbau fragwürdig, die Regelung des § 16 StGB auf den Erlaubnistatbestandsirrtum direkt anzuwenden (so etwa Freund/Rostalski StrafR AT § 7 Rn. 115; Schünemann/Greco GA 2006, 777 (786ff.)). Denn die Bildung eines das Fehlen von Rechtfertigungsgründen mit umfassenden Tatbestandsbegriffs ist zwar systematisch ohne Weiteres möglich, entspricht aber – wie zB die Formulierung der §§ 32, 34 StGB zeigt – nicht der Terminologie des Strafgesetzbuches.

[46] Vgl. dazu Zielinski, Handlungs- und Erfolgsunwert im Unrechtsbegriff, 1973, S. 268ff.

des § 16 I StGB, sondern die Regelung des § 17 StGB anwenden will.[47] Dies führt – von dem Fall der Teilnahme abgesehen (→ § 28 Rn. 5 ff.) – nur dann zu einem anderen Ergebnis, wenn der Täter den Erlaubnistatbestandsirrtum hätte vermeiden können. In diesem Fall ist nach der herrschenden eingeschränkten Schuldtheorie nur die Bestrafung aus einem etwaigen Fahrlässigkeitstatbestand möglich (§ 16 I 2 StGB), während nach der strengen Schuldtheorie der Handelnde wegen des Vorsatzdelikts zu bestrafen ist und die Strafe lediglich nach § 49 I StGB gemildert werden kann (§ 17 S. 2 StGB).

32 Die strenge Schuldtheorie beruht auf der Prämisse, es sei nicht nur rechtstechnisch, sondern auch von der Wertung her ein entscheidender Unterschied, ob ein Verhalten schon nicht tatbestandsmäßig oder erst gerechtfertigt ist.[48] Die schon nicht tatbestandsmäßige Tötung einer Mücke sei – so ein berühmtes Wort von Welzel[49] – nun einmal etwas ganz anderes als die nur gerechtfertigte Tötung eines Menschen in Notwehr. Deshalb dürften die Regeln über den Tatbestandsirrtum nicht auf den Erlaubnistatbestandsirrtum übertragen werden. Wer sich bewusst für die Verwirklichung eines tatbestandsmäßigen Geschehens entscheide, habe in besonderer Weise Veranlassung, genau zu prüfen, ob die seiner Handlung zugrunde gelegte Sachverhaltsvorstellung der Realität entspricht. Wenn er aufgrund einer vermeidbaren Fehlvorstellung rechtfertigender Umstände vorsätzlich den Tatbestand eines Strafgesetzes erfülle, verwirkliche er nicht nur fahrlässiges, sondern vorsätzliches Unrecht und habe dementsprechend auch die Vorsatzstrafe verdient.

33 Dieser Deutung des Tatbestands als eigener Wertungsstufe ist jedoch entgegenzuhalten, dass es in der gesamten Rechtsordnung keinerlei Rechtsfolgen gibt, die an ein nur tatbestandsmäßiges Verhalten anknüpfen. Erst die Feststellung der Rechtswidrigkeit begründet eine rechtlich relevante Bewertung der Tat. Die Tötung eines Menschen in Notwehr ist deshalb zwar in vielerlei Hinsicht etwas anderes als die Tötung einer Mücke. Beide Handlungen sind aber kein Unrecht und allein darauf kommt es für die Parallele zwischen Tatbestands- und Erlaubnistatbestandsirrtum an. Wer einen Menschen in der Vorstellung erschießt, dies sei zur Abwehr eines von diesem ausgehenden lebensbedrohlichen gegenwärtigen rechtswidrigen Angriffs erforderlich, hat genauso wenig eine auf ein rechtlich missbilligtes Geschehen gerichtete Motivation wie zB ein Jäger, der bei der Jagd einen Menschen in dem Glauben erschießt, es handele sich um ein Wildschwein. In dem einen wie in dem anderen Fall hätte der Täter Anlass gehabt, die Richtigkeit seiner Sachverhaltsvorstellung zu überprüfen. Dies ändert aber nichts daran, dass er sich nicht bewusst für ein unrechtes Geschehen entschieden und deshalb kein vorsätzliches Unrecht verwirklicht hat.

34 Im Ergebnis verdient deshalb auch eine häufig vertretene Variante der herrschenden Meinung, die sogenannte **rechtsfolgeneinschränkende bzw. rechtsfolgenverweisende Schuldtheorie** keine Zustimmung. Diese Auffassung, zu der sich auch der 2. Strafsenat des Bundesgerichtshof bekannt hat,[50] will auf den Erlaubnistatbestands-

[47] NK-StGB/Paeffgen/Zabel StGB Vor §§ 32 ff. Rn. 108 ff.; Paeffgen FS Frisch, 2013, 403; Erb FS Paeffgen, 2015, 205, jeweils mwN.

[48] Vgl. dazu etwa MGZ/Gössel StrafR AT II § 39 Rn. 11; SSW StGB/Rosenau StGB Vor §§ 32 ff. Rn. 3 ff. mwN und die Kritik von Schünemann GA 1985, 341 (347 ff.).

[49] Welzel StrafR S. 80 ff.

[50] BGH NStZ 2012, 273 (274); die anderen Senate sind dem jedoch bisher nicht gefolgt, sondern nehmen nach wie vor einen Vorsatzausschluss an (vgl. etwa BGH NStZ 2014, 30; 2020, 725).

irrtum zwar gleichfalls den Rechtsgedanken des § 16 I StGB anwenden, nimmt aber an, dass durch einen solchen Irrtum nicht das Unrecht eines vorsätzlichen Delikts, sondern lediglich eine sogenannte **Vorsatzschuld** ausgeschlossen sei.[51] Zu erklären ist diese gewundene Konstruktion[52] nur durch das Bestreben, die Möglichkeit der Teilnahme an einer im Erlaubnistatbestandsirrtum begangenen Tat (vgl. dazu → § 28 Rn. 5 ff.) zu eröffnen. Da sowohl die Anstiftung als auch die Beihilfe eine vorsätzliche rechtswidrige Haupttat voraussetzen (§§ 26, 27 StGB), postuliert man, dass durch den Erlaubnistatbestandsirrtum lediglich die eigens zu diesem Zweck erfundene Vorsatzschuld ausgeschlossen werde. Die Fragwürdigkeit eines solchen Verfahrens liegt auf der Hand. Über die Rechtsfolgen des Erlaubnistatbestandsirrtums ist nach Sachgesichtspunkten und nicht danach zu entscheiden, wie gesetzliche Strafbarkeitsvoraussetzungen am besten unterlaufen werden können.

2. Die Abgrenzung zum Erlaubnisirrtum

Der subjektive Erlaubnistatbestand setzt die Kenntnis der den Erlaubnistatbestand 35 verwirklichenden Umstände voraus. Dementsprechend liegt ein nach § 16 I StGB zu behandelnder Erlaubnistatbestandsirrtum nur dann vor, wenn der Täter sich einen Sachverhalt vorgestellt hat, bei dessen Vorliegen er durch eine existente Erlaubnisnorm gerechtfertigt wäre.[53] Der Irrtum über die Erlaubnisnormen selbst (sog. **Erlaubnisirrtum** oder **indirekter Verbotsirrtum**) schließt lediglich das Unrechtsbewusstsein aus. Ein solcher dem § 17 StGB unterfallender Erlaubnisirrtum liegt etwa vor, wenn der Täter sich einen rechtlich nicht existenten Rechtfertigungsgrund vorstellt, also zB sein Kind in der Annahme schlägt, dazu aufgrund eines heute nicht mehr existenten (→ § 13 Rn. 10) elterlichen Züchtigungsrechts berechtigt zu sein. Das Gleiche gilt, wenn er die Grenzen eines Rechtfertigungsgrundes verkennt, also etwa als Privatmann einen auf frischer Tat betroffenen Straftäter durch gezielten Schusswaffengebrauch an der Flucht hindert, in dem Glauben, dazu nach § 127 I StPO berechtigt zu sein (→ § 13 Rn. 22).

Um den Erlaubnistatbestandsirrtum von einem bloßen Erlaubnisirrtum abzugrenzen, 36 ist die Sachverhaltsvorstellung des Täters dem jeweiligen Rechtfertigungsgrund zu subsumieren. Nur wenn auf der Grundlage dieser Sachverhaltsvorstellung alle Voraussetzungen des Rechtfertigungsgrunds erfüllt wären, liegt ein Erlaubnistatbestandsirrtum vor. An dieser Voraussetzung fehlt es ua dann, wenn der Täter sich nur einen Teil der Umstände eines Rechtfertigungsgrundes vorgestellt hat und im Übrigen aufgrund einer falschen rechtlichen Beurteilung zu der Vorstellung kam, dass sein Verhalten erlaubt ist. Wer als Privatmann einen nur vermeintlich auf frischer Tat betroffenen Straftäter ohne Unrechtsbewusstsein durch gezielten Schusswaffengebrauch an der Flucht hindert, stellt sich zwar eine einzelne Voraussetzung des Festnahmerechts vor. Da aber seine Tat auch bei Vorliegen dieser Voraussetzung nicht gerechtfertigt wäre, liegt selbstverständlich in diesem Fall ebenfalls kein Erlaubnistatbestands-, sondern einzig

---

51 WBS StrafR AT Rn. 755 f.

52 Vgl. zu ihrer Kritik Roxin/Greco StrafR AT I § 14 Rn. 73 ff.; Streng FS Paeffgen, 2015, 231 (239).

53 Zum Teil wird zusätzlich verlangt, dass die Vorstellung nicht auf bloßem Aberglauben beruhe. So soll etwa die Vorstellung, ein furchterregender Katzenkönig könne Millionen von Menschen vernichten (BGHSt 35, 347), keinen Erlaubnistatbestandsirrtum begründen (Kretschmer JR 2004, 444; Kudlich JZ 2004, 72); gegen diese Einschränkung aber zu Recht Roxin/Greco StrafR AT I § 14 Rn. 52 in Fn. 81.

und allein ein Erlaubnisirrtum vor. Die in der Literatur zum Teil anzutreffende Bezeichnung dieser Konstellation als **Doppelirrtum**[54] ist irreführend.

37 Problematisch ist die Unterscheidung zwischen Erlaubnistatbestandsirrtum und Erlaubnisirrtum nur in dem Maße, in dem die Abgrenzung zwischen Tatbestands- und Subsumtionsirrtum problematisch ist. Auch Rechtfertigungsgründe enthalten vielfach Merkmale, die auf außerstrafrechtliche Rechtsinstitute Bezug nehmen oder zur Bewertung auf andere Normen bzw. ungeschriebene Wertvorstellungen verweisen. Soweit sich der Irrtum des Täters auf solche Merkmale bezieht, gelten für die Abgrenzung dieselben Regeln wie auf Tatbestandsebene (→ § 11 Rn. 35 ff.). Die Vorstellung eines normativen Erlaubnistatbestandsmerkmals begründet also auch dann einen Erlaubnistatbestandsirrtum, wenn sie auf einem **Rechtsirrtum „im Vorfeld" der Erlaubnisnorm** beruht. Wer zB den Eigentümer einer vermeintlich fremden Sache daran hindern will, die Sache zu zerstören, stellt sich den Sachverhalt eines zur Notwehr berechtigenden Angriffs auf fremdes Eigentum vor. Er handelt damit – soweit sich seine Verteidigung im Rahmen des vermeintlich Erforderlichen hält – in einem Erlaubnistatbestandsirrtum, auch wenn er die Eigentumslage nur aufgrund seiner Unkenntnis der Möglichkeit eines gutgläubigen Erwerbs verkannt hat.

38 Enthält ein Rechtfertigungsgrund ein Blankettmerkmal, so liegt – in entsprechender Anwendung der für die Tatbestandsebene entwickelten Grundsätze – ein Erlaubnistatbestandsirrtum nur dann vor, wenn sich der Täter einen Sachverhalt vorgestellt hat, der die Merkmale der betreffenden Blankettnorm ausfüllen würde. Ein allerdings umstrittenes[55] Beispiel für ein solches Merkmal ist die Rechtswidrigkeit des Angriffs bei der Notwehr. Mit diesem Begriff verweist das Gesetz auf die den jeweiligen Angriff bewertenden Rechtsnormen, sodass ein diesbezüglicher Erlaubnistatbestandsirrtum voraussetzt, dass sich der Täter einen nach diesen Normen tatsächlich rechtswidrigen Angriff vorgestellt hat. Wer sich zB einer nach § 127 I StPO gerechtfertigten Festnahme in dem Glauben widersetzt, dass Privatleute zur Festnahme nicht berechtigt seien, hält den Angriff auf seine Fortbewegungsfreiheit zwar für rechtswidrig, erliegt aber gleichwohl keinem Erlaubnistatbestandsirrtum.[56] Sein Irrtum bezieht sich auf die strafrechtliche Bewertung selbst und ist damit als Verbotsirrtum in der Form des Erlaubnisirrtums zu qualifizieren.

39 Entsprechendes gilt bei Rechtfertigungsmerkmalen, die auf ungeschriebene Wertvorstellungen verweisen. Das wichtigste Beispiel für ein solches Merkmal ist das bei den verschiedenen Formen des rechtfertigenden Notstands in unterschiedlicher Ausprägung geltende Verhältnismäßigkeitserfordernis. Ein Erlaubnistatbestandsirrtum liegt hier nur dann vor, wenn sich der Täter einen Sachverhalt vorgestellt hat, bei dessen Vorliegen dieses Erfordernis nach den im Wesentlichen ungeschriebenen Wertvorstellungen der Rechtsordnung tatsächlich erfüllt wäre. Wer einen – wie er weiß – nur relativ leicht Verletzten als einzig verfügbarer Fahrer in fahruntüchtigem Zustand (§ 316 StGB) ins Krankenhaus fährt, weil er dessen Interesse an sofortiger ärztlicher Versorgung ungeachtet der relativen Geringfügigkeit der Verletzung immer noch für wesentlich gewichtiger ansieht als die Gefährdung der anderen Verkehrsteilnehmer, erliegt also zB keinem Erlaubnistatbestandsirrtum. Seine von den allgemeinen Wertvor-

---

[54] Vgl. etwa Heinrich StrafR AT Rn. 1145 ff. mwN.

[55] Vgl. Schönke/Schröder/Perron/Eisele StGB § 32 Rn. 65 mwN.

[56] So richtig Roxin/Greco StrafR AT I § 14 Rn. 81.

stellungen abweichende Beurteilung des Wertverhältnisses der betroffenen rechtlichen Interessen stellt als Irrtum über die strafrechtliche Bewertung selbst lediglich einen Verbotsirrtum in der Form des Erlaubnisirrtums dar.

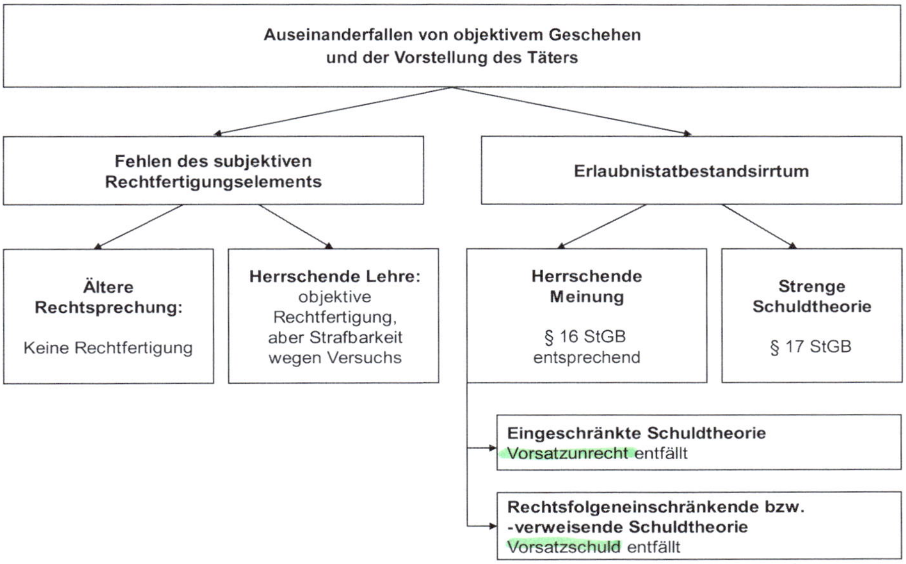

Abb. 7: Irrtum über den Erlaubnistatbestand

D. Die Rechtfertigung beim fahrlässigen Delikt

I. Die Identität der objektiven Rechtfertigungsvoraussetzungen

In der Literatur wird zum Teil vorgeschlagen, bei den Fahrlässigkeitsdelikten auf eine 40
gesonderte Rechtswidrigkeitsprüfung zu verzichten und stattdessen die rechtliche Billigung einer Handlung bereits bei der Fahrlässigkeit selbst und damit auf Tatbestandsebene zu berücksichtigen.[57] Ein solcher Aufbau entspricht zwar dem umgangssprachlichen Begriff der Fahrlässigkeit (→ § 12 Rn. 1 f.), wird aber der Strukturgleichheit von vorsätzlichem und fahrlässigem Delikt nicht gerecht. So wie die Voraussetzungen der objektiven Zurechnung (→ § 12 Rn. 3), sind auch die objektiven Rechtfertigungsvoraussetzungen von dem als Erkennbarkeit zu verstehenden Begriff der Fahrlässigkeit abzuschichten. Nur so wird deutlich, dass sie für Vorsatz- und Fahrlässigkeitsdelikte in genau der gleichen Art und Weise gelten. Ob der Handelnde das tatbestandliche Geschehen vorsätzlich oder fahrlässig herbeigeführt hat, ist für die objektive Rechtfertigung einer Tat ohne Bedeutung.[58]

[57] Vgl. zB Donatsch, Sorgfaltsbemessung und Erfolg beim Fahrlässigkeitsdelikt, 1987, S. 76 ff.
[58] Vgl. dazu Jakobs StrafR AT Abschn. 11 Rn. 33 mit weiteren Beispielen.

41 Stößt zB jemand in einer Notwehrsituation den Angreifer weg, der dadurch ins Stolpern gerät, hinfällt und eine Gehirnerschütterung erleidet, so hängt die objektive Rechtfertigung der Tat von der Erforderlichkeit des Wegstoßens zur Abwehr des Angriffs, nicht aber davon ab, ob der Verteidiger die Gehirnerschütterung als mögliche Folge seines Handelns vorhergesehen hat oder vorhersehen konnte. Die im ersten Fall vorliegende vorsätzliche Körperverletzung (§ 223 I StGB) und die im zweiten Fall gegebene fahrlässige Körperverletzung (§ 229 StGB) sind unter den gleichen Voraussetzungen durch Notwehr (§ 32 StGB) gerechtfertigt. Entsprechendes gilt, wenn jemand einen Schwerverletzten in fahruntüchtigem Zustand ins Krankenhaus fährt (§ 316 StGB). Die Rechtfertigung einer solchen Tat durch Notstand (§ 34 StGB) hängt von der Erforderlichkeit des Transports und dem Gewicht der sich gegenüberstehenden Interessen, nicht aber davon ab, ob der Fahrer seine Fahruntüchtigkeit erkannt hat (§ 316 I StGB) oder lediglich erkennen konnte (§ 316 II StGB).

II. Die subjektiven Voraussetzungen der Rechtfertigung

42 Besonderer Erörterung bedarf deshalb nur die subjektive Seite der Rechtfertigung beim fahrlässigen Delikt. Insoweit besteht Einigkeit darüber, dass bei **objektiv rechtswidrigem Handeln** die Vorstellung rechtfertigender Umstände allein das Motivationsunrecht des fahrlässigen Delikts nicht ausschließt. Wenn der Täter das Fehlen rechtfertigender Umstände hätte erkennen können, war ihm die Vermeidung des von ihm verwirklichten Geschehensunrechts nicht wichtig genug. Dies reicht für das Motivationsunrecht des fahrlässigen Delikts aus (→ § 12 Rn. 4). Wer einen erkennbar nur vermeintlichen Angreifer fahrlässig verletzt, ist also ungeachtet seines Verteidigungswillens wegen fahrlässiger Körperverletzung (§ 229 StGB) strafbar. Entsprechendes gilt für einen vermeidbaren Erlaubnistatbestandsirrtum beim vorsätzlichen Delikt. Auch hier kann der Täter aus einem entsprechenden Fahrlässigkeitstatbestand bestraft werden (vgl. bereits → § 14 Rn. 31), weil das Motivationsunrecht des fahrlässigen Delikts nicht die Kenntnis, sondern lediglich die Erkennbarkeit des Fehlens rechtfertigender Umstände voraussetzt.

43 Umstritten ist dagegen, ob und in welcher Weise die Rechtfertigung des fahrlässigen Delikts bei **objektiv gerechtfertigtem Handeln** noch zusätzlich ein subjektives Rechtfertigungselement erfordert. Die Antwort auf diese Frage hängt von dem bereits erörterten Problem ab, ob das subjektive Rechtfertigungselement nur für das Motivationsunrecht oder auch für das Geschehensunrecht einer Tat von Bedeutung ist (→ § 14 Rn. 27 f.). Wer mit der älteren Rechtsprechung des Bundesgerichtshofs der Auffassung ist, dass die Verwirklichung der objektiven Rechtfertigungsvoraussetzungen das Geschehensunrecht einer Tat nur dann aufhebt, wenn die Handlung des Täters durch das Vorliegen dieser Voraussetzungen motiviert ist (→ § 14 Rn. 23 und 27), kann und muss eine solche Motivation konsequenterweise auch beim Fahrlässigkeitsdelikt verlangen.[59] Ein Verteidiger, der einen Angreifer objektiv gerechtfertigt, aber ohne Verteidigungswillen fahrlässig verletzt, hätte danach das Geschehensunrecht der

[59] Vgl. NK-StGB/Paeffgen/Zabel StGB Vor §§ 32 ff. Rn. 143 f. Der Bundesgerichtshof hatte diese Frage noch nicht zu entscheiden. In BGHSt 25, 229 (232) hat er es ausdrücklich dahinstehen lassen, ob auch zur Rechtfertigung eines fahrlässigen Delikts durch Notwehr ein Verteidigungswille erforderlich ist.

Körperverletzung fahrlässig verwirklicht und wäre dementsprechend wegen fahrlässiger Körperverletzung (§ 229 StGB) strafbar.

Zum entgegengesetzten Ergebnis kommt dagegen, wer dem subjektiven Rechtfertigungselement nur Bedeutung für das Motivationsunrecht der Tat beimisst. Nach dieser vorzugswürdigen Auffassung (→ § 14 Rn. 28) setzt die Rechtfertigung des fahrlässigen Delikts kein subjektives Rechtfertigungselement voraus. Dies ergibt sich im Ergebnis bereits daraus, dass ohne ein Geschehensunrecht nur eine Bestrafung wegen eines Versuchs möglich wäre und dieser bei einem fahrlässigen Delikt nicht strafbar ist.[60] Aber auch das Motivationsunrecht des fahrlässigen Delikts ist bei Vorliegen der objektiven Rechtfertigungsvoraussetzungen nicht gegeben.[61] Wenn kein objektiv rechtswidriges Geschehen vorhanden ist, kann man dem Täter nicht vorwerfen, er hätte durch Anwendung seines Erfahrungswissens die Verwirklichung eines rechtswidrigen Geschehens erkennen können. Das Motivationsunrecht eines fahrlässigen Delikts setzt deshalb – anders als das Motivationsunrecht des vorsätzlichen Delikts – stets ein objektiv rechtswidriges Geschehen voraus. 44

Lektüreempfehlungen: BGHSt 3, 105–110 (Erlaubnistatbestandsirrtum); BGH NStZ 2000, 365–366 (subjektives Rechtfertigungselement); NStZ 2012, 272–274 (Erlaubnistatbestandsirrtum).

[60] Vgl. dazu näher Jakobs StrafR AT Abschn. 11 Rn. 30 ff. mwN.
[61] Anders Roxin/Greco StrafR AT I § 24 Rn. 103 mwN.

§ 15. Einverständnis, Einwilligung und mutmaßliche Einwilligung

A. Das tatbestandsausschließende Einverständnis

1 Viele Straftaten setzen schon in ihrer Deliktsbeschreibung ein Handeln gegen den Willen des Betroffenen voraus. Bei diesen Taten schließt das Einverständnis des Betroffenen bereits den Tatbestand aus, sodass sich die Frage einer rechtfertigenden Einwilligung erst gar nicht stellt. Ein Beispiel für ein solches Delikt ist der Hausfriedensbruch (§ 123 I StGB). Wer der Einladung eines anderen in dessen Wohnung Folge leistet oder wer in ein Kaufhaus geht, um dort einzukaufen, betritt zwar die Wohnung bzw. den Geschäftsraum eines anderen, aber er dringt nicht in diese Räume ein, weil das Merkmal Eindringen ein Handeln ohne bzw. gegen den Willen[1] des Berechtigten voraussetzt. Bei dessen Einverständnis ist deshalb der Tatbestand des Hausfriedensbruches nicht erfüllt. Entsprechendes gilt beim Diebstahl (§ 242 StGB). Wer sich mit der Zustimmung seines Nachbarn zwei Eier aus dessen Kühlschrank holt, nimmt die Eier nicht weg. Die Wegnahme erfordert einen Gewahrsamsbruch, dh eine Aufhebung des Gewahrsams ohne den Willen des bisherigen Gewahrsamsinhabers.

2 Ob bei einem Delikt das Einverständnis des Betroffenen bereits den Tatbestand ausschließt, ist durch Auslegung der jeweiligen Deliktsbeschreibung zu ermitteln. Die tatbestandsausschließende Wirkung kann sich – wie beim Hausfriedensbruch – schon aus dem Wortsinn eines Tatbestandsmerkmals ergeben, sie kann aber auch erst das Ergebnis einer systematischen, historischen oder teleologischen Auslegung des Gesetzes sein. So wäre es nach allgemeinem Sprachgebrauch durchaus möglich, die Wegnahme nur als Aufhebung des Gewahrsams zu definieren und damit den Tatbestand des Diebstahls bei Vorliegen eines Einverständnisses des Betroffenen mit der Gewahrsamsaufhebung als erfüllt anzusehen. Jedoch entspräche eine solche Definition nicht dem Deliktsbild, das der Gesetzgeber mit § 242 StGB kodifizieren wollte. Dieses setzt – wie sich insbesondere daraus ergibt, dass das Erschwindeln einer Sache allgemein als Betrug und nicht als Diebstahl angesehen wird – eine Gewahrsamsaufhebung ohne den Willen des Betroffenen voraus.

3 Entgegen einer vor allem in der älteren Literatur anzutreffenden Vorstellung ist das tatbestandsausschließende Einverständnis kein einheitlichen Regeln unterworfenes Institut des Allgemeinen Teils.[2] Da der Tatbestandsausschluss aus der jeweiligen Deliktsbeschreibung resultiert, sind die Voraussetzungen eines tatbestandsausschließenden Einverständnisses immer für das jeweilige Delikt[3] und damit nicht im Allgemeinen, sondern im Besonderen Teil zu bestimmen.

[1] Vgl. zu diesen unterschiedlichen Formulierungen SK-StGB/Rudolphi/Stein StGB § 123 Rn. 13 mwN.
[2] Vgl. dazu Schönke/Schröder/Sternberg-Lieben StGB Vorb. §§ 32 ff. Rn. 32 ff. mwN.
[3] Vgl. dazu etwa BGH NJW 2022, 2422 (2424) mwN.

B. Die Einwilligung

4 Die Merkmale der rechtfertigenden Einwilligung lassen sich auf zwei Grundvoraussetzungen zurückführen. Die Verwirklichung eines Straftatbestands ist durch Einwilligung gerechtfertigt, wenn erstens die Tat dem selbstbestimmten Willen des Betroffenen entsprach (dazu unter → Rn. 5 ff.) und zweitens der Betroffene die Befugnis hatte, über das durch den verwirklichten Straftatbestand geschützte Rechtsgut zu verfügen (dazu unter → Rn. 25 ff.).

I. Die Anforderungen an die Willensentscheidung des Betroffenen

1. Rechtsnatur und Zeitpunkt

5 Die Einwilligung ist kein Rechtsgeschäft, dh ihre rechtfertigende Wirkung beruht nicht auf einer dem Täter – und sei es auch nur bis auf Widerruf – eingeräumten Rechtsmacht, sondern ergibt sich allein daraus, dass die tatbestandsmäßige Handlung mit dem gegenwärtigen Willen des Berechtigten übereinstimmt.[4] Soweit nicht – wie etwa bei der Arzneimittelprüfung (Art. 29 I 1 VO (EU) 536/2014) – spezielle gesetzliche Vorschriften etwas anderes bestimmen, hängt die Wirksamkeit einer Einwilligung deshalb nicht davon ab, dass der Berechtigte seinen Willen gegenüber dem Täter erklärt.[5] Auch wenn der Handelnde gar nicht weiß, dass die tatbestandsmäßige Handlung dem Willen des Berechtigten entspricht, ist seine Tat objektiv durch Einwilligung gerechtfertigt. Es fehlt in einem solchen Fall lediglich das subjektive Rechtfertigungselement, sodass der Täter bei entsprechender Strafdrohung wegen Versuchs zu bestrafen ist (vgl. dazu → § 14 Rn. 28).

6 Ungeachtet dieses heute weithin anerkannten Ausgangspunkts soll nach herrschender Meinung eine Einwilligung voraussetzen, dass der Verletzte seinen Willen in irgendeiner Weise nach außen kundgegeben hat.[6] Damit werden jedoch die Voraussetzungen der Einwilligung mit der Frage vermengt, in welcher Weise eine solche im Prozess festgestellt werden kann. Selbstverständlich lässt sich eine Einwilligung nur feststellen, wenn sie in irgendeiner Form nach außen kundgemacht worden ist. Jedoch muss diese Kundgabe nicht notwendigerweise vor der Tat geschehen sein. Auch wenn der Betroffene erst nachträglich offenbart, dass die Tathandlung schon bei ihrer Vornahme seinem Willen entsprach, wurden die durch den jeweiligen Straftatbestand geschützten Interessen zu keinem Zeitpunkt beeinträchtigt. Deshalb ist in einem solchen Fall entgegen der herrschenden Meinung eine rechtfertigende Einwilligung anzunehmen.

7 Im Ergebnis setzt die Einwilligung somit lediglich die innere Zustimmung des Verletzten zu der Tathandlung voraus (sog. **Willensrichtungstheorie**).[7] Ob diese Zustimmung vorgelegen hat, ist unter Berücksichtigung der Erklärungen und des Verhaltens des Verletzten nach der Tat zu ermitteln. Die innere Zustimmung selbst muss allerdings schon bei Begehung der Tat vorhanden gewesen sein. Wenn A im Garten seines Nachbarn B ohne dessen Wissen eine Tanne absägt, begeht er auch dann eine rechts-

[4] Vgl. für eine nähere Erläuterung dieses Unterschieds Amelung/Eymann JuS 2001, 937.

[5] Anders die heute nur noch vereinzelt vertretene **Willenserklärungstheorie;** vgl. dazu Zitelmann AcP 99 (1906), 1.

[6] Vgl. Schönke/Schröder/Sternberg-Lieben StGB Vorb. §§ 32 ff. Rn. 43 mwN.

[7] Vgl. MüKoStGB/Schlehofer StGB Vor §§ 32 ff. Rn. 177 mwN.

widrige Sachbeschädigung, wenn sich B im Nachhinein dafür bedankt und ihm erklärt, wie froh er darüber ist, dass diese Tanne endlich gefällt ist. Die nachträgliche Genehmigung einer zunächst ohne die innere Zustimmung des Verletzten vorgenommenen Tat kann die Verletzung der strafrechtlich zu bewährenden Verhaltensnorm nicht mehr ungeschehen machen und hat deshalb im Strafrecht keine rechtfertigende Wirkung.[8]

2. Einwilligungsfähigkeit

8 Eine Einwilligung ist nur dann wirksam, wenn der Betroffene die für eine selbstbestimmte Entscheidung erforderliche Einwilligungsfähigkeit besitzt. Er muss die Tragweite der zu treffenden Entscheidung erfassen und die wesentlichen Vor- und Nachteile der Beeinträchtigung bzw. Gefährdung seines Rechtsguts „verständig", dh in einem geordneten Entscheidungsprozess, gegeneinander abwägen können.[9] Die Einwilligungsfähigkeit ist bei Kindern und Jugendlichen im Einzelfall positiv festzustellen. Dabei kommt es zum einen auf die Komplexität und Bedeutung der mit der Einwilligung zu treffenden Entscheidung und zum anderen auf den Stand der geistigen Entwicklung an. Bei Erwachsenen kann die Einwilligungsfähigkeit dauernd oder vorübergehend durch psychische Störungen, wie sie ua durch Alkohol und andere berauschende Mittel hervorgerufen werden, ausgeschlossen sein. Dies ist gegebenenfalls mit Hilfe eines psychiatrischen Sachverständigen zu ermitteln.[10]

9 Aufgrund des Fehlens einer allgemeinen gesetzlichen Regelung der Einwilligung gibt es für die Einwilligungsfähigkeit – anders als für die Schuldfähigkeit (§ 19 StGB, § 3 JGG) oder die Geschäftsfähigkeit (§§ 104 Nr. 1, 106 BGB) – keine festen Altersgrenzen.[11] Je nach Art der zu treffenden Entscheidung und seiner geistigen Reife kann auch ein 10- oder 12-jähriges Kind einwilligungsfähig sein. Zwar wird in der Literatur zum Teil vorgeschlagen, bei einer Einwilligung in die Verletzung materieller Rechtsgüter, also zB in eine Sachbeschädigung, die Regeln über die Geschäftsfähigkeit analog anzuwenden. Jedoch ist die Einwilligung – weil durch sie dem Täter keine Rechtsmacht eingeräumt wird (→ § 15 Rn. 5) – auch bei wertender Betrachtung nicht mit einer rechtsgeschäftlichen Erklärung gleichzusetzen, sodass diese Analogie nicht zu überzeugen vermag.[12] Solange es keine gesetzlichen Altersgrenzen für die Einwilligungsfähigkeit selbst gibt, ist auch bei einer Einwilligung in die Verletzung materieller Rechtsgüter die für eine selbstbestimmte Entscheidung erforderliche geistige Reife im Einzelfall festzustellen.

10 Wenn der Betroffene nicht einwilligungsfähig ist, kann die Einwilligung uU von einem Vertreter erteilt werden. Gesetzliche Vertreter sind bei Minderjährigen in der Regel die Eltern (§ 1626 I BGB, § 1629 I BGB). Sie dürfen eine Einwilligung nur erteilen, wenn dies dem Wohl des Kindes entspricht (§ 1627 S. 1 BGB). Jedoch steht ihnen bei der Bestimmung des Kindeswohls aufgrund des in Art. 6 II 1 GG garantierten elterlichen Erziehungsrechts ein Beurteilungsspielraum zu. Erst wenn dieser über-

[8] Schönke/Schröder/Sternberg-Lieben StGB Vorb. §§ 32 ff. Rn. 44 mwN.
[9] Vgl. zB BGHSt 4, 88 (90); 12, 379 (382); BGH NStZ 2018, 537.
[10] Vgl. dazu iE die Ausführungen zu dem strukturgleichen Begriff der Schuldfähigkeit → § 18 Rn. 1 ff.
[11] Soweit Einwilligungen in bestimmte Eingriffe spezialgesetzlich geregelt sind, sieht das Gesetz zum Teil solche Altersgrenzen vor. So ist etwa die Einwilligung in eine Kastration nach § 2 I Nr. 3 KastrG erst nach Vollendung des 25. Lebensjahres möglich.
[12] Dazu näher Amelung/Eymann JuS 2001, 937 (941).

schritten wird, ist eine von den Eltern erteilte Einwilligung unwirksam.[13] Wie schwierig diese Grenze mitunter zu ziehen ist, zeigt die Diskussion über die religiös motivierte Beschneidung nicht einwilligungsfähiger Jungen.[14] Nachdem das Landgericht Köln in einem Aufsehen erregenden Urteil die Einwilligung der Eltern in eine solche Beschneidung als unwirksam angesehen hatte,[15] hat der Gesetzgeber gegenteilig entschieden und in § 1631 d BGB[16] explizit geregelt, dass die Personensorge der Eltern grundsätzlich auch das Recht zur Einwilligung in eine medizinisch nicht indizierte Beschneidung umfasst. Dagegen wird eine Einwilligung der Eltern in eine Sterilisation ihres Kindes durch § 1631 c S. 1 BGB ausdrücklich ausgeschlossen.

Bei einwilligungsunfähigen Volljährigen kommen als zur Einwilligung berechtigte 11
Vertreter ein Vorsorgebevollmächtigter (vgl. § 1814 III 2 Nr. 1 BGB) oder ein für den jeweiligen Aufgabenkreis vom Gericht bestellter Betreuer (§ 1814 I BGB) in Betracht.[17] Sie haben sich bei der Entscheidung über die Erteilung einer Einwilligung ebenfalls an den Wünschen des Vertretenen zu orientieren (vgl. im Einzelnen § 1821 II, III BGB), sind jedoch auch und sogar vorrangig dazu verpflichtet, etwaige noch in einwilligungsfähigem Zustand für den Fall der Einwilligungsunfähigkeit getroffene Willensentscheidungen des Vertretenen zur Geltung zu bringen. Insbesondere wenn dieser in einer schriftlichen **Patientenverfügung** vorsorglich in einen ärztlichen Eingriff eingewilligt oder die Einwilligung in einen solchen Eingriff verweigert hat, haben Bevollmächtigter und Betreuer keine eigene Entscheidung mehr zu treffen, sondern nur noch zu prüfen, ob die getroffene Verfügung „auf die aktuelle Lebens- und Behandlungssituation" des Betroffenen zutrifft (vgl. § 1827 I, VI BGB). Bei besonders riskanten ärztlichen Heileingriffen bedarf die Einwilligung eines Bevollmächtigten oder Betreuers uU der betreuungsgerichtlichen Genehmigung (vgl. im Einzelnen § 1829 I 1, III, V BGB). Die Einwilligung in eine Sterilisation ist darüber hinaus von zusätzlichen materiellen Voraussetzungen abhängig (§ 1830 BGB).[18]

3. Inhalt der Einwilligungsentscheidung

In vielen Fällen stimmt der Betroffene einer tatbestandsmäßigen Handlung gerade 12
deshalb zu, weil es ihm auf den Eintritt des tatbestandsmäßigen Erfolgs ankommt, er zB seinen schmerzenden Weisheitszahn entfernt oder seinen alten Hund eingeschläfert haben will. Jedoch ist eine solche auf den tatbestandlichen Erfolg gerichtete „Absicht" des Verletzten keine notwendige Voraussetzung der Einwilligung. Bittet etwa A den B darum, einen verbogenen Autoschlüssel – die Gefahr des Abbrechens erkennend –

---

13 Vgl. dazu eingehend Knauf, Mutmaßliche Einwilligung und Stellvertretung bei ärztlichen Eingriffen an Einwilligungsunfähigen, 2005, S. 114 ff. mwN; zur missbräuchlichen Einwilligung des Vertretungsorgans einer juristischen Person vgl. Otto JK 1/04 StGB § 306/6.

14 Vgl. zu deren Entstehung und Ablauf die zusammenfassende Darstellung bei Jerouschek FS Dencker, 2012, 171 mwN.

15 LG Köln NJW 2012, 2128; vgl. zu diesem Urteil Beulke/Dießner ZIS 2012, 338; Brocke/Weidling StraFo 2012, 450, beide mwN.

16 Die Vorschrift wurde nach heftiger politischer Diskussion als Reaktion auf das Urteil des LG Köln durch das Gesetz vom 20. 12. 2012 (BGBl. 2012 I 2749) in das BGB eingefügt; zu den Motiven des Gesetzgebers vgl. BT-Drs. 17/11295, 6 ff.; vgl. zu dieser Regelung Hörnle/Huster JZ 2013, 328; sowie kritisch Walter JZ 2012, 1110 (1111 ff.).

17 Zur Frage, ob und inwieweit dem selbst nicht einwilligungsfähigen Betroffenen gegen die Erteilung der Einwilligung ein Vetorecht zusteht, vgl. Böse FS Roxin, 2011, 523 (524 ff.) mwN.

18 Zur Kastration vgl. die Sonderregelung im Kastrationsgesetz vom 15. 8. 1969 (BGBl. 1969 I 1143).

durch Bearbeitung mit einem Hammer wieder funktionsfähig zu machen, so ist – wenn der Schlüssel bei diesem Versuch tatsächlich abbricht – die darin liegende Sachbeschädigung (§ 303 I StGB) gleichfalls durch Einwilligung gerechtfertigt. A hat sich dafür entschieden, die Möglichkeit der Zerstörung des Schlüssels in Kauf zu nehmen, um sein Auto benutzen zu können, und muss sich deshalb diesen unerwünschten Erfolg als Ergebnis selbst gesetzter Prioritäten zurechnen lassen.

13 Die Zustimmung zur tatbestandsmäßigen Handlung ist darüber hinaus bereits als Einwilligung in die Tatbestandsverwirklichung zu bewerten, wenn der Betroffene den die Gefahr der Tatbestandsverwirklichung begründenden Sachverhalt kennt und über das zur Erkenntnis der Gefahr notwendige Erfahrungswissen verfügt. Auf die Anwendung des vorhandenen Erfahrungswissens kommt es – anders als für den Vorsatz des Täters (→ § 11 Rn. 21 ff.) – für die Einwilligung des Verletzten nicht an. Wer zu einem Betrunkenen ins Auto steigt und sich von diesem nach Hause fahren lässt, muss sich eine aus einem alkoholbedingten Verkehrsunfall resultierende Verletzung schon dann als Folge der eigenen Entscheidung zurechnen lassen, wenn er die Trunkenheit des Fahrers kannte und um die Gefahren des Alkohols im Straßenverkehr wusste.[19] Wie er mit diesem Wissen umgeht, ist seine eigene Angelegenheit. Zur autonomen Lebensgestaltung gehört es auch, Entscheidungen ohne die Anwendung vorhandenen Erfahrungswissens zu treffen.[20]

14 Der Sache nach ist die Möglichkeit einer bloßen Risikoeinwilligung heute weitgehend[21] anerkannt.[22] Jedoch wollen einige Autoren den Anwendungsbereich der rechtfertigenden Einwilligung auf die Fälle beschränken, in denen der Verletzte den tatbestandsmäßigen Erfolg zumindest in Kauf genommen hat, und bei einer Einwilligung in eine bloße Gefährdung das Fehlen strafrechtlichen Unrechts in anderer Weise begründen. Die Rechtsprechung wurde mit dem Problem zumeist bei der Beurteilung von Fahrlässigkeitstaten konfrontiert. Hier hat sie aufgrund der Einwilligung in die Gefährdung verschiedentlich die Pflichtwidrigkeit der Handlung und damit schon den Deliktstatbestand verneint.[23] In der neueren Literatur wird dieser Gedanke zum Teil auf die Vorsatzdelikte ausgedehnt. Wie in den Fällen der **Beteiligung an einer Selbstgefährdung** (→ § 10 Rn. 17 ff. und 29 f.) soll auch bei einer sogenannten **einverständlichen Fremdgefährdung** das Risiko schon tatbestandlich nicht missbilligt und damit der eingetretene Erfolg dem Handelnden nicht objektiv zuzurechnen sein.[24]

---

[19] Ein weiteres Beispiel ist die Einwilligung, einen Streit durch einen Kampf mit Faustschlägen und Fußtritten auszutragen. Sie schließt die daraus typischerweise resultierenden Verletzungsfolgen auch dann mit ein, wenn der Einwilligende selbst darauf vertraut hat, von deren Eintritt verschont zu bleiben; vgl. dazu BGH NJW 2013, 1379 (1380).

[20] Kritisch Menrath, Die Einwilligung in ein Risiko, 2013, S. 140.

[21] Kritisch jedoch Duttge FS Otto, 2007, 227; Gimbernat Ordeig FS Wolter, 2013, 389 (391 ff.); Luzón Peña GA 2011, 295 (306); Stefanopoulou ZStW 124 (2012), 689 (693 ff.).

[22] Vgl. zum Meinungsstand Roxin/Greco StrafR AT I § 11 Rn. 121 ff. sowie eingehend Menrath, Die Einwilligung in ein Risiko, 2013, S. 107 ff., beide mN.

[23] So schon das Reichsgericht in dem berühmten Fall des Fährmanns auf der Memel, RGSt 57, 172; vgl. zur Entwicklung der Rechtsprechung iE Menrath, Die Einwilligung in ein Risiko, 2013, S. 53 ff.

[24] Roxin/Greco StrafR AT I § 11 Rn. 123 f.; Roxin JZ 2009, 399 (400 ff.); GA 2012, 655 (660 ff.), jeweils mwN.

Auf Grundlage der herrschenden Einordnung der Einwilligung als Rechtfertigungsgrund kann diese Lösung jedoch nicht überzeugen.[25] Wenn schon eine Einwilligung in die Rechtsgutsverletzung den Tatbestand nicht ausschließt, dann kann eine Einwilligung in die Gefährdung diese Wirkung erst recht nicht haben.[26] Anders als im Falle der Beteiligung an einer Selbstgefährdung ist bei der einverständlichen Fremdgefährdung alleiniger Anknüpfungspunkt für die rechtliche Billigung die außerhalb des Kausalverlaufs[27] liegende Zustimmung des Verletzten. Deshalb wird diese Fallkonstellation von der herrschenden Meinung[28] zu Recht dem Bereich der rechtfertigenden Einwilligung zugeordnet. Letztlich sollte man aber den Streit über ihre dogmatische Einordnung nicht überbewerten. Im Ergebnis ist entscheidend, dass – bei vorhandener Verfügungsbefugnis[29] – auch die Einwilligung in die Gefährdung das Unrecht eines entsprechenden Verletzungsdelikts ausschließt. 15

4. Die Bedeutung von Irrtümern

Eine wirksame Einwilligung muss sich auf die durch die tatbestandliche Handlung verursachte konkrete Rechtsgutsbeeinträchtigung beziehen. Wenn der Betroffene sich über Art und Umfang der durch die Handlung verursachten Rechtsgutsbeeinträchtigung nicht im Klaren ist, zB in der Vorstellung, ihm würden Antibiotika verabreicht, der Injektion eines Beruhigungsmittels zustimmt, liegt keine wirksame Einwilligung vor. Gleiches gilt, falls ihm die Höhe des Risikos der Verursachung der Rechtsgutsbeeinträchtigung nicht bekannt ist. Wer einer mit dem hohen Risiko einer Nierenschädigung verbundenen Strahlenbehandlung in dem Glauben zustimmt, die Gefahr einer solchen Schädigung sei nach allgemeinen Erfahrungssätzen gering, willigt dadurch nicht in die Nierenschädigung[30] ein. Ebenso wie bei einer Verkennung von Art und Umfang der Rechtsgutsbeeinträchtigung liegt auch hier ein sogenannter **rechtsgutsbezogener Irrtum** vor, der nach allgemeiner Auffassung zur Unwirksamkeit der Einwilligung führt. 16

Problematisch und überaus umstritten ist die Frage, ob und inwieweit sonstige, sich nicht auf die Rechtsgutsbeeinträchtigung selbst beziehende Fehlvorstellungen der Wirksamkeit einer Einwilligung entgegenstehen können. Nach der von Arzt[31] begrün- 17

---

[25] Vgl. für eine eingehende Kritik Menrath, Die Einwilligung in ein Risiko, 2013, S. 67ff. und 108ff.

[26] Dagegen nicht überzeugend Roxin GA 2018, 250 (258f.), der übersieht, dass jede Einwilligung in eine Rechtsgutsverletzung als Minus auch eine Einwilligung in die Gefährdung des Rechtsguts beinhaltet.

[27] Vgl. zu diesem Abgrenzungskriterium bereits → § 10 Rn. 2 sowie iE Menrath, Die Einwilligung in ein Risiko, 2013, S. 98ff. sowie auch Luzón Peña GA 2011, 295 (304ff.).

[28] Vgl. BGHSt 49, 34 (39f.); 53, 55 (60ff.); Schönke/Schröder/Sternberg-Lieben StGB Vorb. §§ 32ff. Rn. 102; Beulke FS Otto, 2007, 207 (214ff.); Menrath, Die Einwilligung in ein Risiko, 2013, S. 120ff. Murmann FS Puppe, 2011, 767 (774ff.); Stratenwerth FS Puppe, 2011, 1017 (1022ff.); Walter NStZ 2013, 673 (677ff.), jeweils mwN.

[29] Diese Voraussetzung gilt – entgegen Roxin/Greco StrafR AT I § 11 Rn. 121 – unabhängig davon, ob man das Problem auf Tatbestands- oder auf Rechtfertigungsebene lokalisiert. Soweit § 216 StGB der Einwilligung in bloße Lebensgefährdungen Grenzen setzt (vgl. dazu → § 15 Rn. 27f.), müssen diese Grenzen auch bei der Tatbestandsauslegung beachtet werden.

[30] Die Einwilligung in die Bestrahlung selbst ist dagegen als wirksam anzusehen. Da die Rechtfertigung für die einzelnen durch die Handlung geschaffenen Risiken getrennt zu beurteilen ist (→ § 14 Rn. 3), steht – was in der Literatur nicht immer hinreichend beachtet wird (vgl. etwa Schönke/Schröder/Sternberg-Lieben StGB Vorb. §§ 32ff. Rn. 46) – das Verkennen eines nicht verwirklichten Risikos der Wirksamkeit der Einwilligung in die verwirklichten Risiken nicht entgegen.

[31] Arzt, Willensmängel bei der Einwilligung, 1970, S. 15ff.

deten herrschenden Lehre sollen solche Fehlvorstellungen grundsätzlich unbeachtlich sein. Wenn der Betroffene das Risiko der durch die tatbestandliche Handlung verursachten Rechtsgutsverletzung zutreffend erkannt habe, sei die Rechtsgutsbeeinträchtigung von seinem Willen gedeckt und deshalb das durch den jeweiligen Tatbestand geschützte Rechtsgut nicht verletzt. Dies gelte auch dann, wenn der von dem Betroffenen mit der Preisgabe seines Rechtsguts verfolgte Zweck nicht erreicht werde. Die irrtümliche Vorstellung vorteilhafter Folgen der Rechtsgutsbeeinträchtigung betreffe nicht die Verletzung des tatbestandlich geschützten Rechtsguts und habe folglich für die Wirksamkeit der Einwilligung keine Bedeutung. Daher sei etwa die Einwilligung in eine Blutspende nicht deshalb unwirksam, weil der Betroffene irrtümlich davon ausging, für die Spende eine Gegenleistung zu erhalten.[32]

18 Allerdings hält die herrschende Lehre diese restriktive Lösung selbst nicht in allen Fällen durch. So soll der Irrtum über die Notwendigkeit einer Operation als ein die Unwirksamkeit der Einwilligung begründender rechtsgutsbezogener Irrtum zu bewerten sein.[33] Damit wird jedoch der Begriff des rechtsgutsbezogenen Irrtums seines eigentlichen Sinngehalts beraubt. Bei einem Irrtum über die Notwendigkeit einer Operation ist dem Betroffenen die durch die tatbestandsmäßige Handlung eintretende Rechtsgutsbeeinträchtigung vollständig bekannt. Er stellt sich lediglich vor, dass diese Beeinträchtigung seiner körperlichen Integrität den Vorteil hat, ihm das Leben bzw. die Gesundheit zu erhalten. Wenn die irrtümliche Vorstellung vorteilhafter Folgen der Rechtsgutsbeeinträchtigung für die Wirksamkeit der Einwilligung generell ohne Bedeutung wäre, dürfte auch ein solcher Irrtum nicht beachtlich sein. Es müsste also zB eine Einwilligung in eine objektiv unnötige Beinamputation, die auf der irrtümlichen Annahme beruht, ohne die Amputation sterben zu müssen, als wirksam angesehen werden.

19 Die Absurdität dieses Ergebnisses zeigt deutlich, dass die Lehre von der alleinigen Berücksichtigung rechtsgutsbezogener Irrtümer nicht richtig sein kann. Sie beruht auf einem statischen Rechtsgutsverständnis, das der Funktion von Rechtsgütern nicht gerecht wird.[34] Rechtsgüter sind „gespeicherte Freiheit". Sie geben den Inhabern die Möglichkeit, ihr Leben nach eigenen Bedürfnissen zu gestalten (vgl. dazu → § 3 Rn. 22f.). Von dieser Möglichkeit machen die Menschen ua durch Einwilligung in Rechtsgutsbeeinträchtigungen Gebrauch. Sie geben Rechtsgüter preis, um andere zu erhalten oder sonstige Bedürfnisse zu befriedigen. Wer nicht weiß, dass der von ihm erstrebte Zweck mit der Preisgabe seines Rechtsguts nicht zu erreichen ist, erleidet dabei im Ergebnis ebenso einen unfreiwilligen Freiheitsverlust wie derjenige, dem schon die Preisgabe des Rechtsguts selbst verborgen bleibt. So wie ein Irrtum über die Rechtsgutsbeeinträchtigung selbst hindert deshalb auch ein Irrtum über deren vermeintliche Vorteile grundsätzlich die Wirksamkeit der Einwilligung.[35]

---

[32] Arzt, Willensmängel bei der Einwilligung, 1970, S. 20f.

[33] Schönke/Schröder/Sternberg-Lieben StGB Vorb. §§ 32ff. Rn. 46; weitere Beispiele bei Arzt FS Geppert, 2011, 1 (6).

[34] Vgl. dazu die eingehende Kritik von Amelung ZStW 109 (1997), 490 (501ff.) und Rönnau, Willensmängel bei der Einwilligung, 2001, S. 285ff. sowie die Verteidigung von Arzt FS Geppert, 2011, 1 (5f.).

[35] Vgl. zur Abgrenzung iE Riedelmeier, Ärztlicher Heileingriff und allgemeine Strafrechtsdogmatik, 2004, S. 140ff.

Auf den ersten Blick könnte man meinen, dass damit das Irrtumsrisiko einseitig zu Lasten des Handelnden verteilt werde. Schließlich kann dieser oft nicht erkennen, ob und inwieweit die Einwilligung des Betroffenen auf einem Irrtum beruht. Jedoch wird der Handelnde vor den Folgen einer solchen Unkenntnis durch die Regeln über den Erlaubnistatbestandsirrtum hinreichend geschützt.[36] Bei den objektiven Voraussetzungen der Einwilligung geht es um die Frage, ob in Rechtsgüter eines anderen eingegriffen werden darf, wenn der Handelnde das objektive Geschehen vollständig erkannt hat, er also weiß, dass die Einwilligung nur aufgrund eines Irrtums erteilt worden ist. In solchen Fällen eine Eingriffsbefugnis zu gewähren, hat die Rechtsordnung auch dann keinen Anlass, wenn der Handelnde für den Irrtum nicht verantwortlich ist.[37] Wer erkennt, dass ein anderer ihm nur aufgrund eines Irrtums eine Beeinträchtigung seiner Rechtsgüter erlaubt, wird nicht unbillig belastet, wenn man von ihm verlangt, diesen entweder über seinen Irrtum aufzuklären oder auf die Vornahme des Eingriffs zu verzichten. 20

Lediglich in den Fällen, in denen der Betroffene nach der Aufklärung durch den Handelnden weiterhin auf seinem Irrtum beharrt, ist die Einwilligung ungeachtet des Irrtums als wirksam anzusehen. Ein Beispiel für eine solche Konstellation ist der vom Bundesgerichtshof entschiedene Fall einer Frau, die von einem Zahnarzt verlangte, alle ihre Zähne zu ziehen, um sie von ihren unerträglichen Kopfschmerzen zu heilen.[38] Obwohl der Zahnarzt ihr erklärte, dass die Zähne nicht die Ursache der Kopfschmerzen seien, hielt die Frau an ihrer gegenteiligen Auffassung fest. Der Bundesgerichtshof hat ihre Einwilligung als unwirksam angesehen und den Zahnarzt, der ihrem Drängen schließlich nachgegeben und die Zähne gezogen hatte, wegen Körperverletzung verurteilt. Dies vermag nicht zu überzeugen. Zur Freiheit des Einzelnen gehört es auch, Entscheidungen aufgrund objektiv nicht zu begründender persönlicher Einschätzungen zu treffen. Deshalb sollte der Frau nach entsprechender Aufklärung die Möglichkeit gegeben werden, sich aufgrund ihrer abweichenden Einschätzung der Ursachen der Kopfschmerzen die Zähne ziehen zu lassen. Dies ist nur möglich, wenn man ihre Einwilligung ungeachtet des Irrtums als wirksam ansieht. 21

5. Die Bedeutung von Zwang

Eine erzwungene Einwilligung ist unwirksam, wenn die Ausübung des Zwangs rechtswidrig war. Die Existenz einer Zwangslage als solche führt dagegen nicht zur Unwirksamkeit der Einwilligung.[39] Dies zeigt etwa die im Gesetz ausdrücklich geregelte Einwilligung in eine Kastration bei Sexualtätern (§§ 2 I Nr. 1, 3 KastrG).[40] Obwohl sich der Betroffene hier – weil ihm ohne die Kastration oft eine uU sogar lebenslange Unterbringung droht – in einer ganz massiven Zwangslage befindet, sieht das Gesetz seine Einwilligung als wirksam an. Dem liegt die Überlegung zugrunde, dass durch die Wirksamkeit der Einwilligung die Autonomie des Betroffenen am besten gewahrt werden kann. Der Mensch steht in seinem Leben häufig vor der Situation, nur zwischen zwei Übeln wählen zu können. Wollte man allein wegen des Vorliegens einer solchen Zwangslage eine von ihm erklärte Einwilligung als unwirksam ansehen, so 22

[36] Vgl. dazu Amelung ZStW 109 (1997), 490 (511ff. und 517).

[37] So aber Rönnau, Willensmängel bei der Einwilligung, 2001, S. 410ff.

[38] BGH NJW 1978, 126.

[39] Vgl. dazu näher Amelung NStZ 2006, 317 (318f.).

[40] BGBl. 1969 I 1143.

würde man ihm in solchen Situationen auch noch das Recht nehmen, selbst zu entscheiden, welches der beiden Übel er in Kauf nehmen will.

23 Ein zur Unwirksamkeit der Einwilligung führender rechtswidriger Zwang liegt stets vor, wenn der Täter die Einwilligung durch körperliche Gewaltanwendung oder durch Drohung mit einem rechtswidrigen Verhalten herbeiführt. Aber auch die Drohung mit einem rechtmäßigen Verhalten kann – wie der Nötigungs- und der Erpressungstatbestand (§§ 240, 253 StGB) zeigen[41] – als rechtswidriger Zwang zu bewerten sein. Dies ist dann der Fall, wenn das angedrohte Verhalten in keinerlei Zusammenhang mit der erzwungenen Einwilligung steht.[42] Hat zB A die Einwilligung seines Nachbarn zur Beseitigung eines auf dessen Grundstück stehenden Baumes durch die Drohung erlangt, ihn wegen der Cannabispflanzen in seinem Garten (§ 29 I 1 Nr. 1 BtMG) anzuzeigen, so ist das Fällen des Baumes (§ 303 I StGB) nicht durch Einwilligung gerechtfertigt. A darf seinen Nachbarn zwar anzeigen, aber er darf nicht mit der Anzeige drohen, um sein mit dem angezeigten Verhalten in keinerlei Zusammenhang stehendes Interesse an der Beseitigung des Baumes durchzusetzen.

24 Umstritten ist, ob auch ein vom Täter nicht zu verantwortender rechtswidriger Zwang zur Unwirksamkeit der Einwilligung führt.[43] Eine solche Konstellation läge vor, wenn in dem geschilderten Beispiel der mit der Anzeige bedrohte Grundstückseigentümer einen Gärtner mit der Beseitigung des Baumes beauftragt und diesem den auf ihn ausgeübten Zwang offenbart. Da der Gärtner an der Zwangslage des Eigentümers nichts ändern kann, muss man die Wirksamkeit der Einwilligung ebenso beurteilen wie in den Fällen einer objektiven, nicht auf rechtswidrigem Zwang beruhenden Zwangslage. Die einem unbeteiligten Dritten erteilte Einwilligung ist deshalb grundsätzlich als wirksam zu bewerten.[44] Das bedeutet aber nicht, dass die Schaffung der Zwangslage rechtlich ohne Bedeutung wäre. Greift eine für den Zwang nicht verantwortliche Person aufgrund einer rechtswidrig erzwungenen Einwilligung in die Rechte des Betroffenen ein, so ist sie rechtmäßig handelndes Werkzeug des den Zwang ausübenden Dritten, der deshalb regelmäßig als mittelbarer Täter (vgl. dazu → § 27 Rn. 25) des betreffenden Delikts zu bestrafen ist.[45]

[41] Sowohl der Wortlaut der §§ 240 II, 253 II StGB als auch die Regelung des § 154c StPO zeigen, dass die Drohung mit einem rechtmäßigen Verhalten tatbestandsmäßig sein kann. Gleichwohl wird dies in der Literatur vereinzelt bestritten; vgl. zum Streitstand Schönke/Schröder/Eisele StGB § 240 Rn. 20 mwN.

[42] Vgl. zur entsprechenden Problematik bei der Nötigung Schönke/Schröder/Eisele StGB § 240 Rn. 23f. und bei der Anfechtung von Willenserklärungen Grüneberg/Ellenberger BGB § 123 Rn. 21 beide mwN.

[43] Dafür etwa Roxin/Greco StrafR AT I § 13 Rn. 116; dagegen Jakobs StrafR AT Abschn. 7 Rn. 120, beide mwN.

[44] Im Gegensatz dazu ist die Anfechtung von Willenserklärungen nach § 123 I BGB auch bei der rechtswidrigen Drohung durch Dritte möglich (Grüneberg/Ellenberger BGB § 123 Rn. 18 mwN). Dieser Unterschied erklärt sich aus der den Willenserklärungen zukommenden Bindungswirkung. Bei der Anfechtung einer durch rechtswidrige Drohung herbeigeführten Willenserklärung geht es um die bei der Einwilligung nicht auftretende Frage, ob der Bedrohte an der Erklärung festgehalten werden soll, wenn die Zwangslage nicht mehr besteht.

[45] So richtig Jakobs StrafR AT Abschn. 7 Rn. 120.

II. Die Verfügungsbefugnis des Betroffenen

1. Die Beschränkung auf Individualrechtsgüter

25 Eine wirksame Einwilligung setzt voraus, dass der Betroffene über das verletzte Rechtsgut disponieren kann.[46] Deshalb hat eine Einwilligung bei Tatbeständen, die nur dem Schutz von Rechtsgütern der Allgemeinheit dienen, keine rechtfertigende Wirkung. Problematisch und zumeist umstritten ist die Beurteilung bei Delikten, bei denen sowohl Individualrechtsgüter als auch Rechtsgüter der Allgemeinheit betroffen sind. Ein Beispiel für ein solches Delikt ist die Straßenverkehrsgefährdung (§ 315c StGB). Sie setzt zum einen ein bestimmtes abstrakt gefährliches Verhalten im Straßenverkehr und zum anderen eine konkrete Gefahr für Leib oder Leben eines Menschen oder eine fremde Sache von bedeutendem Wert voraus. Wenn die gefährdete Person bzw. der Eigentümer der gefährdeten Sache in die Gefährdung eingewilligt hat, bleibt als Unrecht nur das gefährliche Verhalten im Straßenverkehr, das für sich genommen nicht nach § 315c StGB, sondern allenfalls nach § 316 StGB strafbar ist. Deshalb ist der Einwilligung entgegen der Rechtsprechung des Bundesgerichtshofs[47] im Ergebnis rechtfertigende Wirkung zuzuerkennen.[48]

26 Entsprechendes gilt bei allen Straftaten, die – wie etwa die Körperverletzung im Amt (§ 340 StGB)[49] – **kumulativ** die Verletzung von Individualinteressen und von Rechtsgütern der Allgemeinheit verlangen. Jedoch soll es nach herrschender Meinung auch Delikte geben, die **alternativ** entweder die Verletzung von Individualrechtsgütern oder von Rechtsgütern der Allgemeinheit voraussetzen. Als Beispiel wird meist die falsche Verdächtigung (§ 164 StGB) angeführt. Deren Unrecht werde sowohl durch die Verletzung der Interessen des Betroffenen als auch durch den mit einer falschen Verdächtigung verbundenen Ansehens- und Effektivitätsverlust der Rechtspflege vollständig verwirklicht, sodass die Einwilligung hier keine rechtfertigende Wirkung habe.[50] Die Annahme einer solch alternativen Schutzrichtung unterstellt dem Gesetz, dass es die Verletzung nur eines der infrage stehenden Rechtsgüter genauso bestraft wissen will wie die Verletzung beider zusammen. Dies ist generell wenig überzeugend. Bei der falschen Verdächtigung zeigt insbesondere die Regelung des § 165 StGB, dass es primär um die Interessen des Individuums geht und die Einwilligung deshalb rechtfertigende Wirkung hat.[51]

2. Die Beschränkungen bei Leben und körperlicher Unversehrtheit

27 Aus § 216 StGB ergibt sich, dass die Einwilligung in eine Tötung grundsätzlich keine rechtfertigende Wirkung hat (vgl. dazu bereits → § 13 Rn. 4). Allerdings gilt dieser Ausschluss der Verfügungsbefugnis uneingeschränkt nur für absichtliche und direkt vorsätzliche Tötungshandlungen. Die Einwilligung in eine Lebensgefährdung wird heute ungeachtet des § 216 StGB der Sache nach[52] fast allgemein als prinzipiell mög-

[46] Zum Auseinanderfallen von Rechtsgutsinhaberschaft und Verfügungsbefugnis nach den § 80 I InsO, § 241 a BGB Tachau, Ist das Strafrecht strenger als das Zivilrecht?, 2005, S. 187 ff.

[47] BGHSt 23, 261.

[48] Dazu näher Schönke/Schröder/Hecker StGB § 315c Rn. 41 mwN.

[49] Vgl. dazu SK-StGB/Wolters StGB § 340 Rn. 4 mwN.

[50] Schönke/Schröder/Bosch/Schittenhelm StGB § 164 Rn. 1a mwN.

[51] Vgl. für weitere Argumente NK-StGB/Vormbaum StGB § 164 Rn. 10 mwN.

[52] Zum Teil vermeidet die Literatur in derartigen Fällen allerdings den Begriff der Einwilligung und spricht stattdessen von einer bereits den Tatbestand ausschließenden einverständlichen Fremdgefährdung (vgl. dazu bereits → § 15 Rn. 14).

lich angesehen.[53] Damit kann nicht nur eine fahrlässige, sondern auch eine bedingt vorsätzliche Tötung[54] durch Einwilligung gerechtfertigt sein. Wird zB ein Streckenposten bei einem Formel-1-Rennen von einem infolge eines Unfalls umherfliegenden Reifen erschlagen, so ist – jedenfalls wenn den Fahrer des Wagens an dem Unfall selbst keine Schuld trifft – diese Tötung durch die Einwilligung des Streckenpostens in die mit dem Rennen notwendigerweise verbundene Gefährdung gerechtfertigt. Dies gilt auch dann, wenn dem Rennfahrer – was durchaus nahe liegt – das Risiko der Tötung eines Streckenpostens bekannt war und er es um der Rennteilnahme willen in Kauf genommen hat.

28 Für die Entscheidung, in welchen Fällen die Einwilligung in eine Lebensgefährdung als wirksam anzusehen ist, gibt es keine exakte Abgrenzungsformel.[55] Die Rechtsprechung sieht unter Berufung auf den Rechtsgedanken des § 228 StGB jedenfalls die Einwilligung in eine konkrete Todesgefahr als unwirksam an.[56] In der Literatur finden sich unterschiedliche Abgrenzungsformeln.[57] Als Leitlinie lässt sich formulieren, dass die Einwilligung wirksam ist, solange die Inkaufnahme der Gefahr noch als Ausdruck eines riskanten, den Wert des Lebens aber grundsätzlich anerkennenden Lebensstils begriffen werden kann. Diese Grenze kann beispielsweise noch gewahrt sein, wenn sich ein Stuntman aus einem fahrenden Auto werfen lässt. Sie ist aber sicherlich überschritten, wenn jemand darin einwilligt, dass ein anderer mit ihm „Russisch-Roulette" spielt.[58] Entscheidend für die Beurteilung ist dabei nicht nur die Höhe des Risikos, sondern auch das Gewicht des Interesses an der Vornahme der gefährlichen Handlung. Eine Einwilligung in hohe Risiken kann wirksam sein, wenn die gefährliche Handlung ihrerseits dem Schutz wichtiger Rechtsgüter dient. Beispiele hierfür sind die Einwilligung in eine zur Abwendung schwerer Nachteile für die Gesundheit notwendige, aber ihrerseits sehr gefährliche Operation und die Einwilligung in eine möglicherweise lebensverkürzende Behandlung schwerer Schmerzen am Lebensende (sog. indirekte Sterbehilfe).[59]

29 Auch über seine körperliche Integrität hat der Betroffene keine uneingeschränkte Dispositionsbefugnis. Gemäß § 228 StGB ist die Einwilligung in eine Körperverletzung unwirksam, wenn die Tat trotz der Einwilligung gegen die guten Sitten verstößt.[60]

[53] Vgl. BGHSt 53, 55 (62f.); Schönke/Schröder/Sternberg-Lieben StGB Vorb. §§ 32ff. Rn. 103f.; Neumann FS Kühl, 2014, 569 (581f.), jeweils mwN; aA aber neuerdings Hauck GA 2012, 202 (211ff.); Stefanopoulou ZStW 124 (2012), 689 (700ff.); vgl. dagegen überzeugend Menrath, Die Einwilligung in ein Risiko, 2013, S. 164ff.

[54] Diese Konsequenz der Zulassung einer Einwilligung in Lebensgefährdungen wird in der Literatur vielfach übersehen. Man geht zumeist unreflektiert davon aus, dass eine Einwilligung in eine vorsätzliche Tötung stets unwirksam sei (vgl. etwa Schönke/Schröder/Sternberg-Lieben StGB Vorb. §§ 32ff. Rn. 37 mwN).

[55] Vgl. die Zusammenstellung bei Schönke/Schröder/Lenckner/Sternberg-Lieben StGB Vorb. §§ 32ff. Rn. 104.

[56] Vgl. BGHSt 53, 55 (62f.) mwN.

[57] Vgl. die Zusammenstellung bei Schönke/Schröder/Sternberg-Lieben StGB Vorb. §§ 32ff. Rn. 104.

[58] Dies gilt selbst dann, wenn der Täter aufgrund einer Täuschung des Getöteten davon ausgeht, dass sich keine Kugel im Magazin befindet und deshalb lediglich fahrlässig handelt (so zu Recht OLG Nürnberg NJW 2003, 454 sowie für einen ähnlich gelagerten Fall BGH NJW 2003, 2326; Herzberg JURA 2004, 670; NStZ 2004, 1; Herzberg FS Puppe, 2011, 497 (511); aA Beulke FS Otto, 2007, 207 (215ff.); Duttge FS Otto, 2007, 227 (246); Roxin FS Otto, 2007, 441, alle mwN).

[59] Vgl. zu letzterem BGHSt 55, 191 (205f.); BGH NJW 2019, 3253 (3255).

[60] Eine eingehende und bedenkenswerte Kritik dieser Regelung formuliert Morgenstern JZ 2017, 1146.

Mit dem Begriff der guten Sitten verweist das Gesetz auf ungeschriebene gesellschaftliche Wertvorstellungen.[61] Eine mit Einwilligung des Verletzten vorgenommene Körperverletzung ist „sittenwidrig", wenn sie nach allgemeiner gesellschaftlicher Wertung[62] in Bezug auf das tatbestandlich geschützte Rechtsgut[63] kriminell strafwürdiges Unrecht ist. Entscheidend dafür ist zum einen das Ausmaß des Eingriffs in die körperliche Integrität und zum anderen das Gewicht des mit dem Eingriff verfolgten Interesses. Leichtere Körperverletzungen sind selbst dann durch Einwilligung gerechtfertigt, wenn – wie bei objektiv harmlosen sadomasochistisch motivierten Handlungen – der Zweck als solcher sittenwidrig ist.[64] Gravierende Eingriffe in die körperliche Integrität, insbesondere solche mit dauerhaften Folgen wie zB eine Amputation, können dagegen nur dann durch Einwilligung gerechtfertigt werden, wenn es für sie einen allgemein verständlichen Grund gibt. Bei einem zwischen den Beteiligten vereinbarten Kampf kommt es entscheidend darauf an, ob und inwieweit Regeln zum Schutz vor schwerwiegenden Verletzungen vereinbart sind und beachtet werden.[65]

Einwilligung (vgl. S. 502)

A. **Objektiver Erlaubnistatbestand**
  I. **Disponibilität der Rechtsgutsverletzung**
    1. Individualrechtsgut (→ § 15 Rn. 25f.)
    2. Kein Ausschluss durch §§ 216, 228 StGB (→ § 15 Rn. 27ff.)
  II. **Übereinstimmung mit dem aktuellen Willen des Rechtsgutsinhabers** (→ § 15 Rn. 5ff., 12ff.)
  Nach hM muss dieser Wille zwar nicht notwendigerweise gegenüber dem Täter erklärt, aber in irgendeiner Weise vor der Tat nach außen kundgegeben worden sein (→ § 15 Rn. 6).
  III. **Keine Willensmängel**
    1. Einwilligungsfähigkeit (→ § 15 Rn. 8ff.)
    2. Kein beachtlicher Irrtum (→ § 15 Rn. 16ff.) – Aufklärungslast bei ärztlichen Eingriffen (→ § 15 Rn. 34ff.)
    3. Kein rechtswidriger Zwang (→ § 15 Rn. 22ff.)

B. **Subjektiver Erlaubnistatbestand**
  – **Kenntnis der die objektive Rechtfertigung begründenden Umstände** (→ § 14 Rn. 16ff.)

[61] Zur Problematik eines solchen Verweises im Hinblick auf den Bestimmtheitsgrundsatz → § 4 Rn. 19 sowie eingehend NK-StGB/Paeffgen/Zabel StGB § 228 Rn. 44ff., die die Regelung des § 228 StGB als verfassungswidrig ansehen.

[62] Vgl. dazu BGHSt 4, 24 (32); 49, 34 (40f.); BGH NJW 2013, 1379 (1380).

[63] Ob die betreffende Handlung in Bezug auf andere Rechtsgüter strafwürdiges Unrecht darstellt, ist unerheblich. So kann die Sittenwidrigkeit einer einverständlichen Heroininjektion nicht schon deswegen bejaht werden, weil sie den Straftatbestand des § 29 I 1 Nr. 6 Buchst. b BtMG erfüllt. Denn dieser soll, anders als die Körperverletzungsdelikte, nicht ein Individualrechtsgut, sondern die Volksgesundheit schützen, vgl. BGHSt 49, 34 (42f.); 64, 69 (76ff.).

[64] Vgl. dazu BGHSt 49, 166; Hirsch FS Amelung, 2009, 181 (192ff.); Jakobs FS Schroeder, 2006, 507 (511ff.), beide mwN.

[65] Dazu näher BGHSt 58, 140 (143ff.); BGH NJW 2015, 1540 (1541ff.) m. abl. Anm. Mitsch NJW 2015, 1545; BGH NStZ 2021, 494 (495f.); OLG München NStZ 2014, 706 (708f.); kritisch Theile FS Beulke, 2015, 557 (561ff.).

30 In der Literatur wird zum Teil die Auffassung vertreten, dass der Rechtsgedanke des § 228 StGB auf Einwilligungen in die Verletzung anderer Rechtsgüter entsprechend anzuwenden sei.[66] So soll etwa die Einwilligung in „besonders schimpfliche und zugleich menschenunwürdige Ehrverletzungen" keine rechtfertigende Wirkung haben, weil die Tat trotz der Einwilligung gegen die guten Sitten verstoße.[67] Dem ist jedoch entgegenzuhalten, dass die durch § 228 StGB statuierte Beschränkung der Verfügungsbefugnis über die körperliche Integrität auf der besonderen Bedeutung dieses Rechtsguts für das Leben des Einzelnen beruht und sich insbesondere aus der Tatsache erklärt, dass Eingriffe in die körperliche Integrität oft dauerhafte Folgen haben. Dies gibt es bei anderen Rechtsgütern jedenfalls in vergleichbarem Ausmaß nicht. Deshalb geht heute die herrschende Meinung zu Recht davon aus, dass dem § 228 StGB kein auf andere Rechtsgüter übertragbarer allgemeiner Rechtsgedanke zugrunde liege. Sofern die Beeinträchtigung anderer Individualrechtsgüter als Leib oder Leben dem selbstbestimmten Willen des Betroffenen entspricht, ist sie stets durch Einwilligung gerechtfertigt.

C. Die mutmaßliche Einwilligung

31 Eine Rechtfertigung durch mutmaßliche Einwilligung kommt in Betracht, wenn der Betroffene keine wirksame Entscheidung über den Eingriff in sein Rechtsgut bzw. dessen Gefährdung getroffen hat. Sie setzt ebenso wie die Einwilligung die Verfügungsbefugnis über das betroffene Rechtsgut voraus. An die Stelle des wirklichen Willens tritt jedoch der hypothetische Wille des Betroffenen. Der Eingriff ist gerechtfertigt, wenn der Betroffene mit ihm einverstanden gewesen wäre, sofern er selbst hätte darüber entscheiden können. Der hypothetische Wille des Betroffenen ist für den Zeitpunkt der Vornahme des Eingriffs anhand aller Umstände des Einzelfalls zu ermitteln. Dabei kommt insbesondere etwaigen früheren Willensbekundungen eine wichtige Indizfunktion zu. Soweit sich keine individuellen Präferenzen des Betroffenen ermitteln lassen, ist nach der objektiven Interessenlage zu entscheiden.[68]

32 Nach herrschender Meinung kommt es für die Rechtfertigung auf den ex ante erkennbaren hypothetischen Willen an.[69] Dies wird zwar durch den Begriff mutmaßlich suggeriert, ist jedoch nach allgemeinen Grundsätzen (→ § 14 Rn. 11) nicht richtig. Für den objektiven Erlaubnistatbestand ist der gesamte tatsächlich vorliegende Sachverhalt und damit die Frage maßgeblich, ob der Betroffene nach seinen für den Tatzeitpunkt zu ermittelnden Präferenzen mit dem Eingriff einverstanden gewesen wäre.[70] Die Erkennbarkeit dieses hypothetischen Willens ist erst für den subjektiven Rechtfertigungstatbestand von Bedeutung. Ein Arzt, der bei einem ins Krankenhaus eingelieferten Bewusstlosen eine keinen Aufschub duldende Operation vornimmt, ist – wenn sich nachträglich herausstellt, dass sein Patient aufgrund seiner Zugehörigkeit zu einer bestimmten Religionsgemeinschaft die Operation abgelehnt hätte – objektiv nicht durch mutmaßliche Einwilligung gerechtfertigt. Er erliegt jedoch einem unvermeidbaren Erlaubnistatbestandsirrtum und kann daher weder wegen vorsätzlicher (§ 223 StGB) noch wegen fahrlässiger Körperverletzung (§ 229 StGB) bestraft werden.

66 Jakobs StrafR AT Abschn. 14 Rn. 9 Fn. 12 mwN.

67 So noch Schönke/Schröder/Lenckner, 27. Aufl. 2006, StGB Vorb. §§ 32ff. Rn. 37; in den Folgeauflagen hat Sternberg-Lieben diese Auffassung explizit aufgegeben.

68 Vgl. dazu BGHSt 35, 246 (249f.).

69 NK-StGB/Paeffgen/Zabel StGB Vor §§ 32ff. Rn. 161 und 163; Schönke/Schröder/Sternberg-Lieben StGB Vorb. §§ 32ff. Rn. 58 mwN.

70 Vgl. dazu eingehend Knauf, Mutmaßliche Einwilligung und Stellvertretung bei ärztlichen Eingriffen an Einwilligungsunfähigen, 2005, S. 72ff.; ebenso Bergschneider, medstra 2022, 81 (83ff.), beide mwN.

Eine Rechtfertigung durch mutmaßliche Einwilligung setzt voraus, dass die Einwilligung des Betroffenen nicht oder nicht rechtzeitig zu erlangen war. Deshalb ist ein Arzt, der einen ins Krankenhaus eingelieferten vorübergehend Bewusstlosen operiert, nur durch mutmaßliche Einwilligung gerechtfertigt, wenn die Operation keinen Aufschub duldet. Sofern sie mit gleichen Erfolgsaussichten zu einem späteren Zeitpunkt vorgenommen werden kann, muss der Arzt abwarten, bis der Patient aus der Bewusstlosigkeit erwacht, um dessen Einwilligung einzuholen.[71] Auch bei Bagatelleingriffen ist eine vorherige Befragung des Betroffenen nicht entbehrlich.[72] Allgemein übliche Eingriffe – wie zB die Aufnahme von telefonischen Bestellungen im Geschäftsverkehr auf einem Tonträger (§ 201 I Nr. 1 StGB)[73] – können allenfalls unabhängig von dem im Einzelfall festzustellenden hypothetischen Willen des Betroffenen bereits als nicht tatbestandsmäßig zu bewerten sein. 33

D. Die sogenannte hypothetische Einwilligung

Bei ärztlichen Eingriffen wird die Voraussetzung einer nicht oder nicht rechtzeitig zu erlangenden Einwilligung allerdings in neuerer Zeit dadurch überspielt, dass die Rechtsprechung neben der mutmaßlichen eine von dieser Voraussetzung unabhängige **hypothetische Einwilligung** anerkennt. Um deren Funktion zu verstehen, muss man wissen, dass erstens selbst ein nach den Regeln der ärztlichen Kunst durchgeführter und im Ergebnis erfolgreicher ärztlicher Heileingriff von der Rechtsprechung grundsätzlich als tatbestandsmäßige und damit rechtfertigungsbedürftige Körperverletzung (§ 223 StGB) bewertet wird[74] und zweitens die Einwilligung des Patienten diese Körperverletzung nur dann rechtfertigt, wenn der Arzt ihn zuvor hinreichend über die Folgen und Risiken des Eingriffs aufgeklärt hat.[75] Ist eine solche Aufklärung nicht oder nicht in hinreichendem Maße erfolgt, so ist die erteilte Einwilligung unwirksam und damit der Eingriff grundsätzlich als rechtswidrige Körperverletzung nach § 223 StGB zu bewerten. Diesen Grundsatz schränkt die Rechtsprechung durch die Konstruktion der sogenannten hypothetischen Einwilligung wieder ein.[76] Wenn der Patient auch bei hinreichender Aufklärung in den ärztlichen Eingriff eingewilligt hätte, sei der eingetretene Körperverletzungserfolg dem Arzt nicht zuzurechnen.[77] 34

[71] Entsprechendes gilt bei notwendig werdenden Operationserweiterungen; vgl. dazu FLP ArztStrafR Kap. 1 Rn. 67ff. mwN.

[72] Vgl. dazu Jakobs StrafR AT Abschn. 15 Rn. 18; anders zB Schönke/Schröder/Eisele StGB § 201 Rn. 30.

[73] Vgl. dazu näher Schönke/Schröder/Eisele StGB § 201 Rn. 30 mwN.

[74] Vgl. zur Bewertung des ärztlichen Heileingriffs als Körperverletzung grundlegend RGSt 25, 375 (382) sowie die Darstellung bei FLP ArztStrafR Kap. 1 Rn. 1ff. mwN.

[75] Vgl. zur ärztlichen Aufklärungspflicht BGH NJW 2011, 1088 (1089f.) sowie die Darstellung bei FLP ArztStrafR Kap. 1 Rn. 20ff. mwN.

[76] BGH NStZ 1996, 34 (35); NStZ-RR 2004, 16 m. zust. Bespr. Kuhlen JR 2004, 227 und Rönnau JZ 2004, 801; NStZ-RR 2007, 340; NStZ 2012, 205 (206); NJW 2013, 1688 (1689); vgl. aber auch BGH medstra 2019, 227 (231ff.), wonach die Regeln über die hypothetische Einwilligung bei einer nicht hinreichenden Aufklärung über die Risiken einer Lebendspende nicht anzuwenden seien, weil dies dem Schutzzweck der erhöhten Aufklärungsanforderungen bei Lebendspenden (§ 8 II 1, 2 TPG) widerspräche.

[77] In der Literatur wird dies zum Teil damit begründet, dass es an dem für die Zurechnung auch auf der Stufe der Rechtfertigung erforderlichen Pflichtwidrigkeitszusammenhang fehle (so etwa Kühl StrafR AT § 9 Rn. 47a; Stratenwerth/Kuhlen StrafR AT § 9 Rn. 28, beide mwN); vgl. dazu die Kritik von

35 Die Konstruktion der hypothetischen Einwilligung ist ein Korrektiv, mit dem die Rechtsprechung versucht, die Strafbarkeit des Arztes ungeachtet der zum Teil sehr weiten Ausdehnung der ärztlichen Aufklärungspflichten auf ein angemessenes Maß zu begrenzen. Dies ist ein im Grundsatz berechtigtes kriminalpolitisches Anliegen, dem jedoch strafrechtsdogmatisch durch eine sachgerechte Begrenzung der strafrechtlich relevanten Aufklärungspflichten auf Umstände, deren Kenntnis den Patienten vor einen ernsthaften Entscheidungskonflikt gestellt hätte,[78] und nicht dadurch Rechnung zu tragen ist, dass für ärztliche Eingriffe die ansonsten anerkannten Voraussetzungen der mutmaßlichen Einwilligung ausgehebelt werden. Dies wird zu Recht als mit dem Selbstbestimmungsrecht des Betroffenen nicht vereinbar kritisiert.[79] Es ist allgemein anerkannt, dass eine hypothetisch gebliebene Selbstschädigung bei der Beurteilung von Kausalität und Pflichtwidrigkeitszusammenhang nicht zu berücksichtigen ist (vgl. dazu → § 9 Rn. 31). Für eine hypothetisch gebliebene Einwilligung des Betroffenen in die Verletzung seines Rechtsguts kann vernünftigerweise nichts anderes gelten, sodass ein Ausschluss des Unrechts aufgrund einer hypothetischen Einwilligung des Patienten mit den ansonsten im Strafrecht angewandten Zurechnungsregeln nicht vereinbar ist.

36 Allerdings ist die hypothetische Einwilligung für die zivilrechtliche Arzthaftung durch das Patientenrechtegesetz[80] in § 630h II 2 BGB gesetzlich anerkannt worden, sodass sich die Frage stellt, ob diese Anerkennung auch im Strafrecht zu einer anderen Beurteilung zwingt. Da sich Rechtfertigungsgründe aus der gesamten Rechtsordnung ergeben können (→ § 13 Rn. 1), müsste man dies notwendigerweise annehmen, wenn die hypothetische Einwilligung durch § 630h II 2 BGB als Rechtfertigungsgrund kodifiziert wäre. Jedoch besagt § 630h II 2 BGB keineswegs, dass der Arzt unter Berufung auf eine hypothetische Einwilligung seines Patienten auch ohne hinreichende Aufklärung ärztliche Eingriffe vornehmen dürfte. Lediglich die Zurechnung des eingetretenen Körperverletzungserfolgs wird durch die Regelung des § 630h II 2 BGB ausgeschlossen. Diesen Zurechnungsausschluss muss das Strafrecht nicht übernehmen.[81] Weil er in der zivilrechtlichen Arzthaftung nur in Verbindung mit einer wegen des Grundsatzes in dubio pro reo auf

Gaede, Limitiert akzessorisches Medizinstrafrecht statt hypothetischer Einwilligung, 2014, S. 21 ff.; Haas GA 2015, 147 (152 ff.); Hefendehl FS Frisch, 2013, 465 (468 ff.); Schlehofer FS Puppe, 2011, 953 (968 f.).

[78] So Roxin medstra 2017, 129 (135 ff.); der damit an das Kriterium anknüpft, mit dem die zivilgerichtliche Rechtsprechung über das Instrument der Darlegungs- und Beweislast die hypothetische Einwilligung auf ein sachlich angemessenes Maß begrenzt; iErg übereinstimmend unter Anbindung an die allgemeinen Einwilligungsvoraussetzungen Beck FS Merkel, 2020, 745 (769 ff.); EL-Ghazi GA 2022, 449 (457 ff.); Schlehofer FS Merkel, 2020, 745 (758 ff.), weitere Vorschläge für eine Begrenzung der strafrechtlich relevanten Aufklärungspflichten formulieren Gaede, Limitiert akzessorisches Medizinstrafrecht statt hypothetischer Einwilligung, 2014, S. 46 ff.; Saliger FS Beulke, 2015, 257 (268 ff.); Sternberg-Lieben FS Beulke, 2015, 299 (306 ff.); Zabel GA 2015, 219 (229 ff.), alle mwN.

[79] NK-StGB/Paeffgen/Zabel StGB Vor §§ 32 ff. Rn. 168 a; Böse ZIS 2016, 495 (496 f.); Duttge FS Schroeder, 2006, 179 (182 ff.); Gaede, Limitiert akzessorisches Medizinstrafrecht statt hypothetischer Einwilligung, 2014, S. 38 ff.; Gropp FS Schroeder, 2006, 197; Mitsch FS Achenbach, 2011, 299 (302 ff.); Otto StrafR AT § 8 Rn. 134; Puppe StrafR AT § 11 Rn. 20 f.; Puppe ZIS 2016, 366; Sickor JA 2008, 11 (14 ff.); Sowada NStZ 2012, 1 (6 ff.); Tag ZStW Bd. 127 (2015), 523 (534 ff.).

[80] Gesetz zur Verbesserung der Rechte von Patientinnen und Patienten v. 20.2.2013, BGBl. 2013 I 277.

[81] Vgl. dazu eingehend Schlehofer FS Merkel, 2020, 745 (746 ff.).

das Strafrecht nicht übertragbaren spezifischen Beweislastverteilung[82] zu angemessenen Ergebnissen führt, kann und sollte das Strafrecht hier durchaus eigene Wege gehen.[83]

Mutmaßliche Einwilligung (vgl. S. 503)

A. **Objektiver Erlaubnistatbestand**
  I. Disponibilität der Rechtsgutsverletzung
    1. Individualrechtsgut
    2. Kein Ausschluss durch §§ 216, 228 StGB
  II. **Keine wirksame aktuelle Willensentscheidung des Rechtsgutsinhabers** (→ § 15 Rn. 33)
  III. **Übereinstimmung mit dem hypothetischen Willen des Rechtsgutsinhabers zum Tatzeitpunkt** (→ § 15 Rn. 31 f.), zu ermitteln aus:
    1. Früheren Willensbekundungen, die ihrerseits frei von Willensmängeln (siehe dazu Schema bei → § 15 Rn. 29 unter A. III.) sein müssen
    2. Hilfsweise einfaches Überwiegen eines geschützten gegenüber dem beeinträchtigten Interesse

B. **Subjektiver Erlaubnistatbestand**
  – **Kenntnis der die objektive Rechtfertigung begründenden Umstände**

Lektüreempfehlungen: BGHSt 49, 34–45 (Einwilligung in Lebensgefährdung); BGHSt 49, 166–177 (Sittenwidrigkeit der Einwilligung); BGH NStZ-RR 2004, 16–17 (hypothetische Einwilligung).

82 In der zivilrechtlichen Arzthaftung muss der Patient lediglich darlegen und beweisen, dass er sich bei hinreichender Aufklärung in einem ernsthaften Entscheidungskonflikt befunden hätte. Gelingt ihm dies, so hat der Arzt darzulegen und zu beweisen, dass der Patient bei ordnungsgemäßer Aufklärung ebenfalls eingewilligt hätte (vgl. MüKoBGB/Wagner BGB § 630h Rn. 49–53 mwN). Dies kann ihm der Natur der Sache nach kaum gelingen, sodass iErg in der zivilrechtlichen Arzthaftung für den Ausschluss einer hypothetischen Einwilligung in aller Regel ein ernsthafter Entscheidungskonflikt ausreichend ist.

83 Ebenso Gaede, Limitiert akzessorisches Medizinstrafrecht statt hypothetischer Einwilligung, 2014, S. 32 ff.; Zabel GA 2015, 219 (222 f.) und schon vor dem Inkrafttreten des Patientenrechtegesetzes Sowada NStZ 2012, 1 (8 f.).

§ 16. Notwehr und Notwehrexzess

A. Die Notwehr

I. Überblick und Grundgedanke

1 Eine Rechtfertigung durch Notwehr setzt einen gegenwärtigen rechtswidrigen Angriff und die Erforderlichkeit der jeweiligen Tatbestandsverwirklichung zur Verteidigung gegenüber diesem Angriff voraus (§ 32 II StGB). Außerdem muss der Täter mit Verteidigungsbewusstsein, dh in Kenntnis der objektiven Notwehrvoraussetzungen gehandelt haben.[1] Das Erfordernis des gegenwärtigen rechtswidrigen Angriffs definiert die sogenannte **Notwehrlage,** also die Situation, in der ein Notwehrrecht besteht. Das Merkmal der erforderlichen Verteidigung beschreibt die Reichweite des durch die Notwehr begründeten Eingriffsrechts. Aus ihm ergibt sich, dass eine **Notwehrhandlung** einerseits geeignet und das mildeste Verteidigungsmittel sein muss, andererseits aber auch dann gerechtfertigt sein kann, wenn der durch die Verteidigung erfolgende Eingriff in die Rechte des Angreifers wesentlich gravierender ist als die durch den Angriff drohende Beeinträchtigung der Rechte des Angegriffenen.

2 Warum die Rechtfertigung bei der Notwehr grundsätzlich nicht vom Wertverhältnis zwischen dem geschützten und dem bedrohten Rechtsgut abhängt, ist seit Langem umstritten. Die Rechtsprechung des Bundesgerichtshofs[2] und die noch immer herrschende Lehre[3] führen das Fehlen eines Proportionalitätserfordernisses darauf zurück, dass eine Notwehrhandlung nicht nur das im konkreten Fall angegriffene Rechtsgut schütze, sondern zugleich die Rechtsordnung bewähre. Die Abwehr eines gegenwärtigen rechtswidrigen Angriffs bestätige die Geltung der durch den Angriff verletzten Norm und diene damit der Erhaltung der Normanerkennung. Das Allgemeininteresse an der **Bewährung der Rechtsordnung** sei so gewichtig, dass es zusammen mit dem Interesse an der Erhaltung des angegriffenen Rechtsguts die durch die Verteidigung beeinträchtigten Interessen des Angreifers in aller Regel überwiege und damit eine gesonderte Verhältnismäßigkeitsprüfung bei der Notwehr jedenfalls im Grundsatz entbehrlich mache.

3 Diese Deutung der Notwehr ist vor allem deshalb fragwürdig, weil auch das Allgemeininteresse an der Bewährung der Rechtsordnung von der Bedeutung der verletzten Norm und damit mittelbar von dem Wert des angegriffenen Rechtsguts abhängt. Ist dessen Wert gering, so besteht nur ein entsprechend geringwertiges Interesse an der Bewährung der verletzten Norm, das den vollständigen Verzicht auf ein Proportionalitätserfordernis schwerlich zu erklären vermag.[4] Vorzugswürdig ist deshalb eine **rein in-**

---

[1] Vgl. zur Struktur und Bedeutung des subjektiven Rechtfertigungstatbestands → § 14 Rn. 16ff.

[2] BGHSt 24, 356 (359); BGH NJW 2013, 2133 (2135).

[3] Vgl. Schönke/Schröder/Perron/Eisele StGB § 32 Rn. 1f.; SSW StGB/Rosenau StGB § 32 Rn. 2, beide mwN; anders dagegen Roxin FS Kühl, 2014, 391 (398ff.); Jäger GA 2016, 258; Greco GA 2018, 665 (677ff.), die zwar ebenfalls die Notwehr mit auf den Gedanken der Rechtsbewährung zurückführen, daraus aber nicht den Verzicht auf ein Proportionalitätserfordernis, sondern gerade umgekehrt die Notwendigkeit von Einschränkungen des Notwehrrechts ableiten wollen.

[4] Vgl. dazu näher Frister GA 1988, 291 (295ff.) und für eine eingehende Kritik der herrschenden Notwehrkonzeption Renzikowski, Notstand und Notwehr, 1994, S. 76ff. sowie Engländer FS Sancinetti, 2020, 297 (299ff.).

dividualrechtliche Deutung der Notwehr, die in neuerer Zeit in der Lehre immer mehr Anhänger findet.[5] Nach ihr erklärt sich die Unmaßgeblichkeit des Wertverhältnisses der betroffenen Rechtsgüter nicht aus einem auf Seiten des Angegriffenen zusätzlich in die Waagschale fallenden Allgemeininteresse, sondern aus der Tatsache, dass die Interessen des Angreifers in der Notwehrsituation nicht schutzbedürftig sind. Der Angreifer muss die Auflösung der Rechtsgutskollision zu seinen Lasten hinnehmen, weil diese Kollision keine objektive Ursache hat, sondern ausschließlich durch seinen rechtswidrigen Willen bedingt ist.

Wegen der Abhängigkeit der Rechtsgüterkollision vom Willen des Angreifers ist dieser 4
zum Schutz seiner Rechtsgüter nicht auf die Solidarität des Angegriffenen angewiesen. Um eine durch die Verteidigung drohende unverhältnismäßige Beeinträchtigung seiner Rechtsgüter abzuwenden, braucht er nur das zu tun, wozu er ohnehin verpflichtet ist. Er muss auf die Fortsetzung des rechtswidrigen Angriffs verzichten. Daraus erklärt sich, dass die aus dem Gedanken zwischenmenschlicher Solidarität folgende Beschränkung der defensiven Gefahrenabwehr auf proportionale Abwehrmaßnahmen (vgl. dazu → § 13 Rn. 16) bei der Notwehr grundsätzlich nicht zum Tragen kommt. So wie ein Recht zur aggressiven Gefahrenabwehr nur dann besteht, wenn die Gefahr für den Gefährdeten selbst nicht anders abwendbar ist (vgl. § 34 StGB), so besteht bei der defensiven Gefahrenabwehr nur dann eine Verpflichtung zur solidarischen Rücksichtnahme auf die Interessen des Gefahrenverursachers, wenn dieser sich nicht selbst vor unverhältnismäßiger Inanspruchnahme schützen kann.[6]

I. Die Notwehrlage

1. Der Angriff

Erste Voraussetzung der Notwehrlage ist das Vorliegen eines Angriffs. Darunter ist 5
eine drohende Verletzung rechtlich geschützter Interessen eines Menschen[7] durch menschliches Verhalten zu verstehen.[8] Ein strafrechtlicher Schutz der bedrohten Interessen ist nicht erforderlich.[9] Insbesondere setzt die Notwehr – entgegen einer im allgemeinen Rechtsbewusstsein noch immer verbreiteten Vorstellung – keine Gefährdung von Leib oder Leben voraus. Auch das Eigentum sowie alle sonstigen materiellen und immateriellen Rechtsgüter des Einzelnen können mit den weitreichenden Befugnissen des Notwehrrechts verteidigt werden.[10] So stellt die Benutzung eines Privat-

[5] Vgl. HKV StrafR-HdB/Engländer Bd. 2 § 38 Rn. 6f.; MüKoStGB/Erb StGB § 32 Rn. 18; SK-StGB/Hoyer StGB § 32 Rn. 6, jeweils mwN.

[6] Vgl. dazu näher Frister GA 1988, 291 (301f.).

[7] Vereinzelt werden – weil insbes. das Tierschutzgesetz auch das Leben und Wohlergehen von Tieren schützt – rechtlich geschützte Interessen von Tieren ebenfalls als notwehrfähig angesehen (LG Magdeburg ZUR 2018, 172 (173); Herzog JZ 2016, 190 (194f.); Greco JZ 2019, 390 (391ff.); Roxin AT I § 15 Rn. 34). Dies ist jedoch schon deshalb nicht sachgerecht, weil die Verteidigung der Interessen von Tieren nicht ohne eine bei der Notwehr gerade nicht vorgesehene Interessenabwägung im Einzelfall gerechtfertigt werden kann (vgl. für eine eingehendere Begründung Dehne-Niemann/Greisner GA 2019, 205 (206ff.); Keller FS Merkel, 2020, 779 (780ff.).

[8] Schönke/Schröder/Perron/Eisele StGB § 32 Rn. 3.

[9] Lackner/Kühl StGB § 32 Rn. 5; LK-StGB/Rönnau/Hohn StGB § 32 Rn. 110; MüKoStGB/Erb StGB § 32 Rn. 53; NK-StGB/Kindhäuser StGB § 32 Rn. 61 und 66; eingehend Zimmermann GA 2020, 532; aA Hoyer FS Kindhäuser, 2019, 205 (206ff.).

[10] Kritisch neuerdings Robles Planas ZIS 2018, 14 (20f.), der aus dem Vorrang der Inanspruchnahme staatlicher Verfahren Einschränkungen des Notwehrrechts bei „ersetzbaren Vermögensgütern" ableiten will.

weges durch Unbefugte oder die Verletzung des Rechts am eigenen Bild[11] durch unbefugtes Fotografieren einen zur Notwehr berechtigenden Angriff dar. Ebenso sind die Intimsphäre als Ausprägung des allgemeinen Persönlichkeitsrechts und sogar die Nachtruhe in der Rechtsprechung als notwehrfähige Interessen anerkannt worden.[12]

6 Notwehrfähig sind jedoch ausschließlich Rechtsgüter des Individuums.[13] Dies ergibt sich aus der Funktion der Notrechte. Sie sollen den Schutz der Rechtsgüter des Bürgers ermöglichen, wenn keine staatliche Hilfe präsent ist, dem Einzelnen aber nicht das Recht geben, als Hilfspolizist tätig zu werden. Deshalb darf zB die Verbreitung pornographischer Schriften nicht im Wege der Notwehr verhindert werden.[14] Zum Schutz von Rechtsgütern der Allgemeinheit sind Private nur im Rahmen des Widerstandsrechts aus Art. 20 IV GG und des Festnahmerechts nach § 127 I StPO befugt. Darüber hinaus begründet auch die Bedrohung „vitaler Interessen" des Staates kein Notwehrrecht des Bürgers. Der Spion, der im Begriff ist, wichtige Staatsgeheimnisse zu verraten, darf von einem Privatmann nach § 127 I StPO festgenommen werden. Ein Notwehrrecht, das dem Privaten die Befugnis geben würde, ihn erforderlichenfalls zu erschießen, um den Verrat zu verhindern, ist jedoch – entgegen der anlässlich der Fememorde in der Weimarer Republik ergangenen und von der herrschenden Lehre noch heute tradierten Rechtsprechung des Reichsgerichts[15] – nicht anzuerkennen.[16]

7 Ein Angriff setzt die Bedrohung rechtlich geschützter Güter durch einen Menschen voraus. Eine Bedrohung durch ein Tier begründet keine Notwehr-, sondern lediglich eine Defensivnotstandslage nach § 228 BGB.[17] Etwas anderes gilt nur dann, wenn das Tier von einem Menschen gehetzt wird. In diesem Fall geht die Bedrohung mittelbar von menschlichem Verhalten aus, sodass ein Angriff iSd § 32 II StGB gegeben ist. Problematisch ist, ob und inwieweit die Bedrohung der rechtlich geschützten Güter subjektiv zurechenbar sein muss, um als Angriff bewertet zu werden. Als Beispiel stelle man sich einen Wanderer vor, der einen auf seiner Karte fälschlich als öffentlich gekennzeichneten Privatweg betritt.[18] Er verletzt durch das Betreten des Privatgrundstücks fremdes Eigentum, hat die Verletzung dieses rechtlich geschützten Gutes aber nicht erkannt und es gab für ihn auch keine Möglichkeit, sie zu erkennen. Ob sein Verhalten ungeachtet dessen als Angriff zu bewerten ist, wird unterschiedlich beurteilt.

8 Nach der Rechtsprechung kommt es für das Vorliegen eines Angriffs nur auf die objektive Bedrohung eines rechtlich geschützten Gutes an.[19] Danach wäre das Verhalten des Wanderers im Beispielsfall ohne Weiteres als Angriff zu qualifizieren.[20] Diese objektive Deutung des Angriffs wird jedoch dem Grundgedanken des Notwehrrechts nicht ge-

[11] Zur Angriffsqualität einer Verletzung des Rechts am eigenen Bild kritisch NK-StGB/Kindhäuser StGB § 32 Rn. 39.

[12] Vgl. dazu iE Darstellung und Nachweise bei Schönke/Schröder/Perron/Eisele StGB § 32 Rn. 5a.

[13] MüKoStGB/Erb StGB § 32 Rn. 100ff.

[14] Vgl. dazu BGH NJW 1975, 1161.

[15] RGSt 63, 215 (220); zum historischen Hintergrund lesenswert Heinrich Hannover und Elisabeth Hannover-Drück, Politische Justiz 1918–1933, 1966, S. 152.

[16] Vgl. dazu SK-StGB/Hoyer StGB § 32 Rn. 16 mwN.

[17] NK-StGB/Kindhäuser StGB § 32 Rn. 22; Schönke/Schröder/Perron/Eisele StGB § 32 Rn. 3, beide mwN.

[18] Vgl. den Fall BayObLG NJW 1965, 163.

[19] RGSt 27, 44 (45f.); OGHSt 1, 273 (274); BGHSt 3, 217 (218).

[20] So auch BayObLG NJW 1965, 163.

recht. Die Befugnis, die eigenen Rechtsgüter erforderlichenfalls auch durch einen unverhältnismäßigen Eingriff in die Rechte des Angreifers zu verteidigen, rechtfertigt sich – wie dargelegt (→ § 16 Rn. 3 f.) – aus der Tatsache, dass die Rechtsgüterkollision bei der Notwehr durch den rechtswidrigen Willen des Angreifers bedingt ist. Wenn es an einem solchen Willen fehlt, gibt es keine Legitimation dafür, bei der Abwehr der Gefahr die Interessen des Gefahrenverursachers gänzlich zu vernachlässigen.[21] Für solche Fälle ist deshalb nicht die Notwehr, sondern der ein Verhältnismäßigkeitserfordernis vorsehende Defensivnotstand die richtige Regelung.

Die herrschende Lehre versucht dem Grundgedanken der Notwehr dadurch Rechnung zu tragen, dass sie zwar nicht für den Angriff selbst, wohl aber für dessen Rechtswidrigkeit eine **objektive Sorgfaltspflichtverletzung** verlangt. Eine Notwehrlage sei nur dann gegeben, wenn ein gedachter Dritter in der Situation des Täters die drohende Verletzung des rechtlich geschützten Gutes hätte erkennen können.[22] Diese Lösung bleibt jedoch auf halbem Wege stehen, weil es für die Legitimation des Verzichts auf das Verhältnismäßigkeitserfordernis nicht auf die Fähigkeiten eines gedachten Dritten, sondern auf die des Verursachers der Gefahr selbst ankommt. Nur wenn die Bedrohung des rechtlich geschützten Gutes für den Verursacher selbst erkennbar war, kann er sich durch einen Verzicht auf sein gefährliches Verhalten vor einer unverhältnismäßigen Inanspruchnahme seiner Rechtsgüter schützen. Deshalb ist für das Vorliegen eines Angriffs die Gefahr einer zumindest[23] individuell fahrlässigen Verletzung rechtlich geschützter Güter erforderlich. 9

Nach dem Grundgedanken der Notwehr ist es darüber hinaus geboten, für das Vorliegen eines Angriffs ein persönlich zurechenbares und damit im Ergebnis auch schuldhaftes Verhalten zu verlangen.[24] Denn wer zB im Zustand der Schuldunfähigkeit einen anderen angreift, hat – weil er für seine Willensentscheidung nicht verantwortlich ist – nicht die Möglichkeit, sich durch einen Verzicht auf den Angriff selbst vor einer unverhältnismäßigen Verteidigung zu schützen. Er ist dafür auf die solidarische Rücksichtnahme seiner Mitmenschen angewiesen, sodass auch in diesen Fällen der Defensivnotstand die angemessene Regelung ist. Der Einwand, dies sei mit dem Wortlaut des § 32 StGB, der explizit von einem rechtswidrigen und nicht von einem schuldhaften Angriff spricht, nicht zu vereinbaren,[25] schlägt deshalb nicht durch, weil die Begrenzung auf persönlich zurechenbares Verhalten bereits in dem Begriff des Angriffs selbst verortet werden kann. Eine Definition des Angriffs als jede durch persönlich zurechenbares Verhalten drohende Beeinträchtigung von rechtlich geschützen Gütern und Interessen ist zwar nach dem natürlichen Sprachgebrauch nicht zwingend, liegt aber im Rahmen des möglichen Wortsinns. Eine solche Begrenzung verstößt auch nicht gegen das vom Bundesverfassungsgericht aus Art. 103 II GG abgeleitete sog. Verschleifungsverbot (vgl. zu diesem → § 4 Rn. 26), weil der Voraussetzung 10

[21] Deshalb nimmt die Rechtsprechung in derartigen Fällen eine sozialethische Einschränkung der Verteidigungsbefugnis vor; vgl. dazu → § 16 Rn. 30.

[22] Vgl. dazu MüKoStGB/Erb StGB § 32 Rn. 41 mwN sowie eingehend Hirsch FS Dreher, 1977, 211 (222 ff.).

[23] Vgl. zur Frage, ob und inwieweit Fahrlässigkeit ausreicht, Frister GA 1988, 291 (305 ff.) mwN.

[24] Ebenso bereits Frister GA 1988, 291 (305); Jakobs StrafR AT Abschn. 12 Rn. 16 ff.; SK-StGB/Hoyer StGB § 32 Rn. 12 mwN.

[25] So noch die Vorauflage.

der Rechtswidrigkeit des Angriffs auch bei einer solchen Auslegung ein eigenständiger Anwendungsbereich verbleibt.[26]

11 Ein Angriff muss nicht notwendigerweise in einem aktiven Tun bestehen, sondern kann auch durch Unterlassen begangen werden.[27] Richtigerweise ist dafür – wie für die Strafbarkeit eines Unterlassens (→ § 7 Rn. 15, → § 22 Rn. 2 und 27 ff.) – die Verletzung einer Garantenpflicht iSd § 13 StGB erforderlich,[28] weil nur dann die drohende Rechtsgutsverletzung dem Unterlassenden zuzurechnen ist. Stehen also ein Schwimmer und ein Nichtschwimmer am Ufer eines Sees und beobachten einen Jungen, der zu ertrinken droht, so darf der Nichtschwimmer den Schwimmer nach § 32 StGB zur Rettung des Jungen zwingen, wenn dieser eine dahingehende Garantenstellung hat, etwa weil er der Vater des Jungen ist oder die Gefahr durch pflichtwidriges Verhalten selbst herbeigeführt hat. Handelt es sich bei dem Schwimmer jedoch um einen unbeteiligten Passanten, so ist er zwar nach § 323c I StGB gleichfalls zur Rettung des Jungen verpflichtet, aber die Erfüllung dieser allgemeinen Hilfspflicht kann nicht im Wege der Notwehr, sondern nur mit den sehr viel weniger weit reichenden Mitteln des Aggressivnotstands (§ 34 StGB) erzwungen werden.

2. Die Rechtswidrigkeit des Angriffs

12 Die Rechtswidrigkeit des Angriffs bei der Notwehr beurteilt sich nach den gleichen Regeln wie die Rechtswidrigkeit der Verwirklichung eines Straftatbestands. Der Angriff ist nicht rechtswidrig, wenn die drohende Verletzung rechtlich geschützter Güter durch einen Rechtfertigungsgrund gedeckt ist. Wer in Notwehr die Rechtsgüter des Angreifers zu beeinträchtigen droht, greift durch die Verteidigungshandlung zwar seinerseits an, aber dieser der Verteidigung dienende Angriff ist nicht rechtswidrig, sodass gegen ihn keine Notwehr zulässig ist. Wie für den Angriff selbst kommt es auch für dessen Rechtswidrigkeit nicht nur auf die objektive Sachlage an. Ein rechtswidriger Angriff setzt zumindest die individuelle Erkennbarkeit des die Rechtswidrigkeit begründenden Sachverhalts voraus. Deshalb ist zB das Niederschlagen eines nur vermeintlichen Angreifers im Erlaubnistatbestandsirrtum nicht als rechtswidriger Angriff zu bewerten, wenn der Handelnde den Irrtum nicht hätte vermeiden können.[29]

13 Weil die Rechtsprechung für einen rechtswidrigen Angriff nicht einmal ein objektiv sorgfaltswidriges Handeln verlangt (→ § 16 Rn. 8), sieht sie sich gezwungen, zum Ausschluss des Notwehrrechts gegen nicht sorgfaltswidrig handelnde Amtsträger einen besonderen strafrechtlichen Rechtmäßigkeitsbegriff zu postulieren. Die Rechtswidrigkeit eines durch hoheitliches Handeln erfolgenden Angriffs soll bereits dann ausgeschlossen sein, wenn der handelnde Amtsträger örtlich und sachlich zuständig ist,

[26] Dazu näher Kindhäuser/Pawlik/Frister, Notwehr in Deutschland und China, 2020, S. 249, 257 ff. mwN.

[27] Dagegen allerdings neuerdings mit durchaus beachtlichen Argumenten Schumann FS Dencker, 2012, 287 (289 ff.).

[28] Die Voraussetzungen eines Angriffs durch Unterlassen sind in der Literatur heftig umstritten. Einen Überblick über den Meinungsstand geben HKV StrafR-HdB/Engländer Bd. 2 § 38 Rn. 14; MüKo-StGB/Erb StGB § 32 Rn. 65 ff.; Schönke/Schröder/Perron/Eisele StGB § 32 Rn. 10 f. und Schumann FS Dencker, 2012, 287, alle mwN.

[29] Vgl. für einen derartigen Fall BSGE 84, 54. Da sich der Ausschluss des Notwehrrechts in solchen Fällen eines unvermeidbaren Erlaubnistatbestandsirrtums bereits aus den allgemeinen Voraussetzungen der Notwehr ergibt, ist es – entgegen Gropp FS Wolf, 2018, 203 (205 ff.) – weder notwendig noch sinnvoll, hierfür einen „Rechtfertigungsgrund sui generis" zu konstruieren.

die vorgeschriebenen wesentlichen Förmlichkeiten einhält und das ihm gegebenenfalls eingeräumte Ermessen pflichtgemäß ausübt.[30] Bei einer dem Grundgedanken der Notwehr gerecht werdenden Definition des Angriffsbegriffs ist solch ein besonderer strafrechtlicher Rechtmäßigkeitsbegriffs zum Ausschluss des Notwehrrechts[31] nicht erforderlich. An einer Notwehrlage fehlt es bereits deshalb, weil der Amtsträger bei Vorliegen der nach diesem Begriff die „strafrechtliche Rechtmäßigkeit" begründenden Voraussetzungen nicht sorgfaltswidrig handelt[32] (zur Begrenzung des verbleibenden Defensivnotstandsrechts → § 17 Rn. 32).

3. Die Gegenwärtigkeit des Angriffs

Gegenwärtig ist nach der gängigen Definition ein Angriff, der unmittelbar bevorsteht,[33] begonnen hat oder noch fortdauert. Hierfür reicht es etwa aus, wenn eine Schusswaffe geladen wird, um damit sofort gezielt zu schießen.[34] Bei einem Einbruchsdiebstahl zB steht der Angriff auf das Eigentum unmittelbar bevor, wenn der Einbrecher an Ort und Stelle das Einbruchswerkzeug auspackt, um sich Zutritt zu der Wohnung zu verschaffen, und dauert fort, bis er die Beute abtransportiert und in Sicherheit gebracht hat. Wenn der Einbrecher bei der Tat ertappt wird und mit der Beute flieht, liegt also ein gegenwärtiger Angriff auf das Eigentum vor, der mit den scharfen Mitteln des Notwehrrechts abgewehrt werden darf. Lässt der Einbrecher jedoch die Beute fallen, ist der Angriff auf das Eigentum beendet, sodass nur noch das Festnahmerecht nach § 127 I StPO besteht. Auch wenn der Eigentümer den Einbrecher am nächsten Tag zufällig mit seiner Beute in der Stadt trifft, ist der Angriff nicht mehr gegenwärtig. Die Beute darf dem Einbrecher in einem solchen Fall nur unter den Voraussetzungen und mit den Mitteln des Selbsthilferechts nach § 229 BGB wieder abgenommen werden. 14

Die allgemein anerkannte Lösung dieses Falles zeigt, dass es für die Beendigung der Notwehrlage auf das Angriffsverhalten und nicht auf die durch dieses Verhalten verursachten Folgen ankommt.[35] Ist das Angriffsverhalten abgeschlossen, so ist der Angriff auch dann nicht mehr gegenwärtig, wenn die durch ihn herbeigeführte Gefährdung oder Beeinträchtigung des angegriffenen Rechtsguts noch andauert und durch eine Inanspruchnahme des Angreifers abgewendet bzw. wieder ausgeglichen werden könnte. Dies gilt nicht nur für den andauernden Verlust einer Sache als Folge eines Angriffs auf das Eigentum, sondern in gleicher Weise für die Folgen eines Angriffs auf die körperliche Unversehrtheit. Auch bei einem solchen Angriff hat der Angreifer zwar für die Folgen seines Verhaltens einzustehen,[36] kann aber nach der Beendigung des 15

[30] BGH NJW 2015, 3109 mwN.

[31] Vgl. zur Problematik eines solchen strafrechtlichen Rechtmäßigkeitsbegriffs bei dem Straftatbestand des Widerstands gegen Vollstreckungsbeamte (§ 113 StGB) NK-StGB/Paeffgen StGB § 113 Rn. 35ff.; Fallack, Legale Illegalität, 2016, S. 147ff., beide mwN.

[32] So zutreffend Engländer NStZ 2015, 577 (578f.).

[33] Vgl. dazu etwa BGH NStZ 2020, 147f.

[34] BGH NStZ 2018, 84f.

[35] Dazu bereits Frister GA 1988, 291 (306f.).

[36] Vgl. zu der aus einem gefahrbegründenden Verhalten resultierenden Garantenstellung, die grundsätzlich zur Abwendung weiterer Rechtsgutsbeeinträchtigungen, aber – anders als die dem Notwehrrecht korrespondierende Duldungspflicht – nicht zur unbegrenzten Aufopferung eigener Interessen verpflichtet, → § 22 Rn. 30ff.

Angriffsverhaltens nicht mehr mittels des scharfen Notwehrrechts[37] zu deren Beseitigung in Anspruch genommen werden. Wenn ein Arzt wegen des in Deutschland herrschenden extremen Mangels an Spenderorganen auf den Gedanken käme, sich das Organ für eine aufgrund einer rechtswidrigen Körperverletzung notwendig gewordene Nierentransplantation durch eine zwangsweise Entnahme der Niere des Täters zu besorgen, wäre diese Entnahme selbstverständlich nicht mehr durch § 32 StGB gerechtfertigt.[38]

16 Von der gängigen Definition der Gegenwärtigkeit ebenfalls nicht erfasst sind Fälle, in denen der Angriff noch nicht unmittelbar bevorsteht, aber nur zum gegenwärtigen Zeitpunkt Erfolg versprechend abgewehrt werden kann. Ein Beispiel für eine solche Konstellation ist der vom Bundesgerichtshof entschiedene sogenannte Spanner-Fall.[39] Bei einem Ehepaar stand immer wieder nachts ein Mann im Garten und schaute ins Schlafzimmer. Sobald er bemerkt wurde, floh er und konnte stets unerkannt entkommen. Auch die Versuche der eingeschalteten Polizei, ihn festzunehmen oder zumindest seine Identität zu ermitteln, blieben erfolglos. Deshalb schoss der Ehemann ihm bei seinem nächsten Auftreten zur Abwehr künftiger Belästigungen „in die Flanke". In der Literatur wird für solche Fälle aufgrund der **notwehrähnlichen Lage** zum Teil eine analoge Anwendung des § 32 StGB gefordert.[40] Vom Grundgedanken der Notwehr scheint dies insofern nahe zu liegen, als sich auch hier der Angreifer durch einen Verzicht auf weitere Angriffe selbst vor Verteidigungshandlungen schützen kann.

17 Gleichwohl lehnt die herrschende Meinung eine analoge Anwendung des § 32 StGB auf solche Fälle im Ergebnis zu Recht ab.[41] Die Notwendigkeit eines unmittelbar bevorstehenden Angriffs erklärt sich aus der Überlegung, dass die weitreichende Eingriffsbefugnis des Notwehrrechts nur in einer Situation gewährt werden kann, die typischerweise eindeutig ist. Wenn der Angriff unmittelbar bevorsteht, liegen die Absichten des Angreifers in der Regel offen zu Tage, sodass das Risiko einer irrtümlichen Verteidigung vergleichsweise gering ist. Sobald man Konstellationen miteinbezieht, in denen der Angriff lediglich zum gegenwärtigen Zeitpunkt Erfolg versprechend abgewehrt werden kann, sieht dies anders aus. Hier ist das Irrtumsrisiko typischerweise so hoch, dass eine nur durch die Erforderlichkeit begrenzte Eingriffsbefugnis nicht tragbar wäre. Die Notwehr setzt deshalb aus gutem Grund einen zumindest unmittelbar bevorstehenden Angriff voraus. Soweit es – wie im Spanner-Fall – daran fehlt, kann dem Angegriffenen allenfalls ein weniger weitreichendes Notstandsrecht gewährt werden (vgl. dazu → § 17 Rn. 5, aber auch → § 17 Rn. 25f.).

18 Probleme bereitet des Weiteren die Frage, ob und inwieweit die Drohung mit einer künftigen Rechtsgutsverletzung bereits als gegenwärtiger Angriff zu bewerten ist. Droht etwa A seinem Todfeind B damit, ihn bei nächster Gelegenheit zu töten, so wird durch diese Bedrohung (§ 241 StGB) das Sicherheitsgefühl des B und damit uU seine gesamte Lebensführung nachhaltig beeinträchtigt. Deshalb bereits einen gegen-

[37] Auch ein Defensivnotstandsrecht besteht in einem solchen Fall nicht (→ § 17 Rn. 24). Jedoch kann die rechtswidrige Verursachung der Gefahr bei der Interessenabwägung im Rahmen des § 34 StGB berücksichtigt werden.

[38] Vgl. dazu Jakobs StrafR AT Abschn. 12 Rn. 26.

[39] BGH NJW 1979, 2053. Das Problem kann sich ferner in den sog. Haustyrannen-Fällen stellen; vgl. dazu BGHSt 48, 255; BGH NStZ 1984, 21; Rengier NStZ 2004, 233.

[40] Suppert, Studien zur Notwehr und „notwehrähnlichen Lage", 1973, S. 356ff.

[41] Schönke/Schröder/Perron/Eisele StGB § 32 Rn. 17 mwN.

wärtigen Angriff auf die **individuelle Rechtssicherheit**[42] des B anzunehmen, hätte jedoch zur Folge, dass B den A in Ausübung seines Notwehrrechts erforderlichenfalls sogar töten dürfte, um die Bedrohung zuverlässig zu beseitigen. Es liegt auf der Hand, dass dies im Ergebnis nicht richtig sein kann. Um das Erfordernis eines gegenwärtigen Angriffs nicht ad absurdum zu führen, darf ein Rechtsgut wie die individuelle Rechtssicherheit nicht als notwehrfähig anerkannt werden. Die Beeinträchtigung dieses Rechtsguts ist letztlich nichts anderes als die Angst vor einem Angriff und reicht deshalb für sich genommen nicht aus, um eine Notwehrlage zu begründen.[43]

Entsprechendes gilt, wenn die Drohung zu Nötigungs- oder Erpressungszwecken erfolgt. 19
Hier wird zwar durch die Drohung bereits gegenwärtig die Willensfreiheit des Bedrohten beeinträchtigt, aber auch diese Beeinträchtigung resultiert aus der Angst vor dem angedrohten Verhalten und vermag deshalb nach dem Sinn des Gegenwärtigkeitserfordernisses keine Notwehrlage zu begründen.[44] Entgegen der herrschenden Meinung[45] steht dem Genötigten bzw. Erpressten damit nur dann ein Notwehrrecht zu, wenn das angedrohte Verhalten selbst rechtswidrig und gegenwärtig ist, dh die Verwirklichung einer Drohung mit einem rechtswidrigen Verhalten unmittelbar bevorsteht.[46] Zur Abwehr einer durch Drohung mit einem rechtmäßigen oder noch nicht unmittelbar bevorstehenden Verhalten begangenen Nötigung oder Erpressung ist das Opfer auf die weniger weitreichenden Eingriffsbefugnisse des Notstands verwiesen.[47] Dem praktischen Bedürfnis nach einer Rechtfertigung der Verletzung der Vertraulichkeit des Wortes (§ 201 I Nr. 1 StGB) durch die heimliche Aufnahme der nötigenden oder erpresserischen Drohung[48] kann in diesem Rahmen hinreichend Rechnung getragen werden.

III. Die Anforderungen an die Verteidigungshandlung

Die Verteidigung muss gemäß § 32 II StGB zur Abwendung eines Angriffs von sich 20
oder einem anderen erforderlich sein.[49] Daraus ergibt sich, dass grundsätzlich nicht nur der Angegriffene selbst, sondern auch jeder Dritte zur Verteidigung berechtigt ist. Die Verteidigung durch Dritte wird allgemein als **Nothilfe** bezeichnet. Da die Nothilfe dem Schutz des Angegriffenen dient, ist ihre Rechtfertigung von dessen Willen abhängig.[50] Ein Recht zur Nothilfe besteht nur dann, wenn die Verteidigung dem

[42] Vgl. zur individuellen Rechtssicherheit als Schutzgut des Bedrohungstatbestands Schönke/Schröder/Eisele StGB § 241 Rn. 2 mwN.

[43] Ebenso H. E. Müller FS Schroeder, 2006, 323 (335f.) mwN.

[44] Vgl. dazu näher MüKoStGB/Erb StGB § 32 Rn. 97f.; H. E. Müller FS Schroeder, 2006, 323 (335f.) mwN.

[45] Vgl. NK-StGB/Kindhäuser StGB § 32 Rn. 54; Schönke/Schröder/Perron/Eisele StGB § 32 Rn. 18; Kaspar GA 2007, 36, alle mwN.

[46] Vgl. für eine solche Konstellation BGHSt 48, 27.

[47] Auch die herrschende Meinung schränkt in solchen Fällen das von ihr grundsätzlich angenommene Notwehrrecht ein, um zu verhindern, dass der drohende Nötiger oder Erpresser erforderlichenfalls sogar in Notwehr getötet werden darf (vgl. dazu näher Schönke/Schröder/Perron/Eisele StGB § 32 Rn. 18 mwN).

[48] Vgl. die Rechtsprechungsnachweise bei Schönke/Schröder/Perron/Eisele StGB § 32 Rn. 17.

[49] Die herrschende Meinung beurteilt diese Voraussetzung zu Unrecht (→ § 14 Rn. 12) objektiv ex ante, dh nach den für einen besonnenen Dritten in der Verteidigungssituation erkennbaren Umständen; vgl. Gropp/Sinn StrafR AT § 5 Rn. 148 und Krey/Esser StrafR AT Rn. 504, beide mwN.

[50] Vgl. dazu iE NK-StGB/Kindhäuser StGB § 32 Rn. 84; Schönke/Schröder/Perron/Eisele StGB § 32 Rn. 25/26, beide mwN; eine weitergehende Begrenzung der Nothilfe auf verhältnismäßige Verteidi-

wirklichen oder mutmaßlichen Willen des Angegriffenen entspricht. Lehnt dieser die Verteidigung zB aus Furcht vor einer weiteren Eskalation ab, ist eine Nothilfehandlung nicht durch § 32 StGB gerechtfertigt. Dies gilt – entgegen der herrschenden Auffassung[51] – auch bei Angriffen auf das Leben und schweren Bedrohungen der körperlichen Integrität: Zwar könnte der Angegriffene insoweit nach den §§ 216, 228 StGB nicht wirksam in die drohende Rechtsgutsverletzung einwilligen, aber der Grundgedanke dieser Einwilligungsschranken (→ § 13 Rn. 4) rechtfertigt es – wie Neumann überzeugend dargelegt hat[52] – nicht, ihm auch die Möglichkeit zu nehmen, eine zu seinem Schutz erforderliche Nothilfe zu verbieten.

1. Eingriff in Rechtsgüter des Angreifers

21 Zur Verteidigung gegenüber einem Angriff darf nur in Rechtsgüter des Angreifers eingegriffen werden.[53] Ein zur Abwehr des Angriffs erforderlicher Eingriff in Rechtsgüter Dritter[54] kann nicht durch Notwehr, sondern lediglich durch Notstand gerechtfertigt sein. So wäre eine Frau, die der Bedrohung ihrer sexuellen Selbstbestimmung durch den Gebrauch eines fremden Fahrrades (§ 248b StGB) entflieht, nicht durch Notwehr, wohl aber nach § 904 BGB gerechtfertigt. Die Beschränkung der Verteidigung auf Eingriffe in Rechtsgüter des Angreifers gilt entgegen der Rechtsprechung des Reichsgerichts[55] auch dann, wenn der Angreifer sich fremder Rechtsgüter bedient. Hetzt zB jemand einen fremden Hund auf einen anderen, so darf der Hund nur nach § 228 BGB und nicht nach § 32 StGB getötet oder verletzt werden. Für die Rechte des Angegriffenen gegenüber dem Eigentümer des Hundes spielt es keine Rolle, ob der Hund von sich aus aggressiv geworden oder von einem Dritten gehetzt worden ist.

22 Ein zur Verteidigung erforderlicher Eingriff in Rechtsgüter der Allgemeinheit ist gleichfalls nicht durch Notwehr gerechtfertigt. Dies gilt entgegen der vom Bundesgerichtshof fortgeführten Rechtsprechung des Reichsgerichts[56] auch für mit der Verteidigung notwendigerweise zusammenfallende Rechtsverletzungen. So ist die in dem unbefugten Führen einer Schusswaffe (§ 52 III Nr. 2a WaffG) zu Verteidigungszwecken liegende abstrakte Gefährdung der Allgemeinheit nicht durch Notwehr, sondern lediglich durch Notstand zu rechtfertigen.[57] Die Verletzung von fiskalischen Interessen, die der Staat als juristische Person hat, kann dagegen durchaus durch Notwehr gerechtfertigt sein. Juristischen Personen ist das Handeln ihrer Organe auch im Rahmen der Notwehr zuzurechnen.[58] Zur Verteidigung gegenüber von diesen Organen ausgehenden Angriffen darf daher in die Rechte der juristischen Person eingegriffen wer-

gungsmaßnahmen fordert Prittwitz FS Kargl, 2015, 439 (446ff.), dessen Rekurs auf die spezifische Bedrängnis des Angegriffenen jedoch lediglich belegt, dass bei einer Nothilfe der Entschuldigungsgrund des § 33 StGB (→ § 16 Rn. 39ff.) in der Regel nicht zum Tragen kommt.

[51] Vgl. etwa Kühl AT § 7 Rn. 143 mwN.

[52] Neumann FS Kühl, 2014, 569 (579ff.).

[53] Zu der interessanten Frage, ob und inwieweit auch eine juristische Person als Angreifer anzusehen ist, wenn ihre Organe oder Vertreter angreifen, vgl. Robles Planas ZIS 2018, 14 (15ff.).

[54] Rechtsgut eines Dritten ist auch das ungeborene Leben, das eine Frau in ihrem Körper trägt. Zu der daraus resultierenden Problematik der Notwehr gegen schwangere Angreiferinnen vgl. Mitsch JR 2006, 450 und die Erwiderung von Ladiges JR 2007, 14.

[55] RGSt 58, 27 (29).

[56] RGSt 21, 168 (170f.); BGH NJW 2013, 2133 (2136).

[57] Vgl. Schönke/Schröder/Perron/Eisele StGB § 32 Rn. 32/33; anders BGH NStZ 1999, 347; 2012, 452, beide mwN.

[58] MüKoStGB/Erb StGB § 32 Rn. 58; anders Mitsch NZWist 2015, 259ff., beide mwN.

den. Deshalb kann zB das Aufbrechen der Gefängnistür (§ 303 I StGB) zur Beendigung einer rechtswidrigen Inhaftierung durch Notwehr gerechtfertigt sein.

2. Eignung zur Abwendung des Angriffs

Die Erforderlichkeit der Verteidigung (§ 32 II StGB) setzt zunächst voraus, dass das gewählte Verteidigungsmittel geeignet ist, den Angriff abzuwenden. Diese Voraussetzung ist unproblematisch erfüllt, wenn bei Vornahme der Verteidigungshandlung zumindest die Möglichkeit besteht, dass diese den Angriff abwehrt oder abschwächt. Aber auch wenn die Verteidigung einen solchen Effekt nicht haben kann, ist sie nicht schlechthin unzulässig.[59] Wer sich gegen die Prügel eines ihm in allen Belangen körperlich überlegenen Angreifers zur Wehr setzt, ist selbst dann durch Notwehr gerechtfertigt, wenn er dadurch den Angriff nicht einmal abschwächen, sondern – weil er uU die Wut des Angreifers weckt – lediglich verstärken kann. Die Tatsache, dass er in geringerem Maße als zur Abwehr des Angriffs erforderlich in die Rechtsgüter des Angreifers eingreift, darf nicht dazu führen, seine Verteidigungshandlung als rechtswidrig zu bewerten. 23

An der Eignung der Verteidigung zur Abwehr des Angriffs fehlt es deshalb nur in den vergleichsweise seltenen Fällen, in denen das gewählte Mittel nicht nur aufgrund seiner geringen Intensität, sondern schon seiner Art nach zur Abwehr des Angriffs untauglich, also im Grunde gar keine Verteidigung, sondern eine Vergeltung ist. Wer einen verfeindeten Nachbarn, der gerade im Begriff ist, ihm sein Auto mit einem Schlüssel zu zerkratzen, nicht an dieser Handlung hindert, sondern stattdessen seinerseits das Auto des Nachbarn zerkratzt, nimmt keine zur Abwehr des Angriffs geeignete Verteidigungshandlung vor. Gleiches gilt, wenn jemand auf eine Beleidigung damit reagiert, dass er den anderen verprügelt oder dessen Sachen beschädigt. Soweit damit nicht weitere unmittelbar bevorstehende Beleidigungen verhindert werden, ist auch ein derartiges Verhalten ein ungeeignetes, nicht durch Notwehr gerechtfertigtes Verteidigungsmittel. 24

3. Mildestes Mittel zur Abwehr des Angriffs

Hat der Verteidiger nur ein zur Abwehr des Angriffs geeignetes Mittel zur Verfügung, so ist dessen Anwendung ohne Weiteres als erforderliche Verteidigung zu bewerten. Unter mehreren zur Abwehr des Angriffs geeigneten Mitteln muss der Verteidiger aber dasjenige wählen, das die Rechtsgüter des Angreifers am wenigsten beeinträchtigt. Diese Verpflichtung zur Wahl des mildesten Verteidigungsmittels greift allerdings nur dann, wenn die Mittel **in gleicher Weise geeignet** sind. Auf unsichere Abwehrmöglichkeiten muss sich ein Verteidiger nicht verweisen lassen.[60] Deshalb ist er zwar grundsätzlich verpflichtet, den Einsatz einer Waffe vorher anzudrohen.[61] Dies gilt jedoch nicht, wenn dadurch die Verteidigungsmöglichkeiten konkret gefährdet werden.[62] Besteht die reale Gefahr, dass dem Verteidiger die Waffe nach der Androhung 25

[59] Vgl. dazu näher MüKoStGB/Erb StGB § 32 Rn. 152 sowie Warda JURA 1990, 344; Warda GA 1996, 45.

[60] Vgl. etwa BGH NStZ 2016, 593; 2017, 276.

[61] Vgl. etwa BGH NStZ 2015, 151 (152); sowie Schönke/Schröder/Perron/Eisele StGB § 32 Rn. 37 mit zahlreichen weiteren Rechtsprechungsnachweisen.

[62] Vgl. dazu BGH NStZ 2012, 273 (274); 2019, 136f.; 2019, 598 (599f.); NStZ-RR 2013, 105 (106); StV 2013, 503 (504f.).

von einem körperlich überlegenen Angreifer entwunden wird, darf er sie ohne vorherige Androhung einsetzen.[63]

26 Da der Angreifer kein Recht hat, dem Verteidiger seinen Willen aufzuzwingen, ist die Möglichkeit, dem Angriff auszuweichen, nicht als milderes Mittel zur Abwehr des Angriffs anzusehen: Das Recht braucht dem Unrecht nicht zu weichen.[64] Wer verprügelt zu werden droht, darf sich auch dann zur Wehr setzen, wenn er sich einer Beeinträchtigung seiner körperlichen Unversehrtheit ohne Weiteres durch Flucht entziehen könnte. Der Angegriffene hat jedoch kein Recht darauf, sich in jedem Fall selbst zu verteidigen.[65] Sofern Dritte zur Verteidigung bereit sind, muss er deren Hilfe in Anspruch nehmen, wenn der Angriff dadurch schonender abgewehrt werden kann. Man darf also einen Angriff nicht mit der Schusswaffe abwehren, wenn ein Berufsboxer danebensteht, der willens und in der Lage ist, ihn mit einigen gezielten Faustschlägen sicher zu beenden. Sofern polizeiliche Hilfe zur Abwehr des Angriffs präsent ist, muss diese in jedem Fall in Anspruch genommen werden. Die private Verteidigung ist in diesen Fällen wegen des subsidiären Charakters der Notrechte[66] (→ § 13 Rn. 12f.) unzulässig.[67]

IV. Die „sozialethischen Einschränkungen" des Notwehrrechts

27 Nach § 32 I StGB sind nur solche Taten gerechtfertigt, die durch Notwehr geboten sind. An dem Merkmal der Gebotenheit machen Rechtsprechung und Lehre heute die sogenannten **sozialethischen Einschränkungen** des Notwehrrechts fest,[68] mit denen die Befugnis zur Verteidigung über die Erforderlichkeit des § 32 II StGB hinaus weiteren Beschränkungen unterworfen wird.[69] Bei diesen Einschränkungen geht es zum einen um eine generelle Abmilderung des durch die Notwehr gewährten Eingriffsrechts, dessen Unabhängigkeit von jeglicher Güterabwägung in den Fällen eines **krassen Missverhältnisses** zwischen geschütztem und beeinträchtigtem Rechtsgut nicht mehr zeitgemäß ist (→ Rn. 27f.). Zum anderen werden unter diesem Topos Einschränkungen des Notwehrrechts für spezielle Notwehrlagen[70] diskutiert, in denen es ungeachtet des Vorliegens eines rechtswidrigen Angriffs angemessen erscheint, die Interessen des Angreifers in stärkerem Maße zu berücksichtigen (→ Rn. 29ff.).

---

63 BGH NStZ-RR 1999, 264; 2007, 199; vgl. dazu auch die Urteilsschelte von Erb NStZ 2011, 186, der eine „Aushöhlung des Notwehrrechts durch lebensfremde tatrichterliche Unterstellungen" beklagt.

64 Vgl. BGH NJW 2013, 2133 (2135f.); SK-StGB/Hoyer StGB § 32 Rn. 62, jeweils mwN.

65 Vgl. MüKoStGB/Erb StGB § 32 Rn. 143; Schönke/Schröder/Perron/Eisele StGB § 32 Rn. 41 sowie eingehend Sengbusch, Die Subsidiarität der Notwehr, 2008, S. 184ff. mwN.

66 Vgl. dazu näher Béguelin GA 2013, 473 (481ff.).

67 Vgl. Lackner/Kühl/Kühl StGB § 32 Rn. 11a; MüKoStGB/Erb StGB § 32 Rn. 148 sowie eingehend Sengbusch, Die Subsidiarität der Notwehr, 2008, S. 236ff. mwN auch zur Gegenansicht.

68 Ob dieser Anknüpfungspunkt den Anforderungen des Art. 103 II GG genügt, ist durchaus fragwürdig; vgl. dazu kritisch Engels GA 1982, 19; Sinn FS Wolter, 2013, 503 (512ff.); Sinn FS Beulke, 2015, 271 (274ff.).

69 Zur allgemeinen Begründung dieser Einschränkungen lesenswert Engländer FS Wolter, 2013, 319 (320ff.) mwN.

70 Zur Übertragbarkeit dieser Einschränkungen auf die Nothilfe vgl. Kuhlen GA 2008, 282 (289ff.) mwN.

1. Allgemein geltende Einschränkungen des Notwehrrechts

28 In Rechtsprechung und Literatur besteht heute weitgehend Einigkeit darüber, dass die Notwehr nicht zu Eingriffen in Rechtsgüter des Angreifers berechtigt, deren Gewicht in einem krassen Missverhältnis zu der von dem Angriff drohenden Beeinträchtigung steht. Dies ist jedoch nicht dahingehend zu verstehen, dass für die Notwehr im Ergebnis doch ein Güterabwägungserfordernis wie für den Defensivnotstand (§ 228 BGB) gelten würde. Ein krasses Missverhältnis erfordert mehr als bloße Unverhältnismäßigkeit. Es liegt nur dann vor, wenn das Verhältnis zwischen dem durch die Verteidigung beeinträchtigtem und dem geschützten Interesse als „unerträglich" zu bewerten ist. Selbst wenn ein Mensch zum Schutz bloßer Sachwerte vorsätzlich getötet wird, ist dies nach ganz herrschender Meinung nicht in jedem Fall anzunehmen. Erst eine Tötung zum Schutz **geringfügiger** Sachwerte (zB einer Sirupflasche oder eines Huhns),[71] soll nicht mehr durch Notwehr gerechtfertigt sein.[72]

29 Diese Wertung ist allerdings insofern problematisch, als nach Art. 2 II lit. a der Europäischen Menschenrechtskonvention[73] die Tötung eines Menschen nur zum Schutz einer Person vor rechtswidriger Gewaltanwendung erlaubt ist. Die herrschende Meinung misst dieser Regelung keine das Notwehrrecht einschränkende Bedeutung bei, weil sie nur für staatliche Eingriffe gelte[74] bzw. nur absichtliche Tötungen verbiete.[75] Zumindest letzteres ist jedoch nicht haltbar. Aus der in Art. 2 II lit. b. EMRK vorgesehenen Ausnahme vom Tötungsverbot bei Festnahmehandlungen ergibt sich eindeutig, dass dieses Verbot nicht nur absichtliche Tötungen erfasst. Und auch der Hinweis auf die alleinige Geltung der Vorschrift für staatliche Eingriffe ist insofern fragwürdig, als Art. 2 I EMRK ausdrücklich eine Schutzpflicht des Staates zugunsten des Lebens statuiert.[76] Deshalb ist der Wertung der Vorschrift wenigstens bei der Auslegung des Notwehrrechts Rechnung zu tragen. Jedenfalls eine mit dem hohen Risiko einer Tötung des Angreifers verbundene Verteidigung zum Schutz bloßer Sachwerte ist nicht mehr durch Notwehr gerechtfertigt.[77]

2. Spezielle Einschränkungen für besondere Notwehrlagen

a) Schuldlose Angriffe

30 Eine Einschränkung des Notwehrrechts aufgrund von Besonderheiten der Notwehrlage wird zunächst für Angriffe schuldlos Handelnder angenommen. Weil die herrschende Meinung den Begriff des Angriffs nicht auf persönlich zurechenbares Verhalten begrenzt und damit den Anwendungsbereich der Notwehr zu Lasten des Defensivnotstands über Gebühr ausdehnt (→ § 16 Rn. 10), sieht sie sich gezwungen, bei nicht persönlich zurechenbarem Verhalten über das Merkmal der Gebotenheit die Eingriffsbefugnisse denen des Defensivnotstands anzugleichen. Bei schuldlosen An-

[71] Vgl. OLG Stuttgart Deutsche Rechtszeitung 1949, 42 und BayObLG NJW 1954, 1377.
[72] Vgl. Schönke/Schröder/Perron/Eisele StGB § 32 Rn. 50 mwN.
[73] BGBl. 1952 II 685ff.
[74] MüKoStGB/Erb StGB § 32 Rn. 22; Schönke/Schröder/Perron/Eisele StGB § 32 Rn. 62, beide mwN.
[75] Hoffmann-Holland StrafR AT Rn. 251; Jäger StrafR AT Rn. 168; Roxin/Greco StrafR AT I § 15 Rn. 88 mwN.
[76] Vgl. dazu Jäger StrafR AT Rn. 168 sowie allgemein Zöller FS Kühne, 2013, 629, der aber selbst nicht auf die Frage eingeht, ob sich aus dieser Schutzpflicht Konsequenzen für die Auslegung des Notwehrrechts ergeben.
[77] Vgl. zum Ganzen Frister GA 1985, 553 und GA 1988, 291 (314).

griffen sei der Verteidiger zunächst zum Ausweichen verpflichtet. Außerdem müsse er kleinere Beeinträchtigungen seiner Rechtsgüter hinnehmen, sofern ihre Abwehr nur durch eine unverhältnismäßige Beeinträchtigung von Rechtsgütern des Angreifers möglich ist.[78] Diese von der herrschenden Meinung angenommenen Einschränkungen des Notwehrrechts gelten unabhängig davon, ob die fehlende Schuld des Angreifers für den Verteidiger ersichtlich war oder nicht. Auch wenn der Verteidiger in keiner Weise erkennen konnte, dass der Angreifer schuldlos handelt, ist eine uneingeschränkte Notwehr objektiv nicht geboten.[79] Der Verteidiger handelt in einem solchen Fall aber in einem unvermeidbaren Erlaubnistatbestandsirrtum und ist daher weder wegen eines vorsätzlichen noch wegen eines fahrlässigen Delikts strafbar.

b) Provozierte Angriffe

31 Des Weiteren soll das Notwehrrecht bei Angriffen eingeschränkt sein, die der Angegriffene durch eine Beleidigung des Angreifers oder sonst in zu missbilligender Weise provoziert hat.[80] Sofern die Provokation gerade mit dem Ziel erfolgte, den Angreifer zu einem rechtswidrigen Angriff zu veranlassen, um ihn durch die Verteidigung scheinbar rechtmäßig verletzen zu können **(Absichtsprovokation),** ist ein Notwehrrecht nach herrschender Meinung gänzlich ausgeschlossen.[81] Wenn der Angegriffene den Angriff lediglich vorhergesehen hat oder hätte vorhersehen können **(verschuldete Provokation),** müsse er zunächst **Schutzwehr statt Trutzwehr** üben. Damit ist gemeint, dass er dem Angriff nach Möglichkeit ausweichen und sich auf schonendere Verteidigungsmittel beschränken muss, auch wenn diese nicht mit Sicherheit eine sofortige Beendigung des Angriffs erwarten lassen. Erst wenn sich herausstellt, dass diese Verteidigungsmittel zur Abwehr des Angriffs nicht ausreichen, soll ihm wieder das volle Notwehrrecht zustehen.[82]

32 Da der Angreifer ungeachtet der Provokation die Möglichkeit hat, sich durch eine Beendigung des Angriffs selbst vor einer unverhältnismäßigen Inanspruchnahme seiner Rechtsgüter zu schützen, lassen sich diese Einschränkungen aus dem Grundgedanken der Notwehr nicht begründen.[83] Sie sind für eine sachgerechte Lösung des Problems auch gar nicht notwendig, weil sich eine solche bereits daraus ergibt, dass die Rechtswidrigkeit für jede den Erfolg verursachende Handlung gesondert zu untersuchen ist. Wer einen anderen zu einem rechtswidrigen Angriff provoziert und ihn danach durch seine Verteidigungshandlung an der Gesundheit schädigt (§ 223 I StGB), hat diesen tatbestandlichen Erfolg auch durch die Provokation selbst verursacht. Aufgrund dieser mittelbaren Erfolgsverursachung kann er – wie der Bundesgerichtshof anerkannt hat[84] –

[78] Vgl. Schönke/Schröder/Perron/Eisele StGB § 32 Rn. 52 sowie eingehend Grünewald ZStW 122 (2010), 51, beide mwN; kritisch hingegen HKV StrafR-HdB/Engländer Bd. 2 § 38 Rn. 75; Jäger GA 2016, 258 (262 f.).

[79] SK-StGB/Hoyer StGB § 32 Rn. 73 ff.

[80] Vgl. Schönke/Schröder/Perron/Eisele StGB § 32 Rn. 54 ff. mwN; streitig ist, ob das Vorverhalten rechtswidrig sein muss oder ob eine bloße sozialethische Missbilligung (so BGH NStZ 2011, 82 (83); 2019, 263 (264), 2021, 33; 2021, 93 (94) jeweils mwN) ausreicht; vgl. dazu Roxin/Greco StrafR AT I § 15 Rn. 73; Grünewald ZStW 122 (2010), 51 (79 ff.).

[81] BGH NJW 1983, 2267; 2003, 1955 (1958); NStZ 2019, 263; WBS StrafR AT Rn. 533.

[82] Vgl. zu dieser sog. **Drei-Stufen-Theorie** BGHSt 26, 256 (257); BGH NStZ 2016, 84 (85 f.); 2019, 263 und Kühl StrafR AT § 7 Rn. 258 ff. mwN.

[83] Dazu näher Frister GA 1988, 291 (309 f.).

[84] BGH NJW 2001, 1075.

selbst dann wegen Körperverletzung strafbar sein, wenn seine Verteidigungshandlung durch Notwehr gerechtfertigt ist (**actio illicita in causa,** vgl. dazu bereits → § 14 Rn. 6). Voraussetzung dafür ist allerdings, dass die den Angriff provozierende Handlung im konkreten Fall allen objektiven und subjektiven Zurechnungsvoraussetzungen genügt.

Insbesondere muss der eingetretene Erfolg schon aufgrund dieser Handlung objektiv zuzurechnen, dh die Handlung muss wegen ihrer Eignung, den tatbestandlichen Erfolg durch die Abwehr eines provozierten rechtswidrigen Angriffs herbeizuführen, rechtlich missbilligt sein. Wenn der Verteidiger – wie im klassischen Fall der Absichtsprovokation – kein legitimes Interesse an der den Angreifer provozierenden Handlung hat, ist dies aber durchaus anzunehmen.[85] Zwar wird in solchen Fällen die Verursachung des Erfolgs durch den rechtswidrigen Angriff und damit eine Handlung des Verletzten selbst vermittelt. Aber die Ermöglichung einer Selbstgefährdung ist nur insoweit als erlaubt zu bewerten, wie dies um der Handlungsfreiheit des Betroffenen willen notwendig ist (vgl. dazu → § 10 Rn. 17ff.). Durch die rechtliche Missbilligung einer Notwehrprovokation wird jedoch allenfalls die Freiheit beeinträchtigt, sich zu einem rechtswidrigen Angriff provozieren zu lassen, und diese rechtlich erwünschte Beschneidung der Autonomie des Betroffenen gibt keinerlei Anlass, die Provokation als erlaubt anzusehen. 33

Hat der spätere Verteidiger ein anzuerkennendes Interesse an der Vornahme einer den Angreifer provozierenden Handlung, so stellt die Gefahr einer Verletzung des Angreifers durch die Abwehr eines provozierten Angriffs dagegen kein rechtlich missbilligtes Risiko dar.[86] In derartigen Fällen überwiegt die Handlungsfreiheit des späteren Verteidigers das Interesse an der Vermeidung einer Rechtsgutsverletzung des späteren Angreifers. Droht etwa der als gewalttätig bekannte A dem B Prügel für den Fall an, dass dieser sich noch einmal in seiner Lieblingskneipe sehen lasse, darf B diese Kneipe weiterhin betreten, selbst wenn er damit rechnen muss oder vielleicht sogar darauf hofft, dass A bei der Abwehr des zu erwartenden Angriffs verletzt wird. B ist auch nicht daran gehindert, sich wegen der zu erwartenden Auseinandersetzung ein Verteidigungsmittel, zB ein Küchenmesser einzustecken. Da A kein Recht hat, ihm das Betreten der Kneipe zu verbieten, und B den möglicherweise zu erwartenden Angriff mit allen erforderlichen Mitteln abwehren darf, gibt es keinerlei Anlass, die Vorbereitung einer solchen Abwehr rechtlich zu missbilligen.[87] 34

c) Angriffe innerhalb enger Lebensgemeinschaften

Schließlich soll nach herrschender, aber auch in der Rechtsprechung nicht mehr ganz unangefochtener[88] Auffassung das Notwehrrecht bei Angriffen innerhalb enger Lebensgemeinschaften eingeschränkt sein. Auf das Leben und die körperliche Unver- 35

[85] AA Puppe FS Küper, 2007, 443 (451).

[86] Dementsprechend nimmt die herrschende Meinung in derartigen Fällen keine Einschränkung des Notwehrrechts an; vgl. dazu BGH NStZ 2011, 82 (83); Schönke/Schröder/Perron/Eisele StGB § 32 Rn. 59 mwN.

[87] Etwas anderes gilt allenfalls dann, wenn der spätere Verteidiger – um den Angreifer schwerer verletzen zu können – bewusst darauf verzichtet, sich ein milderes Abwehrmittel zu besorgen; vgl. zu diesem Fall der sog. **Abwehrprovokation** Lindemann/Reichling JuS 2009, 496 mwN.

[88] Der Bundesgerichtshof hat die grundsätzliche Berechtigung der Einschränkung zum Teil ausdrücklich dahingestellt sein lassen (BGH NJW 1984, 986; NStZ-RR 2002, 203 (204)); in BGH NStZ-RR

sehrtheit des Partners müsse selbst dann noch besondere Rücksicht genommen werden, wenn dieser seinerseits rechtswidrig angreife. Deshalb sei Angriffen des jeweiligen Partners nach Möglichkeit auszuweichen. Sofern von dem Angriff keine schwerwiegenden Verletzungen drohten, müsse außerdem zur Vermeidung einer Tötung des Angreifers auf weniger sichere Verteidigungsmittel ausgewichen und damit die Möglichkeit geringfügiger Körperverletzungen in Kauf genommen werden.[89] Diese insbesondere die Frauen prügelnder Ehemänner treffende Einschränkung des Notwehrrechts widerspricht jedoch dessen Grundgedanken und ist deshalb nicht anzuerkennen. Auch innerhalb enger Lebensgemeinschaften besteht keine Pflicht zur solidarischen Aufopferung eigener Rechtsgüter, wenn der Partner ohne Weiteres in der Lage ist, sich durch Beendigung des Angriffsverhaltens selbst zu helfen.[90]

V. Die Anwendbarkeit der Notwehr auf hoheitliches Handeln

36 Obwohl das Notwehrrecht gegenüber der staatlichen Gefahrenabwehr subsidiär ist, gewährt es zum Teil weitergehende Befugnisse als das durchgängig dem Verhältnismäßigkeitsprinzip verpflichtete öffentliche Recht. So ist der Schusswaffengebrauch gegen Personen nach den Polizeigesetzen der Länder weder zum Schutz bloßer Sachwerte noch zur Verhinderung der Begehung oder Fortsetzung eines Vergehens zulässig (vgl. etwa § 64 PolG NRW). Aufgrund seiner Amtsbefugnisse ist ein Polizist damit zB nicht berechtigt, auf einen mit seiner Beute fliehenden Dieb zu schießen, während eine solche Handlung – insbesondere wenn man mit der herrschenden Meinung dem Art. 2 EMRK keine das Notwehrrecht einschränkende Bedeutung beimisst – durch Notwehr durchaus gerechtfertigt sein kann. Diese Diskrepanz führt zu der schwierigen, in Rechtsprechung und Literatur umstrittenen Frage, ob bei Fehlen einer entsprechenden amtlichen Befugnis zur Rechtfertigung hoheitlichen Handelns auf die Notwehr zurückgegriffen werden kann.[91]

37 Die im Strafrecht herrschende Meinung nimmt dies mit der Begründung an, die Staatsorgane könnten nicht weniger Rechte haben als ein Privatmann.[92] Das mag auf den ersten Blick einleuchtend erscheinen, hat aber die fatale Konsequenz, die öffentlich-rechtliche Regelung der Eingriffsbefugnisse des Staates insgesamt überflüssig zu machen. Die detaillierte Regelung des polizeilichen Schusswaffengebrauchs wäre völlig sinnlos, wenn sie jederzeit durch das private Notwehrrecht überspielt werden dürfte. Auch der Gedanke, eine Rechtfertigung hoheitlichen Handelns durch die Notrechte nur insoweit zuzulassen, wie das öffentliche Recht keine abschließende Sonderrege-

2007, 199 (200) wird die Einschränkung gar nicht erwähnt, wohl aber wieder als obiter dictum in BGH NStZ 2014, 451 (452); 2016, 526 (527) m. krit. Anm. Engländer NStZ 2016, 527.

89 BGH NJW 1969, 802; 1975, 62; MüKoStGB/Erb StGB § 32 Rn. 219ff.

90 HKV StrafR-HdB/Engländer Bd. 2 § 38 Rn. 77; Freund/Rostalski StrafR AT § 3 Rn. 128ff.; vgl. dazu näher Frister GA 1988, 291 (307ff.), Montaner Fernández/Ortiz de Urbina Gimeno GA 2013, 641 (643ff.), jeweils mwN.

91 Die Diskussion wurde ua am Beispiel einer vom ehemaligen Frankfurter Polizei-Vizepräsidenten Daschner angewiesenen Folterandrohung geführt, LG Frankfurt a. M. NJW 2005, 692. Vgl. zu diesem Problemkomplex NK-StGB/Kindhäuser StGB § 32 Rn. 86; Roxin/Greco StrafR AT I § 15 Rn. 103ff. sowie den von Gehl herausgegebenen Sammelband Folter – Zulässiges Instrument im Strafrecht? (2005), jeweils mit umfassenden Nachweisen.

92 Vgl. BayObLG JZ 1991, 936; Schönke/Schröder/Perron/Eisele StGB § 32 Rn. 42a ff. mwN.

lung enthalte,[93] vermag diesen Einwand nicht auszuräumen. Das öffentliche Recht stellt insgesamt eine abschließende Sonderregelung für Eingriffe des Staates in die Rechte seiner Bürger dar. Wegen des dem Rechtsstaats- und dem Demokratieprinzip immanenten Vorbehalt des Gesetzes kann die Überschreitung öffentlich-rechtlicher Befugnisse in keinem Fall durch Notwehr gerechtfertigt sein.[94]

Daraus folgt jedoch noch nicht, dass eine solche Überschreitung strafrechtlich als rechtswidrig zu qualifizieren wäre. Da Gegenstand der Rechtfertigung nicht die Handlung als Ganzes, sondern die durch sie bewirkte Normverletzung ist (→ § 14 Rn. 1 ff.), kann bei einem im Übrigen rechtswidrigen Eingriff des Staates in die Rechte des Bürgers die Verwirklichung des einschlägigen Straftatbestands durch Notwehr gerechtfertigt sein. In Anbetracht der in den Polizeigesetzen der Länder fast durchweg enthaltenen sogenannten Notrechtsvorbehalte, nach denen „die zivil- und strafrechtlichen Wirkungen“[95] der Vorschriften über Notwehr und Notstand durch das Polizeirecht nicht berührt werden, wird man eine solch strafrechtliche Rechtfertigung des für den Staat handelnden Amtsträgers in der Tat annehmen müssen.[96] Ein Polizist, der einem mit der Beute fliehenden Dieb ins Bein schießt, handelt damit zwar polizeirechtswidrig und kann dafür dienstrechtlich zur Verantwortung gezogen werden. Die von ihm begangene gefährliche Körperverletzung (§ 224 StGB) ist jedoch unter den gleichen Voraussetzungen[97] wie bei einem Privatmann durch Notwehr gerechtfertigt. 38

Notwehr § 32 StGB (vgl. S. 503)

A. **Objektiver Erlaubnistatbestand**
  I. **Notwehrlage**
    1. **Angriff auf ein Rechtsgut** (→ § 16 Rn. 5 ff.)
    2. **Rechtswidrigkeit des Angriffs** (→ § 16 Rn. 11 f.)
    3. **Gegenwärtigkeit des Angriffs** (→ § 16 Rn. 14 ff.)
  II. **Anforderungen an die Verteidigungshandlung**
    1. **Eingriff in Rechtsgüter des Angreifers** (→ § 16 Rn. 21 f.)
    2. **Erforderlichkeit des Eingriffs zur Abwehr des Angriffs**
      a) **Geeignetheit** (→ § 16 Rn. 23 f.)
      b) **Mildestes unter gleich geeigneten Mitteln** (→ § 16 Rn. 25 f.)
  III. Gebotenheit der Notwehr = Keine „sozialethischen“ Einschränkungen
    1. Allgemeine, für jede Notwehrlage geltende Einschränkungen
      a) Krasses Missverhältnis zwischen verteidigtem und beeinträchtigtem Rechtsgut (→ § 16 Rn. 28)
      b) Art. 2 EMRK (→ § 16 Rn. 28)

[93] Vgl. Schönke/Schröder/Perron/Eisele StGB § 34 Rn. 7 ff. mwN.

[94] Vgl. Béguelin GA 2013, 473 (474 f.) mwN.

[95] So explizit die Formulierung in Art. 77 II BayPAG.

[96] Vgl. dazu MüKoStGB/Erb StGB § 32 Rn. 189 ff.; SK-StGB/Hoyer StGB § 32 Rn. 101 ff. mwN; aA Jakobs StrafR AT Abschn. 12 Rn. 44, der auch polizeilich nicht mehr erlaubtes Handeln nach den allgemeinen Strafgesetzen ahnden, den „regelmäßig herabgesetzten Unrechtsgrad“ aber bei der Strafzumessung berücksichtigen will.

[97] Vgl. zu der interessanten Überlegung, bei der Bestimmung dieser Voraussetzung auch die Subsidiarität der Notrechte heranzuziehen Béguelin GA 2013, 473 (481 ff.).

Art. 2 EMRK ist nach hM auf Notwehrhandlungen Privater nicht anwendbar.
2. Einschränkungen für besondere Notwehrlagen
   a) Schuldlose Angriffe (→ § 16 Rn. 30)
   b) Provozierte Angriffe (→ § 16 Rn. 31 ff.)
   c) Angriffe innerhalb enger Lebensgemeinschaften (→ § 16 Rn. 35)

B. **Subjektiver Erlaubnistatbestand**
- **Kenntnis der die objektive Rechtfertigung begründenden Umstände**

B. Der Notwehrexzess

I. Grundgedanke

39 Wer einen gegenwärtigen rechtswidrigen Angriff mit einem nicht erforderlichen Verteidigungsmittel abwehrt, handelt objektiv rechtswidrig. Er wird aber gemäß § 33 StGB gleichwohl nicht bestraft, wenn die Überschreitung der Grenzen der Notwehr aus Verwirrung, Furcht oder Schrecken, dh in einem asthenischen Affektzustand geschieht, der zwar nicht die Schuldfähigkeit beeinträchtigen, die Fähigkeit zur gedanklichen Verarbeitung der Situation aber bereits erheblich reduzieren muss.[98] Der Grundgedanke dieser Regelung ist umstritten. Die herrschende sogenannte **Theorie der doppelten Schuldminderung** führt die Straflosigkeit darauf zurück, dass die Abwehr des rechtswidrigen Angriffs das Unrecht der Tat und damit die Schuld des Täters so weit mindert, dass bei Hinzutreten der weiteren aus der affektiven Erregung resultierenden Schuldminderung die Tat nicht strafwürdig ist.[99] Diese Deutung ist jedoch schon deshalb[100] nicht überzeugend, weil sie die Begrenzung der Vorschrift auf die sogenannten asthenischen Affekte (Verwirrung, Furcht oder Schrecken) nicht zu erklären vermag. Wenn die Straflosigkeit wirklich aus der Abwehr des rechtswidrigen Angriffs und der affektiven Erregung resultieren würde, dann müsste auch derjenige, der die Grenzen der Notwehr aus einem sthenischen Affekt, dh aus Wut oder Rache, überschreitet, straflos sein.

40 Der Hinweis auf die Verantwortung des Angreifers für die Rechtsgüterkollision[101] erklärt die Regelung insofern nicht, als diese Verantwortung bereits bei der Ausgestaltung des Notwehrrechts berücksichtigt ist. Sie begründet die weitreichenden Befugnisse des Verteidigers zum Eingriff in die Rechte des Angreifers, ist aber nicht geeignet, die Verantwortung des Verteidigers für sein eigenes Handeln und damit auch nicht für eine Überschreitung dieser Befugnisse zu beseitigen oder zu vermindern. Dementsprechend vermag auch der Versuch, die Regelung des § 33 StGB auf ein wegen der Verantwortung des Angreifers **fehlendes präventives Strafbedürfnis**

[98] Vgl. zu den Anforderungen an das Ausmaß dieses Affektzustands BGH NJW 2013, 2133 (2136).

[99] Vgl. SK-StGB/Rogall StGB § 33 Rn. 2 mwN.

[100] Für weitere Gegenargumente vgl. Albrecht GA 2013, 369 (372 ff.); Frister, Die Struktur des „voluntativen Schuldelements", 1993, S. 227 f.

[101] So in Ergänzung der Theorie der doppelten Schuldminderung Rogall GS Weßlau, 2016, 529 (541 ff.); Rosenau FS Beulke, 2015, 225 (231 ff.).

zurückzuführen,[102] nicht zu überzeugen. Da die generalpräventive Notwendigkeit der Zurückweisung des in der Straftat enthaltenen Normwiderspruchs nur die Kehrseite der persönlichen Vorwerfbarkeit ist (→ § 3 Rn. 3), kann ein präventives Strafbedürfnis immer nur insoweit fehlen, wie das Unrecht oder die Schuld des Täters ausgeschlossen bzw. gemindert ist. Soweit die Verteidigung ungeachtet der Verantwortung des Angreifers als strafrechtliche Schuld begründende Normverletzung bewertet wird, besteht deshalb auch ein generalpräventives Bedürfnis, die Geltung der verletzten Norm durch eine strafrechtliche Ahndung der Tat zu demonstrieren.[103]

Im Ergebnis lässt sich der § 33 StGB deshalb nur als eine **typisierende Regelung des auf die Erforderlichkeit der Verteidigung bezogenen Erlaubnistatbestandsirrtums** 41
verstehen.[104] Da asthenische Affekte die Fähigkeit beeinträchtigen, die Existenz anderer Verteidigungsmöglichkeiten zu erkennen, ohne – wie die sthenischen Affekte – zugleich zu einer bewussten Überschreitung der Notwehr zu motivieren, liegt es bei auf solchen Affekten beruhenden Notwehrexzessen sehr nahe, dass der Verteidiger die Existenz des milderen Verteidigungsmittels weder erkannt hat noch erkennen konnte. Die Regelung des § 33 StGB entbindet die Gerichte aus prozessökonomischen Gründen von der Aufgabe, das Vorliegen eines solch unvermeidbaren Erlaubnistatbestandsirrtums im Einzelfall festzustellen. Sie sollen sich nicht mit der nach Einschätzung des Gesetzgebers[105] in aller Regel ohnehin nicht sicher zu beantwortenden Frage befassen müssen, ob ein in Verwirrung, Furcht oder Schrecken handelnder Verteidiger ungeachtet dieses Zustands doch noch eine andere Verteidigungsmöglichkeit erkannt hat oder hätte erkennen können.[106]

II. Der Anwendungsbereich der Regelung

Um dieser Typisierungsfunktion willen ist § 33 StGB mit der heute ganz herrschenden 42
Meinung auch dann anzuwenden, wenn der Verteidiger im Einzelfall ausnahmsweise einmal die milderen Verteidigungsmöglichkeiten erkannt haben sollte **(bewusster Notwehrexzess).**[107] Der herrschenden Meinung ist ferner darin zuzustimmen, dass nur ein **intensiver,** nicht aber der sogenannte **extensive Notwehrexzess,** dh die Abwehr noch nicht oder nicht mehr gegenwärtiger Angriffe, durch § 33 StGB privilegiert wird.[108] Da insbesondere die Furcht zur Abwehr noch nicht gegenwärtiger Angriffe

[102] So mit unterschiedlichen Nuancierungen NK-StGB/Kindhäuser StGB § 33 Rn. 6; Jakobs StrafR AT Abschn. 20 Rn. 28; Roxin/Greco StrafR AT I § 22 Rn. 69, alle mwN.

[103] Vgl. dazu näher Frister, Die Struktur des „voluntativen Schuldelements", 1993, S. 228f.; zustimmend Albrecht GA 2013, 369 (378).

[104] Vgl. dazu näher Frister, Die Struktur des „voluntativen Schuldelements", 1993, S. 229ff. mwN; iErg ebenso Albrecht GA 2013, 369 (382ff.), die zutreffend darauf hinweist, dass damit die spezielle Regelung des § 33 StGB der Anwendung der allgemeinen Regeln über den Erlaubnistatbestandsirrtum vorgeht.

[105] Vgl. für Belege aus der Entstehungsgeschichte der Regelung Albrecht GA 2013, 369 (384f.); Frister, Die Struktur des „voluntativen Schuldelements", 1993, S. 232 in Anm. 230f.

[106] Rogall GS Weßlau, 2016, 529 (542f.) kritisiert die Deutung des § 33 StGB als typisierende Beweisregel, weist aber wenige Seiten zuvor (Rogall GS Weßlau, 2016, 529 (535)) selbst darauf hin, dass die Regelung des § 33 StGB den Gerichten aufwändige Feststellungen erspart.

[107] BGHSt 39, 133 (139); BGH NStZ 2011, 630 (631); MüKoStGB/Erb StGB § 33 Rn. 15; SK-StGB/Rogall StGB § 33 Rn. 19, beide mwN.

[108] Vgl. BGH NStZ 2002, 141; 2011, 630; SK-StGB/Rogall StGB § 33 Rn. 11f. mwN; anders MüKo-StGB/Erb StGB § 33 Rn. 14; NK-StGB/Kindhäuser StGB § 33 Rn. 11, beide mwN.

motivieren kann, beruht eine Überschreitung der **zeitlichen** Grenzen der Notwehr nicht typischerweise auf einem unvermeidbaren Erlaubnistatbestandsirrtum.[109] Deshalb gelten für die irrtümliche Abwehr eines noch nicht oder nicht mehr gegenwärtigen Angriffs die allgemeinen Irrtumsregeln, dh das Gericht muss auch bei einem in Verwirrung, Furcht oder Schrecken handelnden Verteidiger im Einzelfall feststellen, ob er den Angriff tatsächlich irrtümlich für gegenwärtig gehalten hat und ob er diesen Irrtum nicht vermeiden konnte.

43 Die Vorschrift des § 33 StGB setzt nach ihrem Grundgedanken zwar die tatsächliche Vorstellung, nicht aber das objektive Vorliegen einer Notwehrlage voraus. Entgegen der herrschenden Meinung[110] ist sie deshalb auf den sogenannten **Putativnotwehrexzess** analog anzuwenden. Dies bedeutet freilich nur, dass auch bei einem aufgrund einer irrtümlich angenommenen Notwehrlage in Verwirrung, Furcht oder Schrecken geratenen Täter von einem unvermeidbaren Irrtum über die Erforderlichkeit des Verteidigungsmittels auszugehen ist. Eine eventuelle Fahrlässigkeitsstrafbarkeit wegen der Vermeidbarkeit des sich auf das Vorliegen eines gegenwärtigen rechtswidrigen Angriffs beziehenden Erlaubnistatbestandsirrtums bleibt dagegen unberührt. Das gegen die analoge Anwendung des § 33 StGB auf den Putativnotwehrexzess ins Feld geführte Argument, bei einer fahrlässig angenommenen Notwehrlage könne der in Verwirrung, Furcht oder Schrecken handelnde Täter nicht dadurch straflos werden, dass er die Grenzen der zur Abwehr des vermeintlichen Angriffs erforderlichen Verteidigung überschreite,[111] ist deshalb nicht stichhaltig.

Entschuldigender Notwehrexzess, § 33 StGB (vgl. S. 503)
A. **Objektive Voraussetzungen** I. **Angriff auf ein Rechtsgut** II. **Rechtswidrigkeit des Angriffs** III. **Gegenwärtigkeit des Angriffs** Zum Teil wird diese Voraussetzung in der Literatur für entbehrlich erachtet (→ § 16 Rn. 42). IV. **Eingriff in Rechtsgüter des Angreifers** B. **Subjektive Voraussetzung** – **Handeln aus Verwirrung, Furcht oder Schrecken** (→ § 16 Rn. 39 und 40f.) Stellt der Täter sich einen Sachverhalt vor, in dem die objektiven Voraussetzungen des § 33 StGB erfüllt sind, ist die Regelung entgegen der hM analog anzuwenden (→ § 16 Rn. 43).

Lektüreempfehlung: BGHSt 39, 133–141 (Notwehrexzess).

[109] Insoweit aA Albrecht GA 2013, 369 (384) mwN.

[110] Vgl. BGH NStZ 2016, 333 (334); NK-StGB/Kindhäuser StGB § 33 Rn. 16; Schönke/Schröder/Perron/Eisele StGB § 33 Rn. 8, alle mwN.

[111] Vgl. Roxin/Greco StrafR AT I § 22 Rn. 95; Berster GA 2016, 36 (48f.), beide mwN.

§ 17. Rechtfertigender Notstand

A. Der Aggressivnotstand

I. Überblick

1 Der Aggressivnotstand setzt zunächst eine Notstandslage voraus, die von den § 904 BGB, § 34 StGB übereinstimmend als gegenwärtige Gefahr beschrieben wird. Zur Abwehr einer solchen Gefahr darf in Rechtsgüter von Personen eingegriffen werden, die für die Entstehung der Gefahr in keiner Weise verantwortlich sind, wobei § 904 BGB speziell den Eingriff in das Eigentum und § 34 StGB auch den Eingriff in andere Rechtsgüter erlaubt. Das in beiden Vorschriften gewährte Eingriffsrecht ist jedoch der Natur der Sache nach eng begrenzt.[1] Da es sich nur auf den Gedanken zwischenmenschlicher Solidarität stützen lässt, muss der Eingriff zum Schutz eines Interesses erforderlich sein, das wesentlich schwerer wiegt als das durch den Eingriff beeinträchtigte. Außerdem ist entsprechend den allgemeinen Regeln auch beim Aggressivnotstand zur Rechtfertigung des Motivationsunwerts das subjektive Rechtfertigungselement, dh die Kenntnis der objektiven Rechtfertigungsvoraussetzungen, notwendig (→ § 14 Rn. 16ff.).

II. Die Notstandslage

1. Die Gefahr

2 Die Notstandslage setzt als erstes eine Gefahr, dh die objektiv (→ § 14 Rn. 11) drohende Beeinträchtigung eines Rechtsguts, voraus. Wie bei der Notwehr, so ist auch beim rechtfertigenden Notstand die Gefährdung jedes Individualrechtsguts ausreichend. Die Aufzählung bestimmter Rechtsgüter in § 34 StGB hat – wie sich aus der Formulierung „oder ein anderes Rechtsgut" ergibt – nur Beispielscharakter. Innerhalb gewisser, nicht exakt definierter Grenzen soll nach herrschender Meinung auch die Gefährdung von Rechtsgütern der Allgemeinheit eine Notstandslage begründen.[2] Dies ist jedoch nicht richtig. Die Begrenzung auf Individualrechtsgüter ergibt sich aus der Funktion der Notrechte allgemein (vgl. dazu → § 16 Rn. 6) und ist deshalb auch beim rechtfertigenden Notstand zu beachten, sodass ungeachtet der Verankerung des Tierschutzes als Staatsziel in Art. 20a GG auch das Tierwohl vom Bürger nicht eigenmächtig geschützt werden darf.[3] Ein praktischer Unterschied zur Notwehr besteht lediglich insofern, als eine Gefährdung von Rechtsgütern der Allgemeinheit oft zugleich eine schon gegenwärtige Gefahr für ein Individualrechtsgut beinhaltet, sodass dann aus diesem Grund eine Notstandslage besteht (vgl. dazu sogleich → § 17 Rn. 6).[4]

---

[1] Dazu lesenswert Frisch GA 2016, 121 (130ff.).

[2] BGH NStZ 1988, 558 (559); OLG Naumburg NJW 2018, 2064 (2065); MüKoStGB/Erb StGB § 34 Rn. 72f.; Schönke/Schröder/Perron StGB § 34 Rn. 10, beide mwN.

[3] So aber OLG Naumburg NJW 2018, 2064 (2065) m. krit. Anm. Hotz NJW 2018, 2066 und abl. Anm. Scheuerl/Glock NStZ 2018, 448; zustimmend hingegen Dehne-Niemann/Greisner GA 2019, 205 (211ff.); für eine eingehende Kritik aus staatsrechtlicher Sicht vgl. Dietlein GS Tröndle, 2019, 187 (193ff.).

[4] NK-StGB/Neumann StGB § 34 Rn. 22; SK-StGB/Hoyer StGB § 34 Rn. 11.

3 Die eine Notstandslage begründende Gefahr kann sowohl aus einer menschlichen Handlung als auch aus einem Naturereignis resultieren. Da Naturereignisse nicht Gegenstand rechtlicher Bewertung sind, muss die drohende Rechtsgutsbeeinträchtigung beim Notstand – anders als bei der Notwehr – nicht rechtswidrig sein. Gleichwohl fehlt es nicht nur an einer Notwehr-, sondern auch an einer Notstandslage, wenn diese Beeinträchtigung aufgrund einer besonderen Gefahrtragungspflicht geduldet werden muss oder sonst objektiv gerechtfertigt ist.[5] Wer im Strafverfahren zu Recht zu einer Freiheitsstrafe verurteilt zu werden droht, ist keiner Gefahr iSd § 34 StGB ausgesetzt. Der ihm drohende Freiheitsentzug ist rechtlich gewollt und vermag deshalb per se keinen Eingriff in Rechtsgüter Dritter zu legitimieren. Gleiches gilt im Ergebnis für Rechtsgutsbeeinträchtigungen, die einem Angreifer aus einer Notwehrhandlung drohen. Sie sind zwar von der Rechtsordnung nicht intendiert, werden von ihr aber zum Schutz des angegriffenen Rechtsguts in Kauf genommen, sodass dem Angreifer gegen eine gerechtfertigte Verteidigung auch kein Notstandsrecht zusteht.

4 Eine von Seiten des Staates drohende Rechtsgutsbeeinträchtigung ist schon dann objektiv gerechtfertigt, wenn sie auf einer rechtmäßig getroffenen Entscheidung beruht (vgl. dazu bereits → § 14 Rn. 13 ff.). Deshalb liegt in einem solchen Fall auch dann keine Gefahr iSd § 34 StGB vor, wenn die drohende Rechtsgutsbeeinträchtigung materiell unberechtigt ist.[6] Aus diesem Grund ist etwa das Risiko, in einem Strafverfahren auf prozessordnungsgemäße Art und Weise **unschuldig** verurteilt zu werden, keine Gefahr iSd § 34 StGB. Da das Strafverfahren gerade den Sinn hat, über die Schuld des Angeklagten zu entscheiden, darf der Verurteilung eines unschuldigen Angeklagten nur im Rahmen der Prozessordnung entgegengewirkt werden. Selbst wenn in einem Mordprozess die Beweislage einmal so unglücklich ist, dass die Verurteilung des unschuldigen Angeklagten zu lebenslanger Freiheitsstrafe nur durch eine uneidliche Falschaussage (§ 153 StGB) verhindert werden kann, ist die Begehung dieses Deliktes nicht durch Notstand gerechtfertigt. In einem solchen Extremfall kommt lediglich eine Entschuldigung nach § 35 StGB in Betracht (vgl. dazu → § 20 Rn. 15).

2. Die Gegenwärtigkeit der Gefahr

5 Zweite Voraussetzung der Notstandslage ist die Gegenwärtigkeit der Gefahr. Weil der Aggressivnotstand keine besonders schwerwiegenden Eingriffe erlaubt, wird dieser Begriff weiter ausgelegt als die Gegenwärtigkeit des Angriffs bei der Notwehr.[7] Auch eine **Dauergefahr,** die sich – wie zB die Gefahr des Einsturzes eines baufälligen Hauses – jederzeit realisieren kann, stellt bereits eine gegenwärtige Gefahr dar. Darüber hinaus kann eine Gefahr sogar schon dann gegenwärtig sein, wenn die Rechtsgutsverletzung mit Sicherheit erst zu einem späteren Zeitpunkt eintreten wird. Voraussetzung dafür ist, dass die Gefahrverwirklichung nur zum gegenwärtigen Zeitpunkt abgewendet werden kann. Ein Beispiel für eine solche Konstellation ist der bereits bei der Notwehr

---

[5] Einige Autoren wollen die objektive Rechtfertigung der drohenden Rechtsgutsbeeinträchtigung erst bei der Interessenabwägung (LK-StGB/Zieschang StGB § 34 Rn. 55) bzw. der Angemessenheit des § 34 S. 2 StGB (Maurach/Zipf StrafR AT I § 27 Rn. 41) berücksichtigen. Dieser Unterschied betrifft nur die dogmatische Einordnung und hat sachlich keine Bedeutung.

[6] Die Versagung des Notstandsrechts in derartigen Fällen wird iErg allgemein für richtig gehalten, in der Literatur aber zumeist nicht schon bei der Notstandslage, sondern erst bei der Prüfung der Angemessenheit der Tat nach § 34 S. 2 StGB thematisiert.

[7] NK-StGB/Neumann StGB § 34 Rn. 56 f. mwN; gegen diese Erweiterung mit beachtlichen Argumenten Dencker FS Frisch, 2013, 477 (478 ff.).

(→ § 16 Rn. 16f.) erörterte „Spanner-Fall". Hier lag zwar kein gegenwärtiger Angriff, wohl aber eine gegenwärtige Gefahr iSd § 34 StGB vor, weil das zukünftige Erscheinen des Spanners zu einem späteren Zeitpunkt nicht mehr hätte verhindert werden können.[8]

Die relativ großzügige Auslegung des Gegenwärtigkeitsbegriffs hat – wie bereits angedeutet – auch Bedeutung für die Frage, ob und inwieweit eine Gefährdung von Rechtsgütern der Allgemeinheit zugleich eine notstandsfähige Gefährdung von Individualrechtsgütern beinhaltet. So liegt bei einer Gefährdung der Sicherheit des Straßenverkehrs durch eine Trunkenheitsfahrt (§ 316 StGB) zugleich eine Gefahr für das Leben, die körperliche Unversehrtheit und das Eigentum potentieller Verkehrsteilnehmer vor. Diese Gefahr ist iSd § 34 StGB bereits dann gegenwärtig, wenn sie nur zum gegenwärtigen Zeitpunkt abgewendet werden kann. Deshalb ist bei einer bevorstehenden Trunkenheitsfahrt eine Aggressivnotstandslage gegeben, aufgrund derer ein Betrunkener zB durch Wegnahme des Autoschlüssels daran gehindert werden darf, mit seinem Auto nach Hause zu fahren.[9] Eine Notwehrlage liegt dagegen – weil die Verletzung eines Individualrechtsguts noch nicht unmittelbar bevorsteht – in einem solchen Fall nicht vor. 6

III. Die Anforderungen an die Abwehrhandlung

1. Erforderlichkeit zur Abwehr der Gefahr

§ 34 StGB rechtfertigt die Begehung von Taten zur Abwendung der Gefahr von sich oder einem anderen. Wie bei der Notwehr ist also nicht nur der Betroffene selbst, sondern – im Rahmen von dessen (mutmaßlichem) Willen[10] – auch jeder Dritte zur Abwendung der Gefahr berechtigt **(Notstandshilfe).** Das allen Notrechten gemeinsame Merkmal der Erforderlichkeit der Tat bringt die Regelung des § 34 StGB durch den Passus „nicht anders abwendbare" Gefahr zum Ausdruck. Mit dieser scheinbar eine Voraussetzung der Notstandslage beschreibenden Formulierung ist nichts anderes gemeint, als dass die tatbestandsmäßige Handlung erstens ein geeignetes und zweitens das mildeste Mittel zur Abwehr der Gefahr sein muss.[11] Die anderweitige Abwendbarkeit durch Handlungen, die in gleichem oder sogar noch stärkerem Maße in fremde Rechtsgüter eingreifen, steht – entgegen dem insoweit missverständlichen Wortlaut des § 34 StGB – der Rechtfertigung natürlich nicht entgegen. 7

An die Erforderlichkeit der tatbestandsmäßigen Handlung sind beim rechtfertigenden Notstand zum Teil strengere Anforderungen zu stellen als bei der Notwehr. Da die Rechtsgutskollision hier nicht auf dem rechtswidrigen Willen des Betroffenen beruht, muss die Handlung nicht nur ihrer Art, sondern auch ihrer Intensität nach dazu geeignet sein, die Gefahr abzuwenden oder zu vermindern. Die Inanspruchnahme fremder Rechtsgüter für von vornherein völlig unzureichende und deshalb sinnlose Rettungsmaßnahmen ist nicht durch Notstand gerechtfertigt. Außerdem ist die Möglichkeit, der Gefahr auszuweichen, beim Notstand stets als milderes Mittel zur Abwendung 8

[8] Eine Rechtfertigung des „Schusses in die Flanke" ergibt sich aber auch daraus nicht, weil ein so schwerwiegender Eingriff vom Aggressivnotstand nicht mehr gedeckt ist.
[9] OLG Koblenz NJW 1963, 1991.
[10] Vgl. zu dieser bei Notwehr und Notstand in gleicher Weise geltenden Einschränkung → § 16 Rn. 20.
[11] MüKoStGB/Erb StGB § 34 Rn. 104 mwN.

der Gefahr zu bewerten. Wer vor einem plötzlichen Kälteeinbruch in seinem Haus Schutz suchen kann, darf sich natürlich nicht eigenmächtig den Wintermantel seines Nachbarn ausleihen, um seinen Spaziergang ohne die Gefahr von Erfrierungen fortsetzen zu können.

2. Wesentliches Überwiegen der geschützten Interessen

9 Die Rechtfertigung setzt weiter voraus, dass der drohende Schaden gegenüber dem aus der Einwirkung dem Eigentümer entstehenden Schaden unverhältnismäßig groß ist (§ 904 BGB) bzw. das geschützte Interesse das beeinträchtigte wesentlich überwiegt (§ 34 StGB). Beide Formulierungen sind inhaltlich identisch und bringen zutreffend zum Ausdruck, dass – entgegen einer in der Literatur vielfach vertretenen Auffassung[12] – ein einfaches Überwiegen der geschützten Interessen nicht ausreicht. Da beim Notstand Rechtsgüter verschiedener Personen kollidieren,[13] bedarf es einer Legitimation dafür, die Rechtsgüter der einen Person zum Schutz des Rechtsguts einer anderen Person in Anspruch zu nehmen. Diese Legitimation ergibt sich im Fall des Aggressivnotstands aus der Verpflichtung zur zwischenmenschlichen Solidarität, die in unserer Rechtsordnung relativ eng begrenzt ist und deshalb den Eingriff nur dann legitimiert, wenn das geschützte Interesse unverhältnismäßig bzw. wesentlich größer ist als das beeinträchtigte.[14]

a) Die in die Abwägung einzubeziehenden Interessen

10 Umstritten ist, ob und inwieweit bei der Interessenabwägung neben dem tatbestandlich geschützten Interesse auch andere durch die Handlung beeinträchtigte Interessen miteinzubeziehen sind. Wenn etwa ein LKW-Fahrer eine schwere Beschädigung seines in einen Graben gerutschten teuren Fahrzeugs nur dadurch vermeiden kann, dass er die als Abfall iSd § 326 I Nr. 4 StGB zu qualifizierende Ladung auf ein fremdes Grundstück entlädt,[15] stellt sich die Frage, ob bei der Prüfung der Rechtfertigung des unerlaubten Umgangs mit Abfällen (§ 326 I Nr. 4 StGB) das Eigentumsinteresse des Grundstücksinhabers und umgekehrt bei der Prüfung der Rechtfertigung der Beschädigung des Grundstücks (§ 303 I StGB) die von dem Abfall ausgehenden Umweltgefahren mit in die Interessenabwägung einzubeziehen sind. Nach Auffassung einiger Autoren soll dies nicht möglich sein. Da sich die Rechtswidrigkeit auf die jeweilige Tatbestandsverwirklichung beziehe, seien auf der Eingriffsseite nur die jeweils tatbestandlich geschützten Interessen zu berücksichtigen.[16]

11 Jedoch ist der in der jeweiligen Tatbestandsverwirklichung liegende Unwert nur dann aufgehoben, wenn der Saldo aller anderen betroffenen Interessen das tatbestandlich geschützte Interesse wesentlich überwiegt.[17] Soweit mit der Tatbestandsverwirklichung weitere durch den jeweiligen Tatbestand nicht geschützte Interessen be-

[12] Schönke/Schröder/Perron StGB § 34 Rn. 45 mwN.

[13] Eine Kollision von Rechtsgütern derselben Person ist nach den Regeln der Einwilligung bzw. mutmaßlichen Einwilligung zu beurteilen; vgl. dazu eingehend Schmitz, Rechtfertigender Notstand bei internen Interessenkollisionen, 2013, S. 71 ff. mwN.

[14] Vgl. dazu näher MüKoStGB/Erb StGB § 34 Rn. 9; NK-StGB/Neumann StGB § 34 Rn. 11; SK-StGB/Hoyer StGB § 34 Rn. 39 ff.

[15] Vgl. den Sachverhalt von BayObLG NJW 1978, 2046, in dem es allerdings nicht um eine Straftat, sondern eine Ordnungswidrigkeit nach dem Abfallgesetz ging.

[16] Schönke/Schröder/Perron StGB § 34 Rn. 23 mwN; Dencker JuS 1979, 779.

[17] Vgl. dazu eingehend Küper, Der verschuldete rechtfertigende Notstand, 1983, S. 146 ff.

einträchtigt werden, dürfen diese nicht einfach außer Acht gelassen werden, sondern sind als Negativposten von dem Wert des durch die Tatbestandsverwirklichung geschützten Interesses in Abzug zu bringen. Kann eine Beschädigung des LKW durch den umweltgefährdenden Umgang mit der Ladung ohnehin nur um den Preis einer ebenso schweren Beschädigung fremden Eigentums vermieden werden, gibt es keinen Grund, die Verletzung des tatbestandlich geschützten Umweltinteresses zu erlauben. Deshalb ist der unerlaubte Umgang mit Abfällen (§ 326 I Nr. 4 StGB) in einem solchen Fall auch dann nicht durch Notstand gerechtfertigt, wenn das Interesse an der Vermeidung der Beschädigung des LKW für sich genommen die Gefährdung der Umwelt wesentlich überwiegen würde.

b) Struktur und Gewichtung der abzuwägenden Interessen

Da Gegenstand der Rechtfertigung nur die tatbestandsmäßige Handlung und nicht der Erfolg ist (→ § 14 Rn. 4ff.), kommt es bei der Interessenabwägung nicht auf das Ergebnis der Rettungshandlung, sondern auf die durch diese Handlung begründeten Chancen und Risiken an. Gegeneinander abzuwägen sind die in der tatbestandsmäßigen Handlung enthaltene Chance zur Rettung der bedrohten Rechtsgüter einerseits und das durch diese Handlung begründete Risiko der Verletzung von Rechtsgütern andererseits. Das Gewicht dieser Abwägungsposten wird durch den **Wert der betroffenen Rechtsgüter,** das **Ausmaß der diesen Rechtsgütern drohenden Beeinträchtigung** (der Verlust eines Beines wiegt zB schwerer als eine leichte Schürfwunde), den **Grad der ihnen drohenden Gefahren** und auch **den Grad der Eignung zur Gefahrenabwehr** bestimmt. Wenn ein mit Sicherheit drohender Schaden durch die Rettungshandlung nur möglicherweise verhindert wird, ist das Interesse an der Vornahme der Rettungshandlung geringer als wenn die Handlung das bedrohte Rechtsgut mit Sicherheit erhalten würde. 12

Zwischen den genannten Kriterien gibt es keine feste Rangfolge. Auch die Gefährdung eines höherwertigen Rechtsguts kann durch Notstand gerechtfertigt sein, wenn das Ausmaß der ihm drohenden Beeinträchtigung oder der Grad der ihm drohenden Gefahr entsprechend gering sind. So kann eine Trunkenheitsfahrt, die erforderlich ist, um jemanden ins Krankenhaus zu bringen, durch Notstand gerechtfertigt sein, auch wenn „nur“ die Gefahr einer schwerwiegenden Beeinträchtigung von dessen körperlicher Integrität besteht. In einem solchen Fall überwiegt das Gesundheitsinteresse das durch die Trunkenheitsfahrt gefährdete Lebensinteresse der anderen Verkehrsteilnehmer wesentlich, weil der Grad der Gefahr, dh die Wahrscheinlichkeit, dass es tatsächlich zum Tod anderer Verkehrsteilnehmer kommt, relativ gering ist. Die in der Literatur vielfach anzutreffende Aussage, Tötungshandlungen seien durch einen Aggressivnotstand grundsätzlich nicht zu rechtfertigen,[18] ist deshalb in dieser Allgemeinheit nicht zutreffend. Wenn es in dem gebildeten Beispiel zu einem tödlichen Unfall kommt, ist die durch die Trunkenheitsfahrt begangene Tötung durch Notstand gerechtfertigt (vgl. dazu bereits → § 14 Rn. 4). 13

c) Die stets geltende Opfergrenze

Richtig ist allerdings, dass eine Handlung, die mit Sicherheit den Tod eines Menschen herbeiführen wird, nicht durch Aggressivnotstand gerechtfertigt werden kann. Dies 14

[18] Schönke/Schröder/Perron StGB § 34 Rn. 23.

gilt nach herrschender Meinung[19] auch dann, wenn nur durch diese Handlung eine Vielzahl anderer Menschen vor dem Tod bewahrt werden kann, sodass zB der Abschuss eines von Terroristen entführten Passagierflugzeugs selbst zur Verhinderung eines Anschlags wie am 11.9.2001 nicht durch § 34 StGB gerechtfertigt wäre.[20] Das Leben jedes einzelnen Menschen wird als ein nicht mehr quantifizierbarer Höchstwert angesehen.[21] Es ist nicht weniger wert als das Leben aller anderen, sodass bei der Tötung eines Menschen zur Rettung des Lebens vieler anderer das geschützte Interesse das beeinträchtigte nicht überwiegt. Aus diesem Grund hat die Rechtsprechung zB die ärztliche Mitwirkung an der Tötung behinderter Menschen durch die Nationalsozialisten ungeachtet der Verteidigung der Angeklagten, sie hätten nur durch diese Mitwirkung eine größere Zahl von behinderten Patienten vor dem sicheren Tod retten können, als rechtswidrig angesehen.[22] Bei Vorliegen einer solchen Konstellation kommt lediglich eine Entschuldigung aufgrund eines übergesetzlichen Notstands (vgl. dazu → § 20 Rn. 26ff.) in Betracht.

15 Auch eine sichere schwerwiegende Beeinträchtigung der körperlichen Unversehrtheit ist durch Aggressivnotstand nicht zu rechtfertigen. So wäre die Entnahme einer Niere zum Zwecke der Transplantation ohne Einwilligung des Betroffenen auch dann nicht durch § 34 StGB gerechtfertigt, wenn sie die einzige Möglichkeit ist, einem anderen Menschen das Leben zu retten. In einem solchen Fall überwiegt zwar das geschützte das beeinträchtigte Interesse, da aber in unserer Rechtsordnung die Verpflichtung zur zwischenmenschlichen Solidarität nicht so weit geht, dass man einem anderen seine Niere spenden müsste, ist dieses Überwiegen nicht als wesentlich zu bewerten.[23] Nach der herrschenden Meinung soll sogar eine zur Rettung eines lebensgefährlich Verletzten erforderliche Blutspende nicht mehr von der Verpflichtung zur zwischenmenschlichen Solidarität umfasst sein.[24] Diese Wertung vermag ich allerdings nicht zu teilen. Eine Blutspende kann man von den Menschen zur Rettung des Lebens ihrer Mitmenschen nach § 323c StGB durchaus verlangen, sodass hier das Überwiegen als wesentlich anzusehen und eine zur Abwehr einer gegenwärtigen Lebensgefahr erforderliche Blutentnahme ohne die Einwilligung des Betroffenen nach § 34 StGB zu rechtfertigen ist.[25]

---

19 Vgl. zum Meinungsstand Schönke/Schröder/Perron StGB § 34 Rn. 24 mwN.

20 Vgl. dazu die Entscheidung des BVerfG zum Luftsicherheitsgesetz NJW 2006, 751 (759f.); Dreier JZ 2007, 261 (265ff.); NK-StGB/Neumann StGB § 34 Rn. 77a; Streng FS Stöckel, 2010, 135 (137ff.); Stübinger ZStW 123 (2011), 403 (407ff.), alle mwN; aA MüKoStGB/Erb StGB § 34 Rn. 159ff.; Hörnle FS Herzberg, 2008, 555 (570); Ladiges ZIS 2008, 129 (135ff.), die damit argumentieren, dass die Passagiere in einem solchen Fall ohnehin verloren seien. In der neueren Literatur findet sich außerdem die Auffassung, aufgrund der räumlichen Einbeziehung der Passagiere in die Gefahrenquelle liege ein Defensivnotstand vor (Gropp GA 2006, 284; Hirsch FS Küper, 2007, 149; Köhler FS Schroeder, 2006, 257; Rogall NStZ 2008, 1 (3f.)); vgl. dagegen aber überzeugend Ladiges ZIS 2008, 129 (130f.); Merkel JZ 2007, 373 (383ff.); Streng FS Stöckel, 2010, 135 (146ff.).

21 Zu Herkunft und Begründung dieses „Addierungsverbots" eingehend Wilenmann ZStW 127 (2015), 888 (897ff.); kritisch Mitsch FS Weber, 2004, 61, der aber über die Angemessenheitsklausel zu ähnlichen Ergebnissen kommt.

22 BGH NJW 1953, 513; OGHSt 1, 321; 2, 117.

23 Davon abweichend wird in derartigen Fällen von einem Teil der Literatur (vgl. zB NK-StGB/Neumann StGB § 34 Rn. 118b) nicht schon das wesentliche Überwiegen, sondern erst die Angemessenheit des Mittels nach § 34 S. 2 StGB verneint. Diese unterschiedliche dogmatische Einordnung ist in der Sache ohne Bedeutung.

24 NK-StGB/Neumann StGB § 34 Rn. 118; Schönke/Schröder/Perron StGB § 34 Rn. 41e, beide mwN.

25 So zu Recht Roxin/Greco StrafR AT I § 16 Rn. 49 mwN.

3. Angemessenheit der Tat

Gemäß § 34 S. 2 StGB setzt die Rechtfertigung schließlich voraus, dass die Tat ein angemessenes Mittel ist, die Gefahr abzuwenden. Diese Angemessenheitsklausel ist eine Art Vorsichtsmaßnahme des Gesetzgebers, der dem Richter die Möglichkeit geben wollte, die Rechtfertigung zu verneinen, wenn dies aus Gründen notwendig erscheint, die in den Voraussetzungen des § 34 S. 1 StGB noch nicht berücksichtigt sind. Ob und inwieweit dieser Klausel sachliche Bedeutung zukommt, ist umstritten. Ein Teil der Literatur will alle einer Rechtfertigung entgegenstehenden Gesichtspunkte bereits in die Interessenabwägung des § 34 S. 1 StGB einbeziehen, sodass die Angemessenheitsklausel des § 34 S. 2 StGB im Ergebnis leer läuft.[26] Die herrschende Meinung berücksichtigt dagegen bei der Interessenabwägung im Rahmen des § 34 S. 1 StGB[27] nur die sich im Einzelfall gegenüberstehenden Interessen. Danach verbleibt der Angemessenheitsklausel des § 34 S. 2 StGB ein eigenständiger Anwendungsbereich, soweit der Rechtfertigung andere Gesichtspunkte entgegenstehen. 16

a) Die Verbindlichkeit von Kompetenzen und Verfahren

Ein solcher Gesichtspunkt ist unstreitig die Ordnungsfunktion von Kompetenzen und Verfahren.[28] Soweit das Recht für Maßnahmen der Gefahrenabwehr bestimmte Entscheidungskompetenzen oder Verfahren vorsieht, sind diese auch dann zu beachten, wenn sie im Einzelfall keine Abwehr der Gefahr ermöglichen. Als Beispiel stelle man sich einen Zeugen vor, der sich aufgrund seiner Aussage in einem Strafverfahren an Leib oder Leben bedroht fühlt und deshalb in ein Zeugenschutzprogramm[29] der Polizei aufgenommen werden möchte. Lehnt die Polizei dieses Ansinnen ab, weil nach ihrer Auffassung keine Bedrohungssituation besteht, so darf der Zeuge gegen diese Entscheidung nur mit rechtlich zulässigen Mitteln vorgehen. Auch wenn diese Mittel im konkreten Fall keinen Erfolg versprechen und dem Zeugen ohne die Aufnahme in das Programm tatsächlich akute Lebensgefahr droht, ist die Bestechung des für die Aufnahme zuständigen Beamten (§ 334 StGB) kein angemessenes Mittel, die Gefahr abzuwenden (§ 34 S. 2 StGB). Wie bei den auf einer verbindlichen Entscheidung beruhenden Rechtsgutsbeeinträchtigungen, die vom Staat selbst ausgehen (→ § 17 Rn. 4), kommt auch hier allenfalls eine Entschuldigung nach § 35 StGB in Betracht. 17

b) Die Problematik des Nötigungsnotstands

Auch beim sogenannten **Nötigungsnotstand** soll eine Rechtfertigung nach herrschender Meinung aufgrund übergeordneter Rechtsprinzipien ausgeschlossen sein.[30] Als Beispiel stelle man sich vor, dass jemand mit vorgehaltener Pistole dazu genötigt wird, eine Fensterscheibe einzuwerfen. Die Verwirklichung des Tatbestands der Sachbeschädigung (§ 303 StGB) soll selbst dann nicht nach § 34 StGB gerechtfertigt sein, wenn 18

[26] Schönke/Schröder/Perron StGB § 34 Rn. 46.

[27] Bei § 904 BGB ist dies anders. Wegen des Fehlens einer Angemessenheitsklausel müssen hier auch von der herrschenden Meinung alle der Rechtfertigung entgegenstehenden Gesichtspunkte bereits im Rahmen der Interessenabwägung berücksichtigt werden.

[28] Vgl. dazu etwa BGH NJW 2016, 2818 (2819) sowie näher NK-StGB/Neumann StGB § 34 Rn. 119f.; Jakobs StrafR AT Abschn. 13 Rn. 36, beide mwN.

[29] Vgl. dazu das Gesetz zur Harmonisierung des Schutzes gefährdeter Zeugen vom 11.12.2001 (BGBl. I 3510ff.).

[30] Schönke/Schröder/Perron StGB § 34 Rn. 41b; WBS StrafR AT Rn. 472, beide mwN.

das Einwerfen der Scheibe die einzige Möglichkeit darstellt, die sonst mit Sicherheit zu erwartende Verwirklichung der Drohung zu verhindern. Begründet wird dies damit, dass der Bedrohte nicht „auf die Seite des Unrechts" treten dürfe. Das „Vertrauen in die Geltungskraft der Rechtsordnung würde" – so befürchtet man – „zutiefst erschüttert"[31], wenn gegen eine durch Nötigungsdruck erzwungene Verwirklichung eines Straftatbestands kein Notwehrrecht gegeben wäre. Deshalb sei in den Fällen des Nötigungsnotstands die Tat auch dann als rechtswidrig zu bewerten, wenn das angedrohte Übel das durch die Verwirklichung des Straftatbestands verwirklichte Interesse wesentlich überwiegt. Den Belangen des Genötigten könne durch eine Entschuldigung nach § 35 StGB Rechnung getragen werden.[32]

19 Die Anwendung des § 35 StGB auf den Nötigungsnotstand ist jedoch schon deshalb nicht sachgerecht, weil sie nur Handlungen zugunsten der eigenen oder einer nahestehenden Person erfasst. Wenn in dem eingangs gebildeten Beispiel mit der Tötung eines Dritten gedroht wird, wäre der Genötigte, der die Fensterscheibe einwirft, um dem Dritten das Leben zu retten, bei Ablehnung einer Rechtfertigung wegen Sachbeschädigung strafbar. Es liegt auf der Hand, dass dies nicht richtig sein kann. Wer die Möglichkeit hat, einem anderen durch das Einschlagen einer Fensterscheibe das Leben zu retten, ist nicht nur berechtigt, sondern sogar dazu verpflichtet, das zu tun. Sähe er tatenlos zu, wie der andere erschossen wird, so wäre er wegen unterlassener Hilfeleistung (§ 323c I StGB) strafbar. Der Eigentümer der Fensterscheibe muss in einem solchen Fall die durch die Nötigung erzwungene Beschädigung ebenso dulden wie er auch sonst Beeinträchtigungen seiner Rechtsgüter zu dulden hat, wenn sie zum Schutz wesentlich überwiegender Interessen erforderlich sind. Dies erschüttert nicht das „Vertrauen in die Geltungskraft der Rechtsordnung", sondern ist eine Konsequenz der allgemeinen Verpflichtung zur zwischenmenschlichen Solidarität.

20 Entgegen der herrschenden Meinung ist daher eine zur Abwendung eines angedrohten Übels begangene Straftat nach den gleichen Maßstäben zu beurteilen wie eine Straftat zur Abwendung anderer Gefahren. Sie ist gerechtfertigt, wenn das drohende Übel das durch die Straftat beeinträchtigte Interesse wesentlich überwiegt.[33] Da die Verpflichtung zur zwischenmenschlichen Solidarität generell relativ eng begrenzt ist, führt die Anwendung dieses allgemeinen Grundsatzes auch dann zu sachgerechten Ergebnissen, wenn jemand zur Begehung einer schweren Straftat genötigt wird.[34] Insbesondere bedarf es keinerlei Sonderregeln, um zu begründen, dass eine Tötung oder erhebliche Körperverletzung nicht durch Notstand gerechtfertigt ist, selbst wenn der Täter zu seiner Handlung durch die Bedrohung mit dem Tode genötigt wurde. Der Ausschluss der Rechtfertigung ergibt sich hier nicht aus einer Besonderheit des Nötigungsnotstands,[35] sondern aus der Tatsache, dass die Menschen generell nicht dazu verpflichtet sind, erhebliche Beeinträchtigungen der körperlichen Integrität hinzunehmen, um andere vor dem Tode zu bewahren (→ § 17 Rn. 14f.). Im Ergebnis kommt der **Angemessenheitsklausel** also in den Fällen eines Nötigungsnotstands keine sachliche Bedeutung zu.

[31] Schönke/Schröder/Perron StGB § 34 Rn. 41 b.

[32] Schönke/Schröder/Perron StGB § 34 Rn. 41 b; WBS StrafR AT Rn. 472, beide mwN.

[33] So zu Recht Jakobs StrafR AT Abschn. 13 Rn. 14 mwN.

[34] Anders Roxin/Greco StrafR AT I § 16 Rn. 68 f., der insoweit zusätzliche Einschränkungen für erforderlich hält.

[35] So aber anscheinend NK-StGB/Neumann StGB § 34 Rn. 55.

Aggressivnotstand, § 34 StGB (vgl. S. 503)
Das Schema gilt sinngemäß für die spezielle Regelung des § 904 BGB. A. **Objektiver Erlaubnistatbestand** I. **Notstandslage** 1. **Gefahr für ein Rechtsgut** (→ § 17 Rn. 2ff.) 2. **Gegenwärtigkeit der Gefahr** (→ § 17 Rn. 5f.) II. **Anforderungen an das Abwehrverhalten** 1. **Erforderlichkeit des Eingriffs zur Abwehr der Gefahr** (→ § 17 Rn. 7f.) a) **Geeignetheit** b) **Mildestes unter gleich geeigneten Mitteln** 2. **Wesentliches Überwiegen des geschützten gegenüber dem beeinträchtigten Interesse** (→ § 17 Rn. 9ff.) 3. Angemessenheit (→ § 17 Rn. 16ff.) B. **Subjektiver Erlaubnistatbestand** – **Kenntnis der die objektive Rechtfertigung begründenden Umstände**

B. Der Defensivnotstand

Der defensive Notstand ist im Gesetz nur partiell geregelt. Der Gesetzgeber glaubte sich auf die Regelung der sog. Sachwehr (§ 228 BGB) beschränken zu können, weil bei der Abwehr von Gefahren, die von menschlichem Verhalten ausgehen, ohnehin das Notwehrrecht eingreife. Jedoch gibt es – da die Notwehr eine auch subjektiv zurechenbare Verursachung der Gefahr verlangt (→ § 16 Rn. 7ff.) – Fälle defensiver Gefahrenabwehr, die sich auf diese Weise nicht erfassen lassen. Im Ergebnis besteht deshalb Einigkeit darüber, dass über die Spezialregelung des § 228 BGB hinaus ein allgemeines Defensivnotstandsrecht anzuerkennen ist. Gestritten wird lediglich über dessen dogmatische Konstruktion. Die wohl überwiegende Auffassung will die Regelung des § 34 StGB anwenden und die Herkunft der Gefahr lediglich bei der Interessenabwägung berücksichtigen.[36] Damit wird jedoch der grundsätzliche Unterschied zwischen aggressiver und defensiver Gefahrenabwehr nicht zutreffend zum Ausdruck gebracht. Deshalb ist es vorzugswürdig, durch Verallgemeinerung des Rechtsgedankens aus § 228 BGB das Defensivnotstandsrecht als einen eigenständigen Rechtfertigungsgrund zu beschreiben.[37] 21

I. Die Notstandslage

1. Die einer Person objektiv zurechenbare Gefahr

Eine Defensivnotstandslage setzt zunächst eine von der Rechtssphäre einer Person ausgehende Gefahr für ein Rechtsgut voraus. Entsprechend der polizeirechtlichen Unter- 22

[36] Schönke/Schröder/Perron StGB § 34 Rn. 30; Roxin/Greco StrafR AT I § 16 Rn. 75f., beide mwN.
[37] NK-StGB/Neumann StGB § 34 Rn. 86 mwN; Hruschka StrafR AT S. 176ff.; Engländer GA 2017, 242 (252f.); Dehne-Niemann/Greisner GA 2019, 205 (215ff.).

scheidung von Handlungs- und Zustandshaftung ist dies prinzipiell in zweierlei Weise denkbar. Die Gefahr kann entweder von der Person selbst oder – wie im Fall des § 228 BGB – von einer ihr gehörenden Sache ausgehen. In beiden Fällen begründet die Gefahr allerdings nur dann eine Defensivnotstandslage, wenn sie als Eingriff in eine fremde Rechtssphäre zu bewerten ist.[38] Will sich zB jemand ernsthaft das Leben nehmen, wenn die von ihm geliebte Frau einen anderen heiratet, so geht von dieser Heirat zwar eine Gefahr für ein Rechtsgut aus. Aber es fehlt der Eingriff in eine fremde Rechtssphäre, sodass die Heirat nicht in Ausübung eines Defensivnotstandsrechts verhindert werden darf. Ebenso greift der Eigentümer eines Pferdes nicht in die Rechtssphäre seines Nachbarn ein, nur weil dieser an einer Pferdeallergie leidet. Selbst wenn der Nachbar von den Ausdünstungen des Pferdes hohes Fieber bekommt, darf er es nicht nach § 228 BGB töten.

23 Bei dem Parallelproblem der polizeirechtlichen Störerhaftung versucht die herrschende Meinung den die Verantwortlichkeit begründenden Eingriff in eine fremde Rechtssphäre durch einen spezifischen Kausalitätsbegriff zu beschreiben. Als Störer sei nur derjenige verantwortlich, der die Gefahr „unmittelbar" verursacht.[39] Jedoch handelt es sich bei der Abgrenzung der Rechtssphären – wie auch im Polizeirecht zunehmend anerkannt wird[40] – um ein komplexes Wertungsproblem, das mit dem Begriff der unmittelbaren Verursachung nicht angemessen zu erfassen ist. Eine Defensivnotstandslage setzt eine rechtlich missbilligte Gefahr voraus. Sie liegt nur dann vor, wenn der Inhaber der Rechtssphäre dazu verpflichtet ist, die Entstehung der Gefahr nach Möglichkeit zu verhindern. Ob eine solche Pflicht besteht, ist – wie bei der Erörterung der objektiven Zurechnung im Einzelnen dargelegt (→ § 10 Rn. 5 ff.) – nur durch Abwägung zwischen dem betroffenen Freiheitsinteresse und dem Interesse an der Vermeidung der jeweiligen Rechtsgutsverletzung zu bestimmen. Eine objektive Rechtfertigung der drohenden Rechtsgutsbeeinträchtigung schließt auch das Vorliegen einer Defensivnotstandslage aus (→ § 17 Rn. 3 f.).

2. Die Gegenwärtigkeit der Gefahr

24 § 228 BGB spricht explizit nur von einer drohenden Gefahr. Gleichwohl setzt der Defensivnotstand ebenso wie die anderen Notrechte eine akute Gefahrenlage und damit eine gegenwärtige Gefahr voraus, weil nur unter dieser Voraussetzung die Durchbrechung des staatlichen Gewaltmonopols zu rechtfertigen ist.[41] Ähnlich wie bei der Notwehr stellt sich auch beim Defensivnotstand das Problem, wie lange eine Person zur Abwehr einer aus ihrer Rechtssphäre stammenden Gefahr in Anspruch genommen werden darf. Während dafür bei der Notwehr mit der Beendigung des Angriffsverhaltens noch ein vergleichsweise klares Kriterium zur Verfügung steht (→ § 16 Rn. 15), ist die Grenze beim Defensivnotstand schwieriger zu ziehen. Maßgeblich ist, ob die Gefahr den Herrschaftsbereich der betreffenden Person bereits verlassen hat, dh nicht mehr speziell durch Einwirkung auf diesen Herrschaftsbereich abgewendet werden kann.[42] Eine zwangsweise Quarantäne zur Verhinderung der Ansteckung anderer Personen mit einer zum Nierenversagen führenden Erkrankung kann durch Defensivnot-

[38] Vgl. dazu näher Pawlik JURA 2002, 26 (27 ff.); ähnlich Köhler FS Schroeder, 2006, 257 (260 ff.).
[39] Vgl. die Darstellung bei Lisken/Denninger PolR-HdB/Bäcker D Rn. 154 ff. mwN.
[40] Vgl. Lisken/Denninger PolR-HdB/Bäcker D Rn. 152 ff. mwN.
[41] Vgl. dazu Kindhäuser/Pawlik/Jakobs, Notwehr in Deutschland und China, 2020, S. 179, 182 f.
[42] So mit anderer Formulierung zu Recht Jakobs StrafR AT Abschn. 13 Rn. 48.

stand gerechtfertigt sein, nicht aber die zwangsweise Entnahme einer Niere, um sie einer bereits angesteckten Person zu transplantieren.

25 Problematisch ist außerdem, ob es wie beim Aggressivnotstand für die Gegenwärtigkeit der Gefahr ausreicht, dass diese nur zum gegenwärtigen Zeitpunkt abgewendet werden kann, oder ob der Defensivnotstand wie die Notwehr ein unmittelbares Bevorstehen der Rechtsgutsbeeinträchtigung verlangt. Die herrschende Meinung nimmt, indem sie auf den Defensivnotstand die Regelung des § 34 StGB anwendet und die Herkunft der Gefahr erst im Rahmen der Interessenabwägung berücksichtigt, unreflektiert Ersteres an. In dem schon mehrfach angesprochenen (→ § 16 Rn. 16f. und → § 17 Rn. 5) „Spannerfall", in dem die zukünftig zu erwartenden Angriffe nur durch den Schuss auf den fliehenden Eindringling abzuwehren waren, läge danach zB eine Defensivnotstandslage vor, die – weil die drohende Verletzung des Hausrechts und des Persönlichkeitsrechts nicht unbedingt als wesentlich geringerwertig anzusehen ist als die Beeinträchtigung der körperlichen Integrität – den Schuss „in die Flanke" uU rechtfertigen könnte.[43]

26 Die weite Auslegung der Gegenwärtigkeit beim Aggressivnotstand beruht jedoch darauf, dass der Aggressivnotstand keine besonders schwerwiegenden Eingriffe erlaubt. Sie darf deshalb nicht unbesehen auf den Defensivnotstand übertragen werden. Hier ist die Beeinträchtigung fremder Rechtsgüter schon dann erlaubt, wenn das geschützte Interesse nicht wesentlich geringer ist als das beeinträchtigte, sodass bei einer Gefahr für entsprechend gewichtige Interessen sehr gravierende Eingriffe bis hin zur Tötung des Gefahrenverursachers gerechtfertigt sein können. Aufgrund dessen kommt beim Defensivnotstand wie bei der Notwehr die Überlegung zum Tragen, dass eine private Befugnis zu schwerwiegenden Eingriffen nur in einer Situation gewährt werden kann, die typischerweise eindeutig ist (vgl. zu dieser Überlegung → § 16 Rn. 17). Die Gegenwärtigkeit beim Defensivnotstand ist damit ebenso eng zu fassen wie die Gegenwärtigkeit des Angriffs bei der Notwehr. Wenn – wie im „Spannerfall" – die Verwirklichung der Gefahr noch nicht unmittelbar bevorsteht oder wenn erst mit einer künftigen Rechtsverletzung gedroht wird (vgl. dazu → § 16 Rn. 18f.), liegt noch keine Defensivnotstandslage vor.[44] In solchen Fällen stehen zur Abwehr der Gefahr nur die weniger weitgehenden Befugnisse des Aggressivnotstands zur Verfügung.

II. Die Anforderungen an die Abwehrhandlung

1. Eingriff in Rechtsgüter des Verantwortlichen

27 Auch beim Defensivnotstand ist nicht nur der Gefährdete selbst, sondern jeder zur Abwendung der Gefahr berechtigt. Der Wortlaut des § 228 BGB erlaubt explizit die Beschädigung oder Zerstörung der Sache, von der die Gefahr ausgeht. Daraus ist jedoch nicht abzuleiten, dass sich die Abwehr beim Defensivnotstand notwendigerweise gegen das gefährliche Objekt selbst richten müsste. Da die Abwehrbefugnis nicht auf der Verantwortlichkeit eines Objekts, sondern auf der Verantwortlichkeit einer Person

[43] Für eine solche Rechtfertigung etwa Schönke/Schröder/Perron StGB § 34 Rn. 31; Hruschka NJW 1980, 21 (22); Streng FS Stöckel, 2010, 135 (152).

[44] Vgl. dazu eingehend Ludwig, Gegenwärtiger Angriff, drohende und gegenwärtige Gefahr im Notwehr- und Notstandsrecht, 1991, S. 162ff., der zu Recht auf die Notwendigkeit einer Harmonisierung mit der Störerhaftung des Polizeirechts hinweist.

für ihre eigene Rechtssphäre beruht, darf sich die Abwehrmaßnahme auch gegen andere Rechtsgüter der Person richten, von deren Sphäre die Gefahr ausgeht. Wer einen ihn anfallenden Hund dadurch abwehrt, dass er ihm eine zerbrechliche Vase auf den Kopf schlägt, ist – wenn diese Vase dem Eigentümer des Hundes gehört – gleichfalls durch Defensivnotstand gerechtfertigt. Gehört die Vase allerdings einem Dritten, so besteht kein Defensivnotstandsrecht. Ein zur Abwehr der Gefahr erforderlicher Eingriff in Rechtsgüter Dritter ist – wie bei der Notwehr (→ § 16 Rn. 21 f.) – nur nach den Regeln des Aggressivnotstands zu rechtfertigen.

2. Erforderlichkeit zur Abwehr der Gefahr

28 Wie bei allen Notrechten, so muss auch beim Defensivnotstand die tatbestandsmäßige Handlung zur Abwehr der Gefahr erforderlich, dh erstens ein geeignetes und zweitens das mildeste Mittel sein. An die Erforderlichkeit sind beim Defensivnotstand die gleichen Anforderungen zu stellen wie beim Aggressivnotstand. Da hier die Rechtsgutskollision gleichfalls nicht auf einem rechtswidrigen Willen beruht, muss die Handlung nicht nur ihrer Art, sondern auch ihrer Intensität nach dazu geeignet sein, die Gefahr abzuwenden oder zu vermindern. Wenn in dem oben gebildeten Beispiel von vornherein klar ist, dass sich der angreifende Hund durch den Schlag mit der zerbrechlichen Vase nicht wird beeindrucken lassen, ist deren Zerstörung auch dann nicht gerechtfertigt, wenn sie dem Eigentümer des Hundes gehört. Ebenso ist die Möglichkeit, der Gefahr auszuweichen, beim Defensivnotstand stets als milderes Mittel zur Abwendung der Gefahr zu bewerten. Wer sich vor einem angreifenden Hund in Sicherheit bringen kann, darf diesen nicht niederschießen, nur um unbehelligt seinen Spaziergang fortsetzen zu können.

3. Kein wesentliches Überwiegen der beeinträchtigten Interessen

29 Die Rechtfertigung hängt auch beim Defensivnotstand von dem Ergebnis einer Interessenabwägung ab. Diese ist nach den gleichen Regeln vorzunehmen wie beim Aggressivnotstand, dh die in der tatbestandsmäßigen Handlung enthaltene Chance zur Rettung der bedrohten Rechtsgüter einerseits ist abzuwägen gegen das durch diese Handlung begründete Risiko der Verletzung von Rechtsgütern andererseits (→ § 17 Rn. 12 f.). Jedoch ist der Maßstab für die Abwägung beim Defensivnotstand dem beim Aggressivnotstand geltenden Maßstab genau entgegengesetzt. Gemäß § 228 BGB darf die zur Abwehr der Gefahr erforderliche Beschädigung oder Zerstörung der Sache lediglich nicht außer Verhältnis zu der Gefahr stehen. Zur Rechtfertigung reicht es mit anderen Worten aus, dass das beeinträchtigte Interesse das geschützte Interesse nicht wesentlich überwiegt. Diese Umkehrung des Abwägungsmaßstabs erklärt sich daraus, dass beim Defensivnotstand nicht die Eingriffsbefugnis, sondern deren Begrenzung auf dem Gedanken zwischenmenschlicher Solidarität beruht (vgl. dazu schon → § 13 Rn. 15 f.). Auf die Abwehr eines aus der Rechtssphäre einer anderen Person kommenden Eingriffs muss nur verzichtet werden, wenn dieser Person durch die Abwehr ein gegenüber dem drohenden Eingriff unverhältnismäßig bzw. wesentlich größerer Schaden zugefügt würde.

30 Dieser Abwägungsmaßstab gilt unabhängig davon, welche Art von Rechtsgütern jeweils betroffen ist. Entgegen der Auffassung des Bundesgerichtshofs[45] kann deshalb

[45] BGHSt 48, 255 (257); ebenso Schönke/Schröder/Perron StGB § 34 Rn. 30; vgl. auch Streng FS Stöckel, 2010, 135 (144 ff.).

zur Abwehr einer Gefahr für Leib oder Leben die Tötung einer Person durch Defensivnotstand gerechtfertigt sein.[46] So wie die Menschen gravierende Beeinträchtigungen der körperlichen Integrität nicht hinnehmen müssen, wenn dies zur Rettung des Lebens eines anderen Menschen erforderlich wäre (vgl. dazu → § 17 Rn. 15), so müssen sie auf die Abwehr solch gravierender Beeinträchtigungen auch dann nicht verzichten, wenn dadurch der Verursacher der Gefahr getötet wird. Wem von Seiten einer aufgrund eines unvermeidbaren Erlaubnistatbestandsirrtums in vermeintlicher Notwehr handelnden und damit nicht im Sinne von § 32 StGB rechtswidrig angreifenden (→ § 16 Rn. 12) Person ein Messerstich in den Unterleib droht, der darf diesen Stich erforderlichenfalls durch eine Tötung abwehren. Der Verzicht auf die Wahrung seiner körperlichen Unversehrtheit kann von ihm hier ebenso wenig erwartet werden wie zB die Spende einer Niere, um das Leben eines anderen Menschen zu retten.

4. Angemessenheit

Im Gegensatz zu der moderneren Regelung des § 34 StGB sieht der § 228 BGB – 31
ebenso wie § 904 BGB – nicht explizit vor, dass die Tat ein angemessenes Mittel zur Abwehr der Gefahr sein muss. Gleichwohl ist die Ordnungsfunktion von Kompetenzen und Verfahren beim Defensivnotstand zu beachten. Wurde zB gerichtlich festgestellt, dass ein Grundstück zugunsten des Nachbargrundstücks mit einem schon vor der Anlegung des Grundbuchs bestehenden und deshalb gemäß Art. 187 I 1 EGBGB ohne Eintragung in das Grundbuch wirksamen Wegerecht belastet ist, so darf der Grundstückseigentümer seinen Nachbarn auch dann nicht mit Gewalt am Betreten des Grundstücks hindern, wenn ein solches Wegerecht tatsächlich niemals bestand. Die gerichtliche Entscheidung kann nur mit den vorgesehenen Rechtsmitteln angegriffen werden. Wenn eine Änderung auf diesem Wege nicht zu erreichen ist, muss das Betreten des Grundstücks wohl oder übel hingenommen werden.

Die Ordnungsfunktion von Kompetenzen und Verfahren begrenzt auch das Defensiv- 32
notstandsrecht gegenüber objektiv rechtswidrigen hoheitlichen Eingriffen.[47] Wenn Polizeibeamte oder andere Vollstreckungsbeamte in Rechte des Bürgers eingreifen, dann liegt darin zugleich eine staatliche Entscheidung über die Berechtigung des betreffenden Eingriffs. Solange diese Entscheidung nicht wegen eines besonders schweren und offenkundigen Fehlers nichtig ist (vgl. § 44 VwVfG), ist es dem Bürger grundsätzlich zumutbar, sich gegen sie mit den vorgesehenen Rechtsbehelfen zur Wehr zu setzen.[48] Die gewaltsame Abwehr eines objektiv rechtswidrigen hoheitlichen Eingriffs ist nur dann durch Defensivnotstand zu rechtfertigen, wenn der betreffende Eingriff einen schwerwiegenden Rechtsverlust herbeizuführen droht, der durch eine nachträglich ergehende gerichtliche Entscheidung nicht mehr auszugleichen wäre. Wer durch einen objektiv rechtswidrigen hoheitlichen Eingriff getötet oder schwer verletzt zu werden droht, darf sich gegen den Eingriff auch gewaltsam zur Wehr setzen,

[46] MüKoStGB/Erb StGB § 34 Rn. 226; NK-StGB/Neumann StGB § 34 Rn. 87ff.; SK-StGB/Hoyer StGB § 34 Rn. 48ff.; Hoyer FS Amelung, 2009, 147 (153ff.); Jakobs StrafR AT Abschn. 13 Rn. 46; Köhler FS Schroeder, 2006, 257 (269).

[47] Vgl. zur Notwendigkeit einer solchen Begrenzung bereits → § 14 Rn. 13 und zur Frage, inwieweit gegen hoheitliche Eingriffe sogar ein Notwehrrecht besteht, → § 16 Rn. 13, jeweils mwN.

[48] Dementsprechend ist der Widerstand gegen eine vom Täter aufgrund eines unvermeidbaren Irrtums für rechtswidrig erachtete Vollstreckungshandlung gemäß § 113 IV 2 StGB nur dann straflos, wenn es dem Täter nicht zuzumuten war, sich mit Rechtsbehelfen gegen die vermeintlich rechtswidrige Handlung zu wehren; vgl. zu diesem Kriterium NK-StGB/Paeffgen StGB § 113 Rn. 80 mwN.

aber wem lediglich der Verlust von Vermögensgütern oder andere wieder auszugleichende Nachteile drohen, hat nach der Maxime „dulde und liquidiere" zu verfahren, dh er muss zur Wahrung seiner Rechte die Gerichte bemühen.[49]

Defensivnotstand (vgl. S. 503)

Das Schema gilt sinngemäß für § 228 BGB. Der allgemeine Defensivnotstand lässt sich auf eine entsprechende Anwendung dieser Regelung stützen. Nach herrschender Meinung ist er allerdings kein selbstständiger Rechtfertigungsgrund. Die objektive Verantwortlichkeit des Verletzten für die abzuwehrende Gefahr sei im Rahmen des § 34 StGB als zusätzliches Interesse bei der Abwägung zu berücksichtigen (→ § 17 Rn. 21).

A. **Objektiver Erlaubnistatbestand**
   I. **Notstandslage**
      1. **Rechtlich missbilligte Gefahr für ein Rechtsgut** (→ § 17 Rn. 22 f.)
      2. Gegenwärtigkeit **der Gefahr** (→ § 17 Rn. 24 ff.)
   II. **Anforderungen an das Abwehrverhalten**
      1. **Eingriff in Rechtsgüter der Person, der die Gefahr objektiv zuzurechnen ist** (→ § 17 Rn. 27)
      2. **Erforderlichkeit des Eingriffs zur Abwehr der Gefahr** (→ § 17 Rn. 28)
         a) **Geeignetheit**
         b) **Mildestes unter gleich geeigneten Mitteln**
      3. **Kein wesentliches Überwiegen des beeinträchtigten gegenüber dem geschützten Interesse** (→ § 17 Rn. 29 f.)
      4. Angemessenheit (→ § 17 Rn. 31 f.)

B. **Subjektiver Erlaubnistatbestand**
   – **Kenntnis der die objektive Rechtfertigung begründenden Umstände**

C. Beim Notstand auftretende allgemeine Probleme der Notrechte

I. Anwendbarkeit des Notstands auf hoheitliches Handeln?

33 Es kann vorkommen, dass das öffentliche Recht für einen Eingriff in die Rechte des Bürgers keine Ermächtigungsgrundlage enthält, der zum Schutz wesentlich überwiegender Interessen der Allgemeinheit dringend erforderlich zu sein scheint. Ein historisches Beispiel für eine solche Konstellation ist der damals großes Aufsehen erregende Fall Traube, in dem die Wohnung eines Atomphysikers vom Verfassungsschutz abgehört wurde, um den Verdacht einer Zusammenarbeit mit terroristischen Gewalttätern zu klären.[50] In derartigen Fällen stellt sich die Frage, ob und inwieweit hoheitliches Handeln durch Notstand gerechtfertigt sein kann. Die Frage ist im Ergebnis nicht anders als bei der Notwehr zu entscheiden (→ § 16 Rn. 36 ff.). Der dem Rechtsstaats- und Demokratieprinzip im-

[49] Setzt er sich gleichwohl gewaltsam zur Wehr, so ist er zwar – wenn die Vollstreckungshandlung sich als objektiv rechtswidrig erweist – aufgrund der besonderen Regelung des § 113 III 1 StGB nicht wegen Widerstands gegen Vollstreckungsbeamte, wohl aber wegen etwaiger anderer verwirklichter Straftatbestände strafbar.

[50] Vgl. zu diesem Fall De Lazzer/Rohlf JZ 1977, 27.

manente Vorbehalt des Gesetzes würde insgesamt obsolet, wenn Eingriffe in die Rechte des Bürgers ohne gesetzliche Grundlage unter Berufung auf einen rechtfertigenden Notstand legitimiert werden könnten. Deshalb bleibt der Eingriff in die Rechte des Bürgers in solchen Fällen rechtswidrig. Die Verwirklichung eines Straftatbestands kann aber gleichwohl durch Notstand gerechtfertigt sein.

II. Die Notstandsprovokation

Auch beim Notstand kann die Notlage durch den Gefährdeten provoziert worden 34 sein. Ein Beispiel ist der bereits erwähnte (→ § 14 Rn. 6) Fall, dass jemand bei einem heraufziehenden Unwetter zu einer Bergtour aufbricht und dann die Fensterscheibe einer auf dem Weg liegenden privaten Hütte einschlägt, um vor dem Unwetter Schutz zu suchen. Nach verbreiteter Auffassung soll die schuldhafte Verursachung der Notlage die Rechtfertigung zwar nicht generell ausschließen, aber im Rahmen der Interessenabwägung zu Lasten des Gefährdeten zu berücksichtigen sein.[51] Dies widerspricht jedoch der Wertentscheidung des Gesetzes, das beim rechtfertigenden Notstand – anders als beim entschuldigenden Notstand (vgl. § 35 I 2 Var. 1 StGB) – der Verursachung der Gefahrenlage für die Beurteilung des Verhaltens in der Notlage keine Bedeutung beigemessen hat. Deren schuldhafte Verursachung ist deshalb wie bei der Notwehr (→ § 16 Rn. 31 ff.) nur insoweit von Bedeutung, wie sie selbst als tatbestandsmäßige Handlung zu bewerten ist **(actio illicita in causa).** Wenn A schon durch das Aufbrechen zur Bergtour die Zerstörung der Scheibe objektiv zurechenbar und vorsätzlich verursacht hat, ist er wegen Sachbeschädigung (§ 303 StGB) strafbar.

III. Der Notstandsexzess

Anders als bei der Notwehr gibt es beim Notstand keine Regelung für eine auf asthe- 35 nischen Affekten beruhende Überschreitung der Grenzen des Eingriffsrechts. Dieser Unterschied erklärt sich daraus, dass die Rechtfertigung beim Notstand auch von dem Wertverhältnis der betroffenen Interessen abhängt und deshalb die durch Verwirrung, Furcht oder Schrecken indizierte irrtümliche Vorstellung der Erforderlichkeit der Abwehr hier – anders als bei der Notwehr – nicht in jedem Fall einen Erlaubnistatbestandsirrtum begründet. Überfährt zB ein Autofahrer einen Fußgänger, um einen andernfalls drohenden Zusammenprall mit einem anderen Auto zu verhindern,[52] so begründet die irrtümliche Vorstellung, der Zusammenprall sei nur auf diese Weise abzuwenden, noch keinen Erlaubnistatbestandsirrtum. Da das geschützte Interesse das beeinträchtigte nicht wesentlich überwiegt, hätte er den Fußgänger ohnehin nicht überfahren dürfen. Dementsprechend kann es für die Bewertung seiner Tat keine Rolle spielen, dass bei einem Handeln aus Verwirrung, Furcht oder Schrecken typischerweise ein unvermeidbarer Irrtum über die Erforderlichkeit vorliegt.

Dessen ungeachtet sollte – entgegen der wohl herrschenden Meinung[53] – der Grund- 36 gedanke des § 33 StGB auch beim Notstand beachtet werden. Bei einem Handeln aus

[51] Vgl. Roxin/Greco StrafR AT I § 16 Rn. 62 f.; Beck ZStW 124 (2012), 660 (670 ff.), beide mwN.

[52] Beispiel von Fischer, Die straflose Notwehrüberschreitung, 1971, S. 60.

[53] Die Frage, ob und inwieweit § 33 StGB auf den Notstand analog angewendet werden kann, ist sehr umstritten; vgl. zu den vielfältigen Lösungsvorschlägen die Darstellung bei Roxin/Greco StrafR AT I § 22 Rn. 97 ff. mwN.

Verwirrung, Furcht oder Schrecken ist stets von einem unvermeidbaren Irrtum über die Erforderlichkeit auszugehen. Ein solcher Irrtum begründet beim Notstand die Straflosigkeit, wenn das gewählte Abwehrmittel als erforderliches Mittel hätte angewandt werden dürfen. Als Beispiel stelle man sich einen vom Unwetter bedrohten Wanderer vor, der aus Furcht eine Fensterscheibe einschlägt, um in eine unverschlossene Berghütte zu gelangen. Da sein Interesse am Schutz von Leib und Leben das Interesse an der Erhaltung der Scheibe wesentlich überwiegt, hätte er die Fensterscheibe einschlagen dürfen, wenn dies zur Abwehr der Gefahr erforderlich gewesen wäre. Aufgrund seines asthenischen Affekts ist analog § 33 StGB davon auszugehen, dass er das Einschlagen der Scheibe irrtümlich für erforderlich gehalten hat und diesen Irrtum nicht vermeiden konnte. Damit handelte er in einem unvermeidbaren Erlaubnistatbestandsirrtum und bleibt straflos.

§ 18. Die Schuldfähigkeit

A. Grundgedanke und gesetzliche Regelung

I. Die Schuldfähigkeit als Selbstbestimmungsfähigkeit

Die Schuldfähigkeit ist durchaus wörtlich zu verstehen als Fähigkeit, schuldig werden zu können. Es geht bei ihr nicht um die inhaltliche Bewertung eines Verhaltens als richtig oder falsch, sondern um die Frage, ob und inwieweit der Täter aufgrund seiner psychischen Konstitution im Zeitpunkt der Tat die Fähigkeit hatte, sich selbstbestimmt für oder gegen die Begehung der Straftat zu entscheiden. Wer diese Fähigkeit zur Selbstbestimmung nicht hat, ist für seine Entscheidungen nicht verantwortlich und kann damit – wie immer er sich im Ergebnis entscheidet – nicht schuldig werden. In der Gesamtrechtsordnung ist die Schuldfähigkeit nur eine von vielen Formen rechtlicher Selbstbestimmungsfähigkeit. Daneben gibt es zB die Deliktsfähigkeit (§§ 827, 828 BGB), die Einwilligungsfähigkeit (→ § 15 Rn. 8 ff.), die Geschäftsfähigkeit (§§ 104, 105 BGB), die Testierfähigkeit (§ 2229 BGB) und die Grundrechtsmündigkeit.[1] Sie alle thematisieren die Fähigkeit des Menschen, sich selbstbestimmt zu entscheiden und sind insofern miteinander verwandt. Da sie sich auf verschiedene Arten von Entscheidungen beziehen, haben sie aber im Einzelnen unterschiedliche Voraussetzungen. 1

II. Die gesetzliche Regelung im Überblick

1. Schuldunfähigkeit wegen fehlender Reife

Die gesetzliche Regelung der Schuldfähigkeit geht davon aus, dass die Menschen in der Regel schuldfähig sind. Eine Beeinträchtigung der Schuldfähigkeit kann sich nur aus **fehlender Reife** oder aus **psychischen Störungen** ergeben. Die Beeinträchtigung der Schuldfähigkeit durch fehlende geistige oder sittliche Reife regeln die § 19 StGB, § 3 JGG. Gemäß § 19 StGB sind Kinder unter 14 Jahren nicht strafmündig. Bei ihnen wird unwiderleglich vermutet, dass sie noch nicht die erforderliche Reife für eine selbstbestimmte Entscheidung über die Begehung einer Straftat haben. Bei Jugendlichen im Alter zwischen 14 und 17 Jahren ist diese Reife gemäß § 3 JGG vom Richter im Einzelfall festzustellen.[2] Dabei kommt neben dem Entwicklungsstand des Jugendlichen auch dem begangenen Delikt erhebliche Bedeutung zu. Bezüglich einfach strukturierter Delikte wie Diebstahl (§ 242 StGB) oder Körperverletzung (§ 223 StGB) ist ein Jugendlicher in der Regel eher schuldfähig als zB hinsichtlich eines Subventionsbetrugs (§ 264 StGB).[3] Nach Vollendung des 18. Lebensjahres ist die für die Schuldfähigkeit erforderliche Reife stets anzunehmen. Heranwachsende im Alter zwischen 18 und 20 Jahren können zwar gemäß § 105 JGG nach Jugendstrafrecht bestraft, nicht aber ohne psychische Störung für schuldunfähig erklärt werden. 2

[1] Vgl. Sachs VerfassungsR II Rn. 6/30 ff. mwN.
[2] Vgl. dazu etwa BGH NStZ 2013, 286; 2017, 644.
[3] Vgl. iE MüKoStGB/Laue JGG § 3 Rn. 6 ff.

2. Schuldunfähigkeit wegen psychischer Störungen

3 Die Beeinträchtigung der Schuldfähigkeit durch psychische Störungen regeln die §§ 20, 21 StGB. Sie sehen für die Feststellung der Schuldunfähigkeit (§ 20 StGB) bzw. verminderten Schuldfähigkeit (§ 21 StGB) ein zweistufiges Vorgehen vor. Der Richter hat zunächst festzustellen, ob eine der im Gesetz genannten psychischen Störungen vorlag und dann in einem zweiten Schritt zu entscheiden, ob aufgrund dieser Störung die Schuldfähigkeit aufgehoben bzw. erheblich vermindert war.[4] Bei einer Aufhebung der Schuldfähigkeit ist eine Bestrafung naturgemäß ausgeschlossen. Der Täter handelt ohne Schuld, sodass gegen ihn allenfalls zur Verhinderung künftiger Straftaten Maßregeln der Besserung und Sicherung verhängt werden können (→ § 6 Rn. 22ff.). Bei einer erheblichen Verminderung der Schuldfähigkeit handelt der Täter dagegen zwar mit geringerer Schuld, aber noch immer schuldhaft und kann deshalb nicht nur mit Maßregeln der Besserung und Sicherung belegt, sondern auch bestraft werden. Der geringeren Schuld trägt § 21 StGB durch eine Milderung des Strafrahmens nach § 49 I StGB Rechnung. Diese ist zwar nach dem Gesetz lediglich fakultativ,[5] jedoch darf das Gericht die Milderung aufgrund des verfassungsrechtlichen Schuldprinzips nur versagen, wenn die geringere Schuld durch andere schulderhöhende Umstände kompensiert wird.[6] Eine selbstverschuldete Trunkenheit reicht hierfür – entgegen der neuen Rechtsprechung des Bundesgerichtshofs[7] – nicht aus.

B. Die Regelung der §§ 20, 21 StGB

I. Die Eingangsmerkmale

4 Die §§ 20, 21 StGB beschreiben die als Begründung einer Beeinträchtigung der Schuldfähigkeit geeigneten psychischen Störungen als **krankhafte seelische Störung, tiefgreifende Bewusstseinsstörung, Intelligenzminderung** und **schwere andere seelische Störung.** Diese Beschreibung entspricht auch nach der zum 1.1.2021 endlich erfolgten Ersetzung der vorher verwendeten diffamierenden Begriffe Schwachsinn und Abartigkeit durch Intelligenzminderung und Störung[8] nicht mehr dem heutigen

---

[4] Abweichend Herzberg, Willensfreiheit und Schuldvorwurf, 2010, S. 104ff.; Herzberg FS Achenbach, 2011, 157 (170ff.); Herzberg ZStW 124 (2012), 12 (23ff.), nach dessen Lesart des § 20 StGB es für die Entscheidung über die Schuldfähigkeit lediglich darauf ankommen soll, aus welchem Grund die Einsichts- und Steuerungsfähigkeit ausgeschlossen sei. Der Ausschluss als solcher sei gar nicht zu subsumieren, sondern werde im Gesetz vorausgesetzt; vgl. zur Kritik dieser Auslegung Frister FS Frisch, 2013, 533 (538ff.) mwN.

[5] Vgl. zur Problematik dieser Regelung Frister, Die Struktur des „voluntativen Schuldelements", 1993, S. 194ff. mwN.

[6] BGH NStZ-RR 2014, 238f.; BeckRS 2017, 143191 Rn. 42 mwN.

[7] Die bisherige Rechtsprechung ging zu Recht davon aus, dass die Strafmilderung nach § 21 StGB nur zu versagen ist, wenn das Risiko der Begehung von Straftaten infolge der Alkoholisierung für den Täter vorhersehbar signifikant erhöht war (BGHSt 49, 239; BGH NStZ 2006, 274; 2008, 619; 2009, 22; 2017, 84 (86)). Diese Einschränkung ist jedoch nunmehr durch den Großen Senat für Strafsachen (BGHSt 62, 247) aufgegeben worden, was allerdings nicht bedeutet, dass die Strafmilderung im Fall selbstverschuldeter Trunkenheit stets zu versagen ist (vgl. einschränkend BGH NStZ 2022, 93; 2022, 349). Zu den Anforderungen an die Versagung der Strafmilderung bei einem selbstverschuldeten Affekt vgl. BGHSt 53, 31.

[8] Vgl. das 60. G zur Änd. des Strafgesetzbuches v. 30.11.2020, BGBl. 2020 I 2600.

Stand der Wissenschaft. Obwohl dies dem Gesetzgeber durchaus bewusst ist,[9] hat er sich nicht zu einer inhaltlichen Änderung durchringen können. Die gesetzliche Regelung beruht damit nach wie vor auf einem System der psychischen Störungen, das in der Psychiatrie heute weitgehend als überholt angesehen wird.[10] Die sogenannten Eingangsmerkmale der §§ 20, 21 StGB sind deshalb keine psychiatrischen Diagnosen, deren Inhalt durch einen fachwissenschaftlichen Sprachgebrauch klar umrissen wäre. Es handelt sich bei diesen Merkmalen vielmehr um juristische Begriffe, deren Bedeutung zum überwiegenden Teil nur durch Rückgriff auf die Vorstellungen des Gesetzgebers und die Rechtspraxis zu bestimmen ist.[11]

Das Merkmal der **krankhaften seelischen Störung** erfasst all diejenigen psychischen Beeinträchtigungen, die nach traditioneller Vorstellung eine organische Ursache haben. Darunter werden neben den durch äußere Verletzungen oder innere Krankheiten (zB einen Tumor oder Alzheimer) verursachten Schädigungen des Gehirns seit jeher auch die sogenannten **Psychosen** (Schizophrenie, Manie und Depression) gefasst, obwohl die psychiatrische Wissenschaft bis heute Probleme hat, deren organische Ursache exakt zu bestimmen. Auch ein Alkohol- oder Drogenrausch bewirkt eine vorübergehende Veränderung des Gehirns und wird deshalb von der herrschenden Meinung schon als krankhafte seelische Störung eingeordnet.[12] Für das Merkmal der **tiefgreifenden Bewusstseinsstörung** bleiben damit im Wesentlichen nur noch die erlebnisbedingten Erregungszustände (Affekte). Sie sind nur dann als tiefgreifend im Sinne der §§ 20, 21 StGB zu bewerten, wenn die Fähigkeit zur Vergegenwärtigung des intellektuellen Erlebens in extremer Weise beeinträchtigt ist. Alltägliche Wut- oder Panikgefühle reichen dafür in keinem Fall aus. 5

Dem Merkmal **Intelligenzminderung** unterfallen schwerwiegende Intelligenzdefizite, die keine nachweisbare organische Ursache haben und deshalb nicht schon als krankhafte seelische Störung einzuordnen sind. Das Merkmal der **schweren anderen seelischen Störung** schließlich hat – wie schon an seiner Formulierung deutlich wird – eine Auffangfunktion. Es erfasst „jenen unbestimmten Rest abnormer seelischer Phänomene“,[13] der von den anderen Merkmalen nicht abgedeckt wird. Ihm werden zB Triebstörungen, Süchte, Neurosen und sonstige – früher zumeist mit dem Begriff der **Psychopathie** bezeichnete – Persönlichkeitsstörungen zugeordnet. Wie die Affekte müssen auch solche Persönlichkeitsstörungen besonders schwerwiegend sein, um die Schuldfähigkeit beeinträchtigen zu können.[14] Eine sich im Rahmen des Alltäglichen haltende Willensschwäche, eine besondere Rücksichtslosigkeit gegenüber den Interes- 6

[9] Vgl. die Begründung des Gesetzentwurfs der Bundesregierung, BT-Drs. 19/19859, 35, 47ff.

[10] Vgl. dazu SFO Psychische Störungen S. 143ff.

[11] Einen vollständigen Überblick über die den gesetzlichen Merkmalen zuzuordnenden psychiatrischen Diagnosen gibt ein von dem Psychiater Rasch entwickeltes Zuordnungsschema. Es basiert auf dem heute in der Psychiatrie allgemein als Diagnoseschlüssel verwendeten ICD-10 (10. Fassung der **International Classification of Diseases**), vgl. Konrad/Huchzermeier/Rasch, Forensische Psychiatrie und Psychotherapie, 5. Aufl. 2019, S. 135ff.

[12] Vgl. zB BGHSt 43, 66 (69); MüKoStGB/Streng StGB § 20 Rn. 32.

[13] So die treffende Formulierung von Bochnik/Gärtner MedR 1986, 58.

[14] Insbes. bei Suchtstörungen sind die Hürden für eine Beeinträchtigung der Schuldfähigkeit in der Rechtsprechung sehr hoch (vgl. zur Spielsucht BGH NJW 2013, 181; 2013, 1462 (1463) und zur Betäubungsmittelabhängigkeit BGH NStZ 2013, 53 (54), NStZ-RR 2014, 213; NStZ-RR 2017, 167); dazu eingehend und zu Recht kritisch Wissel, Die Schuldfähigkeit substanz- und glücksspielabhängiger Täter bei Beschaffungsdelikten (2021), S. 67ff.

sen anderer oder sonstige Charaktermängel sind noch keine schwere andere seelische Störung. Auch außergewöhnliche Sexualpraktiken (wie zB Exhibitionismus) sind für sich genommen nicht dazu geeignet, eine solche Störung zu begründen.

7 Bei seiner Einführung war das Merkmal der schweren anderen seelischen Störung (damals noch „Abartigkeit") sehr umstritten.[15] Eine starke Strömung hatte dafür plädiert, es nur bei der verminderten Schuldfähigkeit und nicht bei der Schuldunfähigkeit vorzusehen, konnte sich damit aber nicht durchsetzen. Die Mehrheit ging davon aus, dass in Ausnahmefällen „unbestimmte" psychische Störungen die Schuldfähigkeit ausschließen können und es deshalb auch in § 20 StGB eines solchen Auffangmerkmals bedürfe, um das Schuldprinzip uneingeschränkt zu verwirklichen. Diese Argumentation ist kaum zu widerlegen, wirft aber die Frage auf, welchen Sinn die Formulierung bestimmter Eingangsmerkmale dann überhaupt noch haben soll. Wenn man diese Merkmale so formuliert und aufgrund des Schuldprinzips auch so formulieren muss, dass sie alle denkbaren psychischen Störungen erfassen, kommt es im Ergebnis ohnehin nur auf den allgemeinen Begriff der Schuldfähigkeit an. De lege ferenda wäre es deshalb vorzugswürdig, auf die Eingangsmerkmale ganz zu verzichten und stattdessen nur noch darauf abzustellen, dass aufgrund einer schwerwiegenden psychischen Störung die Schuldfähigkeit aufgehoben oder wesentlich vermindert ist.[16]

II. Einsichts- und Steuerungsfähigkeit

1. Die Entstehung der heutigen gesetzlichen Beschreibung der Schuldfähigkeit

8 Das geltende Recht formuliert den Begriff der Schuldfähigkeit in § 3 JGG und indirekt auch in den §§ 20, 21 StGB als die Fähigkeit, das Unrecht der Tat einzusehen und nach dieser Einsicht zu handeln. Mit dieser Beschreibung hat der Gesetzgeber nach einer lang andauernden Reformdiskussion[17] den ursprünglich im Strafgesetzbuch enthaltenen Begriff der **freien Willensbestimmung** ersetzt, um klarzustellen, dass die Beurteilung der Schuldfähigkeit nicht die – aus erkenntnistheoretischen Gründen gar nicht mögliche (→ § 3 Rn. 7 ff.) – Feststellung der Willensfreiheit des Menschen erfordere. Man hoffte mit dieser Formulierung die psychischen Voraussetzungen für die Zuerkennung von Selbstbestimmungsfähigkeit in unserer sozialen Welt („den normalen Zustand geistiger Gesundheit, dem die Rechtsauffassung des Volkes die strafrechtliche Verantwortung tatsächlich zuschreibt")[18] besser zu erfassen. Diese Hoffnung erweist sich jedoch als trügerisch. Die Beschreibung der Schuldfähigkeit mit dem Begriffspaar **Einsichts-** und **Steuerungsfähigkeit** ist im Ergebnis nicht weniger problematisch als die ursprüngliche Bezugnahme auf den Begriff der freien Willensbestimmung.

2. Die Untauglichkeit der gesetzlichen Beschreibung der Schuldfähigkeit

9 Die gesetzliche Beschreibung ist zunächst insofern sachwidrig, als sie den Eindruck erweckt, intellektuelle Fähigkeiten seien für die Schuldfähigkeit nur als Voraussetzung für die Erlangung des Unrechtsbewusstseins von Bedeutung. Das ist jedoch nicht richtig. Die Schuldfähigkeit ist die Fähigkeit, selbstbestimmt zu einer Norm Stellung zu

---

[15] MüKoStGB/Streng StGB § 20 Rn. 7 mwN.

[16] Vgl. dazu näher Frister, Die Struktur des „voluntativen Schuldelements", 1993, S. 171 ff.

[17] Die Formulierung stammt ursprünglich aus einem von den Strafrechtsprofessoren Kahl, v. Lilienthal, v. Liszt und Goldschmidt im Jahr 1911 vorgelegten Gesetzentwurf und hat von dort aus – allerdings in etwas abgewandelter Form – zunächst in das JGG von 1923 Eingang gefunden. Durch das „Gesetz gegen Gewohnheitsverbrecher und über Maßregeln der Besserung und Sicherung" wurde sie 1933 in das StGB übernommen.

[18] So bereits die Formulierung in den Motiven des StGB von 1871.

nehmen. Auch Personen mit dem Verstand eines vierjährigen Kindes wissen in der Regel, dass Diebstahl verboten ist. Deshalb sind sie aber noch lange nicht dazu imstande, selbst in verständiger Art und Weise über dieses Verbot zu urteilen. Solange aber diese Fähigkeit fehlt, ist ein von ihnen begangener Diebstahl ungeachtet der vorhandenen Normkenntnis nicht das Resultat einer selbstbestimmten Entscheidung für oder gegen die Beachtung der Norm. Außerdem sind die Rechtsfolgen fehlender Unrechtseinsicht in § 17 StGB gesondert geregelt. Als Regelung eines auf einer psychischen Störung beruhenden Verbotsirrtums hätte die Einsichtsfähigkeit keinerlei eigenständige Bedeutung (vgl. dazu auch → § 18 Rn. 14).

Noch gravierendere Probleme bereitet die Fähigkeit, der Einsicht in das Unrecht ge- 10
mäß zu handeln. Da die physische Handlungsfähigkeit bereits zum Tatbestand gehört (→ § 8 Rn. 1 ff.), kann es bei der sogenannten Steuerungsfähigkeit nur noch um die psychische Fähigkeit zu einer der Einsicht in das Unrecht entsprechenden Handlung gehen. Mit der Fähigkeit, der Einsicht in das Unrecht gemäß zu handeln, ist also die Fähigkeit gemeint, einen der Einsicht in das Unrecht entsprechenden Willen zu bilden. Die Fähigkeit zur Bildung eines Willens, den der rechtswidrig handelnde Täter gerade nicht gebildet hat, ist aber nichts anderes als die Fähigkeit, auch eine andere als die tatsächlich getroffene Entscheidung treffen zu können. Weil es eine solche psychische Fähigkeit aus erkenntnistheoretischen Gründen nicht geben kann (→ § 3 Rn. 7), beschreibt die Steuerungsfähigkeit – nicht anders als das frühere Merkmal der freien Willensbestimmung – keinen vorstellbaren psychischen Sachverhalt. Auch sie ist nur ein anderer Ausdruck für die begrifflich nicht zu erfassende Idee der Willensfreiheit des Menschen.[19]

Obwohl also der Begriff der Steuerungsfähigkeit keinen fassbaren Inhalt hat, wird die 11
Entscheidung über die Schuldfähigkeit in der Rechtsprechung mit Zustimmung der herrschenden Lehre unter Verwendung dieses Begriffs getroffen. Möglich ist dies nur, weil das Gesetz nicht als Entscheidungskriterium, sondern als bloße Begründungskonvention gehandhabt wird.[20] Nicht die Subsumtion der Begriffe Einsichts- und Steuerungsfähigkeit entscheidet darüber, ob der Betroffene als schuldfähig angesehen wird, sondern die intuitiv nach anderen Kriterien getroffene Entscheidung über die Schuldfähigkeit bestimmt, ob der Betroffene als einsichts- und steuerungsfähig definiert wird. Ein solches Vorgehen täuscht Gesetzestreue nur vor und führt im Ergebnis dazu, dass die Entscheidung über die Schuldfähigkeit begrifflich völlig unkontrolliert abläuft. Als Entscheidungsregel lassen sich die §§ 20, 21 StGB nur dann anwenden, wenn die gesetzliche Formulierung des Begriffs der Schuldfähigkeit nicht wörtlich genommen, sondern entsprechend dem eigentlichen Anliegen des Gesetzgebers so ausgelegt wird, dass sie die psychischen Voraussetzungen für die Zuerkennung von Selbstbestimmungsfähigkeit in unserer sozialen Welt zutreffend beschreibt.

[19] Vgl. dazu näher Frister MschrKrim 1994, 316 (317); Frister FS Frisch, 2013, 533 (534 ff.), jeweils mwN.

[20] Ebenso Merkel FS Roxin, 2011, 737 (759 f.).

3. Die Schuldfähigkeit als Fähigkeit zu einem verständigen Entscheidungsprozess

12 Für eine solche Auslegung wird in der Literatur vielfach auf den Begriff der „normativen Ansprechbarkeit" zurückgegriffen.[21] Steuerungsfähig sei, wer durch die Norm zu einer im Ergebnis rechtmäßigen Entscheidung motiviert werden könne. Diese Begriffsbestimmung zielt aber ebenso wie die gesetzliche Formulierung auf die Möglichkeit einer inhaltlich richtigen Entscheidung ab und lässt damit wie diese außer Acht, dass die Schuldfähigkeit nur eine spezifische Form rechtlicher Selbstbestimmungsfähigkeit ist (→ § 18 Rn. 1).[22] Selbstbestimmungsfähigkeit wird im Recht generell als die Fähigkeit einer Person begriffen, die zu entscheidende Frage „verständig" zu beurteilen[23] und ihre Entscheidung aufgrund „vernünftiger" Erwägungen zu treffen.[24] Die Begriffe verständig und vernünftig beziehen sich dabei nicht auf den gerade der Selbstbestimmung der Person überlassenen Inhalt, sondern auf die Art und Weise des Zustandekommens der Entscheidung. Die Anerkennung einer Entscheidung als selbstbestimmt setzt voraus, dass dem Entscheidenden die Fähigkeit zu einem verständigen Entscheidungsprozess zuerkannt wird. Diese prinzipielle Struktur des Begriffs der Selbstbestimmungsfähigkeit ändert sich nicht dadurch, dass Gegenstand der Entscheidung die Begehung einer Straftat ist. Deshalb ist die **Schuldfähigkeit** nicht die Fähigkeit zu einer im Ergebnis rechtmäßigen Entscheidung, sondern die **Fähigkeit, sich auf hinreichend verständige Art und Weise zu entscheiden.** Wer diese Fähigkeit hat und sich gleichwohl im Ergebnis gegen das Recht entscheidet, der handelt schuldhaft.[25]

13 Der Begriff hinreichend verständig bezeichnet hierbei gewisse Mindestanforderungen an die Rationalität des Entscheidungsprozesses.[26] Der Idealtypus eines rationalen Entscheidungsprozesses liegt vor, wenn alle für die Entscheidung erheblichen Gesichtspunkte erkannt und gegeneinander abgewogen werden. Eine solch vollständige Berücksichtigung aller Entscheidungsgesichtspunkte ist jedoch kaum möglich. Deshalb kommt es für die Schuldfähigkeit nur darauf an, ob und inwieweit die Fähigkeit des Täters, die für und gegen die Begehung der Straftat sprechenden Gesichtspunkte zu erfassen und gegeneinander abzuwägen, hinter dem Niveau zurückbleibt, das für einen erwachsenen Menschen unserer Gesellschaft im Allgemeinen erreichbar ist. Nur wenn der für den Täter erreichbare Entscheidungsprozess insbesondere durch den Verlust der räumlichen oder zeitlichen Ordnung des Erlebens[27] in seiner Struktur

[21] So zuerst Noll FS H. Mayer, 1966, 219; vgl. ferner Roxin/Greco StrafR AT I § 19 Rn. 36ff.; Roxin GA 2015, 489; Merkel FS Roxin, 2011, 737 (752ff.) sowie auch Hoyer FS Roxin, 2011, 723 (731ff.), der die normative Ansprechbarkeit allerdings nur dadurch von der Willensfreiheit unterscheiden will, dass er sie aus ex-ante-Sicht bestimmt.

[22] Vgl. für eine eingehende Kritik Frister FS Frisch, 2013, 533 (542ff.).

[23] Vgl. zB die Definition der Einwilligungsfähigkeit als Fähigkeit, die „Tragweite der Einwilligung zu erkennen und das Für und Wider verständig abzuwägen" (BGHSt 4, 88 (90); 12, 379 (382)).

[24] Vgl. zB die Definition der Geschäftsfähigkeit als Fähigkeit, seine „Entscheidungen von vernünftigen Erwägungen abhängig zu machen" (Grüneberg/Ellenberger BGB § 104 Rn. 5 mwN).

[25] Vgl. dazu Frister FS Frisch, 2013, 533 (546ff.).

[26] Vgl. dazu ausführlich Frister, Die Struktur des „voluntativen Schuldelements", 1993, S. 126ff.

[27] Was ein solcher Verlust bedeutet, kann man sich am besten anhand der eigenen Träume klarmachen. Im Traum gibt es keine klare räumliche und zeitliche Ordnung des Erlebens. Man findet sich häufig an einem anderen Ort oder in einer anderen Zeit wieder, ohne sich auch nur im Geringsten darüber zu wundern, wie man dort hingekommen sein könnte.

grundlegend gestört oder so undifferenziert ist, dass er dem Entscheidungsprozess eines normalen Erwachsenen nicht mehr vergleichbar ist, liegt Schuldunfähigkeit vor. Ist die Vergleichbarkeit noch gewahrt, bleibt das Niveau des für den Täter erreichbaren Entscheidungsprozesses aber schon erheblich hinter dem im Allgemeinen erreichbaren Niveau zurück, ist verminderte Schuldfähigkeit anzunehmen.

Die §§ 20, 21 StGB sind deshalb dahingehend auszulegen, dass die Einsichtsfähigkeit die intellektuellen und die Steuerungsfähigkeit die übrigen[28] psychischen Voraussetzungen der Fähigkeit zu einer hinreichend verständigen Willensbildung bezeichnet. Damit handelt es sich bei der Einsichtsfähigkeit der §§ 20, 21 StGB einerseits und der Möglichkeit zur Unrechtseinsicht des § 17 StGB andererseits entgegen der herrschenden Meinung[29] um zwei verschiedene Schuldvoraussetzungen. Insbesondere die ständige Rechtsprechung des Bundesgerichtshofs, eine Strafmilderung wegen verminderter Einsichtsfähigkeit sei unzulässig, wenn der Täter mit Unrechtsbewusstsein gehandelt habe,[30] erweist sich als verfehlt. Auch wenn dem Täter das von ihm übertretene Verbot bekannt war, kann schon sein intellektuelles Vermögen, sich in einer verständigen Art und Weise für oder gegen die Beachtung der Norm zu entscheiden, erheblich vermindert oder sogar ganz ausgeschlossen sein. Außerdem ist entgegen der herrschenden Meinung auch die erste Alternative des § 21 StGB neben § 17 StGB anwendbar. Hat ein vermindert einsichtsfähiger Täter in einem vermeidbaren Verbotsirrtum gehandelt, so kann seine Strafe sowohl nach § 21 StGB als auch nach § 17 S. 2 StGB gemildert werden.[31] 14

III. Die Feststellung der Schuldfähigkeit

In Zweifelsfällen kann der Richter die Schuldfähigkeit nur mit Hilfe eines psychiatrischen oder psychologischen Sachverständigen feststellen. Dieser hat nicht nur das Vorliegen einer psychischen Störung zu diagnostizieren, sondern dem Richter aufgrund seiner Sachkunde auch ein möglichst anschauliches Bild davon zu vermitteln, ob und inwieweit diese Störung die Fähigkeit beeinträchtigt hat, sich auf verständige Art und Weise für oder gegen die Begehung der Straftat zu entscheiden. Ob das vom Sachverständigen beschriebene Ausmaß der Beeinträchtigung bereits die Schuldunfähigkeit bzw. die verminderte Schuldfähigkeit des Täters begründet, hat dann aber allein der Richter zu beurteilen.[32] Er hat zu bewerten, ob und inwieweit die dem Täter mögliche Art und Weise der Entscheidung noch mit dem Entscheidungsprozess eines normalen Erwachsenen vergleichbar ist. Da es für diese Bewertung keinen exakten Maßstab gibt, ist die Beurteilung der Schuldfähigkeit nicht vollständig objektivierbar. Sie wird inner- 15

[28] Eine verständige Willensbildung erfordert neben der Fähigkeit zu einer differenzierten Erkenntnis der Welt auch die – bei psychotischen Erkrankungen zB gestörte – Fähigkeit, das Erkannte auf die eigene Person zu beziehen und ihm dadurch eine positive, negative oder neutrale Bedeutung zu verleihen; dazu näher Frister, Die Struktur des „voluntativen Schuldelements", 1993, S. 128–132 mwN.

[29] Vgl. LK-StGB/Verrel/Linke/Koranyi StGB § 20 Rn. 12f.; MüKoStGB/Streng StGB § 20 Rn. 50; Schönke/Schröder/Perron/Weißer StGB § 20 Rn. 4 mwN.

[30] Grundlegend BGHSt 21, 27 (28); vgl. ferner BGH NJW 2014, 2738; NStZ 2022, 34; sowie auch BGH NJW 2013, 246 (247); NStZ 2019, 78, wonach die Feststellung einer erheblich verminderten Einsichtsfähigkeit nur dann die für eine Unterbringung nach § 63 StGB erforderliche verminderte Schuldfähigkeit begründet, wenn der Täter ohne Unrechtsbewusstsein gehandelt hat.

[31] Vgl. zum Ganzen ausführlich Frister, Die Struktur des „voluntativen Schuldelements", 1993, S. 199ff.

[32] Vgl. BGH NJW 2013, 181 (182); NStZ 2013, 53 (54f.).

halb einer gewissen Bandbreite notwendigerweise durch den persönlichen Erfahrungshorizont des Richters mitbestimmt.[33]

16 Auch bei einem Alkoholrausch ist die Schuldfähigkeit nach dem im Einzelfall festzustellenden Ausmaß der Beeinträchtigung der Fähigkeit zu einem verständigen Entscheidungsprozess zu beurteilen. Die Wirkung des Alkohols auf diese Fähigkeit hängt von verschiedenen Faktoren, insbesondere aber davon ab, ob und inwieweit die betreffende Person an den Konsum von Alkohol gewöhnt ist.[34] Deshalb misst die neuere Rechtsprechung des Bundesgerichtshofs dem Blutalkoholgehalt für die Beeinträchtigung der Schuldfähigkeit zu Recht nur eine beschränkte indizielle Bedeutung zu.[35] Diese Bedeutung verringert sich noch dadurch, dass der Blutalkoholgehalt zur Tatzeit in der Praxis fast immer aus einer später entnommenen Blutprobe oder sogar aus Trinkmengenangaben von Zeugen bzw. des Angeklagten selbst errechnet werden muss.[36] Dessen ungeachtet gibt es von der Rechtsprechung entwickelte Richtwerte, deren Überschreiten bei einem nicht an einen hohen Alkoholkonsum gewöhnten Täter in der Regel Schuldunfähigkeit bzw. verminderte Schuldfähigkeit begründet. Diese liegen je nach der Art des Delikts für die **Schuldunfähigkeit bei 3,0–3,3 Promille** und für die **verminderte Schuldfähigkeit bei 2,0–2,2 Promille** Blutalkoholkonzentration (BAK).[37]

C. Die actio libera in causa

I. Problem und grundsätzliche Lösungsmodelle

17 Wie der Vorsatz (→ § 11 Rn. 4ff.), so muss auch die Schuldfähigkeit bei Begehung der Tat, dh im Zeitpunkt der Vornahme der Tathandlung, vorliegen (§ 20 StGB). Wer in schuldunfähigem Zustand ein Delikt begeht, kann deshalb selbst dann nicht wegen dieses Delikts bestraft werden, wenn er seine Schuldunfähigkeit durch den vorherigen Konsum von Alkohol oder sonstiger Rauschmittel selbst herbeigeführt hat.[38] In solchen Fällen ist der Täter regelmäßig nur wegen Vollrauschs (§ 323a StGB) strafbar. Fraglich ist allerdings, ob und inwieweit dies auch für Fälle gilt, in denen der Täter bereits bei dem Konsum der Rauschmittel damit rechnete oder damit rechnen musste, später im Zustand der Schuldunfähigkeit eine bestimmte Straftat zu begehen. Hat A sich zB Mut angetrunken, um anschließend in schuldunfähigem Zustand seinen Intimfeind B heimtückisch zu erschießen, so erscheint es unbefriedigend, ihn lediglich wegen Vollrauschs (§ 323a StGB) und damit im Höchstmaß mit 5 Jahren Freiheitsstrafe zu bestrafen. Da er den Entschluss zur Begehung der Tat schon gefasst hatte als

[33] Vgl. dazu näher Frister, Die Struktur des „voluntativen Schuldelements", 1993, S. 146.

[34] Vgl. dazu iE Frister/Schneider/Haffner/Blank, Alkohol und Schuldfähigkeit, 2002, S. 70, 83ff.

[35] BGHSt 43, 66; 57, 247; BGH NStZ-RR 2013, 272; 2015, 8; NJW 2015, 3525. Eine detaillierte Darstellung der Entwicklung der Rechtsprechung des Bundesgerichtshofs gibt Frister/Schneider/Rissing-van Saan, Alkohol und Schuldfähigkeit, 2002, S. 103ff.

[36] Vgl. zu diesen Berechnungsverfahren Frister/Schneider/Haffner/Blank, Alkohol und Schuldfähigkeit, 2002, S. 70, 72ff.

[37] Vgl. dazu iE Schönke/Schröder/Perron/Weißer StGB § 20 Rn. 16a–c mwN.

[38] Dies wird selbst vom 3. Strafsenat des Bundesgerichtshofes, der eine Strafmilderung wegen verminderter Schuldfähigkeit bei selbstverschuldeter Trunkenheit generell versagen will (dazu Anm. 4), nicht infrage gestellt (vgl. die Ausführungen in BGH NJW 2003, 2394 (2396)).

er noch schuldfähig war, hält die herrschende Meinung in dieser als **actio libera in causa** (die im Ursprung freie Handlung) bezeichneten Konstellation im Ergebnis doch eine Verurteilung wegen des verwirklichten Delikts, im Beispielsfall also wegen Mordes (§ 211 StGB) zu lebenslanger Freiheitsstrafe, für möglich.

18 Ein Teil der Literatur begründet die Bestrafung der actio libera in causa mit einer Ausnahme von dem Erfordernis der zeitlichen Koinzidenz von Handlung und Schuldfähigkeit. Weil sich der Täter schon in schuldfähigem Zustand für die Begehung der Tat entschieden habe, müsse die Schuldfähigkeit bei der Begehung der Tat selbst nicht mehr vorliegen. Solche sogenannten **Ausnahme-**[39] oder **Ausdehnungsmodelle**[40] widersprechen jedoch dem klaren Wortlaut des Gesetzes.[41] Ohne eine im geltenden Recht nicht vorhandene spezielle gesetzliche Regelung lässt sich die Bestrafung der actio libera in causa nur insoweit mit dem Gesetzlichkeitsprinzip des Art. 103 II GG vereinbaren, wie sie sich aus der Anwendung der allgemein geltenden Regeln ergibt. Deshalb geht die herrschende Meinung zu Recht davon aus, dass die Strafbarkeit nicht an die in schuldunfähigem Zustand vorgenommene unmittelbare Ausführungshandlung anknüpfen kann.[42] Eine Bestrafung der actio libera in causa ist nur möglich, wenn und soweit der objektive und subjektive Tatbestand des betreffenden Delikts schon durch ein dieser Handlung vorausgegangenes, noch in schuldfähigem Zustand vorgenommenes Verhalten rechtswidrig und schuldhaft verwirklicht wurde.

19 Aus der Notwendigkeit, die Strafbarkeit einer actio libera in causa mit diesem sogenannten **Tatbestandsmodell** zu begründen, ergibt sich zunächst, dass sie nur bei den Erfolgsdelikten strafbar sein kann. Da Erfolgsdelikte keine bestimmte Handlung voraussetzen (→ § 8 Rn. 16), ist es bei ihnen prinzipiell möglich, dass neben der den tatbestandlichen Erfolg unmittelbar herbeiführenden Handlung auch vorausgegangene Verhaltensweisen den objektiven und subjektiven Tatbestand des betreffenden Delikts erfüllen. Bei Tätigkeitsdelikten, die nur ein bestimmtes im Gesetz ausdrücklich bezeichnetes Verhalten mit Strafe bedrohen, ist das dagegen von vornherein ausgeschlossen. Setzt zB ein Tatbestand voraus, dass ein Fahrzeug im Straßenverkehr geführt, dh dessen Fortbewegung unter „Handhabung der jeweiligen technischen Vorrichtungen geleitet wird" (→ § 8 Rn. 19), dann können der Teilnahme am Straßenverkehr zeitlich vorgelagerte Handlungen diesen Tatbestand nicht erfüllen. Deshalb ist – wie auch die Rechtsprechung anerkennt[43] – die Bestrafung einer actio libera in causa bei den §§ 315c, 316 StGB nicht möglich. Entsprechendes gilt für alle anderen Delikte, deren Tatbestand nur durch die Vornahme einer bestimmten Handlung erfüllt werden kann.

---

[39] Vgl. eingehend Hruschka JZ 1996, 64 und 1997, 22 mwN.

[40] Vgl. MüKoStGB/Streng StGB § 20 Rn. 128ff. mwN.

[41] Dies erkennen inzwischen jedenfalls die Verfechter des Ausnahmemodells selbst zunehmend an und fordern deshalb eine ausdrückliche Verankerung dieses Modells im Gesetz (vgl. etwa Hruschka JZ 1996, 64 (67ff.) und 1997, 22 (24)). Auch dies wäre aber – wie Frister/Schneider/Deiters, Alkohol und Schuldfähigkeit, 2002, S. 121, 137ff. überzeugend dargelegt hat – keine sachgerechte Lösung des Problems.

[42] BGHSt 42, 235 (240ff.); SK-StGB/Rogall StGB § 20 Rn. 70f.; Roxin/Greco StrafR AT I § 20 Rn. 58f., beide mwN.

[43] BGHSt 42, 235 (238ff.) mwN; anders, aber nicht ohne überzeugende Begründung Freund GA 2014, 137 (142ff.); Hirsch FS Geppert, 2011, 233 (240f.).

II. Die Strafbarkeit der actio libera in causa bei den Erfolgsdelikten

1. Der Einwand fehlender Kausalität

20 Aber auch bei den Erfolgsdelikten ist die Begründung der Strafbarkeit einer actio libera in causa nicht unproblematisch. In Rechtsprechung und Literatur wird das tatbestandsmäßige Verhalten bei der actio libera in causa zumeist in dem die Schuldunfähigkeit herbeiführenden „Sich-Berauschen" gesehen. Dieses Verhalten ist ohne Weiteres kausal für den tatbestandlichen Erfolg, wenn sich der Täter – wie in dem eingangs gebildeten Beispielsfall – tatsächlich „Mut angetrunken hat", dh wenn er sich berauscht hat, damit er die spätere Tat überhaupt begehen konnte.[44] Hat er sich aber – was mindestens ebenso häufig vorkommen dürfte – mit dem Trinken lediglich die Wartezeit vor der Begehung der bereits geplanten Straftat vertrieben, so scheint die Ursächlichkeit für den tatbestandlichen Erfolg insofern fragwürdig zu sein, als sich nicht ausschließen lässt, dass der Täter die gleiche Tat auch in nüchternem Zustand begangen hätte. Da jedoch bei der Beurteilung der Kausalität hypothetisch gebliebene rechtswidrige Handlungen Dritter nicht hinzuzudenken sind (→ § 9 Rn. 30–32), hat die Möglichkeit, dass sich der Täter selbst in schuldfähigem Zustand für die Begehung der Tat entschieden hätte, bei der Beurteilung der Kausalität konsequenterweise ebenfalls außer Betracht zu bleiben. Deshalb ist das Herbeiführen der Schuldunfähigkeit selbst in Fällen, in denen der Täter sich keinen Mut antrinkt, als für den tatbestandlichen Erfolg ursächlich anzusehen.

21 Wer dieser Argumentation nicht folgt, kann den Einwand fehlender Kausalität aber auch dadurch ausräumen, dass er als tatbestandliches Verhalten neben dem „Sich-Berauschen" andere Verhaltensweisen in Betracht zieht, die der Verwirklichung eines noch in schuldfähigem Zustand gefassten Entschlusses zur Begehung der Tat dienen. Als Beispiel stelle man sich etwa vor, der zur Tötung seines Intimfeindes B entschlossene A hätte noch in schuldfähigem Zustand seine Pistole geladen. Diese Handlung wäre für die spätere Tötung des B in jedem Fall unabhängig davon kausal, ob A die Tat auch in schuldfähigem Zustand begangen hätte. Selbst wenn der Täter als Schuldfähiger überhaupt noch keine für den späteren Erfolg ursächliche Handlung vorgenommen hat, bleibt in jedem Fall die Möglichkeit, die Strafbarkeit gemäß § 13 StGB damit zu begründen, dass er es unterlassen hat, die von seiner eigenen Person im Zustand der Schuldunfähigkeit ausgehenden Gefahren rechtzeitig abzuwenden.[45] Wer als noch Schuldfähiger damit gerechnet hat, einen anderen in schuldunfähigem Zustand zu erschießen, hat dessen Tod zumindest insofern – und zwar noch schuldfähig – verursacht, als er es unterlassen hat, dafür Sorge zu tragen, dass er als Schuldunfähiger keinen Zugriff auf die Pistole haben wird.

2. Der Einwand fehlenden Verwirklichungsbewusstseins

22 Das zentrale Problem der Strafbarkeit der actio libera in causa liegt deshalb nicht im objektiven, sondern im subjektiven Tatbestand. Es ist die Frage, ob ein Schuldfähiger, der bewusst eine Ursache für die von ihm im Zustand der Schuldunfähigkeit zu begehende Tat setzt, das für den Vorsatz erforderliche Verwirklichungsbewusstsein (→ § 11 Rn. 9ff.) besitzt. Wenn man die bevorstehende Schuldunfähigkeit außer Be-

[44] Vgl. dazu Frister/Schneider/Deiters, Alkohol und Schuldfähigkeit, 2002, S. 121, 128 mwN.
[45] Vgl. dazu eingehend Frister/Schneider/Deiters, Alkohol und Schuldfähigkeit, 2002, S. 121, 133ff.

tracht lässt, handelt es sich bei den als Tatbestandsverwirklichung einer actio libera in causa in Betracht kommenden Verhaltensweisen eindeutig um bloße Vorbereitungen. Wer sich betrinkt, seine Pistole lädt oder nicht dafür Sorge trägt, dass er später keinen Zugriff auf die Pistole hat, setzt damit noch nicht unmittelbar dazu an, einen anderen zu erschießen. Aufgrund dessen wird in der Literatur verbreitet die Auffassung vertreten, in der Konstellation der actio libera in causa habe der Täter den tatbestandlichen Erfolg schuldhaft nur durch ein Vorbereitungsverhalten verursacht.[46] Wäre dies richtig, so könnte er – ebenso wie in den Fällen eines vorzeitigen Erfolgseintritts – nicht wegen eines vorsätzlichen Delikts, sondern allenfalls wegen eines entsprechenden Fahrlässigkeitsdelikts bestraft werden.[47]

Bei dieser Argumentation bleibt jedoch unberücksichtigt, dass der Motivationsunwert einer auf die Deliktsbegehung gerichteten Handlung nur deshalb von dem Ausmaß der von dem Täter nach seinem Tatplan noch vorzunehmenden Handlungen abhängt, weil im Regelfall jede dieser Handlungen eine weitere selbstbestimmte Entscheidung für die Begehung der Tat erfordert. Wenn die Verwirklichung des Tatplans zwar noch weitere Handlungen des Täters voraussetzt, dieser aber weiß, dass er damit keine selbstbestimmte Entscheidung mehr trifft, ist die Sachlage eine andere. Hier hat der Täter bereits bei dem letzten selbstbestimmten Verhalten das Bewusstsein, sich endgültig für die Begehung der Tat zu entscheiden, sodass schon zu diesem Zeitpunkt der volle Motivationsunwert gegeben ist. Genau genommen setzt das **Verwirklichungsbewusstsein** deshalb nur voraus, dass der Täter nach seinem Tatplan keine weiteren selbstbestimmten Handlungen mehr vorzunehmen hat. Diese Voraussetzung aber ist bei der actio libera in causa unproblematisch erfüllt. Bildhaft kann man davon sprechen, dass der Täter in dieser Fallkonstellation nicht – wie bei der mittelbaren Täterschaft – eine andere, aber seine eigene Person als Werkzeug zur Herbeiführung des tatbestandlichen Erfolgs gebraucht.[48] 23

3. Ergebnis und Folgerungen

Im Ergebnis sind deshalb die in der Literatur gegen die Strafbarkeit der actio libera in causa bei den Erfolgsdelikten erhobenen Einwände[49] nicht durchschlagend. Jedenfalls wer in Kenntnis seiner unmittelbar bevorstehenden Schuldunfähigkeit[50] eine Ursache für die spätere Herbeiführung des tatbestandlichen Erfolgs setzt, der verwirklicht – wenn der Erfolg tatsächlich eintritt – schon durch dieses Verhalten sowohl den objek- 24

[46] Vgl. NK-StGB/Paeffgen StGB Vor § 323a Rn. 6 mwN.

[47] Anders Schmidhäuser, Die actio libera in causa, 1992, S. 31 ff., mit der Begründung, auch durch das Vorbereitungsverhalten werde bereits der „Achtungsanspruch des Rechtsguts" verletzt; dagegen eingehend Frister ZStW 108 (1996), 714 (716 ff.).

[48] Dieser schon in der Rechtsprechung des Reichsgerichts herangezogene Vergleich (RGSt 22, 413 (415)) besagt nur, dass der Versuchsbeginn bei der actio libera in causa von den gleichen Wertungen wie bei der mittelbaren Täterschaft abhängt. Er ist aber – entgegen einem in der Literatur verbreiteten Missverständnis (vgl. etwa Schönke/Schröder/Perron/Weißer StGB § 20 Rn. 35) – nicht notwendigerweise dahingehend zu verstehen, dass die actio libera in causa als ein Fall der mittelbaren Täterschaft (so allerdings Jakobs StrafR AT Abschn. 20 Rn. 64; Dold GA 2008, 427 (428 ff.)) oder auch nur in Analogie zu der Regelung über die mittelbare Täterschaft (§ 25 I Var. 2 StGB) zu begründen wäre; vgl. dazu treffend Hirsch FS Geppert, 2011, 233 (237 ff.).

[49] Vgl. für eine umfassende Darstellung dieser Einwände NK-StGB/Paeffgen StGB Vor § 323a Rn. 5 ff.

[50] Bei unmittelbar bevorstehender verminderter Schuldfähigkeit dürfte iErg das Gleiche gelten; vgl. dazu Frister/Schneider/Deiters, Alkohol und Schuldfähigkeit, 2002, S. 121, 136; aA Roxin/Greco StrafR AT I § 20 Rn. 69 mwN.

tiven als auch subjektiven Tatbestand des betreffenden Delikts. Je nachdem, ob er die Ursache durch aktives Tun oder durch bloßes Unterlassen gesetzt hat, ist er deshalb entweder wegen eines vorsätzlichen Begehungsdelikts oder wegen eines vorsätzlichen unechten Unterlassungsdelikts (§ 13 StGB) strafbar. Beides setzt allerdings voraus, dass der Täter bei seinem in schuldfähigem Zustand vorgenommenen tatbestandlichen Verhalten sowohl Vorsatz bezüglich der in schuldunfähigem Zustand begangenen Tat[51] als auch Vorsatz bezüglich des unmittelbar bevorstehenden Eintritts seiner Schuldunfähigkeit hatte. Wenn der Täter die in schuldunfähigem Zustand begangene Tat oder den bevorstehenden Eintritt seiner Schuldunfähigkeit lediglich hätte erkennen können, kommt nur eine Strafbarkeit wegen eines fahrlässigen Delikts[52] in Betracht.

25 Die in schuldunfähigem Zustand vorgenommene unmittelbare Ausführungshandlung selbst muss dagegen – entgegen einer verbreiteten Auffassung[53] – nicht vorsätzlich vorgenommen worden sein. Da diese Ausführungshandlung nicht zum tatbestandlichen Verhalten gehört, kommt es auf die Vorstellungen des Täters bei ihrer Vornahme nicht an (→ § 11 Rn. 4). Dieses nach dem Tatbestandsmodell zwingende Ergebnis spricht nicht – wie in der Literatur verschiedentlich behauptet[54] – gegen, sondern für die Richtigkeit dieses Modells. Denn es gibt keinen Grund, denjenigen, der sich zB betrinkt, um in schuldunfähigem Zustand die seiner Frau gehörende Wohnungseinrichtung zu zerschlagen (§ 303 StGB), straflos zu lassen, nur weil er beabsichtigt, sich so stark zu betrinken, dass er bei der unmittelbaren Ausführung der Tat nicht einmal mehr vorsätzlich handelt. Dies widerspräche im Übrigen der allgemein anerkannten Lösung bei dem Parallelproblem vorsätzlich herbeigeführter Handlungsunfähigkeit (→ § 8 Rn. 8). Auch wer vorsätzlich eine Ursache für die spätere Erfolgsherbeiführung durch eine willentlich gar nicht mehr steuerbare Körperbewegung setzt, hat bei dieser Bewegung selbst keinen Vorsatz und wird gleichwohl wegen eines vorsätzlichen Delikts bestraft.

Lektüreempfehlungen: BGHSt 42, 235–243 (actio libera in causa); BGHSt 43, 66–78 (Bedeutung der Blutalkoholkonzentration für Schuldfähigkeit); BGHSt 49, 239–255 (Strafrahmenverschiebung bei alkoholbedingter verminderter Schuldfähigkeit).

[51] Die Kongruenz zwischen dem Vorsatz und der ausgeführten Tat beurteilt sich nach den allgemeinen Regeln über die Zurechnung zum Vorsatz (→ § 11 Rn. 44ff.). Deshalb hat der Bundesgerichtshof eine dem Täter in schuldunfähigem Zustand unterlaufene Personenverwechslung zu Recht als unbeachtlich angesehen (BGHSt 21, 381 (383f.); aA Schönke/Schröder/Perron/Weißer StGB § 20 Rn. 37 mwN).

[52] In Rechtsprechung und Literatur besteht keine Einigkeit darüber, ob auch im Fall bloßer Fahrlässigkeit von einer actio libera in causa zu sprechen ist. Vielfach findet sich die Formulierung, beim Fahrlässigkeitsdelikt bedürfe es der actio libera in causa nicht, weil sich hier die Strafbarkeit bereits aus der Anwendung der allgemeinen Regeln ergebe (BGHSt 42, 235 (236f.) mwN). Dies ist freilich beim Vorsatzdelikt nicht anders. Auch hier ist die actio libera in causa kein die Strafbarkeit begründender Rechtssatz, sondern eine Bezeichnung für eine bestimmte Fallkonstellation, die nach allgemeinen Regeln strafbar ist. Deshalb stiftet es nur Verwirrung, speziell beim Fahrlässigkeitsdelikt auf diese Bezeichnung zu verzichten.

[53] LK-StGB/Verrel/Linke/Koranyi StGB § 20 Rn. 202; Schönke/Schröder/Perron/Weißer StGB § 20 Rn. 36; WBS StrafR AT Rn. 672f.; Hirsch FS Geppert, 2011, 233 (241f.).

[54] Schönke/Schröder/Perron/Weißer StGB § 20 Rn. 35.

§ 19. Die Möglichkeit zur Unrechtseinsicht

A. Entstehung und Grundgedanke des § 17 StGB

Im Strafgesetzbuch von 1871 war der Fall, dass der Täter die Rechtswidrigkeit seines Handelns nicht erkennen konnte, nicht vorgesehen. Man hielt den Inhalt der strafrechtlichen Normen für etwas so Selbstverständliches, dass er schuldfähigen Personen in jedem Fall bekannt sein müsse.[1] Dies war allerdings schon damals eine Fiktion. Zwar wird ein die fundamentalen Wertvorstellungen der Gesellschaft kodifizierender Kernbereich strafrechtlicher Normen (Tötungsverbot, Diebstahlsverbot uä) in der Tat im Rahmen der allgemeinen Sozialisation erlernt, sodass er jedem in unserer Gesellschaft aufgewachsenen Menschen ohne Weiteres bekannt ist.[2] Aber es gab – wenn auch in geringerem Umfang als heute – bereits damals insbesondere im Nebenstrafrecht viele Verbote, die nicht an allgemein verbreitete Wertvorstellungen anknüpften und deshalb dem normalen Bürger weitgehend unbekannt waren. Gleichwohl vertrat das Reichsgericht[3] – unter heftiger Kritik der Literatur[4] – stets die Auffassung, es sei für die Strafbarkeit ohne Bedeutung, ob der Täter tatsächlich erkennen konnte, dass sein Verhalten rechtswidrig war. 1

Diese Auffassung ist heute schon von Verfassung wegen nicht mehr haltbar. Aufgrund des verfassungsrechtlich gewährleisteten Schuldprinzips (→ § 3 Rn. 1 ff.) darf der Täter nur dann bestraft werden, wenn ihm sein Verhalten zum Vorwurf gemacht werden kann. Dies setzt voraus, dass er nicht nur fiktiv, sondern tatsächlich die Möglichkeit hatte, dessen Rechtswidrigkeit zu erkennen. Aus diesem Grund hat der Bundesgerichtshof die Rechtsprechung des Reichsgerichts nicht fortgeführt, sondern in einer berühmten Entscheidung des Großen Senats[5] die Möglichkeit der Unrechtseinsicht auch ohne ausdrückliche gesetzliche Grundlage als Schuldvoraussetzung anerkannt. Er folgte dabei der **Schuldtheorie,** die – anders als die **Vorsatztheorie** – das Unrechtsbewusstsein nicht als Bestandteil des Vorsatzes, sondern die Möglichkeit, es zu erlangen, als eine selbstständige Schuldvoraussetzung ansah (→ § 11 Rn. 2 f.). Diese Rechtsauffassung hat sich der Gesetzgeber 1975 durch die Einführung des § 17 StGB zu eigen gemacht. Danach handelt der Täter ohne Schuld, wenn ihm erstens die Einsicht fehlt, Unrecht zu tun, dh wenn er einem Verbotsirrtum erliegt, und er zweitens diesen Irrtum nicht vermeiden konnte (§ 17 S. 1 StGB). Bei Vermeidbarkeit des Verbotsirrtums kann der Strafrahmen gemildert werden (§ 17 S. 2 StGB). 2

---

1 Vgl. zur geschichtlichen Entwicklung der Lehren zum Verbotsirrtum instruktiv Silva Sánchez GA 2016, 309 (310 ff.).

2 Vgl. dazu Jakobs StrafR AT Abschn. 19 Rn. 7.

3 Vgl. zB RGSt 2, 268 (269 f.); 8, 182 (183); 42, 137 (139).

4 Vgl. zB v. Hippel Dt. StrafR II § 25 VI mwN.

5 BGHSt 2, 194.

B. Der Begriff des Verbotsirrtums

I. Der Gegenstand des Unrechtsbewusstseins

3 Dem Täter fehlt die Unrechtseinsicht, wenn er nicht weiß, dass die Rechtsordnung sein Verhalten als rechtswidrig bewertet. Das Mitbewusstsein (vgl. zu diesem Begriff → § 11 Rn. 6) reicht zur Unrechtseinsicht aus.[6] Die **Kenntnis der Strafbarkeit** des betreffenden Verhaltens wird von der herrschenden Meinung[7] zu Recht nicht verlangt. Wer das Fahren ohne Fahrerlaubnis (§ 21 StVG) irrtümlich für eine bloße Ordnungswidrigkeit hält, handelt gleichwohl mit der erforderlichen Unrechtseinsicht. Auch die eigene Wertung des Täters ist für die Unrechtseinsicht iSd § 17 StGB ohne Bedeutung.[8] Wer aus Protest gegen Atomkraftwerke einen Strommast umsägt (§ 316b StGB), erliegt nicht schon deshalb einem Verbotsirrtum, weil er selbst sein Verhalten für moralisch gerechtfertigt oder gar geboten ansieht. Solange er die Bewertung seines Verhaltens durch die Rechtsordnung kennt, weiß er, dass er sich rechtswidrig verhält und hat insofern die Einsicht, Unrecht zu tun. Umgekehrt hat derjenige, der sein Verhalten zwar für moralisch verwerflich, aber rechtlich für erlaubt hält, kein Unrechtsbewusstsein. Geschwister, „die miteinander den Beischlaf vollziehen" (§ 173 II 2 StGB), ohne zu wissen, dass dies rechtlich verboten ist, erliegen einem Verbotsirrtum, auch wenn sie ihr Verhalten selbst für in höchstem Maße verwerflich halten.

II. Die Teilbarkeit des Unrechtsbewusstseins

4 Da das Rechtswidrigkeitsurteil selbst teilbar ist (→ § 14 Rn. 1 ff.), ist es auch das Unrechtsbewusstsein.[9] Wer weiß, dass sein Verhalten irgendeine Rechtsnorm verletzt, hat deshalb nicht automatisch die Unrechtseinsicht bezüglich aller anderen durch sein Verhalten verletzten Rechtsnormen. Die Rechtsprechung hatte diese Teilbarkeit des Unrechtsbewusstseins allerdings ursprünglich nicht anerkannt. Einem Mann, der mit seiner Stieftochter geschlechtlich verkehrt hatte, ohne zu wissen, dass auch der Beischlaf mit einer Verschwägerten nach dem damaligem Recht als „Blutschande" (§ 173 II StGB aF) strafbar war, wurde vom Bundesgerichtshof deshalb kein Verbotsirrtum zugebilligt, weil er wusste, dass seine Handlung als Unzucht mit einer Abhängigen (§ 174 I Nr. 1 StGB aF) ohnehin verboten war.[10] Diese Rechtsauffassung ist in einer späteren Entscheidung des Bundesgerichtshofs jedoch ausdrücklich aufgegeben worden.[11] Seitdem geht auch die Rechtsprechung davon aus, dass sich die Unrechtseinsicht auf das jeweils verwirklichte Strafgesetz beziehen muss. Der Täter muss zwar nicht das Strafgesetz selbst, wohl aber das Verbot kennen, dessen Verletzung durch dieses Gesetz mit Strafe bedroht wird.

---

[6] NK-StGB/Neumann StGB § 17 Rn. 32; SK-StGB/Rogall StGB § 17 Rn. 17, beide mwN.

[7] BGHSt 2, 194 (202); 10, 35 (41); 15, 377 (383); BGH NJW 2013, 93 (96); LK-StGB/Vogel/Bülte StGB § 17 Rn. 19; Schönke/Schröder/Sternberg-Lieben/Schuster StGB § 17 Rn. 4; SK-StGB/Rogall StGB § 17 Rn. 9; Roxin/Greco StrafR AT I § 21 Rn. 13 mwN; aA MüKoStGB/Joecks/Kulhanek StGB § 17 Rn. 16; NK-StGB/Neumann StGB § 17 Rn. 21–26 mwN.

[8] BGH NJW 2011, 2600 (2601); NK-StGB/Neumann StGB § 17 Rn. 40 mwN.

[9] SK-StGB/Rogall StGB § 17 Rn. 12 mwN.

[10] BGHSt 3, 342.

[11] BGHSt 10, 35.

III. Zweifel an der Rechtswidrigkeit

Nach der herrschenden Meinung hat der Täter bereits dann Unrechtseinsicht iSd § 17 StGB, wenn er es für möglich hält und in Kauf nimmt, dass seine Handlung gegen die dem verwirklichten Delikt zugrunde liegende Verbotsnorm verstößt.[12] Dies hat zur Folge, dass der Bürger eine Handlung schon dann unterlassen muss, wenn nicht mit Sicherheit auszuschließen ist, dass sie später als rechtswidrig beurteilt werden wird. Eine so weitgehende Einschränkung des Freiheitsraums des Bürgers ist nicht zu rechtfertigen. Da die Verantwortung für eine unklare Rechtslage nicht beim Bürger, sondern beim Staat liegt, sollte man Zweifel an der Rechtswidrigkeit der Handlung für einen Verbotsirrtum ausreichen lassen.[13] Dies führt auch dann zu angemessenen Ergebnissen, wenn die Zweifel nicht aus einer unklaren Rechtslage, sondern aus fehlenden Aufklärungsbemühungen des Täters resultieren.[14] Denn in einem solchen Fall ist der durch die Zweifel begründete Verbotsirrtum vermeidbar, sodass ohnehin nur die Möglichkeit einer Milderung des Strafrahmens nach § 17 S. 2 StGB besteht. Ob das Gericht von dieser Möglichkeit Gebrauch macht, kann es dann danach entscheiden, wie leicht es dem Täter gefallen wäre, die Zweifel auszuräumen. 5

IV. Das Unrechtsbewusstsein beim fahrlässigen Delikt

Besonderheiten gelten für die Definition des Verbotsirrtums beim fahrlässigen Delikt.[15] Da hier der Täter das tatbestandliche Geschehen gar nicht erkennt, hat er in keinem Fall das Bewusstsein, durch die Verwirklichung dieses Geschehens Unrecht zu tun. Dies bedeutet jedoch nicht, dass bei einem fahrlässigen Delikt stets ein Verbotsirrtum vorläge. Ein solcher ist nach dem Sinn der gesetzlichen Regelung nur dann anzunehmen, wenn der Täter das Unrecht seiner Tat unabhängig von seinem Irrtum über das tatbestandliche Geschehen nicht erkannt hat. Wenn dem Täter bei Kenntnis des tatbestandlichen Geschehens auch die Rechtswidrigkeit seines Handelns bekannt gewesen wäre, besteht kein Anlass, ihm neben dem § 16 StGB auch noch die Regelung des § 17 StGB zugute kommen zu lassen. Deshalb erliegt zB ein Jäger, der einen Treiber in dem Glauben erschießt, ein Wildschwein vor sich zu haben, nur dann einem Verbotsirrtum, wenn er – praktisch kaum denkbar – nicht nur das Erschießen des Wildschweins, sondern auch das Erschießen eines Treibers für rechtmäßig gehalten hätte. 6

[12] BGHSt 4, 4; 58, 15 (27); BGH NJW 2011, 2600 (2601); JR 1952, 285; MüKoStGB/Joecks/Kulhanek StGB § 17 Rn. 24; NK-StGB/Neumann StGB § 17 Rn. 33; SK-StGB/Rogall StGB § 17 Rn. 17.

[13] Vgl. dazu eingehend Leite GA 2012, 688 (694ff.); Roxin/Greco StrafR AT I § 21 Rn. 29–34; Roxin GA 2018, 495 (500ff.); Stam GA 2019, 338 (341ff.), jeweils mwN; vgl. auch die anders gearteten Einschränkungsvorschläge bei Gaede HRRS 2013, 449 (458ff.); MüKoStGB/Joecks/Kulhanek StGB § 17 Rn. 25; NK-StGB/Neumann StGB § 17 Rn. 34; SK-StGB/Rogall StGB § 17 Rn. 18ff. sowie Cornelius GA 2015, 101, der – ähnlich wie OLG Hamm NJW 2020, 351 (352) zum Begriff der Schrittgeschwindigkeit in einer verkehrsberuhigten Zone – bei objektiv unklarer Rechtslage eine Bestrafung schon aufgrund des Gesetzlichkeitsprinzips (Art. 103 II GG) als unzulässig ansieht.

[14] Leite GA 2012, 688 (698ff.); Puppe FS Rudolphi, 2004, 231 (236); Stratenwerth/Kuhlen StrafR AT § 10 Rn. 83; insoweit aA Roxin/Greco StrafR AT I § 21 Rn. 30.

[15] Vgl. dazu die Darstellung bei NK-StGB/Neumann StGB § 17 Rn. 86ff. mwN.

C. Die Vermeidbarkeit des Verbotsirrtums

I. Die Maßgeblichkeit des eigenen rechtlichen Wissens

7 Nach der überkommenen, in der Rechtsprechung lange verwendeten[16] Formulierung soll ein Verbotsirrtum dann vermeidbar sein, wenn der Täter mit einer ihm zuzumutenden „Gewissensanspannung" die Unrechtseinsicht erlangt hätte. Diese Formulierung liegt – ganz abgesehen von der Frage, ob man sein Gewissen willkürlich anspannen kann – schon deshalb neben der Sache, weil das Gewissen nur Auskunft über das eigene moralische Urteil, nicht aber über die mit diesem Urteil keineswegs immer identische (→ § 2 Rn. 6) rechtliche Bewertung geben kann. Das Gewissen kann dem Täter zwar dazu Anlass geben, die rechtliche Bewertung seines Handelns zu überprüfen, ist aber selbst kein zuverlässiges Mittel, diese Überprüfung vorzunehmen.[17] Wer wissen will, ob sein Handeln rechtmäßig ist, darf nicht nur sein Gewissen befragen, sondern muss sich über die Rechtslage informieren. Dies erkennt heute auch die Rechtsprechung an, indem sie von dem Täter verlangt, dass er „alle seine geistigen Erkenntniskräfte" einsetzt und „etwa aufkommende Zweifel durch Nachdenken oder erforderlichenfalls durch Einholung verlässlichen und sachkundigen Rechtsrats beseitigt"[18].

8 Daraus darf allerdings nicht gefolgert werden, ein Verbotsirrtum sei schon immer dann vermeidbar, wenn der Täter bei einer vorherigen Inanspruchnahme sachkundigen Rats die Rechtswidrigkeit seiner Handlung erkannt hätte. Die in der Grundsatzentscheidung des Großen Senats des Bundesgerichtshofs aufgestellte Forderung, der Mensch habe „bei allem, was er zu tun im Begriff steht, sich bewusst zu machen, ob es mit den Sätzen des rechtlichen Sollens in Einklang steht"[19], kann vernünftigerweise nicht dahingehend verstanden werden, dass der Einzelne vor jeder Handlung ein Rechtsgutachten einzuholen hat.[20] Ebenso wie bei der Beurteilung des tatsächlichen Geschehens (→ § 12 Rn. 12ff.) müssen die Menschen auch bei der rechtlichen Bewertung ihrer Handlungen grundsätzlich nur ihr eigenes Wissen anwenden. Wenn sich daraus keinerlei Anhaltspunkte für die Rechtswidrigkeit einer Handlung ergeben, hat der Täter keinen Anlass, sich über deren rechtliche Bewertung zu informieren,[21] sodass ein etwaiger Verbotsirrtum stets unvermeidbar ist.

9 Die Maßgeblichkeit des eigenen Wissens für die Vermeidbarkeit des Verbotsirrtums führt aber nicht etwa dazu, dass der Verbotsirrtum eines juristischen Laien stets als unvermeidbar anzusehen wäre. Auch ohne eine exakte Kenntnis von Rechtsvorschriften halten es die Menschen vielfach für möglich, dass die Rechtsordnung ein bestimmtes Verhalten als rechtswidrig bewertet. Insbesondere kann sich eine solche Einschätzung aus der eigenen sozialethischen Beurteilung der Handlung ergeben. Darüber hinaus hat der Täter Anhaltspunkte für die Rechtswidrigkeit einer Handlung, wenn er weiß,

[16] Vgl. etwa noch BGH NStZ 2000, 307 (309) mwN.

[17] NK-StGB/Neumann StGB § 17 Rn. 57; SK-StGB/Rogall StGB § 17 Rn. 58, beide mwN.

[18] BGHSt 58, 15 (29) mwN; ebenso BGH NStZ 2013, 461.

[19] BGHSt 2, 194 (201).

[20] Zur freiheitszerstörenden Wirkung einer permanenten Vergewisserung über die Rechtslage eindringlich Velten, Normkenntnis und Normverständnis, 2002, S. 110ff.

[21] Vgl. zur Notwendigkeit eines solchen Anlasses MüKoStGB/Joecks/Kulhanek StGB § 17 Rn. 50; NK-StGB/Neumann StGB § 17 Rn. 62ff.; SK-StGB/Rogall StGB § 17 Rn. 56f., alle mwN.

dass er sich auf einem Gebiet bewegt, dessen rechtliche Regeln ihm nicht bekannt sind.[22] Wer Schweine mästen, eine Gastwirtschaft betreiben, Arzneimittel verkaufen oder einen Lastwagen durch den Straßenverkehr steuern will, muss sich vorher über die auf diesem Gebiet geltenden Regeln informieren. Wer solch speziell geregelte Tätigkeiten ohne die dafür erforderlichen Kenntnisse ausübt, der weiß, dass er möglicherweise rechtswidrig handeln wird.

II. Der Stellenwert fachkundiger Auskünfte

In den zuletzt genannten Fällen genügt es oft, wenn sich der Täter aus zuverlässigen Informationsquellen selbst über den Inhalt der einschlägigen Rechtsvorschriften informiert. Soweit aber Anlass zur Überprüfung der Rechtmäßigkeit einer ganz bestimmten Handlung besteht, ist ein solches Vorgehen nur in sehr einfach gelagerten Fällen ausreichend. Zur Beurteilung komplizierterer Rechtsfragen muss ein Laie fachkundigen Rat in Anspruch nehmen. Mehr als das ist von ihm aber nicht zu verlangen. Insbesondere kann man nicht erwarten, dass ein juristischer Laie die Auskunft eines Rechtsanwalts oder einer sonstigen zur Erteilung von Rechtsauskünften berufenen Person auf ihre Richtigkeit überprüft. Selbst mit der in der Rechtsprechung[23] geforderten Prüfung, ob die erteilte Auskunft auf einer eingehenden und sorgfältigen Prüfung der Rechtslage beruht, dürfte ein Laie in der Regel überfordert sein.[24] Wenn eine fachkundige Person die Rechtmäßigkeit der Handlung bestätigt, ist ein Verbotsirrtum nur vermeidbar, wenn es sich um ein sogenanntes Gefälligkeitsgutachten handelt oder es – zB wegen eines erkennbaren Eigeninteresses des Rechtsberaters oder einander widersprechender Auskünfte[25] – konkrete Anhaltspunkte dafür gibt, dass die erteilte Auskunft unrichtig sein könnte.[26] 10

D. Besonderheiten beim Handeln auf dienstliche Weisung

I. Die allgemeine beamtenrechtliche Regelung

Besonderheiten gelten für auf dienstliche Weisungen begangene Straftaten. Wird ein Beamter von seinem Vorgesetzten zur Begehung einer Straftat angewiesen, ist er nach den Beamtengesetzen grundsätzlich dazu verpflichtet, gegen diese Anweisung zu remonstrieren, dh seine Bedenken gegen die Rechtmäßigkeit des ihm aufgetragenen Verhaltens gegenüber seinem unmittelbaren Vorgesetzten und erforderlichenfalls auch gegenüber dem nächsthöheren Vorgesetzten geltend zu machen (§ 63 II 1, 2 BBG sowie § 36 II 1, 2 BeamtStG). Sofern aber der höhere Vorgesetzte die Weisung bestätigt oder der unmittelbare Vorgesetzte wegen Eilbedürftigkeit die sofortige Ausführung der Anordnung verlangt, ist der sie ausführende Beamte abweichend von der allgemeinen Regelung des § 17 StGB nur dann strafrechtlich verantwortlich, wenn er nicht nur die Rechtswidrigkeit, sondern auch die Strafbarkeit seines Handelns erkennen konnte (§ 63 II 3, 4, III BBG sowie § 36 II 3, 4, III BeamtStG). Dies soll im Interesse der Funktionsfähigkeit der Verwaltung 11

[22] MüKoStGB/Joecks/Kulhanek StGB § 17 Rn. 51.
[23] BGHSt 58, 15 (30); BGH NStZ 2000, 307 (309); NStZ 2022, 29 (30), jeweils mwN; zurückhaltender dagegen BGH NStZ 2013, 461; 2017, 284 (288).
[24] Vgl. für eine ausführliche Darstellung und Kritik der teilweise zu einer Überforderung des Bürgers tendierenden Rechtsprechung Eidam ZStW 127 (2015), 120 (128ff.); Gaede HRRS 2013, 449 (461ff.); Gaede GS Seebode, 2015, 85 (98ff.).
[25] Vgl. dazu NK-StGB/Neumann StGB § 17 Rn. 78.
[26] So zutreffend OLG Frankfurt a. M. NStZ-RR 2003, 263; vgl. zum Ganzen Roxin/Greco StrafR AT I § 21 Rn. 62–68 mwN.

bei Meinungsverschiedenheiten über die rechtliche Bewertung einer Handlung zumindest im Regelfall eine verbindliche Entscheidung durch den Vorgesetzten ermöglichen.

II. Die Sonderregelung für Vollzugsbeamte

12 Wenn ein Soldat, Polizist oder sonstiger Vollzugsbeamter auf dienstlichen Befehl seines Vorgesetzten eine Straftat begeht, wird diese Regelung nochmals modifiziert. Da diese Personen typischerweise in Situationen agieren, in denen sofortiges Handeln geboten ist, trifft einen auf Befehl seines Vorgesetzten handelnden Soldaten oder Vollzugsbeamten nur dann eine Schuld, wenn er erkannt hat oder es nach den ihm bekannten Umständen offensichtlich war, dass durch die Befolgung des Befehls eine Straftat begangen wird (vgl. § 5 I WStG, § 7 II 2 UZwG und die entsprechenden Bestimmungen der Vollzugsgesetze der Länder).[27] Es kommt damit zum einen auch ohne Remonstration auf die Kenntnis nicht nur der Rechtswidrigkeit, sondern der Strafbarkeit des Handelns an.[28] Zum anderen wird dem Täter eine falsche rechtliche Bewertung nur dann zum Vorwurf gemacht, wenn er sie besonders leicht hätte vermeiden können. Beide Modifikationen dienen der Funktionsfähigkeit der Befehlsstrukturen. Sie sollen gewährleisten, dass Vollzugsbeamte Befehle befolgen können, ohne zuvor lange darüber nachdenken zu müssen, ob ihr Handeln rechtmäßig ist.

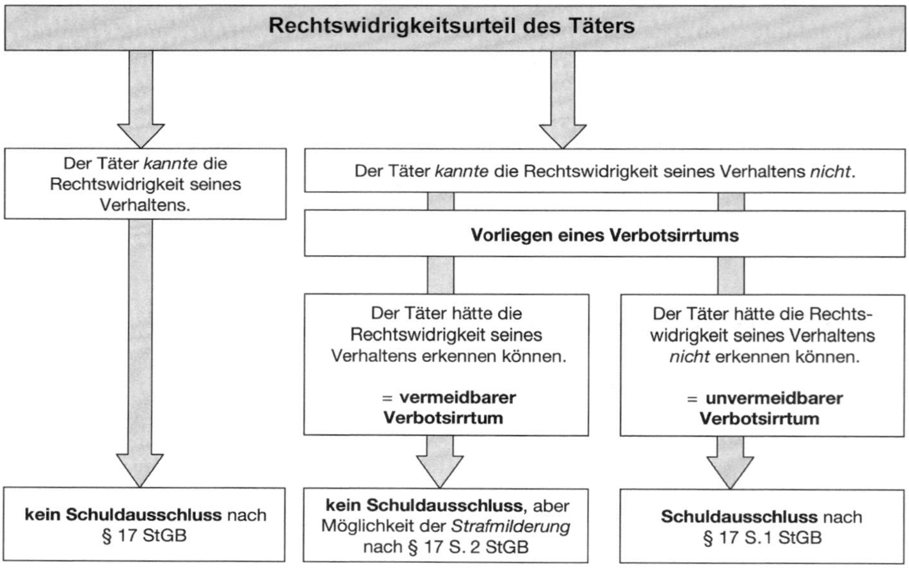

Abb. 8: Unrechtsbewusstsein

Lektüreempfehlungen: BGHSt (Großer Senat) 2, 194–212 (Erfordernis des Unrechtsbewusstseins); BGHSt 10, 35–42 (Teilbarkeit des Unrechtsbewusstseins).

[27] Vgl. zu den insoweit zu stellenden Anforderungen BGHSt 53, 145 (161 f.); zur Problematik dieser Voraussetzung bei den sog. Mauerschützenprozessen Korte, Das Handeln auf Befehl als Strafausschließungsgrund, 2004, S. 111 ff. mwN.

[28] Dies gilt auch für Soldaten, weil eine „rechtswidrige Tat“ iSd § 5 WStG gemäß § 3 I WStG, § 11 I Nr. 5 StGB nur eine solche ist, die den Tatbestand eines Strafgesetzes verwirklicht.

§ 20. Die Zumutbarkeit

A. Der entschuldigende Notstand (§ 35 StGB)

Wenn jemand in einer existenziellen Notlage eine durch die Notrechte nicht gerechtfertigte Straftat begeht, ist diese zwar rechtswidrig, kann aber immer noch gemäß § 35 StGB entschuldigt sein. Das Paradebeispiel für eine solche Konstellation ist der schon in der Antike diskutierte Fall eines Schiffbrüchigen, der sich nur dadurch vor dem Ertrinken retten kann, dass er einem anderen Schiffbrüchigen eine im Wasser treibende Schiffsplanke entreißt, sodass dieser ertrinkt **(Brett des Karneades).**[1] Eine Rechtfertigung der Tötung des sich im Besitz der rettenden Planke befindlichen Schiffbrüchigen scheidet aus, weil dessen Leben nicht weniger wert ist als das des Täters und eine Notwehr- oder Defensivnotstandssituation nicht vorliegt. Jedoch trägt das geltende Recht der existenziellen Bedrängnis des Täters dadurch Rechnung, dass es keinen Schuldvorwurf erhebt. Gemäß § 35 I 1 StGB wird die Begehung einer Straftat in der Regel entschuldigt, wenn sie erforderlich ist, um eine dem Täter selbst oder einer ihm nahestehenden Person drohende gegenwärtige Gefahr für Leben, Leib oder Freiheit abzuwenden. 1

I. Der Grundgedanke der Regelung

Die überkommene **Theorie des psychischen Drucks** sah den Grund für diese Entschuldigung darin, dass in einer existenziellen Notlage die Selbstbestimmungsfähigkeit des Täters durch den „Selbsterhaltungstrieb"[2] aufgehoben bzw. so erheblich gemindert sei, dass ein Schuldvorwurf nicht mehr erhoben werden könne. Diese Deutung wird heute vor allem deshalb als verfehlt angesehen, weil sie die in § 35 I 2 StGB vorgesehenen Ausnahmen von der Entschuldigung nicht zu erklären vermag.[3] Aber auch ohne diese Ausnahmen ließe sich die Entschuldigung nicht auf eine Beeinträchtigung der Selbstbestimmungsfähigkeit zurückführen. Durch die mit einer existenziellen Bedrängnis verbundene psychische Belastung kann zwar die Fähigkeit zu einer hinreichend verständigen Willensbildung im Einzelfall aufgehoben bzw. erheblich vermindert sein. Aber wenn dies so ist, greifen bereits die §§ 20, 21 StGB ein, sodass es zur Lösung solcher Fälle des § 35 StGB nicht bedarf. Der entschuldigende Notstand hat gerade den Sinn, auch den Täter zu entschuldigen, der in der existenziellen Bedrängnis „kühlen Kopf" behält, sich also auf durchaus verständige und damit selbstbestimmte Art und Weise dafür entscheidet, den eigenen Interessen den Vorrang einzuräumen. 2

Dessen ungeachtet zieht auch die heute herrschende Meinung die Beeinträchtigung der Selbstbestimmungsfähigkeit noch mit zur Erklärung des § 35 StGB heran. Nach der überwiegend vertretenen **Theorie der doppelten Schuldminderung**[4] soll die Entschuldigung auf dem Zusammentreffen einer in der Notstandssituation unwiderleg- 3

---

[1] Vgl. dazu näher Hruschka GA 1991, 1 und zum historischen „Mignonette-Fall" Roxin/Greco StrafR AT I § 16 Rn. 35; Kawaguchi FG Eser, 2015, 53.

[2] So zB die Formulierung in RGSt 61, 242 (249f.); 66, 222 (224f.); 72, 246 (249).

[3] Vgl. zB Roxin/Greco StrafR AT I § 22 Rn. 8 mwN.

[4] Begründet von Armin Kaufmann, Dogmatik der Unterlassungsdelikte, 1959, S. 156ff.; vgl. ferner Schönke/Schröder/Sternberg-Lieben StGB Vorb. §§ 32ff. Rn. 111; SK-StGB/Rogall StGB § 35 Rn. 3ff.

lich vermuteten Verminderung der Selbstbestimmungsfähigkeit mit einer aus der Rettung der bedrohten Rechtsgüter resultierenden Unrechtsminderung beruhen. Dies ist jedoch schon deshalb keine überzeugende Erklärung, weil eine bloße Verminderung der Selbstbestimmungsfähigkeit ansonsten selbst bei geringem Unrecht nicht zu einer völligen Straflosigkeit führt. Eine vorsätzliche Tötung im entschuldigenden Notstand ist vom Unrecht her nicht anders zu bewerten als eine vorsätzliche Tötung zur Rettung einer dem Täter nicht nahestehenden Person. Letztere ist selbst bei Annahme eines minder schweren Falles immer noch mit mindestens einem Jahr Freiheitsstrafe zu ahnden (§§ 212, 213 StGB). Ein so schwerwiegendes Unrecht kann nicht wegen einer bloßen Verminderung der Selbstbestimmungsfähigkeit vollständig entschuldigt sein, wenn zugleich zB jede Sachbeschädigung (§ 303 StGB) auch bei verminderter Schuldfähigkeit strafbar ist.[5]

4 Aus diesem Grund wird in der Literatur zum Teil die Auffassung vertreten, dass die Regelung des § 35 StGB gar kein echter Entschuldigungsgrund sei. Der Staat verzichte in den Fällen des entschuldigenden Notstands nur deshalb auf die Bestrafung, weil eine solche aufgrund der existenziellen Notlage des Täters weder aus general- noch aus spezialpräventiven Gründen erforderlich sei.[6] Diese sogenannte **kriminalpolitische Deutung** des entschuldigenden Notstands scheitert jedoch – ebenso wie schon die kriminalpolitische Deutung des Notwehrexzesses (→ § 16 Rn. 40) – daran, dass die generalpräventive Notwendigkeit der Zurückweisung des in der Straftat enthaltenen Normwiderspruchs nur die Kehrseite der persönlichen Vorwerfbarkeit ist (→ § 3 Rn. 3). Auch beim entschuldigenden Notstand kann ein generalpräventives Strafbedürfnis nur insoweit fehlen, wie das Unrecht oder die Schuld des Täters ausgeschlossen bzw. gemindert ist. Wenn und soweit eine Tat ungeachtet der existenziellen Notlage des Täters tatsächlich als strafrechtliche Schuld begründende Normverletzung zu bewerten wäre, dann bestünde auch ein generalpräventives Bedürfnis, den Täter zu bestrafen, um die Geltung der verletzten Norm auch für existenzielle Notlagen zu demonstrieren.[7]

5 Der entschuldigende Notstand lässt sich deshalb nur dann plausibel erklären, wenn es ein von der Selbstbestimmungsfähigkeit zu unterscheidendes weiteres Schuldelement gibt, das in der Situation des § 35 StGB nicht verwirklicht ist. Dieses Schuldelement ist die negative Bewertung der Tat aus der Perspektive des Täters selbst. Mit der Rechtswidrigkeit steht zwar fest, dass die Tat aus der neutralen Perspektive eines nicht an dem zu lösenden Rechtsgüterkonflikt Beteiligten negativ zu bewerten und deshalb nach Möglichkeit zu verhindern ist. Dies bedeutet aber noch nicht, dass auch von dem Täter selbst erwartet wird, sich gegen die Begehung der Tat zu entscheiden. Hierfür ist maßgeblich, wie man die Tat unter Berücksichtigung seiner persönlichen Betroffenheit bewertet.[8] Insoweit hat das Recht zu berücksichtigen, dass nach dem individualistischen Weltbild unserer Gesellschaft für jeden Einzelnen die eigene Existenz nicht nur ungleich wichtiger ist, sondern auch ungleich wichtiger sein darf als die Existenz der jeweils anderen.[9] Dies erklärt die Regelung des § 35 StGB. Eine im entschuldigen-

[5] Vgl. für eine eingehende Kritik der Theorie der doppelten Schuldminderung Frister, Die Struktur des „voluntativen Schuldelements", 1993, S. 208f. mwN.

[6] Roxin/Greco StrafR AT I § 22 Rn. 6ff.; ähnlich Jakobs StrafR AT Abschn. 20 Rn. 4.

[7] Dazu näher Frister, Die Struktur des „voluntativen Schuldelements", 1993, S. 209f.

[8] Ähnlich MüKoStGB/Müssig StGB § 35 Rn. 3; NK-StGB/Neumann StGB § 35 Rn. 6.

[9] Die Forderung, überhaupt keinen Unterschied zwischen sich und den anderen zu machen, hat – wie schon Schopenhauer erkannte – idealtypischen Charakter. Ein moralischer Mensch sei derjenige, der

den Notstand begangene Tat verdient deshalb keinen Vorwurf, weil es dem Täter selbst als persönlich Betroffenem nicht zuzumuten ist, sich gegen die Wahrung der gefährdeten existenziellen Interessen zu entscheiden.[10]

II. Die Notstandslage

1. Gefahr für Leben, Leib oder Freiheit

Gemäß § 35 I 1 StGB setzt die Entschuldigung zunächst eine Gefährdung von Leben, Leib oder Freiheit eines Menschen voraus. Eine Gefahr für andere Rechtsgüter wie zB das Eigentum, die Ehre oder das Persönlichkeitsrecht vermag keine Entschuldigung zu begründen. Dies gilt unabhängig davon, welchen Wert der Betroffene selbst diesen Rechtsgütern zuerkennt. Maßgeblich ist insoweit die Wertung der Rechtsordnung und nach dieser ist nur eine Gefährdung der physischen Existenz des Menschen ein zureichender Grund, sich gegen die Beachtung des Rechts zu entscheiden. Dementsprechend ist unter einer Gefährdung des Leibes auch nur die Gefahr einer erheblichen Körperverletzung und unter Gefährdung der Freiheit nur die Gefahr einer längerfristigen Freiheitsentziehung (§ 239 StGB) zu verstehen.[11] Die Gefahr von sonstigen Freiheitsbeeinträchtigungen reicht nicht aus. Auch die aus der Angst vor weiteren nächtlichen Besuchen eines Eindringlings resultierende Einschränkung der häuslichen Bewegungsfreiheit ist keine Gefährdung der Freiheit iSd § 35 StGB. In dem bereits mehrfach erwähnten „Spanner-Fall" (→ § 16 Rn. 16f., → § 17 Rn. 5 und → § 17 Rn. 25f.) war deshalb – entgegen der Entscheidung des Bundesgerichtshofs[12] – kein entschuldigender Notstand gegeben. 6

Anders als eine Rechtfertigung (→ § 17 Rn. 3f.) kommt eine Entschuldigung nach § 35 StGB auch dann in Betracht, wenn die drohende Rechtsgutsverletzung objektiv gerechtfertigt ist. Ein Eingriffsrecht verpflichtet den Betroffenen nicht dazu, sich selbst gegen seine existenziellen Interessen zu entscheiden und schließt deshalb – entgegen verbreiteter Auffassung[13] – die Notstandslage nicht aus. So hat in dem eingangs geschilderten Fall der Schiffbrüchige, dem die rettende Schiffsplanke entrissen werden soll, ohne Zweifel das Recht, sich gegen diesen rechtswidrigen Angriff zu verteidigen und dabei erforderlichenfalls existenzielle Rechtsgüter des Angreifers zu verletzen. Dies ändert aber nichts daran, dass die gegen diese Verteidigung gerichteten Handlungen des Angreifers ebenso entschuldigt sind wie der ursprüngliche Versuch, in den Besitz der rettenden Schiffsplanke zu gelangen. Wenn sich ein schuldhaft handelnder Angreifer gegen Verteidigungshandlungen wehrt, kann dies anders zu beurteilen sein. Der Ausschluss der Entschuldigung ergibt sich dann jedoch nicht aus dem durch die Notwehr begründeten Eingriffsrecht, sondern aus der schuldhaften Verursachung der 7

„weniger als die übrigen einen Unterschied zwischen sich und anderen" macht (Schopenhauer, Über die Grundlage der Moral, in: Sämtliche Werke, Bd. 3, Ausgabe 2003, S. 629, 803).

[10] Dazu eingehend Frister, Die Struktur des „voluntativen Schuldelements", 1993, S. 153ff. und 210ff.; ebenso Hörnle FS Tiedemann, 2008, 325 (342).

[11] Vgl. zum Ausschluss unerheblicher Beeinträchtigungen iE MüKoStGB/Müssig StGB § 35 Rn. 25; SK-StGB/Rogall StGB § 35 Rn. 15; Schönke/Schröder/Perron StGB § 35 Rn. 6–8 mwN; kritisch NK-StGB/Neumann StGB § 35 Rn. 9.

[12] BGH NJW 1979, 2053.

[13] Vgl. zB Schönke/Schröder/Perron StGB § 35 Rn. 32 mwN.

Gefahrenlage nach Maßgabe der eine Berücksichtigung der Umstände des Einzelfalls ermöglichenden Zumutbarkeitsregelung des § 35 I 2 StGB.

2. Gegenwärtigkeit der Gefahr

8 Weitere Voraussetzung der Notstandslage ist die Gegenwärtigkeit der abzuwendenden Gefahr. Da der entschuldigende Notstand kein Eingriffsrecht gewährt, setzt diese jedoch – anders als bei der Notwehr und dem rechtfertigenden Defensivnotstand (→ § 16 Rn. 15 ff. und → § 17 Rn. 25 f.) – nicht voraus, dass die drohende Rechtsgutsbeeinträchtigung unmittelbar bevorsteht. Vielmehr reicht es – wie beim rechtfertigenden Aggressivnotstand (→ § 17 Rn. 5 f.) – aus, dass die Gefahrverwirklichung nur zum gegenwärtigen Zeitpunkt abgewendet werden kann. Dies ist insbesondere für die sogenannten Haustyrannenfälle von Bedeutung. Die Rechtsprechung hatte schon mehrfach über die Strafbarkeit von Familienangehörigen zu entscheiden, die den Vater bzw. Ehemann getötet hatten, um von dessen Seite drohende, aber im Zeitpunkt der Tat nicht unmittelbar bevorstehende schwere Misshandlungen zu verhindern.[14] Wenn in einem solchen Fall die drohende Gefahr ausnahmsweise wirklich nur durch einen den Misshandlungen zuvorkommenden Überraschungsangriff abzuwenden war, kann die Tat durch § 35 I StGB entschuldigt sein. Aber auch sofern – wie in der Regel[15] – eine Abwehr der Gefahr mit behördlicher Hilfe möglich gewesen wäre, ist die Notstandslage nicht ohne Bedeutung. In einem solchen Fall kommt – wenn der Täter oder die Täterin selbst eine effektive Hilfe der Behörden nicht für möglich hielt – zumindest eine Anwendung des § 35 II StGB (vgl. dazu → § 20 Rn. 17) in Betracht.[16]

III. Die Anforderungen an die Abwehrhandlung

1. Die Person des Handelnden

9 § 35 StGB setzt voraus, dass der Täter zur Abwendung der Gefahr von sich, einem Angehörigen oder einer anderen ihm nahestehenden Person handelt. Die Abwendung der Gefahr durch dem Gefährdeten nicht in besonderer Weise verbundene Dritte wird – da es nach dem Grundgedanken der Regelung entscheidend auf die persönliche Betroffenheit des Täters ankommt – nicht erfasst. Der Begriff des Angehörigen ist in § 11 I Nr. 1 StGB definiert. Ihm unterfallen Ehegatten, eingetragene Lebenspartner, Verlobte und bestimmte im Gesetz genau bezeichnete enge Verwandte des Täters sowie seines Ehegatten. Als dem Täter nahestehend sind nur solche Personen anzusehen, die mit ihm in gleichem Maße persönlich verbunden sind wie in der Regel seine Angehörigen. Diese Voraussetzung ist insbesondere bei eheähnlichen Gemeinschaften erfüllt, kann aber auch bei besonders engen sonstigen persönlichen Beziehungen gegeben sein. So kann ein guter persönlicher Freund oder eine langjährige, der Familie verbundene Haushälterin, nicht aber ein bloßer Arbeitskollege oder Parteifreund als nahestehende Person anzusehen sein.[17]

---

[14] Vgl. etwa BGHSt 48, 255; BGH NJW 1966, 1823; NStZ 1984, 20.

[15] Der Gesetzgeber hat mit dem Gesetz zum zivilrechtlichen Schutz vor Gewalttaten und Nachstellungen vom 11.12.2001 (BGBl. 2001 I 3513) und polizeirechtlichen Regelungen (vgl. zB § 34a PolG NRW) Vorsorge dafür getroffen, dass in derartigen Fällen möglichst effektiv geholfen werden kann.

[16] BGHSt 48, 255 (261 ff.).

[17] Vgl. dazu iE MüKoStGB/Müssig StGB § 35 Rn. 19; Schönke/SchröderPerron StGB § 35 Rn. 15, beide mwN.

2. Sachliche Voraussetzungen

10 Im Übrigen scheinen sich die allgemeinen Anforderungen an die Abwehrhandlung in § 35 StGB darin zu erschöpfen, dass die Gefahr entsprechend der Formulierung in § 34 StGB nicht anders abwendbar sein darf, dh die tatbestandsmäßige Handlung erstens ein geeignetes und zweitens das mildeste Mittel zu deren Abwendung sein muss (→ § 17 Rn. 7f.). Auf das Wertverhältnis zwischen dem gefährdeten und dem durch die Abwehrhandlung beeinträchtigten Rechtsgut kommt es nach § 35 I 1 StGB nicht an. Jedoch ist insoweit auch der § 35 I 2 StGB zu beachten. Diese Regelung begründet nicht nur besondere Duldungspflichten für bestimmte Fallkonstellationen (→ § 20 Rn. 12ff.), sondern bestimmt allgemein, dass eine Entschuldigung ausgeschlossen ist, wenn dem Täter nach den Umständen zuzumuten war, die Gefahr hinzunehmen. Die Zumutbarkeit ist zwar unter Berücksichtigung der persönlichen Betroffenheit zu beurteilen. Aber dies bedeutet nicht, dass den durch die Tat beeinträchtigten Interessen insoweit überhaupt keine Bedeutung zukäme. Aus § 35 I 2 StGB wird deshalb zu Recht ein begrenztes Proportionalitätserfordernis abgeleitet.[18] Wenn die durch die Abwehr beeinträchtigten Interessen außer Verhältnis zu der drohenden Gefahr stehen, ist die Tat nicht entschuldigt.

11 Für den Fall des sogenannten **Lebensnotstands** wirkt sich diese Beschränkung allerdings nicht aus. Da das Leben jedes einzelnen Menschen bereits einen Höchstwert darstellt (→ § 17 Rn. 14), gibt es insoweit keinen Fall, in dem die Abwehrhandlung in dem genannten Sinne unverhältnismäßig wäre. Zur Abwehr einer ernsthaften Lebensgefahr ist erforderlichenfalls auch die Tötung einer Vielzahl von Menschen gemäß § 35 StGB entschuldigt.[19] Anders ist dies jedoch bei einem bloßen Leibes- oder Freiheitsnotstand. Hier kann bereits eine existenzielle Notlage gegeben, die drohende Beeinträchtigung aber noch nicht so gravierend sein, dass zu ihrer Abwendung jedes beliebige Mittel entschuldigt werden könnte. So wäre etwa bei einer drohenden Freiheitsentziehung von vier Wochen schon eine existenzielle Notlage anzunehmen und dementsprechend zB eine zur Abwendung einer solchen Gefahr erforderliche mittelschwere Körperverletzung als entschuldigt anzusehen. Lässt sich die gleiche Gefahr aber nur durch die Tötung eines anderen Menschen abwenden, so ist dem Täter auch unter Berücksichtigung seiner persönlichen Betroffenheit zuzumuten, die Gefahr hinzunehmen. In einem solchen Fall wäre eine Tötung also nicht nach § 35 StGB entschuldigt.

IV. Besondere Duldungspflichten

1. Verursachung der Notstandslage

12 In bestimmten Fällen ist der Einzelne in gesteigertem Maße dazu verpflichtet, eine drohende Gefährdung existenzieller Rechtsgüter hinzunehmen. Solch eine besondere Duldungspflicht besteht gemäß § 35 I 2 Hs. 1 Var. 1 StGB zunächst dann, wenn der Täter – zB durch einen rechtswidrigen Angriff (→ § 16 Rn. 5ff. und → § 20 Rn. 7) – die Gefahr selbst verursacht hat. Obwohl dies im Gesetz nicht zum Ausdruck kommt, ist damit nur eine vorsätzliche oder zumindest fahrlässige Ver-

[18] NK-StGB/Neumann StGB § 35 Rn. 47ff.; Schönke/Schröder/Perron StGB § 35 Rn. 33, beide mwN.
[19] BGH NJW 1964, 730; NK-StGB/Neumann StGB § 35 Rn. 50 mwN.

ursachung gemeint.[20] Wenn der Täter die Entstehung einer Gefahr nicht einmal vorhersehen konnte, ist es nicht gerechtfertigt, ihm eine gesteigerte Duldungspflicht aufzuerlegen. Die Verursachung der Gefahr schließt die Entschuldigung nur aus, wenn es dem Täter aufgrund dessen zuzumuten ist, die Gefahr hinzunehmen. Dies ist jeweils im Einzelfall zu beurteilen, wobei insbesondere das Gewicht der drohenden Gefahr, das Maß der Verantwortlichkeit des Täters für deren Entstehung und uU auch eine etwaige Verantwortlichkeit des Opfers[21] von Bedeutung sind. Je gravierender die Notlage und je geringer die Verantwortlichkeit des Täters, desto eher ist auch eine zur Abwehr selbst verursachter Gefahren begangene Handlung zu entschuldigen.[22] Soweit eine solche Handlung nicht vollständig entschuldigt wird, kann der Strafrahmen nach § 49 I StGB gemildert werden (§ 35 I 2 Hs. 2 StGB).

2. Besonderes Rechtsverhältnis

13 Eine besondere Duldungspflicht besteht ferner dann, wenn dem Täter, weil er in einem besonderen Rechtsverhältnis stand, zugemutet werden konnte, die Gefahr hinzunehmen (§ 35 I 2 Hs. 1 Var. 2 StGB). Aus der Entstehungsgeschichte des Gesetzes ergibt sich, dass mit besonderem Rechtsverhältnis eine Verpflichtung gemeint ist, die Allgemeinheit notfalls unter Einsatz der eigenen physischen Existenz zu schützen.[23] Eine solche Verpflichtung haben Soldaten, Polizisten, Feuerwehrleute und Angehörige sonstiger Institutionen,[24] die ihre Aufgabe nur erfüllen können, wenn bei dem jeweiligen Einsatz existenzielle Gefahren für die eigene Person in Kauf genommen werden. Jedoch ist auch die Gefahrtragungspflicht dieser Personen nicht unbegrenzt, sodass wiederum im Einzelfall festzustellen ist, ob es dem Täter wirklich zuzumuten war, die Gefahr hinzunehmen. Die Inkaufnahme des sicheren Todes wird zB selbst von Soldaten nicht verlangt,[25] weshalb eine zur Abwendung einer solchen Gefahr begangene Straftat ungeachtet des besonderen Rechtsverhältnisses in jedem Fall entschuldigt ist. Soweit eine Entschuldigung ausscheidet, ist aufgrund der ausdrücklichen Ausnahme in § 35 I 2 Hs. 2 StGB bei besonderen Rechtsverhältnissen auch keine Milderung des Strafrahmens möglich.[26]

---

[20] Die Voraussetzungen iE sind umstritten; vgl. MüKoStGB/Müssig StGB § 35 Rn. 46ff.; NK-StGB/Neumann StGB § 35 Rn. 34ff.; Schönke/Schröder/Perron StGB § 35 Rn. 20, jeweils mwN.

[21] Vgl. allgemein zur Behandlung von Fällen, in denen Täter und Opfer besondere Gefahrtragungspflichten treffen, Lerman ZStW 127 (2015), 284 (296ff.).

[22] Zu beachten ist, dass sich eine Entschuldigung – ebenso wie eine Rechtfertigung (→ § 14 Rn. 4ff.) – nur auf die jeweilige Handlung bezieht. Der Täter kann also in einem solchen Fall noch immer deshalb strafbar sein, weil er durch die Herbeiführung der Gefahrenlage die spätere Rechtsgutsverletzung mittelbar verursacht und durch diese Handlung den betreffenden Tatbestand rechtswidrig und schuldhaft verwirklicht hat (vgl. zu dieser sog. actio illicita in causa → § 14 Rn. 6).

[23] Vgl. die Umschreibung des Begriffs in BT-Drs. V/4095, 16.

[24] Vgl. iE Schönke/Schröder/Perron StGB § 35 Rn. 23 mwN.

[25] So beispielhaft statt vieler: LK-StGB/Zieschang StGB § 35 Rn. 81; Schönke/Schröder/Perron StGB § 35 Rn. 25; Fischer StGB § 35 Rn. 12, jeweils mwN.

[26] Zum Sinn dieser vielfach kritisierten Regelung vgl. Frister, Die Struktur des „voluntativen Schuldelements", 1993, S. 214 in Anm. 158 mN.

3. Sonstige Fälle

Ein gesetzliches Eingriffsrecht ist entgegen verbreiteter Auffassung[27] kein besonderes Rechtsverhältnis,[28] kann aber – weil es sich bei den in § 35 I 2 Hs. 1 StGB genannten Fällen nur um Beispiele handelt – gleichwohl eine besondere Duldungspflicht begründen. Dies setzt jedoch voraus, dass das betreffende Recht – anders als zB die Notwehr (→ § 20 Rn. 7) – auch den Betroffenen selbst dazu verpflichtet, sich für die Duldung des Eingriffs zu entscheiden. Eine solche Verpflichtung wird insbesondere durch die Verhängung einer Freiheitsstrafe begründet, weil es hier der Rechtsordnung gerade darauf ankommt, dass der Verurteilte die Freiheitsentziehung als Übel erleidet (→ § 1 Rn. 1). Aber auch bei anderen Formen staatlichen Freiheitsentzugs ist eine derartige Duldungspflicht um der Funktionsfähigkeit der betreffenden Institutionen willen grundsätzlich anzunehmen. Wenn zB Untersuchungsgefangene ausschließlich durch unmittelbaren physischen Zwang daran gehindert werden könnten, sich durch die Begehung von Straftaten gewaltsam aus der Haft zu befreien, wäre eine einigermaßen humane Gestaltung des Freiheitsentzugs nicht möglich. Deshalb werden auch sie von der Rechtsordnung dazu verpflichtet, sich ungeachtet der existenziellen Freiheitsbeeinträchtigung selbst gegen die Begehung derartiger Straftaten zu entscheiden. 14

Auch bei einem materiell unberechtigten Freiheitsentzug sind zur Wiedererlangung der Freiheit begangene Straftaten in der Regel nicht entschuldigt. Dem Gefangenen ist es grundsätzlich zuzumuten, sich gegen die Freiheitsentziehung mit den dafür vorgesehenen Rechtsbehelfen zur Wehr zu setzen. Eine Ausnahme von diesem Grundsatz ist jedoch dann anzuerkennen, wenn alle verfahrensrechtlichen Möglichkeiten erschöpft sind und ein langjähriger, uU sogar lebenslanger Freiheitsentzug droht. Zwar ist der Eingriff auch in einem solchen Fall schon durch eine prozessual ordnungsgemäß zustande gekommene gerichtliche Entscheidung objektiv gerechtfertigt (→ § 17 Rn. 4). Aber dies bedeutet nicht, dass der Gefangene selbst ihn notwendigerweise als berechtigt hinzunehmen hätte. Ein langjähriger Freiheitsentzug ist eine so gravierende existenzielle Beeinträchtigung, dass man von dem persönlich Betroffenen nicht verlangen kann, sich selbst für dessen Duldung zu entscheiden, wenn der Eingriff im Ergebnis unberechtigt ist. Deshalb kann in solchen Extremfällen eine zur Erhaltung bzw. Wiedererlangung der Freiheit begangene Straftat zwar nicht gerechtfertigt, wohl aber durch § 35 StGB entschuldigt sein.[29] 15

V. Subjektiver Entschuldigungstatbestand und Irrtum

1. Der subjektive Entschuldigungstatbestand

So wie eine Rechtfertigung (→ § 14 Rn. 16ff.) ist auch die Entschuldigung nach § 35 StGB von subjektiven Voraussetzungen abhängig. Der Täter muss die Tat begangen haben, um die Gefahr von sich, einem Angehörigen oder einer anderen ihm naheste- 16

---

[27] Vgl. zB MüKoStGB/Müssig StGB § 35 Rn. 66 mwN.

[28] LK-StGB/Zieschang StGB § 35 Rn. 88; vgl. dazu näher Frister, Die Struktur des „voluntativen Schuldelements", 1993, S. 215 in Anm. 159 mN.

[29] MüKoStGB/Müssig StGB § 35 Rn. 67; NK-StGB/Neumann StGB § 35 Rn. 52; Schönke/Schröder/Perron StGB § 35 Rn. 26; Kühl StrafR AT § 12 Rn. 79f.; Bernsmann, „Entschuldigung" durch Notstand (1989), S. 433f. mwN; aA LK-StGB/Zieschang StGB § 35 Rn. 89; Roxin/Greco StrafR AT I § 22 Rn. 42.

henden Person abzuwenden. Anders als bei der Rechtfertigung (→ § 14 Rn. 23ff.) reicht dafür jedoch die bloße Kenntnis des entschuldigenden Sachverhalts nicht aus. Nur wenn der Täter durch die existenzielle Notlage motiviert ist, besteht Anlass, seine persönliche Betroffenheit bei der Bewertung der Tat zu berücksichtigen.[30] Deshalb ist zB ein an völkerrechtswidrigen Exekutionen mitwirkender Soldat, dem im Falle einer Weigerung selbst die Erschießung gedroht hätte, nur dann zu entschuldigen, wenn es ihm bei seiner Mitwirkung auf die Erhaltung seines eigenen Lebens ankam.

Entschuldigender Notstand, § 35 I StGB (vgl. S. 503)

A. **Objektiver Entschuldigungstatbestand**
   I. **Notstandslage**
      1. **Gefahr für Leben, Leib oder Freiheit** (→ § 20 Rn. 6f.)
      2. **Gegenwärtigkeit der Gefahr** (→ § 20 Rn. 8)
   II. **Anforderungen an das Abwehrverhalten**
      1. **Verhalten des Gefährdeten selbst, eines Angehörigen oder einer ihm nahestehenden Person** (→ § 20 Rn. 9)
      2. **Erforderlichkeit des Eingriffs zur Abwehr der Gefahr** (→ § 20 Rn. 10)
         a) **Geeignetheit**
         b) **Mildestes unter gleich geeigneten Mitteln**
   III. **Keine Zumutbarkeit der Gefahr wegen**
      1. **Wesentlichem Überwiegen des beeinträchtigten gegenüber dem geschützten Interesse** (→ § 20 Rn. 10f.)
      2. Selbstverursachung der Gefahr (→ § 20 Rn. 12)
      3. Gefahrtragungspflicht aus einem besonderen Rechtsverhältnis (→ § 20 Rn. 13)
      4. aus sonstigen Gründen (→ § 20 Rn. 14f.)
B. **Subjektiver Entschuldigungstatbestand**
   – **Rettungsabsicht** (→ § 20 Rn. 16)

Wenn er die ihm drohende Gefahr zwar kannte, aber an der Begehung der Taten schon deshalb mitgewirkt hat, weil es ihm Spaß machte oder er sie aus ideologischer Überzeugung für richtig hielt, greift § 35 StGB nicht ein. Da der Geschehensunwert vollständig vorliegt, wäre der Soldat in einem solchen Fall auch nicht etwa nur wegen eines Versuchs, sondern wegen eines vollendeten Delikts strafbar.

2. Der Entschuldigungstatbestandsirrtum

17 Wenn der Soldat umgekehrt nur deshalb an der Erschießung mitgewirkt hat, weil er glaubte, im Falle einer Weigerung selbst erschossen zu werden, eine solche Gefahr in Wahrheit aber gar nicht bestand, liegt ein sogenannter **Entschuldigungstatbestandsirrtum** vor. Der Täter hat sich Umstände vorgestellt, bei deren Vorliegen er gemäß § 35 I StGB entschuldigt wäre. Der Entschuldigungstatbestandsirrtum ist in seiner Struktur dem Erlaubnistatbestandsirrtum (→ § 14 Rn. 29ff.) vergleichbar, hat aber

[30] MüKoStGB/Müssig StGB § 35 Rn. 37; Schönke/Schröder/Perron StGB § 35 Rn. 16, beide mwN; aA Jakobs StrafR AT Abschn. 20 Rn. 11.

aufgrund der – rechtspolitisch fragwürdigen[31] – Regelung des § 35 II StGB andere Rechtsfolgen. Obwohl der Vorsatz des Täters bei Vorliegen eines Entschuldigungstatbestandsirrtums nicht darauf gerichtet ist, sich anders zu entscheiden als die Rechtsordnung es von ihm als persönlich Betroffenen verlangt, schließt ein solcher Irrtum ebenso wie ein Verbotsirrtum die Bestrafung auch wegen eines vorsätzlichen Delikts nur aus, wenn der Täter den Irrtum nicht vermeiden konnte (§ 35 II 1 StGB). Bei Vermeidbarkeit des Irrtums ist lediglich eine Strafmilderung vorgesehen, die allerdings – insoweit anders als bei einem Verbotsirrtum – nicht im Ermessen des Gerichts steht, sondern stets vorzunehmen ist (§ 35 II 2 StGB).

3. Der Entschuldigungsirrtum

§ 35 II StGB regelt nur die irrtümliche Annahme von entschuldigenden Umständen, 18
nicht aber den Irrtum über die Entschuldigungsnorm selbst. Wer zur Abwendung einer ihm drohenden kurzfristigen Freiheitsentziehung einen Menschen tötet, weil er annimmt, dass ein solches Verhalten durch § 35 I StGB entschuldigt sei, erliegt einem in seiner Struktur dem Erlaubnisirrtum (→ § 14 Rn. 35) vergleichbaren **Entschuldigungsirrtum.** Dieser Irrtum ist im Gesetz nicht geregelt und soll deshalb nach ganz herrschender Meinung selbst dann unbeachtlich sein, wenn der Täter ihn nicht vermeiden konnte.[32] Das ist jedoch mit dem Schuldprinzip schwerlich zu vereinbaren. Wenn der Täter tatsächlich nicht erkennen konnte, dass die Rechtsordnung auch von ihm als persönlich Betroffenen eine andere Entscheidung verlangt, kann man gegen ihn ebenso wenig einen Schuldvorwurf erheben wie bei Vorliegen eines unvermeidbaren Verbotsirrtums (→ § 19 Rn. 2). Deshalb ist auf den Entschuldigungsirrtum die Regelung des § 17 StGB entsprechend anzuwenden.[33] Damit erspart man sich auch das Problem, entscheiden zu müssen, ob ein selbst gar nicht in strafrechtsdogmatischen Kategorien denkender Täter sein Handeln für gerechtfertigt oder lediglich für entschuldigt gehalten hat.

B. Weitere Entschuldigungsgründe?

In Rechtsprechung und Literatur ist umstritten, ob die Regelung des § 35 StGB dem 19
Bedürfnis nach einer Entschuldigung des Täters hinreichend Rechnung trägt. Zum einen empfindet man die Beschränkung der Notstandslage auf Gefahren für Leben, Leib oder Freiheit als zu eng. Eine Gewissensnot des Täters sei in gewissem Umfang ebenfalls zu berücksichtigen. Außerdem müsse zumindest bei Fahrlässigkeitsdelikten eine Entschuldigung bei Gefahren für weitere, insbesondere materielle Rechtsgüter möglich sein. Zum anderen wird auch die strikte Beschränkung der Entschuldigung auf den Gefährdeten und ihm nahestehende Personen in bestimmten Grenzfällen als unangemessen empfunden. Um dem Schuldprinzip in allen Fällen Rechnung tragen zu können, werden deshalb neben dem § 35 StGB weitere ungeschriebene Entschuldigungsgründe postuliert.

[31] Vgl. dazu Frister, Die Struktur des „voluntativen Schuldelements“, 1993, S. 235ff.
[32] Vgl. Schönke/Schröder/Perron StGB § 35 Rn. 45 mwN.
[33] Frister, Die Struktur des „voluntativen Schuldelements“, 1993, S. 240.

I. Entschuldigung bei Gefährdung anderer Rechtsgüter?

1. Gewissensnot (Art. 4 GG)

20 Das Recht würde seinen Geltungsanspruch aufgeben, wenn es die Beachtung seiner Normen nur von denjenigen verlangen würde, die sie ohnehin für richtig halten. Deshalb ist im Grundsatz allgemein anerkannt, dass auch ein sogenannter Überzeugungstäter, der die Straftat in dem Bewusstsein begeht, sich moralisch richtig zu verhalten, schuldhaft handelt. Umstritten ist aber, ob und inwieweit dies auch dann gilt, wenn der Täter seine vom Recht abweichende Überzeugung „als für sich bindend und unbedingt verpflichtend innerlich erfährt, sodass er gegen sie nicht ohne ernste Gewissensnot handeln könnte"[34]. Eine solche Gewissensnot soll nach inzwischen in der Literatur recht verbreiteter Auffassung auch bei einem Begehungsdelikt[35] entschuldigend wirken. Dies wird zumeist daraus abgeleitet, dass Art. 4 I GG das Recht gewährleiste, nicht durch Strafe zu einem seinem eigenem Gewissen widersprechenden Verhalten gezwungen zu werden.[36] Zum Teil wird die Entschuldigung aber auch im Wege der Analogie zu § 35 StGB damit begründet, dass ein dem eigenen Gewissen widersprechendes Verhalten den Täter innerlich zu zerbrechen drohe.[37]

21 Allerdings sehen sich die Befürworter einer solchen Entschuldigung selbst dazu gezwungen, sie auf weniger gewichtige Straftaten zu begrenzen. Seine Gewissensnot soll den Täter nicht etwa bei einem Mord (§ 211 StGB), sondern nur dort entschuldigen, „wo die Freiheit oder sonstige Grundrechte der anderen nicht oder nur in peripherer Weise beeinträchtigt werden"[38]. Im Übrigen sei die Strafbarkeit eines durch das eigene Gewissen gebotenen Verhaltens durch die immanenten Schranken der Gewissensfreiheit gedeckt. Eine solche Differenzierung scheitert jedoch daran, dass aufgrund des Schuldprinzips ohnehin nur Verhaltensweisen unter Strafe gestellt werden dürfen, die den Bedingungen für eine gleichberechtigte Persönlichkeitsentfaltung der Menschen in erheblichem Maße zuwiderlaufen (→ § 3 Rn. 18ff.). Wenn der Gesetzgeber ein Verhalten mit Strafe bedroht, so hat er damit zugleich entschieden, dass dieses Verhalten die Freiheit oder sonstige Grundrechte anderer nicht nur peripher beeinträchtigt. Solange diese Entscheidung vertretbar und damit die betreffende Strafnorm nicht verfassungswidrig ist, darf sie der Rechtsanwender nicht nach seinen jeweiligen persönlichen Wertvorstellungen relativieren. Aus diesem Grund ist das Strafrecht insgesamt als Konkretisierung der immanenten Schranken des Grundrechts der Gewissensfreiheit zu verstehen, sodass eine Gewissensüberzeugung allein eine Straftat nicht entschuldigen kann.[39]

[34] Vgl. die Definition der Gewissensentscheidung in BVerfGE 12, 45 (55).

[35] Zur Frage der Entschuldigung wegen Gewissensnot bei den Unterlassungsdelikten → § 22 Rn. 66.

[36] Roxin/Greco StrafR AT I § 22 Rn. 102 mwN; dagegen zu Recht Frisch GA 2006, 273 (277f.).

[37] NK-StGB/Neumann StGB § 35 Rn. 13; LG Frankfurt a. M. NStE § 35 StGB Nr. 1; anders aber OLG Frankfurt a. M. StV 1989, 17.

[38] So die Formulierung von Roxin/Greco StrafR AT I § 22 Rn. 118.

[39] Da nach deutschem Strafrecht ein im Einzelfall vorliegender Bagatellcharakter die materiell-rechtliche Strafbarkeit unberührt lässt (vgl. dazu → § 21 Rn. 22), gilt dies – entgegen der Argumentation von Roxin GA 2011, 1 (16) – im Prinzip auch für geringfügige Straftaten. Jedoch ist zu konzedieren, dass bei der Entscheidung über die prozessuale Verfolgung einer solchen Tat eine etwaige Gewissensnot zu berücksichtigen ist.

Dies schließt es allerdings noch nicht aus, in Analogie zu § 35 StGB im Einzelfall dann eine Entschuldigung anzunehmen, wenn das dem eigenen Gewissen widersprechende Verhalten tatsächlich zu einem „Zerbrechen der Persönlichkeit" führen würde. In der Tat mag es Fälle geben, in denen die psychischen Folgen eines dem eigenen Gewissen widersprechenden Verhaltens ebenso schwer oder sogar noch schwerer wiegen als ein erheblicher Eingriff in die körperliche Unversehrtheit oder Fortbewegungsfreiheit.[40] Jedoch ist zu berücksichtigen, dass sich diese psychischen Folgen – anders als eine handgreifliche Gefahr für Leben, Leib oder Freiheit – einer eindeutigen Feststellung entziehen. Ob der Verzicht auf die Begehung der Straftat tatsächlich zu einem Zerbrechen der Persönlichkeit geführt hätte, weiß in der Regel nicht einmal der Täter selbst und kann jedenfalls durch Dritte nicht zuverlässig festgestellt werden. Deshalb handelt es sich zumindest um eine vertretbare Entscheidung des Gesetzgebers, solche Folgen nicht zu berücksichtigen. Im Ergebnis ist also mit der herrschenden Meinung[41] davon auszugehen, dass der Gewissensnot bei Begehungsdelikten keine entschuldigende Wirkung zukommt. 22

2. Sonstige Notlagen

In der älteren Literatur[42] wurde zum Teil die Auffassung vertreten, dass der entschuldigende Notstand nur eine Ausprägung eines allgemeinen Grundsatzes der Unzumutbarkeit normgemäßen Verhaltens sei. Auch ohne ausdrückliche gesetzliche Regelung sei der Täter stets zu entschuldigen, wenn ihm wegen einer Gefährdung eigener Interessen oder der Interessen einer nahestehenden Person das Unterlassen der begangenen Straftat nicht zuzumuten gewesen sei. Ein solch allgemeiner Entschuldigungsgrund der Unzumutbarkeit würde es dem Rechtsanwender ermöglichen, die Verpflichtung zur Befolgung der Rechtsnormen nach Maßgabe seiner persönlichen Wertvorstellungen nahezu unbegrenzt zu relativieren. Er wird deshalb heute für die Vorsatzdelikte zu Recht allgemein abgelehnt.[43] Für den Bereich der Fahrlässigkeitsdelikte steht die herrschende Meinung jedoch auf dem gegenteiligen Standpunkt. Da Fahrlässigkeitstaten weniger strafwürdig als Vorsatztaten seien, könne bei ihnen die Entschuldigung über die Gefahren für Leben, Leib und Freiheit hinaus auch auf andere im Gesetz nicht ausdrücklich genannte Notlagen erweitert werden.[44] 23

Diese Rechtsauffassung geht auf eine Entscheidung des Reichsgerichts zurück. Es hatte über die Strafbarkeit eines Kutschers zu befinden, der auf Anweisung seines Dienstherrn mit einem zum Durchgehen neigenden Pferd (einem sogenannten **Leinenfänger**) gefahren war und dadurch einem Passanten das Bein gebrochen hatte. Das Reichsgericht sprach ihn vom Vorwurf der fahrlässigen Körperverletzung frei, weil er im Falle der Weigerung seinen Arbeitsplatz verloren hätte und ihm deshalb das Unterlassen der tatbestandsmäßigen Handlung nicht zuzumuten gewesen sei.[45] Das Ergebnis dieser Entscheidung erscheint auf den ersten Blick durchaus sympathisch. Dies hat seinen Grund jedoch nicht darin, dass der Kutscher nur fahrlässig handelte, 24

[40] Damit argumentiert Frisch GA 2006, 273 (278f.).

[41] Vgl. Schönke/Schröder/Sternberg-Lieben StGB Vorb. §§ 32ff. Rn. 118ff. mit umfassenden Nachweisen.

[42] Grundlegend Freudenthal, Schuld und Vorwurf im geltenden Strafrecht, 1922.

[43] Vgl. MüKoStGB/Schlehofer StGB Vor § 32 Rn. 335f.; Roxin/Greco StrafR AT I § 22 Rn. 142ff., beide mwN.

[44] Roxin/Greco StrafR AT I § 24 Rn. 123 mwN.

[45] RGSt 30, 25.

sondern beruht darauf, dass er mit seiner Fahrt nur ein vergleichsweise geringes Risiko eingegangen ist. Wenn der Kutscher – was im Übrigen nach dem Sachverhalt gar nicht fern lag – dasselbe Risiko um der Erhaltung seines Arbeitsplatzes willen bewusst in Kauf genommen hätte, wäre die Entscheidungssituation keine andere. Es stellte sich in genau der gleichen Weise die Frage, ob ihm ungeachtet des drohenden Verlustes seines Arbeitsplatzes zugemutet werden konnte, das durch die tatbestandsmäßige Handlung gesetzte Risiko der Verletzung eines Passanten zu vermeiden.

25 Deshalb lässt sich ein allgemeiner Entschuldigungsgrund der Unzumutbarkeit normgemäßen Verhaltens nur dann auf die Fahrlässigkeitsdelikte begrenzen, wenn man für den Vorsatz eine qualifizierte Gefahrvorstellung verlangt (→ § 11 Rn. 26f.). Ausgehend von der herrschenden Meinung, die das Erfordernis einer solch qualifizierten Gefahrvorstellung zu Recht ablehnt, könnte man allenfalls daran denken, sowohl bei Vorsatz- als auch bei Fahrlässigkeitsdelikten die Unzumutbarkeit normgemäßen Verhaltens als Entschuldigungsgrund anzuerkennen, wenn der Täter nur ein relativ geringes Risiko der Tatbestandsverwirklichung eingegangen ist. Gegen eine solche Lösung spricht jedoch, dass sie kaum abgrenzbar und damit im Ergebnis doch wieder mit der Gefahr verbunden ist, dass die Verpflichtung zur Befolgung von Rechtsnormen nach Maßgabe der jeweiligen persönlichen Wertvorstellungen des Rechtsanwenders relativiert wird. Deshalb spricht im Ergebnis mehr dafür, andere als die in § 35 StGB geregelten Notlagen – soweit sie nicht ohnehin schon eine Rechtfertigung begründen – nur im Rahmen der Strafzumessung zu berücksichtigen.[46]

II. Entschuldigung anderer als nahestehender Personen?

26 Eine Ausdehnung der Entschuldigung auf den gefährdeten Rechtsgütern nicht nahestehende Personen wird für Fälle diskutiert, in denen das Leben eines Menschen geopfert wird, um das Leben vieler anderer zu retten. Dem Gedanken, ein solches Verhalten zu entschuldigen, liegt eine ganz andere Überlegung zugrunde als der Regelung des § 35 StGB. Es geht nicht um die Berücksichtigung persönlicher Betroffenheit, sondern darum, dem Bürger Abwägungsentscheidungen zu gestatten, die der Rechtsordnung aus allgemeinen, über den zu entscheidenden Einzelfall hinausweisenden Gründen verwehrt sind.[47] Obwohl unsere Rechtsordnung – um eine Relativierung des Werts des Individuums zu vermeiden – das Leben jedes einzelnen Menschen als ebenso wertvoll erachtet wie das Leben aller anderen Menschen (→ § 17 Rn. 14), müsse sie Verständnis dafür haben, wenn Menschen im Einzelfall eine diesem Prinzip widersprechende Entscheidung treffen. Wer das Leben einer Vielzahl von Menschen durch die Tötung bzw. eine über die Opfergrenze des § 34 StGB hinausgehende Verletzung eines Unbeteiligten rette, sei deshalb zwar nicht gerechtfertigt, könne aber uU wegen eines sogenannten **übergesetzlichen Notstands** zu entschuldigen sein.

27 In der Lehre weitgehend anerkannt ist eine solche Entschuldigung für den Fall, dass der Getötete selbst zu den gefährdeten Personen gehörte und deshalb auch ohne die

[46] Ebenso MüKoStGB/Schlehofer StGB Vor §§ 32ff. Rn. 335ff.

[47] Vgl. insoweit zutreffend Jakobs FS Krey, 2010, 207 (215ff.), der aber daraus zu Unrecht ableitet, dass ein derartiger Gedanke in keinem Fall eine Entschuldigung begründen könne. Die seiner Argumentation zugrundeliegende Gleichsetzung von entschuldigtem und nicht selbstbestimmtem (kommunikativem) Handeln (S. 211f.) lässt sich – wie dargelegt (→ § 20 Rn. 2ff.) – schon bei der Deutung des § 35 StGB selbst nicht durchhalten.

Handlung des Täters kurze Zeit später gestorben wäre.[48] Das Schulbeispiel für eine solche **Gefahrengemeinschaft** ist der Fall, dass mehrere Bergsteiger an einem Seil hängen, das nicht mehr alle von ihnen zu tragen vermag. Wenn in einem solchen Fall der selbst nicht gefährdete Bergführer einen von ihnen abschneidet und dadurch verhindert, dass wenig später alle gemeinsam in die Tiefe stürzen, hat er – da der abgeschnittene Bergsteiger sonst erst zu einem etwas späteren Zeitpunkt gestorben wäre – diesen getötet. Da der Wert des Lebens nach den Maßstäben unserer Rechtsordnung nicht von der noch verbleibenden Lebenserwartung abhängt, ist – entgegen einer in der Literatur vertretenen Auffassung[49] – die Tat auch nicht durch § 34 StGB gerechtfertigt. Jedoch ist dem Bergführer kein Vorwurf daraus zu machen, dass er die der Rechtsordnung aus übergeordneten Gründen verwehrte Abwägungsentscheidung getroffen, dh dem Überleben der übrigen Bergsteiger den Vorrang vor dem Interesse des Getöteten eingeräumt hat, ein paar Sekunden länger am Seil zu hängen. Seine Tat ist deshalb mit der herrschenden Lehre zu entschuldigen.

Erheblich problematischer ist die Beurteilung von Fällen, in denen die Rettung durch 28
die Tötung einer Person erfolgt, die selbst nicht gefährdet war. Das klassische Beispiel für eine solche Konstellation ist der von Welzel erdachte Fall eines Weichenstellers, der ein Zugunglück, bei dem eine Vielzahl von Menschen getötet worden wäre, nur dadurch verhindern kann, dass er einen Zug auf ein anderes Gleis umleitet, auf dem drei Streckenarbeiter stehen und getötet werden. Welzel selbst hat hier die Entschuldigung schon deshalb bejaht, weil der Täter sich im Ergebnis für die Tötung einer geringeren Zahl von Menschen entschieden habe.[50] Jedoch steht der rechtlichen Billigung der Rettung von Menschen auf Kosten eines anderen Menschen nicht nur das Verbot einer quantitativen Gewichtung des menschlichen Lebens, sondern auch der Grundsatz entgegen, dass ein Schaden nur dann auf andere abgewälzt werden darf, wenn er dadurch wesentlich geringer ausfällt (→ § 17 Rn. 9). Ein schlichtes zahlenmäßiges Überwiegen würde selbst bei einer quantitativen Gewichtung des Lebens nicht zu einer Rechtfertigung führen und reicht deshalb für die Entschuldigung nicht aus. In Extremfällen, in denen – wie in dem geschilderten Weichenstellerfall – das Leben einer Vielzahl von Menschen auf dem Spiel steht, wird man jedoch uU auch die Tötung eines Unbeteiligten entschuldigen müssen.[51]

Lektüreempfehlungen: BGHSt 48, 255–263 (Tötung eines „Familientyrannen"); OGHSt 1, 321–343; 2, 117–135 (übergesetzlicher entschuldigender Notstand).

---

[48] Vgl. Schönke/Schröder/Sternberg-Lieben StGB Vorb. §§ 32ff. Rn. 117f. mwN. In der Rechtsprechung ist das Problem einer Gefahrengemeinschaft bisher nur bei der Beurteilung der Strafbarkeit der Ärzte aufgetaucht, die behinderte Patienten den Nationalsozialisten zur Tötung übergeben hatten (vgl. bereits → § 17 Rn. 14). Sie verteidigten sich zum Teil mit der Behauptung, die Auslieferung einiger Patienten sei erforderlich gewesen, um die Tötung aller zu verhindern. Dies wurde nicht als Entschuldigung anerkannt (BGH NJW 1953, 513; OGHSt 1, 321; 2, 117).

[49] Vgl. etwa Otto, Pflichtenkollision und Rechtswidrigkeitsurteil, 1978, S. 109; für den als asymmetrische Gefahrengemeinschaft bezeichneten Fall, dass der getötete Bergsteiger selbst in keinem Fall hätte gerettet werden können, ebenso MüKoStGB/Erb StGB § 34 Rn. 159f.; NK-StGB/Neumann StGB § 34 Rn. 76f.

[50] Welzel ZStW 63 (1951), 47 (51ff.).

[51] Schönke/Schröder/Sternberg-Lieben StGB Vorb. §§ 32ff. Rn. 117a; Hörnle FS Herzberg, 2008, 555 (570ff.), beide mwN; anders NK-StGB/Neumann StGB § 35 Rn. 61; Jakobs StrafR AT Abschn. 20 Rn. 42; Roxin/Greco StrafR AT I § 22 Rn. 162–165 und eingehend Stübinger ZStW Bd. 123 (2011), 403 (438ff.) mwN.

§ 21. Sonstige Strafbarkeitsvoraussetzungen

A. Strafausschließungsgründe und Bedingungen der Strafbarkeit

1 Die rechtswidrige und schuldhafte Verwirklichung eines Straftatbestands stellt die Geltung der dem jeweiligen Tatbestand zugrunde liegenden Verhaltensnorm infrage (→ § 2 Rn. 21 ff.). Dies begründet stets ein Interesse an der Symbolisierung der weiteren Normgeltung und damit in der Regel die Strafbarkeit der Tat. Es gibt aber auch Konstellationen, in denen diesem generalpräventiven Interesse überwiegende Interessen der Allgemeinheit oder Dritter entgegenstehen. Dem trägt das Gesetz durch Strafausschließungsgründe und objektive Bedingungen der Strafbarkeit Rechnung. Um die betreffenden Interessen der Allgemeinheit oder dritter Personen zu wahren, wird die Strafbarkeit rechtswidriger und schuldhafter Tatbestandsverwirklichungen entweder ganz ausgeschlossen oder von der Erfüllung zusätzlicher Voraussetzungen abhängig gemacht, durch deren Vorliegen das der Bestrafung entgegenstehende Interesse ausgeräumt wird.

2 Ein Strafausschließungsgrund ist beispielsweise die in Art. 46 I GG auch verfassungsrechtlich gewährleistete **Indemnität** der Abgeordneten (§ 36 StGB). Beschimpft ein Abgeordneter in einer Parlamentsdebatte den Bundestagsvizepräsidenten mit den Worten „mit Verlaub, Herr Präsident, Sie sind ein Arschloch“, so wird der Tatbestand der Beleidigung (§ 185 StGB) rechtswidrig und schuldhaft verwirklicht. Gleichwohl ist die Tat nicht strafbar, weil der Abgeordnete wegen seiner parlamentarischen Äußerungen außerhalb des Parlaments[1] nicht zur Verantwortung gezogen werden darf (Art. 46 I 1 GG, § 36 I 1 StGB). Das Gesetz stellt mit dieser Regelung das Interesse an der strafrechtlichen Symbolisierung der Geltung des Beleidigungsverbots hinter das Interesse an der Wahrung der Unabhängigkeit des Parlaments und seiner Abgeordneten zurück. Um Pressionsversuchen und einer der Freiheit der Rede abträglichen Selbstzensur vorzubeugen,[2] soll es grundsätzlich nicht möglich sein, Abgeordnete wegen ihres parlamentarischen Verhaltens mit einem strafrechtlichen Ermittlungsverfahren zu überziehen. Eine Ausnahme hiervon ist lediglich für verleumderische Beleidigungen iSd § 187 StGB, also für wider besseres Wissen aufgestellte ehrenrührige Tatsachenbehauptungen vorgesehen (Art. 46 I 2 GG, § 36 I 2 StGB).

3 Eine objektive Bedingung der Strafbarkeit enthält ua das Delikt des Bankrotts (§ 283 StGB). Das tatbestandliche Unrecht liegt bei diesem Delikt schon in der Vornahme der die Befriedigung der Gläubiger gefährdenden Handlungen. Wer bei drohender Zahlungsunfähigkeit 50.000 Euro beim Roulette verspielt, hat den Tatbestand bereits vollständig verwirklicht (§ 283 I Nr. 2 Var. 2 StGB). Strafbar ist sein auch rechtswidriges und schuldhaftes Verhalten aber nur dann, wenn er im Ergebnis seine Zahlungen eingestellt hat oder über sein Vermögen das Insolvenzverfahren eröffnet bzw. dessen Eröffnung mangels Masse abgelehnt worden ist (§ 283 VI StGB). Diese objektive Bedingung der Strafbarkeit schützt jedenfalls auch die Vermögensinteressen der betroffenen Gläubiger. Es soll vermieden werden, dass die Zahlungseinstellung oder die Eröff-

[1] Zu den parlamentarischen Sanktionsmöglichkeiten vgl. §§ 36–38 GO-BT (Geschäftsordnung des Deutschen Bundestages).

[2] Vgl. dazu BGH NJW 1980, 780 (781).

nung des Insolvenzverfahrens durch die strafrechtliche Verfolgung mit herbeigeführt wird.[3] Erst wenn das Interesse der Gläubiger an einer ungeschmälerten Befriedigung ihrer Ansprüche durch die Zahlungseinstellung bzw. Eröffnung des Insolvenzverfahrens endgültig vereitelt ist, wird die Tat gemäß § 283 VI StGB strafbar.

Da objektive Bedingungen der Strafbarkeit und Strafausschließungsgründe weder das 4
Unrecht der Tat noch die Schuld des Täters begründen, muss der Eintritt einer objektiven Strafbarkeitsbedingung oder das Fehlen eines Strafausschließungsgrundes dem Täter weder objektiv noch subjektiv zurechenbar sein. Insbesondere ist § 16 StGB auf diese Strafbarkeitsvoraussetzungen nicht anzuwenden. Selbst ein unvermeidbarer Irrtum über Strafausschließungsgründe oder objektive Bedingungen der Strafbarkeit verwirklichende Umstände schließt die Strafbarkeit nicht aus. Umgekehrt ist ein solcher Irrtum aber auch nicht geeignet, die Strafbarkeit wegen Versuchs zu begründen. Wer bei drohender Zahlungsunfähigkeit in der fast sicheren Erwartung seines wirtschaftlichen Ruins beim Roulette seine letzten 50.000 Euro auf Zahl setzt, verwirklicht zwar den Versuchstatbestand des Bankrotts (§ 283 I Nr. 2 Var. 2, III StGB). Er ist aber – wenn er wider Erwarten gewinnt und damit die drohende Zahlungsunfähigkeit abwendet – nicht wegen versuchten Bankrotts strafbar, weil auch dafür die Zahlungsunfähigkeit bzw. Insolvenz objektiv eingetreten sein muss.

B. Als Bedingungen der Strafbarkeit ausgestaltete Unrechtsmerkmale

Bei einigen Delikten hat der Gesetzgeber Merkmale als objektive Bedingungen der 5
Strafbarkeit ausgestaltet, die keinem der Bestrafung entgegenstehenden Interesse Rechnung tragen. Das praktisch bedeutsamste Beispiel ist der Vollrausch (§ 323a StGB). Der Tatbestand dieses Delikts setzt lediglich voraus, dass sich der Täter vorsätzlich oder fahrlässig in einen Rausch versetzt. Bestraft wird das Sich-Berauschen aber nur dann, wenn der Täter im Rausch eine rechtswidrige Tat begeht, für die er wegen erwiesener oder nicht auszuschließender Schuldunfähigkeit nicht bestraft werden kann. Diese als objektive Bedingung der Strafbarkeit ausgestaltete Strafbarkeitsvoraussetzung lässt sich nur damit erklären, dass das Gesetz das Sich-Berauschen allein jedenfalls als nicht so schwerwiegendes Unrecht ansieht, dass zur Erhaltung der Normanerkennung eine Bestrafung erforderlich ist.[4] Das Vorliegen der objektiven Strafbarkeitsbedingung beseitigt hier also kein der Bestrafung entgegenstehendes Interesse, sondern ist Voraussetzung dafür, dass überhaupt ein generalpräventives Interesse an der Bestrafung besteht.

Entsprechendes gilt für die Nichterweislichkeit der behaupteten Tatsache bei der 6
üblen Nachrede (§ 186 StGB) und den Eintritt des Todes oder einer schweren Körper-

[3] Vgl. die amtliche Begründung der Regelung, BT-Drs. VII/3441, 33. Daneben soll es allerdings auch eine Rolle spielen, dass „das Strafbedürfnis an Erheblichkeit verliert", wenn es dem Schuldner gelingt, die Krise abzuwenden, vgl. Schönke/Schröder/Heine/Schuster StGB § 283 Rn. 59 mwN. Deshalb verlangt die Rechtsprechung einen Zusammenhang zwischen der wirtschaftlichen Krise, in der die Tathandlung vorgenommen wurde und dem späteren Eintritt der objektiven Bedingung der Strafbarkeit. Wenn der Täter die wirtschaftliche Krise zunächst überwunden hatte und dann später aus ganz anderen Gründen insolvent wird, sei er nicht nach § 283 StGB strafbar (BGHSt 28, 231 (233)).

[4] Vgl. für eine Darstellung und Kritik anderer Deutungsversuche Frister, Schuldprinzip, Verbot der Verdachtsstrafe und Unschuldsvermutung, 1988, S. 53 ff. mN.

verletzung als Folge der Schlägerei (§ 231 StGB).[5] Auch diese Strafbarkeitsvoraussetzungen sind im Gesetz als objektive Bedingungen der Strafbarkeit ausgestaltet, obwohl erst ihr Vorliegen das generalpräventive Interesse an der Bestrafung begründet. Der Sache nach müssten all diese Voraussetzungen zum tatbestandlichen Unrecht gehören. Der Gesetzgeber hat sie nur deshalb als objektive Bedingungen der Strafbarkeit ausgestaltet, weil er die sich aus dem Schuldprinzip (→ § 3 Rn. 6 und 35) ergebenden allgemeinen Voraussetzungen für die Zurechnung des tatbestandlichen Unrechts bei diesen Merkmalen aus unterschiedlichen kriminalpolitischen Gründen nicht gelten lassen wollte. Dies ist sowohl sachlich als auch verfassungsrechtlich problematisch. Die Ausgliederung der infrage stehenden Strafbarkeitsvoraussetzungen aus dem tatbestandlichen Unrecht dient letztlich nur dazu, das Schuldprinzip bzw. den aus ihm abzuleitenden Grundsatz in dubio pro reo zu umgehen.

7 Die herrschende Meinung hält eine solche Ausgliederung gleichwohl solange für zulässig, wie das verbleibende tatbestandliche Unrecht die angedrohte Strafe noch verfassungsrechtlich rechtfertigt.[6] Es sei dem Gesetzgeber unbenommen, zwischen der Strafwürdigkeit und der Strafbedürftigkeit eines Verhaltens zu differenzieren. Wenn er der Auffassung sei, dass ein nach dem Schuldprinzip hinreichend strafwürdiges Verhalten nur bei Vorliegen einer zusätzlichen Voraussetzung geahndet werden müsse, dann sei diese Voraussetzung kein verfassungsrechtlich notwendiges Unrechtsmerkmal und dürfe daher als objektive Bedingung der Strafbarkeit ausgestaltet werden. Bei der Beurteilung von Delikten mit objektiven Bedingungen der Strafbarkeit sei deshalb stets zu fragen, ob die Strafandrohung für das betreffende Delikt auch ohne diese Bedingung mit dem Schuldprinzip vereinbar wäre. Sei dies der Fall, so stelle die Einfügung einer die Strafbarkeit gegenüber einer solchen Regelung weiter einschränkenden objektiven Bedingung der Strafbarkeit keine Verletzung des Schuldprinzips dar.

8 Nach diesen Grundsätzen hängt zB die Vereinbarkeit des § 323 a StGB mit dem Schuldprinzip davon ab, dass der Gesetzgeber schon für das Sich-Berauschen allein eine Freiheitsstrafe bis zu fünf Jahren androhen dürfte. Im Hinblick auf die gesellschaftliche Akzeptanz und große Verbreitung des Alkoholkonsums erscheint dies auf den ersten Blick geradezu absurd. Dementsprechend wird § 323 a StGB auch auf der Grundlage der herrschenden Meinung vielfach kritisiert.[7] Jedoch lässt sich aus der Zulässigkeit des Alkoholkonsums nicht ableiten, dass es auch erlaubt sein muss, sich bis zum drohenden Verlust der Selbstbestimmungsfähigkeit[8] zu betrinken. Ein derartiges Verhalten begründet – wie der hohe Anteil von Rauschtaten insbesondere bei den Gewaltdelikten zeigt[9] – eine gra-

[5] Vgl. näher Frister, Schuldprinzip, Verbot der Verdachtsstrafe und Unschuldsvermutung, 1988, S. 59 ff. und 63 ff. mN.

[6] Vgl. Schönke/Schröder/Eisele StGB Vorb. §§ 13 ff. Rn. 125 mwN; ähnlich auch Geisler, Zur Vereinbarkeit objektiver Bedingungen der Strafbarkeit mit dem Schuldprinzip, (1998), S. 211 ff.; Geisler GA 2000, 166 (169 ff.), der allerdings – anders als die hM – nicht zwischen Strafwürdigkeit und Strafbedürftigkeit differenziert, sondern darauf abstellt, ob auch ohne objektive Strafbarkeitsbedingung ein Strafbedürfnis besteht.

[7] Schönke/Schröder/Hecker StGB § 323 a Rn. 1 mwN; ebenso Geisler, Zur Vereinbarkeit objektiver Bedingungen der Strafbarkeit mit dem Schuldprinzip, (1998), S. 368 ff.; Geisler GA 2000, 166 (174 ff.).

[8] Ein Rausch iSd § 323 a StGB ist nach hM erst dann gegeben, wenn der Täter zumindest den Bereich verminderter Schuldfähigkeit sicher erreicht hat; vgl. dazu Schönke/Schröder/Hecker StGB § 323 a Rn. 7 f.; Dencker JZ 1984, 453 (457 ff.), jeweils mwN auch zu abweichenden Auffassungen.

[9] Vgl. die Zahlen und Nachweise bei Frister/Schneider/Schalast/Leygraf, Alkohol und Schuldfähigkeit, 2002, S. 181, 182.

vierende Gefahr der Begehung von Straftaten. Deshalb kann man durchaus der Auffassung sein, dass das Sich-Berauschen generell als strafwürdiges Unrecht zu bewerten sei.[10] Da die Beurteilung der Strafwürdigkeit eines Verhaltens in erster Linie Sache des demokratisch legitimierten Gesetzgebers ist (→ § 3 Rn. 20), wäre eine dahingehende Regelung also nicht als verfassungswidrig anzusehen.

Jedoch ist auch der Gesetzgeber nicht befugt, zur Umgehung der sich aus dem Schuldprinzip ergebenden Zurechnungsvoraussetzungen den Schuldgehalt einer Tat in widersprüchlicher Art und Weise zu bestimmen. Genau dies geschieht aber, wenn er einerseits das „Sich-Berauschen" als strafwürdiges Unrecht bewertet und andererseits die generalpräventive Notwendigkeit einer Bestrafung dieses Verhaltens von der Begehung einer Rauschtat abhängig macht.[11] Die eine solche Differenzierung für zulässig erachtende herrschende Meinung übersieht, dass Strafwürdigkeit und generalpräventive Strafbedürftigkeit Kehrseiten derselben Medaille sind. Weil die generalpräventive Notwendigkeit der Zurückweisung eines Normwiderspruchs von den gleichen Voraussetzungen abhängt wie die Gerechtigkeit der Bestrafung (→ § 3 Rn. 3), liegt in der Entscheidung, ein Strafbedürfnis erst bei der Begehung einer Rauschtat anzunehmen, zugleich die Entscheidung, das Sich-Berauschen allein nicht als hinreichend strafwürdiges Unrecht zu bewerten. An dieser den Schuldgehalt der Tat konkretisierenden Strafwürdigkeitsentscheidung muss sich der Gesetzgeber festhalten lassen. **9**

Entgegen der herrschenden Meinung ist daher die Ausgestaltung der Rauschtat und anderer das generalpräventive Interesse an der Bestrafung erst begründender Strafbarkeitsvoraussetzungen als objektive Bedingungen der Strafbarkeit mit dem Schuldprinzip nicht zu vereinbaren.[12] Um die betreffenden Delikte vor dem Verdikt der Verfassungswidrigkeit zu bewahren, wird in der Literatur zunehmend vorgeschlagen, die in ihnen enthaltenen objektiven Bedingungen der Strafbarkeit im Wege verfassungskonformer Auslegung als Fahrlässigkeitsmerkmale zu verstehen.[13] Der Täter soll nur dann strafbar sein, wenn ihm die infrage stehende Voraussetzung wenigstens erkennbar war, er also zB bei dem Vollrausch die Möglichkeit der Begehung einer Rauschtat zumindest hätte vorhersehen können. Dies ist wegen der Eindeutigkeit der gesetzlichen Regelungen zwar eine methodisch fragwürdige Lösung.[14] Solange Rechtsprechung und Lehre die §§ 186, 231 und 323a StGB aber nicht als verfassungswidrig ansehen, **10**

[10] Vgl. dazu näher BGHSt 16, 124 (125 f.); Dencker JZ 1984, 453 (460); aA Duttge FS Geppert, 2011, 63 (67 f.); Kraatz ZStW 125 (2013), 819 (826 f.), beide mwN.

[11] Vgl. zu den zahlreichen inneren Widersprüchen des § 323a StGB Frister/Schneider/Renzikowski, Alkohol und Schuldfähigkeit, 2002, S. 139 ff. mwN.

[12] Vgl. dazu näher Frister, Schuldprinzip, Verbot der Verdachtsstrafe und Unschuldsvermutung, 1988, S. 47 ff.; iErg ebenso Duttge FS Geppert, 2011, 63 (67 ff.).

[13] Vgl. etwa MüKoStGB/Freund StGB Vor § 13 Rn. 384; Kraatz ZStW 125 (2013), 819 (832 ff.); Roxin/Greco StrafR AT I § 23 Rn. 7 ff. und 19 mwN; ebenso früher BGHSt 10, 247 und danach wieder OLG Hamm NStZ 2009, 40 mit iErg zust. Anm. Geisler; für eine de lege ferenda zu realisierende objektive Beschränkung auf einen „für andere lebens- oder gesundheitsgefährlichen Rausch" Duttge FS Geppert, 2011, 63 (79).

[14] Nach der Rechtsprechung des Bundesverfassungsgerichts findet die verfassungskonforme Auslegung ihre – vom Gericht selbst nicht immer beachtete – Grenze grundsätzlich dort, wo sie zu dem Wortlaut der Vorschrift und dem „klar erkennbaren Willen des Gesetzesgebers" in Widerspruch treten würde (BVerfGE 18, 97 (111)). Bei **gesetzgeberischen „Motivirrtümern"** soll ein solch entgegenstehender Wille allerdings unbeachtlich sein; vgl. dazu Looschelders/Roth, Juristische Methodik im Prozess der Rechtsanwendung, 1996, S. 231 ff.

ist ungeachtet dieser methodischen Bedenken wenigstens eine solch verfassungskonforme Auslegung dieser Delikte vorzunehmen.

C. Als Strafausschließungsgründe ausgestaltete Entschuldigungsgründe

11 Es gibt auch als Strafausschließungsgründe ausgestaltete Deliktsvoraussetzungen, die keinem der Bestrafung entgegenstehenden Interesse Rechnung tragen. Sie finden sich insbesondere bei dem Delikt der Strafvereitelung (§§ 258, 258a StGB). Es setzt schon in seinem Tatbestand die Vereitelung der Bestrafung eines anderen voraus. Wer nur seine eigene Bestrafung vereitelt, handelt also nicht tatbestandsmäßig. Dieses sogenannte **Selbstbegünstigungsprivileg** wird durch nur zugunsten des Betroffenen wirkende **persönliche Strafausschließungsgründe** ausgedehnt. Die Vereitelung der Bestrafung eines anderen wird nicht bestraft, wenn sie zugleich dazu dient, eine Bestrafung der eigenen Person zu verhindern (§ 258 V StGB). Auch eine zugunsten eines Angehörigen begangene Strafvereitelung ist straffrei (§ 258 VI StGB), sofern sie nicht im Amt begangen worden ist (§ 258a III StGB). Bei dem Delikt der Nichtanzeige geplanter Straftaten (§ 138 StGB) wird die Angehörigenbegünstigung gleichfalls durch einen – hier allerdings von weiteren Voraussetzungen abhängigen – Strafausschließungsgrund privilegiert (§ 139 III 1 StGB).[15]

12 Die Straflosigkeit der Selbst- bzw. Angehörigenbegünstigung ist nur damit zu erklären, dass das Gesetz ein derartiges Verhalten schon nicht als strafwürdig bewertet. Bei Vorliegen dieses Strafausschließungsgrundes muss deshalb in Wahrheit schon entweder das tatbestandliche Unrecht oder die Schuld ausgeschlossen sein. Da an der Rechtswidrigkeit von zur Selbst- und Angehörigenbegünstigung begangenen Strafvereitelungen kein Zweifel besteht, kommt im Ergebnis nur eine Entschuldigung in Betracht. Die Straflosigkeit der Selbst- bzw. Angehörigenbegünstigung beruht auf einer strukturell ähnlichen Erwägung wie der entschuldigende Notstand (→ § 20 Rn. 5). Sie ergibt sich daraus, dass die Tat zwar aus der neutralen Perspektive der Allgemeinheit, nicht aber aus der Perspektive des Betroffenen selbst negativ bewertet wird. Die Rechtsordnung billigt es dem Einzelnen zu, in seiner eigenen Bestrafung oder der Bestrafung eines Angehörigen keinen positiven Wert zu sehen und verlangt von ihm deshalb nicht, sich für die Achtung des gegen ihn oder seinen Angehörigen gerichteten Strafanspruchs zu entscheiden.[16]

13 Der Sache nach handelt es sich bei dem Selbst- bzw. Angehörigenbegünstigungsprivileg also um einen Entschuldigungsgrund, der im Gesetz lediglich nicht als solcher bezeichnet ist. Dementsprechend sind die für Strafausschließungsgründe geltenden Regeln (→ § 21 Rn. 4) hier nicht anwendbar. Insbesondere die irrtümliche Annahme einer Selbst- bzw. Angehörigenbegünstigung ist anders als bei einem echten Strafausschließungsgrund nicht unbeachtlich. Dies ergibt sich für die Selbstbegünstigung unmittelbar aus dem Wortlaut des § 258 V StGB, der lediglich verlangt, dass der Täter seine eigene Bestrafung vereiteln will. Das Angehörigenbegünstigungsprivileg ist zwar

[15] Auch bei den Aussagedelikten findet sich eine ähnliche Regelung (§ 157 I StGB). Sie eröffnet dem Gericht allerdings nur die Möglichkeit, die Strafe zu mildern bzw. bei uneidlicher Aussage auch ganz von einer Bestrafung abzusehen und stellt deshalb keinen wirklichen Strafausschließungsgrund dar.

[16] Vgl. dazu näher Frister, Die Struktur des „voluntativen Schuldelements", 1993, S. 216ff. mN.

in § 258 VI StGB objektiv formuliert. Daraus kann aber entgegen einer auf die Rechtsprechung des Reichsgerichts zurückgehenden Auffassung[17] nicht geschlossen werden, dass hier ein Irrtum unbeachtlich sei. Da das Angehörigenbegünstigungsprivileg auf dem gleichen Gedanken wie das Selbstbegünstigungsprivileg beruht, muss auch bei ihm schon die Begünstigungsabsicht als für die Entschuldigung ausreichend angesehen werden.[18] Deshalb ist auch für die in der Literatur zum Teil vorgeschlagene[19] entsprechende Anwendung des § 35 II StGB hier kein Raum. Wer eine Strafvereitelung zugunsten seines vermeintlichen nichtehelichen Kindes begeht, ist selbst dann straflos, wenn er hätte erkennen können, dass er in Wahrheit nicht dessen Vater ist.

D. Abhängigkeit der Strafverfolgung vom Willen des Verletzten

I. Strafantrag

Straftaten werden zwar grundsätzlich von Amts wegen (§§ 152 II, 160 I StPO), bei einigen Delikten jedoch nur auf Antrag des Verletzten verfolgt (vgl. bereits → § 1 Rn. 5). Die Strafbarkeit der Tat wird dadurch nicht eingeschränkt. Lediglich die Zulässigkeit der Strafverfolgung hängt bei diesen sogenannten **Antragsdelikten** nach § 77 I StGB von dem Antrag des Verletzten ab. Der Strafantrag ist deshalb formal keine Bedingung der Strafbarkeit, sondern eine Prozessvoraussetzung.[20] Jedoch sind die Gründe für das Antragserfordernis letztlich materiell-rechtlicher Natur.[21] Bei einigen Delikten entspringt dieses Erfordernis der Rücksichtnahme auf der Strafverfolgung entgegenstehende Interessen des Verletzten. Bei den Übrigen erklärt es sich aus dem relativ geringen Unwertgehalt der Tat. Der Gesetzgeber hält bei einer ganzen Reihe weniger schwerwiegender Straftaten eine Bestrafung nur dann für notwendig, wenn der Verletzte durch einen Strafantrag deutlich macht, dass den Beteiligten selbst keine einvernehmliche, in gewissem Maße gleichfalls die Geltung der Norm bestätigende Konfliktlösung gelungen ist. 14

Ein Beispiel für ein den Interessen des Verletzten Rechnung tragendes Strafantragserfordernis ist die Regelung des Haus- und Familiendiebstahls (§ 247 StGB). Die Verfolgung von Diebstählen bzw. Unterschlagungen, die innerhalb der Familie oder einer häuslichen Gemeinschaft begangen werden, kann das familiäre oder häusliche Zusammenleben erheblich belasten und den Verletzten damit uU härter treffen als die Tat selbst. Deshalb macht das Gesetz die Strafverfolgung hier von einem Antrag des Verletzten abhängig. Er soll selbst entscheiden können, ob er die Tat öffentlich verfolgen, den Konflikt lieber intern klären oder ganz auf sich beruhen lassen will. Da das Antragserfordernis nicht auf einem verminderten Unrechts- oder Schuldgehalt der Tat beruht, sondern allein den Interessen des Verletzten dient, hängt die Notwendigkeit eines Strafantrags ausschließlich von der objektiven Sachlage ab.[22] Wer einen seiner Mutter gehörenden Pelzmantel stiehlt, kann auch dann nur auf Antrag verfolgt werden, wenn er irrtümlich annahm, seine Mutter habe den Mantel von einer Freundin entliehen. Umgekehrt ist – wenn der Mantel tatsächlich der Freundin gehörte – kein Strafantrag erforderlich, selbst wenn der Täter den Mantel irrtümlich für das Eigentum seiner Mutter gehalten hatte. 15

---

[17] RGSt 61, 270 (271); LK-StGB/Walter StGB § 258 Rn. 137.

[18] So zu Recht Schönke/Schröder/Hecker StGB § 258 Rn. 41 mwN.

[19] Vgl. zB Roxin/Greco StrafR AT I § 22 Rn. 140f. mwN.

[20] LK-StGB/Greger/Weingarten StGB Vor § 77 Rn. 7; NK-StGB/Kargl StGB Vor §§ 77ff. Rn. 14; Schönke/Schröder/Bosch § 77 Rn. 6–8, alle mN.

[21] Vgl. dazu SK-StGB//Wolter StGB Vor § 77 Rn. 8ff., der den Strafantrag als „Prozessrechtsinstitut mit materiellrechtlichem Einschlag“ bezeichnet.

[22] Vgl. MüKoStGB/Hohmann StGB § 247 Rn. 14; Schönke/Schröder/Bosch StGB § 247 Rn. 13 mwN.

16 Auf dem relativ geringen Unwertgehalt der Tat beruhen zB das Antragserfordernis für die Verfolgung eines Hausfriedensbruchs (§ 123 II StGB), einer Sachbeschädigung (§ 303c StGB) und eines Diebstahls oder einer Unterschlagung geringwertiger Sachen (§ 248a StGB). Der Strafantrag ist allerdings nur bei wenigen dieser Delikte (zB § 123 II StGB) eine unabdingbare Prozessvoraussetzung. Die meisten kann die Staatsanwaltschaft ohne Antrag verfolgen, wenn sie dies wegen eines besonderen öffentlichen Interesses an der Strafverfolgung für geboten erachtet (zB §§ 303c, 248a StGB). Nach herrschender Meinung ist auch für auf dem geringen Unwertgehalt der Tat beruhende Antragserfordernisse allein die objektive Sachlage maßgeblich.[23] Dem ist jedoch zu widersprechen. Wenn ein Dieb der gestohlenen Sache irrtümlich nur einen geringen Wert beigemessen hat, ist ihm lediglich der Unrechtsgehalt des Diebstahls einer geringwertigen Sache zurechenbar. Die Unrechtsschwelle, ab der ein Diebstahl ohne Strafantrag ohne Weiteres von Amts wegen verfolgt werden soll, ist also nicht erreicht. Nach dem Grundgedanken des § 248a StGB darf die Tat deshalb nur bei Vorliegen eines besonderen öffentlichen Interesses an der Strafverfolgung von Amts wegen verfolgt werden.

II. Ermächtigung und Strafverlangen

17 Bestimmte Delikte gegen den Staat können nur mit Ermächtigung des betroffenen Staats- bzw. Verfassungsorgans verfolgt werden. Damit trägt das Gesetz ähnlich wie mit einem Teil der Antragserfordernisse der Strafverfolgung entgegenstehenden Interessen Rechnung. So vermag zB bei der Verunglimpfung eines Verfassungsorgans (§§ 90, 90b StGB) oder einem Geheimnisverrat (§§ 97, 353b StGB) ein das Geschehen thematisierender Strafprozess uU mehr politischen Schaden anzurichten als die Tat selbst. Deshalb kann das betroffene bzw. zur Wahrung der Geheimhaltungsinteressen berufene Organ selbst entscheiden, ob es die Tat verfolgen oder lieber auf sich beruhen lassen will (§ 90 IV StGB, § 90b II StGB, § 97 III StGB, § 353b IV StGB). Für die Ermächtigung gelten die Regeln über den Strafantrag entsprechend (§ 77e StGB). Bei den Straftaten gegen ausländische Staaten (§§ 102, 104 StGB) setzt die Strafverfolgung ein Strafverlangen der ausländischen Regierung voraus (§ 104a StGB). Auch für dieses Strafverlangen gelten die Regeln über den Strafantrag entsprechend (§ 77e StGB).

E. Zeitliche Voraussetzungen von Verfolgung und Vollstreckung

I. Verfolgungsverjährung

18 Die Verfolgung der meisten Straftaten unterliegt der Verjährung. Nach Ablauf bestimmter Fristen dürfen sie nicht mehr geahndet werden (§ 78 StGB). Dies wird traditionell auf zwei verschiedene Erwägungen zurückgeführt. Die **materiellrechtliche Theorie**[24] erklärt die Verjährung damit, dass sich der durch die Begehung der Tat gestörte Rechtsfriede im Laufe der Zeit von selbst wiederherstelle. Nach Ablauf einer je nach Schwere der Tat unterschiedlichen Frist würde ein Strafverfahren die Rechtsgemeinschaft nur erneut beunruhigen und damit seinerseits den bereits wiederhergestellten Rechtsfrieden stören. Demgegenüber sieht die vor allem in der Rechtsprechung[25] vertretene **prozessuale Theorie** den Grund der Verjährung darin, dass eine

[23] MüKoStGB/Hohmann StGB § 248a Rn. 15; NK-StGB/Kindhäuser StGB § 248a Rn. 13f.; Schönke/Schröder/Bosch StGB § 248a Rn. 16, alle mwN; differenzierend SK-StGB/Hoyer StGB § 248a Rn. 9f.
[24] Vgl. etwa v. Stackelberg FS Bockelmann, 1979, 759 (764f.) mwN.
[25] BGHSt 2, 300 (306ff.); BVerfGE 25, 269 (287).

gerechte Beurteilung von Tat und Täter mit zunehmendem Abstand zwischen der Tat und der Aburteilung immer schwieriger und aufwendiger werde. In der Sache spielen beide Gesichtspunkte eine Rolle.[26] Formal ist die Verjährung jedoch als Prozesshindernis ausgestaltet. Sie schließt – ebenso wie ein fehlender Strafantrag – die Verfolgung der Tat aus.

Die Länge der Verjährungsfristen hängt von der Höhe der für das jeweilige Delikt an- 19
gedrohten Strafe ab (§ 78 III StGB). Schärfungen oder Milderungen für besonders schwere bzw. minder schwere Fälle oder nach den Vorschriften des Allgemeinen Teils bleiben dabei außer Betracht (§ 78 IV StGB). Der Lauf der Verjährungsfrist beginnt, sobald die Tat beendet (§ 78a S. 1 StGB), dh das Tatunrecht in vollem Umfang verwirklicht ist.[27] Vor Ablauf der Frist muss der Täter zwar verfolgt, aber noch nicht notwendigerweise verurteilt werden. Denn die Verjährung wird durch bestimmte im Gesetz einzeln aufgezählte Strafverfolgungshandlungen unterbrochen (§ 78c I StGB). Die Unterbrechung bewirkt, dass die Verjährungsfrist von neuem zu laufen beginnt (§ 78c III 1 StGB). Auch eine mehrfache Unterbrechung der Verjährung ist möglich. Jedoch darf die Tat spätestens nach Ablauf der doppelten Verjährungsfrist nicht mehr verfolgt werden (§ 78c III 2 StGB). Selbst diese sogenannte **absolute Verjährung** steht der Verfolgung aber nicht entgegen, wenn die Verjährung ruht (§ 78c III 3 StGB). Dies sieht das Gesetz insbesondere bei Strafverfolgungshindernissen (§ 78b I und II StGB) sowie nach dem erstinstanzlichen Urteil (§ 78b III StGB) vor.

Im Zuge der Ahndung des nationalsozialistischen Unrechts hat der Gesetzgeber durch das 16. Strafrechts- 20
änderungsgesetz vom 16.7.1979[28] die ursprünglich für alle Straftaten geltende Verjährung für Mord beseitigt (§ 78 II StGB, vgl. dazu → § 4 Rn. 37f.). Auch Verbrechen nach dem Völkerstrafgesetzbuch verjähren nicht (§ 5 VStGB, dazu bereits → § 1 Rn. 38). Die Unverjährbarkeit dieser Taten soll deren besonderen Unrechtsgehalt betonen. Aber auch wenn man davon ausgeht, dass sich der Rechtsfriede bei besonders schwerwiegendem Unrecht nicht durch bloßen Zeitablauf völlig wiederherstellt, ist die Aufhebung der Verjährung solcher Taten in rechtspolitischer Hinsicht fragwürdig. Es wird damit ein Gerechtigkeitsanspruch formuliert, dem ein irdisches Gericht nicht wirklich gerecht werden kann.[29] In Strafprozessen, die – wie im Fall Erich Mielke[30] – mehr als 60 Jahre nach der Begehung der Tat geführt werden, ist eine gerechte Beurteilung von Tat und Täter kaum mehr möglich. Solche Prozesse sind wegen des typischerweise eingetretenen Beweismittelverlustes nicht nur besonders aufwendig, sondern auch mit der erhöhten Gefahr von Fehlverurteilungen verbunden. Zumindest der Motivation des Täters kann ein Gericht 60 Jahre nach der Tat nicht mehr gerecht werden.

II. Vollstreckungsverjährung

Auch die Vollstreckung eines rechtskräftigen Urteils unterliegt im Regelfall der Verjäh- 21
rung. Mit Ausnahme der lebenslangen Freiheitsstrafe (§ 79 II StGB), der Sicherungsverwahrung und der unbefristeten Führungsaufsicht (§ 79 IV 1 StGB) müssen Strafen und Maßnahmen innerhalb bestimmter Fristen nach Erlass des rechtskräftigen Urteils

[26] Vgl. zB SK-StGB//Wolter StGB Vor § 78 Rn. 13 mwN.
[27] Vgl. zum Begriff der Beendigung BGHSt 52, 300; BGH NStZ 2012, 511 (513).
[28] BGBl. 1979 I 1046.
[29] Eine eingehende, auch historisch fundierte Kritik der Beseitigung der Verjährung bei Mord findet sich bei Vormbaum FS Bemmann, 1997, 481 (497ff.).
[30] Der ehemalige Minister für Staatssicherheit der DDR wurde 1993 wegen eines im Zuge politischer Auseinandersetzungen im Jahr 1931 begangenen Mordes an zwei Polizisten verurteilt (vgl. BGHSt 41, 72 mAnm Habel NJW 1995, 2830; Börgers JR 2004, 139 (142f.)).

vollstreckt werden (§ 79 I StGB). Diese sogenannte Vollstreckungsverjährung lässt sich nur mit dem Gedanken der materiell-rechtlichen Verjährungstheorie erklären. Sie ist darauf zurückzuführen, dass sich der durch die Begehung der Tat gestörte Rechtsfriede im Laufe der Zeit von selbst wiederherstellt und es dann einer Vollstreckung des verhängten Urteils nicht mehr bedarf. Gleichwohl ist die Vollstreckungsverjährung formal kein Strafausschließungsgrund, sondern ein Vollstreckungshindernis. Die Länge der Verjährungsfrist hängt von der Höhe der verhängten Strafe ab (§ 79 III StGB). Solange die Strafe aus Rechtsgründen nicht vollstreckt werden kann, ruht die Verjährung (§ 79a StGB). Wenn sich der Verurteilte in einem Land aufhält, das ihn nicht ausliefert, kann die Verjährungsfrist einmal auf das Eineinhalbfache verlängert werden (§ 79b StGB).

F. Die (prozessuale) Abschichtung geringfügigen Unrechts

22 Das materielle Recht enthält für die Strafbarkeit keine allgemeine Geringfügigkeitsgrenze. Auch der Diebstahl von einem Cent ist – wenn auch nur auf Antrag (→ § 21 Rn. 16) – nach § 242 StGB strafbar. Dies bedeutet aber nicht, dass eine solche Tat in jedem Fall verfolgt würde. Staatsanwaltschaft und Polizei sind zwar nach dem **Legalitätsprinzip** grundsätzlich zur Verfolgung aller ihnen bekannt gewordenen Straftaten verpflichtet (§§ 152 II, 160 I, 163 I StPO). Aber diese Verpflichtung erstreckt sich nicht auf geringfügiges Unrecht. Bei einem Vergehen (§ 12 II StGB) kann schon von der Ermittlung des Sachverhalts abgesehen werden, wenn die Schuld des Beschuldigten als gering anzusehen wäre und kein öffentliches Interesse an der Verfolgung besteht (§ 153 StPO). Nach Ermittlung des Sachverhalts[31] ist es außerdem bei Vergehen möglich, das Verfahren mit Zustimmung des Beschuldigten gegen Wiedergutmachungsleistungen, Zahlung eines Geldbetrags an eine gemeinnützige Einrichtung oder andere **Auflagen und Weisungen** einzustellen, wenn deren Erfüllung geeignet ist, das öffentliche Interesse an der Strafverfolgung zu beseitigen, und die Schwere der Schuld nicht entgegensteht (§ 153a StPO).

23 Der § 153a StPO wurde 1974 in das Gesetz eingefügt und damals in der Literatur heftig kritisiert.[32] Diese Kritik hat bis heute nichts von ihrer grundsätzlichen Berechtigung verloren.[33] Die Möglichkeit, das Strafverfahren mit Zustimmung des Beschuldigten gegen Auflagen und Weisungen einzustellen, ist in doppelter Hinsicht fragwürdig. Zum einen ermöglicht sie in vielen Fällen dem vermögenden Schuldigen, sich von einer Bestrafung „freizukaufen“. Zum anderen setzt sie auch den Unschuldigen unter Druck, Schadensersatzleistungen oder unter Umständen hohen Geldauflagen zuzustimmen, um einer öffentlichen Hauptverhandlung mit ungewissem Ausgang zu entgehen. Insbesondere bei Personen, die – wie etwa Ärzte bei drohenden Behandlungsfehlerprozessen – schon durch die Durchführung der Hauptverhandlung beruflich weitgehend ruiniert wären, kann dieser Druck so groß sein, dass sie ohne Rücksicht auf

[31] Diese Voraussetzung ist zwar theoretisch anerkannt (vgl. Löwe/Rosenberg/Mavany StPO § 153a Rn. 45f. mwN), wird aber in der Praxis vielfach missachtet. Es hat sich eingebürgert, von der Einstellung gerade dann Gebrauch zu machen, wenn der Sachverhalt ungeklärt ist (vgl. Dahs NJW 1996, 1192). Selbst die Klärung schwieriger Rechtsfragen ersparen sich die Gerichte zum Teil durch eine Einstellung nach § 153a StPO. Ein prominentes Beispiel dafür ist die Einstellung des Strafverfahrens gegen den ehemaligen Bundeskanzler Helmut Kohl gegen Zahlung von 300.000 DM (LG Bonn NJW 2001, 1736); vgl. dazu den Kommentar von Hamm NJW 2001, 1694 mN.

[32] Vgl. zB Dencker JZ 1973, 144 (149f.); Schmidhäuser JZ 1973, 529.

[33] Vgl. dazu die Grundsatzkritik im Alternativentwurf Abgekürzte Strafverfahren im Rechtsstaat (AE-ASR) GA 2019, 1 (20ff.) mwN sowie Salditt FS Egon Müller, 2008, 611.

Schuld oder Unschuld der Einstellung in jedem Fall zustimmen würden. Ungeachtet oder vielleicht auch gerade wegen dieser natürlich sehr „prozessökonomischen" Konsequenzen ist die Regelung des § 153a StPO heute aus der Praxis kaum noch wegzudenken. Ein großer Teil der Bagatellkriminalität, aber auch viele Fälle der mittleren Kriminalität werden auf diese Weise erledigt.

Die Entscheidung über ein Absehen von der Verfolgung nach § 153 StPO und die Einstellung gegen Auflagen und Weisungen nach § 153a StPO kann in keiner Lage des Verfahrens gegen den Willen der Staatsanwaltschaft getroffen werden. Wenn diese einen Diebstahl von einem Cent anklagt und in der Hauptverhandlung auf dessen Aburteilung besteht, ist das Gericht genötigt, den Angeklagten wegen Diebstahls von einem Cent zu verurteilen. Eine solche Regelung wäre angemessen, wenn der Diebstahl von einem Cent ein grundsätzlich strafwürdiges und lediglich nach Lage des Einzelfalls uU aus prozessökonomischen Gründen nicht zu verfolgendes Unrecht wäre. Jedoch kann man schwerlich annehmen, dass der Täter für eine solche Bagatelle die in jeder strafrechtlichen Verurteilung enthaltene Diskriminierung wirklich verdient. Deshalb handelt es sich bei der Abschichtung geringfügigen Unrechts der Sache nach um ein materiellrechtliches Problem, das auch im materiellen Recht gelöst werden sollte.[34] Eine materiellrechtliche Geringfügigkeitsklausel – wie sie früher im österreichischen Recht enthalten war[35] – würde es dem nach Art. 92 GG zur Entscheidung berufenen unabhängigen Richter ermöglichen, notfalls gegen den Willen der Staatsanwaltschaft die Strafbarkeit geringfügigen Unrechts zu verneinen. 24

Vorsätzliches Begehungsdelikt (vgl. S. 503)

A. **Subsumtionsfrage:** Exakte Bezeichnung von Delikt und Handlung (→ § 7 Rn. 8, → § 8 Rn. 1 ff.)
B. **Tatbestand** (→ § 8 Rn. 11 ff.)
  I. **Objektiver Tatbestand** (→ § 8 Rn. 15 ff.)
    1. **Eintritt des tatbestandlichen Erfolgs**
    2. **Kausalität der in der Subsumtionsfrage bezeichneten Handlung für diesen Erfolg** (→ § 9 Rn. 5 ff.)
    3. Rechtliche Missbilligung der Art und Weise der Erfolgsverursachung = objektive Zurechnung (→ § 9 Rn. 1 ff., → § 10 Rn. 1 ff. und 35 ff.)
      a) Rechtlich missbilligtes Risiko eines Erfolgseintritts (→ § 10 Rn. 5 ff.)
      b) Verwirklichung dieses Risikos in dem eingetretenen Erfolg (→ § 10 Rn. 22 ff.)
  II. **Subjektiver Tatbestand** (→ § 8 Rn. 24 ff.)
    1. **Vorsatz bezüglich der möglichen Erfolgsverursachung** (→ § 11 Rn. 1 ff.)
    2. Vorsatz bezüglich der die objektive Zurechnung begründenden Umstände
      a) Kenntnis eines rechtlich missbilligten Risikos (→ § 11 Rn. 44)

[34] Ebenso Frisch GA 2017, 364 (381 f.).

[35] Die materiellrechtliche Geringfügigkeitsklausel des § 42 ÖStGB aF ist zum 1.1.2008 auch in Österreich in einer prozessualen Regelung (§ 191 ÖStPO) aufgegangen. Allerdings begründet diese anders als in Deutschland eine Einstellungsverpflichtung von Staatsanwaltschaft und Gericht. In ihren praktischen Auswirkungen steht sie damit der früheren materiellrechtlichen Regelung noch immer recht nahe.

b) Verwirklichung des erkannten Risikos in dem eingetretenen Erfolg = Zurechnung zum Vorsatz (→ § 11 Rn. 45 ff.)

C. **Rechtswidrigkeit** (→ § 7 Rn. 11, → § 14 Rn. 1 ff.)
   I. Rechtswidrigkeit des objektiven Geschehens (→ § 13 Rn. 1 ff.)
      – Keine Verwirklichung eines objektiven Erlaubnistatbestands (→ § 14 Rn. 8 ff.)
   II. Rechtswidrigkeit des vorgestellten Geschehens
      – Keine Vorstellung der Umstände eines Erlaubnistatbestands (→ § 14 Rn. 16 ff.)

D. **Schuld** (→ § 7 Rn. 12)
   I. Schuldfähigkeit (→ § 18 Rn. 1 ff.)
   II. Möglichkeit der Unrechtseinsicht (→ § 19 Rn. 1 ff.)
   III. Zumutbarkeit (→ § 16 Rn. 40 ff., → § 17 Rn. 36 f., → § 20 Rn. 1 ff.)

E. **Ergebnis: Beantwortung der Subsumtionsfrage**

Fahrlässiges Begehungsdelikt (vgl. S. 503)

A. **Subsumtionsfrage:** Exakte Bezeichnung von Delikt und Handlung

B. **Tatbestand**
   I. **Objektiver Tatbestand**
      1. **Eintritt des tatbestandlichen Erfolgs**
      2. **Kausalität der in der Subsumtionsfrage bezeichneten Handlung für diesen Erfolg**
      3. Rechtliche Missbilligung der Art und Weise der Erfolgsverursachung = objektive Zurechnung
         a) Rechtlich missbilligtes Risiko eines Erfolgseintritts = objektive Pflichtwidrigkeit bzw. Sorgfaltspflichtverletzung
         b) Verwirklichung dieses Risikos in dem eingetretenen Erfolg
   II. **Subjektiver Tatbestand** (→ § 12 Rn. 1 ff.)
   Die explizite Bezeichnung als subjektiver Tatbestand wird hier verwendet, um die Parallelität zum Vorsatzdelikt deutlich zu machen. Sie ist sachlich richtig, aber **unüblich** und sollte deshalb in Prüfungsarbeiten sicherheitshalber nicht benutzt werden. Nach hM sind die entsprechenden Voraussetzungen erst in der Schuld zu prüfen (→ § 12 Rn. 5 ff.).
      1. **Individuelle Erkennbarkeit der möglichen Erfolgsverursachung** (→ § 12 Rn. 12 ff.)
      2. Individuelle Erkennbarkeit der die objektive Zurechnung begründenden Umstände (→ § 12 Rn. 25 f.)
         a) Individuelle Erkennbarkeit eines rechtlich missbilligten Risikos
         b) Verwirklichung des individuell erkennbaren Risikos in dem eingetretenen Erfolg = Zurechnung zur Fahrlässigkeit

C. **Rechtswidrigkeit** (→ § 14 Rn. 40 f.)
   I. Rechtswidrigkeit des objektiven Geschehens
      – Keine Verwirklichung eines objektiven Erlaubnistatbestands
   II. Rechtswidrigkeit des erkennbaren Geschehens
      – Erkennbarkeit des Fehlens von Umständen eines Erlaubnistatbestands

D. **Schuld**
   I. Schuldfähigkeit
   II. Möglichkeit der Unrechtseinsicht (→ § 19 Rn. 6)
   III. Zumutbarkeit (→ § 20 Rn. 23 f.)
E. **Ergebnis: Beantwortung der Subsumtionsfrage**

Lektüreempfehlungen: BGHSt 16, 124–126 (Unrechtsgehalt des Vollrausches); BGHSt 41, 72–94 (Keine Verjährung bei Mord).

§ 22. Das Unterlassungsdelikt

A. Die Regelung des § 13 StGB

1 Die meisten Delikte können nicht nur durch Handeln, sondern auch durch Unterlassen begangen werden (vgl. bereits → § 7 Rn. 15). Bei einigen ist diese Möglichkeit schon in der Deliktsbeschreibung selbst vorgesehen. Beispielsweise kann bei der Aussetzung der in der Gefahr des Todes oder einer schweren Gesundheitsschädigung liegende tatbestandliche Erfolg nicht nur durch das Versetzen in eine hilflose Lage (§ 221 I Nr. 1 StGB), sondern auch dadurch verursacht werden, dass jemand eine Person, der er beizustehen verpflichtet ist, in einer hilflosen Lage im Stich lässt (§ 221 I Nr. 2 StGB). Bei den meisten Delikten ergibt sich die Möglichkeit einer Tatbestandsverwirklichung durch Unterlassen aber erst aus der allgemeinen Regelung des § 13 I StGB. Danach erfüllt auch die Verursachung eines tatbestandlichen Erfolgs durch Unterlassen den Tatbestand des betreffenden Delikts, wenn erstens der Unterlassende rechtlich dafür einzustehen hat, dass der Erfolg nicht eintritt, und zweitens das Unterlassen der Erfolgsabwendung der Verwirklichung des Tatbestands durch ein Tun entspricht.

2 Die erste dieser beiden Voraussetzungen, die sogenannte **Garantenstellung,** erklärt sich daraus, dass das Unterlassen der Erfolgsabwendung allein keinen Eingriff in eine fremde Rechtssphäre darstellt. Zwar ist bei einer drohenden Verletzung wichtiger Rechtsgüter jedermann zur Hilfeleistung verpflichtet (§§ 138, 323c I StGB). Die Verletzung dieser Solidaritätspflicht ist jedoch ein anderes und weit geringeres Unrecht als die aktive Verursachung einer Rechtsgutsverletzung. Wer als unbeteiligter Passant einer durch einen Messerstich lebensgefährlich verletzten Person nicht die erforderliche Hilfe leistet, ist für deren Tod nicht in gleicher Weise verantwortlich wie der Messerstecher selbst. Eine zumindest annähernde Gleichsetzung des Unterlassens mit einem positiven Tun ist nur gerechtfertigt, wenn der Unterlassende eine über die allgemeine Solidaritätspflicht oder sonstige allgemeine Pflichten[1] hinausgehende besondere Verpflichtung zur Abwendung des tatbestandlichen Erfolgs hat. Eine solche Verpflichtung kann sich aus der Verantwortlichkeit für den Ursprung der drohenden Gefahr oder aus der Obhut über die bedrohten Rechtsgüter ergeben. Im erstgenannten Fall spricht man von einer **Überwacher-,** im letztgenannten von einer **Beschützergarantenstellung.**[2]

3 Die zweite in § 13 I StGB genannte Voraussetzung, die sogenannte **Entsprechungsklausel,** hat bei einfachen Erfolgsdelikten keine eigenständige Bedeutung.[3] Wenn ein

---

[1] In der Rechtsprechung gibt es allerdings Tendenzen, aus der allgemeinen Zeugenpflicht eine Garantenstellung abzuleiten (vgl. etwa OLG Hamm BeckRS 2017, 132877 mwN); dagegen aber zu Recht Lenk NStZ 2019, 638 (639f.).

[2] Vgl. zu dieser Unterscheidung NK-StGB/Gaede StGB § 13 Rn. 32f.; SK-StGB/Stein StGB § 13 Rn. 23, beide mwN; iErg ähnlich MüKoStGB/Freund StGB § 13 Rn. 92f.

[3] NK-StGB/Gaede StGB § 13 Rn. 19; Schönke/Schröder/Bosch StGB § 13 Rn. 4, beide mwN; anders Schünemann GA 2016, 301 (302) sowie MüKoStGB/Freund StGB § 13 Rn. 202ff., der aber aus der Entsprechungsklausel nur ableitet, dass die Voraussetzungen der objektiven Zurechnung beim Unterlassungsdelikt entsprechend gelten und damit ebenfalls zu keinen anderen Ergebnissen als die herrschende Meinung kommt.

Garant es unterlässt, den drohenden Tod abzuwenden, ergibt sich die notwendige Entsprechung zur aktiven Tötung bereits aus der Garantenstellung selbst, sodass der objektive Tatbestand des Totschlags durch Unterlassen (§§ 212, 13 StGB) ohne Weiteres erfüllt ist. Bedeutung hat die Entsprechungsklausel jedoch bei Delikten, deren Tatbestand voraussetzt, dass der tatbestandsmäßige Erfolg durch Verursachung eines **Zwischenerfolgs** herbeigeführt wird (→ § 8 Rn. 21). Hier entspricht das Unterlassen nur dann der Verwirklichung des Tatbestands durch ein Tun, wenn es den tatbestandsmäßigen Erfolg gleichfalls durch die Verursachung dieses Zwischenerfolgs herbeiführt.[4] So begründet allein der Umstand, dass ein Garant es unterlässt, einen Vermögensschaden abzuwenden, keinen Betrug durch Unterlassen. Da ein Betrug voraussetzt, dass der Täter durch Vorspiegelung falscher Tatsachen einen Irrtum erregt oder unterhält und dadurch das Vermögen eines anderen schädigt (§ 263 I StGB), muss ein Garant durch das Unterlassen der Aufklärung über wahre Tatsachen einen Irrtum erregen bzw. unterhalten und dadurch das Vermögen eines anderen schädigen, um den Tatbestand der §§ 263, 13 StGB zu verwirklichen.

Soweit die tatbestandliche Handlung ausnahmsweise nicht in der Verursachung eines Erfolgs besteht (vgl. zur Abgrenzung → § 8 Rn. 18f.), ist die Regelung des § 13 StGB nicht anwendbar.[5] Dies wird zwar heute überwiegend bestritten,[6] ergibt sich aber sowohl aus dem Wortlaut des Gesetzes als auch aus den Gesetzesmaterialien[7] und ist darüber hinaus auch sachlich richtig. Ohne das Kriterium der Erfolgsverursachung lässt sich nicht abstrakt bestimmen, welches Unterlassen der im Gesetz beschriebenen tatbestandsmäßigen Handlung entspricht. Deshalb muss bei verhaltensgebundenen Delikten, dh sowohl bei reinen Tätigkeitsdelikten als auch bei Erfolgsdelikten, die eine Verursachung des tatbestandsmäßigen Erfolgs durch eine bestimmte Tätigkeit voraussetzen, eine Unterlassensstrafbarkeit in der jeweiligen Deliktsbeschreibung gesondert angeordnet sein. Fehlt es daran, so kann der betreffende Tatbestand nicht durch Unterlassen verwirklicht werden. Wer es unterlässt, einen anderen daran zu hindern, betrunken Auto zu fahren, ist also auch dann nicht wegen Trunkenheit im Verkehr (§ 316 StGB) bzw. bei Verursachung einer konkreten Gefahr wegen Gefährdung des Straßenverkehrs (§ 315c I Nr. 1 Buchst. a StGB) strafbar, wenn er rechtlich dafür einzustehen hat, dass der andere nicht betrunken fährt.[8] 4

Bei der Verwirklichung eines Tatbestands durch Unterlassen kann die für das Begehungsdelikt angedrohte Strafe gemildert werden (§ 13 II StGB). Der Sinn dieser Milderungsmöglichkeit ist umstritten,[9] ergibt sich aber daraus, dass die eine Garantenstellung begründenden Sonderbeziehungen unterschiedlich stark ausgeprägt sein kön- 5

[4] Vgl. dazu Jakobs StrafR AT Abschn. 29 Rn. 78.

[5] Ebenso Matt/Renzikowski/Haas StGB § 13 Rn. 5; Gropp/Sinn StrafR AT § 11 Rn. 7.; Welzel Strafrecht S. 211 mwN.

[6] MüKoStGB/Freund StGB § 13 Rn. 227ff.; SK-StGB/Stein StGB § 13 Rn. 4ff.; Jakobs StrafR AT Abschn. 29 Rn. 2, alle mwN.

[7] Siehe die Begründung zu § 13 E 1962, S. 126: „Tatbestände, die nur durch schlichtes Tätigwerden verwirklicht werden, sind daher durch Unterlassen grundsätzlich nicht begehbar.“.

[8] So iErg auch Jakobs StrafR AT Abschn. 29 Rn. 79, der lediglich bei einem Autopiloten eine Verwirklichung des Tatbestands durch Unterlassen für möglich hält. Dieser Fall löst sich jedoch dadurch, dass das Fahren mit Hilfe eines solchen Autopiloten rechtlich als positives Tun zu bewerten ist; vgl. dazu → § 22 Rn. 6ff.

[9] Vgl. zu den verschiedenen Deutungsversuchen Jakobs StrafR AT Abschn. 29 Rn. 123ff.; Loos FS Samson, 2010, 81 (90f.); Lerman GA 2008, 78 mwN, der iErg alle verwirft und die Milderungs-

nen. Weil man in unterschiedlichem Maße für den Ursprung einer Gefahr oder die Bewahrung von Rechtsgütern verantwortlich sein kann, gibt es beim Unterlassen eine größere Spannbreite des Unrechts als bei einem entsprechenden positiven Tun.[10] Wenn die Intensität der Sonderbeziehung gerade ausreicht, um eine Garantenstellung zu begründen, wird das Fehlen des aktiven Eingriffs in eine fremde Rechtssphäre nicht vollständig kompensiert, sodass das Unterlassen im Vergleich zu einem entsprechenden Tun milder zu bewerten ist. Dies gilt nicht nur in den Fällen des § 13 I StGB, sondern auch dann, wenn sich – wie etwa bei der Untreue (§ 266 StGB) oder der Aussetzung (§ 221 StGB) – die Gleichstellung des Unterlassens mit einem positiven Tun schon aus der Deliktsbeschreibung selbst ergibt. Deshalb ist die Regelung des § 13 II StGB richtigerweise auch bei solchen Delikten generell anwendbar.[11] Der Bundesgerichtshof lässt allerdings ohne überzeugende Begründung[12] die Milderung nur bei der Untreue (§ 266 StGB)[13] und nicht bei der Aussetzung (§ 221 StGB)[14] zu.

B. Die Abgrenzung zwischen Begehungs- und Unterlassungsdelikten

I. Die Unterscheidung von Handeln und Unterlassen

6 Handeln und Unterlassen voneinander zu unterscheiden, scheint auf den ersten Blick unproblematisch zu sein. Eine Handlung ist die Vornahme und ein Unterlassen die Nichtvornahme einer willentlich steuerbaren Körperbewegung. In der Regel führt diese einfache und klare Abgrenzung auch zu richtigen Ergebnissen. Probleme ergeben sich jedoch insbesondere[15] in Fällen, in denen Körperbewegungen durch maschinelle Bewegungen ersetzt werden. Fährt zB ein Autofahrer vorsätzlich oder fahrlässig ein Kind an, so kann die Zurechnung des Körperverletzungserfolgs häufig nicht mit der Vornahme einer willentlich steuerbaren Körperbewegung begründet werden. Der Autofahrer hat zwar das Auto in Gang gesetzt und damit für die Verletzung des Kindes ursächliche Körperbewegungen vorgenommen. Aber das aus diesen Bewegungen bestehende Verhalten war ein erlaubtes Risiko und kann deshalb die Zurechnung des Körperverletzungserfolgs nicht begründen (→ § 10 Rn. 6). Rechtlich unerlaubt war erst das – vorsätzliche oder fahrlässige – Verhalten in der Unfallsituation selbst und dieses besteht häufig nur in der Nichtvornahme einer willentlich steuerbaren Körperbewegung, zB darin, dass der Autofahrer nicht auf das Bremspedal getreten oder nicht am Lenkrad gedreht hat.

7 Ungeachtet dessen käme in der Praxis kaum jemand auf den Gedanken, dass in einem solchen Fall nur eine Körperverletzung durch Unterlassen vorliegen könnte. Man geht

möglichkeit als verfehlt erachtet; ähnlich auch Perdomo-Torres FS Jakobs, 2007, 497 (511ff.); Freund FS Herzberg, 2008, 225 (244f.).

[10] Vgl. dazu näher Dencker FS Stree/Wessels, 1993, 159 (160f. und 170).

[11] Ebenso SK-StGB/Stein StGB § 13 Rn. 89; Roxin StrafR AT II § 31 Rn. 250f.; aA LK-StGB/Weigend StGB § 13 Rn. 98; NK-StGB/Gaede StGB § 13 Rn. 65, alle mwN.

[12] Vgl. die Kritik von Jäger JA 2012, 154 (156); Krüger/Wengenroth NStZ 2013, 102; Momsen StV 2013, 54 (56ff.).

[13] BGHSt 36, 227.

[14] BGHSt 57, 28 (29ff.).

[15] Vgl. zu weiteren Problemkonstellationen Merkel FS Herzberg, 2008, 193 (212ff.); Streng ZStW 122 (2010), 1 (5ff.).

als selbstverständlich davon aus, dass dem Fahrzeugführer steuerbare Bewegungen seines Fahrzeugs als Handlung zuzurechnen sind. Dies ist im Ergebnis auch sachgerecht, weil es für die Bewertung eines Eingriffs in fremde Rechtsgüter nicht darauf ankommen kann, ob er durch Bewegungen des menschlichen Körpers oder durch menschlich gesteuerte maschinelle Bewegungen erfolgt.[16] Bei von Menschen gesteuerten maschinellen Bewegungen ist die Abgrenzung zwischen Handeln und Unterlassen deshalb nicht nach der Art des Steuerungsvorgangs, sondern nach dessen Ergebnis vorzunehmen.[17] Solange jemand eine von ihm gesteuerte maschinelle Bewegung nicht beendet, ist sein Verhalten rechtlich als Handlung zu bewerten, selbst wenn es zur Fortsetzung dieser Bewegung keiner weiteren Körperbewegungen mehr bedarf. Umgekehrt stellt die Beendigung einer solch maschinellen Bewegung rechtlich nur ein Unterlassen weiterer Bewegungen dar, auch wenn dafür Körperbewegungen vorgenommen werden müssen.

Diese allgemeine Regel wird allerdings zumeist nicht als solche formuliert. Eine inten- 8
sive Diskussion der Abgrenzung zwischen Handeln und Unterlassen bei maschinellen Bewegungen findet sich lediglich bei der Frage, ob die Beendigung lebenserhaltender ärztlicher Maßnahmen mit Einwilligung bzw. mutmaßlicher Einwilligung des Patienten als Handeln oder Unterlassen zu bewerten ist.[18] Die Abgrenzung beider Verhaltensformen erscheint hier deshalb besonders wichtig, weil die aktive Sterbehilfe durch § 216 StGB im Regelfall verboten (→ § 13 Rn. 4 f.), das dem Willen des Patienten entsprechende Unterlassen lebenserhaltender Maßnahmen dagegen grundsätzlich erlaubt und wegen der Notwendigkeit einer Einwilligung in die Behandlung sogar rechtlich geboten ist (→ § 22 Rn. 54). Wendet man die oben entwickelte Regel auf diesen Fall an,[19] so stellt die Beendigung ärztlich zu überwachender automatisch ablaufender Behandlungsmaßnahmen, wie zB das Abschalten eines den Kreislauf und die Atmung aufrechterhaltenden Geräts, ein Unterlassen der Weiterbehandlung dar. Umgekehrt ist die Fortsetzung einer ärztlichen Behandlung als Handlung zu bewerten, selbst wenn es dafür keiner weiteren Körperbewegung des Arztes mehr bedarf. Wer als Arzt eine den Tatbestand der Körperverletzung verwirklichende automatisch ablaufende Behandlung gegen den Willen des Patienten nicht beendet, begeht – nicht anders als der sein Fahrzeug bei einem drohenden Unfall nicht anhaltende Autofahrer – eine Körperverletzung durch aktives Tun.

Dementsprechend hat die herrschende Meinung die Beendigung lebenserhaltender 9
ärztlicher Behandlungsmaßnahmen auch lange Zeit als Unterlassen angesehen und mit dieser Begründung einen dem Willen des Patienten entsprechenden Behandlungsabbruch als zulässige und sogar rechtliche gebotene „passive Sterbehilfe" be-

[16] Vgl. dazu bereits Puppe, AT 2, 1. Aufl. 2005, StGB § 45 Rn. 14; ihr zustimmend Kuhlen FS Puppe, 2011, 669 (683).

[17] Vgl. dazu näher Frister FS Samson, 2010, 19 (20 ff.); anders Jakobs StrafR AT Abschn. 28 Rn. 1 ff., der das Problem nicht durch eine Modifikation der Unterscheidung von Handeln und Unterlassen, sondern durch eine Einebnung der unterschiedlichen Bewertung von Handlungs- und Unterlassungsdelikt lösen will; vgl. dagegen zu Recht Merkel FS Herzberg, 2008, 193 (208 f.).

[18] Vgl. dazu eingehend Schneider, Tun und Unterlassen beim Abbruch lebenserhaltender medizinischer Behandlung, 1997.

[19] Vgl. dazu näher Frister FS Samson, 2010, 19 (27 ff.) und dazu kritisch Haas JZ 2016, 714 (716 f.), mit dem Argument, es handele sich bei der Zurechnung gesteuerter maschineller Bewegungen als Handlung um eine „willkürliche Fiktion".

wertet.[20] Jedoch ist dem der Zweite Senat des Bundesgerichtshofs in einer Grundsatzentscheidung entgegengetreten.[21] Mit einer auch in der Literatur im Vordringen befindlichen Auffassung[22] geht der Senat davon aus, dass die Grenze zwischen erlaubter und nach § 216 StGB untersagter Sterbehilfe mittels einer „naturalistischen Unterscheidung" von Handeln und Unterlassen nicht sinnvoll bestimmt werden kann. Die wertende Umdeutung eines tatsächlich aktiven Verhaltens, etwa des Abschaltens eines Beatmungsgeräts, in ein normativ verstandenes Unterlassen sei ein dogmatischer Kunstgriff, der den auftretenden Problemen nicht gerecht werde. Entscheidend sei, dass jede ärztliche Behandlung der Einwilligung des Patienten bedürfe und dieser damit auch das Recht habe, die Beendigung einer von ihm nicht (mehr) gewollten lebenserhaltenden Behandlung zu verlangen. Deshalb sei eine solche Beendigung auch dann als ein zulässiger Behandlungsabbruch und damit als von dem Verbot des § 216 StGB nicht erfasste erlaubte Sterbehilfe zu bewerten, wenn sie nur durch ein aktives Tun zu bewerkstelligen sei.

10 Diese Entscheidung trägt dem Selbstbestimmungsrecht des Patienten bei der Behandlung am Lebensende im Ergebnis in dem gebotenen Maße Rechnung.[23] Jedoch vermag der Gedanke, das Problem ohne eine an allgemeinen Regeln orientierte Unterscheidung zwischen Handeln und Unterlassen mittels eines speziell für Behandlungen am Lebensende zugeschnittenen „normativ-wertenden Oberbegriff[s] des **Behandlungsabbruchs**"[24] zu lösen, nicht zu überzeugen.[25] Aufgrund seines Selbstbestimmungsrechts kann der Patient vom Arzt grundsätzlich nur das Unterlassen weiterer Behandlungsmaßnahmen, nicht aber – wie sich aus § 216 StGB unzweifelhaft ergibt und auch vom Senat ausdrücklich anerkannt wird[26] – eine aktive Sterbehilfe verlangen. Wer einen durch aktives Tun bewirkten Behandlungsabbruch mit dem Selbstbestimmungsrecht legitimieren, also durch Einwilligung des Patienten rechtfertigen will, kommt deshalb nicht umhin darzulegen, aus welchem Grund ein solcher Behandlungsabbruch nicht wie eine aktive Sterbehilfe, sondern wie ein Unterlassen von Behandlungsmaßnahmen zu bewerten ist. Der Sache nach geschieht dies auch in der Entscheidung des Senats und zwar mit der Erwägung, dass die Beendigung einer bereits eingeleiteten Behandlung wie das Unterlassen einer weiteren Behandlung bewertet werden muss, selbst wenn es (weil die eingeleitete Behandlung automatisiert abläuft) dazu eines aktiven Tuns bedarf. Diese Erwägung aber ist nichts anderes als eine Anwendung der oben dargelegten Regel, dass die Beendigung einer von Menschen gesteuerten maschinellen Bewegung auch dann wie ein Unterlassen weiterer Bewegungen zu beurteilen ist, wenn dafür Körperbewegungen vorgenommen werden müssen.

[20] Vgl. Schönke/Schröder/Bosch StGB Vorb. §§ 13ff. Rn. 160; Roxin StrafR AT II § 31 Rn. 115ff.; Streng ZStW 122 (2010), 1 (14), alle mwN.

[21] BGHSt 55, 191 (201ff.); vgl. zu dieser Entscheidung FLP ArztStrafR Kap. 1 Rn. 193ff.; Gaede NJW 2010, 2925; Kutzer FS Rissing-van Saan, 2010, 337 (350ff.); Lipp FamRZ 2010, 1555; Mandla NStZ 2010, 698; Rosenau FS Rissing-van Saan, 2010, 547; Verrel NStZ 2010, 671, alle mwN.

[22] LK-StGB/Weigend StGB § 13 Rn. 9; MüKoStGB/Freund StGB § 13 Rn. 5f.; NK-StGB/Gaede StGB § 13 Rn. 10, alle mwN.

[23] Vgl. dazu lesenswert die Besprechung von Engländer JZ 2011, 513.

[24] BGHSt 55, 191 (203).

[25] Vgl. dazu auch die Kritik von Ast ZStW 124 (2012), 612 (623ff.); Streng FS Frisch, 2013, 739 (745ff.).

[26] BGHSt 55, 191 (205).

II. Der Vorrang des Handelns vor dem Unterlassen

In vielen Fällen kommt als tatbestandliches Verhalten sowohl die Vornahme als auch die Nichtvornahme einer Körperbewegung in Betracht. Ein berühmtes Beispiel dafür ist der vom Reichsgericht entschiedene „Ziegenhaar-Fall".[27] Ein Unternehmer hatte in seinem Betrieb zu verarbeitende Ziegenhaare nicht desinfiziert und an seine Arbeiterinnen ausgegeben. Die Ziegenhaare waren mit einem tödlichen Erreger infiziert, an dem mehrere Arbeiterinnen starben. Hier lag mit der Aushändigung der Ziegenhaare ein Handeln und mit der Nichtdesinfektion der Ziegenhaare zugleich ein Unterlassen vor, sodass sich die Frage stellt, an welche dieser beiden Verhaltensweisen anzuknüpfen ist. Rechtsprechung und traditionelle Lehre wollen dies danach entscheiden, bei welcher Verhaltensform der **Schwerpunkt der Vorwerfbarkeit** liegt.[28] Wiege das Handeln schwerer, sei ein Begehungsdelikt, wiege das Unterlassen schwerer, ein Unterlassungsdelikt anzunehmen. Zumeist sehen sie dabei den Schwerpunkt der Vorwerfbarkeit beim Handeln. Dementsprechend wird im Ziegenhaarfall heute allgemein ein Begehungsdelikt angenommen.[29] 11

Um dieses richtige Ergebnis zu begründen, bedarf es jedoch keiner Überlegungen zum Schwerpunkt der Vorwerfbarkeit. Wenn eine Handlung den Tatbestand eines Strafgesetzes verwirklicht, kann ein außerdem gegebenes Unterlassen nicht dazu führen, dass das Verhalten des Täters nur bei Vorliegen einer Garantenstellung und nur mit der Milderungsmöglichkeit des § 13 II StGB strafbar ist. Deshalb nimmt die inzwischen herrschende Lehre[30] bei einer Tatbestandsverwirklichung durch positives Tun zu Recht stets ein Begehungsdelikt an. Ein möglicherweise gleichfalls den Tatbestand dieses Strafgesetzes verwirklichendes Unterlassen tritt als die weniger schwere Verhaltensform hinter das Handeln zurück (→ § 31 Rn. 8). In Fällen, in denen sowohl ein Handeln als auch ein Unterlassen als tatbestandsmäßiges Verhalten in Betracht kommt, ist deshalb nicht über den Schwerpunkt der Vorwerfbarkeit zu räsonieren, sondern nach allgemeinen Regeln zunächst zu prüfen, ob das Handeln des Täters nach dem betreffenden Strafgesetz strafbar ist. Wenn sich dabei herausstellt, dass insoweit doch nicht alle Strafbarkeitsvoraussetzungen gegeben sind, ist weiter zu fragen, ob das Unterlassen alle Deliktsvoraussetzungen erfüllt. Ansonsten ist eine Prüfung des Unterlassens entbehrlich. 12 ?

Im Ziegenhaarfall erfüllt die Aushändigung der infizierten Haare an die Arbeiterinnen den Tatbestand der fahrlässigen Tötung (§ 222 StGB), sodass insoweit ein Begehungsdelikt anzunehmen ist. Gleiches gilt auch in anderen Fällen, in denen jemand eine Handlung vornimmt, die nur nach einer weiteren, das Risiko der Tatbestandsverwirklichung vermindernden Handlung erlaubt gewesen wäre. Die Vornahme der Handlung ohne vorherige Risikominderung erfüllt dann stets den Tatbestand des betreffen- 13

[27] RGSt 63, 211.

[28] BGHSt 6, 46 (59); 56, 277 (286); BGH NJW 2010, 1087 (1090, 1092); 2015, 96 (100); Schönke/Schröder/Bosch StGB Vorb. §§ 13ff. Rn. 158a mwN.

[29] Schönke/Schröder/Bosch StGB Vorb. §§ 13ff. Rn. 158b; WBS StrafR AT Rn. 1232, beide mwN.

[30] LK-StGB/Weigend StGB § 13 Rn. 7; MüKoStGB/Freund StGB § 13 Rn. 8ff.; NK-StGB/Gaede StGB § 13 Rn. 7; SK-StGB/Stein StGB Vor § 13 Rn. 76ff.; Roxin StrafR AT II § 31 Rn. 78ff.; Stratenwerth/Kuhlen StrafR AT § 13 Rn. 2, jeweils mwN; mit einer normentheoretischen Begründung iErg ähnlich Ast ZStW 124 (2012), 612 (619ff.). Zu der etwa auch von Rudolphi/Stein herausgestellten Ausnahme der sog. omissio libera in causa → Rn. 16.

den Begehungsdelikts. Wer an seinem Auto das defekte Abblendlicht nicht repariert und deshalb bei einer Fahrt einen Fußgänger verletzt, macht sich also wegen einer fahrlässigen Körperverletzung (§ 229 StGB) durch positives Tun strafbar. Lediglich wenn die Fahrt selbst – zB wegen der sich der aus Notwendigkeit eines sofortigen Krankentransports ergebenden Rechtfertigung (vgl. § 34 StGB) – nicht strafbar ist, stellt sich die Frage, ob bereits das Unterlassen der Reparatur des Abblendlichts eine Strafbarkeit wegen fahrlässiger Körperverletzung begründet. Da man Autos nicht benutzen muss, ist dies jedoch im Regelfall zu verneinen. Nur wenn das Fahrzeug – wie etwa ein Krankenwagen – stets einsatzbereit zu halten ist, kann das Unterlassen der Reparatur nach §§ 229, 13 StGB strafbar sein.

14 Ungeeignete oder unvollständige Rettungsmaßnahmen erfüllen dagegen nur dann den Tatbestand des entsprechenden Begehungsdelikts, wenn durch diese Maßnahmen geeignete Rettungsmaßnahmen anderer Personen verhindert werden. Wer nach einem Verkehrsunfall durch einen Telefonanruf Hilfe herbeiholt, dabei aber fahrlässig den Unfallort ungenau angibt, sodass ein Verletzter durch den zu spät am Unfallort eintreffenden Notarzt nicht mehr gerettet werden kann, begeht in der Regel keine fahrlässige Tötung durch positives Tun (§ 222 StGB). Sein Telefonanruf ist zwar eine Handlung, verursacht aber – weil der Notarzt ohne den Anruf erst recht nicht rechtzeitig am Unfallort einträfe – nicht den Tod des Verletzten. Anders ist dies nur, wenn ohne den Anruf jemand anders den Notarzt gerufen und den Unfallort genau angegeben hätte. Dann verhindert der Anrufer einen rettenden Kausalverlauf und verwirklicht damit – sofern das für ihn auch erkennbar ist – den Tatbestand der fahrlässigen Tötung durch positives Tun (§ 222 StGB). Ansonsten aber kommt nur eine fahrlässige Tötung durch das Unterlassen der richtigen Angabe des Unfallorts (§§ 222, 13 StGB) in Betracht.

15 Auch die Rücknahme ungeeigneter oder unvollständiger Rettungsmaßnahmen[31] verursacht nicht den tatbestandlichen Erfolg und ist deshalb nicht geeignet, die Strafbarkeit wegen eines Begehungsdelikts zu begründen. Wer einem in eine Grube Gefallenen eine Strickleiter bis auf halbe Höhe hinablässt, verwirklicht – wenn er die Leiter anschließend wieder hinaufzieht – nicht den Tatbestand der Freiheitsberaubung durch positives Tun (§ 239 StGB). Da der in die Grube Gefallene auch ohne das Heraufziehen der Leiter weiterhin seiner Freiheit beraubt gewesen wäre, kommt nur eine Freiheitsberaubung durch Unterlassen (§§ 239, 13 StGB) in Betracht. Sofern es an der dafür erforderlichen Garantenstellung fehlt, ist der Täter nur wegen unterlassener Hilfeleistung (§ 323c I StGB) strafbar. War jedoch die Strickleiter bereits so weit heruntergelassen, dass der in die Grube Gefallene sie hätte erreichen können, wenn der Täter sie nicht schnell hinaufgezogen hätte, ist die Sachlage eine andere. In einem solchen Fall verursacht das Hinaufziehen der Strickleiter die weitere Freiheitsentziehung, sodass der Täter wegen Freiheitsberaubung durch positives Tun (§ 239 StGB) strafbar ist.

[31] Vgl. dazu etwa LK-StGB/Weigend StGB § 13 Rn. 8; NK-StGB/Gaede StGB § 13 Rn. 9; Schönke/Schröder/Bosch StGB Vorb. §§ 13ff. Rn. 160; WBS StrafR AT Rn. 1162, alle mwN.

III. Die Begehung von Unterlassungsdelikten durch positives Tun

Besonderheiten gelten, wenn eine Handlung eigene Rettungsmaßnahmen des Täters verhindert.[32] Der Bundesgerichtshof hatte über die Strafbarkeit einer Mutter zu entscheiden, die ihre dreijährige Tochter für längere Zeit allein in der Wohnung gelassen hatte. Weil die Tochter, die schon früher in einem unbeaufsichtigten Moment die Herdplatten eingeschaltet hatte, diese erneut in Gang setzte, kam es zu einem Küchenbrand, bei dem das Kind getötet wurde.[33] Wäre die Mutter im Haus gewesen, so hätte sie das tödliche Geschehen mit an Sicherheit grenzender Wahrscheinlichkeit verhindert. Insofern hat sie durch das Verlassen der Wohnung den Tod ihres Kindes verursacht.[34] Da das Kind nur durch eine Handlung der Mutter gerettet worden wäre, liegt gleichwohl nur das Unrecht eines Unterlassungsdelikts vor. Mit dem Schwerpunkt der Vorwerfbarkeit hat dies nichts zu tun.[35] Die Mutter hat den Tatbestand der fahrlässigen Tötung durch Unterlassen (§§ 222, 13 StGB) mittels einer sogenannten **omissio libera in causa,** dh dadurch verwirklicht, dass sie sich die Erfüllung ihrer Erfolgsabwendungspflicht unmöglich gemacht hat (→ § 22 Rn. 19).[36] 16

C. Das Unterlassen der Erfolgsabwendung

I. Der Begriff der Unterlassung

Das Prinzip der Einzeltatschuld (→ § 7 Rn. 8) gilt auch für die Unterlassungsdelikte. Der Unterlassende wird für eine Unterlassung, dh dafür bestraft, dass er eine bestimmte Handlung nicht vorgenommen hat. Da alle Strafbarkeitsvoraussetzungen auf das Unterlassen dieser Handlung zu beziehen sind, muss wie beim Begehungsdelikt die vorgenommene beim Unterlassungsdelikt die nicht vorgenommene Handlung in der Subsumtionsfrage exakt bezeichnet werden. Will man zB die Strafbarkeit eines Vaters beurteilen, dessen Kind bei einem Badeausflug ertrunken ist, so muss schon in der Subsumtionsfrage die Rettungshandlung benannt werden, deren Unterlassen eine Strafbarkeit des Vaters begründen könnte. Gibt es mehrere solcher Handlungen, hätte der Vater also erstens dem Kind einen Rettungsring zuwerfen und zweitens selbst zu ihm hinschwimmen können, um es zu retten, dann ist für jede dieser Handlungen gesondert zu prüfen, ob ihr Unterlassen als fahrlässige (§§ 222, 13 StGB) oder gar vorsätzliche Tötung (§§ 212, 13 StGB) strafbar ist. 17

So wie bei einer Handlung die Vornahme (→ § 8 Rn. 3ff.), so muss bei einer Unterlassung die Nichtvornahme der Körperbewegung vom Willen abhängig sein. Dies wird meist dahingehend formuliert, dass der Täter die **„physisch-reale Möglichkeit"** zur 18

32 Vgl. dazu Albrecht ZStW 2022, 299 (206f.); Gimbernat Ordeig FS Schünemann, 2015, 351 (356ff.); Merkel FS Herzberg, 2008, 193 (199ff.); Struensee FS Stree/Wessels, 1993, 133 (146ff.).

33 BGH NStZ 1999, 607; vgl. dazu Puppe StrafR AT § 28 Rn. 1ff.

34 Deshalb ist es ungenau, bei einer omissio libera in causa schon die Kausalität der Handlung für den eingetretenen Erfolg zu verneinen; so aber für den konkreten Fall Roxin StrafR AT II § 31 Rn. 89 und allgemein Struensee FS Stree/Wessels, 1993, 133 (146f.) mwN.

35 So aber BGH NStZ 1999, 67. Das Urteil gab dem Tatgericht auf, in „wertender Würdigung" zu entscheiden, ob der „Schwerpunkt des Täterverhaltens" darin liegt, dass die Mutter die Wohnung verlassen hat, oder darin, dass sie es unterlassen hat, für eine andere Aufsicht oder eine technische Sicherung des Herdes zu sorgen.

36 Puppe StrafR AT § 28 Rn. 4ff.

Vornahme der jeweiligen Rettungshandlung gehabt haben muss.[37] War in dem gebildeten Beispiel (→ § 22 Rn. 17) der Vater, als sein Kind ertrank, gar nicht vor Ort, sondern saß 20 km entfernt im Büro an seinem Schreibtisch, so hat er die Rettung des Kindes natürlich nicht unterlassen. Gleiches gilt, wenn er durch unmittelbaren physischen Zwang (zB eine Fesselung) daran gehindert war, die erforderlichen Rettungshandlungen vorzunehmen, oder er nicht über die zur Vornahme der jeweiligen Rettungshandlung erforderlichen körperlichen Fähigkeiten verfügte. Konnte der Vater zB selbst nicht schwimmen, so war es keine Unterlassung, dass er nicht zu seinem Kind geschwommen ist und es aus dem Wasser gezogen hat. Er kann dann allenfalls wegen des Unterlassens anderer geeigneter Rettungsmaßnahmen strafbar sein.

19 Die Fähigkeit zur Vornahme der infrage stehenden Handlung muss im Zeitpunkt der Unterlassung vorhanden sein. Ob der Vater des ertrunkenen Jungen in seiner Jugend einmal schwimmen konnte oder dies nach dem Tod seines Sohnes erlernt hat, ist für die Beurteilung seiner Strafbarkeit naturgemäß ohne Bedeutung. Hat er sich allerdings zB durch den Genuss von zehn Flaschen Bier selbst die Fähigkeit zur Rettung seines Sohnes genommen, so kann dieses Verhalten den Tatbestand des betreffenden Unterlassungsdelikts erfüllen (→ § 22 Rn. 16). Eine solche omissio libera in causa[38] setzt jedoch voraus, dass der Vater bereits bei dem Genuss der zehn Flaschen Bier vorsätzlich bzw. fahrlässig bezüglich des Todes seines Sohnes gehandelt hat. Wenn der Sohn bereits so verständig war und so gut schwimmen konnte, dass die Eltern ihn ohne Verletzung ihrer Aufsichtspflicht auch allein hätten zum Baden gehen lassen können, war der Vater nicht verpflichtet, sich die Fähigkeit zur Rettung seines Sohnes zu erhalten. Er ist deshalb in einem solchen Fall nicht wegen des Unterlassens der Rettung strafbar.

II. Die Kausalität der Unterlassung

20 Seit Langem wird darüber gestritten, ob eine Unterlassung im eigentlichen Sinne des Wortes kausal für einen tatbestandlichen Erfolg sein kann.[39] Da von einem Unterlassen keinerlei Kraft ausgeht, wollen einige hier nur von einer „hypothetischen Kausalität" oder „Quasi-Kausalität" sprechen, die aber die Zurechnung des tatbestandlichen Erfolgs in gleicher Weise begründe wie die Kausalität beim Begehungsdelikt.[40] Ungeachtet dieses nur terminologischen Streits ist die logische Beziehung zwischen tatbestandlichem Verhalten und Erfolg beim Unterlassungsdelikt ebenso zu bestimmen wie beim Begehungsdelikt. Wie die tatbestandliche Handlung (→ § 9 Rn. 5 ff.), muss auch eine tatbestandliche Unterlassung eine **Conditio-sine-qua-non,** dh eine notwendige Bedingung für den Eintritt des tatbestandlichen Erfolgs sein. Eine Unterlassung ist kausal für den tatbestandlichen Erfolg, wenn die unterlassene Handlung nicht hinzu gedacht werden kann, ohne dass der Erfolg entfiele, bzw. – einfacher ausgedrückt – wenn die unterlassene Handlung den Eintritt des Erfolgs verhindert hätte.[41]

[37] Vgl. WBS StrafR AT Rn. 1168 mwN.
[38] Vgl. dazu mit weiteren Beispielen Roxin StrafR AT II § 31 Rn. 103 ff.; Frister JR 1998, 63.
[39] Vgl. etwa Spendel FS Herzberg, 2008, 247; Luzón Peña GA 2018, 520, beide mwN.
[40] Vgl. zB BGH NJW 2015, 96 (101); Jakobs StrafR AT Abschn. 29 Rn. 15 ff.; dagegen zu Recht NK-StGB/Puppe StGB Vor §§ 13 ff. Rn. 118 f. mwN.
[41] BGHSt 6, 1 f.; 37, 106 (126 f.); BGH NJW 2010, 1087 (1090 f.); 2015, 96 (101), jeweils mwN; die Lehre verwendet auch hier zumeist den Begriff der gesetzmäßigen Bedingung (vgl. etwa Roxin StrafR AT II § 31 Rn. 39 ff. mwN).

21 Konkurrierende Kausalverläufe sind beim Unterlassungsdelikt ebenso wie beim Begehungsdelikt (→ § 9 Rn. 9 ff.) zu behandeln.[42] Wenn etwa A und B es unterlassen, dem von einer Giftschlange gebissenen C das erforderliche Gegengift zu verabreichen, so kann – wenn jeder eine volle Dosis des Gegengiftes zur Verfügung hat – keine der unterlassenen Handlungen hinzu gedacht werden, ohne dass der Tod des C entfiele. Damit sind sowohl A als auch B für den Tod des C mitursächlich geworden **(kumulative Kausalität).** Verfügten A und B dagegen jeder nur über eine halbe Dosis des Gegengiftes, so hätten zwar beide unterlassenen Handlungen zusammen gleichfalls den Tod des C verhindert. Aber jede einzelne von ihnen kann hinzu gedacht werden, ohne dass der Tod des C entfiele **(alternative Kausalität).** Die einzelnen Unterlassungen sind in diesem Fall keine Ursache für den Tod des C. Sie haben zwar zusammen dessen Tod verursacht, doch dies ist rechtlich nur dann von Bedeutung, wenn A und B nicht unabhängig voneinander, sondern als Mittäter die Vornahme der Rettungshandlungen unterlassen haben (→ § 26 Rn. 35).

22 **Reserveursachen** sind bei der Kausalität des Unterlassens in gleichem Maß zu berücksichtigen wie bei einem Begehungsdelikt (→ § 9 Rn. 27 ff.). Unterlässt es A, C vor dem Genuss eines von B vergifteten Getränks zu warnen, so hat die unterlassene Warnung den Tod des C nicht verursacht, wenn C im Falle einer solchen Warnung ein anderes Getränk zu sich genommen hätte, das bereits mit einer noch höheren Dosis Gift versehen war und deshalb den Tod des C sogar zu einem früheren Zeitpunkt herbeigeführt hätte. Stand dagegen noch kein anderes vergiftetes Getränk bereit, so wird die Ursächlichkeit der unterlassenen Warnung für den Tod des C nicht dadurch ausgeschlossen, dass B im Fall einer solchen Warnung (möglicherweise) ein solches Getränk hergestellt oder auch den C sofort erschossen hätte. Denn **hypothetisches rechtswidriges Verhalten** ist – weil die Rechtsordnung einen Entschluss zur Begehung einer rechtswidrigen Tat erst dann als rechtlich existent ansieht, wenn er betätigt worden ist (→ § 9 Rn. 30) – auch bei der Beurteilung der Kausalität des Unterlassens nicht zu berücksichtigen.[43]

23 Aus diesem Grundsatz ergibt sich auch die richtige Lösung für die in der Rechtsprechung ziemlich häufig[44] auftauchende Frage, ob und inwieweit das Unterlassen der Aufklärung eines anderen oder der zuständigen Behörde über eine bestehende Gefahr für den Eintritt des späteren tatbestandlichen Erfolgs ursächlich ist. Soweit der andere oder die zuständige Behörde bei Kenntnis der Gefahr zu deren Abwendung verpflichtet und in der Lage gewesen wäre, ist stets davon auszugehen, dass die Verpflichtung erfüllt und die Gefahr abgewendet worden wäre.[45] Eine mögliche Verletzung dieser

---

42 Vgl. zu dieser Parallelität instruktiv Puppe StrafR AT § 30 Rn. 1 ff., die allerdings aufgrund ihrer anderen Begriffsbestimmung der Kausalität bei den Begehungsdelikten naturgemäß zu einem anderen Ergebnis kommt (zusammenfassend Puppe StrafR AT § 30 Rn. 23).

43 Dementsprechend hat der BGH bei seiner Kausalitätsprüfung im Fall Jalloh (BGH NJW 2015, 96 (101 ff.)) zu Recht unterstellt, dass ein Richter sich bei einer Entscheidung über die Fortdauer einer Freiheitsentziehung an Recht und Gesetz gehalten hätte. Allerdings war diese Prüfung insofern verfehlt, als der Tatbestand der Freiheitsberaubung durch Unterlassen bereits dadurch verwirklicht worden ist, dass der Angeklagte den Festgenommen nicht freigelassen hat und diese Tatbestandsverwirklichung nach Art. 104 II 1, 2 GG nur durch eine von dem Angeklagten gerade nicht herbeigeführte richterliche Anordnung hätte gerechtfertigt werden können; vgl. dazu Zimmermann/Linder ZStW 128 (2016), 713 (716 ff.).

44 Vgl. die Fallzusammenstellung bei Roxin FS Achenbach, 2011, 409 (422 ff.).

45 Ebenso iErg Lindemann ZJS 2008, 404 (407 f.); Puppe StrafR AT § 30 Rn. 12 ff.; Roxin StrafR AT II § 31 Rn. 64; Roxin FS Achenbach, 2011, 409 (427 ff.) mwN.

Verpflichtung ist ein hypothetisches rechtswidriges Verhalten, das bei der Beurteilung der Kausalität nicht zu berücksichtigen ist. Die Rechtsprechung sieht dies jedoch anders und verlangt in solchen Fällen grundsätzlich[46] den Nachweis, dass die bestehende rechtliche Verpflichtung mit an Sicherheit grenzender Wahrscheinlichkeit (vgl. zu diesem Maßstab → Rn. 25) erfüllt worden wäre. So hat sie zB die Kausalität des Unterlassens der Anzeige einer nicht hinreichend sterilen Herstellung von Blutkonserven bei der zuständigen Aufsichtsbehörde für den durch verkeimte Konserven verursachten Tod von Blutempfängern mit der Begründung verneint, dass die Behörde möglicherweise ihrer rechtlichen Verpflichtung zum Einschreiten nicht nachgekommen wäre.[47]

24 Schließlich ist die **Identität des tatbestandlichen Erfolgs** bei den Unterlassungsdelikten nach den gleichen Regeln wie beim Begehungsdelikt (→ § 9 Rn. 21 ff.) zu bestimmen. Maßgeblich ist schon bei der Prüfung der Kausalität nicht der Erfolg in seiner konkreten Gestalt, sondern die Beeinträchtigung des durch den jeweiligen Tatbestand geschützten Rechtsguts. Das Unterlassen von Handlungen, deren Vornahme eine drohende Rechtsgutsverletzung nur unerheblich modifiziert oder sogar verstärkt bzw. deren Eintritt beschleunigt hätte, stellt entgegen der das Problem auch hier in die objektive Zurechnung verschiebenden herrschenden Lehre[48] keine Erfolgsverursachung dar. Deshalb hat der Bundesgerichtshof im Falle eines Vaters, der beim Brand eines Wohnhauses mit seinen beiden Kleinkindern im Dachgeschoss eingeschlossen war und sich nicht dazu entschließen konnte, die Kinder vor dem Haus bereitstehenden Männern in die Arme zu werfen, bei der Beurteilung der Kausalität zu Recht gefragt, ob das Leben der Kinder durch ein solches Vorgehen gerettet worden wäre.[49] Allein der Umstand, dass die Kinder dann jedenfalls nicht in den Flammen, sondern auf andere Art und Weise gestorben wären, vermag die Kausalität des Unterlassens für ihren Tod nicht zu begründen.[50]

25 Bei der **Feststellung der Kausalität** des Unterlassens gelten insofern Besonderheiten, als hier stets ein hypothetischer Kausalverlauf zu beurteilen ist. Deshalb lässt die Rechtsprechung notgedrungen und zu Recht (vgl. dazu → § 9 Rn. 39 f.) bereits die „an Sicherheit grenzende Wahrscheinlichkeit" dafür ausreichen, dass der tatbestandliche Erfolg durch die unterlassene Handlung vermieden worden wäre.[51] In dem eben geschilderten Fall hat also das Unterlassen des Vaters den Tod der Kinder verursacht, wenn – wie der Bundesgerichtshof im Ergebnis annahm[52] – die bereit stehenden Männer die Kinder aller Voraussicht nach aufgefangen oder deren Sturz zumindest soweit verlangsamt hätten, dass tödliche Verletzungen nicht zu erwarten gewesen wären. War das Haus jedoch so hoch, dass der Erfolg einer solchen Rettungsaktion ernsthaft zweifelhaft war, ist nach dem Grundsatz in dubio pro reo davon auszugehen, dass das Unterlassen des Vaters den Tod der Kinder nicht verursacht hat. Allein die Tatsache, dass

[46] Da dieser Nachweis praktisch kaum zu erbringen ist, werden die Anforderungen allerdings in einzelnen Entscheidungen aufgeweicht; vgl. insbes. BGHSt 37, 106 (127 f.); aber auch BGH NJW 2010, 1087 (1091).

[47] BGH NJW 2000, 2754 (2757); vgl. auch BGHSt 52, 159 (164 f.) mAnm Lindemann ZJS 2008, 44.

[48] Vgl. etwa WBS StrafR AT Rn. 1203 mwN.

[49] BGH JZ 1973, 173.

[50] MüKoStGB/Freund StGB § 13 Rn. 215 ff.

[51] BGHSt 37, 106 (127); 43, 381 (397); BGH NJW 2000, 2754 (2757); 2010, 1087 (1091); NStZ 2000, 583.

[52] BGH JZ 1973, 173.

die Kinder bei einem Wurf aus dem Fenster immer noch eine höhere Überlebenschance gehabt hätten als bei einem Verbleib in dem brennenden Haus, vermag entgegen der von Teilen der Literatur[53] auch insoweit vertretenen Risikoerhöhungslehre (vgl. zu dieser bereits → § 10 Rn. 32f.) den Geschehensunwert eines Tötungsdelikts nicht zu begründen.[54]

III. Die objektive Zurechnung des Erfolgs zur Unterlassung

Auch beim Unterlassungsdelikt muss der zum tatbestandlichen Erfolg führende Kausalverlauf rechtlich missbilligt sein. Sofern der Fall dazu Veranlassung gibt, ist deshalb zu untersuchen, ob die Unterlassung ein rechtlich missbilligtes Risiko der Erfolgsverursachung begründet hat, und ob sich dieses Risiko in dem eingetretenen Erfolg realisiert hat. Falls ein Vater seine Tochter bei einem leichten Gewitter nicht daran hindert, Brötchen zu holen, damit diese auf dem Weg von einem Blitz erschlagen werde, hat er sich – sofern dies tatsächlich geschieht – ebenso wenig wegen Totschlags durch Unterlassen (§§ 212, 13 StGB) strafbar gemacht als wenn er seine Tochter in der gleichen Absicht zum Brötchen kaufen geschickt hätte (→ § 10 Rn. 5). Gleiches gilt, falls Eltern ihren Säugling nicht versorgen, dieser deshalb ins Krankenhaus muss und auf dem Weg dorthin vom Blitz erschlagen wird. Auch hier ist der Sachverhalt nicht anders zu beurteilen als wenn sich das gleiche Geschehen nach einer Misshandlung durch aktives Tun abgespielt hätte (→ § 10 Rn. 23). Insgesamt gelten die Voraussetzungen der objektiven Zurechnung beim Unterlassungsdelikt in gleicher Weise wie beim Begehungsdelikt.[55] Wegen der Einzelheiten sei deshalb auf die dortige Darstellung verwiesen (→ § 10 Rn. 1 ff.). 26

D. Die Verpflichtung zur Erfolgsabwendung

I. Überwachergaranten

1. Aus einer gegenwärtigen Herrschaftsbefugnis resultierende Pflichten

Eine Überwachergarantenstellung (→ § 22 Rn. 2) kann sich zunächst aus der Organisationsgewalt über einen bestimmten Herrschaftsbereich ergeben. Wer in einem Bereich das Eingreifen anderer grundsätzlich als Einmischung in seine Angelegenheiten zurückweisen darf, der hat als Kehrseite dieser Herrschaftsbefugnis rechtlich dafür einzustehen, dass von diesem Bereich keine Gefahren für andere ausgehen. Die unmittelbarste Ausprägung dieser Garantenstellung ist die Verantwortlichkeit für Gefahren, die von dem eigenen Körper ausgehen.[56] Der Träger einer ansteckenden Krankheit hat nach Möglichkeit zu verhindern, dass sich andere bei ihm anstecken. Sofern die Ansteckungsgefahr kein erlaubtes Risiko darstellt, ist er verpflichtet, Kontaktpersonen zu warnen.[57] Ebenso ist jeder dazu verpflichtet, von seiner eigenen Person im Zustand der 27

[53] Vgl. etwa Otto JURA 2001, 275 (277); Hoyer FS Rudolphi, 2004, 95 (96); Schönke/Schröder/Bosch StGB § 13 Rn. 63 mwN; mit Einschränkungen auch Roxin StrafR AT II § 31 Rn. 54ff.

[54] Vgl. gegen die Risikoerhöhungslehre beim Unterlassungsdelikt BGH NJW 2010, 1087 (1091); 2015, 96 (101 f.); LK-StGB/Weigend StGB § 13 Rn. 72; MüKoStGB/Freund StGB § 13 Rn. 223; BWME StrafR AT § 21 Rn. 25; Jakobs StrafR AT Abschn. 29 Rn. 19f.; Jescheck/Weigend StrafR AT § 59 III 4.

[55] Vgl. dazu Jakobs StrafR AT Abschn. 29 Rn. 19ff.

[56] MüKoStGB/Freund StGB § 13 Rn. 114.

[57] Vgl. Jakobs StrafR AT Abschn. 29 Rn. 31 mwN.

Handlungs- oder Schuldunfähigkeit drohende Rechtsgutsverletzungen nach Möglichkeit zu verhindern. Wer in einem Porzellanladen einen Krampfanfall zu bekommen droht, muss den Laden verlassen,[58] und wer bei einem bevorstehenden Vollrausch einen anderen zu erschießen droht, hat dafür Sorge zu tragen, dass er im Rausch keinen Zugriff auf die Pistole hat (vgl. bereits → § 18 Rn. 21).

28 Entsprechendes gilt für den gegenständlichen Herrschaftsbereich einer Person. Wer die tatsächliche Herrschaftsgewalt über ein Tier oder eine Sache ausübt, ist Garant dafür, dass durch das Tier bzw. die Sache niemand geschädigt wird. Wenn eine solche Schädigung droht, hat er sie durch geeignete Maßnahmen abzuwenden.[59] Daraus ergeben sich eine Vielzahl sogenannter **Verkehrssicherungspflichten:** Droht ein Hund einen Radfahrer anzuspringen, so hat dessen Besitzer den Hund an die Leine zu nehmen. Sind bei einem Haus einige Dachziegel locker, so muss der Besitzer die Reparatur veranlassen und bis zu deren Ausführung gegebenenfalls durch Absperrmaßnahmen dafür Sorge tragen, dass die Ziegel Passanten nicht auf den Kopf fallen können. Sind an einem Kraftfahrzeug die Bremsen defekt, so ist dessen Halter verpflichtet, die Benutzung des Fahrzeugs zu verhindern. Bleibt ein Kraftfahrzeug auf der Autobahn liegen, so hat der Fahrer die Gefahr für nachfolgende Fahrzeuge durch Aufstellen des Warndreiecks zu vermindern. Entweichen aus einer Chemiefabrik infolge eines defekten Filters giftige Dämpfe, ist deren Betreiber verpflichtet, die Anlage bis zur Reparatur stillzulegen, etc.[60]

29 Die Herrschaft über andere Personen kann ebenfalls eine Garantenstellung begründen. So sind die Eltern verpflichtet, ihre Kinder so zu beaufsichtigen, dass sie keine rechtswidrigen Taten begehen. Diese **Aufsichtspflicht** besteht jedoch nur, solange die Kinder noch minderjährig sind. Danach sind Eltern – auch wenn ihre Kinder noch zu Hause wohnen – allenfalls nach § 323c StGB verpflichtet, deren Straftaten zu verhindern.[61] Das Gleiche gilt für Ehegatten. Da diese keine Herrschaft übereinander ausüben, sind sie – entgegen älterer Rechtsprechung[62] – nicht Garant dafür, dass der jeweils andere keine Straftat begeht.[63] Dagegen sind Justizvollzugsbeamte aufgrund ihrer Herrschaftsgewalt dafür verantwortlich, dass von ihnen geführte Gefangene keine Straftaten begehen.[64] Ein Dienstvorgesetzter hat kraft ausdrücklicher gesetzlicher Regelungen (§§ 357 I Var. 3 StGB, 41 WStG, 123 I SeeArbG) die Verpflichtung, Straftaten seiner Untergebenen im Dienstbereich zu verhindern. Ob und inwieweit Entsprechendes in der privaten Wirtschaft gilt, ist umstritten. Überwiegend wird aber heute auch eine Garantenstellung des Geschäftsherrn zur Verhinderung betriebsbezogener Straftaten seiner Mitarbeiter angenommen.[65]

[58] Beispiel von Jakobs StrafR AT Abschn. 29 Rn. 31.
[59] Vgl. zB BGHSt 53, 38 (42) mwN.
[60] Vgl. iE LK-StGB/Weigend StGB § 13 Rn. 51; NK-StGB/Gaede StGB § 13 Rn. 46ff., jeweils mit zahlreichen Rechtsprechungsnachweisen.
[61] Schönke/Schröder/Bosch StGB § 13 Rn. 52 mwN.
[62] RGSt 74, 283 (285); BGHSt 6, 322 (323f.); offengelassen in BGHSt 19, 295 (297).
[63] SK-StGB/Stein StGB § 13 Rn. 47 mwN.
[64] RGSt 53, 292; BGH NJW 2004, 1398.
[65] Vgl. dazu BGHSt 57, 42; BGH NStZ 2018, 648; NK-StGB/Gaede StGB § 13 Rn. 53; Hellmann/Beckemper, Wirtschaftsstrafrecht, 2. Aufl. 2008, Rn. 947ff.; Bauer/Wißmann FS Schiller, 2014, 15; Kuhn wistra 2012, 297; Mansdörfer/Trüg StV 2012, 432; Otto FS Schroeder, 2006, 339; Petermann FS Schiller, 2014, 538; Roxin FS Beulke, 2015, 239; Schall FS Rudolphi, 2004, 272, jeweils mwN.

2. Aus einem gefahrbegründenden Vorverhalten resultierende Pflichten

Wenn es bereits zur schädigenden Einwirkung auf ein fremdes Rechtsgut gekommen, 30
zB ein lockerer Dachziegel einem Passanten schon auf den Kopf gefallen ist, stellt die Abwendung daraus resultierender weiterer Gefahren, etwa der Transport des Verletzten ins Krankenhaus, keinen Eingriff in eine fremde Herrschaftssphäre mehr dar. Eine über die Abwehr noch im eigenen Herrschaftsbereich befindlicher Gefahren hinausgehende Rettungspflicht kann deshalb nicht als Kehrseite einer aktuellen Herrschaftsbefugnis,[66] sondern nur als Folge eines gefahrbegründenden Vorverhaltens legitimiert werden.[67] Die grundsätzliche Möglichkeit einer solchen Garantenstellung aus sogenannter **Ingerenz** ist heute weitgehend anerkannt. Problematisch und umstritten ist aber, welche Anforderungen an das gefahrbegründende Vorverhalten zu stellen sind. Während die ältere Rechtsprechung noch die schlichte Verursachung einer Gefahr ausreichen ließ,[68] sind sich die neuere Rechtsprechung und die heutige Lehre weitgehend einig, dass zumindest im Regelfall nur eine „objektiv pflichtwidrige" Verursachung der Gefahr eine Garantenstellung aus Ingerenz begründen kann.[69]

Der Maßstab der objektiven Pflichtwidrigkeit wird jedoch in der Rechtsprechung 31
nicht einheitlich interpretiert.[70] Zum Teil lässt sie es ausreichen, dass nach dem tatsächlich vorliegenden Sachverhalt unabhängig von dessen Erkennbarkeit ein objektiv (vgl. dazu → § 10 Rn. 36) rechtswidriges Risiko der Erfolgsverursachung bestand,[71] zum Teil stellt der Bundesgerichtshof aber auch darauf ab, ob das Vorverhalten ein für einen gedachten Dritten in der Situation des Handelnden objektiv erkennbar (vgl. dazu → § 10 Rn. 35) rechtswidriges Risiko der Erfolgsverursachung beinhaltete.[72] Letzteres entspricht zwar der heute herrschenden Lehre,[73] leuchtet aber nicht ein, weil es keinen Grund dafür gibt, die Garantenstellung einer Person davon abhängig zu machen, was eine andere Person in ihrer Situation hätte erkennen können. Bei jedem objektiv rechtswidrigen Risiko liegt unabhängig von dessen objektiver Erkennbarkeit ein Eingriff in eine fremde Rechtssphäre vor. Wenn man diesen Eingriff zur Begründung einer Garantenstellung nicht ausreichen lassen will, dann wäre es konsequent, eine Garantenstellung nur bei einem dem Handelnden zurechenbaren Verhalten, dh bei einer individuell erkennbaren und schuldhaften Verursachung der Gefahrenlage, anzunehmen.

Ob schon ein objektiv rechtswidriges oder tatsächlich nur ein solch schuldhaftes Vor- 32
verhalten eine Garantenstellung aus Ingerenz begründet, ist wegen des Fehlens einer gesetzlichen Regelung nur anhand allgemeiner rechtlicher Strukturprinzipien und Gerechtigkeitserwägungen zu entscheiden. Insbesondere der Umstand, dass die Verpflichtung zur Beseitigung einer Rechtsgutsbeeinträchtigung – anders als ein Scha-

---

66 So aber BGH NStZ 2012, 319 (320); BGHSt 61, 21 (23ff.); BGH NJW 2017, 418 (419); zu Recht ablehnend Murmann NStZ 2012, 387; Rengier FS Kühl, 2014, 383 (388).

67 Krit. zu dieser Unterscheidung Jakobs FG IV BGH, 2000, 29f.

68 Vgl. zB BGHSt 3, 18; 4, 20 (22).

69 Vgl. NK-StGB/Gaede StGB § 13 Rn. 43; SK-StGB/Stein StGB § 13 Rn. 50ff. mwN; Puppe StrafR AT § 29 Rn. 3; für die weitgehende Anerkennung von Ausnahmen bei der Inanspruchnahme von „Sonderrechten" insbes. Jakobs StrafR AT Abschn. 29 Rn. 39ff., gleichfalls mwN.

70 Vgl. für eine eingehende Analyse der Rechtsprechung Jakobs FG IV BGH, 2000, 29ff.

71 So BGHSt 37, 106 (115ff.).

72 So zwar nicht wörtlich, aber der Sache nach BGHSt 25, 218 (220ff.).

73 SK-StGB/Stein StGB § 13 Rn. 50 mwN.

densersatzanspruch – in der gesamten Rechtsordnung (vgl. etwa § 1004 BGB) nur die objektive Rechtswidrigkeit des Eingriffs voraussetzt, spricht dafür, auch für eine Garantenstellung aus Ingerenz ein objektiv rechtswidriges Verhalten ausreichen zu lassen. Denn wer die Beeinträchtigung eines anderen Rechtsguts zu beseitigen hat, der sollte auch dazu verpflichtet sein, dem Betroffenen zu Hilfe zu eilen, um das Ausmaß dieser Beeinträchtigung so gering wie möglich zu halten. Fehlende Erkennbarkeit und fehlendes Verschulden entbindet damit zwar von der Verantwortlichkeit für den Eingriff selbst, nicht aber von der Verpflichtung, eine weitere Vertiefung eines aus der eigenen Rechtssphäre stammenden Eingriffs zu vermeiden.[74]

33 Wenn einem Passanten ein lockerer Dachziegel auf den Kopf gefallen ist, hat der Hausbesitzer daraus resultierende weitere Rechtsgutsbeeinträchtigungen deshalb auch dann abzuwenden, wenn er nicht erkennen konnte, dass der Ziegel jemandem auf den Kopf zu fallen drohte. Da das Unterlassen der notwendigen Sicherungsmaßnahmen in jedem Fall objektiv rechtswidrig war, macht er sich – wenn er dem Passanten erforderliche Hilfe nicht leistet und dadurch dessen Tod verursacht – nicht nur wegen unterlassener Hilfeleistung (§ 323c I StGB), sondern wegen eines Tötungsdelikts durch Unterlassen (§§ 212, 13 StGB bzw. §§ 222, 13 StGB) strafbar. Entsprechendes gilt, wenn jemand einen anderen im Straßenverkehr verletzt hat. Da jeder Verkehrsteilnehmer notfalls auf seine sich aus den Verkehrsregeln ergebenden Vorrechte verzichten muss, um eine drohende Verletzung anderer Verkehrsteilnehmer zu vermeiden (§ 1 II StVO), sind solche Verletzungen in der Regel[75] objektiv rechtswidrig verursacht. Lässt ein Autofahrer einen von ihm angefahrenen Passanten auf der Straße verbluten, ist er deshalb – auch wenn ihn an dem Unfall keinerlei Schuld trifft – entgegen der Rechtsprechung des Bundesgerichtshofs[76] gleichfalls wegen eines Tötungsdelikts durch Unterlassen strafbar.

34 Ein objektiv rechtswidriges Vorverhalten liegt ferner dann vor, wenn ein Unternehmer ein Produkt in den Verkehr bringt, dessen Verwendung für den Verbraucher mit rechtlich missbilligten Risiken verbunden ist, zB ein Lederspray, dessen Verwendung zu Schädigungen der Atmungsorgane führt, oder ein Auto, das bei heftigen Lenkbewegungen umkippt. Die Garantenstellung in den Fällen der sogenannten **strafrechtlichen Produkthaftung** ist deshalb entgegen verbreiteter Auffassung[77] auch bei zunächst nicht erkennbaren Mängeln ein Anwendungsfall der Ingerenz. Wie der Bundesgerichtshof zu Recht feststellte,[78] ergibt sich schon aus deren allgemeinen Voraussetzungen, dass es für das Vorliegen einer Garantenstellung nicht darauf ankommt, ob die Fehlerhaftigkeit des Produkts für den Unternehmer erkennbar war oder nicht.

---

74 Im Grundsatz ebenso Dencker FS Stree/Wessels, 1993, 159 (170ff.).

75 Nur wenn der Fahrer nicht mehr genug Zeit hatte, auf einen Regelverstoß des anderen zu reagieren, kann dies anders sein. Im Ergebnis dürfte aber selbst in einem solchen Fall eine Garantenstellung anzunehmen sein. Da das Gesetz für den Betrieb eines Kraftfahrzeugs eine Pflichtversicherung fordert (§ 1 PflVG) und eine Gefährdungshaftung (§ 7 I StVG) statuiert, handelt es sich bei diesem Betrieb um ein Sonderrisiko, dessen Eingehung ebenso zu Rettungshandlungen verpflichtet wie die rechtmäßige Inanspruchnahme fremder Rechtsgüter zur Abwendung einer Notlage (→ § 22 Rn. 36 sowie Jakobs StrafR AT Abschn. 29 Rn. 42).

76 BGHSt 25, 218 (220ff.); einschränkend aber BGHSt 34, 82 (84).

77 Vgl. Kuhlen FS Eser, 2005, 363 und SK-StGB/Stein StGB § 13 Rn. 55, beide mwN.

78 BGHSt 37, 106 (119). Die in der Literatur gegen diese Entscheidung vorgebrachte Kritik (zB SK-StGB/Stein StGB § 13 Rn. 55 Fn. 127 mwN) geht fehl, weil die Erkennbarkeit für die objektive Missbilligung der Gefährdungshandlung ohne Bedeutung ist (→ § 10 Rn. 35ff.).

Da das Inverkehrbringen in jedem Fall objektiv rechtswidrig ist, hat der Unternehmer – sobald er den Fehler erkennt bzw. erkennen kann – die Verwirklichung des von ihm geschaffenen Risikos durch eine Rückrufaktion zu verhindern. Wenn er den Rückruf unterlässt und dadurch die Verletzung einer Person verursacht, macht er sich wegen Körperverletzung durch Unterlassen (§§ 223, 13 StGB bzw. §§ 229, 13 StGB) strafbar.

Eine objektiv nicht zurechenbare, dh rechtlich nicht missbilligte, Verursachung einer Gefahr begründet dagegen in der Regel keine Garantenstellung aus Ingerenz.[79] Ein Hotelier, der einen von ihm zu beherbergenden Gast bei leichtem Gewitter vor die Tür setzt und dadurch dessen Verletzung durch einen Blitzschlag verursacht, ist lediglich nach § 323c I StGB zur Hilfeleistung verpflichtet. Sein Verhalten ist zwar vertragswidrig, hat aber – wie die Rechtsprechung formulieren würde[80] – keine „nahe", dh zum Schutz der körperlichen Integrität, rechtlich missbilligte Gefahr des Erfolgseintritts geschaffen. Ebenso ist der Teilnehmer an einer eigenverantwortlichen Selbstgefährdung (→ § 10 Rn. 17ff.) nicht als Garant zur Abwendung durch die Selbstgefährdung drohender Schäden verpflichtet. Dies gilt – entgegen der Rechtsprechung[81] – auch dann, wenn der seine Rechtsgüter selbst Gefährdende nicht ernsthaft mit deren Verlust gerechnet hatte. Aus einer gerechtfertigten Verursachung einer Gefahr ergibt sich im Regelfall gleichfalls keine Garantenstellung.[82] Deshalb wird ein Verteidiger, der den Angreifer in Notwehr verletzt hat, in der Rechtsprechung zu Recht nicht als Garant für die Abwendung der aus der Verletzung resultierenden Folgen angesehen.[83] Wenn er dem Angreifer nicht die erforderliche Hilfe leistet, macht er sich zwar nach § 323c I StGB,[84] nicht aber wegen eines Körperverletzungs- oder Tötungsdelikts durch Unterlassen strafbar. 35

Ein objektiv nicht rechtlich missbilligtes oder gerechtfertigtes Verhalten begründet jedoch ausnahmsweise dann eine Garantenstellung aus Ingerenz, wenn die fehlende rechtliche Missbilligung auf einer Erlaubnis zur Eingehung von Sonderrisiken beruht[85] bzw. sich die Rechtfertigung nur aus der Verpflichtung zur zwischenmenschlichen Solidarität ergibt. Insbesondere wer zur Abwendung einer Notlage fremde Rechtsgüter in Anspruch nimmt, hat wenigstens dafür Sorge zu tragen, dass aus dieser Inanspruchnahme nicht noch weitere Rechtsgutsbeeinträchtigungen entstehen.[86] Er ist deshalb als Garant zur Abwendung aus der gerechtfertigten Rechtsgutsbeeinträchtigung resultierender weiterer Gefahren verpflichtet. Schlägt zB ein Wanderer – um sich vor einem plötzlich heraufgezogenen Unwetter zu schützen – in gerechtfertigtem Notstand (§ 904 BGB) die Fensterscheibe einer verschlossenen Berghütte ein, so hat er das eingeschlagene Fenster nach Möglichkeit notdürftig abzudichten oder sonst dafür 36

[79] So auch Dencker FS Stree/Wessels, 1993, 159 (170ff.), sowie iErg Jakobs StrafR AT Abschn. 29 Rn. 39 mit weiteren Beispielen.

[80] Vgl. zur sog. „nahen Gefahr" als Voraussetzung der Ingerenz BGHSt 54, 44 (47); BGH NStZ 2000, 583; 2008, 276 (277); 2013, 578 (579); NJW 2017, 2052 (2054), jeweils mwN.

[81] BGHSt 61, 21 (25ff.); BGH NStZ 2017, 219 (221f.).

[82] Dies gilt wegen der Maßgeblichkeit der objektiven Sachlage selbst dann, wenn bei der Verursachung der Gefahr das subjektive Rechtfertigungselement fehlte; vgl. dazu Hoven GA 2016, 16 (33ff.).

[83] BGHSt 23, 327; BGH NStZ 2000, 414; anders zB MGZ/Gössel AT II § 46 Rn. 103 und 106.

[84] Auch dagegen LK[11]-StGB/Spendel StGB § 32 Rn. 331ff.

[85] Vgl. dazu näher Jakobs StrafR AT Abschn. 29 Rn. 42.

[86] So auch Jakobs StrafR AT Abschn. 29 Rn. 43; Puppe StrafR AT § 29 Rn. 3; SK-StGB/Stein StGB § 13 Rn. 53.

Sorge zu tragen, dass keine weiteren Schäden entstehen. Wenn er solch mögliche Schutzmaßnahmen unterlässt und dadurch vorsätzlich eine weitere Beschädigung der Hütte oder ihres Inventars verursacht, macht er sich wegen Sachbeschädigung durch Unterlassen (§§ 303, 13 StGB) strafbar.

37 Aus einem rechtswidrigen Vorverhalten ergibt sich auch dann eine Garantenstellung, wenn der Täter zuvor vorsätzlich gehandelt hat, dh durch sein Vorverhalten den abzuwendenden Erfolg sogar herbeiführen wollte.[87] Die Rechtsprechung hat dies allerdings zum Teil deshalb anders gesehen, weil in einem solchen Fall die strafrechtliche Ahndung ausschließlich über das Begehungsdelikt zu erfolgen habe.[88] Dem wird jedoch zu Recht entgegengehalten, dass eine solche Argumentation die Voraussetzungen der Garantenstellung mit Konkurrenzüberlegungen verwechselt. Wenn A den B mit Tötungsvorsatz lebensgefährlich verletzt und anschließend dessen noch mögliche Rettung vorsätzlich unterlässt, ist er nur deshalb nicht wegen Totschlags durch Unterlassen (§§ 212, 13 StGB) strafbar, weil dieser hinter das zugleich verwirklichte Begehungsdelikt zurücktritt (→ § 22 Rn. 12). Lässt sich aber zB nicht feststellen, ob A die Verletzung bereits mit Tötungsvorsatz zugefügt hat, so muss – schon um A nicht besser zu stellen als einen Täter, der zu diesem Zeitpunkt nachweislich noch keinen Tötungsvorsatz hatte – zumindest eine Strafbarkeit wegen Totschlags durch Unterlassen verbleiben.

3. Übernahme einer Überwachungsfunktion

38 Eine Überwachergarantenstellung kann sich schließlich daraus ergeben, dass jemand die Überwachung einer Gefahrenquelle oder die Abwehr einer Gefahr tatsächlich übernimmt. Auf eine rechtsgeschäftliche Verpflichtung kommt es dabei nicht an. Entscheidend ist vielmehr, ob andere Personen im Vertrauen auf die Übernahme selber auf Überwachungs- oder Rettungsmaßnahmen verzichten.[89] Hat es zB ein Passant übernommen, andere vor herabfallenden Dachziegeln zu warnen, bis der Besitzer des Hauses das Material für die notwendige Absperrung des Bürgersteigs herbeigeschafft hat, so ist er als Garant für die Erfüllung dieser Überwachungsfunktion verantwortlich. Wenn er einen Fußgänger nicht warnt und dieser deshalb zu Schaden kommt, ist er wegen Körperverletzung durch Unterlassen strafbar. Entsprechendes gilt, wenn jemand nach einem Verkehrsunfall mit Schwerverletzten den anderen zu Hilfe eilenden Personen erklärt, dass er das Alarmieren des Rettungswagens übernimmt. Sofern er sich dies nachträglich anders überlegt[90] und den Rettungswagen nicht herbeiruft, hat er für die daraus resultierenden Folgen als Garant einzustehen, dh er macht sich gegebenenfalls wegen eines Körperverletzungs- oder Tötungsdelikts durch Unterlassen strafbar.

---

[87] MüKoStGB/Freund StGB § 13 Rn. 130 mwN; Hardtung JZ 2008, 953 (954); Stein JR 1999, 265 (273).

[88] BGH NStZ-RR 1996, 131; zust. Hillenkamp FS Otto, 2007, 287 mwN; vorsichtig distanzierend aber BGH JZ 2008, 951 (953); anders auch für das Steuerrecht BGH NJW 2009, 1984 Rn. 22.

[89] Vgl. BGH NJW 2002, 1887 (1888 f.); NK-StGB/Gaede StGB § 13 Rn. 38; Schönke/Schröder/Bosch StGB § 13 Rn. 28 mwN. Die tatsächliche Übernahme hebt eine bestehende Garantenstellung nicht auf (so zu Recht der NJW 2002, 1887; 2009, 240 (242)), kann aber im Einzelfall das Risiko des Erfolgseintritts so weit vermindern, dass dem ursprünglichen Garanten der Erfolg objektiv oder zumindest subjektiv nicht mehr zuzurechnen ist.

[90] Wenn er von Anfang an vorhatte, den Rettungswagen nicht zu holen, sind bereits die Voraussetzungen des Begehungsdelikts erfüllt, sodass eine Prüfung des Unterlassens entbehrlich wäre (→ § 22 Rn. 11 ff.).

Die Übernahme der Überwachung einer Gefahrenquelle liegt auch vor, wenn jemandem innerhalb einer Institution die Funktion eines Beauftragten zur Abwendung bestimmter Gefahren übertragen wird[91] oder der Überwachungspflichtige zur Feststellung einer Gefahr die Hilfe eines Fachmannes in Anspruch nimmt.[92] Erklärt sich zB ein Kraftfahrzeugmechaniker dazu bereit, an einem Fahrzeug die Bremsen zu überprüfen, so übernimmt er insoweit die den Fahrzeughalter treffende Verkehrssicherungspflicht und ist gegebenenfalls wegen fahrlässiger Tötung durch Unterlassen (§§ 222, 13 StGB) strafbar, wenn er die Prüfung nicht vollständig durchführt und es dadurch zu einem tödlichen Unfall kommt.[93] Allerdings ist die Verpflichtung des Übernehmenden in solchen Fällen insofern begrenzt, als die Übernahme dem primär Verantwortlichen nur die erforderlichen Informationen verschaffen soll.[94] Lehnt der Fahrzeughalter in dem geschilderten Fall eine ihm als notwendig geschilderte Reparatur der Bremsen als zu teuer ab, so ist der Mechaniker nicht dazu verpflichtet, selbst für diese Reparatur Sorge zu tragen. 39

II. Beschützergaranten

1. Familiäre Verbundenheit

Eine Beschützergarantenstellung (→ § 22 Rn. 2) ergibt sich zunächst aus bestimmten familienrechtlichen Institutionen.[95] Allgemein anerkannt ist, dass die elterliche Sorge (§ 1626 I BGB) eine umfassende Garantenstellung zum Schutz der Rechtsgüter des minderjährigen Kindes begründet. Für das Ersatzverhältnis der Vormundschaft (vgl. § 1789 BGB) gilt Entsprechendes.[96] Auch ein Betreuer ist Garant für die Rechtsgüter des von ihm Betreuten.[97] So hat ein für gesundheitliche Angelegenheiten bestellter Betreuer für eine rechtzeitige ärztliche Behandlung Sorge zu tragen (vgl. § 1821 BGB). Wenn er dies unterlässt und dadurch eine Verschlimmerung des Leidens verursacht, ist er wegen vorsätzlicher oder fahrlässiger Körperverletzung strafbar. Die Garantenstellung des Betreuers besteht jedoch nur innerhalb des ihm übertragenen Aufgabenkreises.[98] Ein Betreuer in vermögensrechtlichen Angelegenheiten, der bei einem Herzinfarkt des von ihm Betreuten keinen Notarzt ruft, macht sich zwar wegen unterlassener Hilfeleistung (§ 323c I StGB), nicht aber wegen Körperverletzung oder Tötung durch Unterlassen strafbar. 40

[91] Vgl. dazu BGHSt 54, 44 (48ff.) und speziell zur Diskussion über eine Garantenstellung des sog. Compliance-Beauftragten Dann/Mengel NJW 2010, 3265; Momsen FS Puppe, 2011, 751; Spring GA 2010, 222; Warneke NStZ 2010, 312, alle mwN.

[92] Vgl. BGH NJW 2010, 1087 (1090).

[93] Vgl. BGHSt 52, 159 mAnm Kühl NJW 2008, 1899 und Anm. Lindemann ZJS 2008, 404.

[94] Vgl. dazu Lindemann ZJS 2008, 404 (406f.).

[95] Kritisch Bülte GA 2013, 389, der die Garantenpflicht nicht aus der familienrechtlichen Institution, sondern aus der damit in der Regel einhergehenden engen Lebensgemeinschaft ableiten will, die dementsprechend in jedem Einzelfall vom Gericht festgestellt werden müsse.

[96] Jakobs StrafR AT Abschn. 29 Rn. 66; eingehend Sangenstedt, Garantenstellung und Garantenpflicht von Amtsträgern, 1989, S. 558ff. Für die Adoption ergibt sich dies schon daraus, dass dem Annehmenden die elterliche Sorge zusteht (§ 1754 III BGB).

[97] So zu Recht Holzhauer/Reinicke, Betreuungsrecht, (1993), § 1901 Rn. 6.

[98] Vgl. zur Begrenzung der Betreuung auf bestimmte Aufgabenkreise § 1815 BGB.

41 Ehegatten und eingetragene Lebenspartner sind – solange die Ehe nicht gescheitert ist (vgl. §§ 1353 II, 1565 I 2 BGB)[99] bzw. bei einer Lebenspartnerschaft keiner der Aufhebungsgründe des § 15 II 1 LPartG vorliegt – zu einem gemeinsamen Leben bzw. einer gemeinsamen Lebensgestaltung und damit auch zu gegenseitigem Beistand verpflichtet (§ 1353 I 2 BGB, § 2 LPartG). Sie haben deshalb eine Garantenstellung zum Schutz existenzieller Rechtsgüter des jeweils anderen. Die Garantenstellung verpflichtet jedoch nicht zur Abwendung von Rechtsgutsverletzungen, die sich der betroffene Partner aufgrund einer autonomen Willensentscheidung selbst zufügt.[100] Deshalb müssen Ehegatten und eingetragene Lebenspartner eine Selbsttötung nur verhindern, wenn die Tat nicht auf einer freien Willensentscheidung beruht. Auch nach Eintritt der Bewusstlosigkeit sind sie nicht dazu verpflichtet, ihren selbstbestimmt handelnden Partner gegen seinen Willen zu retten.[101] Bewusste Selbstgefährdungen müssen Ehegatten und eingetragene Lebenspartner ebenfalls nicht abwenden.[102] Wenn ein Partner Herzbeschwerden beharrlich ignoriert, ist der andere zB nicht dazu verpflichtet, für ihn einen Arzttermin zu vereinbaren. Stirbt der Partner an einem bei rechtzeitiger ärztlicher Behandlung vermeidbaren Herzinfarkt, so ist der andere nicht wegen fahrlässiger Tötung durch Unterlassen (§§ 222, 13 StGB) strafbar.

42 Ob und inwieweit aus sonstigen familienrechtlichen Beziehungen eine Beschützergarantenstellung abzuleiten ist, wird unterschiedlich beurteilt.[103] Die Rechtsprechung hat zum Teil selbst zwischen Geschwistern, Verschwägerten und Verlobten eine solche Garantenstellung angenommen.[104] Dem ist jedoch entgegenzuhalten, dass familienrechtliche Beziehungen, die nicht einmal mit einer gesetzlichen Unterhaltspflicht verbunden sind, nach der Wertung des Gesetzes keine gesteigerte Beistandspflicht und damit auch keine strafrechtliche Garantenstellung begründen. Bei Verwandten gerader Linie, die einander bei Bedürftigkeit Unterhalt zu gewähren haben (§§ 1601, 1602 I, 1603 I BGB), kann sich hingegen aus der familienrechtlichen Beziehung eine Garantenstellung ergeben. Dies gilt insbesondere für Eltern und Kinder, weil sie gemäß § 1618 a BGB einander Beistand und Rücksicht schuldig sind. Gleichwohl macht die neuere Rechtsprechung die Beschützergarantenstellung auch insoweit zu Recht von den tatsächlichen Beziehungen zwischen den Beteiligten abhängig.[105] Wenn diese nicht zusammenleben und die familiäre Verbundenheit nicht mehr praktiziert wird, besteht – ähnlich wie bei einer zerrütteten Ehe (→ § 22 Rn. 41) – keine Garantenstellung mehr.

[99] Der Bundesgerichtshof verneint eine Garantenstellung, wenn sich einer der Ehegatten von dem anderen in der Absicht getrennt hat, die eheliche Lebensgemeinschaft nicht wiederherzustellen, BGHSt 48, 301 (304 f.); vgl. zum Meinungsstand in der Literatur NK-StGB/Gaede StGB § 13 Rn. 57; Schönke/Schröder/Bosch StGB § 13 Rn. 19/20 mwN.

[100] Vgl. dazu SK-StGB/Stein StGB § 13 Rn. 71 mwN.

[101] BGH NJW 2022, 3021 Rn. 24 ff. im Anschluss an BGHSt 64, 121 (129 ff.); 64, 135 (141 ff.); die gegenteilige frühere Rechtsprechung (BGHSt 32, 367 (373 f.)) ist heute überholt.

[102] Schönke/Schröder/Bosch StGB § 13 Rn. 22 mwN.

[103] Vgl. dazu iE Schönke/Schröder/Bosch StGB § 13 Rn. 18; NK-StGB/Gaede StGB § 13 Rn. 55 ff., beide mwN.

[104] Vgl. die Nachweise bei Schönke/Schröder/Bosch StGB § 13 Rn. 18.

[105] Vgl. BGH NJW 2017, 3609; NStZ 2017, 401; 2022, 601 (602).

2. Amtliche Schutzpflichten

43 Eine Beschützergarantenstellung kann sich des Weiteren aus bestimmten Amtsstellungen ergeben. Allgemein anerkannt ist dies für Fälle, in denen einer Person von Amts wegen die Sorge für bestimmte Personen anvertraut ist. So haben die Erzieher an staatlichen Kindergärten und die Lehrer an staatlichen Schulen eine Garantenstellung für die ihnen anvertrauten Kinder.[106] Wenn sie bei einem Ausflug ein Kind nicht hinreichend beaufsichtigen, sodass dieses von einem Auto überfahren wird, sind sie wegen fahrlässiger Tötung durch Unterlassen (§§ 222, 13 StGB) strafbar. Entsprechendes gilt für das Pflegepersonal an staatlichen psychiatrischen Krankenhäusern. Auch Polizeibeamte und Justizvollzugsbeamte haben eine Garantenstellung zugunsten der Rechtsgüter der ihnen anvertrauten Gefangenen.[107] Lassen sie einem erkrankten Gefangenen nicht die erforderliche medizinische Versorgung zukommen oder schützen sie ihn nicht ausreichend vor Übergriffen gewalttätiger Mitgefangener, so sind sie für die daraus resultierenden Folgen als Garanten verantwortlich. Sie machen sich also nicht nur wegen unterlassener Hilfeleistung (§ 323c StGB), sondern je nach eingetretenem Erfolg wegen Körperverletzung oder Tötung durch Unterlassen strafbar.

44 Darüber hinaus hat eine Garantenstellung, wer kraft Amtes für die Erfüllung grundlegender staatlicher Schutzaufgaben zuständig ist.[108] So haben die Angehörigen der Feuerwehr die Bürger vor Bränden und ähnlichen in ihren Zuständigkeitsbereich fallenden Gefahren zu schützen. Wenn sie ein brennendes Gebäude nicht löschen, machen sie sich jedenfalls der Zerstörung von Bauwerken durch Unterlassen (§§ 305, 13 StGB), uU auch der Brandstiftung durch Unterlassen (§§ 306, 13 StGB)[109] schuldig. Auch das staatliche Gewaltmonopol stellt eine grundlegende Schutzfunktion des Staates gegenüber dem Bürger dar. Deshalb sieht die Rechtsprechung – entgegen in der Literatur anzutreffender Kritik[110] – im Dienst befindliche Polizeibeamte zu Recht als Beschützergaranten für die Rechtsgüter des Einzelnen und der Allgemeinheit an.[111] Außerhalb des Dienstes sind Polizisten dagegen wie jeder andere Bürger nur nach § 323c StGB zur Hilfeleistung verpflichtet. Lediglich bei schwerwiegenden Straftaten müssen sie auch außerdienstlich erlangtes Wissen nutzen, um während ihrer Dienstausübung begangene oder fortgesetzte Straftaten zu verhindern.[112]

3. Übernahme einer Schutzfunktion

45 Eine Beschützergarantenstellung entsteht schließlich dann, wenn jemand freiwillig den Schutz eines Rechtsguts übernimmt.[113] Auf eine rechtsgeschäftliche Verpflichtung kommt es auch hier nicht an (→ § 22 Rn. 38).[114] Selbst wer aus reiner Gefällig-

[106] Zur Garantenstellung des Schulleiters vgl. BGH NStZ-RR 2008, 9.
[107] Vgl. dazu näher Jakobs StrafR AT Abschn. 29 Rn. 75; Roxin StrafR AT II § 32 Rn. 85, beide mwN.
[108] Vgl. dazu eingehend Jakobs StrafR AT Abschn. 29 Rn. 76ff. mwN.
[109] Vgl. zu deren Voraussetzungen Schönke/Schröder/Heine/Bosch StGB § 306 Rn. 18 mwN.
[110] Vgl. SK-StGB/Stein StGB § 13 Rn. 76f. mwN.
[111] BGHSt 38, 388 (389f.).
[112] BGHSt 38, 388 (391f.); zur vergleichbaren Problematik einer strafprozessualen Verfolgungspflicht aufgrund außerdienstlich erlangter Kenntnisse vgl. Beulke/Swoboda StrafProzR Rn. 149.
[113] Dazu eingehend Roxin StrafR AT II § 32 Rn. 53ff.
[114] BGHSt 47, 224 (229).

keit zB auf ein Kleinkind aufpasst, während die Mutter im Supermarkt einkaufen geht, ist für die Erfüllung der übernommenen Schutzfunktion als Garant verantwortlich. Eine rechtsgeschäftliche Verpflichtung allein reicht andererseits auch nicht aus, um eine Garantenstellung wegen Übernahme einer Schutzfunktion zu begründen. So macht die vertragliche Verpflichtung, an einem bestimmten Abend als Babysitter tätig zu werden, den Verpflichteten noch nicht zum Garanten für das Wohlergehen des Säuglings. Eine solche Garantenstellung entsteht erst, wenn die Schutzfunktion tatsächlich übernommen wird.[115] Erscheint der Babysitter entgegen seiner vertraglichen Verpflichtung an dem fraglichen Abend nicht, so ist er – wenn die Eltern daraufhin den Säugling alleine lassen und dieser vorhersehbar zu Schaden kommt – nicht wegen fahrlässiger Körperverletzung durch Unterlassen (§§ 229, 13 StGB) strafbar.

46 Garantenstellungen aus der Übernahme einer Schutzfunktion gibt es in den verschiedensten Lebensbereichen. Wer die Pflege einer hilfsbedürftigen Person übernimmt, hat für die Erfüllung seiner Verpflichtung ebenso als Garant einzustehen wie ein Bergführer oder der Notarzt für die Erfüllung ihrer jeweiligen Pflichten. Eine Schutzfunktion kann ferner durch die Tätigkeit für eine dem Schutz existenzieller Rechtsgüter dienende öffentliche Einrichtung übernommen werden. Auf diese Weise begründete Garantenstellungen haben zB die Mitglieder der freiwilligen Feuerwehr und die diensthabenden Ärzte an öffentlichen Krankenhäusern.[116] Ein niedergelassener Arzt übernimmt eine Schutzfunktion, sobald er eine Person als Patienten annimmt.[117] Er ist dann auch im Folgenden als Garant zur Behandlung dieses Patienten verpflichtet. Allein in der Ausübung des Arztberufs liegt jedoch noch keine Übernahme einer Schutzfunktion. Ein Arzt, der einem vor seiner Praxis mit einem Herzinfarkt zusammengebrochenen Passanten nicht die erforderliche Hilfe leistet und dadurch dessen Tod verursacht, ist wegen unterlassener Hilfeleistung (§ 323c I StGB), nicht aber wegen Totschlags durch Unterlassen (§§ 212, 13 StGB) strafbar.

47 Auch für Vermögenswerte kann eine Schutzfunktion übernommen werden. Wer als Geschäftsführer ein ihm nicht gehörendes Unternehmen führt oder wer das Vermögen eines anderen verwaltet, ist als Garant dazu verpflichtet, eine drohende Schädigung der ihm anvertrauten Werte zu verhindern. Dementsprechend ist auch der Aufsichtsrat einer Aktiengesellschaft verpflichtet, rechtswidriges Handeln des Vorstandes zum Nachteil der Aktiengesellschaft[118] zu verhindern.[119] Aus bloßen Austauschverträgen ergibt sich dagegen keine Garantenstellung zum Schutz des Vermögens des jeweiligen Vertragspartners.[120] Wer nach Abschluss eines Werkvertrages in Vermögensverfall gerät, mag zwar nach **Treu und Glauben** (§ 242 BGB) dazu verpflichtet sein, den Unternehmer vor Ausführung des Werkes darauf hinzuweisen, dass er den Werklohn

[115] Roxin StrafR AT II § 32 Rn. 66; vgl. aber auch Kühl StrafR AT § 18 Rn. 70.
[116] NK-StGB/Gaede StGB § 13 Rn. 39; Jakobs StrafR AT Abschn. 29 Rn. 73.
[117] Roxin StrafR AT II § 32 Rn. 70ff.
[118] Aus der gesellschaftsrechtlichen Stellung ergibt sich dagegen keine Garantenstellung zum Schutz des Vermögens Dritter; vgl. dazu BGH NJW 2012, 3439 (3441f.) mwN.
[119] Vgl. BGHSt 47, 187 (201); OLG Braunschweig NJW 2012, 3798 (3800).
[120] Vgl. dazu BGH NStZ 2017, 349 (350), wonach dies allerdings bei Partnerschaftsverträgen einer Rechtsanwaltsgesellschaft anders zu beurteilen sein kann.

nicht mehr bezahlen kann. Eine derartige Verpflichtung ist aber – entgegen einer zumeist älteren Rechtsprechung[121] – keine Garantenpflicht zum Schutz fremden Vermögens. Wenn der Besteller einen solchen Hinweis unterlässt, ist er deshalb nicht wegen Betrugs durch Unterlassen (§§ 263, 13 StGB) strafbar.[122] Entsprechendes gilt, wenn jemand durch eine Fehlüberweisung oder Fehlbuchung der Bank plötzlich 250.000 Euro zu viel auf seinem Konto hat. Da der Kunde durch den Abschluss des Zahlungsdiensterahmenvertrages (§ 675f II BGB) keine Schutzfunktion für das Vermögen der Bank übernimmt, vermag – wie der Bundesgerichtshof zu Recht feststellte[123] – die Nichtanzeige des Fehlers keine Strafbarkeit wegen Betrugs durch Unterlassen zu begründen.

Eine Schutzfunktion muss nicht ausdrücklich, sondern kann ebenso durch konkludentes Verhalten übernommen werden. Eine solch konkludente Übernahme erfolgt insbesondere dann, wenn sich mehrere Personen zu einem gefährlichen Unternehmen zusammenschließen, bei dessen Ausführung sie auf gegenseitigen Schutz angewiesen sind. Die Mitglieder einer solchen **Gefahrengemeinschaft** (zB Bergsteiger, Weltumsegler, Polarforscher etc) sind Garanten für die durch die gemeinsame Unternehmung gefährdeten Rechtsgüter des jeweils anderen. Wenn sie ihren Mitstreitern in einer Notlage eine mögliche und erforderliche Hilfe nicht leisten, sind sie bei Eintritt eines entsprechenden Erfolgs wegen Körperverletzung oder Tötung durch Unterlassen strafbar. Allein der Umstand, dass sich mehrere Personen zufällig in derselben Gefahrensituation befinden, begründet dagegen keine Garantenstellung. Die Passagiere eines in Seenot geratenen Schiffes oder Angehörige verschiedener, aber vom selben Unwetter überraschten Bergsteigergruppen haben füreinander keine Schutzfunktion übernommen. Sie sind lediglich nach § 323c StGB zur gegenseitigen Hilfeleistung verpflichtet.[124] 48

[121] Vgl. BGHSt 6, 198 und die weiteren Nachweise bei Schönke/Schröder/Perron StGB § 263 Rn. 23.
[122] Anders BGHSt 6, 198 (199f.).
[123] BGHSt 39, 392 (398ff.); 46, 196 (202ff.).
[124] Vgl. zum Ganzen Schönke/Schröder/Bosch StGB § 13 Rn. 24 mwN.

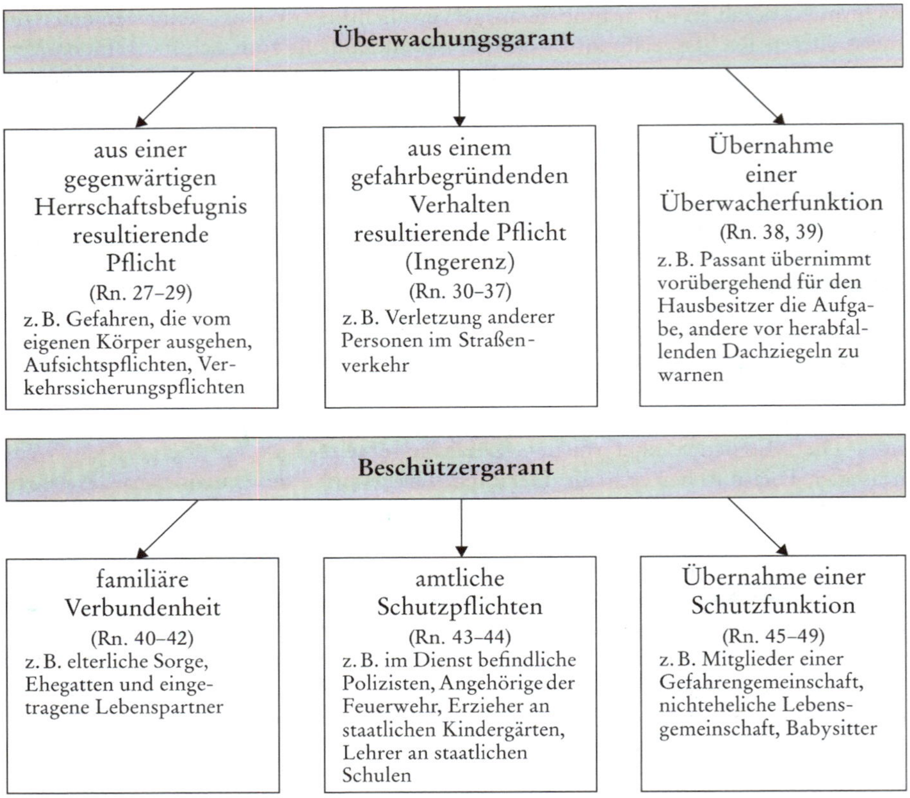

Abb. 9: Garantenstellungen

49 Problematisch ist, ob und inwieweit bereits in dem tatsächlichen Zusammenleben von Menschen die Übernahme einer Schutzfunktion für die Rechtsgüter des anderen zu sehen ist.[125] Wenn Personen in einer langfristig angelegten Beziehung wie Eheleute oder eingetragene Lebenspartner zusammenleben, dh ihr Leben gemeinsam gestalten und meistern wollen, so liegt darin zugleich die Vereinbarung, einander in akuten Notsituationen beizustehen. Deshalb ist bei einer solchen **nichtehelichen Lebensgemeinschaft** auch ohne familiäre Verbundenheit eine Garantenstellung zum Schutz existenzieller Rechtsgüter des jeweils anderen anzunehmen. Das bloße Zusammenleben in einer Wohnung oder in einem Heim reicht für die Übernahme einer solchen Schutzfunktion jedoch nicht aus.[126] Auch wer einen Gast in seine Wohnung einlädt, übernimmt damit noch nicht den Schutz von dessen Rechtsgütern. Ein **Wohnungsinhaber,** der seinen Gästen bei Angriffen Dritter nicht beisteht, ist deshalb für die ihnen zugefügten Rechtsgutsverletzungen nicht als Garant verantwortlich. Selbst bei schwerwiegenden Gefahren macht er sich lediglich wegen unterlassener Hilfeleistung

[125] Vgl. dazu eingehend Rudolphi NStZ 1984, 149 mwN.
[126] Vgl. BGH NStZ 1984, 163.

(§ 323c I StGB) strafbar. Die Rechtsprechung des Bundesgerichtshofs nimmt allerdings in einem solchen Fall eine Garantenstellung an.[127]

E. Der subjektive Tatbestand des Unterlassungsdelikts

Der subjektive Tatbestand des Unterlassungsdelikts weist keinerlei Besonderheiten auf. Er setzt bei Vorsatzdelikten die Kenntnis und bei Fahrlässigkeitsdelikten die Erkennbarkeit der den Tatbestand verwirklichenden Umstände (vgl. § 16 StGB) voraus. Zu diesen Umständen gehört auch der Sachverhalt, aus dem sich die Garantenstellung des Unterlassenden ergibt. Wer zB sein eigenes Kind in dem Glauben ertrinken lässt, es handele sich um ein fremdes, kennt diesen Sachverhalt nicht und erliegt damit einem Tatbestandsirrtum. Bei Vermeidbarkeit dieses Irrtums ist er wegen fahrlässiger Tötung durch Unterlassen und unterlassener Hilfeleistung (§§ 222, 13 StGB, § 323c I StGB, § 52 StGB) und ansonsten nur wegen unterlassener Hilfeleistung (§ 323c I StGB) strafbar. Der Irrtum über die Garantenpflicht ist dagegen kein Tatbestands-, sondern ein Verbotsirrtum.[128] Wem ein kleines Kind von den Eltern für einen Badeausflug anvertraut wird, der kennt alle Umstände, aus denen sich die Übernahme einer Schutzfunktion ergibt. Wenn er das Kind nicht vor dem Ertrinken rettet, begeht er einen Totschlag durch Unterlassen (§§ 212, 13 StGB), selbst wenn er irrtümlich annimmt, keine besondere Verpflichtung zur Rettung des Kindes zu haben. 50

Ebenso wie bei einem vorsätzlichen Begehungsdelikt ist beim vorsätzlichen Unterlassungsdelikt grundsätzlich nur bedingter Vorsatz zur Tatbestandsverwirklichung erforderlich. Dies gilt auch für die Kausalität des Unterlassens. Deshalb ist zwar der objektive Tatbestand eines unechten Unterlassungsdelikts nur verwirklicht, wenn die unterlassene Handlung den Erfolg mit an Sicherheit grenzender Wahrscheinlichkeit verhindert hätte (→ § 22 Rn. 25). Für den subjektiven Tatbestand reicht es jedoch – entgegen der zum Göttinger Organverteilungsskandal ergangenen, insoweit nicht verallgemeinerbaren Entscheidung des Bundesgerichtshofs[129] – aus, dass der Unterlassende die Verhinderung des Erfolgs für möglich gehalten hat.[130] Wer als Garant die Chance zur Rettung eines ertrinkenden Kindes erkennt, ist verpflichtet, sie zu ergreifen. Unterlässt er dies, so verwirklicht er das Motivationsunrecht eines vorsätzlichen Delikts und ist somit zumindest wegen eines versuchten Totschlags durch Unterlassen (§ 212 I StGB, §§ 22, 23 I StGB, § 13 I StGB) strafbar. Lediglich der Geschehensunwert und damit die Vollendungsstrafbarkeit hängen davon ab, dass die unterlassene 51

[127] Vgl. BGHSt 27, 10; 30, 391 (393) und die weiteren Nachweise bei Schönke/Schröder/Bosch StGB § 13 Rn. 54.

[128] Anders Puppe ZStW 134 (2022), 320 (328 ff.), die mit beachtlichen Argumenten die Unkenntnis der besonderen Rechtspflicht als Tatbestandsirrtum und lediglich den Irrtum über deren strafliche Relevanz als Verbotsirrtum behandeln will.

[129] BGHSt 62, 223 (242 f.). Eine Verallgemeinerung der Entscheidung des 5. Strafsenats liefe auf eine Abschaffung des bedingten Vorsatzes bei den Unterlassungsdelikten und dem Abbruch rettender Kausalverläufe hinaus, die wohl nicht einmal der 5. Strafsenat selbst so befürworten würde; vgl. dazu näher BGH NJW 2021, 326 (328); Greco GA 2018, 539 (542 ff.); Hoven NStZ 2017, 707; Rissing-van Saan/Verrel NStZ 2018, 57 (65 f.); Sowada GS Joeks, 2018, 163 (166 ff.), jeweils mwN.

[130] Puppe, AT 2, 1. Aufl. 2005, § 48 Rn. 23 hält dies für einen Widerspruch und leitet daraus ab, dass es schon objektiv nur auf eine Risikoerhöhung ankommen könne.

Handlung den Tod des Kindes mit an Sicherheit grenzender Wahrscheinlichkeit verhindert hätte.

F. Die Rechtfertigung des Unterlassungsdelikts

52 Die Verwirklichung eines Straftatbestands durch Unterlassen ist nur bei Vorliegen eines Rechtfertigungsgrundes erlaubt. Die Rechtfertigungsgründe sind im Prinzip die gleichen wie beim Begehungsdelikt (→ § 13 Rn. 1 ff.). Denkbar ist zum einen, dass der Inhaber des bedrohten Rechtsguts die Abwendung des tatbestandlichen Erfolgs tatsächlich oder mutmaßlich nicht will, zB eine bestimmte zur Abwendung einer Gesundheitsschädigung erforderliche ärztliche Behandlung ablehnt. In einem solchen Fall erfüllt das Unterlassen der Behandlung durch den Garanten den Tatbestand der Körperverletzung (§§ 223, 13 StGB), ist aber durch Einwilligung bzw. mutmaßliche Einwilligung gerechtfertigt. Zum anderen kann es vorkommen, dass die Abwendung eines tatbestandlichen Erfolgs nur durch eine Beeinträchtigung von Rechtsgütern anderer Personen oder der Allgemeinheit möglich ist. Auch in einem solchen Fall verwirklicht das Unterlassen der Erfolgsabwendung durch einen Garanten den betreffenden Deliktstatbestand, kann aber wegen der vorliegenden Rechtsgüterkollision durch Notstand oder Pflichtenkollision gerechtfertigt sein.

I. Einwilligung und mutmaßliche Einwilligung

53 Einwilligung und mutmaßliche Einwilligung haben bei den Unterlassungsdelikten grundsätzlich die gleichen Voraussetzungen wie bei den Begehungsdelikten. Eine Besonderheit besteht jedoch darin, dass bei den Unterlassungsdelikten die Einwilligungssperre der §§ 216, 228 StGB nicht besteht.[131] Die Menschen können in unserer Rechtsordnung zwar keinen anderen zur Ausführung eines Selbsttötungs- bzw. Selbstverletzungsentschlusses ermächtigen, haben aber das Recht, selbst über ihren Körper zu verfügen (→ § 13 Rn. 4). Aufgrund dessen hat ein Garant nicht die Verpflichtung, eine freiverantwortliche Selbsttötung bzw. schwerwiegende Selbstverletzung zu verhindern.[132] Nach Eintritt der Bewusstlosigkeit ist der in der Selbsttötungshandlung zum Ausdruck kommende Wille weiterhin zu achten, sodass auch in diesem Fall keine Rettungspflicht entsteht.[133] Allerdings muss es sich wirklich um eine ernstgemeinte und freiverantwortliche Selbsttötung handeln.[134] Wenn der Garant das Vorliegen dieser häufig fehlenden Voraussetzung in der zur Verfügung stehenden Zeit nicht beurteilen kann, bleibt er zur Rettung verpflichtet.[135]

[131] Schönke/Schröder/Eser/Sternberg-Lieben StGB § 216 Rn. 10 mwN.

[132] LG Gießen NStZ 2013, 43 (44 f.).

[133] So zutreffend BGHSt 64, 121 (129 ff.); 64, 135 (141 ff.); BGH NJW 2022, 3021 Rn. 24 ff.; OLG München NJW 1987, 2940 (2943 f.); StA München I NStZ 2011, 345 (346). Auch die Regelung des § 323c StGB verpflichtet bei einer freiverantwortlichen Selbsttötung nicht dazu, den Eintritt des Todes zu verhindern (BGHSt 64, 121 (133 ff.); 64, 135 (145); BGH NJW 2022, 3021 Rn. 37). Die gegenteilige frühere Rechtsprechung (BGHSt 32, 367 (379); OLG Hamburg NStZ 2016, 530 (534 ff.)) ist heute überholt.

[134] Vgl. etwa BGHSt 64, 121 (131); 64, 135 (144 f.); BGH NStZ 2012, 319 (320).

[135] FLP ArztStrafR Kap. 1 Rn. 66.

Das durch Art. 1 I GG iVm 2 I GG garantierte **Selbstbestimmungsrecht** über den eigenen Körper beinhaltet auch die Befugnis, darüber zu entscheiden, ob und in welchem Maße eine zum Tode führende Krankheit behandelt werden soll. Im Gegensatz zur aktiven Sterbehilfe wird deshalb das Unterlassen und die Beendigung (vgl. dazu bereits → § 22 Rn. 8ff.) lebensnotwendiger Behandlungsmaßnahmen, die sogenannte **passive Sterbehilfe,** durch eine Einwilligung des Betroffenen gerechtfertigt. Eine solche Einwilligung kann gemäß § 1827 I, III BGB auch antizipiert, dh im Vorhinein in einer schriftlichen Patientenverfügung erklärt werden. Erst wenn eine solche ebenfalls nicht vorliegt, ist nach dem mutmaßlichen Willen des Patienten zu entscheiden. Dieser ist ebenso wie der in einer Patientenverfügung zum Ausdruck gebrachte Wille von einem Betreuer des Patienten zu ermitteln (vgl. dazu im Einzelnen § 1827 III BGB, § 1828 BGB),[136] dessen Entscheidung für die Beendigung lebenserhaltender Maßnahmen gem. § 1829 II BGB in der Regel der Genehmigung des Betreuungsgerichts bedarf. 54

II. Rechtfertigender Notstand

1. Der Regelfall des Defensivnotstands

Wenn die unterlassene Handlung in Rechte Dritter eingegriffen hätte, also die nicht erfüllte Garantenpflicht mit einer Unterlassungspflicht kollidiert, ist bei der Rechtfertigung des Unterlassungsdelikts im Regelfall der Abwägungsmaßstab des Defensivnotstands anzuwenden. Dies ergibt sich daraus, dass eine Abwendung des tatbestandlichen Erfolgs durch Inanspruchnahme unbeteiligter Dritter nur dann erlaubt ist, wenn das zu schützende Interesse das beeinträchtigte Interesse wesentlich überwiegt (§ 34 StGB). Deshalb muss spiegelbildlich das Unterlassen einer solchen Erfolgsabwendung schon dann gerechtfertigt sein, wenn diese Voraussetzung nicht erfüllt ist, dh das Interesse des unbeteiligten Dritten nicht wesentlich geringerwertig ist als das durch das Unterlassen beeinträchtigte Interesse.[137] Weil jeder einen ihm drohenden Schaden im Grundsatz selbst zu tragen hat (→ § 13 Rn. 17), sind der Abwendung eines tatbestandlichen Erfolgs dienende Rechtsgutsbeeinträchtigungen auch dann der Sphäre des bedrohten Rechtsguts zuzurechnen, wenn sie nicht von dem Inhaber dieses Rechtsguts selbst vorgenommen werden. Daher ist das Unterlassen einer in Rechte Dritter eingreifenden Erfolgsabwendung im Regelfall als Defensivnotstandsmaßnahme zu bewerten, die in entsprechender Anwendung des § 228 BGB zu rechtfertigen ist. 55

Kann zB der Garant G die durch „taubeneiergroße“ Hagelkörner drohende Beschädigung eines ihm von seinem Freund F anvertrauten Porsches nur dadurch abwenden, 56

[136] Vgl. zur Reichweite der Verbindlichkeit dieses Verfahrens BGH NStZ 2011, 274 (276) m. krit. Anm. Verrel NStZ 2011, 276; FLP ArztStrafR Kap. 1 Rn. 65; sowie eingehend Sternberg-Lieben FS Roxin, 2011, 537 (544ff.) mwN.

[137] Vgl. zu dieser Umkehrung Hruschka JuS 1979, 385 (390ff.); Matt/Renzikowski/Engländer § 34 Rn. 55; Roxin StrafR AT II § 31 Rn. 205; SK-StGB/Stein StGB Vor § 13 Rn. 42 sowie eingehend Küper ZStW 131 (2019), 1 (20ff.), der sie allerdings nicht der Wertung des § 228 BGB entnehmen, sondern insoweit auf einen übergesetzlichen rechtfertigenden Notstand zurückgreifen will (Küper ZStW 131 (2019), 1 (34f.)); vgl. auch Neumann FS Merkel, 2020, 791 (802ff.), der eine Anwendung des rechtfertigenden Notstands auf Unterlassungsdelikte insgesamt ablehnt und die Rechtfertigung stattdessen mit dem Gedanken rechtlicher Unmöglichkeit aus der Rechtswidrigkeit der erfolgsabwendenden Handlung ableitet.

dass er das Auto in der Garage seines Nachbarn N unterstellt, so ist der in einer solchen Erfolgsabwendung liegende Eingriff in die Interessen des N nur dann gerechtfertigt, wenn das geschützte Interesse des F diese Interessen wesentlich überwiegt (§ 904 BGB bzw. § 34 StGB). Ist das Unterstellen des Porsches nur dadurch möglich, dass G den in der Garage stehenden Mercedes des N in den Hagel stellt, so wäre die Abwendung der drohenden Beschädigung des Porsches rechtswidrig. Dementsprechend ist dann die durch die Nichtabwendung der Beschädigung des Porsches begangene Sachbeschädigung durch Unterlassen (§§ 303 I, 13 I StGB) durch Defensivnotstand gerechtfertigt. Da der dem F drohende Schaden nur dann auf den N abgewälzt werden darf, wenn er dadurch wesentlich geringer wird, reicht es – entgegen dem Abwägungsmaßstab des § 34 StGB – für die Rechtfertigung des Unterlassens aus, dass die dadurch geschützten Interessen des N nicht wesentlich geringerwertig sind als die beeinträchtigten Interessen des F.

2. Der Ausnahmefall des Aggressivnotstands

57 Der Abwägungsmaßstab des Aggressivnotstands gilt für die Rechtfertigung des Unterlassens lediglich in den Fällen, in denen der zur Abwendung des tatbestandlichen Erfolgs notwendige Eingriff in die Rechtsgüter einer Person zumindest nach den Regeln des Defensivnotstands zu beurteilen ist. Da in diesen Fällen die betreffende Person den zur Erfolgsabwendung notwendigen Eingriff bereits dann zu dulden hat, wenn ihre Interessen nicht wesentlich überwiegen, ist das Unterlassen der Abwendung des Erfolgs auch nur bei einem wesentlichen Überwiegen der durch das Unterlassen geschützten Interessen gerechtfertigt. Kann zB in dem soeben geschilderten Fall G den Wagen nur deshalb nicht in seine eigene Garage stellen, weil dort ohne seine Genehmigung bereits der Mercedes des C steht, so ist die dem Porsche drohende Gefahr dem C nach den Regeln des Defensivnotstands zuzurechnen. Um sie abzuwenden, darf G deshalb auch in gleichwertige und nur unwesentlich überwiegende Interessen des C eingreifen, dh er dürfte nunmehr den Mercedes des C anstelle des Porsches in den Hagel stellen. Wenn er von dieser Möglichkeit, die Beschädigung des Porsches abzuwenden, keinen Gebrauch macht, verletzt er seine Erfolgsabwendungspflicht. Er begeht eine Sachbeschädigung durch Unterlassen (§§ 303, 13 StGB), die nicht durch Notstand gerechtfertigt ist.

58 Auch wenn der zur Abwendung des tatbestandlichen Erfolgs notwendige Eingriff nicht nach den Regeln des Defensivnotstands, sondern nach denen der Notwehr zu beurteilen ist, bleibt es für die Rechtfertigung des Unterlassens im Ergebnis bei dem Abwägungsmaßstab des Aggressivnotstands. Zwar darf der Garant den drohenden Erfolg in einem solchen Fall sogar mit unverhältnismäßigen Eingriffen in die Rechtsgüter des Angreifers abwenden. Er ist aber nicht dazu verpflichtet, von dieser Möglichkeit Gebrauch zu machen. Wie die generelle Geltung des Verhältnismäßigkeitsgrundsatzes im öffentlichen Recht (→ § 16 Rn. 36) zeigt, wird eine unverhältnismäßige Verteidigung in der Rechtsordnung lediglich als eine unter Privatleuten mögliche Konfliktlösung akzeptiert. Wenn sich ein Garant dafür entscheidet, von dieser Möglichkeit keinen Gebrauch zu machen, ist dies ungeachtet seiner grundsätzlichen Erfolgsabwendungspflicht gleichfalls als rechtmäßig zu bewerten.[138] Kann also jemand die Beschädigung eines ihm anvertrauten Porsches durch einen uneinsichtigen Randa-

[138] Vgl. dazu näher Engländer FS Roxin, 2011, 657 (666ff.).

lierer nur dadurch verhindern, dass er den Angreifer durch einen gezielten Schuss schwer verletzt, so ist das Nichtergreifen dieser nach § 32 StGB durchaus zulässigen Abwendungsmöglichkeit durch Notstand (§ 34 StGB) gerechtfertigt.

3. Die sogenannte Zumutbarkeit als Anwendungsfall des rechtfertigenden Notstands

Im Prinzip gelten die gleichen Regeln, wenn zur Abwendung des tatbestandlichen Erfolgs keine Inanspruchnahme der Rechtsgüter Dritter, sondern eine Inanspruchnahme der Rechtsgüter des Garanten selbst notwendig ist.[139] Kann in dem oben gebildeten Beispiel G die drohende Beschädigung des Porsches nur dadurch abwenden, dass er ihn in seine Garage und dafür seinen eigenen Mercedes in den Hagel stellt, so ist die in dem Nichtergreifen dieser Abwendungsmöglichkeit liegende Sachbeschädigung durch Unterlassen (§§ 303, 13 StGB) ebenfalls durch Defensivnotstand gerechtfertigt. Eine Garantenstellung verpflichtet zwar zur Erfolgsabwendung, beinhaltet aber nicht die Verpflichtung, den drohenden Schaden notfalls selbst zu tragen.[140] Auch die zur Abwendung des tatbestandlichen Erfolgs notwendigen Beeinträchtigungen von Rechtsgütern des Garanten sind grundsätzlich der Rechtssphäre des bedrohten Rechtsguts zuzurechnen. Wenn ein Garant für die Abwendung des Erfolgs eigene, nicht wesentlich geringerwertige Interessen aufopfern muss, ist das Unterlassen der Erfolgsabwendung daher nicht nur – wie verbreitet angenommen wird[141] – wegen Unzumutbarkeit entschuldigt, sondern durch Defensivnotstand gerechtfertigt. 59

Eine solche Rechtfertigung des Unterlassens der Erfolgsabwendung kommt in der Praxis insbesondere dann zum Tragen, wenn eine Rettungsmaßnahme mit der gravierenden Gefahr des Todes oder einer schweren Verletzung des Garanten selbst verbunden ist.[142] Das Interesse an der Vermeidung solcher Gefahren ist selbst im Vergleich zu einem Überlebensinteresse des Gefährdeten nicht wesentlich geringerwertig, sodass in einem solchen Fall auch ein Totschlag durch Unterlassen (§§ 212, 13 StGB) durch Defensivnotstand gerechtfertigt ist. Befindet sich zB ein Säugling in einem brennenden Haus, so mag man den Vater für moralisch verpflichtet halten, eine vorhandene 60

---

[139] Vgl. SK-StGB/Stein StGB Vor § 13 Rn. 43; Roxin StrafR AT II § 31 Rn. 206; Engländer FS Roxin, 2011, 657 (661 ff.), alle mwN.

[140] Eine weitergehende Verpflichtung zur Aufopferung der eigenen Interessen kann sich zwar auch für einen Garanten daraus ergeben, dass er die Beeinträchtigung seiner Rechte nach den Regeln der Notwehr oder des Defensivnotstands zu dulden hätte (vgl. dazu → § 22 Rn. 57). Weil dies aber voraussetzt, dass das Angriffsverhalten noch nicht beendet ist (→ § 16 Rn. 15) bzw. die abzuwehrende Gefahr sich noch im eigenen Herrschaftsbereich befindet (→ § 17 Rn. 24), ergibt sich allein aus der pflichtwidrigen Verursachung einer Gefahr keine Verpflichtung, zur Verhinderung weiterer Beeinträchtigungen eigene Interessen bis zur Unverhältnismäßigkeit aufzuopfern. Selbst wer einem anderen durch einen gezielten Messerstich die einzige funktionsfähige Niere zerstört hat, muss also nicht seine Niere spenden, um den Tod des Verletzten abzuwenden (so auch Jakobs StrafR AT Abschn. 12 Rn. 26; unklar allerdings Abschn. 15 Rn. 12 f.).

[141] Vgl. etwa WBS StrafR AT Rn. 1218 mwN. Zum Teil wird die sogenannte Zumutbarkeit schon als ungeschriebenes Tatbestandsmerkmal der unechten Unterlassungsdelikte angesehen und deshalb in derartigen Fällen bereits der Tatbestand verneint (NK-StGB/Gaede StGB § 13 Rn. 17; Schönke/Schröder/Bosch StGB Vorb. §§ 13 ff. Rn. 155 mwN). Dies ist iErg unschädlich, passt aber nicht zu einem dreistufigen Verbrechensaufbau, in dem Rechtsgüterkollisionen ansonsten erst auf Rechtswidrigkeitsebene berücksichtigt werden.

[142] Vgl. dazu näher Küper, Grund- und Grenzfragen der rechtfertigenden Pflichtenkollision, 1979, S. 100 ff.

Rettungschance ohne Rücksicht auf seine eigene Person in jedem Fall wahrzunehmen. Eine rechtliche Verpflichtung dazu besteht jedoch nicht. Der in der Nichtwahrnehmung einer solchen Chance liegende versuchte Totschlag durch Unterlassen (§§ 212, 13, 22, 23 I StGB) ist bei einer Gefährdung der eigenen Existenz des Vaters durch Defensivnotstand gerechtfertigt. Bei einem Feuerwehrmann kann dies aufgrund seiner rechtlichen Verpflichtung, auch existenzielle Gefahren für die eigene Person in Kauf zu nehmen (→ § 20 Rn. 13), anders zu beurteilen sein. Jedoch ist selbst dessen Gefahrtragungspflicht begrenzt. Schon die Inkaufnahme des wahrscheinlichen Todes kann von einem Feuerwehrmann nicht verlangt werden.

III. Die rechtfertigende Pflichtenkollision

61 Eine im Wesentlichen bei kollidierenden Handlungspflichten[143] und damit den Unterlassungsdelikten auftretende Form der Rechtsgüterkollision ergibt sich, wenn von mehreren gefährdeten Rechtsgütern nur eines gerettet werden kann. Als Beispiel stelle man sich vor, dass zwei mit dem Coronavirus infizierte und infolgedessen schwer erkrankte Personen zur Erhaltung ihres Lebens künstlich beatmet werden müssen, aber nur noch ein freier Beatmungsplatz zur Verfügung steht. Der in der Klinik diensthabende Arzt hat gegenüber beiden die Pflicht, ihnen das Leben zu retten, kann indes nur eine dieser beiden Pflichten erfüllen. Grundsätzlich hat der Garant bei einer solchen Kollision zweier Handlungspflichten das höherwertige Interesse zu wahren. Sind jedoch beide Interessen gleichwertig, so gibt es keine rechtliche Regel, für welches Interesse er sich entscheiden muss. Daraus folgert die herrschende Meinung zu Recht, dass in einem solchen Fall beide Entscheidungen rechtmäßig sind.[144] Schließt der Arzt einen Patienten an das Beatmungsgerät an, so ist der an dem anderen Patienten begangene Totschlag durch Unterlassen (§§ 212, 13 StGB) nicht nur – wie einige Autoren annehmen – entschuldigt[145] oder rechtlich nicht zu bewerten,[146] sondern aufgrund der Pflichtenkollision gerechtfertigt.[147]

[143] Die Kollision einer Handlungs- mit einer Unterlassungspflicht ist allein nach den Regeln des rechtfertigenden Notstands zu lösen und mehrere Unterlassungspflichten lassen sich in aller Regel durch bloßes Nichtstun gleichzeitig erfüllen. Anders ist dies allerdings in den Fällen, in denen eine gesteuerte maschinelle Bewegung als Handlung zu bewerten ist (vgl. dazu → § 22 Rn. 6 ff.). Wenn ein Autofahrer in einer Kurve das Überfahren des sich geradeaus auf dem Gehweg befindenden Fußgängers A nur dadurch verhindern kann, dass er mittels einer Lenkbewegung sein Fahrzeug auf der Fahrbahn hält und dort den Fußgänger B überfährt, kollidieren aufgrund der rechtlichen Bewertung des Autofahrens als Handlung zwei Unterlassungspflichten, von denen der Fahrer nur eine erfüllen kann. In einem solchen Fall ist ausnahmsweise die rechtfertigende Pflichtenkollision auf ein Begehungsdelikt anzuwenden; vgl. für eine weitergehende, die generelle Anwendung auf Begehungsdelikte befürwortende Konzeption der Pflichtenkollision Coca Vila ZStW 130 (2018), 959 (972 ff.); Horter NStZ 2022, 193 (195 ff.).

[144] Vgl. Jakobs StrafR AT Abschn. 15 Rn. 6; Küper ZStW 131 (2019), 1 (24 f.), beide mwN.

[145] Vgl. Jescheck/Weigend StrafR AT § 33 V 1 c und 2 mwN.

[146] Nach einer von Arthur Kaufmann FS Maurach, 1972, 327 (336 ff.), begründeten Auffassung soll ein solches Verhalten weder rechtmäßig noch rechtswidrig sein, sondern in einen „rechtsfreien Raum“ fallen. Rechtsfrei ist aber allein die Wahl der Konfliktlösung und nicht die Bewertung des Konfliktlösungsergebnisses (so zutreffend Jakobs StrafR AT Abschn. 15 Rn. 7 Anm. 11 mwN). Ausführlich zur Kritik der Lehre vom rechtsfreien Raum Lenckner, Der rechtfertigende Notstand, 1965, S. 15 ff.; Roxin/Greco StrafR AT I § 14 Rn. 26 ff.

[147] Von einigen Autoren wird die Pflichtenkollision bereits als tatbestandsausschließend angesehen (zB Freund/Rostalski StrafR AT § 6 Rn. 132 ff.; Coca Vila ZStW 130 (2018), 959 (1005)). Im Hinblick

62 Die Interessenabwägung selbst ist bei der Pflichtenkollision nach den gleichen Regeln vorzunehmen wie beim rechtfertigenden Notstand (→ § 17 Rn. 12f.).[148] Gegeneinander abzuwägen ist der Wert der Chancen zur Rettung der bedrohten Rechtsgüter. Dieser wird durch den Wert der bedrohten Rechtsgüter, das Ausmaß der ihnen drohenden Beeinträchtigung, den Grad der Gefahr sowie die Wahrscheinlichkeit der Abwehr der Gefahr bestimmt. Wenn beide Pflichten auf die Abwehr einer Lebensgefahr gerichtet sind, sind die beiden erstgenannten Kriterien stets gleichwertig. Eine unterschiedliche Gewichtung des Werts von Menschen nach ihrem gesellschaftlichen Status, ihrer gesellschaftlichen Funktion, dem Lebensalter, dem Vorliegen einer Behinderung[149] oder irgendwelcher anderer Kriterien wäre mit Art. 1 I GG nicht vereinbar. Deshalb kommt es für die Abwägung in einem solchen Fall lediglich auf den Grad der Gefahr (Dringlichkeit) und die Wahrscheinlichkeit der Abwehr der Gefahr (Erfolgsaussicht) an.[150] Ist auch die Dringlichkeit identisch, erscheint es also zB sicher, dass beide Patienten ohne eine Beatmung nicht überleben werden, so ist nur noch die Erfolgsaussicht maßgeblich. Deshalb sehen die klinisch-ethischen Empfehlungen der medizinischen Fachgesellschaften für die Zuteilung von Ressourcen in der Notfall- und der Intensivmedizin im Kontext der Corona-Pandemie[151] zu Recht[152] vor, die Entscheidung in einem solchen Fall von den Erfolgsaussichten der Behandlung, also von der Wahrscheinlichkeit abhängig zu machen, die akute Erkrankung aufgrund der Behandlung zu überleben.

63 Da die Verpflichtung zur ärztlichen Behandlung auch bei einem bereits beatmeten Patienten eine Handlungs- und keine Unterlassungspflicht ist, greift der Rechtfertigungsgrund der Pflichtenkollision auch ein, wenn die Beatmung eines bereits an ein Beatmungsgerät angeschlossenen Patienten beendet wird, um einen anderen Patienten mit besseren Überlebenschancen beatmen zu können. Allerdings wird dies im Schrifttum zum Teil anders gesehen[153] und auch der Deutsche Ethikrat hat in einer Stellung-

---

auf die Nähe zum rechtfertigenden Notstand ist aber die Einordnung der herrschenden Meinung vorzugswürdig (vgl. auch Jakobs StrafR AT Abschn. 15 Rn. 6).

148 Busch ZStW 132 (2020), 742 (766f.).

149 Zum Verbot der Benachteiligung aufgrund einer Behinderung vgl. BVerfG NJW 2022, 380. Das Urteil hat den Gesetzgeber dazu verpflichtet, gesetzliche Regelungen zu treffen, um einer vom Gericht befürchteten Benachteiligung Behinderter beim Zugang zu lebenserhaltenden intensivmedizinischen Ressourcen entgegenzuwirken. Ein entsprechender Gesetzentwurf der Bundesregierung liegt inzwischen vor (BR-Drs. 410/22).

150 Vgl. dazu die Regelung in § 12 III 1 TPG, die als Verteilungskriterien für eine unter Umständen überlebenswichtige Organtransplantation explizit „Erfolgsaussicht und Dringlichkeit" benennt.

151 Entscheidungen über die Zuteilung von Ressourcen in der Notfall- und der Intensivmedizin im Kontext der COVID-19-Pandemie, Klinisch-ethische Empfehlungen der Deutschen Interdisziplinären Vereinigung für Intensiv- und Notfallmedizin (DIVI), der Deutschen Gesellschaft für Interdisziplinäre Notfall- und Akutmedizin (DGINA), der Deutschen Gesellschaft für Anästhesiologie und Intensivmedizin (DGAI), der Deutschen Gesellschaft für Internistische Intensivmedizin und Notfallmedizin (DGIIN), der Deutschen Gesellschaft für Pneumologie und Beatmungsmedizin (DGP), der Deutschen Gesellschaft für Palliativmedizin (DGP) und der Akademie für Ethik in der Medizin (AEM) vom 25.3.2020, S. 6ff. (abrufbar zB auf der Homepage der DIVI, https://www.divi.de/empfehlungen/publikationen/covid-19-dokumente, zuletzt abgerufen am 24.9.2022).

152 Das BVerfG hat dieses Kriterium ausdrücklich als verfassungsrechtlich zulässig anerkannt (BVerfG NJW 2022, 380 (386)); zu dessen strafrechtsdogmatischer Begründung vgl. Hilgendorf/Hoven/Rostalski/Frister Triage in der (Strafrechts-)Wissenschaft, 2021, S. 131 (136ff.).

153 Vgl. etwa Busch ZStW 132 (2020), 742 (772ff.); Engländer/Zimmermann NJW 2020, 1398 (1399); Lindner MedR 2020, 723 (727); Merkel/Augsberg JZ 2020, 704 (710ff.); Rönnau/Wegner JuS 2020,

nahme zur Corona-Krise die Auffassung vertreten, die „aktive“ Beendigung einer bereits begonnenen Beatmung sei nicht „objektiv rechtens“, sondern lediglich entschuldigt.[154] Diese Auffassung beruht jedoch auf einer verfehlten Gleichsetzung von Behandlungsbeendigung und aktiver Tötung, die mit der Rechtsprechung des Bundesgerichtshofs, dass eine auf Verlangen des Patienten erfolgende Behandlungsbeendigung nicht als Tötung auf Verlangen (§ 216 StGB) zu bewerten ist,[155] schwerlich zu vereinbaren ist.[156] Weil auch die „aktive“ Beendigung einer automatisierten Beatmung als ein Unterlassen weiterer Beatmung zu bewerten ist (→ § 22 Rn. 6–10), sind die Grundsätze der rechtfertigenden Pflichtenkollision auf diesen Fall ebenfalls anzuwenden.[157] Die bloße Entschuldigung der Beendigung wäre schon deshalb keine angemessene Lösung, weil damit jeder Bürger im Wege der Nothilfe bzw. Defensivnotstandshilfe dazu berechtigt und die Polizei im Rahmen der Gefahrenabwehr sogar dazu verpflichtet wäre, sich in die auf der Intensivstation zu treffenden Entscheidungen einzumischen und die Beendigung der Beatmung zu verhindern.

64 Ob es sich bei den zu erfüllenden Pflichten um Garantenpflichten oder nur um allgemeine Solidaritätspflichten insbesondere aus § 323c StGB handelt, ist nach allerdings heftig umstrittener Auffassung für die Rechtfertigung durch Pflichtenkollision ohne Bedeutung.[158] Wenn ein Vater aus einem brennenden Haus, in dem sich ua auch sein eigenes Kind befindet, zunächst ein anderes Kind rettet, so ist er – wenn ihm infolgedessen die Rettung des eigenen Kindes nicht mehr gelingt – auch dann nicht wegen fahrlässiger Tötung durch Unterlassen (§§ 222, 13 StGB) strafbar, wenn er dies von Anfang an hätte erkennen können. Für die Rechtsordnung wiegt das Leben beider Kinder gleich schwer, sodass die unterlassene Rettung des eigenen Kindes durch die lediglich nach § 323c I StGB gebotene Rettung des fremden Kindes gerechtfertigt ist.

---

403 (405); Sternberg-Lieben MedR 2020, 627 (635); wie hier hingegen etwa Gaede/Kubiciel/Saliger/Tsambikakis medstra 2020, 129 (134f.); Hörnle/Huster/Poscher/Hörnle, Triage in der Pandemie, 2021, S. 141 (166ff.); Hoven JZ 2020, 449 (452ff.); Hilgendorf/Hoven/Rostalski/Kubiciel, Triage in der (Strafrechts-)Wissenschaft, 2021, S. 217 (225f.); Hilgendorf/Hoven/Rostalski/Rostalski, Triage in der (Strafrechts-)Wissenschaft, 2021, S. 265 (279ff.); Hilgendorf/Hoven/Rostalski/Weigend, Triage in der (Strafrechts-)Wissenschaft, 2021, S. 375 (392ff.); vermittelnd Hilgendorf/Hoven/Rostalski/Sowada, Triage in der (Strafrechts-)Wissenschaft, 2021, S. 293 (305ff.).

[154] Ad-Hoc-Stellungnahme des Deutschen Ethikrats zur Corona-Krise vom 27.3.2020, S. 4 (abrufbar auf der Homepage des Deutschen Ethikrats, https://www.ethikrat.org/, zuletzt abgerufen am 24.9.2022).

[155] BGHSt 55, 191 (201ff.).

[156] Vgl. dazu näher Hilgendorf/Hoven/Rostalski/Frister, Triage in der (Strafrechts-)Wissenschaft, 2021, S. 131 (145f.).

[157] Dementsprechend sehen die Empfehlungen der medizinischen Fachgesellschaften zu Recht keinen Vorrang bereits in Behandlung befindlicher Patienten bei einer notwendig werdenden Priorisierung vor. Der derzeit vorliegende Regierungsentwurf (BR-Drs. 410/22) will dagegen in seinem § 5c II S. 4 einen solchen Vorrang begründen, damit aber die strafrechtliche Bewertung nicht präjudizieren (vgl. die Begründung des Entwurfs, S. 20); vgl. zu dieser methodisch fragwürdigen Vorstellung zu Recht kritisch, Hörnle medstra 2022, 273 (274).

[158] Vgl. SK-StGB/Stein StGB Vor § 13 Rn. 47 mwN; Küper ZStW 131 (2019), 1 (26ff.); Horter NStZ 2022, 193 (195); aA etwa Beulke FS Küper, 2007, 1; Coca Vila ZStW 130 (2018), 959 (991ff.); Goeckenjahn GS Joecks, 2018, 81 (84ff.), jeweils mwN.

G. Die Schuld des Unterlassungsdelikts

65 Das Unterlassungsdelikt hat die gleichen allgemeinen Schuldvoraussetzungen wie das Begehungsdelikt. Der Unterlassende muss im Zeitpunkt der Tat schuldfähig sein (§§ 19–21 StGB, § 3 JGG), das rechtliche Gebot der Erfolgsabwendung erkennen können (§ 17 StGB) und darf nicht wegen der Beeinträchtigung eigener oder ihm nahestehender existenzieller Interessen entschuldigt sein (§ 35 StGB). Im Regelfall ist das Unterlassen bei einer Beeinträchtigung solch existenzieller Interessen allerdings bereits durch Defensivnotstand gerechtfertigt (→ § 22 Rn. 59f.). Deshalb kommt eine Entschuldigung nach § 35 StGB beim Unterlassungsdelikt nur in den seltenen Fällen in Betracht, in denen für die Rechtfertigung der Abwägungsmaßstab des Aggressivnotstands gilt (→ § 22 Rn. 57f.). Als Beispiel kann man sich vorstellen, dass eine Tagesmutter ihren betrunkenen Ehemann mit dem Brotmesser niederstechen müsste, um ihn davon abzuhalten, ein ihr anvertrautes Kind zu töten. Die Frau muss hier – weil diese Verteidigungsmaßnahme nicht unproportional wäre (→ § 22 Rn. 58) – zum Schutz des Kindes von ihrem Nothilferecht Gebrauch machen, würde dadurch aber ihren eigenen Ehemann schwer verletzen oder gar töten. Das Unterlassen der Erfolgsabwendung (§§ 212, 13 StGB) wäre deshalb zwar rechtswidrig, aber durch § 35 StGB entschuldigt.

66 Da der Erfolgsabwendung entgegenstehende, nicht wesentlich geringerwertige Interessen des Garanten bereits die Rechtswidrigkeit des Unterlassens ausschließen (→ § 22 Rn. 59f.), gibt es entgegen verbreiteter Auffassung[159] keinen Anlass, beim Unterlassungsdelikt einen ungeschriebenen Entschuldigungsgrund der Unzumutbarkeit normgemäßen Verhaltens anzuerkennen.[160] Auch eine Entschuldigung wegen Gewissensnot ist beim Unterlassungsdelikt ebenso wenig anzuerkennen wie beim Begehungsdelikt (→ § 20 Rn. 20ff.). Das Bundesverfassungsgericht hat zwar in einer Entscheidung eine Entschuldigung des Unterlassens aus Art. 4 I GG für möglich gehalten.[161] Jedoch lag dieser Entscheidung ein Sachverhalt zugrunde, in dem es bei zutreffender rechtlicher Würdigung schon an dem Unrecht eines Unterlassungsdelikts fehlte. Eine Frau war gestorben, weil sie es aus Glaubensgründen abgelehnt hatte, eine lebensrettende Bluttransfusion vornehmen zu lassen. Das Unterlassen ihres Mannes, für eine solche Transfusion zu sorgen, war hier – sofern man es überhaupt für tatbestandsmäßig hält (→ § 22 Rn. 41) – jedenfalls durch die Einwilligung der bis zu ihrem Tode selbst entscheidungsfähigen Frau gerechtfertigt (→ § 22 Rn. 53).[162]

[159] LK-StGB/Rönnau StGB Vor § 32 Rn. 346; Kühl StrafR AT § 18 Rn. 140; WBS StrafR AT Rn. 1218; stark einschränkend auch Roxin StrafR AT II § 31 Rn. 211ff. mwN.

[160] Im Ergebnis ebenso MüKoStGB/Schlehofer StGB Vor §§ 32ff. Rn. 338f.; SK-StGB/Stein StGB Vor § 13 Rn. 51 mwN.

[161] BVerfGE 32, 98 (108ff.).

[162] Diese Rechtfertigung betrifft auch den Tatbestand der unterlassenen Hilfeleistung (§ 323c StGB), sodass sich – entgegen Roxin GA 2011, 1 (8f.) – auch insoweit die Frage einer Entschuldigung richtigerweise gar nicht stellte.

Vorsätzliches Unterlassungsdelikt (vgl. S. 503)

A. **Subsumtionsfrage:** Exakte Bezeichnung von Delikt und Unterlassen (→ § 22 Rn. 6ff.)
B. **Tatbestand**
  I. **Objektiver Tatbestand**
  Die **Entsprechungsklausel** des § 13 StGB findet sich in diesem Schema nicht, weil sie bei reinen Erfolgsdelikten nicht zu prüfen ist (→ § 22 Rn. 3).
    1. **Eintritt des tatbestandlichen Erfolgs**
    2. **Kausalität des in der Subsumtionsfrage bezeichneten Unterlassens für diesen Erfolg** (→ § 22 Rn. 20ff.)
    3. **Garantenstellung zur Abwendung des Erfolgs** (→ § 22 Rn. 27ff.)
    4. Rechtliche Missbilligung der Art und Weise der Erfolgsverursachung = objektive Zurechnung (→ § 22 Rn. 26)
      a) Rechtlich missbilligtes Risiko eines Erfolgseintritts
      b) Verwirklichung dieses Risikos in dem eingetretenen Erfolg
  II. **Subjektiver Tatbestand**
    1. **Vorsatz bezüglich der möglichen Erfolgsverursachung** (→ § 22 Rn. 50f.)
    2. **Vorsatz bezüglich der die Garantenstellung begründenden Umstände** (→ § 22 Rn. 50)
    3. Vorsatz bezüglich der die objektive Zurechnung begründenden Umstände
      a) Kenntnis eines rechtlich missbilligten Risikos
      b) Verwirklichung des erkannten Risikos in dem eingetretenen Erfolg = Zurechnung zum Vorsatz
C. **Rechtswidrigkeit**
  I. Rechtswidrigkeit des objektiven Geschehens (→ § 22 Rn. 52ff.)
    – Keine Verwirklichung eines objektiven Erlaubnistatbestands
  II. Rechtswidrigkeit des vorgestellten Geschehens
    – Keine Vorstellung der Umstände eines Erlaubnistatbestands
D. **Schuld** (→ § 22 Rn. 65f.)
  I. Schuldfähigkeit
  II. Möglichkeit der Unrechtseinsicht
  III. Zumutbarkeit
E. **Ergebnis: Beantwortung der Subsumtionsfrage**

Fahrlässiges Unterlassungsdelikt (vgl. S. 503)

A. **Subsumtionsfrage:** Exakte Bezeichnung von Delikt und Unterlassen
B. **Tatbestand**
  I. **Objektiver Tatbestand**
  Die **Entsprechungsklausel** des § 13 StGB findet sich in diesem Schema nicht, weil sie bei reinen Erfolgsdelikten nicht zu prüfen ist (→ § 22 Rn. 3).
    1. **Eintritt des tatbestandlichen Erfolgs**

2. **Kausalität des in der Subsumtionsfrage bezeichneten Unterlassens für diesen Erfolg**
3. **Garantenstellung zur Abwendung des Erfolgs**
4. Rechtliche Missbilligung der Art und Weise der Erfolgsverursachung = objektive Zurechnung
   a) **Rechtlich missbilligtes Risiko eines Erfolgseintritts = objektive Pflichtwidrigkeit bzw. Sorgfaltspflichtverletzung**
   b) Verwirklichung dieses Risikos in dem eingetretenen Erfolg

II. **Subjektiver Tatbestand**
Die explizite Bezeichnung als subjektiver Tatbestand wird hier verwendet, um die Parallelität zum Vorsatzdelikt deutlich zu machen. Sie ist sachlich richtig, aber **unüblich** und sollte deshalb in Prüfungsarbeiten sicherheitshalber nicht benutzt werden. Nach hM sind die entsprechenden Voraussetzungen erst in der Schuld zu prüfen (→ § 12 Rn. 5 ff.).
1. **Individuelle Erkennbarkeit der Erfolgsverursachung**
2. **Individuelle Erkennbarkeit der die Garantenstellung begründenden Umstände**
3. Individuelle Erkennbarkeit der die objektive Zurechnung begründenden Umstände
   a) Individuelle Erkennbarkeit eines rechtlich missbilligten Risikos
   b) Verwirklichung des individuell erkennbaren Risikos in dem eingetretenen Erfolg = Zurechnung zur Fahrlässigkeit

C. **Rechtswidrigkeit**
I. Rechtswidrigkeit des objektiven Geschehens
– Keine Verwirklichung eines objektiven Erlaubnistatbestands
II. Rechtswidrigkeit des erkennbaren Geschehens
– Erkennbarkeit des Fehlens von Umständen eines Erlaubnistatbestands

D. **Schuld**
I. Schuldfähigkeit
II. Möglichkeit der Unrechtseinsicht
III. Zumutbarkeit

E. **Ergebnis: Beantwortung der Subsumtionsfrage**

Lektüreempfehlungen: BGH NJW 2000, 2754–2758 (Kausalität des Unterlassens); BGHSt 23, 327–328 (Keine Garantenstellung nach gerechtfertigter Verteidigung); BGHSt 25, 218–222 (Keine Garantenstellung nach sorgfaltsgemäßem Verhalten im Straßenverkehr); BGHSt 37, 106–135 (Garantenstellung im Rahmen strafrechtlicher Produkthaftung); BGHSt 27, 10–13 (Garantenstellung des Wohnungsinhabers); BGHSt 46, 196–204 (Keine Garantenstellung bei Fehlüberweisungen und Fehlbuchungen); BGHSt 48, 301–307 (Keine Garantenstellung nach Aufhebung der ehelichen Lebensgemeinschaft); BGHSt 55, 191–206 (zur Sterbehilfe durch Behandlungsabbruch); BVerfGE 32, 98–111 (Entschuldigung bei Gewissensnot).

§ 23. Versuch und Vorbereitung

A. Der Versuch

I. Der Strafgrund des Versuchs

1 Die Strafwürdigkeit einer nur versuchten Tat lässt sich in unterschiedlicher Weise begründen.[1] Nach der **subjektiven Versuchstheorie** rechtfertigt sich eine Strafbarkeit des Versuchs bereits aus dem in der Verwirklichung des subjektiven Tatbestands liegenden Motivationsunrecht der Tat. Wer auf einen Menschen mit Tötungsvorsatz schießt und dabei sein Ziel verfehlt, sei schon deshalb wegen versuchten Totschlags (§§ 212 I, 22, 23 I StGB) zu bestrafen, weil er den Entschluss zur Tötung eines Menschen gefasst und in die Tat umgesetzt habe. Nach der **objektiven Versuchstheorie** reicht dagegen das in der Verwirklichung des subjektiven Tatbestands liegende Motivationsunrecht zur Begründung einer Strafbarkeit nicht aus. Der Versuch setze ebenso wie das vollendete Delikt ein objektiv rechtswidriges Geschehen voraus. Dieses Geschehen sei die Gefahr der Tatbestandsverwirklichung. Wer auf einen Menschen mit Tötungsvorsatz schießt und dabei sein Ziel verfehlt, sei nicht schon wegen seiner rechtswidrigen Motivation, sondern erst aufgrund der objektiven Gefährlichkeit seiner Tat wegen versuchten Totschlags strafbar.

2 Der Unterschied zwischen diesen beiden Grundpositionen zeigt sich bei der Bewertung des sogenannten **untauglichen Versuchs.**[2] Wer mit Tötungsvorsatz auf eine Vogelscheuche schießt, bei der es sich nach seiner Vorstellung um einen Menschen handelt, oder wer mit Körperverletzungsvorsatz einem anderen Wasser ins Gesicht schüttet, das er irrtümlich für Salzsäure hält, hat den Entschluss zur Tötung bzw. Körperverletzung eines Menschen gefasst und in die Tat umgesetzt. Er ist deshalb nach der subjektiven Versuchstheorie wegen versuchten Totschlags (§§ 212, 22, 23 I StGB) bzw. versuchter schwerer Körperverletzung (§ 226 I Nr. 1, 3, II StGB, §§ 22, 23 I StGB) zu bestrafen. Nach der objektiven Versuchstheorie sind derartige Fälle dagegen anders zu beurteilen. Wenn die Handlung an einem untauglichen Objekt oder mit einem untauglichen Mittel vorgenommen wird, besteht keine Gefahr der Tatbestandsverwirklichung. Der Täter hat zwar einen rechtswidrigen Entschluss betätigt, aber das allein reicht nach dieser Theorie zur Begründung der Strafbarkeit nicht aus. Ein untauglicher Versuch stellt nach der objektiven Versuchstheorie kein strafwürdiges Unrecht dar.

---

[1] Die folgende Darstellung beschränkt sich auf eine idealtypische Gegenüberstellung der Grundpositionen. In der Dogmengeschichte sind diese in mannigfachen Variationen vertreten worden; vgl. für einen ausführlichen Überblick Horter, Die fakultative Strafmilderung beim Versuch, 2020, S. 34 ff.; Jakobs StrafR AT Abschn. 25 Rn. 13 ff.; Roxin StrafR AT II § 29 Rn. 9 ff., beide mwN.

[2] In der Literatur findet sich oft die Auffassung, beide Positionen würden auch bei der Abgrenzung von Versuch und Vorbereitung zu unterschiedlichen Ergebnissen führen. Die subjektive Versuchstheorie müsse konsequenterweise auch bloße Vorbereitungshandlungen als strafwürdiges Unrecht bewerten (zB Jakobs StrafR AT Abschn. 25 Rn. 17; ähnlich auch Roxin StrafR AT II § 29 Rn. 100). Dabei wird jedoch verkannt, dass zum Motivationsunrecht eines Vorsatzdelikts auch das Verwirklichungsbewusstsein gehört (→ § 11 Rn. 9 ff.).

3 Das geltende Recht folgt in seiner Grundentscheidung der subjektiven Versuchstheorie.[3] Nach der Legaldefinition des § 22 StGB[4] muss der Täter, um einen Versuch zu begehen, nicht tatsächlich, sondern nur „nach seiner Vorstellung von der Tat" zur Verwirklichung des Tatbestands unmittelbar ansetzen. Der Versuch setzt damit nicht mehr als die vollständige Verwirklichung des subjektiven Tatbestands des vollendeten Vorsatzdelikts einschließlich des Verwirklichungsbewusstseins (→ § 11 Rn. 9ff.) voraus. Deshalb ist auch der untaugliche Versuch strafbar.[5] Hat der Täter allerdings die Untauglichkeit seines Versuchs aus grobem Unverstand verkannt, sich also zB vorgestellt, mit einer Schreckschusspistole ein Flugzeug abzuschießen oder mit Vanillezucker eine Schwangerschaft abzubrechen,[6] so kann das Gericht gemäß § 23 III StGB entweder ganz von Strafe absehen oder die Strafe zumindest nach seinem Ermessen mildern. Dies schränkt die Strafbarkeit des untauglichen Versuchs ein wenig[7] ein, bestätigt aber im Prinzip die Entscheidung des § 22 StGB. Im Umkehrschluss ergibt sich auch aus der Regelung des § 23 III StGB, dass der untaugliche Versuch strafbar ist.

4 Die Grundentscheidung für die subjektive Versuchstheorie rechtfertigt sich aus der Überlegung, dass im Prinzip jede Verwirklichung eines rechtswidrigen Entschlusses die Anerkennung der betroffenen Norm infrage stellt. Auch wenn die den Entschluss verwirklichende Handlung objektiv ungefährlich ist, widerspricht der Handelnde mit seiner Verhaltensmaxime der Geltung der betroffenen Norm. Die Bestrafung des untauglichen Versuchs ist deshalb durch den positiv-generalpräventiven Zweck der Strafe (→ § 2 Rn. 20ff.) gerechtfertigt. Die Einschränkung für den grob unverständigen Versuch lässt sich gleichfalls aus diesem Zweck erklären.[8] Sie beruht darauf, dass ein grob unverständiges Handeln von den Menschen ohnehin kaum als Orientierungsmuster für das eigene Erleben und Handeln in Betracht gezogen wird. In der Diskussion über den Strafgrund des Versuchs wird der Normwiderspruch oft als „rechtserschütternder Eindruck" und dementsprechend die dem Gesetz zugrunde liegende Versuchstheorie als **Eindruckstheorie** bezeichnet.[9] Ungeachtet dieser besonderen Terminologie wird der Versuch aber im Ergebnis aus genau dem gleichen Grund bestraft wie das

[3] Andere Rechtsordnungen haben zum Teil die gegenteilige Entscheidung getroffen. So ist zB nach italienischem Recht der untaugliche Versuch nicht strafbar; vgl. dazu Colombi Ciacchi FS Samson, 2010, 3 (6ff.).

[4] Die Auffassung, § 22 StGB enthalte keine Legaldefinition des Versuchs, sondern regele nur die Abgrenzung zur Vorbereitung, weshalb sich der Vorschrift die Strafbarkeit des untauglichen Versuchs nicht entnehmen lasse (Mitsch ZIS 2016, 352 (354f.)), vermag schon aufgrund der amtlichen Überschrift des § 22 StGB nicht zu überzeugen.

[5] In der neueren Literatur finden sich wieder verstärkt Überlegungen, die Strafbarkeit des untauglichen Versuchs in unterschiedlicher Weise einzuschränken (vgl. etwa Maier, Die Objektivierung des Versuchsunrechts, (2005), S. 209ff.; Jakobs FS Streng, 2017, 37; Hirsch JZ 2007, 494 und den Überblick bei Roxin StrafR AT II § 29 Rn. 51ff. mN). Sie sind jedoch mit dem geltenden Recht nicht vereinbar.

[6] Beispiel von WBS StrafR AT Rn. 982.

[7] Mitsch ZIS 2016, 352 (358ff.) kritisiert zu Recht, dass diese Einschränkung nicht weit genug geht, weil ein grob unverständiger sich kaum von einem anerkanntermaßen straflosen abergläubischen Versuch (→ § 23 Rn. 22) unterscheide.

[8] Vgl. dazu Horter, Die fakultative Strafmilderung beim Versuch, 2020, S. 150f.; Sancinetti GA 2016, 411 (416f.), die überzeugend darlegen, dass die Regelung des § 23 III StGB keine Konzession an die objektive Versuchstheorie darstellt.

[9] Vgl. SK-StGB/Jäger StGB Vor § 22 Rn. 15f.; Schönke/Schröder/Eser/Bosch StGB Vorb. § 22 Rn. 22, beide mwN.

vollendete Delikt.[10] Die Strafe hat auch hier die Aufgabe, den in der Tat liegenden Normwiderspruch zurückzuweisen.[11]

II. Die gesetzliche Regelung der Versuchsstrafbarkeit

1. Beschränkung auf bestimmte Delikte

5 Der Versuch eines fahrlässigen Delikts ist aufgrund der Legaldefinition des § 22 StGB nicht strafbar. Bei fahrlässigem Handeln hat der Täter keine Vorstellung von der Tat, sodass die gesetzlichen Merkmale eines Versuchs nicht erfüllt sein können.[12] Für die Vorsatzdelikte ist die Strafbarkeit des Versuchs in § 23 I StGB geregelt. Danach ist lediglich der Versuch eines Verbrechens (§ 12 I StGB) in jedem Fall strafbar. Für Vergehen (§ 12 II StGB) muss die Versuchsstrafbarkeit ausdrücklich bestimmt sein.[13] Eine solche Bestimmung, die jeweils auch für den Versuch eines entsprechenden unechten Unterlassungsdelikts gilt, findet sich allerdings sehr häufig im Gesetz. Mit Ausnahme der Untreuedelikte (§§ 266–266b StGB) ist der Versuch zB bei allen wichtigen Vermögensdelikten mit Strafe bedroht. Bei den Straftaten gegen Rechtsgüter der Person war das Gesetz zwar früher zurückhaltender.[14] Heute ist der Versuch aber bei allen zentralen Delikten gegen Rechtsgüter der Person mit Strafe bedroht.

6 Bei Vorsatz-Fahrlässigkeits-Kombinationen und erfolgsqualifizierten Delikten (→ § 7 Rn. 17) ist ungeachtet des § 11 II StGB aufgrund der Versuchsdefinition des § 22 StGB nur hinsichtlich des Vorsatz-, nicht aber bezüglich des Fahrlässigkeitsteils ein Versuch möglich.[15] Deshalb kommt bei diesen Delikten eine Versuchsstrafbarkeit nur dann in Betracht, wenn entweder lediglich der Vorsatzteil versucht und der Fahrlässigkeitsteil vollendet ist oder der Täter auch hinsichtlich des nur Fahrlässigkeit voraussetzenden Teils vorsätzlich gehandelt hat. Der erste Fall wird zumeist als **erfolgsqualifizierter Versuch,** der zweite als **versuchte Erfolgsqualifizierung** bezeichnet.[16] Wer lebensgefährliche Gewalt gegen eine Person anwendet, um eine fremde bewegliche Sache in der Absicht rechtswidriger Zueignung wegzunehmen, begeht also einen versuchten Raub mit Todesfolge (§§ 249, 251, 22, 23 I StGB), wenn er – ohne den Raub zu vollenden – durch die Gewaltanwendung den Tod der Person zumindest leichtfertig verursacht. Führt die Gewaltanwendung nicht zum Tode, so kann ebenfalls ein versuchter Raub mit Todesfolge vorliegen. Jedoch setzt dies voraus, dass der Täter mit Tötungsvorsatz gehandelt hat.[17] Die bloße Erkennbarkeit eines sich nicht verwirk-

---

[10] So iErg auch MüKoStGB/Hoffmann-Holland StGB § 22 Rn. 12ff.

[11] Jakobs StrafR AT Abschn. 25 Rn. 21ff.; Freund/Rostalski StrafR AT § 8 Rn. 11ff.

[12] Begrifflich mag auch ein Versuch des fahrlässigen Delikts denkbar sein (vgl. Jakobs StrafR AT Abschn. 25 Rn. 28 mwN). Er wird aber von der gesetzlichen Versuchsdefinition des § 22 StGB nicht erfasst (anders Freund/Rostalski StrafR AT § 8 Rn. 2f., die den Versuch eines fahrlässigen Delikts erst aufgrund des § 23 I StGB für straflos halten).

[13] Zur Abgrenzung von Verbrechen und Vergehen → § 7 Rn. 21ff.

[14] Bis zum 6. Strafrechtsreformgesetz (BGBl. 1998 I 164ff.) waren der Versuch der einfachen Körperverletzung (§ 223 StGB) und der Versuch der einfachen Freiheitsberaubung (§ 239 StGB) nicht strafbar.

[15] Jakobs StrafR AT Abschn. 25 Rn. 25.

[16] Vgl. für eine ausführliche Darstellung Küper FS Herzberg, 2008, 323 mwN.

[17] Auf die Vollendung des Raubes kommt es dagegen nicht an. Hat der Täter den notwendigen Vorsatz, so liegt eine versuchte Erfolgsqualifizierung auch vor, wenn das Grunddelikt nur versucht und die schwere Folge nicht eingetreten ist; so zu Recht BGH NJW 2022, 254 mwN.

lichenden tödlichen Risikos vermag nach § 22 StGB keine Strafbarkeit wegen Versuchs zu begründen.

2. Fakultative Strafmilderung und Rücktrittsmöglichkeit

Soweit der Versuch strafbar ist, gilt für ihn grundsätzlich die Strafdrohung des voll- 7
endeten Delikts. Schärfungen oder Milderungen nach den Vorschriften des Allgemeinen Teils oder für besonders schwere oder minderschwere Fälle sind entsprechend zu berücksichtigen. Umstritten ist allerdings, ob und inwieweit im Gesetz genannte **Regelbeispiele** (→ § 7 Rn. 23) auch beim Versuch einen besonders schweren Fall indizieren. Einige Autoren wollen die Regelbeispiele hier gar nicht,[18] die früher herrschende Lehre wollte sie nur dann berücksichtigen, wenn sie objektiv verwirklicht sind.[19] Der Bundesgerichtshof ist dem zu Recht nicht gefolgt.[20] Da das Unrecht des Versuchs generell durch die vollständige Erfüllung des subjektiven Tatbestands konstituiert wird (→ § 23 Rn. 3), kommt es für die Indizwirkung eines Regelbeispiels nicht auf den objektiven Geschehensunwert an. Auch wer nur versucht, in ein Gebäude einzusteigen, um einen Diebstahl zu begehen, muss deshalb die Indizwirkung des dadurch erfüllten Regelbeispiels gegen sich gelten lassen. Er macht sich in der Regel wegen versuchten Diebstahls in einem besonders schweren Fall (§ 242 I, II, § 243 I 1, 2 Nr. 1 StGB, §§ 22, 23 I StGB) strafbar.[21]

Die für das vollendete Delikt vorgesehene Strafe kann beim Versuch gemildert werden 8
(§ 23 II StGB). Der Sinn dieser Milderungsmöglichkeit ist umstritten.[22] Letztlich dürfte sie auf dem gleichen Gedanken beruhen wie die Sonderregelung für den grob unverständigen Versuch.[23] Beide tragen der Tatsache Rechnung, dass der Normwiderspruch an Orientierungsfunktion verliert, je weniger die Handlung des Täters geeignet ist, objektiv die Norm zu verletzen. Insoweit gibt es auch innerhalb der nicht grob unverständigen Handlungen mannigfache Abstufungen. Versucht zB eine Frau, ihren Mann mit einer viel zu geringen Dosis eines Insektenvernichtungsmittels zu töten, so ist dies – weil die Höhe der tödlichen Dosis nicht zum selbstverständlichen Erfahrungswissen des Durchschnittsmenschen gehört – kein grob unverständiger Mordversuch (§ 211 II Var. 5 StGB, §§ 22, 23 I StGB).[24] Gleichwohl ist eine solche Tat anders zu beurteilen als die Verabreichung einer tödlichen Dosis, die nur durch einen glücklichen Zufall nicht zum tödlichen Erfolg geführt hat. Im erstgenannten Fall wäre eine Strafmilderung angemessen, im letzteren käme sie schwerlich in Betracht.

Auch wenn der Täter bereits einen grundsätzlich strafbaren Versuch begangen hat, 9
wird er nicht in jedem Fall bestraft. Das Gesetz gibt ihm die Möglichkeit, nach Eintritt in das Versuchsstadium mit strafbefreiender Wirkung vom Versuch zurückzutreten (§ 24 StGB). Welche Anforderungen an einen solchen Rücktritt gestellt werden, hängt

[18] Vgl. zB Degener FS Stree/Wessels, 1993, 305 (327 ff.) mwN.

[19] Vgl. zB WHS StrafR BT II Rn. 220 ff. mwN.

[20] BGHSt 33, 370.

[21] Vgl. für eine nähere Begründung Streng FS Puppe, 2011, 1025 (1031 ff.) mwN.

[22] Vgl. dazu eingehend Horter, Die fakultative Strafmilderung beim Versuch, 2020, S. 139 ff; Jakobs StrafR AT Abschn. 25 Rn. 77 ff. mwN.

[23] Ebenso Horter, Die fakultative Strafmilderung beim Versuch, 2020, S. 157 ff., der aber nicht nur § 23 III StGB, sondern auch § 24 StGB bei der Anwendung der Strafmilderung heranziehen, dh in rücktrittsnahen Fällen ebenfalls von der Milderungsmöglichkeit Gebrauch machen will.

[24] So zu Recht BGHSt 41, 94.

davon ab, wie weit der Täter seinen Tatplan bereits ausgeführt hat. Solange er noch nicht alles nach seiner Vorstellung von der Tat zur Verwirklichung des Tatbestands Erforderliche getan hat **(unbeendeter Versuch),** genügt es, dass er die weitere Ausführung der Tat freiwillig aufgibt (§ 24 I 1 Var. 1 StGB). Hat er dagegen bereits sämtliche nach seinem Tatplan zur Verwirklichung des Tatbestands notwendigen Handlungen vorgenommen **(beendeter Versuch),** so muss er die Vollendung durch Gegenaktivitäten freiwillig verhindern bzw. sich zumindest freiwillig darum bemühen (§ 24 I 1 Var. 2, S. 2 StGB). Die Einzelheiten werden im nächsten Kapitel gesondert dargestellt.

3. Die Unternehmensdelikte

10 Bei einigen Delikten wie etwa dem Hochverrat (§ 81 I StGB, § 82 I StGB), der Verbreitung pornographischer Schriften (§ 184 I Nr. 4, 8, 9 StGB), dem Herbeiführen einer Explosion durch Kernenergie (§ 307 I StGB), dem Missbrauch ionisierender Strahlen (§ 309 I, II StGB) und der Verleitung Untergebener zur Begehung von Straftaten (§ 357 I StGB) wird in der Deliktsbeschreibung nur das Unternehmen der betreffenden Tat verlangt. Darunter ist nach der Legaldefinition des § 11 I Nr. 6 StGB sowohl der Versuch als auch die Vollendung zu verstehen. Damit ist der Versuch bei diesen sogenannten **Unternehmensdelikten** ebenso wie das vollendete Delikt zu bestrafen. Versucht zB jemand, pornographische Schriften im Wege des Versandhandels nach Deutschland einzuführen, so ist er – obwohl es sich bei der Verbreitung pornographischer Schriften nur um ein Vergehen handelt – nach § 184 I Nr. 4 StGB strafbar. Die dafür angedrohte Strafe kann nicht gemäß § 23 II StGB gemildert werden.[25] Auch die § 23 III StGB, § 24 StGB sind bei den Unternehmensdelikten nicht anwendbar.[26] Dies wird zwar in der neueren Literatur zum Teil bestritten.[27] Jedoch zeigen die bei einigen Unternehmensdelikten vorgesehenen speziellen Vorschriften zur Berücksichtigung einer tätigen Reue des Täters, dass eine Anwendung des § 24 StGB nicht dem Willen des Gesetzes entspricht.

11 Die Unternehmensdelikte haben ihren historischen Ursprung in dem Tatbestand des Hochverrats. Weil ein erfolgreicher gewaltsamer Umsturz den Täter selbst an die Macht bringt und er damit de facto nicht mehr bestraft werden kann, hat man diesen Tatbestand schon sehr früh so formuliert, dass er auch den Versuch eines solches Umsturzes erfasste. Ohne erkennbares System wurde diese Gesetzestechnik dann später auch bei anderen Delikten angewendet.[28] Ihr kriminalpolitischer Sinn wird heute vor allem darin gesehen, die fakultative Strafmilderung des § 23 II StGB auszuschließen.[29] Jedoch gibt es für einen solchen Ausschluss nicht einmal beim Hochverrat einen tragfähigen Grund. Selbst bei diesem Delikt wäre eine Strafmilderung zumindest dann angezeigt, wenn die gewaltsame Änderung der verfassungsmäßigen Ordnung mit offenkundig untauglichen Mitteln versucht wird. Entsprechendes gilt für die übrigen Unternehmensdelikte. Die bei den Unternehmensdelikten vorliegende Abweichung von den allgemeinen Regeln über die Versuchsstrafbarkeit ist deshalb – wie schon zu Beginn des vorigen Jahrhunderts richtig erkannt wurde[30] – kriminalpolitisch nicht zu rechtfertigen.

12 Für einen Teil der Unternehmensdelikte sieht das Gesetz spezielle Regelungen vor, durch die der Ausschluss des Rücktritts nach § 24 StGB teilweise kompensiert wird. Beim Hochverrat, dem Herbeiführen einer Explosion durch Kernenergie und dem Missbrauch ionisierender Strahlen gibt das Gesetz dem Gericht die Möglichkeit, die **tätige Reue** des Täters durch eine Strafmilderung gemäß § 49 II StGB und zum Teil auch durch ein Absehen von Strafe zu honorieren (vgl. im Einzelnen § 83a I, III StGB, § 314a I, II

[25] NK-StGB/Saliger StGB § 11 Rn. 58; SK-StGB/Stein/Deiters StGB § 11 Rn. 83, beide mwN; anders nur MüKoStGB/Hoffmann-Holland StGB § 24 Rn. 188.

[26] NK-StGB/Saliger StGB § 11 Rn. 59; Schönke/Schröder/Hecker StGB § 11 Rn. 48f.; Jescheck/Weigend StrafR AT § 49 VIII 2.

[27] Wolters, Das Unternehmensdelikt, 2001, S. 177ff. und 274ff.; ihm folgend MüKoStGB/Hoffmann-Holland StGB § 24 Rn. 188; SK-StGB/Stein/Deiters StGB § 11 Rn. 83.

[28] Vgl. zur Geschichte der Unternehmensdelikte Wolters, Das Unternehmensdelikt, 2001, S. 47ff. mwN.

[29] Schönke/Schröder/Hecker StGB § 11 Rn. 48 mwN.

[30] Die Reformentwürfe der Weimarer Zeit sahen fast durchweg eine Abschaffung der Unternehmensdelikte vor. Erst das nationalsozialistische Strafrecht hat diese Deliktskategorie wieder salonfähig gemacht (vgl. zur Entwicklung iE Wolters, Das Unternehmensdelikt, 2001, S. 62ff.).

Nr. 1, IV StGB). Bei anderen Unternehmensdelikten wie zB der Verbreitung pornographischer Schriften oder der Verleitung eines Untergebenen zu einer Straftat ist eine solche Privilegierung der tätigen Reue dagegen nicht vorgesehen. Für diese unterschiedliche Regelung gibt es keinen sachlichen Grund. Gleichwohl hält die herrschende Meinung eine entsprechende Anwendung der bestehenden Regelungen nicht für möglich.[31] Dies vermag nicht zu überzeugen. Wenn der Täter bei einem Unternehmensdelikt die weitere Ausführung der Tat aufgibt oder sonst die Gefahr der Vollendung abwendet, ist das Gericht in Anwendung des gemeinsamen Rechtsgedankens der § 83a I, III StGB, § 314a I, II Nr. 1, IV StGB zumindest dazu befugt, die Strafe nach seinem Ermessen zu mildern.

III. Der Aufbau der Versuchsprüfung

Die Frage einer Strafbarkeit wegen Versuchs stellt sich nur dann, wenn das betreffende Delikt nicht vollendet ist. Dies muss in Zweifelsfällen durch eine vorherige Prüfung der vollendeten Tat festgestellt werden. Nur wenn es offensichtlich an der Vollendung fehlt, ist sofort mit der Versuchsprüfung zu beginnen. Fehlende Vollendung ist auch bei den Erfolgsdelikten nicht gleichbedeutend mit der fehlenden Verursachung eines tatbestandlichen Erfolgs.[32] Es ist durchaus möglich, dass der Erfolg eines Strafgesetzes verursacht, zB ein Mensch getötet, die Tat aber gleichwohl nicht vollendet worden ist, weil der eingetretene Erfolg objektiv (→ § 10 Rn. 1 ff.) oder zum Vorsatz des Täters (→ § 11 Rn. 45 ff.) nicht zurechenbar oder die Erfolgsherbeiführung zwar tatbestandsmäßig, aber objektiv gerechtfertigt ist (→ § 14 Rn. 27 f.). Auch in solchen Fällen kommt mangels Vollendung der Tat eine Versuchsstrafbarkeit in Betracht. Scheitert dagegen die Strafbarkeit wegen eines vollendeten Delikts am fehlenden subjektiven Tatbestand oder der Vorstellung rechtfertigender Umstände, so ist – weil der Versuch das volle Motivationsunrecht der Tat voraussetzt – für eine Versuchsprüfung kein Raum. 13

Die Prüfung des versuchten Delikts selbst beginnt mit einer sogenannten **Vorprüfung,** in der die Strafbarkeit des Versuchs festzustellen ist und – sofern zuvor nicht das vollendete Delikt geprüft wurde – üblicherweise kurz auf die fehlende Vollendung der Tat hingewiesen wird. Da der Versuch über die bereits in der Subsumtionsfrage zu benennende Handlung bzw. Unterlassung hinaus keine weiteren objektiven Voraussetzungen hat, ist danach sofort der subjektive Tatbestand des betreffenden Delikts zu erörtern. Dies geschieht in zwei Schritten. Zunächst ist festzustellen, ob der Handelnde überhaupt eine Vorstellung von der Tat (§ 22 StGB) hatte. Diese Vorstellung wird als Tatentschluss bezeichnet und umfasst den Vorsatz und alle sonstigen Merkmale des subjektiven Tatbestands mit Ausnahme des Verwirklichungsbewusstseins. Sodann ist zu prüfen, ob der Handelnde nach seiner Vorstellung von der Tat zur Verwirklichung des Tatbestands unmittelbar angesetzt (§ 22 StGB) hat, dh ob er das Bewusstsein hatte, den vorhandenen Tatentschluss zu verwirklichen. Wenn auch diese Voraussetzung erfüllt ist, liegt tatbestandlich ein Versuch vor. Es ist dann weiter festzustellen, ob der Täter rechtswidrig und schuldhaft gehandelt hat und ob er gegebenenfalls strafbefreiend vom Versuch zurückgetreten ist (§ 24 StGB). 14

Zur Feststellung des **Tatentschlusses** ist die Vorstellung des Handelnden ebenso genau und ausführlich unter das jeweilige Strafgesetz zu subsumieren wie beim vollendeten Delikt das objektive Geschehen. Die dafür erforderliche Auslegung des Gesetzes, 15

[31] LK-StGB/Hilgendorf StGB § 11 Rn. 85 f. mwN; Schönke/Schröder/Hecker StGB § 11 Rn. 49.

[32] Vgl. dazu lehrreich BGH NStZ 2016, 664.

die beim vollendeten Delikt bei der Subsumtion des objektiven Tatbestands erfolgt, ist beim Versuch im Rahmen der Prüfung des Tatentschlusses vorzunehmen. Hat sich zB A vorgenommen, seinen Bekannten B mit einer vollen Bierflasche auf den Kopf zu schlagen und anschließend dessen Geldbörse zu entwenden, so ist zur Begründung des auf den schweren Raub (§§ 249, 250 II Nr. 1 StGB) gerichteten Vorsatzes der Schlag als Anwendung von Gewalt gegen eine Person, das Entwenden der Geldbörse als Wegnahme einer fremden beweglichen Sache und die volle Bierflasche als gefährliches Werkzeug zu qualifizieren. Dafür müssen die objektiven Tatbestandsmerkmale des schweren Raubes entsprechend ausgelegt werden. Dies kann – da der objektive Tatbestand beim Versuch nicht erfüllt sein muss – nur bei der Untersuchung geschehen, ob die Vorstellung des A auf die Verwirklichung des objektiven Tatbestands gerichtet war.

16 Das **unmittelbare Ansetzen** zur Tatbestandsverwirklichung grenzt den Versuch von den in der Regel straflosen Vorbereitungshandlungen ab. Es wird in der Literatur zumeist als „objektiver" Tatbestand des Versuchs bezeichnet.[33] Da sich das unmittelbare Ansetzen auf der Grundlage der Vorstellung des Handelnden beurteilt (§ 22 StGB), ist diese Bezeichnung jedoch systematisch nicht korrekt. Wie beim Versuch generell kommt es auch bei der Abgrenzung des Versuchs zur Vorbereitungshandlung nicht auf das objektive Geschehen selbst, sondern auf die Vorstellung des Handelnden von diesem Geschehen an.[34] Wer mit entsichertem und angelegtem Gewehr bei seinem Nachbarn klingelt, um ihn unmittelbar nach dem Öffnen der Tür zu erschießen, hat auch dann bereits einen versuchten Totschlag bzw. Mord (§§ 212, 211, 22, 23 I StGB) begangen, wenn die Tür entgegen seinem Plan automatisch geöffnet wird und er deshalb noch mehrere Zimmer durchqueren muss, um sein Vorhaben auszuführen. Da der Täter nur nach seiner Vorstellung von der Tat zur Tatbestandsverwirklichung unmittelbar angesetzt haben muss, sind objektiv notwendige, im Tatplan aber nicht vorgesehene Zwischenschritte ohne Bedeutung. Weil sich das Unrecht des Versuchs lediglich aus der Motivation des Täters ergibt, ist im Übrigen auch die **Rechtswidrigkeit** rein subjektiv, dh ausschließlich auf der Grundlage der Sachverhaltsvorstellung des Täters zu beurteilen.[35]

IV. Die Voraussetzungen des Tatentschlusses

17 Der Tatentschluss muss wie der Vorsatz beim vollendeten Delikt alle Umstände des objektiven Tatbestands umfassen. Eine bestimmte Vorsatzform ist nur erforderlich, wenn sie in dem jeweiligen Deliktstatbestand besonders verlangt wird. Ansonsten reicht es – entgegen einer vereinzelt vertretenen Auffassung[36] – auch beim Versuch aus, dass der Täter das tatbestandsmäßige Geschehen als mögliche Nebenfolge seiner geplanten Handlungen erkennt. Außerdem gehören zum Tatentschluss etwaige über

[33] Vgl. zB Jakobs StrafR AT Abschn. 25 Rn. 55; WBS StrafR AT Rn. 944; dagegen bereits Puppe, AT 2, 1. Aufl. 2005, § 35 Rn. 5.

[34] Dies ist ungeachtet der verfehlten Bezeichnung des unmittelbaren Ansetzens als objektiver Tatbestand iErg allgemein anerkannt; vgl. etwa Jakobs StrafR AT Abschn. 25 Rn. 60; WBS StrafR AT Rn. 946; Safferling ZStW 118 (2006), 682 (700 ff.).

[35] MüKoStGB/Hoffmann-Holland StGB § 22 Rn. 147; Samson StrafR I S. 167; Streng FS Otto, 2007, 469 (481 ff.) mwN.

[36] Vgl. Puppe NStZ 1984, 488 (491) mwN; dagegen zu Recht Herzberg NJW 1989, 862 (868) sowie MüKoStGB/Hoffmann-Holland StGB § 22 Rn. 43 ff. mwN.

den Vorsatz hinausgehende subjektive Unrechtsmerkmale des jeweiligen Delikts. Da diese Unrechtsmerkmale das Motivationsunrecht des jeweiligen Delikts mitbegründen, müssen sie auch beim Versuch erfüllt sein. Der Entschluss zur Begehung eines Diebstahls (§ 242 StGB) setzt also zB die Absicht voraus, sich die fremde bewegliche Sache, deren Wegnahme man plant, rechtswidrig zuzueignen.

1. Der Inhalt des Tatplans – Abgrenzung zum Wahndelikt

Der Tatentschluss muss auf ein Geschehen gerichtet sein, das bei seinem Eintritt tatsächlich den Tatbestand des betreffenden Delikts erfüllen würde. Wenn jemand sein Verhalten irrtümlich für strafbar hält, etwa in dem Glauben mit der Frau seines Nachbarn schläft, dies sei als Ehebruch strafbar, liegt kein Tatentschluss und dementsprechend kein Versuch vor. Man spricht in solchen Fällen von einem nur eingebildeten Delikt oder einem straflosen **Wahndelikt.** Dieses setzt nicht unbedingt voraus, dass sich der Handelnde wie in dem gebildeten Beispiel einen nicht existenten Straftatbestand vorstellt. Es liegt auch dann vor, wenn er das vorgestellte Geschehen irrtümlich unter einen tatsächlich existierenden Tatbestand subsumiert. Wer eine von einer anderen Person geschriebene Examensarbeit in der Vorstellung als eigene Prüfungsleistung ausgibt, ein solches Verhalten erfülle den Tatbestand der Urkundenfälschung (§ 267 I Var. 3 StGB), stellt sich ebenfalls kein tatsächlich strafbares Geschehen vor. Seine falsche[37] Subsumtion begründet keinen untauglichen Versuch, sondern stellt ein strafloses Wahndelikt dar. 18

Der Unterschied zwischen einem untauglichen Versuch und einem straflosen Wahndelikt entspricht dem zwischen Tatbestands- und Subsumtionsirrtum.[38] Beim untauglichen Versuch irrt der Handelnde über den der strafrechtlichen Norm zu subsumierenden Sachverhalt, beim Wahndelikt hingegen über die strafrechtliche Norm selbst. Entgegen einer verschiedentlich vertretenen Auffassung[39] begründet deshalb nicht jeder Rechtsirrtum ein Wahndelikt. Vielmehr sind die für die Abgrenzung zwischen Tatbestands- und Subsumtionsirrtum geltenden Regeln (→ § 11 Rn. 35ff.) bei der Abgrenzung zwischen untauglichem Versuch und Wahndelikt entsprechend anzuwenden. Man muss sich auch hier den Handelnden als einen „perfekten Strafrechtler" vorstellen, der die Definition aller Tatbestandsmerkmale des infrage stehenden Delikts vollständig beherrscht. Wenn er auch mit diesen Kenntnissen sich vorgestellt hätte, dass sein Verhalten den Tatbestand des betreffenden Delikts verwirklicht, irrt er über den der strafrechtlichen Norm zu subsumierenden Sachverhalt und begeht damit einen untauglichen Versuch. Wäre der Handelnde dagegen als „perfekter Strafrechtler" zu dem Ergebnis gekommen, sein Verhalten sei nicht strafbar, so liegt ein strafloses Wahndelikt vor. 19

Als Beispiel stelle man sich vor, dass A ein ihm gestohlenes Fahrrad dem gutgläubigen Erwerber wieder wegnimmt, in der Absicht, es für sich zu behalten. Da nach § 935 I BGB ein gutgläubiger Erwerb des 20

---

[37] Vgl. BayObLG NJW 1981, 773; LK-StGB/Zieschang StGB § 267 Rn. 281 mwN.

[38] Man spricht in der Literatur auch vielfach von einem umgekehrten Tatbestands- und einem umgekehrten Subsumtionsirrtum, wobei der umgekehrte Tatbestandsirrtum einen untauglichen Versuch und der umgekehrte Subsumtionsirrtum ein bloßes Wahndelikt begründet; vgl. zu diesem sog. Umkehrprinzip lehrreich Puppe StrafR AT § 20 Rn. 38, die zutreffend darauf hinweist, dass dieses Prinzip immer nur für die auf einzelne Tatbestandsmerkmale bezogene Vorstellung des Täters gilt.

[39] Vgl. etwa Burkhardt GA 2013, 346; Sancinetti GA 2016, 411 (417); Streng GA 2009, 529 (532ff.); ähnlich auch Kindhäuser FS Streng, 2017, 325; Toepel ZIS 2017, 606 (608ff.), alle mwN.

Eigentums an abhanden gekommenen Sachen nicht möglich ist, hat A lediglich eine eigene Sache weggenommen und sich damit nicht wegen vollendeten Diebstahls (§ 242 I StGB) strafbar gemacht. Ein versuchter Diebstahl (§ 242 I, II StGB, §§ 22, 23 I StGB) läge in einem solchen Fall vor, wenn A den § 935 I BGB nicht kannte und deshalb irrtümlich annahm, der gutgläubige Erwerber sei Eigentümer des Fahrrads geworden. Denn dieser Irrtum über die Eigentumslage betrifft nicht den Inhalt der strafrechtlichen Norm, sondern führt dazu, dass A sich einen Sachverhalt vorstellt, der dem Diebstahlstatbestand tatsächlich zu subsumieren ist. Wenn A dagegen den § 935 I BGB kannte, aber zB irrtümlich annahm, nicht nur im Eigentum, sondern auch im Besitz eines anderen stehende Sachen seien fremd iSd § 242 StGB, ist der Fall anders zu beurteilen. A irrte sich dann über den Inhalt der strafrechtlichen Norm selbst und hat damit keinen untauglichen Diebstahlsversuch, sondern ein strafloses Wahndelikt begangen.

21 Bei **Blankettmerkmalen und die Tat strafrechtlich bewertenden Merkmalen** sind untauglicher Versuch und Wahndelikt ebenfalls nach den für die Abgrenzung zwischen Tatbestands- und Subsumtionsirrtum geltenden Regeln zu unterscheiden.[40] Die solche Merkmale ausfüllenden Normen und Wertvorstellungen gehören nicht zu dem strafrechtlich zu bewertenden Sachverhalt, sondern sind ein Teil der strafrechtlichen Bewertung selbst (→ § 11 Rn. 39 und → Rn. 41). Deshalb begründet ihre irrtümliche Annahme keinen untauglichen Versuch, sondern stellt ein strafloses Wahndelikt dar.

Wer eine Spielzeugpistole kauft, versucht auch dann nicht ohne Erlaubnis eine Schusswaffe zu erwerben (§ 52 I Nr. 2 Buchst. a WaffG), wenn er fälschlich davon ausgeht, dass in dem in dieser Vorschrift in Bezug genommenen Abschnitt 2 Unterabschnitt 1 Satz 1 der Anlage 2 des Waffengesetzes auch Spielzeugpistolen als Schusswaffen aufgeführt sind. Weil die Bestimmung der Schusswaffen zur strafrechtlichen Bewertung selbst gehört, stellt sein Verhalten ein strafloses Wahndelikt dar. Entsprechendes gilt für einen Arbeitnehmer, der durch eine Kündigungsdrohung eine Gehaltserhöhung durchsetzen will und dies selbst für höchst verwerflich hält. Weil die Verwerflichkeit ein Teil der strafrechtlichen Bewertung ist, liegt kein Versuch einer rechtswidrigen Nötigung (§ 240 I–III StGB, §§ 22, 23 I StGB), sondern ein strafloses Wahndelikt vor.[41]

22 Auch die **irrtümliche Annahme der rechtlichen Missbilligung eines tatsächlich erlaubten Risikos** betrifft die strafrechtliche Bewertung selbst und ist deshalb nicht geeignet, einen Tatentschluss zu begründen. Daraus ergibt sich ua, dass der sogenannte **abergläubische Versuch,** bei dem der Täter nicht (nur) grob unverständig handelt, sondern sich zur Herbeiführung des Erfolgs übernatürlicher Kräfte bedienen will, nicht strafbar ist. Die Erfolgsdelikte sind als Verbote zu verstehen, den jeweiligen tatbestandlichen Erfolg auf natürliche Art und Weise herbeizuführen.[42] Einen Menschen vom Teufel holen zu lassen oder ihn mittels sonstiger überirdischer Kräfte zu töten, ist in unserer säkularisierten Rechtsordnung nicht verboten. Deshalb begeht eine Frau, die durch rituelle Beschwörungshandlungen den Teufel herbeiruft, damit er ihren Ehemann in die Hölle befördert,[43] keinen versuchten Totschlag (§§ 212, 22, 23 I StGB). Dies gilt auch dann, wenn die Frau selbst die Anwendung solch überirdischer „Tötungsmethoden" für strafbar hält. In diesem Fall liegt ein strafloses Wahndelikt vor.

---

[40] Vgl. zu den dabei spiegelbildlich auftretenden Problemen lehrreich Puppe StrafR AT § 20 Rn. 16ff.; Puppe ZStW Bd. 128 (2016), 301, jeweils mwN.

[41] Vgl. zu einem entsprechend strukturierten Fall BGH JR 1994, 510 und dazu Puppe StrafR AT § 20 Rn. 14f.

[42] Vgl. Jakobs StrafR AT Abschn. 25 Rn. 22 mwN; anders nur Ellbogen FS Heintschel-Heinegg, 2015, 125 (127ff.).

[43] Vgl. RGSt 33, 321.

Bei Delikten, die ein **besonderes Pflichtverhältnis** des Täters voraussetzen, gelten für die Abgrenzung zwischen untauglichem Versuch und Wahndelikt besondere Regeln. Den Entschluss zur Begehung eines echten **Sonderdelikts** (→ § 8 Rn. 23) kann auch eine Person haben, die die geforderte Täterqualität nur in ihrer Vorstellung aufweist. Daher würde zB ein vermeintlicher Beamter, der eine gefälschte Ernennungsurkunde ausgehändigt bekommen hat, sich nach § 22 StGB wegen versuchter Bestechlichkeit (§ 332 I StGB) strafbar machen, wenn er für die Vornahme einer rechtswidrigen „Diensthandlung" einen Vorteil fordert. Dieses Ergebnis ist jedoch im Hinblick auf den Strafgrund des Versuchs zu korrigieren. Die Tat eines Nichtbeamten vermag das Vertrauen in die Geltung einer nur für Beamte geltenden Norm nicht zu erschüttern. Deshalb ist – entgegen der herrschenden Meinung[44] – bei echten Sonderdelikten auch für den Versuch das objektive Vorliegen der Sonderbeziehung zu verlangen.[45] Deren irrtümliche Annahme begründet abweichend von der allgemeinen Regel lediglich ein strafloses Wahndelikt. 23

In diesem Lehrbuch werden Irrtümer im Zusammenhang mit den Strafbarkeitsvoraussetzungen behandelt, deren Vorliegen durch sie ausgeschlossen oder begründet wird. Die folgende Übersicht soll die dabei erarbeiteten Grundstrukturen nur noch einmal zusammenhängend verdeutlichen. Kongruenzprobleme wie der error in persona und die aberratio ictus (→ § 11 Rn. 45 ff.) sowie Sonderfälle wie die Irrtümer über Entschuldigungsgründe (→ § 20 Rn. 17 f.) und persönliche Strafausschließungsgründe (→ § 21 Rn. 11 ff.) bleiben dabei der Übersichtlichkeit halber ausgeklammert.

[44] Fischer StGB § 22 Rn. 55; MüKoStGB/Hoffmann-Holland StGB § 22 Rn. 62 ff.; SK-StGB/Jäger StGB § 22 Rn. 47 ff.; Streng GA 2009, 529 (538 f.), alle mwN.

[45] Jakobs StrafR AT Abschn. 25 Rn. 43 ff.; Roxin StrafR AT II § 29 Rn. 354 ff.; Stratenwerth/Kuhlen StrafR AT § 11 Rn. 65 f., alle mwN. Soweit allerdings auch die unechten Unterlassungsdelikte als solche Sonderdelikte eingeordnet werden (so teilweise Jakobs StrafR AT Abschn. 25 Rn. 45), ist dem zu widersprechen. Durch ein unechtes Unterlassungsdelikt wird die gleiche Norm wie durch ein entsprechendes Begehungsdelikt verletzt, sodass hier – unabhängig von der Art der Garantenstellung – keine nur für einen bestimmten Personenkreis geltende Norm infrage steht.

Irrtümer über den Gegenstand der strafrechtlichen Beurteilung		Irrtümer über die strafrechtliche Beurteilung selbst	
Tatbestands-irrtum (Kap. 11 Rn. 30 ff.) *Definition:* Es liegen alle Umstände vor, die zum (objektiven) Tatbestand eines Strafgesetzes gehören, der Täter kennt aber nicht alle. *Beispiel:* A erschießt einen Menschen in dem Glauben, es handele sich um eine Vogelscheuche. *Rechtsfolge:* § 16 StGB	**Umgekehrter Tatbestandsirrtum (Kap. 23 Rn. 18 ff.)** *Definition:* Es liegen nicht alle Umstände vor, die zum (objektiven) Tatbestand eines Strafgesetzes gehören, der Täter stellt sich aber das Vorliegen solcher Umstände vor. *Beispiel:* A „erschießt" eine Vogelscheuche in dem Glauben, es handle sich um einen Menschen. *Rechtsfolge:* Strafbarkeit wegen *Versuchs*	**Direkter Verbotsirrtum (Kap. 19 Rn. 1 ff.)** *Definition:* Es liegen alle Umstände vor, die zum Tatbestand eines Strafgesetzes gehören, der Täter kennt diese Umstände, weiß aber nicht, dass sie den Tatbestand eines Strafgesetzes erfüllen *und* hält sein Verhalten deshalb für erlaubt (sonst unbeachtlicher Strafbarkeitsirrtum). *Beispiel:* A schläft mit seiner Schwester in dem Glauben, dies sei erlaubt. *Rechtsfolge:* § 17 StGB	**Umgekehrter direkter Verbotsirrtum (Kap. 23 Rn. 18 ff.)** *Definition:* Es liegen nicht alle Umstände vor, die zum Tatbestand eines Strafgesetzes gehören, der Täter stellt sich das Vorliegen solcher Umstände auch nicht vor, nimmt aber an, dass der Tatbestand des Strafgesetzes erfüllt ist. *Beispiel:* A betrügt seine Ehefrau in dem Glauben, dies sei strafbar. *Rechtsfolge:* Strafloses „Wahndelikt"
Erlaubnis-tatbestandsirrtum (Kap. 14 Rn. 29 ff.) *Definition:* Es liegen *nicht* alle Umstände vor, die zum (objektiven) Rechtfertigungstatbestand gehören, der Täter stellt sich aber das Vorliegen solcher Umstände vor. *Beispiel:* A erschießt einen harmlosen Spaziergänger in dem Glauben, dieser wolle ihn mit einer Waffe berauben. *Rechtsfolge:* § 16 StGB analog (h. L. und Rechtsprechung) oder § 17 StGB (strenge Schuldtheorie)	**Umgekehrter Erlaubnistatbestandsirrtum (Kap. 14 Rn. 27 ff.)** *Definition:* Es liegen alle Umstände vor, die zum (objektiven) Rechtfertigungstatbestand gehören, der Täter kennt aber nicht alle. *Beispiel:* A erschießt einen unmittelbar ansetzenden bewaffneten Räuber in dem Glauben, dieser sei ein harmloser Spaziergänger. *Rechtsfolge:* Strafbarkeit wegen Versuchs (h.L.) oder wegen Vollendung	**Indirekter Verbotsirrtum bzw. Erlaubnisirrtum (Kap. 14 Rn. 35 ff.)** *Definition:* Es liegen *nicht* alle Umstände vor, die zum Tatbestand eines Rechtfertigungsgrundes gehören, der Täter stellt sich das Vorliegen solcher Umstände auch nicht vor, nimmt aber an, dass der Tatbestand eines Rechtfertigungsgrundes erfüllt ist. *Beispiel:* A schlägt seinen Sohn in dem Glauben, diese Züchtigung sei gerechtfertigt. *Rechtsfolge:* § 17 StGB	**Umgekehrter indirekter Verbotsirrtum bzw. umgekehrter Erlaubnisirrtum (Kap. 23 Rn. 18 ff.)** *Definition:* Es liegen alle Umstände vor, die zum Tatbestand eines Rechtfertigungsgrundes gehören, der Täter kennt diese Umstände, weiß aber nicht, dass sie den Tatbestand eines Rechtfertigungsgrundes erfüllen. *Beispiel:* A nimmt einen von ihm auf frischer Tat ertappten Einbrecher in dem Glauben fest, dies sei nur Polizisten gestattet. *Rechtsfolge:* Strafloses „Wahndelikt"

Abb. 10: Irrtumsübersicht

2. Die Entschlossenheit zur Verwirklichung des Tatplans

24 Ein Tatentschluss setzt voraus, dass der Täter zur vollständigen Durchführung seines Tatplans entschlossen ist. Solange er sich die Entscheidung über die Vornahme der letzten nach seinem Tatplan zur Verwirklichung des Tatbestands erforderlichen Handlung noch vorbehält, liegt – selbst wenn er mit der Ausführung des Plans bereits bis unmittelbar vor diese Handlung gelangt ist – kein Tatentschluss und damit kein Versuch vor. Auch wer bereits mit einer entsicherten Pistole auf einen Menschen anlegt, begeht nur dann einen versuchten Totschlag (§§ 212, 22, 23 I StGB), wenn er innerlich entschlossen ist, tatsächlich abzudrücken. Die notwendige Entschlossenheit zur vollständigen Durchführung des Tatplans wird oft als **unbedingter Tatentschluss** bezeichnet.[46] Dies ist jedoch insofern missverständlich, als ein Tatentschluss nach allgemeiner Auffassung auch dann vorliegt, wenn der Täter die Ausführung der Tat noch von äußeren Bedingungen abhängig macht,[47] also zB nur dann schießen will,

[46] Vgl. zB Roxin StrafR AT II § 29 Rn. 81.

[47] BGHSt 12, 306 (309 f.); WBS StrafR AT Rn. 942.

wenn keine andere Person in der Nähe ist. Lediglich die noch fehlende innere Entscheidung schließt den Tatentschluss aus.[48]

V. Das unmittelbare Ansetzen zur Tatbestandsverwirklichung

Die Grenze zwischen Vorbereitung und Versuch wird gemäß § 22 StGB überschritten, 25
wenn der Täter nach seiner Vorstellung von der Tat zur Verwirklichung des Tatbestands unmittelbar ansetzt, dh seinen Tatplan so weit durchführt, dass das nach seiner Vorstellung den Tatbestand verwirklichende Verhalten „unmittelbar" bevorsteht. Bei der Abgrenzung zwischen Vorbereitung und Versuch ist also zunächst festzustellen, durch welches im Tatplan vorgesehene Verhalten der Tatbestand verwirklicht worden wäre (dazu unter → § 23 Rn. 26ff.). Sodann ist zu fragen, ob das letzte[49] von dem Täter zur Ausführung seines Plans noch vorgenommene Verhalten diesem tatbestandlichen Verhalten zumindest unmittelbar vorgelagert war (dazu unter → § 23 Rn. 39ff.).[50]

1. Die Bestimmung des tatbestandlichen Verhaltens

Bei den **Tätigkeitsdelikten** ergibt sich das den Bezugspunkt des unmittelbaren Anset- 26
zens bildende tatbestandliche Verhalten bereits aus der jeweiligen Deliktsbeschreibung. Den Versuch eines solchen Delikts begeht, wer nach seiner Vorstellung von der Tat unmittelbar dazu ansetzt, das dort beschriebene Verhalten zu vollziehen, also zB eine falsche Aussage vor Gericht zu beschwören (§§ 154, 22, 23 I StGB).[51] Bei den **Erfolgsdelikten** ist die Frage, zu welchem Verhalten der Täter unmittelbar ansetzen muss, dagegen nicht so leicht zu beantworten. Liest man hier die jeweilige Deliktsbeschreibung in den § 22 StGB hinein, so erhält man nur die Aussage, der Täter müsse zur Vornahme einer nach seiner Vorstellung von der Tat für den tatbestandlichen Erfolg ursächlichen Handlung unmittelbar ansetzen. Diese Aussage hilft aber bei der Abgrenzung zwischen Vorbereitung und Versuch nicht weiter, weil schon jede zur Verwirklichung des Tatentschlusses notwendige Vorbereitungshandlung für den späteren Erfolg ursächlich ist.

Der Bezugspunkt des unmittelbaren Ansetzens ergibt sich deshalb bei den Erfolgs- 27
delikten nicht schon aus der jeweiligen Deliktsbeschreibung, sondern erst aus der Berücksichtigung des Grundgedankens der Unterscheidung von Vorbereitung und Versuch. Für die Begehung eines Versuchs muss der Täter das Bewusstsein haben, den Tatentschluss aktuell zu verwirklichen. Durch dieses für das Motivationsunrecht konstitutive **Verwirklichungsbewusstsein** (→ § 11 Rn. 9ff.) unterscheidet sich der Versuch von der in der Regel straflosen Vorbereitungshandlung. Bezugspunkt des unmittelbaren Ansetzens sind deshalb nur diejenigen auf den tatbestandlichen Erfolg gerichteten Handlungen, bei deren Vornahme der Täter die Vorstellung hat, den Erfolg ohne eine weitere von ihm zu treffende **selbstbestimmte Entscheidung** verursachen zu können. Den Versuch eines Erfolgsdelikts begeht, wer zu einer Handlung

[48] Vgl. zur Abgrenzung iE Roxin StrafR AT II § 29 Rn. 82ff. mwN.

[49] Im Gutachten ist der Prüfung eines Versuchs immer das letzte noch vorgenommene Ausführungsverhalten zugrunde zu legen. Ob der Täter möglicherweise bereits vorher zur Tatbestandsverwirklichung unmittelbar angesetzt hat, bedarf keiner Erörterung, weil es für seine Strafbarkeit ohne Bedeutung ist.

[50] Vgl. dazu LK-StGB/Murmann StGB § 22 Rn. 110f.

[51] Vgl. zur Maßgeblichkeit des Schwörens für den Versuchsbeginn BGHSt 4, 172 (176) mwN.

unmittelbar ansetzt, die nach seiner Vorstellung von der Tat den Erfolg ohne ein weiteres Handeln herbeiführen kann.[52]

28 Dabei kommt es dem Grundgedanken der Unterscheidung von Vorbereitung und Versuch entsprechend grundsätzlich nur auf ein Handeln des Täters selbst an.[53] Ob und inwieweit der Eintritt des tatbestandlichen Erfolgs noch von dem **Verhalten anderer Personen** abhängig ist, spielt für den Versuchsbeginn keine Rolle. Schickt zB A dem B als Geburtstagsgeschenk eine mit Arsen versetzte Flasche Schnaps, um diesen zu vergiften, so hängt der Eintritt des erstrebten tatbestandlichen Erfolgs noch davon ab, dass die Flasche von der Post befördert wird, B sie auspackt und aus ihr trinkt. Für den versuchten Totschlag bzw. Mord (§§ 212, 211, 22, 23 I StGB) kommt es gleichwohl nur darauf an, dass A zum Versenden der Flasche unmittelbar ansetzt. Erst recht ist der Zeitpunkt des Erfolgseintritts für den Versuchsbeginn ohne Bedeutung. Wer einen anderen mit einem tödlichen Erreger infiziert, begeht auch dann einen versuchten Totschlag bzw. Mord, wenn der Erreger aufgrund der langen Inkubationszeit den Tod erst in 30 Jahren herbeiführen kann.[54]

29 Nach einer Entscheidung des Bundesgerichtshofs soll allerdings in Fällen, in denen der Eintritt des Erfolgs von einer nach der Vorstellung des Täters ungewissen, noch nicht unmittelbar bevorstehenden **Mitwirkung eines Dritten oder des Opfers** selbst abhängt, der Versuch erst dann beginnen, wenn der Dritte bzw. das Opfer zu der notwendigen Mitwirkungshandlung unmittelbar ansetzt.[55] Dies ist jedoch weder mit dem Wortlaut des § 22 StGB, der ausdrücklich auf das unmittelbare Ansetzen des Täters abstellt, noch mit dem Grundgedanken der Unterscheidung von Vorbereitung und Versuch zu vereinbaren.[56] Ein Apotheker, der vor dem Schlafengehen eine mit tödlichem Gift versetzte Flasche „Bayerwaldbärwurz" im Flur des Erdgeschosses aufstellt, damit sich ein früherer Einbrecher bei seiner möglichen Wiederkehr in der Nacht daran vergiftet,[57] trifft ebenso seine endgültige Entscheidung über die Herbeiführung des tödlichen Erfolgs wie jemand, der einem anderen eine solche Flasche als Geburtstagsgeschenk zusendet. Entgegen dem Urteil des Bundesgerichtshofs hat deshalb auch er durch sein Verhalten den Tatbestand des versuchten Totschlags bzw. Mordes (§§ 212, 211, 22, 23 I StGB) verwirklicht.[58]

---

[52] Vgl. dazu lehrreich BGH NStZ 2008, 209 sowie Frister FS Wolter, 2013, 375 (382ff.); und eingehend Stein GA 2010, 129 (130ff.), der allerdings noch weitergehend verlangt, dass die Handlung den Erfolg auch ohne ein weiteres Unterlassen des Täters herbeiführen kann (vgl. zur Bedeutung dieses Unterschieds sogleich die Darstellung in → Rn. 31ff.).

[53] Vgl. dazu auch die Ausführungen zum Versuchsbeginn bei der mittelbaren Täterschaft → § 29 Rn. 1ff.

[54] Anders allerdings Herzberg FS Roxin, 2001, 749 (761f.); Herzberg/Putzke FS Szwarc, 2009, 205 (218), die zwischen der Versuchshandlung und einem speziellen Versuchserfolg unterscheiden wollen. Letzterer liege erst dann vor, wenn nach der Vorstellung des Täters eine konkrete Gefährdung eintrete. Erst dann sei die Versuchshandlung als Versuch strafbar; iErg ähnlich auch MüKoStGB/Hoffmann-Holland StGB § 22 Rn. 133ff.; vgl. für eine eingehende Kritik dieser Auffassung Frister FS Wolter, 2013, 375 (378ff.).

[55] BGHSt 43, 177 (181) mit zust. Bespr. Gössel JR 1998, 293ff.; Otto NStZ 1998, 243; Wolters NJW 1998, 578 und abl. Bespr. Puppe StrafR AT § 20 Rn. 28ff.; Böse JA 1999, 342ff.; Roxin JZ 1998, 211; ähnlich BGH NStZ 1998, 294 (295); offengelassen in BGHSt 44, 34 (41).

[56] Vgl. dazu Puppe StrafR AT § 20 Rn. 31ff.; Roxin StrafR AT II § 29 Rn. 196ff.

[57] So der Sachverhalt von BGHSt 43, 177.

[58] So zutreffend Böse JA 1999, 342. Der Umstand, dass in der Nacht Polizisten im Haus anwesend waren und der Apotheker diese, bevor er zu Bett ging, auf die Giftflasche hingewiesen hatte, ändert – entgegen Roxin JZ 1998, 211; Roxin StrafR AT II § 29 Rn. 214 – solange nichts an der Versuchsstrafbarkeit, wie

Bei den **Begehungsdelikten** ist das den Bezugspunkt des unmittelbaren Ansetzens bildende Verhalten zumeist die letzte im Tatplan des Täters vorgesehene Ausführungshandlung. Allerdings muss dies nicht notwendigerweise so sein. Hat A zB den Plan, B mit seiner Faust bewusstlos zu schlagen, zu einem 50 km entfernten See zu fahren und dort zu ertränken (vgl. zu diesem Beispiel → § 11 Rn. 9), so beginnt der Versuch des Totschlags bzw. Mordes (§§ 212, 211, 22, 23 I StGB) nur dann mit dem unmittelbaren Ansetzen zum Ertränken, wenn A sich sicher ist, dass B erst durch diese Handlung zu Tode kommen kann. Hält A es für möglich, dass B bereits an den ihm durch den Faustschlag zugefügten Verletzungen stirbt, so tritt er schon früher in das Versuchsstadium ein. Da dann der Faustschlag nach der Vorstellung des A den Erfolg auch ohne ein weiteres Handeln oder Unterlassen verursachen kann, reicht es aus, dass er zu dessen Vornahme unmittelbar ansetzt. Ob der Plan des Täters nach einer zur Herbeiführung des Erfolgs möglicherweise bereits ausreichenden Handlung gegebenenfalls noch weitere Tötungshandlungen vorsieht, ist für den Versuchsbeginn ohne Bedeutung. 30

Problematisch ist, ob es auch Fälle gibt, in denen die **letzte im Tatplan des Täters vorgesehene Ausführungshandlung noch nicht den Bezugspunkt des unmittelbaren Ansetzens** darstellt. Das in mannigfachen Varianten diskutierte Schulbeispiel ist der Fall eines Ehemannes, der seiner erst in zwei Wochen von einer Auslandsreise zurückkehrenden Ehefrau mit Arsen versetzte Pralinen hinstellt, an denen sich diese nach ihrer Rückkehr selbst vergiften soll. Der Ehemann hat beim Hinstellen der Pralinen die Vorstellung, diese noch zwei Wochen lang problemlos wieder beseitigen und damit den Tod seiner Frau sicher abwenden zu können. Der Eintritt des tatbestandlichen Erfolgs hängt damit nach seiner Vorstellung zwar nicht mehr von einer weiteren Handlung, wohl aber noch davon ab, dass er die vergifteten Pralinen nicht rechtzeitig vor Rückkehr seiner Ehefrau wieder beseitigt, sodass er mit dem Hinstellen dieser Pralinen noch nicht die letzte Entscheidung über den Eintritt des tatbestandlichen Erfolgs getroffen zu haben scheint. Deshalb nimmt die herrschende Meinung an, selbst die vollständige Vornahme der letzten Ausführungshandlung reiche für den Versuch nicht immer aus. Dieser beginne in dem Beispielsfall erst, wenn der Täter die Gefahr aus seinem Herrschaftsbereich entlasse,[59] dh unmittelbar dazu ansetze, die Abwendung des drohenden Todes seiner Frau zu unterlassen. 31

Die herrschende Meinung ist allerdings insofern inkonsequent, als sie ungeachtet der Tatsache, dass nach ihrer Lösung erst das unmittelbare Ansetzen zum Unterlassen der Erfolgsabwendung den Versuch begründet,[60] in derartigen Fällen ein Begehungsdelikt annimmt. Wenn der Täter durch die Vornahme seiner letzten Handlung wirklich noch nicht zur Tatbestandsverwirklichung unmittelbar ansetzen würde, erfüllte sein Handeln noch nicht den subjektiven Tatbestand eines Vorsatzdelikts. Damit dürfte er 32

der Apotheker davon ausging, dass sich der Einbrecher gleichwohl an der Flasche vergiften kann; vgl. für eine prägnante Kritik des BGH-Urteils auch Hardtung/Putzke StrafR AT Rn. 1192.

59 Grundlegend Roxin FS Maurach, 1972, 213 (215ff.); Roxin StrafR AT II § 29 Rn. 205ff.; vgl. ferner SK-StGB/Jäger StGB § 22 Rn. 15; Jakobs StrafR AT Abschn. 25 Rn. 73ff., jeweils mwN; aA Puppe StrafR AT § 20 Rn. 33.

60 So explizit Roxin StrafR AT II § 29 Rn. 28; nur in der Konstruktion anders Erb FS Streng, 2017, 13 (19ff.), der in dem unmittelbaren Ansetzen zum Unterlassen der Erfolgsabwendung eine aufschiebende Bedingung dafür sieht, dass durch die vorherige Handlung zum Begehungsdelikt unmittelbar angesetzt wird.

unabhängig von dem weiteren Verlauf des Geschehens weder wegen eines versuchten noch wegen eines vollendeten vorsätzlichen Begehungsdelikts bestraft werden. Eine Strafbarkeit ließe sich dann nur mit der Überlegung begründen, dass sich aus dem die Gefahr begründenden Handeln eine Garantenstellung aus Ingerenz ergebe, aufgrund derer der Täter zur Abwendung des Erfolgs verpflichtet sei. Dementsprechend nehmen einige Autoren in den Fällen, in denen der Täter die Vorstellung hatte, nach seiner letzten Handlung noch eine sichere Erfolgsabwendungsmöglichkeit zu besitzen, konsequenterweise kein vorsätzliches Begehungs-, sondern lediglich ein vorsätzliches Unterlassungsdelikt an.[61] Daraus erkläre sich zwanglos, dass es in derartigen Fällen auf das unmittelbare Ansetzen zum Unterlassen der Erfolgsabwendung ankomme.

33 Diese Lösung erscheint zunächst dogmatisch stringent, führt aber bei konsequenter Anwendung zu Ergebnissen, die so nicht richtig sein können.[62] Wer auf der Tribüne eines Fußballstadions drei Tage vor einem Bundesligaspiel eine auf den Zeitpunkt des Spiels eingestellte tödliche Zeitbombe deponiert, hat noch zumindest bis einige Stunden vor dem Spiel ebenfalls die Möglichkeit, den Tod der Zuschauer durch einen Anruf bei der Polizei objektiv und in aller Regel auch nach seiner Vorstellung noch sicher abzuwenden. Er hätte also durch sein Handeln noch keinen Mordversuch begangen, sondern lediglich einen Mord durch Unterlassen vorbereitet, zu dessen Ausführung er erst dann unmittelbar ansetzen würde, wenn er den Anruf bei der Polizei unterlässt. Wird er schon beim Deponieren der Bombe erwischt oder ist er zu der Zeit, zu der er bei der Polizei hätte anrufen müssen, unbeabsichtigt vor dem Fernseher eingeschlafen, wäre er damit nicht einmal wegen versuchten bzw. vollendeten Mordes durch Unterlassen strafbar, selbst wenn er von Anfang an fest entschlossen war, die Bombe ohne Warnung explodieren zu lassen.

34 Der Fall zeigt, dass es – entgegen Jakobs[63] – doch ein grundlegender Unterschied ist, ob der Täter zur Herbeiführung des tatbestandlichen Erfolgs noch weitere Handlungen vornehmen muss oder ob er nur noch die Möglichkeit hat, diesen Erfolg durch weitere Handlungen abzuwenden. Weil in dem zuletzt genannten Fall der Erfolg schon dann eintritt, wenn der Täter sich in der Folgezeit gedanklich mit dem Geschehen gar nicht mehr befasst, dh weder eine weitere Entscheidung für noch eine weitere Entscheidung gegen das tatbestandliche Unrecht trifft, muss er sich das unmittelbare Ansetzen zu der letzten nach seiner Vorstellung von der Tat zur Herbeiführung des Erfolgs erforderlichen Handlung grundsätzlich als endgültige Entscheidung zurechnen lassen.[64] Die bloße Vorstellung einer noch bestehenden sicheren Abwendungsmöglichkeit kann das Vorliegen eines Versuchs jedenfalls dann nicht hindern, wenn der Täter bei seinem unmittelbaren Ansetzen zur letzten erforderlichen Handlung bereits unbedingt zur Tat entschlossen war und es dementsprechend gar nicht in Erwägung gezogen hatte, von der noch bestehenden Abwendungsmöglichkeit Gebrauch zu machen.

[61] Murmann, Versuchsunrecht und Rücktritt, 1999, S. 16ff.; Stein GA 2010, 129 (143); Streng GS Zipf, 1999, 325 (343f.).

[62] Vgl. dazu die eingehende Kritik von Herzberg FS Roxin, 2001, 749 (759ff.); Frister FS Wolter, 2013, 375 (384f.).

[63] Jakobs StrafR AT 25. Abschn. Rn. 72; zustimmend Roxin StrafR AT II § 29 Rn. 207.

[64] Vgl. dazu bereits Herzberg FS Roxin, 2001, 749 (759ff.); kritisch Murmann FS Merkel, 2020, 727 (736f.); LK-StGB/Murmann StGB § 22 Rn 149 mit dem Argument, dass die vorgenommene Handlung den Entschluss in Wahrheit nicht zementiere.

Der richtige Anknüpfungspunkt für eine Begrenzung der Versuchsstrafbarkeit in den Fällen einer verbleibenden Abwendungsmöglichkeit ist nicht die Grenze zwischen Vorbereitung und Versuch, sondern das Erfordernis des unbedingten Tatentschlusses.[65] Wenn ein Täter bei Vornahme der letzten, nach seiner Vorstellung zur Herbeiführung des tatbestandlichen Erfolgs erforderlichen Handlung noch ernsthaft erwägt, von einer danach noch verbleibenden Möglichkeit zur sicheren Abwendung des Erfolgs Gebrauch zu machen, setzt er schon deshalb nicht zur Verwirklichung des Tatbestands unmittelbar an, weil er nicht den dafür erforderlichen vorrangig zu prüfenden unbedingten Tatentschluss hat. Diesen fasst er in einem solchen Fall erst, wenn er sich dafür entscheidet, von der noch bestehenden Abwendungsmöglichkeit keinen Gebrauch zu machen. Im Ergebnis kommt es deshalb in den Fällen einer nach der letzten Ausführungshandlung verbleibenden Abwendungsmöglichkeit auf die innere Einstellung des Täters bei der Vornahme dieser Ausführungshandlung an. Nur wenn er sich zu diesem Zeitpunkt die spätere Erfolgsabwendung noch vorbehalten hatte, liegt kein Versuch eines Begehungsdelikts vor, sodass der Täter dann in der Tat lediglich wegen eines anschließenden Unterlassungsversuchs strafbar sein kann.[66] 35

Bei den **Unterlassungsdelikten** ist der Bezugspunkt des unmittelbaren Ansetzens in gleicher Weise wie bei den Begehungsdelikten zu bestimmen. Der Versuch beginnt, wenn der Täter unmittelbar zu einem Unterlassen ansetzt, das nach seiner Vorstellung von der Tat den tatbestandlichen Erfolg ohne weitere Unterlassungen verursachen kann. Maßgeblich für den Versuchsbeginn bei den Unterlassungsdelikten ist deshalb weder der Zeitpunkt der ersten,[67] noch der Zeitpunkt der letzten Erfolgsabwendungsmöglichkeit,[68] sondern – wie die herrschende Meinung zu Recht annimmt[69] – der Moment, in dem sich die Chance der Erfolgsabwendung nach der Vorstellung des Unterlassenden durch weitere Untätigkeit vermindert.[70] Wenn dieser Moment unmittelbar bevorsteht, setzt der Täter durch sein weiteres Zuwarten zu einem Unterlassen an, das den Erfolg auch ohne weitere Unterlassungen herbeiführen kann. Ob er nach einem zur Herbeiführung des Erfolgs möglicherweise bereits ausreichenden Unterlassen seine Untätigkeit weiter fortsetzen will, ist für den Versuchsbeginn ohne Bedeutung. 36

[65] Vgl. dazu näher Frister FS Wolter, 2013, 375 (386f.) mwN.

[66] So im Ergebnis auch Horter, Die fakultative Strafmilderung beim Versuch, 2020, S. 79ff., der in dem Vorbehalt der späteren Erfolgsabwendung eine psychische Voraussetzung für eine sichere Abwendungsmöglichkeit sieht.

[67] So die früher herrschende Lehre (zB Herzberg MDR 1973, 89 (91ff.); anders heute MüKoStGB/Herzberg/Hoffmann-Holland StGB § 22 Rn. 115f.) und trotz verbaler Ablehnung dieser Auffassung der Sache nach auch die Entscheidung BGHSt 40, 257 (270f.).

[68] So Armin Kaufmann, Die Dogmatik der Unterlassungsdelikte, 1959, S. 210ff.; Welzel StrafR S. 221.

[69] Grundlegend Grünwald JZ 1959, 46 (48f.); vgl. ferner LK-StGB/Murmann StGB § 22 Rn. 172ff.; MüKoStGB/Hoffmann-Holland StGB § 22 Rn. 115f.; NK-StGB/Zaczyk StGB § 22 Rn. 64; Schönke/Schröder/Eser/Bosch StGB § 22 Rn. 50; SK-StGB/Stein StGB Vor § 13 Rn. 65ff.; Roxin StrafR AT II § 29 Rn. 266ff., alle mwN.

[70] Horter, Die fakultative Strafmilderung beim Versuch, 2020, S. 79ff., weist allerdings zu Recht darauf hin, dass diese Verminderung bereits durch das Verstreichenlassen der ersten Rettungsmöglichkeit eintreten kann, wenn sich der Unterlassende die spätere Erfolgsabwendung nicht vorbehält.

37 Als Beispiel stelle man sich vor, A habe auf einem S-Bahnhof nachts den betrunkenen B versehentlich auf die Gleise gestoßen.[71] Wenn A es für möglich hält, dass B bei dem Sturz lebensgefährliche, sofort zu versorgende Verletzungen erlitten hat, setzt er schon dadurch, dass er nicht sofort Hilfe herbeiholt, unmittelbar zum Totschlag durch Unterlassen (§§ 212, 13 StGB) an. Geht A hingegen davon aus, dass B nur wegen seiner Trunkenheit auf den Gleisen liegen bleibt, hängt der Versuchsbeginn von den Vorstellungen des A über das Erscheinen des nächsten Zuges ab. Ist er sich sicher, dass der nächste Zug frühestens in einer Stunde auf dem Gleis einfahren wird, und behält er sich eine spätere Rettung des B vor, so stellt das Unterlassen sofortiger Bergungsmaßnahmen noch keinen Totschlagsversuch (§§ 212, 13, 22, 23 I StGB) dar.[72] A setzt in diesem Fall erst dann unmittelbar zur Tatbestandsverwirklichung an, wenn die Zeit für die Bergung des B nicht mehr auszureichen droht oder A sich – zB durch das Einsteigen in eine andere S-Bahn – die Abwendung des drohenden Erfolgs unmöglich macht.

38 Als Zwischenergebnis ist damit festzuhalten: Für den Versuch eines Begehungsdelikts muss der Täter zu einer Handlung unmittelbar ansetzen, die nach seiner Vorstellung von der Tat ein rechtlich missbilligtes Risiko beinhaltet, den tatbestandlichen Erfolg ohne weitere eigene Handlungen zu verursachen. Diese Handlung ist im Grundsatz auch maßgeblich, wenn der Täter nach ihrer Vornahme noch die Möglichkeit hat, den Erfolg durch eine weitere Handlung sicher abzuwenden. Jedoch kann es in einem solchen Fall bei Vornahme der Handlung noch an einem unbedingten Tatentschluss fehlen, sodass im Ergebnis nur eine Strafbarkeit wegen eines anschließenden versuchten Unterlassungsdelikts in Betracht kommt. Beim versuchten Unterlassungsdelikt muss der Täter zu einer Unterlassung unmittelbar ansetzen, die nach seiner Vorstellung von der Tat ein rechtlich missbilligtes Risiko beinhaltet, den tatbestandlichen Erfolg ohne weitere Unterlassungen seiner Person zu verursachen.

2. Die Unmittelbarkeit des Ansetzens

39 Mit dem in § 22 StGB verwendeten Begriff des unmittelbaren Ansetzens hat der Reformgesetzgeber des Jahres 1975 einen seit dem Inkrafttreten des Strafgesetzbuches schwelenden Theorienstreit[73] zum Beginn des Versuchs im Sinne einer mittleren Lösung entschieden. Die Formulierung stellt einerseits klar, dass – entgegen der früher von Teilen der Literatur vertretenen **formell-objektiven Theorie**[74] – ein Versuch schon vor Beginn der den Tatbestand verwirklichenden Handlung vorliegen kann,[75] wirkt aber andererseits der Tendenz entgegen, schon bei weit vor dieser Handlung liegenden Verhaltensweisen einen Versuch anzunehmen. Das Beschaffen der Tatwerkzeuge wie zB der Kauf einer Pistole für einen geplanten Mord oder des Einbruchswerkzeugs für einen Diebstahl, das bloße Auskundschaften des Tatorts und ähnliche der Tatausführung räumlich und zeitlich weit vorgelagerte Handlungen sind aufgrund des Erfordernisses des unmittelbaren Ansetzens zur Verwirklichung des Tatbestands eindeutig als bloße Vorbereitungshandlungen zu qualifizieren.

40 Der Begriff des unmittelbaren Ansetzens ist allerdings nicht trennscharf. Hat etwa der Angestellte einer Autowerkstatt den Plan, vom Schlüssel eines Porsche einen Wachsabdruck zu nehmen, damit einen Nachschlüssel anzufertigen, anhand der Kundendatei den Standort des Fahrzeugs zu ermitteln, dort mit der Straßenbahn hinzufahren,

[71] Beispiel von Deiters in Die strafrechtliche Klausur, 1998, S. 1ff.; einen ähnlichen Sachverhalt hatte der Bundesgerichtshof in BGHSt 38, 356 zu entscheiden.

[72] Deiters, Die strafrechtliche Klausur, 1998, S. 1, 12ff.; offen gelassen in BGHSt 38, 356 (360).

[73] Vgl. dazu den Überblick bei Schönke/Schröder/Eser/Bosch StGB § 22 Rn. 25ff. mwN.

[74] Vgl. zB v. Hippel Dt. StrafR II § 29 V 1.

[75] Vgl. etwa BGH NStZ 2014, 447 (448f.).

das Fahrzeug mit dem Nachschlüssel aufzuschließen und damit davonzufahren, so lässt sich aus dem Erfordernis des unmittelbaren Ansetzens zur Wegnahme des Porsche zwar ableiten, dass das Anfertigen des Wachsabdrucks und des Nachschlüssels, das Blättern in der Kundendatei und die Fahrt mit der Straßenbahn zum Standort des Fahrzeugs noch keinen versuchten Diebstahl darstellen.[76] Ob aber der Versuch schon damit beginnt, dass der Täter mit dem Nachschlüssel in der Tasche auf das Auto zugeht oder erst damit, dass er an der Wagentür den Schlüssel aus der Tasche zieht oder sogar erst dann, wenn er ihn in das Autoschloss steckt, ist nicht so leicht zu entscheiden. Das Kriterium der Unmittelbarkeit ist zu vage, als dass sich diese Frage eindeutig beantworten ließe.

Rechtsprechung und Literatur versuchen deshalb vielfach, den Begriff des unmittel- 41
baren Ansetzens näher zu definieren.[77] Dabei wird zumeist auf Abgrenzungsformeln zurückgegriffen, die schon vor der gesetzlichen Regelung des Versuchsbeginns durch § 22 StGB gebräuchlich waren. Ein Versuch soll zB vorliegen, wenn das tatbestandlich geschützte Gut nach der Vorstellung des Täters konkret gefährdet ist **(Gefährdungstheorie)**,[78] wenn zwischen der bereits vorgenommenen Handlung und der Ausführungshandlung keine wesentlichen Teilakte mehr liegen **(Zwischenaktstheorie)**[79] oder wenn der Täter subjektiv die Schwelle zum **„jetzt geht es los"** überschritten hat.[80] All diese sogenannten Theorien sind jedoch nur mehr oder weniger gelungene Formulierungen des Gedankens, dass das tatbestandsverwirklichende Verhalten nah bevorstehen muss.[81] Wie nah es bevorstehen muss, ließe sich nur dann präziser angeben, wenn die Nähe zur Tatbestandsverwirklichung ziffernmäßig zu erfassen wäre. Da dies nicht möglich ist, lässt sich das unmittelbare Ansetzen nicht abstrakt definieren, sondern nur für die einzelnen Delikte von Fall zu Fall näher konkretisieren.[82]

Ein unmittelbares Ansetzen zur Tatbestandsverwirklichung kann bereits zu einem 42
Zeitpunkt vorliegen, in dem die Ausführung der Tat noch **vom Eintritt bestimmter objektiver Umstände abhängt.** Dies setzt jedoch voraus, dass die Tat unmittelbar nach Eintritt dieser Umstände begangen werden soll. Wenn jemand an einer Wohnungstür klingelt, um den Wohnungsinhaber sofort nach dem Öffnen der Tür zu überwältigen und zu berauben, sieht die Rechtsprechung darin zu Recht bereits ein unmittelbares Ansetzen zum Raub.[83] Plant der Täter dagegen, sich zunächst von sei-

[76] So in einem ähnlichen Fall zu Recht BGHSt 28, 162 (163f.).

[77] Vgl. für einen Überblick über die vorgeschlagenen Abgrenzungsformeln NK-StGB/Zaczyk StGB § 22 Rn. 23f. mwN.

[78] Schönke/Schröder/Eser/Bosch StGB § 22 Rn. 31, 42 mwN.

[79] SK-StGB/Jäger StGB § 22 Rn. 23 mwN.

[80] BGHSt 41, 285 (286); vgl. zur Herkunft dieser Formel Hall GS 110 (1938), 95 (107).

[81] Dementsprechend werden diese Formeln in der Rechtsprechung auch alle nebeneinander verwendet (vgl. BGHSt 65, 15 (16f.) mwN).

[82] Vgl. dazu etwa BGH NStZ 2018, 648 (649f.); 2020, 598. Eine nach Delikten geordnete Übersicht über die ergangenen gerichtlichen Entscheidungen findet sich bei NK-StGB/Zaczyk StGB § 22 Rn. 25f.; instruktiv auch die Darstellung „schwierige(r) Fallgruppen" bei Roxin StrafR AT II § 29 Rn. 145ff.; zum Beginn des Versuchs des Einbruchsdiebstahls BGHSt 65, 15 (17ff.) und der Fälschung von Zahlungskarten (§ 152a StGB) beim sog. Skimming vgl. BGH NJW 2014, 1463.

[83] BGHSt 26, 201; 39, 236 (238); BGH NStZ 2012, 85; vgl. aber auch BGH JR 2000, 293 (294f.) mit zu Recht kritischer Anm. Dey JR 2000, 295 und BGH NStZ 2014, 633. In der letztgenannten Entscheidung wurde ein unmittelbares Ansetzen verneint, weil die Täterin die Begehung der Tat noch davon abhängig machte, dass das Opfer sie zurückwies.

nem Opfer in die Wohnung bitten zu lassen und dort die Tat erst später zu begehen, setzt er durch das Klingeln an der Wohnungstür noch nicht unmittelbar zur Tatbestandsverwirklichung an.[84] Sofern ihm niemand die Tür öffnet, ist er in diesem Fall nicht wegen versuchten Raubes (§§ 249, 22, 23 I StGB) strafbar. Falls der Täter einer anderen Person auflauert, um sie zu überfallen, beginnt das Versuchsstadium erst, wenn sein Opfer erscheint und der Täter sich zum Angriff bereit macht. Das Auflauern als solches stellt noch eine Vorbereitungshandlung dar.[85]

43 In der Literatur findet sich vielfach die Formulierung, durch die Verwirklichung eines Tatbestandsmerkmals setze der Täter stets zur Tatbestandsverwirklichung unmittelbar an.[86] Dies ist jedoch nicht richtig. Da der Täter zu dem gesamten tatbestandlichen Verhalten unmittelbar ansetzen muss,[87] begründet die Vornahme eines Teils der tatbestandlichen Handlung nur dann einen Versuch, wenn darin zugleich das unmittelbare Ansetzen zur Vornahme der anderen zur Tatbestandsverwirklichung erforderlichen **Teilakte** liegt.[88] Wer einen anderen niederschlägt, um ihm anschließend die Geldbörse aus der Hosentasche zu ziehen, setzt durch die Gewaltanwendung auch zu deren Wegnahme und damit zur Begehung eines Raubes unmittelbar an. Noch kein versuchter Raub liegt jedoch vor, wenn jemand einem Nachtwächter ein hoch dosiertes Betäubungsmittel in die Cola mischt, um einige Stunden später ungestört in das bewachte Gebäude einsteigen und dort die Kasse wegnehmen zu können. In diesem Fall hat der Täter die Gewaltanwendung zwar ebenfalls schon vorgenommen, aber zur Wegnahme noch nicht unmittelbar angesetzt. Wenn er – zB weil wider Erwarten ein zweiter Nachtwächter auftaucht – seinen Plan nicht verwirklicht, ist er nur wegen gefährlicher Körperverletzung (§§ 223 I, 224 I Nr. 1 StGB) und nicht wegen versuchten Raubes (§§ 249, 22, 23 I StGB) strafbar.

44 Entsprechendes gilt bei der Verwirklichung von **qualifizierenden Tatbestandsmerkmalen** (→ § 7 Rn. 24) **oder Regelbeispielen** (→ § 7 Rn. 23). Auch hier liegt nur dann ein Versuch vor, sofern der Täter mit der Verwirklichung des Qualifikationsmerkmals oder Regelbeispiels zugleich zur Ausführung der gesamten Tat unmittelbar ansetzt.[89] Wer in eine Wohnung oder einen Büroraum einsteigt, um dort unmittelbar nach Wertsachen zu suchen und sie wegzunehmen, setzt durch das Einsteigen gleichzeitig zur Wegnahme unmittelbar an und ist damit wegen versuchten Wohnungseinbruchsdiebstahls (§ 244 I Nr. 3, II StGB) bzw. versuchten Diebstahls in einem besonders schweren Fall (§ 242 I, II StGB, § 243 I 2 Nr. 1 StGB) strafbar.[90] Steigt der Täter je-

---

[84] KG GA 1971, 54; OLG Hamm StV 1997, 242.

[85] BGH StV 1989, 526.

[86] Vgl. etwa Fischer StGB § 22 Rn. 9; Vogler FS Stree/Wessels, 1993, 285 (297ff.) mwN; ähnlich auch BGH NStZ 2019, 79 m. krit. Anm. Eidam NStZ 2019, 79; zu Recht vorsichtiger dagegen BGHSt 37, 294 (296), wonach die Verwirklichung eines Tatbestandsmerkmals nur „in der Regel" einen Versuch begründen soll.

[87] BGHSt 31, 178 (182); SK-StGB/Jäger StGB § 22 Rn. 12 mwN.

[88] Vgl. dazu BGH NStZ 2011, 400 (401); 2015, 207f.; 2017, 86 (87); 2020, 729 (730) sowie die fragwürdige Entscheidung BGH NStZ 2019, 716, nach der sogar das Durchbohren der Terrassentür, um anschließend den Türhebel betätigen zu können, noch kein versuchter Wohnungseinbruchsdiebstahl (§ 244 I Nr. 3, II StGB) sein soll; vgl. für weitere Beispiele und Nachweise Roxin StrafR AT § 29 Rn. 110ff.

[89] BGHSt 65, 15 (17); BGH NJW 2017, 1189; NStZ 2021, 537; SK-StGB/Jäger StGB § 22 Rn. 32f. mwN.

[90] Vgl. zum Versuchsbeginn beim Wohnungseinbruchsdiebstahl eingehend Murmann NStZ 2022, 201 mwN.

doch mittags in die Büroräume ein, um sich dort bis Geschäftsschluss zu verstecken und dann die Wertsachen wegzunehmen, so ist das Einsteigen in die Räume noch kein unmittelbares Ansetzen zur geplanten Wegnahme. Wird der Täter noch vor Geschäftsschluss in seinem Versteck entdeckt, so ist er wegen Hausfriedensbruchs (§ 123 I Var. 2 StGB), nicht aber wegen versuchten Diebstahls in einem besonders schweren Fall (§ 242 I, II StGB, § 243 I 2 Nr. 1 StGB) strafbar.

B. Vorbereitung

I. Formelle Vorbereitungsstrafbarkeit

Die Vorbereitung eines Delikts durch einen Alleintäter[91] ist nur dann strafbar, wenn dies das Gesetz ausdrücklich bestimmt. Eine generelle Strafbarkeit von Vorbereitungshandlungen sieht das Gesetz zB beim Hochverrat (§ 83 StGB) und bei der Verschleppung (§ 234a III StGB) vor. Daneben gibt es weitere Delikte wie die Fälschung von Geld, Wertzeichen und amtlichen Ausweisen (§§ 149, 275 StGB) oder die Strahlungs- und Explosionsverbrechen (§ 310 StGB), bei denen bestimmte Vorbereitungshandlungen unter Strafe gestellt sind. Die Vorbereitung setzt ebenso wie der Versuch einen auf das tatbestandsmäßige Geschehen gerichteten Tatentschluss voraus, dh der Täter muss einen Tatplan haben und zur vollständigen Verwirklichung dieses Plans entschlossen sein. Insoweit gelten für die Vorbereitung keine anderen Anforderungen als für den Versuch. Beide unterscheiden sich nur durch das Stadium der Verwirklichung des Tatplans. Für die Vorbereitung reicht es aus, dass die infrage stehende Handlung nach der Vorstellung des Täters der späteren Verwirklichung des Tatbestands dienlich ist. 45

Aufgrund des noch fehlenden Verwirklichungsbewusstseins ist das Unrecht einer Deliktsvorbereitung deutlich geringer als das des vollendeten und auch des versuchten Delikts. Dem trägt das Gesetz durch geringere Strafdrohungen Rechnung. So wird der Versuch des Hochverrats gegen den Bund mit lebenslanger Freiheitsstrafe oder mit Freiheitsstrafe nicht unter 10 Jahren (§§ 81 I, 11 I Nr. 6 StGB), die Vorbereitung dagegen mit Freiheitsstrafe von einem bis zu 10 Jahren bestraft (§ 83 I StGB). Bei den übrigen Delikten ist die Diskrepanz aufgrund des § 23 II StGB zwar weniger deutlich, aber die Strafdrohung für die Vorbereitung ist auch hier meist geringer als der gemilderte Strafrahmen des betreffenden Delikts. Wie beim Versuch sieht das Gesetz bei strafbaren Vorbereitungshandlungen in der Regel die Möglichkeit eines die Strafbarkeit aufhebenden Rücktritts vor (§§ 149 II, III, 275 III, 314a III Nr. 2 StGB).[92] Beim Hochverrat gibt der dort als tätige Reue bezeichnete Rücktritt von der Vorbereitung ebenso wie der Rücktritt vom Versuch dem Gericht zumindest die Möglichkeit, von Strafe abzusehen oder diese nach seinem Ermessen zu mildern (§ 83a II StGB). 46

[91] Bei mehreren Beteiligten sind durch § 30 StGB Vorbereitungshandlungen in erheblich größerem Umfang mit Strafe bedroht; vgl. dazu → § 29 Rn. 28ff.

[92] Bei der Verschleppung (§ 234a StGB) fehlt eine spezielle Rücktrittsregelung. Die Rechtsprechung wendet hier aber zu Recht den § 31 StGB (damals § 49a III und IV StGB) entsprechend an (BGHSt 6, 85 (87f.)).

II. Materielle Vorbereitungsstrafbarkeit

47 Neben der expliziten Bestrafung der Deliktsvorbereitung gibt es verdeckte Formen der Bestrafung von Vorbereitungshandlungen. Die unvollkommen zweiaktigen Delikte (→ § 8 Rn. 27) stellen Handlungen unter Strafe, die erst durch ein weiteres Verhalten des Täters die infrage stehende Rechtsgutsverletzung bzw. -gefährdung verursachen sollen. Wer falsche Examenszeugnisse in der Absicht herstellt, sie künftigen Bewerbungen beizulegen, gefährdet erst dann die Sicherheit und Zuverlässigkeit des Beweisverkehrs mit Urkunden, wenn er diesen Entschluss in die Tat umsetzt und die Zeugnisse vorlegt. Solange er dazu nicht unmittelbar ansetzt, stellt sein Verhalten bei materieller, am geschützten Rechtsgut orientierter Betrachtung eine bloße Vorbereitungshandlung dar. Gleichwohl ist es gemäß § 267 I Var. 1 StGB bereits als vollendete Urkundenfälschung strafbar.[93] Entsprechendes gilt, wenn jemand eine versicherte Sache beiseite schafft, um den Verlust später der Versicherung zu melden. Obwohl durch dieses Verhalten die Vermögensschädigung der Versicherung erst vorbereitet wird, ist es gemäß § 265 StGB bereits als vollendeter Versicherungsmissbrauch strafbar.

48 Auch eine extensive Auslegung der gesetzlichen Beschreibung des tatbestandsmäßigen Verhaltens kann zur Bestrafung materieller Vorbereitungshandlungen führen. So hat der Bundesgerichtshof den Begriff des Absetzens im Tatbestand der Hehlerei (§ 259 StGB) lange Zeit als auf die Herbeiführung eines Absatzerfolgs gerichtete Tätigkeit interpretiert.[94] Wer ein gestohlenes Auto auf Hochglanz polierte, um den Wagen besser für den Dieb verkaufen zu können, war nach dieser Auslgeung – obwohl er die in der Weiterverschiebung des Fahrzeugs liegende Vertiefung der rechtswidrigen Besitzlage[95] erst vorbereitete – bereits wegen vollendeter Hehlerei strafbar. Bis heute lässt die Rechtsprechung für das Handeltreiben mit Betäubungsmitteln (§ 29 I Nr. 1 BtMG) im Grundsatz jede auf Umsatz gerichtete Tätigkeit ausreichen.[96] Wer sich erfolglos um den Erwerb von Kokain in den Niederlanden bemüht, um es in Deutschland mit Gewinn zu verkaufen, macht sich danach – obwohl er zu der in der Veräußerung liegenden Gefährdung der Volksgesundheit noch nicht einmal unmittelbar ansetzt – bereits wegen vollendeten Handels mit Betäubungsmitteln strafbar.

49 Die Bestrafung materieller Vorbereitungshandlungen als vollendete Delikte wird zu Recht kritisiert.[97] Sie lässt den Täter für das volle Unrecht eines vollendeten vorsätzlichen Delikts einstehen, bevor er das für das Motivationsunrecht von Vorsatzdelikten unerlässliche Bewusstsein hat, seinen Entschluss zur Verletzung bzw. Gefährdung des durch das jeweilige Delikt geschützten Rechtsguts zu verwirklichen. Das geminderte Unrecht bloßer Vorbereitungshandlungen wird – anders als bei der formellen Vor-

[93] Die zu diesem Ergebnis führende heutige Fassung des § 267 I Var. 1 StGB ist das Produkt der nationalsozialistischen StrafrechtsangleichungsVO vom 29.5.1943 (RGBl. 1943 I 339). Nach dem Ende des Nationalsozialismus wurde sie kritiklos als „billigenswerte Weiterentwicklung des Rechts" (LK-StGB/Zieschang StGB § 267 Vor Rn. 1 mwN) akzeptiert. Vorher hatte der Tatbestand der Urkundenfälschung vorausgesetzt, dass von der Urkunde tatsächlich Gebrauch gemacht wird.

[94] BGHSt 27, 45; 43, 110; anders erst BGHSt 59, 40 (42 ff.).

[95] Vgl. zum Rechtsgut der Hehlerei NK-StGB/Altenhain StGB § 259 Rn. 3 mwN.

[96] Vgl. (Großer Senat) BGHSt 50, 252 (256 ff.) mwN; die bloße Anmietung eines Hauses zum Anbau von Cannabispflanzen reicht allerdings nach BGH NJW 2011, 1461 nicht aus.

[97] Vgl. eingehend Jakobs ZStW 97 (1985), 751.

bereitungsstrafbarkeit – nicht berücksichtigt. Die darin liegende Ungerechtigkeit wird noch dadurch gesteigert, dass der Täter nicht einmal die Möglichkeit hat, von seinem Tun strafbefreiend zurückzutreten. Selbst wenn er zB die von ihm hergestellten falschen Examenszeugnisse sofort wieder zerreißt oder seine Bemühungen um den Erwerb des Kokains freiwillig wieder aufgibt, bleibt er – da die Delikte formell bereits vollendet sind – wegen Urkundenfälschung (§ 267 I StGB) bzw. Handels mit Betäubungsmitteln (§ 29 I Nr. 1 BtMG) strafbar.

Versuchtes Begehungsdelikt (vgl. S. 503)

A. **Subsumtionsfrage:** Exakte Bezeichnung von Delikt und Handlung
   Es ist unmittelbar die letzte zur Verwirklichung des Tatplans noch vorgenommene Handlung zu prüfen (→ § 23 Rn. 26).
B. **Vorprüfung**
   I. **Keine Vollendung** (→ § 23 Rn. 13)
      Die Prüfung ist entbehrlich und sollte unterbleiben, wenn zuvor bereits die Strafbarkeit wegen Vollendung geprüft und verneint wurde.
   II. **Strafbarkeit des Versuchs** (→ § 23 Rn. 5 und → § 7 Rn. 21 ff.)
C. **Versuchstatbestand** (→ § 23 Rn. 14 ff.)
   I. **Tatentschluss** (→ § 23 Rn. 17)
      1. **Vorstellung der möglichen Verursachung eines tatbestandlichen Erfolgs durch die in der Subsumtionsfrage bezeichnete Handlung**
      2. Rechtliche Missbilligung der vorgestellten Art und Weise der Erfolgsverursachung
   II. **Unmittelbares Ansetzen zur Tatbestandsverwirklichung** (→ § 23 Rn. 25)
      1. Bestimmung des ersten nach der Vorstellung des Täters zur Verursachung des tatbestandlichen Erfolgs geeigneten Verhaltens (→ § 23 Rn. 26 ff., 35)
      2. Prüfung, ob die in der Subsumtionsfrage bezeichnete Handlung diesem Verhalten zumindest unmittelbar vorgelagert war (→ § 23 Rn. 39 ff.)
D. **Rechtswidrigkeit** (→ § 23 Rn. 16)
   – Keine Vorstellung der Umstände eines Erlaubnistatbestands
E. **Schuld**
   I. Schuldfähigkeit
   II. Möglichkeit der Unrechtseinsicht
   III. Zumutbarkeit
F. **Kein Rücktritt** (siehe die Problemübersicht nach → § 24 Rn. 57)
G. **Ergebnis: Beantwortung der Subsumtionsfrage**

Versuchtes Unterlassungsdelikt (vgl. S. 503)

A. **Subsumtionsfrage:** Exakte Bezeichnung von Delikt und Unterlassen
Es ist unmittelbar das Unterlassen der letzten zur Verwirklichung des Tatplans nicht vorgenommenen Handlung zu prüfen.

B. **Vorprüfung**
   I. **Keine Vollendung**
   Die Prüfung ist entbehrlich und sollte unterbleiben, wenn zuvor bereits die Strafbarkeit wegen Vollendung geprüft und verneint wurde.
   II. **Strafbarkeit des Versuchs**

C. **Versuchstatbestand**
   I. **Tatentschluss**
      1. **Vorstellung der möglichen Verursachung eines tatbestandlichen Erfolgs durch das in der Subsumtionsfrage bezeichnete Unterlassen**
      2. **Vorstellung von eine Garantenstellung begründenden Umständen**
      3. Rechtliche Missbilligung der vorgestellten Art und Weise der Erfolgsverursachung
   II. **Unmittelbares Ansetzen zur Tatbestandsverwirklichung**
      1. Bestimmung des ersten nach der Vorstellung des Täters zur Verursachung des tatbestandlichen Erfolgs geeigneten Verhaltens (→ § 23 Rn. 36ff.)
      2. Prüfung, ob die in der Subsumtionsfrage bezeichnete Unterlassung diesem Verhalten zumindest unmittelbar vorgelagert war

D. **Rechtswidrigkeit**
   – Keine Vorstellung der Umstände eines Erlaubnistatbestands

E. **Schuld**
   I. Schuldfähigkeit
   II. Möglichkeit der Unrechtseinsicht
   III. Zumutbarkeit

F. **Kein Rücktritt** (siehe die Problemübersicht nach → § 24 Rn. 57)

G. **Ergebnis: Beantwortung der Subsumtionsfrage**

Lektüreempfehlungen: BGHSt 28, 162–164 (Konkretisierung des unmittelbaren Ansetzens); BGHSt 33, 370–377 (Versuch eines Regelbeispiels); BGHSt 38, 356–362 (Versuch beim unechten Unterlassungsdelikt).

§ 24. Der Rücktritt vom Versuch

A. Grundlagen

I. Die Gründe der Straffreiheit

Gemäß § 24 StGB wird der Täter nicht wegen Versuchs bestraft, wenn er freiwillig von der Begehung der Tat zurücktritt (vgl. bereits → § 23 Rn. 9). Schon der Grundgedanke dieser Regelung ist umstritten. In Rechtsprechung und Literatur findet sich eine Reihe von Rücktrittsdeutungen.[1] Sie lassen sich im Wesentlichen auf zwei Positionen zurückführen. Nach der ersten beseitigt der Rücktritt schon den Strafgrund des Versuchs. Durch die freiwillige Aufgabe der weiteren Tatausführung bzw. die Verhinderung der Vollendung werde der **rechtserschütternde Eindruck** (→ § 23 Rn. 4) so weit aufgehoben, dass im Ergebnis keine Notwendigkeit mehr bestehe, den Versuch zu bestrafen.[2] Nach der zweiten verzichtet die Rechtsordnung bei einem Rücktritt auf die nach dem Strafgrund des Versuchs noch immer gebotene Bestrafung, um die Vollendung von Taten nach Möglichkeit zu verhindern. Die Straflosigkeit solle dem Täter eine **„goldene Brücke"** bauen, dh ein Anreiz für ihn sein, auch noch nach Versuchsbeginn auf die Vollendung der Tat zu verzichten.[3] Ein solcher Anreiz liege insbesondere im Interesse des Tatopfers,[4] dessen Rechtsgüter erst durch die Vollendung tatsächlich verletzt werden. 1

Beide Positionen haben ihre Berechtigung. Die erste erklärt die Möglichkeit des Rücktritts durch Aufgeben der weiteren Tatausführung (§ 24 I 1 Var. 1 StGB). Ihre Gewährung ist eine sich aus dem Strafgrund des Versuchs ergebende Ergänzung der Regelung des Versuchsbeginns in § 22 StGB. Die Strafbarkeit schon des unmittelbaren Ansetzens zur Tatbestandsverwirklichung soll eine Bestrafung ermöglichen, wenn ein Täter kurz vor der Begehung der Tat an der weiteren Tatausführung gehindert wird. Da ein solcher Täter bei plangemäßem Verlauf seinen Tatplan allem Anschein nach verwirklicht hätte,[5] wird sein Verhalten von der Allgemeinheit bereits als Normwiderspruch wahrgenommen und deshalb als Versuch bestraft. Gibt jedoch ein Täter die weitere Tatausführung freiwillig auf, so ist der sich aus dem unmittelbaren Ansetzen ergebende Anschein, er werde seinen Tatplan bis zum Ende durchführen, durch sein nachfolgendes Verhalten widerlegt. Weil sich der Täter im Ergebnis doch dafür entschieden hat, die Tat nicht zu begehen, geht von seinem Verhalten insgesamt kein rechtserschütternder Eindruck aus, sodass er schon aus diesem Grund nicht wegen Versuchs zu bestrafen ist.[6] 2

---

[1] Vgl. für einen Überblick NK-StGB/Zaczyk StGB § 24 Rn. 2ff. und Roxin StrafR AT II § 30 Rn. 4ff., jeweils mwN.

[2] So zB BGHSt 9, 48 (52); 14, 75 (80); SK-StGB/Jäger StGB § 24 Rn. 5 mwN.

[3] So etwa RGSt 6, 341 (342); 63, 158 (159); 73, 52 (60).

[4] Diesen Aspekt betont zB (Großer Senat) BGHSt 39, 221 (232).

[5] Ob er dies tatsächlich getan hätte, ist der Natur der Sache nach niemals feststellbar. Nicht einmal der Täter selbst weiß, ob er nicht im letzten Moment doch Hemmungen bekommen und die letzte zur Tatbestandsverwirklichung erforderliche Handlung nicht mehr vorgenommen hätte. Deshalb wird beim unbeendeten Versuch im Grunde ein lediglich zu vermutendes Motivationsunrecht bestraft (vgl. zu den sich daraus ergebenden Legitimationsproblemen Struensee GS Armin Kaufmann, 1989, 523 (534ff.); Stein GA 2010, 129 (145ff.)).

[6] Diese nahe liegende Begründung der strafbefreienden Wirkung des Aufgebens der weiteren Tatausführung findet sich bereits in der strafrechtlichen Literatur des 19. Jahrhunderts (vgl. dazu Darstellung und

3 Als Beispiel stelle man sich vor, A ziele bereits mit einer geladenen und entsicherten Pistole auf B, um ihn zu erschießen. Er hat damit unmittelbar zur Tötung des B angesetzt und ist dementsprechend – wenn er von einem Polizisten im letzten Moment am Schuss gehindert wird – wegen versuchten Totschlags (§§ 212, 22, 23 I StGB) strafbar. Die Legitimation für diese Strafbarkeit ergibt sich aber nur aus der Überlegung, dass A ohne das Eingreifen des Polizisten aller Wahrscheinlichkeit nach sein Vorhaben zu Ende geführt, dh mit Tötungsvorsatz auf B geschossen hätte. Deshalb lässt sich eine Versuchsstrafbarkeit nicht legitimieren, wenn A nicht am Schuss gehindert worden ist, sondern sich im letzten Moment freiwillig dazu entschlossen hat, den Abzug nicht zu betätigen. Er hat dann zwar bereits mit Tötungsvorsatz auf B gezielt, aber der sich aus diesem Verhalten ergebende Anschein, er werde nun vor dem letzten Schritt nicht zurückschrecken und tatsächlich abdrücken, ist widerlegt. Im Ergebnis hat er sich dafür entschieden, den B nicht zu töten und damit dem Tötungsverbot nicht widersprochen.

4 Die Möglichkeit des Rücktritts durch Verhinderung der Vollendung (§ 24 I 1 Var. 2 und S. 2 StGB) ist dagegen nur unter Rückgriff auf die zweite der eingangs skizzierten Grundpositionen zu erklären.[7] Sobald A in dem gebildeten Beispiel mit Tötungsvorsatz auf B schießt, entscheidet er sich unwiderruflich dafür, B zu töten. Er widerspricht durch dieses Verhalten dem Tötungsverbot und dieser Normwiderspruch wird nicht dadurch aus der Welt geschafft, dass er unmittelbar nach der Tat den Tod des durch den Schuss lebensgefährlich verletzten B zB durch das Herbeirufen eines Krankenwagens freiwillig verhindert. Ein solches Nachtatverhalten mindert zwar den von dem Versuch ausgehenden „rechtserschütternden Eindruck" und hat daher auch nach allgemeinem Strafzumessungsrecht (§ 46 II 2 Var. 6 StGB) strafmildernde Wirkung.[8] Es ist aber zumindest bei schwereren Taten nicht geeignet, das generalpräventive Interesse an einer Bestrafung des Versuchs so weit zu reduzieren, dass eine Bestrafung nicht mehr angemessen wäre. Die Möglichkeit eines strafbefreienden Rücktritts durch Verhinderung der Vollendung lässt sich deshalb ohne den Gedanken, dem Täter bis zuletzt einen Anreiz zu geben, die Vollendung der Tat zu verhindern, nicht erklären.[9] Die Chance, auf diese Weise Rechtsgüter zu retten, mag – weil vielen Tätern die Rücktrittsregelung gar nicht bekannt ist[10] – relativ gering sein. Dem geltenden Recht ist sie gleichwohl wichtiger als die nach dem Strafgrund gebotene Bestrafung des Versuchs.[11]

Nachweise bei Loos FS Jakobs, 2007, 347 (355 ff.)), war aber lange Zeit in Vergessenheit geraten. Erst in neuerer Zeit wird sie zunehmend wieder belebt (vgl. insbes. Sancinetti, Subjektive Unrechtsbegründung und Rücktritt vom Versuch, 1995, S. 82 f. mwN).

[7] Der Vorschlag, das Verhindern der Vollendung allein auf Unterlassungsdelikte zu beziehen und damit einen Rücktritt nach der Beendigung des Versuchs (vgl. zu diesem Begriff → Rn. 12 ff.) generell auszuschließen (Sancinetti, Subjektive Unrechtsbegründung und Rücktritt vom Versuch, 1995, S. 74 ff., 84 ff. und 281 f.; der Sache nach ebenso Jakobs StrafR AT Abschn. 26 Rn. 19 a; ausführlicher Jakobs ZStW 104 (1992), 82 (85 f.)), ist mit der Entstehungsgeschichte des § 24 StGB nicht vereinbar.

[8] Vgl. dazu MüKoStGB/Hoffmann-Holland StGB § 24 Rn. 9 ff.

[9] Deshalb mag die in der Literatur verbreitete Kritik an diesem Gedanken (etwa Jakobs StrafR AT Abschn. 26 Rn. 5 mAnm 9 a; Roxin StrafR AT II § 30 Rn. 17 ff., jeweils mwN; vgl. dagegen wiederum MüKoStGB/Hoffmann-Holland StGB § 24 Rn. 20 ff.) zwar rechtspolitisch ihre Berechtigung haben, geht aber an der Wertung des Gesetzes vorbei.

[10] Vgl. zu diesem traditionellen Einwand gegen die Theorie der goldenen Brücke etwa BGHSt 9, 48 (52).

[11] Diese gesetzgeberische Entscheidung ist nicht zwingend, sondern hätte auch anders getroffen werden können (insoweit zutreffend MüKoStGB/Hoffmann-Holland StGB § 24 Rn. 16). Aber dies begründet – entgegen MüKoStGB/Hoffmann-Holland StGB § 24 Rn. 17 – nicht die Notwendigkeit, auf

Im Ergebnis ist die Frage nach dem Grundgedanken der Rücktrittsregelung deshalb nicht einheitlich zu beantworten.[12] Die strafbarkeitsaufhebende Wirkung des Aufgebens der weiteren Tatausführung (§ 24 I 1 Var. 1 StGB) ergibt sich daraus, dass es bei einem freiwilligen Verzicht auf dessen Beendigung schon an einem **strafwürdigen Motivationsunrecht** der Tat fehlt. Es ist ein Gebot der Gerechtigkeit, den Täter in einem solchen Fall nicht wegen Versuchs zu bestrafen. Die Gewährung der Möglichkeit eines strafbefreienden Rücktritts durch Verhinderung der Vollendung (§ 24 I 1 Var. 2 und S. 2 StGB) beruht dagegen auf einer zusätzlichen Zweckmäßigkeitserwägung. Das Gesetz verzichtet hier auf eine im Einzelfall gerechte Bestrafung des Versuchs, um generell einen Anreiz geben zu können, die Vollendung der Tat zu verhindern. Die völlige Aufhebung der Strafbarkeit ist in diesem Fall eine Privilegierung, die der Täter nach dem Maß seiner Schuld nicht verdient hat und die deshalb der Natur der Sache nach oft ungerecht erscheint. Dies wird bei der Auslegung der Regelungen der § 24 I 1 Var. 2 und S. 2 StGB zu beachten sein (→ § 24 Rn. 50). 5

II. Die Rechtsnatur und die Rechtsfolgen des Rücktritts

Die herrschende Meinung versteht den Rücktritt insgesamt als **persönlichen Strafaufhebungsgrund.** Er lasse sowohl das Unrecht als auch die Schuld unberührt und schließe lediglich die Strafbarkeit des Zurücktretenden selbst aus.[13] In der neueren Literatur wird er zum Teil auch als Entschuldigungsgrund gedeutet.[14] Die herrschende Meinung ist für das Verhindern der Vollendung nach § 24 I 1 Var. 2 und S. 2 StGB richtig. Das Aufgeben der weiteren Tatausführung nach § 24 I 1 Var. 1 StGB jedoch ist mehr als nur ein persönlicher Strafaufhebungsgrund. Als inhaltliche Ergänzung der Regelung des Versuchsbeginns (→ § 24 Rn. 2f.) gehört es zur Begriffsbestimmung und damit – zwar nicht gesetzestechnisch, aber der Sache nach – zum Tatbestand des Versuchs. Der Gesetzgeber hätte das Aufgeben der weiteren Tatausführung in die Versuchsdefinition integrieren,[15] also schon den § 22 StGB dahingehend formulieren können, dass einen Versuch begeht, wer nach seiner Vorstellung von der Tat zur Verwirklichung des Tatbestands unmittelbar ansetzt und deren weitere Ausführung nicht freiwillig wieder aufgibt. 6

Dessen ungeachtet sollte man – weil dies allgemein üblich ist – auch den Rücktritt nach § 24 I 1 Var. 1 StGB im Fallaufbau erst nach Rechtswidrigkeit und Schuld prüfen. Jedoch ist diese Rücktrittsalternative anders als das Verhindern der Vollendung 7

eine teleologische Interpretation des § 24 StGB zu verzichten. Auch die Gründe für gesetzgeberische Ermessensentscheidungen sind bei der Auslegung zu berücksichtigen.

[12] Schon das Reichsgericht hat dies im Ausgangspunkt ähnlich gesehen. In seiner ersten Entscheidung zum Grundgedanken des Rücktritts heißt es, die Straflosigkeit bei einem Rücktritt vom beendeten Versuch beruhe eindeutig auf „Zweckmäßigkeitsrücksichten", während sich die Straflosigkeit des nicht beendeten Versuchs bei freiwilligem Rücktritt für sich genommen auch auf eine „Schwäche des verbrecherischen Willens" zurückführen ließe (RGSt 6, 341 (342f.)). Lediglich wegen der gemeinsamen Regelung beider Alternativen in einer Vorschrift hat die Entscheidung iErg auch den Rücktritt durch Aufgeben der weiteren Tatausführung als kriminalpolitisch motiviert angesehen.

[13] Fischer StGB § 24 Rn. 2; Schönke/Schröder/Eser/Bosch StGB § 24 Rn. 4; Kühl StrafR AT § 16 Rn. 8; Stratenwerth/Kuhlen StrafR AT I § 7 Rn. 30; WBS StrafR AT Rn. 1001, alle mwN.

[14] SK-StGB/Jäger StGB § 24 Rn. 8; Roxin StrafR AT II § 30 Rn. 29f., beide mwN.

[15] Eine solche Integration in den Begriff des Versuchs findet sich zB in Art. 121-5 des französischen code pénal: „Ein Versuch liegt vor, sobald er, kundgetan durch den Beginn der Ausführung, nur aufgrund von Umständen aufgegeben oder erfolglos ist, die vom Willen des Täters unabhängig sind".

kein persönlicher Strafaufhebungs-, sondern ein **Tatbestandsaufhebungsgrund.**[16] Weil das Aufgeben der weiteren Tatausführung den Motivationsunwert des unmittelbaren Ansetzens zur Tatbestandsverwirklichung beseitigt, ist es – entgegen der ganz herrschenden Meinung[17] – auch einem Teilnehmer zugute zu halten. Wenn sich A, wie geschildert, im Ergebnis doch nicht dazu entschließen kann, auf B zu schießen, fehlt es am Unwert eines versuchten Totschlags. Damit darf auch ein Gehilfe G, der in Kenntnis des Tatplans A die Pistole besorgt hat, nicht wegen Beihilfe zum versuchten Totschlag (§§ 212, 22, 23 I, 27 StGB) bestraft werden. Ein solcher Gehilfe hat lediglich versucht, zu einem Totschlag Hilfe zu leisten und eine solche nur versuchte Beihilfe ist nach § 30 StGB (vgl. dazu → § 29 Rn. 28 ff.) nicht strafbar.

8 Unabhängig von ihrer Rechtsnatur beseitigen beide Formen des Rücktritts im Ergebnis nur die Strafbarkeit des infrage stehenden Versuchs selbst. Eine **Strafbarkeit wegen anderer bereits vollendeter Delikte** bleibt unberührt. Sofern A keinen Waffenschein (§ 2 II WaffG, §§ 4, 10 WaffG) hat, bleibt er wegen unerlaubten Führens einer Schusswaffe (§ 52 III Nr. 2 Buchst. a WaffG) strafbar, selbst wenn er sich im letzten Moment freiwillig dafür entscheidet, nicht auf B zu schießen. Ebenso ist A – falls er den B bereits durch einen Schuss verletzt hat – auch dann wegen gefährlicher Körperverletzung (§ 224 I Nr. 2 und 5 StGB) strafbar, wenn er unmittelbar nach der Tat freiwillig einen Krankenwagen ruft und so den Tod des B verhindert. Die Bestrafung der bereits vollendeten Delikte ist im Hinblick auf den Grundgedanken des Rücktritts nach § 24 I 1 Var. 2 und S. 2 StGB problematisch, weil sich der Anreiz zum Rücktritt dadurch erheblich vermindern kann. Jedoch würde es das Ziel der Erhaltung der Normanerkennung zu sehr beeinträchtigen, um eines solchen Anreizes willen auch noch auf eine Bestrafung bereits vollendeter Delikte zu verzichten. Denn damit bliebe der Täter nur deshalb straffrei, weil er ursprünglich die Begehung einer noch schwereren Tat beabsichtigte.[18]

9 Allerdings soll nach einer verbreiteten Auffassung der Rücktritt vom Versuch die Strafbarkeit wegen eines vollendeten Delikts ausnahmsweise dann aufheben, wenn dieses Delikt lediglich die konkrete Gefährdung desjenigen Rechtsguts unter Strafe stelle, von dessen versuchter Verletzung der Täter strafbefreiend zurückgetreten sei. Nach dem Grundgedanken des § 24 StGB dürfe dem Täter die im Versuch liegende Gefährdung nicht mehr zur Last gelegt werden, wenn sie durch einen Sondertatbestand selbstständig unter Strafe gestellt sei.[19] Daher schließe zB ein Rücktritt von einer versuchten Brandstiftung (§§ 306, 22, 23 I StGB) die Strafbarkeit wegen des bereits vollendeten Delikts des Herbeiführens einer Brandgefahr (§ 306f I StGB) aus. Der Bundesgerichtshof ist dieser Auffassung jedoch zu Recht nicht gefolgt.[20] Da mit dem

[16] Ebenso, aber zu Unrecht für den gesamten Rücktritt v. Hippel, Untersuchungen über den Rücktritt vom Versuch, 1966, S. 58 ff.; v. Scheurl, Rücktritt vom Versuch und Tatbeteiligung mehrerer, 1972, S. 27 f.; Schumann ZStW 130 (2018), 1 (11 ff.) mwN; vgl. auch Lang-Hinrichsen FS Engisch, 1969, 353 (366 ff.), der aber lediglich einen vom gesetzlichen Tatbestand zu unterscheidenden „Strafzumessungstatbestand" entfallen lassen will (S. 371) und deshalb trotz Rücktritts des Haupttäters eine strafbare Teilnahme für möglich hält (S. 376).

[17] RGSt 6, 341; SK-StGB/Jäger StGB § 24 Rn. 100; Jakobs StrafR AT Abschn. 26 Rn. 3; Roxin StrafR AT II § 30 Rn. 12, alle mwN.

[18] Vgl. BGHSt 39, 128 (129 ff.) mwN.

[19] Schönke/Schröder/Eser/Bosch StGB § 24 Rn. 110 mwN.

[20] BGHSt 39, 128 (129 ff.).

Versuch nicht die objektive Gefährdung, sondern der Vorsatz zur Verletzung des tatbestandlich geschützten Rechtsguts bestraft wird (→ § 23 Rn. 3 f.), kann dem Täter bei einem Rücktritt nur dieser Vorsatz nicht mehr zur Last gelegt werden. Die Bestrafung wegen eines gar keinen Verletzungsvorsatz voraussetzenden selbstständigen Gefährdungsdelikts ist damit nicht ausgeschlossen.

In der Literatur wird zum Teil die Auffassung vertreten, dass schon eine teilweise Vollendung der Tat die Möglichkeit eines Rücktritts ausschließen könne. So soll nach erfolgter Gewaltanwendung ein Rücktritt vom versuchten Raub nicht mehr möglich sein.[21] Für die Konstruktion einer solch teilweisen Vollendung gibt es jedoch im Gesetz keinerlei Grundlage. Solange nicht alle Tatbestandsmerkmale eines Delikts erfüllt sind, ist die betreffende Tat insgesamt noch ein Versuch, von dem der Täter gemäß § 24 StGB zurücktreten kann. Dies gilt auch für den Versuch der Verwirklichung eines Qualifikationstatbestandes, sodass zB ein Täter, der sich nach dem unmittelbaren Ansetzen zur Körperverletzung mittels eines gefährlichen Werkzeugs (§ 224 I Nr. 2 StGB) freiwillig dafür entscheidet, doch nur mit den Fäusten zuzuschlagen, vom Versuch der gefährlichen Körperverletzung zurücktritt und damit nur wegen einfacher Körperverletzung (§ 223 StGB) strafbar ist (sog. **Teilrücktritt**).[22] Entsprechendes gilt, wenn umgekehrt nur das qualifizierende Merkmal, nicht aber der Grundtatbestand verwirklicht ist. Diese Konstellation kann insbesondere beim Versuch eines erfolgsqualifizierten Delikts (→ § 23 Rn. 6) auftreten. Da auch durch den bloßen Eintritt einer Erfolgsqualifikation die Tat insgesamt noch nicht vollendet ist, hat der Bundesgerichtshof einen Rücktritt vom versuchten Raub und von einer versuchten räuberischen Erpressung mit Todesfolge zu Recht auch noch nach dem Eintritt des Todes des Opfers zugelassen.[23] Die an dieser Entscheidung geäußerte Kritik[24] vermag nicht zu überzeugen.[25] Wenn der Täter nach der Tötung die Wegnahme freiwillig nicht mehr vollzieht, gibt er die weitere Ausführung des Raubes freiwillig auf und ist deshalb zwar wegen des vollendeten Tötungsdeliktes, nicht aber wegen versuchten Raubes mit Todesfolge strafbar.[26] 10

B. Der Rücktritt nach § 24 I 1 Var. 1 StGB

I. Das Aufgeben der weiteren Tatausführung

Ein Rücktritt nach § 24 I 1 Var. 1 StGB setzt als erstes voraus, dass der Täter die weitere Ausführung der Tat aufgibt. Dies ist nicht nur bei Begehungs-, sondern auch bei Unterlassungsdelikten möglich. Bei einem Begehungsdelikt besteht das Aufgeben der 11

[21] Streng FS Küper, 2007, 629 (637); dagegen zu Recht Herzberg JZ 2007, 615 (621 f.).

[22] Vgl. dazu BGHSt 51, 276 (279); BGH NJW 2019, 3659 (3661); LK-StGB/Murmann StGB § 24 Rn. 580 ff.; vgl. dazu ausführlich Küper GA 2020, 584; Streng GA 2021, 487, beide mwN.

[23] BGHSt 42, 158 (159 ff.); BGHSt 64, 80 (88).

[24] NK-StGB/Zaczyk StGB § 24 Rn. 81; Roxin StrafR AT II § 30 Rn. 288 ff.; Streng FS Küper, 2007, 629 (632 ff.), alle mwN.

[25] Dies gilt auch für den Vorschlag von Wolters (Wolters GA 2007, 66 (70 ff.); Wolters FS Rissing-van Saan, 2011, 767 (772 ff.)), in derartigen Fällen bereits eine vollendete Tat nach § 251 StGB anzunehmen. Die Behauptung, der Tatbestand des § 251 StGB setze keinen vollendeten Raub, sondern lediglich eine Gewaltanwendung zum Zwecke der Wegnahme voraus, ist mit dem Wortlaut des Gesetzes nicht zu vereinbaren; vgl. dazu näher Herzberg JZ 2007, 615.

[26] Vgl. dazu eingehend Küper JZ 1997, 229.

weiteren Tatausführung darin, dass der Täter nach dem unmittelbaren Ansetzen zur Tat die Vornahme weiterer nach seiner Vorstellung zur Tatbestandsverwirklichung noch erforderlicher Handlungen unterlässt. Bei einem Unterlassungsdelikt gibt der Täter die weitere Ausführung der Tat auf, wenn er nach dem unmittelbaren Ansetzen zur Tat das Unterlassen nicht in dem zur Tatbestandsverwirklichung erforderlichen Maße durchhält, also bereits zu einem Zeitpunkt, in dem nach seiner Vorstellung von der Tat der Tatbestand noch nicht verwirklicht werden konnte, die gebotene Handlung doch vornimmt (vgl. dazu → § 24 Rn. 24f.).

1. Unvollständigkeit der bisherigen Tatausführung (Abgrenzung zum beendeten Versuch)

12 Ein Aufgeben der weiteren Tatausführung ist nur möglich, solange der Täter seinen Tatplan noch nicht vollständig ausgeführt, dh noch nicht alle nach seiner Vorstellung von der Tat zu ihrer Verwirklichung erforderlichen Handlungen bzw. Unterlassungen vorgenommen hat. Deshalb setzt der Rücktritt gemäß § 24 I 1 Var. 1 StGB nach allgemeiner Auffassung einen noch unbeendeten Versuch voraus. Umstritten ist jedoch, wie die Abgrenzung zwischen unbeendetem und beendetem Versuch im Einzelnen vorzunehmen ist. Der Streit betrifft in erster Linie die Fälle, in denen der Täter mehrere Möglichkeiten zur Herbeiführung des tatbestandlichen Erfolges hat. Hier stellt sich die Frage, ob jeder einzelne oder die Gesamtheit von möglichen Ausführungsakten als aufzugebende Tat anzusehen ist (dazu unter → § 24 Rn. 13ff.). Ferner ist umstritten, ob für die Beendigung des Versuchs die objektive Eignung der bereits vorgenommenen Handlungen bzw. Unterlassungen zur Tatbestandsverwirklichung oder die betreffende Vorstellung des Täters maßgeblich ist (dazu unter → § 24 Rn. 18ff.).

a) Maßgeblichkeit des einzelnen Ausführungsakts

13 Der Täter hat häufig mehrere Möglichkeiten zur Herbeiführung des tatbestandlichen Erfolges. Oft kann er zB kurz hintereinander mehrere Schüsse abgeben, um sein Opfer zu töten. In einem solchen Fall kommt es für die Rücktrittsmöglichkeit darauf an, ob jeder einzelne nach der Vorstellung des Täters möglicherweise tödliche Schuss oder alle Schüsse zusammen als Tat iSd § 24 I 1 Var. 1 StGB anzusehen sind. Betrachtet man mit der sogenannten **Einzelaktstheorie**[27] jeden einzelnen Schuss als aufzugebende Tat, so liegt bereits mit der Abgabe des ersten Schusses ein beendeter Versuch vor, dessen Ausführung der Täter nicht mehr aufgeben kann. Sieht man dagegen alle Schüsse zusammen als aufzugebende Tat an, so ist der Versuch uU erst mit dem letzten möglichen Schuss beendet. Solange die bereits abgegebenen Schüsse ihr Ziel verfehlt haben, kann der Täter nach der sogenannten **Gesamtbetrachtungslehre**[28] durch den Verzicht auf weitere Schüsse die Ausführung der Tat insgesamt aufgeben und so gemäß § 24 I 1 Var. 1 StGB Straffreiheit auch hinsichtlich der bereits abgegebenen Schüsse erlangen.

14 Die Rechtsprechung des Bundesgerichtshofs hat bei der Lösung dieses Problems früher nach dem Tatplan des Täters differenziert.[29] Sie bewertete mehrere zur Vollendung

[27] Vgl. Schönke/Schröder/Eser/Bosch StGB § 24 Rn. 20f.; Freund/Rostalski StrafR AT § 9 Rn. 28ff.; Jakobs StrafR AT Abschn. 26 Rn. 14ff.; eindringlich Paeffgen FS Puppe, 2011, 791, alle mwN.

[28] Vgl. NK-StGB/Zaczyk StGB § 24 Rn. 14; SK-StGB/Jäger StGB § 24 Rn. 31; Roxin StrafR AT II § 30 Rn. 187; Roxin FS Paeffgen, 2015, 255, alle mwN.

[29] Vgl. BGHSt 14, 75 (78f.); 22, 176 (177).

geeignete Einzelakte als eine Tat iSd § 24 I 1 Var. 1 StGB, wenn der Täter schon bei der Vornahme des ersten Akts damit gerechnet hatte, die Tat möglicherweise nur durch weitere Ausführungsakte vollenden zu können, und deshalb solch weitere Akte mit in seinen Tatplan aufgenommen hatte. Wenn er dagegen erst nach der Durchführung des ersten Ausführungsakts feststellte, dass diesem kein Erfolg beschieden war, sollte ungeachtet der Möglichkeit weiterer Ausführungsakte stets ein beendeter Versuch vorliegen. Diese sogenannte **Tatplantheorie** hat der Bundesgerichtshof jedoch unter dem Eindruck der Kritik, eine derartige Differenzierung begünstige den skrupellosen, von vornherein zur Ausführung mehrerer Einzelakte entschlossenen Täter,[30] zugunsten der Gesamtbetrachtungslehre aufgegeben.[31] Nach der heutigen Rechtsprechung kommt es für die Beendigung des Versuchs auf die Vorstellung des Täters nach der letzten vorgenommenen Ausführungshandlung an (sog. **Rücktrittshorizont**). Wenn er zu diesem Zeitpunkt den Eintritt der Vollendung ohne weitere Ausführungsakte für möglich halte oder sich über die Folgen seines Handelns keine Gedanken mache, sei der Versuch beendet.[32] Erkenne der Täter dagegen, dass es zur Vollendung noch weiterer Ausführungshandlungen bedarf, sei der Versuch auch dann nicht beendet, wenn solch weitere Handlungen in seinem Tatplan nicht vorgesehen waren.

Die Rechtsprechung geht sogar noch einen Schritt weiter und nimmt aufgrund einer sogenannten **Korrektur des Rücktrittshorizonts** auch dann einen unbeendeten Versuch an, wenn der Täter seine Tat nach der letzten Ausführungshandlung kurzzeitig für gelungen hält, aber sofort erkennt, dass es zur Vollendung weiterer Ausführungsakte bedarf. Auch in einem solchen Fall könne er durch das Unterlassen dieser Akte noch die weitere Ausführung der Tat aufgeben und damit gemäß § 24 I 1 Var. 1 StGB vom Versuch zurücktreten.[33] Allerdings sei eine solche Korrektur des Rücktrittshorizonts auch in umgekehrter Richtung möglich. Gehe der Täter nach der letzten vorgenommenen Ausführungshandlung kurzfristig davon aus, dass es zur Vollendung weiterer Ausführungsakte bedarf, erkenne aber unmittelbar darauf, dass er sich insoweit geirrt habe, liege ein beendeter Versuch vor, von dem er nicht durch den Verzicht auf weitere Ausführungsakte zurücktreten könne.[34] Diese **umgekehrte Korrektur des Rücktrittshorizonts** setze jedoch einen sehr engen räumlichen und zeitlichen Zusammenhang mit der letzten Ausführungshandlung voraus. Wenn der Täter die Möglichkeit der Vollendung aufgrund seines bisherigen Handelns erst einige Zeit später erkenne, sei der vorherige Verzicht auf weitere Ausführungshandlungen bereits als Aufgeben der weiteren Tatausführung zu werten.[35] 15

Voraussetzung für eine Gesamtbetrachtung mehrerer zur Vollendung geeigneter Einzelakte ist nach der Rechtsprechung des Bundesgerichtshofs, dass diese Akte sich gegen dieselbe Person richten[36] und als einheitlicher Lebensvorgang,[37] dh als eine Hand- 16

[30] Vgl. Schönke/Schröder/Eser/Bosch StGB § 24 Rn. 17 mwN.

[31] BGHSt 31, 170 (175ff.); 33, 295 (297ff.); 35, 90 (91ff.). Eine eingehende Darstellung der Rechtsprechungsentwicklung findet sich bei Schönke/Schröder/Eser/Bosch StGB § 24 Rn. 17ff. mwN.

[32] So etwa BGH NStZ 2011, 337 (338); 2013, 703; 2014, 143; 2015, 509; 2019, 399, jeweils mwN.

[33] BGHSt 36, 224 (225f.); 39, 221 (228); BGH NStZ 2014, 569; 2017, 459; NStZ-RR 2008, 335; 2009, 42; StV 2015, 292.

[34] BGH NStZ 1998, 614.

[35] BGH NStZ 2010, 146.

[36] BGH NStZ 2012, 562; incidenter auch BGH NStZ 2012, 263.

[37] BGHSt 34, 53 (57f.).

lung iSd § 52 StGB[38] (vgl. dazu → § 30 Rn. 14ff.), zu beurteilen gewesen wären. An der zweiten Voraussetzung fehlt es, wenn der Täter erst zu einem späteren Zeitpunkt erneut die Möglichkeit hätte, die Vollendung herbeizuführen.[39] Wer nach einem misslungenen Versuch darauf verzichtet, es am nächsten Tag noch einmal zu versuchen, gibt dadurch nicht die weitere Ausführung des bereits begangenen Versuches auf. Der Umstand, dass der Täter die Vollendung nach seinem ersten Ausführungsakt nur noch auf andere Art und Weise herbeiführen könnte, steht jedoch der Annahme eines einheitlichen Lebensvorgangs nicht entgegen.[40] Der Bundesgerichtshof hatte zB das Verhalten eines Mannes zu beurteilen, der seine Ehefrau zunächst mit Benzin überschüttet hatte, um sie zu verbrennen, dann aber das Streichholz nicht entzündet bekam und deshalb dazu überging, sie zu erwürgen. Er hat hierin eine Tat iSd § 24 I 1 Var. 1 StGB gesehen und dementsprechend das Aufgeben des Würgeversuches auch als strafbefreienden Rücktritt von dem durch das Überschütten mit Benzin begangenen Tötungsversuch gewertet.[41]

17 Obwohl die Gesamtbetrachtung heute der gefestigten Rechtsprechung des Bundesgerichtshofs entspricht, ist sie mit dem Sinn des § 24 I 1 Var. 1 StGB (→ § 24 Rn. 2f.) nicht zu vereinbaren. Wer eine zur Tötung eines Menschen geeignete Handlung vollständig vornimmt, also zB mit Tötungsvorsatz auf einen anderen schießt, entscheidet sich unwiderruflich dafür, einen Menschen zu töten. Damit liegt – auch wenn er schon bei der Vornahme der Handlung die Notwendigkeit weiterer Ausführungsakte für möglich hielt – das Motivationsunrecht eines versuchten Totschlags in abgeschlossener Form vor. Durch den bloßen Verzicht auf weitere Tötungshandlungen kann dieses Unrecht noch weniger aus der Welt geschafft werden, als durch Maßnahmen zur aktiven Verhinderung der Vollendung. Deshalb ist in solchen Fällen für einen Rücktritt nach § 24 I 1 Var. 1 StGB kein Raum. Das Anliegen der Rechtsprechung des Bundesgerichtshofs, dem Täter einen Anreiz zu geben, die Erfolgsherbeiführung nicht erneut zu versuchen und dadurch die Vollendung so weit wie möglich zu verhindern, ist zwar berechtigt, passt aber nicht zum Grundgedanken der ersten, sondern zu dem der zweiten Rücktrittsalternative.[42] Dementsprechend sollte ihm nicht im Rahmen des § 24 I 1 Var. 1 StGB, sondern durch eine erweiternde Auslegung der Voraussetzungen des Rücktritts nach § 24 I 1 Var. 2 und S. 2 StGB Rechnung getragen werden (vgl. dazu → § 24 Rn. 47ff.).

b) Maßgeblichkeit der Tätervorstellung

18 Der Struktur des Versuchstatbestands entsprechend (→ § 23 Rn. 3) wird die Abgrenzung zwischen unbeendetem und beendetem Versuch von der herrschenden Meinung

[38] BGHSt 41, 368 (369) setzt diese beiden Kriterien – entgegen einer in der Literatur verschiedentlich anzutreffenden Differenzierung (vgl. etwa LK-StGB/Murmann StGB § 24 Rn. 95ff.) – zu Recht gleich.

[39] BGH NStZ 2015, 26 mwN.

[40] BGH StV 2013, 435 (436); NStZ 2015, 26 (27); 2016, 232; NJW 2015, 2898 (2899), alle mwN; enger Murmann (GA 2012, 711 (715ff.) mwN), der keinen einheitlichen Lebensvorgang annehmen will, wenn der Täter mit dem Abschluss des ersten Ausführungsakts noch nicht zur Vornahme des zweiten unmittelbar angesetzt hat. Da das unmittelbare Ansetzen einen entsprechenden Tatentschluss voraussetzt, läuft dieser Vorschlag jedoch konsequenterweise auf eine Wiederbelebung der Tatplantheorie hinaus.

[41] BGH NStZ 1986, 264; vgl. zu ähnlichen Fällen BGH NStZ 2007, 399; NStZ-RR 2013, 273.

[42] So der Sache nach auch Roxin FS Paeffgen, 2015, 255 (257ff.).

zu Recht auf der Grundlage der Vorstellung des Täters vorgenommen.[43] Auch wenn der Täter in dem geschilderten Beispiel (→ § 24 Rn. 13) zunächst vergessen hatte, seine Pistole zu laden und deshalb sein erster „Schuss“ objektiv völlig ungefährlich war, hat er mit dem Betätigen des Abzugs bereits einen beendeten Versuch begangen, dessen weitere Ausführung nicht mehr aufgegeben werden kann. Umgekehrt hindert eine vom Täter bereits geschaffene objektive Gefahr des Erfolgseintritts das Aufgeben der Tatausführung nicht, wenn er selbst annimmt, der tatbestandliche Erfolg könne erst aufgrund einer weiteren von ihm noch vorzunehmenden Handlung eintreten. Schlägt zB A – ohne sich des schon dadurch begründeten tödlichen Risikos bewusst zu sein – B mit einem Baseballschläger nieder, um ihm im unmittelbaren Anschluss daran mit einem Messer die Kehle durchzuschneiden, so kann er durch das freiwillige Unterlassen dieser Handlung noch Straffreiheit gemäß § 24 I 1 Var. 1 StGB erlangen. Da er nach seiner Vorstellung von der Tat noch keine Tötungshandlung vorgenommen hat, gibt er mit dem Unterlassen des Durchschneidens der Kehle die weitere Ausführung des Totschlags- oder Mordversuchs auf.[44]

Entgegen in der Literatur vorgetragener Befürchtungen[45] bedeutet dies nicht, dass ein 19
Täter, der eine von ihm geschaffene Gefahr erst nach dem Aufgeben der weiteren Tatausführung erkennt, für die Abwehr dieser Gefahr nicht verantwortlich wäre. Aus der objektiv rechtswidrigen Verursachung einer Gefahr ergibt sich stets eine Garantenstellung zur Abwendung des drohenden Erfolges (→ § 22 Rn. 30ff.). Diese wird durch einen etwaigen Rücktritt nicht berührt. Wenn A in dem geschilderten Beispielsfall B durch den Schlag mit dem Baseballschläger lebensgefährlich verletzt hat, so ist er unabhängig davon, zu welchem Zeitpunkt er die von ihm geschaffene Gefahr erkennt, selbstverständlich dazu verpflichtet, das Leben des B zu retten. Überlässt er B entgegen dieser Verpflichtung einfach seinem Schicksal, so ist dieses Verhalten als Totschlagsbzw. Mordversuch durch Unterlassen (§§ 212, 211, 22, 23 I, 13 StGB) strafbar. Diese durch sein späteres Verhalten begründete Strafbarkeit ändert aber nichts daran, dass A – weil er die Gefahr bei dem Aufgeben der weiteren Tatausführung noch nicht erkannt hatte – von dem zuvor durch den Schlag mit dem Baseballschläger begangenen Versuch strafbefreiend zurückgetreten ist.[46]

2. Möglichkeit weiterer Tatausführung (Abgrenzung zum fehlgeschlagenen Versuch)

Wenn der Täter in dem eingangs gebildeten Beispiel (→ § 24 Rn. 13) schon vor dem 20
ersten Schuss erkennt, dass seine Pistole ungeladen und keine Munition greifbar ist, hat er keine „physisch-reale Möglichkeit“ zur Ausführung der Tat mehr. Er kann deshalb die weitere Ausführung der Tat nicht mehr willentlich unterlassen (→ § 24 Rn. 11), sodass ein Rücktritt nach § 24 I 1 Var. 1 StGB gleichfalls ausgeschlossen ist. Man spricht in solchen Fällen von einem **fehlgeschlagenen Versuch.** Diese Bezeich-

[43] BGHSt 31, 170 (171); NK-StGB/Zaczyk StGB § 24 Rn. 45; Schönke/Schröder/Eser/Bosch StGB § 24 Rn. 13; SK-StGB/Jäger StGB § 24 Rn. 40, alle mwN; für eine objektive Beurteilung dagegen Borchert/Hellmann GA 1982, 429 (436ff.); Jäger, Der Rücktritt vom Versuch als zurechenbare Gefährdungsumkehr, 1996, S. 65ff.; Ulsenheimer, Grundfragen des Rücktritts vom Versuch in Theorie und Praxis, (1976), S. 224f.

[44] Zur Frage, ob damit im Falle der Verwirklichung der vom Täter objektiv bereits geschaffenen Gefahr auch die Strafbarkeit wegen vollendeten Totschlags bzw. Mordes ausgeschlossen ist, → § 24 Rn. 38.

[45] Vgl. etwa Jäger NStZ 1999, 68.

[46] Vgl. Scheinfeld, Der Tatbegriff des § 24 StGB, 2006, S. 20f.

nung ist durchaus treffend, hat sich jedoch in Rechtsprechung und Literatur zum Teil dahingehend verselbstständigt, dass das Fehlschlagen eines Versuchs als ein eigenständiger Rücktrittsausschließungsgrund verstanden wird.[47] Dies ist methodisch nicht richtig. Die Unmöglichkeit eines Rücktritts bei fehlender Handlungsmöglichkeit ergibt sich unmittelbar aus den gesetzlichen Voraussetzungen des § 24 I 1 Var. 1 StGB und ist deshalb auch bei der Falllösung[48] anhand dieser Voraussetzungen zu begründen: Wer keine physisch-reale Möglichkeit der Tatbestandsverwirklichung mehr hat, kann die weitere Ausführung der Tat nicht mehr aufgeben und damit die Voraussetzungen des § 24 I 1 Var. 1 StGB nicht mehr erfüllen.

21 In der Literatur wird allerdings zum Teil auch dann von einem fehlgeschlagenen Versuch gesprochen, wenn die weitere Tatausführung aus der Sicht des Täters nicht mehr sinnvoll ist.[49] So soll ein fehlgeschlagener Versuch vorliegen, wenn der Täter einer Personenverwechslung erlegen ist,[50] also zB ein eifersüchtiger Ehemann nach Versuchsbeginn bemerkt, dass es sich bei dem anvisierten Opfer nicht um den Liebhaber seiner Frau handelt. Gleiches gelte, wenn ein verzweifelter Vater, der seine Kinder „still und schmerzlos" töten wollte, nach Versuchsbeginn feststellen muss, dass eine Tötung nur durch schmerzhafte Gewaltanwendung möglich ist. In derartigen Fällen lässt sich – weil der Täter noch die physisch-reale Möglichkeit zur Tatbestandsverwirklichung besaß – ein Ausschluss des Rücktritts nicht damit begründen, dass er die weitere Tatausführung nicht willentlich aufgegeben hätte. Dies begründet aber keine Notwendigkeit, einen eigenständigen Rücktrittsausschließungsgrund des fehlgeschlagenen Versuchs zu postulieren. Vielmehr sind diese Fälle mit der älteren Rechtsprechung[51] über den gesetzlichen Begriff der Freiwilligkeit (→ § 24 Rn. 26ff.) zu lösen.[52] Ihre Rubrizierung als fehlgeschlagener Versuch erschwert es nur, die Frage, welche Motive für die Tataufgabe einen strafbefreienden Rücktritt ausschließen, einer einheitlich begründeten Lösung zuzuführen.[53]

22 Ebenso wie die Beendigung des Versuchs (→ § 24 Rn. 18) ist auch die Frage, ob noch eine physisch-reale Möglichkeit zur weiteren Ausführung der Tat besteht, auf der Grundlage der Vorstellung des Täters zu beurteilen. Solange A in dem soeben geschilderten Beispiel davon ausgeht, dass seine Pistole geladen ist, kann er die weitere Ausführung der Tat aufgeben. Ist er dagegen zu der Erkenntnis gelangt, die Pistole sei ungeladen, so gibt er durch das Unterlassen eines Schussversuches die weitere Tatausführung auch dann nicht auf, wenn die Pistole in Wahrheit doch geladen ist. Letzteres gilt allerdings nur, solange A die Pistole für ungeladen hält. Wenn er in der

---

[47] Vgl. BGHSt 34, 53 (56f.); NK-StGB/Zaczyk StGB § 24 Rn. 19ff. mwN; Roxin StrafR AT II § 30 Rn. 77ff.; Roxin JuS 1981, 1ff.

[48] Vgl. dazu instruktiv Scheinfeld JuS 2002, 250.

[49] Vgl. etwa NK-StGB/Zaczyk StGB § 24 Rn. 25f. mwN; Roxin StrafR AT II § 30 Rn. 94ff.; Roxin JuS 1981, 1 (3ff.).

[50] Vgl. dazu Roxin StrafR AT II § 30 Rn. 94ff. mwN.

[51] Vgl. zum Fall des verzweifelten Vaters, der seine Kinder still und schmerzlos töten wollte, LG Arnsberg NJW 1979, 1420.

[52] Vgl. dazu eingehend Fahl GA 2014, 453 (455ff.) mwN.

[53] Es ist zB wenig hilfreich, das Aufgeben der weiteren Tatausführung aufgrund einer geringer als erwartet ausfallenden Beute zum Teil als Problem des fehlgeschlagenen Versuchs und zum Teil als Problem der Freiwilligkeit zu behandeln (so aber NK-StGB/Zaczyk StGB § 24 Rn. 26, der danach differenziert, ob der Dieb nur ein paar Pfennige oder 30 DM hätte erbeuten können); vgl. zum Ganzen zutreffend Schroeder NStZ 2009, 9 und die nicht überzeugende Entgegnung von Roxin NStZ 2009, 319.

Tatsituation noch bemerkt, dass seine Pistole doch geladen ist und gleichwohl nicht schießt, hat er die weitere Ausführung der Tat aufgegeben. Während für die Beendigung des Versuchs die Vorstellung des Täters im Zeitpunkt der Vornahme der jeweiligen Ausführungshandlung maßgeblich ist, kommt es für das Fehlschlagen eines Versuchs auf die Tätervorstellung im Zeitpunkt der Nichtvornahme weiterer Ausführungshandlungen an. Deshalb kann ein Täter die weitere Ausführung seiner geplanten Tat auch dann noch aufgeben, wenn er seinen Versuch zunächst als fehlgeschlagen erachtet hatte (vgl. dazu auch → § 24 Rn. 43).

3. Das Erfordernis eines endgültigen Aufgebens

Um vom Versuch zurückzutreten, muss der Täter die Beendigung des begonnenen Versuchs endgültig unterlassen.[54] Wer die Verwirklichung seines Tatplans nur aufschiebt, also zB mit dem Abdrücken der Pistole wartet, bis sein Opfer ein letztes Gebet gesprochen hat, gibt die weitere Ausführung der Tat nicht auf. Anders ist dies jedoch, wenn der Täter sich zB von einem entführten Opfer, dem er bereits die Pistole an den Kopf gesetzt hat, dazu überreden lässt, es noch drei Tage länger am Leben zu lassen. Eine drei Tage später erfolgende Tötung ist nicht mehr die Fortführung des bereits begonnenen Versuchs. Deshalb hat der Täter in einem solchen Fall die Beendigung des begonnenen Versuchs endgültig aufgegeben. Sein Vorhaben, die Tat zu einem späteren Zeitpunkt zu begehen, steht – entgegen einer verbreiteten Auffassung, die auch ein Abstandnehmen von gleichartigen Angriffen auf dasselbe Tatobjekt verlangt[55] – der Annahme eines Rücktritts vom versuchten Totschlag nicht entgegen.[56] Erst wenn der Täter zur Verwirklichung dieses Vorhabens unmittelbar ansetzt, ist er wieder wegen versuchten Totschlags (§§ 212, 22, 23 I StGB) strafbar. Selbst wenn nach einem Totschlagsversuch das Opfer weiter körperlich misshandelt wird, kann der Täter den Tötungsvorsatz und damit den Totschlagsversuch endgültig aufgegeben haben.[57] 23

4. Das Aufgeben beim Unterlassungsdelikt

In Rechtsprechung und Literatur ist umstritten, ob § 24 I 1 Var. 1 StGB auf Unterlassungsdelikte anzuwenden ist. Vielfach wird die Auffassung vertreten, bei Unterlassungsdelikten sei eine Unterscheidung zwischen dem Aufgeben der weiteren Tatausführung und dem (sonstigen) Verhindern der Vollendung nicht sinnvoll. Der Rücktritt von einem Unterlassungsdelikt beurteile sich stets nach § 24 I 1 Var. 2 oder S. 2 StGB, weil das Aufgeben der weiteren Tatausführung hier nur in einem positiven Tun bestehen könne.[58] Diese Argumentation ist allerdings bereits insofern fragwürdig, als der Verzicht auf die Möglichkeit, einen durch Unterlassen wider Erwarten nicht erreichten Erfolg noch durch positives Tun herbeizuführen, jedenfalls nach der Gesamtbetrachtungslehre[59] ebenfalls als Aufgeben der weiteren Tatausführung gewertet wer- 24

[54] BGHSt 33, 142 (144f.); 35, 184 (186f.); BGH NStZ 2010, 384; Jakobs StrafR AT Abschn. 26 Rn. 10; Stratenwerth/Kuhlen StrafR AT § 11 Rn. 80; WBS StrafR AT Rn. 1048ff., alle mwN.

[55] Schönke/Schröder/Eser/Bosch StGB § 24 Rn. 40 mwN.

[56] BGH NJW 2019, 3659 (3661).

[57] Vgl. für eine solche Konstellation BGH NStZ 2019, 198f.

[58] BGHSt 48, 147 (149); BGH NStZ 1997, 485; 2003, 252 (253); 2016, 664 (665); Roxin StrafR AT II § 29 Rn. 268ff., jeweils mwN.

[59] Wenn der Täter die Untauglichkeit des bloßen Unterlassens bemerkt, bevor er eine unwiderrufliche Entscheidung für die Tatbestandsverwirklichung getroffen hat, könnte man sogar auf der Grundlage der Einzelaktstheorie ein Aufgeben der weiteren Tatausführung in Erwägung ziehen, sodass es sich –

den kann.[60] Vor allem aber wird die alleinige Anwendung der zweiten Rücktrittsalternative den unterschiedlichen Grundgedanken beider Alternativen nicht gerecht (→ § 24 Rn. 1 ff.). Das Charakteristikum des Aufgebens der weiteren Tatausführung ist nicht, dass die Vollendung der Tat durch ein bloßes Unterlassen verhindert wird, sondern dass der Täter noch keine unwiderrufliche Entscheidung für die Tatbestandsverwirklichung getroffen hat. Dies ist bei einem Unterlassungsdelikt ebenfalls möglich, sodass auch hier zwischen dem Rücktritt durch Aufgeben der weiteren Tatausführung und dem Rücktritt durch (sonstiges) Verhindern der Vollendung zu unterscheiden ist.[61]

25 Ein Unterlassungsversuch ist unbeendet, solange der Täter annimmt, die Verwirklichung des Tatbestands setze noch weiteres Unterlassen voraus, dh solange er die Vorstellung hat, die Vollendung der Tat noch sicher abwenden zu können.[62] Als Beispiel stelle man sich vor, A habe Kenntnis davon erlangt, dass das Weinglas seiner ihm gegenübersitzenden Ehefrau mit tödlichem Gift versetzt ist, und wolle diese das Weinglas austrinken lassen, um sie loszuwerden. In einem solchen Fall setzt er zumindest in dem Moment zu einem Totschlag bzw. Mord durch Unterlassen (§§ 212, 211, 13 StGB) unmittelbar an, in dem seine Ehefrau nach dem Glas greift und er nichts dagegen unternimmt. Der Tod der Frau kann jedoch nur eintreten, wenn A eine Warnung solange unterlässt, bis seine Frau das Glas tatsächlich zum Mund geführt hat. Deshalb ist der Versuch erst in diesem Zeitpunkt beendet. Warnt A seine Frau noch während sie das Glas zum Mund führt, so gibt er die weitere Ausführung der Tat gemäß § 24 I 1 Var. 1 StGB auf. Sein Verhalten widerlegt den sich aus dem unmittelbaren Ansetzen ergebenden Anschein, er werde seine Frau das Gift tatsächlich trinken lassen, und hebt damit – nicht anders als bei einem Begehungsdelikt – bereits den Tatbestand des Versuchs wieder auf.

II. Die Freiwilligkeit

1. Der Begriff der Freiwilligkeit

26 Zweite Voraussetzung des § 24 I 1 Var. 1 StGB ist die Freiwilligkeit der Tataufgabe. Nach ständiger Rechtsprechung des Bundesgerichtshofs ist das Aufgeben der weiteren Tatausführung freiwillig, wenn der Täter nicht nur physisch-real, sondern auch psychologisch die Möglichkeit zur Vollendung der Tat hatte. Maßgeblich sei, ob der Täter

entgegen der üblichen Darstellung (vgl. Engländer JZ 2012, 130 (131); Murmann GA 2012, 711 (712)) – dabei nicht notwendigerweise nur um ein Problem der Gesamtbetrachtungslehre handelt.

60 Vgl. dazu BGH NStZ 2010, 690 (691 f.) sowie eingehend Engländer JZ 2012, 130 mwN; aA Murmann GA 2012, 711 ebenfalls mwN. Allerdings fehlt es in solchen Fällen wegen des erhöhten Unrechts in aller Regel an der Freiwilligkeit des Rücktritts (vgl. dazu sogleich → § 24 Rn. 34).

61 Ebenso zB Schönke/Schröder/Eser/Bosch StGB § 24 Rn. 28 f.; SK-StGB/Stein StGB Vor § 13 Rn. 70 ff.; WBS StrafR AT Rn. 1227 f., alle mwN.

62 Mit welchen Mitteln die Vollendung nach der Vorstellung des Unterlassenden noch sicher abzuwenden wäre, ist ohne Bedeutung. Auch wenn es dafür anderer Maßnahmen als der „ursprünglich gebotenen Handlung" bedürfte, ist – entgegen einer verbreiteten Abgrenzungsformel (Schönke/Schröder/Eser/Bosch StGB § 24 Rn. 28 f.; WBS StrafR AT Rn. 1228) – der Versuch noch nicht beendet. Solange zB eine ihr Kind nicht versorgende Mutter die Vorstellung hat, es zwar möglicherweise nicht mehr durch bloße Nahrungszufuhr, aber mit Sicherheit noch durch Einlieferung ins Krankenhaus retten zu können, hat sie noch keinen beendeten Versuch eines Totschlags oder Mords durch Unterlassen begangen (aA WBS StrafR AT Rn. 1228).

noch „Herr seiner Entschlüsse" geblieben ist und die Ausführung der Tat noch für möglich gehalten hat, er also weder durch eine äußere Zwangslage daran gehindert noch durch seelischen Druck unfähig geworden ist, die Tat zu vollenden.[63] In Abgrenzung zu der schon für das Aufgeben der Tatbestandsverwirklichung erforderlichen physisch-realen Handlungsfähigkeit kann eine solch psychologische Vollendungsmöglichkeit nur als Fähigkeit begriffen werden, den auf die Vollendung der Tat gerichteten Willen aufrechtzuerhalten. Eine derartige Fähigkeit zur Willenssteuerung hat jedoch – wie bereits bei der Erörterung der Schuldfähigkeit dargelegt wurde (→ § 18 Rn. 10) – keinen fassbaren Inhalt. Ebenso wie die Fähigkeit zu einer rechtmäßigen Willensbildung ist auch die Fähigkeit zur Aufrechterhaltung eines rechtswidrigen Willens kein psychischer Sachverhalt, sondern stellt nur einen anderen Ausdruck für die begrifflich nicht zu erfassende Idee der Willensfreiheit dar.

Die Inhaltslosigkeit eines solchen Begriffs der Freiwilligkeit zeigt sich daran, dass auf 27
seiner Grundlage jede Aufgabe der weiteren Tatausführung zugleich als freiwillig und unfreiwillig dargestellt werden kann. Man stelle sich etwa einen eifersüchtigen Ehemann vor, der dem Liebhaber seiner Ehefrau aufgelauert und bereits unmittelbar angesetzt hatte, ihn zu erschießen. Wenn er im letzten Moment doch nicht geschossen hat, weil sich das im Rahmen seiner Sozialisation erlernte Tötungsverbot als stärker erwies als seine Eifersucht, so kann er seine Motivationslage durchaus zutreffend dahingehend beschreiben, dass ihm beim Anblick des anvisierten Opfers der Wert menschlichen Lebens bewusst geworden sei und er sich deshalb dafür entschieden habe, die Tat nicht auszuführen. Er kann aber auch – ebenso zutreffend – das Aufgeben der Tatausführung damit erklären, dass er beim Anblick des anvisierten Opfers Hemmungen verspürt und deshalb nicht mehr habe abdrücken können. Diese zweite Erklärung beschreibt keinen anderen psychischen Sachverhalt als die erste, ist aber aufgrund der andersartigen Formulierung für den Angeklagten im Prozess nicht ungefährlich. Er riskiert bei einer solchen Einlassung, dass ihn das Gericht beim Wort nimmt und seinen Rücktritt mit der Scheinbegründung als unfreiwillig bewertet, er sei durch seelischen Druck gehindert gewesen, die Tat zu vollenden.[64]

Einen wirklichen psychologischen Gehalt hätte die Freiwilligkeit nur, wenn man bei 28
ihrer Beurteilung – ebenso wie bei der Schuldfähigkeit (→ § 18 Rn. 12ff.) – auf die Art und Weise der Willensentscheidung abstellen, dh das Aufgeben der Tatausführung schon immer dann als freiwillig ansehen würde, wenn sich der Täter auf eine hinreichend verständige und damit selbstbestimmte Art und Weise gegen die Vollendung der Tat entschieden hat. Eine solche Deutung würde jedoch dem Grundgedanken der Rücktrittsregelung eindeutig widersprechen. Selbst wer von der weiteren Ausführung der Tat nur deshalb absieht, weil er erkennt, dass er nach der Tat von einem Polizisten sofort festgenommen würde, wäre danach – weil die Vollendung der Tat physisch-real noch möglich war und er aufgrund eines verständigen Entscheidungsprozesses auf sie verzichtet hat – strafbefreiend vom Versuch zurückgetreten. Die Unrichtigkeit eines solchen Ergebnisses liegt auf der Hand und ist grundsätzlich auch in der Rechtsprechung anerkannt. Sie sieht einen Rücktritt als unfreiwillig an, wenn sich das Risiko

[63] BGHSt 7, 296 (299); 35, 184 (186) mwN; BGH NStZ 2014, 202; 2014, 450; NStZ-RR 2014, 9 (10); StV 2014, 336f.
[64] Vgl. BGHSt 42, 158 (161); BGH NStZ 1994, 428.

der Tatbegehung gegenüber dem ursprünglichen Tatplan so stark erhöht hat, dass der Täter es nunmehr als unvertretbar hoch einschätzt.[65]

29 Die Freiwilligkeit ist deshalb kein psychologischer, sondern ein normativ zu bestimmender Begriff.[66] Nach dem Grundgedanken des Rücktritts kommt es darauf an, dass der Täter durch das Aufgeben der weiteren Tatausführung seine dem unmittelbaren Ansetzen zur Tatbestandsverwirklichung zugrunde liegende Entscheidung für die Begehung der Tat revidiert. Dementsprechend ist das Aufgeben der weiteren Tatausführung immer dann als freiwillig anzusehen, wenn es auf einer veränderten Bewertung der sich gegenüberstehenden Entscheidungsalternativen durch den Täter beruht **(autonome Motivation).** Unfreiwillig ist es dagegen dann, wenn es auf einer Veränderung dieser Entscheidungsalternativen selbst beruht **(heteronome Motivation).**[67] Hat sich für den Täter das Risiko der Tat erheblich erhöht oder ihr Nutzen erheblich vermindert, so befindet er sich in einer anderen Entscheidungssituation als zuvor und kann deshalb seine ursprünglich getroffene Entscheidung nicht mehr revidieren. Die seine Strafbarkeit legitimierende Einschätzung, ein zur Tatbestandsverwirklichung bereits unmittelbar ansetzender Täter werde seinen Tatentschluss im Zweifel bis zu der letzten nach seiner Vorstellung zur Tatbestandsverwirklichung erforderlichen Handlung psychisch durchhalten, wird in einem solchen Fall durch das Aufgeben der weiteren Tatausführung nicht widerlegt.

2. Freiwilliges Aufgeben der Tatausführung

30 Ein freiwilliges Aufgeben der weiteren Tatausführung liegt nach dem genannten Abgrenzungskriterium jedenfalls immer dann vor, wenn der Täter sich ohne jeden äußeren Anlass eines Besseren besinnt und auf die Begehung der Tat verzichtet.[68] Auf die Gründe für diesen Sinneswandel kommt es nicht an. Insbesondere müssen es – wie die ständige Rechtsprechung zu Recht betont[69] und in der Literatur allgemein anerkannt ist[70] – keine „sittlich billigenswerten" Motive sein, die den Täter zum Aufgeben der weiteren Tatausführung bewegt haben. Ein freiwilliges Aufgeben liegt also nicht nur vor, wenn der Täter im letzten Moment Gewissensbisse, moralische Skrupel oder Mitleid mit dem Opfer bekommt. Hat er die ursprünglich zB als Racheakt geplante Tat plötzlich für sinnlos gehalten oder einfach die Lust an deren Begehung verloren, so ist er ebenfalls freiwillig vom Versuch zurückgetreten. Gleiches gilt, wenn er ohne äußeren Anlass im letzten Moment Angst vor Strafe oder anderen negativen Folgen der Tat empfindet, also etwa aus Sorge, sich selbst zu verletzen, seinen Arbeitsplatz zu verlieren oder sich mit seiner Familie zu entzweien, von der Begehung der Tat absieht.

---

65 BGHSt 9, 48 (50); BGH NStZ 1992, 536; 2007, 265; NStZ-RR 2007, 136.

66 Schönke/Schröder/Eser/Bosch StGB § 24 Rn. 43; Jakobs StrafR AT Abschn. 26 Rn. 30 ff.; Puppe StrafR AT § 21 Rn. 28 ff.; Roxin StrafR AT II § 30 Rn. 379 ff. und eingehend Bitzilekis FS Hassemer, 2010, 661 ff.; Streng FS Feltes, 2021, 519 ff., alle mwN.

67 Die Formulierung, der Rücktritt sei freiwillig, wenn der Täter aus autonomen, und unfreiwillig, wenn er aus heteronomen Gründen die weitere Ausführung der Tat aufgegeben habe, ist in der Literatur weit verbreitet (vgl. schon Frank RStGB § 46 Anm. II sowie heute Schönke/Schröder/Eser/Bosch StGB § 24 Rn. 43; WBS StrafR AT Rn. 1067 ff., beide mwN). Allerdings werden die Begriffe „autonom" und „heteronom" meist nicht erläutert, sodass ihnen letztlich keine über den Begriff der Freiwilligkeit selbst hinausgehende Aussagekraft zukommt.

68 Jakobs StrafR AT Abschn. 26 Rn. 36; Roxin StrafR AT II § 30 Rn. 387 f.

69 Vgl. etwa BGH NJW 1993, 2125 (2126); StV 2003, 615.

70 Schönke/Schröder/Eser/Bosch StGB § 24 Rn. 56 f. mwN.

Dementsprechend setzt die Freiwilligkeit des Rücktritts nicht voraus, dass die Motivation für das Aufgeben der weiteren Tatausführung mit dem Vorsatz zur Verwirklichung des betreffenden Tatbestands generell unvereinbar ist.[71] Vielmehr reicht es aus, dass der Täter durch das Aufgeben der weiteren Tatausführung die konkret getroffene Entscheidung für die Begehung der Tat revidiert hat. Wer zu einem Selbstmordattentat unmittelbar ansetzt, dann aber den umgelegten Sprengstoffgürtel nicht zündet, weil er im letzten Moment doch davor zurückschreckt, das eigene Leben zu opfern, gibt die weitere Ausführung der Tat freiwillig auf, obwohl er sie (möglicherweise) zu Ende geführt hätte, wenn sie nicht mit dem Verlust des eigenen Lebens verbunden gewesen wäre. Entsprechendes gilt für einen Täter, der die Ausführung eines Raubmordes aufgibt, weil ihm die Beute von 1.000 Euro im letzten Moment doch zu gering erscheint, um dafür einen Menschen zu töten. Der Umstand, dass er die Tat (möglicherweise) zu Ende geführt hätte, wenn 1.000.000 Euro zu erbeuten gewesen wären, steht – solange der Täter bei Versuchsbeginn nur mit einer Beute von 1.000 Euro rechnete (vgl. ansonsten → § 24 Rn. 35) – der Freiwilligkeit des Rücktritts nicht entgegen. 31

Ein freiwilliger Rücktritt muss nicht ohne jeden äußeren Anlass erfolgen, sondern liegt auch dann vor, wenn der Täter sich erst aufgrund eines Anstoßes von außen näher mit der geplanten Tat und ihren Folgen auseinandersetzt und dadurch zu einer anderen Bewertung der sich gegenüberstehenden Entscheidungsalternativen kommt.[72] Falls das Opfer dem Täter ins Gewissen redet oder um Mitleid bittet und dieser daraufhin die weitere Ausführung der Tat aufgibt, ist er freiwillig vom Versuch zurückgetreten. Entsprechendes gilt, sofern das Aufgeben der Tatausführung daraus resultiert, dass das Opfer oder irgendein Dritter an den Täter appelliert hat, doch die Folgen der Tat für sein zukünftiges Leben oder für seine Familie zu bedenken. Auch wenn der Täter die weitere Ausführung der Tat aufgibt, weil ein Zufall ihm noch einmal das allgemeine Strafverfolgungsrisiko vor Augen geführt hat, liegt ein freiwilliger Rücktritt vor. Hört der Täter zB während der Begehung der Tat einen Einsatzwagen der Polizei vorbeifahren und gibt daraufhin – obwohl er sich sicher ist, dass die Polizisten ihn nicht bemerkt haben und zu einem anderen Einsatzort unterwegs sind – verschreckt die weitere Ausführung der Tat auf, so tritt er freiwillig vom Versuch zurück.[73] 32

3. Unfreiwilliges Aufgeben der Tatausführung

a) Wesentlich erhöhte Kosten der Tat

Das Aufgeben der weiteren Tatausführung ist dagegen stets unfreiwillig, wenn es erfolgt, weil sich nach dem Beginn des Versuchs die mit der Tatbegehung verbundenen Risiken für den Täter wesentlich erhöht haben.[74] Wer nach der Tat von einem Polizisten sofort festgenommen werden würde, gibt – jedenfalls, wenn er zunächst unentdeckt bleiben wollte[75] – deren weitere Ausführung nicht mehr freiwillig auf (vgl. bereits → Rn. 28).[76] Entsprechendes gilt, wenn sich zwar nicht das Strafverfolgungs- 33

[71] So aber wohl Jakobs StrafR AT Abschn. 26 Rn. 39.

[72] Vgl. dazu mit weiteren Beispielen Roxin StrafR AT II § 30 Rn. 389ff.

[73] Vgl. zu einem ähnlichen Fall BGH NStZ 2011, 454.

[74] Vgl. dazu etwa BGH NStZ 2020, 81.

[75] Andernfalls kann ein freiwilliger Rücktritt in Betracht kommen; vgl. dazu BGH NStZ 2011, 688 (689).

[76] Auch wenn der Täter nach dem Auftauchen von Zeugen auf die Vollendung der Tat verzichtet, ist der Rücktritt – entgegen BGH NStZ-RR 2003, 199 – als unfreiwillig anzusehen.

risiko, aber das Risiko sonstiger negativer Folgen, insbesondere das der Verletzung eigener Rechtsgüter, nach Versuchsbeginn wesentlich erhöht hat. Ein Attentäter, der nach dem unmittelbaren Ansetzen zu einem Bombenattentat bemerkt, dass er aufgrund eines Defekts der mitgeführten Fernzündung die Tat nur zu Ende führen könnte, wenn er sich selbst mit in die Luft sprengt, tritt nicht dadurch freiwillig vom Versuch zurück, dass er auf diese selbstmörderische Variante der Tatausführung verzichtet. Er hat zwar das gleiche Rücktrittsmotiv wie ein Selbstmordattentäter, der im letzten Moment doch vor der Aufopferung des eigenen Lebens zurückschreckt (→ § 24 Rn. 31). Da aber seine bei Versuchsbeginn getroffene Entscheidung nicht die Aufopferung der eigenen Person beinhaltete, ist dieses Motiv bei ihm nicht geeignet, die konkrete Entscheidung für die Begehung der Tat zu revidieren.

34 Ein unfreiwilliges Aufgeben der weiteren Tatausführung liegt – entgegen der Rechtsprechung des Bundesgerichtshofs[77] – außerdem vor, wenn sich nach Beginn des Versuchs herausstellt, dass der Täter sein Vorhaben nur durch die Begehung erhöhten Unrechts zu Ende führen könnte.[78] In einem solchen Fall besteht unabhängig von der Höhe der Strafdrohung schon aufgrund des höheren materiellen Unwerts eine andere Entscheidungssituation, sodass der Täter seine ursprünglich getroffene Entscheidung nicht mehr revidieren kann. Wer nach dem unmittelbaren Ansetzen zu einem Diebstahl feststellt, dass er die Sache nur mit Gewalt oder durch Drohung mit gegenwärtiger Gefahr für Leib oder Leben wegnehmen könnte, tritt nicht freiwillig vom Diebstahlsversuch zurück, indem er auf die Begehung eines solchen Raubes verzichtet. Auch wenn durch das erhöhte Unrecht noch der gleiche Straftatbestand verwirklicht würde, gilt nichts anderes. Deshalb stellt der Verzicht auf Handlungen zur aktiven Erfolgsherbeiführung im Ergebnis jedenfalls in aller Regel keinen freiwilligen Rücktritt von einem bereits begangenen Unterlassungsversuch dar.[79] Ebenso tritt ein zum sogenannten Mitnahmesuizid entschlossener, verzweifelter Vater, der seine Kinder still und schmerzlos töten wollte, nicht freiwillig vom Versuch zurück, wenn er nach Versuchsbeginn feststellt, dass eine Tötung nur durch schmerzhafte Gewaltanwendung möglich ist und er aus diesem Grund die Tötung der Kinder unterlässt.[80]

b) Entfallener oder wesentlich verminderter Nutzen der Tat

35 Das Aufgeben der Tatausführung ist weiterhin unfreiwillig, falls nach Versuchsbeginn der Nutzen entfällt, den sich der Täter von der Tat erwartet hat.[81] Ein eifersüchtiger Ehemann, der den Liebhaber seiner Frau erschießen will und erst nach dem unmittelbaren Ansetzen zur Tat enttäuscht feststellt, dass es sich bei dem anvisierten Opfer um eine andere Person handelt, tritt nicht freiwillig vom Versuch zurück, wenn er auf die weitere Ausführung der für ihn sinnlos gewordenen Tat verzichtet. Entsprechendes gilt, wenn der Nutzen für den Täter nach Versuchsbeginn zwar nicht ganz entfällt, aber sich wesentlich vermindert, also zB sich herausstellt, dass die Beute erheblich ge-

[77] Vgl. zB BGH NStZ 2007, 91.

[78] Vgl. dazu eingehend Jakobs StrafR AT Abschn. 26 Rn. 35 ff., der in der Erhöhung von Unrecht und Schuld aber fälschlich den einzigen Grund für die Unfreiwilligkeit des Rücktritts sieht.

[79] Im Ergebnis ähnlich, aber mit anderer dogmatischer Einordnung Murmann GA 2012, 711 (713 ff.); vgl. zu dieser Fallkonstellation bereits → § 24 Rn. 24 mwN.

[80] So zu Recht LG Arnsberg NJW 1979, 1420; anders Borchert/Hellmann JURA 1982, 658 (661 ff.) und in einem ähnlichen Fall BGH NStZ 2008, 275.

[81] In diesen Fällen wird ein Rücktritt vielfach schon deshalb verneint, weil der Versuch fehlgeschlagen sei; vgl. etwa Roxin StrafR AT II § 30 Rn. 94 ff. und dazu die Kritik in Roxin StrafR AT II § 24 Rn. 21.

ringer ausfallen würde als erwartet.[82] Wer zur Tötung eines Menschen in der Vorstellung ansetzt, bei der Tat 1.000.000 Euro zu erbeuten, bleibt wegen Mordversuchs strafbar, wenn er auf die Ausführung der Tat nur deshalb verzichtet, weil die Beute lediglich 1.000 Euro betragen hätte. Er hat zwar das gleiche Rücktrittsmotiv wie ein Täter, der nur 1.000 Euro erbeuten wollte und diesen Betrag dann als zu gering erachtet (→ § 24 Rn. 31), aber seine bei Versuchsbeginn getroffene Entscheidung, für 1.000.000 Euro einen Menschen zu töten, wird durch dieses Rücktrittsmotiv nicht revidiert.

Der Nutzen einer Tat entfällt auch dann, wenn der Täter sein Handlungsziel wider Erwarten ohne deren Vollendung erreicht, also zB ein verfolgter Straftäter, der zur Beendigung der Verfolgung mit bedingtem Tötungsvorsatz auf seinen Verfolger schießen will, erkennt, dass dieser schon aufgrund der gegen ihn erhobenen Waffe die Verfolgung aufgibt. Deshalb stellt der Verzicht auf die Vollendung auch in solchen Fällen keinen freiwilligen Rücktritt vom Versuch dar.[83] Die Rechtsprechung des Bundesgerichtshofs steht allerdings auf dem gegenteiligen Standpunkt. Nach einer 1993 ergangenen Grundsatzentscheidung des Großen Senats hindert das Erreichen des Handlungsziels ein freiwilliges Aufgeben der Tat nicht, weil es für den Rücktritt auf **außertatbestandliche Handlungsziele** nicht ankomme.[84] Diese Begründung steht jedoch in Widerspruch dazu, dass die Rechtsprechung in Fällen, in denen der Täter sein Handlungsziel nicht erreichen kann, er zB nur eine wesentlich geringere als die erwartete Beute vorfindet (vgl. soeben → § 24 Rn. 35), diesem durchaus Bedeutung für die Freiwilligkeit des Rücktritts zuerkennt. Vor allem aber wird sie dem Grundgedanken des Rücktritts nicht gerecht. Wenn die Vollendung der Tat dem Täter nichts mehr nützt, stellt das Aufgeben der weiteren Tatausführung keine Revision der bei Versuchsbeginn getroffenen Entscheidung für die Begehung der Tat dar. 36

c) Eintritt von Selbstbestimmungsunfähigkeit

Schließlich ist das Aufgeben der weiteren Tatausführung unfreiwillig, wenn es im Zustand der Schuldunfähigkeit erfolgt.[85] So wie eine in schuldunfähigem Zustand getroffene Entscheidung keine strafrechtliche Verantwortlichkeit begründet, so ist eine solche Entscheidung auch nicht dazu geeignet, diese Verantwortlichkeit aufzuheben. Wer – zB infolge einer anfallartig auftretenden psychischen Krankheit – nach dem unmittelbaren Ansetzen zur Begehung einer Straftat schuldunfähig wird, tritt nicht freiwillig vom Versuch zurück, wenn er in diesem Zustand auf die weitere Ausführung der Tat verzichtet.[86] Sein nicht auf einer selbstbestimmten Entscheidung beruhendes Ver- 37

[82] Vgl. zu dieser Konstellation BGHSt 4, 56 (58ff.) mwN.

[83] Dies entspricht iErg der ganz herrschenden Lehre. Allerdings wird von den meisten Autoren nicht erst die Freiwilligkeit, sondern schon das Aufgeben der weiteren Tatausführung verneint (MüKoStGB/Hoffmann-Holland StGB § 24 Rn. 85ff.; NK-StGB/Zaczyk StGB § 24 Rn. 53; Freund/Rostalski StrafR AT § 9 Rn. 39ff.; Kühl StrafR AT § 16 Rn. 40ff.; Puppe StrafR AT § 21 Rn. 12; Roxin StrafR AT II § 30 Rn. 47ff.; Stratenwerth/Kuhlen StrafR AT § 11 Rn. 81; wie hier dagegen SK-StGB/Jäger StGB § 24 Rn. 83ff. mwN).

[84] BGHSt 39, 221 (230f.); BGH NStZ 2009, 86; 2014, 202; 2014, 450; 2016, 720; 2020, 341; 2022, 349 (350); zustimmend WBS StrafR AT Rn. 1047 mwN.

[85] Ebenso Jakobs StrafR AT Abschn. 26 Rn. 42.

[86] Ein von der allgemeinen Bewertung eines Rücktritts in schuldunfähigem Zustand zu unterscheidendes Sonderproblem ist die Frage, ob die objektive Bedingung der Rauschtat in § 323a StGB auch dann erfüllt ist, wenn der Täter nach dem unmittelbaren Ansetzen zu dieser Tat deren weitere Ausführung auf-

halten vermag die zuvor im Zustand der Schuldfähigkeit getroffene Entscheidung für die Begehung der Tat nicht zu revidieren. Die Rechtsprechung des Bundesgerichtshofs steht allerdings auch hier auf dem gegenteiligen Standpunkt. Solange der Täter nicht durch äußeren Zwang an der weiteren Ausführung der Tat gehindert ist, sieht sie ein Aufgeben der weiteren Tatausführung in schuldunfähigem Zustand als freiwillig an.[87] Die Literatur stimmt dem überwiegend zu.[88] Mit dem Grundgedanken des Rücktritts ist diese Auslegung des Freiwilligkeitserfordernisses jedoch nicht zu vereinbaren.

III. Das freiwillige Aufgeben der weiteren Tatausführung beim vollendeten Delikt

38 Sofern der Täter irrtümlich annimmt, erst eine weitere von ihm noch vorzunehmende Handlung könne den tatbestandlichen Erfolg herbeiführen, tritt dieser möglicherweise ein, obwohl er die weitere Ausführung der Tat freiwillig aufgegeben hat. Eine solche Konstellation liegt etwa vor, wenn in dem in → § 24 Rn. 18 gebildeten Beispiel das Opfer an den Folgen des Schlages mit dem Baseballschläger stirbt. Nach herrschender Meinung ist der Täter in einem solchen Fall wegen des vollendeten vorsätzlichen Delikts, im Beispielsfall also wegen Totschlags (§ 212 StGB) zu bestrafen. Das Aufgeben der weiteren Tatausführung schließe nur die Strafbarkeit wegen Versuchs aus.[89] Dies entspricht zwar dem Wortlaut des § 24 StGB, wird aber dem Sinn dieser Rücktrittsalternative nicht gerecht. Ebenso wie die Regelung des § 22 StGB selbst (vgl. dazu → § 11 Rn. 11) ist auch die sie ergänzende Regelung des § 24 I 1 Var. 1 StGB (vgl. dazu → § 24 Rn. 2f.) beim vollendeten Delikt entsprechend heranzuziehen. Wenn der Täter nach dem unmittelbaren Ansetzen die weitere Ausführung der Tat freiwillig aufgibt, fehlt es im Ergebnis an dem für ein Vorsatzdelikt erforderlichen Verwirklichungsbewusstsein.[90] Damit verbleibt nur noch ein Fahrlässigkeitsunwert, sodass der Täter lediglich wegen fahrlässiger Erfolgsherbeiführung, im Beispielsfall wegen Körperverletzung mit Todesfolge (§§ 227, 18 StGB), strafbar ist.

39 Die Notwendigkeit einer entsprechenden Anwendung der ersten Rücktrittsalternative auf das vollendete Delikt zeigt auch der vom Bundesgerichtshof entschiedene Fall eines zur Brandstiftung entschlossenen Täters, der zur Verwirklichung seines Entschlusses bereits ein Streichholz in der Hand hat, um das zuvor von ihm als Brandbeschleuniger verschüttete Benzin anzuzünden, es sich dann im letzten Moment anders überlegt, aber durch eine falsche Bewegung das Benzin versehentlich in Brand setzt.[91] Der Bundesgerichtshof hat als Tathandlung nur das versehentliche Entzünden des Benzins in den Blick genommen und deshalb mit der Begründung, der Vorsatz müsse gemäß § 8 StGB im Zeitpunkt der Tathandlung vorliegen, eine vorsätzliche

gegeben hat. Da es für die Rauschtat nicht auf die Schuldfähigkeit ankommt, sollte man für deren Ausschluss auch den Rücktritt in schuldunfähigem Zustand ausreichen lassen (so iErg auch BGH NStZ-RR 1999, 8).

87 BGHSt 23, 356 (359f.); BGH NStZ 2004, 324 (325).

88 Vgl. Schönke/Schröder/Eser/Bosch StGB § 24 Rn. 46 mwN.

89 Vgl. SK-StGB/Jäger StGB § 24 Rn. 95; Stratenwerth/Kuhlen StrafR AT § 11 Rn. 84, beide mwN.

90 Ebenso allerdings mit Einschränkungen Schönke/Schröder/Eser/Bosch StGB § 24 Rn. 24 mwN. Für Autoren, die für den subjektiven Tatbestand eines vollendeten Delikts generell die vollständige Verwirklichung des Tatplans verlangen (vgl. dazu → § 11 Rn. 12), liegt dagegen in einem solchen Fall unabhängig von dem Aufgeben der weiteren Tatausführung kein vollendetes Delikt vor (vgl. etwa Jakobs StrafR AT Abschn. 26 Rn. 13).

91 BGH NStZ 2010, 53.

Brandstiftung abgelehnt.[92] Dies ist zwar im Ergebnis richtig, lässt aber außer Acht, dass das noch vom Vorsatz getragene Herausholen des Streichholzes, mit dem der Täter bereits unmittelbar zur Brandstiftung angesetzt hatte, den Brand verursacht hat und deshalb ebenfalls als Tathandlung in Betracht kommt. Dass der Täter durch diese Handlung keine vorsätzliche Brandstiftung begangen hat, lässt sich nur begründen, wenn sein anschließendes Aufgeben der weiteren Tatausführung auch die Strafbarkeit wegen eines vollendeten Delikts ausschließt.

C. Der Rücktritt nach § 24 I 1 Var. 2 und S. 2 StGB

I. Das systematische Verhältnis von § 24 I 1 Var. 2 und § 24 I 2 StGB

Nach § 24 I 1 Var. 2 StGB wird wegen Versuchs nicht bestraft, wer freiwillig die Vollendung der Tat verhindert. Gemäß § 24 I 2 StGB bleibt darüber hinaus straflos, wer sich freiwillig und ernsthaft darum bemüht, die Vollendung zu verhindern, sofern die Tat ohne sein Zutun nicht vollendet wird. Die zuletzt genannte Regelung ist nicht nur für erfolglose Verhinderungsbemühungen von Bedeutung, sondern konkretisiert zugleich, welches Verhalten generell für den Rücktritt verlangt wird. Der Täter muss sich auch für einen Rücktritt nach § 24 I 1 Var. 2 StGB um die Verhinderung der Vollendung bemühen, dh er erlangt nach dieser Vorschrift nur dann Straffreiheit, wenn er die Vollendung gezielt verhindert.[93] Wer nach einem Mordversuch bei seiner Flucht versehentlich die Aufmerksamkeit von Passanten erregt und dadurch bewirkt, dass diese das lebensgefährlich verletzte Opfer finden und rechtzeitig ins Krankenhaus bringen, verhindert zwar objektiv die Vollendung, tritt aber gleichwohl nicht nach § 24 I 1 Var. 2 StGB vom Versuch zurück. Auch eine Verhinderung der Vollendung durch nicht ernsthafte Bemühungen des Täters ist mangels eines Verhinderungsvorsatzes nicht als Rücktritt zu bewerten (vgl. dazu näher → § 24 Rn. 42ff.). 40

Die Rücktrittsalternativen des § 24 I 1 Var. 2 und S. 2 StGB setzen deshalb im Ergebnis übereinstimmend voraus, dass erstens der Täter sich freiwillig und ernsthaft um eine Verhinderung der Vollendung bemüht und zweitens die Vollendung nicht eintritt. Sie unterscheiden sich darin, dass nach § 24 I 1 Var. 2 StGB die Vollendung mit dem Zutun des Täters und nach § 24 I 2 StGB ohne sein Zutun ausbleiben muss. Dieser Unterschied spielt aber für die Straffreiheit im Ergebnis keine Rolle. Wer sich freiwillig und ernsthaft um eine Verhinderung der Vollendung bemüht, ist in jedem Fall nur strafbar, wenn es zur Vollendung der Tat kommt. Die Strafbarkeit wegen Versuchs wird also bereits dadurch ausgeschlossen, dass der Täter sich freiwillig und ernsthaft um eine Verhinderung der Vollendung bemüht.[94] Die differenzierende gesetzliche Regelung ist damit unnötig kompliziert. Der Gesetzgeber hätte stattdessen einfach formulieren können: „Wegen Versuchs wird nicht bestraft, wer sich freiwillig und ernsthaft bemüht, die Vollendung zu verhindern. Eine Strafbarkeit wegen Vollendung bleibt unberührt“. 41

[92] BGH NStZ 2010, 53.

[93] RGSt 63, 158 (159); 68, 381; BGH JR 1986, 423 (424); SK-StGB/Jäger StGB § 24 Rn. 86ff. mwN.

[94] Vgl. dazu bereits Herzberg FS Kohlmann, 2003, 37 (50f.).

II. Das ernsthafte Bemühen um Verhinderung der Vollendung

1. Durch aktives Tun

42 Der Täter bemüht sich aktiv um die Verhinderung der Vollendung, wenn er versucht, eine nach seiner Vorstellung von dem Geschehen bereits drohende Vollendung der Tat abzuwenden. Ein solcher Abwendungsversuch setzt – nicht anders als der Versuch der Begehung einer Straftat (→ § 23 Rn. 17ff.) – einen entsprechenden Entschluss voraus, dh der Täter muss entschlossen sein, die Vollendung der Tat durch eigenes Tun abzuwenden.[95] Dies ist nur möglich, wenn er davon ausgeht, dass die Vollendung der Tat einerseits aufgrund seines bisherigen Handelns eintreten, andererseits aber durch von ihm zu veranlassende oder vorzunehmende Rettungsmaßnahmen noch verhindert werden kann. Deshalb scheidet ein Rücktritt aus, solange der Täter seinen Versuch für fehlgeschlagen hält oder glaubt, die Vollendung nicht mehr verhindern zu können. Das Fehlen einer objektiven Gefahr bzw. Abwendungsmöglichkeit hindert den Rücktritt dagegen nicht. Wer nach einem Mordversuch einen Notarztwagen ruft, um den nach seiner Vorstellung lebensgefährlich Verletzten ins Krankenhaus zu bringen, kann gemäß § 24 I 2 StGB auch dann vom Versuch zurücktreten, wenn die Verletzung objektiv harmlos ist oder sein Notruf zur Rettung des Verletzten objektiv zu spät gekommen wäre, dieser aber zB gerettet werden konnte, weil ein vom Täter nicht bemerkter Beobachter bereits bei Beginn der Tat die Polizei benachrichtigt hatte.

43 Ob der Täter den Entschluss zur Abwendung der Vollendung unmittelbar nach der letzten Ausführungshandlung oder erst zu einem späteren Zeitpunkt fasst, ist für den Rücktritt ohne Bedeutung. Selbst wer sich erst nach zwischenzeitlicher Flucht dazu entschließt, das von ihm verletzte Opfer zu retten, kann noch vom Versuch zurücktreten.[96] Allerdings soll nach der Rechtsprechung des Bundesgerichtshofs ebenso wie für die Grenzziehung zwischen unbeendetem und beendetem Versuch (→ § 24 Rn. 18f.) auch für das Fehlschlagen des Versuchs die Vorstellung des Täters im Zeitpunkt nach der letzten Ausführungshandlung maßgeblich und Korrekturen dieser Vorstellung nur dann zu berücksichtigen sein, wenn sie in unmittelbarem Anschluss erfolgen.[97] Dies ist jedoch nicht richtig. Wenn ein Jäger, der aus Verärgerung gezielt auf einen störenden Jogger geschossen hatte, sich danach aber sicher war, nicht getroffen zu haben, erst einige Stunden später sein verletztes und hilfloses Opfer durch Zufall im Wald findet und es nunmehr reumütig rettet, so verhindert er gemäß § 24 I 1 Var. 2 StGB immer noch die Vollendung der Tat. Die Tatsache, dass er seinen Versuch zunächst für fehlgeschlagen hielt, hindert nicht die nachträgliche Distanzierung von der Tat und steht deshalb auch nach dem Grundgedanken des Gesetzes einem Rücktritt nicht entgegen.

44 Gibt es **mehrere zur Abwendung der Vollendung geeignete Handlungen,** so stellt sich die Frage, ob der Täter – um vom Versuch zurückzutreten – sich für diejenige entscheiden muss, die nach seiner Einschätzung die größten Erfolgschancen bietet. Die Rechtsprechung differenziert bei der Beantwortung dieser Frage danach, ob die Vollendung im Ergebnis mit oder ohne das Zutun des Täters ausgeblieben ist. Für den Rücktritt nach § 24 I 2 StGB verlangt sie, dass der Täter sich für die nach seiner Einschätzung die größten Erfolgschancen bietende Abwendungshandlung entscheiden

[95] Vgl. SK-StGB/Jäger StGB § 24 Rn. 87.
[96] BGH NStZ 1981, 388; StV 1983, 413; SK-StGB/Jäger StGB § 24 Rn. 87.
[97] BGH StV 1994, 181.

müsse.[98] Andernfalls habe er sich nicht ernsthaft genug um die Abwendung der Vollendung bemüht. Bei dem Rücktritt nach § 24 I 1 Var. 2 StGB entscheidet sie anders. Da das Gesetz lediglich verlange, dass der Täter die Vollendung freiwillig verhindert, komme es hier nur darauf an, dass die Abwendungsbemühungen im Ergebnis erfolgreich waren.[99] Der Umstand, dass der Täter durch die Wahl des weniger sicheren Mittels ein unnötiges Risiko des Vollendungseintritts eingegangen sei, stehe dem Rücktritt nicht entgegen, sodass zB auch derjenige Straffreiheit erlangen kann, der sein Opfer lediglich an einen frequentierten Platz legt, damit es dort von Passanten gefunden und gerettet wird.

Letzteres ist jedoch schon deshalb fragwürdig, weil der Täter aufgrund seiner sich aus dem die Gefahr begründenden Vorverhalten ergebenden Garantenstellung (→ § 22 Rn. 37) in jedem Fall dazu verpflichtet ist, das zur Abwendung des Erfolges am besten geeignete Mittel zu wählen, also etwa in dem genannten Beispielsfall selbst für die Versorgung seines Opfers Rechnung zu tragen. Wenn er sich vorsätzlich für ein deutlich weniger Erfolg versprechendes Mittel entscheidet, geht er durch das Nichtergreifen des aussichtsreicheren Mittels ein rechtlich missbilligtes Risiko des Erfolgseintritts ein. Damit begeht er einen erneuten Versuch durch Unterlassen, von dem er unzweifelhaft nicht strafbefreiend zurückgetreten ist.[100] Ein Verhalten, das den betreffenden Versuchstatbestand durch Unterlassen erneut erfüllt, zugleich als Rücktritt vom vorangegangenen Versuch zu bewerten, vermag nicht zu überzeugen. Deshalb ist mit der früher auch in der Rechtsprechung anzutreffenden Gegenauffassung[101] für den Rücktritt nach § 24 I 1 Var. 2 StGB zu fordern, dass sich der Täter für das aussichtsreichste Mittel der Erfolgsabwendung entscheidet. Im Hinblick darauf, dass er andernfalls ohnehin wegen eines entsprechenden Unterlassungsversuchs strafbar ist, lässt sich diese nach dem Wortlaut des Gesetzes nicht ganz unproblematische Auslegung[102] mit dem Analogieverbot des Art. 103 II GG vereinbaren. 45

Um vom Versuch zurückzutreten, muss der Täter sich nicht nur zur Abwendung der Vollendung entschließen, sondern diesen Entschluss auch in die Tat umsetzen. In welchem Umfang dies geschehen muss, ergibt sich aus einer spiegelbildlichen Anwendung der Regelungen über den Versuchsbeginn (§ 22 StGB) und das Aufgeben der weiteren Tatausführung (§ 24 I 1 Var. 1 StGB). Der Täter bemüht sich um die Verhinderung der Vollendung, sobald er zu einer Handlung unmittelbar ansetzt, die nach seiner Vorstellung von dem Geschehen die Vollendung ohne weitere Handlungen seinerseits (vgl. dazu → § 23 Rn. 27 ff.) abzuwenden geeignet ist, also zB sein Handy in die Hand nimmt, um einen Notarztwagen herbeizurufen. Wenn sich nach diesem Zeit- 46

[98] BGHSt 33, 295 (301 f.); BGH NStZ 2008, 329; 2008, 508; zustimmend SK-StGB/Jäger StGB § 24 Rn. 99; Schönke/Schröder/Eser/Bosch StGB § 24 Rn. 71 f., beide mwN; aA NK-StGB/Zaczyk StGB § 24 Rn. 85 ff., gleichfalls mwN.

[99] BGHSt 48, 147 (149 ff.) m. abl. Anm. Puppe NStZ 2003, 309 und Jakobs JZ 2003, 743; BGHSt 64, 80 (86 ff.) m. abl. Anm. Schiemann NJW 2019, 3662; BGH NJW 2018, 2908 (2909); der Rechtsprechung zustimmend hingegen Schönke/Schröder/Eser/Bosch StGB § 24 Rn. 59; SK-StGB/Jäger StGB § 24 Rn. 90 und 92 ff., beide mwN.

[100] Vgl. Jakobs StrafR AT Abschn. 26 Rn. 21; dies gilt allerdings nicht, wenn man – wie BGH NStZ-RR 1996, 131; Hillenkamp FS Otto, 2007, 287 mwN – eine Garantenpflicht des Vorsatztäters aus Ingerenz generell verneint; vgl. dagegen aber überzeugend Stein JR 1999, 265.

[101] BGHSt 31, 46 (48 f.); in der Tendenz ebenso BGH NJW 1989, 2068.

[102] Vgl. aber auch die für die Vereinbarkeit mit dem Wortlaut vorgetragenen Argumente bei Herzberg NJW 1989, 862 (865 f.) und FS Kohlmann, 2003, 37 (47 ff.).

punkt herausstellt, dass die Verhinderung der Vollendung nicht mehr notwendig oder dem Täter nicht mehr möglich ist, weil zB bereits ein anderweitig herbeigerufener Notarztwagen am Ort des Geschehens eintrifft, steht dies einem Rücktritt nicht mehr entgegen.[103] Ansonsten muss der Täter aber seinen Entschluss zur Abwendung der Vollendung vollständig verwirklichen. Wenn er nach dem unmittelbaren Ansetzen die weitere Ausführung eines noch notwendigen Abwendungsversuchs aufgibt, hat er sich nicht hinreichend um die Abwendung der Vollendung bemüht und ist damit nicht vom Versuch zurückgetreten.[104]

2. Durch Unterlassen

47 Die Frage, ob ein Verhindern der Vollendung bzw. ein darauf gerichtetes Bemühen auch durch Unterlassen erfolgen kann, stellt sich nach der herrschenden Abgrenzung zwischen beendetem und unbeendetem Versuch (→ § 24 Rn. 14f.) nur dann, wenn der Täter einen Dritten oder das Opfer selbst nicht daran hindert, die drohende Vollendung der Tat abzuwenden, es also zB zulässt, dass das lebensgefährlich verletzte Opfer einen Notarztwagen alarmiert.[105] Tatsächlich hat sie jedoch über diesen speziellen Fall hinaus allgemeine Bedeutung. Denn soweit ein Verhindern der Vollendung der Tat auch durch Unterlassen möglich ist, erweisen sich die von der Gesamtbetrachtungslehre aus § 24 I 1 Var. 1 StGB abgeleiteten Rücktrittsmöglichkeiten (→ § 24 Rn. 13ff.) im Ergebnis doch als richtig. Wenn aufgrund einer bereits vorgenommenen vollständigen Tatausführungshandlung keine Vollendung droht, der Täter aber noch die Möglichkeit hat, den Erfolg durch weitere Handlungen – zB die Abgabe weiterer Schüsse – herbeizuführen, könnte er durch das Unterlassen dieser Handlungen die Vollendung der von ihm begangenen Tat verhindern und damit zwar nicht – wie die Rechtsprechung annimmt – nach § 24 I 1 Var. 1 StGB, wohl aber gemäß § 24 I 1 Var. 2 und S. 2 StGB vom Versuch zurücktreten.

48 Die Möglichkeit eines solchen Verhinderns durch Unterlassen wird beim Rücktritt des Einzeltäters zumeist ohne nähere Begründung abgelehnt,[106] obwohl sie – wie die herrschende Meinung bei der Auslegung des § 24 II StGB selbst anerkennt (vgl. dazu → § 29 Rn. 23) – mit dem Wortsinn des Begriffes „verhindern" durchaus zu vereinbaren wäre. So wie das Unterlassen einer den Erfolg verhindernden Handlung als Verursachen (→ § 22 Rn. 20), so kann auch das Unterlassen einer den Erfolg verursachenden Handlung als Verhindern dieses Erfolges begriffen werden.[107] Ob und inwieweit der Begriff in § 24 I 1 Var. 2 und S. 2 StGB tatsächlich in dieser Weise zu verstehen ist, hängt vom Grundgedanken dieser Rücktrittsalternative (→ § 24 Rn. 4f.) ab. Deren Ziel, durch den Anreiz der Straffreiheit die Vollendung möglichst vieler Taten zu vermeiden, lässt sich ohne Zweifel besser erreichen, wenn nicht nur aktive Verhinderungsbemühungen, sondern auch das Unterlassen weiterer den Erfolg herbeiführender Handlungen mit Straffreiheit honoriert wird. Dies allein rechtfertigt allerdings eine derartige Auslegung noch nicht, weil bei der Alternative des § 24 I 1 Var. 2 und S. 2 StGB das generalpräventive Interesse an der Bestrafung des Versuchs ebenfalls ein-

[103] Schönke/Schröder/Eser/Bosch StGB § 24 Rn. 71; SK-StGB/Jäger StGB § 24 Rn. 99.
[104] BGH NJW 1989, 2068; SK-StGB/Jäger StGB § 24 Rn. 99.
[105] Vgl. zu diesem Fall BGH NJW 1990, 3219.
[106] RGSt 39, 220 (221f.); BGH NJW 1990, 3219; NK-StGB/Zaczyk StGB § 24 Rn. 56f.; Schönke/Schröder/Eser/Bosch StGB § 24 Rn. 59a, beide mwN.
[107] Vgl. dazu bereits OLG Karlsruhe NJW 1978, 331.

schränkend zu berücksichtigen ist. Es muss zwar nicht gänzlich aufgehoben, aber durch ein der Tathandlung nachträglich widersprechendes Verhalten gemindert sein, um einen Rücktritt vom Versuch annehmen zu können.

Insofern lässt sich gegen die Möglichkeit einer Verhinderung der Vollendung durch Unterlassen einwenden, dass der bloße Verzicht auf weitere Ausführungshandlungen den rechtserschütternden Eindruck der begangenen Tat typischerweise nicht in gleichem Maße mindert wie ein aktives Bemühen um die Verhinderung der Vollendung. Jedoch ist dieser Unterschied nicht so gewichtig, dass ihm für den Rücktritt ausschlaggebende Bedeutung beigemessen werden müsste.[108] Sofern die bereits vorgenommene und die unterlassene Ausführungshandlung zusammen als derselbe Normwiderspruch, dh als eine Tat iSd § 52 StGB zu bewerten gewesen wären, liegt auch in dem Unterlassen der weiteren Ausführung eine nachträgliche Distanzierung von der bereits begangenen Tat. Dies ist nach dem Grundgedanken des § 24 I 1 Var. 2 und S. 2 StGB ausreichend, um den Täter als Anreiz zur Vermeidung der Vollendung nicht wegen Versuchs zu bestrafen. Im Ergebnis ist deshalb das Unterlassen weiterer mit dem begangenen Versuch einen einheitlichen Lebenssachverhalt bildender Ausführungshandlungen als Bemühen um eine Verhinderung der Vollendung anzuerkennen, sodass sich die im Rahmen des § 24 I 1 Var. 1 StGB verfehlte Gesamtbetrachtung (→ § 24 Rn. 17) bei der Anwendung der § 24 I 1 Var. 2 und S. 2 StGB als zutreffend erweist. 49

Dies gilt auch für die Fälle, in denen der Täter weitere Ausführungshandlungen bei Begehung des beendeten Versuchs nicht eingeplant hatte und den Erfolg nur auf andere Art und Weise herbeizuführen vermag, als er dies zuvor versuchte. Wer zunächst seine Frau dadurch töten wollte, dass er sie mit Benzin überschüttet und anzündet, aber das Streichholz nicht entzünden konnte (vgl. zu diesem Fall bereits → § 24 Rn. 16), distanziert sich von seinem bereits ausgeführten Tötungsentschluss, wenn er im unmittelbaren Anschluss daran andere Möglichkeiten zur Ausführung dieses Entschlusses freiwillig entweder erst gar nicht ergreift oder nach dem Ergreifen auf deren weitere Ausführung verzichtet. Deshalb hat der Bundesgerichtshof in diesem Fall das freiwillige Aufgeben eines anschließenden Würgeversuchs im Ergebnis zu Recht als strafbefreienden Rücktritt von dem durch das Überschütten mit Benzin begangenen Tötungsversuch gewertet.[109] Natürlich ist dies insofern ungerecht, als der Täter allein durch das Aufgeben des Würgens keine Straffreiheit für das versuchte Anzünden verdient hat. Aber diese Art von Ungerechtigkeit nimmt das Gesetz mit § 24 I 1 Var. 2 und S. 2 StGB bewusst in Kauf. Der Sinn dieser Regelung besteht – wie dargelegt (→ § 24 Rn. 4 f.) – gerade darin, auf eine im Einzelfall gerechte Bestrafung zu verzichten, um generell einen Anreiz geben zu können, die Vollendung der Tat zu verhindern. 50

Anders als bei der in der Rechtsprechung praktizierten Anwendung des § 24 I 1 Var. 1 StGB hängt die Möglichkeit eines Rücktritts durch Unterlassen weiterer zur Herbeiführung des Erfolges geeigneter Handlungen bei der hier vorgeschlagenen Lösung nicht davon ab, dass der Täter im Zeitpunkt des Rücktrittshorizonts eine Vollendung aufgrund seines bisherigen Handelns nicht für möglich hält. Auch wenn er gegen eine 51

[108] Vgl. dazu Roxin FS Paeffgen, 2015, 255 (258 ff.) mit dem Hinweis, dass keine aktive Abwendung verlangt werden könne, wo nichts abzuwenden sei, und es ungereimt wäre, dem Täter, der sein Opfer mit seinem ersten Schuss lebensgefährlich verletzt hat, weitergehende Rücktrittsmöglichkeiten einzuräumen als dem, der es beim ersten Schuss verfehlt hat.

[109] BGH NStZ 1986, 264.

aus seinem bisherigen Handeln resultierende Vollendungsgefahr nichts unternehmen kann, hat er die Möglichkeit, sich durch das Unterlassen weiterer zur Herbeiführung des Erfolges noch besser geeigneter Handlungen um eine Verhinderung der Vollendung zu bemühen. Von Bedeutung ist dies vor allem in den erwähnten Fällen, in denen der Täter einen Dritten oder das Opfer selbst nicht daran hindert, die drohende Vollendung der Tat abzuwenden. Lässt er es zB zu, dass das lebensgefährlich verletzte Opfer eines Totschlagsversuchs selbst nach einem Notarztwagen telefoniert, so ist dies – entgegen der Entscheidung des Bundesgerichtshofs[110] – nicht anders zu bewerten als wenn er selbst den Notarztwagen gerufen hätte. Sofern der Täter über keine effektivere Hilfsmöglichkeit verfügt (vgl. dazu → § 24 Rn. 44f.), bemüht er sich durch das Nichthindern des Telefonanrufs um die Verhinderung der Vollendung. Dies gilt auch dann, wenn er sich nicht sicher ist, ob sein Opfer durch den Notarzt noch gerettet werden kann.

III. Die Freiwilligkeit

52 Bis zur Neufassung der Rücktrittsregelung im Rahmen der Strafrechtsreform des Jahres 1975 galt das – damals anders formulierte – Freiwilligkeitserfordernis nur für das Aufgeben der weiteren Tatausführung. Für das Verhindern der Vollendung verlangte der damalige § 46 Nr. 2 StGB lediglich, dass die Tathandlung „noch nicht entdeckt war". Ob der Täter seine ursprüngliche Entscheidung für die Begehung der Tat revidiert oder die Vollendung aus anderen Gründen verhindert hat, spielte nach dem Gesetz keine Rolle.[111] Diese gesetzliche Regelung war die konsequente Umsetzung der Theorie der goldenen Brücke (→ § 24 Rn. 1). Wird die Möglichkeit des Rücktritts vom beendeten Versuch ausschließlich als Anreiz zur Verhinderung der Vollendung verstanden, so ist es sachgerecht, dem Täter diese Möglichkeit auch ohne eine Revision seiner ursprünglichen Entscheidung zu bieten. Erst mit der Entdeckung der Tat verliert der Anreiz zur Verhinderung der Vollendung seinen Sinn, weil ein bereits entdeckter Täter typischerweise ohnehin bestrebt sein wird, die Vollendung zu verhindern, um so wenigstens der schwereren Vollendungsstrafe zu entgehen.

53 Heute gilt das Freiwilligkeitserfordernis gemäß § 24 I 1 Var. 2 und S. 2 StGB auch für den Rücktritt durch Verhinderung der Vollendung. Dies ist Ausdruck der Wertentscheidung des Gesetzgebers, nur dem Täter eine goldene Brücke zu bauen, der durch sein Rücktrittsverhalten den rechtserschütternden Eindruck der Tat wenigstens vermindert (→ § 24 Rn. 48). Dementsprechend ist der Begriff der Freiwilligkeit beim Verhindern der Vollendung im Ergebnis nicht anders auszulegen als beim Aufgeben der weiteren Tatausführung. Das Bemühen des Täters um ein Verhindern der Vollendung ist nur dann freiwillig, wenn es der ursprünglichen Entscheidung für die Begehung der Tat widerspricht, dh auf einer **veränderten Bewertung der sich gegenüberstehenden Entscheidungsalternativen** und nicht auf einer **Veränderung dieser Entscheidungsalternativen selbst** beruht (vgl. dazu eingehend → § 24 Rn. 29ff.). Hat sich das Risiko für den Täter erheblich erhöht oder sein Nutzen erheblich vermindert, so mindert ein Abwenden der Vollendung nicht den rechtserschütternden Ein-

[110] BGH NJW 1990, 3219.

[111] Allerdings haben Rechtsprechung und Literatur diesen Unterschied zum Teil eingeebnet und auch für den Rücktritt nach dem damaligen § 46 Nr. 2 StGB die Freiwilligkeit verlangt; vgl. zum damaligen Streitstand LK-StGB/Busch, 9. Aufl. 1974, StGB § 46 Rn. 36ff.

druck der Tat und ist deshalb auch im Rahmen der § 24 I 1 Var. 2 und S. 2 StGB nicht als freiwillig zu bewerten.

Das Verhindern der Vollendung ist damit – entgegen der Rechtsprechung des Bundes- 54
gerichtshofs (vgl. dazu → § 24 Rn. 36) – insbesondere dann nicht freiwillig, wenn der Täter sein Handlungsziel bereits ohne die Vollendung der Tat erreicht hat. Hat zB ein auf frischer Tat ertappter Straftäter mit bedingtem Tötungsvorsatz auf seinen Verfolger geschossen, um unerkannt zu entkommen, so tritt er nicht dadurch freiwillig vom Versuch zurück, dass er nach erfolgreicher Flucht einen Krankenwagen herbeiruft und dadurch das Leben des durch den Schuss lebensgefährlich verletzten Verfolgers rettet. Es entspricht zwar durchaus dem Gedanken der goldenen Brücke, ihm auch noch zu diesem Zeitpunkt den Anreiz zu bieten, das Leben des Verletzten zu retten. Da er aber mit einer Rettung nach erfolgreicher Flucht seiner ursprünglich getroffenen Entscheidung, das Gelingen der Flucht sei wichtiger als das Leben seines Verfolgers, nicht widerspricht, wird durch ein solches Verhalten der rechtserschütternde Eindruck der Tat nicht in dem Maße gemindert, dass im Ergebnis ein strafbefreiender Rücktritt vom Versuch anzunehmen wäre.

Weil das Verhindern der Vollendung der ursprünglichen Entscheidung für die Be- 55
gehung der Tat widersprechen muss, scheidet ein strafbefreiender Rücktritt ferner immer dann aus, wenn der Täter sein die Vollendung im Ergebnis verhinderndes Verhalten bereits bei der Begehung des Versuchs mit eingeplant hatte. Ein Produkterpresser, der vergiftetete Babynahrung in Supermärkten plazieren, bei der Erhebung seiner Geldforderung aber die Marke und die Geschmacksrichtung der vergifteten Babynahrung angeben will, um der Polizei die Chance zu geben, die vergifteten Produkte rechtzeitig aufzufinden, bleibt – sofern er das verbleibende tödliche Risiko erkannt und in Kauf genommen hat – bei Realisierung dieses Vorhaben auch dann wegen versuchten Mordes strafbar, wenn es der Polizei gelingt, die Produkte rechtzeitig aufzufinden. Die Angabe von Marke und Geschmacksrichtung der vergifteten Produkte hat dann zwar die Vollendung der Tat verhindert, aber da der Täter durch diese Angabe seine urprüngliche Entscheidung für die Begehung der Tat in keiner Weise revidiert hat, liegt kein freiwilliger Rücktritt vom Versuch vor. Der Bundesgerichtshof hat dies allerdings aufgrund des von ihm vertretenen psychologischen Freiwilligkeitsbegriffs (→ § 24 Rn. 18) anders gesehen und einen Rücktritt gemäß § 24 I 1 Var. 2 StGB angenommen.[112]

D. Das systematische Verhältnis der beiden Rücktrittsalternativen

Nach geläufiger Vorstellung regelt das Aufgeben der weiteren Tatausführung (§ 24 I 1 56
Var. 1 StGB) den Rücktritt vom unbeendeten und das Verhindern der Vollendung (§ 24 I 1 Var. 2 und S. 2 StGB) den Rücktritt vom beendeten Versuch.[113] Dies ist im

[112] BGHSt 64, 80 (86ff.); vgl. dazu auch bereits die Entscheidung BGHSt 44, 204, in der die befehlsgemäße Rettung von angeschossenen Flüchtlingen an der früheren innerdeutschen Grenze durch die Grenzsoldaten der ehemaligen DDR für die Befehlsgeber als freiwilliger Rücktritt vom versuchten Totschlag bewertet wurde. Auch dies ist nicht richtig, weil die Befehlsgeber durch die bereits mit dem Befehl zum Schusswaffengebrauch erteilte Anweisung, Verletzte nach Möglichkeit zu retten, ihre ursprüngliche Entscheidung in keiner Weise revidiert haben.

[113] Vgl. nur NK-StGB/Zaczyk StGB § 24 Rn. 36; Schönke/Schröder/Eser/Bosch StGB § 24 Rn. 6.

Regelfall richtig. Jedoch lassen sich nicht alle Fälle in dieses gängige Schema einfügen. Man stelle sich einen Ehemann vor, der seine Frau vergiften will. Nachdem er den ersten Tropfen des Gifts in die Kaffeetasse seiner Frau geträufelt hat, rutscht ihm die Flasche aus der Hand und er verschüttet den Rest auf dem Teppich. Deshalb hält er den Versuch für fehlgeschlagen. Erst als einige Stunden später seine Frau bewusstlos zusammenbricht, wird ihm klar, dass entgegen seiner vorherigen Einschätzung schon ein Tropfen tödlich wirken kann. Wenn er nun freiwillig einen Notarzt ruft und dadurch seine Frau rettet, so hat er – obwohl wegen der Maßgeblichkeit der Tätervorstellung im Zeitpunkt der Tatausführungshandlung (→ § 24 Rn. 18 f.) der Versuch unbeendet geblieben ist – die drohende Vollendung freiwillig verhindert und ist damit gemäß § 24 I 1 Var. 2 StGB vom Versuch zurückgetreten.

57 Der Fall zeigt, dass zwar der Rücktritt durch Aufgeben der weiteren Tatausführung (§ 24 I 1 Var. 1 StGB) einen noch unbeendeten Versuch, ein Rücktritt durch Verhindern der Vollendung (§ 24 I 1 Var. 2 und S. 2 StGB) aber nicht notwendigerweise einen beendeten Versuch voraussetzt. Entgegen der geläufigen Vorstellung stehen die beiden Rücktrittsalternativen deshalb nicht in einem Exklusivitäts-, sondern in einem Stufenverhältnis. Die verbreitete Empfehlung, bei einer Rücktrittsprüfung vorab zu klären, ob der Versuch unbeendet oder beendet ist, und nach dem Ergebnis dieser Prüfung entweder die Alternative des Aufgebens der weiteren Tatausführung (§ 24 I 1 Var. 1 StGB) oder die Alternative des Verhinderns der Vollendung (§ 24 I 1 Var. 2 und S. 2 StGB) anzuwenden, kann von daher in die Irre führen. Man sollte stattdessen in Zweifelsfällen immer direkt mit der Prüfung des vorrangigen § 24 I 1 Var. 1 StGB beginnen. Greift diese Rücktrittsalternative nicht ein, so ist weiter zu prüfen, ob der Täter gemäß § 24 I 1 Var. 2 und S. 2 StGB vom Versuch zurückgetreten ist. Wie der Beispielsfall zeigt, ist dies im Einzelfall auch bei einem unbeendet gebliebenen Versuch möglich.

Lektüreempfehlungen: BGHSt 33, 295–302 (Gesamtbetrachtung); BGHSt 40, 75–79 (Begriff der Tat bei Gesamtbetrachtung); (Großer Senat) BGHSt 39, 221–232 (Rücktritt trotz Zweckerreichung); BGHSt 39, 128–133 (Wirkung des Rücktritts); BGHSt 42, 158–162 (Rücktritt vom erfolgsqualifizierten Versuch); BGHSt 44, 204–209 (Rücktritt durch weisungsgemäßes Handeln des Werkzeugs); BGHSt 48, 147–152 (Rücktritt vom Versuch eines Unterlassungsdelikts).

Problemübersicht zum Rücktritt vom Versuch

I. **Die Voraussetzungen des § 24 I 1 Var. 1 StGB**
   1. Aufgeben der weiteren Tatausführung
      a) Unvollständigkeit der bisherigen Tatausführung = kein beendeter Versuch
         Probleme: Einzelakts- oder Gesamtbetrachtungslehre? (→ § 24 Rn. 13–17)/Subjektive oder objektive Beurteilungsgrundlage? (→ § 24 Rn. 18 f.)
      b) Möglichkeit weiterer Tatausführung = kein fehlgeschlagener Versuch
         Probleme: Fehlschlag auch bei sinnlos gewordener Tatausführung? (→ § 24 Rn. 21)/Subjektive oder objektive Beurteilungsgrundlage? (→ § 24 Rn. 22)

c) Unterbleiben weiterer Tatausführung
Problem: Notwendigkeit endgültiger Aufgabe des Tatentschlusses? (→ § 24 Rn. 23)

2. Freiwilligkeit
Problem: Psychologische oder normative Begriffsbestimmung? (→ § 24 Rn. 26–37)

II. **Die Voraussetzungen des § 24 I 1 Var. 2 StGB**

1. Verhindern der Vollendung
Probleme: Intensität der Verhinderungsbemühungen (→ § 24 Rn. 44–46)/ Möglichkeit des Verhinderns durch Unterlassen? (→ § 24 Rn. 47–51)
2. Freiwilligkeit (siehe I. 2. und → § 24 Rn. 52–55)

III. **Die Voraussetzungen des § 24 I 2 StGB**

1. Bemühen um eine Verhinderung der aus anderen Gründen nicht eingetretenen Vollendung
Probleme: siehe II. 1.
2. Freiwilligkeit (siehe II. 2.)

§ 25. Die Grundstruktur der Beteiligungsformen

A. Überblick

1 Die Beteiligung mehrerer an einem tatbestandlichen Geschehen ist zunächst in der Weise denkbar, dass die betreffenden Personen durch voneinander unabhängige Handlungen den gleichen tatbestandlichen Erfolg verursachen. Kommt es zB zu einem Verkehrsunfall, weil A mit überhöhter Geschwindigkeit gefahren ist und B ihm die Vorfahrt genommen hat, so haben beide den Zusammenstoß und die daraus resultierende Verletzung eines Beifahrers C unabhängig voneinander verursacht. In derartigen Fällen ist auch ihre Strafbarkeit unabhängig voneinander zu beurteilen, dh man hat für jeden Beteiligten gesondert zu fragen, ob er durch sein Verhalten den infrage stehenden Straftatbestand rechtswidrig und schuldhaft verwirklicht hat. Dies beurteilt sich nach den gleichen Regeln wie bei einem Alleintäter. Sind danach im Ergebnis mehrere Personen für den tatbestandlichen Erfolg verantwortlich, so spricht man zwar von **Nebentäterschaft.** Jedoch bezeichnet dieser Begriff keine besondere Beteiligungsform, sondern bringt nur zum Ausdruck, dass die Beteiligten nach allgemeinen Regeln nebeneinander als Täter (§ 25 I Var. 1 StGB) zu bestrafen sind.[1]

2 Die für die Beurteilung der Strafbarkeit des Alleintäters geltenden Regeln bedürfen dagegen der Ergänzung, wenn mehrere Personen bei einem tatbestandlichen Geschehen arbeitsteilig zusammenwirken. Als Beispiel stelle man sich vor, dass A einen Passanten niederschlägt und B dem wehrlos am Boden Liegenden die Geldbörse wegnimmt. Eine isolierte Beurteilung der Strafbarkeit der Beteiligten führt hier dazu, dass A nur wegen Körperverletzung (§ 223 StGB) und B lediglich wegen Diebstahls (§ 242 StGB) strafbar ist. Dieses Ergebnis ist angemessen, solange A und B unabhängig voneinander handeln. Haben sie jedoch einen gemeinsamen Tatplan ausgeführt, so schöpft es das verwirklichte Unrecht nicht aus. Unberücksichtigt bleibt dann, dass A und B gemeinsam dem Passanten die Geldbörse mit Gewalt gegen die Person weggenommen und damit auch den Straftatbestand des Raubes (§ 249 StGB) verwirklicht haben. Dieses Unrecht lässt sich nur erfassen, wenn die Tatbeiträge zusammen betrachtet und als gemeinschaftliche Handlung unter das Strafgesetz subsumiert werden. Dementsprechend sieht § 25 II StGB vor, dass bei der gemeinschaftlichen Begehung einer Straftat jeder als Täter bestraft wird, und bezeichnet diesen Fall als **Mittäterschaft.**

3 Neben der Zusammenfassung der Tatbeiträge zu einer gemeinschaftlichen Handlung gibt es bei einem arbeitsteiligen Zusammenwirken mehrerer Personen noch eine weitere Besonderheit. Das Gesetz betrachtet in einem solchen Fall nicht jeden an der Tat in irgendeiner Weise Beteiligten als Täter, sondern differenziert die Strafbarkeit nach der Art der Beteiligung. Wer lediglich die Idee zu einer strafbaren Handlung liefert, also zB einen anderen auf eine günstige Gelegenheit für einen Wohnungseinbruchsdiebstahl (§ 244 I Nr. 3 StGB) hinweist, ist nicht als Täter, sondern gemäß § 26 StGB wegen **Anstiftung** zu der von dem anderen begangenen Tat zu bestrafen. Wenn jemand lediglich zu einer strafbaren Handlung Hilfe leistet, also etwa das Werkzeug für einen Wohnungseinbruchsdiebstahl besorgt, ist er gleichfalls nicht als Täter, sondern

[1] Vgl. Roxin StrafR AT II § 25 Rn. 265 f. mwN.

gemäß § 27 StGB wegen **Beihilfe** zu der von dem anderen begangenen Tat zu bestrafen.

4 Die Beteiligungsformen Anstiftung und Beihilfe sind akzessorisch. Sie setzen beide eine von einem anderen vorsätzlich begangene rechtswidrige Haupttat voraus (§§ 26, 27 StGB). Deshalb werden sie unter dem Oberbegriff der **Teilnahme** an einer fremden Tat zusammengefasst (vgl. § 28 I StGB). Die Strafe für eine solche Teilnahme richtet sich im Grundsatz[2] nach der vom Haupttäter begangenen Tat. Dabei wird allerdings nur der Anstifter wie der Täter bestraft (§ 26 StGB). Für den Gehilfen sieht das Gesetz in § 27 II 2 StGB eine Milderung des Strafrahmens nach § 49 I StGB vor. Sie steht – anders als die Milderungen wegen Versuchs (§ 23 II StGB) und wegen Unterlassens (§ 13 II StGB) – nicht im Ermessen des Gerichts, sondern muss ungeachtet der Umstände des Einzelfalles stets vorgenommen werden. Deshalb kann zB eine Beihilfe zum Mord (§§ 211, 27 StGB) niemals mit lebenslanger Freiheitsstrafe geahndet werden.

5 Wegen des Erfordernisses einer vorsätzlichen Haupttat ist eine Teilnahme nur an Vorsatzdelikten möglich. Bei den weniger gewichtigen Fahrlässigkeitsdelikten hält das Gesetz eine Differenzierung der Strafbarkeit nach der Art der Beteiligung für entbehrlich. Hier gilt der sogenannte **Einheitstäterbegriff,**[3] dh alle Mitwirkenden sind – wie allgemein im Ordnungswidrigkeitenrecht (§ 14 OWiG) und in einigen ausländischen Rechtsordnungen (vgl. etwa § 12 des österreichischen StGB) – unabhängig von der Art ihrer Beteiligung als Täter zu bestrafen.[4] Hat zB A leichtsinnigerweise den B dazu überredet, ihn mit einem wegen defekter Bremsen nicht verkehrssicheren Auto nach Hause zu fahren, so ist – wenn B aufgrund des Bremsdefekts ein Kind überfährt und tödlich verletzt – A nicht als Anstifter, sondern ebenso wie B als Täter einer fahrlässigen Tötung strafbar (§ 222 StGB). Entsprechendes gilt, wenn A den B nicht zu einer solch tödlichen Fahrt überredet, sondern ihm auf dessen Bitte hin das defekte Auto zur Verfügung gestellt hat. In diesem Fall ist A nicht etwa Gehilfe, sondern wiederum wie B selbst Täter einer fahrlässigen Tötung (§ 222 StGB).

6 Neben der Mittäterschaft hat das Gesetz in § 25 I Var. 2 StGB noch eine weitere Form der Täterschaft gesondert geregelt. Die **mittelbare Täterschaft** betrifft den Fall, dass eine Person durch die Handlung einer anderen Person den Tatbestand eines Delikts verwirklicht. Auch hier ist die Unterscheidung von Täterschaft und Teilnahme von Bedeutung. Da Anstifter und oft sogar Gehilfen ebenfalls die den Tatbestand verwirklichende Handlung eines anderen verursachen, kann dies allein für die mittelbare Täterschaft nicht ausreichen. In Abgrenzung zur Teilnahme liegt bei den Vorsatzdelikten nur dann eine mittelbare Täterschaft vor, wenn der Hintermann den Vordermann ohne dessen Willen wie ein **Werkzeug** benutzt, also zB ein Arzt seinen Patienten tötet, indem er ihm von der gutgläubigen Krankenschwester ein vermeintliches Schmerz-

---

[2] Zur Modifikation dieses Grundsatzes durch § 28 StGB → § 25 Rn. 30ff.

[3] Vgl. zu der rechtspolitischen Diskussion über den Einheitstäter einerseits Kienapfel JuS 1974, 1 und andererseits Roxin StrafR AT II § 25 Rn. 2ff., beide mwN.

[4] So zu Recht die ganz herrschende Meinung (Jakobs StrafR AT Abschn. 21 Rn. 111f.; Jescheck/Weigend StrafR AT § 62 I 2; Roxin StrafR AT II § 25 Rn. 8f., alle mwN). Dagegen will Renzikowski (Restriktiver Täterbegriff und fahrlässige Beteiligung, 1997; ihm folgend SK-StGB/Hoyer StGB § 25 Rn. 151ff.) auch bei Fahrlässigkeitsdelikten zwischen Täterschaft und Teilnahme differenzieren und die „fahrlässige Teilnahme“ mangels gesetzlicher Regelung straflos lassen; dagegen überzeugend Schlehofer FS Herzberg, 2008, 355ff.

mittel geben lässt, bei dem es sich in Wahrheit um tödliches Gift handelt (vgl. dazu im Einzelnen → § 27 Rn. 1 ff.).

7 All diese verschiedenen Beteiligungsformen können auch in Kombination auftreten. Wenn zwei Personen gemeinsam einen anderen als Werkzeug zur Begehung einer Straftat gebrauchen, sind sie zB Mittäter einer in mittelbarer Täterschaft begangenen Straftat. Stiften sie gemeinsam einen anderen zu einer Straftat an oder leisten sie ihm gemeinsam Hilfe, so sind sie wegen mittäterschaftlich begangener Anstiftung oder Beihilfe zu der begangenen Tat strafbar.[5] Eine Kombination von Teilnahmeformen bezeichnet man als **Kettenteilnahme.** Der Beteiligte ist hier immer aus der schwächsten der miteinander kombinierten Formen, dh in der Regel nur wegen Beihilfe zu bestrafen. Wer zu einer Anstiftung Hilfe leistet oder umgekehrt zu einer Hilfeleistung anstiftet, begeht ebenso nur eine Beihilfe wie derjenige, der einem anderen dabei hilft, zur Begehung einer Straftat Hilfe zu leisten.[6] Lediglich wer zu einer Anstiftung anstiftet, ist selbst Anstifter zu der begangenen Tat.[7]

B. Die Struktur der mittelbaren Täterschaft

I. Die mittelbare Erfolgsverursachung

8 Bei einem Erfolgsdelikt unterscheidet sich eine mittelbare von der unmittelbaren Täterschaft lediglich dadurch, dass die von der Handlung zum Erfolg führende Kausalkette als Zwischenglied das Verhalten einer anderen Person enthält. Diese Besonderheit begründet die Notwendigkeit der Abgrenzung zur Teilnahme, ändert aber nichts daran, dass auch ein mittelbarer Täter den tatbestandlichen Erfolg selbst verursacht und damit den objektiven Tatbestand des betreffenden Delikts in eigener Person erfüllt. Er handelt durch den Gebrauch eines anderen als Werkzeug selbst tatbestandsmäßig und kann damit als Täter bestraft werden, ohne dass ihm die tatbestandsmäßige Handlung des anderen als solche zugerechnet werden müsste. Deshalb ist die Rechtfertigung der mittelbaren Täterschaft bei Erfolgsdelikten unproblematisch. Das Begehen der Tat durch einen anderen ist bei diesen Delikten zugleich ein eigenes Begehen, sodass die mittelbare Täterschaft hier letztlich nur ein besonders bezeichneter Fall unmittelbarer Täterschaft ist.[8]

9 Dementsprechend erstaunt und schadet es nicht, dass die Grenzen zwischen mittelbarer und unmittelbarer Täterschaft bei den Erfolgsdelikten fließend sind. Es gibt viele Fälle, in denen die Werkzeugqualität des zuletzt Handelnden so selbstverständlich ist, dass die Abhängigkeit des Erfolgseintritts von seiner Handlung gar nicht als Besonderheit wahr- und deshalb keine mittelbare, sondern eine unmittelbare Täterschaft angenommen wird. Hat zB A dem B mit der Post eine Bombe ins Haus ge-

[5] Roxin StrafR AT II § 25 Rn. 238 ff. mwN.

[6] RGSt 59, 396 f.; BGHSt 7, 234 (237); OLG Bamberg StV 2007, 529; Roxin StrafR AT II § 26 Rn. 178 mit Beispielen und Nachweisen.

[7] BGHSt 6, 359; 7, 234 (237); 14, 156 (157); Roxin StrafR AT II § 26 Rn. 176 f. mwN; einschränkend Janß, Die Kettenteilnahme, 1988, S. 173 und Sippel, Zur Strafbarkeit der „Kettenanstiftung", (1989), S. 82, die anonym bleibende Erst- und Zwischenanstifter nur als Gehilfen bestrafen wollen; vgl. dagegen zu Recht Roxin StrafR AT II § 26 Rn. 176 f.

[8] Vgl. dazu näher Hardtung NZV 1997, 97 (103) und für das Gegenkonzept einer konstitutiven Funktion der mittelbaren Täterschaft Mañalich FS Puppe, 2011, 709 (711 ff.).

schickt, so kommt kaum jemand auf den Gedanken, ihn wegen der Zwischenschaltung des Paketboten als mittelbaren Täter anzusehen. Noch ferner liegend erscheint dies, wenn A aus einiger Entfernung auf einen Jogger schießt und ihn nur deshalb in den Kopf trifft, weil der Jogger zwischen dem Schuss und dem Treffer noch einen Schritt weitergelaufen ist. Auch hier ist noch die Handlung eines anderen, nämlich des Joggers selbst, zwischengeschaltet, ohne dass man deshalb eine mittelbare Täterschaft annehmen würde.

II. Ausdehnung auf verhaltensgebundene Delikte?

Bei den eine bestimmte Tathandlung voraussetzenden Tätigkeitsdelikten (→ § 8 Rn. 16ff.) kann die mittelbare Täterschaft dagegen nicht als eigenes tatbestandsmäßiges Verhalten begründet werden. Wer einen anderen mit vorgehaltener Pistole zwingt, betrunken Auto zu fahren, führt selbst kein Fahrzeug im Verkehr. Mittelbarer Täter einer Trunkenheitsfahrt (§ 316 StGB) könnte er deshalb nur sein, wenn ihm die tatbestandliche Handlung des anderen wie eine eigene Handlung zugerechnet würde. Nach traditioneller Auffassung ermöglicht die mittelbare Täterschaft eine solche Zurechnung gerade nicht. Die verhaltensgebundenen Delikte seien **eigenhändige,** dh nicht als mittelbarer Täter begehbare Delikte.[9] In der neueren Literatur wird dies allerdings zunehmend anders gesehen. Wer einen anderen als Werkzeug gebrauche, müsse sich dessen Handeln ebenso zurechnen lassen als wenn er die betreffende Handlung selbst vorgenommen hätte. Eigenhändige Delikte gäbe es deshalb nicht.[10] 10

Für die neuere Auffassung lässt sich anführen, dass die Handlung eines Werkzeugs das durch den jeweiligen Tatbestand geschützte Rechtsgut ebenso verletzt wie ein eigenes tatbestandsmäßiges Handeln des Täters.[11] Ob der Täter selbst oder ein von ihm gebrauchtes Werkzeug betrunken fährt, ist für die Beeinträchtigung der Sicherheit des Straßenverkehrs ohne Bedeutung. Jedoch genügt dies allein nicht, um eine konstitutive Deutung der mittelbaren Täterschaft zu legitimieren. Die 1975 im Zuge der Reform des Allgemeinen Teils ins Strafgesetzbuch eingefügte Regelung des § 25 I Var. 2 StGB sollte lediglich die Rechtsprechung kodifizieren,[12] die die mittelbare Täterschaft zuvor ohne spezielle gesetzliche Regelung als Fall eigener Tatbestandsverwirklichung entwickelt hatte. Dementsprechend begnügt sich § 25 I Var. 2 StGB nicht damit, dass der mittelbare Täter die Tat von einem anderen begehen lässt, sondern verlangt, dass er sie „durch einen anderen begeht". Darin kommt zum Ausdruck, dass er sich zwar der Handlung eines anderen bedienen, aber durch seine Veranlassung dieser Handlung selbst den Tatbestand verwirklichen muss. 11

Im Ergebnis ist deshalb daran festzuhalten, dass verhaltensgebundene Delikte nicht im Wege mittelbarer Täterschaft begangen werden können. Zu ihnen gehören neben den 12

[9] Vgl. für § 316 StGB: BGHSt 18, 6; 42, 225 (240); LK-StGB/König StGB § 316 Rn. 231; NK-StGB/Zieschang StGB § 316 Rn. 12; Schönke/Schröder/Hecker StGB § 315c Rn. 43; SK-StGB/Wolters StGB § 316 Rn. 15, alle mwN.

[10] So konsequent NK-StGB/Puppe StGB §§ 28, 29 Rn. 75; SK-StGB/Hoyer StGB § 25 Rn. 17ff.; ähnlich auch Roxin StrafR AT II § 25 Rn. 288ff., der allerdings den Begriff des eigenhändigen Delikts nicht vollständig aufgeben will.

[11] Roxin StrafR AT II § 25 Rn. 292ff. mit weiteren Beispielen.

[12] Vgl. den der heutigen Regelung zugrunde liegenden Formulierungsvorschlag des Bundesjustizministeriums, abgedruckt in: Materialien zur Strafrechtsreform, Niederschriften Bd. 2, Anhang Nr. 16.

erwähnten Straßenverkehrsdelikten (§§ 315c, 316 StGB) ua etliche Sexualstraftaten wie zB der Exhibitionismus (§ 183 StGB)[13] oder der Beischlaf zwischen Verwandten (§ 173 StGB)[14] und vor allem die Aussagedelikte (§§ 153ff. StGB).[15] Bei letzteren hat das Gesetz die sich aus dem Fehlen der mittelbaren Täterschaft ergebende Strafbarkeitslücke dadurch geschlossen, dass es das Verleiten zu einer falschen Aussage selbstständig mit geringerer Strafe bedroht hat (§ 160 StGB). Eine strukturell ähnliche Regelung gibt es auch zur Falschbeurkundung im Amt (§ 348 StGB). Wenn bei diesem Delikt die mittelbare Täterschaft an der fehlenden Amtsträgereigenschaft scheitert (vgl. dazu sogleich → § 25 Rn. 13), greift der mit geringerer Strafe bedrohte Tatbestand der mittelbaren Falschbeurkundung (§ 271 StGB) ein.

III. Besondere Pflichtenstellungen

13 Bei den **Sonderdelikten,** deren Tatbestand eine besondere Pflichtenstellung voraussetzt, kann nach allgemeiner Auffassung nur mittelbarer Täter sein, wer diese selbst innehat. Das klassische Beispiel sind die Amtsdelikte, welche von einem Privatmann auch nicht im Wege mittelbarer Täterschaft verwirklicht werden können. Aber auch die Untreue (§ 266 StGB) ist zB ein solches Sonderdelikt, weil sie die Verletzung einer besonderen Vermögensbetreuungspflicht unter Strafe stellt.[16] Wenn ein Außenstehender **(Extraneus)** den Pflichtigen als Werkzeug zur Schädigung des von diesem zu betreuenden Vermögens gebraucht, ist er nicht als mittelbarer Täter einer Untreue strafbar. Entsprechendes gilt für die in § 203 StGB unter Strafe gestellte Verletzung besonderer Verschwiegenheitspflichten.[17] Auch hier kann der Gebrauch eines Pflichtigen als Werkzeug für einen Extraneus keine mittelbare Täterschaft begründen.

IV. Weitere Strafbarkeitsvoraussetzungen

14 Die Strafbarkeitsvoraussetzungen jenseits des objektiven Tatbestands muss ein mittelbarer Täter ebenfalls in eigener Person aufweisen. Dies betrifft nicht nur den subjektiven Tatbestand und die Schuld, sondern auch die Rechtswidrigkeit. Es ist durchaus möglich, dass das von dem mittelbaren Täter benutzte Werkzeug gerechtfertigt handelt, sein eigenes Verhalten aber rechtswidrig ist. Eine derartige mittelbare Täterschaft durch ein rechtmäßig handelndes Werkzeug liegt zB vor, wenn ein Zeuge den Richter durch eine Falschaussage dazu veranlasst, einen Unschuldigen zu einer Freiheitsstrafe zu verurteilen. Soweit der Richter nach ordnungsgemäß geführtem Prozess von der Schuld des Angeklagten überzeugt war, ist sein Handeln durch die Strafprozessordnung gerechtfertigt, das Verhalten des Zeugen aber rechtswidrig und deshalb nicht nur als Falschaussage (§ 153 StGB) und falsche Verdächtigung (§ 164 StGB), sondern

[13] LK-StGB/Laufhütte/Roggenbuck StGB § 183 Rn. 6; Schönke/Schröder/Eisele StGB § 183 Rn. 7; SK-StGB/Wolters StGB § 183 Rn. 9.

[14] LK-StGB/Dippel StGB § 173 Rn. 31; Schönke/Schröder/Bosch/Schittenhelm StGB § 173 Rn. 8; SK-StGB/Horn/Wolters StGB § 173 Rn. 7; anders NK-StGB/Frommel StGB § 173 Rn. 21.

[15] LK-StGB/Ruß StGB Vor § 153 Rn. 7; Schönke/Schröder/Bosch/Schittenhelm StGB Vorb. §§ 153ff. Rn. 33, beide mwN.

[16] NK-StGB/Kindhäuser StGB § 266 Rn. 127; Schönke/Schröder/Perron StGB § 266 Rn. 52, beide mwN.

[17] BGHSt 4, 355 (359); Schönke/Schröder/Eisele StGB § 203 Rn. 73; MüKoStGB/Cierniak/Niehaus StGB § 203 Rn. 175; NK-StGB/Kargl StGB § 203 Rn. 85, alle mwN.

darüber hinaus als in mittelbarer Täterschaft begangene Freiheitsberaubung (§§ 239, 25 I Var. 2 StGB) strafbar.[18]

C. Die Struktur der Mittäterschaft

I. Zurechnung gemeinschaftlichen Handelns

Während die mittelbare Täterschaft im Grunde nur klarstellende Bedeutung hat, begründet die Mittäterschaft eine Verantwortlichkeit für gemeinschaftliches Handeln, die aus den Regeln über die Alleintäterschaft nicht vollständig abzuleiten ist. Durch das arbeitsteilige Zusammenwirken mit anderen haben die Menschen die Möglichkeit, in allen Lebensbereichen Handlungsvorhaben in die Tat umzusetzen, die sie allein nicht oder zumindest nur mit einem sehr viel größeren Aufwand hätten verwirklichen können. Die Kehrseite dieser erweiterten Entfaltungsmöglichkeiten ist eine entsprechende Ausdehnung ihrer Verantwortlichkeit, dh die Freiheit zur Gemeinsamkeit bedingt die Verantwortung für das gemeinschaftliche Werk.[19] Wer sich mit anderen zusammenschließt, um ein Vorhaben zu verwirklichen, macht sich die zu diesem Vorhaben gehörenden Beiträge der anderen zu eigen und muss sie sich deshalb wie eigene Handlungen zurechnen lassen. Weil die Beteiligung an einer gemeinsamen Tat die gleiche kommunikative Bedeutung hat wie entsprechendes individuelles Handeln, widerspricht der Mittäter durch sein Handeln im Prinzip ebenso der Norm wie ein Alleintäter.[20] 15

Die kommunikative Bedeutung der Beteiligung und damit auch die Verantwortung für das gemeinschaftliche Werk besteht unabhängig davon, ob der Einzelne die Beiträge der anderen Beteiligten und damit mittelbar das gesamte Werk verursacht hat.[21] Die Tatbeiträge müssen bei einer gemeinschaftlichen Begehung zwar aufeinander bezogen, aber nicht gegenseitig verursacht sein.[22] Wenn der Boss einer Verbrecherbande die Rollen für die Begehung einer Tat autoritär verteilt, also zB ein Bandenmitglied anweist, den in einer Ladenpassage patrouillierenden Nachtwächter im Erdgeschoss zu überwältigen, und ein anderes dazu bestimmt, in das im ersten Stock befindliche Juweliergeschäft einzudringen und die Auslage an sich zu nehmen, dann handeln die Ausführenden zwar im Vertrauen darauf, dass der jeweils andere seinen Tatbeitrag erbringen werde. Aber die Ursache dieses Vertrauens ist nicht eine vorherige Handlung des anderen, sondern der Glaube an die Autorität des Bandenchefs. Die ausführenden Bandenmitglieder haben ihre Tatbeiträge nicht gegenseitig verursacht und sind gleichwohl wegen eines gemeinschaftlich begangenen Raubes nach §§ 249, 25 II StGB strafbar. 16

Das Beispiel zeigt, dass sich die Mittäterschaft weder auf eine Kombination von unmittelbarer und mittelbarer Alleintäterschaft[23] noch auf eine Verbindung von Allein- 17

[18] BGHSt 3, 4; 10, 306 (307); SK-StGB/Hoyer StGB § 25 Rn. 71f. mwN.
[19] Vgl. Jakobs FS Lampe, 2003, 561 (568) mwN.
[20] Vgl. dazu näher Frister FS Dencker, 2012, 119 (124ff.).
[21] Vgl. dazu Frister FS Dencker, 2012, 119 (122 und 127f.).
[22] Vgl. dazu eingehend und mit weiteren Beispielen Dencker, Kausalität und Gesamttat, 1996, S. 130ff.
[23] So RGSt 58, 279; 66, 236 (240); und neuerdings wieder Haas ZStW 119 (2007), 519 (534ff.).

täterschaft und wechselseitiger Anstiftung[24] zurückführen lässt, sondern eine eigenständige Zurechnungsform darstellt. Mittäter begehen nicht verschiedene Straftaten, sondern beteiligen sich an einer gemeinsamen Tat.[25] Ihre Tatbeiträge sind rechtlich als eine Handlung zu bewerten, die in ihrer Gesamtheit unter den jeweiligen Tatbestand subsumiert wird. Dies ist nicht nur für die richtige Beurteilung der Strafbarkeit bei aus mehreren Teilakten zusammengesetzten Delikten wie dem Raub, sondern auch für einfache Erfolgsdelikte von Bedeutung. Deren objektiver Tatbestand ist verwirklicht, wenn die Gesamtheit der Tatbeiträge den tatbestandlichen Erfolg in objektiv zurechenbarer Weise verursacht hat.[26] Ob der einzelne Tatbeitrag eine notwendige Bedingung für den Erfolg war, ist unerheblich. Mittäter sind für einen gemeinschaftlich herbeigeführten Erfolg selbst dann verantwortlich, wenn der Tatbeitrag jedes Einzelnen hinweggedacht werden kann, ohne dass der Erfolg entfiele (vgl. dazu bereits → § 9 Rn. 13).

18 Aufgrund der Zusammenfassung der Tatbeiträge zu einer allen Beteiligten zurechenbaren Gesamthandlung ist eine Mittäterschaft bei verhaltensgebundenen Delikten uneingeschränkt möglich. Die herrschende Meinung sieht dies allerdings anders.[27] Nach ihr setzt die Mittäterschaft bei diesen Delikten eine eigenhändige Beteiligung an der jeweiligen tatbestandlichen Handlung voraus, sodass zB eine mittäterschaftliche Trunkenheitsfahrt nur dadurch möglich wäre, dass sich zwei Personen die für das Führen des Fahrzeugs erforderlichen Verrichtungen teilen, etwa die eine Gas und Bremse betätigt und die andere das Fahrzeug lenkt. Jedoch wird diese Einschränkung dem Prinzip der Mittäterschaft nicht gerecht. Die Zusammenfassung der Tatbeiträge zu einer Gesamthandlung hat zur Folge, dass diese Handlung jedem Beteiligten zuzurechnen, dh seine Strafbarkeit so zu beurteilen ist, als hätte er die betreffende Handlung insgesamt vorgenommen. Deshalb kommt es bei der Mittäterschaft – anders als bei der mittelbaren Täterschaft (vgl. dazu → § 25 Rn. 10 ff.) – auf die Eigenhändigkeit der Begehung nicht an.

II. Persönlich zu erfüllende Strafbarkeitsvoraussetzungen

1. Besondere Pflichtenstellungen

19 Gleichwohl ist nicht bei allen Delikten eine Mittäterschaft möglich. Eine Einschränkung ergibt sich daraus, dass § 25 II StGB nur die Zurechnung der von den anderen Beteiligten vorgenommenen Tathandlungen ermöglicht. Hinsichtlich der weiteren Strafbarkeitsvoraussetzungen gelten für die Mittäterschaft die allgemeinen Regeln; dh ein Mittäter muss die neben dem tatbestandlichen Verhalten erforderlichen Strafbar-

[24] So SK-StGB/Hoyer StGB § 25 Rn. 133; Puppe GA 1984, 101 (112) mit Fn. 43; Puppe FS Spinellis, 2001, 915 (917 ff.).

[25] Dazu näher Dencker, Kausalität und Gesamttat, 1996, S. 143 ff. mwN; sowie aus internationaler Perspektive Fletcher FS Roxin, 2011, 793 (794 ff.). Die Gegenposition vertritt zB dezidiert Stein, Beteiligungsformenlehre, 1988, S. 313 ff.; vgl. dazu die Kritik von Küper ZStW 105 (1993), 445 (482).

[26] BGHSt 37, 106 (129); Roxin StrafR AT II § 25 Rn. 213; Dencker, Kausalität und Gesamttat, 1996, S. 127 f.; Knauer, Die Kollegialentscheidung im Strafrecht, 2001, S. 133 ff.; Renzikowski FS Otto, 2007, 423 (426 ff.); Reyes Alvarado FS Jakobs, 2007, 553 (560 ff.); krit. NK-StGB/Puppe StGB Vor §§ 13 ff. Rn. 93 f.; NK-StGB/Schild, 1. Aufl. 14. Lfg. 2003, StGB Vor §§ 25 ff. Rn. 128 mwN; Hoyer FS Rudolphi, 2004, 95 (98 f.).

[27] Vgl. BGH NStZ 2010, 456; MüKoStGB/Joecks/Scheinfeld StGB § 25 Rn. 55; Schönke/Schröder/Heine/Weißer StGB Vorb. §§ 25 ff. Rn. 85 mwN.

keitsvoraussetzungen in seiner Person erfüllen.[28] Bei Sonderdelikten kann deshalb nur Mittäter sein, wer die im Tatbestand vorausgesetzte Pflichtenstellung selbst innehat. Prügeln zB ein Polizist und ein Privatmann gemeinschaftlich auf einen Verdächtigen ein, um ihn zu einer Aussage in einem Strafverfahren zu zwingen, ist lediglich der Polizist als (Mit-)Täter einer Aussageerpressung (§ 343 I Nr. 1 StGB, § 25 II StGB) strafbar. Der Privatmann ist wegen der fehlenden Amtsträgereigenschaft nur (Mit-)Täter einer Körperverletzung und Nötigung (§ 224 I Nr. 4 StGB, §§ 240, 25 II StGB). Hinsichtlich der Aussageerpressung kann er allerdings wegen Beihilfe (§ 343 I StGB, §§ 27, 28 I StGB) bestraft werden (vgl. dazu → § 25 Rn. 29ff.).

Soweit sich eine besondere Pflichtenstellung gerade aus der Vornahme eines bestimmten im Tatbestand beschriebenen Verhaltens ergibt, führt die Beschränkung der Täterschaft auf Sonderpflichtige dazu, dass im Ergebnis nur die eigenhändig handelnden Beteiligten Mittäter sein können. Das wichtigste Beispiel dafür sind die Aussagedelikte (§§ 153ff. StGB). Weil die Verpflichtung zu wahrheitsgemäßer Aussage nur den Aussagenden selbst trifft, sind sie nicht nur eigenhändige (→ § 25 Rn. 12), sondern zugleich Sonderdelikte[29] und können deshalb durch andere Beteiligte auch nicht im Wege der Mittäterschaft verwirklicht werden. Dagegen ist die Trunkenheit im Verkehr (§ 316 StGB) richtigerweise nicht als Sonderdelikt zu verstehen,[30] sodass hier – entgegen der herrschenden Meinung[31] – bei einem hinreichend gewichtigen Tatbeitrag (vgl. dazu → § 26 Rn. 14ff.) Personen Mittäter sein können, die das Fahrzeug nicht selbst führen. 20

2. Subjektive Strafbarkeitsvoraussetzungen

Die Zurechnung der gemeinsamen Tathandlung ist rein objektiver Natur. Die Merkmale des subjektiven Tatbestands und – wie § 29 StGB ausdrücklich klarstellt – natürlich auch der Schuld muss ein Mittäter in eigener Person erfüllen. Mittäter eines Vorsatzdelikts kann deshalb nur sein, wer selbst alle Umstände des objektiven Tatbestands kennt. Daran fehlt es zB, wenn ein Beteiligter bei einem gemeinsam begangenen Raub nicht damit rechnet, dass der andere eine Waffe oder ein gefährliches Werkzeug bei sich führt. In einem derartigen Fall ist er mangels eines auf das qualifizierende Merkmal des § 250 I Nr. 1 Buchst. a StGB gerichteten Vorsatzes nur wegen einfachen Raubes nach § 249 I StGB, § 25 II StGB strafbar. Auch sonstige subjektive Tatbestandsmerkmale muss ein Mittäter in eigener Person erfüllen.[32] Geht etwa ein Beteiligter eines gemeinsam begangenen Raubes fälschlicherweise davon aus, dass der andere einen Anspruch auf die weggenommene Sache hat, so fehlt ihm die Absicht, seinem Komplizen diese Sache rechtswidrig zuzueignen.[33] Damit ist er nicht wegen Raubes (§ 249 I StGB), sondern lediglich wegen Nötigung (§ 240 StGB) und einer etwaigen gefährlichen Körperverletzung (§ 224 I Nr. 4 StGB) strafbar. 21

[28] Vgl. dazu Roxin StrafR AT II § 25 Rn. 234 mwN; Frister FS Dencker, 2012, 119 (126f.).

[29] NK-StGB/Vormbaum StGB § 153 Rn. 111; SK-StGB/Rudolphi StGB Vor § 153 Rn. 9, beide mwN.

[30] Roxin StrafR AT II § 25 Rn. 295; aA Wohlers SchwZStr 116 (1998), 95 (106ff.) mwN.

[31] BGHSt 18, 6; BGH StraFO 2007, 475; LK-StGB/König StGB § 316 Rn. 231; NK-StGB/Zieschang StGB § 316 Rn. 12; Schönke/Schröder/Hecker StGB § 316 Rn. 20; SK-StGB/Wolters StGB § 316 Rn. 15, alle mwN; anders zu Recht Roxin StrafR AT II § 25 Rn. 295.

[32] BGH NStZ 2011, 699 (701); StV 2015, 287; abweichend Lesch, Das Problem der sukzessiven Beihilfe, 1992, S. 288ff., der es bei deliktstypisierenden Absichten ausreichen lassen will, dass sie einer der Beteiligten aufweist.

[33] Vgl. zur Rechtswidrigkeit der Zueignungsabsicht MüKoStGB/Schmitz StGB § 242 Rn. 165ff. mwN.

22 Maßgeblicher Zeitpunkt für die Beurteilung des subjektiven Tatbestands ist die Vornahme des eigenen Tatbeitrags (§ 8 StGB).[34] Auf den Zeitpunkt der Handlungen der anderen Beteiligten kommt es nicht an. Der Organisator einer Tat ist auch dann Mittäter (→ § 26 Rn. 22ff.), wenn er sich während der Ausführung der Tat durch die anderen Beteiligten schlafen gelegt hat. Selbst ein zwischen dem eigenen Handeln und den Tatbeiträgen der anderen Beteiligten erfolgter Sinneswandel hebt den Tatvorsatz nicht auf. Wird er den anderen Beteiligten vor der Tatausführung bekannt, führt er allerdings dazu, dass die Beteiligung nicht mehr als Mittäterschaft, sondern nur noch als Teilnahme zu bewerten ist (vgl. dazu → § 26 Rn. 30). Entsprechendes hat für sonstige subjektive Tatbestandsmerkmale zu gelten.[35] Deshalb schließt – entgegen einer Entscheidung des Bundesgerichtshofs[36] – eine nach der vollständigen Vornahme des eigenen Tatbeitrags erfolgte Aufgabe der Zueignungsabsicht den subjektiven Tatbestand des Diebstahls (§ 242 StGB) nicht aus.[37]

III. Die Möglichkeit isolierter Mittäterschaft

23 Aufgrund der neben dem tatbestandlichen Verhalten zu erfüllenden weiteren Strafbarkeitsvoraussetzungen kann die Strafbarkeit von gemeinschaftlich handelnden Personen im Ergebnis durchaus unterschiedlich zu beurteilen sein.[38] Der objektiven Zurechnung der gemeinsamen Handlung stehen solch unterschiedliche Ergebnisse nicht entgegen. Wer mit einem anderen zusammen handelt, muss sich dessen Tatbeiträge auch dann zurechnen lassen, wenn in der Person des anderen bestimmte Strafbarkeitsvoraussetzungen nicht verwirklicht sind und dieser deshalb im Ergebnis keine oder eine andere Straftat begangen hat. Insofern ist der Begriff „Mittäterschaft" irreführend. Der Sache nach besagt die Regelung des § 25 II StGB, dass derjenige, der einen Straftatbestand durch eine zusammen mit einem anderen begangene Handlung verwirklicht, wie ein Täter zu bestrafen ist. Ob dieser andere sich durch die gemeinschaftliche Handlung im Ergebnis gleichfalls und wegen desselben Delikts strafbar gemacht hat, ist für ihre Anwendbarkeit ohne Bedeutung. Der Einzelne kann auch ohne einen solch „echten", ebenso strafbaren Mittäter aus § 25 II StGB zu bestrafen sein.[39]

D. Struktur und Funktion der Teilnahme

I. Akzessorietät und Strafgrund der Teilnahme

24 Nach der ursprünglichen Fassung des Strafgesetzbuches setzte die Teilnahme eine vom Täter begangene strafbare Handlung voraus (§§ 48f. StGB aF). Dies wurde dahingehend verstanden, dass der Täter nicht nur tatbestandlich und rechtswidrig, sondern außerdem

[34] Vgl. dazu näher Graul GS Meurer, 2002, 89 (95ff.).
[35] Vgl. Eisele ZStW 112 (2000), 745 (762); Graul GS Meurer, 2002, 89 (90f.).
[36] BGH NStZ 1994, 29; zust. NK-StGB/Zaczyk StGB § 24 Rn. 119 mwN.
[37] Ebenso wohl – wenn auch nicht ganz klar – Schönke/Schröder/Eser/Bosch StGB § 24 Rn. 77.
[38] Vgl. BGHSt 36, 231 (232ff.); BGH StV 2015, 287; Roxin StrafR AT II § 25 Rn. 235ff., jeweils mwN.
[39] Ebenso eingehend Rengier FS Puppe, 2011, 849; ferner SK-StGB/Hoyer StGB § 25 Rn. 107; implizit auch BGH NStZ-RR 1999, 6 mit insoweit zust. Anm. Graul JR 1999, 337 (338); anders Dencker FS Lüderssen, 2002, 525 (533), der eine solche Auslegung des § 25 II StGB de lege lata nicht für möglich hält, darin aber selbst einen „grundlegenden Konstruktionsfehler des Gesetzes" sieht.

schuldhaft gehandelt haben musste.[40] War er zB schuldunfähig, so konnte ein an der Tat Beteiligter nicht wegen Anstiftung oder Beihilfe bestraft werden. Diese sogenannte **strenge Akzessorietät** wurde allerdings schnell als unbefriedigend angesehen. Deshalb war bereits in den Reformentwürfen des beginnenden 20. Jahrhunderts die Akzessorietät der Teilnahme eingeschränkt.[41] Gesetzlich umgesetzt wurde diese Einschränkung zunächst für die Strafmündigkeit durch § 4 des Jugendgerichtsgesetzes von 1923[42] und sodann für alle anderen Schuldvoraussetzungen.[43] Seit 1943 gilt das heute in § 29 StGB kodifizierte Prinzip **limitierter Akzessorietät,** nach dem jeder Beteiligte ohne Rücksicht auf die Schuld des anderen nach seiner Schuld bestraft wird.

Da früher Vorsatz und Fahrlässigkeit nicht als Tatbestandsvoraussetzungen, sondern als 25
Schuldformen begriffen wurden, ging die Rechtsprechung nach der Limitierung der Akzessorietät zunächst davon aus, dass jeder Beteiligte auch unabhängig vom Vorsatz des anderen zu bestrafen und damit eine Teilnahme an einer unvorsätzlichen Tat möglich sei.[44] Die Auffassung wurde jedoch später unter dem Einfluss der finalen Handlungslehre (→ § 7 Rn. 10) wieder aufgegeben. Ein Verzicht auf das Erfordernis einer vorsätzlichen Haupttat widerspreche dem Wesen der Teilnahme und führe zu einer Auflösung der Grenzen der Tatbestände. Die für die Teilnahme kennzeichnende Unterordnung unter den Willen des Haupttäters sei nur möglich, wenn dieser vorsätzlich handele.[45] Im Rahmen der Strafrechtsreform des Jahres 1975 hat der Gesetzgeber sich diese Auffassung zu eigen gemacht und durch das Erfordernis der vorsätzlich begangenen rechtswidrigen Tat in den §§ 26, 27 StGB entschieden, dass die Teilnahme zwar kein schuldhaftes, wohl aber ein vorsätzliches Handeln des Haupttäters voraussetzt.

Diese gesetzliche Entscheidung ist zu respektieren, vermag aber in der Sache nicht zu 26
überzeugen. So wie die Strafbarkeit eines Mittäters nicht vom Vorsatz des anderen abhängt (→ § 25 Rn. 23), so sollte auch die vorsätzliche Beteiligung an einer fremden Tat unabhängig davon strafbar sein, ob der Täter selbst vorsätzlich gehandelt hat. Die gegenteilige Entscheidung des Gesetzes verwechselt – ähnlich wie die traditionelle Ablehnung der fahrlässigen Mittäterschaft (vgl. dazu → § 26 Rn. 4ff.) – den Vorsatz zur Verwirklichung eines bestimmten Tatbestandes mit dem für eine Unterordnung ausreichenden Handlungswillen des Täters und führt vor allem bei Sonderdelikten, bei denen Außenstehende nicht als Täter bestraft werden können, zu ungerechtfertigten Strafbarkeitslücken (vgl. das Beispiel in → § 28 Rn. 7). Kriminalpolitisch und dogmatisch sachgerecht wäre es, für die Teilnahme nur eine objektiv tatbestandsmäßige rechtswidrige Haupttat zu verlangen. Die Tatbestandsgrenzen blieben durch eine solche Regelung ebenfalls gewahrt.[46]

Aufgrund der bis 1943 geltenden strengen Akzessorietät wurde die Teilnahme in der 27
älteren Literatur zum Teil als ein Delikt gegen den Täter verstanden. Ihr Unrecht sollte darin liegen, den Täter in Schuld und Strafe zu verstricken.[47] Dieser **Schuldteil-**

[40] Vgl. Frank RStGB § 48 Anm. II 2 und § 49 Anm. I, jeweils mwN.
[41] Vgl. §§ 35 III, 36 III des Entwurfs 1913 und §§ 28 I 2, 29 I 2 des Entwurfs 1919.
[42] Vgl. dazu RGSt 61, 265 (267).
[43] Vgl. § 50 I StGB in der Fassung der Strafrechtsangleichungsverordnung vom 29.5.1943 (RGBl. 1943 I 339) iVm ihrer Durchführungsverordnung vom gleichen Tage (RGBl. 1943 I 341).
[44] BGHSt 4, 355; 5, 47.
[45] BGHSt 9, 370.
[46] Ebenso Roxin StrafR AT II § 26 Rn. 35 und 40 mwN.
[47] Vgl. bereits Beling ZStW 18 (1898), 267 (272); sowie Hellmuth Mayer, Das Strafrecht des Deutschen Volkes, 1936, S. 334; Hellmuth Mayer FS Rittler, 1957, 243 (255f.) hielt an diesem Gedanken auch

nahmetheorie ist mit der Aufhebung des Erfordernisses einer schuldhaften Haupttat die Grundlage entzogen. Gleichwohl wird in neuerer Zeit noch vereinzelt die Auffassung vertreten, dass zumindest die Anstiftung in erster Linie als ein Delikt gegen den Täter zu interpretieren sei. Ihr Unrecht soll darin liegen, dass der Täter zwar nicht in Schuld und Strafe verstrickt, aber durch die Begehung einer vorsätzlichen rechtswidrigen Tat sozial desintegriert wird.[48] Eine solche **Unrechtsteilnahmetheorie** vermeidet den Widerspruch zu dem Prinzip der limitierten Akzessorietät jedoch nur um den Preis einer gekünstelten und in keiner Weise überzeugenden Konstruktion. Wer einen professionellen Auftragsmörder zu einer weiteren Mordtat anstiftet, wird nicht wegen dessen sozialer Desintegration, sondern wegen der von ihm mit zu verantwortenden Tötung des Opfers mit lebenslanger Freiheitsstrafe bestraft.[49]

28 Deshalb geht die ganz herrschende Meinung zu Recht davon aus, dass auch das Unrecht der Teilnahme aus der Verletzung oder Gefährdung des durch den jeweiligen Straftatbestand geschützten Rechtsguts abzuleiten ist. So wie sich Mittäter die Tatbeiträge ihrer Komplizen, so müssen sich Anstifter und Gehilfen die Handlung des Täters zurechnen lassen und werden deshalb für die durch diese Handlung verwirklichte Rechtsgutsverletzung oder -gefährdung zur Verantwortung gezogen. Ob man diese Auffassung als **an der Akzessorietät orientierte Verursachungstheorie,**[50] als **Lehre vom akzessorischen Rechtsgutsangriff**[51] oder – etwas verwirrend – ebenfalls als **Unrechtsteilnahmetheorie**[52] bezeichnet, ist im Ergebnis ohne Bedeutung.[53] Der Teilnehmer wird bestraft, weil er an der Verletzung bzw. Gefährdung des tatbestandlich geschützten Rechtsguts mitwirkt und dadurch selbst der durch die Straftat verletzten Norm widerspricht.[54] Dies mag selbstverständlich erscheinen, ist aber insofern wichtig, als sich daraus ungeschriebene Voraussetzungen der Teilnahme ergeben. Das verletzte Rechtsgut muss gegenüber dem Teilnehmer rechtlich geschützt sein (dazu → § 28 Rn. 8ff.) und dieser muss selbst den Vorsatz zu dessen Verletzung haben (dazu → § 28 Rn. 30 und 51 sowie → § 29 Rn. 17).

---

nach der Aufhebung des Erfordernisses einer schuldhaften Haupttat insofern fest, als er in ihm einen zusätzlichen Schutzzweck der Teilnahmeregelungen sah; vgl. auch Amelung FS Schroeder, 2006, 147 (148ff.), der in der Korrumpierung des Täters ein zusätzliches Handlungsunrecht der Anstiftung sieht.

[48] Trechsel, Der Strafgrund der Teilnahme, 1967, S. 12f. und 32ff.; vgl. auch die Argumente bei Keller, Rechtliche Grenzen der Provokation von Straftaten, (1989), S. 163ff., der sich aber iErg gegen eine derartige Begründung der Strafbarkeit ausspricht.

[49] Vgl. für eine ausführlichere Kritik MüKoStGB/Joecks/Scheinfeld StGB Vor § 26 Rn. 6; Roxin StrafR AT II § 26 Rn. 18ff.; sowie eingehend Stein, Beteiligungsformenlehre, 1988, S. 103ff.

[50] So die wohl hM; vgl. MüKoStGB/Joecks/Scheinfeld StGB Vor § 26 Rn. 10 und 16; Jescheck/Weigend StrafR AT § 64 I 2; BWME StrafR AT § 26 Rn. 2, alle mwN.

[51] Roxin StrafR AT II § 26 Rn. 11; ähnlich SK-StGB/Hoyer StGB Vor §§ 26–31 Rn. 17ff., beide mwN.

[52] Otto StrafR AT § 22 Rn. 7; Stratenwerth/Kuhlen StrafR AT § 12 Rn. 121.

[53] Angebliche Unterschiede resultieren allein daraus, dass die Verfechter der Lehre vom akzessorischen Rechtsgutsangriff einige missverständliche Formulierungen der akzessorietätsorientierten Verursachungstheorie wörtlich nehmen und diese Theorie deshalb anders deuten als sie eigentlich gemeint ist (vgl. SK-StGB/Hoyer StGB Vor §§ 26–31 Rn. 13ff.; Roxin StrafR AT II § 26 Rn. 16ff.). Die allgemein als Ursprung dieser Theorie angesehene Rechtsprechung des Reichsgerichts hat die Notwendigkeit eines auf die Vollendung der Tat gerichteten Teilnehmervorsatzes daraus abgeleitet, dass der Teilnehmer an einer der im Besonderen Teil mit Strafe bedrohten „gemeingefährlichen Handlungen" mitwirkt (RGSt 15, 315 (316)). Mit gemeingefährlicher Handlung war dabei nichts anderes als die Verletzung oder Gefährdung des geschützten Rechtsguts gemeint, sodass diese Rechtsprechung der Lehre vom akzessorischen Rechtsgutsangriff bereits vollständig entspricht.

[54] Vgl. dazu Frister FS Dencker, 2012, 119 (128ff.).

II. Besondere persönliche Merkmale

Aufgrund der Akzessorietät der Teilnahme werden einem Teilnehmer über die Tathandlung hinaus auch den Täter treffende Sonderpflichten und zum Deliktsbild gehörende Absichten grundsätzlich zugerechnet. Wer solche Merkmale nicht in eigener Person erfüllt, also etwa als Privatmann bei der Begehung eines Amtsdelikts (§§ 331 ff. StGB) oder ohne Bereicherungsabsicht bei der Begehung eines Betruges (§ 263 StGB) mitwirkt, kann nach geltendem Recht niemals Mittäter, aber sehr wohl Teilnehmer an der betreffenden Tat sein. Allerdings ist auch die Strafbarkeit wegen Teilnahme durch eine Sonderregelung für besondere persönliche Merkmale – dies sind vor allem Sonderpflichten und besonders verwerfliche oder verständliche Motive (vgl. dazu im Einzelnen → § 25 Rn. 39 ff.) – eingeschränkt. Soweit solche Merkmale die Strafbarkeit begründen, wird die Akzessorietät der Teilnahme durch § 28 I StGB gelockert, soweit sie die Strafe schärfen, mildern oder ausschließen, durch § 28 II StGB sogar gänzlich aufgehoben. 29

1. Die Systematik des § 28 StGB

a) Strafbegründende Merkmale (§ 28 I StGB)

Bezüglich der die Strafbarkeit begründenden besonderen persönlichen Merkmale lässt § 28 StGB das Akzessorietätsprinzip insoweit unangetastet, als es sich zu Gunsten des Teilnehmers auswirkt. Liegt beim Täter ein strafbegründendes persönliches Merkmal nicht vor, so bleibt auch ein das Merkmal aufweisender Teilnehmer mangels tatbestandsmäßiger Haupttat straflos. Da Sonderpflichtige unabhängig von dem Gewicht ihres Tatbeitrags stets als Täter anzusehen sind (→ § 26 Rn. 31 ff.), kommt diese Konstellation allerdings bei der wichtigsten Gruppe der strafbegründenden persönlichen Merkmale, den eine besondere Pflichtenstellung begründenden Tätermerkmalen, gar nicht vor. Möglich ist sie nur bei den selteneren die Strafbarkeit begründenden Beweggründen oder Gesinnungen, wie zB dem Merkmal „rücksichtslos" in § 315c I Nr. 2 StGB. Beruht ein in § 315c I Nr. 2 StGB beschriebenes grob verkehrswidriges Verhalten des Täters auf verständlichen Motiven, so ist ein etwaiger Teilnehmer an diesem Verhalten nach allgemeiner Auffassung[55] auch dann straflos, wenn seine eigene Motivation als rücksichtslos zu bewerten ist. 30

Gelockert wird die Akzessorietät dagegen für Teilnehmer, die ein in der Person des Täters vorliegendes, seine Strafbarkeit begründendes besonderes persönliches Merkmal selbst nicht aufweisen. Ihnen wird das vom Täter verwirklichte Merkmal nur in abgeschwächter Form zugerechnet, dh es begründet zwar für sie ebenfalls die Strafbarkeit, aber in geringerem Maße als wenn sie es selbst ebenfalls verwirklicht hätten. Hat zB ein Privatmann einer Richterin zu einer Rechtsbeugung (§ 339 StGB) geraten, so fehlt ihm mit der Richter- bzw. Amtsträgereigenschaft ein besonderes persönliches Merkmal, welches die Strafbarkeit begründet. Nach § 28 I StGB ist er gleichwohl wegen Anstiftung zur Rechtsbeugung zu verurteilen. Jedoch ist seine Strafe gemäß § 49 I StGB zu mildern. Entsprechendes gilt nach dem Wortlaut des Gesetzes für den Teilnehmer an einer den Tatbestand des § 315c I Nr. 2 StGB verwirklichenden Tat, dessen eigene Motivation nicht als rücksichtslos zu bewerten ist. Auch für ihn sieht § 28 I StGB lediglich eine Strafmilderung vor. 31

[55] Auch Autoren, die auf verwerfliche Beweggründe und Gesinnungen den § 29 StGB anwenden wollen (dazu sogleich → § 25 Rn. 33), stimmen dem iErg zu; vgl. SK-StGB/Hoyer StGB § 28 Rn. 11 mwN.

32 Der Gesetzgeber hat sich bei der Schaffung des § 28 I StGB in erster Linie an den strafbegründenden Tätermerkmalen der **Pflichtdelikte** orientiert.[56] Diese haben insofern eine Doppelfunktion, als sie nicht nur eine die Strafwürdigkeit der jeweiligen Rechtsgutsverletzung erhöhende besondere Pflichtenstellung begründen, sondern zugleich dem Täter erst die Möglichkeit geben, das durch den Tatbestand geschützte Rechtsgut zu verletzen.[57] So wird zB die staatliche Rechtspflege nicht dadurch beeinträchtigt, dass Private das Recht beugen. Private können aber zur Rechtsbeugung eines Richters anstiften oder Hilfe leisten und damit als Teilnehmer die Rechtspflege auch ohne besondere Pflichtenstellung angreifen. Um einen solchen Rechtsgutsangriff ohne Pflichtenstellung angemessen zu erfassen, behilft sich das Gesetz mit der Strafmilderung des § 28 I StGB. Der gemilderte Strafrahmen des Sonderdelikts tritt an die Stelle eines das gleiche Rechtsgut schützenden Allgemeindelikts, das es im Besonderen Teil nicht gibt, weil die betreffenden Rechtsgüter durch einen Extraneus zwar als Teilnehmer, aber nicht als Täter verletzt werden können.[58]

33 Während die Regelung des § 28 I StGB damit für die Tätermerkmale der Pflichtdelikte durchaus sachgerecht ist, erscheint sie für strafbegründende besondere Beweggründe[59] fragwürdig. Wenn das Gesetz – wie in § 315 c I Nr. 2 StGB – ein Verhalten bei einer verständlichen Motivation nicht mehr als hinreichend strafwürdig erachtet, leuchtet es nicht ein, den aus einer solchen Motivation handelnden Teilnehmer zu bestrafen, nur weil der Täter andere Motive hat.[60] Beweggründe und Gesinnungen sind persönlicher Natur, sodass für sie eine vollständige Durchbrechung der Akzessorietät angezeigt wäre. Viele Autoren versuchen, diese Lösung bereits in das geltende Recht hinein zu interpretieren, indem sie den Anwendungsbereich des § 28 StGB auf Unrechtsmerkmale beschränken und Beweggründe und Gesinnungen als besondere Schuldmerkmale verstehen, auf die § 29 StGB anzuwenden sei.[61] Rechtsprechung und herrschende Lehre sind dem jedoch zu Recht nicht gefolgt.[62] § 28 StGB differenziert nicht zwischen Unrechts- und Schuldmerkmalen, sondern trifft für alle in der Deliktsbeschreibung enthaltenen besonderen persönlichen Merkmale eine einheitliche Regelung, die als lex specialis dem § 29 StGB vorgeht.[63]

b) Strafmodifizierende und -ausschließende Merkmale (§ 28 II StGB)

34 Bezüglich der die Strafe schärfenden, mildernden oder ausschließenden besonderen persönlichen Merkmale sieht das Gesetz eine vollständige Durchbrechung der Akzessorietät vor. Diese Merkmale gelten gemäß § 28 II StGB nur für den Beteiligten, bei

---

56 Vgl. die Begründung zu § 33 des Entwurfs 1962, S. 152.

57 Puppe StrafR AT § 27 Rn. 18 f.; Grünwald GS Armin Kaufmann, 1989, 555 (561).

58 Vgl. dazu näher Frister FS Puppe, 2011, 451 (461 ff.).

59 Vgl. zur grundsätzlichen Fragwürdigkeit derartiger Merkmale in einem dem Tatschuldprinzip verpflichteten Schuldstrafrecht Puppe ZStW 120 (2008), 504 (521), deren Versuch, die betreffenden Merkmale deshalb sämtlich als tatbezogen zu interpretieren (NK-StGB/Puppe §§ 28, 29 Rn. 22 ff.), allerdings ebenfalls zumindest fragwürdig ist.

60 Anders Niedermair ZStW 106 (1994), 388 (393 ff.), der einen besonders verwerflichen Beweggrund des Täters als Teil einer dem Teilnehmer zuzurechnenden sozialen Störung begreift; ihm zustimmend Roxin StrafR AT II § 27 Rn. 12.

61 Vgl. etwa Kühl StrafR AT § 20 Rn. 156 f.; WBS StrafR AT Rn. 876; eingehend SK-StGB/Hoyer StGB § 28 Rn. 6 ff. mwN.

62 BGHSt 22, 375 (377 ff.); Schönke/Schröder/Heine/Weißer StGB § 28 Rn. 3 ff. mwN.

63 Vgl. dazu eingehend Grünwald GS Armin Kaufmann, 1989, 555 (567 ff.); Küper FS Jakobs, 2006, 311 (322) mwN.

dem sie vorliegen, dh die Akzessorietät wird hier nicht nur einseitig zu Gunsten des Teilnehmers gelockert, sondern in beiden Richtungen aufgehoben. Wer gewerbsmäßig und als Mitglied einer Bande beim Ankauf gestohlener Waren Hilfe leistet, ist gemäß § 28 II StGB auch dann wegen Beihilfe zur gewerbsmäßigen Bandenhehlerei (§ 259 I StGB, § 260a StGB, § 27 StGB) zu bestrafen, wenn bei den Käufern selbst die besonderen persönlichen Merkmale der Gewerbsmäßigkeit und der Bandenzugehörigkeit nicht vorliegen und die Haupttat deshalb nur als einfache Hehlerei (§ 259 I StGB) zu bewerten ist.[64] Umgekehrt ist jemand, der – ohne selbst gewerbsmäßig zu handeln – zu einer gewerbsmäßigen Hehlerei Hilfe leistet, ungeachtet der schwereren Haupttat nur wegen Beihilfe zur einfachen Hehlerei (§ 259 I StGB, § 27 StGB) zu verurteilen.[65]

Die Regelung des § 28 II StGB ist für besondere Beweggründe und Gesinnungen angemessen (→ § 25 Rn. 33), wird aber für die Tätermerkmale der Pflichtdelikte vielfach kritisiert. Viele Autoren halten es für widersprüchlich, dass die Amtsträgereigenschaft bei den echten Amtsdelikten (→ § 8 Rn. 23) immerhin noch eine gemilderte Strafbarkeit des Extraneus begründet, ihm aber bei den unechten Amtsdelikten wie etwa der Strafvereitelung im Amt (§ 258a StGB) gar nicht zugerechnet wird.[66] Zur Auflösung dieses angeblichen Widerspruchs wollen Sánchez-Vera und Puppe die Amtsträgereigenschaft auch bei den unechten Amtsdelikten, bei denen sie nach herkömmlichem Verständnis die Strafbarkeit erhöht, als strafbegründendes Merkmal iSd § 28 I StGB interpretieren.[67] Diese Lösung produziert jedoch erst die Wertungswidersprüche, die sie zu vermeiden trachtet. Nach ihr wäre die Teilnahme an einer Strafvereitelung oder Körperverletzung sogar milder zu bestrafen, wenn der Täter Amtsträger ist, weil der nach § 28 I StGB gemilderte Strafrahmen der Strafvereitelung bzw. Körperverletzung im Amt (§§ 258a, 340 StGB) geringer ist als der der dazugehörigen Allgemeindelikte (§§ 258, 223 StGB).[68] 35

Andere Autoren belassen die unechten Amtsdelikte zwar im Anwendungsbereich des § 28 II StGB, wollen jedoch den angeblichen Wertungswiderspruch zwischen § 28 I und II StGB dadurch abmildern, dass sie den § 28 II StGB bei den unechten Amtsdelikten als bloße Strafzumessungsregel verstehen.[69] Wer als Extraneus einen Staatsanwalt zur Strafvereitelung anstifte, soll wegen Anstiftung zur Strafvereitelung im Amt (§§ 258a, 26 StGB) zu verurteilen sein. Lediglich die Zumessung der Strafe habe aus dem Strafrahmen der einfachen Strafvereitelung (§ 258 StGB) zu erfolgen. Diese Lösung widerspricht jedoch den Vorstellungen des historischen Gesetzgebers und ist darüber hinaus vor allem deshalb nicht gangbar, weil die Rechtsfolge des § 28 II StGB nur einheitlich bestimmt werden kann.[70] Auf einen Teilnehmer, der ein vom Täter nicht verwirklichtes, strafschärfendes besonderes persönliches Merkmal aufweist, kann der Strafrahmen des Qualifikationstatbestandes nur angewendet wer- 36

[64] Vgl. BGH NJW 2020, 1080 (1082f.).
[65] BGH NStZ 2009, 95.
[66] Vgl. etwa SK-StGB/Hoyer StGB § 28 Rn. 2ff.; Puppe StrafR AT § 27 Rn. 30; Roxin StrafR AT II § 27 Rn. 18; Sánchez-Vera, Pflichtdelikt und Beteiligung, 1999, S. 182 mwN.
[67] Puppe StrafR AT § 27 Rn. 32ff.; Puppe ZStW 120 (2008), 504 (517ff.); Sánchez-Vera, Pflichtdelikt und Beteiligung, 1999, S. 195ff.
[68] Vgl. dazu näher Frister FS Puppe, 2011, 451 (455ff.).
[69] So zuerst Cortes Rosa ZStW 90 (1978), 413ff.; vgl. ferner SK-StGB/Hoyer StGB § 28 Rn. 1ff. und Roxin StrafR AT II § 27 Rn. 19ff., beide mwN.
[70] Vgl. für eine eingehende Kritik Grünwald GS Armin Kaufmann, 1989, 555 (564ff.); Küper FS Jakobs, 2006, 311 (318ff.); Roger GA 2013, 694 (695ff.).

den, wenn er wegen dieses Tatbestandes auch verurteilt wird. Deshalb muss die Rechtsfolge des § 28 II StGB mit der herrschenden Meinung[71] als Tatbestandsverschiebung begriffen werden.

37 Vor allem aber gibt es bei näherer Überlegung gar keinen Anlass, den Regelungsgehalt des § 28 II StGB dem des § 28 I StGB anzunähern. Der vermeintliche Wertungswiderspruch zwischen der halbakzessorischen Behandlung einer die Strafbarkeit begründenden und der nichtakzessorischen Behandlung einer die Strafe schärfenden Amtsträgerstellung löst sich auf, wenn man sich klar macht, dass die Strafmilderung nach § 28 I StGB ein Notbehelf ist, um den bei den echten Amtsdelikten nur im Wege der Teilnahme möglichen und deshalb im Besonderen Teil nicht berücksichtigten Rechtsgutsangriff ohne Pflichtenstellung angemessen zu erfassen (→ § 25 Rn. 32). Bei den unechten Amtsdelikten bedarf es dieses Notbehelfs nicht, weil es hier das angegriffene Rechtsgut schützende Allgemeindelikte gibt, die den Unrechtsgehalt eines solchen Angriffs spezifischer erfassen als die Milderung des Strafrahmens eines Sonderdelikts nach § 49 I StGB. Das Amtsträgermerkmal hat hier nicht die ihm bei den echten Amtsdelikten zukommende Doppelfunktion, sondern konstituiert nur die besondere Pflichtenstellung, die einem Extraneus auch nach § 28 I StGB nicht zugerechnet wird.[72]

38 Der gegen diese nichtakzessorische Behandlung des Amtsträgermerkmals erhobene Einwand, die Verurteilung aus dem Allgemeindelikt lasse die Beteiligung des Extraneus an der aus der Amtspflichtverletzung resultierenden Beeinträchtigung des Vertrauens in die Rechtmäßigkeit der Amtsführung außer Acht und schöpfe damit das von ihm zu verantwortende Unrecht nicht aus,[73] betrifft dementsprechend nicht das Verhältnis zwischen § 28 I und II StGB, sondern die Frage, ob eine Anwendung des § 28 bei den Amtsdelikten generell die richtige Lösung ist. Wer das im Missbrauch der Amtsstellung liegende Unrecht als zusätzliche Rechtsgutsverletzung begreift, muss konsequenterweise dafür plädieren, die Amtsträgereigenschaft insgesamt akzessorisch zu behandeln.[74] Jedoch haben solche Überlegungen allenfalls rechtspolitische Bedeutung. Der Gesetzgeber hat die Amtsträgereigenschaft geradezu als Musterbeispiel für ein besonderes persönliches Merkmal angesehen, sodass diese jedenfalls im geltenden Recht ohne Zweifel nach § 28 StGB zu behandeln ist.[75] Aber auch rechtspolitisch ist dies die richtige Lösung, weil die aus der Amtspflichtverletzung resultierende Beeinträchtigung des Vertrauens in die Rechtmäßigkeit der Amtsführung keine zusätzliche Rechtsgutsverletzung, sondern nur die generalpräventive Kehrseite der höchstpersönlichen Pflichtverletzung ist.[76]

2. Der Begriff des besonderen persönlichen Merkmals

39 Das Gesetz verweist in § 28 I StGB für den Begriff des besonderen persönlichen Merkmals auf § 14 I StGB. Dort werden die besonderen persönlichen Merkmale als besondere persönliche Eigenschaften, Verhältnisse oder Umstände definiert. Damit wird

[71] Vgl. BGH StV 1994, 17; NJW 2010, 3669; Schönke/Schröder/Heine/Weißer StGB § 28 Rn. 27 mwN.

[72] Ähnlich Roger GA 2013, 694 (697) mwN.

[73] Puppe StrafR AT § 27 Rn. 34; Puppe ZStW 120 (2008), 504 (517ff.); Sánchez-Vera, Pflichtdelikt und Beteiligung, 1999, S. 195ff.

[74] Grünwald GS Armin Kaufmann, 1989, 555 (561f.).

[75] Grünwald GS Armin Kaufmann, 1989, 555 (561).

[76] Vgl. dazu näher Frister FS Puppe, 2011, 451 (457ff.).

zwar der Begriff des Merkmals näher erläutert, die entscheidende Frage, welche Merkmale als besondere persönliche zu qualifizieren sind, aber nicht beantwortet. Die Antwort auf diese Frage ist nicht der in einem anderen Zusammenhang stehenden Regelung des § 14 StGB,[77] sondern dem Grundgedanken des § 28 StGB selbst zu entnehmen. Die dort vorgesehene Durchbrechung der Akzessorietät ist nur für Deliktsvoraussetzungen angezeigt, die speziell die Strafwürdigkeit der handelnden Person und nicht die Strafwürdigkeit der Tat insgesamt betreffen. Dementsprechend unterscheiden Rechtsprechung und herrschende Lehre zwischen **täterbezogenen** und **tatbezogenen** persönlichen Merkmalen und sehen nur erstere als besondere Merkmale iSd § 28 StGB an.[78] Diese Unterscheidung wird zwar in der neueren Literatur zum Teil als nichtssagend oder sogar missverständlich kritisiert.[79] Jedoch besteht im Ergebnis weitgehend[80] Einigkeit darüber, dass vor allem[81] besondere Pflichtenstellungen und besondere Beweggründe bzw. Gesinnungen als besondere persönliche Merkmale iSd § 28 StGB anzusehen sind.

a) Besondere Pflichtenstellungen

In einem Deliktstatbestand enthaltene Tätermerkmale sind dementsprechend nur dann besondere persönliche Merkmale iSd § 28 StGB, wenn das tatbestandliche Unrecht des jeweiligen Delikts zumindest auch in der Verletzung einer Sonderpflicht besteht (vgl. dazu bereits → § 25 Rn. 13). Die Rechtsprechung sieht außer der Amtsträgereigenschaft[82] zB die Vermögensbetreuungspflicht bei der Untreue (§ 266 StGB)[83], die Schuldnereigenschaft beim Bankrott (§ 283 StGB)[84] und das Anvertrautsein der Sache bei der veruntreuenden Unterschlagung (§ 246 II StGB)[85] als täterbezogene persönliche Merkmale an. Weitere Beispiele sind die Stellung als Geheimnisträger bei der Verletzung von Privatgeheimnissen (§ 203 I StGB)[86] und die Wahrheitspflicht bei den Aussagedelikten (§§ 153ff. StGB).[87] Dagegen begründet das männliche Geschlecht des Täters beim Exhibitionismus (§ 183 StGB) keine besondere Pflichtenstel- 40

[77] Vgl. zu dieser Regelung eingehend Roxin StrafR AT II § 27 Rn. 84ff.

[78] BGHSt 41, 1; 63, 282 (284f.); BGH NJW 2010, 3669; Schönke/Schröder/Heine/Weißer StGB § 28 Rn. 15ff., jeweils mwN.

[79] Vgl. Puppe StrafR AT § 27 Rn. 22; Roxin StrafR AT II § 27 Rn. 32; Hoyer GA 2012, 123 (127). Bei Roxin (Roxin StrafR AT II § 27 Rn. 34ff.) findet sich auch eine Darstellung der – oft allerdings nur terminologisch – abweichenden Konzeptionen.

[80] Grundsätzlich abweichend Schünemann GA 1986, 336; Schünemann FS Küper, 2007, 561, der alle Tätermerkmale dem § 28 StGB unterfallen lassen will; vgl. dagegen zu Recht Roxin StrafR AT II § 27 Rn. 41ff.

[81] Zum nicht in dieses Schema einzuordnenden Fall der Bandenmitgliedschaft vgl. BGH NStZ 2013, 102 (103); BGH NJW 2020, 1080 (1082).

[82] BGHSt 37, 207 (212).

[83] BGHSt 26, 53 (54); BGH NStZ 2012, 316 (317); NStZ-RR 2008, 6; 2009, 102; wistra 2012, 72; 2015, 156; NK-StGB/Kindhäuser StGB § 266 Rn. 127 mwN; aA Schönke/Schröder/Perron StGB § 266 Rn. 52; Grünwald GS Armin Kaufmann, 1989, 555 (563).

[84] BGHSt 58, 115 (117f.).

[85] BGH StV 1995, 84; NK-StGB/Kindhäuser StGB § 246 Rn. 42; Schönke/Schröder/Bosch StGB § 246 Rn. 29, beide mwN.

[86] NK-StGB/Kargl StGB § 203 Rn. 86; SK-StGB/Hoyer StGB § 203 Rn. 38 und 70, beide mwN; aA Schönke/Schröder/Eisele StGB § 203 Rn. 73; Grünwald GS Armin Kaufmann, 1989, 555 (563).

[87] NK-StGB/Vormbaum StGB § 153 Rn. 111; SK-StGB/Rudolphi StGB Vor § 153 Rn. 9, beide mwN; aA LK-StGB/Ruß StGB Vor § 153 Rn. 7; Schönke/Schröder/Bosch/Schittenhelm StGB Vorb. §§ 153ff. Rn. 42; Grünwald GS Armin Kaufmann, 1989, 555 (563).

lung, sodass § 28 StGB hier keine Anwendung findet.[88] Gleiches gilt für das Merkmal der Verwandtschaft in § 173 StGB.[89]

41 Die Garantenstellung der unechten Unterlassungsdelikte begründet zwar eine höchstpersönliche Pflicht, ist aber – entgegen der wohl herrschenden Lehre[90] und einer Entscheidung des Bundesgerichtshofs[91]– gleichwohl kein besonderes persönliches Merkmal iSd § 28 StGB, weil ein nicht aktiv handelnder Teilnehmer sie ohnehin immer selbst aufweisen muss. Wer es unterlässt, einen Garanten von einem unechten Unterlassungsdelikt abzuhalten, ist ohne eigene Garantenstellung nicht etwa unter Anwendung des § 28 I StGB, sondern überhaupt nicht wegen Beteiligung an dem betreffenden Delikt strafbar. Spiegelbildlich dazu ist für die Anwendung des § 28 I StGB bei der aktiven Beteiligung, dh einer Anstiftung oder psychischen Beihilfe zu einem unechten Unterlassungsdelikt ebenfalls kein Raum. Ein Beteiligter, der handelt, muss nicht zusätzlich eine Garantenstellung haben, damit man ihm den eingetretenen Erfolg zurechnen kann. Deshalb ist deren Fehlen kein Grund, seine Strafe gemäß § 28 I StGB zu mildern.

b) Besondere Beweggründe

42 Auf die tatbestandliche Rechtsgutsverletzung gerichtete Absichten muss der Teilnehmer stets selbst aufweisen, um strafbar zu sein (vgl. dazu → § 28 Rn. 30 und 51). Deshalb sind diese Absichten ebenso wie die Garantenstellung zwar höchstpersönlich, aber gleichwohl keine besonderen persönlichen Merkmale iSd § 28 StGB. Bei sonstigen in einem Deliktstatbestand vorausgesetzten Beweggründen ist danach zu unterscheiden, ob sie – wie die Aneignungsabsicht beim Diebstahl und die Bereicherungsabsicht beim Betrug und anderen Vermögensdelikten – lediglich den Deliktstypus charakterisieren (vgl. dazu → § 8 Rn. 30) oder als besonders verwerfliche oder verständliche Beweggründe für die Strafwürdigkeit des Verhaltens von Bedeutung sind. Soweit lediglich der Deliktstypus gekennzeichnet wird, ist das Fehlen des entsprechenden Merkmals beim Teilnehmer kein Grund, sein Handeln milder zu bewerten. Deshalb werden die betreffenden Absichten von der herrschenden Meinung zu Recht als tatbezogene Merkmale angesehen, auf die § 28 StGB nicht anwendbar ist.[92]

---

[88] Schönke/Schröder/Eisele StGB § 183 Rn. 7 mwN; Puppe StrafR AT § 27 Rn. 28; aA SK-StGB/Wolters StGB § 183 Rn. 9.

[89] BGHSt 39, 326.

[90] SK-StGB/Hoyer StGB § 28 Rn. 35; Roxin StrafR AT II § 27 Rn. 68; Vogler FS Lange, 1976, 265 (279 ff.), jeweils mwN; wie hier dagegen Schönke/Schröder/Heine/Weißer StGB § 28 Rn. 19 mwN; Geppert ZStW 82 (1970), 40 (70). In der Rechtsprechung ist die Frage noch ungeklärt. BGHSt 41, 1 hat zwar die Pflicht aus § 370 I Nr. 2 AO nicht als besonderes persönliches Merkmal angesehen, die Einordnung der Garantenstellungen allgemein aber ausdrücklich dahinstehen lassen.

[91] BGHSt 66, 66 (71 ff.). In dieser Entscheidung ist allerdings bereits die Annahme einer Beihilfe zum Unterlassungsdelikt fragwürdig. Es mag zwar naheliegen, dass die Unterstützung nach einem Unfall vorgenommener Verdeckungshandlungen den Unfallverursacher zugleich in seinem Entschluss bestärkt, die aus der schuldhaften Verursachung des Unfalls resultierende Garantenpflicht zur Rettung der bei dem Unfall verletzten Personen nicht zu erfüllen. Ohne eine entsprechende Feststellung ist eine Person, die selbst keine Garantenstellung hat, im Hinblick auf die unterbliebenen Rettungsmaßnahmen jedoch nur gemäß § 323 c StGB dafür zu verurteilen, dass sie selbst nicht die erforderliche Hilfe geleistet hat.

[92] BGH NJW 2010, 3669; Schönke/Schröder/Heine/Weißer StGB § 28 Rn. 16 und 20 mwN; Roxin StrafR AT II § 27 Rn. 73; Stratenwerth/Kuhlen StrafR AT § 12 Rn. 197; aA SK-StGB/Hoyer StGB § 28 Rn. 29 mwN.

	Besondere persönliche Merkmale			
	Strafbarkeitsbegründend		Strafbarkeitsmodifizierend oder -ausschließend	
	Besondere Pflichtenstellung (z.B. Amtsträgereigenschaft in § 339)	Besondere Beweggründe (z.B. Rücksichtslosigkeit in § 315c I Nr. 2)	Besondere Pflichtenstellung (nur strafschärfend) (z.B. Amtsträgereigenschaft in § 258 a)	Besondere Beweggründe (z.B. Gewerbsmäßigkeit in § 260 I Nr. 1)
Merkmal liegt nur beim Täter vor	Die Strafe des Teilnehmers wird nach § 28 I gemildert.	Die Strafe des Teilnehmers wird nach § 28 I gemildert. --- a. A.: Der Teilnehmer ist nach § 29 straflos.	Der Teilnehmer wird gemäß § 28 II aus dem Allgemeindelikt verurteilt und bestraft. --- a. A.: Der Teilnehmer wird aus dem Sonderdelikt verurteilt, aber gemäß § 28 II aus dem Allgemeindelikt bestraft (vgl. Kap. 25 Rn. 36).	Für die Strafbarkeit des Teilnehmers sind gemäß § 28 II oder nach a. A. gemäß § 29 nur seine eigenen Beweggründe maßgeblich.
Merkmal liegt nur beim Teilnehmer vor	Der vermeintliche „Teilnehmer" ist wegen seiner Sonderpflicht als Täter strafbar (vgl. Kap. 26 Rn. 31 ff.). --- a. A.: Der Teilnehmer ist wegen des Fehlens einer Haupttat straflos.	Der Teilnehmer ist wegen des Fehlens einer Haupttat straflos.	Der vermeintliche „Teilnehmer" ist wegen seiner Sonderpflicht als Täter strafbar (vgl. Kap. 26 Rn. 31 ff.). --- a. A.: Der Teilnehmer ist gemäß § 28 II als Teilnehmer des Sonderdelikts strafbar.	Für die Strafbarkeit des Teilnehmers sind gemäß § 28 II oder nach a. A. gemäß § 29 nur seine eigenen Beweggründe maßgeblich.

Abb. 11: Einschränkung der Akzessorietät durch § 28 StGB

43 Verwerfliche oder verständliche Beweggründe sind dagegen täterbezogen und damit besondere persönliche Merkmale iSd § 28 StGB.[93] Das wichtigste Beispiel sind die Merkmale der ersten und dritten Gruppe des Mordtatbestandes (§ 211 StGB), die – anders als die tatbezogenen Merkmale der zweiten Gruppe – besonders verwerfliche Beweggründe für eine vorsätzliche Tötung beschreiben. Die Durchbrechung der Akzessorietät ist für diese Mordmerkmale allgemein anerkannt; umstritten ist jedoch, ob auf sie § 28 I StGB oder § 28 II StGB anzuwenden ist. Da ohne Mordmerkmale der Tatbestand des Totschlags (§ 212 StGB) eingreift, steht die Literatur zu Recht auf dem Standpunkt, dass die Mordmerkmale die Strafe erhöhen und deshalb auf sie § 28 II StGB anzuwenden sei.[94] Dies führt zu dem sachgerechten Ergebnis, dass es für die Frage, ob der Teilnehmer an einer vorsätzlichen Tötung aus dem Tatbestand des Mordes oder des Totschlags zu bestrafen ist, nur auf seine eigenen Beweggründe und nicht auf die des Täters ankommt.

44 Die Rechtsprechung allerdings begreift mit der Begründung, Mord und Totschlag seien verschiedenartige Tatbestände, die Mordmerkmale als strafbarkeitsbegründend.[95] Sofern nur der Täter aus einem niedrigen Beweggrund gehandelt hat, bestraft sie deshalb auch den Teilnehmer aus dem Mordtatbestand und mildert die Strafe gemäß § 28 I StGB. In dem umgekehrten Fall, dass nur der Teilnehmer aus einem niedrigen Beweggrund gehandelt hat, kann sie den Teilnehmer konsequenterweise lediglich aus dem Tatbestand des Totschlags verurteilen und den in seiner Person vorliegenden niedrigen Beweggrund nur bei der Strafzumessung berücksichtigen.[96] Obwohl auch auf diesem Wege gemäß § 212 II StGB eine lebenslange Freiheitsstrafe verhängt werden kann, ist dies wenig sachgerecht[97] und außerdem noch inkonsequent, weil ohne die Annahme eines Stufenverhältnisses zwischen Mord und Totschlag die Formulierung „ohne Mörder zu sein" in § 212 StGB ebenfalls als strafbarkeitsbegründendes Merkmal begriffen und damit bei niedrigen Beweggründen des Teilnehmers der Strafrahmen des Totschlags sogar noch nach § 28 I StGB gemildert

[93] Vgl. dazu Hoyer GA 2012, 123 (124ff.), der die zu § 235 IV Nr. 2 StGB ergangene gegenteilige Entscheidung (BGHSt 55, 229) zu Recht kritisiert.

[94] Fischer StGB § 211 Rn. 88; Lackner/Kühl/Kühl StGB Vor § 211 Rn. 22; LK-StGB/Rissing-van Saan StGB Vor § 211 Rn. 130ff.; MüKoStGB/Schneider StGB Vor §§ 211ff. Rn. 189f.; Schönke/Schröder/Eser/Sternberg-Lieben StGB Vorb. §§ 211ff. Rn. 5f.; SK-StGB/Sinn StGB § 211 Rn. 2ff., 32ff. und 71ff.; Puppe StrafR AT § 27 Rn. 43ff., alle mwN.

[95] BGHSt 1, 369 (371f.); 50, 1 (5f.) mwN; BGH NStZ 2006, 289 (290); StV 2015, 287; der 5. Senat hatte diese langjährige Rechtsprechung zwischenzeitlich in einem obiter dictum infrage gestellt (BGH NJW 2006, 1008 (1012f.)).

[96] Der 3. Strafsenat des Bundesgerichtshofs scheint neuerdings der Auffassung zu sein, dass in einem solchen Fall gleichwohl wegen Mordes zu verurteilen sei (vgl. das obiter dictum in BGH StV 2015, 287 mit zu Recht kritischer Anm. Dehne-Niemann), erklärt aber nicht, wie dieses Ergebnis mit dem dogmatischen Ausgangspunkt der Rechtsprechung zu vereinbaren sein soll.

[97] In gewisser Weise verständlich wird die Rechtsprechung lediglich vor dem Hintergrund, dass durch die Anwendung des § 28 I StGB eine ohne eigenen niedrigen Beweggrund geleistete Beihilfe zu einer vom Täter aus niedrigen Bewegründen begangenen Tötung als Beihilfe zum Mord gemäß § 78 II, IV StGB nicht der Verjährung unterliegt (vgl. LK-StGB/Greger/Weingarten StGB § 78 Rn. 6 mwN). Dies war und ist zum Teil immer noch insbes. für die Möglichkeit der Ahndung nationalsozialistischer Verbrechen von erheblicher Bedeutung (vgl. zB BGH NJW 1988, 2898 – Ermordung von Ernst Thälmann).

werden müsste.[98] Diese absurde Konsequenz bestätigt, dass der Ausgangspunkt der Rechtsprechung nicht richtig sein kann.[99]

Lektüreempfehlungen: BGHSt 36, 231–235 (Mittäterschaft bei unterschiedlichen Straftatbeständen); BGHSt 41, 1–6 (Begriff des besonderen persönlichen Merkmals); BGHSt 50, 1–11 (Mordmerkmale und § 28 StGB).

98 NK-StGB/Puppe StGB §§ 28, 29 Rn. 29 mwN.
99 Vgl. für eine eingehende Kritik NK-StGB/Puppe StGB §§ 28, 29 Rn. 27 ff.

§ 26. Die Mittäterschaft

A. Die Gemeinschaftlichkeit des Handelns

I. Der verbindende Tatplan („gemeinsamer Tatentschluss")

1 Die für die Mittäterschaft vorausgesetzte Gemeinschaftlichkeit des Handelns (→ § 25 Rn. 15ff.) wird nach geläufiger Vorstellung dadurch begründet, dass alle Beteiligten einen **gemeinsamen Tatentschluss** ausführen. Dies ist im Grundsatz richtig, bedarf jedoch insofern der Präzisierung, als der Entschluss nicht notwendigerweise gemeinsam gefasst sein muss. Vielmehr reicht es aus, dass jeder Beteiligte denselben Plan als Vorgabe für eine gemeinsame Tat akzeptiert und den ihm darin zugedachten Part ausführt.[1] Aus welcher Quelle der Tatplan stammt, ist ohne Bedeutung. So ergibt sich zB in dem Fall des von einem Bandenchef organisierten Raubüberfalls (→ § 25 Rn. 16) die Vorgabe für die gemeinsame Tat nicht aus einer Verabredung zwischen den Beteiligten, sondern aus den Anweisungen des Bandenchefs. Hat ein Bandenmitglied im Erdgeschoss den Nachtwächter niedergeschlagen und das andere im ersten Stock die Juwelen weggenommen, fehlte den beiden uU jeglicher Kontakt zueinander. Weil aber jeder den Plan des Chefs als Vorgabe für eine gemeinsame Tat akzeptiert und den ihm darin zugedachten Part ausgeführt hat, wurde der Schmuck von ihnen gleichwohl gemeinschaftlich mit Gewalt gegen eine Person weggenommen.

2 Eine Mittäterschaft ist dementsprechend ebenso möglich, wenn die Beteiligten – ohne sich persönlich zu kennen[2] – innerhalb größerer Organisationen arbeitsteilig zusammenarbeiten. Dabei wird entgegen verbreiteter Auffassung[3] keine „horizontale" Arbeitsteilung auf einer Hierarchiestufe vorausgesetzt. Auch der Vorgesetzte und sein Untergebener arbeiten bei der Verwirklichung von Projekten arbeitsteilig zusammen und können deshalb, wenn zB durch ein solches Projekt unbefugt giftige Abwässer in den Rhein eingeleitet werden, als Mittäter einer Gewässerverunreinigung (§ 324 I StGB, § 25 II StGB) strafbar sein. Selbst über mehrere Hierarchiestufen ist eine derartige Mittäterschaft möglich, sodass ein die Tat anordnender Unternehmensvorstand und ein sie vor Ort ausführender Techniker durchaus Mittäter einer Gewässerverunreinigung sein können. Zwar wird bei der Anordnung von Handlungen innerhalb größerer hierarchisch strukturierter Organisationen heute zumeist eine mittelbare Täterschaft angenommen (vgl. dazu → § 27 Rn. 38ff.). Jedoch passt die Mittäterschaft auf diese Fälle besser, weil die Beteiligten in hierarchischen Strukturen nicht ohne, sondern mit ihrem Willen als „Werkzeug" der Organisationsspitze agieren.

3 Aufgrund der nicht ganz präzisen Bezeichnung als gemeinsamer Tatentschluss wird der die Tatbeiträge verbindende Tatplan oft als subjektive Voraussetzung der Mittäterschaft bezeichnet[4] und dadurch mit dem Vorsatz gleichgesetzt oder zumindest ver-

---

[1] Vgl. dazu Roxin StrafR AT II § 25 Rn. 192 und eingehend Dencker, Kausalität und Gesamttat, 1996, S. 158ff. Zum Teil wird in der Literatur sogar eine Mittäterschaft für möglich gehalten, wenn ein Beteiligter sich aufgrund eines sog. **Einpassungsentschlusses** ohne Wissen eines anderen an dessen Tat beteiligt (Jakobs StrafR AT Abschn. 21 Rn. 43; dagegen zu Recht Roxin StrafR AT II § 25 Rn. 250f. mwN).

[2] Vgl. RGSt 58, 279.

[3] Roxin StrafR AT II § 25 Rn. 123 mwN.

[4] Vgl. etwa LK-StGB/Schünemann/Greco StGB § 25 Rn. 195; Kühl StrafR AT § 20 Rn. 103f.

mengt.[5] Dies ist schon insofern nicht richtig, als ein gemeinsamer Tatplan als Kommunikationsvorgang für jeden einzelnen Täter außerhalb seiner Psyche liegt und deshalb systematisch ein objektives und kein subjektives Tatbestandsmerkmal ist.[6] Vor allem aber muss sich der gemeinsame Tatplan – anders als der Vorsatz des Einzelnen – nur auf die vorzunehmende Handlung und nicht auf das in Folge dieser Handlung eintretende tatbestandsmäßige Geschehen beziehen.[7] Werfen zB A und B zum gemeinsamen Vergnügen immer abwechselnd unmittelbar hintereinander schwere Steine von einer Autobahnbrücke, so werden ihnen die Würfe des jeweils anderen auch dann objektiv zugerechnet, wenn sie sich die möglichen Folgen dieses Handelns nicht gemeinsam bewusst gemacht haben. Kommt es zu einem tödlichen Verkehrsunfall, so reicht es für die Strafbarkeit wegen eines in Mittäterschaft begangenen Totschlags (§ 212 StGB, § 25 II StGB) und uU sogar Mordes (§ 211 StGB, § 25 II StGB) aus, dass jeder für sich die Möglichkeit einer solch tödlichen Folge erkannt bzw. billigend in Kauf genommen hat.

II. Die Möglichkeit der Verbindung bei den Fahrlässigkeitsdelikten

Da sich der Tatplan nur auf die gemeinschaftliche Handlung selbst beziehen muss 4
(→ § 26 Rn. 3), können die Beteiligten ihn auch dann anerkennen, wenn sie hinsichtlich der weiteren Tatbestandsmerkmale lediglich fahrlässig handeln. Entgegen der Rechtsprechung[8] und der traditionellen Lehre[9] ist deshalb eine fahrlässige Mittäterschaft möglich.[10] So haben A und B in dem soeben geschilderten Fall auch dann einen gemeinsamen Tatplan, wenn sie bei dem Werfen der Steine von der Brücke beide nicht mit dem tödlichen Verkehrsunfall rechneten. Daher sind ihnen die Würfe des jeweils anderen auch in diesem Fall wie eigenes Handeln objektiv zuzurechnen. Unabhängig davon, wer den tödlichen Wurf getätigt hat, sind beide als Mittäter einer fahrlässigen Tötung (§ 222 StGB, § 25 II StGB) zu bestrafen. Denkbar ist weiter, dass von zwei gemeinschaftlich Handelnden der eine ein Vorsatz- und der andere ein Fahrlässigkeitsdelikt begeht. Wenn bei dem gemeinschaftlichen Werfen der Steine auf die Autobahn nur A mit der Möglichkeit eines tödlichen Verkehrsunfalls gerechnet hat und B nicht, so ist A als Mittäter eines Totschlags (§ 212 StGB, § 25 II StGB) und B als Mittäter einer fahrlässigen Tötung (§ 222 StGB, § 25 II StGB) strafbar.

---

[5] Vgl. zu den Folgen für den Fallaufbau → § 26 Rn. 41 ff.

[6] Dazu eingehend Dencker, Kausalität und Gesamttat, 1996, S. 149 ff.; ebenso SK-StGB/Hoyer StGB § 25 Rn. 130.

[7] Vgl. dazu näher Sung-Ryong, Die Analyse des „gemeinschaftlichen Begehens", 2001, S. 252 ff., insbes. S. 262 f. Der BGH scheint dies allerdings in seinem Urteil zum Berliner Raserfall anders zu sehen (BGHSt 63, 88 (97 f.)); vgl. dazu zu Recht kritisch Hörnle NJW 2018, 1576 (1577).

[8] OLG Schleswig NStZ 1982, 116 und implizit auch BGHSt 37, 106 (129 ff.). Dagegen hat das Schweizerische Bundesgericht die Möglichkeit einer fahrlässigen Mittäterschaft anerkannt (BGE IV 1987, 58).

[9] NK-StGB/Schild StGB § 25 Rn. 148; Kraatz, Die fahrlässige Mittäterschaft, 2006, S. 249 ff.; Puppe GA 2004, 129 ff.; Rotsch FS Puppe, 2011, 887 (901 ff.), alle mwN.

[10] Ebenso MüKoStGB/Joecks/Scheinfeld StGB § 25 Rn. 291 ff.; Schönke/Schröder/Heine/Weißer StGB Vorb. §§ 25 ff. Rn. 114 ff.; SK-StGB/Hoyer StGB § 25 Rn. 154; Roxin StrafR AT II § 25 Rn. 239 ff.; Dencker, Kausalität und Gesamttat, 1996, S. 174 ff.; Sung-Ryong, Die Analyse des „gemeinschaftlichen Begehens", 2001, S. 281 ff.; Hoyer FS Puppe, 2011, 515; Renzikowski FS Otto, 2007, 423, alle mwN.

5 Die fahrlässige Mittäterschaft wird vor allem am Beispiel von Gremienentscheidungen intensiv diskutiert.[11] Auslöser dieser Diskussion war das „Lederspray-Urteil" des Bundesgerichtshofs.[12] Bringen die Geschäftsführer eines Unternehmens durch einstimmigen Beschluss ein erkennbar gefährliches Produkt in den Verkehr[13] und schädigen dadurch eine Person an der Gesundheit, so kann – je nachdem, welche Mehrheit für den Beschluss erforderlich war – die Stimmabgabe jedes Einzelnen unter Umständen hinweggedacht werden, ohne dass der Erfolg der Körperverletzung entfiele. Soweit es nicht neben dem Abstimmungsverhalten noch weitere Handlungen als Anknüpfungspunkt für eine Strafbarkeit gibt,[14] bedarf es deshalb der Zusammenfassung der Tatbeiträge zu einer gemeinsamen Handlung, um den Geschäftsführern den eingetretenen Erfolg zuzurechnen (→ § 9 Rn. 13). Durch den gemeinsamen Beschluss setzen sie eine notwendige Bedingung für die Gesundheitsschädigung und sind damit als Mittäter einer fahrlässigen Körperverletzung (§§ 229, 25 II StGB) strafbar.

6 Entgegen in der Literatur vorgetragenen Bedenken[15] ist der in einem Gremium gefasste Beschluss auch dann eine gemeinsame Handlung, wenn die Abstimmung geheim erfolgt und die Beteiligten das Stimmverhalten vorher nicht miteinander abgesprochen hatten. Der Einwand, ohne Absprache des Stimmverhaltens fehle es an einem gemeinsamen Tatentschluss,[16] beruht auf der Vorstellung, die Verbindung von Tatbeiträgen zu einer gemeinsamen Handlung könne nur durch eine Verabredung der Beteiligten erfolgen. Jedoch reicht es – wie dargelegt (→ § 26 Rn. 1) – für eine solche Verbindung aus, dass die Beteiligten denselben Tatplan als Vorgabe für eine gemeinsame Tat akzeptieren und den ihnen darin zugedachten Part ausführen. Dieser Tatplan ergibt sich bei Gremienentscheidungen bereits aus dem zur Abstimmung gestellten Antrag in Verbindung mit der geschriebenen oder ungeschriebenen Geschäftsordnung des Beschlussgremiums.[17] Wer dem Antrag zustimmt,[18] akzeptiert ihn als Vorgabe für die gemeinsame Tat und führt – sofern er nur für die Beschlussfassung selbst zuständig ist – damit zugleich den ihm zugedachten Part aus.

[11] Vgl. dazu eingehend MüKoStGB/Joecks/Scheinfeld StGB § 25 Rn. 248ff. mwN; Dencker, Kausalität und Gesamttat, 1996, S. 179ff.; Knauer, Die Kollegialentscheidung im Strafrecht, 2001, S. 181ff.; Hoyer FS Puppe, 2011, 515 (518ff.); Puppe GA 2004, 129.

[12] BGHSt 37, 16.

[13] In der Lederspray-Entscheidung ging es – weil die Gefährlichkeit des Produkts erst nachträglich erkennbar geworden war – nicht um das Inverkehrbringen, sondern um das Unterlassen einer gebotenen Rückrufaktion, was aber iErg keinen entscheidenden Unterschied macht.

[14] Vgl. dazu Dencker, Kausalität und Gesamttat, 1996, S. 180ff., der zu Recht darauf hinweist, dass ein Beschluss zumeist vorbereitet, uU verkündet und stets noch in die Tat umgesetzt werden muss, und dass all diese Handlungen gleichfalls als Anknüpfungspunkt für eine Strafbarkeit in Betracht kommen.

[15] Vgl. MüKoStGB/Joecks/Scheinfeld StGB § 25 Rn. 256 mwN.

[16] NK-StGB/Puppe StGB Vor §§ 13ff. Rn. 94.

[17] Zurückhaltender Dencker, Kausalität und Gesamttat, 1996, S. 189f.

[18] Wer gegen einen Antrag stimmt oder sich der Stimme enthält, ist dagegen nur dann Mittäter, wenn er in Erfüllung einer besonderen Absprache durch seine Mitwirkung das Zustandekommen des Beschlusses ermöglichen will (so die Konstellation beim Angeklagten Zwickel im Fall Mannesmann – BGH NJW 2006, 522). Die Mitwirkung an der Abstimmung allein reicht zur Begründung der für die Mittäterschaft notwendigen Gemeinsamkeit nicht aus (so aber Dencker, Kausalität und Gesamttat, 1996, S. 182f.; dagegen zu Recht MüKoStGB/Joecks/Scheinfeld StGB § 25 Rn. 254f. mwN; Knauer, Die Kollegialentscheidung im Strafrecht, 2001, S. 206ff.; differenzierend Corell FS Imme Roxin, 2012, 117 (120ff.) mwN).

III. Die Notwendigkeit einer einheitlichen Handlung

Die Mittäterschaft wird dadurch begrenzt, dass das die Tatbeiträge verbindende gemeinsame Vorhaben auf eine einheitliche Handlung gerichtet sein muss.[19] So wirken etwa die verschiedenen Handwerker beim Bau eines Hauses zur Verwirklichung eines gemeinsamen Projekts arbeitsteilig zusammen, ohne dass deshalb der gesamte Bau als eine gemeinschaftliche Handlung zu bewerten wäre. Wenn der Elektriker die Leitungen im Haus fehlerhaft verlegt und es deshalb später zu einem Brand kommt, bei dem ein Hausbewohner getötet wird, ist der Dachdecker oder der Fliesenleger schon objektiv nicht Mittäter einer fahrlässigen Tötung. Das Verlegen der elektrischen Leitungen und der Fliesen sowie das Decken des Daches sind mehrere rechtlich selbstständige Handlungen, für die jeweils nur die an ihnen Beteiligten verantwortlich sind. Dies gilt unabhängig davon, ob der Fehler bereits im Bauplan enthalten war oder auf einen „Exzess" des Elektrikers zurückzuführen ist. Auch wenn der Elektriker sich an den Bauplan gehalten hat, wird sein Handeln dem Dachdecker oder Fliesenleger nicht nach § 25 II StGB objektiv zugerechnet. 7

Die Identität einer gemeinschaftlichen Handlung beurteilt sich nach den gleichen Regeln wie die Identität einer Einzelhandlung, dh eine gemeinschaftliche Handlung liegt immer dann vor, wenn die Beiträge der Beteiligten – sofern sie nur eine Person vorgenommen hätte – als eine Handlung iSd § 52 StGB zu bewerten wären (vgl. dazu → § 30 Rn. 14ff.). Die erforderliche Handlungseinheit besteht in jedem Fall zwischen Vorbereitungs- und Ausführungshandlungen. Sie kann sich ferner bereits daraus ergeben, dass ein Straftatbestand das gemeinsame Vorhaben zu einer Handlung zusammenfasst. Wenn A das Opfer niederschlägt und B ihm die Geldbörse wegnimmt, ist dies genauso eine einheitliche Raubhandlung als wenn beide Teilakte von A oder B allein vorgenommen worden wären. Die Einheitlichkeit kann schließlich daraus resultieren, dass die Beiträge der Beteiligten im sozialen Erleben als einheitliches Tun bewertet werden. Werfen A und B immer abwechselnd unmittelbar hintereinander Steine von der Autobahnbrücke (→ § 26 Rn. 4), so ist dies wiederum ebenso eine einheitliche Handlung, als wenn A oder B die Steine alleine geworfen hätte. 8

Innerhalb einer einheitlichen Handlung werden die jeweiligen Tatbeiträge bei allen durch die gemeinschaftliche Handlung verwirklichten Delikten den Beteiligten wie eigenes Handeln zugerechnet. Ein Beteiligter kann deshalb auch Mittäter eines Delikts sein, das durch einen Teilakt der gemeinschaftlichen Handlung verwirklicht wurde, an dem er selbst gar nicht mitgewirkt hat. Wenn A das Opfer niederschlägt und B ihm die Geldbörse wegnimmt, ist B nicht nur Mittäter eines Raubes (§§ 249, 25 II StGB), sondern auch Mittäter der von A durch das Niederschlagen des Opfers begangenen Körperverletzung (§§ 223, 25 II StGB). Entsprechendes gilt, wenn B zur Wegnahme der Geldbörse die Kleidung oder eine Tasche des Opfers beschädigen musste. In diesem Fall ist A als Mittäter der von B begangenen Sachbeschädigung (§§ 303, 25 II StGB) strafbar. Im Ergebnis sind deshalb bei der gemeinschaftlichen 9

[19] Diese Begrenzung wird in der Literatur bisher kaum (vgl. aber nunmehr Jakobs FS Herzberg, 2008, 395 (405 und 408)) thematisiert. Puppe (GA 2004, 129 (133)) deutet das Problem in ihrer Kritik der fahrlässigen Mittäterschaft an, allerdings ohne zu erkennen, dass die Begrenzung der Mittäterschaft auf das arbeitsteilige Zusammenwirken bei der Begehung einer Tat iSd § 52 StGB für vorsätzliches Handeln ebenso notwendig ist.

Begehung eines Delikts auch die dazu in Tateinheit (§ 52 StGB) stehenden Delikte mittäterschaftlich begangen.

IV. Die Ausgrenzung von Exzesshandlungen

10 Zum Tatplan gehören nur die ausdrücklich oder konkludent[20] vereinbarten Handlungen. Ein in dem verbindenden Tatplan nicht vorgesehener **Exzess** eines Beteiligten ist den anderen nicht als Teil der gemeinschaftlichen Handlung zuzurechnen.[21] Hat in dem Fall des von einem Bandenchef organisierten Raubüberfalls (→ § 25 Rn. 16) das für die Überwältigung des Nachtwächters zuständige Bandenmitglied diesen nicht – wie im Plan vorgesehen – niedergeschlagen und gefesselt, sondern sogleich erstochen, so ist diese Tötung nicht Teil der gemeinschaftlichen Handlung. Die anderen Beteiligten sind entgegen einer verbreiteten Auffassung[22] nicht erst wegen ihres fehlenden Vorsatzes, sondern schon objektiv keine Mittäter des begangenen Totschlags und dürfen damit selbst dann nicht als solche bestraft werden, wenn sie den Exzess als möglich vorhergesehen haben oder ihm sogar zusehen.[23] Handlungen, die außerhalb des verbindenden Tatplans liegen, können den anderen Beteiligten nur unter den Voraussetzungen der mittelbaren Täterschaft (vgl. dazu → § 27 Rn. 1 ff.) zugerechnet werden.

11 Da die Gemeinschaftlichkeit aus dem Handeln zur Erfüllung des verbindenden Tatplans resultiert, ist über das Vorliegen eines Exzesses zwar nach dem objektiven Inhalt des Tatplans, aber auf der Grundlage der Sachverhaltsvorstellung des Handelnden zu entscheiden. Wenn das Bandenmitglied seinem Chef nicht richtig zugehört hatte und deshalb davon ausgegangen war, der Nachtwächter solle erstochen werden, ist dessen Tötung noch immer kein Teil der gemeinschaftlichen Handlung. Anders ist dies jedoch, wenn ein Beteiligter nicht über den Inhalt des verbindenden Tatplans, sondern über die von ihm vorgenommene Handlung irrt. Die fehlerhafte Umsetzung eines tatsächlich existierenden Tatplans ändert nichts an dem gemeinsamen Handlungsziel und hebt deshalb die Gemeinschaftlichkeit des Handelns nicht auf.[24] Schießt zB bei der Flucht vom Tatort ein Beteiligter auf einen Komplizen, den er irrtümlich für einen Verfolger gehalten hat, so handelt er – sofern im verbindenden Tatplan Schüsse auf Verfolger enthalten waren – zur Erfüllung eines tatsächlich existierenden Plans. Deshalb rechnen Rechtsprechung und herrschende Lehre[25] einen solchen **error in persona** den anderen Beteiligten zu Recht als Teil der gemeinschaftlichen Handlung zu.[26]

---

[20] Nach der zum Teil bedenklich weit gehenden Rechtsprechung müssen sich die Beteiligten die Handlungen für eine konkludente Einbeziehung in den Tatplan nicht iE vorgestellt haben. Es reiche aus, wenn mit ihnen nach dem Inhalt des Plans gerechnet werden musste; vgl. dazu BGH NJW 2014, 645; NStZ 2013, 400; 2017, 272 (273), jeweils mwN.

[21] RGSt 44, 321 (323); BGHSt 36, 231 (234); Roxin StrafR AT II § 25 Rn. 194.

[22] Schönke/Schröder/Heine/Weißer StGB § 25 Rn. 100 mwN.

[23] Vgl. zu solchen Fällen BGH NStZ 2012, 379 (380); 2016, 400 (401).

[24] So zutreffend Puppe FS Spinellis, 2001, 915 (937 ff.); anders Roxin StrafR AT II § 25 Rn. 195, beide mwN.

[25] BGHSt 11, 268 (272); BGH NStZ 2019, 511 (512 f.); Schönke/Schröder/Heine/Weißer StGB § 25 Rn. 101 mwN.

[26] Der Getroffene selbst begeht – da nur die Tötung oder Verletzung eines anderen Menschen strafbar ist – natürlich weder einen tauglichen Tötungsversuch noch eine vollendete Körperverletzung, kann aber – sofern er überlebt – wegen eines untauglichen Tötungs- oder Körperverletzungsversuchs strafbar sein (BGHSt 11, 268 (270 f.)).

V. Die sukzessive Mittäterschaft

12 In der Regel ist ein verbindender Tatplan schon bei Beginn der Tat vorhanden. Jedoch kann eine Mittäterschaft nach allgemeiner Auffassung auch dadurch begründet werden, dass jemand einer bereits begonnenen Deliktsausführung beitritt, also zB einem zunächst allein handelnden Einbrecher, der sich vergeblich darum bemüht, die Scheibe eines Juweliergeschäfts zu zertrümmern, zu Hilfe eilt und mit ihm zusammen die Auslage des Geschäfts ausräumt. Heftig umstritten ist allerdings, ob aufgrund eines solchen Beitritts schon verwirklichte Teilhandlungen zugerechnet werden können. Die Frage ist insbesondere für vor dem Beitritt verwirklichte Qualifikationsmerkmale[27] und für teilweise verwirklichte mehraktige Delikte von Bedeutung. Hatte etwa der Einbrecher, dem der andere zu Hilfe eilt, zuvor einen Nachtwächter niedergeschlagen, um die Auslage des Juweliergeschäfts ausräumen zu können, so stellt sich die Frage, ob dem Beitretenden auch die bereits erfolgte Gewaltanwendung objektiv zuzurechnen und er damit nicht nur wegen gemeinschaftlichen Einbruchsdiebstahls (§§ 242, 243 I Nr. 1 StGB, § 25 II StGB), sondern wegen gemeinschaftlichen Raubes (§§ 249, 25 II StGB) zu bestrafen ist.

13 Die Rechtsprechung des Bundesgerichtshofs rechnet bei einem Beitritt zur Deliktsausführung bereits verwirklichtes Teilunrecht grundsätzlich zu. Wer sich in Kenntnis des Geschehenen an einer noch nicht abgeschlossenen strafbaren Handlung[28] beteilige, müsse sich diese insgesamt zurechnen lassen.[29] Die Literatur steht dagegen überwiegend auf dem gegenteiligen Standpunkt. Mindestvoraussetzung jeglicher Zurechnung sei die Kausalität und deshalb könne einem Beteiligten ein bereits vorgenommener Teilakt auch dann nicht zugerechnet werden, wenn er Teil einer einheitlichen Handlung iSd § 52 StGB sei.[30] Dieser Einwand verkennt jedoch, dass die mittäterschaftliche Haftung generell nicht von der Verursachung der fremden Tatbeiträge abhängt (→ § 25 Rn. 16f.). Deren Zurechnung resultiert bereits aus der Gemeinschaftlichkeit der Handlung und deshalb ist es durchaus möglich, auch demjenigen, der diese Gemeinschaftlichkeit erst während der Ausführung der Tat herstellt, die Handlung insgesamt als gemeinschaftliche zuzurechnen.[31]

B. Das erforderliche Maß der Beteiligung

14 Während bei den Fahrlässigkeitsdelikten alle an einer gemeinschaftlichen Handlung in irgendeiner Weise Beteiligten als Mittäter zu bestrafen sind (→ § 25 Rn. 5), setzt die Mittäterschaft bei den Vorsatzdelikten in Abgrenzung zur Teilnahme eine beson-

---

27 Roxin StrafR AT II § 25 Rn. 224f. mwN.

28 Wenn der Tatbestand eines Strafgesetzes im Zeitpunkt des Beitritts bereits vollständig verwirklicht oder bereits alles zu seiner Verwirklichung Erforderliche getan war, scheidet auch nach der Rechtsprechung eine sukzessive Mittäterschaft aus; vgl. etwa BGH NStZ 2016, 524; 2019, 513f.; 2020, 227; NStZ-RR 2014, 73 mwN.

29 Vgl. die grundlegende Entscheidung BGHSt 2, 344, in der die vorherige gegenteilige Rechtsprechung des Reichsgerichts aufgegeben wurde, sowie zB BGH NStZ 2008, 280 (281); 2013, 400 (401); 2016, 211(214f.).

30 Vgl. zur Argumentation iE Jakobs StrafR AT Abschn. 21 Rn. 60; Roxin StrafR AT II § 25 Rn. 227f.; Walter NStZ 2008, 548 (553f.), alle mwN.

31 Vgl. dazu näher Dencker, Kausalität und Gesamttat, 1996, S. 251ff.

dere Form der Beteiligung voraus. Worin diese besondere Form besteht, ist seit langem umstritten. Traditionell stehen sich zwei Auffassungen gegenüber.[32] Nach der im Ausgangspunkt auch heute noch der Rechtsprechung zugrunde liegenden **subjektiven Täterlehre** ist für die Abgrenzung zwischen Täterschaft und Teilnahme in erster Linie die Beteiligung am Tatentschluss maßgeblich. Täter sei, wer die Tat als eigene und Teilnehmer, wer sie lediglich als fremde will. Dagegen kommt es nach der in der Literatur vorherrschenden **Tatherrschaftslehre** in erster Linie auf die Beteiligung an der Tatausführung an. Der Täter unterscheide sich von einem bloßen Teilnehmer dadurch, dass er das zur Deliktsverwirklichung führende Geschehen allein oder – im Falle der Mittäterschaft – gemeinsam mit anderen objektiv beherrsche und nach seinem Willen hemmen oder ablaufen lassen könne.[33]

I. Die subjektive Täterlehre

1. Die Dolustheorie

15 Grundlage der in der Rechtsprechung des Reichsgerichts[34] unter dem Einfluss des Reichsgerichtsrats v. Buri[35] entwickelten subjektiven Täterlehre ist die Überlegung, dass sich innerhalb notwendiger Tatbeiträge nicht zwischen wichtigen und weniger wichtigen Beiträgen unterscheiden lasse. Da auch typische Beihilfehandlungen – wie etwa das Besorgen der Tatwaffe – zur Begehung der gemeinsamen Tat notwendig sind, könne die Abgrenzung zwischen Täterschaft und Teilnahme nicht nach dem Gewicht der Tatbeiträge, sondern nur nach der Willensrichtung der Beteiligten, dh danach vorgenommen werden, ob ein Beteiligter die Entscheidung über die Begehung der gemeinsamen Tat selbst (mit-)treffen oder einem anderen überlassen wolle. Ein Täter entscheide selbst über die Begehung der gemeinsamen Tat und wolle diese damit **„als eigene“.** Ein Teilnehmer hingegen ordne sich dem Willen des Täters unter. Er überlasse ihm die Entscheidung über die Begehung der Tat und wolle diese damit lediglich **„als fremde“.**

16 Nimmt man die subjektive Täterlehre beim Wort, so schließt bereits ein geheimer Vorbehalt, die Tat nur aufgrund der Entscheidung eines anderen zu wollen, den sogenannten **Täterwillen** oder **animus auctoris** aus. Dies dürfte jedoch kaum den eigentlichen Intentionen dieser Lehre entsprechen. Vernünftigerweise muss die geforderte Unterordnung unter den Willen des Täters gegenüber den anderen Beteiligten zumindest erklärt werden, dh sie muss in dem die Grundlage des gemeinschaftlichen Handelns bildenden Tatplan enthalten sein, um bloßen **Teilnehmerwillen** bzw. **ani-**

[32] Daneben gibt es weitere Auffassungen, die sich aber zumindest bisher nicht durchsetzen konnten; vgl. aus neuerer Zeit Stein, Beteiligungsformenlehre, 1988; Heinrich, Rechtsgutszugriff und Entscheidungsträgerschaft, 2002, und Robles Planas GA 2012, 276. Einen Überblick über solch abweichende Ansätze geben Roxin StrafR AT II § 25 Rn. 33 ff. und Sánchez Lázaro GA 2008, 299, beide mwN; zu der in jüngster Zeit stärker werdenden Kritik an der Tatherrschaftslehre vgl. ferner Haas, Die Theorie der Tatherrschaft und ihre Grundlagen, 2008; Marlie, Unrecht und Beteiligung. Zur Kritik des Tatherrschaftsbegriffs, 2009; Rotsch, „Einheitstäterschaft“ statt Tatherrschaft, 2009 sowie Putzke FS Roxin, 2011, 425 (428 ff.).

[33] Roxin StrafR AT II § 25 Rn. 10 ff. mwN.

[34] Vgl. insbes. die grundlegende Entscheidung RGSt 3, 181.

[35] Vgl. v. Buri, Zur Lehre von der Teilnahme, 1860; Buri GA 1869, 233; 1869, 305; Buri GS 22 (1870), 1 (23 f.); 45 (1891), 1 (35 ff.); Buri, Die Kausalität und ihre strafrechtlichen Beziehungen, 1885, S. 38 ff.

mus socii zu begründen. Eine in dieser Weise gedeutete „subjektive Täterlehre" ist straftatsystematisch betrachtet allerdings ebenso wenig eine subjektive Theorie wie der „gemeinsame Tatentschluss" ein subjektives Tatbestandsmerkmal ist. Sie unterscheidet Täterschaft und Teilnahme nicht nach der Willensrichtung des einzelnen Beteiligten, sondern nach dem Inhalt des die Tatbeiträge verbindenden Tatplans. Als Täter sieht sie denjenigen an, der nach dem – zum objektiven Tatbestand gehörenden (→ § 26 Rn. 3) – gemeinsamen Tatplan die Entscheidung über die Begehung der Tat (mit-)treffen soll.

17 Besteht zB innerhalb einer Einbrecherbande Einigkeit darüber, dass der Chef allein über die zu begehenden Straftaten entscheidet, so ist er nach der subjektiven Täterlehre unzweifelhaft Täter aller von ihm angeordneten Straftaten. Die Ausführenden dagegen treffen zwar insofern die letzte Entscheidung über die Begehung der Taten, als sie deren Ausführung auch unterlassen können. Aber auf die faktische Entscheidungsmöglichkeit kommt es nach dieser Täterlehre nicht an.[36] Entscheidend ist vielmehr die in dem verbindenden Tatplan vorgesehene Entscheidungszuständigkeit und diese liegt in dem genannten Beispiel allein bei dem Bandenchef. Solange die anderen Bandenmitglieder seine Autorität anerkennen, überlassen sie ihm die Entscheidung über die Begehung der infrage stehenden Tat und wären damit nach der vom Reichsgericht ursprünglich entwickelten Variante der subjektiven Täterlehre (sog. **Dolustheorie**) selbst dann nur als Teilnehmer strafbar, wenn sie wegen der Beteiligung an der Tatbeute ein starkes eigenes Interesse an der Begehung der Taten hatten.

2. Die Interessentheorie und die heutige Rechtsprechung

18 In dieser radikalen Form ist die subjektive Täterlehre jedoch selbst in der Rechtsprechung des Reichsgerichts nicht praktiziert worden. Es hat zwar entschieden, dass die eigenhändige Tatausführung allein noch keine Täterschaft begründe.[37] Zugleich hat es aber das eigene Interesse am Taterfolg als maßgebliches „Indiz" für den Täterwillen anerkannt[38] (sog. **Interessentheorie**). Damit konnten auch Beteiligte als Täter verurteilt werden, die – wie die Bandenmitglieder in dem genannten Beispielsfall – die Entscheidung über die Begehung der Tat einem anderen überlassen haben. Der Bundesgerichtshof hat diese Rechtsprechung des Reichsgerichts fortgeführt[39] und dadurch ergänzt, dass er neben dem eigenen Interesse am Taterfolg auch „den Umfang der Tatbeteiligung, die Tatherrschaft und den Willen zur Tatherrschaft" als Indizien für den Täterwillen angesehen hat.[40] Als Ergebnis dieser Entwicklung nimmt die Rechtsprechung heute bei einer eigenhändigen Tatausführung in aller Regel Täterschaft an. Lediglich in „extremen Ausnahmefällen" will der Bundesgerichtshof noch eine Abweichung von dieser Regel in Betracht ziehen.[41]

[36] Das Kriterium der Willensunterordnung ist damit gerade kein bloßes Abbild der objektiven Tatherrschaft. Deshalb lässt sich die Dolustheorie – entgegen Roxin StrafR AT II § 25 Rn. 20 – auch schwerlich als „Vorläufer" oder „eine Art subjektive Variante der Tatherrschaftslehre" deuten.

[37] Vgl. insbes. die berühmte „Badewannenentscheidung" RGSt 74, 84 mwN.

[38] Ebenso schon v. Buri, Zur Lehre von der Teilnahme, 1860, S. 4ff.

[39] Vgl. insbes. die historisch interessante „Staschynskij-Entscheidung" BGHSt 18, 87.

[40] BGHSt 38, 315 (319); BGH NJW 2021, 2896 (2899), NStZ 2018, 144 (145); StV 2013, 387, jeweils mwN.

[41] BGHSt 38, 315 (316).

19 In der Sache ist damit von der subjektiven Täterlehre des Reichsgerichts nur wenig übrig geblieben. Die Rechtsprechung hält zwar an den Begriffen Täter- und Teilnehmerwillen nach wie vor fest, benutzt diese Begriffe aber nicht mehr in dem ursprünglich gemeinten Sinne, sondern als Etikett für eine wertende Gesamtbetrachtung heterogener Gesichtspunkte (sog. **Kombinationstheorie**). Dabei hat sie sich der Tatherrschaftslehre insofern angenähert, als sie – allerdings unter dem Vorbehalt des „extremen Ausnahmefalls“[42] – die eigenhändige Tatausführung als ein (nahezu) zwingendes Indiz für die Täterschaft ansieht. Im Übrigen vermeidet sie aber genauere Festlegungen. Insbesondere gibt sie für die im Rahmen der Gesamtbetrachtung zu bewertenden Kriterien „Interesse am Taterfolg“, „Umfang der Tatbeteiligung“, „Tatherrschaft“ und „Wille zur Tatherrschaft“ keine feste Rangfolge an,[43] sodass bei einer nicht eigenhändigen Tatausführung fast immer die Möglichkeit besteht, durch Betonen des einen oder anderen Gesichtspunkts sowohl eine Täterschaft als auch eine Teilnahme zu begründen. In einem auf Gleichbehandlung und Berechenbarkeit ausgerichteten Strafrecht ist dies ein wenig befriedigender Zustand.[44]

II. Die Tatherrschaftslehre

20 Die in der Literatur vorherrschende Tatherrschaftslehre ist nach Vorarbeiten verschiedener Autoren[45] von Claus Roxin in seiner Monografie „Täterschaft und Tatherrschaft“[46] näher ausgearbeitet und begründet worden. Sie wendet sich gegen die von der subjektiven Theorie behauptete Unmöglichkeit einer objektiven Gewichtung der Tatbeiträge und will die Abgrenzung zwischen Täterschaft und Teilnahme nicht nach der Willensrichtung, sondern danach vornehmen, ob ein Beteiligter die Tatausführung objektiv beherrscht oder nicht. Allerdings gibt es über die Konkretisierung des Begriffs der Tatherrschaft erhebliche Meinungsverschiedenheiten. Einig ist man sich im Grunde nur darüber, dass eine eigenhändige Ausführung der Tat die Tatherrschaft begründet und dementsprechend jeder, der bei einer auf mehrere Personen verteilten Tatausführung einen Teil der Ausführungshandlung eigenhändig vornimmt, also zB bei einem gemeinschaftlich ausgeführten Raub selbst die Gewalt anwendet oder die Sache wegnimmt, wegen seiner **„funktionellen Tatherrschaft“** als Mittäter anzusehen ist.[47]

21 Jenseits der eigenhändigen Tatausführung will Roxin selbst danach differenzieren, zu welchem Zeitpunkt der Tatbeitrag geleistet wird. Wer sich lediglich im Vorbereitungsstadium der gemeinsamen Tat beteilige, beherrsche deren Ausführung objektiv nicht

[42] Vgl. zur Bedeutung dieses Vorbehalts in der Rechtsprechung die Analyse von Hillenkamp FS Schünemann, 2015, 407 (408 ff.), der selbst iErg dessen Beibehaltung empfiehlt.

[43] Vgl. dazu zuletzt BGH NStZ 2020, 22, wo die Einschätzung, dass die Rechtsprechung des Senats in jüngster Zeit für die Mittäterschaft stets ein gewisses Maß an Tatherrschaft verlange (Schlösser NStZ 2018, 651 unter Berufung auf BGH NStZ 2018, 650 mwN), explizit zurückgewiesen wird.

[44] Vgl. für eine eingehende Kritik Roxin StrafR AT II § 25 Rn. 25 mwN.

[45] Gallas, Materialien zur Strafrechtsreform, Bd. 1, 1954, S. 121, 127 f. und 132 ff.; Lobe, Einführung in den Allgemeinen Teil des Strafrechts, 1933, S. 122 f.; Welzel ZStW 58 (1939), 491 (539 ff.); einen umfassenden Überblick über die verschiedenen Ausprägungen der Tatherrschaftslehre gibt Schild, Tatherrschaftslehren, (2009).

[46] Das erstmals 1963 erschienene Werk liegt inzwischen in der 11. Aufl. aus dem Jahr 2022 vor.

[47] Vgl. Roxin StrafR AT II § 25 Rn. 211 mwN.

und könne deshalb nicht als Mittäter bestraft werden.[48] Dies gelte selbst dann, wenn er als unumstrittener Bandenchef die Tat allein geplant und angeordnet hat. Denn solange er nicht im Ausführungsstadium (uU per Funk oder Handy) noch Einfluss nimmt, liege es allein bei den Ausführenden, ob sie im Ergebnis die Tat begehen oder nicht. Ein nach Versuchsbeginn erbrachter Tatbeitrag könne dagegen auch dann Mittäterschaft begründen, wenn er nicht in der Ausführung der Tat selbst besteht. Wer bei einer Straftat „Schmiere stehe", sei Mittäter, wenn ein solcher Posten aus der ex-ante-Sicht für deren Begehung wichtig erschien. Dagegen sei bei bloßen anfeuernden Reden oder nebensächlichen Sachbeiträgen wie etwa einem Schmiere Stehen in Fällen, in denen ohnehin nicht ernsthaft mit Störungen zu rechnen war, mangels eines erheblichen Tatbeitrags lediglich eine Beihilfe anzunehmen.[49]

Diese strikte Begrenzung der Mittäterschaft auf die Mitwirkung im Ausführungssta- 22
dium hat sich jedoch nicht durchsetzen können. Die überwiegende Auffassung begreift die Tatherrschaft nicht als Teilhabe an der letztendlichen Entscheidung über die Begehung der Tat, sondern als Synonym für einen besonders wesentlichen Tatbeitrag. Dementsprechend steht sie – mit im Einzelnen unterschiedlichen Begründungen – auf dem Standpunkt, dass auch eine Mitwirkung im Vorbereitungsstadium Tatherrschaft begründen kann.[50] Entscheidend sei nicht, zu welchem Zeitpunkt ein Tatbeitrag geleistet werde, sondern welche Bedeutung er für die Ausführung der Tat habe. Insbesondere die Planung und Organisation einer Tat werde nicht angemessen bewertet, wenn man für die Mittäterschaft eine Mitwirkung im Ausführungsstadium verlange. Der Organisator einer gemeinsamen Tat zeichne das Verhalten der Beteiligten im Ausführungsstadium vor und gestalte die einzelnen Rollen. Sein „Beteiligungsminus" bei der realen Tatausführung werde durch das „Plus" der mitgestaltenden Deliktsplanung ausgeglichen.[51] Er sei daher auch dann Mittäter, wenn er sich an der Ausführung selbst nicht beteiligt hat.

Roxin hält dem entgegen, eine Unterscheidung zwischen für die Ausführung der Tat 23
bedeutsamen und weniger bedeutsamen Vorbereitungshandlungen sei nicht durchführbar. Der Beitrag eines Anstifters oder Gehilfen wirke – weil er für die Tat kausal sein müsse – definitionsgemäß im Ausführungsstadium gleichermaßen fort, und verschiedene Grade der Fortwirkung ließen sich nicht unterscheiden.[52] In der Tat ist eine abstrakte Grenzziehung zwischen besonders wichtigen und weniger wichtigen Vorbereitungshandlungen nicht möglich. Aber dies gilt für die Abgrenzung zwischen erheblichen und weniger erheblichen Tatbeiträgen im Ausführungsstadium in gleicher Weise. Eine Teilhabe an der letztendlichen Entscheidung über die Begehung der Tat hat nur, wer zumindest einen Teil der Ausführungshandlung selbst vornimmt.[53]

[48] Roxin StrafR AT II § 25 Rn. 198ff.; vgl. auch Köhler StrafR AT S. 518f.; Herzberg JZ 1991, 859; Puppe GA 2013, 514 (522ff.); Rudolphi FS Bockelmann, 1979, 369 (372ff.).

[49] Roxin StrafR AT II § 25 Rn. 211f.

[50] Schönke/Schröder/Heine/Weißer StGB § 25 Rn. 67; Jakobs StrafR AT Abschn. 21 Rn. 47ff.; Kühl StrafR AT § 20 Rn. 111; Stratenwerth/Kuhlen StrafR AT § 12 Rn. 94; WBS StrafR AT Rn. 822f.; eingehend Dencker, Kausalität und Gesamttat, 1996, S. 200ff., alle mwN.

[51] WBS StrafR AT Rn. 822.

[52] Roxin StrafR AT II § 25 Rn. 26. Dieser Einwand ist iÜ nur eine andere Formulierung der Grundannahme der subjektiven Theorie, innerhalb notwendiger Tatbeiträge könne nicht zwischen mehr oder weniger wichtigen unterschieden werden. Diese Annahme ist also nicht so „methodologisch überholt", wie Roxin an anderer Stelle (StrafR AT II § 25 Rn. 21) annimmt.

[53] So zutreffend Jakobs StrafR AT Abschn. 21 Rn. 48; ähnlich Haas ZStW 119 (2007), 519 (533f.).

Schon jenseits der eigenhändigen Tatausführung kann eine vom Willen der Beteiligten unabhängige Tatherrschaft nur als eine andere Bezeichnung für einen besonders wesentlichen Tatbeitrag verstanden und deshalb allenfalls durch eine „ganzheitliche" Gewichtung des jeweiligen Tatbeitrags festgestellt bzw. zuerkannt werden.[54]

24 Im Ergebnis sind damit die Unterschiede zwischen der Auffassung der Rechtsprechung und der herrschenden Lehre weniger groß, als es auf den ersten Blick den Anschein hat. Abgesehen von dem Vorbehalt der Rechtsprechung, in Ausnahmefällen selbst bei einer eigenhändigen Tatausführung nur eine Teilnahme anzunehmen,[55] besteht der Unterschied im Wesentlichen darin, dass die Tatherrschaftslehre dem Interesse am Taterfolg für die Abgrenzung von Täterschaft und Teilnahme keine Bedeutung beimisst. Die Rechtsprechung kann auch bei objektiv eher unerheblichen Tatbeiträgen unter Berufung auf das Interesse am Taterfolg eine Mittäterschaft annehmen und hat von dieser Möglichkeit verschiedentlich Gebrauch gemacht.[56] Dies ist der Tatherrschaftslehre nicht möglich, sodass sie ein etwas höheres Maß an Berechenbarkeit bietet als die Auffassung der Rechtsprechung. Aber auch nach der derzeitigen Fassung der Tatherrschaftslehre bleibt die Abgrenzung zwischen Mittäterschaft und Teilnahme insofern unbefriedigend, als die vorzunehmende „ganzheitliche" Gewichtung des infrage stehenden Tatbeitrags nicht objektivierbar ist.

III. Tatherrschaft aufgrund interner Entscheidungszuständigkeit

25 Eine solch ganzheitliche Gewichtung lässt sich vermeiden, wenn man den über die eigenhändige Tatausführung hinausgehenden Bereich der Tatherrschaft durch eine gedankliche Anleihe bei einer richtig verstandenen Dolustheorie, dh anhand der im gemeinsamen Tatplan vorgesehenen **Entscheidungszuständigkeit** bestimmt (→ § 26 Rn. 17). Die extern von den Ausführenden getroffene Entscheidung über die Begehung der Tat kann durch den gemeinsamen Tatplan intern anderen Beteiligten zugewiesen sein. Eine solch interne Entscheidungsbefugnis ist zwar rechtlich in keiner Weise verbindlich und entlastet deshalb die Ausführenden nicht von ihrer Verantwortung.[57] Aber sie gibt gleichwohl denjenigen, die intern die Entscheidung treffen, einen maßgeblichen Einfluss auf die Tat. Deshalb ist es sachgerecht, neben der Beteiligung an der Tatausführung auch eine Beteiligung an der internen Entscheidung über die Begehung der Tat für die Mittäterschaft ausreichen zu lassen. Wer die Tat nicht selbst ausführt, ist unabhängig von dem Gewicht seines Tatbeitrages Mittäter, wenn er nach dem gemeinsamen Tatplan mit über die Begehung der Tat zu entscheiden hat.

26 Ob ein Beteiligter, der lediglich einen nicht in der Ausführung der Tat selbst bestehenden Tatbeitrag leistet, als Mittäter oder nur als Gehilfe zu bestrafen ist, hängt damit nicht von dem Gewicht dieses Tatbeitrags, sondern von der Mitwirkung des Betreffenden bei der Entscheidung über die Begehung der gemeinsamen Tat ab. Ein unumstrit-

[54] So zu Recht Schmidhäuser FS Stree/Wessels, 1993, 343 (354ff.), der selbst explizit für eine solch ganzheitliche Abgrenzung von Täterschaft und Teilnahme plädiert (Schmidhäuser StrafR AT § 14 Rn. 156ff.); ihm zustimmend Köhler StrafR AT S. 499.

[55] Historisch hat dieser Vorbehalt insbes. bei der Ahndung nationalsozialistischer Verbrechen eine erhebliche Rolle gespielt; vgl. dazu Freudiger, Die juristische Aufarbeitung von NS-Verbrechen, 2002, S. 151ff. mwN.

[56] Vgl. dazu zu Recht krit. Roxin StrafR AT II § 25 Rn. 216ff. mwN.

[57] Insoweit treffend die Kritik der Dolustheorie bei Jakobs StrafR AT Abschn. 21 Rn. 28.

tener Bandenchef, der für sich selbst den vergleichsweise ungefährlichen Part des Schmiere Stehens reserviert, ist aufgrund seiner alleinigen internen Entscheidungsbefugnis Mittäter, selbst wenn das Schmiere Stehen im konkreten Fall völlig unbedeutend ist. Gleiches gilt für das Mitglied eines Einbrechertrios, das zwar nicht allein, aber gleichberechtigt mit seinen die Tat ausführenden Kompagnons über deren Begehung entscheidet. Wer dagegen Schmiere steht, ohne nach dem gemeinsamen Tatplan zumindest ein Mitspracherecht bezüglich der Begehung der Tat zu haben, führt die Tat weder selbst aus noch wirkt er bei der Entscheidung über deren Begehung mit. Er leistet deshalb auch dann nur Beihilfe, wenn das Schmiere Stehen im konkreten Fall für die Begehung der Tat von erheblicher Bedeutung war.

Mitwirkungshandlungen im Vorbereitungsstadium sind ebenso zu beurteilen. Der un- 27
umstrittene Bandenchef, auf dessen Anweisung hin eine Straftat begangen wird, ist allein aufgrund seiner intern maßgeblichen Entscheidung als Mittäter zu bestrafen. Ob er die Durchführung der Tat selbst im Detail bestimmt oder dies ebenfalls einem darauf spezialisierten anderen Bandenmitglied überlassen hat, ist für die Mittäterschaft ohne Bedeutung. Gleiches gilt für den Geschäftsführer eines Unternehmens, der seine Mitarbeiter zur Begehung einer Umweltstraftat angewiesen hat. Dagegen begründet selbst eine die Ausführung bis in das kleinste Detail vorgebende Planung keine Mittäterschaft, wenn der Planende die Entscheidung über die Begehung der Tat den anderen Beteiligten überlässt. Wer sich als Logistik-Spezialist darauf beschränkt, detaillierte Pläne für die Begehung von Einbruchdiebstählen auszuarbeiten, leistet nur Beihilfe, selbst wenn ohne seine Pläne die Begehung der Taten gar nicht denkbar wäre. Seine Beteiligungshandlung ist nicht anders zu bewerten als das Besorgen eines speziellen Werkzeugs, ohne das die Taten möglicherweise genauso wenig begangen werden können.

Bei Straftaten, die – wie die Untaten des Nationalsozialismus oder anderes staatlich 28
veranlasstes Unrecht – über mehrere Hierarchiestufen hinweg angeordnet werden, liegt die erforderliche Beteiligung an der internen Entscheidung bereits darin, dass ein anderer zur Begehung der Tat angewiesen wird. Ob dies auf Anweisung einer höheren Stelle geschieht, hat – entgegen der bei der Aburteilung nationalsozialistischer Straftaten aufgetretenen Tendenz der Rechtsprechung, in solchen Fällen lediglich Beihilfe anzunehmen[58] – für die Abgrenzung von Täterschaft und Teilnahme keine Bedeutung. Ein solch höherer Befehl nimmt dem Befehlsgeber ebenso wenig seine Tätereigenschaft wie die Ausführenden durch seinen Befehl zu Gehilfen werden. Voraussetzung für die Mittäterschaft in solchen Fällen ist allerdings, dass der betreffende Beteiligte tatsächlich über eine eigene Befehlsgewalt verfügt. Die bloße Übermittlung der Anweisung eines anderen begründet keine Mittäterschaft. Ein Bote, der einem Soldaten lediglich den Befehl seines Vorgesetzten zur Begehung eines Kriegsverbrechens überbringt, beteiligt sich dadurch noch nicht an der Entscheidung über die Begehung dieser Tat. Er ist deshalb nicht als Mittäter, sondern nur – wenn er den Inhalt des Befehls kennt – wegen Beihilfe zu der begangenen Tat strafbar.

Im Ergebnis ist damit ohne Rückgriff auf eine nicht objektivierbare ganzheitliche Be- 29
trachtung eine sachgerechte Abgrenzung von Mittäterschaft und Teilnahme möglich. Das Bedürfnis, die Mittäterschaft über den Bereich der eigenhändigen Tatausführung hinaus auszudehnen, resultiert daraus, dass die Entscheidung über die Begehung der Tat

[58] Vgl. dazu Freudiger, Die juristische Aufarbeitung von NS-Verbrechen, 2002, S. 151 ff. mwN.

intern nicht von den Ausführenden selbst stammen muss, sondern von anderen Beteiligten getroffen worden sein kann. Deshalb lassen sich mit der aus dem gemeinsamen Tatplan resultierenden Entscheidungszuständigkeit die Fälle erfassen, in denen eine Ausdehnung der Mittäterschaft über die eigenhändige Tatausführung hinaus geboten ist. Die Anwendung dieses Abgrenzungskriteriums scheitert nicht etwa daran, dass der gemeinsame Tatplan nicht in allen Fällen eine Regelung der internen Entscheidungszuständigkeit enthält. Wenn es eine solche – auch konkludent mögliche – Regelung nicht gibt, entspricht die interne Entscheidungszuständigkeit der externen, dh es sind allein die Ausführenden als Mittäter strafbar. Auch dies ist sachgerecht, weil dann die anderen Beteiligten ihnen die Entscheidung über die Begehung der Tat überlassen haben.

30 Schließlich ergibt sich aus dem Kriterium der Beteiligung an der internen Entscheidung auch eine klare Lösung für den sehr umstrittenen Fall, dass ein Beteiligter den gemeinsamen Tatplan aufkündigt,[59] also zB kurz vor der Ausführung eines von ihm mitgeplanten und beschlossenen Banküberfalls den anderen Beteiligten erklärt, der Überfall sei zu gefährlich und solle deshalb doch nicht durchgeführt werden. Wenn die Tat nach einer solchen Erklärung von den anderen allein ausgeführt wird, beruht sie nicht mehr auf der internen Entscheidung desjenigen, der von ihr Abstand genommen hat. Seine Beteiligung erschöpft sich in den vor der Aufkündigung des gemeinsamen Tatentschlusses bereits erbrachten vorbereitenden Beiträgen. Da diese Beiträge ohne interne Entscheidungszuständigkeit keine Mittäterschaft begründen (→ § 26 Rn. 27), ist der Betreffende – entgegen der auch hier mit einer wertenden Gesamtbetrachtung operierenden Rechtsprechung[60] – stets nur als Teilnehmer zu bestrafen.[61] Dies gilt allerdings nur, wenn die Sinnesänderung den anderen Beteiligten gegenüber erklärt worden ist. Eine bloße innere Distanzierung hebt die Bedeutung der zuvor getroffenen Entscheidung für die Ausführenden nicht auf. Sie steht deshalb der Mittäterschaft nicht entgegen.[62]

IV. Mittäterschaft aufgrund von normativer Entscheidungszuständigkeit

31 Nach einer von Roxin begründeten, heute weit verbreiteten Auffassung[63] sind die Anforderungen an den die (Mit-)Täterschaft begründenden Tatbeitrag zu modifizieren, wenn durch die gemeinschaftliche Handlung ein nur von einem bestimmten Personenkreis zu begehendes Sonderdelikt verwirklicht wird. Bei Sonderdelikten umschreibe das Gesetz das deliktstypische Verhalten nicht als eine bestimmte Handlung, sondern als Verletzung einer bestimmten Pflicht. So werde bei dem Treubruchtatbestand des § 266 I Var. 2 StGB die Zufügung eines Vermögensschadens durch Verletzung der Pflicht zur Wahrnehmung fremder Vermögensinteressen unter Strafe gestellt. Diese Pflichtverletzung könne „durch vielfältig verschiedenes Handeln oder auch

[59] Vgl. zu dieser Fallkonstellation eingehend Eisele ZStW 112 (2000), 745; Roxin FS Frisch, 2013, 613, beide mwN.

[60] Vgl. BGHSt 28, 346 (348f.); 37, 289 (293); BGH NStZ 1999, 449 (450); 2019, 514 (515f.).

[61] Im Ergebnis ebenso Graul GS Meurer, 2002, 89 (97ff.); Herzberg JZ 1991, 856; Puppe NStZ 1991, 571; Roxin JR 1991, 206; Stein StV 1993, 411; differenzierend Eisele ZStW 112 (2000), 745 (760ff.).

[62] Insoweit zutreffend BGHSt 37, 289 (293); BGH NStZ 2012, 508; aA Eisele ZStW 112 (2000), 745 (761ff.) mwN und Puppe NStZ 1991, 571 (572f.).

[63] Vgl. MüKoStGB/Joecks/Scheinfeld StGB § 25 Rn. 53; Schönke/Schröder/Heine/Weißer StGB Vorb. §§ 25ff. Rn. 82f.; Jakobs StrafR AT Abschn. 21 Rn. 116ff.; Roxin StrafR AT II § 25 Rn. 267ff.; Roxin FS Schünemann, 2015, 509; Pariona FS Roxin, 2011, 853 (856ff.), alle mwN; ablehnend SK-StGB/Hoyer StGB § 25 Rn. 21ff. mwN.

durch Unterlassen erfolgen", ohne dass dies für die Tatbestandsverwirklichung von Bedeutung wäre.[64] Bei derartigen **Pflichtdelikten** komme es nicht darauf an, wer die Tatausführung beherrscht. Die Verletzung der im Tatbestand beschriebenen Pflicht sei nicht nur eine notwendige (vgl. dazu bereits → § 25 Rn. 19), sondern zugleich eine hinreichende Bedingung der Täterschaft, sodass der Pflichtige unabhängig von der Art und dem Ausmaß seiner Beteiligungshandlung stets als Täter zu bestrafen sei.

Dies ist im Ergebnis richtig. Jedoch trifft die dargestellte Argumentation insofern nicht ganz den Kern, als jedes Erfolgsdelikt durch „vielfältig verschiedenes Handeln" begangen werden kann, ohne dass man daraus den Schluss ziehen würde, es komme nicht darauf an, ob ein Beteiligter die Tatausführung beherrscht oder nicht. Die Besonderheit der Pflichtdelikte ist nicht die fehlende Umschreibung einer bestimmten Tathandlung, sondern die Gleichsetzung von Handeln und Unterlassen. Der Verzicht auf das Erfordernis der Tatherrschaft rechtfertigt sich aus der Tatsache, dass der Pflichtige nicht nur Verletzungen des tatbestandlichen Rechtsguts zu unterlassen, sondern dieses Rechtsgut auch vor Beeinträchtigungen zu schützen hat.[65] Aufgrund dieser Garantenpflicht kommt es bei den Pflichtdelikten nicht darauf an, dass er extern oder intern die Entscheidung über die Begehung der Tat trifft. Wer ein Rechtsgut zu schützen hat, wird nicht dadurch entlastet, dass er die Entscheidung über dessen Verletzung anderen überlässt. Bei einer aktiven Beteiligung an der Rechtsgutsverletzung ist er deshalb niemals als Gehilfe, sondern stets als Begehungstäter[66] zu bestrafen. 32

Der Verzicht auf das Erfordernis der Tatherrschaft bei den Sonderdelikten ist damit nur die Konsequenz eines allgemeinen Grundsatzes, der bei allen Delikten Geltung beansprucht. Auch bei den Allgemeindelikten ist ein Garant, der sich aktiv an der Verletzung des von ihm zu schützenden Rechtsguts beteiligt, unabhängig von der Art und dem Ausmaß seiner Beteiligungshandlung nicht als Gehilfe, sondern als Begehungstäter zu bestrafen.[67] Dies gilt unabhängig davon, ob es sich um einen Beschützer- oder um einen Überwachergaranten handelt.[68] Ein Vater, der die Pistole zur Tötung seines eigenen Sohnes besorgt, ist ebenso als Mittäter eines Totschlags oder Mordes (§§ 212, 211, 25 II StGB) strafbar wie ein Wohnungseigentümer, der bei der Lockerung eines Kronleuchters behilflich ist, der in seiner Wohnung einen Gast erschlagen soll. Erforderlich ist lediglich, dass die Garantenpflicht von der Beteiligung an der Tat unabhängig ist. Wenn A dem B die Pistole für einen Mord besorgt, ist er nicht schon deshalb Mittäter, weil sich aus dieser Beteiligungshandlung selbst uU eine Garantenstellung aus Ingerenz ergibt.[69] 33

---

[64] Roxin StrafR AT II § 25 Rn. 271.

[65] So zutreffend MüKoStGB/Joecks/Scheinfeld StGB § 25 Rn. 53f.; Schönke/Schröder/Heine/Weißer StGB Vorb. §§ 25ff. Rn. 83.

[66] Für eine bloße Unterlassungstäterschaft dagegen Schmidhäuser StrafR AT § 14 Rn. 51; Herzberg, Täterschaft und Teilnahme, 1977, S. 83f.; wohl auch LPK-StGB StGB § 25 Rn. 20.

[67] So zutreffend Jakobs StrafR AT Abschn. 21 Rn. 116; ebenso nunmehr Roxin FS Schünemann, 2015, 509 (524f.).

[68] So zutreffend Roxin FS Schünemann, 2015, 509 (525ff.); anders Jakobs StrafR AT Abschn. 21 Rn. 116, nach dessen Auffassung „Garantenstellungen kraft Organisationszuständigkeit" – die nach gängiger Terminologie Überwachergarantenstellungen sind – keine Mittäterschaft begründen.

[69] Vgl. zu dem problematischen Verhältnis zwischen der aktiven Begehung und einer auf Ingerenz gestützten anschließenden Unterlassungstäterschaft Herzberg, Täterschaft und Teilnahme, 1977, S. 97; Grünwald GA 1959, 110 (113f.); eingehend Dencker FS Stree/Wessels, 1993, 160.

C. Der subjektive Tatbestand der Mittäterschaft

34 Für den subjektiven Tatbestand der Mittäterschaft gelten die allgemeinen Regeln (vgl. bereits → § 25 Rn. 21 f.). Gemäß § 16 StGB muss sich der Vorsatz auch auf das für die Mittäterschaft erforderliche Maß der Beteiligung beziehen. Wer aufgrund eines Missverständnisses zwischen den Tatbeteiligten nicht erkennt, dass er den Ausführenden nicht nur hilft, sondern nach dem Inhalt des gemeinsamen Tatplans auch die Entscheidung über die Begehung der Tat trifft, hat keinen Vorsatz bezüglich der seine Tatherrschaft begründenden Umstände und ist deshalb nicht als Mittäter, wohl aber wegen Beihilfe zu der begangenen Tat strafbar. Entsprechendes gilt, wenn ein Beteiligter, der keine Tatherrschaft hat, Umstände verkennt, aus denen sich ergibt, dass er als Garant zum Schutz des betroffenen Rechtsguts verpflichtet ist. Wenn ein Vater die Pistole für eine vorsätzliche Tötung besorgt, ohne zu wissen, dass es sich bei dem Opfer um seinen eigenen Sohn handelt, ist er nicht als Mittäter, wohl aber wegen Beihilfe zum Totschlag oder Mord (§§ 212, 211, 27 StGB) strafbar.

D. Mittäterschaft und Unterlassen

I. Gemeinschaftliches Unterlassen

35 Ein gemeinschaftliches Verhalten ist nicht nur bei Begehungs-, sondern auch bei Unterlassungsdelikten möglich.[70] Wenn Eltern sich absprechen, nicht gegen die Misshandlungen eines Säuglings durch seinen Bruder einzuschreiten, unterlassen sie den Schutz des Säuglings gemeinschaftlich. Wie bei einer gemeinschaftlichen Handlung wird ihnen auch hier das dem gemeinsamen Tatplan entsprechende Verhalten des anderen zugerechnet, sodass innerhalb eines einheitlichen Lebenssachverhalts (→ § 26 Rn. 7 ff.) jeder als Mittäter einer Körperverletzung durch Unterlassen (§§ 223, 13, 25 II StGB) ebenfalls für die Misshandlungen verantwortlich ist, die nicht von ihm selbst, sondern von dem anderen hätten abgewendet werden können. Die Möglichkeit gemeinschaftlicher Unterlassung ist vor allem dann wichtig, wenn mehrere zur Abwendung des tatbestandlichen Erfolgs hätten zusammenwirken müssen.[71] Das Unterlassen des Einzelnen ist in einem solchen Fall für sich genommen keine notwendige Bedingung für den Erfolgseintritt, sodass – entgegen der neueren Rechtsprechung des Bundesgerichtshofs[72] – dieser nur zugerechnet werden kann, soweit das Verhalten der Beteiligten als gemeinschaftliches Unterlassen zu bewerten ist (→ § 22 Rn. 21).

36 Ebenso wie beim Begehungsdelikt muss auch beim Unterlassungsdelikt ein Mittäter die neben dem tatbestandsmäßigen Verhalten erforderlichen Strafbarkeitsvoraussetzungen in eigener Person erfüllen. Zu diesen Strafbarkeitsvoraussetzungen gehört insbesondere die für die Zurechnung des tatbestandlichen Erfolgs erforderliche Garantenstellung. Wenn in dem oben gebildeten Beispiel nicht die Eltern, sondern die Mutter und eine Freundin die Abwendung der Misshandlung des Säuglings gemein-

---

70 Vgl. dazu eingehend Dencker, Kausalität und Gesamttat, 1996, S. 167 ff. mwN.

71 Vgl. für eine solche Konstellation BGHSt 37, 106; 48, 77.

72 BGHSt 48, 77 (94 ff.) hält eine Feststellung der Voraussetzungen der Mittäterschaft – wohl aufgrund der für die alternative Kausalität postulierten Zusatzregel zur Conditio-sine-qua-non-Formel (→ § 9 Rn. 10 ff.) – für entbehrlich.

schaftlich unterlassen, ist nur die Mutter Mittäterin einer Körperverletzung. Die Freundin kann mangels einer eigenen Garantenstellung allenfalls wegen Anstiftung oder psychischer Beihilfe (§§ 223 I, 13, 26f. StGB) sowie wegen unterlassener Hilfeleistung (§ 323c StGB) strafbar sein.

II. Beteiligung an einem Unterlassungsdelikt durch Handeln

Ob ein Begehungs- oder Unterlassungsdelikt vorliegt, entscheidet sich nach der Natur 37
der gemeinsamen Tat und nicht nach dem Tatbeitrag der einzelnen Beteiligten. Deshalb ist eine aktive mittäterschaftliche Beteiligung an einem Unterlassungsdelikt möglich. Stimmen zB die Geschäftsführer eines Unternehmens in einer Sitzung gegen den Antrag, ein bestimmtes Produkt zurückzurufen, so ist diese Stimmabgabe selbst ohne Zweifel eine Handlung, die gemeinsame Tat aber ein Unterlassen.[73] Wenn der Rückruf geboten war und durch sein Unterlassen jemand zu Schaden kommt, sind die Vorstandsmitglieder deshalb aufgrund eines aktiven Tatbeitrags als Mittäter einer Körperverletzung durch Unterlassen strafbar. Entsprechendes gilt, wenn ein Arzt das Pflegepersonal anweist, bei einem Patienten die künstliche Ernährung einzustellen.[74] Eine solche Anweisung ist eine Handlung, aufgrund derer der Arzt als Mittäter eines etwaigen Mordes oder Totschlags durch Unterlassen strafbar sein kann.

III. Beteiligung an einem Begehungsdelikt durch Unterlassen

Spiegelbildlich zur aktiven Beteiligung am Unterlassungsdelikt gibt es eine passive Be- 38
teiligung am Begehungsdelikt. Zumeist besteht sie nur darin, dass ein Garant gegen die Verletzungshandlung eines anderen nicht einschreitet, also zB ein Vater es zulässt, dass ein Gast dem Sohn des Hauses eine Ohrfeige verpasst. Es kann aber auch einen gemeinsamen Tatplan geben, in dem noch andere Unterlassungen vorgesehen sind, zB dass dem Opfer vor der Verletzungshandlung ein für ihn wichtiges Medikament nicht gegeben oder nach der Verletzungshandlung kein Rettungswagen alarmiert werden soll. In all diesen Fällen liegt unzweifelhaft ein von dem Handelnden ausgeführtes Begehungsdelikt vor, sodass dieser stets als Täter zu bestrafen ist. Ob man ihn bei einem das Unterlassen eines anderen beinhaltenden gemeinsamen Tatplan als Mittäter oder aufgrund des Fehlens weiterer Handlungen auch in diesem Fall als Alleintäter ansieht, ist für seine Strafbarkeit ohne Bedeutung.

Heftig umstritten ist, ob der Tatbeitrag des Unterlassenden als Beihilfe oder als (Mit-) 39
Täterschaft durch Unterlassen zu bewerten ist. Die Rechtsprechung grenzt hier wiederum mit dem Etikett des Täter- bzw. Teilnehmerwillens ab und kommt so von Fall zu Fall zu unterschiedlichen Ergebnissen. In der Regel nimmt sie nur eine Beihilfe durch Unterlassen an.[75] In der Literatur wird zum Teil die Auffassung vertreten, dass ein unterlassender Garant neben einem Begehungstäter jedenfalls immer dann nur wegen Beihilfe durch Unterlassen zu bestrafen sei, wenn sich sein Unterlassen darin

[73] BGHSt 37, 106 (114); Dencker, Kausalität und Gesamttat, 1996, S. 168.

[74] Vgl. zu diesem Fall BGHSt 40, 257. Der Senat hat – aufgrund der Zuordnung der sog. **Organisationsherrschaft** zur mittelbaren Täterschaft (vgl. dazu → § 27 Rn. 38 ff.) – iErg eine mittelbare Täterschaft durch Unterlassen angenommen.

[75] Vgl. etwa BGH NStZ 2009, 321; 2019, 341 f. sowie die Darstellung bei Roxin StrafR AT II § 31 Rn. 125 ff. mwN.

erschöpft, die Handlung des anderen nicht zu verhindern.[76] Zur Begründung führt man an, dass die Tatherrschaft in solchen Fällen bei dem aktiv Handelnden liege. Außerdem sei die Verhinderung des Erfolgs in der Regel besonders schwierig, wenn dafür ein entgegenstehender Handlungswille überwunden werden müsse, sodass das Unterlassen des Garanten in einem solchen Fall weniger schwer wiege und deshalb als bloße Beihilfe zu bestrafen sei.

40 Nach anderer Auffassung soll es für die Abgrenzung auf die Art der Garantenstellung ankommen. Ein Überwachergarant sei neben einem Handelnden in der Regel als Gehilfe, ein Beschützergarant hingegen als Täter anzusehen.[77] Jedoch ist ein Überwachergarant ebenso zum Schutz des bedrohten Rechtsguts verpflichtet, sodass es keinen Grund gibt, in dieser Weise zu differenzieren.[78] Richtigerweise ist jeder Garant auch neben einem Handelnden unabhängig von Art und Ausmaß seiner Beteiligung grundsätzlich als Täter anzusehen[79] (vgl. bereits → § 26 Rn. 32f.). Auf die Tatherrschaft kommt es wegen der Garantenstellung nicht an und die besondere Schwierigkeit der Überwindung eines entgegenstehenden Handlungswillens rechtfertigt schon deshalb keine andere Beurteilung, weil sie bei der Entscheidung über die Strafrahmenmilderung nach § 13 II StGB und der Strafzumessung angemessen berücksichtigt werden kann. Sofern der Garant die Abwendung des tatbestandlichen Erfolgs aufgrund eines gemeinsamen Tatplans mit dem Handelnden unterlässt, ist er damit als Mittäter[80] durch Unterlassen, ansonsten als Nebentäter durch Unterlassen zu bestrafen.

E. Der Aufbau einer Mittäterschaftsprüfung

41 Da gemeinschaftlich handelnde Personen nicht in gleicher Weise strafbar sein müssen (→ § 25 Rn. 23), ist die Strafbarkeit von Mittätern in der Fallbearbeitung regelmäßig getrennt zu erörtern. Der Prüfungsaufbau hat aber der Besonderheit Rechnung zu tragen, dass nicht eine Einzelhandlung, sondern die Beteiligung an einer gemeinschaftlichen Handlung auf ihre Strafbarkeit hin untersucht wird. Deshalb sind bereits in die Subsumtionsfrage auch die Tatbeiträge der anderen Beteiligten einzubeziehen. Hat man zB die Strafbarkeit des A wegen eines gemeinschaftlich mit B begangenen Raubüberfalls zu beurteilen, so ist zu fragen, ob sich A, indem er das Opfer niedergeschlagen und B ihm die Geldbörse weggenommen hat, gemäß §§ 249, 25 II StGB wegen eines gemeinschaftlichen Raubes strafbar gemacht hat. Die Beantwortung dieser Frage erfolgt dann anhand der gleichen Prüfungsstufen und in der gleichen Prüfungsreihenfolge wie bei einem Alleintäter. Insbesondere ist – entgegen einer bisweilen

---

[76] Lackner/Kühl/Kühl StGB § 27 Rn. 5; Jescheck/Weigend StrafR AT § 64 III 5; Kühl StrafR AT § 20 Rn. 230; Ranft ZStW 94 (1982), 815 (823ff.).

[77] Schönke/Schröder/Heine/Weißer StGB Vorb. §§ 25ff. Rn. 91ff.; ähnlich Jakobs StrafR AT Abschn. 21 Rn. 116 und Abschn. 29 Rn. 101; Herzberg, Täterschaft und Teilnahme, 1977, S. 82ff.; Murmann FS Beulke, 2015, 181 (193f.); vgl. auch Hoffmann-Holland ZStW 118 (2006), 620 (633ff.), der danach unterscheiden will, ob die Garantenstellung „situationsbezogen" oder „situationsunabhängig" ist.

[78] So zutreffend SK-StGB/Stein StGB Vor § 13 Rn. 55; Roxin StrafR AT II § 31 Rn. 162, beide mwN.

[79] Roxin StrafR AT II § 31 Rn. 140ff.; zu den Ausnahmen und den danach noch verbleibenden Fällen einer Beihilfe durch Unterlassen → § 28 Rn. 53.

[80] Vgl. BGH NJW 1966, 1763; anders Roxin StrafR AT II § 31 Rn. 174, der „auf Grund des selbständigen Täterbegriffs der Unterlassungsdelikte" auch hier eine Nebentäterschaft annehmen will.

anzutreffenden Aufbauempfehlung[81] – auch bei der Mittäterschaft der objektive vor dem subjektiven Tatbestand zu prüfen.

Die Prüfung des objektiven Tatbestands beginnt zweckmäßigerweise mit etwaigen für das betreffende Delikt erforderlichen Pflichtenstellungen. Danach empfiehlt es sich, zunächst zu untersuchen, ob durch die Tatbeiträge aller Beteiligten zusammen sämtliche objektiven Tatbestandsmerkmale des betreffenden Delikts verwirklicht sind. Erst wenn diese Voraussetzung festgestellt ist, sollte man erörtern, ob diese Tatbeiträge eine gemeinschaftliche Handlung darstellen, also entsprechend einem von allen Beteiligten als Vorgabe akzeptierten gemeinsamen Tatplan vorgenommen wurden (dazu im Einzelnen → § 26 Rn. 1 ff.). Am Ende des objektiven Tatbestands ist der individuelle Anteil an der gemeinschaftlichen Handlung zu benennen und bei Vorsatzdelikten die Abgrenzung zur Teilnahme vorzunehmen, also zu prüfen, ob der Betreffende die externe oder interne Tatherrschaft hatte bzw. als Garant zum Schutz des betreffenden Rechtsguts verpflichtet war (dazu im Einzelnen → § 26 Rn. 14 ff.). Der Vorsatz ist auch auf die Voraussetzungen der Mittäterschaft zu beziehen (→ § 26 Rn. 34). Im Übrigen gelten im subjektiven Tatbestand keine Besonderheiten. Die Prüfung von Rechtswidrigkeit und Schuld erfolgt ebenfalls nach den allgemeinen Regeln. 42

Mittäterschaft (vgl. S. 503)

Die Strafbarkeit von möglichen Mittätern sollte grundsätzlich getrennt und ausschließlich dann gemeinsam geprüft werden, wenn der Sachverhalt in keiner Weise zwischen den betreffenden Personen differenziert, sondern nur davon spricht, dass sie gemeinsam bestimmte Handlungen vorgenommen haben (→ § 26 Rn. 43). Da jedoch die Beteiligung an einer gemeinsamen Handlung auf ihre Strafbarkeit zu untersuchen ist, sind auch bei einer getrennten Prüfung die von anderen Beteiligten ausgeführten Teilakte in der Subsumtionsfrage mit aufzuführen (→ § 26 Rn. 41).

A. **Tatbestand**
  I. **Objektiver Tatbestand**
    1. Etwaige persönlich zu erfüllende Pflichtenstellungen (→ § 25 Rn. 19 f.)
    2. **Erfüllung der** (übrigen) **Voraussetzungen des objektiven Tatbestands durch die in der Subsumtionsfrage zusammengefassten Beiträge aller Beteiligten** (→ § 25 Rn. 15 ff.)
    3. **Gemeinsamkeit des Handelns**
      a) **Verbindender Tatplan** (→ § 26 Rn. 1 ff., 12 f.)
      b) **Verwirklichung dieses Plans durch die in der Subsumtionsfrage zusammengefassten Tatbeiträge** (→ § 26 Rn. 10 f.)
      c) Natürliche Handlungseinheit (→ § 26 Rn. 7 ff.)
    4. **Mittäterschaftlicher Tatbeitrag** (→ § 26 Rn. 14 ff.)
      – bei Fahrlässigkeitsdelikten (nach der Rechtsprechung und der traditionellen Lehre ist der Anwendungsbereich der Mittäterschaft aber auf die Vorsatzdelikte beschränkt, → § 26 Rn. 4 ff.) reicht jeder Beitrag aus

[81] So zB Haft StrafR AT S. 205 f.

II. **Subjektiver Tatbestand** (→ § 26 Rn. 34)
1. Kenntnis (bzw. bei Fahrlässigkeitsdelikten individuelle Erkennbarkeit) der eine etwaige Pflichtenstellung begründenden Umstände
2. **Vorsatz** (bzw. bei Fahrlässigkeitsdelikten individuelle Erkennbarkeit) **hinsichtlich der Erfüllung der** (übrigen) **Voraussetzungen des objektiven Tatbestands durch das Handeln aller Beteiligten**
3. **Kenntnis** der die Gemeinsamkeit des Handelns begründenden Umstände, dh insbesondere **des durch die Tatbeiträge verwirklichten verbindenden Tatplans**
4. **Kenntnis der die Tatherrschaft begründenden Umstände** (bei Fahrlässigkeitsdelikten nicht erforderlich)
5. Etwaige persönlich zu erfüllende Absichtsmerkmale (→ § 25 Rn. 21)

B. **Rechtswidrigkeit und Schuld**
– keine Besonderheiten (→ § 25 Rn. 21)

43 Wie alle Prüfungsschemata ist der vorstehend empfohlene Aufbau kein Dogma. Im Einzelfall kann es einfacher sein, die Voraussetzungen des objektiven Tatbestands in einer anderen Reihenfolge zu prüfen. Vor allem aber ist es uU zweckmäßig, die Strafbarkeit mehrerer Mittäter entgegen der oben dargelegten Regel gemeinsam zu prüfen. Ein solcher Aufbau empfiehlt sich insbesondere dann, wenn der Sachverhalt über die einzelnen Beteiligten nicht mehr mitteilt, als dass sie gemeinschaftlich eine bestimmte Handlung vorgenommen, zB eine Sache weggenommen oder einen anderen verprügelt haben. Denn in einem solchen Fall kommt eine unterschiedliche Beurteilung der Strafbarkeit ersichtlich nicht in Betracht. Jedoch sollte man von der Möglichkeit einer gemeinsamen Prüfung aufgrund ihrer höheren Fehleranfälligkeit nur zurückhaltend Gebrauch machen. Sobald die Beurteilung der Strafbarkeit der Beteiligten nur teilweise unterschiedliche Erörterungen notwendig macht, ist eine getrennte Prüfung vorzuziehen. Wiederholungen lassen sich bei einem solchen Vorgehen dadurch vermeiden, dass hinsichtlich der gemeinschaftlichen Handlung auf die entsprechenden Teile einer bereits erfolgten Prüfung verwiesen wird.

Lektüreempfehlungen: RGSt 74, 84–86 und BGHSt 18, 87–96 (keine Mittäterschaft trotz eigenhändiger Tatausführung); BGHSt 38, 315–320 (Mittäterschaft bei eigenhändiger Tatausführung); BGHSt 2, 344–348 (sukzessive Mittäterschaft); BGHSt 11, 268–272 (Mittäterschaft bei error in persona des Ausführenden); BGHSt 37, 289–294 (Mittäterschaft bei Aufgeben während der Tatausführung).

§ 27. Die mittelbare Täterschaft

A. Die Notwendigkeit eines Willensmangels des Tatmittlers

Die Struktur der mittelbaren Täterschaft wurde bereits dargestellt (→ § 25 Rn. 8 ff.). 1
Gegenstand dieses Kapitels ist deshalb nur noch die Abgrenzung zur Teilnahme, also die Konkretisierung des Erfordernisses, dass ein mittelbarer Täter den Tatmittler ohne seinen Willen als Werkzeug benutzen muss. Ebenso wie die Grenzen der Mittäterschaft (→ § 26 Rn. 20 ff.) werden auch die Grenzen der mittelbaren Täterschaft in der Literatur zumeist anhand des Begriffs der Tatherrschaft bestimmt. Kennzeichnend für die mittelbare Täterschaft ist nach Roxin eine bestimmte Erscheinungsform der Tatherrschaft, die sogenannte **Willensherrschaft.** Der mittelbare Täter habe die Herrschaft über das zur Tatbestandsverwirklichung führende Geschehen, weil er den Willen des die Tat Ausführenden beherrsche.[1]

Zur Beantwortung der Frage, unter welchen Voraussetzungen eine solche Willensherr- 2
schaft anzunehmen ist, wird verbreitet ein sogenanntes **Verantwortungsprinzip** postuliert.[2] Den Willen eines anderen könne man nur beherrschen, wenn es sich nicht um einen freien Willen handele. Dementsprechend scheide eine mittelbare Täterschaft aus, wenn der unmittelbar Handelnde selbst für die begangene Tat strafrechtlich verantwortlich ist. Die Rechtsordnung widerspräche – so die dem Verantwortungsprinzip zugrunde liegende Überlegung[3] – sich selbst, wenn sie einerseits den unmittelbar Handelnden zur Verantwortung ziehen und damit die Freiheit seines Tatentschlusses voraussetzen würde, andererseits aber sein Verhalten als vom Hintermann beherrscht und damit als unfrei ansehen würde. Einen sogenannten **„Täter hinter dem Täter"** könne es deshalb zumindest im Grundsatz nicht geben.

Diese Argumentation erscheint zwar auf den ersten Blick überzeugend, müsste aber 3
konsequenterweise dazu führen, eine mittelbare Täterschaft sogar schon bei einer Fahrlässigkeitsstrafbarkeit des Ausführenden zu verneinen. Wenn in dem in → § 25 Rn. 6 gebildeten Beispiel die Krankenschwester hätte erkennen können, dass es sich bei dem auf Anweisung des Arztes verabreichten angeblichen Schmerzmittel in Wahrheit um tödliches Gift handelt, wäre der Arzt demnach nicht mehr als mittelbarer Täter strafbar. Eine solche Konsequenz zieht niemand und sie wäre auch im Ergebnis unangemessen. Anders als ein Teilnehmer überlässt der Arzt der Krankenschwester nicht die Entscheidung über die Durchführung seines Handlungsvorhabens. Durch die Täuschung verhindert er vielmehr, dass die Krankenschwester darüber entscheidet, ob sie den Patienten vergiftet oder nicht. Er setzt sich über ihren an sich entgegenstehenden Willen hinweg und wird deshalb zu Recht als mittelbarer Täter wegen Totschlags bzw. Mordes bestraft.

Damit zeigt sich, dass entgegen dem Verantwortungsprinzip auch im Rahmen der mit- 4
telbaren Täterschaft die strafrechtliche Verantwortlichkeit einer Person als solche kein Grund ist, eine andere zu entlasten (vgl. bereits → § 10 Rn. 14). Entscheidend für die

[1] Roxin StrafR AT II § 25 Rn. 28 und 45 mwN.

[2] Vgl. etwa MüKoStGB/Joecks/Scheinfeld StGB § 25 Rn. 63; Puppe StrafR AT § 24 Rn. 3; Roxin StrafR AT II § 25 Rn. 48; Stratenwerth/Kuhlen StrafR AT § 12 Rn. 49, alle mwN.

[3] Erstmals formuliert bei Gallas, Beiträge zur Verbrechenslehre, 1968, S. 130, 141.

Begründung mittelbarer Täterschaft ist nicht, ob der Vordermann im strafrechtlichen Sinne unfrei handelt, sondern ob der Hintermann ungeachtet eines an sich entgegenstehenden Willens des Ausführenden über die Begehung der Tat entscheiden kann. Die mittelbare Täterschaft setzt deshalb keinen Strafbarkeitsmangel, sondern lediglich einen Willensmangel des Tatmittlers voraus. Dieser muss die Tat entweder aufgrund eines Irrtums (dazu unter → § 27 Rn. 6ff.), unter rechtswidrigem Zwang (dazu unter → § 27 Rn. 24ff.) oder im Zustand ausgeschlossener oder erheblich verminderter Entscheidungsfähigkeit (dazu unter → § 27 Rn. 34ff.) begangen haben.

5 Auf der Grundlage einer konsequent subjektiven Täterlehre (→ § 26 Rn. 15ff.) würde schon die Vorstellung eines solchen Willensmangels zur Begründung mittelbarer Täterschaft ausreichen. Jedoch dürfte die Rechtsprechung heute kaum noch in diesem Sinne zu interpretieren sein. Im Bereich der mittelbaren Täterschaft hat sie sich der Tatherrschaftslehre noch stärker angenähert als bei der Mittäterschaft.[4] Neuere Entscheidungen operieren entweder mit dem Begriff der „vom Täterwillen getragenen objektiven Tatherrschaft“[5] oder stellen unmittelbar darauf ab, ob der Vordermann einem Willensmangel erlegen ist.[6] Wenn der Hintermann irrtümlich annimmt, dass der Ausführende die Tat aufgrund eines Willensmangels begeht, hat er jedoch nur in seiner Vorstellung die Tatherrschaft. Er ist deshalb auch bei Anwendung der in der neueren Rechtsprechung verwendeten Formulierungen lediglich wegen versuchter mittelbarer Täterschaft[7] (dazu → § 29 Rn. 1ff.) sowie gegebenenfalls wegen Teilnahme (vgl. dazu aber → § 28 Rn. 29) strafbar.

B. Das aufgrund eines Irrtums handelnde Werkzeug

6 Die mittelbare Täterschaft durch ein im Irrtum handelndes Werkzeug ist in zweifacher Hinsicht umstritten. Im Mittelpunkt der wissenschaftlichen Diskussion steht seit langem die Frage, welche Irrtümer eine mittelbare Täterschaft begründen können (dazu unter → § 27 Rn. 7ff.). Gestritten wird ferner darüber, ob ein mittelbarer Täter den Irrtum des Tatmittlers durch eine Täuschung selbst hervorrufen oder lediglich ausnutzen muss (unter → § 27 Rn. 17f.). Bei der Erörterung beider Fragen klammere ich die mittelbare Täterschaft durch ein sich aufgrund eines Irrtums selbst schädigendes Werkzeug zunächst aus. Sie wird der Übersichtlichkeit halber gesondert dargestellt (unter → § 27 Rn. 19ff.).

I. Die unterschiedlichen Irrtümer

1. Das tatbestandliche Unrecht ausschließende Irrtümer

7 Ein Irrtum des Ausführenden begründet nach allgemeiner Auffassung jedenfalls dann die mittelbare Täterschaft, wenn er dazu führt, dass dieser den betreffenden Tatbestand nicht vorsätzlich oder nicht rechtswidrig verwirklicht. Der Hauptanwendungsfall ist das unvorsätzlich handelnde Werkzeug. Ein solches ist etwa die Kranken-

[4] Roxin StrafR AT II § 25 Rn. 172 mwN.
[5] BGHSt 35, 347 (353); vgl. auch BGHSt 32, 165 (178); BGH NStZ 1989, 370 (372).
[6] BGHSt 30, 363 (365); 32, 38 (41ff.).
[7] SK-StGB/Hoyer StGB § 25 Rn. 144ff. mwN; Roxin StrafR AT II § 25 Rn. 163f.; aA Krack GS Eckert, 2008, 467 (472f.), nach dessen Auffassung es an einem unmittelbaren Ansetzen iSd § 22 StGB fehlt.

schwester, wenn sie in dem bereits mehrfach erwähnten Beispiel (→ § 25 Rn. 6 und → § 27 Rn. 3) auf Anweisung des Arztes ein angebliches Schmerzmittel verabreicht, bei dem es sich in Wahrheit um tödliches Gift handelt. Der Tatmittler bleibt auch dann ein unvorsätzlich handelndes Werkzeug, wenn er hinsichtlich eines anderen Delikts vorsätzlich handelt.[8] Wer zB zu einem Raubüberfall anstiftet und dem Täter zur Betäubung ein angeblich ungefährliches Schlafmittel mitgibt, das in Wahrheit die Atmung lähmt, ist zwar nur Anstifter hinsichtlich des Raubes, aber mittelbarer Täter des Totschlags bzw. Mordes.[9]

Weil es auf den Vorsatz bezüglich des verwirklichten Tatbestands ankommt, ist auch ein Irrtum über die Merkmale eines Qualifikations- oder Privilegierungstatbestands zur Begründung mittelbarer Täterschaft ausreichend.[10] Wandelt man den soeben geschilderten Sachverhalt dahingehend ab, dass das angeblich ungefährliche Schlafmittel nicht tödlich wirkt, aber zum Siechtum (§ 226 I Nr. 3 StGB) führt, so ist der Hintermann mittelbarer Täter einer beabsichtigten schweren Körperverletzung (§ 226 II StGB), selbst wenn schon die geplante Verabreichung des Schlafmittels als Gesundheitsschädigung zu werten[11] und deshalb der Vordermann wegen vorsätzlicher Körperverletzung nach § 223 StGB strafbar ist. Entsprechendes gilt, wenn jemand einen anderen dadurch zur Tötung eines Menschen veranlasst, dass er ihm ein ernsthaftes und ausdrückliches Verlangen des Getöteten vorspiegelt. Hier liegt ungeachtet der Strafbarkeit des Vordermannes nach §§ 216, 16 II StGB ein Totschlag bzw. Mord in mittelbarer Täterschaft vor. 8

Staatliche Organe handeln aufgrund eines Irrtums zum Teil nicht nur unvorsätzlich, sondern sogar objektiv rechtmäßig. Ein Beispiel ist der Strafrichter, der aufgrund einer falschen Zeugenaussage den Angeklagten für überführt hält und ihn prozessual ordnungsgemäß, aber im Ergebnis zu Unrecht zu einer vollstreckbaren Freiheitsstrafe verurteilt. Der dafür verantwortliche Zeuge ist hier – wie bereits erwähnt (→ § 25 Rn. 14) – mittelbarer Täter einer Freiheitsberaubung mit dem Richter als rechtmäßig handelndem Werkzeug. Entsprechendes gilt, wenn jemand aufgrund einer falschen Anschuldigung von der Polizei vorläufig festgenommen oder vom Richter in Untersuchungshaft genommen wird.[12] Nimmt eine Privatperson aufgrund einer falschen Anschuldigung einen vermeintlich auf frischer Tat Betroffenen nach § 127 I StPO fest, so ist sie zwar kein rechtmäßig (→ § 14 Rn. 15), wohl aber ein im Erlaubnistatbestandsirrtum handelndes Werkzeug. Auch als solches begeht sie kein vorsätzliches Unrecht (→ § 14 Rn. 29ff.), sodass ohne Weiteres eine mittelbare Täterschaft anzunehmen ist.[13] 9

[8] BGHSt 30, 363; BGH NStZ 2013, 103 (104); MüKoStGB/Joecks/Scheinfeld StGB § 25 Rn. 88; NK-StGB/Schild StGB § 25 Rn. 92; Schönke/Schröder/Heine/Weißer StGB § 25 Rn. 15; SK-StGB/Hoyer StGB § 25 Rn. 66; Puppe StrafR AT § 24 Rn. 7; Roxin StrafR AT II § 25 Rn. 66; anders nur Sippel NJW 1983, 2226.

[9] So die Fallgestaltung in BGHSt 30, 363; BGH NJW 2018, 1411 (1413).

[10] NK-StGB/Schild StGB § 25 Rn. 92; Schönke/Schröder/Heine/Weißer StGB § 25 Rn. 25; SK-StGB/Hoyer StGB § 25 Rn. 67; Roxin StrafR AT II § 25 Rn. 99ff.; krit. MüKoStGB/Joecks/Scheinfeld StGB § 25 Rn. 113ff.

[11] Vgl. zu den Voraussetzungen dafür BGH NStZ 1992, 490; NStZ-RR 1996, 100.

[12] BGHSt 3, 4; 10, 306 (307) mwN; vgl. für weitere Fallkonstellationen Roxin StrafR AT II § 25 Rn. 69f.

[13] MüKoStGB/Joecks/Scheinfeld StGB § 25 Rn. 95; NK-StGB/Schild StGB § 25 Rn. 101f.; Schönke/Schröder/Heine/Weißer StGB § 25 Rn. 18; SK-StGB/Hoyer StGB § 25 Rn. 72; Roxin StrafR AT II § 25 Rn. 67.

2. Schuld- und strafzumessungsrelevante Irrtümer

10 Betrifft ein Irrtum des Ausführenden lediglich die Schuld, so kann der Hintermann aufgrund der limitierten Akzessorietät (→ § 25 Rn. 24) als Teilnehmer bestraft werden. Ungeachtet dessen geht die ganz überwiegende Meinung zu Recht davon aus, dass zumindest die Schuld ausschließende Irrtümer ebenfalls eine mittelbare Täterschaft des Hintermannes begründen,[14] hinter der die zugleich vorliegende Teilnahme als subsidiär zurücktritt. Dies sind der unvermeidbare Irrtum über die Voraussetzungen eines Entschuldigungsgrundes (§ 35 II StGB)[15] und vor allem der unvermeidbare Verbotsirrtum (§ 17 S. 1 StGB). Wenn ein über die Beseitigung des elterlichen Züchtigungsrechtes (→ § 13 Rn. 10) informierter Jurist seinen Nachbarn mit dem glaubhaften Hinweis auf dieses angeblich noch immer bestehende Recht dazu veranlasst, seinem Sohn eine Tracht Prügel zu verabreichen, benutzt er diesen als ein im unvermeidbaren Verbotsirrtum handelndes Werkzeug und ist deshalb als mittelbarer Täter einer Körperverletzung strafbar.

11 Umstritten ist, ob ein die Schuld lediglich mindernder vermeidbarer Verbotsirrtum (§ 17 S. 2 StGB) die mittelbare Täterschaft des Hintermannes begründen kann, der Jurist in dem soeben gebildeten Beispiel also auch dann mittelbarer Täter wäre, wenn der Nachbar selbst hätte erkennen können, dass er seinen Sohn nicht mehr schlagen darf. In der Literatur wird eine mittelbare Täterschaft durch ein im vermeidbaren Verbotsirrtum handelndes Werkzeug zum Teil unter Berufung auf das Verantwortungsprinzip (→ § 27 Rn. 2) abgelehnt.[16] Soweit der Ausführende für die Tat als Vorsatztäter verantwortlich sei, könne der Hintermann nicht ebenfalls Täter, sondern lediglich Teilnehmer sein. Die Rechtsprechung ist dem jedoch nicht gefolgt. In dem ebenso berühmten wie skurrilen Katzenkönig-Fall[17] hatten die Angeklagten jemanden zur versuchten Tötung eines Menschen veranlasst, indem sie ihm vorspiegelten, er sei zu einer solchen Tat berechtigt, weil er auf diese Weise die Menschheit vor einem sie bedrohenden „Katzenkönig" rette. Ungeachtet der Vermeidbarkeit dieses Verbotsirrtums wurden sie wegen versuchten Mordes in mittelbarer Täterschaft verurteilt.

12 Zur Begründung führte der Bundesgerichtshof zu Recht aus, dass die aus der Vermeidbarkeit des Irrtums resultierende Strafbarkeit des Ausführenden an der objektiven Tatherrschaft des Hintermannes nichts ändere und deshalb eine mittelbare Täterschaft nicht ausschließe.[18] Entgegen dem sogenannten Verantwortungsprinzip kommt es nicht darauf an, wie sich der Irrtum des Ausführenden auf dessen Strafbarkeit auswirkt, sondern ob und inwieweit der betreffende Irrtum die Tatherrschaft des Hintermannes begründet (→ § 27 Rn. 4). Insoweit besteht aber zwischen dem allenfalls eine Fahrlässigkeitsstrafbarkeit begründenden vermeidbaren Tatbestandsirrtum und einem vermeidbaren Verbotsirrtum kein relevanter Unterschied.[19] Beide Irrtümer ermög-

[14] MüKoStGB/Joecks/Scheinfeld StGB § 25 Rn. 98; SK-StGB/Hoyer StGB § 25 Rn. 73; Schönke/Schröder/Heine/Weißer StGB § 25 Rn. 43; Roxin StrafR AT II § 25 Rn. 78; Puppe StrafR AT § 24 Rn. 5; anders Köhler StrafR AT S. 509.

[15] Vgl. dazu mit Beispielen Roxin StrafR AT II § 25 Rn. 91 f.

[16] Jakobs StrafR AT Abschn. 21 Rn. 94; Jescheck/Weigend StrafR AT § 62 II 5; Stratenwerth/Kuhlen StrafR AT § 12 Rn. 53 ff.

[17] BGHSt 35, 347 m. krit. Bespr. Küper JZ 1989, 937 ff.

[18] BGHSt 35, 347 (353 f.); ebenso BGHSt 40, 257 (267).

[19] Herzberg, Täterschaft und Teilnahme, 1977, S. 22 f.; Schönke/Schröder/Heine/Weißer StGB § 25 Rn. 42.

lichen es dem Hintermann, sich über den wahren Willen des Ausführenden hinwegzusetzen und selbst über die Begehung der Tat zu entscheiden. Daher reicht ein vermeidbarer Verbotsirrtum für eine mittelbare Täterschaft aus.[20] Gleiches gilt für einen vermeidbaren Irrtum über die Voraussetzungen eines Entschuldigungsgrundes.[21]

Irrt der Ausführende lediglich über strafzumessungsrelevante Umstände, so könnte der Hintermann ebenfalls als Teilnehmer an dem vorsätzlich begangenen Delikt bestraft werden. Gleichwohl wird heute überwiegend und zu Recht angenommen, dass auch sogenannte graduelle Tatbestandsirrtümer, dh Irrtümer über das bloße Ausmaß des tatbestandlichen Unrechts, eine mittelbare Täterschaft begründen können.[22] Wenn A der Aufforderung des B, ein Bild des C zu beschädigen, nur nachkommt, weil B ihm vorspiegelt, das von Joseph Beuys gemalte Bild sei das nahezu wertlose Werk eines Dilettanten, ist B mittelbarer Täter einer Sachbeschädigung (§§ 303, 25 I Var. 2 StGB). Entsprechendes gilt, wenn A ein Wohnhaus nur anzündet, weil B ihm vorspiegelt, dass die im Haus schlafenden Bewohner alle verreist seien und deshalb das Risiko der Tötung oder Verletzung eines Menschen gering wäre. Auch hier ist B mittelbarer Täter einer schweren Brandstiftung (§ 306a I Nr. 1 StGB), obwohl A ungeachtet seines Irrtums das gleiche Delikt begeht. 13

3. Sonstige Irrtümer

Besonders umstritten ist, ob und inwieweit für Unrecht und Schuld gänzlich unerhebliche Irrtümer über den „konkreten Handlungssinn" eine mittelbare Täterschaft begründen können. Das Paradebeispiel eines solchen Irrtums ist der error in persona vel objecto (→ § 11 Rn. 57). Erschießt A statt des B den C, weil ihm D vorgespiegelt hat, dass es sich bei dem des Weges kommenden C um den erwarteten B handelt, so ist dieser Irrtum für die Strafbarkeit des A selbst ohne jede Bedeutung. Da es jedoch für die mittelbare Täterschaft nicht darauf ankommt, wie sich der Irrtum des Ausführenden auf dessen Strafbarkeit auswirkt, sondern ob und inwieweit dieser Irrtum die Tatherrschaft des Hintermannes begründet, wird hier ebenfalls überwiegend und zu Recht eine mittelbare Täterschaft angenommen.[23] Schon ein bloßer error in persona ermöglicht es dem Hintermann, sich über den Willen des Ausführenden hinwegzusetzen und selbst über die Begehung der Tat zu entscheiden. Deshalb reicht ein solcher Irrtum für die Begründung der mittelbaren Täterschaft aus. 14

Entsprechendes hat – entgegen der den error in persona vel objecto zumeist als Ausnahme behandelnden herrschenden Meinung – dann aber konsequenterweise auch für andere Motivirrtümer zu gelten, aufgrund derer eine Straftat begangen wird. Wenn A dem eifersüchtigen B vorspiegelt, seine Frau habe ein Verhältnis mit dem C, und ihn dadurch veranlasst, den C zu verprügeln, entscheidet er ebenfalls gegen den wahren Willen des B über die Begehung der Tat und wird deshalb als mittelbarer Täter 15

[20] Schönke/Schröder/Heine/Weißer StGB § 25 Rn. 42; SK-StGB/Hoyer StGB § 25 Rn. 74 und 77; mit Einschränkungen auch Roxin StrafR AT II § 25 Rn. 82ff. mwN.

[21] Vgl. dazu Roxin StrafR AT II § 25 Rn. 91 f. mwN.

[22] SK-StGB/Hoyer StGB § 25 Rn. 76f.; Schönke/Schröder/Heine/Weißer StGB § 25 Rn. 23; Roxin StrafR AT II § 25 Rn. 96ff.; krit. MüKoStGB/Joecks/Scheinfeld StGB § 25 Rn. 112ff.; Koch JuS 2008, 399 (402).

[23] Lackner/Kühl/Kühl StGB § 25 Rn. 4; Schönke/Schröder/Heine/Weißer StGB § 25 Rn. 24; Baumann/Weber/Mitsch/Eisele StrafR AT § 25 Rn. 142; Kühl StrafR AT § 20 Rn. 74; Roxin StrafR AT II § 25 Rn. 102ff.; aA SK-StGB/Hoyer StGB § 25 Rn. 78 und Jakobs StrafR AT Abschn. 21 Rn. 12.

einer Körperverletzung bestraft.[24] Im Grunde ist damit die dem sogenannten Verantwortungsprinzip geschuldete Aufgliederung der Irrtümer nach ihrer Bedeutung für die Strafbarkeit des Vordermannes überflüssig. Der mittelbare Täter wird nicht wegen der Straflosigkeit oder geringeren Strafbarkeit des Tatmittlers, sondern aufgrund seiner eigenen Tatherrschaft als Täter bestraft. Die Tatherrschaft aber resultiert nicht aus einem Strafbarkeitsmangel des Tatmittlers, sondern kann durch alle Irrtumsarten begründet werden, sodass jeder für die Tat ursächliche Irrtum zur Begründung mittelbarer Täterschaft ausreicht.

16 Dies führt zwar zu einem relativ breiten Anwendungsbereich der mittelbaren Täterschaft, hat aber – entgegen einer in der Literatur vorgetragenen Befürchtung[25] – nicht zur Folge, dass zB auch die Annahme eines Selbstmordattentäters, dem Tod folge ein „Leben im Paradies mit guten Speisen, Musik und schönen Jungfrauen" eine mittelbare Täterschaft begründen könnte. Eine Grenze ergibt sich immer noch daraus, dass ein Irrtum eine Fehlvorstellung über Tatsachen voraussetzt, dh über vergangene oder gegenwärtige Geschehnisse oder Zustände, die prinzipiell dem Beweis zugänglich sind.[26] Existenz und Qualität eines Lebens nach dem Tode sind dies sicherlich nicht, sodass sich die genannte Vorstellung des Selbstmordattentäters nicht auf Tatsachen bezieht und damit nicht als Irrtum qualifiziert werden kann. Das Gleiche gilt für realistischere Hoffnungen oder Erwartungen. Solange sie nicht auf der irrtümlichen Annahme eines bestimmten gegenwärtigen oder vergangenen Sachverhalts beruhen, sind sie nicht geeignet, eine mittelbare Täterschaft zu begründen.

II. Notwendigkeit einer Täuschung?

17 Zum Teil wird in der Literatur die Auffassung vertreten, dass ein mittelbarer Täter den Irrtum seines Werkzeugs selbst durch Täuschung hervorrufen müsse. Wer eine bereits im Irrtum befindliche Person zur Begehung einer Tat auffordere, sei – selbst wenn er genau wisse, dass der andere die Tat nur aufgrund des Irrtums begehen werde – nur bei Vorliegen einer Aufklärungspflicht als mittelbarer Täter anzusehen.[27] Die Anforderungen an diese Aufklärungspflicht werden allerdings nicht allzu hoch angesetzt. Insbesondere soll die allgemeine Hilfspflicht des § 323c StGB ausreichen,[28] sodass bei Straftaten gegen Leib oder Leben das Ausnutzen eines Irrtums stets eine Täuschung durch Unterlassen darstellt. Wer eine Krankenschwester zur Verabreichung eines von ihr irrtümlich für ein heilsames Medikament gehaltenen tödlichen Gifts auffordert, wäre also ungeachtet des Täuschungserfordernisses im Ergebnis stets wegen Totschlags bzw. Mordes in mittelbarer Täterschaft strafbar.

18 Jedoch gibt es Straftaten, bei denen das Erfordernis einer Täuschung den Anwendungsbereich der mittelbaren Täterschaft einschränken würde. Wenn in dem in → § 27 Rn. 13 gebildeten Beispiel A die Vorstellung des B, das von Joseph Beuys gemalte Bild sei das nahezu wertlose Werk eines Dilettanten, nicht selbst hervorruft, sondern lediglich ausnutzt, um B zur Beschädigung des Bildes zu veranlassen, liegt keine Täuschung vor. A deshalb nicht mehr als mittelbaren Täter anzusehen, vermag jedoch

[24] Explizit aA Roxin StrafR AT II § 25 Rn. 94.
[25] MüKoStGB/Joecks/Scheinfeld StGB § 25 Rn. 134.
[26] LK-StGB/Tiedemann StGB § 263 Rn. 9 mwN.
[27] SK-StGB/Hoyer StGB § 25 Rn. 105 f. mwN; Schmidhäuser StrafR AT § 14 Rn. 42.
[28] SK-StGB/Hoyer StGB § 25 Rn. 105; anders allerdings Hoyer FS Herzberg, 2008, 379 (390).

nicht zu überzeugen. Schon der Irrtum als solcher gibt ihm die Möglichkeit, unabhängig vom wahren Willen des B über die Begehung der Tat zu entscheiden. Auf dessen Verursachung kommt es hierfür nicht entscheidend an. Deshalb lehnt die herrschende Meinung eine Einschränkung der mittelbaren Täterschaft durch ein Täuschungserfordernis zu Recht ab.[29] Wer einen bereits vorhandenen Irrtum ausnutzt, hat die Tatherrschaft und ist damit mittelbarer Täter.

III. Irrtümliche Selbstschädigung

Das aufgrund eines Irrtums handelnde Werkzeug kann auch der Verletzte selbst sein. 19
Wandelt man das Beispiel in → § 27 Rn. 7 dahingehend ab, dass der Patient das angebliche Schmerzmittel, bei dem es sich in Wahrheit um tödliches Gift handelt, auf Anweisung des Arztes selbst einnimmt, so begeht der Arzt einen Totschlag bzw. Mord in mittelbarer Täterschaft durch ein wegen der Straflosigkeit der Selbsttötung bereits tatbestandslos handelndes Werkzeug. Entsprechendes gilt, wenn eine Frau sich von einem angeblich von dem Stern Sirius stammenden Mann, zu dessen Gunsten sie zuvor eine Lebensversicherung abgeschlossen hatte, dazu überreden lässt, sich durch einen Stromstoß von ihrem alten Körper zu trennen, um in einem roten Raum am Genfer See in einem neuen Körper zu erwachen. Schon weil die Frau ihr Leben nicht wirklich beenden wollte, wurde in diesem – an Berühmtheit und Skurrilität dem Katzenkönig-Fall (→ § 27 Rn. 11) in nichts nachstehendem – Sirius-Fall[30] zu Recht eine mittelbare Täterschaft angenommen.

Aber auch wenn der Verletzte mit einer Beeinträchtigung des betroffenen Rechtsguts 20
rechnet, ist eine mittelbare Täterschaft möglich. Allgemein anerkannt ist dies für Fälle, in denen der Verletzte über das Ausmaß der ihm drohenden Rechtsgutsbeeinträchtigung irrt. Wandelt man das in → § 27 Rn. 13 gebildete Beispiel dahingehend ab, dass das vermeintlich nahezu wertlose, von Joseph Beuys gemalte Bild dem B selbst gehört, so ist A ebenfalls mittelbarer Täter einer Sachbeschädigung mit dem B als tatbestandslos handelndem Werkzeug. Entsprechendes gilt, wenn der Verletzte das Ausmaß eines von ihm bewusst eingegangenen Risikos nicht richtig erfasst.[31] Wer vor einem besonders gefährlichen Autorennen bei einem Wagen heimlich die Bremsleitung durchtrennt und dadurch einen Rennunfall verursacht, bei dem der Fahrer ums Leben kommt, hat einen Mord in mittelbarer Täterschaft begangen, obwohl dem Fahrer bewusst war, dass er bei dem Rennen ums Leben kommen kann.

Ein nicht rechtsgutsbezogener Motivirrtum des Verletzten soll dagegen nach herr- 21
schender Lehre keine mittelbare Täterschaft begründen.[32] Das Problem ist im Prinzip das Gleiche wie beim Motivirrtum eines als Werkzeug gebrauchten Dritten (→ § 27 Rn. 15), hat aber bei einem Irrtum des Verletzten selbst erheblich größere Bedeutung. Da ein im bloßen Motivirrtum handelnder Dritter eine vorsätzliche rechtswidrige Tat begeht, kann hier der Hintermann bei einer Ablehnung der mittelbaren Täterschaft noch immer als Teilnehmer bestraft werden. Dies ist bei einem Motivirrtum des Ver-

[29] Roxin StrafR AT II § 25 Rn. 64 mwN; Stratenwerth/Kuhlen StrafR AT § 12 Rn. 36.
[30] BGHSt 32, 38.
[31] Zur Anwendung dieses Grundsatzes bei der Einnahme von Betäubungsmitteln vgl. BGHSt 32, 262 (265); Roxin StrafR AT II § 25 Rn. 74; MüKoStGB/Joecks/Scheinfeld StGB § 25 Rn. 124 mwN.
[32] MüKoStGB/Joecks/Scheinfeld StGB § 25 Rn. 132ff.; SK-StGB/Hoyer StGB § 25 Rn. 84ff.; Kühl StrafR AT § 20 Rn. 49; Roxin StrafR AT II § 25 Rn. 71f.

letzten nicht möglich. Da die Verletzung eigener Rechtsgüter nicht tatbestandsmäßig und damit keine teilnahmefähige Haupttat ist, entscheidet die Beantwortung der Frage, ob ein Motivirrtum des Verletzten mittelbare Täterschaft begründen kann, nicht darüber, ob der Hintermann als Täter oder als Teilnehmer, sondern ob er als Täter oder gar nicht bestraft wird.

22 Das am häufigsten diskutierte Beispiel für einen solchen Motivirrtum ist die vorgetäuschte Bereitschaft, gemeinsam aus dem Leben zu scheiden. Der Bundesgerichtshof hat eine Frau, die ihren Ehemann durch eine solche Vorspiegelung dazu veranlasst hatte, sich durch die Einnahme von Gift selbst zu töten, entsprechend der hier für den Motivirrtum eines Tatmittlers generell befürworteten Lösung (→ § 27 Rn. 15) wegen Mordes verurteilt.[33] Diese Entscheidung wird zwar in der Literatur mit dem Hinweis auf die Selbstverantwortlichkeit des Betroffenen kritisiert. Jedoch vermag dieses Argument nicht zu überzeugen. So wie eine auf einem Irrtum beruhende Einwilligung die Verletzung von Rechtsgütern nicht rechtfertigt (→ § 15 Rn. 16ff.) und ein auf einem Irrtum beruhendes Tötungsverlangen das Unrecht einer Tötung nicht mindert,[34] so ist die auf einem Irrtum beruhende Entscheidung, eigene Rechtsgüter selbst zu beeinträchtigen bzw. sich selbst zu töten, nicht als eine nur dem Betroffenen zurechenbare Selbstschädigung zu bewerten.

23 Auch für den Gebrauch des Verletzten als Werkzeug reicht grundsätzlich das Ausnutzen eines bereits vorhandenen Irrtums aus. Allerdings liegt hier keine mittelbare Täterschaft vor, wenn der Verletzte auch nach erfolgter Aufklärung auf der betreffenden Fehlvorstellung beharrt. Bildet sich zB A ein, seine andauernden heftigen Kopfschmerzen würden durch den Anblick eines in seinem Wohnzimmer befindlichen wertvollen Wandgemäldes verursacht, so ist ein Arzt, der nach erfolglosen Bemühungen, ihm diese Idee auszureden, schließlich resigniert dazu rät, das Gemälde zu überstreichen, nicht mittelbarer Täter einer Sachbeschädigung. Weil zur Freiheit des Einzelnen auch die Möglichkeit gehört, Entscheidungen aufgrund von objektiv nicht zu begründenden persönlichen Einschätzungen zu treffen, ist die Rechtsgutsbeeinträchtigung in derartigen Fällen eine autonome Selbstschädigung (vgl. zur entsprechenden Problematik bei der Einwilligung → § 15 Rn. 21).

C. Das unter rechtswidrigem Zwang handelnde Werkzeug

24 Bei der mittelbaren Täterschaft durch ein unter Zwang handelndes Werkzeug sind die Probleme in ähnlicher Weise voneinander abzuschichten wie bei dem aufgrund eines Irrtums handelnden Werkzeug. Zum einen stellt sich die Frage, wie intensiv der Druck sein muss, um eine mittelbare Täterschaft zu begründen (unter → Rn. 25ff.). Zum anderen ist zu klären, ob der mittelbare Täter die Zwangslage selbst geschaffen haben muss oder ob auch eine von einem Dritten bzw. durch Naturereignisse herbeigeführte Zwangslage mittelbare Täterschaft begründen kann (unter → Rn. 30f.). Schließlich gibt es hier ebenfalls die Konstellation der mittelbaren Täterschaft durch

[33] BGH GA 1986, 508f.; ablehnend Charalambakis GA 1986, 484; zustimmend Brandts/Schlehofer JZ 1987, 442 und Neumann JA 1987, 244.

[34] MüKoStGB/Schneider StGB § 216 Rn. 22; NK-StGB/Neumann/Saliger StGB § 216 Rn. 14; Schönke/Schröder/Eser/Sternberg-Lieben StGB § 216 Rn. 8; SK-StGB/Sinn StGB § 216 Rn. 9.

ein sich selbst schädigendes Werkzeug, die ich wiederum gesondert darstelle (unter → Rn. 32f.).

I. Intensität des Zwangs

1. Rechtfertigender Zwang

Wer einen anderen zur Begehung einer Straftat zwingt, ist nach ganz herrschender 25
Meinung jedenfalls dann mittelbarer Täter, wenn die Zwangslage für den Ausführenden selbst einen Rechtfertigungsgrund begründet.[35] Setzt zB A den B ohne warme Kleidung im Gebirge aus, sodass sich dieser nur durch den Einbruch in eine fremde Hütte vor dem Erfrieren retten kann, so ist A – wenn er mit der Möglichkeit eines solchen Einbruchs gerechnet hat – mittelbarer Täter einer Sachbeschädigung (§ 303 StGB) und eines Hausfriedensbruches (§ 123 StGB) durch den B als gemäß § 904 BGB bzw. § 34 StGB gerechtfertigtes Werkzeug. Das Gleiche gilt, wenn A den B mit vorgehaltener Pistole dazu nötigt, eine Fensterscheibe einzuwerfen. Da das Einwerfen der Fensterscheibe in einem solchen Fall ebenfalls durch § 904 BGB gerechtfertigt wird (→ § 17 Rn. 18ff.), ist A wiederum mittelbarer Täter einer Sachbeschädigung mit dem B als rechtmäßig handelndem Werkzeug.

2. Entschuldigender Zwang

Wenn eine Zwangslage den Ausführenden nicht rechtfertigt, sondern nur entschul- 26
digt, könnte der Hintermann – ebenso wie bei einem schuldrelevanten Irrtum (→ § 27 Rn. 10) – aufgrund der limitierten Akzessorietät (→ § 25 Rn. 24) auch als Teilnehmer bestraft werden. Ungeachtet dessen wird eine entschuldigende Zwangslage zu Recht als einer der klassischen Fälle mittelbarer Täterschaft angesehen:[36] Wenn A den B mit vorgehaltener Pistole dazu nötigt, den C zu erschießen, ist er mittelbarer Täter eines Totschlags bzw. Mordes durch B als nach § 35 I StGB **entschuldigt handelndes Werkzeug.** Entsprechendes gilt, wenn A bei einer Bergtour gezielt eine Situation herbeiführt, in der sich B nur durch das Abtrennen eines Seiles, an dem der C hängt, vor dem tödlichen Absturz bewahren kann. Wenn B hier das Seil kappt und dadurch den C tötet, ist A ebenfalls mittelbarer Täter eines Totschlags bzw. Mordes durch B als entschuldigt handelndes Werkzeug.

3. Sonstiger rechtswidriger Zwang

Eine Zwangslage, welche die Tat weder rechtfertigt noch entschuldigt, reicht dagegen 27
nach der im Schrifttum vorherrschenden Auffassung für die mittelbare Täterschaft nicht aus. Nur wenn die Verantwortlichkeit des Ausführenden selbst ausgeschlossen sei, könne der Hintermann als mittelbarer Täter bestraft werden.[37] Wer einen anderen durch die Drohung mit einem nicht existenziellen empfindlichen Übel zur Begehung einer Straftat nötigt, ist danach nicht mittelbarer Täter, sondern nur Teilnehmer an der von dem anderen begangenen Tat. Dies wird vor allem damit begründet, dass es der

[35] Anders nur Puppe StrafR AT § 24 Rn. 5 und 12, die aber über die actio illicita in causa zu gleichen Ergebnissen kommt.

[36] Schönke/Schröder/Heine/Weißer StGB § 25 Rn. 33; SK-StGB/Hoyer StGB § 25 Rn. 51; Roxin StrafR AT II § 25 Rn. 47 mwN.

[37] MüKoStGB/Joecks/Scheinfeld StGB § 25 Rn. 67; Schönke/Schröder/Heine/Weißer StGB § 25 Rn. 37ff.; Puppe StrafR AT § 24 Rn. 12; Roxin StrafR AT II § 25 Rn. 48 mwN.

„in § 35 StGB zum Ausdruck kommenden gesetzgeberischen Wertung" entspreche, dem Hintermann die Tatbestandsverwirklichung zuzurechnen, sobald der Ausführende wegen des auf ihn ausgeübten Druckes von der Verantwortlichkeit für sie entlastet wird.[38] Außerdem soll die Rechtssicherheit eine Orientierung an dem gesetzlichen Maßstab des § 35 StGB gebieten.[39]

28 In § 35 StGB kommt jedoch nicht mehr als die Wertung zum Ausdruck, dass der Vordermann bei einer existenziellen Notlage entschuldigt ist. Eine Antwort auf die Frage, ob eine solche Entschuldigung Voraussetzung für eine mittelbare Täterschaft ist, enthält die Regelung gerade nicht. Als gesetzlicher Maßstab zur Bestimmung des für die mittelbare Täterschaft erforderlichen Zwangs liegt der Tatbestand der Nötigung (§ 240 StGB) mindestens ebenso nahe wie die Regelung des entschuldigenden Notstands. Seine Voraussetzungen sind zwar in noch stärkerem Maße wertungsabhängig als die des § 35 StGB, aber die daraus resultierende Unbestimmtheit ist bei der mittelbaren Täterschaft insofern begrenzt, als eine Nötigung zur Begehung einer Straftat unabhängig von der Zweck-Mittel-Relation schon wegen ihres Zwecks rechtswidrig iSd § 240 II StGB ist. Außerdem wird die Unbestimmtheit der Voraussetzungen rechtswidrigen Zwangs auch bei der Beurteilung der Wirksamkeit einer Einwilligung (vgl. dazu → § 15 Rn. 23) hingenommen.

29 Im Ergebnis spricht vor allem der Vergleich mit dem aufgrund eines Irrtums handelnden Werkzeug dafür, jeden nach § 240 StGB rechtswidrigen Zwang für eine mittelbare Täterschaft ausreichen zu lassen.[40] So wie die strafrechtliche Verantwortlichkeit eines irrtümlich handelnden Werkzeugs die Möglichkeit des Hintermannes, sich über dessen wahren Willen hinwegzusetzen, nicht ausschließt, so wird auch die Überlegenheit eines rechtswidrig nötigenden Hintermannes nicht dadurch beseitigt, dass der Vordermann rechtlich verpflichtet ist, der Nötigung standzuhalten. Wenn A den B durch Drohung mit der Offenbarung ehrenrühriger Tatsachen erfolgreich dazu nötigt, das Auto des C zu zerkratzen, ist B zwar wegen Sachbeschädigung strafbar. Aber dies ändert nichts daran, dass er die Tat nur deshalb begangen hat, weil A ihn rechtswidrig dazu gezwungen hat. Das rechtfertigt es, A gleichermaßen als (mittelbaren) Täter zu bestrafen.

II. Verantwortlichkeit für den Zwang

30 Anders als ein Irrtum (→ § 27 Rn. 17 f.) begründet eine Zwangslage des Ausführenden nur dann die mittelbare Täterschaft, wenn der Hintermann für sie verantwortlich ist. Wer einem anderen lediglich dazu rät oder ihm dabei hilft, eine durch einen Dritten oder natürliche Ereignisse erzwungene Handlung vorzunehmen, hat – weil er die Zwangslage nicht beseitigen kann – gegenüber dem Ausführenden keine überlegene Position und ist deshalb nicht als Täter, sondern lediglich als Teilnehmer strafbar.[41] Dies gilt auch dann, wenn die geleistete Hilfe dem anderen erst die Vornahme der be-

[38] Roxin StrafR AT II § 25 Rn. 48.

[39] Roxin StrafR AT II § 25 Rn. 50.

[40] Wie bei der Nötigung ist – sofern die Ankündigung ernst genommen wird – auch eine Drohung mit einem vorgetäuschten oder vom Täter in Wirklichkeit nicht zu beeinflussenden Übel möglich; vgl. Mitsch StrafR BT II S. 505 f. mwN.

[41] SK-StGB/Hoyer StGB § 25 Rn. 101; Jescheck/Weigend StrafR AT § 62 II 6; Roxin StrafR AT II § 25 Rn. 52, jeweils mwN.

treffenden Handlung ermöglicht.[42] Reicht in dem in → § 27 Rn. 26 gebildeten Beispiel ein für die Situation nicht verantwortlicher D dem B erst das Messer, mit dem er das Seil kappen und sich retten, zugleich aber den C töten kann, so kommt ihm zwar wegen des Fehlens einer eigenen existenziellen Notlage die Entschuldigung des B nicht zugute, aber er leistet – solange B noch Herr seiner Sinne ist[43] – gleichwohl nur Beihilfe zu der von diesem begangenen entschuldigten Tat.

Der mittelbare Täter muss allerdings nur für die Zwangslage und nicht notwendigerweise für die dem Ausführenden drohende Gefahr verantwortlich sein. Wenn A, der als Einziger den verunglückten B rechtzeitig ins Krankenhaus fahren kann, seine rettende Hilfe davon abhängig macht, dass B zuvor seine Unterschrift unter ein gefälschtes Dokument setzt,[44] ist er für die dem B drohende Gefahr nicht verantwortlich. Seine Ankündigung, den B nicht zu retten, wenn er die Unterschrift verweigert, ist jedoch ihrerseits eine Drohung mit einem Unterlassen, die ebenfalls den Tatbestand der Nötigung erfüllt.[45] A ist dementsprechend als mittelbarer Täter der von B begangenen Urkundenfälschung strafbar. 31

III. Erzwungene Selbstschädigung

Bei der erzwungenen Verletzung eigener Rechtsgüter fehlt es an einer teilnahmefähigen Haupttat, sodass der Hintermann entweder als mittelbarer Täter oder gar nicht bestraft werden kann. Gleichwohl wendet die herrschende Meinung hier ebenfalls den Maßstab des § 35 StGB an, dh sie nimmt eine mittelbare Täterschaft nur bei einer existenziellen Zwangslage an, die die Verletzung eines entsprechenden fremden Rechtsguts zumindest entschuldigen würde.[46] Diese sogenannte **Verantwortungslösung** ist jedoch schon deshalb nicht überzeugend, weil dadurch Wertungswidersprüche zur Einwilligung entstehen. Wenn A den B durch Drohung mit der Offenbarung ehrenrühriger Tatsachen dazu nötigt, in das Zerkratzen seines Autos einzuwilligen, ist diese Einwilligung unwirksam. Nötigt er ihn auf die gleiche Weise dazu, das Auto selbst zu zerkratzen, kann dies deshalb schwerlich als nur dem Betroffenen zurechenbare Selbstschädigung zu bewerten sein. 32

Um diesen Widerspruch zu vermeiden, will eine in der Literatur verbreitete Auffassung an den für die mittelbare Täterschaft erforderlichen Zwang ausnahmsweise geringere Anforderungen stellen, wenn der Verletzte selbst als Werkzeug benutzt wird. Eine mittelbare Täterschaft soll nach dieser sogenannten **Einwilligungslösung** schon dann vorliegen, wenn eine Einwilligung des Genötigten aufgrund des Zwangs unwirksam wäre.[47] Im Ergebnis bedeutet dies, dass bei der Nötigung des Verletzten jeder iSd § 240 StGB rechtswidrige Zwang die mittelbare Täterschaft begründet. Dies ist zwar 33

[42] Insoweit aA Roxin StrafR AT II § 25 Rn. 52.

[43] Fehlt es an dieser Voraussetzung, so kann D mittelbarer Täter durch Gebrauch eines schuldunfähigen bzw. vermindert schuldfähigen Werkzeugs sein (→ § 27 Rn. 34ff.).

[44] Beispiel von Roxin StrafR AT II § 25 Rn. 52.

[45] Die Drohung mit einem Unterlassen ist nach zutreffender, aber umstrittener Auffassung auch dann als Nötigung strafbar, wenn der Täter keine Rechtspflicht zum Handeln hat; vgl. dazu LK-StGB/Altvater StGB § 240 Rn. 85ff. mwN.

[46] Schönke/Schröder/Heine/Weißer StGB § 25 Rn. 11; Roxin StrafR AT II § 25 Rn. 54ff., beide mwN.

[47] Puppe StrafR AT § 24 Rn. 12ff. mwN; WBS StrafR AT Rn. 848; Geilen JZ 1974, 151f.; Herzberg JuS 1984, 369.

richtig, gilt aber – wie dargelegt – bei der Nötigung eines Dritten in gleicher Weise. Hinsichtlich der Verantwortlichkeit für die Zwangslage gelten bei der erzwungenen Selbstschädigung ebenfalls keinerlei Sonderregeln. Wenn in dem in → § 27 Rn. 30 gebildeten Beispiel D nicht B, sondern C das Messer reicht, mit dem dieser dann selbst das Seil kappt, um den B zu retten, ist D nicht mittelbarer Täter, sondern leistet nur straflos Hilfe zur Selbsttötung des C.

D. Das in seiner Entscheidungsfähigkeit beeinträchtigte Werkzeug

I. Mangelnde Entscheidungsfähigkeit aufgrund psychischer Krankheit

34 Als weiterer Fall mittelbarer Täterschaft ist die Benutzung eines nach § 20 StGB **schuldunfähigen Werkzeugs** nahezu allgemein anerkannt.[48] Allerdings wird in der Literatur zum Teil die Auffassung vertreten, dass die Veranlassung einer nach § 20 StGB schuldunfähigen Person nicht in jedem Fall als mittelbare Täterschaft zu bewerten sei. Weil auch ein Schuldunfähiger einen eigenen Willen bilden könne, müsse die Überlegenheit des Hintermannes stets anhand der psychologischen Gegebenheiten des Einzelfalles festgestellt werden.[49] Dem hält die herrschende Meinung jedoch zu Recht entgegen, dass bereits die Feststellung der Schuldunfähigkeit selbst die Gegebenheiten des Einzelfalles berücksichtige. Die Schuldunfähigkeit ist immer in Bezug auf die konkrete Tat zu beurteilen, sodass es ein nach § 20 StGB schuldunfähiges, im Einzelfall aber gleichwohl selbstbestimmungsfähiges Werkzeug nicht gibt.[50]

35 Umstritten ist, ob und inwieweit eine iSd § 21 StGB **verminderte Schuldfähigkeit** des Ausführenden mittelbare Täterschaft begründen kann. Während ein Teil der Lehre dies gänzlich ablehnt,[51] will Roxin wenigstens bei verminderter **Einsichtsfähigkeit** mittelbare Täterschaft annehmen, weil hier immer zugleich ein vermeidbarer Verbotsirrtum vorliege.[52] Diese differenzierende Lösung ist allerdings schon deshalb nicht überzeugend, weil die Einsichtsunfähigkeit entgegen der Prämisse Roxins gerade kein Unterfall des Verbotsirrtums ist (vgl. dazu → § 18 Rn. 14). Außerdem wiegen die eine erhebliche Verminderung der sogenannten **Steuerungsfähigkeit** begründenden psychischen Defizite nicht weniger schwer als entsprechende intellektuelle Beeinträchtigungen. Beide beeinträchtigen die Fähigkeit zu einer verständigen Willensbildung bereits in so gravierendem Maße, dass es gerechtfertigt erscheint, die Veranlassung einer vermindert schuldfähigen Person zur Begehung einer Straftat insgesamt ebenfalls als mittelbare Täterschaft zu bewerten.[53]

36 Wird eine psychisch kranke Person zu einer **Selbstschädigung** veranlasst, so ist umstritten, ob bei der Entscheidung über die mittelbare Täterschaft der Maßstab der **Schuldfähigkeit**[54] oder der **Einwilligungsfähigkeit**[55] entsprechend anzuwenden ist.

[48] MüKoStGB/Joecks/Scheinfeld StGB § 25 Rn. 106 ff.; Schönke/Schröder/Heine/Weißer StGB § 25 Rn. 46; Roxin StrafR AT II § 25 Rn. 139 ff., alle mwN; abweichend Köhler StrafR AT S. 59.

[49] Bockelmann/Volk StrafR AT § 25 II a; Schmidhäuser StrafR AT § 14 Rn. 48; Welzel StrafR S. 103.

[50] Roxin StrafR AT II § 25 Rn. 141.

[51] Jakobs StrafR AT Abschn. 21 Rn. 94; Stratenwerth/Kuhlen StrafR AT § 12 Rn. 52.

[52] Roxin StrafR AT II § 25 Rn. 150 f.; ihm folgend Kühl StrafR AT § 20 Rn. 68.

[53] Ebenso Schönke/Schröder/Heine/Weißer StGB § 25 Rn. 46; vgl. auch Schaffstein NStZ 1989, 153 (157 f.).

[54] Roxin StrafR AT II § 25 Rn. 144.

[55] Schönke/Schröder/Heine/Weißer StGB § 25 Rn. 13.

An die Einwilligungsfähigkeit werden tendenziell höhere Anforderungen gestellt. Der Unterschied relativiert sich jedoch dadurch, dass die verminderte Schuldfähigkeit für die mittelbare Täterschaft ausreicht. Liegen deren Voraussetzungen nicht vor, so ist in aller Regel keine Einwilligungsunfähigkeit anzunehmen.[56] Geht man gleichwohl von unterschiedlichen Maßstäben aus, so können diese nur daraus resultieren, dass bei der Einwilligung die Verletzung eines eigenen und bei der Schuldfähigkeit die Verletzung eines fremden Rechtsguts zu erfassen ist. Folglich wäre dann für die mittelbare Täterschaft durch Veranlassung einer Selbstschädigung die Einwilligungsunfähigkeit maßgeblich.

II. Mangelnde Entscheidungsfähigkeit aufgrund fehlender Reife

Die Veranlassung eines Minderjährigen zur Vornahme einer strafbaren oder selbst- 37
schädigenden Handlung ist jedenfalls immer dann als mittelbare Täterschaft zu bewerten, wenn der Minderjährige wegen fehlender Reife im Einzelfall schuldunfähig (§ 3 JGG) bzw. im Fall der Selbstschädigung einwilligungsunfähig ist. Darüber hinaus sollte man – auch wenn das Gesetz die wegen mangelnder Reife verminderte Schuldfähigkeit nicht ausdrücklich regelt – hier ebenso bereits eine erhebliche Verminderung der Schuldfähigkeit ausreichen lassen. Damit entschärft sich zugleich das Problem, ob zur Begründung der mittelbaren Täterschaft auf die unwiderlegliche Vermutung des § 19 StGB zurückgegriffen werden kann.[57] Da Kinder unter 14 Jahren selbst bei einer Berücksichtigung ihres tatsächlichen Entwicklungsstands jedenfalls nicht voll schuldfähig sein werden, ist bei ihnen auch ohne die Vermutung des § 19 StGB stets eine mittelbare Täterschaft anzunehmen.

Die mittelbare Täterschaft begründende Willensmängel

	Irrtum	**Zwang**	**Beeinträchtigung der Entscheidungsfähigkeit**
allgemein anerkannt	unrechtsausschließende (→ Rn. 7–9), unrechtsmindernde (→ Rn. 13) sowie schuldausschließende Irrtümer (→ Rn. 10)	rechtfertigender oder entschuldigender Zwang (→ Rn. 25, 26)	Schuldunfähigkeit (→ Rn. 34, 37)
streitig	schuldmindernde Irrtümer (hM, → Rn. 11, 12) sonstige Irrtümer (→ Rn. 14–16)	sonstiger iSd § 240 StGB rechtswidriger Zwang (→ Rn. 27–29)	Verminderung der Schuldfähigkeit bzw. Einwilligungsunfähigkeit (→ Rn. 35–37)

[56] Ebenso Roxin/Greco StrafR AT I § 13 Rn. 86ff., die zu Recht kritisieren, dass die Rechtsprechung die Anforderungen an die Einwilligungsfähigkeit zum Teil überspannt.

[57] Vgl. dazu einerseits MüKoStGB/Joecks/Scheinfeld StGB § 25 Rn. 107f. und andererseits Roxin StrafR AT II § 25 Rn. 142f., beide mwN.

E. Werkzeuge ohne Willensmängel?

I. Austauschbares Werkzeug?

38 Bei der Ausführung von Befehlen im Rahmen sogenannter **organisatorischer Machtapparate** nimmt die herrschende Meinung **auch ohne einen Willensmangel des Vordermannes** eine mittelbare Täterschaft an. Diese Fallgruppe ist von Roxin ursprünglich für die Ahndung der nationalsozialistischen Verbrechen entwickelt worden.[58] Grundgedanke war die Überlegung, dass innerhalb einer Organisation, die sich vom Recht gelöst hat,[59] dh auf Straftaten geradezu angelegt ist, die Begehung dieser Taten nicht von dem Willen der ausführenden Personen abhängig sei, weil bei deren Weigerung jederzeit andere bereitstünden, um die betreffende Straftat zu begehen.[60] Diese Austauschbarkeit gebe den Befehlsgebern eine Machtstellung, die es rechtfertige, sie ohne einen Willensmangel der Ausführenden als mittelbare Täter anzusehen.

39 Die Gerichte haben den Gedanken einer mittelbaren Täterschaft durch Nutzung eines organisatorischen Machtapparats bei der Ahndung der nationalsozialistischen Verbrechen selbst nicht aufgegriffen. Er fand erst Eingang in die Rechtsprechung, als der Bundesgerichtshof unter Bezugnahme auf die Überlegungen Roxins eine mittelbare Täterschaft der Mitglieder des Nationalen Verteidigungsrates bzw. des Politbüros der DDR hinsichtlich der Tötung von Flüchtlingen an der innerdeutschen Grenze annahm.[61] Dabei wurde allerdings die Konzeption Roxins insofern modifiziert, als der Senat nur auf die hierarchische Struktur als solche und nicht darauf abstellte, dass diese auf die Begehung von Straftaten angelegt war.[62] Dementsprechend nimmt die Rechtsprechung heute nicht nur bei staatlichen Verbrechen und mafiösen Organisationen, sondern auch bei in Wirtschaftsunternehmen angeordneten strafbaren Handlungen eine mittelbare Täterschaft der dafür verantwortlichen Personen an.[63]

40 Obwohl Roxins Lehre von der Organisationsherrschaft heute auch international große Anerkennung erfährt,[64] vermag die Zuordnung dieser Fallgruppe zur mittelbaren Täterschaft schon im Grundsatz nicht zu überzeugen. In der Konzeption Roxins soll die Figur des innerhalb eines organisatorischen Machtapparats handelnden und deshalb austauschbaren Werkzeugs die Lücke schließen, die sich daraus ergibt, dass Roxin für die Mittäterschaft eine Mitwirkung im Ausführungsstadium verlangt. Geht man wie die herrschende Meinung zu Recht davon aus, dass schon Vorbereitungshandlungen Mittäterschaft begründen können (vgl. dazu → § 26 Rn. 22 ff.), so bedarf es einer

---

58 Roxin GA 1963, 193; Roxin StrafR AT II § 25 Rn. 105 ff.; Roxin GA 2012, 395; ihm folgend zB Schönke/Schröder/Heine/Weißer StGB § 25 Rn. 26; Kühl StrafR AT § 20 Rn. 73 ff.; Rengier StrafR AT § 43 Rn. 60 ff.; Stratenwerth/Kuhlen StrafR AT § 12 Rn. 65 ff.; WBS StrafR AT Rn. 852; krit. MüKoStGB/Joecks/Scheinfeld StGB § 25 Rn. 159 ff.; SK-StGB/Hoyer StGB § 25 Rn. 91 f., alle mwN.

59 Vgl. zu diesem Kriterium eingehend Roxin FS Grünwald, 1999, 549 (556 ff.); Roxin GA 2012, 395 (409 f.).

60 Roxin StrafR AT II § 25 Rn. 111 mwN.

61 BGHSt 40, 218 (232 ff.); 45, 270 (296); 48, 77 (90 f.).

62 BGHSt 40, 218 (236); 45, 270 (296); 48, 77 (90 f.).

63 BGHSt 43, 219 (231 f.); dazu krit. Roxin StrafR AT II § 25 Rn. 129 f.; sowie Heinrich FS Krey, 2010, 147 (154 ff.); Rengier StrafR AT § 43 Rn. 67 ff.; I. Roxin FS Wolter, 2013, 451 (452 ff.), alle mwN.

64 Sie ist zunächst vor allem durch südamerikanische Gerichte, in jüngster Zeit aber auch durch den Internationalen Strafgerichtshof rezipiert worden; vgl. dazu Roxin GA 2012, 395 (396 ff.); Muñoz Conde FS Wolter, 2013, 1415 (1417 ff.).

solch besonderen Kategorie nicht. Wenn jemand innerhalb einer hierarchischen Struktur zur Begehung von Straftaten genötigt wird, liegt schon nach allgemeinen Regeln mittelbare Täterschaft vor. Fehlt es an einem solchen Nötigungsdruck, so wird er selbst dann nicht ohne seinen Willen als Werkzeug benutzt, wenn es auf seine Bereitschaft zur Mitwirkung im Ergebnis nicht ankommt. Die Beteiligten wirken jedoch in einem solchen Fall auch über die Hierarchiestufen hinweg arbeitsteilig zusammen (→ § 26 Rn. 2), sodass die Befehlsgeber aufgrund ihrer internen Entscheidungszuständigkeit (→ § 26 Rn. 25 ff.) ohne Weiteres als Mittäter erfasst werden können.[65]

II. Ohne eine erforderliche Absicht handelndes Werkzeug?

Eine mittelbare Täterschaft wird zum Teil auch angenommen, wenn der Vordermann zwar keinerlei Willensmangel aufweist, aber ohne eine im Tatbestand vorausgesetzte Absicht handelt. Diese Konstruktion eines **absichtslos-dolosen Werkzeugs**[66] hatte vor der zum 1.4.1998 erfolgten Erweiterung des Diebstahlstatbestands vor allem die Funktion, Strafbarkeitslücken zu schließen, die sich daraus ergaben, dass die Wegnahme einer Sache in der Absicht, sie einem Dritten zuzueignen, nicht tatbestandsmäßig war. Das Schulbeispiel[67] ist der sogenannte Gänsebuchtfall, in dem ein Knecht auf Geheiß des Bauern, bei dem er arbeitet, fremde Gänse wegnimmt, um sie diesem zuzueignen. Da der Knecht sich die Gänse nicht selbst zueignen will, beging er nach der früher geltenden Fassung des § 242 StGB keinen Diebstahl,[68] sodass der Bauer auch nicht als Anstifter hätte bestraft werden können. Um gleichwohl eine Strafbarkeit der Beteiligten zu begründen, erklärte man den Bauern kurzerhand zum mittelbaren Täter, zu dessen Tat dann der Knecht Beihilfe geleistet hat. 41

Die Problematik dieser Fallgruppe ist durch die Einfügung der Drittzueignungsabsicht zwar weitgehend entschärft worden, hat sich aber insofern nicht vollständig erledigt, als theoretisch Fälle denkbar sind, in denen der Ausführende nicht einmal mit Drittzueignungsabsicht handelt, weil es ihm zB nur auf die Schädigung des bisherigen Eigentümers ankommt.[69] Soweit der durch die Tat Begünstigte wie im Gänsebuchtfall intern die Entscheidung über die Begehung der Tat trifft, kann er selbst als Mittäter (§§ 242, 25 II StGB) und der Ausführende, dem die für die Täterschaft erforderliche Absicht fehlt, wegen Beihilfe zum Diebstahl (§§ 242, 27 StGB) bestraft werden (vgl. zu dieser Möglichkeit einer isolierten Mittäterschaft → § 25 Rn. 23). Überlässt er dem Ausführenden die Entscheidung über die Begehung der Tat, bleibt dagegen nur 42

[65] Ebenso Jakobs StrafR AT Abschn. 21 Rn. 103; Jescheck/Weigend StrafR AT § 62 II 8; Krey/Nuys FS Amelung, 2009, 203 (220 ff.) mwN.

[66] Schönke/Schröder/Heine/Weißer StGB § 25 Rn. 19 f.; Jescheck/Weigend StrafR AT § 62 II 7; WBS StrafR AT Rn. 844, jeweils mwN; vgl. zur Entstehung dieser Rechtsfigur eingehend Lotz, Das „absichtslos-qualifikationslos-dolose Werkzeug", 2009, S. 5 ff.

[67] Entgegen verbreiteter Darstellung (vgl. zB Kühl StrafR AT § 20 Rn. 56 a) hat sich der Gänsebuchtfall in dieser Form nie ereignet. In der zumeist als Beleg zitierten Entscheidung RGSt 48, 58 war das Werkzeug gutgläubig, sodass sich das Problem des absichtslos-dolosen Werkzeugs gar nicht stellte (vgl. Lotz, Das „absichtslos-qualifikationslos-dolose Werkzeug", 2009, S. 9 f.).

[68] In der Literatur wurde zwar zum Teil in jeder Drittzueignung zugleich ein Sich-Zueignen gesehen; die Rechtsprechung ist dem jedoch zu Recht nicht gefolgt (vgl. BGHSt 41, 187 (194 f.)).

[69] Vgl. Kühl StrafR AT § 20 Rn. 56 a; Roxin StrafR AT II § 25 Rn. 156 mwN; eingehend Lotz, Das „absichtslos-qualifikationslos-dolose Werkzeug", 2009, S. 138 ff.; anders Puppe StrafR AT § 24 Rn. 4, die für die Aneignungsabsicht bedingten Vorsatz ausreichen lassen will.

der Rückgriff auf den Tatbestand der Unterschlagung (§ 246 StGB). Das bloße kriminalpolitische Bedürfnis, die Wegnahme selbst ebenfalls strafrechtlich zu erfassen, kann die für die mittelbare Täterschaft erforderliche Überlegenheit des Hintermannes auch dann nicht ersetzen, wenn man es als normative Tatherrschaft verbrämt.[70]

III. Ohne Täterqualifikation handelndes Werkzeug?

43 Außerdem wird die mittelbare Täterschaft zum Teil noch zur Lösung der Fälle herangezogen, in denen bei mehreren Tatbeteiligten der die Tat Ausführende wiederum keinerlei Willensmangel aufweist, ihn aber nicht die in dem jeweiligen Tatbestand vorausgesetzte Sonderpflicht trifft.[71] Wenn also zB der Polizist A seinen Freund B dazu veranlasst, einen Beschuldigten im Strafverfahren durch Schläge zu einer Aussage zu zwingen, soll er mittelbarer Täter einer Aussagenerpressung durch Benutzung des B als sogenanntes **qualifikationslos-doloses** Werkzeug sein. Wegen der fehlenden Überlegenheit des Hintermannes ist auch diese Konstruktion nicht überzeugend. Derartige Fälle lassen sich – wie bereits dargelegt (→ § 26 Rn. 31 ff.) – über die Mittäterschaft lösen. Aufgrund seiner Sonderpflicht kann A auch ohne Tatherrschaft als Mittäter und B, dem die für die Täterschaft erforderliche Sonderpflicht fehlt, wegen Beihilfe zur Aussagenerpressung (§§ 343, 27 StGB) bestraft werden.

44 Dagegen lässt sich keine Strafbarkeit begründen, wenn der Vordermann wegen anderer seine Person betreffender Tatbestandsmerkmale den objektiven Tatbestand nicht verwirklicht. Erklärt jemand auf Veranlassung eines Verkehrssünders gegenüber der Polizei wahrheitswidrig, nicht dieser, sondern er selbst habe die betreffende Verkehrsordnungswidrigkeit begangen, so ist der Tatbestand des § 164 II StGB mangels Verdächtigung einer anderen Person nicht erfüllt. Diese Strafbarkeitslücke will der 2. Strafsenat des OLG Stuttgart ebenfalls im Wege der mittelbaren Täterschaft schließen.[72] Der Veranlasser der Selbstbezichtung habe aufgrund einer „wertenden Zuschreibung" die Tatherrschaft über das Geschehen und sei deshalb wegen einer in mittelbarer Täterschaft begangenen falschen Verdächtigung strafbar. Dieser gewagten Konstruktion ist der 1. Strafsenat desselben Gerichts zu Recht entgegengetreten.[73] Eine „wertende Zuschreibung" kann die für die mittelbare Täterschaft erforderliche Überlegenheit des Hintermannes nicht ersetzen.

F. Der subjektive Tatbestand der mittelbaren Täterschaft

45 Für den subjektiven Tatbestand der mittelbaren Täterschaft gelten die allgemeinen Regeln, dh der Vorsatz muss sich gemäß § 16 StGB auf alle den Tatbestand verwirklichenden Umstände beziehen. Dazu gehört neben den Merkmalen des jeweiligen Delikts auch der die mittelbare Täterschaft begründende Willensmangel des Tatmittlers.

70 Jescheck/Weigend StrafR AT § 62 II 7 mwN; vgl. dazu zu Recht krit. SK-StGB/Hoyer StGB § 25 Rn. 47; sowie eingehend Lotz, Das „absichtslos-qualifikationslos-dolose Werkzeug", 2009, S. 523 ff. mwN.

71 RGSt 28, 109; 39, 37; 41, 61; Schönke/Schröder/Heine/Weißer StGB § 25 Rn. 19; Kühl StrafR AT § 20 Rn. 56b, letztere mwN.

72 OLG Stuttgart NStZ 2016, 155; vgl. für eine eingehende Kritik dieser Entscheidung Hecker JuS 2016, 82; Dehne-Niemann HRRS 2016, 453; Niehaus DAR 2015, 720.

73 OLG Stuttgart NJW 2017, 1971; zust. OLG Stuttgart NJW 2018, 1110 (1112).

Ein mittelbarer Täter muss also wissen bzw. es zumindest für möglich halten, dass der Ausführende aufgrund eines Irrtums, unter rechtswidrigem Zwang oder im Zustand zumindest verminderter Schuldfähigkeit bzw. fehlender Einwilligungsfähigkeit handelt. Kennt er den Willensmangel nicht, zB weil er dem gleichen Irrtum wie der Ausführende selbst erliegt,[74] so gebraucht er – ungeachtet der gängigen Redeweise vom „überlegenen Wissen" als Voraussetzung der Tatherrschaft[75] – diesen objektiv durchaus als Werkzeug. Er hat aber keinen darauf gerichteten Vorsatz und ist deshalb nicht mittelbarer Täter.

Sofern der Ausführende ungeachtet seines Irrtums eine vorsätzliche rechtswidrige Tat **46** begeht, kann der Hintermann in diesen Fällen immer noch als Teilnehmer bestraft werden. Hätte etwa in dem in → § 27 Rn. 10 gebildeten Beispiel der Jurist, der seinen Nachbarn zur Ausübung des vermeintlichen elterlichen Züchtigungsrechts veranlasste, selbst nicht von dessen Aufhebung gewusst, so wäre er wegen Anstiftung zur Körperverletzung strafbar, wenn der Verbotsirrtum für ihn selbst vermeidbar war (§§ 223, 26, 17 S. 2 StGB). Schließt dagegen ein vom Hintermann nicht erkannter Irrtum des Ausführenden bereits das vorsätzliche Unrecht aus, so fehlt es objektiv an einer teilnahmefähigen Haupttat. Der Hintermann beteiligt sich nur nach seiner Vorstellung an der vorsätzlichen rechtswidrigen Tat eines anderen und ist deshalb allenfalls nach § 30 I StGB wegen versuchter Anstiftung zum Verbrechen sowie – weil es insoweit auf die Beteiligungsform nicht ankommt (→ § 25 Rn. 5) – aus einem etwaigen Fahrlässigkeitstatbestand[76] strafbar.

Als Beispiel stelle man sich vor, dass ein Arzt eine Krankenschwester dazu veranlasst, **47** einem Patienten ein tödliches Gift zu verabreichen, ohne zu erkennen, dass diese das Gift für ein heilsames Medikament hält. Da es für die mittelbare Täterschaft an dem erforderlichen Vorsatz und für die vollendete Anstiftung an der erforderlichen vorsätzlichen Haupttat fehlt, kann der Arzt hier nur wegen versuchter Anstiftung zum Mord (§§ 211, 30 I StGB) und wegen fahrlässiger Tötung (§ 222 StGB) bestraft werden. Dieses Ergebnis ist insofern unbefriedigend, als nicht einzusehen ist, warum der Irrtum der Krankenschwester den Arzt vor der auch bei einer vollendeten Anstiftung zwingenden lebenslangen Freiheitsstrafe bewahren soll. Deshalb wurde in der Literatur vorgeschlagen, in solchen Fällen ungeachtet der objektiv fehlenden vorsätzlichen Haupttat eine vollendete Teilnahme anzunehmen.[77] Dies wäre zwar sachlich angemessen, ist aber mit dem gemäß Art. 103 II GG verbindlichen Wortlaut des Gesetzes nicht zu vereinbaren.[78]

---

[74] Vgl. für eine solche Konstellation BGHSt 40, 257 (267), wo aber aufgrund des zugleich vorliegenden Weisungsverhältnisses iErg doch eine mittelbare Täterschaft angenommen wurde.

[75] Vgl. zB Roxin StrafR AT II § 25 Rn. 89.

[76] Anders Roxin StrafR AT II § 25 Rn. 160 in Fn. 211, der eine Fahrlässigkeitsstrafbarkeit nicht für möglich hält, weil der Hintermann vorsätzlich gehandelt hat. Jedoch schließt die Kenntnis der den Tatbestand verwirklichenden Umstände deren Erkennbarkeit nicht aus, sodass auch die Voraussetzungen des Fahrlässigkeitsdelikts erfüllt sind (vgl. zum begriffslogischen Verhältnis von Vorsatz und Fahrlässigkeit Puppe StrafR AT § 7 Rn. 1 f. mwN).

[77] Tröndle/Fischer, 49. Aufl. 1999, StGB Vor § 25 Rn. 10; Fischer hat diese Ansicht jedoch in der 50. Auflage aufgegeben.

[78] Vgl. dazu eingehend Roxin StrafR AT II § 25 Rn. 160 f., der zu Recht darauf hinweist, dass der Gesetzgeber im Rahmen der Strafrechtsreform bewusst darauf verzichtet hat, eine Sondervorschrift für diese Fälle zu schaffen.

G. Mittelbare Täterschaft durch Unterlassen

48 Eine mittelbare Täterschaft ist konstruktiv auch durch Unterlassen möglich.[79] Sie liegt vor, wenn eine Person, die aufgrund eines die mittelbare Täterschaft begründenden Willensmangels eine Straftat zu begehen droht, vom Garanten nicht daran gehindert wird, die Tat zu begehen. Lässt es zB ein Arzt geschehen, dass eine Krankenschwester einem Patienten statt des verordneten Medikaments irrtümlich ein tödliches Gift verabreicht, so ist er wegen eines in mittelbarer Täterschaft durch Unterlassen begangenen Mordes strafbar (§§ 211, 25 I Var. 2, 13 StGB). Allerdings ist der Arzt in einem solchen Fall aufgrund seiner Garantenstellung gegenüber dem Patienten auch dann als Täter eines Mordes durch Unterlassen zu bestrafen, wenn die Krankenschwester nicht irrtümlich handelt (→ § 26 Rn. 38ff.). Im Ergebnis kommt es für die strafrechtliche Verantwortlichkeit des Unterlassungstäters auf einen Willensmagel des Vordermannes nicht an, weshalb die Konstruktion einer mittelbaren Täterschaft durch Unterlassen von einem Teil der Literatur mit einem gewissen Recht als entbehrlich angesehen wird.

49 Ob ein Handeln oder ein Unterlassen vorliegt, beurteilt sich – anders als bei gemeinschaftlichem Verhalten (vgl. dazu → § 26 Rn. 37ff.) – nicht nach dem Verhalten des Tatmittlers, sondern nach dem des mittelbaren Täters selbst.[80] Wer einen 13-jährigen Jungen erfolgreich dazu überredet, die zunächst beabsichtigte und ohne eigene Gefährdung mögliche Rettung eines ins Wasser gefallenen Kleinkinds vor dem Ertrinken zu unterlassen, ist als Begehungstäter auch dann wegen Totschlags oder Mordes in mittelbarer Täterschaft (§ 212 StGB, § 25 I Var. 2 StGB bzw. §§ 211, 25 I Var. 2 StGB) strafbar, wenn weder er selbst noch der Junge eine Garantenstellung zur Abwendung der Gefahr hatte. Dagegen ist derjenige, der es unterlässt, einen 13-jährigen Jungen daran zu hindern, ein Kleinkind ins Wasser zu werfen und es dadurch zu töten, als Unterlassungstäter nur dann mittelbarer Täter eines Totschlags oder Mordes, wenn er als Garant zur Abwendung der Gefahr verpflichtet ist (§§ 212, 25 I Var. 2 StGB, § 13 StGB bzw. §§ 211, 25 I Var. 2 StGB, § 13 StGB). Ansonsten ist er lediglich wegen unterlassener Hilfeleistung (§ 323c StGB) strafbar.

Mittelbare Täterschaft (vgl. S. 503)
Der Anwendungsbereich der mittelbaren Täterschaft ist auf **Erfolgsdelikte** begrenzt (→ § 25 Rn. 10ff.). Da sie insoweit nur eine besondere Erscheinungsform der unmittelbaren Täterschaft darstellt (→ § 25 Rn. 8), erfolgt ihre Prüfung entsprechend dem allgemeinen Aufbau der Erfolgsdelikte. In der Subsumtionsfrage ist die Handlung des möglichen mittelbaren Täters – und nicht die seines eventuellen Werkzeugs – als Tathandlung zu benennen. Eine Abweichung vom allgemeinen Aufbau ergibt sich lediglich insofern, als im Tatbestand auch die Tatherrschaft geprüft werden muss.

[79] BGHSt 40, 257 (265ff.); 48, 77 (89ff.) mwN; Ranft FS Otto, 2007, 403 (410ff.). Beide Entscheidungen betreffen allerdings Sachverhalte, die richtigerweise als Mittäterschaft einzuordnen gewesen wären.

[80] So richtig BWME StrafR AT § 25 Rn. 151; in Rechtsprechung und Literatur wird dies nur deshalb teilweise anders gesehen, weil man die Fälle einer hierarchisch strukturierten Arbeitsteilung als Organisationsherrschaft der mittelbaren Täterschaft zuordnet (vgl. BGHSt 40, 257 (265f.); Stratenwerth/Kuhlen StrafR AT § 14 Rn. 14 mN).

A. **Tatbestand**
  I. **Objektiver Tatbestand**
    1. Etwaige persönlich zu erfüllende Tatbestandsmerkmale (→ § 25 Rn. 10 ff.)
    2. **Eintritt des tatbestandlichen Erfolgs**
    3. **Mittelbare Verursachung dieses Erfolgs durch die in der Subsumtionsfrage bezeichnete Handlung** (→ § 25 Rn. 8 f.)
    4. Rechtliche Missbilligung der Art und Weise der Erfolgsverursachung = objektive Zurechnung
      a) Rechtlich missbilligtes Risiko eines Erfolgseintritts
      b) Verwirklichung dieses Risikos in dem eingetretenen Erfolg
    5. **Tatherrschaft aufgrund eines Willensmangels des Tatmittlers** (→ § 27 Rn. 1 ff.)
  II. **Subjektiver Tatbestand** (→ § 27 Rn. 45 ff.)
    1. Vorsatz bezüglich etwaiger persönlich zu erfüllender Tatbestandsmerkmale
    2. **Vorsatz bezüglich der möglichen mittelbaren Erfolgsverursachung**
    3. Vorsatz bezüglich der die objektive Zurechnung begründenden Umstände
      a) Kenntnis eines rechtlich missbilligten Risikos
      b) Verwirklichung des erkannten Risikos in dem eingetretenen Erfolg = Zurechnung zum Vorsatz
    4. **Kenntnis der die Tatherrschaft begründenden Umstände**
    5. Etwaige persönlich zu erfüllende Absichtsmerkmale (→ § 25 Rn. 14)

B. **Rechtswidrigkeit und Schuld**
  – keine Besonderheiten (→ § 25 Rn. 14)

Lektüreempfehlungen: BGHSt 30, 363–366 (Tatbestandsirrtum des Tatmittlers); BGHSt 32, 38–43; GA 1986, 508–509 (irrtumsbedingte Selbsttötung); BGHSt 35, 347–356 (vermeidbarer Verbotsirrtum des Tatmittlers); BGHSt 40, 218–240 (Organisationsherrschaft); BGHSt 48, 77–100 (mittelbare Unterlassungstäterschaft).

§ 28. Die Teilnahme

A. Die teilnahmefähige Haupttat

I. Der Begriff der rechtswidrigen Tat

1 Gemeinsame Voraussetzung von Anstiftung und Beihilfe ist nach §§ 26, 27 StGB eine vom Täter vorsätzlich begangene rechtswidrige Tat. Unter einer rechtswidrigen Tat ist grundsätzlich jede nicht gerechtfertigte Verwirklichung eines Straftatbestandes zu verstehen (§ 11 I Nr. 5 StGB). Entgegen einer früher vertretenen Auffassung[1] ist damit eine Teilnahme an Unterlassungsdelikten möglich. Wer eine Mutter durch aktives Tun dazu bestimmt, ihr Kind verhungern zu lassen, ist wegen Anstiftung zum Totschlag oder Mord durch Unterlassen (§ 212 bzw. §§ 211, 13, 26 StGB) und nicht – wie diese Auffassung annahm – als Begehungstäter eines Totschlags respektive Mordes strafbar (zur Frage einer Strafmilderung wegen der fehlenden Garantenstellung des Teilnehmers → § 25 Rn. 41). Der mit Strafe bedrohte Versuch ist ebenfalls eine rechtswidrige Tat im Sinne der §§ 26, 27 StGB. Deshalb gibt es auch eine Teilnahme am Versuch. Sie wird hier jedoch zunächst ausgeklammert und im Zusammenhang mit der versuchten Mittäterschaft gesondert behandelt (→ § 29 Rn. 16ff.).

2 Wie § 29 StGB bestätigt, muss die Haupttat nicht schuldhaft begangen sein. Eine etwaige Schuldunfähigkeit oder ein unvermeidbarer Verbotsirrtum des Haupttäters stehen deshalb nach allgemeiner Auffassung einer Teilnahme an der Tat nicht entgegen. Allerdings ist in solchen Fällen vorrangig eine mittelbare Täterschaft in Betracht zu ziehen (vgl. dazu → § 27 Rn. 10 und → § 27 Rn. 26). Vereinzelt in Zweifel gezogen wird lediglich die Möglichkeit einer Teilnahme an einer nach § 35 StGB entschuldigten Tat.[2] Jedoch steht der Umstand, dass es dem Täter als persönlich Betroffenem nicht zuzumuten ist, sich gegen die Wahrung seiner eigenen existenziellen Interessen zu entscheiden (→ § 20 Rn. 5), der Bestrafung eines selbst nicht in dieser Weise betroffenen Beteiligten nicht entgegen.[3] Wird also ein Vater durch Entführung seines Kindes zur Tötung eines Menschen genötigt, so sind Außenstehende, die ihm dazu raten, dem Nötigungsdruck nachzugeben und die Tat zu begehen, wegen Anstiftung oder psychischer Beihilfe zum Totschlag (§§ 212, 26 bzw. 27 StGB) strafbar.

II. Der Begriff der vorsätzlichen Tat

1. Vorsatz-Fahrlässigkeits-Kombinationen als Haupttat

3 Eine vorsätzliche Haupttat ist gemäß § 11 II StGB auch die Begehung eines Delikts, dessen gesetzlicher Tatbestand hinsichtlich der Handlung Vorsatz und hinsichtlich einer dadurch verursachten besonderen Folge Fahrlässigkeit voraussetzt. Diese Regelung erfasst sowohl die erfolgsqualifizierten Delikte wie zB die Körperverletzung mit Todesfolge (§ 227 StGB) als auch Vorsatz-Fahrlässigkeits-Kombinationen, deren Fahr-

---

1 Welzel StrafR S. 206; vgl. dazu näher Roxin StrafR AT II § 26 Rn. 165f. mwN.

2 Maurach/Zipf StrafR AT I § 33 Rn. 40; siehe auch Rudolphi ZStW 78 (1966), 67, allerdings zur alten Rechtslage, nach der die Teilnahme eine „mit Strafe bedrohte Handlung" voraussetzte (§§ 48f. aF); für die Milderung der Strafe des Teilnehmers de lege lata SK-StGB/Rogall StGB § 35 Rn. 51 mwN.

3 Dazu näher Frister, Die Struktur des „voluntativen Schuldelements", 1993, S. 240ff.

lässigkeitsteil – wie etwa bei der Straßenverkehrsgefährdung im Fall des § 315c I Nr. 1 Buchst. b oder Nr. 2, III Nr. 1 StGB – die Strafbarkeit erst begründet.[4] Bei beiden Deliktsformen ist damit eine Teilnahme möglich. Diese besteht konstruktiv aus einer Teilnahme am Vorsatzteil und einer eigenen Täterschaft hinsichtlich des Fahrlässigkeitsteils.[5] Dementsprechend setzt sie voraus, dass der Teilnehmer zu dem vorsätzlich zu verwirklichenden Teil der Haupttat vorsätzlich anstiftet bzw. Hilfe leistet und hinsichtlich des fahrlässig zu verwirklichenden Teils selbst fahrlässig handelt. Letzteres ist für die erfolgsqualifizierten Delikte speziell im Gesetz geregelt (§ 18 StGB). Im Übrigen wird es zum Teil aus § 29 StGB abgeleitet,[6] ergibt sich aber jedenfalls aus den dargelegten Grundsätzen.[7]

Hat also A den B vorsätzlich dazu bestimmt, C mit dem Hinterkopf heftig gegen eine Wand zu stoßen, und stirbt C an den Folgen dieser vorsätzlichen Misshandlung, so ist A wegen Anstiftung zur Körperverletzung mit Todesfolge (§§ 227, 26 StGB) strafbar, wenn er selbst hätte erkennen können, dass C möglicherweise in Folge dieser Misshandlung sterben wird. Ob B dies erkennbar war, ist für die Strafbarkeit des A ohne Bedeutung. Da hinsichtlich des Fahrlässigkeitsteils die Regeln der Täterschaft gelten, kann ein Beteiligter selbst dann wegen Anstiftung zu einem erfolgsqualifizierten Delikt strafbar sein, wenn der Täter mangels eigener Fahrlässigkeit nur wegen des Grunddelikts zu bestrafen ist. In der Literatur wird die Kombination von vorsätzlicher Beteiligung und fahrlässiger Täterschaft zum Teil als dogmatische Zwitterfigur kritisiert.[8] Jedoch ist der vereinzelt vorgetragene Vorschlag, den Beteiligten in solchen Fällen ungeachtet der fehlenden eigenen Verwirklichung des Grundtatbestandes als Täter des erfolgsqualifizierten Delikts zu bestrafen,[9] noch weniger überzeugend. Mit dem Gesetz ist eine solche Lösung jedenfalls nicht zu vereinbaren. 4

2. Im Erlaubnistatbestandsirrtum begangene Haupttat

Umstritten ist, ob eine im Erlaubnistatbestandsirrtum (→ § 14 Rn. 29) begangene Tat als eine vorsätzlich begangene rechtswidrige Tat im Sinne der §§ 26, 27 StGB anzusehen ist. Die Antwort auf diese Frage hängt davon ab, wie man die Auswirkungen eines Erlaubnistatbestandsirrtums auf die Handlung des Täters selbst beurteilt. Nach der **strengen Schuldtheorie** (→ § 14 Rn. 31), die den Erlaubnistatbestandsirrtum nur als Unterfall des in § 17 StGB geregelten Verbotsirrtums begreift, wird durch einen solchen Irrtum allenfalls die Schuld des Täters ausgeschlossen, sodass eine Teilnahme an der infrage stehenden Tat in jedem Fall möglich wäre. Gleiches gilt im Ergebnis nach der **rechtsfolgenverweisenden Schuldtheorie** (→ § 14 Rn. 34), die auf den Erlaubnistatbestandsirrtum zwar die Regelung des § 16 StGB entsprechend anwenden will, durch den Irrtum aber lediglich die Vorsatzschuld als ausgeschlossen ansieht. Diese Theorie hat gerade den Sinn, ungeachtet der Anwendung der Regelung des 5

[4] Vgl. SK-StGB/Stein/Deiters StGB § 11 Rn. 96 und eingehend Küper FS Kühl, 2014, 315 (325f.) mwN.

[5] BGHSt 19, 339 (341 f.); Roxin StrafR AT II § 26 Rn. 167 mwN; anders Küper FS Kühl, 2014, 315 (326f.), der den Fahrlässigkeitsteil nicht als Täterschaft, sondern als ansonsten im Gesetz nicht vorgesehene fahrlässige Teilnahme einordnet und deshalb für die Teilnahme an einer Vorsatz-Fahrlässigkeits-Kombination verlangt, dass der Täter zumindest fahrlässig handelt.

[6] Schönke/Schröder/Sternberg-Lieben/Schuster StGB § 18 Rn. 6.

[7] NK-StGB/Paeffgen StGB § 18 Rn. 132.

[8] Vgl. NK-StGB/Paeffgen StGB § 18 Rn. 133 mwN.

[9] Gössel FS Lange, 1976, 219 (236ff.).

§ 16 StGB die Teilnahme an einer im Erlaubnistatbestandsirrtum begangenen Tat zu ermöglichen (vgl. dazu die Kritik → § 14 Rn. 34).

6 Auf der Grundlage der vorzugswürdigen (→ § 14 Rn. 30) eingeschränkten Schuldtheorie ist die Teilnahme an einer im Erlaubnistatbestandsirrtum begangenen Tat dagegen nicht möglich. Der einem Erlaubnistatbestandsirrtum unterliegende Täter handelt zwar vorsätzlich, aber sein Vorsatz ist nicht rechtswidrig, sodass er kein vorsätzliches Unrecht begeht. Dementsprechend ist seine Tat keine vorsätzlich begangene rechtswidrige Tat.[10] Zwar wird in der Literatur zum Teil die Auffassung vertreten, der Begriff der vorsätzlich begangenen rechtswidrigen Tat könne in den §§ 26, 27 StGB eigenständig definiert werden.[11] Jedoch ergibt sich für eine Abweichung von dem straftatsystematischen Begriffsverständnis auch aus dem Sinn und Zweck der Regelungen keine tragfähige Grundlage. Eine solche Abweichung lässt sich insbesondere nicht mit andernfalls entstehenden Strafbarkeitslücken begründen, weil diese Lücken keine Besonderheit einer im Erlaubnistatbestandsirrtum begangenen Haupttat sind, sondern bei einer schon aufgrund eines Tatbestandsirrtums unvorsätzlichen Haupttat in gleicher Weise auftreten.

7 Verschafft sich ein Journalist der ärztlichen Schweigepflicht unterliegende Unterlagen, indem er dem Arzt erfolgreich eine Einwilligung des Berechtigten vorspiegelt, so erscheint es in der Tat wenig einsichtig, dass die Veranlassung des Arztes zur Herausgabe der Unterlagen wegen dessen Erlaubnistatbestandsirrtums nicht als Anstiftung zur Verletzung von Privatgeheimnissen (§§ 203, 26 StGB) strafbar ist. Dies gilt umso mehr, als in einem derartigen Fall wegen des Fehlens des Tätermerkmals des § 203 StGB eine Strafbarkeit wegen mittelbarer Täterschaft nicht eingreift. Jedoch ergibt sich eine entsprechende Strafbarkeitslücke, wenn der Arzt die Unterlagen aufgrund eines Tatbestandsirrtums herausgibt, etwa weil ihm vorgespiegelt wird, dass es sich dabei um von dem Journalisten selbst mitgebrachte Papiere handelt. In dem einen wie dem anderen Fall resultiert die Strafbarkeitslücke aus der fragwürdigen (→ § 25 Rn. 26) Entscheidung des Gesetzes für das Erfordernis einer vorsätzlichen Haupttat und muss deshalb de lege lata hingenommen werden.

III. Ungeschriebene Anforderungen an die Haupttat

8 Es gibt Fälle, in denen die Haupttat zwar eine vorsätzlich begangene rechtswidrige Tat ist, der Teilnehmer selbst aber das betroffene Rechtsgut straflos hätte verletzen bzw. gefährden dürfen. In solchen Fällen ist seine Beteiligung an der Verletzung oder Gefährdung dieses Rechtsguts nach dem Strafgrund der Teilnahme nicht als strafbares Unrecht zu bewerten (vgl. bereits → § 25 Rn. 28).[12] Deshalb hat zB die Straflosigkeit der versuchten Selbsttötung (→ § 13 Rn. 4) zur Folge, dass die Anstiftung zu einer versuchten Tötung auf Verlangen (§ 216 I, II StGB) für das Opfer selbst nicht strafbar ist. Entsprechendes gilt für eine Mitwirkung des Opfers bei einem wucherischen Rechtsgeschäft (§ 291 StGB) oder bei einem sexuellen Missbrauch von Schutzbefohlenen

[10] Schönke/Schröder/Heine/Weißer StGB Vorb. §§ 25 ff. Rn. 28 f.; SK-StGB/Hoyer StGB Vor §§ 26–31 Rn. 36 f.; Freund FS Küper, 2007, 63 (81), jeweils mwN.

[11] Frisch, Vorsatz und Risiko, 1983, S. 252 f.; Streng FS Otto, 2007, 469 (479 f.); Streng FS Paeffgen, 2015, 231 (240 ff.), jeweils mwN.

[12] Vgl. dazu SK-StGB/Hoyer StGB Vor §§ 26–31 Rn. 31 f. mwN; Roxin FS Stree/Wessels, 1993, 365 (370 ff.).

(§ 174 StGB). Eine solche Mitwirkung greift – weil diese Delikte gleichfalls nur Fremdschädigungen erfassen – ebenfalls nicht das tatbestandlich geschützte Rechtsgut an und stellt deshalb keine strafbare Teilnahme dar.

Die Straflosigkeit des Teilnehmers in diesen Fällen ist seit langem anerkannt, wird aber erst in neuerer Zeit aus dem Strafgrund der Teilnahme abgeleitet. Traditionell begründet man sie damit, dass die Teilnahme zur Tatbestandsverwirklichung durch den Haupttäter begrifflich notwendig, zB eine Tötung auf Verlangen ohne eine Anstiftung des Opfers nicht möglich sei (sog. **notwendige Teilnahme**).[13] Dass dies aber jedenfalls nicht der einzige Grund für die Straffreistellung ist, zeigt sich, wenn man den Fall der versuchten Tötung auf Verlangen dahingehend abwandelt, dass das Opfer zu der Tat nicht nur angestiftet, sondern außerdem noch Hilfe geleistet hat. Eine solche Hilfeleistung ist im Gegensatz zur Anstiftung für eine Tötung auf Verlangen nicht begrifflich notwendig. Gleichwohl kann im Ergebnis kein Zweifel bestehen, dass – solange das Unrecht der Tötungsdelikte in einer Fremdtötung besteht – eine vom Opfer selbst geleistete Beihilfe zur versuchten Tötung auf Verlangen ebenfalls straflos sein muss. 9

Auch wenn sich die Haupttat gegen Drittinteressen richtet, ist es möglich, dass sie für den Teilnehmer kein tatbestandliches Unrecht darstellt. Es kommt hierfür nicht darauf an, ob die Haupttat ein Rechtsgut des Teilnehmers verletzt, sondern ob das durch die Haupttat verletzte Rechtsgut gegenüber dem Teilnehmer strafrechtlich geschützt ist.[14] So macht sich wegen Strafvereitelung (§ 258 I, II StGB) nur strafbar, wer die Bestrafung „eines anderen" vereitelt. Gegenüber dem Vortäter selbst ist das Strafverfolgungsinteresse des Staates nicht strafrechtlich geschützt (vgl. zu den Gründen → § 21 Rn. 12). Deshalb geht man heute allgemein davon aus, dass der Vortäter nicht wegen Anstiftung oder Beihilfe zur Vereitelung seiner eigenen Bestrafung strafbar ist.[15] Entsprechendes hat – obwohl die Rechtsprechung zum Teil anders entscheidet[16] – bei der Gefangenenbefreiung (§ 120 StGB) und der von der herrschenden Meinung gleichfalls als Rechtspflegedelikt eingeordneten[17] falschen Verdächtigung (§ 164 StGB) zu gelten. Weil hier ebenfalls nur die Befreiung bzw. die falsche Verdächtigung eines anderen mit Strafe bedroht ist, stellt die Anstiftung oder Beihilfe durch den Befreiten respektive Verdächtigten selbst keine strafbare Teilnahme dar.[18] 10

[13] Vgl. Jescheck/Weigend StrafR AT § 64 V 1 mwN.

[14] In einer Rechtsordnung, die das Leben des Menschen auch vor ihm selbst strafrechtlich schützt, dh die versuchte Selbsttötung mit Strafe bedroht, wäre die Teilnahme an einer versuchten Tötung der eigenen Person strafbar, obwohl sich die Haupttat nur gegen ein Rechtsgut des Teilnehmers richtet.

[15] MüKoStGB/Cramer StGB § 258 Rn. 7; Schönke/Schröder/Hecker StGB § 258 Rn. 35; Roxin StrafR AT II § 26 Rn. 48; Stratenwerth/Kuhlen StrafR AT § 12 Rn. 209f. mwN; BayObLG JR 1979, 252; anders noch BGHSt 17, 236.

[16] Nach der Rechtsprechung ist bei der Gefangenenbefreiung lediglich die Beihilfe, nicht aber die Anstiftung durch den Gefangenen selbst straflos (BGHSt 4, 396 (400f.); 17, 369 (373)); vgl. dagegen zu Recht Roxin StrafR AT II § 26 Rn. 46 mwN. Bei der falschen Verdächtigung hat die Rechtsprechung nicht nur eine Anstiftung (BGHSt 5, 66 (68)), sondern zum Teil auch eine Beihilfe (OLG Stuttgart NStZ 2016, 155 (157); vgl. zur Kritik dieser Entscheidung bereits → § 27 Rn. 44) durch den Verdächtigten selbst als strafbar bewertet.

[17] Vgl. SK-StGB/Rudolphi/Rogall StGB § 164 Rn. 1f. mwN; wenn man die falsche Verdächtigung als Individualdelikt begreift (NK-StGB/Vormbaum StGB § 164 Rn. 10 mwN) ergibt sich die Straflosigkeit einer Teilnahme an der eigenen Verdächtigung bereits aus der dann anzunehmenden Rechtfertigung der Haupttat durch Einwilligung.

[18] Abweichend von dieser Regel sieht das Gesetz bei der sachlichen Begünstigung des § 257 StGB ausdrücklich vor, dass ein an der Vortat Beteiligter nicht als Täter, wohl aber als Anstifter eines an der Vor-

11 Nur wenn das durch die Haupttat verletzte Rechtsgut grundsätzlich vor einem Angriff durch den Teilnehmer strafrechtlich geschützt ist, stellt sich die Frage, ob dessen konkrete Mitwirkungshandlung wegen ihrer begrifflichen Notwendigkeit für die Haupttat nicht als strafbare Teilnahme zu bewerten ist. Die neuere Literatur steht dieser traditionellen Begründung der Straflosigkeit von Teilnahmehandlungen zunehmend skeptisch gegenüber.[19] Aber wenn ein Strafgesetz von einem Geschehen, das verschiedenartiges Verhalten mehrerer Personen voraussetzt, nur das Verhalten des einen mit Strafe bedroht, kann dies im Einzelfall durchaus dahingehend zu verstehen sein, dass das Verhalten des anderen auch nicht als Teilnahme strafbar sein soll. Stellt ein Tatbestand wie § 106 UrhG nur das Verbreiten, aber nicht den Erwerb eines Gegenstandes unter Strafe, so wird man daraus in der Regel schließen können, dass der einzelne Erwerb nicht als Teilnahme am Verbreiten strafbar sein soll.[20] Letztlich sind derartige Schlüsse jedoch eine Frage der Auslegung des jeweiligen Deliktstatbestands. Die Einzelheiten gehören deshalb in den Besonderen Teil.[21]

B. Die Anstiftung

12 Die Anstiftung sieht das Gesetz als ebenso schwerwiegende Beteiligungsform an wie die Täterschaft. Wer einen anderen zu einer Straftat bestimmt hat, wird gemäß § 26 StGB gleich einem Täter, dh ebenso bestraft, als wenn er selbst die Entscheidung über die Begehung der Tat getroffen hätte. Dahinter steht der Gedanke, dass der geistige Urheber einer Tat für diese in gleichem Maße verantwortlich sein soll wie der Handelnde selbst. Dementsprechend wird das die Anstiftung kennzeichnende „Bestimmen" zur Tat traditionell als geistige Urheberschaft, dh als Verursachung des vom Täter gefassten Tatentschlusses verstanden. Diese Definition ist im Grundsatz auch heute noch anerkannt. Allerdings streitet man darüber, ob der psychische Zusammenhang zwischen der Anstifterhandlung und dem Tatentschluss mit dem Begriff der Kausalität richtig bezeichnet und wie er im Einzelnen zu verstehen ist (dazu unter → Rn. 13ff.). Darüber hinaus ist umstritten, ob jede Verursachung des Tatentschlusses ausreicht oder zusätzliche Anforderungen an die Anstiftungshandlung zu stellen sind (dazu unter → Rn. 21ff.).

I. Das Verursachen des Tatentschlusses

1. Begriff und Feststellung der Kausalität

13 Dem traditionellen Verständnis der Anstiftung als Verursachung des Tatentschlusses wird zum Teil entgegengehalten, dass eine solch **psychische Kausalität** mit der Entscheidungsfreiheit des Täters nicht zu vereinbaren sei. Da der Täter einer Aufforderung zur Begehung einer Straftat nicht nachkommen müsse, sei sein Tatentschluss durch eine Anstiftung nicht gesetzlich bedingt und damit auch nicht verursacht.[22]

---

tat Unbeteiligten strafbar sein kann (§ 257 III StGB). Diese Sonderregelung ist nur als Reminiszenz an die Schuldteilnahmetheorie zu erklären (vgl. NK-StGB/Altenhain § 257 Rn. 38f. mwN).

[19] Vgl. SK-StGB/Hoyer StGB Vor §§ 26–31 Rn. 76; Jakobs StrafR AT Abschn. 24 Rn. 12, beide mwN.

[20] So zu Recht Roxin StrafR AT II § 26 Rn. 53.

[21] Vgl. Gropp, Deliktstypen mit Sonderbeteiligung, 1992, S. 206ff.

[22] NK-StGB/Puppe StGB Vor §§ 13ff. Rn. 129ff.; Puppe GA 1984, 101 (103ff.), jeweils mwN.

Diese Kritik beruht auf der Vorstellung, die Feststellung von Kausalität setze strikte Kausalgesetze voraus, aufgrund derer bei Vorliegen des ursächlichen Ereignisses „a" das bewirkte Ereignis „b" sicher vorhergesagt werden kann. Dies ist jedoch – wie dargelegt (→ § 9 Rn. 34 ff.) – nicht richtig. Die Anstiftungshandlung muss keine hinreichende, sondern lediglich eine notwendige Bedingung für den Tatentschluss des Täters sein, dh es kommt nur darauf an, dass der Tatentschluss ohne die Anstiftung nicht gefasst worden wäre. Eine solche Feststellung ist mit der Freiheit des Täters, einer Aufforderung zur Begehung der Tat nicht Folge zu leisten, ohne Weiteres vereinbar.

Die Kausalität der Anstiftungshandlung für den Tatentschluss ist unzweifelhaft gegeben, wenn der Täter zuvor noch gar nicht an eine Begehung der betreffenden Tat gedacht hatte. Bringt etwa A den B erst auf den Gedanken, zur Lösung von finanziellen Problemen eine Bank zu überfallen, dann hat er einen entsprechenden Tatentschluss des B verursacht. Die Möglichkeit, dass B ohne diese Einwirkung zufälligerweise auf genau die gleiche Idee gekommen wäre, ist – solange es dafür keine konkreten Anhaltspunkte gibt – rein gedanklicher Natur und bleibt deshalb außer Betracht. Umgekehrt ist die Ursächlichkeit einer Anstiftungshandlung für den Tatentschluss eindeutig zu verneinen, wenn der Täter ein **omnimodo facturus** ist, dh er an die betreffende Tat nicht nur bereits selbst gedacht hatte, sondern auch schon fest zu deren Begehung entschlossen war.[23] Wenn A dem B einen Banküberfall vorschlägt, den dieser ohnehin begehen wollte, dann hat er den Tatentschluss des B nicht verursacht. Er ist in einem solchen Fall lediglich wegen versuchter Anstiftung, uU auch wegen psychischer Beihilfe zu der Tat des B strafbar (vgl. zu Letzterem → § 28 Rn. 41 ff.). 14

In neuerer Zeit wird der Begriff des omnimodo facturus allerdings zunehmend kritisiert.[24] Man hält ihm entgegen, dass es für die Anstiftung nur auf die Verursachung des bei Begehung der Tat, dh im Zeitpunkt des unmittelbaren Ansetzens zur Tatbestandsverwirklichung vorhandenen Tatentschlusses ankommen könne. Eine vor diesem Zeitpunkt liegende feste Entschlossenheit werde – wie die Regeln über den Versuchsbeginn zeigen – von der Rechtsordnung gerade noch nicht als verbindlicher Tatentschluss anerkannt (vgl. zum Erfordernis des Verwirklichungsbewusstseins → § 11 Rn. 9 ff.). Deshalb sei nicht auszuschließen, dass auch der Tatentschluss eines im Zeitpunkt der Anstiftungshandlung bereits „fest" zur Begehung der Tat entschlossenen Täters insofern auf dieser Handlung beruht, als er ohne sie von seinem Vorhaben möglicherweise noch Abstand genommen hätte. Dies ist zwar im Prinzip richtig. Jedoch wird sich in der Praxis eine derartige Kausalität kaum einmal feststellen lassen und deshalb behält der Begriff des omnimodo facturus ungeachtet dieses prinzipiell durchaus berechtigten Einwands seinen praktischen Wert. 15

Probleme bereitet die Kausalitätsfeststellung, wenn der Täter bereits an die betreffende Tat gedacht hatte, aber noch nicht endgültig zur Begehung der Tat entschlossen war. Erzählt etwa B dem A, dass er mit dem Gedanken spiele, zur Lösung seiner finanziellen Probleme einen Banküberfall zu begehen, und empfiehlt A ihm daraufhin die Tatbegehung, so ist es schwierig zu entscheiden, ob ein gefasster Tatentschluss auf dem Rat des A beruht oder nicht. In der Literatur wird zum Teil vorgeschlagen, in solchen Fällen das Vorliegen einer Anstiftung davon abhängig zu machen, in welchem Maße der Täter bereits zur Begehung der Tat geneigt war.[25] Jedoch wird dies der Struktur 16

[23] Vgl. etwa BGH NStZ 2017, 401 (403); vgl. MüKoStGB/Joecks/Scheinfeld StGB § 26 Rn. 368 mwN.
[24] SK-StGB/Hoyer StGB § 26 Rn. 8; Puppe StrafR AT § 22 Rn. 6 ff. und § 25 Rn. 12 ff.; Puppe GA 2013, 514 (520 f.), jeweils mwN.
[25] Vgl. etwa Roxin StrafR AT II § 26 Rn. 67 f.

des Problems nicht gerecht. Es geht nicht um die Frage, inwieweit auch die Aufforderung bereits tatgeneigter Personen als Anstiftungshandlung zu bewerten ist, sondern um das Problem, ob die Anstiftungshandlung erfolgreich war, dh den Tatentschluss verursacht hat. Wenn sich dies aufgrund einer bereits vorhandenen Tatneigung des Täters nicht sicher feststellen lässt, darf nach dem Grundsatz in dubio pro reo nicht wegen vollendeter, sondern allenfalls wegen versuchter Anstiftung (→ § 29 Rn. 31 ff.) bestraft werden.

2. Die Identität des Tatentschlusses

17 Selbstverständlich schließt ein bereits vorhandener Tatentschluss die Ursächlichkeit einer Anstiftungshandlung nur dann aus, wenn er auf die Begehung derselben Tat gerichtet war. Wenn B auf den Rat des A hin statt des beabsichtigten Banküberfalls einen Kreditbetrug begeht, so hat A zwar möglicherweise einen Banküberfall verhindert, aber den Entschluss des B zur Begehung des Kreditbetrugs unzweifelhaft verursacht. Man spricht in solchen Fällen von einer **Umstiftung,** die als Anstiftung zu der begangenen Tat strafbar ist. Die Identität einer Tat wird dabei nicht nur durch den verwirklichten Deliktstatbestand, sondern auch durch den jeweiligen Lebenssachverhalt bestimmt. Wenn B auf den Rat des A hin statt eine Bankfiliale in Düsseldorf einen Geldtransporter in Köln überfällt, so stellt dies – obwohl der gleiche Tatbestand verwirklicht wird – einen anderen Lebenssachverhalt und damit ebenfalls eine andere Tat dar. Ob noch der gleiche oder schon ein anderer Sachverhalt vorliegt, ist nur durch Rückgriff auf die allgemeine Lebensauffassung zu beurteilen, sodass die Entscheidung in Grenzfällen zweifelhaft ist.[26]

18 Umstritten ist die Beurteilung der Fälle, in denen der Täter bereits zur Verwirklichung der begangenen Tat entschlossen war, der Anstifter ihn aber dazu gebracht hat, diese in einer qualifizierten Form zu begehen. Eine solche **Aufstiftung** liegt zB vor, wenn A dem B dazu rät, bei einem geplanten Banküberfall statt einer Spielzeugpistole (§ 250 I Nr. 1 Buchst. b StGB) eine echte Schusswaffe zu verwenden (§ 250 II Nr. 1 StGB) oder eine Geldbörse nicht wie geplant heimlich (§ 242 StGB), sondern mit Gewalt wegzunehmen (§ 249 StGB). Ein Teil der Literatur spaltet in derartigen Fällen den Tatentschluss gedanklich auf und sieht nur dessen auf die qualifizierenden Merkmale gerichteten Teil als durch den Anstifter verursacht an. Nur hinsichtlich dieses Teils liege eine Anstiftung vor, sodass A in dem ersten Beispiel allenfalls wegen Anstiftung zum unerlaubten Führen einer Schusswaffe (§ 51 I WaffG bzw. § 52 I WaffG, 26 StGB) und im zweiten Beispiel nur wegen Anstiftung zur Nötigung (§§ 240, 26 StGB) strafbar wäre. Hinsichtlich der gesamten Tat ist nach dieser Auffassung eine Beihilfe anzunehmen.[27]

19 Einer derartigen Lösung ist jedoch entgegenzuhalten, dass die Verwirklichung eines Qualifikationstatbestands mehr ist als eine voneinander unabhängige Verwirklichung von Grundtatbestand und qualifizierenden Merkmalen. Wenn ein Raub nichts anderes wäre als die Summe von Diebstahl und Nötigung, dann dürfte der Täter eines Rau-

[26] Eine Systematisierung versucht Roxin StrafR AT II § 26 Rn. 95 ff., der aber letztlich ebenfalls auf die allgemeine Lebensauffassung rekurriert, nämlich darauf abstellt, „was dem Rechtsgefühl bei einer Gesamtschau als „andere Tat" erscheint" (§ 26 Rn. 96).

[27] Schönke/Schröder/Heine/Weißer StGB § 26 Rn. 8; SK-StGB/Hoyer StGB § 26 Rn. 19 f.; Stratenwerth/Kuhlen StrafR AT § 12 Rn. 145; Hardtung FS Herzberg, 2008, 411 (430 ff.); differenzierend Kahlo FS Seebode, 2008, 159 (165 ff.), alle mwN.

bes auch nur wegen Diebstahl und Nötigung bestraft werden. Qualifikationstatbestände beruhen gerade auf der Wertung, dass das Ganze mehr ist als die Summe seiner Teile. Deshalb widerspricht es der gesetzlichen Wertung, den Entschluss zur Verwirklichung derartiger Delikte in der geschilderten Weise aufzuspalten. Daher hat der Anstifter bei Qualifikationsdelikten den Tatentschluss verursacht, wenn der Täter ohne seinen Rat nicht zur Begehung des betreffenden Delikts entschlossen gewesen wäre. Ob er das Grunddelikt ohnehin begehen wollte, ist ohne Bedeutung. Dementsprechend hat der Bundesgerichtshof in einem derartigen Fall zu Recht eine Anstiftung zu der gesamten Tat angenommen.[28]

Keine Anstiftung liegt dagegen vor, wenn der Täter von einer qualifizierten Begehung 20
abgebracht wird, also zB A den B dazu überredet, bei einem geplanten Banküberfall statt einer echten Schusswaffe eine Spielzeugpistole zu verwenden oder eine Geldbörse nicht wie geplant mit Gewalt, sondern heimlich wegzunehmen. Ungeachtet des eigenständigen Unrechtsgehalts von Qualifikationstatbeständen ist der Entschluss zur Verwirklichung des Grundtatbestandes in dem Entschluss zur qualifizierten Begehung mit enthalten. Deshalb ist der Täter bei einer solchen **Abstiftung** ein omnimodo facturus. Sein Entschluss zur Verwirklichung des Grundtatbestandes ist von dem Abstiftenden nicht verursacht worden, sodass nach allgemeiner Auffassung[29] schon der objektive Tatbestand der Anstiftung nicht erfüllt ist. Auch eine Beihilfe kommt – weil zu der ohnehin geplanten Verwirklichung des Grundtatbestandes keine Hilfe geleistet wird – in der Regel nicht in Betracht.[30]

II. Die Anstiftungshandlung

1. Der Rat zur Begehung der Tat

Einen Tatentschluss kann man uU verursachen, ohne mit dem Täter über die Be- 21
gehung der Tat zu sprechen. Schon das bloße Übermitteln einer Information oder das Schaffen einer Gelegenheit können einen anderen auf den Gedanken bringen, eine Straftat zu begehen. Wenn A dem B erzählt, dass sein Nachbar in Urlaub gefahren sei und B sich daraufhin entschließt, in dessen Haus einzubrechen, so hat A den Tatentschluss zur Begehung des Wohnungseinbruchsdiebstahls (§ 244 I Nr. 3 StGB) verursacht. Gleiches gilt, wenn er beim Blumengießen im Haus seines im Urlaub befindlichen Nachbarn ein Fenster zur Straße nicht richtig schließt und dadurch den zufällig vorbeikommenden B zu einem Einbruch veranlasst. In beiden Fällen ist es durchaus möglich, dass A einen entsprechenden Vorsatz hatte. Er kann insgeheim damit gerechnet oder es sogar darauf angelegt haben, durch sein Handeln einen Einbruch in das Haus zu provozieren. Gleichwohl ist A nach überwiegender Auffassung auch in einem solchen Fall nicht als Anstifter strafbar.

Die herrschende Lehre begründet dies damit, dass ein Bestimmen iSd § 26 StGB zu- 22
mindest einen **„geistigen Kontakt"**, dh eine Kommunikation der Beteiligten über die

---

[28] BGHSt 19, 339; ebenso Roxin StrafR AT II § 26 Rn. 104ff. mwN.

[29] Schönke/Schröder/Heine/Weißer StGB § 26 Rn. 8; SK-StGB/Hoyer StGB § 26 Rn. 17; Roxin StrafR AT II § 26 Rn. 69, alle mwN.

[30] Soweit allerdings durch die Abstiftung zugleich der Tatentschluss des Täters bestärkt wird, greift uU eine Strafbarkeit wegen psychischer Beihilfe ein (vgl. dazu Kudlich JuS 2005, 592 (593f.)).

zu begehende Tat voraussetzt.[31] Dies ist richtig, muss jedoch noch insofern präzisiert werden, als auch derjenige, der dem Täter auf dessen Bitte ein zur Ausführung einer Straftat notwendiges Tatwerkzeug besorgt, mit ihm über diese Tat kommuniziert. Wenn der Täter ohne das Werkzeug sein Vorhaben nicht in die Tat umgesetzt hätte, verursacht dessen Lieferant ebenfalls den allein maßgeblichen (→ § 28 Rn. 15) Tatentschluss bei Begehung der Tat, ohne dass sein Verhalten deshalb als Anstiftung zu bewerten wäre.[32] Es bedarf deshalb eines Merkmals, das die Anstiftung von der Beihilfe als der weniger schwerwiegenden Teilnahmeform abhebt. Dieses Merkmal ist die Beteiligung des Anstifters an dem Entscheidungsprozess des Täters. Der Anstifter unterscheidet sich vom Gehilfen dadurch, dass er dem Täter ausdrücklich oder konkludent dazu rät, die betreffende Straftat zu begehen und ihn gerade durch diesen Rat zur Begehung der Tat bestimmt. Der Täter muss zwar nicht „in Abhängigkeit von dem Willen"[33], wohl aber in Abhängigkeit von dem Rat des Anstifters handeln, dh er muss die Tat gerade deshalb begehen, weil der Anstifter sie ihm empfiehlt.

23 In der Literatur werden zum Teil noch weitergehende Anforderungen an die Anstiftungshandlung gestellt. Nach einer verbreiteten Formulierung soll die Anstiftung eine **Aufforderung** zur Begehung der Tat voraussetzen.[34] Einige Autoren verlangen sogar, dass der Anstifter den Täter zur Begehung der Tat verpflichtet.[35] Letzteres ist jedoch schon deshalb nicht richtig, weil bei einem derartigen **Unrechtspakt** der Verpflichtende selbst die interne Entscheidung über die Begehung der Tat trifft und deshalb in der Regel bereits als Mittäter strafbar ist (→ § 26 Rn. 25 ff.).[36] Die typische Anstiftungshandlung ist gerade dadurch gekennzeichnet, dass dem Täter zwar zur Begehung der Tat geraten, es ihm aber freigestellt wird, den Rat zu befolgen oder nicht. Deshalb werden mit dem Begriff der Aufforderung die Anforderungen an die Anstiftungshandlung überspannt. Eine Anstiftung setzt weder einen Befehl noch eine Bitte, sondern lediglich den Rat zur Begehung einer bestimmten Straftat voraus. Wer einen solchen Rat erteilt, stiftet auch dann an, wenn er kein Eigeninteresse an der Tat hat und es ihm deshalb erklärtermaßen völlig gleichgültig ist, ob sein Rat befolgt wird oder nicht.

2. Bestimmtheit des erteilten Rates

24 Nach im Ergebnis einhelliger Auffassung reichen allgemein gehaltene Ratschläge zur Begehung von Straftaten für eine Anstiftung nicht aus. Die erforderliche Bestimmtheit der Erklärung des Anstifters wird zwar in Rechtsprechung und Literatur zumeist erst

---

[31] Schönke/Schröder/Heine/Weißer StGB § 26 Rn. 3 f. und Schönke/Schröder/Bosch/Schittenhelm StGB Vorb. §§ 153 ff. Rn. 37; Jescheck/Weigend StrafR AT § 64 II 1, jeweils mwN; vgl. auch BGH NStZ 2009, 393; aA Baumann/Weber/Mitsch StrafR AT § 26 Rn. 26 mwN.

[32] So zutreffend Jakobs StrafR AT Abschn. 22 Rn. 21.

[33] So die Formulierung von Jakobs StrafR AT Abschn. 22 Rn. 22.

[34] Freund/Rostalski StrafR AT § 10 Rn. 116; Roxin StrafR AT II § 26 Rn. 74; Amelung FS Schroeder, 2006, 147 (163 ff.); Joerden FS Puppe, 2011, 563 (568 ff.); noch etwas weitergehend NK-StGB/Schild StGB § 26 Rn. 6; vgl. auch Timpe GA 2013, 145 (154 ff.), der verlangt, dass der Anstifter für die Entstehung des Tatentschlusses normativ „zuständig" ist.

[35] Puppe GA 1984, 101 (111 ff.); NStZ 2006, 424; GA 2013, 514 (517 ff.); Puppe StrafR AT II § 41 Rn. 3 ff.; ihr folgend SK-StGB/Hoyer StGB § 26 Rn. 13 ff.; weitergehend Köhler StrafR AT S. 521, der eine „willensbestimmende Macht" des Anstifters über den Täter verlangt; ihm zustimmend Kahlo FS Seebode, 2008, 159 (177).

[36] Vgl. auch Joerden FS Puppe, 2011, 563 (567) und für weitere Argumente gegen diese Begriffsbestimmung Krüger JA 2008, 492 (497 f.).

als Frage des Anstiftervorsatzes erörtert.[37] In der Sache geht es jedoch bereits darum, dass der für die Anstiftung erforderliche Rat auf eine bestimmte von dem Täter zu begehende Tat gerichtet sein muss. Mindestvoraussetzung dafür ist, dass sich aus dem Rat der zu verwirklichende Deliktstatbestand ergibt. Aber auch die Empfehlung zur Verwirklichung eines bestimmten Tatbestandes, zB zur Begehung eines Raubes, ist als solche noch nicht bestimmt genug. Die zu begehende Tat muss zwar nicht in allen Details, aber doch in ihren wesentlichen Grundzügen individualisiert sein.[38] Deshalb ist zB die allgemeine Aufforderung, der andere müsse „eine Bank oder eine Tankstelle machen", nicht als Anstiftung zu einem daraufhin begangenen Raubüberfall auf eine Kreissparkasse strafbar.[39]

3. Abweichung von dem erteilten Rat

So wie bei der Mittäterschaft die begangene Tat von dem gemeinsamen Tatplan gedeckt sein muss (→ § 26 Rn. 10f.), so muss sie bei der Anstiftung von dem erteilten Rat umfasst sein. Wenn A dem B zu einem Ladendiebstahl geraten hat, B bei dessen Begehung ertappt wird und zur Sicherung der Beute die Kassiererin niederschlägt, ist A nur wegen Anstiftung zum einfachen Diebstahl (§§ 242, 26 StGB) strafbar. Der begangene räuberische Diebstahl (§ 252 StGB) ist ein **Exzess** des Täters, zu dem A nicht angestiftet hat. Ebenso wie bei der Mittäterschaft wird der Exzess auch bei der Anstiftung traditionell als Vorsatzproblem thematisiert.[40] Dabei wird jedoch übersehen, dass ein Anstifter zu der vom Täter begangenen Tat geraten haben muss. Bei einem Exzess des Täters fehlt es an dieser Voraussetzung und damit bereits am objektiven Tatbestand der Anstiftung.[41] Selbst wenn A in dem obigen Beispiel damit gerechnet hat, dass B beim Diebstahl ertappt werden und zur Sicherung der Beute Gewalt anwenden würde, ist er – solange er B nicht zu einem solchen Verhalten geraten hat – nicht wegen Anstiftung zum räuberischen Diebstahl strafbar. 25

Ob die vom Täter begangene Tat noch von dem Rat des Anstifters gedeckt ist, muss gegebenenfalls durch Auslegung ermittelt werden. In der Regel wird es dem Ratgeber auf die genaue Art und Weise der Tatbegehung nicht ankommen, sodass Abweichungen in den Modalitäten der Ausführung wie zB die Begehung zu einer anderen Zeit oder an einem anderen Ort unschädlich sind. Auch ein Austausch des Tatobjekts kann und wird nach dem Inhalt des erteilten Rats vielfach möglich sein. Wenn der Täter im Rahmen terroristischer Aktivitäten einen anderen ICE in die Luft sprengt und damit andere Menschen tötet als ursprünglich vorgesehen, so ist dies von dem Rat des Anstifters sicherlich noch gedeckt. Bezieht sich jedoch der Rat auf die Verletzung einer ganz bestimmten Person, dann stellt die Verletzung einer anderen Person keine Befolgung dieses Rates mehr dar. Hat zB A den B darum gebeten, den ihm verhassten C zu 26

[37] BGHSt 34, 63 (64ff.); Roxin StrafR AT II § 26 Rn. 133 mwN.

[38] BGHSt 34, 63 (66); Jakobs StrafR AT Abschn. 22 Rn. 27, jeweils mwN; aA Warneke, Die Bestimmtheit des Beteiligungsvorsatzes, 2007, S. 109ff.

[39] BGHSt 34, 63 (64ff.); aA Roxin StrafR AT II § 26 Rn. 136 mit der Begründung, es sei keine Individualisierung, sondern nur eine Bestimmung der „wesentlichen Dimensionen des Unrechts" erforderlich. Selbst nach diesem Kriterium wäre jedoch die zitierte Aussage nicht bestimmt genug, weil sich die Dimension des Unrechts erst aus der nicht näher konkretisierten Art und Weise der Tatbegehung ergibt.

[40] Vgl. etwa Schönke/Schröder/Heine/Weißer StGB Vorb. §§ 25ff. Rn. 38ff. und § 26 Rn. 22; WBS StrafR AT Rn. 894.

[41] Dazu eingehend Altenhain, Die Strafbarkeit des Teilnehmers beim Exzess, (1994), S. 112ff.

verprügeln, so ist er nicht wegen vollendeter Anstiftung strafbar, wenn B stattdessen die Prügel seinem eigenen Feind D verabreicht.[42] A hat in einem solchen Fall lediglich eine versuchte Anstiftung begangen, die bei Vergehen nicht strafbar ist (§ 30 I StGB).

27 Wie bei der Mittäterschaft (→ § 26 Rn. 11) reicht es allerdings aus, dass der betätigte Tatentschluss dem objektiv erteilten Rat entspricht.[43] Wenn A in dem obigen Beispiel D in dem Glauben verprügelt, es handele sich um C, liegt deshalb kein Exzess vor. Ein solcher error in persona des Täters steht – wie das Preußische Obertribunal in dem Fall „Rose-Rosahl" (→ § 11 Rn. 57) entschieden und der Bundesgerichtshof in dem ganz ähnlich gelagerten „Hoferbenfall" bestätigt hat[44] – der Zurechnung der Tat zu dem erteilten Rat nicht entgegen. Diese Rechtsprechung ist allerdings sehr umstritten.[45] Ein großer Teil der Lehre hält ihr entgegen, der Anstifter selbst erliege in einem solchen Fall einer aberratio ictus. Deshalb sei zwar nicht der objektive Tatbestand der Anstiftung, wohl aber der dazu passende Anstiftervorsatz ausgeschlossen.[46] Jedoch schließt eine aberratio ictus den Vorsatz nicht aus, solange der vorgestellte Kausalverlauf zugleich ein rechtlich missbilligtes Risiko des eingetretenen Kausalverlaufs beinhaltet (→ § 11 Rn. 58ff.). Deshalb stellt der Bundesgerichtshof im Ergebnis zu Recht darauf ab, dass die Verwechslung nicht „außerhalb der Grenzen des nach allgemeiner Lebenserfahrung Voraussehbaren"[47] liegt.

III. Der subjektive Tatbestand der Anstiftung

28 Der subjektive Tatbestand der Anstiftung setzt nach allgemeinen Regeln (vgl. § 16 StGB) zunächst den Vorsatz bezüglich aller den objektiven Tatbestand verwirklichenden Umstände voraus, dh dem Anstifter muss erstens bekannt sein, dass er dem Täter zur Begehung einer vorsätzlichen rechtswidrigen Tat rät, und er muss zweitens damit rechnen, dass der Täter aufgrund des erteilten Rates diese Tat begehen wird. In der Literatur wird deshalb traditionell von einem **doppelten Anstiftervorsatz** gesprochen.[48] Diese Bezeichnung ist jedoch eher irreführend. Da kaum ein Delikt aus nur einem objektiven Tatbestandsmerkmal besteht, hat der Vorsatz fast immer mehrere Bezugspunkte, ohne dass man deshalb von einem mehrfachen Vorsatz sprechen würde. Bezüglich der Vorsatzform gelten für die Anstiftung keinerlei Besonderheiten. Sowohl hinsichtlich des erteilten Rates als auch der vom Täter begangenen Tat reicht bedingter Vorsatz aus.[49]

29 Probleme ergeben sich, wenn jemand einen anderen als gutgläubiges Werkzeug gebrauchen will, dieser aber in Wahrheit vorsätzlich handelt. Als Beispiel stelle man sich vor, dass eine Krankenschwester das ihr von einem Arzt zur Verabreichung übergebene

[42] Beispiel von Roxin StrafR AT II § 26 Rn. 111.
[43] Puppe StrafR AT § 27 Rn. 10; aA Roxin StrafR AT II § 26 Rn. 119.
[44] BGHSt 37, 214; Preußisches Obertribunal GA 1859, 322.
[45] Vgl. zum Streitstand iE die Darstellung bei Roxin StrafR AT II § 26 Rn. 116ff. mwN.
[46] Erb FS Frisch, 2013, 389 (398ff.); Jescheck/Weigend StrafR AT § 64 II 4; Schreiber JuS 1985, 873 (877).
[47] So der Leitsatz von BGHSt 37, 214.
[48] Vgl. zB Jescheck/Weigend StrafR AT § 64 III 2b.
[49] RGSt 72, 26 (29); BGHSt 2, 279 (281); BGH NJW 1998, 2835; LK-StGB/Schünemann/Greco StGB § 26 Rn. 58; aA SK-StGB/Hoyer StGB § 27 Rn. 30ff., nach dessen Auffassung eine Teilnahmestrafbarkeit die Absicht des Teilnehmers erfordert, es möge zumindest zu einer versuchten Haupttat kommen.

angebliche Medikament als Gift erkennt und es gleichwohl dem Patienten verabreicht. Wegen des objektiv fehlenden Irrtums liegt hier keine vollendete, sondern lediglich eine versuchte mittelbare Täterschaft vor (→ § 27 Rn. 5).[50] Um daneben wenigstens eine Strafbarkeit wegen Anstiftung zu ermöglichen, wird überwiegend die Auffassung vertreten, dass der Anstiftervorsatz als „wesensgleiches Minus" in dem qualitativ schwerwiegenderen Willen zur mittelbaren Täterschaft enthalten sei und deshalb diesen ersetzen könne.[51] Teilweise wird auch behauptet, dass sich der Vorsatz des Anstifters nicht auf die Vorsätzlichkeit der Haupttat beziehen müsse.[52] Beides ist jedoch mit der Regelung des § 26 StGB nicht zu vereinbaren.[53] Da die Vorsätzlichkeit der Haupttat zum objektiven Tatbestand der Anstiftung gehört, muss sich der Vorsatz des Anstifters auch auf sie beziehen[54] und kann aufgrund des Gesetzlichkeitsprinzips (Art. 103 II GG) nicht durch den Willen zur mittelbaren Täterschaft ersetzt werden. Der Arzt kann deshalb in einem solchen Fall nicht als Anstifter, sondern nur wegen versuchten Mordes in mittelbarer Täterschaft (§§ 211, 22, 23 I StGB, § 25 I Var. 2 StGB) sowie wegen fahrlässiger Tötung (§ 222 StGB)[55] verurteilt werden.

Bei verkümmert zweiaktigen und erfolgskupierten Delikten (→ § 8 Rn. 27) muss der Anstifter neben dem Vorsatz auch die auf die Rechtsgutsverletzung gerichtete Absicht selbst aufweisen.[56] Dies lässt sich zwar dem Wortlaut des Gesetzes nicht entnehmen, ergibt sich aber aus dem Strafgrund der Teilnahme. Da das Teilnahmeunrecht ebenfalls aus der Verletzung oder Gefährdung des durch den jeweiligen Straftatbestand geschützten Rechtsguts resultiert (→ § 25 Rn. 28), muss die subjektive Beziehung zur Rechtsgutsverletzung auch beim Teilnehmer vorliegen. Deshalb setzt zB die Anstiftung zur Herstellung einer unechten Urkunde (§ 267 I Var. 1 StGB, § 26 StGB) voraus, dass auch der Anstifter zur Täuschung des Rechtsverkehrs handelt.[57] Wer einen anderen dazu bestimmt, für eine Bewerbung ein Examenszeugnis zu fälschen, ist nur strafbar, wenn er selbst in der Vorstellung handelt, dass der Arbeitgeber durch das gefälschte Zeugnis getäuscht wird. Geht er davon aus, dass dieser die Fälschung erkennt, so ist der subjektive Tatbestand der Anstiftung nicht erfüllt (vgl. zur Straflosigkeit des **agent provocateurs** allgemein → § 29 Rn. 16 f.). Entsprechendes gilt bei allen auf die tatbestandliche Rechtsgutsverletzung bezogenen Absichtsmerkmalen (→ § 8 Rn. 28). 30

Dagegen muss der Anstifter in einem Deliktstatbestand vorausgesetzte sonstige Beweggründe (→ § 8 Rn. 29 ff.) nicht in eigener Person erfüllen. Insoweit reicht die Kenntnis aus, dass der Täter aus den betreffenden Gründen handelt. Wer einen anderen zu einem Betrug (§ 263 StGB) bestimmt, begeht auch dann eine Anstiftung zu diesem Delikt, wenn es ihm selbst nicht darauf ankommt, den Täter, sich selbst oder irgendeinen Dritten zu bereichern. Für den subjektiven Tatbestand der Anstiftung ge- 31

---

50 Vgl. für eine eingehende Erörterung dieser Versuchslösung Küper FS Roxin, 2011, 895 (898 ff.).

51 LK-StGB/Schünemann/Greco StGB § 25 Rn. 167; Jescheck/Weigend StrafR AT § 62 III 1; Stratenwerth/Kuhlen StrafR AT § 12 Rn. 216; WBS AT Rn. 860; Beulke FS Kühl, 2014, 115 (123 f.) mwN.

52 LK-StGB/Schünemann/Greco StGB § 25 Rn. 167; Roxin StrafR AT II § 25 Rn. 167.

53 Vgl. dazu eingehend Küper FS Roxin, 2011, 895 (907 ff.).

54 SK-StGB/Hoyer StGB § 25 Rn. 145 mwN.

55 Vgl. zu dieser oft übersehenen Fahrlässigkeitsstrafbarkeit Küper FS Roxin, 2011, 895 (914 f.); ablehnend Beulke FS Kühl, 2014, 115 (133) mit dem nicht tragfähigen Argument, Vorsatz und Fahrlässigkeit schlössen sich gegenseitig aus.

56 Vgl. SK-StGB/Hoyer StGB Vor §§ 26–31 Rn. 67 ff.; Hoyer GA 2012, 123 (130 f.); MüKoStGB/Joecks/Scheinfeld StGB § 26 Rn. 77 u. 79; Roxin StrafR AT II § 26 Rn. 161 ff., alle mwN.

57 Dazu näher Maaß JURA 1981, 514 (519).

nügt die Kenntnis, dass der Täter mit Bereicherungsabsicht handelt. Entsprechendes gilt im Grundsatz bei Beweggründen, die nicht nur den jeweiligen Deliktstyp kennzeichnen, sondern – wie etwa die Mordmerkmale der ersten und dritten Gruppe – die Strafwürdigkeit begründen bzw. erhöhen. Allerdings ist das Fehlen solcher Beweggründe in der Person des Anstifters insofern von Bedeutung, als es die Strafwürdigkeit der Anstiftung mindert. Dem wird durch Anwendung der die Akzessorietät lockernden Regelung des § 28 StGB Rechnung getragen (vgl. dazu → § 25 Rn. 29 ff.).

Anstiftung (vgl. S. 503)

Aufgrund der limitierten Akzessorietät (→ § 25 Rn. 24 ff.) ist die Strafbarkeit eines möglichen Anstifters erst **nach der Strafbarkeit des Haupttäters** zu prüfen. In der Subsumtionsfrage ist nicht dessen Handlung, sondern die des möglichen Anstifters zu benennen. Der Aufbau bereitet in der Regel keine besonderen Probleme. Schwierigkeiten ergeben sich nur bei einer Anwendung des § 28 StGB. Im Falle einer Tatbestandsverschiebung nach § 28 II StGB empfiehlt es sich, in der Subsumtionsfrage direkt das Delikt anzugeben, nach dem sich der Anstifter im Ergebnis strafbar gemacht hat.

A. **Tatbestand**
   I. **Objektiver Tatbestand**
      1. **Vorsätzlich begangene rechtswidrige Haupttat** (→ § 28 Rn. 1 ff.)
      2. Rechtlicher Schutz des verletzten Rechtsguts gegenüber dem Anstifter (→ § 28 Rn. 8 ff.)
      3. **Erteilung eines Rats zur Begehung dieser Tat** (→ § 28 Rn. 21 ff.)
      4. **Kausalität des erteilten Rats für die begangene Tat** (→ § 28 Rn. 13 ff.)
   II. **Subjektiver Tatbestand** (→ § 28 Rn. 28 ff.)
      1. **Vorsatz hinsichtlich der Erteilung des Rats zur Begehung der vorsätzlich begangenen rechtswidrigen Haupttat**
      2. Kenntnis der den rechtlichen Schutz des verletzten Rechtsguts gegenüber dem Anstifter begründenden Umstände
      3. **Vorsatz hinsichtlich der möglichen Verursachung der Tat durch den erteilten Rat**
         Der Vorsatz muss sich auch bei einer nur versuchten Haupttat auf deren Vollendung beziehen.
      4. Etwaige auch beim Anstifter selbst erforderliche auf die Rechtsgutsverletzung bezogene Absichten (→ § 28 Rn. 30 f.)
   III. Etwaige Tatbestandsverschiebung nach § 28 II StGB aufgrund beim Anstifter vorhandener oder fehlender besonderer persönlicher Merkmale (→ § 25 Rn. 29, 34 ff.)

B. **Rechtswidrigkeit und Schuld**
   – keine Besonderheiten

C. Etwaige Strafmilderung
   – aufgrund beim Anstifter fehlender besonderer persönlicher Merkmale nach § 28 I StGB (→ § 25 Rn. 29 ff., 39 ff.)

C. Die Beihilfe

I. Der Begriff des Hilfeleistens

Den objektiven Tatbestand der Beihilfe erfüllt, wer einem anderen zu dessen vorsätzlich begangener rechtswidriger Tat (vgl. zu diesem Begriff → § 28 Rn. 1 ff.) Hilfe leistet. Dies kann durch Tat oder Rat geschehen. Wer dem Einbrecher das notwendige Werkzeug besorgt, leistet ebenso Hilfe wie derjenige, der ihm erklärt, wie er die Tür aufbrechen kann. Umstritten ist, ob und in welcher Weise sich eine Hilfeleistung auf die Begehung der Tat ausgewirkt haben muss.[58] Während die ständige Rechtsprechung jede **Förderung der Haupttat** für eine Beihilfe ausreichen lässt,[59] wird in der Literatur zumeist verlangt, dass der Gehilfe einen **kausalen Tatbeitrag** leistet, also durch seine Handlung die Tatbestandsverwirklichung verursacht.[60] Darüber hinaus will die Literatur eine Hilfeleistung nur dann annehmen, wenn durch die Handlung des Gehilfen **das Risiko der Tatbestandsverwirklichung erhöht** worden ist. Die Risikoerhöhung wird dabei überwiegend als weitere Voraussetzung neben der Kausalität verstanden.[61] Es gibt allerdings auch Vorschläge, die Kausalität durch das Kriterium der Risikoerhöhung zu ersetzen[62] (vgl. dazu bereits allgemein → § 9 Rn. 4 Fn. 3). 32

Die Definition der Rechtsprechung ist insofern problematisch, als der unspezifische Begriff des Förderns die Voraussetzungen einer Beihilfehandlung nur sehr vage beschreibt. Das von der herrschenden Lehre propagierte Kausalitätserfordernis vermag jedoch noch weniger zu überzeugen. Es scheitert bereits daran, dass damit für die Beihilfe mehr als für die Mittäterschaft vorausgesetzt würde. Für diese reicht die Beteiligung an einem Handlungsvorhaben aus, das als gemeinschaftliche Handlung, dh in seiner Gesamtheit, den Tatbestand verwirklicht. Der Tatbeitrag des einzelnen Mittäters muss weder die Beiträge der anderen Tatbeteiligten verursachen noch für die Tatbestandsverwirklichung notwendig, dh dafür ursächlich sein, dass durch die Gesamtheit der Tatbeiträge der jeweilige Tatbestand verwirklicht wird (→ § 25 Rn. 16 f.). Für die Beihilfe als die weniger schwerwiegende Beteiligungsform kann vernünftigerweise nichts anderes gelten. Wer bei einem Einbruchsdiebstahl Schmiere steht, leistet dem Täter auch dann Hilfe, wenn dieser ohne Absicherung ebenfalls eingebrochen wäre und seinen Diebstahl genauso vollendet hätte. 33

Im Ergebnis wird dies – ungeachtet des propagierten Kausalitätserfordernisses – von der herrschenden Lehre nicht infrage gestellt. Sie begründet die Beihilfestrafbarkeit in derartigen Fällen damit, dass es für die Kausalität auf die Verursachung des Erfolgs in seiner konkreten Gestalt unter Einbeziehung aller zu ihm hinführender Zwischenglieder ankomme. Ein durch Wachen abgesicherter Diebstahl sei eine andere Art und 34

[58] Einen detaillierten Überblick über den Meinungsstand gibt Baunack, Grenzfragen der strafrechtlichen Beihilfe, 1999, S. 34 ff.

[59] BGHSt 42, 135 (136); 46, 107 (109); 54, 140 (142 f.); 64, 10 (31); BGH NJW 2007, 384 (388); 2009, 1155 (1157); 2017, 498 (499); NStZ 2008, 284.

[60] MüKoStGB/Joecks/Scheinfeld StGB § 27 Rn. 35; Schönke/Schröder/Heine/Weißer StGB § 27 Rn. 9 ff.; SK-StGB/Hoyer StGB § 27 Rn. 6 ff.; Jakobs StrafR AT Abschn. 22 Rn. 34; Roxin StrafR AT II § 26 Rn. 184, alle mwN.

[61] SK-StGB/Hoyer StGB § 27 Rn. 23; Roxin StrafR AT II § 26 Rn. 210 ff., beide mwN.

[62] Otto StrafR AT § 22 Rn. 53; Stratenwerth/Kuhlen StrafR AT § 12 Rn. 158; ähnlich auch Puppe StrafR AT § 26 Rn. 16 f.; Zieschang FS Küper, 2007, 733.

Weise der Ausführung als die Begehung eines „ungeschützten" Diebstahls, sodass der Wache Stehende die Tat in ihrer konkreten Gestalt verursacht habe.[63] Diese Argumentation ist jedoch ein Taschenspielertrick, weil mit einer solchen Deutung das Kausalitätserfordernis tautologisch wird (vgl. zur Kritik des Erfolgs in seiner konkreten Gestalt bereits → § 9 Rn. 21 ff.). Wenn sich die Kausalität einer Beteiligungshandlung schon daraus ergibt, dass die Tat mit Beteiligung eine andere ist als ohne, so kann auf das Erfordernis der Kausalität ebenso gut verzichtet werden.[64] Es gibt dann keine Beteiligung mehr, die für die Tatbestandsverwirklichung nicht ursächlich wäre.

35 In der Literatur wird versucht, diesen Einwand dadurch auszuräumen, dass zusätzlich[65] oder anstelle der Kausalität[66] noch eine Risikoerhöhung verlangt wird. Jedoch erfasst das Merkmal der Risikoerhöhung den Charakter einer Beihilfehandlung ebenfalls nicht richtig. Die Strafbarkeit eines Gehilfen rechtfertigt sich überhaupt nicht aus einer im Einzelfall festzustellenden spezifischen Wirkung des eigenen Tatbeitrags, sondern – ebenso wie die Strafbarkeit von Mittätern (→ § 25 Rn. 15 ff.) – aus der Beteiligung des Einzelnen an der als Gesamtheit zu beurteilenden Tat.[67] Wer sich an dem Handlungsvorhaben eines anderen beteiligt, muss sich dessen Beiträge als Teil des gemeinsamen Werkes zurechnen lassen. Daher kommt es auf die Frage, ob sein eigener Tatbeitrag das Risiko der Tatbestandsverwirklichung erhöht hat, ebenso wenig an wie auf die Frage, ob gerade dieser Tatbeitrag die Tatbestandsverwirklichung verursacht hat. Das tatbestandliche Unrecht ist dem Gehilfen schon aufgrund seiner Beteiligung an der den Tatbestand verwirklichenden Handlung zurechenbar, sodass jede Mitwirkung an der vom Täter begangenen Tat als Hilfeleistung anzusehen ist.[68]

36 Im Ergebnis ist deshalb schon die Frage, wie sich eine Hilfeleistung auf die Begehung der Tat ausgewirkt haben muss, falsch gestellt. Ob eine Handlung als Hilfeleistung zu qualifizieren ist, hängt nicht von ihren Wirkungen auf die begangene Tat, sondern davon ab, dass sie selbst ein Teil dieser Tat ist.[69] Der Begriff der Tat umfasst dabei die gesamte den Tatbestand verwirklichende Handlung. Zu ihr gehören nicht nur die tatbestandlichen Ausführungsakte, sondern alle Handlungen, die in dem der Ausführung zugrunde gelegten Tatplan vorgesehen sind. Für die Zugehörigkeit einer Handlung zu der begangenen Tat reicht es daher aus, dass die Handlung einem mit der Tat verfolgtem Zweck dienlich und deshalb im Tatplan enthalten ist. Dieser Zweck muss weder die Tatbestandsverwirklichung noch das Hauptziel der Handlung sein. Wer bei der Begehung einer Tat Schmiere steht, leistet zB selbst dann Beihilfe, wenn der Täter diese Handlung nur deshalb in seinen Tatplan aufgenommen hat, weil er dem Gehilfen die Möglichkeit geben wollte, bei der Begehung der Tat mit dabei zu sein.

37 Solange die Handlung in dem verwirklichten Tatplan enthalten ist, stellt sie sogar dann eine Hilfeleistung zu der begangenen Tat dar, wenn ihr innerhalb dieses Tatplans gerade die Funktion zukommt, das Risiko der Tatbestandsverwirklichung zu vermindern. Wer für die Entführung einer herzkranken Person Medikamente besorgt, die

[63] So explizit Roxin StrafR AT II § 26 Rn. 214.
[64] Ähnlich auch BGH NJW 2007, 384 (389); vgl. dazu näher Puppe StrafR AT § 26 Rn. 16.
[65] So zB Roxin StrafR AT II § 26 Rn. 210 ff.
[66] So Schaffstein FS Honig, 1970, 169.
[67] Vgl. dazu Frister FS Dencker, 2012, 119 (128 ff.).
[68] So iErg bereits Herzberg GA 1971, 1 (5 ff.); vgl. auch Jakobs FS Herzberg, 2008, 395 (400 ff.).
[69] Vgl. dazu Dencker, Kausalität und Gesamttat, 1996, S. 274 f.

nach Möglichkeit verhindern sollen, dass das Opfer infolge der Entführung einen tödlichen Herzinfarkt erleidet, leistet Beihilfe zu allen durch die Entführung verwirklichten Delikten. Wenn das Opfer ungeachtet der verabreichten Medikamente bei der Entführung einen tödlichen Herzinfarkt erleidet, so ist – wenn beide Beteiligte das verbleibende Tötungsrisiko gesehen und in Kauf genommen haben – der Lieferant der Medikamente nicht nur wegen Beihilfe zur Entführung (§ 239a StGB bzw. §§ 239b, 27 I StGB), sondern auch wegen Beihilfe zu der von dem Täter begangenen vorsätzlichen Tötung (§ 211 StGB bzw. §§ 212, 27 I StGB) strafbar. Auf die Frage, ob der Täter das Opfer ohne die Medikamente ebenfalls entführt hätte, kommt es dabei nicht an.

II. Die Abgrenzung zum versuchten Hilfeleisten

Eine Kausalität der Beteiligungshandlung wird in der Literatur vor allem deshalb ge- 38
fordert, weil man glaubt, nur auf diese Weise eine klare Abgrenzung zur versuchten Beihilfe vornehmen zu können. Ein Verzicht auf das Kausalitätserfordernis dehne den Tatbestand der vollendeten Beihilfe auf Versuchsfälle aus und unterlaufe damit die Wertentscheidung des Gesetzes, die versuchte Beihilfe straflos zu lassen.[70] In der Tat hat die Rechtsprechung den unspezifischen Begriff des Förderns verschiedentlich dazu benutzt, die Grenze zwischen einer vollendeten und der nach geltendem Recht straflosen versuchten Beihilfe zu verwischen. So hat das Reichsgericht die Auffassung vertreten, das Besorgen von Geräten für einen illegalen Schwangerschaftsabbruch sei auch dann als vollendete Hilfeleistung zu bewerten, wenn diese Geräte bei der Ausführung der Tat nicht benutzt wurden.[71] Die Literatur weist zu Recht darauf hin, dass in derartigen Fällen regelmäßig (vgl. zu Ausnahmen → § 28 Rn. 40) nur eine straflose versuchte Beihilfe vorliegt. Grund dafür ist jedoch nicht die fehlende Kausalität bzw. Risikoerhöhung, sondern die Tatsache, dass das Besorgen der Geräte nur Teil eines geplanten, nicht aber Teil des tatsächlich begangenen Schwangerschaftsabbruchs war.

Zur begangenen Tat gehören lediglich diejenigen Teilakte, die in dem tatsächlich aus- 39
geführten Tatplan enthalten sind. Deshalb ist eine Handlung nur dann ein Teil der begangenen Tat, wenn sie noch im Zeitpunkt der Ausführung einem mit der Tat verfolgten Zweck dienlich ist. Verliert die infrage stehende Handlung – etwa weil der Täter beschaffte Gerätschaften gar nicht benutzt oder nur vorübergehend bereitstehende Hilfe nicht anfordert[72] – schon vor Beginn der tatbestandlichen Ausführung ihren Sinn, so ist sie zwar Teil der ursprünglich geplanten, nicht aber der begangenen Tat.[73] Damit liegt nur eine straflose versuchte Beihilfe vor. In gleicher Weise ist die Abgrenzung zur Beihilfe zum Versuch vorzunehmen. Eine solche ist gegeben, wenn die Gehilfenhandlung erst während der Tatausführung ihren Sinn für die Tat verliert, also zB der Täter zunächst erfolglos versucht, die Tat mit Hilfe der beschafften Geräte zu begehen und sie dann auf andere Weise vollendet. In diesem Fall gehört das Beschaffen

[70] Jakobs StrafR AT Abschn. 22 Rn. 34f.; Roxin StrafR AT II § 26 Rn. 189f., beide mwN.

[71] RGSt 58, 113 (114ff.).

[72] Vgl. zu einer solchen Konstellation BGH NStZ 2019, 461.

[73] Entsprechendes gilt, wenn sich jemand ohne Wissen des Täters lediglich bereithält, bei der Ausführung der Tat Hilfe zu leisten. Wird die Tat iErg ohne seine Hilfe begangen, so ist die von ihm geplante Hilfeleistung ebenfalls nicht Teil der begangenen Tat; vgl. zu einem solchen Fall BGH NStZ 2012, 347 (348).

des Werkzeugs zwar zur versuchten, nicht aber zur vollendeten Tat, sodass im Ergebnis eine Beihilfe zum Versuch anzunehmen ist.

40 Bei der Beurteilung derartiger Fälle ist allerdings zu beachten, dass der jeweilige Tatbeitrag jeglichen Sinn für die Tat verloren haben muss. Falls die Beschaffung eines Tatwerkzeugs zugleich als Ermutigung zur Begehung einer Tat zu verstehen war, kann eine vollendete Hilfeleistung auch dann vorliegen, wenn das Werkzeug selbst bei der Tat nicht verwendet wird (vgl. zur psychischen Beihilfe → § 28 Rn. 41 ff.). Entsprechendes gilt, wenn der Tatplan gerade darauf ausgerichtet war, dem Täter mehrere Optionen zur Ausführung der Tat zu geben. Hat sich zB ein Einbrecher von mehreren Personen verschiedene Dietriche besorgen lassen, um vor Ort den am besten Geeigneten auswählen zu können, so verliert die Beschaffung eines Dietrichs ihren Sinn für die Tat nicht schon dadurch, dass der Einbrecher im Ergebnis mit einem anderen in das Haus gelangt. Hier ist die Beschaffung aller Dietriche in dem tatsächlich verwirklichten Tatplan enthalten, sodass auch der Lieferant eines nicht zur Öffnung der Tür verwendeten Dietrichs nicht nur zum Versuch, sondern zum vollendeten Einbruchsdiebstahl Hilfe geleistet hat.[74]

III. Besondere Formen der Hilfeleistung

1. Die psychische Beihilfe

41 Problematisch ist, ob und inwieweit die erklärte Zustimmung zur Begehung einer Tat als Hilfeleistung zu bewerten ist. Soweit sie den Tatentschluss des Täters erst verursacht, liegt – weil in ihr zugleich der Rat zur Begehung der Tat liegt – bereits eine Anstiftung zu der betreffenden Tat vor. Daher stellt sich das Problem nur in den Fällen, in denen der Täter zumindest möglicherweise die Tat auch ohne die Zustimmung des anderen begangen hätte. Wer für die Beihilfe einen kausalen Tatbeitrag verlangt, müsste eine Hilfeleistung in solchen Fällen konsequenterweise stets verneinen, sodass für die sogenannte **psychische Beihilfe** kein Anwendungsbereich verbliebe. Die Zustimmung zur Begehung einer Tat wäre entweder bereits als Anstiftung oder gar nicht als Teilnahme an der begangenen Tat strafbar. Diese radikale Konsequenz wird jedoch nur von wenigen Autoren gezogen.[75] Die Rechtsprechung hält eine psychische Beihilfe seit jeher für möglich[76] und auch in der Literatur wird sie überwiegend anerkannt.[77]

42 In der Tat kann die erklärte Zustimmung zur Begehung einer Straftat Teil dieser Tat sein. Voraussetzung dafür ist, dass die Tat durch die Zustimmung einen zusätzlichen Sinn bekommt, der Täter sie also auch begeht, um mit der Zustimmung zum Ausdruck gebrachten Erwartungen gerecht zu werden. Dies ist jeweils anhand der Umstände des Einzelfalls zu beurteilen. Wenn etwa rechtsradikale Jugendliche auf offener Straße Jagd auf ausländische Mitbürger machen, so ist eine Anfeuerung durch Passan-

[74] Jakobs FS Herzberg, 2008, 395 (408 f.).

[75] Samson, Hypothetische Kausalverläufe im Strafrecht, 1972, S. 189 ff.; Hruschka JR 1983, 177 (178 f.).

[76] RGSt 5, 140; 27, 157 (158); 73, 52 (53); BGHSt 8, 390 (391); 31, 136; BGH NJW 2017, 498 (499); NStZ 2012, 316; 2017, 401 (403); vgl. auch BGH NJW 2008, 1460 (1461); StV 2014, 474, wo allerdings zu Recht davor gewarnt wird, die Zusage jedes iErg nutzlosen Gehilfenbeitrags oder gar die bloße Anwesenheit am Tatort in eine psychische Beihilfe umzudeuten.

[77] Schönke/Schröder/Heine/Weißer StGB § 27 Rn. 14 ff.; Jakobs StrafR AT Abschn. 22 Rn. 36; Jescheck/Weigend StrafR AT § 64 III 2 a; Roxin StrafR AT II § 26 Rn. 200.

ten in der Regel ein Teil der begangenen Tat.[78] Die Täter fühlen sich dadurch typischerweise bestätigt, dh sie handeln unter anderem, um der Anfeuerung gerecht zu werden. Deshalb haben die anfeuernden Passanten zu den begangenen Taten Hilfe geleistet. Dagegen ist zB die erklärte Zustimmung eines Passanten zu einem von ihm beobachteten nächtlichen Einbruch in der Regel nicht als Hilfeleistung zu bewerten. Der Einbrecher wird sich durch das Auftauchen des Passanten eher verunsichert fühlen und mit seiner Tat – sofern er sie überhaupt fortsetzt – typischerweise nicht den Sinn verbinden, den Erwartungen dieser ihm unwillkommenen Person gerecht zu werden.

In jedem Fall setzt eine psychische Beihilfe durch aktives Tun voraus, dass die Zustim- 43
mung zur Begehung der Tat ausdrücklich oder konkludent erklärt worden ist. Ein bloßes Nichtwidersprechen kann den Täter zwar ebenfalls zur Begehung einer Tat ermutigen, ist aber kein Handeln, sondern ein Unterlassen und deshalb nach § 13 StGB allenfalls bei Vorliegen einer zum Widerspruch verpflichtenden Garantenstellung als Hilfeleistung zu bewerten.[79] Dies ist allerdings in der Rechtsprechung des Bundesgerichtshofs nicht immer beachtet worden. So hat dessen Dritter Senat das Verhalten eines Rechtsanwalts, der einer von Kanzleikollegen begangenen Erpressung nicht widersprochen hatte, als Beihilfe durch positives Tun bewertet.[80] Dies war auch unter Berücksichtigung der Umstände des Einzelfalles nicht richtig.[81] Mit seiner Überlegung, der Anwalt hätte sich entweder entfernen oder den Forderungen seiner Kollegen entgegentreten müssen, macht der Senat selbst deutlich, dass diesem hier gerade kein Tun, sondern ein Unterlassen vorzuwerfen war.

2. Beihilfe durch Alltagshandlungen

In den letzten Jahrzehnten heftig diskutiert wird die Frage, inwiefern alltägliches, be- 44
rufstypisches oder rollenadäquates Verhalten als Hilfeleistung zur Begehung einer Straftat zu bewerten sein kann.[82] Angefacht wurde diese Diskussion vor allem durch den sogenannten Bankenskandal. Anlässlich der 1993 erfolgten Einführung der Zinsabschlagssteuer auf Kapitalerträge hatten viele deutsche Banken und Sparkassen für ihre Kunden Gelder anonym ins Ausland transferiert und auf diese Weise eine Hinterziehung der Kapitalertragssteuer ermöglicht.[83] In der Literatur wurde teilweise die Auffassung vertreten, dass dieser Kapitaltransfer zumindest insoweit nicht als Beihilfe zur Steuerhinterziehung (§ 370 AO) strafbar sei, wie sich die Bankangestellten dabei an die für ihre berufliche Tätigkeit geltenden Normen (zB den Grundsatz der Kontenwahrheit nach § 154 AO) gehalten hätten. Es handele sich dann um an sich neutrales, sozial oder professionell adäquates Verhalten, das selbst dann nicht als Beihilfe zur Steuerhinterziehung strafbar sei, wenn die Bankangestellten von der Steuerhinterziehungsabsicht ihres Kunden Kenntnis hatten.[84]

---

78 Das Beispiel hat leider einen realen Hintergrund; vgl. den Bericht in: Der Spiegel 40/1991, 41 ff.

79 BGH StV 1982, 516; NStZ 2016, 463 (464); Roxin StrafR AT II § 26 Rn. 206; aA Streng ZStW 122 (2010), 1 (6 f.).

80 BGH StV 1982, 517 (518).

81 Rudolphi StV 1982, 518 (520 f.); aA Puppe, AT 2, 1. Aufl. 2005, § 42 Rn. 18 f. mit der Begründung, das Schweigen hätte in der konkreten Situation nur als Zustimmung verstanden werden können.

82 Vgl. für eine ausführlichere Darstellung dieser Diskussion MüKoStGB/Joecks/Scheinfeld StGB § 27 Rn. 54 ff.; SK-StGB/Hoyer StGB § 27 Rn. 24 ff.; Roxin StrafR AT II § 26 Rn. 218 ff.; Lesch FS Schiller, 2014, 448, alle mit zahlreichen Nachweisen.

83 Vgl. zum Sachverhalt den Bericht in: Capital 1/1995, 8 ff. sowie Ransiek wistra 1997, 41.

84 Vgl. etwa Hassemer wistra 1995, 41; 1995, 81; Ransiek wistra 1997, 41 (47).

45 Der Bundesgerichtshof ist dieser Konstruktion nicht gefolgt und hat zu Recht ausgeführt, dass eine generelle Straflosigkeit von an sich neutralen, berufstypischen oder professionell adäquaten Handlungen nicht in Betracht kommt.[85] Auch das Tragen einer Leiter ist an sich nicht rechtlich missbilligt und stellt – wenn die Leiter einem Einbrecher zum Tatort getragen wird – doch ohne Zweifel eine Hilfeleistung zum Einbruchsdiebstahl dar.[86] Der Charakter einer Handlung wird immer durch den Zweck bestimmt, dem sie dient,[87] sodass das Konstrukt einer an sich, dh abgesehen von ihrem Zweck, neutralen oder üblichen Handlung schon keine sinnvolle und abgrenzbare Kategorie ist. Im Grundsatz gelten für die Beurteilung sogenannter **Alltagshandlungen** die allgemeinen Regeln, dh auch eine solche Handlung stellt in der Regel (zu der Ausnahme einer erlaubt riskanten Beteiligung sogleich → § 28 Rn. 48) immer dann eine Hilfeleistung dar, wenn sie als Teil dieser Tat zu bewerten ist.

46 Maßgeblich ist damit, ob die jeweilige Alltagshandlung ein Teil der Verwirklichung des der begangenen Tat zugrunde liegenden Tatplans ist (→ § 28 Rn. 36). An dieser Voraussetzung fehlt es, wenn die Handlung nicht der Vorbereitung der geplanten Tat dient, sondern aus anderen Gründen für den Täter sinnvoll und nützlich ist.[88] Wer einen Handwerker beauftragt und bezahlt begeht keine Beihilfe zur Steuerhinterziehung, selbst wenn er weiß, dass der Handwerker den Werklohn nicht versteuern will.[89] Die Beauftragung und Bezahlung ist zwar eine notwendige Bedingung für die spätere Steuerhinterziehung, aber sie beinhaltet – weil dadurch der Steueranspruch des Staates erst hervorgebracht wird[90] – noch keine Vorbereitung dieser Tat. Entsprechendes gilt, wenn jemand dem Täter vor der Begehung einer Körperverletzung sein übliches Frühstück serviert. Die damit verbundene Stärkung mag die Wucht der Schläge erhöhen, ist aber – weil der Täter nicht zur Vorbereitung der Körperverletzung frühstückt – ebenfalls kein Teil der von ihm später begangenen Tat.

47 Der eingangs geschilderte anonyme Kapitaltransfer ins Ausland bereitete hingegen nach dem Tatplan der Bankkunden die Hinterziehung der Kapitalertragssteuer vor. Er war deshalb Teil der später ausgeführten Tat, sodass daran beteiligte Bankangestellte, denen die Steuerhinterziehungsabsicht ihrer Kunden bekannt war, zu Recht wegen Beihilfe zur Steuerhinterziehung verurteilt worden sind. Selbst der Verkauf eines Schraubenziehers oder Küchenmessers kann ungeachtet der Alltäglichkeit des Geschäfts eine Beihilfehandlung sein. Wenn der Täter solche alltäglichen Gegenstände zum Zwecke der Deliktsbegehung erwirbt,[91] ist deren Beschaffung eine Vorbereitungshandlung und deshalb Teil der damit später begangenen Tat. Wer zur Begehung einer Straftat benötigte Gegenstände verkauft, ist daher wegen Beihilfe zu dieser Tat strafbar, wenn er in die deliktischen Pläne seines Käufers eingeweiht war.

[85] BGHSt 46, 107 (113).
[86] Beispiel von Roxin StrafR AT II § 26 Rn. 231.
[87] Roxin StrafR AT II § 26 Rn. 231.
[88] Vgl. BGH wistra 2014, 176 (178).
[89] BGH NStZ 1992, 498; Roxin StrafR AT II § 26 Rn. 224; Amelung FS Grünwald, 1999, 9 (22) mwN.
[90] Vgl. dazu BGHSt 28, 371 (375 f.).
[91] Ob der Erwerb noch anderen Zwecken dient, ist ohne Bedeutung. Die Beschaffung eines Hammers zum Erschlagen der Ehefrau bleibt auch dann eine Beihilfe zum Totschlag oder Mord, wenn der Täter mit dem Hammer außerdem einen Nagel in die Wand schlagen will (so treffend Amelung FS Grünwald, 1999, 9 (13 f.); vgl. auch SK-StGB/Hoyer StGB § 27 Rn. 28).

Ob es ihm auf die Unterstützung dieser Pläne ankam, ist ohne Bedeutung.[92] Die Möglichkeit, sich alltägliche Gegenstände auf andere Weise zu beschaffen, steht – weil für die Hilfeleistung jede Beteiligung ausreicht (→ § 28 Rn. 36f.) – einer Beihilfe nicht entgegen.[93]

Sofern der Verkäufer lediglich vermutet, dass der Käufer den erworbenen Gegenstand für die Begehung einer Straftat benötigt, stellt sich allerdings die Frage, ob er nicht im Interesse allgemeiner Handlungsfreiheit das Risiko eingehen darf, sich an der Begehung der Straftat zu beteiligen. Würde man bereits die Eingehung jedes derartigen Beteiligungsrisikos als tatbestandsmäßige Hilfeleistung ansehen, so wären der Verkauf einer Vielzahl alltäglicher, aber zur Begehung von Straftaten zu missbrauchender Gegenstände und viele andere alltägliche Verhaltensweisen nicht mehr möglich. Aus diesem Grund verlangt die Rechtsprechung für die Hilfeleistung zu Recht eine „erkennbare Tatneigung" des späteren Täters,[94] dh der Gehilfe muss konkrete Anhaltspunkte[95] haben, die es als „sehr wahrscheinlich"[96] erscheinen lassen, dass seine Handlung Bestandteil eines deliktischen Tatplans ist. Ein generelles Risiko, dass zB mit Schraubenziehern Einbruchsdiebstähle oder mit Küchenmessern Körperverletzungen begangen werden, nimmt die Rechtsordnung in Kauf. Deshalb darf auch der Einzelne solche Risiken in Kauf nehmen, ohne Gefahr zu laufen, sich wegen Beihilfe strafbar zu machen.[97] 48

3. Sukzessive Beihilfe

Wie bei der Mittäterschaft (→ § 26 Rn. 12f.) ist auch bei der Beihilfe umstritten, ob einem Gehilfen im Zeitpunkt seiner Hilfeleistung bereits verwirklichtes Unrecht zugerechnet werden kann. Anders als bei der Mittäterschaft gibt es hier allerdings nur wenige Autoren, die eine solche Zurechnung gänzlich ablehnen.[98] Stattdessen wird oft danach differenziert, ob die Hilfe vor oder nach der Vollendung des jeweiligen Delikts geleistet wird.[99] Wer bei einem Raub (§ 249 StGB) erst nach der Gewaltanwendung hinzukommt und bei der Wegnahme der Beute Hilfe leistet, soll danach nicht nur zum Diebstahl (§ 242 StGB), sondern zum Raub Hilfe geleistet haben. Hilft er dagegen erst nach Vollendung der Wegnahme beim Abtransport der Beute, so habe er weder zum Raub noch zum Diebstahl Hilfe geleistet und sei lediglich wegen Begünstigung (§ 257 StGB) strafbar. Auch wer einem Brandstifter (§§ 306, 306a StGB) dazu 49

92 Anders SK-StGB/Hoyer StGB § 27 Rn. 30ff., der – entgegen der herrschenden Meinung (vgl. etwa BGHSt 46, 107 (109); Roxin StrafR AT II § 26 Rn. 28) – für die Teilnahmestrafbarkeit eine auf die Begehung einer Haupttat gerichtete Absicht verlangt.

93 Anders etwa Jakobs StrafR AT Abschn. 24 Rn. 17; Kindhäuser FS Otto, 2007, 355 (360ff.), die Austauschgeschäfte des täglichen Lebens aus der Strafbarkeit ausklammern wollen; vgl. dagegen zu Recht SK-StGB/Hoyer StGB § 27 Rn. 27; Roxin StrafR AT II § 26 Rn. 229, beide mwN.

94 BGHSt 46, 107 (112); BGH wistra 2014, 176 (178); NStZ 2017, 461; 2018, 328, jeweils mwN.

95 Vgl. zu diesem Begriff Amelung FS Grünwald, 1999, 9 (24f.).

96 So die Formulierung in BGH wistra 2014, 176 (179).

97 Die heftig umstrittene Frage, ob in diesen Fällen schon der objektive (so etwa Roxin StrafR AT II § 26 Rn. 241; Greco wistra 2015, 1 (2f.)) oder erst der subjektive (so zB Amelung FS Grünwald, 1999, 9 (22ff.); Schröder FS Geppert, 2011, 633 (634f.)) Tatbestand der Beihilfe ausgeschlossen ist, hängt von der allgemeinen Abgrenzung zwischen objektivem und subjektivem Tatbestand ab (vgl. dazu → § 10 Rn. 35ff.). Legt man im objektiven Tatbestand nicht den wirklichen, sondern nur den einem objektiven Dritten erkennbaren Sachverhalt zugrunde, so ist in diesen Fällen schon das objektive Beteiligungsrisiko, andernfalls nur das vom Täter erkannte Beteiligungsrisiko erlaubt.

98 Jakobs StrafR AT Abschn. 22 Rn. 40 mwN; Rudolphi FS Jescheck, 1985, 559 (563ff.).

99 Roxin StrafR AT II § 26 Rn. 263ff.; Kühl FS Roxin, 2001, 665 (681).

Hilfe leiste, weiteres Öl in das Feuer eines bereits in Brand gesetzten Gebäudes zu gießen, sei wegen der bereits eingetretenen Vollendung des Delikts nicht wegen Beihilfe zur Brandstiftung strafbar.

50 Die Rechtsprechung hält diese Differenzierung zu Recht nicht für überzeugend und lässt eine Hilfeleistung nicht nur bis zur formellen Vollendung, sondern bis zur materiellen Beendigung der Tat zu.[100] Die Begründung für diese Lösung ergibt sich daraus, dass auch die Phase zwischen formeller Vollendung und materieller Beendigung der Tat noch zu der den Tatbestand verwirklichenden einheitlichen Handlung gehört.[101] Wer sich an dieser Handlung beteiligt, muss sich das durch sie verwirklichte Unrecht insgesamt zurechnen lassen. Gießt ein Brandstifter weiteres Öl ins Feuer, so ist dies ungeachtet der bereits eingetretenen Vollendung noch ein Teil seiner Brandstiftungshandlung. Daher ist derjenige, der ihn dabei unterstützt, wegen Beihilfe zu der begangenen Brandstiftung strafbar.[102] Entsprechendes gilt, wenn jemand nach einem Raub oder Diebstahl dabei hilft, die Beute abzutransportieren. Der Tatbestand der Begünstigung kommt in solchen Fällen nur dann zur Anwendung, wenn zwischen der Tat und dem Abtransport eine Zäsur liegt, sodass beides nicht mehr als eine einheitliche Handlung anzusehen ist.[103]

D. Der subjektive Tatbestand der Beihilfe

51 Der subjektive Tatbestand der Beihilfe hat im Prinzip die gleiche Struktur wie der einer Anstiftung. Bezugspunkt des Vorsatzes ist sowohl die eigene Beteiligungshandlung als auch die Begehung der Haupttat durch den Täter. Ein Gehilfe muss den Willen haben, sich an einer Handlung des Täters zu beteiligen, durch die dieser vorsätzlich und rechtswidrig den Tatbestand des jeweiligen Strafgesetzes erfüllt. Eine besondere Vorsatzform ist wie bei der Anstiftung (dazu → § 28 Rn. 28) nicht erforderlich.[104] Auch hinsichtlich etwaiger zusätzlicher Absichtsmerkmale gilt das zur Anstiftung Ausgeführte (→ § 28 Rn. 30 f.) entsprechend. Wenn ein solches Merkmal die Verletzung des durch den jeweiligen Tatbestand geschützten Rechtsguts zum Gegenstand hat, muss der Gehilfe die Absicht selbst aufweisen, ansonsten reicht für die Beihilfe ebenfalls die Kenntnis der entsprechenden Absicht des Täters aus.

52 Der Vorsatz des Gehilfen muss sich auf den vom Täter verwirklichten Straftatbestand beziehen. Wer einem anderen ein falsches Gutachten für einen vermeintlichen Betrug (§ 263 StGB) erstellt, ist deshalb – entgegen einem obiter dictum des Bundesgerichtshofs[105] – nicht wegen Beihilfe strafbar, wenn der andere das Gutachten für eine Steuer-

[100] RGSt 23, 292; BGHSt 2, 40 (43 f.); 6, 248 (251); BGH NStZ 2000, 31; 2013, 463 (464); wistra 2014, 391; BayObLG NStZ 1999, 568 (569).

[101] Dies ist in der Konkurrenzlehre allgemein anerkannt; → § 30 Rn. 20.

[102] RGSt 71, 193 (194); OLG Hamm JZ 1961, 94.

[103] Die Rechtsprechung will die Abgrenzung zur Begünstigung dagegen nach der Willensrichtung des Handelnden vornehmen (BGHSt 4, 132 (133)); dagegen zu Recht Schönke/Schröder/Hecker § 257 Rn. 7 mwN.

[104] RGSt 59, 246; 70, 24; BGHSt 2, 281; 46, 107 (109); Roxin StrafR AT II § 26 Rn. 268 mwN; aA SK-StGB/Hoyer StGB § 27 Rn. 30 ff.

[105] BGH JZ 1997, 209 (210) (in BGHSt 42, 135 nicht mit abgedruckt); dagegen zu Recht die Anmerkung von Roxin JZ 1997, 210 (212).

hinterziehung (§ 370 AO) verwendet. Die näheren Umstände der Tatausführung muss der Gehilfe jedoch – anders als der Anstifter, dessen Rat die Tat vorzeichnen und deshalb schon objektiv in ihren wesentlichen Grundzügen individualisieren muss (→ § 28 Rn. 24) – nicht kennen.[106] Wer eine Waffe für einen Raubüberfall auf eine Bank oder einen Wecker als Zeitzünder für einen Bombenanschlag auf politische Gegner[107] liefert, ist auch dann wegen Beihilfe zum Raub (§§ 249, 27 I StGB) bzw. zum Herbeiführen einer Sprengstoffexplosion (§§ 308, 27 I StGB) strafbar, wenn er keine nähere Vorstellung davon hat, an welchem Objekt und auf welche Weise die Taten ausgeführt werden.[108]

E. Beihilfe durch Unterlassen

Eine Beihilfe durch Unterlassen ist grundsätzlich möglich, setzt aber gemäß § 13 StGB 53
eine Garantenpflicht zugunsten des durch die Haupttat verletzten Rechtsguts voraus. Da das Innehaben einer solchen Garantenpflicht regelmäßig bereits eine Mittäterschaft begründet (vgl. dazu → § 26 Rn. 31 ff.), bleibt für die Beihilfe durch Unterlassen nur ein schmaler Anwendungsbereich.[109] Sie kommt vor allem dann in Betracht, wenn ein sich durch Unterlassen an der Tat beteiligender Garant nicht alle persönlichen Strafbarkeitsvoraussetzungen in eigener Person erfüllt, also etwa einen Betrug geschehen lässt, ohne selbst die Absicht zu haben, sich oder einen Dritten zu bereichern. Außerdem ist eine bloße Beihilfe durch Unterlassen dann anzunehmen, wenn ein Garant die Beihilfehandlung eines anderen nicht verhindert, also zB ein Vater nicht dagegen einschreitet, dass sein minderjähriger Sohn einem anderen das Werkzeug für einen Einbruchsdiebstahl besorgt.

Beihilfe (vgl. S. 503)

Aufgrund der limitierten Akzessorietät (→ § 25 Rn. 24 ff.) ist die Strafbarkeit eines möglichen Gehilfen erst **nach der Strafbarkeit des Haupttäters** zu prüfen. In der Subsumtionsfrage ist nicht dessen Handlung, sondern die des möglichen Gehilfen zu benennen. Der Aufbau bereitet in der Regel keine besonderen Probleme. Schwierigkeiten ergeben sich nur bei einer Anwendung des § 28 StGB. Im Falle einer Tatbestandsverschiebung nach § 28 II StGB empfiehlt es sich, in der Subsumtionsfrage direkt das Delikt anzugeben, nach dem sich der Gehilfe im Ergebnis strafbar gemacht hat.

A. **Tatbestand**
  I. **Objektiver Tatbestand**
    1. **Vorsätzlich begangene rechtswidrige Haupttat** (→ § 28 Rn. 1 ff.)
    2. Rechtlicher Schutz des durch diese Tat verletzten Rechtsguts gegenüber dem Gehilfen (→ § 28 Rn. 8 ff.)
    3. **Hilfeleistung zu dieser Tat** (→ § 28 Rn. 32 ff.)

[106] Vgl. dazu BGHSt 64, 10 (32); BGH NJW 2007, 384 (389 f.); NStZ 2011, 399 (400); 2012, 264; wistra 2012, 32.
[107] Vgl. BGHR StGB § 27 I Vorsatz Nr. 6.
[108] Vgl. dazu eingehend Roxin StrafR AT II § 26 Rn. 272 ff. mwN.
[109] Vgl. dazu näher Roxin StrafR AT II § 31 Rn. 143 f. mwN.

II. **Subjektiver Tatbestand** (→ § 28 Rn. 51 f.)
   1. **Vorsatz hinsichtlich der vorsätzlich begangenen rechtswidrigen Haupttat**
      Der Vorsatz muss sich auch bei einer nur versuchten Haupttat auf deren Vollendung beziehen.
   2. Kenntnis der den rechtlichen Schutz des verletzten Rechtsguts gegenüber dem Gehilfen begründenden Umstände
   3. **Vorsatz hinsichtlich der Hilfeleistung zur Begehung der Tat**
   4. Etwaige auch beim Gehilfen selbst erforderliche auf die Rechtsgutsverletzung bezogene Absichten (→ § 28 Rn. 51)

III. Etwaige Tatbestandsverschiebung nach § 28 II StGB aufgrund beim Gehilfen vorhandener oder fehlender besonderer persönlicher Merkmale (→ § 25 Rn. 29 und 34 ff.)

B. **Rechtswidrigkeit und Schuld**
- keine Besonderheiten

C. Etwaige Strafmilderung
- aufgrund beim Gehilfen fehlender besonderer persönlicher Merkmale nach § 28 I StGB (→ § 25 Rn. 29 ff. und → Rn. 39 ff.)

Lektüreempfehlungen: BGHSt 19, 339–342 (Anstiftung zu qualifizierter Begehung); BGHSt 34, 63–68 (Bestimmtheit der Anstiftung); BGHSt 37, 214–219 (Anstiftung bei aberratio ictus des Täters); BGHSt 42, 135–139 (Bestimmtheit des Gehilfenvorsatzes); BGHSt 46, 107–120 (Beihilfe durch „neutrale“ Handlungen).

§ 29. Versuch und Vorbereitung bei mehreren Tatbeteiligten

A. Versuchte mittelbare Täterschaft

1 Für die versuchte mittelbare Täterschaft gelten die allgemeinen Vorschriften über den Versuch (§§ 22–24 StGB). Einer gesonderten Erörterung bedarf nur der Zeitpunkt des Versuchsbeginns, also die Frage, wann ein mittelbarer Täter iSd § 22 StGB zur Verwirklichung des Tatbestandes unmittelbar ansetzt. Hierfür gibt es zwei im Grundsatz unterschiedliche Lösungen.[1] Man kann die den Tatbestand verwirklichende Handlung, zu der unmittelbar angesetzt werden muss, entweder schon in der Handlung des mittelbaren Täters selbst[2] oder erst in der des Tatmittlers[3] sehen. Die erste dieser beiden Lösungsmöglichkeiten wird als **Einzellösung** und die zweite als **Gesamtlösung** bezeichnet. Die Terminologie erklärt sich daraus, dass die Einzellösung das Handeln des mittelbaren Täters isoliert betrachtet, während die Gesamtlösung sein Handeln als Teil einer aus dem Verhalten von mittelbarem Täter und Tatmittler bestehenden Gesamthandlung ansieht.

2 Nach der **Einzellösung** beginnt der Versuch der mittelbaren Täterschaft naturgemäß erheblich früher als nach der Gesamtlösung. Wer andere zu einem Raubüberfall anstiftet und ihnen zur Betäubung des Opfers ein vermeintlich harmloses Schlafmittel mitgibt, das in Wahrheit die Atmung lähmt (vgl. zu diesem Fall bereits → § 27 Rn. 7), setzt nach der Einzellösung spätestens dann zur Tötung des Opfers unmittelbar an, wenn er den anderen Beteiligten das angebliche Schlafmittel zur Begehung der Tat aushändigt und dem weiteren Geschehen seinen Lauf lässt. Nach der Gesamtlösung beginnt der Versuch der mittelbaren Täterschaft dagegen erst, wenn die anderen Beteiligten unmittelbar dazu ansetzen, dem Opfer das Mittel einzuflößen. Sofern sie – wie in dem vom Bundesgerichtshof entschiedenen Originalfall[4] – die Täuschung vorher bemerken und deshalb die Tat nicht ausführen, liegt nach der Gesamtlösung eine bloße Vorbereitungshandlung vor, und der Hintermann ist nicht wegen versuchten Mordes strafbar.

3 Der Bundesgerichtshof hat zu Recht anders entschieden und den Angeklagten wegen eines in mittelbarer Täterschaft begangenen versuchten Mordes verurteilt.[5] Da ein mittelbarer Täter mit dem Tatmittler gerade keine gemeinsame Sache macht, sondern ihn ohne seinen Willen als Werkzeug gebraucht, gibt es keinen Grund, das Verhalten von mittelbarem Täter und Tatmittler zu einer Gesamthandlung zusammenzuziehen. Schon weil die mittelbare Täterschaft im Grunde gar keine Besonderheit und die Grenze zur unmittelbaren Täterschaft dementsprechend fließend ist (→ § 25

---

[1] Einen detaillierteren Überblick über den in den Einzelheiten sehr unübersichtlichen Streitstand gibt Roxin StrafR AT II § 29 Rn. 226ff.

[2] LK-StGB/Schünemann/Greco StGB § 25 Rn. 174; LK-StGB/Murmann StGB § 22 Rn. 199ff; SK-StGB/Jäger StGB § 22 Rn. 39; Jakobs StrafR AT Abschn. 24 Rn. 105; Jescheck/Weigend StrafR AT § 62 IV 1; Roxin StrafR AT II § 29 Rn. 244ff., jeweils mwN.

[3] Frank RStGB § 43 II 2a; BWME StrafR AT § 22 Rn. 78; Lackner/Kühl/Kühl StGB § 22 Rn. 9; ähnlich auch Kühl StrafR AT § 20 Rn. 91; MGZ/Renzikowski StrafR AT II § 48 Rn. 136ff.; Stratenwerth/Kuhlen StrafR AT § 12 Rn. 105; Krack GS Eckert, 2008, 467 (468f.), jeweils mwN.

[4] BGHSt 30, 363.

[5] BGHSt 30, 363 (365f.).

Rn. 8ff.), müssen für den mittelbaren Täter die gleichen Maßstäbe gelten wie für einen Täter, der sich zur Herbeiführung des tatbestandlichen Erfolges natürlicher Werkzeuge bedient. Ob ein Bombenleger für die Zündung einer Autobombe eine auf acht Uhr morgens programmierte Zeitschaltuhr oder den jeden Morgen um acht Uhr zur Arbeit fahrenden Besitzer des Wagens als gutgläubiges Werkzeug benutzt, kann für den Beginn seines Versuchs keinen Unterschied machen.

4 Aber auch wenn der Tatmittler nicht gutgläubig ist, sondern gezwungenermaßen oder aufgrund eines sonstigen die mittelbare Täterschaft begründenden Willensmangels handelt bzw. handeln soll, entscheidet der mittelbare Täter unabhängig von dessen Willen über die Begehung der Tat. Deshalb kommt es – entgegen der in der älteren Literatur anzutreffenden **Differenzierungstheorie,** nach der nur ein gutgläubiger Tatmittler wie ein natürliches Werkzeug zu betrachten sein soll[6] – bei einem bösgläubigen Tatmittler für den Versuchsbeginn ebenfalls nur auf das Verhalten des mittelbaren Täters selbst an. Wer einem anderen Prügel oder ein sonstiges empfindliches Übel androht, um ihn zur Wegnahme einer fremden beweglichen Sache zu nötigen, ist gemäß §§ 242, 25 I Var. 2 StGB, §§ 22, 23 I StGB wegen eines versuchten Diebstahls in mittelbarer Täterschaft strafbar, selbst wenn der andere sich von dieser Drohung in keiner Weise beeindrucken lässt und gar nicht daran denkt, einen Diebstahl zu begehen. Gleiches gilt, wenn jemand sein Kind zum Stehlen losschickt, das nicht den Mut hat, die von ihm erwartete Tat zu begehen.

5 Ob der mittelbare Täter durch sein eigenes Verhalten bereits unmittelbar zur Tatbestandsverwirklichung angesetzt hat, ist nach den allgemeinen Regeln über den Versuchsbeginn zu beurteilen (→ § 23 Rn. 25ff.).[7] Der Versuch mittelbarer Täterschaft beginnt zwar nicht notwendigerweise mit der ersten Einwirkung auf das Werkzeug, wohl aber dann, wenn der mittelbare Täter zu der letzten Instruktion seines Werkzeugs unmittelbar ansetzt, die nach seiner Vorstellung von der Tat zur Herbeiführung des Erfolgs erforderlich ist. Dies gilt im Grundsatz auch dann, wenn der mittelbare Täter die Instruktion wieder zurücknehmen und den tatbestandlichen Erfolg dadurch sicher abwenden könnte. Die Fälle einer nach der Vornahme dieser Handlungen nach der Vorstellung des Täters noch verbleibenden sicheren Abwendungsmöglichkeit sind auch hier entgegen der herrschenden Meinung[8] nicht durch eine Modifikation der Regeln über den Versuchsbeginn, sondern über das Erfordernis des unbedingten Tatentschlusses zu lösen. Sofern der mittelbare Täter sein Werkzeug vorsorglich instruiert, um später zu entscheiden, ob er es mit dieser Instruktion aus seinem Einflussbereich entlässt, liegt noch kein unbedingter Tatentschluss und damit auch noch kein Versuch vor. Wenn in einem solchen Fall keine erneute Instruktion mehr stattfindet, kommt auch bei der mittelbaren Täterschaft nur ein Unterlassungsversuch in Betracht, der dann beginnt, wenn der mittelbare Täter sein Werkzeug aus seinem Einflussbereich entlässt.[9]

6 Entgegen der Auffassung der Rechtsprechung[10] kommt es für den Versuchsbeginn dagegen nicht darauf an, mit welcher Wahrscheinlichkeit die Handlung des Tatmittlers

[6] Blei StrafR AT § 72 II 4; Welzel StrafR S. 191.

[7] So zutreffend Puppe GA 2013, 514 (530ff.).

[8] Vgl. zur sog. modifizierten Einzellösung Roxin StrafR AT II § 29 Rn. 230 mwN.

[9] Vgl. zum Ganzen Frister FS Wolter, 2013, 375 (388).

[10] BGHSt 3, 110 (129); 4, 270 (273); 30, 363 (365); 40, 257 (269); 43, 177 (181); BGH NJW 2020, 559 (560); BGH NStZ 2021, 92; iErg ähnlich die Lösung von Herzberg FS Roxin, 2001, 749 (761ff.),

zu erwarten ist und innerhalb welchen Zeitraums sie erfolgen soll. Ein Versuch mittelbarer Täterschaft kann auch vorliegen, wenn die Handlung des Tatmittlers ungewiss ist und erst Jahre später erfolgen wird. Als Beispiel stelle man sich vor, dass ein Apotheker der ebenso besorgten wie ehrgeizigen Mutter eines neunjährigen Jungen für einen mehrjährigen Auslandsaufenthalt ua ein tödliches Gift als angebliches Wundermittel gegen pubertäre Lernstörungen verkauft. Obwohl die Mutter ihren Sohn damit allenfalls in einigen Jahren vergiften wird, kann vernünftigerweise kein Zweifel daran bestehen, dass der Apotheker – sofern er die spätere Verabreichung des Giftes ernsthaft für möglich hält – bereits durch dessen Verkauf einen versuchten Totschlag oder Mord in mittelbarer Täterschaft begangen hat.

B. Beteiligung am Versuch

I. Versuchte Mittäterschaft

1. Die versuchte Mittäterschaft als täterschaftliche Beteiligung am Versuch

Für die versuchte Mittäterschaft gelten im Prinzip ebenfalls die allgemeinen Vorschriften über den Versuch (§§ 22–24 StGB). Jedoch sind – wie sich im Folgenden zeigen wird – einige strukturelle Besonderheiten zu beachten. Hinsichtlich des Versuchsbeginns stehen sich auch hier eine Einzel- und eine Gesamtlösung gegenüber, wobei jedoch die Gewichte anders verteilt sind als bei der mittelbaren Täterschaft. Bei der Mittäterschaft vertreten Rechtsprechung und herrschende Lehre eine **Gesamtlösung.**[11] Weil Mittäter den Tatbestand durch eine gemeinsame Handlung verwirklichen, müsse der Anfang der Tatbestandsverwirklichung für alle einheitlich bestimmt werden. Der Versuch der Mittäterschaft beginne, wenn einer der Mittäter eine Handlung vornehme, die der tatbestandlichen Ausführungshandlung unmittelbar vorgelagert sei. Demgegenüber steht die **Einzellösung**[12] auf dem Standpunkt, es komme darauf an, dass jeder einzelne Mittäter zu seinem eigenen Tatbeitrag unmittelbar ansetze. 7

Eine reine Einzellösung wird der Struktur der Mittäterschaft jedoch nicht gerecht. Aufgrund der Zusammenfassung der Tatbeiträge zu einer gemeinsamen Handlung sind noch ausstehende Beiträge anderer Mittäter – anders als das Verhalten eines Tatmittlers – ebenso wie noch ausstehende eigene Handlungen zu bewerten. Ein Tatbeitrag, der den tatbestandlichen Erfolg nur mittels einer von einem anderen Mittäter vorzunehmenden weiteren Handlung herbeiführen kann, ist deshalb noch keine tatbestandliche Ausführungshandlung, sodass allein das unmittelbare Ansetzen zu einem 8

der zwar für den Versuchsbeginn allein die Handlung des mittelbaren Täters für maßgeblich hält, die Strafbarkeit wegen Versuchs aber von einem zusätzlichen „Ansetzungserfolg" abhängig machen will, der erst dann vorläge, wenn die Tatbestandsverwirklichung aus der Sicht des Täters unmittelbar bevorstehe; vgl. für eine eingehende Kritik dieser Auffassungen Frister FS Wolter, 2013, 375 (378 ff.).

11 RGSt 58, 279; BGHSt 36, 249 (250); 39, 236 (237 f.); 40, 299 (301 f.); BGH NJW 2014, 1463; Fischer StGB § 22 Rn. 21; Lackner/Kühl/Kühl StGB § 22 Rn. 9; LK-StGB/Murmann StGB § 22 Rn. 212; NK-StGB/Zaczyk StGB § 22 Rn. 67; Schönke/Schröder/Eser/Bosch StGB § 22 Rn. 55; BWME StrafR AT § 22 Rn. 79; Jescheck/Weigend StrafR AT § 63 IV 1; Stratenwerth/Kuhlen StrafR AT § 12 Rn. 107; Dencker, Kausalität und Gesamttat, 1996, S. 191 ff.; Mylonopoulos GA 2011, 462.

12 SK-StGB/Jäger StGB § 22 Rn. 34 ff.; Roxin StrafR AT II § 29 Rn. 297 ff.; Schilling, Der Verbrechensversuch des Mittäters und des mittelbaren Täters, 1975; Rudolphi FS Bockelmann, 1979, 369 (384 ff.); Stein, Beteiligungsformenlehre, 1988, S. 318.

solchen Tatbeitrag keinen Versuch begründen kann. Der vielzitierte Bandenboss, der nach Abschluss aller Vorbereitungen seine Leute zur Begehung eines von ihm bestimmten Einbruchsdiebstahls auf den Weg schickt, gibt zwar das weitere Geschehen aus der Hand, setzt durch diese Handlung aber nicht unmittelbar zur Tatbestandsverwirklichung an und ist deshalb gemäß § 22 StGB noch nicht wegen eines mittäterschaftlich begangenen versuchten Diebstahls strafbar.[13]

9 Die sich daraus ergebende Notwendigkeit einer Gesamtbetrachtung bedeutet jedoch auf der anderen Seite nicht, dass auf den mittäterschaftlichen Tatbeitrag selbst verzichtet werden könnte.[14] So wie eine Teilnahme am Versuch (→ § 29 Rn. 16ff.) neben der versuchten Haupttat eine Anstiftung oder Hilfeleistung voraussetzt, so ist für eine mittäterschaftliche Beteiligung am Versuch neben der versuchten gemeinsamen Tat auch eine mittäterschaftliche Beteiligungshandlung erforderlich. Diese kann – soweit ein Beteiligter keine Garantenstellung hat – nur darin liegen, dass er entweder bei der Ausführung des Versuchs selbst mitwirkt oder intern die Entscheidung über dessen Begehung trifft (vgl. dazu → § 26 Rn. 25ff.). Falls es zu beidem nicht gekommen ist, scheidet für ihn eine versuchte Mittäterschaft selbst dann aus, wenn die gemeinsame Tat das Versuchsstadium erreicht hat. Insoweit gilt für den Versuch nichts anderes als für die Vollendung, die dem Beteiligten wegen des Fehlens eines mittäterschaftlichen Tatbeitrags ebenfalls nicht zugerechnet werden könnte.[15]

10 Als Beispiel stelle man sich vor, dass ein Bandenboss A, der intern allein über die von seiner Bande zu begehenden Taten entscheidet, die Bandenmitglieder B und C auf getrennten Wegen zur Begehung eines nächtlichen Überfalls auf ein in einer Ladenpassage gelegenes Juweliergeschäft losschickt und dabei die Aufgaben so verteilt, dass B den patrouillierenden Nachtwächter im Erdgeschoss überwältigen und C in das im ersten Stock befindliche Juweliergeschäft eindringen und die Auslage an sich nehmen soll (vgl. bereits → § 25 Rn. 16). Wenn B planmäßig den Nachtwächter niederschlägt, die Vollendung des Raubes aber daran scheitert, dass C wegen eines Autounfalls gar nicht bis zum Tatort gekommen ist, haben sich B und – aufgrund der intern getroffenen Entscheidung – auch A wegen eines mittäterschaftlich begangenen versuchten Raubes strafbar gemacht. C dagegen hat zu diesem Versuch keinen mittäterschaftlichen Tatbeitrag geleistet und ist deshalb nicht als Mittäter des versuchten Raubes, sondern lediglich wegen Verabredung zum Raub (§ 30 II StGB) strafbar.

2. Der Beginn des Versuchs der gemeinsamen Tat

11 Mit der Feststellung, dass für eine versuchte Mittäterschaft die gemeinsame Tat das Versuchsstadium erreicht und der einzelne Beteiligte einen mittäterschaftlichen Beitrag zu dem Versuch geleistet haben muss, ist allerdings noch nicht geklärt, wie der Beginn des Versuchs der gemeinsamen Tat exakt zu bestimmen ist. Insoweit stellt sich das Problem, dass das unmittelbare Ansetzen zur Tatbestandsverwirklichung gemäß § 22 StGB auf der Grundlage der Vorstellung des Täters von seiner Tat zu beurteilen

[13] Im Ergebnis erkennt dies auch ein Teil der Verfechter der Einzellösung an, weil sie für Mittäterschaft generell eine Mitwirkung im Ausführungsstadium verlangen (vgl. SK-StGB/Jäger StGB § 22 Rn. 34ff.; Roxin StrafR AT II § 29 Rn. 315ff.; Rudolphi FS Bockelmann, 1979, 369 (372ff.)). Damit wird allerdings doch ein Ausführungsstadium der Gesamttat vorausgesetzt, das es bei einer reinen Einzellösung eigentlich gar nicht geben dürfte.

[14] So zu Recht NK-StGB/Zaczyk StGB § 22 Rn. 65; Mitsch FS Kühne, 2013, 31 (44f.).

[15] Roxin StrafR AT II § 29 Rn. 300 mwN.

ist. Diese individuelle Vorstellung kann bei einer gemeinschaftlichen Begehung schon deshalb nicht durch den gemeinsamen Tatplan ersetzt werden, weil sich dieser – anders als der Vorsatz – nur auf die gemeinsame Handlung und nicht auf deren Folgen beziehen muss (→ § 26 Rn. 3). Wenn etwa A und B gemeinsam den C planmäßig mit immer stärker werdenden Stromschlägen foltern und dabei lediglich jeder für sich die Möglichkeit eines tödlichen Ausgangs erkannt hat, gibt es keinen gemeinsamen auf die Begehung eines Totschlags bzw. Mordes gerichteten Tatplan, auf dessen Grundlage der Beginn des Versuchs beurteilt werden könnte.

Deshalb bleibt gar keine andere Möglichkeit, als über die Frage, zu welchem Zeitpunkt eine gemeinsame Handlung das Versuchsstadium erreicht, auf der Grundlage der individuellen Vorstellungen der Beteiligten zu entscheiden. Der Versuch beginnt damit für jeden Mittäter dann, wenn die gemeinsame Handlung einen Punkt erreicht, an dem nach seiner Vorstellung von der Tat die Tatbestandsverwirklichung unmittelbar bevorsteht. Die Gesamtlösung hat damit zwar insofern Recht, als es für den Versuchsbeginn nicht auf den Tatbeitrag des Einzelnen, sondern auf die gemeinsame Handlung ankommt. Aber ob die gemeinsame Handlung bereits das Versuchsstadium erreicht hat, ist nach der Vorstellung des Einzelnen von der Tat zu beurteilen, sodass der Versuch für mehrere Mittäter durchaus zu einem unterschiedlichen Zeitpunkt beginnen kann. Hält zB A in dem soeben geschilderten Beispiel schon schwächere Stromschläge für lebensgefährlich als B, so setzt er durch die gemeinsame Handlung uU bereits zu einem früheren Zeitpunkt als dieser zur Begehung des gemeinschaftlichen Totschlags oder Mordes unmittelbar an. 12

Dies gilt ebenso für Mittäter, die bei der Ausführung nicht zugegen sind. Wenn etwa A und B als Geheimdienstmitarbeiter auf Anordnung ihres gemeinsamen Chefs D den C in der geschilderten Weise mit Stromschlägen foltern, beginnt der mittäterschaftliche Totschlags- bzw. Mordversuch des D in dem Moment, in dem die gemeinschaftliche Handlung ein Stadium erreicht, das nach seiner Vorstellung von der Tat den ersten möglicherweise tödlichen Stromschlägen unmittelbar vorgelagert ist. Der Umstand, dass D das Erreichen dieses Stadiums nicht selbst wahrnimmt, steht dem nicht entgegen. Ein Mittäter besteht die „Feuerprobe der kritischen Situation"[16] nicht durch den Eintritt der gemeinsamen Handlung in das Versuchsstadium, sondern dadurch, dass er seinen eigenen Tatbeitrag zu dem Versuch erbringt. Der Beginn des Versuchs ist zwar auf der Grundlage des individuellen Tatplans zu beurteilen, wird aber gleichwohl durch Handlungen anderer vermittelt und kann dementsprechend stattfinden, ohne dass der Mittäter es bemerkt. 13

Die Beurteilung des Versuchsbeginns auf der Grundlage des individuellen Tatplans ändert nichts daran, dass der Gegenstand der Beurteilung eine gemeinsame Handlung sein muss. Die bloße Vorstellung eines Beteiligten, ein anderer mache mit ihm gemeinsame Sache, begründet diese Gemeinsamkeit noch nicht.[17] Daher geht die herrschende Lehre zu Recht davon aus, dass die Handlungen eines nur **vermeintlichen Mittäters** nicht geeignet sind, für den Betreffenden den Eintritt in das Versuchsstadium zu begründen.[18] In der Rechtsprechung des Bundesgerichtshofs wird die Frage 14

[16] Bockelmann JZ 1954, 468 (473).

[17] Dazu instruktiv Globke/Hettinger FS Kühl, 2014, 213 (220ff.).

[18] LK-StGB/Murmann StGB § 22 Rn. 216f.; Lackner/Kühl/Kühl StGB § 22 Rn. 9; NK-StGB/Zaczyk StGB § 22 Rn. 68; Schönke/Schröder/Eser/Bosch StGB § 22 Rn. 55; Jescheck/Weigend StrafR AT

allerdings unterschiedlich beantwortet.[19] Während vom Zweiten Strafsenat das Verhalten eines im Auftrag der Polizei nur zum Schein bei einem Raubüberfall mitwirkenden Beteiligten den anderen nicht als versuchsbegründende Ausführungshandlung zugerechnet und diese daher lediglich wegen Verbrechensverabredung (§ 30 II StGB) verurteilt wurden,[20] hat der Vierte Strafsenat in einem tatsächlich anders gelagerten, aber die gleiche Rechtsfrage aufwerfenden Fall gegenteilig entschieden.[21]

3. Der Aufbau der versuchten Mittäterschaft

15 Ebenso wie bei einer vollendeten, so ist auch bei der versuchten Mittäterschaft danach zu fragen, ob sich der einzelne Beteiligte durch die gemeinsame Handlung strafbar gemacht hat (vgl. zum Aufbau der Mittäterschaft → § 26 Rn. 41 ff.). Die Prüfung richtet sich im Grundsatz nach dem allgemeinen Versuchsaufbau (→ § 23 Rn. 13 ff.), wobei sich jedoch aus der Struktur der versuchten Mittäterschaft als mittäterschaftliche Beteiligung an einem durch eine gemeinsame Handlung begangenen Versuch eine Besonderheit ergibt. Durch die Prüfung der allgemeinen Versuchsvoraussetzungen „Tatentschluss" und „unmittelbares Ansetzen zur Tatbestandsverwirklichung" wird lediglich das Vorliegen eines durch eine gemeinsame Handlung begangenen Versuchs, nicht aber die mittäterschaftliche Beteiligung an diesem Versuch festgestellt. Deshalb bleibt keine andere Möglichkeit, als die mittäterschaftliche Beteiligungshandlung nach dem unmittelbaren Ansetzen zur Tatbestandsverwirklichung gesondert zu prüfen. Dies ist zwar bisher nicht üblich, entspricht aber dem Aufbau der strukturell ähnlichen Teilnahme am Versuch, bei der nach der Feststellung der versuchten Haupttat ganz selbstverständlich die Teilnahmehandlung erörtert wird.

II. Die Teilnahme am Versuch

16 Da auch ein nach § 23 I StGB mit Strafe bedrohter Versuch eine vorsätzlich begangene rechtswidrige Haupttat ist (vgl. bereits → § 28 Rn. 1), wird die Teilnahme am Versuch von dem allgemeinen Anstiftungs- bzw. Beihilfetatbestand (§§ 26 f. StGB) mit erfasst. Objektiv setzt sie voraus, dass ein anderer zu einem mit Strafe bedrohten Versuch bestimmt respektive ihm bei einem solchen Versuch Hilfe geleistet wird. Bei einer wörtlichen Anwendung des § 16 StGB würde es dementsprechend für den subjektiven Tatbestand ausreichen, dass der Teilnehmer einen auf die Begehung eines bloßen Versuchs gerichteten Vorsatz hat, dh er wäre auch dann wegen Teilnahme am Versuch zu verurteilen, wenn er die Vollendung der vom Täter versuchten Tat nicht wollte. Wer als sogenannter **agent provocateur**[22] einen anderen in der sicheren Erwartung

§ 63 IV 1; Roxin StrafR AT II § 29 Rn. 308 ff.; Mitsch FS Kühne, 2013, 31 (37 ff.), beide mwN; aA Fischer StGB § 22 Rn. 23 a; MüKoStGB/Hoffmann-Holland StGB § 22 Rn. 140 ff.; Mylonopoulos GA 2011, 462 (471 ff.).

[19] Vgl. dazu die eingehende Analyse von Globke/Hettinger FS Kühl, 2014, 213 (214 ff.).

[20] BGHSt 39, 236 (237 f.).

[21] BGHSt 40, 299 (301 ff.). Die Abweichung von der Entscheidung des Zweiten Senats – die zur Vorlage an den Großen Senat für Strafsachen hätte führen müssen (vgl. § 132 II GVG) – wurde dabei mit fadenscheiniger Begründung verneint.

[22] Über die verschiedenen Erscheinungsformen des agent provocateur und ihre strafrechtliche Beurteilung Deiters JuS 2006, 302; zu den strafprozessualen Folgen einer staatlichen Provokation von Straftaten EGMR NJW 2021, 3515; BVerfG NStZ 2016, 49; BGHSt 60, 276, jeweils mwN.

anstiftet, dieser werde bei dem Versuch der Tat noch vor deren Vollendung festgenommen, wäre also wegen Anstiftung zum Versuch strafbar.

Aus dem Strafgrund der Teilnahme ergibt sich, dass dies nicht richtig ist. Da das objektive Unrecht der Teilnahme aus der Verletzung oder Gefährdung des durch den jeweiligen Tatbestand geschützten Rechtsguts resultiert, ist für dessen subjektive Seite der Vorsatz einer derartigen Verletzung oder Gefährdung unerlässlich (vgl. dazu bereits → § 28 Rn. 30). Deshalb muss der Teilnehmer für eine Strafbarkeit wegen Anstiftung oder Beihilfe zum Versuch einen auf die Vollendung der Tat gerichteten Vorsatz haben,[23] sodass der agent provocateur nicht wegen Anstiftung zum Versuch strafbar ist. Die Teilnahme am Versuch hat also eine asymmetrische Struktur. Während objektiv die Anstiftung bzw. Hilfeleistung zum Versuch ausreicht, entspricht der subjektive Tatbestand dem der Teilnahme an einer vollendeten Tat. Darin zeigt sich, dass es sich bei der Teilnahme am Versuch ungeachtet ihrer unmittelbaren Ableitung aus den §§ 26, 27 StGB der Sache nach um Versuchsunrecht handelt, das sich von der versuchten Mittäterschaft im Wesentlichen nur durch die andere Beteiligungsform unterscheidet. 17

Ein weiterer Unterschied besteht allerdings insofern, als aufgrund des – rechtspolitisch und dogmatisch fragwürdigen (→ § 25 Rn. 26) – Erfordernisses einer vorsätzlichen Haupttat der Beginn des Versuchs bei der Beteiligung eines Teilnehmers primär auf der Grundlage der Vorstellung des Täters zu bestimmen ist. Besorgt B dem A einen Baseballschläger, damit dieser den C niederschlagen und im Kofferraum seines Autos zu einem 50 km entfernten See fahren kann, um ihn dort zu ermorden (vgl. zu diesem Beispiel bereits → § 11 Rn. 9), so begründet das Niederschlagen des C – wenn A dabei noch nicht mit bedingtem Tötungsvorsatz handelt – wegen des Fehlens einer vorsätzlichen Haupttat auch dann keine Beihilfe zum versuchten Totschlag oder Mord, wenn der B selbst die Vorstellung hat, dass schon diese Gewaltanwendung tödlich zu sein vermag. Obwohl sich die Tat nach der Vorstellung des B bereits im Ausführungsstadium befindet, ist die Grenze zwischen strafloser versuchter Beihilfe und strafbarer Beihilfe zum Versuch noch nicht überschritten, weil A nach seiner eigenen Vorstellung von der Tat zur Tötung des C noch nicht unmittelbar angesetzt hat. 18

Wenn dagegen umgekehrt A schon beim Niederschlagen des C mit bedingtem Tötungsvorsatz handelt, B aber nicht die Vorstellung hat, dass bereits diese Gewaltanwendung tödlich sein kann, liegt nach dem Wortlaut des Gesetzes bereits eine Beihilfe zum versuchten Totschlag oder Mord vor. Jedoch ist insoweit ebenfalls eine – soweit ersichtlich in Rechtsprechung und Literatur allerdings noch nicht thematisierte – teleologische Reduktion der Teilnahmestrafbarkeit geboten. Da das Unrecht der Teilnahme aus der Verletzung bzw. Gefährdung des durch den jeweiligen Tatbestand geschützten Rechtsguts resultiert, beginnt der Versuch auch für den Teilnehmer frühestens dann, wenn die Haupttat ein Stadium erreicht, in der nach seiner eigenen Vorstellung von der Tat die Tatbestandsverwirklichung unmittelbar bevorsteht. Solange sich die Haupttat nach seiner Tatvorstellung noch im Vorbereitungsstadium befindet, liegt für ihn nur eine versuchte Teilnahme (vgl. dazu → § 29 Rn. 28 ff.) vor, selbst wenn der Täter sich aufgrund einer abweichenden Vorstellung bereits wegen Versuchs strafbar gemacht hat. 19

III. Der Rücktritt von der Beteiligung am Versuch (§ 24 II StGB)

Für den Rücktritt von der versuchten Mittäterschaft und der Teilnahme am Versuch sieht das Gesetz in § 24 II StGB besondere Regeln vor.[24] Diese unterscheiden sich 20

[23] Vgl. MüKoStGB/Joecks/Scheinfeld StGB § 26 Rn. 76; NK-StGB/Schild StGB § 26 Rn. 12; Schönke/Schröder/Heine/Weißer StGB § 26 Rn. 21; SK-StGB/Hoyer StGB Vor §§ 26–31 Rn. 59 ff., alle mwN.

[24] Vgl. zu Entstehungsgeschichte und historischem Hintergrund der Regelung Grünwald FS Welzel, 1974, 71.

von den für den Alleintäter geltenden Regeln des § 24 I StGB in zweierlei Hinsicht. Zum einen gibt es keine dem § 24 I 1 Var. 1 StGB entsprechende Regelung, dh das freiwillige Aufgeben der weiteren Tatausführung reicht bei mehreren Tatbeteiligten für einen Rücktritt grundsätzlich nicht aus. Der Zurücktretende muss sich hier auch bei einem unbeendeten Versuch darum bemühen, eine Vollendung der Tat zu verhindern (dazu unter → Rn. 21 ff.). Zum anderen ist bei der Beteiligung am Versuch uU ein Rücktritt möglich, obwohl die Tat vollendet wurde. Gemäß § 24 II 2 Var. 2 StGB begründet das freiwillige und ernsthafte Bemühen um die Verhinderung der Vollendung bereits dann Straflosigkeit, wenn die Tat unabhängig von dem Tatbeitrag des Zurücktretenden begangen wird (dazu unter → Rn. 24 ff.).

1. Der Ausschluss des Rücktritts durch Aufgeben der weiteren Tatausführung

21 Der grundsätzliche Ausschluss des Rücktritts durch Aufgeben der weiteren Tatausführung erklärt sich daraus, dass bei einem von mehreren Personen begangenen Versuch der sich aus dem unmittelbaren Ansetzen zur Tatbestandsverwirklichung ergebende Anschein der Tatbegehung (vgl. dazu → § 24 Rn. 2 f.) von einem Tatbeteiligten allein nicht wieder aufgehoben werden kann. Eine Aufhebung des in dem unmittelbaren Ansetzen liegenden Versuchsunrechts ist hier nur dadurch möglich, dass alle in dem gemeinsamen Tatplan für die Ausführung der Tat vorgesehenen Personen die weitere Verwirklichung dieses Plans noch vor der Vornahme einer zur Tatbestandsverwirklichung geeigneten Ausführungshandlung freiwillig aufgeben. Das Aufgeben der weiteren Tatausführung durch einen Beteiligten reicht – weil die Tat von den anderen zu Ende geführt werden kann – nicht aus.

22 Daher ist es richtig, dass das Gesetz für den einzelnen Tatbeteiligten den Rücktritt nur durch das Verhindern der Vollendung bzw. das freiwillige und ernsthafte Bemühen um die Vollendungsverhinderung vorsieht. Jedoch ist die gesetzliche Regelung insofern lückenhaft, als sie den Fall eines gemeinsamen Aufgebens der weiteren Tatausführung durch alle nach dem gemeinsamen Tatplan an der Tatausführung beteiligten Personen nicht berücksichtigt. Wenn A und B bei einem gemeinsam begangenen Einbruchdiebstahl nach Versuchsbeginn übereinstimmend und freiwillig zu der Überzeugung kommen, dass sie die Tat doch besser nicht zu Ende führen, ist dies nicht anders zu beurteilen, als wenn ein Alleintäter freiwillig die weitere Ausführung der Tat aufgibt. Der sich aus dem unmittelbaren Ansetzen ergebende Anschein der Tatbegehung wird durch das Aufgeben der weiteren Tatausführung auch hier widerlegt und damit das Unrecht des Versuchs aufgehoben. Deshalb wendet ein Teil der Literatur auf ein gemeinsames Aufgeben der weiteren Ausführung der Tat durch alle Tatbeteiligten zu Recht die Regelung des § 24 I 1 Var. 1 StGB entsprechend an.[25]

23 Aber auch wenn nicht alle Tatbeteiligten die weitere Ausführung der Tat freiwillig aufgeben, kann es für den Rücktritt des Einzelnen uU genügen, dass er seinen eigenen Tatbeitrag nicht mehr ausführt. Denn – anders als bei § 24 I StGB (→ § 24 Rn. 48) – wird bei der Auslegung des § 24 II StGB auch von der herrschenden Meinung die Möglichkeit anerkannt, die Vollendung der Tat durch ein bloßes Unterlassen zu ver-

[25] Schönke/Schröder/Eser/Bosch StGB § 24 Rn. 73 mwN. Die Rechtsprechung (BGH NStZ 1989, 317; 2013, 521; StV 2014, 472 (473)) beurteilt allerdings einen solchen Fall nach § 24 II StGB. Dies führt – weil durch das Unterlassen der weiteren Tatausführung auch die Vollendung verhindert wird (→ § 29 Rn. 23) – iErg gleichfalls zur Straffreiheit, lässt aber außer Acht, dass hier ebenso wie beim Aufgeben der weiteren Tatausführung durch einen Alleintäter schon das Unrecht des Versuchs ausgeschlossen ist.

hindern.[26] Ist eine Vollendung ohne den Beitrag eines Beteiligten nicht möglich, so kann dieser zu deren Verhinderung gar nicht mehr tun, als seinen eigenen Tatbeitrag nicht weiter auszuführen. Er erfüllt deshalb bereits durch das freiwillige Unterlassen seines noch ausstehenden Tatbeitrags die Voraussetzungen des § 24 II StGB und tritt damit vom Versuch zurück. Als Beispiel stelle man sich vor, dass bei einem Einbruch in den Tresor einer Bank nur ein Beteiligter die notwendigen Spezialkenntnisse hat, um den Tresor zu öffnen. Wenn er im letzten Moment Bedenken bekommt und die Öffnung des Tresors freiwillig unterlässt, ist er – weil er dadurch die Vollendung der Tat verhindert – gemäß § 24 II 1 StGB vom Versuch zurückgetreten.

2. Der Rücktritt bei einer vom Tatbeitrag unabhängigen Vollendung

Die zweite Abweichung von der Regelung des § 24 I StGB, die Möglichkeit des Rücktritts bei einer vom Tatbeitrag unabhängigen Vollendung der Tat, ist nur eine scheinbare Besonderheit des § 24 II StGB. Sie erklärt sich aus dem für den Rücktritt von Einzeltäter und Tatbeteiligten gleichermaßen geltenden Prinzip, dass das freiwillige und ernsthafte Bemühen um eine Verhinderung der Vollendung die Strafbarkeit wegen Versuchs in jedem Fall ausschließt und lediglich eine Strafbarkeit wegen Vollendung unberührt lässt (vgl. zu diesem Prinzip → § 24 Rn. 41).[27] Wird nämlich eine von mehreren geplante und ins Werk gesetzte Tat schließlich doch unabhängig von dem Beitrag eines Beteiligten begangen, so ist – wegen des Fehlens eines Beitrags zu der tatsächlich begangenen Tat – für diesen Beteiligten der Tatbestand eines vollendeten Delikts gar nicht erfüllt. Er kann unabhängig von der Frage eines etwaigen Rücktritts allenfalls wegen Versuchs bestraft werden. Dementsprechend wird seine Strafbarkeit durch § 24 II 2 Var. 2 StGB ausgeschlossen, wenn er sich freiwillig und ernsthaft um die Verhinderung der Vollendung bemüht. 24

Zu beachten ist, dass die Regelung des § 24 II 2 Var. 2 StGB keine Anwendung findet, wenn nicht erst die Vollendung, sondern schon der Versuch unabhängig von dem Tatbeitrag eines Beteiligten begangen wird.[28] Sofern der Tatbeitrag eines Beteiligten bereits vor Versuchsbeginn zurückgenommen wird oder auf andere Weise hinfällig geworden ist und deshalb in dem durch das unmittelbare Ansetzen verwirklichten Tatplan nicht mehr vorkommt, ist für den betreffenden Beteiligten schon der Versuchstatbestand nicht erfüllt. Als Beispiel stelle man sich vor, dass jemand für einen geplanten Mord eine Schusswaffe besorgt, der Täter diese Waffe aber schon vor Versuchsbeginn als funktionsunfähig erkennt und deshalb bei der Tat eine andere Waffe benutzt. In einem solchen Fall stellt sich die Frage eines Rücktritts von der Beihilfe zum Versuch nicht. Da schon der Tatbestand einer solchen Beihilfe nicht vorliegt (vgl. dazu → § 28 Rn. 38ff.), ist der Schusswaffenlieferant nicht wegen Beihilfe zum versuchten Mord (§§ 211, 22, 23 I StGB, § 27 I StGB) strafbar, selbst wenn er sich nicht freiwillig und ernsthaft um eine Verhinderung der Vollendung bemüht. 25

Ein Rücktritt nach § 24 II 2 Var. 2 StGB kommt in dem geschilderten Beispiel erst dann in Betracht, wenn der Täter nach Versuchsbeginn die Funktionsunfähigkeit der Schusswaffe bemerkt. Hat er zunächst versucht zu schießen und dann den Mord zB 26

[26] Vgl. NK-StGB/Zaczyk StGB § 24 Rn. 98 mwN.

[27] Wenn der Gesetzgeber die Regelung des § 24 I StGB nicht unnötig verkompliziert, sondern dieses Prinzip explizit ausformuliert hätte, wäre für den Rücktritt bei mehreren Tatbeteiligten insoweit keine Sonderregelung erforderlich gewesen.

[28] Vgl. dazu bereits Grünwald FS Welzel, 1974, 701 (705f.).

mit einem außerdem mitgeführten Dolch vollendet, so war der Tatbeitrag des Schusswaffenlieferanten noch Teil des dem unmittelbaren Ansetzens zu Grunde liegenden Tatplans, sodass der Tatbestand der Beihilfe zum versuchten Mord erfüllt ist. Eine Beihilfe zum vollendeten Mord scheidet jedoch aus, weil die Tat – sofern man nicht in dem Besorgen der Schusswaffe eine weiterwirkende psychische Hilfe sieht (→ § 28 Rn. 40) – unabhängig von dem Beitrag des Schusswaffenlieferanten vollendet worden ist. Deshalb bleibt der Schusswaffenlieferant gemäß § 24 II 2 Var. 2 StGB straffrei, wenn er sich freiwillig und ernsthaft um eine Verhinderung der Vollendung bemüht. Insoweit gelten die gleichen Anforderungen wie bei einem Alleintäter (→ § 24 Rn. 42 ff.).[29] Der Rücktrittswillige muss zur Abwendung der Vollendung das Mittel ergreifen, das nach seiner Einschätzung die größten Erfolgschancen bietet, also gegebenenfalls auch die Polizei über die bevorstehende Tat informieren.

3. Die Abgrenzung zu der Regelung des § 24 I StGB

27 Die Sonderregelung des § 24 II StGB erklärt sich aus dem Umstand, dass bei einem Versuch, an dem mehrere Personen beteiligt sind, in der Regel nicht eine Person allein über die weitere Ausführung der Tat entscheidet. Dementsprechend wird in der Literatur zum Teil vorgeschlagen, den Anwendungsbereich des § 24 II StGB auf diesen Regelfall zu begrenzen. Der Rücktritt eines die Tat alleine ausführenden Täters sei auch dann nach § 24 I StGB zu beurteilen, wenn im Vorbereitungsstadium mehrere an der Tat beteiligt waren.[30] Das mit dieser teleologischen Reduktion des § 24 II StGB verfolgte Anliegen ist insofern berechtigt, als im Falle eines Aufgebens der weiteren Tatausführung durch einen die Tat alleine ausführenden Beteiligten die Regelung des § 24 I 1 Var. 1 StGB entsprechend anzuwenden ist. Insoweit gilt nichts anderes, als wenn bei mehreren Ausführenden alle gemeinsam die weitere Ausführung der Tat aufgeben (→ § 29 Rn. 22). Davon abgesehen spielt es aber keine Rolle, ob man den Rücktritt eines Alleinausführenden nach § 24 I oder II StGB beurteilt, sodass die vorgeschlagene generelle teleologische Reduktion des Anwendungsbereichs des § 24 II StGB zwar unschädlich, aber nicht erforderlich ist.

C. Versuch der Beteiligung (§§ 30, 31 StGB)

I. Ursprung und Grundgedanke des § 30 StGB

28 Während bei einem Alleintäter die Vorbereitung eines Delikts nur ausnahmsweise aufgrund von Sondertatbeständen des Besonderen Teils strafbar ist (→ § 23 Rn. 45 ff.), sieht § 30 StGB bei mehreren Beteiligten eine sehr viel weitergehende Strafbarkeit von Vorbereitungshandlungen vor. Der Anwendungsbereich der Vorschrift ist allerdings in zweierlei Hinsicht begrenzt. Zum einen setzt sie eine auf die Begehung eines Verbrechens (§ 12 I StGB) gerichtete Handlung voraus, ist also auf die Vorbereitung von Vergehen nicht anwendbar. Zum anderen erfasst sie nur die Beteiligung als Täter oder Anstifter und nicht als bloßer Gehilfe. Die versuchte Beihilfe ist nach § 30 StGB ebenso wenig strafbar wie Handlungen, mit denen sich jemand bereit erklärt, das Er-

[29] Abweichend Grünwald FS Welzel, 1974, 701 (714 ff.). Er lässt es insbes. unter Berufung auf die Entstehungsgeschichte des § 24 II StGB ausreichen, dass der Täter eine auf die Verhinderung gerichtete Maßnahme ergreift.

[30] Schönke/Schröder/Eser/Bosch StGB § 24 Rn. 73 mwN.

bieten eines anderen annimmt oder mit einem anderen verabredet, zu einem Verbrechen Hilfe zu leisten.[31]

Im Strafgesetzbuch von 1871 gab es ursprünglich keine dem heutigen § 30 StGB vergleichbare Regelung. Sie wurde erst geschaffen, nachdem ein belgischer Schmied mit Namen Duchesne im Jahr 1873 aus Anlass des von dem damaligen Reichskanzler Bismarck gegen die katholische Kirche geführten Kulturkampfes dem Erzbischof von Paris angeboten hatte, Bismarck gegen eine Zahlung von 60.000 Franken zu ermorden. Die deutsche Regierung verlangte daraufhin von Belgien eine Ergänzung seines Strafgesetzbuches, die für die Zukunft eine Bestrafung solcher Angebote ermöglichen würde. Nachdem Belgien dieser Aufforderung nachgekommen und dabei zusätzlich andere Formen der Verbrechensvorbereitung unter Strafe gestellte hatte, wurde – nach heftigen Debatten im Reichstag – auch in Deutschland das Strafgesetzbuch durch den sogenannten Duchesne-Paragraphen (damals § 49a StGB) entsprechend ergänzt.[32] 29

Die Legitimation einer solchen Regelung ist bis heute umstritten geblieben.[33] Während der Duchesne-Paragraph noch eine selbstständige Strafdrohung enthielt und deshalb teilweise als eigenes Delikt gegen „die Autorität der Staatsgewalt" oder die „rechtstreue Gesinnung der Bürger" verstanden wurde,[34] rechtfertigt man § 30 StGB vor allem damit, dass Vorbereitungshandlungen mehrerer Beteiligten in zweierlei Hinsicht gefährlicher seien als entsprechende Vorbereitungen eines Alleintäters.[35] Wer mit anderen zusammen eine Tat vorbereite, habe erstens das weitere Geschehen nicht mehr allein in der Hand. Er riskiere, dass die Tat später auch gegen seinen Willen begangen wird. Zweitens gehe er gegenüber den anderen Beteiligten eine Willensbindung ein, die es ihm ungeachtet ihrer rechtlichen Unwirksamkeit psychologisch erschwere, selbst von der Ausführung der Tat Abstand zu nehmen. Als ergänzende Legitimation findet sich zum Teil aber auch zu § 30 StGB die Überlegung, dass durch die Kommunikation über die Begehung des Verbrechens die Geltung der betroffenen Norm unmittelbar infrage gestellt werde.[36] Dies entspricht der Sache nach der früheren Begründung des § 49a StGB. 30

II. Die einzelnen Beteiligungshandlungen

1. Versuchte Anstiftung zum Verbrechen (§ 30 I und II Var. 2 StGB)

Nach § 30 I StGB ist der Versuch der Anstiftung zu einem Verbrechen einschließlich des im Wortlaut des Gesetzes ausdrücklich erwähnten Kettenanstiftungsversuchs strafbar. Erste Voraussetzung für einen solchen Anstiftungsversuch ist ein entsprechender Tatentschluss, dh der Vorsatz, einem anderen zu einem vorsätzlich begangenen rechts- 31

[31] BGH NJW 2009, 1221 mwN.

[32] Vgl. zum historischen Hintergrund und der weiteren Entwicklung der Vorschrift LK-StGB/Schünemann/Greco StGB § 30 Vor Rn. 1; MüKoStGB/Joecks/Scheinfeld StGB § 30 Rn. 6ff.; NK-StGB/Zaczyk StGB § 30 Rn. 1; Rogall FS Puppe, 2011, 859 (861ff.), alle mwN.

[33] Vgl. für eine grundsätzliche Kritik NK-StGB/Zaczyk StGB § 30 Rn. 4f. und für eine eingehende Verteidigung BGHSt 63, 161 (171ff.); Rogall FS Puppe, 2011, 859 (868ff.), jeweils mwN.

[34] Vgl. die Nachweise bei MüKoStGB/Joecks/Scheinfeld StGB § 30 Rn. 6.

[35] BGHSt 10, 388 (389); 44, 91 (95); 44, 99 (102f.); Schönke/Schröder/Heine/Weißer StGB § 30 Rn. 1; Kühl StrafR AT § 20 Rn. 244f.; Roxin StrafR AT II § 28 Rn. 5.

[36] Zustimmend Schönke/Schröder/Heine/Weißer StGB § 30 Rn. 1; Jakobs StrafR AT Abschn. 27 Rn. 2.

widrigen Verbrechen bzw. der Anstiftung zu einem solchen Verbrechen zu raten und dadurch die Begehung der Tat zu verursachen. Ebenso wie bei der vollendeten Anstiftung reicht dolus eventualis aus.[37] Der Vorsatz muss jedoch auf die Vollendung der Tat und bei verkümmert zweiaktigen und erfolgskupierten Delikten außerdem auf die darüber hinausgehende Rechtsgutsverletzung gerichtet sein (vgl. dazu → § 28 Rn. 30). Hinsichtlich der Bestimmtheit des zu erteilenden Rates gelten die Anforderungen an die Bestimmtheit eines bereits erteilten Rats (→ § 28 Rn. 24) entsprechend, dh der Handelnde muss den Vorsatz haben, zur Begehung eines bestimmten und in seinen wesentlichen Grundzügen bereits individualisierten Delikts zu raten.[38]

32 Des Weiteren setzt eine versuchte Anstiftung gemäß § 22 StGB voraus, dass der potentielle Anstifter zu seiner Anstiftungshandlung unmittelbar ansetzt, dh eine Handlung vornimmt, die nach seiner Vorstellung von der Tat dem Erteilen eines hinreichend bestimmten, dem Adressaten der Anstiftung die Begehung der Tat ermöglichenden[39] Rates zumindest unmittelbar vorgelagert ist. Ob darüber hinaus noch weitergehende Anforderungen zu stellen sind, ist umstritten. Die Literatur folgert zum Teil aus den Grundgedanken des § 30 StGB, dass der Handelnde das Geschehen bereits aus der Hand gegeben haben müsse, dh der Rat zumindest schon erteilt[40] oder – entsprechend der Rechtsprechung zum alten § 49 a StGB[41] – dem Anzustiftenden zugegangen[42] bzw. sogar von ihm verstanden worden sein muss.[43] Der Bundesgerichtshof hat derartige Einschränkungen jedoch abgelehnt.[44] Wer unmittelbar dazu ansetzt, einem anderen zur Begehung eines hinreichend bestimmten Verbrechens zu raten, ist jedenfalls allem Anschein nach dazu bereit, das weitere Geschehen aus der Hand zu geben. Dies reicht dem Gesetz, das in seiner Formulierung auf den allgemeinen Versuchsbegriff des § 22 StGB Bezug nimmt, als Strafgrund offenbar aus.[45]

33 Die Strafbarkeit der versuchten Anstiftung setzt lediglich voraus, dass die zu begehende Straftat für den Anzustiftenden ein Verbrechen wäre. Auf eine geringere Strafbarkeit des potentiellen Anstifters selbst kommt es nach der Rechtsprechung nicht an.[46] Bietet zB A aufgrund eines ausdrücklichen und ernstlichen Verlangens des C dem nicht durch dieses Verlangen motivierten B Geld dafür, den C zu töten, so ist A nach § 30 StGB strafbar, obwohl der zu begehende Totschlag oder Mord für ihn selbst nur eine Tötung auf Verlangen (§ 216 StGB) und damit ein Vergehen wäre. Zwar wird in der Literatur überwiegend die Auffassung vertreten, dass die in § 28 II StGB vorgesehene Durchbrechung der Akzessorietät auf die Regelung des § 30 StGB durch-

---

[37] Vgl. dazu BGHSt 44, 99 (101 ff.); BGH NJW 2013, 1106.

[38] Vgl. dazu BGH NStZ 1998, 347; Roxin StrafR AT II § 28 Rn. 20 mwN.

[39] Vgl. zu diesem Erfordernis BGH NStZ 2019, 595 (596 f.) mwN.

[40] Kühl StrafR AT § 20 Rn. 249.

[41] RGSt 26, 81 (82); 47, 230.

[42] Jescheck/Weigend StrafR AT § 65 II 1; Stratenwerth/Kuhlen StrafR AT § 12 Rn. 175.

[43] Weitergehend NK-StGB/Zaczyk StGB § 30 Rn. 12, der verlangt, dass der Handelnde im präsumtiven Täter den Entschluss zur Begehung der Tat hervorruft; Jakobs StrafR AT Abschn. 27 Rn. 4.

[44] BGHSt 8, 261 (262); zumindest missverständlich allerdings nunmehr BGH NStZ 2019, 595 (596), wo das Problem in unklarer Weise mit dem Erfordernis einer hinreichenden Bestimmtheit des erteilten Rates vermengt wird.

[45] Im Ergebnis ebenso Fischer StGB § 30 Rn. 13; Schönke/Schröder/Heine/Weißer StGB § 30 Rn. 18; SK-StGB/Hoyer StGB § 30 Rn. 32; Roxin StrafR AT II § 28 Rn. 12 f.

[46] RGSt 32, 267; BGHSt 6, 308; 53, 174 (177 f.).

schlagen müsse.[47] Jedoch hält man dem zu Recht entgegen, dass es nach Wortlaut und Strafgrund des § 30 StGB allein auf das Unrecht der zu begehenden Tat ankommt.[48] § 28 II StGB sollte hier auch deshalb außer Betracht bleiben, weil eine nach § 28 I StGB vorzunehmende Strafmilderung an der Verbrechensqualität nichts ändert und deshalb bei § 30 StGB ebenfalls nicht berücksichtigt wird.[49]

Lediglich ein Spezialfall der versuchten Anstiftung ist die in § 30 II Var. 2 StGB gesondert geregelte Annahme des Erbietens eines anderen, ein Verbrechen zu begehen.[50] 34
Wer ein solches Angebot annimmt, will damit die Tatgeneigtheit des anderen in einen festen Tatentschluss verwandeln und ihn somit zur Begehung des Verbrechens bestimmen. Selbstständige Bedeutung hätte die Regelung des § 30 II Var. 2 StGB nur, wenn sie zugleich die Fälle erfassen würde, in denen der Annehmende davon ausgeht, dass der sich Erbietende die Tat ohnehin begehen wird.[51] Eine solche Auslegung widerspräche jedoch der Grundentscheidung des Gesetzes für die generelle Straflosigkeit der versuchten Beihilfe und wird deshalb von der herrschenden Meinung zu Recht abgelehnt. § 30 II Var. 2 StGB setzt ein tatsächlich existentes und damit zumindest nach seinem objektiven Erklärungsgehalt ernst gemeintes Erbieten voraus. Jedoch ist die Annahme eines nur irrtümlich für ernsthaft gehaltenen Erbietens als untauglicher Anstiftungsversuch aufgrund der allgemeinen Regelung des § 30 I StGB ebenfalls strafbar.[52]

2. Verabredung eines Verbrechens (§ 30 II Var. 3 StGB)

In § 30 II Var. 3 StGB wird die Verabredung eines Verbrechens mit Strafe bedroht. Sie 35
ist eine Vorstufe zur Mittäterschaft und setzt deshalb objektiv voraus, dass sich mindestens zwei Personen darüber einig werden, eine als Verbrechen mit Strafe bedrohte Handlung als Mittäter selbst zu begehen oder gemeinschaftlich dazu anzustiften. Bloße Verhandlungen über die Begehung eines Verbrechens[53] oder das Verabreden einer bloßen Hilfeleistung[54] reichen nicht aus. Die Verbrechensverabredung muss nach ihrem objektiven Erklärungsgehalt ernst gemeint[55] und auf die Begehung eines hinreichend bestimmten Verbrechens gerichtet sein. Insoweit gelten die gleichen Anforderungen wie bei der (versuchten) Anstiftung, dh die Verabredung muss die Art des zu begehenden Delikts beinhalten und die Tat in ihren wesentlichen Grundzügen in-

[47] MüKoStGB/Joecks/Scheinfeld StGB § 30 Rn. 20; Schönke/Schröder/Heine/Weißer StGB § 30 Rn. 13; Jakobs StrafR AT Abschn. 27 Rn. 6; Kühl StrafR AT § 20 Rn. 247; Roger GA 2013, 694 (705 ff.); für besondere Beweggründe und Gesinnungen iErg ebenso SK-StGB/Hoyer StGB § 30 Rn. 21; Roxin StrafR AT II § 28 Rn. 28.

[48] Jescheck/Weigend StrafR AT § 65 I 4; Stratenwerth/Kuhlen StrafR AT § 12 Rn. 173; Rogall FS Puppe, 2011, 859 (879 ff.) mwN.

[49] Vgl. dazu Schönke/Schröder/Heine/Weißer StGB § 30 Rn. 11 f.; Rogall FS Puppe, 2011, 859 (882).

[50] BGHSt 62, 96 (101); Jakobs StrafR AT Abschn. 27 Rn. 9; Roxin StrafR AT II § 28 Rn. 82, beide mwN. Dies war auch die Sichtweise des historischen Gesetzgebers; vgl. dazu die Nachweise bei Roxin StrafR AT II § 28 Rn. 82, Fn. 110.

[51] So Jescheck/Weigend StrafR AT § 65 III 2.

[52] Vgl. dazu iErg übereinstimmend BGHSt 10, 388; Roxin StrafR AT II § 28 Rn. 85 f. mwN; anders Jescheck/Weigend StrafR AT § 65 III 2.

[53] Vgl. dazu BGH NStZ 2009, 497.

[54] BGH NStZ 1993, 137 (138); Schönke/Schröder/Heine/Weißer StGB § 30 Rn. 24; Roxin StrafR AT II § 28 Rn. 60, alle mwN.

[55] Vgl. zu den insoweit zu stellenden Anforderungen bei Chatgesprächen im Internet BGH NStZ 2011, 570 (571 f.) mAnm Weigend NStZ 2011, 572.

dividualisieren.[56] Dies kann auch durch die Verabredung alternativer Begehungsweisen geschehen. In diesem Fall reicht es aus, dass eine der Alternativen den Tatbestand eines Verbrechens erfüllt.[57]

36 Der **subjektive Tatbestand** der Verbrechensverabredung umfasst neben dem Vorsatz bezüglich der Verabredung selbst den gesamten subjektiven Tatbestand des zu begehenden Delikts, dh wegen Verbrechensverabredung ist nur strafbar, wer einen auf die Vollendung der verabredeten Tat gerichteten Vorsatz hat[58] und etwaige sonstige subjektive Tatbestandsmerkmale – wie zB bei einer verabredeten räuberischen Erpressung (§§ 253, 255 StGB) die Bereicherungsabsicht – selbst aufweist. Wie bei der Mittäterschaft (→ § 25 Rn. 21) ist auch bei der Verbrechensverabredung der subjektive Tatbestand für jeden Beteiligten gesondert festzustellen. Jedoch setzt die Verabredung zu einem Verbrechen als Vorstufe der Mittäterschaft stets den beiderseitigen Willen zu gemeinsamem Handeln voraus. Die bloße Vorstellung eines Beteiligten, der andere mache mit ihm gemeinsame Sache, reicht nicht aus (vgl. dazu bereits → § 29 Rn. 14). Deshalb ist die Verabredung mit einem nur zum Schein mitwirkenden Beteiligten nicht als Verbrechensverabredung (§ 30 II Var. 3 StGB) strafbar.[59] In einem solchen Fall liegt aber in der Regel ein Sich-Bereit-Erklären zu einem Verbrechen vor (§ 30 II Var. 1 StGB),[60] hinter das die uU ebenfalls verwirklichte versuchte Anstiftung (§ 30 I StGB) zurücktritt.[61]

37 Bei der Verbrechensverabredung ist ebenfalls umstritten, ob und in welcher Weise besondere **persönliche Merkmale** bei der Qualifizierung der Tat als Verbrechen zu berücksichtigen sind.[62] Die Problematik ist hier allerdings eine ganz andere als bei der versuchten Anstiftung (→ § 29 Rn. 33). Eine Verbrechensverabredung erfordert schon nach ihrem Wortsinn, dass nach dem Inhalt der Verabredung beide Beteiligte ein Verbrechen begehen sollen. Wenn die verabredete Tat nur für einen ein Verbrechen darstellt, ist deshalb kein Beteiligter nach § 30 II Var. 3 StGB strafbar. Sind allerdings Umstände, aufgrund derer die Tat für einen der Beteiligten nur ein Vergehen ist, nicht in die Verabredung eingegangen, hat also zB ein Beteiligter dem anderen nicht mitgeteilt, dass er die verabredete gemeinsame Tötung aufgrund eines ausdrücklich und ernsthaften Verlangens des zu Tötenden begehen will, ist die Sachlage eine andere. In einem solchen Fall ist Gegenstand der Verabredung ein Totschlag bzw. Mord. Dem durch das Verlangen motivierten Beteiligten fehlt lediglich der Vorsatz, dieses objektiv verabredete Verbrechen zu begehen. Das schließt zwar seine eigene Strafbarkeit wegen Verbrechensverabredung aus, lässt aber die des anderen unberührt.

[56] Die Bestimmtheitsanforderungen iE sind streitig; vgl. BGH NStZ 2007, 697; 2013, 483; 2019, 655; MüKoStGB/Joecks/Scheinfeld StGB § 30 Rn. 55ff.; SK-StGB/Hoyer StGB § 30 Rn. 53f.; Jakobs StrafR AT Abschn. 27 Rn. 11; Roxin StrafR AT II § 28 Rn. 56f., alle mwN.

[57] BGHSt 12, 306 (308).

[58] Vgl. dazu BGH NStZ 1998, 43.

[59] So aber Schönke/Schröder/Heine/Weißer StGB § 30 Rn. 29 mwN; Jakobs StrafR AT Abschn. 27 Rn. 12 sowie auch noch die Vorauflage.

[60] BGHSt 62, 96 (98f.); SK-StGB/Hoyer StGB § 30 Rn. 48; Roxin StrafR AT II § 28 Rn. 49f., alle mwN.

[61] BGHSt 62, 96 (100f.).

[62] Vgl. für einen Überblick über die angebotenen Lösungen MüKoStGB/Joecks/Scheinfeld StGB § 30 Rn. 15ff.; Roxin StrafR AT II § 28 Rn. 62ff.

3. Bereiterklären zu einem Verbrechen (§ 30 II Var. 1 StGB)

Das in § 30 II Var. 1 StGB mit Strafe bedrohte Sich-Bereiterklären, ein Verbrechen zu begehen bzw. zu einem solchen anzustiften[63], gibt es in zwei unterschiedlichen Erscheinungsformen.[64] Den Tatbestand erfüllt sowohl die Annahme eines Anstiftungsversuchs als auch das ohne vorangegangenen Anstiftungsversuch unterbreitete Angebot zur Begehung eines Verbrechens. Weil es hier – anders als bei der Verbrechensverabredung nach § 30 II Var. 3 StGB – nicht darauf ankommt, dass der andere das ihm unterbreitete Angebot annimmt, wird die Strafbarkeit durch den Tatbestand des Bereiterklärens noch weiter vorverlagert. Allerdings setzt auch das Bereiterklären voraus, dass der Sich-Erbietende seine Erklärung ernst meint[65] und die Begehung des Verbrechens von der Annahme seines Angebots abhängig macht.[66] Die bloße Ankündigung, ein Verbrechen begehen zu wollen, begründet nicht die Gefahr einer Willensbindung und ist deshalb kein Bereiterklären iSd § 30 II Var. 1 StGB.[67] Dagegen schließt ein heimlicher Vorbehalt, die Tat bei Ablehnung eines unterbreiteten Angebots gleichwohl begehen zu wollen, den Tatbestand nicht aus.[68] Denn auch wer ohnehin zur Begehung der Tat entschlossen ist, schafft mit dem einem anderen unterbreiteten Angebot die Gefahr einer Willensbindung, die es ihm erschweren kann, später von der Ausführung der Tat Abstand zu nehmen. 38

Problematisch ist, ob der Tatbestand des Bereiterklärens auch durch eine Erklärung gegenüber dem Opfer der in Aussicht genommenen Tat erfüllt werden kann. Der Bundesgerichtshof hat dies für den sehr drastischen Fall eines sadistisch veranlagten Mannes, der mit einer unter Depressionen leidenden Frau vereinbart hatte, sie erst zu fesseln und anschließend zu erhängen, bejaht.[69] Dafür lässt sich neben dem Wortlaut der Regelung, der eine solche Auslegung zumindest nicht ausschließt, anführen, dass eine psychologische Bindung auch durch Erklärungen gegenüber dem Opfer eintreten kann. Gegen diese Auslegung spricht aber sowohl die Einordnung des § 30 StGB in den Titel „Täterschaft und Teilnahme" als auch der erklärte Wille des Gesetzgebers, mit der Regelung des § 30 StGB nur „Fälle der Verbrechensvorbereitung durch mehrere"[70] unter Strafe zu stellen. Da das Opfer selbst sich nicht in strafbarer Weise an seiner eigenen Tötung beteiligen kann (→ § 28 Rn. 8), gibt es bei dem Bereiterklären gegenüber dem Opfer keine zweite Person, die sich als Täter oder Anstifter an dem Verbrechen beteiligen könnte. Auch weil § 30 StGB als Ausnahme von der Straflosig- 39

---

[63] Im Fall des Bereiterklärens zu einer Anstiftung kommt es für die Einordnung der Tat als Verbrechen oder Vergehen – ebenso wie bei der versuchten Anstiftung (vgl. dazu → § 29 Rn. 33) – nicht auf die Person des Anstifters, sondern auf die des Anzustiftenden an (BGH NJW 2009, 1221).

[64] Vgl. dazu ausführlich Roxin StrafR AT II § 28 Rn. 74ff.; aA NK-StGB/Zaczyk StGB § 30 Rn. 34, der in der Strafbarkeit eines ohne vorangegangenen Anstiftungsversuch unterbreiteten Angebots einen Verstoß gegen das verfassungsrechtliche Schuldprinzip sieht und deshalb den Tatbestand auf die erste Erscheinungsform reduziert.

[65] Vgl. dazu BGH NStZ 2022, 539.

[66] Schönke/Schröder/Heine/Weißer StGB § 30 Rn. 22; SK-StGB/Hoyer StGB § 30 Rn. 37; anders MüKoStGB/Joecks/Scheinfeld StGB § 30 Rn. 44; Jakobs StrafR AT Abschn. 27 Rn. 10; Roxin StrafR AT II § 28 Rn. 79; offengelassen in BGHSt 62, 96 (99).

[67] BGH NJW 2015, 1032 (1033).

[68] Anders wohl Roxin StrafR AT II § 28 Rn. 79.

[69] BGHSt 63, 161 (168ff.).

[70] So die Begründung zum E 1962; BT-Drs. IV/650, 154; in der Sache ebenso der zweite schriftliche Bericht des Sonderausschusses für die Strafrechtsreform, BT-Drs. V/4095, 13.

keit bloßer Vorbereitungshandlungen im Zweifel restriktiv auszulegen ist, spricht deshalb im Ergebnis mehr dafür, das Bereiterklären gegenüber dem Opfer für die Verwirklichung des Tatbestands nicht ausreichen zu lassen.[71]

40 Umstritten ist außerdem, ob der Tatbestand des Bereiterklärens schon mit der Erklärung selbst oder erst mit deren Zugang bei dem Erklärungsempfänger verwirklicht ist. Die Rechtsprechung lässt die Erklärung als solche genügen.[72] Jedoch vermag dies hier – anders als bei der versuchten Anstiftung (→ § 29 Rn. 32) – nicht zu überzeugen. Die allgemeine Versuchsdefinition des § 22 StGB ist bei § 30 II Var. 1 StGB nicht einschlägig und in der Sache ist zu berücksichtigen, dass derjenige, der sich zur Begehung eines Verbrechens bereit erklärt, das Geschehen noch nicht vollständig aus der Hand gibt. Die psychologische Bindung des eigenen Willens wiegt weniger schwer als das durch eine Anstiftung begründete, vom Anstifter selbst nicht mehr zu kontrollierende Risiko und muss deshalb – nicht anders als eine Verbrechensverabredung, bei der der bloße Versuch der Verabredung ebenfalls nicht strafbar ist[73] – wenigstens zustande gekommen sein, um eine Strafbarkeit zu legitimieren. Deshalb ist für beide Erscheinungsformen des Bereiterklärens der Zugang der Erklärung beim Erklärungsempfänger erforderlich.[74]

41 Der subjektive Tatbestand des Bereiterklärens zu einem Verbrechen hat die gleiche Struktur wie der der Verbrechensverabredung. Er umfasst neben dem Vorsatz bezüglich des Bereiterklärens selbst den gesamten subjektiven Tatbestand des in Aussicht genommenen Delikts, dh wegen Bereiterklärens zu einem Verbrechen ist ebenfalls nur strafbar, wer einen auf die Vollendung der betreffenden Tat gerichteten Vorsatz hat[75] und etwaige sonstige subjektive Tatbestandsmerkmale erfüllt. Wer in Wirklichkeit nicht den Willen hat, die Tat zu begehen, stellt zwar durch die Erklärung eines solchen Willens unmittelbar die Geltung der betroffenen Norm infrage, ist aber – weil dies als alleiniger Strafgrund nicht ausreicht (→ § 29 Rn. 30) – nicht nach § 30 II Var. 1 StGB strafbar. Entsprechendes gilt, wenn jemand weiß, dass er die von ihm zugesagte Tat objektiv nicht begehen kann, also zB als nur angeblicher Richter sich zu einer Rechtsbeugung bereit erklärt.

III. Der Rücktritt vom Versuch der Beteiligung (§ 31 StGB)

42 Für den Versuch der Beteiligung enthält das Gesetz in § 31 StGB eine besondere Rücktrittsregelung, die allerdings in ihren Grundstrukturen der allgemeinen Regelung des § 24 StGB weitgehend entspricht. Die Anforderungen an einen strafbefreienden Rücktritt hängen nach § 31 StGB davon ab, ob und inwieweit die vorgenommene Be-

---

[71] Ebenso iErg Kudlich NStZ 2019, 453; Schiemann NStZ 2019, 186 (188 f.) mwN.

[72] BGH GA 1963, 126; ebenso Schönke/Schröder/Heine/Weißer StGB § 30 Rn. 22; Fischer StGB § 30 Rn. 15; differenzierend LK-StGB/Schünemann/Greco StGB § 30 Rn. 94, alle mwN.

[73] Die von den Nationalsozialisten eingeführte Strafbarkeit des „Eintretens in ernsthafte Verhandlungen" wurde 1953 aufgehoben; vgl. Roxin StrafR AT II § 28 Rn. 68.

[74] MüKoStGB/Joecks/Scheinfeld StGB § 30 Rn. 48; NK-StGB/Zaczyk StGB § 30 Rn. 38; SK-StGB/Hoyer StGB § 30 Rn. 40.

[75] RGSt 57, 243 (245); 60, 23 (25); 63, 197 (199); BGHSt 6, 346 (347); BGH NStZ 1998, 403 (404); MüKoStGB/Joecks/Scheinfeld StGB § 30 Rn. 46; NK-StGB/Zaczyk StGB § 30 Rn. 37; Schönke/Schröder/Heine/Weißer StGB § 30 Rn. 27; SK-StGB/Hoyer StGB § 30 Rn. 38; Jakobs StrafR AT Abschn. 27 Rn. 10; Roxin StrafR AT II § 28 Rn. 76.

teiligungshandlung die Gefahr begründet, dass das in Aussicht genommene Verbrechen auch ohne eine weitere Mitwirkung des Handelnden begangen wird. Bei dem bloßen Bereiterklären zur Begehung eines Verbrechens, bei dem eine solche Gefahr generell nicht besteht, reicht es gemäß § 31 I Nr. 2 StGB für einen strafbefreienden Rücktritt aus, dass der Erklärende sein Vorhaben freiwillig aufgibt. Dies muss nach dem eindeutigen Wortlaut des Gesetzes nicht nach außen dokumentiert werden.[76] Daraus resultieren zwar Beweisschwierigkeiten, aber diese sind schon deshalb kein Gegenargument, weil sie bei der ohnehin notwendigen Feststellung, ob das Bereiterklären von dem Vorsatz getragen war, die Straftat tatsächlich zu begehen, in genau der gleichen Weise auftreten.

Bei der versuchten Anstiftung zum Verbrechen verlangt § 31 I Nr. 1 StGB das freiwillige Aufgeben des Versuches und die Abwendung einer etwaigen Gefahr, dass der andere die Tat begeht. Dies entspricht der Sache nach der Regelung des § 24 I StGB. Wenn der Anstiftungsversuch noch unbeendet ist, also nach der Vorstellung des Handelnden[77] noch nicht die Gefahr geschaffen hat, dass der andere die Tat begeht, reicht für den Rücktritt die Aufgabe weiterer Anstiftungsbemühungen aus.[78] Ist dagegen der Anstiftungsversuch bereits beendet, dh eine solche Gefahr schon geschaffen worden, so muss der Handelnde die Gefahr abwenden und dadurch die Vollendung seiner Anstiftung verhindern.[79] Dazu kann uU ein Unterlassen genügen,[80] so zB wenn der Anstifter den zu einem Meineid bestimmten Zeugen schließlich doch nicht benennt und damit die Tat verhindert. Wird die Tat ohne Zutun des Anstifters nicht begangen, reicht – entsprechend der Regelung des § 24 I 2 StGB – nach § 31 II StGB das freiwillige und ernsthafte Bemühen,[81] die Tat zu verhindern, aus. 43

Bei der Verbrechensverabredung und der Annahme eines Angebots zur Begehung eines Verbrechens erfordert der Rücktritt gemäß § 31 I Nr. 3 StGB das freiwillige Verhindern der Begehung der Tat. Dies entspricht in der Struktur den verschärften Anforderungen an einen Rücktritt bei mehreren Tatbeteiligten nach § 24 II StGB. Die Einbeziehung der Annahme eines Angebots zur Begehung eines Verbrechens in den § 31 I Nr. 3 StGB erklärt sich daraus, dass in diesem speziellen Fall der versuchten Anstiftung wegen der bereits vorliegenden Erklärung des anderen stets die Gefahr der Begehung der Tat besteht. Eine Verhinderung der Vollendung kann bei der Verbrechensverabredung häufig schon dadurch erfolgen, dass der eigene Tatbeitrag nicht erbracht wird.[82] Ferner genügt – ebenso wie bei § 24 II StGB – auch gemäß § 31 II StGB das freiwil- 44

[76] Fischer StGB § 31 Rn. 4; NK-StGB/Zaczyk StGB § 31 Rn. 7; Schönke/Schröder/Heine/Weißer StGB § 31 Rn. 8; Jakobs StrafR AT Abschn. 27 Rn. 17; Roxin StrafR AT II § 28 Rn. 99 f.; aA Lackner/Kühl/Kühl StGB § 31 Rn. 4; SK-StGB/Hoyer StGB § 31 Rn. 15; BWME StrafR AT § 26 Rn. 198; Jescheck/Weigend StrafR AT § 65 IV 2.

[77] Vgl. zu der in der Literatur zum Teil bestrittenen Maßgeblichkeit der Vorstellung des Anstiftenden Roxin StrafR AT II § 28 Rn. 94 f. mN zum Streitstand.

[78] BGH StV 2008, 248.

[79] Eine nicht von ihm geschaffene Gefahr muss der Handelnde nicht abwenden (vgl. Roxin StrafR AT II § 28 Rn. 96 mN).

[80] BGHSt 4, 200; BGH NStZ-RR 1997, 289.

[81] Vgl. zu den Anforderungen an dieses Bemühen BGHSt 50, 142 (144 ff.) mit kritischer Besprechung Kütterer-Lang JuS 2006, 26.

[82] Vgl. BGHSt 32, 133 (134 f.); BGH JZ 1984, 290 (291) und die Anm. von Kühl JZ 1984, 192 zu beiden Urteilen. Zu den entstehenden Problemen der Tatidentität, wenn die anderen Beteiligten die Tat auf andere Weise als geplant ausführen Roxin StrafR AT II § 28 Rn. 104 f. mN.

lige und ernsthafte Bemühen, die Begehung der Tat zu verhindern, wenn diese ohne Zutun des Zurücktretenden unterbleibt oder unabhängig von seinem früheren Verhalten begangen wird.[83]

Lektüreempfehlungen: BGHSt 43, 177–183 (Versuchsbeginn bei mittelbarer Täterschaft); BGHSt 39, 236–238 und BGHSt 40, 299–304 (vermeintliche Mittäterschaft); BGHSt 44, 99–103 (Vorsatzanforderungen bei versuchter Anstiftung); BGHSt 50, 142–147 (Rücktritt vom Versuch der Beteiligung).

[83] Vgl. zu den hier auftretenden Fallkonstellationen Roxin StrafR AT II § 28 Rn. 108f.

§ 30. Die echte Konkurrenz (Tateinheit und -mehrheit)

A. Begriff und Funktion der Konkurrenzlehre

1 Gelangt das Gericht zu der Überzeugung, dass der Angeklagte strafbar ist, hat es zu entscheiden, welche konkrete Strafe der verwirkten Schuld entspricht (§ 46 I 1 StGB). Handelt es sich nur um eine Gesetzesverletzung, so kann die Bemessung der Strafe ohne Weiteres aus dem Strafrahmen des verwirklichten Tatbestands erfolgen (vgl. dazu → § 6 Rn. 16ff.). Bei der mehrfachen Verletzung eines Gesetzes oder der Verletzung mehrerer Gesetze könnte man theoretisch ebenso vorgehen und die für die einzelnen Verletzungen zugemessenen Strafen einfach addieren. Insbesondere in Fällen, in denen der Angeklagte eine Vielzahl geringfügiger Straftaten begangen hat, würde dies jedoch zu völlig unangemessenen Ergebnissen führen. Daran zeigt sich, dass die Schuld des Angeklagten nur durch eine Gesamtbetrachtung der begangenen Taten richtig zu erfassen ist.[1] Dementsprechend sehen die §§ 52–55 StGB besondere Regeln für die Bemessung der Strafe bei mehrfach begründeter Strafbarkeit vor. Sie sind Gegenstand der strafrechtlichen Konkurrenzlehre.

2 Darüber hinaus wird auch das logisch vorrangige Problem, wann mehrere Gesetzesverletzungen vorliegen, als Bestandteil dieser Materie begriffen. Insoweit ist zwischen einem echten und einem nur unechten bzw. scheinbaren Zusammentreffen von Tatbestandsverwirklichungen zu unterscheiden. Echt ist die Konkurrenz, sofern sie tatsächlich eine Mehrzahl von Gesetzesverletzungen begründet, scheinbar hingegen, soweit zwar formal mehrere Tatbestandsverwirklichungen vorliegen, materiell aber nur eine Straftat.[2] Nur im Fall einer **echten Konkurrenz** wird der Täter unter Anwendung der §§ 52–55 StGB tatsächlich wegen mehrerer Straftaten verurteilt. Im Fall einer **scheinbaren Konkurrenz** wirkt sich die mehrfache Tatbestandsverwirklichung im Urteilstenor nicht mehr aus. Der Angeklagte wird im Ergebnis nur wegen einer Straftat verurteilt.

3 Während die Strafzumessung üblicherweise in einem strafrechtlichen Gutachten nicht angesprochen wird, ist die Konkurrenz mehrerer Gesetzesverletzungen stets zu erörtern. Hinsichtlich der Frage, ob eine echte oder nur scheinbare Konkurrenz mehrerer Tatbestandsverwirklichungen vorliegt, ist dies schon deshalb selbstverständlich, weil von ihrer Beantwortung abhängt, wie sich eine Person strafbar gemacht hat. Aber auch die verschiedenen Formen der echten Konkurrenz haben nicht nur für die Methode der Strafbemessung, sondern auch für die Abfassung des Urteilstenors Auswirkungen und müssen deshalb im Gutachten erörtert werden. Insofern wird die Lehre von den Konkurrenzen mit Recht als Nahtstelle zwischen der Lehre von der Straftat und der Lehre von der Strafzumessung begriffen.[3]

4 Schließlich erfüllt die im Zentrum der gesetzlichen Regelung der Strafbemessung bei mehreren Gesetzesverletzungen (§§ 52–55 StGB) stehende Differenzierung zwischen Handlungseinheit und Handlungsmehrheit in anderen Zusammenhängen wichtige

---

[1] Zu den Gründen dafür vgl. Deiters, Strafzumessung bei mehrfach begründeter Strafbarkeit, 1999, S. 60ff.; zusammenfassend NK-StGB/Frister StGB § 53 Rn. 2ff.

[2] Roxin AT II § 33 Rn. 170.

[3] WBS StrafR AT Rn. 1238.

Funktionen.[4] So kann die Frage, ob der Täter vom Versuch einer Straftat noch strafbefreiend zurücktreten kann, davon abhängen, ob von ihm ins Auge gefasste zukünftige Bemühungen, den Erfolg herbeizuführen, noch als Fortsetzung der bisher erfolglosen Versuchshandlung zu werten sind (→ § 24 Rn. 16 und → § 24 Rn. 49). Dabei wird für die Bestimmung des möglichen Umfangs einer einheitlichen Handlung auf die Kriterien des konkurrenzrechtlichen Handlungsbegriffes Bezug genommen. Und auch für die Zurechnung von fremden Tatbeiträgen im Rahmen der Mittäterschaft ist es erforderlich, dass sie als Teil der für die Mittäterschaft konstitutiven gemeinschaftlichen Handlung angesehen werden können (→ § 26 Rn. 7 ff.).

B. Die gesetzliche Regelung der §§ 52–55 StGB

5 Das Strafgesetzbuch kennt in den §§ 52–55 StGB zwei Erscheinungsformen des Zusammentreffens mehrerer Straftaten, an die es unterschiedliche Methoden der Strafffindung knüpft: die Tateinheit (§ 52 StGB), die auch als **Idealkonkurrenz** bezeichnet wird, und die Tatmehrheit (§ 53 StGB), für die alternativ der Begriff der **Realkonkurrenz** geläufig ist. In beiden Fällen wird vorausgesetzt, dass überhaupt mehrere Gesetzesverletzungen vorliegen. Zur scheinbaren Konkurrenz äußern sich §§ 52–55 StGB nicht. Sie ist das Ergebnis einer systematischen Auslegung des Verhältnisses der im konkreten Einzelfall verwirklichten Straftatbestände und wird deshalb im folgenden Kapitel gesondert dargestellt.

I. Die Tatmehrheit

6 Die Tatmehrheit setzt – wie sich im Umkehrschluss aus § 52 I StGB ergibt – voraus, dass der Täter mehrere Straftaten begangen hat, die durch mehrere Handlungen verübt wurden. Ein einfacher Fall der Tatmehrheit liegt beispielsweise vor, wenn A im Abstand von mehreren Tagen erst einen Diebstahl (§ 242 StGB) und später eine Körperverletzung (§ 223 StGB) begangen hat. Sofern die Straftaten gleichzeitig abgeurteilt werden (§ 53 StGB) oder die gesetzlichen Voraussetzungen einer nachträglichen Gesamtstrafenbildung (§ 55 StGB, § 460 StPO) gegeben sind, ist das Gericht zu einem dreistufigen Verfahren der Strafbemessung verpflichtet: Zunächst hat es für jede einzelne Tat gesondert eine Einzelstrafe zu bestimmen. Sodann ist auf der Grundlage dieser Einzelstrafen die schwerste Einzelstrafe zu ermitteln.[5] Nach dem **Asperationsprinzip** wird diese sogenannte **Einsatzstrafe** schließlich in zusammenfassender Würdigung der Person des Täters und der von ihm begangenen Straftaten erhöht.

7 Die im Wege der Asperation (Verschärfung) der Einsatzstrafe ermittelte Gesamtstrafe darf gemäß § 54 II 1 StGB die Summe aller Einzelstrafen nicht erreichen und ist nach S. 2 auf das Höchstmaß der zulässigen Freiheitsstrafe von 15 Jahren begrenzt. Im Fall der nachträglichen Gesamtstrafenbildung sind die in früheren Verurteilungen ausgesprochenen Einzelstrafen auf der ersten und zweiten Stufe der Gesamtstrafenbildung ohne neue Strafzumessung zugrunde zu legen. Wird eine Verurteilung durch das Revisionsgericht teilweise aufgehoben und verbleibt danach nur eine einzelne Tat, so ist die für sie vom ursprünglichen Tatgericht ausgeworfene Einzelstrafe sogar selbst-

[4] Roxin AT II § 33 Rn. 6.
[5] Zu den dabei zu beachtenden Gesichtspunkten NK-StGB/Frister StGB § 54 Rn. 10.

ständig vollstreckbar. Deshalb müssen die Gerichte bei der Einzelstrafenbildung die gleiche Sorgfalt an den Tag legen, wie sie im Rahmen der Zumessung einer unmittelbar vollstreckbaren Einzelstrafe selbstverständlich ist.

Eine Tatmehrheit kann – wie im oben genannten Beispiel – aus einer Mehrzahl verschiedener, aber auch aus einer Mehrzahl gleichartiger Straftaten bestehen. Im ersten Fall spricht man von **ungleichartiger,** im zweiten von **gleichartiger Realkonkurrenz.** Die Unterscheidung ist nicht für die Methode, aber für das Ergebnis der Strafzumessung von Bedeutung. Das Maß der Erhöhung der Einsatzstrafe hängt nach § 54 I 3 StGB von einer zusammenfassenden Würdigung aller begangenen Straftaten ab, wobei Einigkeit herrscht, dass eine Mehrheit gleichartiger Normverstöße im Grundsatz eine geringere Gesamtstrafe zur Folge hat als eine bei isolierter Betrachtung vom Unrecht her vergleichbare Mehrheit ungleichartiger Straftaten.[6] Zu begründen ist dies damit, dass sich ein Täter, der beständig dieselbe Norm übertritt, nur in einem begrenzten Teilbereich gegen die Rechtsordnung auflehnt, während der Widerspruch bei einer Vielzahl verschiedener Straftaten umfassender und deshalb schwerwiegender ausfällt.[7] 8

II. Die Tateinheit

Im Vergleich zur Tatmehrheit (§§ 53–55 StGB) ist die Strafzumessung bei Tateinheit (§ 52 StGB) erheblich einfacher ausgestaltet und findet innerhalb eines deutlich engeren Strafrahmens statt. Das Gesetz behandelt mehrere tateinheitlich begangene Gesetzesverletzungen im Ergebnis wie eine einzelne Straftat, die sich aus verschiedenen nicht realiter, sondern nur idealiter konkurrierenden Normverletzungen zusammensetzt. Hierher rührt die Bezeichnung Idealkonkurrenz.[8] Die Zumessung der Strafe findet innerhalb des für die schwerste Gesetzesverletzung vorgesehenen Strafrahmens statt. Die übrigen Gesetzesverletzungen spielen nur insoweit eine Rolle, als dem Umstand der mehrfachen Gesetzesverletzung Rechnung zu tragen ist und die Strafe nach § 52 II 2 StGB nicht milder sein darf, als die anderen anwendbaren Gesetze es zulassen **(Kombinationsprinzip).** 9

Die Regelung des § 52 StGB stellt sich wegen ihrer günstigeren Rechtsfolge im Verhältnis zu § 53 StGB als Privilegierung dar. Sie setzt voraus, dass der Täter mehrere Strafgesetze oder dasselbe Strafgesetz mehrfach durch dieselbe Handlung verletzt hat. Wie im Fall der Tatmehrheit kann damit auch die Tateinheit aus mehreren gleichartigen oder mehreren ungleichartigen Normverstößen bestehen. Eine **gleichartige Idealkonkurrenz** liegt zB vor, wenn A durch das Zünden einer Bombe vorsätzlich zwei Menschen tötet. Der zumindest aufgrund der Gemeingefährlichkeit der Begehungsweise erfüllte Tatbestand des Mordes (§ 211 StGB) wird hier zweimal durch dieselbe Handlung verwirklicht. A ist strafbar wegen zweifachen Mordes in Tateinheit (§§ 211, 52 I Var. 2 StGB). Eine **ungleichartige Idealkonkurrenz** ist hingegen gegeben, wenn A durch die Explosion vorsätzlich einen Menschen tötet und ein Auto zerstört. In dieser Situation wäre A im Ergebnis wegen Mordes in Tateinheit mit Sachbeschädigung strafbar (§§ 211, 303, 52 I Var. 1 StGB). 10

[6] NK-StGB/Frister StGB § 54 Rn. 19f. mwN.
[7] Deiters, Strafzumessung bei mehrfach begründeter Strafbarkeit, 1999, S. 63f.
[8] Roxin AT II § 33 Rn. 4.

III. Reformüberlegungen

11 Die Differenzierung zwischen Tateinheit und Tatmehrheit ist in zahlreichen ausländischen Rechtsordnungen[9] und dem deutschen Jugendstrafrecht (§ 31 JGG) unbekannt. Vielfach wurde und wird deshalb gefordert, sie auch im allgemeinen deutschen Strafrecht zugunsten eines sogenannten **Einheitsstrafensystems** aufzugeben, das die Methode der Strafzumessung im Fall mehrfach begründeter Strafbarkeit in Orientierung am Modell der Tateinheit vereinfacht und einheitlich regelt.[10] In der Tat scheint es zunächst wenig einleuchtend, denjenigen Täter zu privilegieren, der das auf einen Schlag vollbringt, wofür andere mehrere Handlungen benötigen:[11] Warum etwa sollte jemand, der zwei Menschen durch eine Handlung verletzt, milder behandelt werden als derjenige, der dieselben Verletzungserfolge durch zwei verschiedene Handlungen bewirkt?

12 Solange man das bei der Strafzumessung zu gewichtende Unrecht mit der konkreten Rechtsgutsverletzung – im obigen Beispiel der Beeinträchtigung der körperlichen Unversehrtheit – gleichsetzt, ist diese Frage in der Tat nicht zu beantworten. Jedoch besteht die Eigenart des Strafrechts gerade darin, dass es Rechtsgüter nicht unmittelbar, sondern durch die Aufrechterhaltung von Normen schützt, deren Beachtung Rechtsgutsverletzungen verhindert (→ § 2 Rn. 1 und → § 3 Rn. 28). Dementsprechend ist das Strafzumessungsunrecht nicht gleichbedeutend mit dem verletzten Individual- oder Allgemeininteresse, sondern besteht in der Verletzung des öffentlichen Interesses an der Geltung der die betroffenen Rechtsgüter schützenden Normen (→ § 1 Rn. 3 ff. und → § 11 Rn. 59). Für das Ausmaß der Verletzung dieses Normgeltungsinteresses ist es aber durchaus bedeutsam, ob mehrere Rechtsgüter durch eine oder mehrere Handlungen verletzt werden. Weil im Fall der Tatmehrheit der Norm gleich mehrfach widersprochen wird, ist es richtig, diesen Fall in der Regel[12] schwerer zu gewichten.[13]

13 Eine andere Frage ist, ob das für den Fall der Tatmehrheit vorgesehene Verfahren der Strafzumessung durch ein einfacheres ersetzt werden könnte. Es erscheint auf den ersten Blick insofern unnötig kompliziert, als die zunächst festzulegenden Einzelstrafen das Ergebnis der Gesamtstrafenbildung nicht präjudizieren. Dennoch wäre es nicht nur wegen der in Einzelfällen bestehenden selbstständigen Vollstreckbarkeit der Einzelstrafen (→ § 30 Rn. 7) problematisch, die bei Tateinheit vorgesehene Methode der Strafzumessung – ergänzt um die Möglichkeit der Überschreitung des Strafrahmens der schwersten Gesetzesverletzung[14] – auch bei Tatmehrheit einzuführen. Die gesetzliche Pflicht zur Bildung von Einzelstrafen hält die Gerichte dazu an, die nach § 54 I 3 StGB erforderliche zusammenfassende Würdigung auf der Grundlage einer umfassen-

[9] Jescheck/Weigend StrafR AT § 67 V.
[10] Vgl. zur Reformdiskussion auch NK-StGB/Puppe StGB § 52 Rn. 2 ff.; NK-StGB/Frister StGB § 53 Rn. 10 f.; Roxin AT II § 33 Rn. 7 ff., alle mwN; zuletzt Erb ZStW 117 (2005), 37 (41 ff.) mwN.
[11] Vgl. Roxin AT II § 33 Rn. 8.
[12] Selbstverständlich kann dieser Strafzumessungsfaktor im Einzelfall durch andere Faktoren ausgeglichen und überspielt werden. Daraus einen Einwand gegen die gesetzliche Differenzierung von Tateinheit und Tatmehrheit abzuleiten (so etwa Erb ZStW 117 (2005), 37 (42)), ist jedoch schon deshalb nicht möglich, weil dies für alle anderen Strafzumessungsregeln in gleicher Weise gilt. So kann für eine bloße Beihilfe im Einzelfall eine höhere Strafe als für eine Täterschaft zu verhängen sein, ohne dass man deshalb die Strafmilderung des § 27 II 2 StGB als sinnlos ansehen müsste.
[13] Vgl. dazu näher Deiters, Strafzumessung bei mehrfach begründeter Strafbarkeit, 1999, S. 135 ff.
[14] Zu den verschiedenen Modellen Erb ZStW 117 (2005), 37 (44).

den und sorgfältigen Ermittlung der für die einzelnen Taten relevanten Strafzumessungsfaktoren vorzunehmen:[15] Soweit die Gerichte – wie in der Literatur vermutet wird[16] – in Widerspruch dazu sogleich mit der zusammenfassenden Würdigung beginnen, ist es diese Praxis und nicht die ihr entgegenstehende gesetzliche Regelung, die Kritik verdient.

C. Die Unterscheidung zwischen Tateinheit und Tatmehrheit

I. Eine Handlung im natürlichen Sinne

Die gesetzliche Differenzierung zwischen Tateinheit und Tatmehrheit hängt nach 14
§ 52 I StGB davon ab, ob mehrere Gesetzesverletzungen durch eine oder durch mehrere Handlungen begangen werden. Dies ist im Prinzip[17] für jeden Beteiligten an den Gesetzesverletzungen gesondert zu prüfen.[18] Wer die Waffe für mehrere durch verschiedene Handlungen begangene Morde besorgt, verletzt selbst durch eine Handlung dasselbe Strafgesetz (§§ 211, 27 StGB) mehrmals, sodass gegen ihn gemäß § 52 I Var. 2 StGB nur eine Strafe zu verhängen ist, obwohl sich der Haupttäter gemäß §§ 211, 53 StGB strafbar gemacht hat. Entsprechendes gilt für die mittäterschaftliche Beteiligung, die Anstiftung und – wie der Bundesgerichtshof klargestellt hat[19] – auch für die Verbrechensverabredung. Bei einer einheitlichen Verabredung zu mehreren durch verschiedene Handlungen zu begehenden Verbrechen ist also ebenfalls § 52 StGB anzuwenden.

Das Gesetz erläutert den Begriff der Handlung nicht, sodass zu seiner Konturierung 15
auf die allgemeine Lebensauffassung zurückgegriffen werden muss. Dabei herrscht über die Ergebnisse zumindest in einem Kernbereich kein Streit. Obwohl schon ein Steinwurf, ein Schuss, eine Äußerung, ein Faustschlag und vergleichbare Einheiten aus einer Vielzahl von Muskelkontraktionen bestehen und deshalb bei biologischer Betrachtung weder eine einzelne Willensbetätigung[20] noch eine einzelne Körperbewegung[21] darstellen,[22] werden sie im alltäglichen Leben ganz selbstverständlich als **soziale Sinneinheit** begriffen und deshalb allgemein als eine Handlung iSd § 52 StGB angesehen. Wenn durch solche als **Handlungen im natürlichen Sinne** bezeichnete Akte mehrere Strafgesetze oder ein Strafgesetz mehrmals verletzt werden, liegt deshalb stets eine Idealkonkurrenz vor (vgl. bereits die Beispiele in → § 30 Rn. 10).

[15] NK-StGB/Frister StGB § 53 Rn. 12; Deiters, Strafzumessung bei mehrfach begründeter Strafbarkeit, 1999, S. 88 ff.

[16] Statt vieler Roxin AT II § 33 Rn. 9.

[17] Zu beachten ist aber, dass bei mehreren Teilnahmehandlungen an einer Haupttat lediglich eine scheinbare Konkurrenz vorliegt; vgl. dazu → § 31 Rn. 20.

[18] BGHSt 56, 170 (172 f.); BGH NJW 2021, 2301 (2303); NStZ 2013, 641; 2014, 702; 2020, 403; NStZ-RR 2003, 265 (267); StV 2008, 575 (576).

[19] BGHSt 56, 170 (172 f.); BGH NJW 2013, 483.

[20] So BGHSt 1, 21; 6, 81; Lackner/Kühl/Kühl StGB Vor § 52 Rn. 3; Kühl StrafR AT § 21 Rn. 7; WBS StrafR AT Rn. 1245.

[21] So LPK-StGB StGB Vor §§ 52–55 Rn. 18; MüKoStGB/v. Heintschel-Heinegg StGB § 52 Rn. 18; Schönke/Schröder/Sternberg-Lieben/Bosch StGB Vorb. §§ 52 ff. Rn. 11; BWME StrafR AT § 27 Rn. 21; sachlich übereinstimmend Stratenwerth/Kuhlen StrafR AT § 17 Rn. 1.

[22] Vgl. dazu Puppe GA 1982, 143 (148).

II. Tatbestandliche Handlungseinheit

16 Soweit die Verwirklichung eines Deliktstatbestands mehrere Handlungen im natürlichen Sinne erfordert, werden auch diese zumindest im Grundsatz als einheitliche Handlung iSd § 52 StGB angesehen. So sind zB die Gewaltanwendung und die Wegnahme beim Raub (§ 249 StGB) durchaus zwei Handlungen in dem oben beschriebenen Sinne, werden aber durch das Gesetz zu einer tatbestandlichen Handlungseinheit zusammengefasst. Ein weiteres Beispiel ist das sogenannte Stalking (§ 238 StGB), das mit dem Merkmal „wiederholt" ebenfalls mehrere Handlungen im natürlichen Sinne voraussetzt.[23] Aufgrund der durch einen Tatbestand erfolgten Zusammenfassung sind nach herrschender Meinung grundsätzlich auch alle anderen durch die zusammengefassten Teilakte ganz oder teilweise verwirklichten Delikte durch eine Handlung begangen. Wird etwa ein Raub in der Weise begangen, dass die Gewaltanwendung zugleich eine Körperverletzung und die Wegnahme zugleich eine Sachbeschädigung darstellt, so sind aufgrund der Teilidentität der Ausführungsakte[24] sowohl der Raub und die Körperverletzung als auch der Raub und die Sachbeschädigung und damit im Ergebnis ebenfalls die Körperverletzung und die Sachbeschädigung durch eine einheitliche Handlung verwirklicht.

17 Diese **Klammerwirkung** der tatbestandlichen Handlungseinheit führt allerdings zu Problemen, wenn das Unrecht des verklammernden Delikts deutlich weniger schwer wiegt als das der verklammerten Tatbestände. Eine solche Konstellation kommt insbesondere bei Dauerdelikten vor. So bilden zB bei der Freiheitsberaubung (§ 239 StGB) alle der Begründung und Aufrechterhaltung des rechtswidrigen Zustands dienenden Handlungen eine **tatbestandliche Geschehenseinheit.**[25] Wenn nun A den B mit einem Knüppel niederschlägt, um ihn für zwei Tage in seinem Keller einzusperren und am nächsten Tag die Flucht des B dadurch zu unterbinden sucht, dass er mit bedingtem Tötungsvorsatz erfolglos auf ihn schießt, so überschneidet sich die tatbestandliche Geschehenseinheit der Freiheitsberaubung (§ 239 StGB) sowohl mit der am ersten Tag begangenen gefährlichen Körperverletzung (§ 224 I Nr. 2 StGB) als auch mit dem am zweiten Tag begangenen versuchten Totschlag (§§ 212, 22, 23 I StGB). Damit müssten an sich alle Delikte durch eine Handlung verwirklicht sein, sodass A wegen Freiheitsberaubung, gefährlicher Körperverletzung und versuchtem Totschlag in Tateinheit strafbar wäre (§ 239 I StGB, § 224 I Nr. 2 StGB, §§ 212, 22, 23 I, 52 I Var. 1 StGB).

18 Damit würde A jedoch uU gerade dadurch privilegiert, dass er neben der gefährlichen Körperverletzung (§ 224 I Nr. 2 StGB) und dem versuchten Totschlag (§§ 212, 22, 23 I StGB) noch eine Freiheitsberaubung (§ 239 I StGB) begangen hat. Denn weil das Unrecht der Freiheitsberaubung gegenüber den beiden anderen schwereren Delikten nicht erheblich ins Gewicht fällt, wäre die für alle drei Delikte nach den Regeln des § 52 StGB zuzumessende Strafe im Zweifel geringer als die ohne verklammernde Freiheitsberaubung für die gefährliche Körperverletzung und den versuchten Totschlag

[23] Vgl. dazu BGHSt 54, 189 (197 ff.).

[24] Vgl. zu diesem Kriterium BGHSt 63, 1 (5 und 8 ff.); BGH NJW 2018, 2909; wistra 2015, 146; LK-StGB/Rissing-van Saan StGB § 52 Rn. 20 ff.; Schönke/Schröder/Sternberg-Lieben/Bosch StGB § 52 Rn. 9; Roxin AT II § 33 Rn. 82 ff., alle mwN; kritisch Deiters, Strafzumessung bei mehrfach begründeter Strafbarkeit, 1999, S. 95 ff.

[25] Stratenwerth/Kuhlen StrafR AT § 17 Rn. 8.

nach den Regeln des § 53 StGB zu bildende Gesamtstrafe. Aus diesem Grund wird die tatbestandliche Handlungseinheit von der Rechtsprechung und der traditionellen Lehre bei den Dauerdelikten zu Recht aufgelöst, wenn das Unrecht beider[26] durch sie verbundenen Delikte schwerer wiegt als das Unrecht des verbindenden Delikts.[27] In dem genannten Beispiel ist A damit wegen gefährlicher Körperverletzung und versuchtem Totschlag in Tatmehrheit jeweils in Tateinheit mit Freiheitsberaubung strafbar (§ 224 I Nr. 2 StGB, § 239 I StGB, § 52 I Var. 1 StGB, §§ 212, 22, 23 I StGB, § 239 I StGB, §§ 52 I Var. 1, 53 StGB).

In der neueren Literatur wird die Konstruktion der Klammerwirkung zum Teil prinzipiell kritisiert.[28] Es sei generell nicht einzusehen, warum das Hinzutreten einer weiteren Straftat die Strafschärfung der Realkonkurrenz ausschalten soll. Das klingt einleuchtend, beantwortet aber nicht die Frage, wie denn der Täter etwa in dem eingangs (→ § 30 Rn. 16) gebildeten Fall ohne Klammerwirkung zu bestrafen sein soll. Da er den Tatbestand des Raubes nur einmal verwirklicht, kommt eine Auflösung der tatbestandlichen Handlungseinheit nicht in Betracht. Ein Verzicht auf die Klammerwirkung wäre damit nur in der Weise denkbar, dass man zwischen dem Raub und der Körperverletzung sowie dem Raub und der Sachbeschädigung ebenfalls Tatmehrheit annimmt.[29] Dies würde aber dem Kriterium der Teilidentität der Ausführungshandlungen widersprechen und wäre darüber hinaus insofern ungereimt, als eine nach allgemeinen Kriterien bestehende Handlungseinheit durch eine weitere Straftat wieder aufgelöst würde. Deshalb vermag diese Kritik im Ergebnis nicht zu überzeugen. 19

Hinsichtlich der Reichweite der tatbestandlichen Handlungseinheit ist zu beachten, dass diese das gesamte Verhalten des Täters bis zur **materiellen Beendigung** umfasst.[30] Das hat Auswirkungen auf die Konkurrenzverhältnisse bei den sogenannten unvollkommen zweiaktigen und den erfolgskupierten Delikten (zu den Begriffen → § 8 Rn. 27). Bei diesen Tatbeständen tritt die materielle Beendigung erst in dem Zeitpunkt ein, in dem der Täter die zur Vollendung des Straftatbestandes erforderliche Absicht realisiert. Weil das gesamte Verhalten des Täters bis zur materiellen Beendigung zur tatbestandlichen Handlung gehört, besteht etwa zwischen dem erfolgskupierten Delikt eines Diebstahls (§ 242 StGB) und der erst nach Vollendung der Wegnahme erfolgenden Nötigung (§ 240 StGB) Tateinheit, sofern zum Zeitpunkt der Nötigungshandlung eine zur Beendigung des Diebstahls erforderliche hinreichende Sicherung der Beute noch nicht eingetreten war.[31] 20

---

[26] Dass eines der beiden verklammerten Delikte ein höheres Unrecht aufweist, reicht für die Auflösung der Klammerwirkung nicht aus (BGH NJW 2014, 871 (872)).

[27] BGHSt 31, 29 (31); 33, 4; 54, 189 (201 f.); BGH NStZ 2008, 209; 2013, 158; LK-StGB/Rissing-van Saan StGB § 52 Rn. 30 ff.; Schönke/Schröder/Sternberg-Lieben/Bosch StGB § 52 Rn. 17.

[28] Vgl. etwa MüKoStGB/v. Heintschel-Heinegg StGB § 52 Rn. 103; NK-StGB/Puppe StGB § 52 Rn. 41 ff.; SK-StGB/Jäger StGB Vor § 52 Rn. 72; Jakobs StrafR AT Abschn. 33 Rn. 12; Roxin AT II § 33 Rn. 18.

[29] Der Vorschlag von Jakobs StrafR AT Abschn. 33 Rn. 12, zunächst für die Körperverletzung und die Sachbeschädigung eine Gesamtstrafe zu bilden und aus dieser sowie der für den Raub zu verhängenden Strafe dann in entsprechender Anwendung des § 52 StGB eine einheitliche Strafe zu bilden, ist mit der Systematik des Gesetzes nicht zu vereinbaren.

[30] BGHSt 26, 24 (27 f.); BGH NJW 2014, 871, jeweils mwN; Schönke/Schröder/Sternberg-Lieben/Bosch StGB § 52 Rn. 11–13; SK-StGB/Jäger StGB § 52 Rn. 18; Roxin AT II § 33 Rn. 89; Stratenwerth/Kuhlen StrafR AT § 18 Rn. 29.

[31] Vgl. BGH StV 1983, 413.

III. Natürliche Handlungseinheit

1. Bei mehrmaliger Verwirklichung des gleichen Tatbestands

21 Eine einheitliche Handlung liegt nach allgemeiner Auffassung ferner vor, wenn ein Rechtsgut aufgrund einer einheitlichen Motivation in unmittelbarer zeitlicher Abfolge mehrmals verletzt wird, also zB A dem B nicht nur einen einzelnen Schlag, sondern eine ganze Tracht Prügel verabreicht oder ihn nicht nur durch ein, sondern gleich durch mehrere Schimpfwörter beleidigt.[32] Die Literatur bezeichnet diese Fälle **iterativer Tatbestandsverwirklichung,** in denen allgemein auch nur eine Gesetzesverletzung angenommen wird (vgl. dazu → § 31 Rn. 26ff.), zum Teil ebenfalls als **tatbestandliche Handlungseinheit.**[33] Jedoch ist dies insofern ein Etikettenschwindel, als die Einheitlichkeit des Geschehens hier nicht aus der Fassung des in solchen Fällen gerade mehrfach verwirklichten Tatbestands abzuleiten ist, sondern ebenso wie die Einheitlichkeit einer Handlung im natürlichen Sinne (→ § 30 Rn. 14) aus der allgemeinen Lebensauffassung resultiert. Eine Tracht Prügel oder eine Kanonade von Schimpfwörtern ist deshalb eine Handlung, weil auch sie im alltäglichen Leben als **soziale Sinneinheit** begriffen wird.

22 Ob die iterative Verletzung desselben Straftatbestandes ebenfalls eine Handlung sein kann, wenn der Täter höchstpersönliche Rechtsgüter verschiedener Personen verletzt, also zB bei einem einheitlich motivierten Amoklauf in engem zeitlichen Zusammenhang mehrere Menschen tötet, wird in Rechtsprechung und Literatur unterschiedlich beurteilt. Die herrschende Lehre lehnt eine Handlungseinheit in solchen Fällen ab.[34] Dies ist jedoch schon deshalb nicht überzeugend, weil die Verletzung verschiedener höchstpersönlicher Rechtsgüter ansonsten der Annahme von Handlungseinheit nicht entgegensteht. Wenn durch eine Handlung im natürlichen Sinne mehrere höchstpersönliche Rechtsgüter verletzt, also etwa durch das Zünden einer Bombe mehrere Menschen getötet werden, nimmt man allgemein gleichartige Idealkonkurrenz an. Einen Grund dafür, bei der iterativen Tatbestandsverwirklichung generell anders zu entscheiden, gibt es nicht.[35] Deshalb hält die insoweit allerdings strenge Anforderungen stellende Rechtsprechung[36] zu Recht auch bei der iterativen Verletzung verschiedener höchstpersönlicher Rechtsgüter Handlungseinheit für möglich.

2. Bei Verwirklichung unterschiedlicher Tatbestände

23 Umstritten ist weiter, ob und inwieweit eine einheitliche Handlung anzunehmen ist, wenn aufgrund einer einheitlichen Motivation in unmittelbarem zeitlichen Zusammenhang nicht mehrmals derselbe Tatbestand, sondern unterschiedliche Tatbestände verwirklicht werden. Ein Beispiel für eine solche Konstellation ist der in der Praxis recht häufig vorkommende Fall, dass der Täter auf der Flucht vor der Polizei kurz hin-

---

32 Schönke/Schröder/Sternberg-Lieben/Bosch StGB Vorb. §§ 52ff. Rn. 17; Kühl StrafR AT § 21 Rn. 17f.; Roxin AT II § 33 Rn. 32ff.; Stratenwerth/Kuhlen StrafR AT § 17 Rn. 7; WBS StrafR AT Rn. 1254.

33 Vgl. etwa Schönke/Schröder/Sternberg-Lieben/Bosch StGB Vorb. §§ 52ff. Rn. 13ff.

34 Kühl StrafR AT § 21 Rn. 19; Roxin AT II § 33 Rn. 38, beide mwN.

35 Deiters, Strafzumessung bei mehrfach begründeter Strafbarkeit, 1999, S. 130f.

36 Vgl. etwa BGH NStZ 2003, 366; 2005, 262; 2012, 562; 2016, 207 (208); 2016, 594; 2021, 729; NStZ-RR 2020, 136 (137); StV 2013, 382 (383f.); für eine zusammenfassende Darstellung LK-StGB/Rissing-van Saan StGB Vor § 52 Rn. 13f. mwN.

tereinander unterschiedliche Verkehrsstraftaten begeht. Nach der Rechtsprechung kann auch dies als eine einheitliche Handlung zu bewerten sein.[37] Eine **natürliche Handlungseinheit** liege immer dann vor, wenn die strafrechtlich erheblichen Verhaltensweisen in einem so unmittelbaren Zusammenhang stehen, dass sich das gesamte Tätigwerden für einen Dritten als ein einheitliches, zusammengehöriges Tun darstellt.[38]

In der Lehre wird dieser Rechtsprechung entgegengehalten, dass der konkurrenzrechtliche Handlungsbegriff damit seine Konturen verliere.[39] Daran ist richtig, dass der Begriff der natürlichen Handlungseinheit die allgemeine Lebensauffassung in Bezug nimmt, die der Natur der Sache nach kein trennscharfes Kriterium für die Differenzierung zwischen Tateinheit und Tatmehrheit darstellt. Die Frage, ob der zeitliche Zusammenhang mehrerer Deliktsverwirklichungen eng genug ist, um die Annahme einer Handlungsidentität zu rechtfertigen, kann im Randbereich immer unterschiedlich beurteilt werden. Jedoch ergibt sich daraus schon deshalb kein tragfähiger Einwand, weil die gleiche Unschärfe in den Fällen der iterativen Verwirklichung eines Tatbestands allgemein in Kauf genommen wird. Da sich die Bezugnahme auf die allgemeine Lebensauffassung zur Bestimmung der Handlungsidentität insgesamt nicht vermeiden lässt,[40] ist es nur konsequent, bei der Wahrnehmung eines Verhaltens als soziale Sinneinheit stets nur eine Handlung anzunehmen. 24

Im Ergebnis ist deshalb mit der Rechtsprechung davon auszugehen, dass auch zeitnah aufeinander folgende ungleichartige Gesetzesverletzungen bei einheitlicher Motivation eine Handlung im konkurrenzrechtlichen Sinne sein können. Dafür ist allerdings ein besonders enger zeitlicher Zusammenhang der verschiedenen Straftaten erforderlich und die Feststellung, dass das gesamte Geschehen von einem einheitlichen Handlungswillen getragen ist. Während es die Rechtsprechung bei der iterativen Verwirklichung desselben Tatbestandes im Hinblick auf die Feststellung der Handlungsidentität als unschädlich ansieht, wenn der Täter seinen Tatplan zwischenzeitlich aufgegeben hat,[41] verlangt sie bei der zeitnahen Folge verschiedener Gesetzesverletzungen zu Recht eine kontinuierliche Zweckverfolgung. In den Polizeiflucht-Fällen wird vorausgesetzt, dass die verschiedenen Straftaten während eines „einzigen ununterbrochenen Fluchtwegs“ begangen wurden und der Täter durchgehend „von dem Gedanken beherrscht war, seinen Verfolgern (…) zu entkommen“.[42] 25

3. Zwischen Handeln und Unterlassen

Schließlich streitet man noch über die Frage, ob und inwieweit zwischen Begehungs- und Unterlassungsdelikten eine Handlungseinheit möglich ist. Die herrschende Lehre lehnt eine solche Möglichkeit mit der Begründung ab, dass das tatbestandliche Verhalten eines Begehungs- und eines Unterlassungsdelikts nicht einmal teilweise identisch sein könne.[43] Die Rechtsprechung stand früher auf dem gleichen 26

[37] BGHSt 22, 67 (76).
[38] Grundlegend RGSt 58, 113 (116); BGHSt 4, 219 (220); 63, 1 (6).
[39] Maiwald, Die natürliche Handlungseinheit, 1964, S. 101 f.; Kühl StrafR AT § 21 Rn. 17 mwN.
[40] Dazu eingehend Deiters, Strafzumessung bei mehrfach begründeter Strafbarkeit, 1999, S. 112 ff.
[41] BGHSt 4, 219.
[42] BGHSt 22, 67 (76).
[43] Maiwald, Die natürliche Handlungseinheit, 1964, S. 107 ff.; Struensee, Die Konkurrenz bei Unterlassungsdelikten, 1971, S. 24 f.; Roxin AT II § 33 Rn. 88 mwN.

Standpunkt,[44] entscheidet aber heute in Einzelfällen zu Recht anders, weil auch hier die allgemeinen Kriterien der natürlichen Handlungseinheit anzuwenden sind. Da das Verhalten eines Unfallverursachers, der einem Verletzten nicht die erforderliche Hilfe leistet und sich vom Unfallort entfernt, im alltäglichen Leben als eine soziale Sinneinheit wahrgenommen wird, besteht zwischen der unterlassenen Hilfeleistung (§ 323c StGB) und der Unfallflucht (§ 142 StGB) ungeachtet der unterschiedlichen Verhaltensformen in der Regel Handlungseinheit.[45]

27 Die Frage der Möglichkeit einer Handlungseinheit zwischen Begehen und Unterlassen steht letztlich auch hinter dem Problem, ob und inwieweit bei der Verwirklichung eines **Dauerdelikts** in der Absicht, während der Fortdauer des rechtswidrigen Zustandes eine weitere Straftat zu begehen, Handlungseinheit anzunehmen ist. Ein klassisches Beispiel ist das Eindringen in eine fremde Wohnung, um dort eine Straftat zu begehen. Rechtsprechung und herrschende Lehre nehmen hier in der Regel Tatmehrheit an.[46] Handlungseinheit liege nur in den seltenen Fällen vor, in denen die in der Wohnung begangene Straftat zugleich dazu dient, dem Täter ein längeres Verweilen in der Wohnung zu ermöglichen.[47] Andernfalls fehle es an einer Teilidentität der Ausführungshandlungen. Jedoch verwirklicht der Täter den Hausfriedensbruch während des Verweilens in der Wohnung auch durch ein permanentes Unterlassen, das mit der begangenen Straftat eine natürliche Handlungseinheit bildet. Deshalb ist im Ergebnis hier ebenfalls Idealkonkurrenz anzunehmen.[48]

D. Die fortgesetzte Tat

28 Die Rechtsprechung hat über lange Jahre die von einem Gesamtvorsatz getragene wiederholte Begehung gleichartiger Straftaten selbst dann als nur eine Handlung im konkurrenzrechtlichen Sinne angesehen, wenn sich das Geschehen über Jahre hinzog.[49] Man nannte dies eine **fortgesetzte Tat.** In Extremfällen haben untere Gerichte die über 27 Jahre andauernde wiederholte Verwirklichung des Tatbestandes der Steuerhinterziehung[50] oder eine Vielzahl von Fällen sexuellen Missbrauchs desselben Opfers über einen Zeitraum von 17 Jahren als eine solche Tat bewertet.[51] Diese Rechtsprechung ist heute überholt. Der Große Senat des Bundesgerichtshofs hat bereits 1994 das Rechtsinstitut der fortgesetzten Tat im Grundsatz verworfen.[52] Er hat zwar zunächst nicht völlig ausgeschlossen, dass es Anlass geben könnte, diese Konstruktion bei einzelnen Delikten weiterhin anzuwenden. Jedoch sind die dafür verlangten „tatbestandsbezogene(n) Gründe von besonderem Gewicht“[53] in der Rechtsprechung seither in keinem Fall angenommen worden.[54]

[44] BGHSt 6, 229 (230) mwN.
[45] BGH VRS 32, 437 (439); 14, 194 (195); zustimmend Lackner/Kühl/Kühl StGB § 52 Rn. 7 unter Verweis auf Lackner/Kühl/Kühl StGB § 142 Rn. 42; ablehnend Roxin AT II § 33 Rn. 88.
[46] RGSt 32, 137 (140); 54, 288; im Grundsatz bestätigt durch BGHSt 18, 29 (32f.); Lackner/Kühl/Kühl StGB § 52 Rn. 7; Roxin AT II § 33 Rn. 93f.; differenzierend Zieschang FS Rissing-van Saan, 2010, 787 (794ff.) mwN.
[47] Roxin AT II § 33 Rn. 96.
[48] Jakobs StrafR AT Abschn. 33 Rn. 10; Schönke/Schröder/Sternberg-Lieben/Bosch StGB Vorb. §§ 52ff. Rn. 91.
[49] Vgl. die Darstellung bei Roxin AT II § 33 Rn. 248ff. mwN.
[50] Vgl. BGHR Vor § 1 fH Gesamtvorsatz Nr. 10.
[51] Vgl. BGHR Vor § 1 fH Gesamtvorsatz Nr. 34.
[52] BGHSt 40, 138.
[53] BGHSt 40, 138 (165).
[54] Vgl. dazu iE Fischer StGB Vor § 52 Rn. 48 mit zahlreichen Nachweisen.

E. Hinweise für die Fallbearbeitung

Die echte Konkurrenz ist nach der Prüfung der verschiedenen Tatbestände am Ende des Gutachtens zu erörtern. Ob mehrere Straftaten durch eine Handlung iSd § 52 StGB begangen worden sind, lässt sich häufig schon durch einen Vergleich der im Obersatz anzugebenden Tathandlung ermitteln. Allerdings setzt dies voraus, dass als Tathandlung wirklich nur das tatsächliche Verhalten einer Person angegeben wird. Wer auch den Erfolg bei der Beschreibung der Tathandlung angibt oder rechtliche Bewertungen einfließen lässt, kann auf diesem Wege keine verlässlichen Anhaltspunkte für die Beantwortung der Frage gewinnen, ob im konkreten Fall Handlungseinheit oder Handlungsmehrheit vorliegt. Stimmen bei einem korrekt formulierten Obersatz die Tathandlungen bei mehreren Gesetzesverletzungen vollständig überein, so ist ohne Weiteres Handlungsidentität anzunehmen. Gleiches gilt im Prinzip, wenn das tatbestandliche Verhalten nur teilweise identisch ist, wobei hier jedoch die Klammerwirkung der tatbestandlichen Handlungseinheit und ihre Grenzen insbesondere bei den Dauerdelikten zu beachten sind. 29

Wenn das jeweilige tatbestandliche Verhalten nicht ganz oder teilweise identisch ist, aber in einem engen zeitlichen Zusammenhang steht, ist eine natürliche Handlungseinheit in Betracht zu ziehen. Insoweit muss man zunächst beachten, dass die iterative Verwirklichung desselben Tatbestandes unter den Voraussetzungen natürlicher Handlungseinheit nur eine Gesetzesverletzung darstellen kann (→ § 31 Rn. 26ff.). In eindeutigen Fällen ist von vornherein nur von einer Tathandlung auszugehen, sodass etwa beim mehrfachen Zuschlagen im Rahmen einer Tracht Prügel nicht jeder einzelne Schlag für sich, sondern die Gesamtheit aller Schläge im Rahmen einer Deliktsprüfung abzuhandeln sind (vgl. bereits → § 8 Rn. 10). Bei der Verletzung verschiedener Rechtsgutsträger oder mehreren zeitlich aufeinander folgenden ungleichartigen Gesetzesverletzungen ist es meist schwierig zu entscheiden, ob man sie im konkreten Fall noch als Handlungseinheit betrachten kann. Sofern die Bearbeiter die Möglichkeit einer solchen Handlungseinheit mit der herrschenden Lehre nicht ohnedies ablehnen (→ § 30 Rn. 23), sollte Tateinheit (§ 52 StGB) nur angenommen werden, wenn die einheitliche Motivation tatsächlich ohne Unterbrechung verhaltensleitend war. 30

Lektüreempfehlungen: BGHSt 31, 29–32 (Klammerwirkung); BGHSt 40, 138–168 (Aufgabe des Fortsetzungszusammenhangs).

§ 31. Die scheinbare Konkurrenz (Gesetzeseinheit)

A. Grundgedanke und Überblick

1 Die scheinbare Konkurrenz, für die auch der Begriff der **Gesetzeseinheit** gebräuchlich ist, zeichnet sich dadurch aus, dass trotz der Verwirklichung mehrerer Tatbestände oder der mehrfachen Verwirklichung desselben Tatbestandes nur eine Gesetzesverletzung vorliegt und die gesetzlichen Regeln der Strafzumessung bei mehreren Gesetzesverletzungen (§§ 52–55 StGB) deshalb keine Anwendung finden. Traditionell unterscheidet man drei verschiedene Fallgruppen einer Gesetzeseinheit, die mit den Begriffen **Spezialität, Subsidiarität** und **Konsumtion** gekennzeichnet werden. Von dieser Strukturierung werden allerdings nur die Sachverhalte einer ungleichartigen scheinbaren Konkurrenz, der sogenannten **Gesetzeskonkurrenz,** vollständig erfasst. Im Bereich der gleichartigen scheinbaren Konkurrenz gibt es weitere Fälle, die unter keine dieser Kategorien passen. So wird etwa die Beschädigung mehrerer derselben Person gehörender Sachen durch eine Handlung allgemein nur als eine Gesetzesverletzung bewertet, obwohl der Tatbestand des § 303 StGB formal mehrmals verwirklicht ist.

2 Die Rechtsfigur der Gesetzeseinheit beruht auf dem Grundgedanken, dass die Verurteilung wegen einer Gesetzesverletzung das Unrecht der im konkreten Fall vorliegenden Mehrzahl von Tatbestandsverwirklichungen adäquat wiedergibt, weil dasjenige Strafgesetz, wegen dessen Verletzung der Täter im Ergebnis verurteilt wird, das Unrecht der verdrängten Tatbestände zumindest im Wesentlichen bereits mit beinhaltet. Vollständig enthalten ist deren Unrecht nur im Fall der Spezialität, dh dann, wenn sämtliche Merkmale des verdrängten Tatbestands in dem angewendeten Gesetz enthalten sind, wie etwa bei einem Raub (§ 249 I StGB), der immer auch einen Diebstahl (§ 242 I StGB) beinhaltet. In den Fällen der Subsidiarität und Konsumtion erfasst das angewendete Gesetz den Unrechtsgehalt der verdrängten Gesetzesverletzung nur annähernd. Deren darüberhinausgehende Bedeutung ist jedoch so marginal, dass es nicht angemessen erscheint, den Täter auch wegen der Verletzung dieses Gesetzes zu verurteilen.[1]

B. Die Funktionen der Gesetzeseinheit

3 Die Strafzumessung erfolgt im Fall der Gesetzeseinheit methodisch wie bei der Einzeltat. Umstritten ist, ob die verdrängte Gesetzesverletzung in den Fällen der Subsidiarität und Konsumtion berücksichtigt werden darf. Obwohl es auf den ersten Blick widersprüchlich anmutet, ihr erst keine entscheidende Bedeutung beizumessen, sie dann aber doch strafschärfend ins Gewicht fallen zu lassen, sprechen die besseren Argumente für dieses in der Rechtsprechung[2] praktizierte Vorgehen. Die Nichtanwendung des verdrängten Gesetzes kann auch dann sachgerecht sein, wenn seine zusätzliche

---

1 Anders NK-StGB/Puppe StGB Vor § 52 Rn. 25ff., die insbes. in den Fällen der Konsumtion Idealkonkurrenz annehmen will.

2 RGSt 26, 312 (313f.); 59, 147 (148); 62, 61 (62); 63, 423 (424); BGHSt 1, 152 (155); 6, 27; 19, 189; 33, 142 (147); 57, 28 (31); kritisch MüKoStGB/v. Heintschel-Heinegg StGB Vor § 52 Rn. 30 mwN.

Verletzung zwar das Unrecht steigert, bei realistischer Betrachtung aber keine so maßgebliche Bedeutung zu erlangen vermag, dass eine Überschreitung des Strafrahmens der das Unrecht umfassender abdeckenden Norm in Betracht kommt. Im Ergebnis folgt die Strafzumessung bei Gesetzeseinheit damit den gesetzlich für Tateinheit geltenden Regeln: Die verdrängte Norm bleibt hinsichtlich der Strafzumessung und besonderer Nebenfolgen anwendbar.[3]

Vor diesem Hintergrund hat das Rechtsinstitut der Gesetzeseinheit grundsätzlich nur 4
im Fall der scheinbaren Realkonkurrenz die Funktion, die Rechtsfolgen der §§ 53–55 StGB zu suspendieren. In der Situation der scheinbaren Tateinheit dient es dagegen der Vereinfachung des Urteilstenors. Anders ist dies nur im Fall der privilegierenden Spezialität. Ein anschauliches Beispiel dafür bietet der Tatbestand der Tötung auf Verlangen (§ 216 I StGB), der den Tatbestand des Totschlags (§ 212 I StGB) vollständig enthält, aber die Anwendung eines deutlich geringeren Strafrahmens vorschreibt, wenn der Täter durch das ausdrückliche und ernstliche Verlangen des Getöteten zur Tötung bestimmt worden ist. Ginge man nicht davon aus, dass § 216 I StGB den Tatbestand des Totschlags (§ 212 I StGB) verdrängt, würde sich der Strafrahmen bei einer Tötung auf Verlangen gemäß § 52 II StGB nach dem Gesetz richten, das die schwerste Strafe androht, im konkreten Fall also nach § 212 I StGB. Die privilegierende Funktion des § 216 I StGB kann infolgedessen nur gesichert werden, wenn im Fall seiner Verwirklichung die Anwendbarkeit des § 212 StGB im Wege der Gesetzeskonkurrenz ausgeschlossen wird (sog. **Sperrwirkung der Privilegierung**).[4]

C. Die Erscheinungsformen der Gesetzeseinheit

I. Die Spezialität

Die Spezialität ist der eindeutigste Fall einer scheinbaren Konkurrenz. Sie liegt immer 5
dann vor, wenn ein und dieselbe Handlung zwei oder mehr Tatbestände verwirklicht, von denen einer (die sog. **lex specialis**) den oder die anderen (die sog. **lex generalis**) logisch umfasst.[5] In dieser Situation ist es selbstverständlich, dass der Gesetzgeber nur die Verurteilung wegen desjenigen Strafgesetzes gewollt hat, welches das Unrecht und die Schuld des Täters am genauesten erfasst. Spezieller sind einmal die **Qualifikationen,** die im Verhältnis zum Grundtatbestand zusätzlich strafschärfende Merkmale enthalten. Der Sachverhalt wird aber auch – wie das obige Beispiel des § 216 I StGB zeigt – durch die **Privilegierungen** umfassender bewertet, bei denen die zusätzlichen Merkmale strafmildernde Umstände enthalten.

Spezialität besteht zwischen dem Tatbestand der gefährlichen Körperverletzung (§ 224 6
StGB) und der einfachen Körperverletzung (§ 223 StGB). In gleicher Weise umfasst der Tatbestand der Körperverletzung mit Todesfolge (§ 227 StGB) sowohl den Tatbestand der einfachen Körperverletzung (§ 223 StGB) als auch den Tatbestand der fahrlässigen Tötung (§ 222 StGB). Hingegen ist der Tatbestand der gefährlichen Kör-

[3] Stratenwerth/Kuhlen StrafR AT § 18 Rn. 18.

[4] Vgl. zur umstrittenen Sperrwirkung einer nur versuchten Tötung auf Verlangen (§§ 216, 22 StGB) gegenüber einer vollendeten schweren Körperverletzung (§ 226 StGB) einerseits LK[11]-STGB/Jähnke StGB § 216 Rn. 20 und andererseits Schönke/Schröder/Eser/Sternberg-Lieben StGB § 212 Rn. 25.

[5] Klug ZStW 68 (1956), 399 (403ff.).

perverletzung (§ 224 StGB) nicht logisch in dem der Körperverletzung mit Todesfolge (§ 227 StGB) enthalten. Zwar werden beide Tatbestände häufig zugleich erfüllt sein, weil die in § 224 StGB aufgeführten Verhaltensweisen gerade wegen ihrer Gefährlichkeit im Hinblick auf das Leben des Opfers qualifizierend wirken. Allerdings ist es ohne Weiteres möglich, § 227 StGB zu verwirklichen, ohne die Körperverletzung mittels einer von § 224 StGB erfassten Begehungsweise verübt zu haben.

7 Das gilt entgegen dem ersten Anschein selbst für die Begehung mittels einer das Leben gefährdenden Behandlung (§ 224 I Nr. 5 StGB), weil sich auf diese Umstände gemäß § 15 StGB der Vorsatz bezieht, während der Täter bei § 227 StGB die Todesfolge nach § 18 StGB nur fahrlässig herbeiführen muss. Dafür bedarf es nicht notwendig der Kenntnis jener Umstände, aus denen sich die Lebensgefahr ergibt. § 227 StGB verdrängt § 224 StGB deshalb nicht im Wege der Spezialität, nach herrschender Ansicht aber im Wege der Subsidiarität (dazu → § 31 Rn. 14). Das Beispiel zeigt, dass die Frage, ob zwei Tatbestände zueinander im Verhältnis der Spezialität stehen, detaillierte Kenntnisse des Umfangs der jeweiligen Strafvorschriften voraussetzt und deshalb thematisch zum Besonderen Teil gehört. In den Kommentierungen werden dementsprechend zumeist am Ende der Erläuterung einer Strafvorschrift die Konkurrenzverhältnisse mit häufig zugleich verwirklichten Tatbeständen erörtert.

8 Das Verhältnis der Spezialität besteht – bezogen auf dasselbe Strafgesetz des Besonderen Teils – auch zwischen vollendetem und versuchtem, Begehungs- und unechtem Unterlassungsdelikt sowie vorsätzlichem und fahrlässigem Erfolgsdelikt.[6] Soweit nach anderer Auffassung lediglich Subsidiarität anzunehmen sein soll,[7] wird übersehen, dass in allen drei Fällen das jeweils angewandte Strafgesetz die verdrängten logisch enthält. So kann man den Tatbestand des vollendeten Totschlags (§ 212 I StGB) nicht verwirklichen, ohne zugleich die Voraussetzungen des entsprechenden Versuchsdelikts (§§ 212 I, 22, 23 I StGB) zu erfüllen (vgl. dazu → § 23 Rn. 14ff.). Wer einen Menschen aktiv tötet (§ 212 I StGB), unterlässt es zugleich den vom ihm verursachten Todeserfolg, für den er selbstverständlich iSd § 13 I StGB rechtlich einzustehen hat (vgl. dazu → § 22 Rn. 30ff.), durch den Verzicht auf diese Handlung abzuwenden. Deshalb enthält die Strafbarkeit wegen des Begehungsdeliktes (§ 212 I StGB) auch die Voraussetzungen der Unterlassungsstrafbarkeit (§§ 212 I, 13 StGB). Und schließlich umfasst das vorsätzliche Erfolgsbegehungsdelikt (§ 212 I StGB) als Minus die fahrlässige Erfolgsbegehung (§ 222 StGB).

9 Ob im Rahmen einer gutachterlichen Prüfung zunächst mit dem allgemeinen oder dem spezielleren Tatbestand begonnen werden muss, hängt vom jeweiligen **Einzelfall** ab. Sind die Voraussetzungen des Spezialgesetzes erfüllt, bedarf der Grundtatbestand keiner Erwähnung. Deshalb wäre es in dieser Konstellation verfehlt, mit der Prüfung des allgemeinen Gesetzes zu beginnen. Bei einer solchen Vorgehensweise werden im Gutachten zwangsläufig Voraussetzungen erörtert, die für die Falllösung keine Bedeutung haben. So hat die Frage einer Strafbarkeit wegen Versuchs keine Relevanz, wenn im Ergebnis das vollendete Delikt vorliegt. Zur Gewährleistung einer effizienten Prüfung ist deshalb stets mit dem spezielleren Gesetz zu beginnen, wenn die gedankliche Vorprüfung ergibt, dass dessen Voraussetzungen im Ergebnis vorliegen. Auf das verdrängte Gesetz ist mit keinem Wort einzugehen.

10 Ebenfalls mit dem spezielleren Gesetz sollte man beginnen, wenn sich ohne eine Erörterung des Grundtatbestands feststellen lässt, dass die Voraussetzungen der lex spe-

[6] Wie hier NK-StGB/Puppe StGB Vor § 52 Rn. 10.
[7] Vgl. etwa BGH NJW 2011, 2067; Kindhäuser/Zimmermann StrafR AT § 46 Rn. 10.

cialis nicht erfüllt sind. Fehlt es etwa für die Strafbarkeit wegen eines vollendeten Totschlags an der Verursachung des Taterfolges, so ist – obschon eine Strafbarkeit wegen Vollendung nicht vorliegt – zunächst das vollendete Delikt und erst bei dessen Ablehnung die Versuchsstrafbarkeit zu prüfen. Zwar lässt sich diese Reihenfolge nicht mit dem Gebot effizienter Prüfung begründen, weil auch das gegenteilige Vorgehen nicht zur Erörterung von Fragen führt, die im Ergebnis keiner Erwähnung bedurft hätten. Jedoch greift hier der Grundsatz ein, dass bei gleicher Effizienz vorrangig das schwerere Delikt zu prüfen ist.

Das allgemeinere Gesetz sollte man dagegen an den Anfang stellen, wenn die Strafbarkeit wegen des spezielleren Gesetzes an einer Voraussetzung scheitert, zu deren Prüfung man erst gelangt, sobald inzidenter bereits ein erheblicher Teil des Grundtatbestandes abgehandelt wurde. Kommt der Bearbeiter zB zu dem Ergebnis, dass die Wand, gegen die der Täter das Opfer gestoßen hat, als unbeweglicher Gegenstand kein gefährliches Werkzeug iSd § 224 I Nr. 2 StGB ist, so müsste er – bevor er dies darlegen kann – auch im Rahmen des § 224 StGB zunächst die objektiven Merkmale der einfachen Körperverletzung (§ 223 StGB) erörtern. Bei dieser Sachlage führt die vorgezogene Prüfung des § 224 StGB zu einer überflüssigen Doppelung oder unschönen Verweisung, sodass es besser ist, den Grundtatbestand des § 223 StGB an den Anfang zu stellen und erst anschließend zu erörtern, ob zusätzlich die Voraussetzungen des § 224 StGB erfüllt sind. 11

II. Die Subsidiarität

Die Subsidiarität gibt es in zwei Erscheinungsformen, deren Gemeinsamkeit darin besteht, dass ein Gesetz im Verhältnis zu anderen nur hilfsweise angewendet werden soll. Wenn der Gesetzgeber dies – wie etwa in § 246 StGB oder § 265 StGB[8] – ausdrücklich angeordnet hat, spricht man von **formeller Subsidiarität.** Wenn sich die nur hilfsweise Anwendbarkeit erst aus einer Auslegung der betreffenden Gesetze ergibt, liegt **materielle Subsidiarität** vor. Um eine solche anzunehmen, muss das als subsidiär zurücktretende Gesetz dasselbe Rechtsgut wie das angewendete Gesetz schützen. Außerdem muss das systematische Verhältnis beider Gesetze die Wertung rechtfertigen, dass ersteres nur hilfsweise angewendet werden soll. 12

Für die Beantwortung der Frage, ob zwei Strafgesetze im Verhältnis materieller Subsidiarität zueinander stehen, gibt es damit, anders als im Fall der echten Spezialität, keine präzisen Kriterien. Es ist deshalb nicht verwunderlich, dass bei einer Vielzahl von Tatbeständen darüber gestritten wird, ob bei ihrer gleichzeitigen Verwirklichung der voraussetzungsärmere im Wege der Subsidiarität zurücktritt oder aber zwischen beiden Tateinheit angenommen werden muss. Die Vielzahl der insoweit streitigen Einzelfälle geht in der Sache auf einen Dissens darüber zurück, ob es der Klarheit des Urteilstenors zuträglicher ist, nach Möglichkeit alle Strafgesetze aufzunehmen, die wegen ihrer Verwirklichung Einfluss auf die Strafzumessung haben können,[9] oder sachgerechter erscheint, lediglich die zentrale Vorschrift aufzuführen, auf der die Verurtei- 13

[8] Vgl. für weitere Fälle den Überblick bei Roxin AT II § 33 Rn. 192ff.

[9] Vgl. dazu Puppe StrafR AT § 34 Rn. 23; außerdem Puppe GA 1982, 143 (159) und NK-StGB/Puppe StGB Vor § 52 Rn. 28f., die deshalb die von der herrschenden Meinung anerkannten Fälle der Gesetzeskonkurrenz – mit Ausnahme der Spezialität und der formellen Subsidiarität – der Idealkonkurrenz zuschlägt.

lung beruht.[10] Je nach Präferenz gelangt man entweder zu einem eher restriktiven oder eher extensiven Anwendungsbereich der Subsidiarität. In der Rechtsprechung lässt sich eine einheitliche Tendenz nicht ausmachen.

14 Einigkeit herrscht allerdings darüber, dass eine Strafbarkeit als Täter eine solche wegen Teilnahme an derselben Tat verdrängt.[11] Ebenso unbestritten ist – soweit nicht ohnehin Spezialität besteht – die Subsidiarität von Gefährdungsdelikten gegenüber gleichartigen Verletzungsdelikten, also etwa die Subsidiarität der unterlassenen Hilfeleistung (§ 323c StGB)[12] und der Aussetzung (§ 221 StGB) gegenüber dem Totschlag durch aktives Tun oder Unterlassen (§ 212 StGB oder §§ 212, 13 StGB)[13] und der gefährlichen Körperverletzung (§ 224 StGB) gegenüber der Körperverletzung mit Todesfolge (§ 227 StGB), die wiederum hinter den Tatbestand des Totschlags (§ 212 StGB) zurücktritt.[14] Dagegen wird die gefährliche Körperverletzung (§ 224 StGB) nach der neueren Rechtsprechung durch die schwere Körperverletzung (§ 226 StGB) nicht mehr generell verdrängt, weil zumindest das Unrecht einer das Leben gefährdenden Behandlung (§ 224 I Nr. 5 StGB)[15] und einer gemeinschaftlichen Begehung (§ 224 I Nr. 4 StGB)[16] in der Zufügung einer schweren Folge iSd § 226 StGB nicht notwendig enthalten ist.

15 Umstritten war früher auch, ob die vollendete gefährliche Körperverletzung (§ 224 StGB) von einem nur versuchten Totschlag (§§ 212, 22, 23 I StGB) verdrängt wird. Während die Rechtsprechung zunächst auch für diese Konstellation von einer Subsidiarität des Tatbestandes der gefährlichen Körperverletzung (§ 224 StGB) ausging,[17] nimmt sie inzwischen mit Recht Tateinheit an.[18] Nur so lässt sich im Urteilstenor würdigen, dass der Täter nicht nur die Tötung versucht, sondern den Erfolg der Körperverletzung auch erreicht hat. Man spricht insoweit von der **Klarstellungsfunktion der Idealkonkurrenz.**[19] Dem verwirklichten Versuch einer schwereren Tat kann deshalb allenfalls in Ausnahmefällen, in denen der herbeigeführte Erfolg kein nennenswertes Unrecht darstellt, die Wirkung zuerkannt werden, die Vollendungsstrafbarkeit wegen eines milderen Gesetzes zu verdrängen.

16 Im Gutachten ist eine im Wesentlichen unstreitige Subsidiarität kurz festzustellen, ohne vorher das verdrängte Gesetz zu prüfen. Dabei sollte die Formulierung angesichts des Verzichts auf eine Subsumtion offen lassen, ob die Voraussetzungen des betreffenden Tatbestandes im Ergebnis vorliegen oder nicht. Sachgerecht erscheint eine Formulierung, wonach ein „gegebenenfalls vorliegender Tatbestand x jedenfalls im Wege der Subsidiarität hinter den Tatbestand y zurücktritt." Handelt es sich dagegen um eine Fallkonstellation, in der das Konkurrenzverhältnis ernsthaft umstritten ist, müssen auch die Voraussetzungen des möglicherweise subsidiären Tatbestandes geprüft werden. Liegen sie vor, ist am besten direkt im Anschluss und nicht erst am Ende des Gut-

[10] Vgl. dazu die Aufforderung von AWHH StrafR BT/Hilgendorf § 1 Rn. 31, von der Rechtsfigur der Gesetzeskonkurrenz großzügigen Gebrauch zu machen.
[11] Roxin AT II § 33 Rn. 212 mwN.
[12] BGHSt 14, 283 (285); Schönke/Schröder/Hecker StGB § 323c Rn. 30.
[13] Schönke/Schröder/Eser/Sternberg-Lieben StGB § 221 Rn. 18.
[14] Lackner/Kühl/Kühl StGB § 212 Rn. 9.
[15] BGHSt 53, 23; BGH NStZ-RR 2009, 278; anders noch BGHSt 21, 194 (195).
[16] BGH NJW 2014, 645.
[17] BGHSt 21, 265.
[18] BGHSt 44, 196.
[19] Roxin AT II § 33 Rn. 19.

achtens[20] festzustellen, ob die betreffende Tatbestandsverwirklichung als subsidiär zurücktritt. Dabei wird selbst in streitigen Fällen von den Bearbeitern nicht mehr erwartet, als dass sie kurz einen Gesichtspunkt benennen, der geeignet ist, ihre Lösung zu rechtfertigen. Insoweit fristet die strafrechtliche Konkurrenzlehre nach wie vor eine randständige Existenz, die gelegentlich sogar dazu verleitet, sie in Lehrbüchern gar nicht mehr abzuhandeln.[21]

III. Die Konsumtion

17 Die Konsumtion als schwächste Form der Gesetzeskonkurrenz umfasst zunächst die Fallgruppe der **typischen Begleittat.** Sie unterscheidet sich von der Subsidiarität dadurch, dass ein formal verwirklichtes milderes Strafgesetz nicht angewandt wird, obwohl es ein anderes Rechtsgut schützt als das schwerwiegendere Strafgesetz, hinter das es zurücktritt. Damit wird dem Umstand Rechnung getragen, dass der Gesetzgeber bei der Schaffung von Strafgesetzen vernünftigerweise von realen Erscheinungsformen der Kriminalität ausgeht. Es ist deshalb sachgerecht, Strafgesetzen die Funktion der abschließenden Bewertung eines von ihnen typischerweise erfassten Sachverhaltes zuzuerkennen, wenn die formal zugleich verwirklichten Tatbestände im konkreten Fall kein nennenswert ins Gewicht fallendes zusätzliches Unrecht kennzeichnen.

18 Tötet beispielsweise A den B, indem er ihn heimtückisch niedersticht, so ist nicht nur der Tatbestand des Mordes (§ 211 StGB) erfüllt. A hat vielmehr – sofern B angezogen war – durch dieselbe Handlung auch den Tatbestand der Sachbeschädigung (§ 303 StGB) verwirklicht. Mit Recht wird dieses Delikt aber von den allermeisten Studenten in einem Gutachten noch nicht einmal angesprochen. Weil der Gesetzgeber nicht davon ausgegangen ist, dass die Tötungsdelikte nur das Unrecht der Tötung nackter Menschen erfassen sollen, ist die infolge der Beschädigung der Kleidung typischerweise zugleich verwirklichte Sachbeschädigung (§ 303 StGB) eine bereits von der Strafbarkeit wegen Mordes (§ 211 StGB) mitabgegoltene typische Begleittat.

19 Ebenso wird die Verwirklichung des Tatbestands des Hausfriedenbruchs (123 StGB) von einer Strafbarkeit wegen Wohnungseinbruchdiebstahls (§ 244 I Nr. 3 StGB) konsumiert, weil es sich bei dem Hausfriedensbruch um eine typische Begleiterscheinung des Wohnungseinbruchdiebstahls handelt.[22] Gleiches gilt für den Fall des Einbruchdiebstahls gemäß §§ 242, 243 I 2 Nr. 1 StGB. Dessen Ausgestaltung als durch Regelbeispiele konkretisierte Strafzumessungsregel steht dem nicht entgegen.[23] Dagegen ist die Sachbeschädigung (§ 303 StGB) nicht mehr als typische Begleittat eines Einbruchdiebstahls anzusehen. Weil unter den heutigen Verhältnissen in einer beachtlichen Anzahl von Fällen Einbrüche nicht mehr mit einer Sachbeschädigung verbunden seien, müsse bei einer solchen Beschädigung zur Klarstellung selbst neben einer Verurteilung wegen eines schweren Bandendiebstahls (§ 244a StGB) zusätzlich wegen Sachbeschädigung verurteilt werden.[24]

---

[20] Die am Ende des Gutachtens vorzunehmende Darstellung der Konkurrenzen wird übersichtlicher, wenn die unechte Konkurrenz bereits ausgeschieden ist.

[21] Vgl. dazu das Vorwort der ersten Auflage (2002) von Krey AT 2.

[22] Stratenwerth/Kuhlen StrafR AT § 18 Rn. 9 mwN.

[23] LK-StGB/Rissing-van Saan StGB Vor § 52 Rn. 166 mwN; zweifelnd BGH NJW 2002, 150.

[24] BGHSt 63, 253 (257ff.); BGH NStZ 2014, 40; ähnlich, aber noch mit der Ausgestaltung des § 243 StGB als bloße Strafzumessungsregel argumentierend bereits BGH NJW 2002, 150.

20 Unter dem Stichwort der Konsumtion werden schließlich auch die Fälle der **mitbestraften Vor- und Nachtat** zusammengefasst, bei denen es sich um Sachverhalte einer scheinbaren Realkonkurrenz handelt. Während es in den Konstellationen der typischen Begleittat ausschließlich um eine praxisgerechte Bereinigung des Urteilstenors geht, besteht die Funktion der Konsumtion hier primär darin, eine als unangemessen empfundene Gesamtstrafenbildung zu umgehen. Kennzeichnend für diese Fallgruppen ist die durch eine Erfolgseinheit vermittelte partielle Unrechtsidentität. So sind die auf einen Unrechtserfolg gerichteten selbstständig strafbaren Vorbereitungs- und Versuchshandlungen durch die Strafbarkeit wegen des vollendeten Delikts auch dann mitabgegolten, wenn sie nicht durch dieselbe, sondern durch getrennte Handlungen verübt werden.[25] Dementsprechend sind auch mehrere Teilnahmehandlungen, die sich auf dieselbe Haupttat beziehen, nur als eine Anstiftung bzw. Beihilfe zu der betreffenden Tat zu ahnden.[26]

21 Die sogenannten Fälle einer **sukzessiven Tatbestandsverwirklichung** gehören der Sache nach ebenfalls zur Kategorie der straflosen Vortat. Sie sind dadurch geprägt, dass der Täter über verschiedene Etappen einen einheitlichen Erfolg anstrebt, dem Gesamtgeschehen aber im Unterschied zu den Fällen der **natürlichen Handlungseinheit** mehrere Handlungen zugrunde liegen.[27] Roxin bildet das plastische Beispiel, dass der Täter in drei aufeinander folgenden Nächten – jeweils erfolglos – versucht, einen Tresor zu knacken, was ihm am vierten Tag endlich gelingt. Formal hat sich der Täter, soweit man mit der Rechtsprechung die bloß versuchte Verwirklichung des Regelbeispieles für dessen Annahme ausreichen lässt (→ § 23 Rn. 7), wegen des dreifachen Versuchs eines Diebstahls in einem besonders schweren Fall (§§ 242, 243 I 2 Nr. 2, 22, 23 I StGB) sowie wegen eines vollendeten Diebstahls in einem besonders schweren Fall gemäß §§ 242, 243 I 2 Nr. 2 StGB strafbar gemacht. Da alle vier Tatbestandsverwirklichungen aus selbstständigen Handlungen bestehen, müsste an sich Tatmehrheit angenommen werden.

22 So wie der gesetzlich in § 52 StGB berücksichtigte Umstand der Handlungseinheit bei der Verletzung mehrerer Gesetze privilegierend wirkt, weil die verschiedenen Rechtsgutsangriffe bei natürlicher Betrachtung nur eine einmalige Auflehnung gegen die Rechtsordnung darstellen (→ § 30 Rn. 12), kann auch der gesetzlich nicht berücksichtigte Umstand der Erfolgseinheit geeignet sein, mehrere Handlungen bei normativer Betrachtung als Einheit erscheinen zu lassen, weil sie jeweils dasselbe Rechtsgutsobjekt betreffen. Insofern ist es sachgerecht, die Fälle der sukzessiven Tatbestandsverwirklichung im Hinblick auf das Ergebnis der Strafzumessung wie einen Fall der Tateinheit zu behandeln.[28] Anders als im Fall der Tateinheit bedürfen die verschiedenen Gesetzesverletzungen wegen der Gleichartigkeit der Normverstöße aber keiner Erwähnung im Urteilstenor. Im oben genannten Beispiel ist der Täter deshalb wegen eines vollendeten Einbruchdiebstahls nach §§ 242, 243 I 2 Nr. 2 StGB zu verurteilen.

23 Entsprechendes muss gelten, wenn es nicht zum Erfolg kommt, der Täter also in der vierten Nacht ebenfalls erfolglos versucht, den Tresor zu knacken und anschließend festgenommen wird. Auch dann ist er aufgrund der Einheit des angestrebten Erfolges

25 Lackner/Kühl StGB Vor § 52 Rn. 33.
26 BGHSt 46, 107 (116); BGH wistra 2008, 217; NStZ 2014, 465.
27 Vgl. Roxin AT II § 33 Rn. 42ff.
28 Vgl. dazu auch Puppe StrafR AT § 34 Rn. 23, die deshalb Idealkonkurrenz bejaht.

nur wegen eines Versuchs zu bestrafen. Weil es dabei, anders als die Rechtsprechung meint, nicht auf einen engen zeitlichen Zusammenhang der verschiedenen Versuchshandlungen ankommt, können – wie im Fall „Dagobert"[29] – auch zeitlich auseinander liegende, aber auf denselben Vermögensnachteil ausgerichtete Erpressungsversuche als eine Tat gewertet werden. Insofern konsumiert die im konkreten Fall schwerste Versuchshandlung die übrigen entweder als mitbestrafte Vor- oder Nachtat. Von der zu Recht aufgegebenen Rechtsfigur der fortgesetzten Tat (dazu → § 30 Rn. 28) unterscheiden sich diese Sachverhalte dadurch, dass nicht bloß eine Erfolgsgleichheit, sondern eine normative Erfolgseinheit gegeben ist.[30]

Ein weiteres Beispiel für eine solche Erfolgseinheit ist der klassische Fall des sogenannten **Sicherungsbetruges.** Hat B dem A ein wertvolles Buch gestohlen und sich insofern wegen Diebstahls (§ 242 StGB) strafbar gemacht, so verwirklicht er zusätzlich den Tatbestand des Betruges (§ 263 StGB), wenn er auf Nachfrage des A, dem schon früher das starke Interesse des B an dem seltenen Sammlerstück aufgefallen war, glaubhaft abstreitet, das Buch gestohlen zu haben und es A daraufhin unterlässt, seine Herausgabeansprüche gegen B geltend zu machen. Sowohl der Unrechtserfolg des Diebstahls als auch der des Betruges bestehen hier in der faktischen Enteignung des berechtigten Eigentümers. Zu Recht gilt der Betrug deshalb als **mitbestrafte Nachtat.**[31] Ähnliches gilt für eine im Anschluss an einen Diebstahl zur Sicherung der Beute begangene Erpressung (§ 253 StGB). Weil die Schädigung des Vermögens mit der Strafbarkeit des Diebstahls bereits abgegolten ist, wird eine solche sogenannte **Sicherungserpressung** nur noch als Nötigung nach § 240 StGB bestraft.[32] 24

Im Gutachten gilt hinsichtlich der Behandlung der Konsumtion dasselbe wie bei der Subsidiarität. Soweit die Konsumtion im Wesentlichen unstreitig besteht, reicht der Hinweis darauf, dass das konsumierte Delikt im Falle seiner Verwirklichung im Wege der Gesetzeskonkurrenz zurücktreten würde. Ansonsten ist auch ein im Ergebnis zurücktretendes Delikt zunächst zu prüfen, bevor – im direkten Anschluss und nicht erst am Ende des Gutachtens – auf die Konkurrenzverhältnisse eingegangen wird. Im Beispiel der typischerweise bei den Tötungsdelikten (§§ 211 ff. StGB) durch Beschädigung der Kleidung verwirklichten Sachbeschädigung (§ 303 StGB) ist das Ergebnis allerdings so selbstverständlich, dass eine Prüfung des konsumierten Deliktes unterbleiben sollte. 25

IV. Die gleichartige Gesetzeseinheit

Während sich die Fälle der gleichartigen scheinbaren Realkonkurrenz dem Begriff der Konsumtion zuordnen lassen (→ § 31 Rn. 17 ff.), passt die im Ergebnis gleichwohl allgemein anerkannte[33] gleichartige scheinbare Idealkonkurrenz unter keine der traditio- 26

[29] BGHSt 41, 368.

[30] Siehe zum Kriterium der „Erfolgseinheit" auch Puppe StrafR AT § 33 Rn. 9 und Puppe StrafR AT § 34 Rn. 7 ff., die aufgrund einer grundlegend anderen Konzeption der Konkurrenzlehre (im Überblick dargestellt bei Roxin AT II § 33 Rn. 72 ff.) in diesen Konstellationen allerdings Idealkonkurrenz annimmt.

[31] Roxin AT II § 33 Rn. 220 mwN.

[32] BGH NStZ 2012, 95 (96); kritisch Grabow NStZ 2014, 121.

[33] LK-StGB/Rissing-van Saan StGB § 52 Rn. 40 f.; MüKoStGB/v. Heintschel-Heinegg StGB § 52 Rn. 105 ff.; Schönke/Schröder/Sternberg-Lieben/Bosch StGB § 52 Rn. 27/28 ff.; SK-StGB/Jäger StGB § 52 Rn. 30 ff.

nellen Fallgruppen. Die Gesetzeseinheit beruht hier darauf, dass mehrere durch eine Handlung verursachte tatbestandliche Erfolge normativ zu einem Gesamterfolg zusammengefasst werden. Eine solche Zusammenfassung ist bei einer Handlung im natürlichen Sinne und einer natürlichen Handlungseinheit in gleicher Weise möglich. So kommt es nicht darauf an, ob A mehrere Porzellanteller des B zugleich oder unmittelbar nacheinander vorsätzlich auf den Boden wirft. In beiden Fällen wird die von ihm angerichtete Zerstörung zu einem Gesamterfolg zusammengefasst, sodass er nicht in Anwendung des § 52 I Var. 2 StGB wegen mehrerer durch eine Handlung begangener Sachbeschädigungen, sondern nur wegen einer Sachbeschädigung gemäß § 303 I StGB zu verurteilen ist.

27 Die Kriterien für die Abgrenzung der nur scheinbaren von der echten gleichartigen Idealkonkurrenz sind in Rechtsprechung und Literatur insgesamt noch wenig geklärt. Einigkeit besteht immerhin darüber, dass bei der Verletzung von höchstpersönlichen Rechtsgütern verschiedener Personen eine echte Konkurrenz vorliegt, sodass zB ein Täter, der durch ein Bombenattentat mehrere Menschen tötet oder verletzt, stets in Anwendung des § 52 I Var. 2 StGB wegen mehrfachen Mordes bzw. mehrfacher Körperverletzung zu verurteilen ist.[34] Bei der Verletzung mehrerer nicht höchstpersönlicher Rechtsgüter ist die Abgrenzung umstritten. Die herrschende Meinung nimmt hier zur Vereinfachung des Schuldspruchs zu Recht auch dann nur eine scheinbare Konkurrenz an, wenn durch eine Handlung Rechtsgüter unterschiedlicher Personen verletzt wurden.[35] Wer bei einem Wohnungseinbruch mehrere Sachen wegnimmt, ist also nur wegen eines Diebstahls zu verurteilen, selbst wenn ein Teil der weggenommenen Sachen geliehen war oder aufgrund eines Eigentumsvorbehalts noch dem Verkäufer gehörte.

28 Bei der Verletzung von Rechtsgütern der Allgemeinheit kommt es ebenfalls vor, dass mehrere unterscheidbare Erfolge durch eine Handlung herbeigeführt werden. So kann durch eine Handlung die Bestrafung mehrerer Täter vereitelt werden (§ 258 StGB). Die Literatur nimmt hier wohl überwiegend eine echte gleichartige Idealkonkurrenz an. Zur Begründung wird angeführt, dass dem einzelnen Strafvereitelungserfolg ein individueller Eigenwert zukomme.[36] Dies vermag jedoch nicht zu überzeugen. Auch wenn man – wie im Beispiel der Strafvereitelung – verschiedene Beeinträchtigungen des Allgemeininteresses zu zählen vermag, bleibt das verletzte Interesse eine Einheit, sodass von einem individuellen Eigenwert keine Rede sein kann. Lediglich für die Frage der Strafzumessung ist es von Bedeutung, wie viele Täter die Strafvereitelung (§ 258 StGB) begünstigt. Dem kann aber ohne Weiteres bei der Annahme von Gesetzeseinheit Rechnung getragen werden. Deshalb ist bei der mehrfachen Verletzung eines Rechtsguts der Allgemeinheit durch eine Handlung stets nur wegen einer Gesetzesverletzung zu verurteilen.

---

[34] BGH NStZ 2012, 562; LK-StGB/Rissing-van Saan StGB § 52 Rn. 42; MüKoStGB/v. Heintschel-Heinegg StGB § 52 Rn. 109; Schönke/Schröder/Sternberg-Lieben/Bosch StGB § 52 Rn. 25/26; SK-StGB/Jäger StGB § 52 Rn. 32.

[35] BGH NJW 2016, 2349 (2350); LK-StGB/Rissing-van Saan StGB § 52 Rn. 42; MüKoStGB/v. Heintschel-Heinegg StGB § 52 Rn. 105; Schönke/Schröder/Sternberg-Lieben/Bosch StGB § 52 Rn. 29; aA SK-StGB/Jäger StGB § 52 Rn. 33.

[36] MüKoStGB/v. Heintschel-Heinegg StGB § 52 Rn. 109; Schönke/Schröder//Sternberg-Lieben/Bosch StGB § 52 Rn. 27/28.

Vergleiche zunächst Hinweise zur Fallbearbeitung (Kap. 30 Rn. 29)

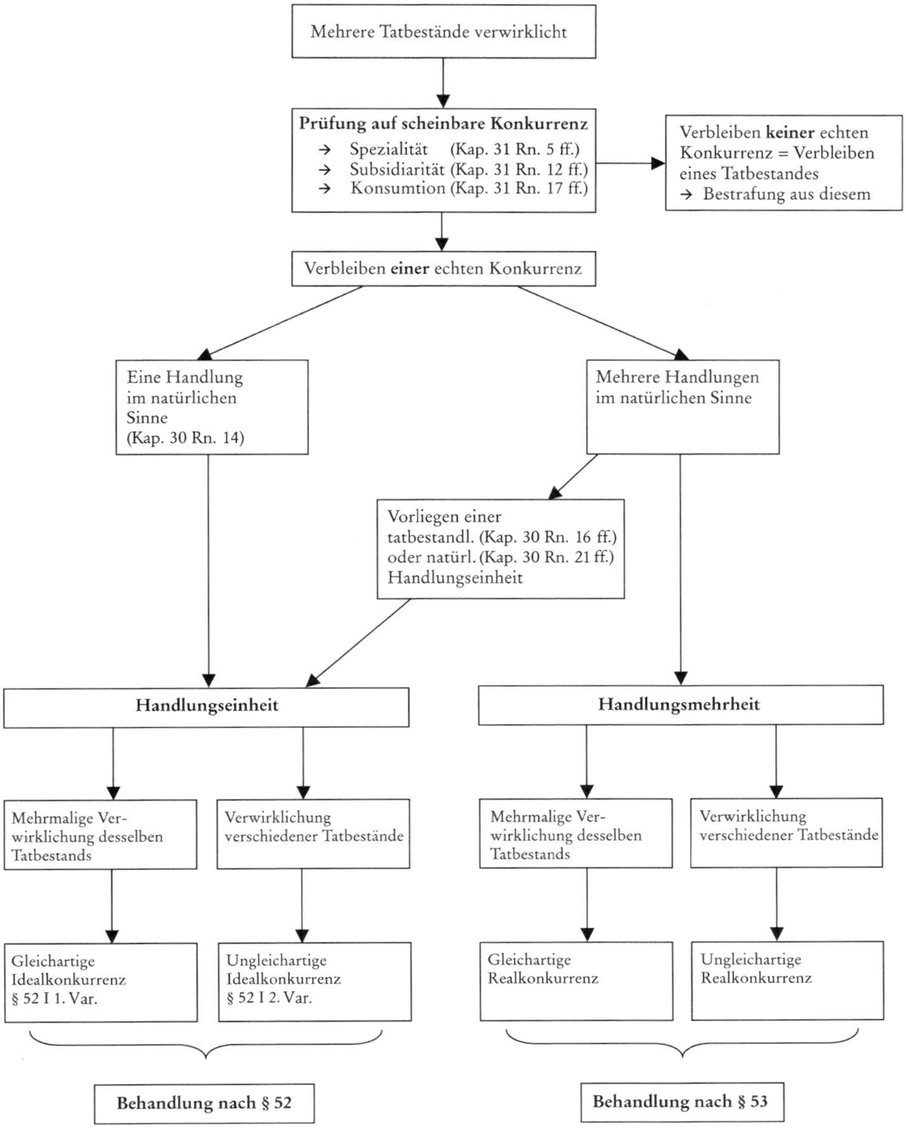

Abb. 12: Konkurrenzen

29 In der Fallbearbeitung kommt der Unterscheidung zwischen echter und unechter gleichartiger Idealkonkurrenz keine große Bedeutung zu. Wenn die Handlungseinheit nicht ernsthaft zweifelhaft ist, empfiehlt es sich in beiden Fällen, im Gutachten sogleich eine einheitliche Prüfung vorzunehmen. Ein Unterschied besteht nur insofern, als bei der echten Konkurrenz schon im Obersatz auf die mehrfache Tatbestandsverwirklichung hingewiesen und am Ende der Prüfung kurz das Vorliegen gleichartiger Idealkonkurrenz festgestellt werden sollte. Bei einem Bombenattentat mit mehreren Toten ist also nicht etwa jede Tötung einzeln zu prüfen, sondern sogleich zu fragen, ob sich der Täter durch das Zünden der Bombe des mehrfachen Mordes schuldig gemacht hat. Im Rahmen der Prüfung ist dann darzulegen, dass er mehrere Menschen getötet und deshalb gemäß § 52 I Var. 2 StGB den Tatbestand des Mordes (§ 211 StGB) mehrfach verwirklicht hat.

Lektüreempfehlungen: BGHSt 41, 368–374 (Sukzessive Tatausführung); BGHSt 44, 196–202 (Konkurrenz zwischen Körperverletzung und versuchtem Totschlag); BGH NJW 2002, 150–152 (Konkurrenz zwischen Diebstahl in besonders schwerem Fall und Sachbeschädigung).

Allgemeine Hinweise zu den Aufbauschemata

In diesem Buch findet der Leser Aufbauschemata zu den allgemeinen Merkmalen der Erfolgsdelikte, den Beteiligungsformen und den wichtigsten Rechtfertigungs- bzw. Entschuldigungsgründen. Bei der Verwendung dieser Schemata sind unbedingt folgende Hinweise zu beachten:

1. Aufbauschemata sind keine Dogmen, sondern Vorschläge für eine zweckmäßige Prüfungsreihenfolge. Insoweit gibt es zumindest im Detail immer mehrere Möglichkeiten. Es ist deshalb ohne Weiteres möglich, generell anders aufzubauen oder zumindest im Einzelfall von den Schemata abzuweichen.
2. Die in den Aufbauschemata enthaltenen Merkmale sind zum Teil nur dann zu prüfen, wenn der Fall dazu Veranlassung gibt. Die in jedem Fall zu prüfenden Merkmale sind in den Schemata durch **Fettdruck** hervorgehoben. Es sei ausdrücklich darauf hingewiesen, dass eine routinemäßige Prüfung der übrigen Merkmale keine Zusatzpunkte bringt, sondern im Gegenteil wegen fehlerhafter Schwerpunktsetzung in der Regel mit Punktabzug bestraft wird.
3. Die Aufbauschemata beziehen sich nicht auf ein spezielles Delikt und sind deshalb der Natur der Sache nach abstrakt formuliert. Bei der Anwendung müssen sie für das jeweilige Delikt konkretisiert werden. Es ist also zB nicht unter den Begriff „tatbestandlicher Erfolg“ zu subsumieren, sondern bei der Prüfung eines Totschlags (§ 212 StGB) zu fragen, ob ein Mensch gestorben ist, und bei der Prüfung einer Sachbeschädigung (§ 303 StGB), ob eine fremde Sache beschädigt oder zerstört worden ist.
4. Die Aufbauschemata zu den allgemeinen Merkmalen der Erfolgsdelikte passen naturgemäß nicht auf Tätigkeitsdelikte. Darüber hinaus sind sie unmittelbar nur auf reine Erfolgsdelikte anwendbar, die neben der Verursachung eines tatbestandlichen Erfolgs keine weiteren objektiven und neben Vorsatz oder Fahrlässigkeit keine weiteren subjektiven Merkmale enthalten. Soweit Erfolgsdelikte solche zusätzlichen Merkmale enthalten, müssen die Schemata entsprechend ergänzt werden.
5. Um dem Leser die Orientierung zu erleichtern, wird bei den in den Aufbauschemata enthaltenen Prüfungspunkten auf die Randnummern des Lehrbuchs verwiesen, in denen die betreffende Voraussetzung behandelt wird. Ein solcher Verweis findet sich jedoch nur, soweit die gleiche Voraussetzung nicht schon in einem vorangestellten Aufbauschema zu einer anderen Deliktsform enthalten war.
6. Die Aufbauschemata entsprechen überwiegend dem gängigen Aufbau. Die wenigen Abweichungen sind bei dem betreffenden Prüfungspunkt kenntlich gemacht und kurz erläutert.

Verzeichnis der Aufbauschemata

Sachverzeichnis

Die Angaben beziehen sich auf Paragraf und Randnummer (zB 9/14 = § 9 Rn. 14).